FormularBibliothek Zivilprozess

herausgegeben von

Dr. Ludwig Kroiß,
Vorsitzender Richter am Landgericht

FormularBibliothek Zivilprozess

Schuldrecht

Kauf | Tausch | Schenkung
Yvonne Marfurt, Rechtsanwältin,
VON KIEDROWSKI | MARFURT | RECHTSANWÄLTE, Berlin

Bürgschaft | Darlehen | Leasing
Hanno Teuber, Rechtsanwalt, Konstanz
Kathrin Strauß, Rechtsanwältin, Pfefferle Koch Helberg & Partner, Heilbronn

Werkvertragsrecht
Dr. Bernhard von Kiedrowski, Rechtsanwalt,
VON KIEDROWSKI | MARFURT | RECHTSANWÄLTE, Berlin

EDV-Recht
Dr. Michael Kummermehr, Rechtsanwalt, WILMER CUTLER PICKERING HALE AND DORR LLP, Berlin
Mario Wegner, Rechtanwalt, WILMER CUTLER PICKERING HALE AND DORR LLP, Berlin

Die Deutsche Bibliothek – CIP-Einheitsaufnahme

Die Deutsche Bibliothek verzeichnet diese Publikation in
der Deutschen Nationalbibliografie; detaillierte bibliografische
Daten sind im Internet über http://dnb.ddb.de abrufbar.

FormularBibliothek Zivilprozess
ISBN 3-8329-1098-0

Einzelband **Schuldrecht**
ISBN 3-8329-1319-X

Hinweis:
Die Muster der FormularBibliothek Zivilprozess sollen dem Benutzer als
Beispiele und Arbeitshilfen für die Erstellung eigener Schriftsätze dienen.
Sie wurden mit größter Sorgfalt von den Autoren erstellt. Gleichwohl bitten
Autoren und Verlag um Verständnis dafür, dass sie keinerlei Haftung für die
Vollständigkeit und Richtigkeit der Muster übernehmen.

1. Auflage 2005
© Nomos Verlagsgesellschaft, Baden-Baden 2005. Printed in Germany. Alle
Rechte, auch die des Nachdrucks von Auszügen, der fotomechanischen Wie-
dergabe und der Übersetzung, vorbehalten.

FormularBibliothek Zivilprozess

Teil 1: **Kauf** Seite 5
Yvonne Marfurt, Rechtsanwältin, von Kiedrowski|Marfurt|Rechtsanwälte, Berlin

Teil 2: **Darlehen** Seite 259
Hanno Teuber, Rechtsanwalt, Konstanz
Kathrin Strauß, Rechtsanwältin,
Pfefferle Koch Helberg & Partner, Heilbronn

Teil 3: **Schenkung** Seite 293
Yvonne Marfurt, Rechtsanwältin, von Kiedrowski|Marfurt|Rechtsanwälte, Berlin

Teil 4: **Leasing** Seite 329
Hanno Teuber, Rechtsanwalt, Konstanz
Kathrin Strauß, Rechtsanwältin,
Pfefferle Koch Helberg & Partner, Heilbronn

Teil 5: **Werkvertrag** Seite 349
Dr. Bernhard von Kiedrowski, Rechtsanwalt,
von Kiedrowski|Marfurt|Rechtsanwälte, Berlin

Teil 6: **Bürgschaft** Seite 405
Hanno Teuber, Rechtsanwalt, Konstanz
Kathrin Strauß, Rechtsanwältin,
Pfefferle Koch Helberg & Partner, Heilbronn

Teil 7: **EDV-Recht** Seite 429
Dr. Michael Kummermehr, Rechtsanwalt,
WILMER CUTLER PICKERING HALE AND DORR LLP, Berlin
Mario Wegner, Rechtsanwalt,
WILMER CUTLER PICKERING HALE AND DORR LLP, Berlin

Inhalt

Verweise erfolgen auf Randnummern

§ 1 Einleitung..................	4
A. Das kaufrechtliche Mandat......	4
I. Vorbemerkungen............	4
II. Der vorprozessuale Bereich: Erste Überlegungen vor und nach Übernahme des kaufrechtlichen Mandates........	2
1. Abfordern der wesentlichen Vertragsunterlagen........	3
2. Vollmachtserteilung.......	5
3. Zur Haftung des Rechtsanwalts.....................	6
4. Vereinbarung einer Haftungsbeschränkung........	7
5. Einseitige Willenserklärungen......................	9
6. Wahl der Parteien..........	11
7. Vollstreckungsrechtliche Überlegungen.............	16
8. Berücksichtigung des Kostenrisikos.................	18
B. Die unterschiedlichen Kaufverträge.........................	19
I. Kaufgegenstand.............	20
II. Besonderen Arten des Kaufs ..	23
III. Kaufvertragsparteien.........	24
IV. Kaufvertragsabschlussmodalitäten.......................	25
V. Territorialer Anwendungsbereich......................	26
§ 2 Der Kauf von Sachen..............	27
A. Kaufpreiszahlung und Abnahme der Kaufsache..................	27
I. Übersicht: Prüfungsschema für den Kaufpreisanspruch/Anspruch auf Abnahme der Kaufsache..................	27
1. Anspruchsvoraussetzungen	27
2. Rechtsvernichtende Einwendungen.................	30
3. Rechtshemmende Einreden	31
II. Voraussetzungen............	32
1. Abschluss des Kaufvertrages	32
a) Das Wesen des Kaufvertrages	32
b) Abgrenzung zu anderen Vertragstypen............	33
aa) Zum Tausch..............	33
bb) Zum Werkvertrag	34
cc) Zum Werklieferungsvertrag.....................	35
dd) Zur Kommission..........	36
ee) Zu Lizenzverträgen.......	37
c) Kaufgegenstand beim Kauf beweglicher Sachen.	38
aa) Stück- und Gattungskauf.	39
bb) Kauf von Sachgesamtheiten	42
d) Kaufgegenstand bei Kauf von unbeglichen Sachen (Immobilienkauf)........	43
e) Der vertraglich vereinbarte Kaufpreis..........	46
aa) Vereinbarung eines bestimmten Kaufpreises .	46
bb) Kosten der Übergabe und vergleichbare Kosten, § 448 BGB................	48
2. Die Wirksamkeit des Vertrages (rechtshindernde Einwendungen)...............	51
a) Insbesondere Grundstückskaufverträge: § 125 BGB i.V.m. § 311b Abs. 1 BGB	52
aa) Beurkundungspflicht: Gegenstand und Umfang der Beurkundung	53
bb) Fehlerhafte Beurkundung	60
cc) Heilung: § 311b Abs. 1 S. 2 BGB	62
b) Nichtigkeit bei Verträgen über künftiges Vermögen, § 311 Abs. 2 BGB	63
c) Nichtigkeit bei Verträgen über gegenwärtiges Ver-	

1 Inhalt

mögen, § 125 BGB i.V.m.
§ 311b Abs. 3 BGB 64
d) Nichtigkeit gemäß § 142
Abs. 1 BGB bei Anfechtung
bei Irrtum über eine ver-
kehrswesentliche Eigen-
schaft der Sache. 65
e) Nichtigkeit gemäß § 158
Abs. 1 BGB. 68
3. Die Fälligkeit des Kaufpreises 69
a) Grundsatz 69
b) Besonderheiten beim
Grundstückskaufvertrag 72
4. Die Abnahmeverpflichtung 73
Muster: Klage auf Kaufpreiszahlung und Feststellung
des Annahmeverzugs 78
III. Einwendungen 79
1. Erfüllung (§ 362 BGB) und
Annahme an Erfüllung statt
(§ 364 BGB). 80
a) Erfüllung, § 362 BGB. 80
aa) Grundsatz 80
bb) Besonderheiten beim
Grundstückskaufvertrag:
Zahlung auf Notarander-
konto 86
Muster: Klagewiderung
bei Erfüllung 87
b) Annahme an Erfüllungs
statt 88
c) Leistung erfüllungshalber, § 364 Abs. 2 BGB 90
Muster: Klagewiderung
bei Leistung erfüllungs-
halber 92
2. Aufrechnung, § 387ff. BGB . 93
a) Aufrechnungslage 94
b) Kein Ausschluss der Aufrechnung 99
c) Aufrechnungserklärung . 101
Muster: Klagewiderung
bei Aufrechnung 103
3. Hinterlegung und Selbsthilfeverkauf 104
a) Hinterlegung, §§ 372ff
BGB. 105

b) Selbsthilfeverkauf,
§§ 383ff BGB, 372 Abs. 2-5
HGB. 109
4. Unmöglichkeit 110
a) Anfängliche Unmöglich-
keit 111
b) Nachträgliche Unmög-
lichkeit 113
c) Übergang der Preisgefahr 119
Muster: Klageerhebung
bei Unmöglichkeit, Ein-
rede der Nichterfüllung
(§ 320 BGB) 127
5. Die Verzögerung der Leistung. 128
6. Rücktritt, Kündigung, Widerruf 129
7. Aufhebungs- und Erlassvertrag 133
a) Aufhebungsvertrag, insbesondere: Immobilien-
kauf. 133
b) Erlassvertrag 134
IV. Einreden (rechtshemmende
Einwendungen) 138
1. Einrede des nichterfüllten
Vertrags, § 320 BGB 138
2. Einrede des Zurückbehaltungsrechts, § 273 Abs. 1
BGB 144
3. Einrede der Verjährung, § 214
BGB 149
a) Kaufrechtliche Verjäh-
rungsfristen 150
b) Beginn der Verjährung... 152
c) Hemmung und Neube-
ginn der Verjährung 156
d) Art. 229 § 6 EGBGB. 160
e) Vereinbarungen über die
Verjährung 163
f) Vereinbarungen über die
Verjährung in Allgemei-
nen Geschäftsbedingun-
gen 167
g) Verjährung beim Immobilienkauf 170
V. Verfahren in der ersten Instanz 173
1. Die Klageschrift 176
a) Zulässigkeit der Klage.... 177

aa) Zulässigkeit des Zivilrechtswegs 177
bb) Sachliche Zuständigkeit. . 178
 Muster: Teilklage 179
cc) Sachliche Zuständigkeit:
 Angaben zum Streitwert
 und Zustellung „dem-
 nächst"................ 180
dd) Spezialzuständigkeit:
 Kammern für Handels-
 sachen 182
 Muster: Klage auf Kaufpreiszahlung vor der Kammer für Handelssachen . . 183
ee) Örtliche Zuständigkeit . . . 184
ff) Verweisungsantrag und
 rügelose Einlassung 192
gg) Zuständigkeit und Streitgenossenschaft.......... 194
hh) Prozessführungbefugnis . 198
ii) Öffentliche Zustellung:
 § 185 Nr. 1 ZPO 201
jj) Prozesshindernis der
 Rechtskraft (Ne bis in
 idem)................. 202
kk) Bestimmtheit von Klage-
 gegenstand/Klagegrund
 und Klageantrag......... 203
ll) Einleitung durch das
 Mahnverfahren.......... 204
mm)Die Einbeziehung Dritter
 in den Rechsstreit: Nebenintervention und
 Streitverkündung........ 205
 Muster: Klage und Streitverkündung 212
b) Begründetheit der Klage . 213
aa) Schlüssiger Vortrag 214
bb) Anspruchsvoraussetzungen tatsächlicher Natur . . 216
cc) Rechtsbegriffe als
 Anspruchsvoraus-
 setzungen............... 217
dd) Inhalt des Tatsachenvortrags 221
ee) Mehrfaches Vorbringen
 des Klägers 222
ff) Unbeachtlicher Vortrag,
 Vortrag ins Blaue hinein. . 226

gg) Substantiierungslast 227
hh) Wiederprüchlicher Vortrag................... 228
ii) Darlegungs- und Beweislast 229
jj) Die Wahrheitspflicht –
 § 138 Abs. 1 ZPO 232
kk) Der Anspruchsgrundlage
 entgegenstehender Tatsa-
 chenvortrag des Klägers . . 233
ll) Hinweispflicht des
 Gerichts 234
mm)Erfüllung zwischen
 Anhängigkeit und Rechts-
 hängigkeit 235
c) Feststellungsklage 236
 Muster: Feststellungs-
 klage 240
2. Die Klageerwiderung 241
 a) Erheblichkeitsprüfung:
 Gericht / Beklagtenver-
 treter 241
 b) Verteidigung durch
 Bestreiten 242
aa) Bestreiten von Tatsachen . 242
bb) Prozessual wirksames
 Bestreiten 243
cc) Erhebliches Bestreiten
 und unerhebliches
 Bestreiten 249
dd) Verteidigung durch die
 Darlegung von Gegen-
 normen................. 250
ee) Die Aufrechnung im Prozess................... 251
 Muster: Klageerwiderung
 mit hilfsweiser Aufrech-
 nung 257
 c) Mehrfaches Verteidi-
 gungsvorbringen......... 258
 d) Das gleichwerte äquipol-
 lente Parteivorbringen . . . 259
3. Der Angriff des Beklagten –
 Die Widerklage............ 261
 a) Zulässigkeit............. 261
aa) Rechtshängigkeit 261
bb) Parteienidentität – Drittwiderklage.............. 262

cc) Selbständiger Streitgegenstand 263
dd) Sachzusammenhang.... 264
ee) Gleiche Prozessart....... 265
ff) Allgemeinen Prozessvoraussetzungen........... 266
b) Verhandlung und Entscheidung 267
c) Eventualwiderklage..... 268
Muster: Klageerwiderung mit hilfsweiser Aufrechnung und hilfsweiser Widerklage 269
4. Die Replik des Klägers...... 270
5. Die Güteverhandlung (§ 278 ZPO) – Chancen und Gefahren........................ 271
a) Die Voraberörterung – Chance zur Flucht in die Säumnis 271
b) Das persönliche Erscheinen der Parteien – Gefahr 272
c) Vergleichsabschluss gem. § 278 Abs. 6 ZPO......... 273
6. Die mündliche Verhandlung 274
a) Grundsätzliches......... 274
b) Die Beachtung der Hinweispflichten in der mündlichen Verhandlung 275
aa) Die Hinweispflicht nach § 139 Abs. 2 Satz 2 ZPO... 276
bb) Die Hinweispflicht nach § 139 Abs. 2 Satz 1 ZPO ... 277
c) Die Zurückweisung verspäteten Vorbringens § 296 ZPO............... 278
aa) § 296 Abs. 1, 530 Abs. 1 ZPO – zwingende Zurückweisung................... 278
bb) § 296 Abs. 2 ZPO – mögliche Zurückweisung 281
cc) Mögliches taktisches Vorgehen bei einer Verzögerung 282
7. Vortrag nach Schluss der mündlichen Verhandlung.. 289
8. Wirksamkeitsvoraussetzungen für einen Prozessvergleich 292

VI. Einstweiliger Rechtsschutz ... 295
1. Sicherungscharakter 296
a) Abgrenzung: Arrest – einstweilige Verfügung.. 297
b) Das Verbot der Vorwegnahme der Hauptsache.. 299
2. Voraussetzungen für den Erlass..................... 302
a) Der zu sichernde Anspruch................ 302
b) Arrest- bzw. Verfügungsgrund 303
aa) Dinglicher Arrest 304
bb) Persönlicher Arrest 305
cc) Einstweilige Verfügung.. 306
c) Rechtsschutzbedürfnis .. 307
d) Der Antrag 308
aa) Formelle Erfordernisse... 309
bb) Inhaltliche Erfordernisse. 310
e) Die Glaubhaftmachung.. 311
f) Zuständigkeit 312
g) Streitwert 313
Muster: Antrag auf Erlass eines Arrestbefehles und Arrestpfändungsbeschlusses im Eilverfahren 314
3. Die Verfahrensarten 315
a) Das Beschlussverfahren.. 316
aa) Ablehnender Beschluss .. 317
bb) Stattgebender Beschluss. 318
b) Das Urteilsverfahren..... 319
c) Wahl zwischen Beschluss- und Urteilsverfahren 320
aa) Arrest 320
bb) Einstweilige Verfügung.. 321
d) Der Widerspruch im Beschlussverfahren...... 322
aa) Zulässigkeit 323
bb) Terminsanberaumung ... 324
cc) Einstweilige Einstellung . 325
e) Entscheidung durch Urteil 326
VII. Zwangsvollstreckung......... 331
VIII. Zwangsvollstreckung aus einer notariellen Urkunde und Rechtsbehelfe................ 331
1. Voraussetzungen der Zwangsvollstreckung 332
a) Allgemeines Verfahrensvoraussetzungen 333

b) Allgemeine Zwangsvoll-
    streckungsvoraussetzun-
    gen, § 750 ZPO 334
aa) Titel: inbesondere voll-
    streckbare Urkunde nach
    § 794 Abs. 1 Nr. 5 ZPO 335
bb) Klausel 337
cc) Zustellung 340
c) Besondere Voraussetzun-
    gen der Zwangsvollstre-
    ckung 341
d) Keine Vollstreckungshin-
    dernisse 342
2. Erinnerung nach § 732 ZPO . 343
    a) Zulässigkeit 344
    b) Begründetheit 345
    Muster: Erinnerung
    gemäß § 732 ZPO 346
3. Klauselgegenklage und
    einstweilige Anordnung,
    §§ 768, 769 ZPO 347
    a) Zulässigkeit 348
    b) Begründetheit 349
    Muster: Klauselgegen-
    klage und einstweilige
    Anordnung (§§ 768, 769
    ZPO)..................... 350
B. Anspruch des Käufers auf Über-
    gabe und Übereignung der Kauf-
    sache......................... 351
    Muster: Auflassungsklage 353
C. Gewährleistungsansprüche des
    Käufers: Nacherfüllung gem.
    §§ 437 Nr. 1, 439 BGB 354
    I. Verhältnis der Gewährleis-
        tungsansprüche zu anderen
        Vorschriften 357
        1. Verhältnis zu den Anfech-
            tungsregeln 357
        2. Verhältnis zum Allgemeinen
            Leistungsstörungsrecht 358
    II. Voraussetzungen 362
        1. Wirksamer Kaufvertrag 363
        2. Sachmangel 364
        a) Vereinbarte Beschaffen-
            heit 365
        b) Eignung zur vorausgesetz-
            ten oder gewöhnlichen
            Verwendung 366

c) Öffentliche Aussagen des
    Verkäufers 367
d) Montagefehler 368
e) Fehlerhafte Montagean-
    leitung................... 369
f) Falschlieferung und Men-
    genfehler 370
g) Sachmangel beim Grund-
    stückskaufvertrag 371
h) Beweislast 374
3. Rechtsmangel 375
    a) Grundsatz 375
    b) Rechtsmangel beim
        Grundstückskaufvertrag.. 376
    aa) Rechtsmangel 376
    bb) Sondervorschrift des § 436
        BGB: öffentlich-rechtliche
        Lasten an Grundstücken.. 377
    c) Beweislast 378
4. Gefahrenübergang 379
5. Nacherfüllungsverlangen... 380
    Muster: Klage auf Nacher-
    füllung.................... 381
III. Einwendungen 382
    1. Ausschluss des Nacherfül-
        lungsanspruchs bei Unmög-
        lichkeit der Nacherfüllung
        gem. § 275 Abs. 1 BGB 382
        a) Unmöglichkeit der Nach-
            lieferung................ 383
        b) Unmöglichkeit der Nach-
            besserung 384
        Muster: Klageerwiderung
        bei Unmöglichkeit der
        Nachbesserung 385
    2. Rechtsgeschäftlicher Aus-
        schluss der Gewährleis-
        tungsansprüche 386
        a) Ausschluss durch Indivi-
            dualvereinbarung 387
        b) Ausschluss durch Allge-
            meine Geschäftsbedigun-
            gen 389
        aa) Unwirksamkeit des
            Gewährleistungsaus-
            schlusses gemäß § 309
            BGB 394

bb) Unwirksamkeit des Gewährleistungsausschlusses gemäß § 307 BGB 400
c) Verzicht auf Gewährleistungsansprüche. 401
3. Gesetzliche Ausschlussgründe 402
a) Der Gewährleistungsausschlus gemäß § 442 BGB. 402
Muster: Klageerwiderung bei Ausschluss der Gewährleistung wegen Kenntnis des Mangels ... 404
b) Der Gewährleistungsausschluss gemäß § 445 BGB 405
c) Ausschluss gemäß § 377 HGB 406
Muster: Klageerwiderung bei Ausschluss der Gewährleistung nach § 377 HGB 407
IV. Einreden.................... 408
1. Das Leistungsverweigerungsrecht des § 439 Abs. 3 BGB..................... 408
a) Verweigerung der möglichen Nacherfüllung 409
b) Unverhältnismäßige Kosten 410
2. Die Verjährung des Nacherfüllungsanspruchs....... 414
a) Die gesetzlichen Verjährungsfristen 415
b) Änderung der Verjährungsfrist durch Neubeginn oder Hemmung.... 420
c) Rechtsgeschäftliche Abänderung der gesetzlichen Verjährungsfrist ... 421
V. Rechtsfolgen der Nacherfüllung..................... 423
1. Bei Mangelbeseitigung 423
2. Bei Nachlieferung 424
3. Verzögerte Nacherfüllung . 425
4. Mangelhafte Nacherfüllung 426
5. Unmöglichkeit der Nacherfüllung.................. 427

D. Die Haftung des Verkäufers – Gewährleistungsansprüche des Käufers: Der Anspruch auf Rücktritt gemäß § 437 Nr. 2 BGB 428
I. Voraussetzungen............. 429
1. Wirksamer Kaufvertrag 430
2. Sach- oder Rechtsmangel bei Gefahrenübergang, §§ 434, 435 BGB 431
3. Erfolgloser Ablauf einer dem Käufer vom Verkäufer gesetzten angemessenen Frist zur Nacherfüllung..... 432
a) Grundsatz: ergebnisloser Ablauf einer vom Käufer gesetzten angemessenen Frist.................... 433
b) Ausnahme: Entbehrlichkeit der Fristsetzung..... 434
aa) Der Schuldner verweigert die Leistung ernsthaft und endgültig, § 323 Abs. 2 Nr. 1 BGB 435
bb) Einfaches Fixgeschäft, § 323 Abs. 2 Nr. 2 BGB 436
cc) Besondere Umstände, § 323 Abs. 2 Nr. 3 BGB 437
dd) Unmöglichkeit der Nacherfüllung................ 438
ee) Verweigerung der Nacherfüllung nach §§ 440 S.1, 439 Abs. 3 BGB oder fehlgeschlagene Nacherfüllung oder dem Verkäufer unzumutbare Nacherfüllung.................... 439
4. Erklärung des Rücktritts.... 440
Muster: Klage auf Kaufpreisrückzahlung wegen Rücktritts 441
II. Einwendungen............... 442
1. Ausschluss der Gewährleistung................... 442
2. Ausschluss des Rücktrittsrechts gemäß § 323 Abs. 5 Satz 2 BGB................ 443
3. Ausschluss des Rücktrittsrechts gemäß § 323 Abs. 6 BGB 444

III. Einreden 445
  1. Unwirksamkeit des Rücktritts, §§ 438 Abs. 4, 218 BGB 445
  2. Verjährung des Anspruchs aus wirksam erklärtem Rücktritt 446
IV. Rechtsfolgen des Rücktritts ... 447
E. Die Haftung des Verkäufers – Gewährleistungsansprüche des Käufers: Der Anspruch auf Minderung gemäß § 437 Nr. 2, 441 BGB 450
  I. Voraussetzungen 450
    1. Wirksamer Kaufvertrag, Mangel im Zeitpunkt des Gefahrenübergangs, erfolgloser Ablauf einer vom Käufer gesetzten angemessenen Nachfrist zur Erfüllung. 450
    2. Erklärung der Minderung... 451
      a) Einseitige empfangsbedürftige Willenserklärung, § 441 Abs. 1 S. 1 BGB 451
      b) Mehrere Käufer oder Verkäufer, § 441 Abs. 2 BGB .. 452
    3. Berechnung der Minderung, § 441 Abs. 3 BGB........... 453
    Muster: Klage auf Minderung..................... 455
F. Der Anspruch des Käufers auf Schadensersatz bei anfänglicher Unmöglichkeit der Nacherfüllung 456
  I. Voraussetzungen............. 457
    1. Wirksamer Kaufvertrag, Mangel im Zeitpunkt des Gefahrenübergangs........ 457
    2. Anfängliche Unmöglichkeit der Nacherfüllung 458
    3. Vertretenmüssen 459
      a) Verschuldensvermutung, § 311a Abs. 2. S. 2 BGB 460
      b) Verschuldenshaftung des Verkäufers............... 462
        aa) Haftung für Vorsatz und Fahrlässigkeit........... 462
        bb) Ausschluss der Verschuldenshaftung 464

  c) Verschuldensunabhängige Haftung des Verkäufers bei einer Garantieübernahme 466
  II. Einwendungen 471
  III. Einreden 472
  IV. Rechtsfolgen 473
  Muster: Klage auf Schadensersatz bei anfänglicher Unmöglichkeit der Nacherfüllung 474
G. Der Anspruch des Käufers auf Schadensersatz bei nachträglicher Unmöglichkeit der Nacherfüllung 475
  I. Voraussetzungen 476
    1. Wirksamer Kaufvertrag..... 476
    2. Mangel der Kaufsache im Zeitpunkt des Gefahrenübergangs 477
    3. Nachträgliche Unmöglichkeit der Nacherfüllung...... 478
    4. Verschulden, § 280 Abs. 1 S. 2 BGB 479
  II. Rechtsfolgen 480
H. Der Anspruch des Käufers bei verzögerter Nacherfüllung 481
  I. Voraussetzungen 482
    1. Wirksamer Kaufvertrag..... 482
    2. Mangel der Kaufsache im Zeitpunkt des Gefahrenübergangs 483
    3. Erfolgloser Ablauf einer dem Käufer vom Verkäufer gesetzten angemessenen Frist zur Nacherfüllung 484
    4. Verschulden, § 280 Abs. 1 S. 2 BGB 485
  II. Rechtsfolgen: Schadenseratz wegen Verzögerung der Nacherfüllung 486
I. Kleiner Schadenseratzanspruch des Käufers – Schadensersatz statt der Leistung 487
  I. Voraussetzungen............. 488
    1. Wirksamer Kaufvertrag..... 488
    2. Mangel der Kaufsache im Zeitpunkt des Gefahrenübergangs 489

Inhalt

3. Erfolgloser Ablauf einer dem Käufer vom Verkäufer gesetzten angemessenen Frist zur Nacherfüllung 490
4. Verschulden 491
II. Einwendungen 492
III. Einreden.................... 493
IV. Rechtsfolgen 494
Muster: Klage bei kleinem Schadensersatzanspruch, §§ 437 Nr. 3, 280 Abs. 1, 3, 281 Abs. 1 s. 1 BGB 495
J. Großer Schadenseratzanspruch des Käufers – Schadensersatz statt der Leistung und Ersatz des Mangelfolgeschadens 496
I. Voraussetzungen 496
II. Einwendungen 497
III. Einreden.................... 498
Muster: Klage bei großem Schadensersatzanspruch, §§ 437 Nr. 3, 280 Abs. 1, 3, 281 Abs. 1, s. 1, 3 499
K. Die Haftung des Verkäufers – Gewährleistungsansprüche des Käufers: Anspruch auf Aufwendungsersatz, §§ 437 Nr. 3, 284 BGB 500
I. Voraussetzungen 500
1. Bestehen eines Schadensersatzanspruches 500
2. Aufwendungen im Vertrauen auf den Erhalt der Leistung 501
II. Einwendungen und Einreden 502
III. Rechtsfolgen 503
Muster: Klage auf Rücktritt und Aufwendungsersatz 504
L. Die Haftung des Verkäufers – Gewährleistungsansprüche des Käufers: Ansprüche bei arglistigem Verschweigen eines Mangels ... 505
I. Voraussetzungen 506
1. Wirksamer Kaufvertrag, Mangel im Zeitpunkt des Gefahrenübergangs 506
2. Erfolgloser Ablauf einer der Verkäufer vom Käufer gesetzten angemessenen Frist zur Nacherfüllung 507

3. Vertretenmüssen des Verkäufers: Sonderfall arglistiges Verschweigen eines Mangels 508
II. Einwendungen 510
III. Einreden..................... 511
IV. Weitere Ansprüche bei Arglist 512
1. Konkurrenz: Anfechtung ... 512
2. Schadensersatzanspruch nach §§ 311 Abs. 2, 241 Abs. 2, 280 Abs. 1 BGB 513
3. Schadensersatzansprüche nach den §§ 823ff BGB 514
Muster: Klage auf Schadensersatz bei arglistigem Verschweigen eines Mangels 515
M. Haftung des Verkäufers bei einer Garantieübernahme 516
I. Voraussetzungen............. 517
1. Wirksamer Kaufvertrag 517
2. Übernahme der Garantie... 518
a) Garantie 518
aa) Unselbstständige und selbstständige Garantie . 518
bb) Angegebene Bedingungen 520
b) Garantiegeber........... 521
c) Garantieerklärung....... 522
d) Eintritt des Garantiefalls . 523
II. Einreden 525
III. Rechtsfolgen 527

§ 3 Der Verbrauchsgüterkauf und Kauf unter Verwendung besonderer Vertriebsformen 528
A. Erfüllungsansprüche: Der Anspruch des Verkäufers auf Zahlung des Kaufpreises und auf Abnahme der Kaufsache / Der Anspruch des Käufers auf Übergabe und Übereignung der Kaufsache 529
I. Voraussetzungen.............. 529
1. Abschluss des Kaufvertrages 530
a) Kaufvertragsparteien: Verbraucher und Unternehmer 531
b) Kaufgegenstand......... 534

2. Wirksamkeit des Kaufvertrages – insbesondere Formnichtigkeit: § 125 BGB 535
   a) Textform, § 126 b BGB 536
   b) Schriftform, § 126 BGB . . . 537
   aa) Teilzahlungsgeschäfte, § 502 BGB 537
   bb) Ratenlieferungsverträge, § 505 BGB 538
II. Einwendungen: insbesondere Widerruf und Rückgaberecht beim Kauf unter Verwendung Besonderer Vertriebsformen . . 539
  1. Widerruf und Rückgaberecht beim Kauf unter Verwendung besonderer Vertriebsformen 539
   a) Widerruf/Rückgabe bei Haustürgeschäfte, § 1 HWiG, §§ 312, 312a, 355, 356 BGB 541
   aa) Haustürgeschäft 541
   bb) Widerrufs- oder Rückgaberecht 542
   cc) Widerrufs- und Rückgabefristen 545
   dd) Ausübung des Widerrufs . 547
   Muster: Klageerwiderung bei Haustürgeschäften . . . 548
   b) Widerruf/Rückgabe bei Fernabsatzverträgen, §§ 312b-312d BGB 549
   aa) Fernabsatzvertrag 549
   bb) Informationspflichten . . . 551
   cc) Widerrufs- und Rückgaberecht 553
   dd) Widerrufs- und Rückgabefristen 554
   Muster: Klageerwiderung bei Fernabsatzvertrag 556
   c) Widerruf/Rückgabe bei E-Commerce, § 312e BGB . 557
   aa) E-Commerce 557
   bb) Informations- und Gestaltungspflichten 558
   cc) Widerrufs- und Rückgaberecht 559
   dd) Widerrufs- und Rückgabefristen 560

  2. Widerruf beim Ratenlieferungsvertrag 561
  3. Widerruf und Kündigung/Rücktritt bei Teilzahlungskaufverträgen § 7 VerbrKrG, §§ 501, 503, 355, 356 BGB 564
   a) Teilzahlungsvertrag 564
   b) Widerruf bei Teilzahlungskaufverträgen 566
   c) Rücktritt oder Kündigung bei Teilzahlungskaufverträgen 567
III. Prozessuales 568
B. Der Anspruch des Käufers auf Nacherfüllung, Rücktritt oder Minderung, Schadensersatz oder Aufwendungsersatz 569
  I. Voraussetzungen 570
  1. Wirksamer Kaufvertrag zwischen Verbraucher und Unternehmer 570
  2. Mangel im Zeitpunkt des Gefahrenübergangs 571
   a) Sachmangel: Beweislastumkehr des § 476 BGB 571
   b) oder Rechtsmangel 572
   c) Gefahrenübergang, § 474 Abs. 2 BGB: Ausschluss des § 447 BGB 573
  3. Weitere Voraussetzungen gemäß der Art des Gewährleistungsrechts 574
II. Einwendungen 575
  1. Der rechtsgeschäftliche Gewährleistungsausschluss 575
   a) Individualvereinbarungen 575
   b) Allgemeine Geschäftsbedingungen 578
  2. Der gesetzliche Gewährleistungsausschluss 580
III. Einreden 581
  Muster: Muster auf Schadensersatz beim Verbrauchsgüterkauf 583
C. Besonderheiten bezüglich der Haftung des Verkäufers bei Garantieübernahme 584
  I. Voraussetzungen 585
  1. Wirksamer Kaufvertrag 585

2. Übernahme der Garantie .. 586
  a) Garantie vom Garantie-
    geber 586
  b) Garantieerklärung: Beson-
    dere inhaltliche und for-
    melle Anforderungen,
    § 477 BGB 587
  c) Eintritt des Garantiefalls. 588
II. Einwendungen und Einrede .. 589
D. Der Unternehmerregress 590
  I. Voraussetzungen des § 478
    Abs. 1 BGB i.V.m. § 437 BGB ... 591
    1. Verkauf einer neue herge-
      stellten Sache vom Unter-
      nehmer an den Verbraucher 591
    2. Rücknahme der Sache durch
      den Unternehmer oder Min-
      derung des Kaufpreises
      durch den Verbraucher als
      Folge der Mangelhaftigkeit 592
  II. Voraussetzungen des § 478
    Abs. 2 BGB 594
    1. Verkauf einer neu hergestell-
      ten mangelhaften Sache an
      den Verbraucher 595
    2. Erfüllung der Gewährleis-
      tungsrechte gegenüber dem
      Vebraucher 596
    3. Pflicht des Unternehmers als
      Letztverkäufer, die Aufwen-
      dungen zu tragen 597
    4. Kein Verlust der Rüge 598
  III. Einwendungen 599
    1. Rechtsgeschäftlicher Aus-
      schluss 599
    2. Ausschluss durch Gesetz... 600
  IV. Einreden 601

§ 4 Der Kauf von Rechten und sonstigen
  Gegenständen 603
  A. Der Anspruch des Verkäufers auf
    Zahlung des Kaufpreises und auf
    Abnahme der Kaufsache 604
    I. Voraussetzungen 604
      1. Kaufvertrag 605
        a) Kaufgegenstand: Rechte. 606

        b) Kaufgegenstand: sons-
          tige Kaufgegenstände –
          insbesondere Unterneh-
          menskauf 607
          aa) Unternehmenskauf als
            Kauf von Sach- und
            Rechtsgesamtheit: asset-
            deal 609
          bb) Unternehmenskauf als
            Kauf von Geschäftsan-
            teilen: share-deal 610
      2. Wirksamkeit des Kaufver-
        trages 611
    II. Einwendungen und Einreden . 612
  B. Gewährleistungsansprüche des
    Käufers beim Kauf von Rechten
    und sonstigen Kaufgegenstän-
    den, insbesondere beim Unterneh-
    menskauf, §§ 453 Abs. 1, 437 BGB . 613
    I. Besonderheiten der Gewähr-
      leistung beim asset deal 614
      1. Voraussetzungen 614
        a) Mängeln an Einzelgegen-
          ständen des Unterneh-
          mens 616
        b) Mangelhaftes Unterneh-
          men 617
        c) Mängel an einzelnen
          Gegenständen als Mängel
          des Unternehmens 618
        d) Angaben zu Umsatz und
          Ertrag als Mangel 619
      2. Einwendungen und Einre-
        den: § 442 BGB und due
        diligence 620
    II. Besonderheiten der Gewähr-
      leistung beim share-deal 621
      1. Voraussetzungen 622
        a) Mängel am Gesellschafts-
          anteil 623
        b) Mängel am von der
          Gesellschaft betriebenen
          Unternehmen 624
        c) Mängel bei Kauf sämtli-
          cher Gesellschaftsanteile
          und beim Kauf vom Mehr-
          heitsanteilen 625
      2. Einwendungen und Einre-
        den 626

§ 5 Der Kauf unter Eigentumsvorbehalt,
§ 449 BGB. 627
A. Der Anspruch des Verkäufers auf Bezahlung des Kaufpreises und Abnahme der Kaufsache 628
B. Der Anspruch des Verkäufers auf Herausgabe der unter Eigentumsvorbehalt verkauften Sache 629
  I. Voraussetzungen. 629
    1. Abschluss eines wirksamen Kaufvertrages unter Eigentumsvorbehalt, § 449 Abs. 1 BGB. 630
    2. Herausgabeverlangen nach Rücktritt des Verkäufers vom Vertrag 631
      a) Rücktritt gemäß § 323 Abs. 1, 346 BGB. 632
      b) Rücktritt gemäß § 324, 346 BGB 633
  II. Einwendungen und Einreden . 634
  III. Einstweiliger Rechtsschutz . . . 635
    1. *Muster:* Antrag auf Erlass einer einstweiligen Verfügung 636
    2. Der Widerspruch im Beschlussverfahren 637
    Muster: Widerspruch im Beschlussverfahren 638
  IV. Zwangsvollstreckung 639
    1. Zulässigkeit der Drittwiderspruchsklage. 640
      a) Statthaftigkeit 640
      b) Örtliche und sachliche Zuständigkeit. 641
      c) Ordnungsgemäßer Antrag 642
      d) Rechtsschutzbedürfnis. . . 643
    2. Begründetheit der Drittwiderspruchsklage 644
      Muster: Drittwiderspruchsklage gemäß § 771 ZPO und Ordnungsantrag gemäß §§ 771 Abs. 3, 769 ZPO 645

§ 6 Kauf auf Probe 646
A. Der Anspruch des Verkäufers auf Zahlung des Kaufpreises und Abnahme der Kaufsache, §§ 433 Abs. 2, 454, 455 BGB 647

  I. Voraussetzungen 647
    1. Abschluss eines wirksamen Kaufvertrages 648
    2. Bedingung: Billigung/Missbilligung im Belieben des Käufers 649
    3. Billigung/Missbilligung. 650
    4. Billigungsfrist, § 455 BGB . . . 651
  II. Einwendungen und Einreden . 652
B. Ansprüche des Käufers auf Untersuchung, § 454 Abs. 2 BGB 653

§ 7 Der Wiederkauf, §§ 456ff BGB 654
A. Der Anspruch des Wiederkäufers auf Herausgabe des gekauften Gegenstandes, §§ 457 Abs. 1, 456 Abs. 1, 433 BGB 655
  I. Voraussetzungen 656
    1. Wirksamer Kaufvertrag über einen bestimmten Gegenstand 657
    2. Wirksame Vereinbarung des Wiederkaufsrechts im Kaufvertrag 658
      a) Vereinbarung des Wiederkaufsrechts 658
        aa) Wiederkaufsabrede 658
        bb) Wiederkaufspreis, § 456 Abs. 2 BGB; § 460 BGB. . . . 659
        cc) Abgrenzung: insbes.: Wiederkaufsrecht und Rückkauf 660
      b) Wirksamkeit des Widerkaufsrechts 661
    3. Ausübung des Wiederkaufsrechts durch den Wiederkäufer innerhalb der Wiederkaufsfrist. 662
  II. Rechtsfolgen 663
B. Der Anspruch des Wiederkäufers auf Schadensersatz, §§ 457 Abs. 2 S. 1, 456 Abs. 1, 433 BGB 664
  I. Voraussetzungen 665
    1. Wirksamer Kaufvertrag über einen bestimmten Gegenstand 665
    2. Wirksame Vereinbarung des Wiederkaufsrechts im Kaufvertrag 666

1 Inhalt

3. Verschlechterung, Untergang oder anderweitige Unmöglichkeit der Herausgabe des gekauften Gegenstandes 667
4. Verschulden 668
II. Einwendungen und Einreden 669
III. Rechtsfolgen 670
C. Der Anspruch des Wiederkäufers auf Beseitigung von Rechten Dritter, §§ 458, 456 Abs. 1, 433 BGB .. 671
D. Der Anspruch des Wiederverkäufers auf Ersatz von Verwendungen, §§ 459, 456 Abs. 1, 433 BGB . 672

§ 8 Das Vorkaufsrecht, §§ 463ff BGB... 673
A. Der Anspruch des Vorkaufsberechtigten auf Übergabe und Übereignung des Kaufgegenstandes, §§ 463, 464 Abs. 1, 433 BGB . 674
I. Voraussetzungen 675
1. Wirksam vereinbartes Vorkaufsrecht im Kaufvertrag zwischen Vorkaufsberechtigten (Käufer) und Vorkaufsverpflichtetem (Verkäufer) 675
2. Vorkaufsfall 676
a) Kaufvertrag zwischen Vorkaufsverpflichtetem (Verkäufer) und Drittkäufer.. 676
aa) Kaufvertrag 676
bb) Drittkäufer............. 678
b) Wirksamkeit des Kaufvertrages zwischen Vorkaufsverpflichtetem (Verkäufer) und Drittkäufer 679
3. Ausübung des Vorkaufsrechts, § 464 BGB 680
II. Einwendungen und Einreden. 681
1. Ausschluss des Vorkaufsrechts 681
a) Ausschluss durch Erlassvertrag................. 681
b) Gesetzliche Ausschlussgründe. 682

c) Ausschluss durch Vereinbarung zwischen Vorkaufsverpflichtetem und Drittkäufer 683
d) Konfusion 684
2. Keine Verjährung 685
III. Rechtsfolgen................. 686
B. Gewährleistungsansprüche des Vorkäufers 687

§ 9 Kaufverträge, bei denen die Kaufsache mehrmals oder wiederkehrend geleistet wird..................... 688
A. Abgrenzung: Teillieferungsvertrag – Sukzessivlieferungsvertrag – Dauerlieferungsvertrag – Rahmenverträge 689
B. Die Gewährleistungsansprüche des Käufers bei mangelhafter Lieferung beim Teillieferungsvertrag 690
Muster: Schadensersatzklage des Käufers bei mangelhafter Lieferung beim Teillieferungsvertrag.. 691
C. Die Gewährleistungsrechte des Käufers bei mangelhafter Lieferung beim Suksessivlieferungsvertrag..................... 692
Muster: Klage des Käufers bei mangelhafter Lieferung beim Suksessivlieferungsvertrag.......... 693
D. Die Gewährleistungsansprüche des Käufers bei mangelhafter Lieferung beim Dauerlieferungsvertrag...................... 694
E. Die Gewährleistungsrechte des Käufers bei Mangelhaftigkeit der Leistung bei Rahmenverträgen... 695

§ 10 Der Handelskauf 697

§ 11 Der Tauschvertrag................. 699
A. Abgrenzung zum Kauf 700
I. Doppelkauf 701
II. Ringtausch 702
III. Inzahlungnahme von Gebrauchtwagen............. 703
B. Erfüllungsansprüche 704
C. Die Gewährleistungsrechte der Tauschpartner 705

MUSTERVERZEICHNIS

		Rn.
§ 1	Einleitung	1
§ 2	Der Kauf von Sachen	27
1	Klage auf Kaufpreiszahlung und Feststellung des Annahmeverzugs	78
2	Klageerwiderung bei Erfüllung	87
3	Klageerwiderung bei Leistung erfüllungshalber	92
4	Klageerwiderung bei Aufrechnung	103
5	Klageerhebung bei Unmöglichkeit, Einrede der Nichterfüllung (§ 320 BGB)	127
6	Teilklage	179
7	Klage auf Kaufpreiszahlung vor der Kammer für Handelssachen	183
8	Klage und Streitverkündung	212
9	Feststellungsklage	240
10	Klageerwiderung mit hilfsweiser Aufrechnung	257
11	Klageerwiderung mit hilfsweiser Aufrechnung und hilfsweiser Widerklage	269
12	Antrag auf Erlass eines Arrestbefehles und Arrestpfändungsbeschlusses im Eilverfahren	314
13	Erinnerung gemäß § 732 ZPO	346
14	Klauselgegenklage und einstweilige Anordnung (§§ 768, 769 ZPO)	350
15	Auflassungsklage	353
16	Klage auf Nacherfüllung	381
17	Klageerwiderung bei Unmöglichkeit der Nachbesserung	385
18	Klageerwiderung bei Ausschluss der Gewährleistung wegen Kenntnis des Mangels	404
19	Klageerwiderung bei Ausschluss der Gewährleistung nach § 377 HGB	407
20	Klage auf Kaufpreisrückzahlung wegen Rücktritts	441
21	Klage auf Minderung	455
22	Klage auf Schadensersatz bei anfänglicher Unmöglichkeit der Nacherfüllung	474

1 Musterverzeichnis

23 Klage bei kleinem Schadensersatzanspruch, §§ 437 Nr. 3, 280 Abs. 1, 3, 281 Abs. 1 s. 1 BGB — 495

24 Klage bei großem Schadensersatzanspruch, §§ 437 Nr. 3, 280 Abs. 1, 3, 281 Abs. 1, s. 1, 3 — 499

25 Klage auf Rücktritt und Aufwendungsersatz — 504

26 Klage auf Schadensersatz bei arglistigem Verschweigen eines Mangels — 515

§ 3 Der Verbrauchsgüterkauf und Kauf unter Verwendung besonderer Vertriebsformen — 528

27 Klageerwiderung bei Haustürgeschäften — 548

28 Klageerwiderung bei Fernabsatzvertrag — 556

29 Muster auf Schadensersatz beim Verbrauchsgüterkauf — 583

§ 4 Der Kauf von Rechten und sonstigen Gegenständen — 603

30 Antrag auf Erlass einer einstweiligen Verfügung — 636

31 Widerspruch im Beschlussverfahren — 638

32 Drittwiderspruchsklage gemäß § 771 ZPO und Ordnungsantrag gemäß §§ 771 Abs. 3, 769 ZPO — 645

§ 5 Der Kauf unter Eigentumsvorbehalt, § 449 BGB — 627

§ 6 Kauf auf Probe — 646

§ 7 Der Wiederkauf, §§ 456 FF BGB — 654

§ 8 Das Verkaufsrecht, §§ 463 FF BGB — 673

§ 9 Kaufverträge, bei denen die Kaufsache mehrmals oder wiederkehrend geleistet wird — 688

33 Schadensersatzklage des Käufers bei mangelhafter Lieferung beim Teillieferungsvertrag — 691

34 Klage des Käufers bei mangelhafter Lieferung beim Sukzessivlieferungsvertrag — 693

§ 10 Der Handelskauf — 697

§ 11 Der Tauschvertrag — 699

§ 1 Einleitung

Literatur: Baumbach/Lauterbach/Albers/Hartmann, Zivilprozessordnung, 63. Auflage, 2005; Baumbach/Hopt, Handelsgesetzbuch, 31. Auflage 2003; Boente, Besondere Vertriebsformen im BGB, JURA 2002, 222; Derleder, Sachmängel- und Arglistenhaftung nach neuem Schuldrecht, NJW 2004, 969; Derleder/Hoolmans, Vom Schuldnerverzug zum Gläubigerverzug und zurück, NJW 2004; 2987; Eidenmüller, Rechtskauf und Unternehmenskauf, ZGS 2002, 292ff; Ebert, Das Recht des Verkäufers zur zweiten Andienung und seine Risiken für den Käufer, NJW 2004, 1761; Ernst, Die Zurückweisung der Ware, NJW 1997, 896; Fleischer/Körber, Due Diligence und Gewährleistung beim Unternehmenskauf, BB 2001, 841; Fülbier, Zur Fremdwährung der beweglichen Sache und Ware und zur Geldschuld als Sachschuld, NJW 1990, 2797; Gierke/Paschen, Mängelgewährleistung beim Unternehmenskauf, GmbHR 2002, 457; Grigoleit, Besondere Vertriebsformen im BGB, NJW 2002, 253; Gsell, Deliktsrechtlicher Eigentumsschutz bei „weiterfressendem Mangel", NJW 2004, 1913; Habersack/Mayer, Der Widerruf von Haustürgeschäften nach der Heiniger-Entscheidung des EuGH, WM 2002, 2532; Hammen, Neue Bürgschaftsbedingungen der Geschäftsbanken, NJW 2003, 2588; Höpfner, Vertraglicher Schadensersatz trotz Anfechtung?, NJW 2004, 2865; Huber, Der Nacherfüllungsanspruch im neuen Kaufrecht, NJW 2002, 1004; Jauernig, Bürgerliches Gesetzbuch, 11. Auflage 2004; Katzenmeier, Agenturgeschäft im Gebrauchtwagenhandeln, NJW 2004, 2632; Kindl, Unternehmenskauf und Schuldrechtsmodernisierung, WM 2003, 409; Kügel, Die Entwicklung des Altlasten- und Bodenschutzrechts, NJW 2004, 1570; Lorenz, Selbstvornahme der Mängelbeseitigung im Kaufrecht, NJW 2003, 1417; ders., Sachmangel und Beweislastumkehr im Verbrauchsgüterkauf - Zur Reichweite der Vermutungsregelung des § 276 BGB, NJW 2004, 3020; Mansel, Die Neuregelung des Verjährungsrechts, NJW 2002, 89ff; Meub, Fernabsatz und E-Commerce nach neuem Recht, DB 2002, 359; Müller, Einfluss der due diligence auf die Gewährleistungsrechte des Käufers beim Unternehmenskauf, NJW 2004,219;. Münchner Kommentar zum Bürgerlichen Gesetzbuch, Band 3, 4. Auflage 2004; Musielak, Die Falschlieferung beim Stückkauf nach dem neuen Schuldrecht, NJW 2003, 89ff; Palandt, Bürgerliches Gesetzbuch, 64. Auflage 2005; Oechsler, Praktische Anwendungsprobleme des Nacherfüllungsanspruchs, NJW 2004, 1825; Schneider, Widerrufsbelehrung beim Ratenlieferungsvertrag, ZGS 2003, 21; Schulze/Kienle, Der Kauf unter Eigentumsvorbehalt – Eine Kehrtwende des Gesetzgebers?, NJW 2002, 2843; Staudinger, Kommentar zum Bürgerlichen Gesetzbuch, 2004; Teichmann, Kauf- und Werkvertrag in der Schuldrechtsreform, ZfBR 2002, 11, 19; Staudinger, Unbegrenztes Widerrufsrecht bei Haustürgeschäften ohne Belehrung, ZGS 2002, 225; Stiller, Unternehmenskauf im Wege des Asset-Deal, BB 2002, 2619; Strelow/Hein, Garantiehaftung: Beschränkung trotz § 444 BGB – Ein Vorschlag für die Praxis des Unternehmenskaufs, DB 2003, 1155; Thamm/Möffert, Die Mängelrüge im Handelsverkerkehr im Lichte jüngster Rechtsprechung, NJW 2004, 2710; Thode, Die wichtigsten Änderungen im BGB-Werkvertragsrecht: Schuldrechtsmodernisierungsgesetz und erste Probleme, NZBau 2002, 267, 269; Thomas/Putzo, Zivilprozessordnung, 24. Auflage 2002; Triebel/Hölzle, Schuldrechtsreform und Unternehmenskaufverträge, BB 2002, 521; Wachter, Auswirkungen der Schuldrechtsreform auf die GmbH-Errichtung, GmbHR

2002, 665; Wagner, Mangel- und Mangelfolgeschäden im neuen Schuldrecht?, NJW 2002, 475ff; Weitnauer, Der Unternehmenskauf nach neuem Schuldrecht, NJW 2002, 2511; Wenzel, Vertragsschluss bei Internetauktionen – ricardo.de, NJW 2002, 1550; Wertenbruch, Gewährleistung beim Kauf von Kunstgegenständen nach neuem Schuldrecht, NJW 2004, 1977; Westerman, Das neue Kaufrecht, NJW 2002, 241ff; Graf von Westphalen,„Garantien" bei Lieferung von Maschinen und Anlagen – Todesstoß für Haftungsbegrenzungen durch §§ 444, 639 BGB?, ZIP 2002, 545; Wunderlich, Die kaufrechtliche Haftung beim Asset-deal nach dem SchuldRModG, WM 2002, 981; Zöller, Kommentar zur ZPO, 24.Auflage, 2004.

A. Das kaufrechtliche Mandat

I. Vorbemerkungen

1 Bevor in rechtlichen Streitigkeiten prozessuale Schritte eingeleitet werden, sollte der Anwalt im Vorfeld alle wesentlichen Fragen abschließend klären. Hierbei sollte er aus Zeit- und Kostengründen auch stets im Blick behalten, ob einem Prozess eine außergerichtliche Einigung zwischen den Parteien vorzuziehen ist. Sofort Klage zu erheben ist in den seltensten Fällen angebracht. Schon bei der Beurteilung dieser ersten Fragen darf der Anwalt nicht vergessen, sich auch im Hinblick auf mögliche Regressansprüche richtig abzusichern.

II. Der vorprozessuale Bereich: Erste Überlegungen vor und nach Übernahme des kaufrechtlichen Mandates

2 Abgesehen von den Fällen, in denen bereits ein fester Mandantenkreis besteht und die Beauftragung in der Regel schriftlich erfolgt, besteht der Erstkontakt zumeist in einem Anruf des Mandanten im Büro, mit dem ihnen die Übernahme eines kaufrechtlichen Mandats angetragen wird. An den ersten telefonischen Kontakt wird sich regelmäßig ein erster Besprechungstermin anschließen.

1. Abfordern der wesentlichen Vertragsunterlagen

3 Um das Mandatsübernahmegespräch entsprechend vorbereiten zu können, sollte ein Standardschreiben entwickelt oder dem Mandanten bereits telefonisch mitgeteilt werden, welche Unterlagen er zu dem Ersttermin mitnehmen soll. Handelt es sich um eine umfangreichere Angelegenheit empfiehlt sich sogar, den Mandanten anzuhalten, vor Stattfinden des ersten Besprechungstermins die wesentlichen Unterlagen in Kopie zu überreichen.

4 Dabei geht es in der Regel:
- um den schriftlichen Vertrag (ggf. das Angebot nebst Annahmeerklärung) einschließlich aller etwaigen besonderen oder zusätzlichen Vertragsbedingungen, insbesondere allgemeinen Geschäftsbedingungen,
- um eine eventuell vorhandene Widerrufs-, Rücktritts- oder Kündigungserklärung (nebst der vorbereitenden Fristsetzungen),
- um ggf. vorhandene Rechnungen

A. Das kaufrechtliche Mandat

- um die einschlägige Korrespondenz, insbesondere die zuletzt gewechselten Schreiben,
- um ein etwaig vorhandenes Sachverständigengutachten,
- um ggf. vorhandene Sicherungsmittel, insbesondere Bürgschaften,
- und im Prozessfall: um die Klageschrift mit Ladung und Zustellungsurkunde einschließlich aller Anlagen.

2. Vollmachtserteilung

Bei mehreren Auftraggebern (z.B. bei einer Gesellschaft bürgerlichen Rechts oder bei einer Wohnungseigentümergemeinschaft) ist darauf zu achten, dass die dem Rechtsanwalt erteilte Vollmacht von allen unterschrieben wird. Andernfalls kann es später zu Differenzen darüber kommen, wer den Auftrag erteilt hat und dadurch Gebührenschuldner geworden ist und ob die Vergütung nach § 7 RVG erhöht wird. Wird das versäumt und unterschreibt nur einer der Erschienenen, so bleibt der Anwalt später möglicherweise auf seinem Gebührenanspruch sitzen. Es kann sich nämlich herausstellen, dass derjenige, der unterschrieben hat, vermögenslos ist, der vermögende andere Erschienene aber leugnet, einen eigenen Auftrag erteilt zu haben. Das Fehlen seiner Unterschrift unter der Vollmacht spricht dann beweisrechtlich für ihn. Insbesondere in Wohnungseigentumssachen, in denen die Wohnungseigentümer selbst Partei sind, ist auf die Vollständigkeit der Unterschriften zu achten. Hier begehen Anwälte immer wieder Fehler, weil ihnen die Regelung des § 27 WEG nicht geläufig ist. Der Anwalt muss sich von jedem einzelnen Wohnungseigentümer schriftlich bevollmächtigen lassen. Wird er vom Verwalter beauftragt, dann muss er sich auch dessen Bevollmächtigung durch die Wohnungseigentümer nachweisen lassen, weil der Verwalter nicht deren gesetzlicher Vertreter ist, § 27 Abs. 2 Nr. 5, Abs. 5 WEG.

3. Zur Haftung des Rechtsanwalts

Bei der Beratung und Belehrung des Mandanten sowie der sorgfältigen Aufklärung des Sachverhalts soll der Anwalt stets den „sichersten Weg" wählen. Hierbei soll er auch darauf achten, dass das Gericht fehlerfrei arbeitet und mögliche Änderungen der Rechtsprechung einkalkulieren. Bei Versäumnissen muss er den eigenen Mandanten auf mögliche Regressansprüche gegen sich hinweisen. Unterlässt er dies, setzt er sogar eine weitere Verjährungsfrist nach § 51b BRAO in Gang (sog. Sekundärhaftung des Anwalts). Der Anwalt hat also allen Anlass, von vornherein für Nachweise zu sorgen, dass er sich pflichtgemäß verhalten hat. Der für ihn sicherste Weg ist es, jedenfalls in schwierigen und kritischen Fällen die mündliche Beratung kurz schriftlich zu bestätigen. Das verhindert spätere Auseinandersetzungen darüber, ob das Unterliegen des Mandanten auf mangelnde Beratung des Anwalts zurückzuführen ist.

4. Vereinbarung einer Haftungsbeschränkung

Angesichts der nahezu unbegrenzten Haftung sollte der Anwalt von vornherein bemüht sein, Haftungsrisiken auszuschalten. Dazu gehört zunächst einmal, dass er schon bei Mandatserteilung nachweisbar klarstellt, welcher Auftrag ihm erteilt wird, und dass er seinen Aufklärungs- und Hinweispflichten gegenüber dem Mandanten nachgekommen ist. Darüber hinaus kann der Rechtsanwalt sich nur noch durch eine

Marfurt

Haftungsbeschränkung schützen. Er hat im Rahmen des § 51a BRAO die Möglichkeit, durch Vereinbarung mit dem Mandanten einen Haftungsrahmen nach oben festzulegen.

8 Durchgehend sollte die Vorsichtsmaßnahme beachtet werden, jeden wichtigen Schriftsatz, insbesondere aber die Klageschrift oder die Klageerwiderungsschrift, der Partei vorab im Entwurf zu schicken, damit diese den Inhalt genehmige. Das bewahrt vor dem nicht seltenen Vorwurf, der Anwalt habe die Informationen der Partei nicht beachtet oder falsch wiedergegeben.

5. Einseitige Willenserklärungen

9 Ferner muss zu Beginn jedes Falles stets die Vorschrift des § 174 BGB im Blick behalten werden. Ein einseitiges Rechtsgeschäft, das ein Bevollmächtigter einem anderen gegenüber vornimmt, ist unwirksam, wenn der Bevollmächtigte keine Vollmachtsurkunde im Original vorlegt und der andere die rechtsgeschäftliche Erklärung aus diesem Grund unverzüglich zurückweist. Einseitige Rechtsgeschäfte bilden den Gegensatz zu den Verträgen, also den zweiseitigen Rechtsgeschäften. Zu den einseitigen Rechtsgeschäften zählen etwa Kündigung, Aufrechnung, Rücktritt, Anfechtung, Ausübung eines Widerrufsrechts oder des Wahlrechts. Die Zurückweisung nach § 174 BGB ist ein selbst einseitiges Rechtsgeschäft, weil sie eine Rechtsfolge auslösen soll, nämlich die Nichtberücksichtigung der zurückgewiesenen Erklärung.

10 Vielfach wird die Vorschrift des § 174 BGB auch auf einseitige geschäftsähnliche Handlungen wie etwa Mahnung, Abmahnung, Fristsetzung, Annahme eines Vertragsangebotes und dergleichen entsprechend angewandt. Der Anwalt wählt den sichersten Weg, wenn er sich auf diese Kontroverse gar nicht erst einlässt. Das Risiko einer später vom Gericht als wirksam angesehenen Zurückweisung einer Erklärung muss daher immer berücksichtigt werden.

6. Wahl der Parteien

11 Schon im vorprozessualen Stadium sind Strategieüberlegungen anzustellen, die für den Ausgang des Rechtsstreits entscheidend sein können. So kann etwa die Wahl des Klägers von vornherein die mögliche Rechtsverteidigung des Gegners steuern, beispielsweise, indem ein Gesamtgläubiger seinen Anspruch an den anderen abtritt und dieser allein klagt, so dass der andere als Zeuge zur Verfügung steht. Von Fall zu Fall ist daher vorausschauend abzuwägen, welche Konstellationen sich bei welchen Voraussetzungen für Kläger und Beklagten ergeben können. Ein Kläger kann sich durch Abtretung Beweisvorteile verschaffen. Die Beweislast zu haben, ist bekanntlich der halbe Prozessverlust. Nicht selten verhält es sich aber so, dass nur der Anspruchsberechtigte und sein Schuldner eigenes Wissen über den rechtsbegründenden Sachverhalt haben. Tritt dann der Kläger seinen Anspruch an einen Dritten ab, der die Forderung einklagt, so ist der Kläger prozessual unbeteiligt und kann als Zeuge vernommen werden. Die Verteidigungsposition des Beklagten verschlechtert sich damit außerordentlich. Eine solche prozesstaktisch motivierte Abtretung kann bei der Beweiswürdigung durch das Gericht ausgeglichen werden.

Eine Abtretung zur Beschaffung eines Zeugen kommt auch dann in Betracht, wenn ein Dritter über den klagebegründenden Sachverhalt informiert ist, aber wahrscheinlich zu Gunsten des Beklagten aussagen wird. Dann dient die Abtretung gewissermaßen der Herstellung der Waffengleichheit. Dieser Gesichtspunkt veranlasst übrigens manche Gerichte, in solchen Abtretungsfällen kurzerhand den Beklagten als Partei zu vernehmen. Es ist dann eine weitgehend akademische Frage, ob diese Parteivernehmung schon allein zur Durchsetzung des Grundsatzes der Waffengleichheit erlaubt ist. Immerhin folgt der Grundsatz der Waffengleichheit aus dem verfassungsrechtlichen Gebot, ein faires Verfahren zu gewähren. Ganz abgesehen davon muss eine einmal durchgeführte Parteivernehmung in der Instanz und sogar im Berufungsverfahren berücksichtigt werden, weil sie zum gesamten Inhalt der Verhandlungen gehört (§ 286 Abs. 1 S. 1 ZPO). Im Grunde handelt es sich nur um ein Scheinproblem, da dem Gericht immer statt der Parteivernehmung nach § 448 ZPO die Anhörung der Parteien nach § 141 ZPO freisteht und auch deren Ergebnis bei der Beweiswürdigung zu berücksichtigen ist. Ein anderes Problem bei der Zeugenbeschaffung durch Abtretung liegt darin, dass der Beklagte die Möglichkeit bekommt, im Rechtsstreit Widerklage gegen den Zedenten zu erheben und diesen dadurch als Zeugen zu eliminieren.

Der Aktivlegitimation des Klägers entspricht die Passivlegitimation des Beklagten, der auch passiv prozessführungsbefugt sein kann.

Wer materiell-rechtlich der richtige Anspruchsgegner ist, kann oft aus tatsächlichen Gründen zweifelhaft sein. Haben beispielsweise beide Ehegatten den Kaufvertrag abgeschlossen, aus dem der Kläger klagen will? Was verbirgt sich hinter der Bezeichnung Kaufhaus Müller? Handelt es sich um den Namen eines Kaufmanns (§ 17 HGB) oder nur um einen Fantasienamen? Welche natürliche Person steht dahinter? Wie lautet der entgegen § 18 Abs. 1 HGB oder § 15a Abs. 1 Gewerbeordnung verschwiegene Vorname? Diese Fragen sind vorweg zu beantworten. Allerdings sollte der Anwalt diese Klärung grundsätzlich dem Mandanten überlassen, der am besten wissen muss oder ermitteln kann, mit wem er den Vertrag abgeschlossen hat.

Eilt es mit der Einreichung der Klage, dann kann es angebracht sein, die Klageschrift mit der ungenauen Parteibezeichnung oder zunächst gegen alle in Betracht kommenden Schuldner einzureichen. Eine ungenaue oder unrichtige Parteibezeichnung kann berichtigt werden, wenn die Identität der Parteien erhalten bleibt. Auch lässt sich Zeit für die Klärung der Zweifel gewinnen, wenn erst einmal die Aufforderung zur Zahlung des Gerichtskostenvorschusses abgewartet oder der geforderte Vorschuss zunächst nicht eingezahlt wird. Dadurch kann die Zustellung der Klage blockiert werden (§ 65 Abs. 1 S. 1 GKG). Mängel der Klageschrift können später noch durch Berichtigung oder Rügeverzicht (§ 295 ZPO) geheilt werden.

7. Vollstreckungsrechtliche Überlegungen

Stets sollte vor der Durchführung eines Prozesses auch die wirtschaftliche Solvenz der Gegenseite überprüft werden. Hat der Anwalt nämlich für den Mandanten lediglich einen Titel für die Pinnwand erstritten, so hat der Mandant gutes Geld in eine wirtschaftlich nutzlose Sache inversiert, was er im Zweifel – insbesondere bei mangelndem

Hinweis auf ein ggf. bestehendes Insolvenzrisiko – seinem Prozessvertreter vorhalten wird.

17 Darüber hinaus ist bei der Wahl des oder der Beklagten zu berücksichtigen, wie die Vollstreckung eines obsiegenden Urteils ablaufen würde. Zum Beispiel ist eine OHG rechtlich selbstständig und kann vor Gericht verklagt werden (§ 124 HGB). Daneben haften aber auch die Gesellschafter persönlich für die Schulden der OHG (§ 128 HGB). Wird nun lediglich die Gesellschaft verklagt und erweist diese sich später in der Zwangsvollstreckung als vermögenslos, dann kommt der Gläubiger vollstreckungsrechtlich nicht an den oder die Gesellschafter heran. Er muss neu klagen. Bei einer maroden OHG haben im Zweifel dann andere Gläubiger den oder die Gesellschafter längst ausgepfändet. Für den Schaden, der dem Kläger durch die doppelte Prozessführung oder gar durch den Ausfall mit seiner Forderung entsteht, wird der Anwalt möglicherweise haftbar zu machen sein. Er hätte das Vollstreckungsrisiko vermeiden können, indem er von vornherein Gesellschaft und Gesellschafter gemeinsam verklagt.

8. Berücksichtigung des Kostenrisikos

18 Aufgabe des Rechtsanwalts ist es auch, seinen Mandanten vor vermeidbaren Kostenbelastungen zu bewahren. In vielen Fällen ist dieses Risiko nur die Kehrseite des Vorteils, der beweisrechtlich mit subjektiver Klagehäufung auf der Passivseite verbunden ist, um mögliche Zeugen des Gegners auszuschalten. Wird die Klage abgewiesen, dann erhöht das den prozessualen Kostenerstattungsanspruch und zwar immer hinsichtlich der Erhöhung des § 7 RVG und manchmal auch durch Verdopplung der zu entstehenden Kosten, wenn die verklagten Gegner sich jeweils durch eigene Anwälte haben vertreten lassen. Auf dieses Kostenrisiko muss der Anwalt seinen Mandanten jedenfalls dann hinweisen, wenn die Zahl der Beklagten überdurchschnittlich groß ist. Der sicherste Weg, späteren Vorwürfen des Mandanten vorzubeugen, sind Hinweise auf das gesteigerte Kostenrisiko sobald drei oder mehr Beklagte als Streitgenossen in Anspruch genommen werden sollten.

B. Die unterschiedlichen Kaufverträge

19 Der Kaufvertrag ist ein schuldrechtlicher gegenseitiger Vertrag. Gemeinsam haben alle Kaufverträge, dass sich beim Kauf einer oder mehrere Verkäufer und einer oder mehrere Käufer gegenüberstehen. Notwendiger Mindestinhalt ist die Einigung von Verkäufer und Käufer über einen Kaufgegenstand und einen Kaufpreis. Im Privatrechtsverkehr haben sich zahlreiche Kaufvertragsarten bzw. Kaufvertragstypen herausgebildet. Sie sind vornehmlich nach der Art des Kaufgegenstandes, den an dem Kauf beteiligten Parteien und nach bestimmten Kaufvertragsmodalitäten voneinander abzugrenzen. Allerdings sind die Übergänge im Einzelnen fließend, so dass regelmäßig Kombinationen der verschiedenen Modelle denkbar sind. So kann ein Kaufvertrag über einen bewegliche Sache einerseits zwischen einem Unternehmer (§ 14 BGB) und einem Verbraucher (§ 13 BGB) abgeschlossen werden, möglich ist aber auch der Abschluss zwischen zwei Unternehmern oder zwei Verbrauchern. Gleichsam kann dann dieser Kaufvertrag mit besonderen Vertragsabschlussmodalitäten, z.B. im Wege des Fernabsatzes, abgeschlossen werden. Die Differenzierung nach Art des Kaufgegen-

standes, den Vertragsparteien und Kaufvertragsabschlussmodalitäten ist aber wichtig, um die unterschiedlichen Voraussetzungen und Rechtsfolgen im Hinblick auf die Erfüllungs- und Gewährleistungsansprüche beurteilen zu können.

I. Kaufgegenstand

Die Differenzierung nach dem Kaufgegenstand erlaubt die Unterteilung der Kaufverträge in Verträge, die Sachen, Rechte oder sonstige Gegenstände zum Kaufgegenstand haben.

Der Kauf kann sich auf Sachen beziehen (**Sachkauf**). § 433 Abs. 1 BGB beschreibt den Kaufgegenstand mit dem Begriff „Sache". Nach § 90 BGB sind Sachen körperliche, im Raum abgrenzbare Gegenstände in jedem Aggregatzustand. Bei dem Kauf von Sachen in zunächst nach dem **Kauf von beweglichen und unbeweglichen Sachen** (Immobilien) zu differenzieren. Beide Vertragsarten haben unterschiedlichen Anforderungen an ihr Zustandekommen (z.B. Formzwang für den Grundstückskaufvertrag, §§ 125, 311b BGB, §§ 873, 925 BGB) und weisen den ihren Kaufgegenständen innewohnende Besonderheiten bei der Beurteilung von Gewährleistungsrechten auf (z.B. Mangelbegriff, Verjährung von Gewährleistungsansprüchen). Schließlich ist der Kauf von Tieren gemäß § 90a BGB wie der Kauf von Sachen zu behandeln.

Der Kaufgegenstand eines Vertrages muss aber nicht zwingend eine Sache sein. So können auch **Rechte** und **sonstige Gegenstände** Gegenstand eines Kaufvertrages sein. Bei dem Kauf von Rechten kommen als Kaufgegenstand beschränkte dingliche Rechte wie die Hypothek, die Grundschuld und das Pfandrecht in Betracht. Weiter können immaterielle Rechte wie Patent-, Verlags-, Firmen- und Markenrechte Gegenstand eines Kaufvertrages sein. Auch Mitgliedschaftsrechte wie Geschäftsanteile an einer GmbH, eine Aktiengesellschaft, Geschäftsanteile einer Personengesellschaft sowie Forderungen aus einem vertraglichen oder gesetzlichen Schuldverhältnis (Kaufpreisforderung, Forderung aus Übereignung der Sache, Ansprüche aus § 823f BGB, GOA) können Gegenstand eines Kaufvertrages sein. Sonstige Kaufgegenstände sind insbesondere die entgeltliche Übertragung von Unternehmen oder nur Unternehmensanteilen, freiberuflicher Praxen, Kaufverträge über Elektrizität und Fernwärme,[1] Wasser, Gas, (nicht geschützte) Erfindungen, technisches Knowhow, Werbeideen und Software.[2]

II. Besonderen Arten des Kaufs

Zu beachten ist stets auch, ob möglicherweise besondere Arten des Kaufs vorliegen. Der Kauf unter Eigentumsvorbehalt hat große Bedeutung im Warenverkehr. Er ist das häufigste und wichtigste Kreditsicherungsmittel. In den §§ 454ff BGB sind der Kauf auf Probe (§§ 454, 455 BGB), der Wiederkauf (§§ 456ff. BGB), und das Vorkaufsrecht (§ 463ff BGB) geregelt. Bei all den vorausgezählten Fällen handelt es sich um besondere Arten des Kaufs, die gesetzlich geregelt sind. Daneben ist an gesetzlich nicht geregelte besondere Kaufarten zu denken. Hierbei kann es sich um Teillieferungsverträge, Sukzessivlieferungsverträge, Dauerlieferungsverträge und Rahmenverträge handeln.

---
1 Palandt/Putzo, § 453 Rn. 6.
2 BGH NJW 1988, 406, 407; 1998, 2000 132, 133.

III. Kaufvertragsparteien

24 Im Hinblick auf die am Kaufvertrag beteiligten Parteien ist insbesondere von Bedeutung, ob ein Vertrag zwischen einem Verbraucher (§ 13 BGB) und einem Unternehmer (§ 14 BGB), zwischen zwei Unternehmern oder zwischen zwei Verbrauchern abgeschlossen worden ist. Wichtig ist die Unterscheidung vornehmlich im Hinblick auf die Rechtsfolgen (z.B. Beweislastumkehr für Mängel beim Verbrauchsgüterkauf). Weiter ergeben sich Besonderheiten, wenn es sich bei den Kaufvertragsparteien um Parteien handelt, die Kaufleute i.S.d. §§ 1ff HGB sind. Für Verträge unter Kaufleuten sind die Sonderregelungen des Handelsgesetzbuches (§§ 373-381 HGB) zu beachten.

IV. Kaufvertragsabschlussmodalitäten

25 Schließlich kann beim Kaufgeschäft auch die Modalität, unter der der Kaufvertrag abgeschlossen worden ist, nicht unberücksichtigt bleiben. So können Kaufverträge durch Besondere Vertriebsformen (Haustürgeschäfte, §§ 312ff BGB, Fernabsatz, §§ 312bff BGB, Vertrag im elektronischen Geschäftsverkehr, §§ 312e BGB) abgeschlossen werden. Ein Kaufvertrag kommt auch bei der privatrechtlichen Versteigerung durch den Zuschlag (§ 156 BGB) zustande.

V. Territorialer Anwendungsbereich

26 Schließlich ist zu differenzieren, ob es sich um einen Kauf im Inland handelt oder einen grenzüberschreitenden internationalen Kaufvetrag, bei dem stets nach dem IPR zu prüfen ist ob die inländischen Vorschriften Anwendung finden.

§ 2 Der Kauf von Sachen

A. Kaufpreiszahlung und Abnahme der Kaufsache

I. Übersicht: Prüfungsschema für den Kaufpreisanspruch/Anspruch auf Abnahme der Kaufsache

1. Anspruchsvoraussetzungen

Für das Bestehen eines vertraglichen Anspruchs ist stets erforderlich, dass der Anspruch entstanden ist. Der Anspruch kann originär bei der Person entstanden sein, die ihn geltend macht oder aber auf die Person, die in geltend macht, übergegangen sein. Im zweiten Fall ist der Anspruch dann derivativ erworben worden, z.B. durch Abtretung nach den §§ 398 ff BGB.

Macht ein Zessionar den Anspruch geltend, ist zusätzlich zu prüfen, ob beim Zedenten der Anspruch entstanden ist und die Voraussetzungen einer wirksamen Abtretung (wirksame Einigung, kein Abtretungsverbot, Berechtigung zur Abtretung) vorliegen.

Der Kaufpreisanspruch/Anspruch auf Abnahme der Kaufsache setzt zunächst voraus, dass ein Kaufvertrag abgeschlossen worden ist. Dafür ist die Einigung der Parteien durch zwei übereinstimmende Willenserklärungen über die wesentlichen Vertragsbestandteile erforderlich (§§ 145 ff BGB). Darüber hinaus dürfen keine rechtshindernden Einwendungen (§§ 106 ff, 125 S. 1, 134, 138, 142 Abs. 1, 158 Abs. 1 BGB) bestehen, die zur Nichtigkeit des Vertrages ex tunc führen würden. Rechtshindernde Einwendungen wirken für und gegen alle, bedürfen keiner Geltendmachung und sind im Prozess von Amts wegen zu berücksichtigen.³

Liegt ein wirksamer Kaufvertrag vor, ist zu klären, welche Vereinbarung die Parteien im Hinblick auf die Vergütung getroffen haben (z.B. Zahlung in Raten) und was die Parteien bezüglich der Fälligkeit des Kaufpreisanspruchs vereinbart haben.

2. Rechtsvernichtende Einwendungen

Nachdem festgestellt ist, dass der Anspruch entstanden ist, ist zu prüfen, ob der Anspruch nicht möglicherweise untergegangen ist. Der Anspruch kann durch rechtsvernichtende Einwendungen (z.B. Erfüllung, 362 BGB; Erfüllungssurrogat, § 364 BGB, Unmöglichkeit (§§ 275, 326 BGB), Rücktritt (§ 346 Abs. 1 BGB i.V.m. §§ 323, 324, 326 Abs. 5 BGB, Aufrechnung (§§ 387 ff BGB), Hinterlegung (§§ 372 ff BGB) oder einem Erlassvertrag (§ 397 BGB) untergegangen sein. Rechtsvernichtende Einwendungen sind im Prozess vom Gericht zu berücksichtigen.

3. Rechtshemmende Einreden

Schließlich ist zu fragen, ob der Anspruch durchsetzbar ist. Es dürfen keine Einreden entgegenstehen, die den Anspruch zeitweilig oder auf Dauer in der Durchsetzbarkeit hemmen. Rechtshemmende Einreden sind im Prozess nur zu beachten, wenn sie von einer Partei geltend gemacht werden. Die Einreden bewirken materiellrechtlich ein

---

3 BGHZ 107, 268.

Leistungsverweigerungsrecht, das Bestehen des Anspruchs bleibt aber unberührt. Zeitweilige (dilatorische) Einreden sind das Zurückbehaltungsrecht (§§ 273, 1000 BGB), die Einrede des nichterfüllten Vertrages (§ 320 BGB) und die Stundung. Als dauernde (peremptorische) Leistungsverweigerungsrechte sind die Verjährung (§ 214 BGB), die Verweigerung der Leistungspflicht bei Unmöglichkeit (§ 275 Abs. 2 und 3 BGB), die Einrede der Bereicherung (§ 821 BGB) und die Arglisteinrede (§ 853 BGB).

II. Voraussetzungen

1. Abschluss des Kaufvertrages

a) Das Wesen des Kaufvertrages

32 Der Kaufvertrag ist ein schuldrechtlicher gegenseitiger Vertrag, der für den Verkäufer die Pflicht begründet, dem Käufer den Kaufgegenstand zu übergeben und ihm das Eigentum an der Sache zu verschaffen (§ 433 Abs. 1 S. 1 BGB). Als weitere Hauptflicht des Verkäufers ist in § 433 Abs. 1 S. 2 BGB geregelt, dass der Verkäufer dem Käufer die Sache frei von Sach- und Rechtsmängel zu verschaffen hat. Der Käufer ist nach § 433 Abs. 2 BGB verpflichtet, dem Verkäufer den vereinbarten Kaufpreis zu bezahlen und die gekaufte Sache abzunehmen. Zu beachten ist die strenge Abgrenzung des Kaufs vom Erfüllungsgeschäft (Kaufpreiszahlung und Übertragung des Kaufgegenstands). Der Kaufvertrag verschafft nur einen schuldrechtlichen Anspruch (**Abstraktionsprinzip**).

b) Abgrenzung zu anderen Vertragstypen

33 *aa) Zum Tausch:* Die Abgrenzung zwischen Kauf- und Tauschvertrag erfolgt dadurch, dass beim **Tausch** (§ 480 BGB) anstelle eines Kaufpreises ein Vermögenswert (Recht oder Sache) als vertragsgemäße Leistung geschuldet ist. Tausch liegt also dann vor, wenn nach dem Vertragsinhalt von beiden Vertragsparteien die Verschaffung eines Gegenstandes geschuldet ist.[4] So stellt auch das Wechseln von inländischen Geldscheinen einen Tausch dar.[5]

34 *bb) Zum Werkvertrag:* Nach dem Werkvertrag (§ 631 BGB) schuldet der Unternehmer dem Besteller einen Werkerfolg. Dieser besteht in der Herstellung der zu liefernden Sache. Die Herstellung der zu liefernden Sache ist dagegen nicht Inhalt des Kaufvertrages. Der Kaufvertrag ist auf die Übereignung einer fertigen, bereist hergestellten Sache gerichtet. Problematisch kann die Einordnung von Fällen beim **Kauf mit Montageverpflichtung** und beim **Kauf vom Bauträger** sein. Nach § 434 Abs. 2 S. 2 BGB ist ein Vertrag mit Montageverpflichtung als Kaufvertrag zu qualifizieren.[6] Nach der Rechtsprechung des BGH ist für die Abgrenzung des Kaufvertrags mit Montageverpflichtung und den Werkvertrag auf die Art des zu liefernden Gegenstandes, das Wertverhältnis zwischen Lieferung und Montage und sowie auf die Besonderheiten des geschuldeten

---

4 BGHZ 49, 7.
5 Fülbier, NJW 1990, 2797.
6 BGH NJW 1998, 3197 für § 433 BGB a.F.

Ergebnisses abzustellen.[7] Eine Kombination zwischen Kauf und Werkvertrag wurde bislang beim Erwerb vom Bauträger (Kauf des Grundstücks und Werkvertrag über die Errichtung des Bauwerks) mit Blick auf die 5jährige Mängelgewährleistungsfrist angenommen.[8] Bei dem Erwerb eines bereits fertig gestellten Bauwerks spricht nunmehr aber vieles für Kaufvertragsrecht.[9]

cc) Zum Werklieferungsvertrag: Für den Vertrag über die Lieferung beweglicher Sachen, die herzustellen und zu erzeugen sind, gilt nach § 651 Abs. 1 S. 1 BGB unabhängig davon, ob der Vertrag nach der Art der eingegangen Verpflichtung (Herstellung einer bestimmten Sache und damit Verpflichtung zum „Werkerfolg") als Werkvertrag einzuordnen wäre, Kaufrecht. § 651 Abs. 1 S. 2 BGB ordnet auch für den Fall, wo der Mangel auf den vom Besteller (Käufer) gelieferten Stoff zurückzuführen ist die Anwendung von § 442 Abs. 1 S. 1 BGB an. Modifiziert wird die Anwendung des reinen Kaufrechts auf Werklieferungsverträge durch § 651 Abs. 1 S. 3 BGB. Vom reinen Kaufvertrag unterscheidet sich der **Werklieferungsvertrag** also durch die dem Werkvertrag entsprechende Pflicht zur Herstellung eines körperlichen Arbeitserfolgs für den Besteller. Der Verkäufer schuldet dagegen nur die Beschaffung der fertigen Sache, sei es auch mit kleinen Änderungen (z.B. Konfektionskleidung) oder Nebenleistungen (z.B. die Montage). Kaufvertragsrecht findet demnach Anwendung auf die Herstellung und Lieferung einer Einbauküche einschließlich Montage. Kaufrecht findet gleichsam Anwendung wenn nur Fertigteile für einen Bau hergestellt und geliefert werden, z.B. bei einem Bausatz für ein Haus mit Planung und Beratung[10] nicht aber bei der Erstellung und Reparatur eines Bauwerks, z.B. Erstellung eines Fertighauses.[11]

35

dd) Zur Kommission: Ein Kommissionsgeschäft liegt vor, wenn ein Kommissionär im eigenen Namen aber für Rechnung des Kommittenten gegenüber Dritten kauft und verkauft. Auf die **gewerbmäßige Kommission** sind die §§ 383 ff HGB anzuwenden. Das Kommissionsgeschäft ist also das Geschäft zwischen Kommissionär und Kommittenten. Ein Kommissionsgeschäft zeichnet sich dadurch aus, dass Kommissionär und Kommittent einen bestmöglichen oder einen Mindestpreis, eine Provision für den Kommissionär, ein Weisungsrecht des Kommittenten, die Auswahl des Vertragsgegenstandes durch den Lieferanten und eine Verkaufsabrechnung vereinbaren.[12]

36

ee) Zu Lizenzverträgen: Werden gewerbliche Schutzrechte, z.B. Patente oder Gebrauchsmuster, übertragen, liegt ein Kaufvertrag (Rechtskauf, § 453 BGB) nur dann vor, wenn das Recht voll oder im wesentlichen Umfang und endgültig übergehen soll. Ein Indiz dafür ist, dass das Recht an Dritte mitübertragen oder zur Benutzung überlassen werden darf. Beim **Lizenzvertrag** wird dagegen dem Lizenznehmer nur die Verwertung oder Nutzung des Rechts gestattet, indes das Recht nicht selbst übertragen.

37

---

7 BGH BauR 2004, 882.
8 BGHZ 92, 123; BGH NJW 1973, 1235; 1981, 2344.
9 Teichmann, ZfBR 2002, 11, 19; a.A. Thode, NZBau 2002, 267, 269 und die bisherige Rechtsprechung: BGHZ 68, 371; BGH NJW 1987, 2373.
10 OLG Düsseldorf, NJW-RR 2002, 14.
11 BGHZ 87, 112.
12 OLG Köln, MDR 1973, 230.

§ 2 Der Kauf von Sachen

c) Kaufgegenstand beim Kauf beweglicher Sachen

38 Für den Abschluss des Kaufvertrages gelten die allgemeinen Regeln über Willenserklärungen (§§ 130 ff BGB) und über das Zustandekommen von Verträgen (§§ 145 ff BGB). Notwendiger Inhalt jedes Kaufvertrages ist die genaue Bezeichnung der Sache. Sachen sind **körperliche Gegenstände** (§ 90 BGB) in jedem Aggregatszustand (fest, flüssig, gasförmig). Der Gebrauchszweck und der Wert der Sache ist bedeutungslos. Auch Bargeld ist als Sache einzuordnen, so dass eine Fremdwährung als Sorte gekauft werden kann.

39 *aa) Stück- und Gattungskauf:* Zunächst ist zu differenzieren, ob ein Stück- oder ein Gattungskauf vorliegt. Liegt ein Gattungskauf vor, ist auf § 243 Abs. 1 BGB abzustellen, wonach eine Sache von mittlerer Art und Güte geschuldet wird. Während beim **Stückkauf** der Kaufgegenstand individuell festgelegt ist, ist beim **Gattungskauf** ein Kaufgegenstand mittlerer Art und Güte (§ 243 BGB) aus einer Gattung geschuldet, also alle Gegenstände, die durch gemeinschaftliche Merkmale (Typ, Sorte, u.U. auch Preis) gekennzeichnet sind und sich dadurch von Gegenständen anderer Art abgrenzen lassen. Entscheidend dafür, welche Gattung geschuldet ist, ist der Parteiwille,[13] subsidiär die Verkehrsanschauung.[14] Auch der Kauf von künftig entstehenden Sachen ist möglich.[15]

40 Haben die Parteien einen Kaufvertrag über eine Gattung abgeschlossen, ergibt sich hieraus eine Beschaffungspflicht des Verkäufers. Der Verkäufer wird von seiner Leistungspflicht nur dann frei (§ 275 BGB), wenn die gesamte Gattung untergeht, weil sie am Markt nicht mehr erhältlich ist (marktbezogene Gattungsschuld). Bei einer **beschränkten Gattungsschuld** hat der Verkäufer nach dem Inhalt des abgeschlossenen Vertrages nur aus einem bestimmten Vorrat zu leisten, z.B. Waren aus einer bestimmten Schiffsladung. Bei dem Untergang des gesamten Vorrats wird der Verkäufer von seiner Leistungspflicht frei. Abzugrenzen ist die beschränkte Gattungsschuld von der **Wahlschuld**. Bei einer Wahlschuld können mehrere verschiedene Leistungen in der Weise geschuldet werden, dass nach der späteren Wahl des Schuldners nur eine von ihnen zu erbringen ist (§ 262 BGB). Das Wahlrecht kann sich nicht nur auf den Leistungsgegenstand sondern auch auf die Modalitäten der Erfüllung (Ort, Zeit) beziehen. Ob eine beschränkte Gattungsschuld oder eine Wahlschuld vorliegt bestimmt sich nach dem durch Auslegung (§§ 157, 133 BGB) zu ermittelnden Parteiwillen. Bei der beschränkten Gattungsschuld verstehen die Parteien den Vorrat, aus dem geleistet werden soll, als eine Menge gleichartiger Gegenstände, bei der Wahlschuld dagegen als eine Anzahl von individuell geprägten verschiedenartigen Gegenständen.

41 Die Konkretisierung der Gattungschuld auf eine Stückschuld tritt nach § 243 Abs. 2 BGB dann ein, wenn der Schuldner, das zur Leistung einer solchen Sache seinerseits erforderliche getan hat. Dazu muss der Verkäufer zumindest eine der vertraglichen Vereinbarung entsprechende Sache ausgewählt und ausgesondert haben. Je nach Art

---

13 BGH NJW 1986, 219; 1989, 219.
14 BGH NJW 1984, 1955.
15 BGH NJW 2000, 504.

der Schuld (**Bringschuld, Schickschuld** oder **Holschuld**) ergeben sich die weiteren Verpflichtungen des Verkäufers. Entspricht die ausgewählte und angebotene Sache nicht der vertraglichen Vereinbarung, tritt keine Konkretisierung nach § 243 Abs. 2 BGB ein. Dies gilt selbst dann, wenn der Käufer die mangelhafte Sache in Unkenntnis des Mangels angenommen hat.[16]

Die Art der Schuld bestimmt sich primär nach der Parteivereinbarung. Der Leistungsort (Erfüllungsort) ist der Ort, an dem der Schuldner die Leistungshandlung vorzunehmen hat. Davon abzugrenzen ist der Erfolgsort, also der Ort, an dem der Leistungserfolg eintritt. 41a

Bei der **Bringschuld** fallen Leistungs- und Erfolgsort am Sitz (Wohn- oder Geschäftssitz) des Gläubigers/Käufers zusammen. Der Schuldner/Verkäufer muss die Sache dem Gläubiger/Käufer also an seinem Sitz in einer den Annahmeverzug (§§ 293 ff BGB) begründenden Weise anbieten.

Bei der **Holschuld** fallen Leistungs- und Erfolgsort am Sitz des Schuldners/Verkäufers zusammen. Der Schuldner/Verkäufer muss die Sache aussondern und wörtlich anbieten.

bb) Kauf von Sachgesamtheiten: Im Kaufvertrag können die Parteien den Kauf von **Sachgesamtheiten** vereinbaren. Eine Sachgesamtheit liegt vor, wenn mehrere Sachen als zusammengehörig durch einen einheitlichen Vertrag verkauft werden. So ist z.B. der Kauf einer Bibliothek als Kauf einer Sachgesamtheit zu qualifizieren. Zu beachten ist, dass bei dem Fehlen eines Teils der Sache nicht ein Sachmangel, sondern eine teilweise Nichterfüllung vorliegt.[17] 42

d) Kaufgegenstand bei Kauf von unbeglichen Sachen (Immobilienkauf)

Kaufgegenstand sind beim Kauf unbeweglicher Sachen **Grundstücke**. Grundstücke sind abgrenzbare Teile der Erdoberfläche, die im Bestandsverzeichnis eines Grundbuchblattes unter einer bestimmten Nummer eingetragen oder gemäß § 3 Abs. 3 GBO gebucht sind, sowie deren Bestandteile. Auch nicht wesentliche Bestandteile eines Grundstücks verlieren für die Dauer der Verbindung die Eigenschaft der beweglichen Sache. Den Grundstücken gleichgestellt sind das Erbbaurecht, das Wohneigentum, das dingliche Nutzungsrecht in den neuen Bundesländern und die nach Landesrecht als Immobiliarrecht ausgestalteten Rechte. 43

In **Abteilung II des Grundbuches** sind Belastungen wie Geh-, Fahr- und Leitungsrechte, Grunddienstbarkeiten sowie dauernde Belastungen oder Verfügungsbeschränkungen (Nießbrauch, Wohnrechte, Vorerben- und Zwangsversteigerungsvermerke) eingetragen. Sie haben erheblich Bedeutung für den Wert und die Beleihungsmöglichkeiten eines Grundstücks. Nicht eingetragen sind gesetzliche Vorkaufsrechte (z.B. der öffentlichen Hand oder eines Mieters gem. § 577a BGB). Hierüber hat der Notar aber in Grundzügen zu belehren. 44

---

16 BGH NJW 1999, 2884.
17 BGH NJW 1992, 3224.

§ 2 Der Kauf von Sachen

45 Eintragungen in **Abteilung III des Grundbuchs** geben Auskunft über Grundpfandrechte (Grundschuld, Hypotheken, Sicherungshypotheken). Auch Sie haben Bedeutung für den Wert und Beleihbarkeit des Grundstücks.

e) Der vertraglich vereinbarte Kaufpreis

46 *aa) Vereinbarung eines bestimmten Kaufpreises:* In der Regel vereinbaren die Parteien einen bestimmten **Kaufpreis**. Der Kaufpreis muss in Geld vereinbart werden, anderenfalls liegt Tausch vor. Fehlt es an einer ausdrücklichen Vereinbarung über die Höhe des Kaufpreises, muss dieser durch Auslegung gemäß §§ 133, 157 BGB ermittelt werden.[18] Die Auslegung kann ergeben, dass der Laden- oder Listenpreis gemeint ist.[19] Im Zweifel gilt der Marktpreis des Erfüllungsortes. Die Umsatzsteuer ist grundsätzlich Bestandteil des vereinbarten Kaufpreises,[20] sie ist, wenn sich aus den Umständen nichts anderes ergibt, in dem angebotenen Preis mitenthalten.[21] Im Warenverkehr haben sich bestimmte Kaufpreisklauseln entwickelt: Der Börsenpreis ist der zur Erfüllungszeit an der zum Erfüllungsort nächstgelegenen Börse amtlich bekannt gegebene Kurs. Brutto für netto bedeutet, dass der Kaufpreis nach dem Gewicht der Ware zuzüglich Verpackung berechnet wird. Bei einem %tual eingeräumten Kassenskonto handelt es sich um einen Preisnachlass, der dem Käufer bei Zahlung innerhalb einer bestimmten Frist eingeräumt wird. Netto Kasse bedeutet, dass Zahlung ohne jeden Abzug zu leisten ist.

47 Beim Kauf von Miethäusern sind bestehende Mietverhältnisse ein wesentlicher Wertfaktor, an dem regelmäßig auch der Kaufpreis bemessen wird. Von Bedeutung sind hierbei auch bestehende Nebenabsprachen mit Mietern. Solche Abreden nebst Erklärungen über die Rückstände von Mietzahlungen, Streitigkeiten mit Mietern, Kautionen/Mieterdarlehen und öffentlichrechtliche Bindungen (z.B. ein städtebaulicher Vertrag im Sanierungsgebiet, der zur Einhaltung bestimmter Mietobergrenzen verpflichtet und der öffentlich-rechtlichen Körperschaft Belegungsrechte im Hinblick auf einzelne Wohnungen einräumt) sollten sich stets aus den notariellen Grundstückskaufverträgen ergeben.

48 *bb) Kosten der Übergabe und vergleichbare Kosten, § 448 BGB:* § 448 BGB bestimmt, dass die **Kosten der Erfüllung des Kaufvertrages** entsprechend den Pflichten aus § 433 BGB getragen werden. Beim Kauf beweglicher Sachen (§ 448 Abs. 1 BGB) trägt der Verkäufer daher die Kosten der Übergabe (Lagerung, Messen und Wiegen) Transport zum Käufer an den Erfüllungsort, wenn kein Versendungsverlangen des Käufers vorliegt, Verzollung, die Kosten für die zur Übergabe erforderliche Verpackung und die Kosten für die Auslieferung an Frachtführer und Spediteur. Der Käufer trägt die Kosten der Abnahme (§ 433 Abs. 2 BGB): alle Kosten die zur Übernahme der Sache in seinen Besitz anfallen, insbesondere zum Weitertransport und zur Untersuchung auf Mängel. Beim Versendungskauf (§ 447 BGB) trägt der Käufer alle für den Transport

---

18 Palandt/Putzo, § 433 Rn. 39.
19 MüKo-Westermann, § 433 Rn. 23.
20 BGHZ 103, 284, 287; 115, 47, 50.
21 BGH NJW 2002, 2312.

A. Kaufpreiszahlung und Abnahme der Kaufsache

ab Erfüllungsort anfallenden Vergütungen und Abgaben, wenn nicht eine Bringschuld des Verkäufers vereinbart ist.

Beim Kauf von Grundstücken enthält § 448 Abs. 2 BGB Sonderregelungen. § 448 Abs. 2 BGB bestimmt, dass der Käufer neben dem vertraglich vereinbarten Kaufpreis auch die Kosten der Beurkundung des Kaufvertrages und der Auflassung, der Eintragung ins Grundbuch und der zu der Eintragung erforderlichen Erklärung zu tragen hat. Voraussetzung hierfür ist das Bestehen eines wirksamen Kaufvertrages. Zu den Kosten des § 448 Abs. 2 BGB zählen auch die Kosten für die Auflassungsvormerkung[22] sowie die Kosten für die Grunderwerbssteuer. Nicht dazu zählen jedoch die Vermessungskosten (Kosten nach § 448 Abs. 1 BGB) und Aufwendungen der Vertragsparteien, die notwendig sind, um die Voraussetzungen der Übereignung zu schaffen, z.B. Löschen einer Hypothek zur lastenfreien Übertragung und die Kosten einer Grundbuchberichtigung.

Zu beachten ist, dass § 448 BGB abdingbar ist und zwar auch im Verbrauchsgüterkauf. Im Handelsverkehr wird § 448 BGB häufig abbedungen. Für den internationalen Warenverkehr sind die Intercoterms[23] zu beachten.

2. Die Wirksamkeit des Vertrages (rechtshindernde Einwendungen)

Bei der Nichtigkeit des Kaufvertrages über bewegliche Sachen sind vor allem die Nichtigkeit gemäß § 311b Abs. 2 BGB (Vertrag über künftiges Vermögen), die Nichtigkeit gemäß § 125 BGB i.V.m. § 311b Abs. 3 BGB (Verträge über gegenwärtiges Vermögen), § 142 BGB bei Irrtum über eine verkehrswesentliche Eigenschaft der Sache sowie nach § 158 Abs. 1 BGB beim Kauf von künftig entstehenden Sachen von Bedeutung. Bei dem Kauf unter Eigentumsvorbehalt ist die Sondervorschrift des § 449 Abs. 3 BGB zu beachten.

a) Insbesondere Grundstückskaufverträge: § 125 BGB i.V.m. § 311b Abs. 1 BGB

Besondere Bedeutung hat beim Grundstückskauf die Formvorschrift des § 311b Abs. 1 BGB. Danach bedürfen alle Verträge, die die Verpflichtung zur Veräußerung oder zum Erwerb eines Grundstücks begründen, der notariellen Beurkundung (§ 128 BGB). Zu beachten ist, dass ein gerichtlicher Vergleich nach § 127a BGB die notarielle Beurkundung ersetzt. Fehlt die erforderliche Beurkundung ist der Grundstückskaufvertrag gemäß § 125 S.1 BGB nichtig. Die Nichtigkeit des Vertrages ist auch dann von Amts wegen zu beachten, wenn die Parteien den Vertrag als gültig behandelt wissen wollen oder auf den Einwand der „Formnichtigkeit" verzichten.

aa) Beurkundungspflicht: Gegenstand und Umfang der Beurkundung:
Bezieht sich ein Vertrag auf die **Übertragung oder den Erwerb eines Grundstücks** oder von Miteigentumsanteilen,[24] das Wohneigentum (§ 4 Abs. 3 WEG), das Erbbaurecht (§ 11 ErbbRVO) und das Sondereigentum an Gebäuden nach ZGB (EG 231 § 5) ist die notarielle Beurkundung vorgeschrieben. Nicht formbedürftig ist dagegen ein Kaufvertrag

---
22 OLG Hamm, NJW 1965, 303.
23 Baumbach/Hopt, 6.
24 BayObLG Dnotz 1999, 212,.

über Grundstückszubehör – sofern nicht ein gemischter zusammengesetzter Vertrag vorliegt, was nach der Vereinbarung der Parteien zu ermitteln ist,[25] über Scheinbestandteile oder wesentliche Grundstücksbestandteile. Für die Übertragung des Anwartschaftsrechts des Auflassungsempfängers gilt § 925 BGB, wegen seiner weitgehenden Annährung an das Vollrecht bedarf es ebenfalls der notariellen Beurkundung.[26] Die Abtretung des Anspruchs auf Übereignung eines Grundstücks ist dagegen ein Verfügungsgeschäft und nicht formbedürftig, weil § 311b Abs. 1 BGB nur für Verpflichtungsgeschäfte gilt.[27] Dies gilt auch für die Verpflichtung zur Abtretung, da sie nur die Übertragung und den Erwerb eines Anspruchs betrifft und sich nicht selbst auf das Grundstück bezieht.[28]

54 Formbedürftig ist die Änderung der Eigentumszuordnung auch wenn sie nicht durch Auflassung, sondern z.B. durch Zuschlag in der Zwangsversteigerung erfolgen soll. Dies bezieht sich sowohl auf den Ersteigerungsauftrag[29] wie auch auf die Ausbietungsgarantie.[30] Wird die Eigentumsform geändert – z.B. durch Umwandlung von Gesamthands- in Bruchteilseigentum oder Alleineigentum – ist die notarielle Beurkundung gleichsam erforderlich.

55 Ein Gesellschaftsvertrag, in dem sich ein Gesellschafter bei der Gründung der Gesellschaft oder bei einem späteren Beitritt zur Einbringung eines Grundstücks verpflichtet, ist grundsätzlich notariell zu beurkunden. Die Form ist nur dann nicht einzuhalten, wenn das Grundstück nur zur Nutzung oder nur dem Werte nach eingebracht wird oder eine bloße Innengesellschaft gegründet wird und wenn keine bedingte Übereingungspflicht – z.B. im Falle der Auflösung – vorgesehen ist. Die Gründung einer Gesellschaft zum Zwecke des Grundstückserwerbs ist dann nicht formbedürftig, wenn es sich um eine bloße Zweckangabe handelt.[31] Im Übrigen bedarf es keiner Form, wenn der Eigentumsübergang gem. § 738 Abs. 1 S. 1 BGB durch Anwachsung erfolgt.

56 Nur die **Verpflichtung zur Übertragung oder zum Erwerb eines Grundstücks** ist formbedürftig. Formbedürftig sind damit auch bedingte Verpflichtungen, der Vorvertrag und die Einräumung eines Vorkaufsrechts.[32] Bei einem Ankaufsrecht ist der Vertrag formbedürftig, wenn ein einseitig bindender Vorvertrag vorliegt.

57 Formbedürftig können auch mittelbare Bindungen sein. Alle Vereinbarungen, die für den Fall der Nichtveräußerung oder des Nichterwerbs ins Gewicht fallende wirtschaftliche Nachteile vorsehen und dadurch einen Zwang zur Veräußerung oder zum Erwerb begründen, sind formbedürftig, z.B. Vertragsstrafeversprechen, Maklervergütung für den Fall dass das Grundstück nicht veräußert oder erworben wird, Reservierungsvereinbarungen die wegen der Höhe des Bindungsentgelts einen Druck zum Erwerb des

---

25 BGH NJW 1994, 2885; 1997, 252.
26 BGHZ 83, 100.
27 BGHZ 89, 46; BayObLG NJW 1976, 1895.
28 BGH, a.a.O.
29 BGHZ 85, 250; BGH NJW-RR 1992, 14.
30 BGHZ 110, 321.
31 BGH NJW 1996, 1279; 1998, 376.
32 BGH DNotZ 2003, 426.

Grundstücks ausüben. Nicht formbedürftig sind dagegen der Bau- oder Architektenvertrag, der im Hinblick auf einen beabsichtigen Grundstückserwerb geschlossen wird oder der Fertighausvertrag, weil der Besteller zum Erwerb irgend eines Grundstücks gezwungen wird.

Der Kaufvertrag über die Verpflichtung zur Übertragung oder zum Erwerb eines Grundstückes ist im Ganzen formbedürftig, betrifft also alle Vereinbarungen, aus denen sich nach dem Willen der Parteien das schuldrechtliche Veräußerungsgeschäft zusammensetzt. Ausgenommen sind bloße Erläuterungen. Der Formzwang erstreckt sich mithin insbesondere auf

- das zu veräußernde Grundstück,
- eine Baubeschreibung, einem Bauplan oder eine Teilungserklärung wenn sich der Inhalt und Umfang der Pflichten einer Partei daraus ergibt,[33]
- auf einen Unternehmenskaufvertrag (asset deal), wenn zum veräußerten Unternehmen auch ein Grundstück gehört,
- alle Abreden über die Gegenleistung, also Kaufpreis; Vorauszahlung des Kaufpreises; Verrechnung von Gegenforderungen;[34] Regelungen von Zahlungsmodalitäten; das Tragen von Steuern, Provisionen, Finanzierungskosten, Zusatzentgelte, z.B. für Räumung; Leistungsbestimmungsrechte,
- Individualisierung der Vertragsparteien,
- Nebenabreden wie vertragliche Zusicherungen, Sicherungsabreden, Abreden über die Verlängerung oder Abkürzung der Verjährung, Regelungen bezüglich Rücktrittsvoraussetzungen, Vereinbarungen über Maklerkosten.

Besonderheiten sind bei einer **Vollmacht zum Abschluss eines Kaufvertrages** über ein Grundstück zu beachten. Nach § 167 Abs. 2 BGB ist eine solche Vollmacht grundsätzlich formfrei. Ausnahmen gelten aber dann, wenn es die Vollmacht Teil eines einheitlichen Veräußerungs- oder Erwerbsvertrages ist,[35] eine unwiderrufliche Vollmacht erteilt worden ist.[36] Selbst die widerrufliche Vollmacht ist formbedürftig, wenn eine rechtliche oder tatsächliche Bindung des Vollmachtgebers zur Grundstücksveräußerung oder zum Grundstückerwerb begründet.[37]

bb) Fehlerhafte Beurkundung: Bei einer **unrichtigen Beurkundung** ist zu differenzieren: Haben die Parteien bewusst Unrichtiges – z.B. zu niedriger Kaufpreis, um die Grunderwerbsteuer zu verringern – beurkunden lassen, ist der beurkundete Vertrag nach § 117 Abs. 1 BGB als Scheingeschäft und der wirklich gewollte Vertrag gemäß § 125 S. 1 BGB mangels Einhaltung der Form nichtig.[38] Die Beweislast für das Scheingeschäft trägt derjenige, der sich darauf beruft.[39] Nach §§ 117 Abs. 2, 311b Abs. 1

---

[33] BGH NJW 2002, 1050; NJW-RR 2001, 953.
[34] BGH NJW 2000, 2100.
[35] BGH NJW-RR 1989, 1099.
[36] OLG Karlsruhe, NJW-RR 1986, 101; auch für eine zeitlich begrenzte unwiderrufliche Vollmacht vgl. BGH WM 1967, 1039 und die Verpflichtung zur Erteilung einer solchen Vollmacht vgl. BGH NJW-RR 1988, 351.
[37] BGH NJW 1979, 2306.
[38] BGHZ 54, 62; 89, 43; OLG Ffm NJW 1991, 1958.
[39] BGH NJW 1988, 2597.

S. 2 BGB kann der wirklich gewollte (verdeckte) Vertrag wirksam werden. Haben die Parteien dagegen unbewusst Unrichtiges – z.B. falsche Grundbuchbezeichnung, Falschbezeichnung der zum Wohnungseigentum gehörenden Räume – beurkunden lassen, ist der Vertrag wirksam (falsa demonstratio non nocet).[40]

61 Ist der Kaufvertrag **unvollständig beurkundet** worden, sind die nicht beurkundeten Abreden nichtig. Für die Gültigkeit des übrigen Vertrages gilt § 139 BGB.[41]

62 *cc) Heilung: § 311b Abs. 1 S. 2 BGB:* Ist der Formmangel der alleinige Ungültigkeitsgrund des Vertrages, wird der Vertrag seinem ganzen Inhalt nach ex nunc (keine Rückwirkung – eine vorher eingetragene Auflassungsvormerkung bleibt wirkungslos)[42] gültig, wenn die Auflassung und die Eintragung ins Grundbuch erfolgen (§ 311 Abs. 1 S. 2 BGB). Voraussetzung für die Heilung ist, dass eine rechtswirksame Auflassung erfolgt und die Eintragung in das Grundbuch tatsächlich vollzogen worden ist. Zu beachten ist, dass § 311 Abs. 1 S. 2 BGB nur die Formnichtigkeit nach 311b Abs. 1 S. 1 BGB heilt, andere ggf. bestehende Mängel des Vertrages werden von der Heilung nicht erfasst.

b) Nichtigkeit bei Verträgen über künftiges Vermögen, § 311 Abs. 2 BGB

63 Nach § 311b Abs. 2 BGB ist ein **Verpflichtungsvertrag über künftiges Vermögen** nichtig. Diese Norm gilt für alle Verpflichtungsverträge, die darauf gerichtet sind, dass der Vertragsgegenstand das künftige Vermögen des Versprechenden oder einen Teil davon ist – erfasst werden also insbesondere der Kaufvertrag und die Schenkung über künftiges Vermögen oder Nachlass (§ 311b Abs. 4 BGB). Unter Vermögen im Sinne von § 311 Abs. 2 BGB sind nur Aktiva zu verstehen. Keine Anwendung findet § 311b Abs. 2 BGB, wenn der Vertrag nicht über das künftige Vermögen per se sondern nur über einzelne Vermögensgegenstände abgeschlossen wird[43] oder wenn es sich um Sondervermögen wie z.B. ein Unternehmen handelt. Soll das Vermögen erst im Zeitpunkt des Todes des Versprechenden übergehen, ist eine Umdeutung in einen Erbvertrag möglich.

c) Nichtigkeit bei Verträgen über gegenwärtiges Vermögen, § 125 BGB i.V.m. § 311b Abs. 3 BGB

64 **Verpflichtungsverträge über gegenwärtiges Vermögen** oder einen Bruchteil des gegenwärtigen Vermögens bedürfen der notariellen Beurkundung (§ 128 BGB). Der Formmangel führt gemäß § 125 BGB zur Nichtigkeit des Vertrags. Eine Heilung durch Erfüllung ist nicht möglich.[44] Wie bei § 311b Abs. 2 BGB muss es sich bei dem gegenwärtigen Vermögen um Aktiva handeln. Nicht anwendbar ist § 311b Abs. 3 BGB, wenn im Vertrag Gegenstände einzeln oder durch Sammelbezeichnungen aufgeführt werden[45] oder wenn es sich um Sondervermögen handelt.

---

40 BGHZ 87, 152; NJW-RR 1988, 971; OLG Düsseldorf NJW-RR 1995, 784.
41 BGH NJW 1981, 122.
42 BGH NJW 1985, 2434.
43 BGH WM 1976, 744.
44 BGH DnotZ 71, 38.
45 BGH ZIP 1990, 1554.

d) Nichtigkeit gemäß § 142 Abs. 1 BGB bei Anfechtung bei Irrtum über eine verkehrswesentliche Eigenschaft der Sache

Liegt ein Irrtum über eine **verkehrswesentliche Eigenschaft** einer Sache i.S.d. § 119 Abs. 2 BGB (Anfechtungsgrund) vor und ist die Anfechtung dem Anfechtungsgegner innerhalb der Anfechtungsfrist (§ 121 BGB – unverzüglich: Obergrenze in der Regel 2 Wochen)[46] erklärt worden (§ 143 BGB) ist der Kaufvertrag gemäß § 142 Abs. 1 BGB ex tunc nichtig.

Eingenschaften einer Person oder Sache sind neben den auf der natürlichen Beschaffenheit beruhenden Merkmalen auch tatsächliche oder rechtliche Verhältnisse und Beziehungen zur Umwelt, soweit sie nach der Verkehrsanschauung für die Wertschätzung oder Verwendbarkeit von Bedeutung sind.[47] Diese Beziehungen müssen aber in der Sache oder Person selbst ihren Grund haben, von ihr ausgehen oder sie unmittelbar kennzeichnen.[48] Nicht als Eigenschaft können vorübergehende Erscheinungen oder zukünftige Umständen angesehen werden. Für die Beurteilung, ob die Eigenschaft verkehrswesentlich ist, ist primär von dem konkreten Rechtsgeschäft,[49] subsidiär von der Verkehrsanschauung auszugehen.

Als verkehrswesentliche Eigenschaften einer Sache sind bislang alle wertbildenden Faktoren, soweit sie die Sache unmittelbar kennzeichnen, bejaht worden. So z.B. die Herkunft bzw. Echtheit bei Kunstwerken,[50] wobei hier das Anfechtungsrecht in der Regel durch die §§ 434 ff BGB ausgeschlossen ist;[51] das Herstellungsjahr.[52] Keine verkehrswesentliche Eigenschaft einer Kaufsache ist ihr Wert oder Marktpreis,[53] das Eigentum an der Sache[54] und die wirtschaftliche Verwertungsmöglichkeit.

e) Nichtigkeit gemäß § 158 Abs. 1 BGB

Da beim Kaufvertrag die Hauptleistungspflichten nicht bereits im Zeitpunkt des Vertragsabschlusses vorliegen müssen, ist es möglich auch **künftige entstehende Sachen** zum Gegenstand eines Kaufvertrages zu machen.[55] Eine Vereinbarung, die es ermöglicht, im Zeitpunkt der Geltendmachung der Ansprüche die Leistungsverpflichtungen zu bestimmen ist dafür ausreichend. So können die Parteien den Kaufvertrag unter der aufschiebenden Bedingung (§ 158 Abs. 1 BGB) der Entstehung der Sache oder unter der Vereinbarung, dass ein Kaufpreis nicht geschuldet ist, wenn die Sache nicht entsteht (§ 158 Abs. 2 BGB) abschließen. Abzugrenzen davon sind die Fälle, nach denen gemäß der vertraglichen Vereinbarung der Kaufpreis geschuldet bleibt, auch wenn die Sache nicht entsteht (Kauf einer Gewinnchance).[56]

---

46 OLG Hamm NJW-RR 1990, 523; OLG Jena, OLG-NL 2000, 37.
47 BGHZ 34, 32, 41; 88, 240, 245.
48 BGHZ 16, 54, 57; 70, 47.
49 BGHZ 88, 246, 264.
50 BGH NJW 1988, 2597.
51 OLG Düsseldorf NJW 1992, 1326.
52 BGHZ 78, 216, 221; NJW 1979, 160.
53 BGHZ 16, 54, 57.
54 BGHZ 34, 33, 41.
55 BGH NJW 2000, 504.
56 Jauernig/Vollkommer 24.

§ 2 Der Kauf von Sachen

3. Die Fälligkeit des Kaufpreises

a) Grundsatz

69 Liegen keine besonderen Individualvereinbarungen vor, wird die Kaufpreiszahlung mit Abschluss des wirksamen Kaufvertrages fällig (§ 271 Abs. 1 BGB). Es besteht grundsätzlich keine Vorleistungspflicht, der Käufer muss nur Zug um Zug gegen Übertragung der Kaufsache den Kaufpreis bezahlen (§§ 320, 322 Abs. 1 BGB). In der Praxis werden jedoch oft abweichende Vereinbarungen getroffen. In der Regel wird spätere Fälligkeit vereinbart, oft aber auch Fälligkeit mit Erhalt der Rechnung, z.B. „Kassa gegen Faktura" oder „sofort netto Kasse gegen Rechnung", was Fälligkeit des Kaufpreises schon bei Empfang der Rechnung vor Übergabe der Ware zur Folge hat.[57] Im Übrigen können die Parteien durch anderweitige Vereinbarungen eine Vorleistungspflicht durch andere Fälligkeitsklauseln[58] bestimmen. Besondere Bedeutung haben Bestimmungen die für den Käufer einen Zahlungsaufschub oder eine Finanzierungshilfe bewirken. Insbesondere sind hier die Teilzahlungsgeschäfte nach § 499 Abs. 2 BGB zwischen einem Unternehmer und einem Verbraucher hervorzuheben, die die vereinbarte Fälligkeit der vom Verbraucher geschuldeten Zahlung gegen Entgelt hinausschieben, um dem Verbraucher die Zahlung des vereinbarten Preises zu erleichtern.

70 Prozessual ist im Hinblick auf die Fälligkeit zu beachten, dass es bei einer Zahlungsklage gilt, den Kostennachteil einer teilweisen Klageabweisung (§ 92 Abs. 1 S. 1 ZPO) zu vermeiden.[59] Besteht also keine ausdrückliche Vorleistungspflicht des Käufers und liegen auch die Voraussetzungen des § 321 BGB nicht vor, ist die Klage auf Zahlung Zug um Zug gegen Übergabe und Übertragung des Eigentums an der Kaufsache zu erheben. Denn würde der Käufer bei einer uneingeschränkten Zahlungsklage die Einrede des nichterfüllten Vertrages erheben, würde dies zwar nicht zu einer vollen Klageabweisung, aber zu einer Zug um Zug – Verurteilung führen, die in der Regel die Kostenfolge des § 92 Abs. 1 S. 1 ZPO hervorruft. Erhebt der Käufer dagegen die Einrede nicht, ergeht ein unbeschränktes Zahlungsurteil. Ist der Verkäufer zur Vorleistung verpflichtet, kann er bei einem Annahmeverzug des Käufers auf Leistung nach Empfang der Gegenleistung klagen (§ 322 Abs. 2 BGB).

71 Liegt eine Verurteilung Zug um Zug vor sind bezüglich der Zwangsvollstreckung die §§ 756, 765 ZPO im Auge zu behalten. Nach § 756 Abs. 1 ZPO darf der Gerichtsvollzieher die Zwangsvollstreckung bei einer Zug um Zug – Verurteilung nicht beginnen, bevor er dem Schuldner die diesem gebührende Leistung in einer den Verzug der Annahme begründenden Weise angeboten hat, sofern nicht der Beweis, dass der Schuldner befriedigt oder im Verzug der Annahme ist, durch öffentlich oder öffentlich beglaubigte Urkunde geführt wird und eine Abschrift dieser Urkunde bereits zugestellt ist oder gleichzeitig zugestellt wird. Gleiches gilt nach § 765 Nr. 1 ZPO für Vollstreckungsmaßregeln des Vollstreckungsgerichts. Der Annahmeverzug, der nach diesen Vorschriften das tatsächliche Angebot entbehrlich macht, kann durch den Tatbestand

---

57 BGH NJW 1988, 2608.
58 Palandt/Putzo, § 433 Rn. 41 f.
59 Baumbach/Lauterbach/Albers/Hartmann, § 29 Rn. 26; Thomas/Putzo, § 92 Rn. 4.

des vollstreckenden Urteils nachgewiesen werden[60] aber auch durch die Entscheidungsgründe oder – am besten – durch den Ausspruch im Tenor (Feststellung des Annahmeverzugs).[61] Für einen entsprechenden Feststellungsantrag besteht das nach § 256 ZPO erforderliche Rechtsschutzbedürfnis, da nicht feststeht, ob das Gericht im Tatbestand und/oder den Entscheidungsgründen auf den Annahmeverzug eingeht. Ein entsprechender Feststellungsantrag erhöht den Streitwert nicht.[62]

b) Besonderheiten beim Grundstückskaufvertrag

Die Eigentumsumschreibung nimmt viel Zeit in Anspruch. Es ist daher im Interesse beider Parteien, wenn die Übergabe und die Zahlung des Kaufpreises auf einen früheren Zeitpunkt verlegt werden. Die Fälligkeit des Kaufpreises wird grundsätzlich in der notariellen Urkunde geregelt. Sie ist in der Regel an die Erfüllung bestimmter Voraussetzungen (Eintragung der Auflassungsvormerkung und Vorliegen besonderer Genehmigung) geknüpft und/oder mit einem bestimmten Fälligkeitsdatum verbunden. Erfolgt die Abwicklung der Kaufpreiszahlung über ein Notaranderkonto wird in der Regel ein bestimmter Fälligkeitstermin festgelegt und die Eintragung der Auflassungsvormerkung vorausgesetzt.

72

4. Die Abnahmeverpflichtung

Gemäß § 433 Abs. 2 BGB ist der Käufer verpflichtet, die Kaufsache abzunehmen. Die Abnahmepflicht ist in der Regel Nebenpflicht. Sie steht nur bei einer entsprechenden vertraglichen Vereinbarung im Gegenseitigkeitsverhältnis nach §§ 320ff BGB.[63] Dies ist zwar auch stillschweigend möglich, so wenn der Verkäufer das Interesse hat, die Sache wegzuschaffen,[64] z.B. beim Verkauf zum Zwecke der Räumung oder dem Verkauf leicht verderblicher Waren. Voraussetzungen für die Abnahmepflicht sind, dass der Verkäufer zur Besitzübertragung imstande ist und die Sache dem Käufer im vertragsgemäßen Zustand, insbesondere also mangelfrei, angeboten wird.

73

Die Nichterfüllung der Abnahmepflicht durch Unterlassen oder Zurückweisung führt zum Schuldnerverzug, wenn dessen Voraussetzungen erfüllt sind. Zu beachten ist hierbei die erweiterte Haftung des § 287 BGB. Liegen die Voraussetzungen des § 323 BGB vor, kann der Verkäufer bei Nichterfüllung der Abnahmepflicht vom Vertrag zurücktreten und Schadensersatz nach § 281 BGB verlangen. Statt Schadensersatz kann der Verkäufer aber weiter Abnahme der Kaufsache fordern. Der Annahmeverzug (§§ 293ff BGB) im Hinblick auf die Hauptpflicht des Verkäufers, dem Käufer die Kaufsache zu übergeben und ihm Eigentum an der Kaufsache zu verschaffen (§ 433 Abs. 1 S. 1 BGB) tritt unabhängig davon, aber in der Regel gleichzeitig mit dem Schuldnerverzug ein. Abzugrenzen ist die Nichterfüllung der Abnahmeverpflichtung von der Zurückweisung der zur Abnahme angebotenen Sache wegen Vertragswidrigkeit[65] und einer Mängelrüge nach § 377 HGB. Je nachdem ob die Zurückweisung

74

---

60 KG NJW 1972, 2052; OLG Köln NJW-RR 1991, 383.
61 Baumbach/Lauterbach/Albers/Hartmann, § 756 Rn. 10.
62 Baumbach/Lauterbach/Albers/Hartmann, § 6 Rn. 6.
63 Jauernig/Vollkommer 43 mWn.
64 MK/Westermann 44 mWn.
65 Ernst, NJW 1997, 896.

§ 2 Der Kauf von Sachen

gerechtfertigt war oder nicht. Die Rechte des Käufers aus Vertragswidrigkeit der abgenommenen Sache gehen durch die rügelose Abnahme nicht verloren.

75 Von der Abnahmeverpflichtung ist die Pflicht des Käufers, die Sache abzurufen, zu unterscheiden. Der Abruf der Kaufsache zur Lieferung ist gleichsam eine Nebenpflicht des Käufers und ist nur dann eine Hauptpflicht des Käufers, wenn sie ausdrücklich oder stillschweigend vereinbart ist. Dies kommt z.B. bei Spezifikationskauf (§ 375 HGB) als Hauptleistungspflicht in Betracht.

76 Zu beachten ist, dass der Verkäufer neben der Kaufpreisklage kumulativ (§ 260 ZPO) oder unabhängig von ihr auf Abnahme klagen kann. Die Abnahme kann jedoch nicht Zug um Zug gegen die Pflicht aus § 433 Abs. 1 S. 1 BGB auf Übergabe und Übereignung der Kaufsache bzw. Zahlung des Kaufpreises verlangt werden.

77 Die Zwangsvollstreckung der Abnahmeverpflichtung richtet sich nach § 887 ZPO, denn es handelt sich um eine vertretbare Handlung, die auch von einem Dritten anstelle des Käufers vorgenommen werden kann.

78 Muster: Klage auf Kaufpreiszahlung und Feststellung des Annahmeverzugs

Landgericht ■■■

Klage

der Blockbau GmbH, vertreten durch die Geschäftsführerin ■■■

Klägerin,

Prozessbevollmächtigte:

gegen
1. die Lilo Lummerbach, ■■■
2. den Bodo Lummerbach, ■■■

Beklagte,

wegen: Kaufpreisforderung

Vorläufiger Streitwert: EUR 11.300,–.

Namens und in Vollmacht der Klägerin erheben wir Klage und werden in der mündlichen Verhandlung beantragen:
1. Die Beklagten werden (als Gesamtschuldner) verurteilt, an die Klägerin EUR 11.300,– nebst Zinsen in Höhe von 5 Prozentpunkten über dem jeweiligen Basiszinssatz seit dem 1. Juni 2004 Zug um Zug gegen Übergabe und Übertragung des Eigentums an dem Blockhaus „Albtraum, 16 x 8 m mit Veranda" sowie Montage des vorbezeichneten Blockhauses zu bezahlen.
2. Es wird festgestellt, dass sich die Beklagten seit dem 1. Juni 2004 in Annahmeverzug befinden.

Vorsorglich stellen wir den Antrag auf Erlass eines Versäumnisurteils nach § 331 Abs. 3 ZPO.

A. Kaufpreiszahlung und Abnahme der Kaufsache

Begründung:
I. Der Kaufpreisanspruch der Klägerin ergibt sich aus dem Kaufvertrag gemäß § 433 Abs. 2 BGB. Die Parteien haben am 15.03.2004 einen wirksamen Kaufvertrag das Blockhauses Typ „Albtraum, 16 x 8 m mit Veranda" nebst Montageverpflichtung zum Kaufpreis von insgesamt EUR 11.300,00 brutto abgeschlossen. Der Gesamtkaufpreis teilt sich in den Kaufpreis für den Bausatz (das Blockhaus) in Höhe von 10.000 EUR brutto und den Kaufpreis für die Montage in Höhe von 1.300,00 EUR brutto auf.

Beweis: Kaufvertrag vom 15.03.2004 – Anlage K1

Nach § 434 Abs. 2 S. 2 BGB ist ein Vertrag mit Montageverpflichtung als Kaufvertrag zu qualifizieren (BGH NJW 1998, 3197 für § 433 BGB a.F.). Auch wenn man für die Abgrenzung zwischen Kauf- und Werkvertrag auf die Kriterien der Rechtsprechung des Bundesgerichtshofes abstellt, wonach es auf die Art des zu liefernden Gegenstandes, das Wertverhältnis zwischen Lieferung und Montage sowie auf die Besonderheiten des geschuldeten Ergebnisses ankommt (BGH BauR 2004, 882), liegt ein Kaufvertrag vor. Das Blockhaus wird als fertiger Bausatz geliefert. Im Verhältnis zum Kaufpreis für den Bausatz beträgt der Kaufpreis für die Montageverpflichtung rund 12% des Gesamtkaufpreises. Die Montage ist einfach. Der Bausatz muss lediglich zusammengesteckt, verschraubt und vernagelt werden. Im Bestreitensfall wird Beweis angeboten durch

einen vom Gericht zu bestellenden Sachverständigen.

Der Kaufpreisanspruch ist fällig, denn nach der Vereinbarung im Kaufvertrag war der Kaufpreis in Höhe von 10.000 EUR brutto bei Lieferung des Blockhauses auf dem Grundstück der Beklagten und in Höhe von 1.300,00 EUR nach der Montage, die am gleichen Tage unmittelbar nach der Lieferung vorzunehmen war, an das zum Empfang des Geldes bevollmächtigte Montageteam zu zahlen. Die Parteien vereinbarten im Kaufvertrag keinen bestimmten Liefertermin. Die Lieferung durch die Klägerin sollte zirka Ende Mai 2004 nach vorheriger telefonischer Rücksprache direkt zu der im Rubrum benannten Anschrift der Beklagten erfolgen.

Beweis: Kaufvertrag vom 15.03.2004 – Anlage K1

Der Sachbearbeiter Enno Müller der Klägerin, der für die Koordination der Liefertermine zuständig ist, meldete sich fernmündlich am 12. Mai 2004 bei den Beklagten und vereinbarte mit der Beklagten zu 1, dass die Lieferung und Montage des Blockhauses am 30. Mai 2004 erfolgen werde. Die Anlieferung wurde auf 9.00 Uhr festgelegt.

Beweis: Zeugnis des Enno Müller

Wie vereinbart, bot die Klägerin durch ihren für die Auslieferung zuständigen Mitarbeiter Til Dröge und ihr Montageteam, die Herren Hauke Hammer und Lars Löwenstein, den Beklagten am 30.05.2004 um 9.00 Uhr auf dem Grundstück Am Thielplatz 7, 14055 Berlin den Bausatz an und wollte ihrer Montageverpflichtung nachkommen. Die Beklagten, die beide auf dem Grundstück anwesend waren, lehnten die Abnahme des Blockhauses unerwartet ab und verweigerten die Montage und Zahlung des Kaufpreises.

Beweis:
1. Zeugnis des Til Dröge, ■■■
2. Zeugnis des Hauke Hammer, ■■■

Die Klägerin versuchte in der Folge erfolglos mit den Beklagten über einen neuen Liefertermin zu verhandeln.

2. Der Zinsanspruch ergibt sich aus §§ 286 Abs. 2, 288 Abs. 1 BGB.

II. Der Anspruch auf Feststellung des Annahmeverzugs der Beklagten mit der Abnahme der Kaufsache ist begründet. Gemäß § 433 Abs. 2 BGB ist der Käufer verpflichtet, den Kaufgegenstand abzunehmen, wenn ihm durch den Verkäufer die Kaufsache in vertragsgemäßen Zustand am richtigen Ort und zur richtigen Zeit angeboten wird. Diese Voraussetzungen liegen, wie bereits zu I) ausgeführt, vor. Da die Beklagten am 30. Mai 2004 die Abnahme des Blockhauses verweigerten, befinden sie sich seit dem 01.06.2004 gemäß §§ 293 ff BGB in Annahmeverzug. Der Feststellungsantrag ist auch zulässig. Insbesondere besteht für die Klägerin das nach § 256 ZPO erforderliche Feststellungsinteresse, da nicht feststeht, ob das Gericht im Tatbestand und/oder den Entscheidungsgründen auf den Annahmeverzug eingeht.

Zwei beglaubigte und zwei einfache Abschriften anbei.

■■■

Rechtsanwalt

III. Einwendungen

79 Mit dem Zustandekommen des wirksamen Kaufvertrages entstehen die gegenseitigen Ansprüche der Vertragsparteien. Diese Ansprüche dürfen nicht durch rechtsvernichtende Einwendungen erloschen sein. Hier kommen alle gängigen Einwendungen wie die **Erfüllung** (§ 362 BGB), die Erfüllungssurrogate (Hinterlegung, Aufrechnung), die Unmöglichkeit, der Rücktritt bzw. die Kündigung bei Dauerschuldverhältnissen, Schadensersatz statt der Leistung nach § 281 Abs. 4 BGB bei Verzögerung und mangelhafter Leistungen, die besonderen Bestimmungen zu Widerruf und Rückgabe bei Haustürgeschäften, Fernabsatzverträgen und Teilzahlungsgeschäften sowie der Untergang des Anspruchs durch Vereinbarung der Parteien (Aufhebungsvertrag, Erlassvertrag gemäß 397 BGB) in Betracht.

1. Erfüllung (§ 362 BGB) und Annahme an Erfüllung statt (§ 364 BGB)

a) Erfüllung, § 362 BGB

80 *aa) Grundsatz:* Gemäß § 362 Abs. 1 BGB tritt Erfüllung, also die Schuldtilgung durch das Bewirken der geschuldeten Leistung ein. Leistung im Sinne des § 362 BGB ist als Leistungserfolg nicht als Leistungshandlung zu verstehen.[66] Erfüllung tritt nur dann ein, wenn die geschuldete Leistung an dem empfangszuständigen Gläubiger, einen Vertreter, eine Zahlstelle oder einen Empfangsboten bewirkt wird. Der Inhalt ergibt sich aus dem zu erfüllenden Leistungsverhältnis, wobei die Vereinbarungen für die Leistungszeit (§ 271 BGB) und im Hinblick auf den Leistungsort zu beachten sind. Ist keine höchstpersönliche Leistungspflicht des Schuldners vorgesehen, kann die Erfüllung auch durch einen Erfüllungsgehilfen (§ 278 BGB) oder Dritten (§§ 267, 268 BGB)

---

66 BGHZ 87, 162; NJW 1994, 2948.

bewirkt werden. Verweigert der Gläubiger unberechtigt die Erfüllung tritt Annahmeverzug nach den §§ 293 ff BGB ein.

Nach § 362 Abs. 2 BGB hat die Leistung an einen Dritten nur dann befreiende Wirkung, wenn der Dritte vom Gläubiger zur Entgegennahme der Leistung ermächtigt ist, oder wenn ihm an der Forderung z.B. ein Pfandrecht zusteht (§§ 835, 836 Abs. 1 ZPO). 81

Geldschulden sind Schickschulden mit der Besonderheit, dass der Schuldner die Übermittlungsgefahr trägt. Der Wohnsitz des Schuldners ist der Leistungsort (§§ 269 Abs. 1, 270 Abs. 4 BGB). Für die Erfüllung einer Geldschuld ist der Leistungserfolg maßgebend, für die Rechtzeitigkeit der Zahlung kommt es dagegen auf die Leistungshandlung an. Die Regelungen der §§ 269, 270 BGB sind allerdings dispositiv. Die Parteien können daher eine sog. „Rechtzeitigkeitsklausel" vereinbaren. 82

Bei Geldschulden, wie der Zahlung des vereinbarten Kaufpreises, gilt der Grundsatz, dass die Zahlung in bar zu erfolgen hat. Geldscheine und Geldstücke sind also zu übereignen. In der Praxis ist die Gestattung einer bargeldlosen Zahlung üblich. Von einer solchen Gestattung kann ausgegangen werden, wenn auf der Rechnung die Kontonummer angegeben ist, auf die gezahlt werden soll,[67] oder der Verkäufer ec-, Geld- oder Kreditkarten entgegennimmt (Leistung erfüllungshalber, vgl. unten). Zu beachten ist hierbei, dass Erfüllung durch eine **Banküberweisung** – die Bank ist nicht Dritter im Sinne des § 362 Abs. 2 BGB, sondern Zahlsteller des Gläubigers[68] – erst mit der Gutschrift des geschuldeten Kaufpreises auf dem Konto des Verkäufers erfolgt.[69] Insbesondere kann bei einer Zahlung durch Überweisung auf das Konto des Verkäufers von einer Erfüllung nicht ausgegangen werden, wenn der Käufer Kopien von ausgefüllten Zahlungsanweisungen übergibt. Für eine vom Käufer behauptete Erfüllung ist dieser nämlich darlegungs- und beweisbelastet. Allein das Vorliegen einer Zahlungsanweisung kann einen solchen Beweis nicht erbringen, da sie lediglich den Auftrag an das Kreditinstitut zur Zahlung belegt. Darüber hinaus kann der zahlende Käufer grundsätzlich bei allen Kreditinstituten eine angewiesene Zahlung widerrufen. Erfüllung tritt bei einer Banküberweisung (§ 676a BGB) also regelmäßig erst dann ein, wenn der überwiesene Betrag dem Konto des Verkäufers gutgeschrieben wird (§ 676f BGB).[70] Der Käufer hat in der Regel rechtzeitig gezahlt, wenn er den Kaufpreis am letzten Tag der Frist überweist. Die Leistungshandlung ist dann rechtzeitig, wenn der Überweisungsauftrag vor Fristablauf bei dem Geldinstitut eingeht und auf dem Konto Deckung vorhanden ist.[71] Auf die Gutschrift kommt es insoweit also nicht an.[72] 83

Erfolgt die Zahlung durch ein **Lastschriftverfahren** ist die Gutschrift auf dem Gläubigerkonto für eine Erfüllung nicht ausreichend. Die Schuldnerbank muss auch das Konto des Schuldners wirksam belastet und der Gläubigerbank den Betrag gutge- 84

---

67 BGHZ 98, 30.
68 BGHZ 53, 142; 72, 319; NJW 1985, 2700.
69 BGHZ 103, 146; NJW 2000, 804.
70 BGH NJW 1999, 210.
71 OLG Nürnberg, NJW-RR 2000, 800.
72 OLG Nürnberg, MDR 1999, 858.

schrieben haben,[73] es sei denn, die Schuldnerbank hat das Einlösungsrisiko übernommen. Dann erlischt die Forderung ohne Rücksicht auf die Wirksamkeit der Belastung des Schuldnerkontos.[74] Die elektronische Zahlung durch POZ – ohne Verwendung der PIN – ist eine Sonderform des Lastschriftverfahrens.

85 Zwangsvollstreckung: Die Befriedigung im Wege der Zwangsvollstreckung führt zum Erlöschen der Forderung (§§ 815 Abs. 3, 819, 897 ZPO). Wird die Zwangsvollstreckung aus einem vorläufig vollstreckbaren Titel durchgeführt, bleibt die Tilgung bis zur Rechtskraft in der Schwebe.[75] Das Gleiche gilt, wenn der Schuldner erkennbar zur Abwendung der Vollstreckung aus einem noch nicht rechtskräftigen Titel geleistet hat.[76]

86 *bb) Besonderheiten beim Grundstückskaufvertrag: Zahlung auf Notaranderkonto:*
Beim Immobilienkauf führt die in der Regel vertraglich vereinbarte Zahlung des Kaufpreises auf das Notaranderkonto grundsätzlich nicht zum Erlöschen des Kaufpreises. Bei der Zahlung auf ein Notaranderkonto tritt insbesondere keine Erfüllung gemäß § 362 Abs. 2 BGB ein. Die Tilgung der Kaufpreisschuld erfolgt im Zweifel erst durch die Auszahlung des Betrages an den Verkäufer.[77] Die Parteien können jedoch eine Erfüllungsregelung für die „Auszahlungsreife" vereinbaren.[78] Eine direkte Zahlung des Kaufpreises setzt neben der Vormerkung zugunsten des Käufers die Eintragung der Belastung und die Umschreibungsreife voraus.

87 Muster: Klageerwiderung bei Erfüllung

Landgericht ■■■

In dem Rechtsstreit

Blockbau GmbH ./. Lummerbach

10 O 445/94

zeigen wir an, dass wir die Beklagten vertreten und werden in der mündlichen Verhandlung beantragen,

die Klage wird abgewiesen.

Begründung:

Der von der Klägerin geltend gemachte Anspruch auf Zahlung des Kaufpreises ist gemäß § 362 Abs. 1 BGB durch Erfüllung erloschen.

Es ist richtig, dass zwischen den Parteien der in der Klageschrift bezeichnete Kaufvertrag am 15.03.2004 abgeschlossen worden ist. Die Klägerin hat das Blockhaus am 30.05.2004 geliefert und montiert.

---

73 LG Regensburg, NJW-RR 1992, 718.
74 BGH NJW 1983, 220.
75 BGH MDR 76, 1005.
76 BGHZ 86, 269; NJW 1990, 2756.
77 BGH NJW 87, 162; 105, 64; NJW 1998, 746.
78 BGH NJW 1994, 1403, 1404.

A. Kaufpreiszahlung und Abnahme der Kaufsache

Nicht korrekt ist die Behauptung der Klägerin, es sei vereinbart gewesen, der Kaufpreis für den Bausatz in Höhe von 10.000,00 EUR sei direkt nach der Lieferung des Blockhauses und der Restkaufpreis über 1.300,00 unmittelbar nach der Montage an das Montageteam zu zahlen. Vielmehr haben die Parteien in der Anlage 1 zum Kaufvertrag vom 15.03.2004 diese Zahlungsmodalitäten gerade ausgeschlossen und vereinbart, dass entgegen der Regelung zu Nr. 2 des Vertrages die Beklagten den Kaufpreis binnen 14 Tagen nach Montage des Hauses auf die Kontoverbindung 234 555 67 bei der Deutschen Bank Berlin, BLZ 100 700 24 zu zahlen haben.

Beweis: Anlage zum Kaufvertrag vom 15.03.2004 – Anlage B1

Die Beklagten haben den gesamten Betrag in Höhe von 11.300,00 EUR am 05.06.2004 bei Ihrer Hausbank, der Hypovereinsbank Berlin zur Zahlung angewiesen. Der Betrag ist zugunsten des Kontos der Klägerin am 07.06.2004 mit dem Zahlungsziel „Blockhaus GmbH, Konto 234 555 67, BLZ 100 700 24, Deutsche Bank Berlin, Betreff: Kaufpreis Blockhaus Albtraum, 16 x 8 m mit Veranda" vom Konto der Beklagten, Kto. 112 389 765 bei der Hypovereinsbank Berlin abgebucht worden.

Beweis: 1. Zahlungsanweisung vom 05.06.2004 – Anlage B2; 2. Kontoauszug Nr. 18 des Kontos Nr. 112 389 765 der Beklagten bei der Hypovereinsbank – Anlage B3.

Der gesamte Betrag ist mithin der Kontoverbindung der Beklagten – übliche Zahlungslaufzeit 2-3 Tage – vor dem 15.06.2004 also innerhalb von 14 Tagen nach Montage gutgeschrieben worden. Der Kaufpreis ist nicht widerrufen oder rückgebucht worden. Wie sich dem Kontoauszug Nr. 18 der Beklagten entnehmen lässt, verfügte das Konto mit rund 25.000 EUR Guthaben auch über eine hinreichende Deckung.

Beweis: wie vor.

Da sich die Beklagte nicht in Zahlungsverzug befunden hat, ist die Klage auch im Hinblick auf die geltend gemachten Zinsen abzuweisen.

Wir stellen zu.

■■■

Rechtsanwalt

b) Annahme an Erfüllungs statt

Die Parteien können vereinbaren, dass der Schuldner das Schuldverhältnis durch eine andere als die geschuldete Leistung zum Erlöschen bringt (**Annahme an Erfüllungs statt**). Wird eine solche Vereinbarung schon vor dem Bewirken der Leistung getroffen, spricht man von einer Ersetzungsbefugnis. Bei der Leistung des Schuldner aufgrund einer vertraglich vereinbarten Ersetzungsbefugnis, erlischt das Schuldverhältnis durch Leistung an Erfüllungs statt.[79] Die Leistung an Erfüllungs statt kann durch Leistungen jeder Art erfolgen.

Bedeutsam ist die **Inzahlungnahme** eines Gegenstands beim Kauf, insbesondere beim Gebrauchtwagenkauf. Hier sind drei Möglichkeiten denkbar: Es erfolgt ein Kauf unter

---

[79] BGHZ 46, 342; 89, 128.

Annahme an Erfüllungs statt (§§ 364 Abs. 1, 365 BGB), die Parteien vereinbaren einen Doppelkauf mit Aufrechnungsabrede oder es liegt ein einheitlich gemischter Vertrag aus Kauf und Tausch vor. Beim Kauf eines neuen Kraftfahrzeuges ist wegen der sonst doppelt anfallenden Umsatzsteuer üblich, zwei Verträge abzuschließen, einen Vertrag über den Kauf des neuen Kraftfahrzeuges und einen Vertrag über den Kauf des gebrauchten Kraftfahrzeuges als Agenturvertrag[80] oder Kommissionsvertrag[81] mit einer Mindestpreisgarantie und der Stundung des Kaufpreises bis zum Verkauf des gebrauchten Wagens sowie einer Aufrechnungsabrede. Bei der Inzahlungnahme eines Gebrauchtwagens geht die Rechtsprechung von einem einheitlichen Kaufvertrag mit Ersetzungsbefugnis des Käufers aus. Ist es dem Käufer unmöglich seinen Gebrauchtwagen zu übertragen, erlischt seine Ersetzungsbefugnis. Hat der Gebrauchtwagen einen Mangel, hat der Käufer nach § 365 BGB wie ein Verkäufer gewähr zu leisten. Wenn danach der Verkäufer von der Vereinbarung über den Gebrauchtwagen zurücktreten kann, hat er für den Neuwagen Anspruch auf den vollen Kaufpreis in Geld.[82] Im Falle der Mangelhaftigkeit finden die Vorschriften über den Kauf entsprechend Anwendung.

c) Leistung erfüllungshalber, § 364 Abs. 2 BGB

90 Eine **Leistung erfüllungshalber** ist gemäß § 364 Abs. 2 BGB im Zweifel anzunehmen, wenn der Schuldner zur Befriedigung des Gläubigers eine neue Verbindlichkeit übernimmt. Unter § 364 Abs. 2 BGB fallen die Hingabe von Wechseln, die Hingabe von Schecks,[83] die Zahlung mit Kreditkarte, mit EC-Karten im POS-System oder mit Geldkarte, bei Abtretung von Versicherungsansprüchen,[84] bei der Bestellung eines Akkreditivs.[85] Bei der Hingabe von Sachen spricht für eine Leistung erfüllungshalber der Wille des Gläubigers, die Sache zu verwerten.

91 Mit der Leistung an Erfüllungs statt erlischt die Forderung mit dem Bewirken der Leistung. Bei der Leistung erfüllungshalber tritt Erfüllung dagegen erst dann ein, wenn sich der Gläubiger aus dem Geleisteten befriedigt hat. Der Gläubiger hat also bei Weiterbestehen der ursprünglichen Forderung eine zusätzliche Befriedigungsmöglichkeit durch die neue Verbindlichkeit. Mit der Leistung erfüllungshalber ist in der Regel eine Stundung der ursprünglichen Forderung verbunden, die entweder mit der Erfüllung oder dadurch endet, dass der Versuch der anderweitigen Befriedigung misslingt.[86] Die Auslegung kann jedoch auch ergeben, dass ein vorübergehender Ausschluss der Klagbarkeit oder Vollstreckbarkeit gewollt ist. Die Forderung erlischt, wenn der Gläubiger die geschuldete Leistung aus dem erfüllungshalber entgegengenommenen Gegenstand erlangt.[87] Bei der Zahlung durch Scheck oder Wechsel tritt dies mit dessen Einlösung durch Barzahlung oder Gutschrift ein.[88] Bei der Zahlung durch Kredit- oder Geldkarte

---

80) BGH NJW 1978, 1482.
81) BGH NJW 1980, 2190.
82) BGHZ 46, 338, 341; 89, 126, 128 ff.
83) BGHZ 83, 101; NJW 1992, 1380: für die Hingabe von Wechsel oder Schecks eines Dritten.
84) BGH NJW 1993, 1597.
85) BGH NJW 1981, 1905.
86) BGH NJW 1992, 684.
87) BGHZ 96, 182, 186; NJW 1998, 746, 748.
88) BGHZ 131, 74.

tritt die Erfüllung mit der Überweisung des Kartenausgebers an das Vertragsunternehmen ein.

Muster: Klageerwiderung bei Leistung erfüllungshalber 92

Landgericht ■■■

3

■■■

In dem Rechtsstreit

Blockbau GmbH ./. Lummerbach

10 O 445/94

zeigen wir an, dass wir die Beklagten vertreten und werden in der mündlichen Verhandlung beantragen,

die Klage wird abgewiesen.

Begründung:

Der von der Klägerin geltend gemachte Anspruch auf Zahlung des Kaufpreises ist gemäß § 364 Abs. 2 BGB durch Leistung erfüllungshalber erloschen.

Es ist richtig, dass zwischen den Parteien der in der Klageschrift bezeichnete Kaufvertrag am 15.03.2004 abgeschlossen worden ist. Die Klägerin hat das Blockhaus am 30.05.2004 geliefert und montiert.

Nicht korrekt ist die Behauptung der Klägerin, es sei vereinbart gewesen, der Kaufpreis für den Bausatz in Höhe von 10.000,00 EUR sei direkt nach der Lieferung des Blockhauses und der Restkaufpreis über 1.300,00 unmittelbar nach der Montage an das Montageteam zu zahlen. Insbesondere war auch keine Barzahlung vereinbart. Wie sich dem Kaufvertrag vom 15.03.2004 entnehmen lässt, sind folgende Zahlungsmöglichkeiten vereinbart gewesen.

„Die Zahlung kann bar nach Anlieferung und Montage des Blockhauses an das Montageteam geleistet werden. Statt bar kann die Zahlung durch Hingabe eines Schecks oder mittels Kreditkarte (akzeptiert werden: Mastercard oder Visa) erfolgen."

Beweis: Kaufvertrag vom 15.03.2004 – bereits als Anlage K1 überreicht.

Die Beklagten haben über den gesamten Betrag in Höhe von 11.300,00 EUR am 30.05.2004 mit der auf den Beklagten zu 2) lautenden Mastercard, Kartennr. 4467 7634 2245 0985, ausgestellt am 10.03.2003, gültig bis zum 03/2007 Zahlung geleistet. Die Entgegennahme der Mastercard und die Abrechnung erfolgt durch den Mitarbeiter Til Dröge der Klägerin.

Beweis:
1. Zeugnis;
2. Kopie der Mastercard des Beklagten zu 2) – Anlage B2, Original wird im Termin vorgelegt

Die Klägerin erlangte damit bei Weiterbestehen der ursprünglichen Forderung eine zusätzliche Befriedigungsmöglichkeit durch die neue Verbindlichkeit. Die Kaufpreisforderung der Klägerin ist erloschen, da der Kartenausgeber, die Deutsche Bank AG, an das Vertragsunternehmen am 01.06.2004 den gesamten Betrag überwiesen hat.

Beweis: Kontoauszug des Kartenausgebers vom 01.06.2004 – Anlage B3.

Die Zahlung ist mithin der Kontoverbindung der Klägerin längst gutschrieben. Auch im Hinblick auf die geltend gemachten Zinsen ist die Klage abzuweisen, denn die Beklagten befinden sich nicht in Verzug.

Eine beglaubigte und eine einfache Abschrift anbei.

...

Rechtsanwalt

2. Aufrechnung, § 387 ff. BGB

93 Die **Aufrechnung** ist ein Erfüllungssurrogat. Durch einseitige empfangsbedürftige Willenserklärungen können zwei einander gegenüberstehende Forderungen getilgt werden. Mit der wirksamen Aufrechnung erlöschen die Forderungen mit Rückwirkung auf den Zeitpunkt in dem sie sich aufrechnungsfähig gegenüberstanden, § 389 BGB. Voraussetzung für die Aufrechnungen sind das Bestehen einer Aufrechnungslage, die Aufrechnung darf nicht ausgeschlossen sein und es muss eine Aufrechnungserklärung vorliegen.

a) Aufrechnungslage

94 Eine Aufrechnungslage setzt die Gegenseitigkeit der Forderungen, die Gleichartigkeit der Forderungen, die Erfüllbarkeit der Hauptforderung und die Durchsetzbarkeit der Gegenforderung voraus.

95 Die Forderungen sind gegenseitig, wenn zwischen den Beteiligten Personen Identität besteht. Jeder der Personen muss also gleichzeitig Schuldner und Gläubiger der anderen Person sein. Die Gegenseitigkeit wird bei beiderseitigen Bereicherungsansprüchen verneint – die Parteien müssen die gegenseitigen Forderungen saldieren.[89] Die Aufrechnung gegen eine fremde Schuld ist nur ausnahmsweise unter den Voraussetzungen des § 406 BGB möglich.

96 Die Forderungen sind gleichartig, wenn es sich um Geldforderungen oder um Gattungsschulden derselben Gattung handelt. Diese Voraussetzung ist nicht gegeben, wenn ein Befreiungsanspruch gegen einen Zahlungsanspruch aufgerechnet werden soll.[90] Erst wenn der Befreiungsanspruch sich in einen Zahlungsanspruch umwandelt, ist die Gleichartigkeit zu bejahen.[91]

97 Die Hauptforderung ist die Forderung gegen die der Schuldner aufrechnet. Diese Forderung muss erfüllbar, nicht aber vollwirksam und fällig sein.[92] Eine Aufrechnung ist daher gegen gestundete, auflösend bedingte, anfechtbare sowie einredebehaftete Forderungen, nicht dagegen gegen aufschiebend bedingte und künftige Ansprüche[93] mög-

---

89 BGH NJW 2000, 3064.
90 BGH NJW 1999, 1182, 1184.
91 BGHZ 33, 317, 325.
92 BGHZ 17, 29.
93 BGHZ 103, 367.

lich. Die Hauptforderung ist erfüllbar, wenn der Schuldner berechtigt ist, sie zu erfüllen. Dies bestimmt sich grundsätzlich nach § 271 BGB. Wird die Gegenforderung erst nach einer Beschlagnahme der Hauptforderung (z.b. durch Pfändung und Überweisung zur Einziehung) erworben oder wird die Gegenforderung erst nach einer Beschlagnahme der Hauptforderung fällig, fehlt die Erfüllbarkeit. Eine Aufrechnung ist dann gemäß § 392 BGB nicht möglich.

Die Forderung, mit der der Schuldner aufrechnet muss durchsetzbar, also fällig, erzwingbar und einredefrei sein, § 390 S. 1 BGB. Die Fälligkeit der Forderung bestimmt sich primär nach der Parteivereinbarung (§ 270 BGB). Erzwingbar ist die Forderung dann, wenn kein Fall der Naturalresitution vorliegt. Zu beachten ist, dass schon das Bestehen einer Einrede die Durchsetzbarkeit der Forderung hindert. Die Einrede muss also nicht geltend gemacht werden. Gemäß § 215 BGB schließt jedoch die Verjährung der Gegenforderung die Aufrechnung nicht aus, wenn die verjährte Forderung zu der Zeit, zu der sie gegen die andere Forderung aufgerechnet werden konnte, noch nicht verjährt war.

98

b) Kein Ausschluss der Aufrechnung

Die Aufrechnung ist in bestimmten gesetzlich vorgesehenen Fällen ausgeschlossen: Die Aufrechnung ist nach § 391 Abs. 2 BGB ausgeschlossen, wenn die Parteien vereinbart haben, dass die Leistung zu einer bestimmten Zeit an einem bestimmten Ort erfolgen soll und wenn für die Gegenforderung ein anderer Leistungsort besteht. Wenn die Hauptforderung aus einer vorsätzlich begangenen unerlaubten Handlung stammt, so kann der Schuldner dieser Forderung dagegen nicht aufrechnen, § 393 BGB. Die Aufrechnung gegen eine Unpfändbare Forderung ist ausgeschlossen, soweit die Unpfändbarkeit reicht (§ 394 S. 1 BGB). Eine Unpfändbarkeit liegt vor, wenn eine Forderung abtretbar ist (§§ 851 ZPO, 399 BGB). Dies ist bei zweckgebundenen oder höchstpersönlichen Ansprüchen, die ihren Inhalt verändern würden, anzunehmen. Etwas anderes gilt allerdings dann, wenn die Abtretung durch Parteivereinbarung gemäß § 399 BGB ausgeschlossen ist. Nach § 851 Abs. 2 ZPO ist die Forderung pfändbar und unterliegt der Aufrechnung, wenn der geschuldete Gegenstand (z.B. unterliegt Geld nicht der Unpfändbarkeit nach § 811 ZPO) pfändbar ist.

99

Die Aufrechnung kann auch durch Parteivereinbarung beschränkt oder ausgeschlossen werden. Ob eine solche Vereinbarung vorliegt ist im Wege der Auslegung (§§ 133, 157 BGB) zu ermitteln. So können Zahlungsklauseln wie „innerhalb von 7 Tagen rein netto Kasse ohne Abzug" ein Aufrechnungsverbot enthalten, weil nach § 391 Abs. 2 BGB bei der Vereinbarung der Leistung zu einer bestimmten Zeit an einem bestimmten Ort im Zweifel ein Aufrechnungsausschluss anzunehmen ist.[94] Liegen keine besonderen gesetzlichen oder vertraglich vereinbarten Aufrechnungsverbote vor, kann eine Aufrechnung im Einzelfall unzulässig sein, wenn sie gegen Treu und Glauben verstößt.[95]

100

---

94 OLG Düsseldorf, BB 1995, 1712, 1713.
95 BGHZ 71, 380, 383; NJW 1993, 2041, 2042.

§ 2 Der Kauf von Sachen

c) Aufrechnungserklärung

101 Die Aufrechnungserklärung ist eine empfangsbedürftige Willenserklärung. Gemäß § 388 S. 2 BGB kann die Aufrechnungerklärung nicht unter einer Bedingung oder Zeitbestimmung abgegeben werden. Dieser Ausschluss erstreckt sich aber nicht auf die Eventualaufrechnung im Prozess, da es sich bei der hilfsweisen Aufrechnung nicht um eine Bedingung handelt, sondern die Erklärung nur unter den zur Entscheidung stehenden Voraussetzungen, dass die Klageforderung besteht, abgegeben wird.

102 Prozessual sind für die Aufrechnung die Auswirkungen auf die Rechtskraft nach § 322 Abs. 2 ZPO zu beachten. Erklärt der Beklagte im Prozess gegen die geltend gemachte Hauptforderung die Aufrechnung, so ist die Entscheidung, dass die Gegenforderung nicht oder aufgrund der Aufrechnung nicht mehr bestehe, der Rechtskraft fähig. Eine neue Klage kann im Hinblick auf die aufgerechnete Forderung dann nicht mehr angestrengt werden. Eine solche Klage wäre wegen der entgegenstehenden Rechtskraft als unzulässig ohne Sachprüfung durch Prozessurteil abzuweisen.[96] Denn die Rechtskraft des vorausgegangenen Urteils erfasst gemäß § 322 Abs. 2 ZPO auch die zur Aufrechnung gestellte Forderung, soweit das stattgebende Urteil die Aufrechnung für unbegründet erachtet. Zur Aufrechnung im Prozess als Verteidigungsmittel vgl. im Übrigen die Ausführungen zur Klageerwiderung.[97]

103 Muster: Klageerwiderung bei Aufrechnung

Landgericht ■■■

In dem Rechtsstreit

Blockbau GmbH ./. Lummerbach

10 O 445/94

zeigen wir unter Überreichung einer Originalvollmacht an, dass wir die Beklagten vertreten und werden in der mündlichen Verhandlung beantragen,

die Klage wird abgewiesen.

Begründung:

Die von der Klägerin geltend gemachten Ansprüche auf Zahlung des Kaufpreises ist gemäß §§ 387ff durch Aufrechnung erloschen.

Richtig ist, dass zwischen den Parteien der in der Klageschrift bezeichnete Kaufvertrag am 15.03.2004 abgeschlossen worden ist. Die Klägerin hat das Blockhaus am 30.05.2004 geliefert und montiert. Die Zahlung des Kaufpreises sollte nach der vertraglichen Vereinbarung binnen 14 Tagen nach der Montage des Blockhauses erfolgen.

Beweis: Kaufvertrag vom 15.03.2004 – bereits als Anlage K1 überreicht.

---

96 BGH NJW 1995, 2993.
97 vgl. S. 87ff.

A. Kaufpreiszahlung und Abnahme der Kaufsache

Die Beklagten haben gegenüber dem Kaufpreisanspruch der Klägerin bereits am 05.06.2004 gemäß § 389 BGB die Aufrechnung per Einwurf-Einschreiben mit einem Teilbetrag in Höhe von 11.300,- aus einem gegenüber der Klägerin bestehenden Darlehensanspruch in Höhe von insgesamt 15.000,- EUR erklärt.

Beweis: Schreiben der Beklagten vom 05.06.2004 nebst Einlieferungsbeleg und Sendestatusbericht der Deutschen Post AG vom 06.06.2004 – Anlage B1

Rein vorsorglich und unter Überreichung der auf uns lautenden Originalvollmacht erklären wir hiermit für die Beklagten erneut die Aufrechnung.

Die für die Aufrechnung erforderliche Aufrechnungslage nach § 387 BGB liegt vor. Die Parteien haben am 11.11.2003 einen Darlehensvertrag abgeschlossen. Gemäß diesem Darlehensvertrag haben die Beklagten an die Klägerin am 15.11.2003 den Darlehensbetrag in Höhe von 15.000,- EUR ausgezahlt. Die Parteien vereinbarten weiter im Darlehensvertrag, dass die Rückzahlung in drei Raten in Höhe von 5.000.- EUR jeweils zum 30. des Monats, beginnend mit dem Monat Dezember 2003 erfolgen sollte. Die erste Rate war zum 30.12.2003, die zweite Rate zum 30.01.2004 und die dritte Rate zum 30.02.2004 von der Klägerin zu leisten.

Beweis:
1. Darlehensvertrag vom 11.11.2003 – Anlage B2;
2. Quittung der Klägerin vom 15.11.2003 über den Erhalt des Darlehensbetrages – Anlage B3

Die Klägerin zahlte am 30.12.2003 einen Betrag in Höhe von 2.000.- EUR und am 30.01.2004 einen Betrag in Höhe von 1.500,00.- EUR. Mithin ist die Klägerin mit der Rückzahlung eines Teilbetrages in Höhe von 3.000,- EUR für den Monat Dezember 2003, eines Teilbetrages in Höhe von 3.500.- EUR für den Monat Januar 2003 sowie der Rate in Höhe von 5.000,- EUR für den Monat Februar 2003 – insgesamt mit der Rückzahlung von 11.500,- EUR in Verzug.

Beweis: Quittungen der Klägerin vom 30.12.2003 sowie vom 30.01.2004 – Anlage B4

Die Beklagte befindet sich mit der Zahlung des Kaufpreises nicht in Verzug. Auch im Hinblick auf die geltend gemachten Zinsen ist die Klage daher abzuweisen.

Die Geltendmachung einer Widerklage in Bezug auf die darüber hinaus bestehende Forderung aus dem Darlehensvertrag in Höhe von 200,- EUR behalten wir uns vor.

Eine beglaubigte und eine einfache Abschrift anbei.

■■■

Rechtsanwalt

3. Hinterlegung und Selbsthilfeverkauf

Erfüllung kann auch durch **Hinterlegung** (§§ 372ff BGB) oder Selbsthilfeverkauf (§§ 383ff BGB, 373 Abs. 2-5 HGB) eintreten.

a) Hinterlegung, §§ 372ff BGB

Der Erfüllungsanspruch erlischt gemäß § 378 BGB, wenn der Schuldner den geschuldeten hinterlegungsfähigen Gegenstand unter Verzicht auf die Rücknahme bei der dafür zuständigen Stelle hinterlegt hat. Hat der Schuldner ein Rücknahmerecht (§ 376 Abs. 1 BGB) tritt keine Erfüllung, sondern nur die Wirkungen des § 379 BGB, z.b. der Gefahrenübergang, ein. Abzugrenzen von der Hinterlegung nach den §§ 372ff. sind insbesondere die Hinterlegung zu Sicherungszwecken (§§ 232ff BGB; Hinterlegung aus prozessualen Gründen: §§ 108ff ZPO) und die Hinterlegung beim Notar (§ 54a BeurkG).

106 Voraussetzung für die Hinterlegung, ist das Vorliegen eines Hinterlegungsgrundes und eines hinterlegungsfähigen Gegenstandes. Ein Hinterlegungsgrund ist gemäß § 372 S. 1 BGB der tatsächlich bestehende Annahmeverzug[98] und gemäß § 372 S. 2, 1. Fall BGB auch andere in der Person des Gläubigers liegende Gründe, wenn sie den Schuldner an der Erfüllung oder der sicheren Erfüllung hindern (z.b. unbekannter Aufenthalt, Geschäftsunfähigkeit) bzw. nach § 372 S. 2, 2. Fall BGB die nicht auf Fahrlässigkeit beruhende Ungewissheit über die Person des Gläubigers. Nach dem zweiten Fall ist eine Hinterlegungsbefugnis zu bejahen, wenn eine mit verkehrsüblicher Sorgfalt vorgenommene Prüfung zu begründeten Zweifeln über die Person des Gläubigers führt, deren Behebung auf eigene Gefahr dem Schuldner nicht zugemutet werden kann.[99] Diese Ungewissheit muss sich auf die Person des Gläubigers beziehen, sie liegt nicht vor, wenn mehrere Gläubiger aus verschiedenen Rechtsgründen eine Leistung fordern.[100] Hat ein Rechtskundiger die Rechtslage als zweifelhaft bezeichnet, darf der Schuldner dieser Auskunft vertrauen. Besondere Anforderungen bestehen jedoch an den Notar, denn der Notar muss die Rechtslage umfassend prüfen und darf nur in Ausnahmefällen hinterlegen.[101]

107 Hinterlegungsfähige Gegenstände sind nach § 372 BGB Geld, Wertpapiere, sonstige Urkunden und Kostbarkeiten. Nach § 373 Abs. 1 HGB ist jede Ware hinterlegungsfähig.

108 Verfahrensrechtlich ist die HintO zu beachten: Das Hinterlegungsverhältnis ist als öffentlichrechtliches Verhältnis ausgestaltet. Die Hinterlegungsstelle ist das Amtsgericht (§ 1 Abs. 2 HintO, § 30 RpflG). Das Hinterlegungsverhältnis wird einen Verwaltungsakt, nämlich die Annahmeverfügung (§ 6 HintO) in Verbindung mir der Übergabe der zu hinterlegenden Sache.

b) Selbsthilfeverkauf, §§ 383ff BGB, 372 Abs. 2-5 HGB

109 Der Selbsthilfeverkauf nach § 383 BGB oder § 372 Abs. 2-5 HGB führt zur Erfüllung. Der Selbsthilfeverkauf gemäß § 383 BGB ist beschränkt auf nicht hinterlegungsfähige bewegliche Sachen. Bei einem Annahmeverzug des Gläubigers kann der Schuldner die Sache am Leistungsort versteigern lassen und den Erlös hinterlegen (§ 383 Abs. 1 S. 1 BGB). Ein Hinterlegungsgrund nach § 372 S. 2 BGB rechtfertigen ein Selbsthilfeverkauf indes nur bei drohendem Verderb oder unverhältnismäßigen Aufbewahrungskosten. Die Durchführung des Selbsthilfeverkaufs erfolgt entweder durch eine öffentliche

---

98 BGHZ 7, 305.
99 BGH NJW 1997, 1501.
100 BGHZ 92, 285; NJW 1986, 1038; 1993, 55.
101 OLG Hamm DNotZ 1983, 61; 1994, 120.

Versteigerung (§ 383 Abs. 3 BGB – Legaldefinition) gemäß §§ 383, 384 BGB oder durch den freihändigen Verkauf bei einem Börsen- oder Marktpreis (§ 385 BGB). Sondervorschriften finden sich für den Handelskauf in § 373 Abs. 2-5 HGB.

4. Unmöglichkeit

Das allgemeine Leistungsstörungsrecht (§§ 275 ff. BGB) regelt die Fälle, in denen der Verkäufer den Kaufgegenstand nicht leistet oder eine der Parteien bei Fälligkeit die geschuldete Leistung verspätet erbringt. Ein Fall der Unmöglichkeit liegt immer dann vor, wenn der Schuldner der Leistung die Leistung nicht erbringen kann. Bei einer Gattungsschuld tritt Unmöglichkeit nur dann ein, wenn die gesamte Gattung untergeht, wenn eine beschränkte Gattungsschuld vorliegt und gerade dieser Teil der Gattung nicht mehr geleistet werden kann, wenn sich das Schuldverhältnis gemäß § 243 Abs. 2 BGB auf einen bestimmten Gegenstand konkretisiert hat und dieser Gegenstand untergeht oder wenn die Leistungsgefahr gemäß § 300 Abs. 2 durch Annahmeverzug auf den Gläubiger übergegangen ist.

a) Anfängliche Unmöglichkeit

Gemäß § 311a Abs. 1 BGB ist der Vertrag bei **anfänglicher Unmöglichkeit** wirksam. Liegt ein Fall der anfänglichen Unmöglichkeit – das Leistungshindernis besteht schon bei Vertragsschluss – vor, besteht gemäß § 275 Abs. 1 BGB kein Anspruch mehr auf die Leistung.[102] Der Verkäufer, der wegen anfänglicher Unmöglichkeit den Kaufgegenstand nicht übergeben kann, hat also keinen Anspruch mehr auf Zahlung des Kaufpreises. Der Gegenanspruch des Käufers auf Übergabe und Übereignung des Kaufgegenstandes geht dann grundsätzlich gemäß § 326 Abs. 1 S. 1 BGB unter.

Im Falle der anfänglichen Unmöglichkeit kann der Käufer unter den Voraussetzungen des § 311a Abs. 2 Satz 1 BGB jedoch Schadensersatz statt der Leistung – also das positive Interesse – verlangen. Gemäß § 311a Abs. 2 Satz 2 BGB ist dieser Anspruch aber dann nicht gegeben, wenn der Verkäufer bei Vertragsschluss das Leistungshindernis nicht kannte und seine Unkenntnis nicht zu vertreten hat. Alternativ hat der Käufer einen Anspruch auf Aufwendungsersatz gemäß § 284 BGB. Aufwendungen im Sinne des § 284 BGB sind die vom Gläubiger (Käufer) im Hinblick auf den Vertrag erbrachten Vermögensopfer.[103] Vertragskosten sind bei einem zu ideellen oder konsumptiven Zweck abgeschlossenen Vertrag (z..B. Kauf eines Einfamilienhauses) und bei anderen Verträgen auf der Grundlage der Rentabilitätsvermutung (z.B. Maklerkosten, Notar- und Gerichtsgebühren,[104] nicht jedoch Aufwendungen für weitere Geschäfte, die Gläubiger im Hinblick auf den Erstvertrag vorgenommen hat[105] und nicht für Vorteile, die dem Gläubiger durch das Ausbleiben der Gegenleistung entgangen sind)[106] zu ersetzen, wenn der andere Teil (der Verkäufer) das Scheitern des Vertrages zu vertreten hat.

---

102 Palandt/Heinrichs, § 311a Rn. 4.
103 Palandt/Heinrichs, § 284 Rn. 6.
104 BGHZ 123, 96; NJW 2000, 506.
105 BGHZ 114, 196.
106 BGH NJW 1999, 2269.

§ 2 Der Kauf von Sachen

b) Nachträgliche Unmöglichkeit

113 Kann der Schuldner seinen Pflichten – der Verkäufer der Pflicht zur Übergabe und Übereignung des Kaufgegenstandes – nachträglich, also nach Abschluss des Vertrages, nicht nachkommen (§ 275 Abs. 1-3 BGB), hat er gemäß § 326 Abs. 1 S. 1 BGB – wie im Falle der anfänglichen Unmöglichkeit – keinen Anspruch auf Erfüllung – die Zahlung des Kaufpreises.

114 Der Gläubiger (Käufer) kann im Fall der **nachträglichen Unmöglichkeit** gemäß §§ 280 Abs. 1 und Abs. 3, 283 BGB Schadensersatz „statt der ganzen Leistung" verlangen. Der Anspruch auf Schadensersatz tritt also an die Stelle des Anspruchs auf die Leistung. Voraussetzung hierfür ist neben dem Vorliegen eine Schuldverhältnisses (wirksamer Kaufvertrag), dass der Schuldner (Verkäufer) nach § 275 Abs. 1-3 BGB nicht leisten muss und der Schuldner (Verkäufer) die Unmöglichkeit zu vertreten (Beachte die Beweislastregelung des § 280 Abs. 1 S. 2 BGB) hat. Nimmt der Gläubiger (Käufer) diese Möglichkeit wahr, besteht gemäß §§ 281 Abs. 5, 283 BGB das Recht des Schuldners (Verkäufers) das bereits Geleistete nach § 346 BGB zurückzufordern. Für den Gläubiger (Käufer) besteht jedoch die Möglichkeit statt Schadensersatz „statt der ganzen Leistung" nach §§ 280, 283, 284 BGB einen Aufwendungsersatzanspruch geltend zu machen. Neben dem Schadensersatzanspruch (§ 325 BGB) hat der Gläubiger (Käufer) das Recht vom Vertrag zurückzutreten. Dies bestimmt sich nach § 326 Abs. 5 BGB. Zu beachten ist, dass das Rücktrittsrecht jedoch nur dann von Bedeutung ist, wenn der Schuldner (Verkäufer) nicht weiß, ob tatsächlich Unmöglichkeit vorliegt. Dies kann z.B. der Fall sein, wenn sich die Sache bei einem Dritten befindet und dieser nicht zur Herausgabe bereit ist. In diesem Fall kann der Käufer dem Verkäufer eine angemessene Frist setzen. Verstreicht die Frist fruchtlos, kann er in jedem Fall vom Vertrag zurücktreten. Unter den Voraussetzungen des § 285 BGB steht dem Gläubiger (Käufer) ein Anspruch auf das stellvertretende commodum zu.

115 Wie bereits festgestellt, hat in dem Fall, wo der Schuldner (Verkäufer) gemäß § 275 Abs. 1-3 BGB von der Leistungspflicht – also der Übergabe und Übereignung des Kaufgegenstandes – befreit ist, der Schuldner (Verkäufer) gemäß § 326 BGB keinen Anspruch auf die Gegenleistung, die Zahlung des Kaufpreises. Der Grundsatz nach § 326 Abs. 1 Satz 1 BGB, wonach der Anspruch auf die Gegenleistung untergeht, kennt jedoch Ausnahmen.

116 Nach § 326 Abs. 1 Satz 2 BGB hat der Schuldner (Verkäufer) nach wie vor einen Anspruch auf Zahlung des Kaufpreises in dem Falle, wo er die Nacherfüllung nach § 275 Abs. 1-3 BGB nicht erbringen muss. Der Untergang des Anspruchs auf die Gegenleistung nach § 326 Abs. 1 S. 1 BGB tritt nicht per se ein, sondern setzt vielmehr voraus, dass der Gläubiger (Käufer) nach § 437 BGB entscheidet, welche Rechte er anstelle des Nacherfüllungsanspruchs geltend macht.[107]

117 Der Anspruch auf Zahlung des Kaufpreises bleibt auch bestehen, wenn der Gläubiger (Käufer) für die die Unmöglichkeit begründenden Umstände allein oder überwiegend

---

107 Palandt/Heinrichs, § 326 Rn. 3.

verantwortlich ist (§ 326 Abs. 2, 1. Alternative BGB). Dies kann sich aus einem Verstoss gegen die vertraglichen Haupt- oder Nebenpflichten ergeben, aber auch daraus, dass der Gläubiger (Käufer) nach der vertraglichen Risikoverteilung die Gefahr für ein bestimmtes Leistungshindernis übernommen hat.[108] Gleichsam besteht ein Anspruch auf Zahlung des Kaufpreises, wenn die Voraussetzungen des § 326 Abs. 2, 2. Alternative BGB vorliegen: Tritt die Unmöglichkeit zu einem Zeitpunkt ein, in dem der Gläubiger (Käufer) in Annahmeverzug ist und der Schuldner (Verkäufer) für die Unmöglichkeit nicht verantwortlich ist, ist gemäß § 446 Satz 3 BGB die Preisgefahr übergegangen.

Ein Anspruch des Schuldners (Verkäufers) auf Zahlung des Kaufpreises besteht zudem nach § 326 Abs. 3 BGB, wenn der Gläubiger (Käufer) gemäß § 285 BGB die Herausgabe des Ersatzes oder die Abtretung eines Ersatzanspruches (Surrogat) erhält und dies das Bestehenbleiben des Kaufpreisanspruches rechtfertigt. Darüber hinaus steht dem Schuldner (Verkäufer), dem die Leistung nachträglich unmöglich geworden ist, immer dann der Kaufpreisanspruch zu, wenn die Preisgefahr gemäß §§ 446, 447 BGB übergegangen ist.

c) Übergang der Preisgefahr

Die Regelungen zur Unmöglichkeit, dass beide Parteien nach §§ 275, 326 BGB von ihren Leistungspflichten frei werden ist nicht sachgerecht, wenn dem Käufer die Kaufsache bereits übergeben worden ist und bei ihm die Unmöglichkeit eintritt (§ 446 S. 1 BGB) oder wenn der Käufer sich bei Eintritt der Unmöglichkeit in Annahmeverzug (§§ 293ff BGB) befindet (§§ 326 Abs. 2, 446 S. 3 BGB) sowie in dem Fall, wo der Verkäufer auf Verlangen des Käufers den Besitz an der Sache an eine Versandperson übertragen hat und nach dieser Besitzübertragung die Unmöglichkeit eintritt (§ 447 BGB).

Erlangt der Käufer den Besitz an der Kaufsache, hat er die tatsächliche Einwirkungsmöglichkeit auf sie. Aus diesem Grunde bestimmt § 446 S. 1 BGB, dass mit der Übergabe die Kaufsache die Gefahr des zufälligen Untergangs und der zufälligen Verschlechterung der Kaufsache (**Sachgefahr**[109] und **Preisgefahr**: Gegenleistung im Sinne von § 326 BGB, also der Kaufpreis) auf den Käufer übergeht. Nach der Sonderregel des § 446 S. 3 BGB geht die Gefahr bereits auf den Käufer über, bevor die Übergabe vollzogen ist, wenn sich der Käufer mit der Annahme der Kaufsache in Verzug (§§ 293ff BGB) befindet. Dies betrifft nach §§ 446 Satz 3, 326 Abs. 2 S. 1 BGB auch die Preisgefahr, wenn der Käufer die ihm im vertragsmäßigen Zustand angebotene Kaufsache nicht annimmt und er in Annahmeverzug ist. Der Käufer muss also die Kaufsache bezahlen, auch wenn der Verkäufer wegen Unmöglichkeit nicht mehr in der Lage ist, dem Käufer das Eigentum an der Kaufsache zu verschaffen.

Die Preisgefahr geht gemäß § 447 BGB auf den Käufer über, wenn die Voraussetzungen eines Versendungskaufs vorliegen. Ein **Versendungskauf** setzt voraus, dass der Verkäufer im Rahmen einer Nebenpflicht für die Versendung der Ware an einen anderen

---

108 BGH NJW 1980, 700; 1998, 2284; 2002, 595.
109 BGH NJW 1998, 3273.

Ort als den Erfüllungsort (Leistungsort) nach § 269 BGB Sorge zu tragen hat. Regelmäßig setzt dies voraus, dass die Versendung vom Leistungsort aus vorgenommen wird, eine anderweitige Vereinbarung ist jedoch zulässig.[110] Ein Versendungskauf liegt in der Regel bei einer Schickschuld (Leistungsort = Erfüllungsort: Wohnsitz des Schuldners (Verkäufers)); Erfolgsort am Wohnsitz des Gläubigers (Käufers) nicht jedoch bei einer Bringschuld (Leistungsort = Erfüllungsort und Erfolgsort am Wohnsitz des Gläubigers = Käufers) vor.

122 Erste Voraussetzung des § 447 BGB ist das Bestehen eines wirksamen Kaufvertrages über eine bewegliche Sache. Dann muss der Käufer verlangt haben, dass die Kaufsache zum Versand gebracht wird und der Verkäufer damit einverstanden ist. Diese Vereinbarung kann auch aufgrund eines Handelskaufs bestehen oder nach Vertragsabschluss verabredet werden. Befindet sich die Kaufsache an einem anderen Ort als dem Erfüllungsort und soll die Kaufsache von diesem Ort zum Versand gebracht werden, treten die Rechtsfolgen des § 447 BGB nur dann ein, wenn die Parteien den Lagerort als Erfüllungsort vereinbart haben. Weiter muss der Verkäufer die Kaufsache am vereinbarten oder gesetzlichen Erfüllungsort bzw. Lagerort an eine sorgfältig ausgewählte Versandperson übergeben, damit diese die Kaufsache zum Erfolgsort transportiert. Umstritten ist die Anwendbarkeit des § 447 BGB auf einen innerörtlichen Transport und beim Selbsttransport durch den Verkäufer.[111]

123 Übergibt der Verkäufer die Kaufsache an die Versandperson, geht das Transportrisiko auf den Käufer über. Geht die Kaufsache also beim Transport unter oder wird verschlechtert, muss der Käufer gemäß § 447 BGB dennoch den Kaufpreis bezahlen. Liegt ein Gattungskauf vor, erfolgt durch die Übergabe der Kaufsache an die Transportperson gleichzeitig die Konkretisierung gemäß § 243 Abs. 2 BGB. Der Käufer schuldet mit der Übergabe der Kaufsache an die Transportperson nunmehr nur noch die genau übergebene Sache. Nach überwiegender Ansicht geht die Preisgefahr gemäß § 447 BGB nur dann auf den Käufer über, wenn der Untergang oder die Verschlechterung der Kaufsache durch eine typische Transportgefahr verursacht worden ist.[112] Keine typische Transportgefahr ist gegeben, wenn die Sache durch falsche Verpackung oder Verladung untergegangen ist.[113]

124 Zu beachten ist, dass der Versand in der Regel über eine Spedition erfolgt. Wird die Kaufsache auf dem Transport zerstört, bleibt der Käufer nach § 447 BGB also regelmäßig zur Kaufpreiszahlung verpflichtet. Indes kann der Käufer dem Zahlungsanspruch des Verkäufers aus §§ 443 Abs. 2, 447 Abs. 1 BGB gemäß § 320 BGB die Einrede des nicht erfüllten Vertrages entgegenhalten. Denn ein Anspruch des Käufers gegen den Verkäufer besteht nach § 285 BGB, §§ 425, 428 BGB. Auch wenn der Verkäufer keinen Schaden hat, bleibt nach § 421 Abs. 1 Satz 2 HGB der Verkäufer zur Geltendmachung der Schadensersatzansprüche aus dem Frachtvertrag befugt. So lange der Verkäufer den Ersatzanspruch nach §§ 425, 428 HGB nicht gemäß § 285 BGB an

---

110 BGH NW 1991, 915.
111 Palandt/Putzo, § 447 Rn. 12.
112 BGH NJW 1965, 1324.
113 BGH NJW 1968, 1929.

A. Kaufpreiszahlung und Abnahme der Kaufsache

den Käufer abgetreten hat, bleibt der Käufer nach § 320 BGB berechtigt, die Erfüllung des Vertrages zu verweigern.

Auch wenn der Schadensersatzanspruch des Verkäufers aus §§ 425, 428 HGB gegen den Spediteur durch Zahlung nach § 362 BGB erloschen ist, hat der Käufer zwar nach § 428 BGB (Empfänger und Absender des Frachtgutes sind Gesamtgläubiger) keinen direkten Anspruch gegen den Spediteur. Er kann aber nach wie vor dem Zahlungsverlangen des Verkäufers gegenüber der Einrede des nicht erfüllten Vertrages geltend machen. Er ist nur Zug um Zug gegen Herausgabe der Ersatzleistung zur Zahlung verpflichtet (§§ 320, 285 BGB).

125

Verlangt der Käufer vom Spediteur direkt Schadensersatz nach den §§ 425, 428 HGB, erlischt – wie bereits ausgeführt – dieser Anspruch durch Erfüllung (§ 362 BGB). Das Gleiche gilt gemäß §§ 429, 422 BGB für den Anspruch, der dem Verkäufer gegen den Spediteur aus §§ 425, 428 HGB zusteht. In diesem Fall hat der Verkäufer gegen den Käufer keinen Anspruch auf Zahlung des Kaufpreises gemäß §§ 433, Abs. 2, 447 Abs. 1 BGB. Denn hat der Verkäufer vom Spediteur nichts erhalten, und ist der Anspruch gegen den Spediteur durch Erfüllung erloschen, kann auch der Käufer gegenüber dem Verkäufer, der nichts erlangt hat, kein Leistungsverweigerungsrecht nach §§ 320, 285 BGB geltend machen. Das nach altem Recht bestehende klassische Problem der Drittschadensliquidation bei dem Untergang der Sache beim Versendungskauf hat sich durch § 421 Abs. 1 Satz 2 HGB und § 437 BGB, der die Anwendung des § 474 Abs. 2 BGB auf den Verbrauchsgüterkauf ausschließt, weitgehend erledigt. Der Weg über die Drittschadensliquidation hat nur noch dann Bedeutung, wenn zwischen Privaten oder zwischen Unternehmern oder zwischen einem Verbraucher als Verkäufer ein Kaufvertrag abgeschlossen worden ist und der Transport von einer Privatperson, die nicht unter § 407 HGB bzw. § 458 HGB fällt, vorgenommen wird.

126

Muster: Klageerhebung bei Unmöglichkeit, Einrede der Nichterfüllung (§ 320 BGB)

127

Landgericht ■■■

In dem Rechtsstreit

Blockbau GmbH ./. Lummerbach

10 O 449/04

zeigen wir unter Überreichung einer Originalvollmacht an, dass wir die Beklagten vertreten und werden in der mündlichen Verhandlung beantragen,

die Klage wird abgewiesen.

Begründung:

Gegen den von der Klägerin geltend gemachten Anspruch auf Zahlung des Kaufpreises erheben wir die Einrede der Nichterfüllung gemäß § 320 BGB. Die Beklagten sind zur Kaufpreiszahlung nur Zug um Zug gegen Abtretung des Ersatzanspruchs der Klägerin gegen den Spediteur, die Fuhr GmbH, Saatwinkler Damm 10 in 13464 verpflichtet.

Marfurt

Richtig ist, dass zwischen den Parteien der in der Klageschrift bezeichnete Kaufvertrag über den Bausatz für ein Gartenhaus „Zwergenparadies" zum Kaufpreis von 5.500,- EUR am 17.03.2004 abgeschlossen worden ist. Die Beklagten wollten den Bausatz aber nicht bei der Klägerin vor Ort abholen, sondern vereinbarten mit der Klägerin, dass der Bausatz am 10.04.2004 zum Versand gebracht wird.

Beweis: Kaufvertrag vom 17.03.2004 – bereits als Anlage K1 überreicht.

Die Klägerin hat das Blockhaus am 30.05.2004 an ihren Spediteur, die Fuhr GmbH, Saatwinkler Damm 10 in 13464 übergeben. Auf der Anlieferung zum Kläger verursachte der Fahrer Heino Heer auf der Stadtautobahn fahrlässig einen Verkehrsunfall bei dem der Bausatz vollständig zerstört worden ist.

Beweis:
1. Auslieferungsbeleg der Klägerin an den Spediteur – Anlage B1;
2. Zeugnis des Heino Heer, ▪▪▪
3. Verkehrsunfallprotokoll vom 30.05.2004 – Anlage B2

Die Klägerin hat den Beklagten das Eigentum an dem Bausatz für das Gartenhaus nicht gemäß § 929 S. 1 BGB übertragen und wird dies auch nicht können, so dass Unmöglichkeit eingetreten ist. Einen anderen, gleichwertigen Bausatz kann die Klägerin auch nicht liefern, denn Sie hat die Produktion und den Vertrieb des Gartenhauses „Zwergenparadies" im Februar 2004 eingestellt. Das von den Beklagten bestellte Exemplar war das letzte, das die Klägerin noch liefern konnte. Dies war den Parteien bekannt und bei Abschluss des Kaufvertrages auch besprochen worden. Bei dem Verkaufsgespräch war der Vater der Beklagten zu 1) Herr Ulf Albrecht dabei.

Beweis: Zeugnis des Ulf Albrecht ▪▪▪

Da die Voraussetzungen des §§ 433 Abs. 2, 447 Abs. 1 BGB vorliegen, weil der auf Verlangen der Beklagten am 30.05.2004 von der Klägerin an die Fuhr GmbH zur Anlieferung übergebene Bausatz bei Verwirklichung einer typischen Transportgefahr untergegangen ist, steht der Klägerin zwar der geltend gemachten Kaufpreisanspruch zu. Der Anspruch ist aber nicht durchsetzbar. Die Beklagten haben gemäß § 285 BGB einen Gegenanspruch auf Abtretung des der Klägerin zustehenden Ersatzanspruches nach §§ 425, 428 HGB. Die Fuhr GmbH hat als Frachtführer gemäß § 425 HGB für den an dem Frachtgut entstandenen Schaden einzustehen. Die Fuhr GmbH hat mit der Klägerin einen Frachtvertrag nach §§ 407ff HGB abgeschlossen. Die Fuhr GmbH kann sich nicht exkulpieren, denn nach § 428 HGB muss sie für das Verschulden des Fahrers Heino Heer, der den Unfall fahrlässig verursacht hat, einstehen. Im Bestreitensfall wird Beweis angetreten durch:

Beweis:
1. Vorlage des Frachtvertrages;
2. Zeugnis des Heino Heer, b.b.
3. Verkehrsunfallprotokoll vom 30.05.2004 – Anlage B2

Dem steht nicht entgegen, dass die Klägerin an sich keinen Schaden hat, weil sie keine Vermögenseinbusse erlitten hat. Denn gemäß § 421 Abs. 1 S.2 a.E. HGB bleibt die Klägerin als Absender bei einer Beschädigung des Frachtgutes zur Geltendmachung der Ansprüche aus dem Frachtvertrag befugt.

Eine beglaubigte und eine einfache Abschrift anbei.

▪▪▪

Rechtsanwalt

5. Die Verzögerung der Leistung

Liegt kein Fall der Unmöglichkeit vor, sondern verzögert sich lediglich die Übergabe und Übereignung der Kaufsache, so hat der Käufer folgende Möglichkeiten: Gemäß § 323 Abs. 1 BGB kann der Käufer, nachdem er dem Verkäufer eine angemessene Frist gesetzt hat und diese fruchtlos abgelaufen ist, vom Vertrag zurücktreten. Hat der Verkäufer die Pflichtverletzung zu vertreten – es gilt die Verschuldensvermutung des § 280 Abs. 1 Satz 2 BGB – kann der Käufer auch gemäß §§ 280 Abs. 1 und Abs. 3, 281 Abs. 1 und Abs. 4 BGB Schadensersatz verlangen. Unter den Voraussetzungen des Verzugs kann der Käufer darüber hinaus gemäß §§ 280 Abs. 1 und Abs. 3, 286 BGB neben dem Erfüllungsanspruch Ansprüche auf Ersatz des Verzögerungsschadens und der Verzugszinsen geltend machen. Zu beachten ist hier die erweiterte Haftung gemäß § 287 BGB. Die Verzugs- und Prozesszinsen richten sich nach §§ 288 f BGB.

128

6. Rücktritt, Kündigung, Widerruf

Rücktritt ist die Rückgängigmachung eines wirksam zustande gekommenen Vertrages durch einseitige Erklärung einer Partei aufgrund eines entsprechenden vertraglichen oder gesetzlichen Rücktrittsrechts (z.B. §§ 323, 326, 437 Nr. 2, 634 Nr. 4 BGB). Die Kündigung beendet das Schuldverhältnis für die Zukunft. Bei Dauerschuldverhältnissen ersetzt die Kündigung das gesetzliche Rücktrittsrecht. In anderen Fällen dient sie dazu, die Fälligkeit der Forderung herbeizuführen (z.B. § 488 Abs. 3 BGB) und dadurch den Leistungszeitpunkt festzulegen. Das verbraucherschützende Widerrufsrecht (§§ 312, 312d, 485, 495) ist ein besonders ausgestaltetes Rücktrittsrecht. Voraussetzungen für einen **Rücktritt** vom Vertrag sind das Bestehen eines Rücktrittsgrundes und die Ausübung des Rücktritts durch die Rücktrittserklärung (§ 349 BGB). Zudem darf der Rücktritt nicht gemäß § 352 BGB unwirksam sein.

129

Tritt eine Partei vom Kaufvertrag zurück, so bestimmt § 346 Abs. 1 BGB, dass die empfangenen Leistungen zurückzugewähren und die tatsächlich gezogene Nutzungen herauszugeben sind. Unter den Voraussetzungen des § 346 Abs. 2 BGB hat der Schuldner statt der Rückgewähr oder Herausgabe Wertersatz zu leisten. Dies betrifft die Fälle, in denen die Rückgewähr oder Herausgabe nach der Natur des Erlangten ausgeschlossen ist (§ 346 Abs. 2 Nr. 1 BGB: z.B. persönlich zu erbringende Dienstleistung), wenn der Schuldner den empfangenen Gegenstand verbraucht, veräußert, belastet, verarbeitet oder umgestaltet hat (§ 346 Abs. 2 Nr. 2 BGB) oder wenn der empfangene Gegenstand verschlechtert oder untergegangen ist (§ 346 Abs. 2 Nr. 3 BGB), was jedoch nicht für die Verschlechterung aufgrund des bestimmungsgemäßen Gebrauchs gilt (§ 346 Abs. 2 Nr. 3 a.E. BGB). Ausnahmen zu § 346 Abs. 2 BGB regelt § 346 Abs. 3 S. 1 Nr. 1-3 BGB. Zu beachten ist hier insbesondere § 346 Abs. 3 S. 1 Nr. 3 BGB (Zurückspringen der Gefahr). Hiernach soll derjenige, der nicht ordnungsgemäß geleistet hat, nicht darauf vertrauen dürfen, dass der Gefahrenübergang auf den anderen Teil endgültig ist. Ein Verschulden in eigenen Angelegenheiten ist nicht als technisches Verschulden, sondern nach dem Gedanken zu verstehen, dass sich niemand mit seinem eigenen Verhalten in Widerspruch setzen darf. Die Berufung des Rücktrittsberechtigten auf einen Wegfall der Wertersatzpflicht muss sich demnach als widersprüchliches Verhalten darstellen. Unvorsichtigkeit in eigenen Dingen führt zur Wertersatzhaftung.

130

§ 2 Der Kauf von Sachen

131 Ein Anspruch auf Wertersatz für entgegen den Regeln einer ordnungsmäßigen Wirtschaft nicht gezogenen Nutzungen ergibt sich aus § 347 Abs. 1 S. 1 BGB. Nach § 347 Abs. 1 S. 2 BGB soll der Berechtigte entsprechend dem Rechtsgedanken des § 346 Abs. 3 S. 1 Nr. 3 BGB nur dann zum Wertersatz verpflichtet sein, wenn er diejenige Sorgfalt nicht beachtet hat, die er in eigenen Angelegenheiten anzuwenden pflegt. Notwendige Verwendungen (§ 994 BGB) sind nach § 347 Abs. 2 BGB ersatzfähig. Andere Verwendungen gegebenenfalls nach § 347 Abs. 2 S. 2 i.V.m. § 818 BGB.

132 Nach § 325 BGB hat der gesetzliche Rücktritt keinen Einfluss auf Schadensersatzansprüche des Gläubigers. So kommt neben dem Rücktritt eine Schadensersatzpflicht nach § 281 BGB insbesondere dann in Betracht, wenn der Schuldner beim gesetzlichen Rücktritt den Rücktrittsgrund zu vertreten hat. Schadensersatz kann der Gläubiger auch gemäß § 346 Abs. 4 BGB verlangen, wenn der Schuldner eine Pflicht aus dem Rückgewährverhältnis verletzt. Die Schadensersatzpflicht ergibt sich hier zunächst aus § 280 Abs. 1 BGB. Zwar können die Parteien beim gesetzlichen Rücktrittsrecht zunächst davon ausgehen, dass der übertragene Gegenstand endgültig Bestandteil ihres Vermögens geworden ist. Eine Rechtspflicht zur sorgsamen Behandlung besteht erst, wenn die Partei weiß oder wissen muss, dass die Rücktrittsvoraussetzungen vorliegen. Kenntnis ist spätestens dann anzunehmen, wenn der Rücktritt erklärt wird. Unter den Voraussetzungen der §§ 281, 283 BGB kann der Gläubiger statt der Leistung Schadensersatz verlangen, wenn der Schuldner seiner Rückgewährpflicht nicht nachkommt. Unter den Voraussetzungen des Verzugs (§§ 280, 286 BGB) kommt ein Anspruch auf Ersatz des Verspätungsschadens in Betracht. Für die durch Rücktritt entstehenden Ansprüche gilt die Regelverjährung der §§ 195, 199 BGB.

7. Aufhebungs- und Erlassvertrag

a) Aufhebungsvertrag, insbesondere: Immobilienkauf

133 Schließen die Parteien eines Grundstückskaufvertrages einen Aufhebungsvertrag ist wiederum ein besonderes Augenmerk auf § 311b Abs. 1 BGB zu richten. Ist der Kaufvertrag bereits durch Auflassung und Eintragung vollzogen, begründet die Aufhebung des Vertrages eine Verpflichtung zur Übertragung und zum Rückerwerb und bedarf daher der notariellen Beurkundung (§ 128 BGB).[114] Das Gleiche gilt, wenn der Käufer nach Auflassung durch das Stellen eines Eintragungsantrags oder durch Eintragung einer Auflassungsvormerkung ein Anwartschaftsrecht erworben hat. Die Verpflichtung zur Aufhebung des Anwartschaftsrechts ist, wenn vertragliche Pflichten zur Rückabwicklung begründet werden, formbedürftig.[115] Ist der Kaufvertrag dagegen noch nicht vollzogen und besteht für den Käufer auch noch kein Anwartschaftsrecht ist ein entsprechender Aufhebungsvertrag formfrei.[116]

---

114 BGHZ 83, 397; OlG Köln, NJW-RR 1995, 1107.
115 BGH, a.a.O.; NJW-RR 1988, 265.
116 BGHZ 83, 397; wird zunächst oder gleichzeitig das Anwartschaftsrecht aufgegeben, entfällt das Formerfordernis, vgl. BGH NJW 1993, 3325.

b) Erlassvertrag

Erlässt der Gläubiger dem Schuldner die Schuld durch einen **Erlassvertrag** erlischt der Einzelne Leistungsanspruch, § 397 Abs. 1 BGB.

134

Gemäß § 397 Abs. 2 BGB erlischt der Einzelne Leistungsanspruch, wenn der Gläubiger durch Vertrag mit dem Schuldner anerkennt, dass das Schuldverhältnis nicht besteht. Hierbei handelt es sich um negatives Schuldanerkenntnis. Als negatives formfreies Schuldanerkenntnis bewirkt dies, dass die Schuld konstitutiv (abstrakt) erlischt. Kausal (deklaratorisch) wird lediglich das Nichtbestehen einer Verbindlichkeit bestärkt, indem in Zukunft ein Ausschluss der als gegeben gesehenen Einwendungen ausscheidet.

135

Der Erlassvertrag ist ein Verfügungsvertrag, weil er darauf gerichtet ist, das Forderungsrecht zum erlöschen zu bringen. Der Erlassvertrag ist nur dann wirksam, wenn er von den verfügungsberechtigten Partnern des Schuldverhältnisses geschlossen wird. Als Kausalgeschäft liegt dem Verfügungsvertrag in der Regel ein Schenkungsvertrag zugrunde. Ein Erlassvertrag kann auch durch schlüssiges Handeln zustande kommen. Hierfür ist aber ein unzweideutiges Verhalten erforderlich, dass vom Erklärungsgegner als Aufgabe des Rechts verstanden werden kann und tatsächliche so verstanden wird.[117]

136

Zu beachten ist die sog. Erlassfalle. Eine Erlassfalle liegt vor, wenn dem Gläubiger unter Verzicht auf den Zugang der Annahmeerklärung gemäß § 151 BGB schriftlich angeboten wird, einen „Abfindungvertrag" abzuschließen und ihm zugleich ein Scheck in Höhe eines Teils der Forderung mit der Maßgabe übersandt wird, der Scheck dürfe nur bei Annahme des Abfindungsangebots eingelöst werden. In der widerspruchslosen Einreichung des Schecks ist dann regelmäßig die Annahme des Vertragsangebots zu sehen.[118] Liegen Anhaltspunkte vor, die gegen einen Annahmewillen sprechen, gilt dies nicht. Solche Anhaltspunkte können z.b. sein: Gespräche mit dem Prozessbevollmächtigten und Formulierung eines Ablehnungsschreibens vor Einlösung des Schecks,[119] ein krasses Missverhältnis zwischen der ursprünglichen Forderung und des im Scheck ausgestellten Betrages[120] oder fehlende Vergleichsverhandlungen vor dem überraschenden Vergleichsangebot und die Tatsache, dass über die Berechtigung der Forderung keine Zweifel bestehen.[121]

137

IV. Einreden (rechtshemmende Einwendungen)

1. Einrede des nichterfüllten Vertrags, § 320 BGB

Beim Kaufvertrag sind wie bei jedem Vertrag, bei dem die Verpflichtungen im Gegenseitigkeitsverhältnis stehen (Synallagma), die Leistungspflichten in einem Austauschverhältnis. Besteht keine Vorleistungspflicht, so muss der Leistungsaustausch grund-

138

---

117 OLG Dresden, OLG Report 1999, 337.
118 BGH WM 1986, 322, 323; NJW 1990, 1656; OLG Hamm NJW-RR 1998, 1662.
119 BGHZ 111, 97, 102; OLG Rostock MDR 1998, 1341.
120 OLG Karlsruhe, OLG Report 1998, 411.
121 OLG Karlsruhe, OLG Report 2000, 35.

Marfurt

sätzlich gleichzeitig erfolgen. § 320 BGB gewährleistet die gegenseitige Abhängigkeit von Leistung und Gegenleistung, indem der Schuldner die eigene Leistung zurückbehalten kann, bis sein Gläubiger die Gegenleistung erbringt (**Einrede des nichterfüllten Vertrages**). Die Verurteilung erfolgt im Prozess dann nur zur Erfüllung Zug um Zug (§ 322 BGB).

139 Die Einrede des § 320 BGB setzt voraus: Der Gläubiger macht einen Anspruch aus dem gegenseitigen Vertrag geltend. Wirksamer und fälliger Gegenanspruch des Gläubigers, Gegenseitigkeitsverhältnis von Gläubiger- und Schuldneranspruch, die Eigene Vertragstreue des Schuldners[122] und dass der Schuldner die Einrede der Nichterfüllung nach § 320 BGB erhebt.

140 Der Schuldner muss einen wirksamen und fälligen Gegenanspruch haben. Da § 320 BGB die Einrede des nichterfüllten Vertrages nur „bis zur Bewirkung der Gegenleistung" gewährt, darf der Gläubiger selbst noch nicht erfüllt haben. Für den Fall, wo der Gläubiger bereits teilweise geleistet hat, kann die Gegenleistung gemäß § 320 Abs. 2 BGB insoweit nicht verweigert werden, „als die Verweigerung nach den Umständen, insbesondere wegen verhältnismäßiger Geringfügigkeit des rückständigen Teils, gegen Treu und Glauben verstoßen würde". In den Fällen, wo feststeht, dass die vom Gläubiger zu erbringende Leistung unmöglich ist, kann sich der Schuldner nicht auf § 320 BGB berufen, er kann dann allenfalls nach den §§ 280ff BGB vorgehen.[123] Ist eine Leistungszeit nicht vereinbart, ist der Gegenanspruch des Schuldners gemäß § 271 BGB sofort fällig. Haben die Parteien dagegen die Vorleistungspflicht des Schuldners vereinbart, ist § 320 BGB ausgeschlossen.[124] Keinen Einfluss auf die Fälligkeit der Gegenforderung hat ein Annahmeverzug des Schuldners. Der Annahmeverzug kann allerdings für die Vollstreckung des Schuldners (§§ 726 Abs. 2, 756, 765 ZPO) von Bedeutung sein.[125] Zu beachten ist die Bestimmung des § 215 BGB: Auch verjährte Ansprüche begründen dann die Einrede des nichterfüllten Vertrages, wenn die Verjährung noch nicht eingetreten war, als der Gegenanspruch des Gläubigers entstand.[126]

141 Der Anspruch des Gläubigers steht im Gegenseitigkeitsverhältnis zu der Gegenforderung des Schuldners, wenn sich Hauptleistungen gegenüberstehen. Allerdings können durch Parteivereinbarung auch Nebenpflichten zu Hauptpflichten des Vertrages gemacht werden, so dass insoweit § 320 BGB gleichsam Anwendung findet. Das Gegenseitigkeitsverhältnis bleibt auch dann bestehen, wenn der Schuldner als Gegenforderung anstelle des originären Leistungsanspruchs einen Sekundäranspruch, z.B. aus § 285 BGB auf das stellvertretende commodum erlangt hat.[127]

142 Der Schuldner muss die Einrede des nichterfüllten Vertrages erheben.[128] Wegen dem Gegenseitigkeitsverhältnis von Leistung und Gegenleistung schließt – anders als im

---

122 Palandt/Heinrichs, § 320 Rn. 6.
123 MünchKomm/Emmerich, § 320 Rn. 47; Soergel/Wiedemann, § 320 Rn. 43.
124 MünchKomm/Emmerich, § 320 Rn. 29ff.
125 BGHZ 90, 354, 358.
126 BGHZ 53, 122, 125.
127 MünchKomm/Emmerich, § 320 Rn. 45,.
128 BGH NJW 1999, 53.

Falle des Zurückbehaltungsrechts nach § 273 BGB – schon das bloße Bestehen des Leistungsverweigerungsrechts den Verzug des Schuldners aus und zwar auch dann, wenn der Schuldner sich nicht auf § 320 BGB beruft.[129] Besteht objektiv die Einrede des nichterfüllten Vertrages nach § 320 BGB entfällt dessen Wirkung, den Schuldnerverzug auszuschließen, nicht schon dann, wenn der Gläubiger seinerseits zur Gegenleistung „bereit und imstande" ist, sondern[130] erst dann, wenn der Gläubiger dem Schuldner die Gegenleistung in einer den Annahmeverzug begründenden Weise anbietet. Liegen die Voraussetzungen des § 320 BGB vor, braucht der Schuldner die Leistung nur zu erbringen, wenn er gleichzeitig auch die Gegenleistung erhält. Der Schuldner wird gemäß § 322 BGB nur zur Erbringung der Leistung Zug um Zug verurteilt.

Hinzuweisen ist auf das Verhältnis des § 320 BGB zur Rücktrittseinrede (§ 438 Abs. 4 S. 2 BGB) und zur Minderungseinrede (§ 438 Abs. 5 BGB). Die Einrede des § 320 BGB kann von einer Vertragspartei solange geltend gemacht werden, wie die andere Partei noch nicht erfüllt hat. Die Einrede des nichterfüllten Vertrages kann auch noch dann geltend gemacht werden, wenn z.B. der Käufer ein Recht auf Nacherfüllung nach §§ 437 Nr. 1, 439 BGB hat, denn der Nacherfüllungsanspruch ist kein Gewährleistungsanspruch sondern der ursprünglich (modifizierte) Erfüllungsanspruch. Hat der Schuldner keinen Erfüllungsanspruch mehr, kann er die Einrede nach § 320 BGB nicht mehr geltend machen. Demgegenüber ist die Rücktrittseinrede erst dann gegeben, wenn der Schuldner nicht mehr Erfüllung verlangen kann, jedoch der Rücktritt vom Vertrag zulässig ist. Für die Minderungseinrede gilt Entsprechendes. Bedeutsam sind Rücktritts- und Minderungseinrede im Kontext mit den Verjährungsvorschriften. So verjährt der Kaufpreisanspruch nach § 191 BGB regelmäßig in drei Jahren. Mängelansprüche unterliegen demgegenüber in der Regel einer Verjährung von zwei Jahren (§ 438 Abs. 1 Nr. 3 BGB). Damit kann der Kaufpreisanspruch noch durchsetzbar sein, wenn die Mängelansprüche bereits verjährt sind.

2. Einrede des Zurückbehaltungsrechts, § 273 Abs. 1 BGB

Nach § 273 BGB kann der Schuldner die geschuldete Leistung verweigern, bis die ihm gebührende Leistung bewirkt wird. Hat der Schuldner die **Einrede des Zurückbehaltungsrechts** erhoben, wird er im Prozess gemäß § 274 Abs. 1 BGB nur zur Erfüllung Zug um Zug verurteilt. Die Voraussetzungen der Einrede des Zurückbehaltungsrechts ergebe sich auch § 273 Abs. 1 BGB: Der Gläubiger macht einen Anspruch geltend, es liegt wirksamer und fälliger Gegenanspruch des Schuldners vor, Konnexität: Die Ansprüche müssen aus demselben rechtlichen Verhältnis stammen und das Zurückbehaltungsrecht darf nicht ausgeschlossen sein.

Das Zurückbehaltungsrecht nach § 273 Abs. 1 BGB setzt weder einen gegenseitigen Vertrag noch das Bestehen von schuldrechtlichen Ansprüchen voraus.[131] Der Schuldner muss einen wirksamen und fälligen Gegenanspruch haben. Ein Anspruch, dem eine Einrede entgegensteht, kann grundsätzlich kein Zurückbehaltungsrecht begründen.

---

129 BGH MDR 1999, 922.
130 BGHZ 116, 244, 249.
131 BGHZ 92, 194, 196.

Eine Ausnahme gilt allerdings für die Verjährung. Gemäß § 215 BGB schließt die Verjährung die Geltendmachung eines Zurückbehaltungsrechts nicht aus, wenn der Anspruch in dem Zeitpunkt, in dem erstmals die Leistung verweigert werden konnte, noch nicht verjährt war. Für das Zurückbehaltungsrecht ist allerdings ausreichend, wenn der Gegenanspruch des Schuldners mit der Erfüllung des Anspruchs des Gläubigers einredefrei entsteht und fällig wird.[132] Im Übrigen muss der Gegenanspruch des Schuldners erst in dem Zeitpunkt fällig sein, in dem der Schuldner sich auf das Zurückbehaltungsrecht beruft. Es ist ausreichend, wenn der Anspruch erst dadurch fällig wird, dass der Schuldner seine Leistung erbringt.

146 Die nach § 273 BGB geforderte Konnexität liegt vor, wenn beide Ansprüche aus einem einheitlichen, innerlich zusammenhängenden Lebensverhältnis herrühren, so dass es gegen Treu und Glauben verstossen würde, wenn der eine Anspruch ohne Rücksicht auf Erfüllung des anderen geltend gemacht werden könnte.[133] Allerdings darf es sich bei den gegenseitigen Ansprüchen nicht um Ansprüche handeln, die aus synallagmatischen Hauptpflichten herrühren, denn dann greift § 320 BGB als lex specialis ein.

147 Ein Ausschluss des Zurückbehaltungsrechts kann sich aus dem Inhalt des Vertrages oder aus gesetzlichen Vorschriften ergeben (z.B. § 175 BGB; §§ 570, 581 BGB). Liegt ein Aufrechnungsverbot vor, ist § 273 BGB grundsätzlich nicht ausgeschlossen. Das Zurückbehaltungsrecht ist aber ausgeschlossen, wenn es den durch das Aufrechnungsverbot missbilligten Erfolg herbeiführen würde.[134] Das Zurückbehaltungsrecht kann im Einzelfall gemäß § 242 BGB ausgeschlossen sein.

148 Nach § 273 Abs. 3 BGB kann der Gläubiger die Ausübung des Zurückbehaltungsrechts durch Sicherheitsleistung abwenden. Zu beachten ist, dass im Gegensatz zur Einrede des nichterfüllten Vertrages nach § 320 BGB, das bloße Bestehen des Zurückbehaltungsrechts den Schuldnerverzug nicht ausschließen kann.

3. Einrede der Verjährung, § 214 BGB

149 Gemäß § 214 BGB kann sich der Schuldner auf die **Einrede der Verjährung** berufen. Nach dem Eintritt der Verjährung ist der Schuldner berechtigt, die Leistung zu verweigern.

a) Kaufrechtliche Verjährungsfristen

150 Die regelmäßige Verjährungsfrist beträgt gemäß § 195 BGB drei Jahre. Die drei-Jahres-Frist gilt für alle vertraglichen Ansprüche, wenn nicht – im Rahmen des Zulässigen – zwischen den Parteien eine gesonderte Verjährung vertraglich vereinbart worden ist oder eine abweichende Verjährung durch gesetzliche Regelungen bestimmt ist.

151 Sonderverjährungsfristen finden sich für das Kaufrecht in den §§ 196, 197, 438 und 479 BGB. Nach § 196 BGB verjähren Ansprüche auf Übertragung des Eigentums an einem Grundstück sowie auf Begründung, Übertragung oder Aufhebung eines Rechts

---

[132] BGHZ 116, 244, 247.
[133] BGHZ 92, 194; 115, 99, 103.
[134] BGH NJW 1987, 3254, 3255.

an einem Grundstück oder der Änderung des Inhalts eines solchen Rechts sowie die Ansprüche auf die Gegenleistung in zehn Jahren. Die 30-jährige Verjährung ist in § 197 BGB geregelt. Sie gilt für Herausgabeansprüche aus Eigentum und anderen dinglichen Rechten (§ 197 Abs. 1 Nr. 1 BGB), familien- und erbrechtliche Ansprüche (§ 197 Abs. 1 Nr. 2 BGB) und titulierte Ansprüche (§ 197 Abs. 1 Nr. 3 BGB). Weitere Sonderverjährungsfristen für das Kaufrecht sind die Verjährung der kaufrechtlichen Gewährleistungsansprüche (§ 438 BGB: zwei, fünf oder 30 Jahre) und der Rückgriffanspruch beim Verbrauchsgüterkauf, der nach § 479 BGB in zwei Jahren verjährt.

b) Beginn der Verjährung

Der vertragliche Erfüllungsanspruch aus dem Kaufvertrag entsteht nicht erst im Zeitpunkt der Lieferung, sondern bereits mit Vertragsabschluss. Nach §§ 195, 199 BGB beginnt die regelmäßige Verjährung am Schluss des Jahres, in dem der Anspruch entstanden ist und der Gläubiger von den anspruchsbegründenden Umständen und der Person des Schuldners Kenntnis erlangt hat oder ohne grobe Fahrlässigkeit hätte erlangen müssen. Ein Anspruch ist immer dann entstanden, sobald er im Wege der Klage geltend gemacht werden kann.[135] Voraussetzung dafür ist grundsätzlich, dass der Anspruch fällig ist (§ 271 BGB).[136] Die Fälligkeit eines Anspruchs können die Parteien vertraglich von besonderen Voraussetzungen abhängig machen (z.B. Rechnungslegung).[137] Damit wird dann auch der Beginn der Verjährung hinausgeschoben. Als gesetzliche Beispiele können § 8 Abs. 1 HOAI, § 16 Nr. 3 VOB/B, § 12 GOÄ angeführt werden, die die Fälligkeit von dem überreichen einer prüffähigen Schlussrechnung abhängig machen.

152

Für alle Ansprüche, die der regelmäßigen Verjährung unterliegen, gilt – wenn die Voraussetzungen des § 199 BGB (Entstehung des Anspruchs, Kenntniserlangung oder grob fahrlässige Unkenntnis) vorliegen, dass die Verjährung am 31.12. des Jahres um 24.00 Uhr beginnt (§ 199 Abs. 1 BGB) und drei Jahre später, wiederum um 24.00 Uhr endet (§ 188 Abs. 2 BGB). In § 199 Abs. 2-4 BGB sind Verjährungsobergrenzen für den Fall geregelt, dass der Anspruch innerhalb eines bestimmten Zeitraums nicht entsteht oder Kenntnis oder grob fahrlässige Unkenntnis in diesem Zeitraum nicht vorliegt. Hier gilt keine Jahresschlussverjährung, die Verjährung ist in solchen Fällen nach den §§ 187ff BGB taggenau zu ermitteln. Nach § 199 Abs. 4 BGB verjähren andere als Schadensersatzansprüche ohne Rücksicht auf die Kenntnis oder grob fahrlässige Unkenntnis in zehn Jahren von ihrer Entstehung. Sind diese Ansprüche noch nicht entstanden, weil sie nicht fällig sind, beginnt weder die Verjährungsfrist nach § 199 Abs. 1 BGB noch die Höchstfrist nach § 199 Abs. 4 BGB zu laufen. Für Schadensersatzansprüche regelt § 199 Abs. 2, 3 BGB, dass ohne Rücksicht auf ihre Entstehung und die Kenntnis nach 30 Jahren von der Begehung der Handlung, der Pflichtverletzung oder dem sonst den Schaden auslösende Ereignis die Ansprüche verjähren – oder, wenn es sich um Schadensersatzansprüche handelt, die auf Verletzung des Lebens, des Körpers, der Gesundheit oder Freiheit beruhen, die Ansprüche in zehn Jahren von ihrer

153

---

135 BGHZ 55, 340; 73, 365; 79, 178.
136 BGHZ 55, 340; 113, 193; ZIP 2001, 611.
137 BGH NJW-RR 1989, 148.

Entstehung an verjähren, wenn Kenntnis oder grob fahrlässige Unkenntnis nicht vorliegen. Entscheidend ist die früher endende Frist.

154 Sondervorschriften für den Beginn der Verjährung finden sich in § 201 BGB (für festgestellte Ansprüche) und spezifisch im Hinblick auf das Kaufrecht in § 438 Abs. 2 BGB (Beginn der Verjährung kaufrechtlicher Gewährleistungsansprüche) und § 479 Abs. 1 BGB (Beginn der Verjährung des Aufwendungsersatzanspruchs beim Lieferantenregress).

155 Als Auffangvorschrift ist § 200 BGB zu beachten (§§ 201, 438 Abs. 2, 4 BGB gehen als Sondervorschriften vor).[138] Liegen die Voraussetzungen des § 199 BGB nicht vor, beginnt die Verjährung allein mit der Entstehung des Anspruchs.

c) Hemmung und Neubeginn der Verjährung

156 Die Wirkung der Hemmung der Verjährung ist in § 209 BGB geregelt: Der Zeitraum, währen dessen die Verjährung gehemmt ist, wird in die Verjährungsfrist nicht eingerechnet. Der Tag, an dem der Hemmungsgrund entsteht oder wegfällt, ist in die Hemmungszeit miteinzuberechnen.[139]

157 Nach § 203 BGB ist die Verjährung bei Verhandlungen über den Anspruch oder die Ansprüche begründenden Umstände gehemmt. Verhandeln im Sinne des § 203 BGB ist jeder Meinungsaustausch über den Anspruch.[140] Die Hemmung endet durch die Verweigerung der Fortsetzung von Verhandlungen. Grundsätzlich muss dies durch ein klares und eindeutiges Verhalten einer der Parteien zum Ausdruck kommen.[141] Enden die Verhandlungen dadurch, dass sie nicht weitergeführt werden (einschlafen) endet die Hemmung in dem Zeitpunkt, in dem der nächste Verhandlungsschritt nach Treu und Glauben zu erwarten gewesen wäre.[142] Zu beachten ist die Regelung des § 203 S. 2 BGB. Danach tritt die Verjährung frühestens drei Monate nach dem Ende der Verjährung ein.

158 Der Katalog des § 204 BGB bestimmt die Hemmung der Verjährung durch Rechtsverfolgung. So z.B. im Falle der Klageerhebung (§ 204 Abs. 1 Nr. 1 BGB), der Zustellung des Mahnbescheids im Mahnverfahren (§ 204 Abs. 1 Nr. 2 BGB), die Geltendmachung der Aufrechnung des Anspruchs im Prozess (§ 204 Abs. 1 Nr. 5 BGB), die Zustellung der Streitverkündung (§ 204 Abs. 1 Nr. 6 BGB), die Zustellung des Antrags im Eilverfahren (§ 204 Abs. 1 Nr. 9 BGB). Nicht übersehen werden darf die Bestimmung des § 204 Abs. 2 S. 1 BGB. Danach endet die Hemmung nach § 204 Abs. 1 BGB sechs Monate nach der rechtskräftigen Entscheidung oder anderweitigen Beendigung des eingeleiteten Verfahrens. Rechtskräftige Entscheidungen, die das Ende der Hemmung durch die Beendigung des Verfahrens herbeiführen, sind das Endurteil (§ 300 ZPO) und das Vorbehaltsurteil (§§ 302, 599 ZPO). Im Hinblick auf das Teilurteil ist

---

138 Palandt/Heinrichs, § 200 Rn. 1.
139 BGH NJW 1998, 1058.
140 BGH NJW 1983, 2075; NJW-RR 2001, 1168.
141 BGH NJW 1998, 2819.
142 BGH NJW 1986, 1337.

die Entscheidung nur hinsichtlich des entschiedenen Anspruchsteils rechtskräftig.[143] Das Grundurteil ist keine rechtskräftige Entscheidung.[144]

In § 212 BGB sind zwei Fälle für den Neubeginn der Verjährung geregelt. Die Verjährung beginnt nach § 212 Abs. 1 Nr. 1 BGB neu im Falle eines Anerkenntnis und nach § 212 Abs. 1 Nr. 2 BGB bei der Vornahme gerichtlicher oder behördlicher Vollstreckungshandlungen.

159

d) Art. 229 § 6 EGBGB

Das seit der Schuldrechtsreform eingeführte Verjährungsrecht gilt auch für Verträge die aus der Zeit vor dem 01.01.2002 stammen, selbst wenn das Rechtsverhältnis vor dem 01.01.2002 abgeschlossen worden ist, der Anspruch aber nach dem 31.12.2001 entstanden ist. Neu entstehende Ansprüche unterliegen dem neuen Verjährungsrecht. Gemäß Art. 229 § 6 Abs. 3 EGBGB gelten für Ansprüche, die vor dem 01.01.2002 entstanden sind, die kürzeren Verjährungsfristen nach dem alten Recht fort.

160

Ist für Ansprüche, die vor dem 01.01.2002 entstanden sind, dagegen die neue Verjährungsfrist kürzer, so gilt die neue kürzere Frist, berechnet ab dem 01.01.2002 (Art. 229 § 6 Abs. 4 EGBGB). Gemäß § 187 Abs. 2 BGB ist der 01.01.2002 bei der Fristberechnung miteinzurechnen. Die regelmäßige dreijährige Verjährung endet demnach, wenn Kenntnis oder grob fahrlässige Unkenntnis der anspruchsbegründenden Umstände und der Person des Schuldners vor dem 01.01.2002 vorgelegen haben, am 31.12.2004, für die Altfälle für die die alte Verjährungsfrist von 30 Jahren gegolten hätte. Alte längere Fristen haben nur dann Vorrang, wenn sie ausnahmsweise bei einer konkreten Berechnung vor der neuen kürzeren Frist ablaufen würden. Verjährungsfristen, die bereits lange vor dem 01.01.2002 zu laufen begonnen haben und vor dem 31.12.2004 enden haben dann Vorrang.

161

Für rechtshängige Ansprüche gelten Sonderregelungen: Art. 299 § 6 Abs. 2 EGBGB, Art. 229 § 6 Abs. 1 S. 3 EGBGB.

162

e) Vereinbarungen über die Verjährung

Die Parteien können die gesetzlichen Regelungen über die Verlängerung oder Verkürzung der Verjährungsfrist, den Beginn der Verjährungsfrist modifizieren. Ungeklärt ist dies im Hinblick auf die Hemmungs-, Ablaufshemmungsvorschriften und den Neubeginn der Verjährung. Ob und inwieweit die Rechtsfolgen der Verjährung durch Vereinbarung abgeändert werden können ist ebenfalls ungeklärt.

163

Grundsätzlich gilt im Verjährungsrecht der Grundsatz der Vertragsfreiheit. Vereinbarungen über die Erleichterung und Erschwerung der Verjährung finden ihre Grenzen in § 202 BGB. Möglich sind Verlängerungen oder Verkürzungen der Frist, die Festsetzung eines früheren oder späteren Verjährungsbeginns, die Beschränkung oder Erweiterung von Hemmungsgründen oder Tatbeständen des Neubeginns.[145] Eine solche Ver-

164

---

143 BGHZ 65, 135.
144 BGH a.a.O; NJW 80, 2303.
145 Palandt/Heinrichs, § 202 Rn. 2.

einbarung kann vor oder nach Beginn der Verjährung getroffen werden. Nach § 202 BGB kann der Schuldner einseitig auf die Einrede der Verjährung verzichten.

165 Erleichterungen der Verjährung sind bei der Haftung wegen Vorsatzes nicht zulässig (§ 202 Abs. 1 BGB). Nach § 202 Abs. 2 BGB kann die Verjährung nicht über eine Verjährungsfrist von 30 Jahren ab dem gesetzlichen Verjährungsbeginn hinaus erschwert werden. Eine solch unzulässige Erschwerung der Verjährung bezieht sich nicht nur auf die Fristverlängerung sondern auch auf eine Modifikation des Verjährungsbeginns selbst.

166 Verjährungsvereinbarungen, die gegen gesetzliche Verbote verstoßen sind nach § 134 BGB nichtig. Für das Kaufrecht finden sich solche gesetzlichen Verbote in § 475 Abs. 2 BGB und § 479 BGB. Verjährungsabreden können auch sittenwidrig und anfechtbar sein oder nach § 242 BGB einer uneingeschränkten Inhaltskontrolle unterliegen. Bedeutsam sind hier insbesondere die Fälle, in denen die Vertragsfreiheit von einer Partei zur Durchsetzung einseitiger Interessen genutzt wird.

f) Vereinbarungen über die Verjährung in Allgemeinen Geschäftsbedingungen

167 In allgemeinen Geschäftsbedingungen sind Verjährungserleichterungen nur sehr eingeschränkt möglich. Verjährungsregelungen in allgemeinen Geschäftsbedingungen (§§ 305ff BGB) und in Verbraucherverträgen (§ 310 Abs. 3 BGB) sind nur dann wirksam, wenn sie den Anforderungen des § 307 BGB entsprechen.

168 Bei der Erleichterung der Verjährung für Verträge über die Lieferung neu hergestellter Sachen und über Werkleistungen ist § 309 Nr. 8b ff. BGB zu beachten. Hierauf wird näher bei den Gewährleistungsansprüchen einzugehen sein.

169 Verjährungserschwerungen, die in allgemeinen Geschäftsbedingungen vereinbart werden, sind stets an der Generalklausel des § 307 BGB zu messen.

g) Verjährung beim Immobilienkauf

170 Bei Immobilienkauf ist bezüglich der Verjährung die Sonderregelung des § 196 BGB zu beachten. Danach verjähren die Ansprüche auf Übertragung des Eigentums an einem Grundstück in zehn Jahren. Nach § 196 S.1 a.E. BGB gilt dies auch für die Ansprüche auf Gegenleistung – in der Regel also der Kaufpreisanspruch. Die Verjährung nach § 196 BGB beginnt nach § 200 S. 1 BGB mit der Entstehung des Anspruchs.

171 Wird über den Kaufpreis eine vollstreckbare Urkunde (§ 794 Abs. 1 Nr. 5 ZPO) errichtet, verjährt der Kaufpreisanspruch gemäß § 197 Abs. 1 Nr. 4 BGB in 30 Jahren. Voraussetzung hierfür ist, dass die Unterwerfung unter die Zwangsvollstreckung wirksam ist.[146] Die Verjährung beginnt nach § 201 S. 1 BGB mit der Errichtung der vollstreckbaren Urkunde.

172 Zu beachten ist, dass bei einer Heilung nach § 311b Abs. 1 S. 2 BGB die Erfüllungsansprüche erst ab Eintragung verjähren. Dies gilt selbst bei einer vorherigen Überlassung des Grundstücks.

---

146 BGH NJW 1999, 51.

V. Verfahren in der ersten Instanz

Um festzustellen ob die Zulässigkeitsvoraussetzungen einer Klage gegeben sind, ist vor Klageerhebung eine detaillierte **Zulässigkeitsprüfung** vorzunehmen. Zulässigkeitsmängel stehen einem Sachurteil nicht nur dann entgegen, wenn der Beklagte „die fehlende Zulässigkeit" rügt. Zulässigkeitsmängel sind vom Gericht gemäß § 56 Abs. 1 ZPO von Amts wegen zu berücksichtigen (§ 56 Abs. 1 ZPO). Unabhänigig von einer Rüge,[147] hat das Gericht den Vortrag der Parteien auf das Vorliegen der Prozessvoraussetzungen zu untersuchen und die Parteien gegebenenfalls auf Bedenken hinzuweisen (§ 139 Abs. 3 ZPO). Die Prüfung von Amts wegen ist aber keine Amtsermittlung (!), der Prozessstoff ist nach wie vor von den Parteien zu beschaffen. Eine Entscheidung des Gerichts ergeht daher auf Grund des Vortrags der Parteien.[148] Da der Kläger ein Sachurteil begehrt, sind von ihm als darlegungs- und beweisbelastete Partei regelmäßig die Zulässigkeitstatsachen zu erbringen.[149] Eine Ausnahme gilt bei Prozesshindernissen bzw. negativen Prozessvoraussetzungen. So ist ggf. der Beklagte z.B. für die Berufung auf eine Schiedsklausel (§ 1032 ZPO), die Verweigerung der Einlassung wegen fehlender Ausländersicherheit, §§ 110ff ZPO oder die Verweigerung der Einlassung wegen fehlender Kostenerstattung (§ 269 Abs. 6 ZPO) darlegungs- und beweisbelastet.

Für das Vorliegen der Zulässigkeitsvoraussetzungen ist die Überzeugung des Gerichts (§ 286 ZPO) entscheidend. Das Gericht kann dabei auf den sog. **Freibeweis** abstellen, der nicht auf die gesetzlichen Beweismittel beschränkt ist (z.B. Einholung amtlicher Auskünfte sowie Verwertung schriftlicher Zeugenaussagen oder eidesstattlicher Versicherungen).[150] Im Gegensatz dazu steht der **Strengebeweis**, der auf die gesetzlich normierten Beweismittel beschränkt ist (Sachverständigenbeweis, Augenschein, Parteivernehmung, Urkundenbeweis, Zeugenbeweis). Bei einem Zulässigkeitsmangel, der heilbar ist, wird das Gericht nach § 139 Abs. 3 ZPO der beweisbelasteten Partei einen entsprechenden Hinweis geben, die damit die Möglichkeit hat, den Zulässigkeitsmangel noch auszuräumen. Denn der entscheidende Zeitpunkt für das Vorliegen der Zulässigkeitsvoraussetzungen ist derjenige des Schlusses der letzten mündlichen Verhandlung. Zu beachten ist an dieser Stelle § 335 Abs. 1 Nr. 1 ZPO, wonach beim heilbaren Zulässigkeitsmangel bei Säumnis des Beklagten kein unechtes Versäumnisurteil gegen den Kläger ergeht, sondern vielmehr der Antrag auf Erlass des Versäumnisurteils zurückgewiesen wird. Zulässigkeitsmängel können aber auch durch Rügeverzicht oder rügelose Verhandlung (§ 295 ZPO bzw. 39 ZPO für die Zuständigkeit) des Beklagten behoben sein. Der Kläger sollte aber nie auf einen Rügeverzicht oder eine rügelose Verhandlung blind vertrauen.

Da in der Regel davon ausgegangen werden kann, dass die Zulässigkeitsvoraussetzungen vorliegen, ist es grundsätzlich nicht erforderlich, in der Klageschrift im Hinblick

---

147 BGH NJW 1995, 1354.
148 BGH NJW 1982, 1467; 1991, 3096; 1995, 1354.
149 Zöller-Vollkommer, § 56 Rn. 9.
150 BGH NJW 2000, 290; Zöller-Vollkommer, § 56 Rn. 8.

Marfurt

auf die normalen Zulässigkeitsvoraussetzungen im Einzelnen vorzutragen.[151] Ausführungen zu den Zulässigkeitsvoraussetzungen sollten in der Klageschrift also auf solche Zulässigkeitsvoraussetzungen beschränkt werden, deren Vorliegen problematisch sein könnte oder über deren Vorliegen die Parteien streiten, denn insoweit sind dann auch Ausführungen im Urteil zu erwarten.

1. Die Klageschrift

176 Geht die Klage bei Gericht ein, prüft das Gericht zunächst das Vorliegen der **echten Prozessvoraussetzungen**. Es prüft, ob überhaupt eine wirksame Klageeinreichung vorliegt (z.B. fehlende Unterschrift, bedingte Klageerhebung, völlig unzureichende Beklagtenbezeichnung) bzw. das Bestehen der deutschen Gerichtsbarkeit (§§ 18 – 20 GVG). Liegen die echten Prozessvoraussetzungen nicht vor, kann der Prozess nicht beginnen, die Klageschrift wird nicht zugestellt. Liegen die echten Prozessvoraussetzungen vor, prüft das Gericht die **Sachurteilsvoraussetzungen**. Fehlen Sachurteilsvorauassetzungen ergeht keine Sachentscheidung, sondern ein klageabweisendes Prozessurteil. Für das erkennende Gericht besteht ein zwingender prozessualer Vorrang der Zulässigkeitsfeststellung vor der Prüfung der materiellen Begründetheit eines Klagebegehrens. Das Gericht darf deshalb die Zulässigkeit der Klage – grundsätzlich – nicht offen lassen und die Klage mit der Begründung abweisen, dass die Klage ohnehin unbegründet oder entweder unzulässig oder unbegründet sei.[152] Eine Ausnahme besteht nur bei zweifelhaftem Rechtsschutzbedürfnis oder Feststellungsinteresse.[153] Ist die Klage unzulässig, wird sie durch Prozessurteil abgewiesen. Da in diesem Fall keine rechtskräftige Entscheidung über den Streitgegenstand vorliegt, ist eine erneute Klage unter geänderten Prozessvoraussetzungen möglich.

a) Zulässigkeit der Klage

177 *aa) Zulässigkeit des Zivilrechtswegs:* Die **Zulässigkeit des Zivilrechtswegs** betrifft die Frage, ob für eine Streitigkeit der Rechtsweg vor ein Zivilgericht gegeben ist. Nach § 13 GVG sind alle bürgerlichrechtlichen Streitigkeiten, für die nicht entweder die Zuständigkeit von Verwaltungsbehörden oder Verwaltungsgerichten begründet ist oder auf Grund von Vorschriften des Bundesrechts besondere Gerichte bestellt oder zugelassen sind vor den Amts- und Landgerichte zu entscheiden. Die Abgrenzung von privatem und öffentlichem Recht kann im Einzelfall problematisch sein. Ob ein Prozess eine bürgerlich-rechtliche Streitigkeit betrifft, der Streitgegenstand also eine unmittelbare Rechtsfolge des Zivilrechts ist, richtet sich letztlich allein nach dem Tatsachenvortrag des Klägers.[154] Die Einwendungen des Beklagten sind insoweit unbeachtlich. Bei einem Streit über Ansprüche aus einem Kaufvertrag ist in der Regel die Frage nach der Zulässigkeit des Zivilrechtswegs völlig unproblematisch, wenn Personen des Privatrechts beteiligt sind. Ist eine juristische Person des öffentlichen Rechts Prozesspartei, richtet sich die Frage, ob ein Rechtsstreit dem Zivilrecht oder dem öffentlichen Recht zuzuordnen ist, nach der Natur des Rechtsverhältnisses, aus dem

---

151 Balzer NJW 1992, 2722.
152 BGH JZ 1997, 568; NJW 1987, 2032; 1983, 2250.
153 Zöller-Greger, Vor. § 253 Rn. 10 mwN.
154 BGH NJW 1978, 1860.

der Klageanspruch hergeleitet wird.[155] Maßgeblich ist dabei die wirkliche Natur des Anspruchs und nicht der Umstand, ob sich der Kläger auf eine zivilrechtliche oder eine öffentlich-rechtliche Anspruchsgrundlage beruft. Dies gilt vornehmlich auch für einen von einer juristischen Person des öffentlichen Rechts abgeschlossenen Kaufvertrag um einen im öffentlichen Interesse liegenden Zweck zu erreichen.[156]

bb) Sachliche Zuständigkeit: Die **sachliche Zuständigkeit**, d.h. die Frage nach der erstinstanzlichen Zuständigkeit richtet sich nach §§ 23, 71 GVG. Die Geld- oder Geldwertgrenze liegt nach § 23 Nr. 1 GVG bei 5.000,- €. In gewissen Fällen kann es sich anbieten, wegen einem sehr hohen Streitwert und dem damit verbundenen Kostenrisiko die sachliche Zuständigkeit des Landgerichts zu umgehen. Dies ist dadurch möglich, indem bei dem zuständigen Amtsgericht eine **Teilklage** eingereicht wird. Vorsicht ist hierbei allerdings geboten, wenn die Verjährung des einzuklagenden Anspruchs droht. Denn die Verjährung wird nur hinsichtlich des eingeklagten Teilanspruchs gehemmt.[157] In dem Fall, wo sich der Anspruch aus mehreren Forderungen zusammensetzt, ist genau zu bestimmen, wie sich der zusammengesetzte Teilbetrag errechnet. Bei einer Teilklage sollte der Kläger dem Gericht gegenüber ausdrücklich erklären, dass er nur einen Teil des Anspruchs geltend macht. Denn bei einer verdeckten Teilklage kann eine nachfolgende Klage wegen des Restanspruchs aus Rechtskraftgründen unzulässig sein.[158] Nicht unberücksichtigt bleiben darf, dass der Beklagte die Möglichkeit hat, durch eine negative Feststellungswiderklage den Rechtsstreit doch noch an das Landgericht zu bringen (§ 506 ZPO). Wird dagegen eine Entscheidung des Landgerichts begehrt kann, um die sachliche Zuständigkeit des Amtsgerichtes zu umgehen, gegebenenfalls ein etwaiger Zinsanspruch zusammen mit der Hauptforderung eingeklagt werden. In diesem Fall geht es bei den Zinsen nicht um eine Nebenforderung, so dass es bei § 5 ZPO bleibt, der die Wertaddition vorschreibt.

Muster: Teilklage

Amtsgericht ▪▪▪

Klage

des Friedrich Vogel, ▪▪▪

Kläger,

Prozessbevollmächtigte: ▪▪▪

gegen

Eleonora Wegener, ▪▪▪

Beklagte,

---

155 BGHZ 108, 284.
156 BGHZ 20, 77.
157 BGH NJW 1988, 1854; 2002, 2167.
158 BGH NJW 1994, 3165; 1997, 1990.

§ 2 Der Kauf von Sachen

wegen: Kaufpreisforderung

Vorläufiger Streitwert: 4.000,00 EUR

Namens und in Vollmacht des Klägers erhebe ich Klage und werde in der mündlichen Verhandlung beantragen:

Die Beklagte wird verurteilt, an die Klägerin 4.000,00 EUR nebst Zinsen in Höhe von 5 Prozentpunkten über dem jeweiligen Basiszinssatz seit Klagezustellung zu zahlen.

Vorsorglich stellen wir den Antrag nach § 331 Abs. 3 ZPO.

Begründung:

Der Kläger macht einen Teilbetrag seines Kaufpreisanspruches gegen die Beklagte gemäß § 433 Abs. 2 BGB geltend. Mit Kaufvertrag vom 05.10.2004 verkaufte der Kläger der Beklagten mehrere gebrauchte Möbel zum Kaufpreis von insgesamt 7.000,00 EUR. Im Einzelnen handelte es sich um die nachfolgend bezeichneten Gegenstände:

1. Ein Sessel „Le Corbusier", Leder schwarz,	1.500,00 EUR
2. Ein Zweisitzsofa „Le Corbusier", Leder schwarz	2.500,00 EUR
3. Ein Dreisitzsofa „Le Corbusier", Leder schwarz	3.000,00 EUR
insgesamt	7.000,00 EUR

Die Lieferung der Kaufsachen sollte am 12.10.2004 an den Wohnsitz der Klägerin erfolgen. Der Kaufpreis war von der Beklagten bis zum 30.10.2004 dem Konto des Klägers gutzuschreiben.

Beweis: Kaufvertrag vom 05.10.2004 – Anlage K1

Der Kläger übergab der Beklagten am 12.10.2004 die Möbel an ihren Wohnsitz.

Die Beklagte verweigert bis heute die Zahlung des Kaufpreises. Sie behauptet, auf dem Sitzbereich des Sessels seien drei Kratzer im Leder ersichtlich. Ein weiterer Kratzer im Leder befinde sich auf der Rückenlehne des Dreisitzsofas und das Leder der rechten Armlehne des Zweisitzsofas sei verfärbt. Der Kläger hat die von der Beklagten monierten Fehler an den Möbelstücken besichtigt.

Dem Kläger steht zumindest ein Kaufpreisanspruch in Höhe von 75% des vereinbarten Kaufpreises zu, von dem er aus Kostengründen zunächst nur 4.000,00 EUR geltend macht. Da die Beschädigung des Sessels minimal ist, verlangt der Kläger insoweit 1.000,00 EUR. Im Hinblick auf das Zweiersofa fordert der Kläger einen Teilbetrag in Höhe von 1.250,00 EUR und bezogen auf das Dreisitzsofa einen Teilbetrag in Höhe von 1.750,00 EUR.

Eine beglaubigte und eine einfache Abschrift anbei.

■■■

Rechtsanwalt

cc) Sachliche Zuständigkeit: Angaben zum Streitwert und Zustellung „demnächst":   180

Gemäß § 253 Abs. 3 ZPO soll die Klageschrift Angaben zum für die sachliche Zuständigkeit und Höhe des Kostenvorschusses maßgeblichen Streitwert bei nicht bezifferten Klagen enthalten. So ist z.B.

- bei einer Klage auf Abnahme von Sachen das Interesse an der Befreiung vom Besitz gemäß § 3 ZPO zu schätzen,
- bei einer Klage auf Minderung ist der Betrag maßgebend, um den die Herabsetzung des Kaufpreises beantragt oder erwartet wird (§ 3 ZPO),
- bei einer Klage auf Zug um Zug Leistung ist grundsätzlich allein der Klageanspruch entscheidend (§ 3 ZPO),[159]
- bei einer Klage auf Kaufpreiszahlung und Abnahme der Kaufsache erfolgt keine Zusammenrechnung, für die sachliche Zuständigkeit ist jeweils der höhere Wert allein maßgeblich (§ 5 ZPO)

Das Fehlen des maßgeblichen Streitwerts hat zwar keinen Einfluss auf die Zulässigkeit der Klage, kann aber zu Verzögerungen bei der Zustellung führen – z.B. bei Nachfragen zur Höhe des Streitwerts –, was zu einem Ausschluss von § 167 ZPO – **Zustellung „demnächst"** – und ggf. zur Anwaltshaftung – führen kann.[160] Nach § 167 ZPO wird die Verjährung „bereits mit der Einreichung der Klage bzw. Einreichung des Antrags auf Erlass des Mahnbescheids" gehemmt, „wenn die Zustellung demnächst erfolgt". Diese Rückbeziehung der Zustellungswirkung auf den Zeitpunkt der Antragstellung soll den Gläubiger bei der Zustellung von Amts wegen vor Verzögerungen schützen, die außerhalb seines Einflussbereichs liegen. Die höchstrichterliche Rechtsprechung versteht unter „demnächst" eine Zustellung „innerhalb einer nach den Umständen angemessenen, selbst längeren Frist, sofern die Partei alles ihr Zumutbare für eine alsbaldige Zustellung getan hat und schutzwürdige Belange der Gegenpartei nicht entgegenstehen".[161] Den Gerichtskostenvorschuss (§ 65 Abs. 1 GKG) braucht der Kläger aber nicht von sich aus mit der Klage bzw. dem Mahnbescheidantrag einzahlen, vielmehr kann er grundsätzlich die Aufforderung durch das Gericht abwarten.[162] Bleibt die Anforderung aus, darf er aber nicht länger als angemessen (ca. 3 Wochen) untätig bleiben, sondern muss nachfragen. Geht es um die Einzahlung des Gerichtskostenvorschusses nach Aufforderung, so wurden von der Partei zu vertretende geringfügige Verzögerungen bis zu 14 Tagen bisher als unschädlich, Verzögerungen von 18 Tagen dagegen als schädlich angesehen.[163] Beachtlich ist die Entscheidung des BGH[164] zu § 167 ZPO im Kontext mit § 691 Abs. 2 ZPO. Denn § 691 Abs. 2 ZPO sieht vor, dass in dem Fall, wo durch die Zustellung des Mahnbescheids eine Frist gewahrt oder die Verjährung unterbrochen (seit dem 01.01.2002 nach § 204 Abs. 1 Nr. 3 BGB „gehemmt")   181

---

159 BGH NJW 1982, 1048; Betrifft der Streitwert nur die Gegenleistung und übersteigt diese den Klageanspruch nicht, so ist deren wirtschaftlicher Wert maßgebend, BGH NJW 1999, 273, was u.U. der volle Wert der Klageforderung sein kann, BGH NJW-RR 1995, 1340.
160 Zöller-Greger, § 253 Rn. 24.
161 BGH NJW 1999, 3124 (3125 m.w.N.).
162 BGH NJW 1986, 1347.
163 BGH NJW 1999, 3124 (3125 m.w.N.).
164 BGH NJW 2002, 2794.

werden sollte, die Wirkung mit der Einreichung oder Anbringung des Antrags auf Erlass des Mahnbescheides eintritt, wenn innerhalb eines Monats seit der Zustellung oder Zurückweisung des Antrags Klage eingereicht und diese demnächst zugestellt wird. Wird ein Mahnantrag wegen Fehlens zwingender Formalien vom Gericht zurückgewiesen, hat der Antragssteller nach § 691 Abs. 2 ZPO einen Monat Zeit um seinen Anspruch im Klagewege weiterzuverfolgen. Die auch in § 204 Abs. 1 Nr. 9 BGB normierte Monatsfrist ist als der dem Zustellungsempfänger in jedem Fall zumutbare Rückwirkungszeitraum anzusehen. Da nach § 691 Abs. 2 ZPO zu der 1-Monatsfrist die Zeit für eine demnächst erfolgende Zustellung dazuzurechnen ist und nach der bisherigen Rechtsprechung hierfür 14 Tage angesetzt wurden, sollte nach der Rechtsprechung des Bundesgerichtshofes eine Zustellung dann noch für demnächst im Sinne des § 167 ZPO anzusehen sein, wenn sie innerhalb von sechs Wochen seit dem Ablauf der zu wahrenden Frist vollzogen wurde.[165]

182 *dd) Spezialzuständigkeit: Kammern für Handelssachen:* Vor der Kammer für Handelssachens sind die Handelssachen, bei denen durch die Klage ein Anspruch geltend gemacht wird gegen ein Kaufmann im Sinne des HGB, sofern er in das Handelsregister oder Genossenschaftsregister eingetragen ist oder aufgrund einer gesetzlichen Sonderregelung für juristische Personen des öffentlichen Rechts nicht eingetragen zu werden braucht, zu verhandeln. Voraussetzung ist ein entsprechender Antrag des Klägers (§ 96 Abs. 1 GVG) und dass es sich für beide Parteien um ein Handelsgeschäfte handelt (§ 95 Abs. 1 Nr. 1 GVG). Der Antrag auf Verhandlung vor der Kammer für Handelssachen ist eine unwiderrufliche Prozesshandlung. Ausreichend und als entsprechender Antrag ist es bereits anzusehen, dass die Klageschrift an die Kammer für Handelssachen adressiert ist.[166]

183 Muster: Klage auf Kaufpreiszahlung vor der Kammer für Handelssachen

Landgericht ■■■

Klage

der C.U.R. GmbH, vertreten durch den Geschäftsführer ■■■

Klägerin,

Prozessbevollmächtigte: ■■■

gegen

die „immitato" KG, vertreten durch den Geschäftsführer ■■■

den persönlich haftenden Gesellschafter Ulrich Detlefsen, ■■■

Beklagte,

wegen: Kaufpreisforderung

---

165 Zöller-Greger, § 167 Rn. 11.
166 Thomas/Putzo, § 96 GVG Rn. 1.

A. Kaufpreiszahlung und Abnahme der Kaufsache

Vorläufiger Streitwert: 38.000,00 EUR

Namens und in Vollmacht der Klägerin erheben wir Klage und werden in der mündlichen Verhandlung beantragen:

Die Beklagten werden verurteilt, an die Klägerin 38.000,00 EUR nebst Zinsen in Höhe von 8 Prozentpunkten über dem jeweiligen Basiszinssatz seit dem 22. August 2004 zu zahlen.

Bei Vorliegen der Voraussetzungen nach § 331 Abs. 3 ZPO, beantragen wir den Erlass eines Versäumnisurteils.

Begründung:

Die Klägerin stellt Möbel her und vertreibt sie in ganz Deutschland an Möbelhäuser. Sie pflegt seit mehr als 3 Jahren Geschäftsbeziehungen zu der Beklagten. Der Kaufpreisanspruch der Klägerin ergibt sich aus § 433 Abs. 2 BGB. Die Parteien haben am 13.06.2004 einen Kaufvertrag über 5 Sitzelemente „domino" zum Einzelkaufpreis von 7.600,00 EUR, insgesamt also 38.000 EUR abgeschlossen. Vereinbart wurde die Lieferung der Möbel auf den 30.06.2004 zum Endabnehmer der Beklagten, der ALA-Grundstücksverwaltungs GmbH, Kleiststr. 11, 10441 Berlin. Die Kaufsumme war der der Beklagten bekannten Kontoverbindung der Klägerin bis zum 05.07.2004 gutzuschreiben.

Beweis: Kaufvertrag vom 13.06.2004 – Anlage K1

Die Klägerin liefert die Möbel fristgemäß über das Speditionsunternehmen PLS, Bleibtreustr. 11, 10789 Berlin an den Endabnehmer. Der Lieferbeleg wurde von dem Geschäftsführer der ALA-Grundstücksverwaltungs GmbH quittiert.

Beweis:
1. Lieferbeleg vom 30.06.2004 – Anlage K2;
2. Zeugnis des Geschäftsführers der ALA-Grundstücksverwaltungs GmbH, Kleiststr. 11, 10441 Berlin.

Die Klägerin stellte unter dem 30.06.2004 an die Beklagte die Rechnung über die vereinbarte Kaufpreissumme. Die Beklagte verweigert die Zahlung. Am 10.06.2004 erklärte Sie, da die Kaufsachen nicht an sie selbst, sondern an ihre Endabnehmerin geliefert worden seien, soll sich die Klägerin den Kaufpreis von der ALA-Grundstücksverwaltungs GmbH zahlen lassen.

Beweis: Schreiben der Beklagten vom 10.06.2004 – Anlage K3.

Klage ist mithin geboten, denn Vertragspartner der Klägerin ist nicht die ALA-Grundstücksverwaltungs GmbH, sondern die Beklagte.

Beweis: Kaufvertrag vom 13.06.2004 – Anlage K1

Der Beklagte zu 2) haftet der Klägerin für die Forderung gegen die Beklagte zu 1) gemäß §§ 161 Abs. 2, 128 HGB. Der Zinsanspruch ergibt sich aus §§ 286 Abs. 1, Abs. 2 Nr., 288 Abs. 2 BGB.

Die Zuständigkeit des angerufenen Gerichts beruht auf §§ 95 Abs. 1 Nr. 1, 96 GVG.

Zwei beglaubigte Abschriften und zwei einfache Abschriften anbei.

■■■

Rechtsanwalt

184 **ee) Örtliche Zuständigkeit:** Bei der Prüfung der **örtlichen Zuständigkeit** ist zwischen dem allgemeinen (§§ 12ff ZPO – regelmäßig Wohnsitz oder Sitz) und besonderen (z.B. §§ 21, 29, 32 ZPO) sowie den ausschließlichen Gerichtsständen zu differenzieren. Ein ausschließlicher Gerichtsstand (z.B. §§ 802, 29a Abs. 1, 24 ZPO) geht allen anderen Gerichtsständen vor und verdrängt diese. Zwischen besonderen und allgemeinen Gerichtsständen besteht für den Kläger gemäß § 35 ZPO ein Wahlrecht.

185 **Besonderer Gerichtsstand des Erfüllungsortes** gem. § 29 ZPO. Die Regelung des § 29 ZPO betrifft alle Klagen betreffend schuldrechtlicher Verpflichtungsverträge[167] bei denen über das Bestehen oder Nichtbestehen eines Vertrages oder Einzelner Vertragsbestandteile, die Erfüllung, Aufhebung, Umgestaltung oder Inhaltsänderung und Schadensersatz gestritten wird. Der Erfüllungsort bestimmt sich jeweils nach der im Streit stehenden Verbindlichkeit, grundsätzlich nach § 269 BGB. Gemäß § 270 Abs. 4 BGB gilt dies auch für Geldschulden. Nach § 269 Abs. 1 BGB ist primär der vereinbarte Erfüllungsort maßgebend. Fehlt eine Vereinbarung, ist der Erfüllungsort der Sitz des Schuldners zurzeit des Vertragsschlusses.[168] Zu beachten ist, dass auch bei einer kombinierten Klage auf Kaufpreiszahlung und Feststellung des Annahmeverzuges hinsichtlich der örtlichen Zuständigkeit § 29 Abs. 1 ZPO also nicht dazu führt, dass das Gericht am Wohnsitz des Verkäufers zuständig ist, da es für die Erfüllung der Kaufpreisverbindlichkeit nicht darauf ankommt, wo sich die verkaufte Sache befindet, sondern – nach Maßgabe des § 269 BGB – Erfüllungsort allein der Wohnort des Käufers ist.[169]

186 **Besonderer Gerichtsstand für Haustürgeschäfte** gem. § 29c ZPO: Bei Haustürgeschäften nach § 312 BGB ist allein das Gericht zuständig, in der der Verbraucher zurzeit der Klageerhebung seinen Wohnsitz, in Ermangelung eines solchen seinen gewöhnlichen Aufenthalt hat. Für Klagen gegen den Verbraucher ist dieses Gericht ausschließlich zuständig.

187 **Besonderer Gerichtsstand der Niederlassung** gem. § 21 ZPO: Allein das Bestehen einer Niederlassung im Gerichtsbezirk begründet eine Zuständigkeit nach § 21 Abs. 1 ZPO nicht. Unabhängig davon, dass die Niederlassung jedenfalls nach außen hin selbstständig sein muss, muss die Klage einen „Bezug" zum „Geschäftsbetrieb der Niederlassung" haben.

188 **Doppelrelevante Tatsachen:** Ergibt sich ein Anspruch aus mehreren zur Begründung des Anspruchs erhobenen Tatsachen, spricht man von sog. doppelrelevaten Tatsachen. Wird z.B. zugleich ein Anspruch aus Vertragserfüllung (§ 29 ZPO – Gerichtsstand des gesetzlichen und vereinbarten Erfüllungsortes), unerlaubter Handlung (§ 32 ZPO) oder Eigentum iSv. § 24 ZPO geltend gemacht, so genügt die schlüssige Behauptung der die örtliche Zuständigkeit begründenden Tatsachen.[170] Die „doppelrelevanten Tatsachen" müssen für die Zuständigkeit nicht besonderes nachgewiesen werden. Der

---

[167] BGH NJW 1996, 1411.
[168] BGH NJW 1988, 1914.
[169] Baumbach/Lauterbach/Albers/Hartmann, § 29 Rn. 26.
[170] Zöller-Greger, § 12 Rn. 14.

Beklagte könnte sonst allein durch die Behauptung, er habe keine unerlaubte Handlung begangen und die damit verbundene Zuständigkeitsrüge bewirken, dass im Besonderen Gerichtsstand keine Sachentscheidung ergehen könnte. Das Gericht muss aber nach § 56 ZPO auf eine fehlende Zuständigkeit hinweisen, wenn der Kläger die zuständigkeitsbegründenden Tatsachen z.b. zum Besonderen Gerichtsstand des Erfüllungsortes oder der unerlaubten Handlung nicht schlüssig vorgetragen hat. Nur wenn ein schlüssiger Vortrag des Klägers vorliegt, bedarf es keiner Beweisaufnahme für die Bejahung der Zuständigkeit. Eine Beweisaufnahme sollte insoweit aber nicht in die Zulässigkeitsprüfung verlagert werden, sondern der Begründetheitsprüfung vorbehalten sein.[171]

Eine sog. **gespaltene Zuständigkeit** liegt vor, wenn das angerufene Gericht nicht für alle Anspruchsgrundlagen zuständig ist. Die früher vom Bundesgerichtshof vertretene Auffassung, die Sachprüfung habe sich nur auf diejenigen Anspruchsgrundlagen zu erstrecken, für die die Zuständigkeit gegeben ist[172] ist überholt. Der Bundesgerichtshof lehnt unter Bezugnahme auf § 17 Abs. 2 GVG eine gespaltene Zuständigkeit ab, so dass auch über konkurrierende Anspruchsgrundlagen mitzuentscheiden ist.[173]

Die Zuständigkeit für **grenzüberschreitende Sachverhalte** ergibt sich bei Anwendbarkeit des CISG aus Art. 19, 31, 57 CISG. Danach ist sowohl für die Kaufpreisklage als auch für die Lieferklage Erfüllungsort der Sitz des Verkäufers.[174]

Durch eine sog. „**Gerichtsstandsvereinbarung**" (Prorogation) nach § 38 ZPO kann sowohl die sachliche als auch die örtliche und internationale Zuständigkeit erfasst werden.[175] Nach § 38 Abs. 1 ZPO kann der qualifizierte Personenkreis von Kaufleuten, juristischen Personen des öffentlichen Rechts oder öffentlichrechtliche Sondervermögen eine Gerichtsstandvereinbarung treffen. Zur Erleichterung des internationalen Rechtsverkehrs können natürliche und juristische Personen, sofern mindestens bei Vertragsschluss eine Partei keinen allgemeinen Gerichtsstand im Inland hat, gemäß § 38 Abs. 2 ZPO eine Vereinbarung über den Gerichtsstand treffen. Eine Gerichtsstandvereinbarung lässt § 38 Abs. 3 Nr. 1 ZPO für alle Personenkreise für eine „nach Entstehen der Streitigkeit" getroffene Gerichtsstandsvereinbarung zu. Wobei hier eine Streitigkeit dann als Entstanden zu betrachten ist, sobald die Parteien über einen bestimmten Punkt des Vertrages uneins sind und ein gerichtliches Verfahren unmittelbar bevorsteht.[176] Eine Prorogation ist aber hier nicht zugleich mit dem streitigen Hauptvertrag möglich. Zu beachten ist die Ausdrücklichkeit iSv. Unmissverständlichkeit im Hinblick auf das zuständige Gericht und ein bestimmtes Rechtsverhältnis sowie die Schriftform nach § 126 BGB (Warnfunktion!). Schließlich regelt § 38 Abs. 3 Nr. 2 ZPO die subsidiäre Prorogation wenn die im Klageweg in Anspruch genommene Partei

---

171 BGH NJW 1964, 498; 1996, 1411.
172 BGH NJW 1971, 564; 1986, 2435; 1996, 1411.
173 BayObLG NJW-RR 96, 509; BGH, Beschluss vom 10.12.2002 – X ARZ 208/02.
174 Für die gleich lautenden Art. 19 Abs 2, 59 Abs. 1 EKG: BGHZ 74, 141; a.A. v. Caemmerer/Schlechtriem, CISG, Art. 57 Rn. 11.
175 Zöller-Vollkommer, § 38 Rn. 3.
176 Zöller-Vollkommer, § 38 Rn. 33.

nach Vertragsschluss ihren Wohnsitz oder gewöhnlichen Aufenthaltsort aus dem Geltungsbereich der ZPO verlegt oder ihr Wohnsitz bzw. Aufenthaltsort im Zeitpunkt der Klageerhebung unbekannt ist.

192 *ff) Verweisungsantrag und rügelose Einlassung:* Hat sich das Gericht zur zwischen den Parteien umstrittenen Frage der örtlichen oder sachlichen Zuständigkeit noch nicht geäußert oder gegen die Auffassung einer Partei geäußert, bestehen folgende Möglichkeiten: Der Kläger kann einen unbedingten oder hilfsweisen **Verweisungsantrag** nach § 281 Abs. 1 ZPO stellen. Auf einen gegebenenfalls gestellten Verweisungsantrag des Beklagten kommt es nicht an. Ist das angerufene Gericht nicht zuständig, verweist es nicht etwa von Amts wegen an das seiner Meinung nach zuständige Gericht, sondern weist die Klage ggf. durch Prozessurteil als unzulässig ab.

193 Eine fehlende – örtliche oder sachliche – Zuständigkeit zu rügen, obliegt im Übrigen dem Beklagten. Verhandelt der Beklagte zur Hauptsache mündlich, ohne dass er die Unzuständigkeit moniert hat, kann die Zuständigkeit nach § 39 S. 1 ZPO dadurch begründet werden. Insoweit bleibt zu klären, wann ein Verhandeln zur Hauptsache vorliegt. Die Erörterung mit den Parteien vor Antragstellung z.B. im Rahmen des Gütetermins nach § 278 Abs. 2 ZPO ist kein Verhandeln zur Hauptsache iSv. § 39 S. 1 ZPO und führt nicht zur Zuständigkeitsbegründung durch **rügelose Einlassung**.[177] Gleiches gilt für ein Verhandeln über Prozessvoraussetzungen bzw. Vergleichsverhandlungen. Die Rüge ist bis zum Beginn der Verhandlung zur Hauptsache – also bis zur Antragstellung (§ 137 Abs. 1 ZPO) – zu erheben.[178] Zulässig und geboten ist die Rüge und vorsorgliches Verhandeln zur Sache[179] z.B. wenn das Gericht die Klage entgegen der Auffassung des Beklagten für zulässig hält, um die Rüge der Zuständigkeit bzw. Unzuständigkeit in der nächsten Instanz weiterhin geltend machen zu können. Auch wenn ein Hinweis des Gerichts auf die fehlende Zuständigkeit nach § 139 Abs. 3 ZPO fehlt, ist das angerufene Gericht aufgrund der rügelosen Einlassung zuständig. Nach § 39 S. 2 ZPO i.V.m. § 504 ZPO gilt dies aber nur eingeschränkt für das Verfahren vor den Amtsgerichten. Hier kann die fehlende Zuständigkeit bei unterlassener Belehrung noch bis zum Schluss der mündlichen Verhandlung in der ersten Instanz gerügt werden. In der Berufungsinstanz ist eine solche Rüge nach § 529 Abs. 2 ZPO dagegen nicht mehr zulässig.[180] Für Zulässigkeitsrügen ist zwar generell die Rechtzeitigkeit der Rüge nach § 282 Abs. 3 ZPO zu beachten. Ein Verstoß bleibt aber bei von Amts wegen zu prüfenden Zulässigkeitsvoraussetzungen folgenlos und unterliegt nicht der Präklusionswirkung des § 296 Abs. 3 ZPO.[181] Im Säumnisverfahren gilt § 39 S. 1 ZPO bei einem entsprechenden Antrag des Beklagten gegen den Kläger auf Erlass eines Versäumnisurteils. Legt der Beklagte Einspruch gegen ein Versäumnisurteil ein, kann er im Einspruchstermin nach § 343 ZPO wegen § 342 ZPO die Unzuständigkeit wieder rügen.[182] Bei Säumnis des Beklagten ist § 331 Abs. 1 S. 2 ZPO zu beachten. Die

---

177 Zöller-Vollkommer, § 39 Rn. 6 mwN.
178 Zöller-Vollkommer, § 39 Rn. 7, 8.
179 Zöller-Vollkommer, § 39 Rn. 5.
180 Zöller-Gummer, § 529 Rn. 13.
181 Zöller-Greger, § 282 Rn. 8.
182 Zöller-Vollkommer, § 39 Rn. 9.

Geständnisfiktion greift nicht hinsichtlich des vom Kläger behaupteter Vereinbarungen nach §§ 29 Abs. 2, 38 ZPO. Die hinreichend schlüssige Darlegung – den Nachweis durch den Kläger – hat das Gericht von Amts wegen zu prüfen.[183] Trotz rügeloser Einlassung führt § 39 ZPO nicht zur Zuständigkeitsbegründung nach § 40 Abs. 2 ZPO bei nichtvermögensrechtlichen Streitigkeiten oder einer ausschließlichen anderweitigen Zuständigkeit. Im Zusammenhang mit der rügelosen Einlassung ist auch § 506 ZPO zu beachten. Während § 504 ZPO die von Beginn an fehlende Zuständigkeit regelt, betrifft § 506 ZPO – als Ausnahme von § 261 Abs. 3 Nr. 2 ZPO – den Fall der nachträglich entstehenden Unzuständigkeit des Amtsgerichts, wenn etwa durch Widerklage oder Klageerweiterung ein Anspruch erhoben wird, der zur sachlichen Zuständigkeit der Landgerichte gehört. Auch hier kommt eine Zuständigkeitsbegründung durch rügelose Einlassung nach Maßgabe des § 39 ZPO in Betracht. Wegen des Schutzbedürfnisses des Beklagten gilt die gerichtliche Hinweispflicht auch hier.

gg) Zuständigkeit und Streitgenossenschaft: Eine subjektive Klagehäufung kann auf der Kläger- oder der Beklagtenseite vorliegen. Sie entsteht durch Klageerhebung oder im Laufe des Prozesses wenn auf der Seite einer Partei mehrere Personen klagen bzw. verklagt werden. Die **einfache Streitgenossenschaft** fasst aus Zweckmäßigkeitserwägungen mehrerer Prozesse zu einem Prozess zusammen. Allerdings bleiben die verschiedenen Prozessverhältnisse und die jeweils an ihnen beteiligten Parteien grundsätzlich selbstständig und voneinander unabhängig (§§ 61, 63 ZPO).[184] Gemäß § 59 ZPO besteht eine einfache Streitgenossenschaft, wenn die Kläger bzw. Beklagten zueinander in Rechtsgemeinschaft stehen. Eine Rechtsgemeinschaft liegt vor, wenn Gesamtgläubiger klagen oder Gesamtschuldner verklagt werden. Dabei kommt es nur darauf an, wie der Kläger die Beklagten verklagt hat, nicht dagegen, ob die Beklagten – was ja erst nach materieller Prüfung festgestellt werden kann – tatsächlich Gesamtschuldner des Klägers sind. Ferner besteht eine einfache Streitgenossenschaft nach §§ 59, 60 ZPO, wenn die Berechtigung oder Verpflichtung aus demselben oder einem – im Wesentlichen – gleichartigen tatsächlichen oder rechtlichen Grund folgt. Die Bestimmung ist als Zweckmäßigkeitsvorschrift weit auszulegen.[185] Ist eine Streitgenossenschaft unzulässig, erfolgt nicht etwa eine Klageabweisung, denn nicht die einzelne Klage als solche, sondern ihre Verbindung ist unzulässig. Als Folge sieht § 145 ZPO nur die Trennung der Prozesse vor. Für den Zuständigkeitsstreitwert gilt grundsätzlich § 5 ZPO, allerdings nicht bei der Gesamtschuld. Umstritten ist, ob ein Streitgenosse im Prozessrechtsverhältnis des anderen als Zeuge vernommen werden kann. Die herrschende Meinung – insbesondere die Rechtsprechung – lässt die Vernehmung eines Streitgenossen als Zeuge nur insoweit zu, als die Tatsache, zu der er als Zeuge benannt ist, ausschließlich den Prozess des anderen Streitgenossen betrifft, nicht jedoch, soweit die Tatsache auch für seinen Rechtsstreit von Bedeutung ist. Dadurch soll verhindert werden, dass der Streitgenosse praktisch in seinem eigenen Prozess als Zeuge aussagen könnte.[186]

---

183 Zöller-Herget, § 331 Rn. 6.
184 Baumbach/Lauterbach/Hartmann, Übers. vor § 59 Rn. 3; Thomas/Putzo, § 61 Rn. 1.
185 BGH NJW 1986, 3209; 1992, 982; JZ 1990, 1036.
186 BGH NJW 1983, 2508; 1999, 2116; NJW-RR 1991, 256.

§ 2 Der Kauf von Sachen

195 Kann die Entscheidung des Rechtsstreits gegenüber allen Streitgenossen aus rechtlichen Gründen nur zwingend einheitlich erfolgen, liegt ein **notwendige Streitgenossenschaft** vor. Rechtlich zwingend ist eine einheitliche Entscheidung aus prozessrechtlichen Gründen gemäß § 62 Abs. 1, 1.Alt. ZPO, wenn die Rechtskraft des Urteils gegen einen Streitgenossen sich kraft gesetzlicher Vorschrift auch auf die anderen Streitgenossen erstreckt oder wenn eine Gestaltungswirkung des Urteils allen Streitgenossen gegenüber eintritt. Dies ist z.B. bei der Feststellungsklage eines Insolvenzgläubigers gegen mehrere widersprechende Gläubiger (§§ 179, 183 InsO)[187] oder bei der Klage mehrerer OHG-Gesellschafter gegen einen Gesellschafter auf Auflösung der OHG (§ 133 HGB) zu bejahen. Hier brauchen zwar nicht alle Streitgenossen gemeinsam zu klagen; wenn sie aber gemeinsam klagen, sind sie notwendige Streitgenossen, weil die Entscheidung dann nur einheitlich ergehen kann. Aus materiellrechtlichen Gründen ist eine notwendige Streitgenossenschaft nach § 62 Abs. 1, 2. Alt. ZPO zu bejahen, wenn wegen nur gemeinsamer Verfügungsbefugnis die Klage auch nur gemeinschaftlich erhoben werden kann oder gegen alle gemeinschaftlich gerichtet werden muss, z.B. beim Aktivprozess einer Gesamthand: §§ 2038, 2040 BGB.[188]

196 Nicht mehr von Bedeutung ist die notwendige Streitgenossenschaft für den Aktivprozess der **BGB-Außengesellschaft**, denn diese ist nunmehr selbst Träger von Rechten und Pflichten. Verträge kommen deshalb mit der Gesellschaft und nicht mit den einzelnen Gesellschaftern zustande.[189] Der BGB-Außengesellschaft kommt – anders als der BGB-Innengesellschaft – nunmehr (wie der OHG/KG) Rechtsfähigkeit und aktive und passive Parteifähigkeit (§ 50 Abs. 1 ZPO) zu, soweit sie durch die Teilnahme am Rechtsverkehr eigene Rechte und Pflichten begründet.[190] Gerichtsstand der BGB-Außengesellschaft ist nach § 17 ZPO ihr Geschäftssitz, soweit ein solcher feststellbar ist; ansonsten gilt § 36 Abs. 1 Nr. 3 analog.[191] Die Angabe einer Verkehrsbezeichnung genügt im Prozess; fehlt eine solche, sind die Gesellschafter zu bezeichnen.[192] Bei einer Klage gegen die BGB-Außengesellschaft ist nur die Gesellschaft selbst Partei (wie § 124 Abs. 1 HGB für OHG und KG), eine – passiv – notwendige Streitgenossenschaft mit den einzelnen BGB-Gesellschaftern nach §§ 59, 62 ZPO besteht daneben nicht. Zur Erweiterung der Haftungsmasse können jedoch neben der Gesellschaft auch die Gesellschafter persönlich mit verklagt werden.[193] Es besteht dann eine einfache Streitgenossenschaft zwischen der BGB-Gesellschaft und ihren Gesellschaftern, da – und soweit – der Einzelne Gesamthänder die Leistung auch als Einzelperson erbringen kann.[194] Analog §§ 128, 129 BGB haften die Gesellschafter wenn eine Gesellschaftsschuld besteht.

---

187 BGH NJW 1990, 3208.
188 BGH NJW 1990, 2689.
189 Palandt-Sprau, BGB, 62. Aufl., § 705, Rn. 24.
190 BGH NJW 2001, 1056.
191 Zöller-Vollkommer, § 12 Rn. 5 mwN.
192 Zöller-Greger, § 253 Rn. 8a.
193 Zöller-Vollkommer, § 50 Rn. 18.
194 Zöller-Vollkommer, § 62 Rn. 7.

A. Kaufpreiszahlung und Abnahme der Kaufsache

Sowohl bei der einfachen wie auch bei der notwendigen Streitgenossenschaft sind die Zulässigkeitsvoraussetzungen für jeden Streitgenossen gesondert zu prüfen[195] denn zu jedem Streitgenossen besteht ein gesondertes Prozessrechtsverhältnis und die mehreren Verfahren sind nur äußerlich verbunden. Ist z.B. die örtliche Zuständigkeit bezüglich eines oder mehrerer beklagten Streitgenossen nicht gegeben, weil der Sitz oder Wohnsitz in einem anderen Gerichtsbezirk liegt, ist die Klage insoweit als unzulässig abzuweisen oder auf entsprechenden Antrag nach § 281 Abs. 1 ZPO an das zuständige Gericht zu verweisen.[196] Um ggfs. doch ein einheitliches Verfahren vor nur einem Gericht herbeizuführen kann der Kläger gemäß § 36 Abs. 1 Nr. 3 ZPO einen Antrag auf eine gerichtliche Zuständigkeitsbestimmung stellen. Ein solcher Antrag ist an das im Rechtszug übergeordnete Gericht zu stellen. Die Bestimmung des zuständigen Gerichts erfolgt nach Zweckmäßigkeitsgesichtspunkten.[197]

hh) Prozessführungbefugnis: Die **Prozessführungsbefugnis** des Klägers, also die Befugnis ein Recht klageweise zu verfolgen, ist als Zulässigkeitvoraussetzung unproblematisch, wenn der Kläger behauptet selbst Inhaber des klageweise verfolgten Rechts zu sein. Fraglich ist die Prozessführungsbefugnis in den Fällen, wo der Kläger im eigenen Namen ein Recht geltend macht, von dem er selbst vorträgt, dass nicht er nicht oder nicht allein er Inhaber des Rechts ist. Abzugrenzen von der Frage der Prozessführungsbefugnis ist die Aktiv- oder Passivlegitimation einer Partei. Diese materiellrechtliche Sachlegitimation ist eine Frage des materiellen Rechts danach, wer wirklicher Inhaber (Gläubiger) oder Verpflichteter (Schuldner) ist. Steht eine eingeklagte Forderung z.B. nicht dem Kläger sondern einem Dritten zu oder ist nicht der Beklagte, sondern ein Dritter Schuldner ist die Klage im ersten Fall mangels Aktivlegitimation im zweiten Fall wegen fehlender Passivlegitimation als unbegründet abzuweisen.[198]

Macht der Kläger in einem Klageverfahren ein behauptetes fremdes Recht in eigenem Namen geltend, ist im Rahmen der Prozessführungsbefugnis des Klägers zu klären, ob der Kläger als **Prozessstandschafter** ausnahmsweise ein fremdes Recht in eigenem Namen geltend machen kann. Hierbei ist zu differenzieren, ob ein Fall der der gesetzlichen oder der gewillkürten Prozessstandschaft vorliegt. Eine **gesetzliche Prozessstandschaft** ist z.B. bei einer Prozessführung durch Parteien kraft Amtes – z.B. Insolvenzverwalter (§ 80 Abs. 1 InsO), Testamentsvollstrecker (§§ 2212, 2213 Abs. 1 BGB), bei einer Prozessführung kraft gesetzlicher Ermächtigung des Prozessrechts – vor allem § 265 ZPO oder bei einer Prozessführung kraft gesetzlicher Ermächtigung des materiellen Rechts – z.B. § 2039 BGB, gegeben. Für eine **gewillkürte Prozessstandschaft** ist eine Ermächtigung des Berechtigten notwendig. Zudem muss das Recht oder der Anspruch übertragbar sein und ein eigenes rechtsschutzwürdiges Interesse des Klägers an der Geltendmachung bestehen.[199]

---

195 Zöller-Vollkommer, § 60 Rn. 9.
196 Zöller-Vollkommer, § 60 Rn. 9.
197 Zöller-Vollkommer, § 36 Rn. 18.
198 Zöller-Vollkommer, Vor § 50 Rn. 18.
199 BHGZ 96 151; NJW 1999 1717.

200 Zu beachten ist, dass der Einzelne **Streitgenosse** nicht allein prozessführungsbefugt ist. Sämtliche Streitgenossen müssen folglich zusammen auftreten. Bei der BGB-Gesellschaft, die zwischenzeitlich selbst rechts- und parteifähig ist, kommt eine notwendige Streitgenossenschaft nicht mehr in Betracht. Folglich bleibt als wichtigster Fall die Erbengemeinschaft zu benennen; hier liegt allerdings nur dann ein Fall der notwendigen Streitgenossenschaft vor, wenn keine Einzelprozessführungsbefugnis nach § 2039 BGB gegeben ist.

201 *ii) Öffentliche Zustellung: § 185 Nr. 1 ZPO:* Eine **öffentliche Zustellung** durch öffentliche Bekanntmachung kann nur erfolgen, wenn der Aufenthaltsort der Person, der zugestellt werden soll, unbekannt ist. Unbekannt ist der Aufenthalt nicht nur dann, wenn er dem Gegner und dem Gericht unbekannt ist, sondern nur dann, wenn er **allgemein unbekannt** ist.[200] An die Feststellung für die Voraussetzungen einer öffentlichen Zustellung sind wegen ihrer Wirkung – der Zugangsfiktion – strenge Voraussetzungen zu stellen. Insoweit sind eingehende, nicht aber unzumutbare Ermittlungen darzulegen und nachzuweisen (so sind in der Regel erforderlich: Auskunft der Meldebehörde,[201] des letzten Vermieters, etwaiger bekannter Verwandter, Nachfrage beim Zustellpostamt, Vermieter, Nachmieter, Nachbarn und letztem Arbeitgeber; Anfrage bei Haftanstalten, Polizeidienststellen und Sozialversicherungsbehörden). Im Einzelfall kann auch die Inanspruchnahme einer Auskunftdetektei geboten sein.[202]

202 *jj) Prozesshindernis der Rechtskraft (Ne bis in idem):* Ist der Streitgegenstand im späteren Prozess derselbe wie im rechtskräftig bereits entschiedenen Prozess, ist in den Grenzen der **Rechtskraft** die Klage einer früheren Partei, die dieselbe oder gegenteilig Rechtsfolge begehrt, ohne Sachprüfung als unzulässig durch Prozessurteil zu verwerfen.[203] Um den Gegenstand der rechtskräftigen Entscheidung zu erkennen, ist von der Urteilsformel auszugehen. Soweit sie allein nicht ausreicht, sind Tatbestand und Entscheidungsgründe heranzuziehen.[204] Nicht Gegenstand der Rechtskraft sind die tatsächlichen Feststellungen, die Beurteilung vorgreiflicher Rechtsverhältnisse und andere Vorfragen, es sei denn sie sind Gegenstand einer Zwischenfeststellungsklage nach § 256 ZPO. Nicht in Rechtskraft erwachsen auch die Entscheidungen über Einwendungen und Einreden des Beklagten, solange sie nicht seinerseits durch Widerklage zur Entscheidung gestellt werden. Zu beachten ist allerdings § 322 Abs. 2 ZPO. Die Rechtskraftwirkung der Entscheidung erfasst die zur Aufrechnung gestellten Gegenforderungen in der geltend gemachten Reihenfolge und Höhe[205] bis zur Höhe der Klageforderung. Die sachliche Grenze der Rechtskraft des Urteils eines Vorprozesses lässt keine Identität zu, wenn in dem neuen Prozess ein anderer oder weitergehender Streitgegenstand rechtshängig gemacht wird als derjenige, der die Vorentscheidung betraf. Klagt der Kläger also nur eine Teilforderung ein, so bezieht sich die Rechtskraft auch nur auf diese Teilforderung. Macht er sodann den Rest der Forderung anhängig, so

---

200 Zöller-Stöber, § 185 Rn. 2.
201 LG Berlin, NJW-RR 1991, 1152.
202 KG, MDR 1998, 124.
203 BGH NJW 1995, 2993; ZIP 1999, 404.
204 BGH NJW 1994, 409.
205 BGH NJW 1998, 995.

kann es sein, dass die Klage diesmal in Ermangelung eines materiell rechtlichen Anspruchs abgewiesen wird. Zu beachten ist zudem, dass die Rechtskraft nur zwischen den Parteien und nicht gegenüber Dritten wirkt. Die Rechtskraft betrifft auch nur die Tatsachen, die Grundlage des Vorprozesses waren. Wird die Klage nun auf neue Tatsachen gestützt, die erst nach der letzten Verhandlung entstanden sind, steht § 322 Abs. 1 ZPO nicht entgegen.

kk) Bestimmtheit von Klagegegenstand/Klagegrund und Klageantrag: Nach § 253 Abs. 2 Nr. 2 ZPO muss die Klageschrift die bestimmte Angabe des Gegenstandes und des Grundes des erhobenen Anspruchs sowie einen bestimmten Antrag enthalten. Die hinreichend bestimmte Angabe von **Klagegegenstand und -grund** – also des Streitgegenstandes – ist eine von Amts wegen zu berücksichtigende Zulässigkeitsvoraussetzung. Ist der Streitgegenstand nicht zu eruieren, so begründet dies einen Zulässigkeitsmangel nach § 253 Abs. 2 Nr. 2 ZPO. Als Maßstab ist eine eindeutige Individualisierung zugrunde zu legen.[206] Eine Klage ist demnach unzulässig, wenn überhaupt nicht angegeben wird, welche Leistung (Vergütung, Schadensersatz oder Rückzahlung wegen Rücktritt) aus welchem Vertrag bzw. welcher Vertragsverletzung verlangt wird. Im Hinblick auf die Bestimmtheit des **Klageantrages** nach § 253 Abs. 2 Nr. 2 ZPO ist zu beachten, dass der Antrag grundsätzlich nach Inhalt und Umfang konkret bezeichnet ist und die Art der Klage erkennen lässt (Ausnahme: § 254 ZPO oder die geschuldete Leistung ist durch Gestaltungsurteil festzusetzen). Der Antrag muss aus sich heraus oder durch die Bezugnahme auf Anlagen verständlich sein. Hierbei ist allerdings zu beachten, dass die nach § 131 ZPO erlaubte Bezugnahme auf Anlagen nur beschränkt zulässig ist. Unzureichend ist z.B. die pauschale Bezugnahme auf der Klageschrift beigegebene umfangreiche Buchungsunterlagen.[207] Der zwingende Inhalt kann nicht durch Bezugnahmen ersetzt, allenfalls erläutert oder belegt werden. Dem Gericht ist es nicht zumutbar, sich „das Passende" aus umfangreichen Anlagen selbst herauszusuchen.[208] Stets zu beachten ist darüber hinaus, dass der Antrag vollstreckungsfähig abgefasst ist.

203

ll) Einleitung durch das Mahnverfahren: Der Prozess kann durch ein **Mahnverfahren** gem. §§ 688ff ZPO eingeleitet werden. Vorteilhaft ist die Einleitung des Prozesses durch ein Mahnverfahren dann, wenn davon auszugehen ist, dass der Gegner bei Inanspruchnahme des Gerichts durch die Einleitung des Mahnverfahrens freiwillig zahlen wird. Denn das Mahnverfahren nach §§ 688ff BGB ist gegenüber der Erhebung einer Klage kostengünstiger. Das Verfahren ist durch Formalisierung vereinfacht (§ 692 ZPO). Der Lauf der Verjährungsfrist wird gemäß § 204 Abs. 1 Nr. 3 ZPO gehemmt und ein vollstreckbarer Titel in der Form des Vollstreckungsbescheides (§ 794 Abs. 1 Nr. 4 ZPO) ist wesentlich schneller als im Erkenntnisverfahren zu erlangen. Das Mahnverfahren hat jedoch nicht nur Vorteile sondern birgt auch Risiken. Ist eben gerade nicht davon auszugehen, dass der Gegner Widerspruch gegen den Mahnbescheid erhebt, so darf – gerade bei großen Summen die eingeklagt werden sollen – das

204

---

206 Zöller-Greger, § 253 Rn. 12a.
207 Zöller-Greger, § 253 Rn. 12 a.
208 BVerfG NJW 1994, 2683.

wirtschafliche Risiko des Klägers nicht unberücksichtigt bleiben. Die Einleitung eines mit großer Wahrscheinlichkeit in ein streitiges Verfahren übergehendes Mahnverfahren nimmt unnötige zusätzliche Zeit in Anspruch. Zudem ist auf das Zustellungsproblem zu verweisen. Die Einleitung des Mahnverfahrens wird häufig gewählt um den drohenden Ablauf einer Verjährungsfrist zu hemmen. Wird der Antrag vor Fristablauf eingereicht, wirkt die Zustellung nach Fristablauf noch unterbrechend, wenn die Zustellung „demnächst" erfolgt (§ 167 ZPO). Aber auch dies nur unter den Voraussetzungen, dass die Anforderungen des § 690 Abs. 1 Nr. 3 ZPO an die Individualisierung des Anspruchs – bei Kaufverträgen gerade auch mit Blick auf Verbraucherverträge – eingehalten sind. Regelmäßig begnügt sich nämlich der Rechtspfleger für die Bezeichnung des Anspruchs mit der Angabe darüber dass es sich um einen bestimmten Vertrag gemäß einer Rechnung des Anspruchsstellers handelt (z.B. Kaufvertrag gemäß Rechnung vom 06.06.2004). Legt der Schuldner Widerspruch ein, so geht das Mahnverfahren in das Streitverfahren über (§ 696 ZPO). Hält später das erkennende Gericht die vorbezeichneten Individualisierungsangaben im Mahnbescheid für ungenügend, dann verneint es damit die Zulässigkeit des Mahnbescheides. Denn bei § 690 Abs. 1 Nr. 3 ZPO handelt es sich um eine unverzichtbare Zulässigkeitsvoraussetzung im Sinne des § 295 Abs. 2 ZPO. Zwar kann dieser Mangel durch eine weitergehende Substantiierung im Streitverfahren noch behoben werden. Dies wirkt sich jedoch dann nur für die Zukunft aus. Somit hat dann der unzulässige Mahnantrag die Verjährung nicht rückwirkend gehemmt und der Beklagte kann ggfs. mit seiner Verjährungseinrede durchdringen.

205 *mm) Die Einbeziehung Dritter in den Rechsstreit: Nebenintervention und Streitverkündung:* Wenn sich ein Dritter an einem fremden Rechtsstreit beteiligen möchte, kann er von sich aus dem Prozess beitreten, um eine Partei zu unterstützen (Nebenintervention). In den Prozess kann ein Dritter aber auch dadurch einbezogen werden, indem eine Partei ihn förmlich von einem anhängigen Prozess benachrichtigt, um die für sie günstige Interventionswirkung gegenüber dem Dritten auszulösen (Streitverkündung). Nach der Interventionswirkung gilt das Urteil des Vorprozesses als richtig. Der Nebenintervenient kann sich in einem Folgeprozess dann nicht darauf berufen, der Vorprozess sei falsch entschieden worden.

206 Bei einer **Nebenintervention** nach den §§ 66-71 ZPO kann sich ein Dritter, der ein rechtliches Interesse daran hat, dass eine Partei obsiegt (z.B. weil er einer Partei bei deren Unterliegen regresspflichtig ist), in eigenem Namen an diesem fremden Prozess beteiligen und eine Partei unterstützen. In einem solchen Fall ist zwischen dem Vorprozess (Hauptprobleme: Voraussetzungen der Streithilfe, Rechtsstellung des Nebenintervenienten) und dem Folgeprozess (Hauptproblem: Interventionswirkung des § 68 ZPO) zu differenzieren.

207 Im **Vorprozess** erfolgt der Beitritt des Streithelfers durch Erklärung mittels eine Beitrittsschriftsatzes gegenüber dem Gericht. Als Voraussetzungen für den Beitritt muss ein Rechtsstreit anhängig sein, die persönlichen Prozesshandlungsvoraussetzungen müssen vorliegen, der Beitrittsschriftsatz muss der Form des § 70 ZPO genügen und es muss gemäß § 66 ZPO ein rechtliches Interesse (jedes allgemeine, tatsächliche, wirt-

schaftliche oder sonstige Interesse reicht nicht aus) des Beitretenden vorliegen. Mit Ausnahme der persönlichen Prozesshandlungsvoraussetzungen werden die Voraussetzungen eines Beitritts nur auf Rüge geprüft. Liegen sie nicht vor, erfolgt eine Zurückweisung des Beitritts durch Beschluss. Ab dem Beitritt zum Hauptverfahren ist der Nebenintervenient am Verfahren zu beteiligen (§ 71 Abs. 3 ZPO). Ihm sind ab diesem Zeitpunkt Ablichtungen aller Schriftsätze und sonstige Verfahrensvorgänge zuzusenden. Durch den Beitritt kann der Dritte Prozesshandlungen wirksam vornehmen, wie wenn sie die Hauptpartei selbst vorgenommen hätte (§ 67 ZPO). Der Nebenintervenient kann also Tatsachen behaupten,[209] eigene Angriffs- und Verteidigungsmittel vorbringen [210] und Rechtsmittel einlegen.[211] Das Verhandeln des Nebenintervenienten schließt auch ein Versäumnisurteil gegen die unterstütze Partei aus. Beschränkt ist der Nebenintervenient allerdings dahingehend, dass er gemäß § 67 ZPO nur solche Prozesshandlungen vornehmen kann, die nicht im Widerspruch zur Hauptpartei stehen. Im Übrigen beschränken sich die Prozesshandlungen, die der Nebenintervenient vornehmen kann, auf die Klage, so wie sie vom Kläger erhoben worden ist. Er darf daher keine Rechtshandlungen vornehmen, durch die die Instanz beendet wird (Anerkenntnis, Erledigungserklärung, Vergleich, Rechtsmittelrücknahme) oder die anhängige Klage in ihrem Wesen verändert wird (Klageänderung, -erweiterung, Widerklage). Weiter ist zu berücksichtigen, dass die Nebenintervention lediglich prozessuale Befugnisse verleiht. Materiellrechtliche Handlungen des Nebenintervenienten sind also nicht möglich (Ausübung von Gestaltungsrechten, Aufrechnung mit Forderungen der Hauptpartei). Erklärungen hingegen, die nicht rechtsgestaltend wirken, also bloße Einreden und Einwendungen, darf er zugunsten der Hauptpartei geltend machen, etwa die Einrede der Verjährung oder die Berufung auf ein Zurückbehaltungsrecht der Hauptpartei. Widerspricht die Hauptpartei allerdings diesen Erklärungen, dann sind sie wieder unbeachtlich. Da der Nebenintervenient nicht Partei wird, kann er als Zeuge vernommen werden, soweit er nicht streitgenössischer Nebenintervenient ist (§ 69 ZPO). Zu beachten ist weiterhin, dass Fristen nur einfach laufen. Es gibt also keine gesonderten Fristen für den Nebenintervenienten. Da der Nebenintervenient nicht Partei des Prozesses ist. Parteistellung kann ihm im Urteil nicht zugesprochen werden, genauso wenig kann er verurteilt werden. Die Kosten der Nebenintervention trägt entweder die Gegenpartei oder der Nebenintervenient nach § 101 Abs. 1 ZPO selbst. Hat die Gegenpartei die Kosten zu tragen, hat der Nebenintervenient aus dem Urteil einen Kostenerstattungsanspruch. Im Rahmen der vorläufigen Vollstreckbarkeit ist damit auch ein entsprechender Ausspruch notwendig. Nach h.M. bemisst sich der Streitwert der Gebühren nach dem Interesse des Nebenintervenienten am Prozesssieg der unterstützten Partei.

Folgt dem Vorprozess ein Folgeprozess zwischen der Hauptpartei und dem Nebenintervenient, so tritt zwischen den beiden die Interventionswirkung des § 68 ZPO ein. Nach h.M. wirkt diese jedoch nur zugunsten und nicht zu Lasten der Hauptpartei (=

208

---

209 BGH NJW-RR 1991, 361.
210 BGH VersR 1985, 80.
211 BGH NJW 1999, 2047.

Streitverkünders).[212] Nach der Interventionswirkung gilt das Urteil des Vorprozesses als richtig. Dem Nebenintervenienten ist es daher verwehrt, sich darauf zu berufen, dass Urteil des Vorprozesses sei falsch entschieden worden. Im Unterschied zur Rechtskraft, bei der nur der Tenor Rechtskraft erlangt, geht die Interventionswirkung also weiter. Sie erfasst zusätzlich auch alle tatsächlichen und rechtlichen Grundlagen des Urteils (entscheidungserhebliche Tatsachen und deren rechtliche Beurteilung).[213] Sie wirkt jedoch nur zwischen der ehemaligen Hauptpartei und dem Nebenintervenienten. Der Nebenintervenient kann sich in Folgeprozessen nur auf die Einrede der mangelhaften Prozessführung berufen. Erfolg wird er damit haben, wenn er darlegt und beweist, dass entweder er selbst verhindert war, ein bestimmtes Angriffs- oder Verteidigungsmittel geltend zu machen oder die Hauptpartei absichtlich oder grob schuldhaft ein solches nicht geltend gemacht hat und dem Nebenintervenienten dieses Mittel nicht bekannt gewesen ist. Dies erstreckt sich dann auch auf die Handlungen und Erklärungen, mit denen er sich im Vorprozess nicht in Widerspruch zu der Hauptpartei setzen durfte.[214] Das unterbliebene Angriffs- oder Verteidigungsmittel muss dazu geeignet gewesen sein, eine andere Entscheidung hervorgerufen zu haben.

209 Durch die **Streitverkündung** (§§ 72-77 ZPO) wird ein Dritter in den Rechtsstreit einbezogen und – ohne dass er selbst Klage erhoben hat – wesentlichen prozessualen Nachteilen ausgesetzt (Interventionswirkung der §§ 74, 68 ZPO). Zudem hemmt die Streitverkündung gemäß § 204 Abs. 1 Nr. 6 BGB den Lauf der Verjährungsfrist im Hinblick auf diejenigen Ansprüche, die sich aus der Streitverkündungsschrift ergeben. Sind das beispielsweise Ansprüche aus Vertragsrecht, dann wird die Verjährung allerdings nicht gehemmt, wenn die Anspruchsberechtigung später auf Deliktsrecht gestützt wird.[215]

210 Voraussetzungen einer wirksamen Streitverkündung sind das Vorliegen eines Streiverkündungsschriftsatzes (§ 73 ZPO) und die Zulässigkeit der Streitverkündung (§ 72 ZPO). Der Streitverkündungsschriftsatz muss alle Angaben enthalten, die für die Entschließung des Dritten zum Beitritt wesentlich sind, und alle Formalien, die der Dritte im Beitritts-Schriftsatz zu beachten hat, mithin das volle Klagerubrum, die genaue ladungsfähige Anschrift des Streitverkündeten, Ausführungen dazu, dass und warum der Streitverkündete sich eines möglichen Regressanspruches gegenüber dem Dritten bemüht, Mitteilung über den derzeitigen Stand des Rechtsstreits, tunlichst unter Beifügung von Ablichtungen der Klageschrift und aller weiteren bereits gewechselten Schriftsätze. Die Streitverkündung ist nach § 72 ZPO zulässig, wenn die Hauptpartei im Falle des ihr ungünstigen Verfahrensausgangs einen Gewährleistungs- oder Regressanspruch gegen den Streitverkündeten hat.[216] Zu beachten ist, dass die Voraussetzungen der Streitverkündung erst im Folgeprozess geprüft werden. Der Beitritt durch den Streitverkündeten erfolgt in erster Instanz durch das Einreichen eines isolierten oder

---

212 BGHZ 100, 257; BGH NJW 1987, 2874.
213 BGHZ 103, 278; 116, 102.
214 BGH NJW 1982, 281.
215 OLG Düsseldorf BauR 1996, 860.
216 BGHZ 116, 100; BGH VersR 1997, 1365.

mit der Klageschrift verbundenen Schriftsatzes beim Prozessgericht. Tritt er erst nach Urteilserlass bei, kann er auch mit der Einlegung einer eigenen Berufung verbunden werden (§ 70 Abs. 1 S.1 ZPO). Während die Streitverkündung in keiner Instanz dem Anwaltszwang unterliegt,[217] ist der Beitritt im Verfahren mit Anwaltszwang nur zulässig durch Einreichung eines von einem postulationsfähigen Rechtsanwalt unterschriebenen Schriftsatzes. Dabei werden nur geringe Anforderungen an den Inhalt des Beitritts-Schriftsatzes gestellt. Für die Angabe des Interesses ist die Verweisung auf den Streitverkündungs-Schriftsatz ausreichend.[218] Zu beachten ist, dass der Beitritt nicht mit der Erklärung erfolgen sollte, dass sich der Streitverkündente den Anträgen der unterstützten Partei anschließe. Dies bewirkt nämlich, dass sich der Streitwert der Nebenintervention nach dem Wert der Hauptsache richtet und damit ggf. viel höher ist, als überhaupt Regress droht. Wie der Nebenintervenient ist der Streitverkündungsempfänger ab seinem Beitritt nach § 71 Abs. 3 ZPO am Hauptverfahren zu beteiligen. Ablichtung aller Schriftsätze und sonstige Verfahrensvorgänge sind ihm zuzusenden.

Durch den Beitritt wird der Streitverkündente nicht Partei. Tritt er dem Verkünder bei, so hat er im Vorprozess die Stellung wie ein Nebenintervenient. Im Hinblick auf seine Rechtsstellung wird zu den Ausführungen zum Nebenintervenienten verwiesen. Die Interventionswirkung tritt nur gegen den Streitverkündungsempfänger ein, nicht dagegen auch gegen die streitverkündende Partei selbst, die daher im Folgeprozess nicht an die Ergebnisse des Vorprozesses gebunden ist. Zu beachten bleibt, dass die Interventionswirkung des § 68 ZPO nur dann eintritt, wenn in dem Hauptverfahren ein Sachurteil vorliegt. Schließen die Hauptparteien einen Prozessvergleich, dann muss der Streithelfer das vorangegangene Verfahren nicht gegen sich gelten lassen. Bleibt der Streitverkündente untätig oder tritt er dem Gegner bei, so trifft ihn die Interventionswirkung des § 68 ZPO ab dem Zeitpunkt des möglichen Beitritts. Im Folgeprozess werden die Voraussetzungen der Streitverkündung nicht mehr geprüft, da diese durch den tatsächlichen Beitritt überholt sind.

Muster: Klage und Streitverkündung

Landgericht ■■■

Klage und Streitverkündungsschriftsatz

der KPS GmbH, vertreten durch den Geschäftsführer ■■■

Klägerin,

Prozessbevollmächtigte: ■■■

gegen

Heinrich Marechaux, ■■■

Beklagter,

---

217 BGHZ 92, 254.
218 OLG Düsseldorf NJW 1997, 443.

1 § 2 Der Kauf von Sachen

wegen: Kaufpreisforderung

vorläufiger Gegenstandswert: 6.500,- EUR

Namens und in Vollmacht des Klägers erheben wir Klage und werden in der mündlichen Verhandlung beantragen:

Der Beklagte wird verurteilt, an die Klägerin 6.500.- EUR nebst Zinsen in Höhe von 5 Prozentpunkten über dem jeweiligen Basiszinssatz seit Klagezustellung zu zahlen.

Vorsorglich stellen wir den Antrag nach § 331 Abs. 3 ZPO.

Begründung:

I. Der Anspruch der Klägerin auf Zahlung des Kaufpreises ergibt sich aus dem zwischen den Parteien abgeschlossenen notariellen Kaufvertrag gemäß § 433 Abs. 2 BGB. Mit Kaufvertrag vom 01.07.2004 erwarb der Beklagte bei der Klägerin ein Grundstück nebst aufstrebendem Gebäude, einem Wohnhaus, zum Kaufpreis von 530.000,- EUR. Der Beklagte ist bereits im Grundbuch als Eigentümer eingetragen.

Beweis: 1. Notarieller Kaufvertrag vom 01.07.2004 – Anlage K1

Vor Abschluss des Kaufvertrages beauftragte die Klägerin den Architekten Kippis mit der Erstellung eines Wert- und Bauzustandgutachtens. Insbesondere sollte das Gutachten feststellen, ob das Gebäude ggf. mit Schwamm befallen ist. Das Gutachten des Architekten Kippis belegt auf den Seiten 3f., dass im gesamten Gebäude kein Schwammbefall vorliegt und auch mit einem Ausbruch ggf. ruhender Schwammsporen nicht zu rechnen ist. Das Gutachten ist Bestandteil des zwischen den Parteien abgeschlossenen Kaufvertrages geworden.

Beweis: 1. Notarieller Kaufvertrag vom 01.07.2004 – Anlage K1; 2. Gutachten vom 06.06.2004 – Anlage K2

Der Beklagte hat den zum 15.08.2004 fälligen Restkaufpreis in Höhe von 6.500,- EUR bis heute nicht gezahlt. In der vorgerichtlichen Korrespondenz verweigerte er die Zahlung, da sich im Keller auf einer Fläche von zirka 25 m² an Wand und Decke Hausschwamm befinde. Er habe diesen Mangel des Hauses auf seine Kosten beseitigen lassen, hierfür seien ihm mehr als 6.500,- EUR Mängelbeseitigungskosten angefallen. Eine Zahlung des Restkaufpreises an die Klägerin sei daher nicht gerechtfertigt.

Beweis: Schreiben des Beklagten vom 22.08.2004 – Anlage K3

II. Dem Dipl. Ing. Karl Kappis, ■■■

wird

der Streit verkündet mit der Aufforderung, dem Rechtsstreit auf Seiten der Klägerin beizutreten.

Das Gericht wird gebeten, eine Ausfertigung der anliegenden beglaubigten und einfachen Abschriften des Klageschriftsatzes dem Streitverkündenten alsbald zuzustellen.

Sollte der Vortrag des Beklagen zutreffend sein, und das Gebäude tatsächlich mit Hausschwamm befallen gewesen sein, hat der Streitverkündete ein mangelhaftes Gutachten erstellt und sollte die Klägerin aus diesem Grunde im Prozess mit der Beklagten unterliegen, hätte sie gegen den Streitverkündenten einen Anspruch auf Schadloshaltung. Der Stand des Prozesses ergibt sich aus der Klageschrift.

Zwei beglaubigte und zwei einfache Abschriften anbei.

■■■

Rechtsanwalt

b) Begründetheit der Klage

Zahlreiche Klagen werden als unschlüssig abgewiesen. Da durch das neue Berufungsrecht wenige Korrekturmöglichkeiten bestehen, ist darauf zu achten, dass die Klage schlüssig ist.

213

aa) Schlüssiger Vortrag: Die Klage kann in der Sache nur dann Erfolg haben, wenn und soweit der Tatsachenvortrag des Klägers **schlüssig** ist. Eine Klage ist schlüssig, wenn die vom Kläger vorgetragenen Tatsachen – ihre Richtigkeit unterstellt – die Anspruchsvoraussetzungen derjenigen Norm ausfüllen, die das Klagebegehren als Rechtsfolge regeln.[219] Nach dem BGH ist der Sachvortrag zur Begründung eines Klageanspruchs dann schlüssig, wenn der Kläger die Tatsachen vorgetragen hat, die in Verbindung mit einem Rechtssatz geeignet und erforderlich sind das geltend gemachte Recht als in der Person des Klägers entstanden erscheinen zu lassen.[220] Entscheidender Zeitpunkt für die Schlüssigkeit der Klage ist das Begehren des Klägers zum Zeitpunkt der letzten mündlichen Verhandlung. Das Gericht prüft die Schlüssigkeit der Klage in der sog. „Sachstation". Hierbei hat das Gericht grundsätzlich alle in Betracht kommenden Anspruchsgrundlagen, unabhängig und unbegrenzt von den Rechtsausführungen des Klägers einzubeziehen, denn der Kläger kann das Gericht grundsätzlich nicht in der Prüfung der rechtlichen Gesichtspunkte oder Anspruchsgrundlagen binden oder einschränken, da die rechtliche Beurteilung allein dem Gericht obliegt.[221] Regelmäßig ist dies für den Kläger unproblematisch, da er sich nach seinem Tatsachenvortrag auf sämtliche in Betracht kommenden Anspruchsgrundlagen stützen will, die geeignet sind, seinem Begehren zum Erfolg zu verhelfen, wovon das Gericht im Zweifel auch ausgeht.[222] Das Gericht wird allerdings dann nur eine eingeschränkte Prüfung vornehmen, wenn der Kläger die Voraussetzung einer bestimmten Anspruchsgrundlage nicht vorgetragen oder – z.B. aufgrund fehlender Erklärungen (Anfechtungserklärung) – nicht geschaffen hat. Der Klagevortrag ist dann nicht schlüssig. Eine Prüfungsbeschränkung tritt auch dann ein, wenn der Kläger einen Lebenssachverhalt nicht zum Streitgegenstand macht. So, wenn er z.B. den Klagegrund nicht vorgetragen hat, der sein Begehren letztlich stützen würde. Eingeschränkt ist die Prüfung des Gerichts auch dann, wenn der Kläger ein Gericht angerufen hat, dass für die Prüfung seiner Anspruchsgrundlagen nicht zuständig ist und der Beklagte dies auch gerügt hat.

214

---

219   Zöller-Greger, Vor § 253 Rn. 23.
220   BGH NJW-RR 1993, 189; 1997, 270; 1998, 712.
221   BGH JR 1969, 102.
222   BGH NJW 1990, 2684; 1996, 1963.

Marfurt

215 Da die Schlüssigkeit Tatsachenvortrag zu den Voraussetzungen der Anspruchsnorm voraussetzt, ist zunächst das Klägerbegehren des Mandanten zu ermitteln und dann eine Anspruchsgrundlage dafür zu suchen. Der Klägervertreter hat daher im wesentlichen zunächst das Begehren des Mandanten zu ermitteln (was?). Sodann muss er sich überlegen, welche Rechtsgrundlagen das Begehren begründen können (woraus?) und wer als Anspruchsgegner in Betracht kommt (von wem?). Schließlich sind die Anspruchsvoraussetzungen dieser Normen dahingehend zu überprüfen, ob genügend Tatsachen vorhanden sind, die in Verbindung mit dem konkreten Rechtssatz geeignet sind, das geltend gemachte Recht als in der Person des Klägers entstanden erscheinen zu lassen. Maßgeblich ist schließlich, ob die Voraussetzungen der in Betracht kommenden Anspruchsgrundlagen vom Kläger hinreichend tatsächlich vorgetragen worden sind.

216 *bb) Anspruchsvoraussetzungen tatsächlicher Natur:* Bei Anspruchsvoraussetzungen, die tatsächlicher Natur sind, ist es für einen schlüssigen Vortrag des Klägers ausreichend, wenn er die Haupttatsachen vorträgt, die die jeweiligen Anspruchsvoraussetzungen ausfüllen. Haupttatsachen sind die Tatsachen die dem Tatbestandsmerkmal der anspruchsbegründenden Norm entsprechen. So z.B. in § 823 Abs. 1 BGB die Tatbestandsmerkmale Leben, Körper, Gesundheit u.a.

217 *cc) Rechtsbegriffe als Anspruchsvoraussetzungen:* Viele Anspruchsgrundlagen enthalten als Tabestandsmerkmale Rechtsbegriffe. Für einen schlüssigen Vortrag müssen nun grundsätzlich diejenigen Haupttatsachen vorgetragen werden, die bei einer rechtlichen Beurteilung den Rechtsbegriff ergeben. So handelt es sich z.B. bei der Anspruchsvoraussetzung „Kaufvertrag" in § 433 BGB um einen Rechtsbegriff. Für einen schlüssigen Vortrag des Klägers ist demnach nicht ausreichend, wenn der Kläger den Rechtsbegriff „Kaufvertrag" als solchen vorträgt, vielmehr müssen diejenigen Tatsachen vorgetragen werden, die den Rechtsbegriff ausfüllen.

218 Ausnahmen kommen für „einfache Rechtsbegriffe" in Betracht. Allein der Vortrag des Rechtsbegriffs reicht für die Schlüssigkeit aus, wenn er eindeutig ist und von den Parteien zutreffend und übereinstimmend verstanden wird. Dann ist seine Verwendung Vortrag der Haupttatsache. Trägt der Kläger z.B. zur Begründung seines Zahlunganspruchs in Höhe von 5.000,- EUR vor, er habe dem Beklagten den Computer am 01.05.2003 übergeben und ihm das Eigentum daran verschafft und erwidert der Beklagte darauf, es sei richtig, dass ihm der Kläger den Computer übergeben habe und ihm das Eigentum daran verschafft habe, jedoch sei das schenkweise erfolgt, ergibt sich die Anspruchsgrundlage für das Klagebegehren aus § 433 Abs. 2 BGB. Der Kläger muss nunmehr die Tatsachen vortragen, die den Rechtsbegriff „Kaufvertrag" ausfüllen: Übergabe und Übereignung des Computers aufgrund einer Vereinbarung der Parteien, dass als Gegenleistung ein Betrag in Höhe von 5.000.- EUR zu zahlen ist. Trägt der Kläger dies nicht vor, ist sein Vortrag insoweit nicht schlüssig.

219 *„Schwierige Rechtsbegriffe"*, wie z.B. die normativen Tatbestandsmerkmale, „Fahrlässigkeit", „Sittenwidrigkeit", „Arglist", „Treu und Glauben", „Unzumutbarkeit", „wichtiger Grund", „höhere Gewalt" usw. sind stets nur dann schlüssig vorgetragen, wenn die vorgetragenen Haupttatsachen den Rechtsbegriff ausfüllen, bzw. seine Bewertung rechtfertigen. Das Merkmal ist erst dann dargelegt, wenn es nicht lediglich auf den Begriff oder eigene Bewertungen abgestellt wird, sondern die vorgetragenen Tatsachen für sich oder zusammen mit anderen die im Tatbestand vorausgesetzte Bewertung des Vorgangs ergeben.

Werden nur **Hilfstatsachen** (Indizien) – also Tatsachen, die nicht selbst das Tatbestandsmerkmal der Norm ausfüllen, sondern mit denen der (Rück-) Schluss auf das Vorliegen der Haupttatsache geführt und ggf. die Haupttatsache bewiesen werden kann, vorgetragen so ist die Haupttatsache an sich nicht vorgetragen, die Anspruchsgrundlage also nicht schlüssig dargelegt. Hilfstatsachen sind besonders von Bedeutung, wenn innere Tatsachen – z.b. Vorsatz für § 276 BGB – bewiesen werden sollen, die einem direkten Beweis nur schwer oder kaum zugänglich sind.[223] Hilftatsachen sind für einen schlüssigen Vortrag aber dann ausreichend, wenn sie konkludent auch den Vortrag der Haupttatsache beinhalten. So z.B. wenn der Beklagte bei einem Vortrag des Klägers von Hilfstatsachen, die Haupttatsache nicht bestreitet, damit die Haupttatsache also unstreitig ist. Allerdings können Hilfstatsachen den Schluss auf die Haupttatsache nur dann ergeben, wenn sie ihrerseits schlüssig, d.h. überhaupt für sich oder im Zusammenwirken mit weiteren Indizien oder dem sonstigen Sachverhalt – geeignet sind, die Annahme der Haupttatsache zu begründen.[224]

dd) Inhalt des Tatsachenvortrags: Inhaltlich muss der Tatsachenvortrag des Klägers, aber auch der Vortrag des Beklagten, soweit dieser einzelne Tatsachen zugestanden hat oder der Kläger sich Behauptungen des Beklagten zu eigen gemacht hat und ebenso die nicht bestrittenen wie auch die bestrittenen, aber nicht wirksam bestrittenen Tatsachenbehauptungen umfassen. Ob der Kläger eine Tatsache vorgetragen, übernommen oder bestritten/nicht bestritten hat, ist u.U. eine Auslegungsfrage bei der davon auszugehen ist, dass der Kläger seinen Vortrag im Zweifel so verstanden wissen will, wie dies nach der Rechtslage vernünftig, sinnvoll und zweckmäßig ist und wie er seine Interessen entspricht, wie er also für ihn günstig ist.[225]

ee) Mehrfaches Vorbringen des Klägers: Gegebenenfalls hat das Gericht **mehrfaches Vorbringen** des Klägers zu beachten. So kann der Kläger die Begründung der Klage mehrfach fassen, mehrere Klagegründe oder aber mehrere Anträge zur Grundlage der Entscheidung stellen.

Eine **mehrfache Begründung** eines Klagebegehrens – z.B. in der Form von Haupt- und Hilfsbegründung – liegt dann vor, wenn der Klageanspruch bei einheitlichem Antrag und einheitlichem Lebenssachverhalt (Klagegrund) aus verschiedenen rechtlichen oder tatsächlichen Gesichtspunkten hergeleitet wird, sei es aus verschiedenen nebeneinander bestehenden Anspruchsgrundlagen, sei es aus verschiedenen einander widersprechenden Anspruchsgrundlagen oder Erwägungen zur Begründung des Anspruches. Der Kläger kann z.B. in der Klage zunächst einen Anspruch aus Vertrag geltend machen, hilfsweise aus Geschäftsführung ohne Auftrag bei Unwirksamkeit des Vertrages bzw. aus Bereicherungsrecht wegen der Nichtigkeit des Vertrages. Durch die Gel-

---

223 BGH NJW 1993, 2165.
224 BGHZ 53, 245, 261; NJW-RR 1993, 444.
225 BGH NJW 1990, 2684; 1996, 1963.

tendmachung verschiedener Begründungen wird der Streitgegenstand nicht berührt. Es bleibt derselbe Streitgegenstand erhalten, so dass daher in einem „Auswechseln" oder „Nachschieben" von Begründungen keine Klageänderung zu sehen ist.[226] Folglich ist auch in der Sache nach wie vor nur über denselben Klageantrag zu entscheiden. Wird einer Begründung des Klägers nicht gefolgt, so ist die Klage nicht im Übrigen abzuweisen. Das Gericht ist seiner Entscheidung frei, auf welche der mehreren Begründungen es seine Entscheidung stützen will. Der Kläger kann das Gericht daher nicht in der Reihenfolge der Prüfung der verschiedenen Begründungen binden, auch nicht dadurch, dass eine Begründung nur „hilfsweise" geltend gemacht wird. Das Gericht darf seine Entscheidung auf die „hilfsweise" Begründung stützen, ohne zuvor über die primäre Begründung entschieden zu haben.[227]

224 Macht der Kläger aufgrund eines oder mehrerer Sachverhalte verschiedene Leistungen in einem Eventualverhältnis geltend, spricht man von **Haupt- und Hilfsantrag**. Haupt- und Hilfsantrag können auch „verdeckt" möglich sein, so z.B. wenn aus den verschiedenen Sachverhalten ein identischer Antrag hergeleitet wird (Beispiel: Zahlung auf 35.000,- EUR aus Darlehen 2002, hilfsweise aus einem anderen Darlehen aus dem Jahre 2001). Auch dann verlangt der Kläger nämlich mehrere verschiedene Leistungen, die leidglich inhaltlich gleich sind. Über Haupt- und Hilfsantrag ist gesondert zu entscheiden. Das bedeutet, dass der Hauptantrag bei Unbegründetheit abzuweisen ist, auch wenn dem Hilfsantrag entsprochen wird (insoweit erfolgt eine Abweisung der Klage im Übrigen). Das nachträgliche Stellen eines Hilfsantrages ist unstreitig eine Klageänderung, da es um verschiedene Streitgegenstände geht.

225 Leitet der Kläger bei einem einheitlichen Klageantrag aus verschiedenen Lebenssachverhalten mehrere Klagegründe her, stützt er sich auf **Haupt- und Hilfsklagegrund**. Der Kläger begehrt dann nur eine einzige Leistung, stützt diese aber auf verschiedene Sachverhalte.[228] Da in diesen Fällen nur einige Leistung verlangt wird, liegt nur ein Antrag vor und es ist auch nur eine einheitliche Entscheidung möglich. Mithin kann auch nicht ein Klagegrund abgewiesen werden oder über einen Klagegrund ein Teilurteil ergehen. Es ist allein über den einheitlich gestellten – lediglich auf mehrere Klagegründe gestützten – Antrag zu entscheiden.[229] Ein Auswechseln oder Nachschieben von Klagegründen ist nach der zweigliedrigen prozessualen Theorie zum Streitgegenstand als Änderung des Streitgegenstandes und damit als Klageänderung anzusehen.[230] Die Klagegründe können kumulativ oder alternativ (wahlweise nebeneinander) vorgetragen werden.[231] Dann steht es dem Gericht frei, aus welchem der Klagegründe es der Klage stattgibt. Eine Abweisung der Klage setzt natürlich voraus, dass keiner der Klagegründe die Klage rechtfertigt. Eine solche Geltendmachung wird im Regelfall anzunehmen sein. Es ist aber auch zulässig, dass der Kläger das Gericht dadurch bindet, dass er einen Sachverhalt primär und den anderen nur hilfsweise geltend macht. Dann

---

[226] Thomas/Putzo, ZPO, 22. Aufl., 1999, § 263 Rn. 4.
[227] OLG Köln MDR 1970, 686; Baumbach/Lauterbach-Hartmann, ZPO, 57. Aufl., 1999, § 260 Rn. 2.
[228] BGHZ 13, 145 (154); BGH NJW-RR 1987, 58; Thomas/Putzo § 260 Rn. 3.
[229] BGHZ 13, 145 (154); MünchKomm-Lüke § 260 Rn. 18, 54.
[230] BGH NJW-RR 1987, 58; OLG Köln NJW-RR 1987, 505.
[231] BGH NJW 1986, 1174; Thomas/Putzo § 260 Rn. 3.

darf das Gericht über den hilfsweise vorgetragenen Sachverhalt erst entscheiden, wenn dem Antrag aus dem primären Sachverhalt nicht entsprochen wird.[232]

ff) Unbeachtlicher Vortrag, Vortrag ins Blaue hinein: Unerheblich ist für die Schlüssigkeitsprüfung, ob und in welchem Maße die Darstellung des Klägers wahrscheinlich ist und ob sie auf einem eigenen Wissen des Klägers oder nur auf einer Schlussfolgerung oder einer Vermutung beruht (unbeachtlicher Vortrag).[233] Eine Klage ist schlüssig, wenn ihr Tatsachenvortrag, seine Richtigkeit unterstellt, geeignet ist, den Klageantrag sachlich zu rechtfertigen.[234] Der Vortrag ist also hinsichtlich der zu prüfenden Anspruchsgrundlage schlüssig, wenn alle anspruchsbegründenden Tatsachen (Haupttatsachen) dem gesamten Vorbringen des Klägers zu entnehmen sind. Werden dagegen nicht alle zur Begründung der beantragten Rechtsfolge notwendigen Tatsachen vorgetragen ist dies ein Schlüssigkeitsmangel.[235] Von der Schlüssigkeit zu unterscheiden ist die fehlende Individualisierung – also bei nicht hinreichend bestimmten Klagegegenstand und -grund iSv. § 253 Abs. 2 Nr. 2 ZPO. In diesen Fällen lässt die Klage ihren Gegenstand nicht hinreichend bestimmt erkennen, was einen Zulässigkeitsmangel begründet. Zwar ist der Vortrag bzw. die Behauptung der Haupttatsachen als solcher ausreichend und für die Schlüssigkeit ist es daher grundsätzlich nicht erforderlich, einen Vortrag von Einzelheiten zu der betreffenden Haupttatsache, wie z.B. von Zeit, Ort oder näheren Umständen des behaupteten Vertragsschlusses zu bringen. Solche Einzelheiten können aber durch die Substantiierungslast geboten sein[236] oder für die Beweiswürdigung von Bedeutung werden.[237] Im Übrigen ist ein Vortrag ins Blaue hinein unbeachtlich. Dies ist bei einem Tatsachenvortrag nur ganz ausnahmsweise dann der Fall, wenn eindeutig ist, dass die Behauptung ohne jeden greifbaren Anhaltspunkt aus der Luft gegriffen, ins Blaue hinein aufgestellt worden ist.[238]

gg) Substantiierungslast: Wie weit der Vortrag des Klägers im Einzelnen gehen muss, also wann der Vortrag hinreichend schlüssig ist („Substantiierungslast"),[239] hängt insbesondere von der Einlassung des Beklagten ab. Wird der Vortrag des Klägers durch die Einlassung des Beklagten unvollständig oder unklar, ist eine weitere Substantiierung durch den Kläger erforderlich.[240] Beispielsweise kann ein knapper Vortrag in der Klage schlüssig sein und bei entsprechendem Antrag ein Versäumnisurteil rechtfertigen (§ 331 Abs. 1, 2 ZPO), durch die Einlassung des Beklagten aber dazu führen, dass der klägerische Vortrag nicht mehr vollständig oder unklar ist und daher einer weiteren Einlassung des Klägers erfordert, damit die Klage schlüssig ist. Die Substantiierungslast hat insbesondere bei der Verwendung von Rechtsbegriffen Bedeutung. Trägt der Kläger für einen Anspruch aus § 433 Abs. 2 BGB „Kaufvertrag" vor, so mag dies aus-

---

232 RGZ 77, 206; Thomas/Putzo § 260 Rn. 3; MünchKomm-Lüke § 260 Rn. 18.
233 BGH NJW 1996, 1827; NJW-RR 1993, 189.
234 Zöller-Greger, aaO., Vor. § 253 ZPO, Rn. 23.
235 Zöller-Greger, aaO., Vor. § 253 ZPO, Rn. 23.
236 Zöller-Greger, aaO., Vor. § 253 ZPO, Rn. 23.
237 BGH NJW-RR 1995, 724; 1996, 1212.
238 BGH NJW 1996, 1827; BGH NJW 1995, 2111; BGH NJW-RR 1991, 888, 891.
239 Zöller-Greger, aaO., § 138 ZPO, Rn. 8a mwN.
240 BGH NJW 1991, 2707.

reichen um schlüssig vorgetragen zu haben, mit dem Beklagten eine bestimmte Vereinbarung getroffen zu haben, wenn der Beklagte dies anerkennt oder nicht bestreitet. Andernfalls (z.b. der Beklagte trägt Schenkung vor), muss der Kläger im Einzelnen vortragen, wie die Vereinbarung zustande gekommen ist. Bei negativen Anspruchsvoraussetzungen (z.b. „ohne rechtlichen Grund" bei § 812 Abs. 1 BGB) braucht der Kläger nicht jede theoretische anderweitige Möglichkeit auszuräumen. Der Beklagte hat sich gemäß § 138 Abs. 2 ZPO zu erklären, d.h. seinerseits entgegenstehende Umstände (Rechtsgrund, Vereinbarung usw.) vorzutragen. Für die Darlegung des negativen Tatbestandsmerkmals ist es ausreichend, wenn der Vortrag des Klägers den Beklagtenvortrag ausräumt.[241] Es hängt letztlich vom Einzelfall ab, in welchem Maße die Partei ihr Vorbringen durch die Darlegung konkreter Einzeltatsachen noch weiter substantiieren muss.[242] Schließlich geht es aber auch insoweit um die Frage der Wahrscheinlichkeit des Vortrags des Klägers oder die Erforderlichkeit des Vortrags von Einzelheiten an sich, sondern immer nur darum, ob die betreffende Haupttatsache als solche vorgetragen ist oder nicht.

228 *hh) Wiederprüchlicher Vortrag:* Widersprüchlicher Vortrag einer Partei ist unzulässig und damit unbeachtlich.[243]

229 *ii) Darlegungs- und Beweislast:* Die Anspruchsvoraussetzungen sind vom Kläger insoweit vorzutragen, als er die Darlegungslast trägt. Jede Partei hat grundsätzlich die tatsächlichen Voraussetzungen der ihr günstigen Norm vorzutragen und ggf. – soweit streitig und entscheidungserheblich – zu beweisen.[244] Mithin hat der Kläger grundsätzlich alle Anspruchsvoraussetzungen darzulegen.[245] Der Kläger trägt die Darlegungs- und Beweislast für die anspruchsbegründenden Tatsachen; die Darlegungs- und Beweislast für die Einreden iSd. ZPO (rechtshindernde, rechtsvernichtende und rechtshemmende) trägt der Beklagte. Von der Darlegunglast, die grundsätzlich der Beweislastregelung folgt[246] ist von der Beweislast zu unterscheiden. Die Beweislast bezeichnete das Risiko des Prozessverlustes wegen Nichterweislichkeit der dargetanen Tatsachen. Kann das Gericht trotz Ausschöpfung aller prozessual zu gebote stehenden Beweismittel keine Überzeugung von der der Wahrheit oder Unwahrheit einer streitigen und entscheidungserheblichen Tatsache gewinnen (sog. non liquet) bestimmen die Beweislastregelungen zu wessen Lasten die Unaufklärbarkeit geht.[247] Die Beweislastregeln lassen sich den materiellrechtlichen Rechtsnormen entnehmen, auf das das streitige Parteivorbringen gestützt wird. Fehlt ein hinreichend substantiierter Vortrag der darlegungsbelasteten Partei, ist eine Beweiserhebung obsolet. Die Darlegungslast ist

---

241 BGH NJW 1999, 2887.
242 BGH NJW 2000, 3286, 3287 mwN.
243 OLG Köln NJWE-VHR 1998, 264ff; OLG Oldenburg v. 29. Aug. 1997; BGH NJW-RR 1994, 994f.
244 Anders/Gehle, 7. Aufl. 2002, Rn. 365 mwN.
245 BGH NJW 1989, 1728.
246 Zöller-Greger, aaO., § 138 ZPO, Rn. 8b.
247 Zöller-Greger, aaO., Vor § 284 ZPO, Rn. 15.

unabhängig von der Parteirolle im Prozess:[248] z.b. Vollstreckungsgegenklage[249] und negative Feststellungsklage!

In einigen Fällen ist die Darlegungs- und Beweislast abweichend dahingehend geregelt, dass nicht der Kläger die Beweislast für bestimmte Anspruchsvoraussetzungen hat, sondern es dem Beklagten obliegt, das Fehlen der Voraussetzungen darzulegen und zu beweisen. (**Beweislastumkehr**). Beispiel: Beweislastregelung hinsichtlich des Verschulden in § 280 Abs. 1 Satz 2 BGB.

230

Spricht eine **gesetzliche Vermutung** für den Kläger, so ist seine **Darlegungs- und Beweislast verkürzt**. Eine gesetzliche Vermutung (Beispiele: §§ 893, 1117 Abs. 3, 1253 BGB) findet sich in einer gesetzlichen Regelung, dass bei Vorliegen eines bestimmten Umstandes (Vermutungsgrundlage) das Vorliegen eines anderen Umstandes (Vermutungsfolge) vermutet wird. Spricht für eine vom Kläger vorzutragende Anspruchsvoraussetzung eine Vermutung, braucht der Kläger nicht das Merkmal selbst vorzutragen, vielmehr ist ausreichend, wenn sich aus seinem Vortrag die Vermutungsvoraussetzungen (die ggf. von ihm zu beweisen sind) ergeben. Der Beklagte muss dann die Vermutung widerlegen. Erst wenn dem Beklagten die Widerlegung der Vermutung gelingt, muss der Kläger die zunächst vermuteten Anspruchsvoraussetzungen selbst substantiiert vortragen, damit die Klage schlüssig ist. Ist z.B. der Kläger, der auf Feststellung seines Eigentums an einer Sache klagt, im Besitz der Sache, wird sein Eigentum gemäß § 1006 Abs. 1 BGB vermutet bzw. dass er mit Erwerb seines Besitzes auch das Eigentum erlangt habe und während der Dauer seines Besitzes Eigentümer geblieben sei.[250] Auch eine **tatsächliche Vermutung** – bei typischen Geschehensabläufen kann aufgrund der allgemeinen Lebenserfahrung auf das Vorliegen bestimmter Umstände geschlossen werden – kann die Darlegungs- und Beweislast durch den sog. Beweis des ersten Anscheins (Darlegung des ersten Anscheins) aufgrund tatsächlicher Vermutung[251] verkürzen. Spricht eine Anspruchsvoraussetzung für eine tatsächliche Vermutung, also für das Eingreifen eines Erfahrungssatzes, reicht – wie bei der gesetzlichen Vermutung – der Vortrag der Voraussetzungen der tatsächlichen Vermutung aus. Im Unterschied zur gesetzlichen Vermutung, die den Gegner zur Widerlegung zwingt, greift die Tatsächlichvermutung jedoch bereits dann nicht mehr ein, wenn der Gegner die ernsthafte Möglichkeit eines anderen, atypischen Geschehensablaufes darlegt und beweist.[252] Eine tatsächliche Vermutung hat also nicht so eine weitreichende Wirkung wie die gesetzliche Vermtung. Beispiel: Der Kläger klagt auf Zahlung von Schmerzensgeld (§§ 823, 253 Abs. 2 BGB), weil der Beklagte ihn auf dem Bürgersteig angefahren habe. Für das Verschulden des Beklagten, der von der Fahrbahn abgekommen ist und auf den Bürgersteig gefahren ist, spricht eine tatsächliche Vermutung des Vortrags des Klägers. Verkürzt kann die Darlegungslast nach Treu und Glauben auch in den Fällen sein, wo der Kläger außerhalb des von ihm darzulegenden Geschehensablaufs steht und keine Kenntnis der maßgebenden Tat-

231

---

248 Zöller-Greger, aaO., Vor § 284 ZPO, Rn. 17;
249 BGH NJW 2001, 2096.
250 BGH NJW-RR 1988, 1453.
251 BGH NJW 1991, 230.
252 BGH NJW 1991, 230; VersR 1995, 723.

§ 2 Der Kauf von Sachen

sachen besitzt, während der Beklagte sie hat und ihm nähere Angaben zumutbar sind (sog. **sekundäre Behauptungslast des Prozessgegners**).[253]

232 *jj) Die Wahrheitspflicht – § 138 Abs. 1 ZPO:* Außerhalb der Darlegungs- und Substantiierungslage des Klägers oder des schlüssigen Vortrags steht die Pflicht zur vollständigen Erklärung als Unterfall der Wahrheitspflicht.[254] Hierbei handelt es sich um das Verbot wissentlicher Falschaussage, die sich auf Behaupten und Bestreiten[255] erstreckt und nur die bewusste Lüge verbietet.

233 *kk) Der Anspruchsgrundlage entgegenstehender Tatsachenvortrag des Klägers:* Dem Vortrag des Klägers können ggf. auch Tatsachen zu entnehmen sein, die der Anspruchsgrundlage entgegenstehen. An sich ist die Anspruchsgrundlage dann nicht mehr schlüssig dargelegt. Von Bedeutung ist dies vornehmlich in den Fällen, wo der Beklagte bereits vorgerichtlich Gegennormen vorgetragen hat. Hier stellt sich für den Kläger stets die Frage, ob er auf diesen vorgerichtlichen Vortrag des Beklagten eingehen soll. Auf solchen Gegenvortrag in der Klageschrift völlig zu verzichten, ist nur dann sinnvoll, wenn damit zu rechnen, ist dass der Beklagte den Anspruch anerkennt oder mangels Meldung des Beklagten bei hinreichend schlüssigem Vortrag des Klägers mit einem Versäumnisurteil gerechnet werden kann. In der Regel wird dies nicht der Fall sein, so dass es angebracht sein kann, schon in der Klageschrift den gegnerischen Vortrag einzubringen. Dann muss aber auch schlüssig vorgetragen werden, aus welchen Gründen die Gegennorm des Beklagten nicht eingreift (Bestreiten der die Gegennorm begründenden Tatsachen) oder warum der vom Beklagten vorgetragenen Gegennorm wiederum andere Ausschlussgründe entgegenstehen.

234 *ll) Hinweispflicht des Gerichts:* In den Fällen, wo der klägerische Vortrag zu einer Anspruchsgrundlage nicht schlüssig ist, kann ggf. ein Hinweis gemäß § 139 Abs. 2 ZPO in Betracht kommen. Grundsätzlich hat das Gericht den Kläger – selbst bei anwaltlicher Vertretung – auf die Unschlüssigkeit und Unvollständigkeit seines Vortrags hinzuweisen.[256] Der Kläger soll damit die Möglichkeit erhalten seinen Vortrag „nachzubessern. Zu beachten ist jedoch, dass ein solcher richterlicher Hinweis nur dann erforderlich ist, wenn der Vortrag des Klägers unvollständig ist oder sein kann, d.H. wenn es möglich ist, dass der Kläger noch mehr vortragen kann und dass er diesen Vortrag nur versehentlich oder in Folge einer falschen Beurteilung der Rechtslage oder der Darlegungslast unterlassen hat. In der Regel kann jedoch davon ausgegangen werden, dass der Kläger vollständig vorgetragen hat und dass er einen Umstand, den er nicht vorgetragen hat, nicht vortragen kann oder will, vornehmlich dann, wenn der Kläger auf den nichtausreichenden Vortrag bereits vom Beklagten hingewiesen worden ist.[257] Kommt also eine Hinweispflicht überhaupt in Betracht, muss ein Hinweis auch nur dann gegeben werden, wenn es wirklich auf den Umstand ankommt. Dies ist z.B.

---

253 BGH NJW 1997, 128.
254 Zöller-Greger, aaO., § 138 ZPO, Rn. 1.
255 Zöller-Greger, aaO., Vor § 138 ZPO, Rn. 2;
256 BVerfG NJW 1994, 849; BGH NJW 1999, 418; NJW-RR 1997, 441; 1998, 493.
257 BGH NJW 1988, 696.

mm) Erfüllung zwischen Anhängigkeit und Rechtshängigkeit: Bei einer Erledigung zwischen Klageeinreichung (Anhängigkeit, § 253 Abs. 5 ZPO) und Zustellung der Klageschrift (Rechtshängigkeit, §§ 261 Abs. 1, 253 Abs. 1 ZPO) findet § 269 Abs. 3 S. 3 ZPO Anwendung. § 269 Abs. 3 S. 3 ZPO regelt die Kostenerstattung bei Wegfall des Klagegrundes vor Rechtshängigkeit. Die Rechtsfolge ist derjenigen der beiderseitigen Erledigterklärung nach § 91a Abs. 1 ZPO angeglichen. § 269 Abs. 3 S. 3 ZPO soll einem materiellrechtlichen Kostenerstattungsanspruch Rechnung tragen, ohne dass ein neues Verfahren erforderlich ist. Wenn der Anlass zur Klageerhebung vor Rechtshängigkeit weggefallen ist und der Kläger daraufhin die Klage unverzüglich zurücknimmt, bestimmt sich die Kostentragungspflicht nach billigem Ermessen unter Berücksichtigung des Sach- und Streitstandes. Nach § 269 Abs. 4 ZPO entscheidet das Gericht hierüber auf Antrag. Die einseitige Erledigungserklärung des Klägers bei Erledigung vor Rechtshängigkeit ist nunmehr iSv. § 269 Abs. 3 S. 3 ZPO auszulegen.[258]

c) Feststellungsklage

Eine **Feststellungsklage** (§ 256 ZPO) oder Feststellungswiderklage kommt insbesondere in den Fällen in Betracht, wenn Verjährungseintritt droht oder der Beklagte seine Gegenansprüche noch nicht beziffern kann, mit Gegenansprüchen aber zu rechnen ist. Nach der Rechtsprechung des BGH besteht für eine Feststellungsklage aber dann kein Rechtsschutzinteresse, wenn dasselbe Ziel durch eine Leistungsklage erreicht werden kann und die Feststellungsklage weder zu einer abschließenden bzw. zu einer prozessökonomischen Entscheidung der Streitigkeit der Parteien führt. Beispiele für Positive Feststellungsklagen im Kaufrecht sind z.B.: Die Feststellungsklage gerichtet auf das Bestehen eines Kaufvertrages unter dem Gesichtspunkt seiner Wirksamkeit oder seiner Auflösung, für das Bestehen eines Annahmeverzuges des Käufers mit der Abnahme der Kaufsache und die Feststellung von Gewährleistungsansprüchen, sofern der Beklagte den Mangel oder seine Verantwortlichkeit bestreitet und die Erhebung einer Leistungsklage nicht möglich oder untunlich ist. Die Feststellungsklage kann vom Kläger im Laufe eines Rechtsstreits auch im Wege der Klageerweiterung als **Zwischenfeststellungsklage** erhoben werden.

Da eine Feststellungklage nicht voraussetzt, dass das betreffende Rechtsverhältnis zwischen den Parteien besteht und hieraus ein Leistungsanspruch gegen den Beklagten gegeben ist, kann auch ein Dritter eine Feststellungklage erheben. Für eine solche Klage besteht indes nur dann ein Feststellungsinteresse, wenn die Klärung der Drittbeziehung für ein Rechtsverhältnis zwischen dem Feststellungskläger und dem Dritten von Bedeutung ist oder wenn der Feststellungskläger als Dritter von der Klärung dieser Rechtsbeziehung wenigstens mittelbar betroffen wird.[259] Die Feststellungsklage eines von mehreren möglichen Käufern auf Feststellung, dass der Kaufvertrag nur mit dem anderen

---

258 Zöller-Vollkommer, § 91a ZPO, Rn. 42.
259 BGH NJW 1994, 459; WM 1996, 1004.

§ 2 Der Kauf von Sachen

Käufer ein Kaufvertrag und daher die daraus resultierenden Zahlungs- und Abnahmepflichten zustande gekommen ist, wird man als zulässig erachten können.

238 Das Feststellungsinteresse ist besondere Sachurteilsvoraussetzung der Feststellungsklage.[260] Fehlt es, ist die Klage unzulässig. Das rechtliche Interesse an der alsbaldigen Feststellung von Gewährleistungsansprüchen ist gegeben, wenn der Verkäufer den Mangel oder seine Verantwortlichkeit bestreitet oder der Geschädigte sich Ansprüche gegen den Schädiger zu Unrecht berühmt. Wegen dem Vorrang einer zulässigen und möglichen Leistungsklage ist ein Feststellungsinteresse zu verneinen, wenn ein Schaden, der sich aus einem Mangel ergibt, der Höhe nach feststeht und bezifferbar ist. Allerdings ist es in Gewährleistungsprozessen oft schwierig, die Mängelbeseitigungskosten zu benennen. Gegebenfalls können abschließende Kosten nicht vorgetragen werden, weil mit noch nicht konkret feststehenden Mangelfolgen zu rechnen ist oder er vom Ausgang eines anderen Prozesses oder vom Verhalten des Gegners abhängt. In solchen Fällen empfiehlt es sich, dass Prozessrisiko durch die Erhebung einer Teilleistungsklage und eine Feststellungklage zu minimieren, da dann der enstandene oder noch entstehende Schaden nicht bereits in vollem Umfang durch den Zahlungsantrag erfasst ist. Ist der durch einen Mangel enstandene Schaden nicht abschließend feststellbar, sollte neben der Klage auf Kosten für die Erstattung der Teilnachbesserung eine Feststellungklage im Hinblick auf die möglicherweise weitere Mängelbeseitungs- und Kostentragungspflicht des Verkäufers erhoben werden um insoweit sicherzustellen, dass kein Rechtsverlust durch Verjährung eintritt. Auch wenn sich innerhalb des Prozesses Umfang und Höhe des Schadens klären, besteht grundsätzlich keine Pflicht des Klägers von der Feststellungs- auf die Leistungsklage umzustellen.[261] Eine Ausnahme besteht nur dann, wenn die Schadensentwicklung während des ersten Rechtszuges voll abgeschlossen ist, der Beklagte den Übergang anregt und wenn damit weder eine Verzögerung noch ein Instanzenverlust verbunden ist.

239 Da auch für die Feststellungklage der Klageantrag hinreichend bestimmt sein muss, hat der Kläger in seinem Klageantrag das Rechtsverhältnis, dessen Bestehen oder nicht Bestehen festgestellt werden soll, so genau bezeichnen, dass über dessen Identität und damit über den Umfang der Rechtskraft des begehrten Feststellungsausspruchs keinerlei Ungewissheit herrschen kann. Ergeht ein Feststellungsurteil über den Grund des Anspruchs darf nicht offen bleiben, ob den Kläger ein Mitverschulden trifft. Erhebt der Kläger Zahlungs- und Feststellungklage und besteht zwischen ihnen ein rechtlicher Zusammenhang, so ist ein Teilurteil unzulässig, sofern die Gefahr einer widerstreitenden Schlussentscheidung besteht.

240 Muster: Feststellungklage

Landgericht ■■■

In dem Rechtstreit

---

260 BGH NJW 1972, 198.
261 BGH WM 1993, 1241.

A. Kaufpreiszahlung und Abnahme der Kaufsache

Von Lauerenz ./. Dr. Meyer

14.O.273/04

erweitert die Klägerin ihre Klage mit dem Antrag,

festzustellen, dass der zwischen den Parteien vor dem Notar Jan Fereol Fiedler in Berlin am 19.07.2004 geschlossene Grundstückskaufvertrag zur Urkundenrolle Nr. 432/04 wirksam ist,

hilfsweise,

festzustellen, dass der Beklagte sich auf die Unwirksamkeit des Vertrages nicht berufen kann.

Begründung:

Der Beklagte hat gegenüber dem von der Klägerin aus dem Grundstückskaufvertrag erhobenen Anspruch auf Zahlung des Kaufpreises eingewandt, der Kaufvertrag sei unwirksam, weil die Baubeschreibung des zu errichtenden Hauses nicht Gegenstand der Beurkundung vor dem Notar geworden und nicht verlesen worden sei.

Der Feststellungsantrag ist begründet. Denn der vor dem Notar Jan Fereol Fiedler am 19.07.2004 zur Urkundenrolle Nr. 432/04 geschlossene Vertrag ist wirksam beurkundet worden. Die Baubeschreibung ist zwar nicht Teil der Niederschrift geworden, sie ist der Niederschrift jedoch als Anlage beigefügt. Die Baubeschreibung gilt nach § 9 Abs. 1 Nr. 2 BeurkG als in der Niederschrift enthalten, denn in § 5 Nr. 1 des notariellen Kaufvertrages wird ausdrücklich auf die Baubeschreibung verwiesen. Im übrigen ist die Baubeschreibung, wie der Urkunde zu entnehmen ist (S.14 unten) auch mitverlesen worden.

Beweis:
1. Notarieller Kaufvertrag vom 19.07.2004 – als Anlage K1 bereits überreicht;
2. Zeugnis des Notars Jan Fereol Fiedler, ■■■
3. Zumindest ist dem Hilfsantrag stattzugeben. Der Beklagte kann sich nach Treu und Glauben nicht auf die Unwirksamkeit des Vertrages berufen. Ein ggf. bestehender Formmangel tritt zurück, wenn die wirtschaftliche Existenz einer Partei gefährdet wird. Über das Vermögen des Beklagten ist am 14.11.2004 das Verbraucherinsolvenzverfahren eröffnet worden.

Beweis: Eröffnungsbeschluss des Amtsgericht Charlottenburg, Insolvenzgericht, zum Insolvenzverfahren IN 2334/04.

Das für die Zwischenfeststellungsklage nach § 256 Abs. 2 ZPO erforderliche Rechtsschutzbedürfnis ist gegeben. Denn durch den Einwand des Beklagten würden sämtliche Rechte der Klägerin aus dem Kaufvertrag, nicht nur der hier streitige Anspruch, entfallen

Eine beglaubigte und eine einfache Abschrift anbei.

■■■

Rechtsanwalt

Marfurt

2. Die Klageerwiderung

a) Erheblichkeitsprüfung: Gericht / Beklagtenvertreter

241 Der Vortrag des Beklagten wird durch das Gericht auf seine Erheblichkeit, also dahingehend geprüft, ob die Klage, soweit sie schlüssig ist, auch nach dem Vortrag des Beklagten noch begründet ist. Bei der Erheblichkeitsprüfung geht das Gericht von den vom Kläger schlüssig vorgetragenen Anspruchsgrundlagen aus und stellt fest, ob die Einlassung des Beklagten geeignet ist, die Anspruchsgrundlagen auszuräumen oder einzuschränken. In seiner Klageerwiderung kann sich der Beklagte vornehmlich auf zwei Verteidigungsmöglichkeiten stützen: Zunächst kann er sich dadurch verteidigen, dass er den anspruchsbegründenden Tatsachenvortrag des Klägers bestreitet. Daneben kann er zu den Voraussetzungen von Gegennormen – Einreden – vortragen, die dem Anspruch des Klägers entgegenstehen. Ergibt die Erheblichkeitsprüfung, dass das Vorbringen des Beklagten nicht geeignet ist, den Klageanspruch des Kläger zu vernichten, ist die Einlassung des Beklagten unerheblich. Auf eine weitere Sachprüfung kommt es dann nicht an und die Klage ist begründet. Wenn die Einlassung des Beklagten dagegen erheblich ist, ist der Vortrag des Beklagten geeignet, den Klageanspruch des Klägers zu Fall zu bringen. Eine Entscheidung über das klägerische Begehren hängt dann davon ab, ob der Tatsachenvortrag des Klägers oder das entgegenstehende Vorbringen des Beklagten ggf. bewiesen wird oder nicht. Ist der Vortrag des Kläger nur teilweise erheblich, ist die Tatsachenfeststellung auf den erheblichen Teil zu reduzieren. Ggf. kann das Vorbringen des Beklagten auch nur zu einer Einschränkung des klägerischen Anspruchs, z.B. zu einer Zug um Zug Verurteilung führen. Die Einlassung des Beklagten kann nur dann erfolgreich sein, wenn sein Vortrag gegenüber allen Anspruchsgrundlagen des Kägers durchgreift.

b) Verteidigung durch Bestreiten

242 *aa) Bestreiten von Tatsachen:* Schildern beide Parteien übereinstimmend einen Geschehensablauf und räumt der Gegner mit erkennbarem Willen ausdrücklich oder konkludent den Vortrag des Klägers ein – bloßes Nichtbestreiten reicht dafür nicht aus – ist das Parteivorbringen unstreitig.[262] Ein Nichtbestreiten wird als Zugeständnis des nicht bestrittenen klägerischen Vorbringens fingiert (§ 138 Abs. 3 ZPO), insoweit entfällt ggf. die Beweisbedürftigkeit.[263] Vom förmlichen Geständnis iSv. §§ 288, 290 ZPO unterscheidet sich das Nichtbestreiten durch die fehlende Bindungswirkung; ein späteres Bestreiten ist daher möglich. Das Parteivorbringen ist dagegen streitig, wenn es von der Gegenseite ausdrücklich oder konkludent bestritten wird. Ein konkludentes Bestreiten („wenn nicht die Absicht, sie bestreiten zu wollen, aus den übrigen Erklärungen der Partei hervorgeht.") ist nach § 138 Abs. 3 2. Hs. ZPO möglich. Ggf. ist durch Auslegung zu ermitteln, ob der Beklagte eine Behauptung des Klägers bestreitet. Grundsätzlich ist hierbei nach verständiger Würdigung davon auszugehen, dass eine Partei ihren Vortrag im Zweifel so verstanden wissen will, dass er ihren Interessen ent-

---

262 Zöller-Greger, aaO., § 288 ZPO, Rn. 3 mwN.
263 Zöller-Greger, aaO., § 138 ZPO, Rn. 9.

spricht und für sie günstig ist.²⁶⁴ Liegen Zweifel vor, ist also von einem Bestreiten auszugehen. Für die Beantwortung der Frage, ob eine Bestreiten vorliegt, ist der gesamte Vortrag der Partei, ggf. auch gegensätzlicher früherer Vortrag zu berücksichtigen.²⁶⁵

bb) Prozessual wirksames Bestreiten: Ob gegenüber dem Tatsachenvortrag der darlegungsbelasteten Partein ein **einfaches Bestreiten** ausreichend ist oder ggf. ein **substantiiertes Bestreiten** erforderlich ist, hängt regelmäßg vom Vortrag der primär darlegungsbelasteten Partei ab. Die Anforderungen an die Substantiierungslast des Bestreitens sind also abhängig davon, wie substantiiert der Gegner vorgetragen hat.²⁶⁶ Je substantiierter der Vortrag des darlegungsbelasteten Klägers ist, desto höhere Anforderungen sind an eine ausreichende Substantiiertheit des Bestreitens zu stellen, soweit dem Beklagten nähere Angaben möglich und zumutbar sind.²⁶⁷ Wurden zwar alle zur Begründung des behaupteten Rechts bzw. der erhobenen Einwendung erforderlichen Tatsachen hinreichend vorgetragen, aber nicht näher konkretisiert, so muss sich der Gegner dazu – unter Beachtung von § 138 Abs. 1 (Wahrheitspflicht) und Abs. 2 ZPO – erklären, muss aber ebenfalls keine konkreten Einzelheiten vortragen, sondern kann sich auf ein einfaches Bestreiten beschränken.²⁶⁸

243

Eine sog. **sekundäre Behauptunglast** obliegt dem Gegner der primär darlegungsbelasteten Partei aber dann, wenn die darlegungsbelastete Partei außerhalb des von ihr darzulegenden Geschehensablaufs steht und die maßgebenden Tatsachen nicht kennt, während der anderen Partei nähere Angaben möglich und zumutbar sind.²⁶⁹ Dies gilt insbesondere, wenn die andere Partei selbst an dem Vorgang beteiligt war oder wenn nur sie in der Lage ist, den umstrittenen Sachverhalt aufzuklären.²⁷⁰ Wird von dem Gegener diese sekundäre Behauptungslast nicht erfüllt, gilt die Behauptung des primär Darlegungsbelasteten trotz mangelnder Substantiierung als zugestanden iSv. § 138 Abs. 3 ZPO.²⁷¹ Erfüllt der Gegner dagegen seine sekundäre Behauptungslast, muss nun der primär Darlegungspflichtige die Gegendarstellung durch substantiierten Vortrag ausräumen.

244

Hat der Kläger **negative Anspruchsvoraussetzung** vorzutragen, darf sich der Beklagte nicht mit einem einfachen Bestreiten begnügen, vielmehr hat er dann einen entgegenstehenden Sachverhalt vorzutragen. Nur dieser Sachverhalt ist dann vom Kläger auszuräumen. Stütz sich der Kläger z.B. auf einen Anspruch aus § 812 BGB, wo er das Fehlen eines rechtlichen Grundes darzulegen und zu beweisen hat, hat der Beklagte seinerseits vorzutragen, welcher Rechtsgrund besteht. Der Kläger hat sodann diesen Rechtsgrund zu widerlegen, aber nicht zu beweisen, dass auch ein anderer Rechtsgrund in Betracht kommt.²⁷²

245

---

264 BGH NJW 1990, 2684.
265 Zöller-Greger, aaO., § 138 ZPO, Rn. 10.
266 BGH NJW 1999, 1404, 1405.
267 BGH NJW 1996, 1827.
268 BGH NJW 1995, 3312.
269 BGH NJW 1990, 3151; 1997, 128; 1999, 354.
270 BGHZ 116, 56; BGH NJW 1990, 3151; 1999, 1404, 1406.
271 Zöller-Greger, aaO., Vor § 284, Rn. 34 c.
272 BGH NJW 199, 2887; NJW-RR 1996, 1211.

§ 2 Der Kauf von Sachen

246 Gemäß § 138 Abs. 4 ZPO ist ein **Bestreiten mit Nichtwissen** nur hinsichtlich solcher Tatsachen als Bestreiten beachtlich, die weder eigenes Handeln noch eigene Wahrnehmung (unter Umständen besteht Erkundigungspflicht) des Bestreitenden betreffen. Eine Erklärung mit Nichtwissen setzt voraus, dass der Erklärende tatsächlich keine Kenntnis hat, z.b. weil der Vorgang sich außerhalb seiner Wahrnehmung abgespielt oder er ihn vergessen hat. Hält das Gericht die Kenntnis des Geneners für gegeben, wird seine Erklärung wie nicht bestritten behandelt. Eigene Handlungen oder Wahrnehmungen kann der Gegner überhaupt nicht bestreiten, es sei denn er kann seine Unkenntnis hinreichend darlegen (z.b. Vergessen, Vernichten von Unterlagen).[273] Zurechnung fremden Wissens kommt nur bei gesetzlicher Vertretung in Betracht.[274] Andererseits sind der Partei Vorgänge im eigenen Geschäfts- oder Verantwortungsbereich den eigenen Handlungen oder Wahrnehmungen gleichzustellen: Die Partei kann sich nicht durch arbeitsteilige Organisation ihres Betätigungsbereiches ihren prozessualen Erklärungspflichten entziehen, sondern muss innerhalb desselben Erkundigungen anstellen.[275]

247 Die **Wahrheitspflicht** ist zu beachten: Bestritten werden darf nur, wenn der Vortrag der Gegenseite, nach Angaben des Mandanten, tatsächlich falsch ist. Kann sich eine Partei zum Sachvortrag nicht erklären, greift § 138 Abs. 4 ZPO.

248 Das Bestreiten muss sich grundsätzlich auf die zu ihrer Ausfüllung der Anspruchsnorm vom Kläger vorgetragenen Haupttatsachen beziehen und konkret sein, d.h. eine Haupttatsache betreffen. Ein pauschales, nicht auf bestimmte Tatsachen bezogenes Bestreiten, wie z.B. „Das gesamte Vorbringen des Klägers wird bestritten, soweit es nicht ausdrücklich zugestanden wird" ist daher unbeachtlich.[276] Um Anspruchsvoraussetzungen auszuräumen ist also das Bestreiten von Haupttatsachen, nicht jedoch von Hilfstatsachen erforderlich. Ob Hilfstatsachen bestritten sind oder nicht, ist erst im Rahmen der Beweiswürdigung von Bedeutung. Werden nur Hilfstatsachen bestritten, so reicht dies grundsätzlich nicht aus, um darin zugleich das Bestreiten der Haupttatsache zu sehen.

249 *cc) Erhebliches Bestreiten und unerhebliches Bestreiten:* Bestreitet der Gegner wirksam, liegt ein **erhebliches Bestreiten** vor, was zur Beweisbedürftigkeit des klägerischen Vortrags führt, wenn das Bestreiten sich auf für die Anspruchsnomr notwendigen Tatsachenvortrag bezieht. Demgegenüber ist das Bestreiten in den Fällen **unerhebliches Bestreiten**, wenn den Beklagten selbst – wie z.B. im Fall des § 280 Abs. 1 S.2 BGB – die Darlegungslast für die bestrittene Tatsache trifft. Unerheblich ist das Bestreiten auch dann, wenn der Beklagte Anspruchsvoraussetzungen bestreitet, für die eine gesetzliche Vermutung spricht. Denn für den Kläger wird durch die gesetzliche Vermutung (z.B. Vermutung nach § 1117 Abs. 3 BGB) die Darlegungs- und Beweislast verkürzt, so dass er die Vermutungsfolge nicht darzulegen braucht, der Beklagte indes muss die Vermutung durch Tatsachenvortrag widerlegen. Auch wenn für den Kläger eine tatsächliche

---

273 Zöller-Greger, aaO., § 138 ZPO, Rn. 14.
274 Z.B. BGH NJW 1999, 53, 54 mwN..
275 Zöller-Greger, aaO., § 138 ZPO, Rn. 16 mwN.
276 Zöller-Dreger § 138 Rn. 10 a.

Vermutung spricht ist das Bestreiten des Beklagten unerheblich, wenn er nicht zugleich Tatsachen vorträgt, aus denen sich die ernsthafte Möglichkeit eines anderen (atypischen) Geschehensablaufes ergibt.[277] Der Beklagte muss in solchen Fällen einen bestehenden Anscheinsbeweis erschüttern, nicht aber widerlegen.[278] Gleichsam ist das Bestreiten des Beklagten im Falle eines unbestrittenen Minus unerheblich, so wenn sich der vom Kläger geltend gemachte Anspruch auch ohne die bestrittene Tatsache auf Grund einer anderweitigen Begründung – bei gleichbleibendem Lebenssachverhalt (Klagegrund) – (z.B. Anspruch aus Vertrag, GoA oder Bereicherungsrecht, der Beklagte bestreiter nur das Zustandekommen des Vertrages) ergibt. Dies ist dann der Fall, wenn im Vortrag des Klägers als Minus eine anderweitige Anspruchsgrundlage enthalten ist, die ohne die bestrittene Tatsache durchgreift.

dd) Verteidigung durch die Darlegung von Gegennormen: Rechtshindernde Einwendungen (z.B. § 142 Abs. 1 BGB), rechtsvernichtende Einwendungen (z.B. § 362 Abs. 1 BGB) und rechtshemmende Einwendungen (z.B. § 214 Abs. 1 BGB), können als Gegennormen, die der Anspruchsvoraussetzung entgegenstehen ohne sie selbst zu beseitigen, bestehen. Im Prozessrecht werden diese Gegennormen alle als Einreden (im Sinne der ZPO) bezeichnet. Der Unterschied zwischen Einwendungen und Einreden besteht aber grundsätzlich darin, dass Einwendungen bei Vortrag ihrer Voraussetzungen von Amts wegen zu berücksichtigen sind, wohingegen Einreden nur dann zu berücksichtigen sind, wenn sich der Beklagte auf sie beruft. Werden vom Beklagten Gegennormen vorgetragen, gilt das zur Klagebegründung Ausgeführte entsprechend. So ist eine Schlüssigkeitsprüfung dahingehend vorzunehmen, ob sich die tatsächlichen Voraussetzungen der Gegennorm aus dem Tatsachenvortrag des Beklagten ergeben. Liegen die Voraussetzungen vor, so ist auf der Klägerseite zu prüfen, ob die Tatsachengrundlage für die Gegennorm durch den Kläger erheblich bestritten worden ist bzw. durch den Vortrag einer weiteren Gegennorm ausgeräumt worden ist. Dabei ist der Kläger für diese weitergehende Gegennorm (z.B. Ausschluss des Rücktrittsrechtes gemäß §§ 323 Abs. 5 und Abs. 6 BGB) wiederum darlegungs- und beweisbelastet. Schließlich ist festzuhalten, ob die Wirkung der Gegennorm erfolgreich oder nicht erfolgreich bzw. nur einschränkend erfolgreich ist.

250

ee) Die Aufrechnung im Prozess: Bei einer Aufrechnung ist zwischen der Aufrechnung als materiellrechtliches Rechtsgeschäft (§§ 387ff BGB) und der Geltendmachung der Aufrechnung im Verfahren als Prozesshandlung zu differenzieren: Voraussetzungen und Wirkung einer Aufrechnung bestimmen sich ausschließlich nach materiellem Recht, auch wenn die Aufrechnung im Prozess erklärt oder geltend gemacht wird. Im Hinblick auf die Prozesshandlung Aufrechnung müssen deren Voraussetzungen nach Prozessrecht geprüft werden. Im Prozess muss ein entsprechender Vortrag erfolgen. Er kann in der mündlichen Verhandlung und durch Bezugnahme auf den Vortrag im vorbereitenden Schriftsatz (§ 137 Abs. 3 ZPO) erfolgen. Bei den Prozesshandlungsvoraussetzungen ist insbesondere die Postulationsfähigkeit zu prüfen. Daneben ist wegen der Rechtskraftwirkung des Urteils hinsichtlich der Aufrechnungsforderung explizit auf

251

---

277 BGH VersR 1995, 723;
278 OLG Karlsruhe VersR 1999, 257.

die Bestimmtheit der Gegenforderung iSv. § 253 Abs. 2 Nr. 2 ZPO zu achten.[279] Aus diesem Grund muss bei einer Aufrechnung mit mehreren, die Klageforderung übersteigenden Gegenforderungen eine Reihenfolge vorgegeben werden.[280] Unerheblich ist grundsätzlich die Rechtsnatur der Gegenforderung. Das Gericht kann auch über Gegenforderungen entscheiden, für die für eine selbstständige Klage ein anderes Zivilgericht – Arbeitsgericht, Familiengericht, FGG-Gericht – zuständig wäre.[281]

252 Da § 45 Abs. 3 GKG nur für den Gebührenstreitwert gilt, führt eine Aufrechnung nicht zu einer Veränderung des Zuständigkeitsstreitwerts. Weil es sich bei einer Aufrechnung um ein Verteidigungsmittel handelt, ist eine Zurückweisung wegen Verspätung möglich.[282] Der Aufrechnungseinwand kann vom Beklagten zurückgenommen, die Gegenforderung mit einer anderen ausgetauscht werden. Zudem wird keine Rechtshängigkeit der Aufrechnungsforderung begründet. Damit kann auch mit einer Forderung aufgerechnet werden, die anderweitig rechtshängig ist und eine Forderung, mit der in einem Prozess die Aufrechnung erklärt worden ist, kann in einem anderen Prozess selbstständig eingeklagt werden.[283] Weiterhin ist anzumerken, dass die Aufrechnung im Prozess die Verjährung der Aufrechnungsforderung hemmt (§ 204 BGB). Gleiches gilt bei der Hilfsaufrechnung[284] und sogar bei einer prozessual oder materiellrechtlich unzulässigen Aufrechnung. Eine Hemmung erfolgt aber nur bis zur Höhe der Klageforderung, aus diesem Grund ist ggf. wegen eines überschießenden Teils eine Widerklage erforderlich.

253 Greift der Aufrechnungseinwand prozessual ein und materiellrechlich durch, so führt er zur Klageabweisung. Dem kann der Kläger dadurch entgehen, dass er etwa bei unbestrittener Gegenforderung nach der Aufrechnung den Rechtsstreit für erledigt erklärt.[285] Grundsätzlich unbeachtlich ist dagegen eine Gegenaufrechnung des Klägers mit einer weiteren Forderung. Greift nämlich die Aufrechnung des Beklagten durch, geht eine Aufrechnung des Klägers wegen dem bereites eingetretenen Untergang der Aufrechnungsforderung des Beklagten mit der Klageforderung (§ 389 BGB) ins Leere.[286] Eine weitere Forderung muss der Kläger also selbstständig einklagen, ggf. durch ein Klagerweiterung in der Form einer nachträglichen Klagehäufung. Gegen den Aufrechnungseinwand des Beklagten kann aber der Einwand des Klägers erheblich sein, die Forderung des Beklagten sei bereits vor der Prozessaufrechnung durch eine zeitlich frühere Aufrechnung durch den Kläger, z.B. auch durch Verrechnung in der Klageschrift, erloschen gewesen.[287]

254 Eine **Eventualaufrechnung** liegt immer dann vor, wenn der Beklagte sich nicht nur mit der Aufrechnung verteidigt, die Aufrechnung also nur hilfsweise geltend gemacht wird

---

279 BGH NJW 1994, 1538.
280 OLG Schleswig MDR 1976, 50.
281 BGH NJW-RR 1989, 173.
282 BGH NJW 1984, 1664 (1667).
283 BGH NJW 1986, 2767.
284 BGH NJW 1990, 2680.
285 Zöller-Greger, ZPO, § 145 Rn. 22.
286 BGH NJW-RR 1994, 1203.
287 BGH DRiZ 1954, 129.

für den Fall, dass die Klage nicht aus anderen Gründen abzuweisen sein sollte. Denn nur für diesen Fall will der Beklagte seine eigene Forderung opfern. Bei einer Eventualaufrechnung darf daher auf die Aufrechnung auch nur dann eingegangen werden, wenn bzw. soweit die Klageforderung festgestellt ist. § 45 Abs. 3 GKG gilt bei der Eventualaufrechnung für den Gebührenstreitwert. Der Gebührenstreitwert erhöht sich folglich, soweit über die – streitige – Gegenforderung mit Rechtskraftwirkung (§ 322 Abs. 2) entschieden wird. Dies hat Einfluss auf die Kostenentscheidung: Diese ist gemäß §§ 91, 92 ZPO nach dem Maß des Obsiegens bzw. Unterliegens in Bezug auf den gemäß § 45 Abs. 3 GKG erhöhten Streitwert zu bestimmen.[288]

Für die **Rechtskraft der Entscheidung** nach § 322 Abs. 2 ZPO ist Voraussetzung eine Entscheidung dahingehend, dass die Gegenforderung nicht besteht, weil die Gegenforderung nicht bestanden hat (also unbegründet ist) oder dass die Gegenforderung zwar begründet war, dass sie aber durch die Aufrechnung erloschen ist, also nicht mehr besteht.[289] Eine rechtskräftige Entscheidung über die Aufrechnungsforderung kann mithin nicht ergehen, wenn bereits die Klageforderung als solche verneint wird. Gleichsam kann keine rechtskräftige Entscheidung über die Aufrechnungsforderung vorliegen, wenn der Aufrechnungseinwand als prozessual oder materiellrechtlich unzulässig zurückgewiesen wird; denn auch dann wird über die Begründetheit der Gegenforderung gerade nicht entschieden.[290] Eine rechtskräftige Entscheidung ergeht dagegen dann, wenn die Gegenforderung für unbegründet erklärt – und der Klage stattgegeben – wird, weil die Gegenforderung unsubstantiiert ist oder Tatsachenvortrag zu ihrer Begründung als verspätet zurückgewiesen wird. Ein nicht ausreichend begründeter Aufrechnungseinwand kann also zu einer rechtskräftigen Abweisung und folglich zum Verlust der Gegenforderung mit allen Kostennachteilen führen und ist daher ebenso sorgfältig mit Beweisantritten zu begründen wie die Klageforderung selbst. Bestehen Bedenken sollte die Aufrechnung vorsorglich zurückgenommen werden. Bei prozessualer Unzulässigkeit der Aufrechnung geht man davon aus, dass die Aufrechnung auch materiellrechtlich keine Wirkung hat, damit der Beklagte seine Gegenforderung nicht verliert.[291]

255

Gemäß § 302 ZPO kann das Gericht nach Ermessen ein **Vorbehaltsurteil** erlassen. Der Zweck besteht darin, eine Prozessverschleppung durch den Beklagten mittels Aufrechnung zu verhindern. Der Vorbehalt ist in den Tenor selbst aufzunehmen[292] unter bestimmter Bezeichnung der Aufrechnungsforderung. Die Kostenentscheidung ergeht gegen den Beklagten (§ 91 ZPO), die vorläufige Vollstreckbarkeit folgt aus §§ 708ff ZPO. Das Vorbehaltsurteil gilt hinsichtlich Rechtsmittel und Zwangsvollstreckung als Endurteil (§ 302 Abs. 3 ZPO). Bei einer Vollstreckung droht ein Schadensersatzrisiko (§ 302 Abs. 4 S. 3 ZPO): Der Kläger vollstreckt daher aus dem Vorbehaltsurteil auf eigene Gefahr. Im Nachverfahren bleibt der Rechtsstreit zur Aufrechnung anhängig

256

---

288 HM: OLG Oldenburg JurBüro 1991, 1257; OLG Frankfurt NJW-RR 1986, 1063; OLG Schleswig VersR 1987, 996; a.A. KG MDR 1976, 846.
289 BGHZ 89, 352.
290 BGH NJW 1986, 1757; 1994, 1538; 1997, 743.
291 BGH NJW 1994, 2770.
292 BGH NJW 1981, 394.

1 § 2 Der Kauf von Sachen

(§ 302 Abs. 4 S. 1 ZPO). Das weitere Verfahren betrifft nur die Aufrechnungsforderung; hinsichtlich der Klageforderung ist das Gericht an das Vorbehaltsurteil gebunden (§ 318 ZPO). Im Schlussurteil wird bei Nichtdurchgreifen der Aufrechnung: das Vorbehaltsurteil aufrechterhalten oder für vorbehaltslos erklärt (die „weiteren" Kosten treffen den Beklagten), bei Durchgreifen der Aufrechnung: das Vorbehaltsurteil aufgehoben und die Klage abgewiesen (§ 302 Abs. 4 S. 2 ZPO; Neuentscheidung über die gesamten Kosten).

257

10

Muster: Klageerwiderung mit hilfsweiser Aufrechnung

Landgericht ■■■

In dem Rechtsstreit

Von Lauerenz ./. Dr. Meyer

14.O.273/04

zeigen wir unter Überreichung einer Originalvollmacht an, dass wir die Beklagten vertreten und werden in der mündlichen Verhandlung beantragen,

die Klage wird abgewiesen.

Begründung:
1. Die Klägerin hat keinen Anspruch auf die geltend gemachte Kaufpreisforderung. Der zwischen den Parteien am 10.05.2004 abgeschlossene notarielle Kaufvertrag ist gemäß §§ 125, 311b Abs. 1 BGB unwirksam. Denn die Baubeschreibung des zu errichtenden Hauses ist nicht Gegenstand der Beurkundung vor dem Notar geworden und nicht verlesen worden.
2. Hilfsweise rechnet der Beklagte mit einer Gegenforderung in Höhe 225.000,00 EUR auf. Die für die Aufrechnung erforderliche Aufrechnungslage nach § 387 BGB liegt vor. Namens und in Auftrag der Klägerin erklären wir unter Überreichung einer auf uns lautenden Originalvollmacht die hilfsweise Aufrechnung.

Der Beklagte zahlte der Klägerin am 05.04.2004 ein Darlehen über insgesamt 325.000,00 EUR aufgrund des zwischen den Parteien am 12.03.2004 abgeschlossenen Darlehensvertrages aus. Nach § 4 des Darlehensvertrags war das Darlehen dem Beklagten in vollem Umfang zum 27.05.2004 zurückzuzahlen.

Beweis:
1. Darlehensvertrag vom 12.03.2004 – Anlage B1;
2. Kontoauszug des Beklagten vom 05.04.2004 – Anlage B2.

Die Klägerin zahlte das Darlehen nicht zurück. Auf das Mahnschreiben des Beklagten vom 30.05.2004 bat die Klägerin um einen Zahlungsaufschub bis zum 05.06.2004. Sie leistet aber bis heute keine Zahlung.

Im Hinblick auf den die hilfsweise Aufrechnung übersteigenden Betrag in Höhe von 100.000,00 EUR behält sich der Beklagte die Widerklage vor.

Eine beglaubigte und eine einfache Abschrift anbei.

■■■

Rechtsanwalt

c) Mehrfaches Verteidigungsvorbringen

Bestreitet der Beklagte einfach und teilweise auch substantiiert und trägt zugleich auch Gegennormen vor, kann solch unterschiedliches Verteidigungsvorbringen grundsätzlich zueinander auch im Widerspruch stehen, ohne dass dies für die Wahrheitspflicht von Bedeutung ist. So kann der Beklagte beispielsweise den Vertragsschluss bestreiten und sich hilfsweise auf eine Anfechtung des Vertrages stützen, jedenfalls aber auch auf einen Rücktritt bzw. wiederum hilfsweise auf eine Einrede. Dass hier der Vortrag teilweise widersprechend ist, ist ohne Bedeutung.

258

d) Das gleichwerte äquipollente Parteivorbringen

Lässt der Beklagtenvortrag zwar die konkreten Anspruchsgrundlagen der Klage entfallen, ergibt sich aus ihm aber zugleich ein anderer, ebenfalls das Klagebegehren rechtfertigender Vortrag, spricht man von einem sog. gleichwertigen äquipollenten Parteivorbringen. Ein Vortrag des Beklagten dahingehend, dass er unwesentliche Sachverhaltsvarianten vorbringt, die an dem schlüssigen klägerischer Vortrag aber nichts ändern und keine Gegennorm begründen ist hierbei unerheblich. Es ist auch denkbar, dass ein vom Beklagten vorgetragener Sachverhalt und die sich hieraus ergebenden Anspruchsgrundlagen als Minus im Klägervortrag enthalten sind. Der Beklagte kann z.B. Voraussetzungen für einen vom Kläger vorgetragenen Vertragsschluss bestreiten, aber aus dem verbleibenden Restsachverhalt des Klägers ergibt sich immer noch das Bestehen eines Anspruchs aus Geschäftsführung ohne Auftrag oder aus Bereicherungsrecht. In diesen Fällen ist das Bestreiten des Beklagten im Ergebnis unerheblich, so dass die Klage ohne Beweisaufnahme begründet ist, ihr folglich stattzugeben ist. Nochmals ist darauf hinzuweisen, dass der Kläger in diesem Fall mehr vorgetragen hat, als für den Erfolg seiner Klage notwendig gewesen wäre, wenn der Beklagte dann nur diese nicht notwendige Anspruchsvoraussetzung bestreitet, ist die an geringere Voraussetzungen geknüpfte weitere Anspruchsgrundlage, die als Minus im Vortrag des Klägers enthalten ist, auch nach dem Vortrag des Beklagten gegeben.

259

In den Fällen, bei denen der Beklagte Varianten des vom Kläger vorgetragenen Lebenssachverhaltes vorträgt, die nicht als Minus in dem vom Kläger vorgetragenen Sachverhalt enthalten sind, sondern diesem gleichwertig sind und aus denen sich ebenfalls eine Anspruchsgrundlage für das Klagebegehren ergibt, kann nach der Auffassung der Rechtsprechung eine Verurteilung nur dann auch auf einen gleichwertigen Beklagtenvortrag gestützt werden, wenn sich der Kläger diesen Vortrag – mindestens hilfsweise – zu eigen gemacht hat. Denn der Erfolg der Klage könne sich, entsprechend der Rollenverteilung im Prozess, nur auf Grund eines – wenn auch nur hilfsweise – Vorbringens des Klägers selbst ergeben.[293] Macht sich der Kläger das Vorbringen des Beklagten zumindest hilfsweise zu eigen, so hat dann der Kläger eine mehrfache Klagebegründung vorgetragen. Im Zweifel wird ohne weiteres angenommen werden können, dass sich der Kläger das Vorbringen des Beklagten zumindest hilfsweise konkludent bzw. sogar stillschweigend zu eigen gemacht hat, da ja der Kläger den Prozess möglichst

260

---

293 BGH DRiZ 1968, 422; NJW 1989, 2756; NJW-RR 1994, 1405.

schnell und unkompliziert gewinnen will und er sich durch eine solche hilfsweise Vortragsübernahme auch nichts vergibt.[294]

3. Der Angriff des Beklagten – Die Widerklage

a) Zulässigkeit

261 *aa) Rechtshängigkeit:* Für die Zulässigkeit einer Widerklage ist zunächst Voraussetzung, dass die Hauptklage im Zeitpunkt der Erhebung der Widerklage rechtshängig ist.[295] Die Rechtshängigkeit muss im Zeitpunkt der Erhebung der Widerklage bestehen. Unerheblich ist, wenn die Rechtshängigkeit der Klage später wegfällt. Nach Schluss der letzten mündlichen Verhandlung kann keine Widerklage mehr erhoben werden.[296] Wird die Widerklage allerdings doch zugestellt, so wird die Rechtshängigkeit begründet und es erfolgt eine Entscheidung.[297]

262 *bb) Parteienidentität – Drittwiderklage:* Die Parteien von Klage und Widerklage müssen identisch sein. Allerdings ist in bestimmten Fällen auch eine sog. Drittwiderklage möglich. Eine Drittwiderklage kann allerdings nur zusammen mit einer Widerklage erhoben werden. Für das Prozessrechtsverhältnis zwischen dem Beklagten und dem Dritten gilt folgendes: Kläger und Drittwiderbeklagter müssen Streitgenossen sein (§§ 59ff ZPO). Zudem sind aufgrund der Parteierweiterung die Klageänderungsvorschriften zu prüfen (§§ 263ff ZPO). § 33 ZPO gilt gegenüber dem Drittwiderbeklagten nicht.[298] Eine isolierte Widerklage gegenüber einem Dritten bzw. die Widerklage eines Dritten ist grundsätzlich unzulässig.[299]

263 *cc) Selbständiger Streitgegenstand:* Die Widerklage muss einen selbständigen Streitgegenstand haben, sie darf sich also nicht lediglich in einer Verneinung des Klagegegenstandes erschöpfen.

264 *dd) Sachzusammenhang:* Voraussetzung ist weiterhin ein zwischen dem Gegenstand der Klage und der Widerklage erforderlicher Sachzusammenhang. Dieses Erfordernis ergibt sich nach h.M. aus § 33 ZPO.[300] Der Rechtsstreit muss einem einheitlichen Lebensverhältnis entspringen.

265 *ee) Gleiche Prozessart:* Bei der Widerklage muss es sich um die gleiche Prozessart wie bei der Hauptklage handeln.

266 *ff) Allgemeinen Prozessvoraussetzungen:* Schließlich müssen auch die allgemeinen Prozessvoraussetzungen gegeben sein (insbesondere die Zuständigkeit).

---

294 BGH NJW-RR 1995, 684.
295 OLG Frankfurt FamRZ. 1993, 1466.
296 BGH NJW-RR 1992, 1085.
297 OLG München MDR 1981, 502.
298 BGH NJW 1993, 2120.
299 BGH MDR 1972, 600; NJW 1971, 466; beachte aber BGH NJW 2001, 2094 „zulässige isolierte Drittwiderklage bei besonderer Fallgestaltung".
300 BGHZ 40, 185 (187); a.A. dagegen Baumbach/Lauterbach-Hartmann § 33 Rn. 1, die in § 33 ZPO keine besondere Zulässigkeitsvoraussetzung sehen.

b) Verhandlung und Entscheidung

Über die Klage und die Widerklage wird grundsätzlich gleichzeitig verhandelt. Da die Widerklage kein Verteidigungsvorbringen darstellt, kann die Widerklage nicht wegen Verspätung zurückgewiesen werden. Aus diesem Grunde kann der Beklagte durch die Erhebung einer Widerklage – da ein Teilurteil unter gleichzeitiger Zurückweisung von Vorbringen nicht zulässig ist – verhindern, dass der Klage unter Zurückweisung von verspätetem Vorbringen stattgegeben wird.

c) Eventualwiderklage

Im Hinblick auf eine Eventualwiderklage, die von einer innerprozessualen Bedingung abhängig ist, bestehen keine speziellen Probleme. So kann eine Eventualwiderklage für den Fall der Unzulässigkeit eines Verteidigungsvorbringens (wie z.B. einer Aufrechnung) selbstständig geltend gemacht werden. Denkbar ist eine Eventualwiderklage auch dann, wenn die Klage aus einem anderen Grund unbegründet ist. Der klassische Fall ist hier die Eventualaufrechnung.

Muster: Klageerwiderung mit hilfsweiser Aufrechnung und hilfsweiser Widerklage

Landgericht ■■■

In dem Rechtsstreit

Von Lauerenz ./. Dr. Meyer

14.O.273/04

zeigen wir unter Überreichung einer Originalvollmacht an, dass wir den Beklagten vertreten und werden in der mündlichen Verhandlung beantragen,

– die Klage wird abgewiesen.

Begründung:
1. Die Klägerin hat keinen Anspruch auf die geltend gemachte Kaufpreisforderung. Der zwischen den Parteien am 10.05.2004 abgeschlossene notarielle Kaufvertrag ist gemäß §§ 125, 311b Abs. 1 BGB unwirksam. Denn die Baubeschreibung des zu errichtenden Hauses ist nicht Gegenstand der Beurkundung vor dem Notar geworden und nicht verlesen worden.
2. Hilfsweise rechnet der Beklagte mit einer Gegenforderung in Höhe 225.000,00 EUR auf. Die für die Aufrechnung erforderliche Aufrechnungslage nach § 387 BGB liegt vor. Namens und im Auftrag des Beklagten erklären wir unter Überreichung einer auf uns lautenden Originalvollmacht die hilfsweise Aufrechnung. Der Beklagte zahlte der Klägerin am 05.04.2004 ein Darlehen über insgesamt 325.000,00 EUR aufgrund des zwischen den Parteien am 12.03.2004 abgeschlossenen Darlehensvertrages aus. Nach § 4 des Darlehensvertrags war das Darlehen dem Beklagten in vollem Umfang zum 27.05.2004 zurückzuzahlen.

Beweis:
1. Darlehensvertrag vom 12.03.2004 – Anlage B1;
2. Kontoauszug des Beklagten vom 05.04.2004 – Anlage B2.

Die Klägerin zahlte das Darlehen nicht zurück. Auf das Mahnschreiben des Beklagten vom 30.05.2004 bat die Klägerin um einen Zahlungsaufschub bis zum 05.06.2004. Sie leistete aber bis heute keine Zahlung.

Beweis: Schreiben der Klägerin vom 02.06.2004 – Anlage B3

Die Aufrechnung ist nicht durch § 7 des notariellen Kaufvertrages ausgeschlossen. Dies zumal der notarielle Kaufvertrag schon nach §§ 125, 311b Abs. 1 BGB nichtig ist. Darüber hinaus verstößt das Aufrechnungsverbot aber auch gegen § 309 Nr. 3 BGB, da das Aufrechnungsverbot auch unbestrittene und rechtskräftige Gegenforderungen erfasst.

Beweis: Notarieller Kaufvertrag vom 10.05.2004, als Anlage K1 bereits überreicht.

3. Sollte das Gericht die Aufrechnung durch § 7 des notariellen Kaufvertrages als wirksam ausgeschlossen ansehen, erheben wir namens und im Auftrag des Beklagten hilfsweise Widerklage mit dem Antrag

die Klägerin wird verurteilt an den Kläger 225.000,00 EUR nebst Zinsen in Höhe von 5 Prozentpunkten über dem jeweiligen Basiszinssatz seit Zustellung dieses Schriftsatzes zu zahlen.

Eine beglaubigte und eine einfache Abschrift anbei.

■■■

Rechtsanwalt

4. Die Replik des Klägers

270 Die Erwiderung des Klägers auf den Beklagtenvortrag zur Klage wird als Replik bezeichnet. Bei der Verfassung der Replik sollte der Kläger darauf achten, nicht einfach sämtliche Tatsachen, die vom Beklagten angesprochen werden, zu bestreiten, sondern sich auf den Tatsachenvortrag des Beklagten zu beschränken, mit dem der Beklagte versucht, die Anspruchsvoraussetzungen einer Gegennorm auszufüllen bzw. den Vortrag des Beklagten der im Hinblick auf die Klageschrift erheblich ist. Handelt es sich bei dem Vortrag des Beklagten in der Klageerwiderung um qualifiziertes Bestreiten, kann der Kläger sich nicht auf ein einfaches Bestreiten beschränken, sondern muss vielmehr weiter das Vorliegen der anspruchsbegründenden Tatsachen dartun und vor allem Beweisantritte führen. Der Kläger tut also gut daran, sich nach dem Eingang der Klageerwiderung selbst ein Votum zu erstellen und dann auf der Grundlage der von ihm vorgetragenen Tatsachen, die eine oder mehrere Anspruchsgrundlagen rechtfertigen sollen, zu prüfen, ob der Beklagte diese Tatsachen bestritten hat oder aber eine Gegennorm vorgetragen hat. Geht es um den Vortrag einer Gegennorm, so ist hier von Seiten des Klägers zu prüfen, ob ein Bestreiten möglich ist. Darüber hinaus sollte der Klägervertreter bei Anfertigung dieses Votums genaustens überlegen, wen für die jeweils vorgetragenen Tatsachen (Klägervortrag: anspruchsbegründende Tatsachen; Beklagtenvortrag: Tatschen für das Ausfüllen einer Gegennorm) die Darlegungs- und Beweislast trifft. Insoweit ist auf die vorgenannten Spezialfälle zu verweisen.

5. Die Güteverhandlung (§ 278 ZPO) – Chancen und Gefahren

a) Die Voraberörterung – Chance zur Flucht in die Säumnis

Die Güteverhandlung bietet an, die Vorgaben, die das Gericht bei Durchführung der Güteverhandlung zu beachten hat, sich zu Nutze machen. Die Streitfrage, ob das Gericht zunächst eine Einführung und Erörterung des Sach- und Streitstandes vorzunehmen hat und sodann die Anträge aufzunehmen sind, bzw. ob dies in umgekehrter Reihenfolge, also zunächst die Antragstellung – durch die nach § 137 ZPO die mündliche Verhandlung eingeleitet wird, zu erfolgen hat, ist in der ZPO nicht geregelt. Nach der herrschenden Meinung ist dies eine Frage der Zweckmäßigkeit im Einzelfall.[301] Diese Frage ist entscheidend dafür, ob die Parteien einerseits ins Versäumnisurteil flüchten können bzw. anderseits die Zulässigkeit der Klagerücknahme unter Bezugnahme auf § 269 Abs. 1 ZPO von der Zustimmung des Beklagten abhängt. Vor dem Hintergrund dieser Ausführungen ist es geboten, die Güteverhandlung im Hinblick auf § 278 Abs. 2 ZPO, der vorsieht, dass das Gericht in der Güteverhandlung den Sach- und Streitstand mit den Parteien zu erörtern hat, als Voraberörterungstermin anzusehen. Vorsicht ist als Parteivertreter daher geboten, wenn das Gericht die Güteverhandlung mit der Frage einleitet, ob Einigungsmöglichkeiten gescheitert sind und beabsichtigt, unmittelbar von der Güteverhandlung in die mündliche Verhandlung überzugehen. Verzichtet man nämlich in der Güteverhandlung auf die Voraberörterung, so kann das Gericht sich dann wiederum auf den Standpunkt stellen, dass die mündliche Verhandlung mit dem Stellen der Anträge beginnt. Eine Flucht in die Säumnis ist dann ausgeschlossen.

b) Das persönliche Erscheinen der Parteien – Gefahr

Gemäß § 278 Abs. 3 ZPO soll für die Güteverhandlung sowie für weitere Güteversuche das persönliche Erscheinen der Parteien angeordnet werden. Will man vermeiden, dass die eigene Partei erscheinen muss, so ist darauf hinzuwirken, dass der Prozessvertreter im Sinne des § 141 Abs. 3 gleichzeitig als Vertreter der Partei erscheint. Zu beachten bleibt in diesem Zusammenhang, dass der Prozessbevollmächtigte in der Prozessvollmacht ausdrücklich § 141 Abs. 3 Satz 2 ZPO (Bevollmächtigung) aufnehmen sollte. Das persönliche Erscheinen der Partei ist vornehmlich in den Fällen abzuwägen, wenn zu befürchten ist, dass die Partei durch das Gericht persönlich angehört wird.

c) Vergleichsabschluss gem. § 278 Abs. 6 ZPO

Die Möglichkeit eines Vergleichsabschlusses nach § 278 Abs. 6 ZPO außerhalb der mündlichen Verhandlung sollte stets dann nicht unberücksichtigt bleiben, wenn die Klage an einem auswärtigen Gericht geführt wird. Die Beauftragung eines Untervertreters vor Ort kann dazu führen, dass der Untervertreter mehr Gebühren verdient, als der Anwalt, der die prozessrelevanten Schriftsätze gefertigt hat. Vor diesem Hintergrund kann es sachgerecht sein, bei Vorliegen der Klageschrift bzw. Klageerwiderung an das Gericht heranzutreten, damit dieses einen entsprechenden Vergleichsvorschlag unterbreitet. Der Vergleichsvorschlag kann dann beidseitig angenommen werden, was

---

301 BGH VersR 1990, 325.

zur Folge hat, dass keine mündliche Verhandlung mehr stattfindet. Vor diesem Hintergrund hat der Anwalt dann die Prozess- und die Vergleichsgebühr verdient. Eine Gebührenteilung mit einem Terminsvertreter scheidet dabei aus.

6. Die mündliche Verhandlung

a) Grundsätzliches

274 Die Entscheidung des Rechtsstreits erfolgt grundsätzlich auf der Grundlage der mündlichen Verhandlung und dem in der Verhandlung vorgetragenen Streitstoff als Entscheidungsgrundlage (§ 128 Abs. 1 ZPO). Alles, aber andererseits auch nur das in der mündlichen Verhandlung vorgetragene oder in Bezug genommene bildet den für das Urteil zu berücksichtigenden Streitstoff.[302] Daraus folgt, dass auch der gesamte in der mündlichen Verhandlung vorgetragene Streitstoff Entscheidungsgrundlage ist. So sind insbesondere Prozessrügen nur dann beachtlich, wenn sie in der Verhandlung erhoben worden sind. Dies betrifft zum einen § 39 ZPO und zum anderen § 295 ZPO bzw. § 267 ZPO.

b) Die Beachtung der Hinweispflichten in der mündlichen Verhandlung

275 Das Gericht hat in der mündlichen Verhandlung § 139 ZPO zu beachten.

276 *aa) Die Hinweispflicht nach § 139 Abs. 2 Satz 2 ZPO:* In den seltenen Fällen, in denen das Gericht die Entscheidung auf einen tatsächlichen oder rechtlichen Gesichtspunkt stützen will, den das Gericht anders beurteilt als beide Parteien, kommt es auf die Hinweispflicht § 139 Abs. 2 S. 2 ZPO an. Denkbar ist z.B. dass ein Rechtsanwalt, der als Steuerberater tätig geworden ist sein Honorar nach der Steuerberatergebührenordnung abrechnen will. Der Beklagte demgegenüber vorträgt, ein Vertrag sei nicht zustande gekommen. Möchte das Gericht seine Entscheidung darauf stützen, der Kläger habe nach dem RVG abzurechnen, so hat es den Parteien unter Bezugnahme auf § 139 Abs. 2 S. 2 ZPO einen entsprechenden Hinweis zu erteilen.

277 *bb) Die Hinweispflicht nach § 139 Abs. 2 Satz 1 ZPO:* Im Falle des § 139 Abs. 2 S. 1 ZPO geht es um tatsächliche wie auch rechtliche Gesichtspunkte, die eine Partei erkennbar übersehen oder für unerheblich gehalten hat. Problematisch sind hier stets die Fälle, in denen bereits der Prozessgegner Bedenken gegen die Fassung des Klageantrages oder die Schlüssigkeit der Klage vorgetragen hat. Insoweit wird die Auffassung vertreten, dass in diesem Fall der anwaltliche Vertreter wissen musste, dass es Bedenken im Hinblick auf die Fassung des Klageantrages oder die Schlüssigkeit der Klage gibt und folglich das Gericht in diesem Fall nicht noch einmal einen Hinweis zu erteilen hat. Gleiches gilt für die Erheblichkeit des Bestreitens auf der Beklagtenseite. Der Bundesgerichtshof hat hierzu entschieden,[303] dass „Auf Bedenken gegen die Schlüssigkeit der Klage muss das Gericht gemäß § 139 ZPO grundsätzlich auch eine anwaltlich vertretene Partei hinweisen. Das gilt insbesondere dann, wenn der Rechtsanwalt die Rechtslage ersichtlich falsch beurteilt oder darauf vertraut, dass sein schriftsätzliches Vorbringen ausreichend ist. Ein Hinweis bzw. eine Rückfrage ist vor allem auch dann

---

302 BGH NJW 1997, 398; 1999, 1339.
303 BGH NJW 2001, 2548.

geboten, wenn für das Gericht offensichtlich ist, dass der Prozessbevollmächtigte einer Partei die von dem Prozessgegner erhobenen Bedenken gegen die Fassung des Klageantrages oder die Schlüssigkeit der Klage falsch aufgenommen hat". Auf ein prozessuales Verschulden kommt es dabei nicht an. Erteilt das Gericht bei der Erörterung des Sach- und Streitstandes den Hinweis nach § 139 Abs. 2 S. 1 ZPO in der mündlichen Verhandlung erstmalig, so wird das Gericht den Parteien Gelegenheit zur Stellungnahme geben. Hier sollte der Anwalt gegebenenfalls zu Protokoll geben, dass eine Äußerung im Termin für ihn nicht möglich sei, da er momentan nicht über die erforderlichen Informationen verfügt. Gleichsam sollte der Anwalt unter Bezugnahme auf § 139 Abs. 5 ZPO sodann einen Schriftsatznachlass beantragen. Nach § 139 Abs. 5 ZPO ist ein Schriftsatznachlass nur auf Antrag und nicht auch von Amts wegen zu gewähren. Das Gericht hat folglich nicht von sich aus den Schriftsatznachlass zu gewähren. Im Hinblick auf das neue Berufungsrecht sollte in diesen Fällen der anwaltliche Vertreter, der in der mündlichen Verhandlung mit einem Hinweis erstmalig konfrontiert wird, stets einen solchen Schriftsatznachlass unter Bezugnahme auf § 139 Abs. 5 ZPO beantragen. Dies deshalb, da eine Verletzung des § 139 ZPO gleichsam eine Rechtsverletzung darstellt, die gemäß § 513 ZPO einen Berufungsgrund begründet. Des Weiteren können gemäß § 531 Abs. 2 Nr. 2 ZPO dann auch neue Angriffs- und Verteidigungsmittel in der Berufungsinstanz zugelassen werden.

c) Die Zurückweisung verspäteten Vorbringens § 296 ZPO

aa) § 296 Abs. 1, 530 Abs. 1 ZPO – zwingende Zurückweisung: Um eine Prozessverschleppung zu verhindern, darf das Gericht Angriffs- und Verteidigungsmittel (Behauptungen, Bestreiten und Beweisanträge, vgl. § 282 Abs. 1 ZPO), deren sich eine Partei erst nach Ablauf einer ihr gesetzten Frist bedient, nur zulassen, wenn sie den Prozess nicht verzögern oder die Partei die Verspätung genügend entschuldigt (§§ 296 Abs. 1, 530 Abs. 1 ZPO). Es handelt sich insoweit um eine von Amts wegen zu beachtende Vorschrift. Auf eine Rüge der Verspätung kommt es also in diesen Fällen nicht an. Ein verspätetes, verzögerndes und unentschuldigtes Vorbringen darf somit nicht Urteilsgrundlage werden.

278

Für eine Zurückweisung nach § 296 Abs. 1 ZPO muss zunächst eine wirksame Fristsetzung zur Klageerwiderung (§§ 276 Abs. 1 S. 2, Abs. 3, 275 Abs. 1 S. 1, Abs. 3 ZPO), zur Replik des Klägers (§§ 276 Abs. 3, 275 Abs. 4 ZPO), zur Ergänzung des Parteivortrags (§ 273 Abs. 2 Nr. 1 ZPO) oder zur Einspruchsbegründung (§ 340 Abs. 3 S. 3 ZPO) gesetzt sein. Die fristsetzende Verfügung muss dazu vom Vorsitzenden unterschrieben und der Partei in beglaubigter Abschrift förmlich zugestellt worden sein (§ 329 Abs. 2 S. 2 ZPO). Eine Belehrung über die Folgen einer Fristversäumnis ist nur für die Klageerwiderung (§ 277 Abs. 2 ZPO) und für die Einspruchsbegründung (§ 340 Abs. 3 S. 5 ZPO) vorgeschrieben. Zudem muss die Frist ausreichend lang bemessen sein.[304] Die gesetzte Frist muss verschuldet versäumt worden sein. Für dieses Verschulden gilt eine Vermutung. Der säumige muss sich entlasten. Ein Verschulden liegt dann nicht vor, wenn die Partei die Frist nicht hätte einhalten können. Leichte

279

---

304 BGH NJW 1994, 736.

Fahrlässigkeit schadet und das Verschulden des Anwalts steht dem Verschulden der Partei nach § 85 Abs. 2 ZPO gleich. Weitere Voraussetzung ist, dass durch die Zulassung des verspäteten Angriffs- oder Verteidigungsmittels zu einer Verzögerung der Erledigung des Rechtsstreits kommt. Eine Verzögerung ist nach dem herrschenden realen (absoluten) Verzögerungsbegriff zu bejahen, wenn die Zulassung zu irgendeiner zeitlichen Verschiebung zwingt, die das Gericht nicht durch geeignete Terminsvorbereitung nach § 273 Abs. 2 oder § 358a ZPO verhindern kann. Eine Verzögerung tritt also bereits dann ein, wenn der Rechtsstreit bei Zulassung des verspäteten Vorbringens länger als bei Zurückweisung dauern würde; auf den Umstand, wann das Verfahren bei fristgerechtem Vorbringen beendet worden wäre, kommt es nicht an. Nach der Rechtsprechung des BVerfG ist der vom BGH vertretene absolute Verzögerungsbegriff nicht verfassungswidrig. Eine Zurückweisung ist aber dann nicht gestattet, wenn offenkundig ist, dass dieselbe Verzögerung auch bei rechtzeitigem Vorbringen eingetreten wäre. Keine Verzögerung liegt vor, wenn

- das verspätete Vorbringen rechtlich unerheblich ist, die Klage also gleichwohl unschlüssig bzw. die Verteidigung gleichwohl unerheblich bleibt,
- die beweisbelastete Partei keine Beweise angeboten hat,
- die erforderlichen Beweise bereits vollständig erhoben sind,
- eine Beweisaufnahme sogleich im Termin erfolgen kann (Vernehmung sistierter Zeugen).

280 Art. 103 Abs. 1 GG verbietet eine Zurückweisung verspäteten Vorbringens, wenn ein richterliches Fehlverhalten (unzulängliche Verfahrensleitung oder Verletzung der richterlichen Fürsorgepflicht, vgl. §§ 136 Abs. 4, 139, 273 ZPO) die Verzögerung mitverursacht hat[305] oder wenn sich die Zurückweisung als „offensichtlicher Missbrauch der Präklusionsvorschriften" darstellen würde, weil sie erkennbar zu einer nicht bezweckten „Überbeschleunigung" führen würde.[306]

281 *bb) § 296 Abs. 2 ZPO – mögliche Zurückweisung:* Das Gericht kann verzögernde Angriffs- oder Verteidigungsmittel zurückweisen, die von einer Partei entgegen ihrer allgemeinen Prozessförderungspflicht grob nachlässig zu spät vorgebracht werden (§ 296 Abs. 2 ZPO). Sonstiges verspätetes Vorbringen kann gemäß § 296 Abs. 2 ZPO zurückgewiesen werden, wenn: Die Partei entgegen ihrer allgemeinen Prozessförderungspflicht aus § 282 ZPO Angriffs- oder Verteidigungsmittel nicht rechtzeitig in oder vor der mündlichen Verhandlung vorgebracht hat und es zu einer Verzögerung des Prozesses kommt. Voraussetzung ist allerdings eine grobe Nachlässigkeit der Partei oder ihres Prozessbevollmächtigten (§ 85 Abs. 2 ZPO).

282 *cc) Mögliches taktisches Vorgehen bei einer Verzögerung:* Muss man selbst befürchten, dass sein eigener Vortrag wegen Verspätung zurückgewiesen wird, können folgende Verhaltensweisen überdachte werden:

---

305 BVerfG NJW 1992, 678ff; BVerfG NJW 1987, 2003.
306 BGH NJW 1987, 500 für sog. Durchlauftermin, der für eine abschließende Prozesserledigung erkennbar ungeeignet war.

Flucht in das Versäumnisurteil: Die säumige Partei sollte gegebenenfalls außer der richterlichen Frist auch noch den Verhandlungstermin versäumen („Flucht in die Säumnis"). Das sodann mit dem Einspruch gegen das Versäumnisurteil wiederholte Vorbringen (§ 340 Abs. 3 S. 1 ZPO) bleibt zwar trotz § 342 ZPO verspätet, wirkt aber nicht verzögernd, da über den Einspruch ohnehin nach § 341a ZPO verhandelt werden muss.[307] Zu bedenken ist allerdings folgender Nachteil: das Versäumnisurteil ist Titel ohne Sicherheitsleistung.

283

Flucht in die Berufung: Eine Flucht in die Berufung kommt nach dem neuen Berufungsrecht nicht mehr in Betracht. Denn neue Tatsachen können nur unter der Voraussetzung des § 531 Abs. 2 ZPO zum Gegenstand des Berufungsverfahrens gemacht werden. Hätte der Parteivertreter die Möglichkeit gehabt, ein bestimmtes Angriffs- bzw. Verteidigungsmittel schon in der I. Instanz in den Prozess einzuführen, so ist dies als Nachlässigkeit im Sinne des § 531 Abs. 2 Nr. 3 ZPO zu werten. Dies hat zur Folge, dass diese neuen Angriffs- bzw. Verteidigungsmittel nicht ins Berufungsverfahren eingeführt werden können.

284

Klageänderung / Klageerweiterung: Auf der Klägerseite kann eine Klageänderung in Betracht kommen. Ändert der Kläger seine Klage, so greift er nämlich erneut an und macht nicht nur ein Angriffsmittel geltend. Insoweit sind die Voraussetzungen des § 296 ZPO ersichtlich nicht gegeben. Wird die Klageänderung zugelassen, so darf das ihrer Begründung dienende tatsächliche Vorbringen nicht wegen Verspätung zurückgewiesen werden, weil sonst im Ergebnis auch der Angriff selbst zurückgewiesen würde.[308] Das Gericht muss eine neue Erwiderungsfrist zur geänderten Klage setzen und darf erst nach deren Versäumung Verspätungsrecht anwenden. Auch eine Klageerweiterung ist eine Klageänderung, wird jedoch wegen § 264 Nr. 2 ZPO prozessual nicht so angesehen. Aus der sachlichen Übereinstimmung folgert der BGH, dass auch die Klageerweiterung den Angriff selbst darstellt und deshalb nicht zurückgewiesen werden darf. Es liefe auf eine unzulässige Analogie hinaus, wenn auf den die Klageerweiterung tragenden Tatsachenvortrag Verspätungsrecht angewendet werden würde.[309] Der BGH macht allerdings die Einschränkung, dass die Klageerweiterung rechtsmissbräuchlich sein kann, wenn sie nur deshalb erfolgt, um Verspätungsfolgen zu entgehen.

285

Erhebung einer Widerklage: Was den Erlass eines Teilurteils betrifft so gilt folgendes: Der unzulässigen Aufspaltung verspäteten Vorbringens in einen zurückweisenden und einen zu berücksichtigenden Teil entspricht das von der Rechtsprechung entwickelte Verbot, nicht fristgerecht vorgebrachte Behauptungen durch Teilurteil als verspätet zurückzuweisen.[310] Das Präklusionsrecht will nur eine Verzögerung des gesamten Rechtsstreits verhindern.[311] Nur dann, wenn der gesamte Rechtsstreit bei außer Acht lassen des verspäteten Vorbringens beendet werden kann, erscheint es gerechtfertigt,

286

---

307 BGH NJW 1980, 1105.
308 OLG Karlsruhe NJW 1979, 879.
309 BGH NJW 1986, 2319.
310 BGHZ 77, 306.
311 OLG Brandenburg NJW-RR 1998, 498.

dieses nicht mehr zuzulassen, wenn die Verspätung nicht genügend entschuldigt wird. Diese Vorgabe sollte sich insbesondere der Beklagte zu Nutze machen, wenn er befürchtet, dass ein Verteidigungsvorbringen als verspätet zurückgewiesen wird. In diesem Fall ist an die Erhebung einer Widerklage im Termin zu denken. Die Widerklage kann auch noch in der mündlichen Verhandlung erhoben werden, wobei natürlich auch Beweis anzutreten ist. Die Vorschrift des § 261 Abs. 2 ZPO erlaubt das. Wie es dann weitergeht, richtet sich nach dem Verhalten des Gegners. Lässt er sich auf die Widerklage ein, ohne deren Begründung zu bestreiten, so ist die Widerklage entscheidungsreif. Bestreitet er das Vorbringen zur Widerklage, dann muss darüber Beweis erhoben werden, ggf. nach Einräumung eines Schriftsatznachlasses gemäß § 283 ZPO. Verweigert der Gegner die Einlassung zur Widerklage, weil die Einlassungsfrist des § 274 Abs. 3 Satz 1 ZPO nicht gewahrt ist, dann muss das Gericht vertagen. Allenfalls käme noch der Erlass eines Teilurteils in Betracht, das aber nicht die Verzögerungsrückweisung zur Widerklage erlauben würde (siehe oben).

287 **Flucht in den Widerrufsvergleich:** Ein mit der Verspätung konfrontierter Anwalt kann einen Vergleich zum Widerruf abschließen, wobei der die Intention hat, den Vergleich zu widerrufen. Sodann wäre eine neue mündliche Verhandlung anzuberaumen und der Verspätungseinwand wäre nicht mehr vorhanden. In diesem Fall sollte der gegnerische Anwalt darauf bestehen, dass die Anträge gestellt werden und eine Entscheidung im schriftlichen Verfahren ergeht.

288 **Der präsente Zeuge / der Zeuge N.N.:** Ein vom Beweisführer in der mündlichen Verhandlung gestellter Zeuge ist zu vernehmen. Anders verhält es sich, wenn die Vernehmung dieses Zeugen Gegenbeweisanträge nach sich ziehen würde, deren Berücksichtigung wiedrum einen neuen Beweistermin nötig machen würde. Für diesen Fall ist dann Verspätungsrecht anwendbar. Auch wenn der Beweisgegner der Vernehmung mit der Begründung widerspricht, durch die überraschende Vernehmung des gestellten Zeugen, werde ihm die Möglichkeit weiterer Aufklärung und die Stellung sachgerechter Fragen sowie die Benennung von Zeugen abgeschnitten, kann es zur Anwendung von Verspätungsrecht kommen.[312] Die Stellung eines präsenten Zeugen sollte deshalb möglichst früh schriftsätzlich angekündigt werden. Wird seitens des Mandanten auf einen Zeugen verwiesen, der allerdings nicht nach Namen und Anschrift identifiziert werden kann (Zeuge N.N.) besteht das Risiko verfahrenswidriger Behandlung dieses Beweisantrages durch das Gericht. Ein solcher Beweisantrag wird von Gerichten oft einfach als unbeachtlich, ohne jede weitere Begründung als ein gänzlich ungeeigneten Beweisantritt abgetan. Zur Begründung verweisen die Gerichte immer wieder auf die einschlägige Kommentierung.[313] Unter Bezugnahme auf den BGH hat das Gericht den Beweisführer gemäß § 256 ZPO eine Frist zur Beibringung der vollständigen Anschrift zu setzen.[314]

---

312 BGH NJW 1986, 2275.
313 Bei Zöller-Greger, ZPO, 23. Auflage, § 356 Rn. 4: Es ist zu verweisen darauf, dass Greger sich auf mehrere höchstrichterliche Entscheidungen bezieht, die allerdings allesamt nicht einschlägig sind.
314 BGH LM ZPO § 356 Nr. 2; MDR 1973, 297; NJW 1993, 1926; MDR 1998, 855.

7. Vortrag nach Schluss der mündlichen Verhandlung

Gemäß § 296a ZPO bleibt ein nach Schluss der letzten mündlichen Verhandlung eingeganger Vortrag unberücksichtigt. Dies betrifft nachträglich Angriffs- und Verteidigungsmittel bzw. nachträgliche Sachanträge. Dieses Vorbringen ist einfach unbeachtet zu lassen. Es bedarf keiner besonderen Zurückweisung durch das Gericht. Das Gericht muss allerdings den nachträglichen Schriftsatz zur Kenntnis nehmen, weil er Anlass zu einer Wiedereröffnung der Verhandlung gem. § 156 ZPO geben könnte. Dabei ist streitig, ob das Gericht den Schriftsatz der Gegenseite zuleiten muss oder ob es ihn, falls er unberücksichtigt bleiben soll, lediglich einfach zu den Akten zu nehmen hat. Gerade die Transparenz spricht dafür, dass der Schriftsatz der Gegenseite zugeleitet wird. Eine Berücksichtigung nachträglichen Vorbringens kommt allerdings für nachgelassene Schriftsätze, § 283 ZPO, in Betracht. Das Gericht muss dann einen fristgerecht eingehenden Schriftsatz berücksichtigen, einen verspätet eingegangenen Schriftsatz kann es nach seinem Ermessen bei seiner Entscheidung berücksichtigen. Berücksichtigt werden darf aber nur die Entgegnung auf den Vortrag der Gegenseite, auf den sich die Partei im Termin nicht erklären konnte und zu dem ihr aus diesem Grunde ein Schriftsatznachlass gewährt wurde. Darüber hinausgehendes Vorbringen und neue Anträge bleiben dagegen gemäß § 296a ZPO unberücksichtigt.[315]

Auf Grund eines nachträglichen Vorbringens kann die mündliche Verhandlung wiederzueröffnen sein. Während § 156 Abs. 1 ZPO eine Ermessensvorschrift beinhaltet, sind in dem neuen § 156 Abs. 2 ZPO die Gründe genannt, bei deren Vorliegen die mündliche Verhandlung wiedereröffnet werden muss.

Finden mehrere Verhandlungstermine statt, so bilden sie alle zusammen die einheitliche mündliche Verhandlung (Grundsatz der Einheit der mündlichen Verhandlung). Zur Grundlage der Entscheidung wird daher der gesamte sich unter Umständen aus mehreren Termin ergebende Prozessstoff. Das, was in einem Termin Prozessstoff geworden ist, bleibt grundsätzlich auch in den folgenden Terminen Prozessstoff. Anträge wirken fort und müssen daher in einem neuen Termin nicht wiederholt werden. Eine bindend gewordene Prozesslage bleibt insoweit auch für spätere Folgetermine bestehen. Verhandelt der Beklagte im ersten Termin rügelos, so kann er in einem nachfolgenden Termin nicht mehr die fehlende Zuständigkeit des Gerichtes rügen. Gleiches gilt für eine Einwilligung in die Klageänderung, § 267 ZPO, die Zustimmung zur Klagerücknahme, § 269 Abs. 1 ZPO, sowie den Verlust von Verfahrensrügen gemäß § 295 ZPO. Entscheidungsgrundlage ist der Prozessstoff im Zeitpunkt der letzten mündlichen Verhandlung. Zu entscheiden ist über die im letzten Termin gestellten Anträge. Auch der Tatsachenvortrag kann sich im Laufe des Verfahrens bis zum letzten Termin noch ändern. Besondere Vorsicht ist bei Folgeterminen im Hinblick auf den Erlass eines Versäumnisurteils zu legen. Nach § 332 ZPO kann jeder Verhandlungstermin Grundlage eines Versäumnisurteils sein. Die Säumige gilt dann als schlechthin säumig, mit der Folge, dass über den Antrag des Gegners auf Erlass eines Versäumnisurteils nach den allgemeinen Grundsätzen unabhängig von den zwischenzeitlichen

---

315 BGH NJW 1993, 134.

Prozessergebnissen zu entscheiden ist. Ergeht auf den ersten Termin hin ein Beweisbeschluss, so muss der anwaltliche Vertreter bei der später durchgeführten Beweisaufnahme (beispielweise Zeugenvernehmung) nicht anwesend sein. Insoweit geht es nur um ein Beweistermin, bei dem kein Versäumnisurteil ergeht. Nach Beendigung dieses Beweistermins (Zeugenvernehmung) setzt das Gericht dann die mündliche Verhandlung fort. Wenn hier ein anwaltlicher Vertreter dann nicht zugegen ist, ergeht antragsgemäß Versäumnisurteil.

8. Wirksamkeitsvoraussetzungen für einen Prozessvergleich

292 Der Prozessvergleich ist ein Vertrag mit Doppelnatur, bei dem Prozesshandlung und materielles Rechtsgeschäft untrennbar miteinander verbunden sind. Die Wirksamkeitsvoraussetzungen müssen daher sowohl als Prozesshandlung als auch als materiellrechtlicher Vergleich erfüllt sein.

293 Der Prozessvergleich muss vor Gericht abgeschlossen werden. Er kann vor jedem irgendwie mit dem Gegenstand des Rechtsstreits befassten Richter unabhängig von der Zuständigkeit und ordnungsgemäßen Besetzung des Gerichts abgeschlossen und beurkundet werden. Mit Ausnahme des Falles von § 278 Abs. 6 ZPO wird der Prozessvergleich in der mündlichen Verhandlung abgeschlossen. Ein Vergleich, der außerhalb der mündlichen Verhandlung zwischen den Partein abgeschlossen wird, begründet nur ein materielles Rechtsgeschäft gemäß § 779 BGB, das dazu führt, dass das Rechtsschutzbedürfnis für die ursprüngliche Klage nicht mehr vorhanden ist. Der Kläger müsste mithin die Klage auswechseln und das fordern, was Gegenstand des materiell-rechtlich abgeschlossenen Vergleiches darstellt. Schließen die Parteien einen Prozessvergleich ab, aus dem gemäß § 794 Abs. 1 Nr. 1 ZPO vollstreckt werden kann, so muss dieser Prozessvergleich in der mündlichen Verhandlung protokolliert werden. Voraussetzung ist eine ordnungsgemäße Protokollierung, d.h. Aufnahme des Vergleichs mit vollem Wortlauf ins Protokoll, vorlesen bzw. abspielen sowie einem Genehmigen durch die Parteien und einen entsprechenden Vermerk darüber. Daneben ist das Protokoll durch den Vorsitzenden zu unterzeichnen. Fehlen prozessuale Wirksamkeitsvoraussetzungen, liegt zwar kein wirksamer Prozessvergleich vor und es ist keine Prozessbeendigung gegeben. Es kann jedoch ein wirksamer materieller Vergleich mit Einfluss auf die materielle Rechtslage zustande gekommen sein. Materiell-rechtliche Wirksamkeitsvoraussetzungen ist gemäß § 779 BGB, dass ein gegenseitiges Nachgeben der Parteien vorhanden ist.

294 Besteht zwischen den Parteien Streit über ein Nichtzustandekommen oder eine Nichtigkeit des Prozessvergleichs, so ist dieser Streit durch eine Fortsetzung des bisherigen Verfahrens auszutragen. Dies gilt deshalb, weil für den Fall, dass der Vergleich nicht oder nicht wirksam zustande gekommen ist, die Rechtshängigkeit des Rechtsstreits nicht beendet worden ist. Einer neuen Klage würde folglich eine Zulässigkeitsvoraussetzung fehlen, da eine anderweitige Rechtshängigkeit desselben Streitgegenstandes noch vorhanden ist. Das Fortsetzungsverfahren ist durch einen Fortsetzungsantrag der Partei, die die Unwirksamkeit geltend machen will, einzuleiten. Sodann hat das Gericht einen neuen Termin anzuberaumen, da über die Wirksamkeit oder Unwirksamkeit des Vergleichs nur durch Urteil entschieden werden kann. Besteht dagegen ein Streit über

den Fortbestand eines wirksam geschlossenen Prozessvergleichs, so ist dieser Streit in einem neuen Rechtsstreit auszutragen. Dies gilt deshalb, da durch den wirksamen Prozessvergleich die Rechtshängigkeit rückwirkend weggefallen ist.

VI. Einstweiliger Rechtsschutz

Für beschleunigte, wenn auch nur vorläufige Regelung und Sicherung von Ansprüchen und Rechtsverhältnis dienen die Eilverfahren – Arrest und einstweilige Verfügung.

295

1. Sicherungscharakter

Als Eilverfahren dienen Arrest und einstweilige Verfügung zur Sicherstellung von Ansprüchen bzw. zur Regelung von streitigen Rechtsverhältnissen. Beide Institute dienen der Durchsetzung des materiellen Rechts. Dies gilt auch für die Regelungsverfügung (§ 940 ZPO), die nach einer Gegenmeinung in der Literatur[316] von dem materiellen Recht abgekoppelt sein soll.

296

a) Abgrenzung: Arrest – einstweilige Verfügung

Der **Arrest** dient der Sicherstellung von Geldforderungen (gleichgestellt ist der Anspruch aus einem Grundpfandrecht auf Duldung der Zwangsvollstreckung)[317] und solcher Ansprüche, die in eine Geldforderung übergehen können (§ 916 ZPO)[318] Nach § 916 Abs. 2 ZPO gilt dies unter gewissen Voraussetzungen – auch für bedingte und betagte Ansprüche.[319] Der Sicherung sonstiger Ansprüche (§ 935 ZPO) und der einstweiligen Regelung streitiger Rechtsverhältnisse dient die einstweilige Verfügung. Somit muss bei der Entscheidung stehts die materielle Rechtslage zugrunde gelegt werden, der Inhalt der Entscheidung darf aber nicht über das Ergebnis eines späteren Hauptprozesses hinausgehen und nichts anderes anordnen. Nach den gesetzlichen Regelungen schließen sich Arrest und einstweilige Verfügung gegenseitig aus. Ein Antrag auf Erlass eines Arrestes kann aber im Wege der Auslegung in einen Antrag auf Erlass einer einstweiligen Verfügung umgedeutet werden. Auch ist ein Übergang von dem einen zum anderen Verfahren analog den Vorschriften über die Klageänderung (§ 263 ZPO) möglich. Nicht zulässig ist aber ein Übergang vom Eilverfahren zum Hauptsacheprozess.[320]

297

Im Vordergrund der richterlichen Praxis steht die einstweilige Verfügung. Sie kommt für eine ganze Reihe von Ansprüchen und Regelungen infrage, so für

298

- Herausgabeansprüche, bei denen die Anordnung regelmäßig auf Herausgabe an den Gerichtsvollzieher oder einen Sequester geht, es sei denn, dass verbotene Eigenmacht vorliegt. Umstritten ist die Zulässigkeit der Herausgabeverfügung gegen namentlich nicht genannte Hausbesetzer.

---

316 Leipold, Grundlagen des einstweiligen Rechtsschutzes (1971), S.23, 52ff – vgl. hierzu Heinze MünchKomm, Vorbem, zu § 916 ZPO, Rn. 14, 33; Grunsky, JuS 1976, 281.
317 Baumbach-Hartmann, § 916 ZPO, Rn. 4; Heinze, MünchKomm, § 916 ZPO, Rn. 8.
318 OLG Düsseldorf NJW 1977, 1828 – zum daraus folgenden Wahlrecht des Gläubigers zwischen Sicherung des Erfüllungsanspruchs (dann einstweilige Verfügung) und Schadensersatzanspruch (dann Arrest).
319 Vgl. etwa zum zukünftigen Zugewinnausgleichsanspruch bejahend OLG Hamm, FamRZ. 1985, 71; OLG Düsseldorf, NJW-RR 1994,453; Ditzen, NJW 1987, 1806; verneinend KG FamRZ. 1986,1107.
320 OLG Hamm, NJW 1971, 387.

- Unterlassungsansprüche, insbesondere auf den Gebieten des unlauteren Wettbewerbs, des gewerblichen Rechtsschutzes, des Arbeitsrechts, des Ehrenschutzes, des Nachbarrechts, des Mietrechts, und des Bankrechts.
- Leistungsansprüche, insbesondere Eintragung von Vormerkungen und Widersprüchen im Grundbuch, dinglichen Erwerbsverboten, Auskunftsansprüche, Einsichtsrechten, Bezugsverboten und Beseitigungsansprüchen.
- Regelung bestimmter Zustände; zu erwähnen sind Gebrauchsregelungen im Mietrecht, Entzug von Geschäftsführung und Vertretung im Gesellschaftsrecht, sowie Stimmabgaben im Gesellschaftsrecht.

b) Das Verbot der Vorwegnahme der Hauptsache

299 Da das Eilverfahren einen Sicherungscharakter hat, darf es nicht zu einer Befriedigung des Gläubigers führen. Bei dem Arrest ist dies durch die besonderen Vollziehungsvorschriften der §§ 930-934 ZPO in jedem Fall gewährleistet. Für die einstweilige Verfügung geht man zwar im Grundsatz ebenfalls davon aus, dass der Inhalt der einstweiligen Verfügung die Hauptsache nicht vorwegnehmen darf.[321] § 938 ZPO, der dem Gericht hinsichtlich der Art der zu treffenden Anordnungen einen Ermessensspielraum einräumt, hat jedoch zu einer zunehmenden Aufweichung dieses Grundsatzes geführt. Gerade für die bereits erwähnten Unterlassungsansprüche, bei denen die Vorläufigkeit der Regelung in Form der zeitlichen Komponente dadurch gewahrt wird, dass die Titulierung des Unterlassungsanspruchs auf die Zeit bis zur rechtskräftigen Entscheidung im Hauptprozess beschränkt wird, ist dies von Bedeutung. Verzichtet der Schuldner durch die so genannte „Abschlusserklärung" auf die Einlegung des Widerspruchs und die Rechte aus §§ 926, 927 ZPO, so läuft die einstweilige Verfügung auf Unterlassung auf eine endgültige Regelung hinaus. Eine Sonderstellung nehmen die Herausgabeansprüche wegen verbotener Eigenmacht ein, bei denen die volle Wiederherstellung des früheren Zustands unter Berücksichtigung der besonderen Art des Bruchs des Rechtsfriedens gefordert wird. § 940a ZPO hat dies mittelbar durch die Einschränkung anerkannt, dass die Räumung von Wohnraum durch einstweilige Verfügung nur im Falle verbotener Eigenmacht angeordnet werden darf. Im Anschluss an die Sonderregelung des § 1615o BGB hat die Rechtsprechung eine so genannte Leistungsverfügung entwickelt, bei der der Gläubiger im Wege der einstweiligen Verfügung befriedigt wird und an die sich nicht unbedingt ein Hauptprozess anzuschließen braucht.[322] (z.B. Geldzahlungen zur Befriedigung dringender Bedürfnisse, insbesondere um Unterhalt und Schadensersatzrenten wegen entgangenen Unterhalts,[323] Prozesskostenvorschüsse,[324] Herausgabe von Hausrat oder persönlichen Sachen zwischen Ehegatten, Lieferung von Gas, Wasser, Strom).

300 Im Bereich der Regelungsverfügung (§ 940 ZPO) hat die Rechtsprechung zunehmend einstweilige Verfügungen erlassen, die der Erfüllung des Hauptsacheanspruchs nahe kommen. Dies wird man bejahen können, wenn ohne Anordnung wesentliche Nach-

---

321 Baumbach-Hartmann, § 938 ZPO, Rn. 7ff.
322 OLG München NJW 1965, 2162.
323 OLG Köln FamRZ. 1980, 349.
324 OLG Düsseldorf NJW 1978, 895.

teile zu befürchten sind, die bis zum Erlass der Hauptsacheentscheidung nicht hingenommen werden können (z.B. der vorübergehende Entzug von Geschäftsführung und Vertretung im Gesellschaftsrecht,[325] die Duldung der Vornahme einer Heizungsinstallation,[326] Betretungsverbote hinsichtlich der Wohnung bei drohender Gewalt[327] sowie Verbote zur Durchsetzung von Konkurrenzschutzklauseln)[328].

Trotz dieser Ausweitung ist der Erlass einer einstweiligen Verfügung im Hinblick auf das Verbot der Vorwegnahme der Hauptsache als unzulässig anzusehen bei Ansprüchen auf uneingeschränkten Widerruf einer ehrenkränkenden Behauptung, Ansprüchen auf Belieferung nach § 26 Abs. 2 GWB, Vernichtung von Werbematerial nach § 30 Abs. 1 WZG, auf Zahlung eines Vorschusses für Mängelbeseitigungskosten beim Bauvertrag, auf Vornahme von Amtshandlungen durch einen Notar, auf Durchsetzung einer Filmvorführung, zur Löschung einer Auflassungsvormerkung, überhaupt auf Abgabe von Willenserklärungen, sowie auf Herausgabe von Kraftfahrzeugen.

2. Voraussetzungen für den Erlass

a) Der zu sichernde Anspruch

Voraussetzung sowohl für den Arrest wie auch für die einstweilige Verfügung ist ein nach materiellem Recht bestehender Anspruch, der durch das Eilverfahren gesichert werden soll. Bezüglich der Schlüssigkeit des Vorbringens des Antragstellers ist der Anspruch wie im Hauptsacheprozess rechtlich genau zu prüfen. Die Erleichterung hinsichtlich des Bestehens der Tatsachen in Form der Glaubhaftmachung ändert daran nichts.

b) Arrest- bzw. Verfügungsgrund

Zweite Voraussetzung für den Erlass ist das Bestehen eines sog. Arrest- bzw. Verfügungsgrundes (§§ 917, 918, 835, 940 ZPO). Da es sich hierbei um eine verfahrensrechtliche Voraussetzung besonderer Art handelt, besteht kein prozessualer Vorrang und das Gericht kann den Verfügungsgrund dahingestellt lassen und den Antrag bereits wegen einem fehlenden Anspruch – aus rechtlichen oder tatsächlichen Gründen – zurückweisen. Im Grundsatz ist Voraussetzung, dass ohne den vorläufigen Rechtsschutz der Anspruch des Gläubigers vereitelt oder erheblich erschwert würde. Bei der Regelungsverfügung (§ 940 ZPO) werden teilweise strengere Anforderungen gestellt.

aa) Dinglicher Arrest: Bei dem dinglichen Arrest kommt es entscheidend auf die Würdigung der Umstände des Einzelfalles an. Die Gefahr eines „Gläubigerkonkurses" reicht z.B. als Arrestgrund nicht aus,[329] ebenso wenig eine Vertragsverletzung oder unerlaubte Handlung. Ein ausreichender Arrestgrund liegt nach § 917 Abs. 2 ZPO vor, wenn das Urteil im Ausland vollstreckt werden müsste; dabei war umstritten, ob die Länder, die dem EWG-Übereinkommen vom 27.09.1968 (EuGVÜ) beigetreten

---

325 BGHZ 33, 105.
326 AG Wuppertal MDR 1973, 409.
327 LG Bochum NJW-RR 1990, 896.
328 OLG Hamm NJW-RR 1990, 1236.
329 BGH NJW 1996, 321.

sind, noch als Ausland anzusehen sind. Der EuGH hat dies in einer neueren Entscheidung verneint.[330]

305 **bb) *Persönlicher Arrest:*** Verschärfte Anforderungen an den Arrestgrund bestehen bei einem persönlichen Arrest, der stark in die Persönlichkeitssphäre des Schuldners eingreift. Der persönliche Arrest findet nur statt, um die gefährdete Zwangsvollstreckung in das Vermögen des Schuldners zu sichern (§ 918 ZPO). Er ist gegenüber dem dinglichen Arrest subsidiär. Der persönliche Arrest dient auch nur dazu, die vorhandenen Vermögenswerte zu sichern, vor allem den Schuldner davon abzuhalten, sich durch Flucht in das Ausland der Abgabe der eidesstattlichen Versicherung (§ 807 ZPO) zu entziehen: der Schuldner wird arrestiert und anschließend dem Vollstreckungsgericht zur Abgabe der eidesstattlichen Versicherung zugeführt.

306 **cc) *Einstweilige Verfügung:*** Wie beim Arrest ist auch bei der einstweiligen Verfügung der Verfügungsgrund maßgeblich von den Umständen des Einzelfalles abhängig. In einzelnen vom Gesetz geregelten Fällen wird der Verfügungsgrund kraft Gesetzes unwiderleglich (§§ 885 Abs. 1, 899 Abs. 2 BGB) oder wenigstens widerlegbar vermutet, Letzteres vor allem im Wettbewerbsrecht (§ 25 UWG) und bei dem presserechtlichen Anspruch auf Gegendarstellung (§ 11 Abs. 4 LPresseG). In letzterem Falle ist ein Gegenbeweis zulässig. An dem Verfügungsgrund kann es schließlich fehlen wenn der Antragsteller in Kenntnis des Rechtverstoßes und der Gefährdung seines Anspruchs zugewartet hat (so genannte „Selbstwiderlegung" des Verfügungsanspruchs).

c) Rechtsschutzbedürfnis

307 Das Rechtsschutzbedürfnis kann dem Antrag auf Erlass eines Arrestes oder einer einstweiligen Verfügung ausnahmsweise fehlen: Der Gläubiger hat bereits ein im Hauptprozess erstrittenes Urteil, das ihm nach § 720a ZPO ein Recht auf Sicherungsvollstreckung gibt.[331] Der Gläubiger hat anderweitige Sicherungsrechte in Form von Eigentumsvorbehalt, Sicherungsübereignung oder Grundpfandrechten.[332] Es steht ein Beweissicherungsverfahren als der billigere und einfachere Weg zur Verfügung. In Wettbewerbssachen hat der Verletzte das Angebot einer ausreichenden Unterwerfungserklärung abgelehnt.

d) Der Antrag

308 In dem an das Gericht zu stellende „Gesuch", ist beim Arrest die Bezeichnung des Anspruchs unter Angabe des Geldbetrages (oder des Geldwertes) sowie die Bezeichnung des Arrestgrundes anzugeben (§ 920 Abs. 1 ZPO). Außerdem ist im Arrestgesuch zu bezeichnen, ob dinglicher oder persönlicher Arrest beantragt wird. Für die einstweilige Verfügung gilt § 920 Abs. 1 ZPO nach § 936 ZPO entsprechend: Danach sind der zu sichernde Anspruch (gegebenenfalls das zu regelnde Rechtsverhältnis) und der Verfügungsgrund zu bezeichnen. Das Gesuch kann zurückgenommen werden mit den Folgen aus § 269 Abs. 3 ZPO. Es gilt auch § 269 Abs. 1 ZPO: nach Stellung der Anträge

---

330 EuGH EuZW 1994, 216.
331 OLG Hamburg NJW 1958, 1145.
332 BGH NJW 1972, 1044.

in einer mündlichen Verhandlung kann das Gesuch nur mit Zustimmung des Antragsgegners zurückgenommen werden.

aa) Formelle Erfordernisse: Nach § 920 Abs. 3, § 936 ZPO kann das Gesuch zu Protokoll der Geschäftsstelle erklärt werden. Es unterliegt damit nicht dem Anwaltszwang (§ 78 Abs. 3 ZPO). Das Verfahren kann so lange ohne die Einschaltung eines Anwalts durchgeführt werden, als es im Beschlussverfahren bleibt. Erfolgt aber die Anordnung der mündlichen Verhandlung, muss ein am Landgericht zugelassener Rechtsanwalt auftreten.

bb) Inhaltliche Erfordernisse: Der Anspruch ist schlüssig vorzutragen, wobei der Antragsteller sich zunächst auf eine allgemeine Darlegung beschränken kann, während im Urteilsverfahren nach substantiiertem Bestreiten des Antragsgegners die Darlegungslast erweitert wird. Es gilt das Gleiche wie im Hauptprozess: Die Regeln über die Darlegungs- und Beweislast, so dass das Fehlen von Einwendungen und Einreden weder vorzutragen noch glaubhaft zu machen ist; dies ist Aufgabe des Antragsgegners in der mündlichen Verhandlung.

e) Die Glaubhaftmachung

Die tatsächlichen Voraussetzungen für Anspruch und Grund sind nur glaubhaft zu machen (§§ 920 Abs. 2, 936 ZPO). Im Beschlussverfahren gilt dies ohne Ausnahme, da der Antragsgegner ja nicht gehört wird und die Voraussetzungen einer Geständnisfiktion nach § 138 Abs. 3 ZPO nicht gegeben sein können. Eine Ausnahme gilt bezüglich des Arrest- bzw. Verfügungsgrundes nur in den Fällen, in denen dieser vermutet wird. Gegenüber dem vollen Beweis nach § 286 ZPO erfordert die Glaubhaftmachung einen geringeren Grad der richterlichen Überzeugung. Hinsichtlich des Anspruchs muss ein Obsiegen des Antragstellers im Hauptprozess wahrscheinlich sein. Hinsichtlich des Arrest- bzw. Verfügungsgrundes muss die Gefährdung der prozessualen Rechtsstellung für das Gericht die beantragte Maßnahme erforderlich erscheinen lassen. Die Glaubhaftmachung ist auf präsente Beweismittel beschränkt (294 Abs. 2 ZPO). Neben vorgelegten Urkunden gehörend dazu auch von dem Antragsteller vorgelegte Sachverständigengutachten sowie eine anwaltliche Versicherung. Ausgeschlossen sind nicht präsente Zeugen; als Ersatz dient die eidesstattliche Versicherung dieser Beweispersonen die der Antragsteller selbst beschaffen muss. Auch der Antragsteller selbst kann eine eidesstattliche Versicherung abgeben. In Ausnahmefällen, insbesondere bei Drohen einer besonderen Gefahr oder besonderer Eilbedürftigkeit, kann das Gericht einen Arrest oder eine einstweilige Verfügung auch dann anordnen, wenn der Anspruch oder der Arrestgrund (bzw. Verfügungsgrund) nicht glaubhaft gemacht sind, sofern wegen der dem Gegner drohenden Nachteile Sicherheit geleistet wird (§ 921 Abs. 2 ZPO).

f) Zuständigkeit

Für den Erlass des Arrestes ist sowohl das Gericht der Hauptsache (§ 943 ZPO) als auch das Amtsgericht, in dessen Bezirk sich der Arrestgegenstand bzw. beim persönlichen Arrest der Antragsgegner befindet (§ 919 ZPO) zuständig. Bei der einstweiligen Verfügung ist im Grundsatz nur das Gericht der Hauptsache zuständig (§ 937 ZPO),

§ 2 Der Kauf von Sachen

das „Amtsgericht der Zwangsbereitschaft" nur in besonderen Fällen und besonderer Dringlichkeit (§ 942 ZPO). Soweit das Landgericht als Gericht der Hauptsache zuständig ist, muss im Regelfalle die Kammer entscheiden. Eine Übertragung auf den Einzelrichter gemäß § 348 ZPO ist zwar möglich, kommt aber nur für das Urteilsverfahren in Betracht, da der Antragsgegner vor der Übertragung zu hören ist. Im einstweiligen Verfügungsverfahren kann der Vorsitzende in dringenden Fällen alleine über das Gesuch entscheiden (§ 944 ZPO).

g) Streitwert

313 Für das Eilverfahren ist der Streitwert nach § 3 ZPO zu schätzen (§ 20 Abs. 1 GKG). Da der Antragsteller im Regelfall nur eine Sicherung seines Anspruchs erreicht, bleibt sein Interesse gegenüber dem des Hauptverfahrens zurück und ist auf einen Bruchteil dessen Werts reduziert. Dabei werden in der Rechtsprechung Bruchteile von 1/4, bis 1/2 des Hauptsachewerts angenommen. Im Einzelfall kann sich das Interesse des Antragstellers dem Wert der Hauptsache annähern und diesen sogar erreichen, vor allem gilt dies für die so genannten Leistungsverfügungen mit Befriedigungswirkung. Bei einstweiligen Verfügungen in Wettbewerbsstreitigkeiten ist bei dem Hauptsachewert als Ausgangsbasis die Streitwertminderung nach § 23a UWG zu beachten. Außerdem kann – auf Antrag – die Streitwertbegünstigung nach § 23b UWG infrage kommen.

314 Muster: Antrag auf Erlass eines Arrestbefehles und Arrestpfändungsbeschlusses im Eilverfahren

Landgericht ■■■

Antrag auf dinglichen Arrest und Arrestpfändung

der Dr. Krieger Automobile GmbH & Co. KG

vertreten durch die 2. Krieger GmbH, diese wiederum vertreten durch den Geschäftsführer ■■■

Antragsstellerin

Verfahrensbevollmächtigte: ■■■

gegen

die Ärztin Dr. Eleonora Siegel, ■■■

Antragsgegnerin

wegen Arrestes und Arrestpfändung

beantragen wir namens und in Auftrag der Antragsstellerin gegen die Antragsgegnerin – wegen der Dringlichkeit ausschließlich ohne mündliche Verhandlung durch den Vorsitzenden allein – den Erlass folgenden Arrestbefehles und Arrestpfändungsbeschlusses:

A. Kaufpreiszahlung und Abnahme der Kaufsache

wegen einer Kaufpreisforderung der Antragsstellerin in Höhe von 89.999,00 EUR nebst Zinsen in Höhe von 7 Prozentpunkten über dem jeweiligen Baisiszinssatz seit dem 13.05.2004 gegen die Arrestgegnerin wird der dingliche Arrest in das gesamte Vermögen der Antragsgegnerin angeordnet

Die Vollziehung des Arrestes wird durch Hinterlegung der Antragsgegnerin in Höhe von ■■■ EUR gehemmt

In Vollziehung des Arrestes wird gepfändet die angebliche Forderung der Antragsgegnerin auf Rückzahlung eines Darlehens nebst Zinsen gegen Dr. Wilfried Siegel, Am Wildpfad 19, 14165 Berlin zum Höchstbetrag von 89.999,00 EUR. Die Antragsgegnerin hat sich jeder Verfügung über die Forderung zu enthalten. Der Drittschuldner darf an die Antragsgegnerin nicht mehr leisten.

Begründung:

Die Antragsstellerin erwarb mit Kaufvertrag vom 01.03.2004 von der Antragsgegnerin einen Porsche Cayenne, Fahrgestellnr. Xc2345iuu122500, schwarz, zum Gesamtkaufpreis von 89.999,00 EUR. Die Parteien vereinbarten im Kaufvertrag, dass die Antragsstellerin zwei Wochen nach Übergabe und Übereignung des Kraftfahrzeuges einen ersten Teilbetrag des Kaufpreises in Höhe von 49.999,00 EUR zahlt, der Restkaufpreis in Höhe von 50.000,00 EUR sollte einen Monat nach Übergabe des Porsches gezahlt werden. Die Antragsgegnerin meldete das Fahrzeug zu dem amtlichen Kennzeichen B-ES 4000 an und übergab der Antragsstellerin den Wagen, den dazugehörigen Kraftfahrzeugschein sowie den Kraftfahrzeugbrief am 08.03.2004.

Glaubhaftmachung:
1. Kaufvertrag vom 01.03.2004 – Ast 1;
2. Anmeldebestätigung vom 05.02.2004 – Ast 2;
3. Übergabequittung der Antragsstellerin vom 08.03.2004 – Ast 3.

Die Antragsgegnerin hat bei der Antragsstellerin in den letzten 5 Jahren bereits drei Neufahrzeuge des Typ Porsche zu den gleichen Kaufmodalitäten erworben. In der Vergangenheit erfolgte die Zahlung stets wie vereinbart.

Glaubhaftmachung: Eidesstattliche Versicherung des Chefverkäufers Ludwig Reizlein vom 01.05.2004 – Ast 4.

Der Chefverkäufer Ludwig Reizlein betreut seit 8 Jahren die Abteilung „Porsche" der Antragsstellerin und hat sämtliche Kaufvertragsverhandlungen – auch die betreffend den Kaufvertrag vom 01.03.2004 – mit der Antragsgegnerin geführt.

Glaubhaftmachung: wie vor.

Als die Antragsstellerin am 20.03.2004 noch nicht gezahlt hatte nahm der Chefverkäufer Reizlein mit ihr am 22.03.2004 telefonisch Kontakt auf. Die Antragsgegnerin versicherte die Zahlung der ersten Rate in Höhe von 49.999,00 EUR bis zum 30.03.2004 und der zweiten Rate bis zum 08.05.2004. Die Antragsgegnerin hat jedoch bis zum 08.05.2004 nicht gezahlt. Der Chefverkäufer Reizlein hatte am 01.04.2004, am 12.04.2004, am 18.04.2004 sowie am 09.05.2004 vergeblich versucht, erneut Kontakt mit der Antragsgegnerin aufzunehmen.

Glaubhaftmachung: wie vor.

Am 10.05.2004 mahnte die Antragsstellerin die Antragsgegnerin per Einwurf-Einschreiben zur Zahlung des gesamten Kaufpreises. Hierauf meldete sich die Antragsgegnerin und beschimpfte den Chefverkäufer Reizlein am Telefon, dass es nach der langjährigen Geschäftsbeziehung eine Unverschämtheit sei, sie, die stets pünktlich gezahlt habe, nun schriftlich zu mahnen, schon aus diesem Grunde werde sie nicht zahlen. Auf die Klageandrohung des Chefverkäufers Reizlein meinte sie, die Antragsstellerin solche sich nicht in Kosten stürzen, einen ggf. gegen sie erwirkten Titel könne die Antragsstellerin einrahmen und zur Erinnerung an die Wand hängen. Sie werde sich dauerhaft nach Südafrika absetzen, nur dort könne sie noch geschäftlich aktiv werden. Im Übrigen sei der Antragsstellerin doch bestimmt bekannt, dass ihr aufgrund einer rechtskräftigen Verurteilung wegen Versicherungsbetruges die Abprobation entzogen worden sei.

Glaubhaftmachung:
1. wie vor;
2. Mahnschreiben vom 10.05.2004 nebst Zugangsbelegen (Zugang am 12.05.2004).

Nachforschungen der Antragsstellerin bei der Ärztekammer Berlin haben ergeben, dass die Antragsstellerin nicht mehr als Ärztin zugelassen ist.

Glaubhaftmachung: Kopie des Schreibens der Ärztekammer vom 13.05.2004 – Ast 5.

Nach alledem steht zu besorgen, dass die Antragsgegnerin sämtliche Vermögenswerte beiseite schafft.

In dem Telefongespräch vom 10.05.2004 teilte die Antragsstellerin dem Chefverkäufer Reizlein auf die Frage, wovon sie denn in Südafrika leben wolle, mit, da müsse sich keiner Sorgen machen, sie habe schließlich ihrem Ehemann im Oktober 2003 ein Darlehen über 250.000,00 EUR gewährt, was zur Rückzahlung fällig sei.

Glaubhaftmachung: Eidesstattliche Versicherung des Chefverkäufers Ludwig Reizlein vom 01.05.2004 – Ast 4.

Eine beglaubigte und eine einfache Abschrift anbei.

■■■

Rechtsanwalt

3. Die Verfahrensarten

315 Das Gesetz stellt dem Gericht zwei verschiedene Verfahrensarten zur Auswahl.

a) Das Beschlussverfahren

316 Nach §§ 921 Abs. 1, 937 Abs. 2 ZPO kann die Entscheidung ohne mündliche Verhandlung ergehen. Der Schuldner wird dann nicht gehört. Dem durch den „Überraschungseffekt" benachteiligten Schuldner wird nachträglich rechtliches Gehör dadurch gewährt, dass er gegen die erlassene Entscheidung Widerspruch einlegen kann (§ 924 ZPO), der zur Überprüfung der Maßnahme auf Grund mündlicher Verhandlung führt. Vor Erlass des Arrestes bzw. der einstweiligen Verfügung hat sich in der Praxis das Einreichen einer sog. Schutzschrift durchgesetzt, um das Gericht zur Zurückweisung des Gesuchs oder wenigstens zur Anordnung der mündlichen Verhandlung zu veranlassen.

Denkbar ist das Einreichen einer sog. Schutzschrift allerdings nur dann, wenn der Gläubiger z.b. durch die vorherige Abmahnung in Wettbewerbssachen, Kenntnis von dem bevorstehenden Antrag des Gläubigers hat.

aa) Ablehnender Beschluss: Der einen Arrest oder eine einstweilige Verfügung ablehnende Beschluss enthält neben Rubrum und Tenor in den Gründen eine kurze Darlegung der für die Ablehnung maßgebenden Gesichtspunkte (Verneinung des Arrest- bzw. Verfügungsgrundes und/oder der zu sichernden Forderung). Die Kosten des Verfahrens werden dem Antragssteller gem. § 91 ZPO auferlegt. Eine vorläufige Vollstreckbarkeit des Beschlusses wird nicht angeordnet, da die Zwangsvollstreckung nach § 794 Abs. 1 Nr. 3 ZPO ohne weiteres möglich ist. Zugestellt wir der Beschluss nur dem Antragssteller (§ 922 Abs. 3 ZPO). Gegen den ablehnenden Beschluss kann der Antragssteller das Rechtsmittel der einfachen Beschwerde (§ 567 Abs. 1 ZPO) einlegen. Mit der Beschwerde kann der Antragsteller neben der Darlegung anderer Rechtsansichten den im ablehnenden Beschluss enthaltenen Bedenken Rechnung tragen und durch weiteren Vortrag und weitere Glaubhaftmachung das Gericht erster Instanz zum Erlass der Maßnahme im Wege des Abhilfeverfahrens veranlassen (§ 571 ZPO). Diese Abhilfe kann aber nur in dem Erlass der beantragten Entscheidung bestehen, nicht aber in der Anordnung einer mündlichen Verhandlung. Hilft das Gericht nicht ab, wird die Sache dem Beschwerdegericht zur Entscheidung vorgelegt. Dieses kann die Beschwer zurückweisen, die beantragte Maßnahme erlassen oder aber mündliche Verhandlung anberaumen.

317

bb) Stattgebender Beschluss: Bei dem dinglichen Arrest kann das Prozessgericht gleichzeitig auf Antrag des Gläubigers eine Forderung des Arrestschuldners pfänden (§ 930 Abs. 1 ZPO); insoweit gilt § 829 Abs. 1 ZPO. Eine Überweisung der Forderung ist aber aufgrund des entgegenstehenden Sicherungscharakters nichtig.[333] Der Arrestbefehl enthält kurze Angaben, aufgrund welcher Beweismittel das Gericht den Arrestanspruch und den Arrestgrund als gegeben und glaubhaft gemacht ansieht. Zu begründen ist die Entscheidung gemäß § 922 Abs. 2 ZPO, wenn ihre Vollstreckung im Ausland erfolgen soll. Die Begleitverfügung regelt die Übermittlung des Arrestbefehls an den Gläubiger, dem seinerseits die Zustellung an den Schuldner obliegt (§ 922 Abs. 2 ZPO). Der Arrestbefehl wird also nicht vom Gericht an den Schuldner zugestellt. Die Zustellung im Auftrag des Gläubigers durch den Gerichtsvollzieher ermöglicht es, gleichzeitig Vollstreckungsmaßnahmen zu treffen und damit den Überraschungseffekt zu gewährleisten. Im Hinblick auf die Ingangsetzung der Frist des § 929 Abs. 2 ZPO erfolgt eine förmliche Zustellung des Arrestbefehls durch das Gericht an den Gläubiger bzw. seinen Prozessbevollmächtigten (§ 329 Abs. 2 und 3 ZPO), und zwar entweder durch den Gerichtswachtmeister oder die Post (§ 211 ZPO), durch Empfangsbekenntnis an den Rechtsanwalt (§ 212a ZPO) oder durch direkte Aushändigung des Arrestbefehls an der Amtsstelle (§ 212b ZPO); Letzteres ist sehr häufig, da der Gläubiger meist auf eine unverzügliche Vollstreckung des Arrestbefehls Wert legt und man den zeitraubenden Postweg vermeiden will. Hier kann das Gericht die

318

---

333 BGH NJW 1993, 755.

Geschäftsstelle anweisen, den Gläubiger (bzw. den bevollmächtigten Rechtsanwalt) vom Erlass des Arrestbefehls zu verständigen, um dessen Abholung zu veranlassen. Die Vollziehung des Arrestbefehls obliegt dem Gläubiger. Er hat den Arrestbefehl im Parteibetrieb dem Schuldner zuzustellen (§ 922 Abs. 2 ZPO) und sodann durch Zwangsvollstreckung binnen einem Monat nach der ihm (dem Gläubiger) gegenüber erfolgten Zustellung zu realisieren (§ 929 Abs. 2 ZPO). Nach h.M. reicht es aus, dass innerhalb der Monatsfrist mit Vollstreckungsmaßnahmen begonnen worden ist. Ist der Arrestbefehl vor der Zustellung vollzogen worden (§ 929 Abs. 3 ZPO), so ist die Zustellung an ihn binnen einer Woche nach Vollziehung und vor Ablauf der Monatsfrist des § 929 Abs. 2 ZPO nachzuholen (§ 929 Abs. 3 ZPO).

b) Das Urteilsverfahren

319 Erachtet das Gericht es für erforderlich, kann es im Rahmen der §§ 921 Abs. 1, 937 Abs. 2 ZPO eine mündliche Verhandlung anordnen. Der Schuldner wird zu der mündlichen Verhandlung unter Einhaltung der Ladungsfrist (§ 217 ZPO) geladen und kann sich gegen den beantragten Erlass des Arrestes bzw. der einstweiligen Verfügung vor Erlass der Entscheidung verteidigen. Wie im Hauptprozess dient die mündliche Verhandlung der Erörterung des Streitstoffes und der Aufklärung des Sachverhalts im Rahmen der durch die Glaubhaftmachung gesetzten Grenzen. Das Gericht kann auch prozessvorbereitende Anordnungen nach § 273 ZPO treffen, obwohl es hierzu nicht verpflichtet ist. So kann es von den Parteien benannte Zeugen laden, ebenso einen benannten Sachverständigen. Diese sind – wenn sie im Termin erscheinen – als präsente Beweismittel zu hören. Gleiches gilt aber auch für von den Parteien „sistierte" Zeugen und Sachverständige, da sie ebenfalls präsente Beweismittel sind. – Die Entscheidung ergeht nach mündlicher Verhandlung durch Urteil.

c) Wahl zwischen Beschluss- und Urteilsverfahren

320 *aa) Arrest:* Bei dem Arrest stellt das Gesetz (§ 921 Abs. 1 ZPO) wahlweise das Beschluss- und das Urteilsverfahren zur Verfügung. Nach der h.M. soll das Gericht bei Ausübung des pflichtgemäßen Ermessens unter Berücksichtigung des Grundsatzes auf rechtliches Gehör (Art. 103 Abs. 1 GG) nur in Ausnahmefällen von einer mündlichen Verhandlung Abstand nehmen und im Beschlussverfahren entscheiden. Diesem Regel-Ausnahmeverhältnis kann nicht zugestimmt werden. Bei einem beantragten Arrest sprechen regelmäßig überwiegende Gesichtspunkte für eine Entscheidung im Beschlussverfahren, da sonst die Gefahr besteht, dass der Schuldner nach Bekanntwerden des Antrags die im Arrest zu treffende Beschlagnahme seiner Vermögensgegenstände endgültig vereitelt oder bei einem beantragten persönlichen Arrest – sich ins Ausland absetzen bzw. untertauchen wird. Nur in Ausnahmefällen wird man deshalb bei einem Arrest die Anberaumung einer mündlichen Verhandlung für vertretbar halten können.

321 *bb) Einstweilige Verfügung:* Bei der einstweiligen Verfügung belässt es § 937 Abs. 2 ZPO bei der gleichen Regelung wie beim Arrest, wenn der Antrag auf Erlass der Verfügung zurückzuweisen ist. Damit wird dem Antragsteller die Möglichkeit eröffnet, im Wege der Beschwerde die ablehnende Auffassung des erstinstanzlichen Gerichts durch die Beschwerdeinstanz überprüfen zu lassen. Natürlich steht es der ersten Instanz frei,

in zweifelhaften Fällen die mündliche Verhandlung anzuberaumen. Dagegen soll nach § 937 Abs. 2 ZPO eine einstweilige Verfügung nur dann ohne mündliche Verhandlung erlassen werden, wenn es sich um einen dringenden Fall handelt. Die hier normierte Dringlichkeit geht über die Voraussetzungen des Verfügungsgrundes in §§ 935, 940 ZPO hinaus. Die besondere Dringlichkeit ist nur gegeben, wenn der durch die mündliche Verhandlung eintretende Zeitverlust oder eine Benachrichtigung des Antragsgegners den Zweck der einstweiligen Verfügung gefährden könnte. Dies ist etwa der Fall, wenn – ebenso wie beim Arrest – die Gefahr einer Beiseiteschaffung oder einer Verfügung über das Streitobjekt besteht oder wenn dem Antragsteller ein weiteres Zuwarten nicht zumutbar ist.

d) Der Widerspruch im Beschlussverfahren

Der Schuldner kann gegen den erlassenen Arrest bzw. die erlassene einstweilige Verfügung Widerspruch einlegen (§ 924 Abs. 1 ZPO). **322**

aa) Zulässigkeit: Der Widerspruch ist nicht an eine Frist gebunden, wird unzulässig, wenn der Antragsgegner auf ihn verzichtet, was besonders häufig in Wettbewerbssachen im so genannten Abschlussschreiben geschieht. In Einzelfällen kann eine Verwirkung des Widerspruchs infrage kommen. Ist der Arrest bzw. die einstweilige Verfügung von dem Amtsgericht erlassen worden, kann der Widerspruch schriftlich oder zu Protokoll der Geschäftsstelle erklärt werden (§ 924 Abs. 2 Satz 3 ZPO), unterliegt also nicht dem Anwaltszwang (§ 78 Abs. 2 ZPO); dagegen ist der Widerspruch dem Anwaltszwang unterworfen, wenn der Arrest bzw. die einstweilige Verfügung von dem Landgericht erlassen wurde. Der Widerspruch kann nach h.M. auf die Kostenentscheidung beschränkt werden, insbesondere um über ein sofortiges Anerkenntnis nach § 93 ZPO die Kostenlast auf den Gläubiger abzuwälzen. Ebenso kann ein beschränkter Widerspruch in Wettbewerbssachen zur Erlangung einer Aufbrauchfrist eingelegt werden. Nach § 924 Abs. 3 ZPO ist der Widerspruch zu begründen; es handelt sich aber hierbei nicht um eine Zulässigkeitsvoraussetzung. **323**

bb) Terminsanberaumung: Nach Einlegung des Widerspruchs ist gemäß § 924 Abs. 2 ZPO die mündliche Verhandlung anzuberaumen. Ist der Arrest oder die einstweilige Verfügung auf Beschwerde durch die nächsthöhere Instanz erlassen worden, so ist das Gericht erster Instanz zur Anordnung der mündlichen Verhandlung zuständig. Bei der Terminsanberaumung können wie im normalen Erkenntnisverfahren vorbereitende Anordnungen nach § 273 ZPO getroffen werden. Bei der Terminierung ist die Ladungsfrist des § 217 ZPO zu beachten. **324**

cc) Einstweilige Einstellung: Auf Antrag des Schuldners kann die Vollziehung des Arrests bzw. der einstweiligen Verfügung durch eine einstweilige Anordnung ausgesetzt werden (§ 924 Abs. 3 ZPO). Die Entscheidung erfolgt nach Anhörung des Gläubigers in der Regel durch Formularbeschluss, der mangels Anfechtbarkeit (§ 707 Abs. 2 ZPO) regelmäßig auch nicht näher begründet wird. Die Einstellung hängt im wesentlichen von den Erfolgsaussichten des Widerspruchs ab, wie sie sich nach dessen Begründung darstellt. Soweit es sich um Sicherungsmaßnahmen handelt (Arrest, Hinterlegung, Sequestration), dürfte eine Aussetzung der Vollziehung kaum infrage kom- **325** men. Die Einstellung einer Unterlassungsverfügung wird in der Praxis sehr zurückhaltend gehandhabt. Sie kommt jedenfalls nicht infrage, wenn sich der Schuldner nur damit verteidigt, dass er die Verletzungshandlung bestreitet und damit die Wiederholungsgefahr in Abrede stellt. Im Übrigen ist eine hinreichende Erfolgsaussicht notwendig. Das Gericht kann nach freiem Ermessen gegen oder ohne Sicherheitsleistung einstellen.

e) Entscheidung durch Urteil

326 In der mündlichen Verhandlung wird darüber entschieden, ob der erlassene Arrest bzw. die erlassene einstweilige Verfügung bestätigt oder wieder aufgehoben werden soll. Maßgebend ist hierfür die Sach- und Rechtslage im Zeitpunkt dieser Verhandlung, Veränderungen gegenüber der Sachlage im Zeitpunkt des angegriffenen Beschlusses sind daher zu berücksichtigen. Eine Zurückweisung von Angriffs- und Verteidigungsmitteln, die erst im Laufe der Verhandlung vorgetragen werden, findet nicht statt; § 296 ZPO gilt nicht. Die Entscheidung über die Aufrechterhaltung des Arrestes bzw. der einstweiligen Verfügung geschieht durch Endurteil (§ 925 Abs. 1 ZPO).

327 Handelt es sich um einen vor dem Landgericht ohne Anwalt eingelegten Widerspruch oder um einen verwirkten Widerspruch, wird der Widerspruch als unzulässig verworfen. In diesem Fall werden die weiteren Kosten des Verfahrens dem Antragsgegner auferlegt.

328 Wird der Arrest oder die einstweilige Verfügung voll bestätigt, werden dem Schuldner die weiteren Kosten des Verfahrens auferlegt. Ein besonderer Ausspruch über die vorläufige Vollstreckbarkeit findet nicht statt; sie ergibt sich ohne weiteres aus der Natur der Bestätigung. Deshalb gibt es auch keinen Vollstreckungsschutz nach § 711 ZPO. Trotz Bestätigung können zusätzliche Anordnungen infrage kommen. Soll der Arrrest bzw. die einstweilige Verfügung aufgehoben werden, wird der Antrag auf Erlass des Arrestes bzw. der einstweiligen Verfügung zurückgewiesen. In diesen Fällen hat der Kläger die Kosten des Verfahrens zu tragen. Das Urteil ist nach § 708 Nr. 6 ZPO ohne Sicherheitsleistung für vorläufig vollstreckbar zu erklären; gleichzeitig ist von Amts wegen Vollstreckungsschutz nach § 711 S.1 ZPO anzuordnen. Die Höhe der mit dem Vollstreckungsschutz verknüpften Sicherheitsleistung richtet sich bei einem Arrest und den einstweiligen Verfügungen, die mit Vollstreckungsmaßnahmen verbunden sind, nach dem Wert der aufgehobenen Hauptsache und der Höhe der gegen den Kläger vollstreckbaren Kosten; dies folgt daraus, dass der Kläger mit der Sicherheitsleistung die Aufhebung der Vollstreckungsmaßnahmen (§ 775 Nr. 1 ZPO) abwenden können muss. Anders ist die Sachlage bei einstweiligen Verfügungen, die lediglich Gebote oder Verbote zum Inhalt haben; diese treten mit der aufhebenden Entscheidung von selbst außer Kraft (§ 171 ZPO), sodass sich die vorläufige Vollstreckbarkeit und die Abwendungsbefugnis nicht hierauf, sondern nur auf die Vollstreckung der Kosten beziehen können.

329 Der Arrest (bzw. die einstweilige Verfügung) kann auch teilweise bestätigt, teilweise aufgehoben werden. Weiter besteht die Möglichkeit, dass der Arrest (bzw. die einstweilige Verfügung) unter der Bedingung bestätigt wird, dass der Kläger Sicherheit leistet

A. Kaufpreiszahlung und Abnahme der Kaufsache

(§ 925 Abs. 2 ZPO). Diese Art der Entscheidung entspricht dem Vorgehen nach § 921 Abs. 2 ZPO im Beschlussverfahren. Zweckmäßigerweise wird für die Leistung der Sicherheit eine Frist gesetzt. Der Arrest (bzw. die einstweilige Verfügung) können bestätigt und lediglich hinsichtlich der Vollziehung von einer Sicherheitsleistung abhängig gemacht werden (§ 925 Abs. 2 ZPO analog). Auch hier sollte für die Sicherheitsleistung eine Frist gesetzt werden. Ein Teilunterliegen mit der Folge einer Teilabweisung und einer teilweisen Kostenlast des Klägers liegt in diesem Fall nicht vor.

Schließlich kann der Arrest unter der Bedingung aufgehoben werden, dass der Beklagte Sicherheit in einer bestimmten Höhe leistet. Eine Frist zur Leistung der Sicherheit ist hier nicht notwendig, da es dem Schuldner überlassen bleiben kann, ob er von der Befugnis zur Sicherheitsleistung Gebrauch macht. Die weiteren Kosten des Verfahrens hat der Beklagte zu tragen, weil er trotz der Befugnis zur Sicherheitsleistung in dem Verfahren unterlegen ist. Ebenso wenig ist das Urteil nach § 708 Nr. 6 ZPO für vorläufig vollstreckbar zu erklären und Vollstreckungsschutz nach § 711 S.1 ZPO anzuordnen. – Bei der einstweiligen Verfügung gilt diese gesamte Regelung nach § 939 ZPO nur unter besonderen Umständen. 330

VII. Zwangsvollstreckung

VIII. Zwangsvollstreckung aus einer notariellen Urkunde und Rechtsbehelfe

Die Zwangsvollstreckung aus einer notariellen Urkunde sowie mögliche Rechtsbehelfe sind beim Kauf von Immobilien zu beachten. Da die Bewilligung der Auflassungsvormerkung und die Erteilung einer Belastungsvollmacht (Vollmacht zur Belastung des Grundstücks durch den Käufer zum Zwecke der Finanzierung des Kaufpreises durch die Bank) Vorleistungen des Verkäufers sind, wird der Käufer regelmäßig der Vollstreckung wegen des Kaufpreises nebst Zinsen in sein gesamtes privates Vermögen unterworfen. 331

1. Voraussetzungen der Zwangsvollstreckung

In der Zwangsvollstreckung müssen die allgemeinen Verfahrensvoraussetzungen, die allgemeinen Voraussetzungen der Zwangsvollstreckung nach § 750 ZPO, Besondere Voraussetzungen der Zwangsvollstreckung (§ 751 Abs. 1, 751 Abs. 2, §§ 756, 765 ZPO – bei Zug um Zug Verurteilung) vorliegen und es dürfen keine allgemeinen Zwangsvollstreckungshindernisse (z.B nach § 751 ZPO, vollstreckungseinschränkende oder –ausschließende Vereinbarungen, Insolvenzverfahren) vorliegen. 332

a) Allgemeines Verfahrensvoraussetzungen

Die allgemeinen Verfahrensvoraussetzungen müssen auch im Vollstreckungsverfahren vorliegen. So wird nach der Dispositionsmaxime das Vollstreckungsverfahren nur durch einen Antrag eingeleitet. Örtlich zuständig ist das Vollstreckungsorgan, in dessen Bezirk die Vollstreckungsmaßnahmen durchzuführen sind (§ 20 GVO, § 764 Abs. 2 ZPO). Funktionell bestimmt sich die Zuständigkeit danach, welche Tätigkeit in der Zwangsvollstreckung dem einzelnen Vollstreckungsorgan gesetzlich zugewiesen ist (Gerichtsvollzieher für Fahrnis- und Herausgabevollstreckung; Vollstreckungsgericht für die Forderungsvollstreckung, die Zwangsversteigerung und die Zwangsverwal- 333

Marfurt

tung; das Prozessgericht der I. Instanz für die Handlungs- und Unterlassungsvollstreckung; das Grundbuchamt für die Zwangshypothek). Weiter muss der Schuldner der Deutschen Gerichtsbarkeit unterliegen. Für die Zulässigkeit des Rechtswegs im Vollstreckungsverfahren muss ein Titel vorliegen, der in der ZPO (§§ 704, 794 ZPO) als Vollstreckungstitel genannt ist oder aufgrund besonderer Bestimmungen nach den Regeln der ZPO zu vollstrecken ist. Die Parteien des Vollstreckungsverfahrens müssen parteifähig und zumindest der Vollstreckungsgläubiger prozessfähig sein. Der Vollstreckunsgläubiger muss – wie im Erkenntnisverfahren die Prozessführungsbefugnis – vollstreckungsbefugt sein. Schließlich muss ein Rechtsschutzinteresse vorliegen. Das Rechtsschutzinteresse ergibt sich aus der Existenz des Titels und ist nur ausnahmsweise zu verneinen, wenn der Gläubiger einfacher und billiger zum Vollstreckungsziel gelangen kann oder wenn die Zwangsvollstreckung als Druckmittel zur Erfüllung vollstreckungsfremder Ziele eingesetzt wird.[334]

b) Allgemeine Zwangsvollstreckungsvoraussetzungen, § 750 ZPO

334 Allgemeine Zwangsvollstreckungsvoraussetzungen sind das Vorliegen eines Titels (§§ 704, 794 ZPO), einer Klausel (§§ 724ff ZPO) sowie dass der Titel vor dem Vollstreckungsbeginn oder gleichzeitig mit der Vollstreckung zugestellt wird (§ 750 Abs. 1 S. 1 ZPO).

335 *aa) Titel: inbesondere vollstreckbare Urkunde nach § 794 Abs. 1 Nr. 5 ZPO:* Vollstreckungstitel sind rechtskräftige und für vorläufig vollstreckbar erklärte Endurteile, § 704 Abs. 1 ZPO. Darüber hinaus sind alle in § 794 Abs. 1 genannten Vollstreckungstitel zu beachten. Vollstreckungstitel können sich auch aus Rechtsvorschriften außerhalb der ZPO ergeben, so z.B. Insolvenztabelle (§ 201 Abs. 2 S. 1 InsO) oder Insolvenzplan i.V.m. der Eintragung in die Tabelle (§ 257 Abs. 1 S. 1 InsO). Ausländische Titel können nur dann vollstreckt werden, wenn sie entsprechende Vollstreckbarkeitserklärung enthalten (durch Vollstreckungsurteil nach §§ 722, 723 ZPO oder durch ein staatsvertraglich geregeltes Beschlussverfahren).

336 Für vollstreckbare Urkunden nach § 794 Abs. 1 Nr. 5 ZPO sind für die Aufnahme der Urkunde und die Erteilung der vollstreckbaren Ausfertigung (§ 797 ZPO) das Amtsgericht für die in § 62 BeurkG aufgeführten Ansprüche, für die weiteren Ansprüche der Notar. Eine Zwangsvollstreckung aus einer vollstreckbaren Urkunde nach § 794 Abs. 1 Nr. 5 ZPO kommt für alle Ansprüche in Betracht, die einer vergleichsweisen Regelung zugänglich sind, nicht auf Abgabe einer Willenserklärung gerichtet sind und nicht den Bestand eines Mietverhältnisses über Wohnraum betreffen. Der betroffene Anspruch muss in der Unterwerfungserklärung konkret bezeichnet sein. Zu beachten ist, dass die in Bauträgerverträgen vom Erwerber abgegebene Vollstreckungsunterwerfungsklausel unter Verzicht auf die Fälligkeit wegen Verletzung der Makler- und Bauträgerverordnung unwirksam ist.[335]

---

334 Thomas/Putzo, Vorbem. § 704 Rn. 45.
335 BGH NJW 1999, 51; Pause, NJW 2000, 769ff.

bb) Klausel: Der Gläubiger benötigt für die Zwangsvollstreckung grundsätzlich eine vollstreckbare Ausfertigung des Titels. Die Vollstreckbare Ausfertigung des Titels ist nach § 724 Abs. 1 vom Gläubiger einzuholen und dem Vollstreckungsorgan vorzulegen. Die Klausel (in der Regel: „Vorstehende Ausfertigung wird dem Gläubiger zum Zwecke der Zwangsvollstreckung erteilt, § 725 ZPO) wird im Klauselerteilungsverfahren nach §§ 724ff ZPO erteilt.

337

Das Klauselverfahren bei vollstreckbaren gerichtlichen und notariellen Urkunden (§ 794 Abs. 1 Nr. 5 ZPO) ist in § 797 ZPO geregelt. § 797 ist vornehmlich für die Vollstreckungsklauseln bei notariellen Urkunden von Bedeutung. Gemäß § 797 Abs. 2 S. 1 ZPO ist für die Erteilung der Vollstreckungsklausel grundsätzlich der Notar zuständig, der die Urkunde verwahrt. Er ist grundsätzlich auf die Prüfung der formellen Voraussetzungen für die Erteilung der Klausel beschränkt.[336] Der Notar ist aber zu einer sachlich-rechtlichen Prüfung des titulierten Anspruchs selbst in der Regel nicht berechtigt. Der Notar soll jedoch die Erteilung einer vollstreckbaren Ausfertigung ausnahmsweise dann ablehnen dürfen, wenn durch öffentliche bzw. öffentlich beglaubigte Urkunde nachgewiesen ist oder für ihn sonst offenkundig ist, dass der titulierte Anspruch nicht bzw. nicht mehr besteht.[337] So z.B. wenn sich der Käufer in einem notariellen Grundstückskaufvertrag der sofortigen Zwangsvollstreckung unterworfen hat, der Verkäufer bei dem Notar die Erteilung der Zwangsvollstreckungsklausel beantragt, der Notar aber wegen der Abwicklung des Geschäfts über sein Notaranderkonto weiss, dass der titulierte Anspruch erloschen ist.

338

Hat der Notar die Erteilung einer Vollstreckungsklausel abgelehnt, ist die Beschwerde möglich. Über die Beschwerde entscheidet die Zivilkammer des Landgerichts, in dessen Bezirk der Notar seinen Sitz hat (§ 54 BerukG, §§ 20ff FGG). Wird vom Notar eine vollstreckbare Ausfertigung der Urkunde unzulässigerweise erteilt, verletzt er seine Amtspflicht. Eine Notarhaftung (§§ 19 Abs. 1 S. 3 BnotO, 839 Abs. 3 BGB) kommt aber nur dann in Betracht, wenn der Geschädigte die mögliche Klauselerinnerung nach § 732 ZPO betreibt.

339

cc) Zustellung: Nach § 750 Abs. 1 ZPO muss das Urteil vor oder mindestens gleichzeitig mit der Zwangsvollstreckung zugestellt werden. Für Vollstreckungstitel nach § 749 ZPO findet § 750 ZPO gemäß § 795 ZPO entsprechende Anwendung. Vor der Zwangsvollstreckung aus einer notariellen Urkunde muss diese mindestes zwei Wochen vorher zugestellt werden (§§ 750 Abs. 3, 798 ZPO).

340

c) Besondere Voraussetzungen der Zwangsvollstreckung

Nach dem Inhalt des Titels hängt die Vollstreckbarkeit in bestimmten Fällen von besonderen Vollstreckungsvoraussetzungen ab (Eintritt des Kalendertags, § 751 Abs. 1 ZPO, Nachweis der Sicherheitsleistung durch den Gläubiger; §§ 751 Abs. 2, 752 ZPO, Zwangsvollstreckung bei Leistung Zug um Zug, §§ 756, 765 ZPO). Die besonderen Vollstreckungsvoraussetzungen werden nicht im Klauselerteilungsverfah-

341

---

336 OLG Frankfurt, OLG Report 1997, 131.
337 OLG Frankfurt, a.a.O.

ren geprüft. Das Vollstreckungsorgan muss vor Beginn der Zwangsvollstreckung die besonderen Voraussetzungen jedoch feststellen.

d) Keine Vollstreckungshindernisse

342 Schließlich dürfen der Zwangsvollstreckung keine Vollstreckungshindernisse entgegenstehen. Solche Vollstreckungshindernisse können sich aus § 775 ZPO (Einstellung oder Beschränkung der Zwangsvollstreckung), aus vollstreckungshindernden oder – aussschließenden Vereinbarungen im Rahmen der Dispositionsmaxime oder aus §§ 88, 89 InsO ergeben.

2. Erinnerung nach § 732 ZPO

343 Ist eine Vollstreckungsklausel unzulässig erteilt worden, kann derjenige, gegen den die Klausel erteilt worden ist, sich mit der Erinnerung nach § 732 Abs. 1 ZPO mit Einwendungen, welche die Zulässigkeit der Vollstreckungsklausel betreffen, zur Wehr setzen.

a) Zulässigkeit

344 Zuständig für die Erinnerung nach § 732 ZPO ist ausschließlich das Gericht, von dessen Geschäftsstelle die Vollstreckungsklausel erteilt worden ist. Bei einer vollstreckbaren Urkunde nach § 794 Abs. 1 Nr. 5 ZPO findet § 797 Abs. 3, 6 ZPO Anwendung. Ein Rechtsschutzbedürfnis liegt vor, sobald die Klausel erteilt ist und entfällt, wenn die Vollstreckung beendet ist. Die Rechtskraft eines nach § 731 ZPO stattgebenden oder nach § 768 ZPO abweichenden Urteils darf nicht entgegenstehen. Der Antrag muss ordnungsgemäß sein, muss aber nicht von einem Anwalt gestellt werden.

b) Begründetheit

345 Die Erinnerung ist begründet, wenn – abgestellt auf den Zeitpunkt der Entscheidung[338] – eine Einwendung gegen die Zulässigkeit der Vollstreckungsklausel geltend gemacht werden kann. Insoweit kommen formelle (z.B. Fehlen eines Titels) wie auch materielle Einwendungen (z.B. fehlende Rechtsnachfolge) in Betracht. Nicht unter § 732 Abs. 1 BGB fallen aber die materiell-rechtlichen Einwendungen, die sich gegen den titulierten Anspruch selbst richten. In solchen Fällen ist auf die Vollstreckungsgegenklage gemäß § 767 ZPO zu verweisen.

346 Muster: Erinnerung gemäß § 732 ZPO

Amtsgericht ■■■

Erinnerung gemäß § 732 ZPO

in der Sache

Müller ./. Meyer

2 C 432/04

zeigen wir die Vertretung des Schuldners an und beantragen zu beschließen

---

338 KG NJW-RR 1987, 3.

Die Zwangsvollstreckung aus der für die vollstreckbare Urkunde des Notars Jan-Ferreol Fiedler vom 10.07.2004 Urkunden-Nr. 333/04 von Notar Jan-Ferreol Fiedler erteilten Zwangsvollstreckungsklausel vom 11.10.2004 wird für unzulässig erklärt.

Ferner beantragen wir, vorab durch einstweilige Anordnung zu erkennen:

Die Zwangsvollstreckung aus der für die notarieller Urkunde des Notars Jan-Ferreol Fiedler vom 10.07.2004 Urkunden-Nr. 333/04 von Notar Jan-Ferreol Fiedler erteilten Vollstreckungsklausel vom 11.10.2004 wird einstweilen eingestellt.

Begründung:

Der Schuldner hat sich in der im Antrag bezeichneten notariellen Urkunde der sofortigen Zwangsvollstreckung unterworfen. Der Gläubiger hat den Notar Jan-Ferreol Fiedler in seiner Eigenschaft als Rechtsanwalt mit der Vollstreckung der Urkunde beauftragt. Der Notar Jan-Ferreol Fiedler hat selbst die Klausel erteilt, obwohl er insoweit von der Amtstätigkeit ausgeschlossen ist (LG Hildesheim, NJW 1962, 1257). Die Klauselerteilung ist nichtig.

Eine beglaubigte und eine einfache Abschrift anbei.

■■■

Rechtsanwalt

3. Klauselgegenklage und einstweilige Anordnung, §§ 768, 769 ZPO

Gegen die Zulässigkeit der Vollstreckungsklausel kann sich der Schuldner mit der Klauselgegenklage nach § 768 ZPO wenden.

347

a) Zulässigkeit

Die Klauselgegenklage ist statthaft, wenn sich der Vollstreckungsschuldner gegen die Zulässigkeit der Zwangsvollstreckung aus der erteilten Vollstreckungsklausel richtet. Mit der Klauselgegenklage kann der Vollstreckungsschuldner gegen die erteilte Klausel nur einwenden, dass die materiellen Voraussetzungen für die Erteilung der Klausel einer titelumschriebenen Klausel oder einer Klausel, deren Erteilung vom Eintritt einer besonderen Bedingung abhängig ist, nicht vorliegen. Zuständig ist nach §§ 768, 767 Abs. 1 ZPO ausschließlich das Gericht des ersten Rechtszuges. Bei vollstreckbaren Urkunden ist gemäß § 797 Abs. 5 ZPO örtlich grundsätzlich das Gericht des allgemeinen Gerichtsstands des Schuldners zuständig. Der Klageantrag des Vollstreckungsschuldners gegen den Vollstreckungsgläubiger ist auf Unzulässigkeit aus der bestimmten Vollstreckungsklausel zu richten. Das Rechtsschutzbedürfnis besteht bereits dann, wenn der Gläubiger einen mit der Klausel versehenen Titel in den Händen hat und entfällt, wenn die Vollstreckung beendet ist. Dass der Schuldner auch eine Klauselerinnerung nach § 732 ZPO erheben könnte, steht dem Rechtsschutzbedürfnis wegen dem echten Wahlrecht zwischen der Erinnerung nach § 732 ZPO und der Klage nach § 768 ZPO nicht entgegen.[339]

348

---

339 Thomas/Putzo, § 732 Rn. 8.

§ 2 Der Kauf von Sachen

b) Begründetheit

349 Die Klage nach § 768 ZPO ist begründet, wenn die materiellen Voraussetzungen der erteilten Klausel im Zeitpunkt der letzten mündlichen Verhandlung nicht vorliegen.

350 Muster: Klauselgegenklage und einstweilige Anordnung (§§ 768, 769 ZPO)

Amtsgericht ■■■

Klage gemäß § 768 ZPO und Antrag nach § 769 ZPO

des ■■■

Klägers,

Prozessbevollmächtigte: ■■■

gegen

den ■■■

Beklagter,

wegen Unzulässigkeit der Vollstreckung

Streitwert: ■■■ EUR

zeigen wir die Vertretung des Schuldners an und beantragen,
1. die Zwangsvollstreckung aus der notariellen Urkunde des Notars Jan-Ferreol Fiedler vom 10.07.2004 Urkunden-Nr. 333/04 mit der Vollstreckungsklausel vom 11.10.2004 für unzulässig zu erklären,
2. gemäß § 769 Abs. 1 die Vollstreckung aus der im Antrag zu 1) bezeichneten Urkunde einstweilen einzustellen.

Begründung:

Der Kläger hat sich der im Antrag zu 1) näher bezeichneten notariellen Urkunde verpflichtet, die Forderung in Höhe von insgesamt 10.000,- EUR in monatlichen Raten von jeweils 500,- EUR zu zahlen. Er hat sich insoweit der sofortigen Zwangsvollstreckung unterworfen. Bei Verzug mit nur einer Rate sollte der Restbetrag fällig werden. Der Beklagte hat mit der Behauptung, die Rate für den Monat September 2004 sei nicht gezahlt worden, für die Restforderung die vollstreckbare Ausfertigung der Urkunde beantragt und erhalten. Die vollstreckbare Ausfertigung ist aber zu Unrecht erteilt worden. Es ist richtig, dass die Rate für September 2004 nicht gezahlt ist. Der Beklagte hatte dem Kläger gegenüber aber eingeräumt, er könne die Rate erst Ende Oktober 2004 zahlen.

Beweis: Anliegende eidesstattliche Versicherung des Hern Ludwig Löwe.

Herr Löwe war am 01.09.2004 zugegen, als der Beklagte dem Kläger die Stundung einräumte. Der Kläger ist damit nicht in Verzug. Die Klausel über den Restbetrag der titulierten Forderung war nicht zu erteilen.

Eine beglaubigte und eine einfache Abschrift anbei.

■■■

Rechtsanwalt

B. Anspruch des Käufers auf Übergabe und Übereignung der Kaufsache

Gemäß § 433 Abs. 1 S. 1 BGB hat der Verkäufer dem Käufer die Sache zu übergeben und das Eigentum zu verschaffen. Voraussetzung ist, dass der Anspruch entstanden, nicht fortgefallen und durchsetzbar ist. Es muss also ein wirksamer Kaufvertrag abgeschlossen worden sein und dem Anspruch dürfen keine rechtsvernichtenden oder rechthindernden Einwendungen des Verkäufers entgegenstehen. Insoweit wird auf die Ausführungen zu A) verwiesen.

Beim Grundstückskaufvertrag wird das Eigentum nach §§ 873, 925 BGB durch **Auflassung** und **Eintragung** verschafft. Der Verkäufer schuldet diejenigen Handlungen, die seinerseits erforderlich sind, d.h. die Abgabe der rechtsgeschäftlichen Erklärungen – auch gegenüber dem Grundbuchamt – und die Schaffung der Voraussetzungen der Grundbuchordnung. Die nach § 873 Abs. 1 BGB erforderliche Einigung (Auflassung nach § 925 Abs. 1 BGB) ist ein auf dingliche Rechtsänderung gerichteter abstrakter Vertrag. Wegen dem geltenden Abstraktionsprinzip ist dieses dingliche Rechtsgeschäft streng von dem zugrunde liegenden schuldrechtlichen Rechtsgeschäft – dem Kaufvertrag – zu trennen. Die Übereignung nach §§ 873, 925 BGB dient der Erfüllung des Kaufvertrages. Die Auflassung ist aber nur Teil eines mehraktigen Rechtsgeschäftes, denn zum Eigentumsübergang muss die Eintragung im Grundbuch hinzukommen. Der Erfüllungsanspruch auf Eigentumsübetragung aus dem Kaufvertrag erlischt daher erst mit Eintragung des Käufers und ist bis zu diesem Zeitpunkt vormerkbar, abtretbar, pfändbar und verpfändbar.[340] Form und Inhalt der Auflassung werden durch § 925 BGB geregelt.

Muster: Auflassungsklage

An das

Landgericht ■■■

Klage

der HABO Grundstücksgesellschaft mbH K.-P. Flick GbR

vertreten durch Karl-Peter Flick

Am Großen Wannsee 34

14161 Berlin

Prozessbevollmächtigte: ■■■

Klägerin

gegen

---

340 BGH NJW 1994, 2947.

§ 2 Der Kauf von Sachen

die Hacksche Höfe 3. HanseatischeKroll GmbH & Co. KG

vertreten durch die 3. HanseatischeKroll GmbH, diese wiederum vertreten durch den Geschäftsführer ▬▬▬

Beklagte

Prozessbevollmächtigte: ▬▬▬

wegen Auflasssung.

Vorläufiger Streitwert: 1.500.000,00 EUR.

Namens und in Vollmacht der Klägerin erheben wir Klage und werden in der mündlichen Verhandlung beantragen,

die Beklagte wird verurteilt, das Grundstück Kollwitzstr. 45 in 10405 Berlin, eingetragen im Grundbuch ▬▬▬ an die Klägerin aufzulassen und die Eintragung im Grundbuch zu bewilligen.

Begründung:

Der Auflassungsanspruch der Klägerin ergibt sich aus §§ 433, 873, 925 BGB.

Am 14.05.2004 kaufte die Klägerin von der Beklagten das Grundstück Kollwitzstr. 45 in 10405 Berlin, eingetragen im Grundbuch. ▬▬▬ Der notarielle Kaufvertrag wurde vor dem Notar Lothar Richard, Kurfürstendamm 11, 10111 zur Urkundenrolle Nr. 135/04 beurkundet. Gemäß § 3 Nr. 1 des notariellen Kaufvertrages vereinbarten die Parteien einen Kaufpreis in Höhe von 1.500.000 EUR. Nach § 5 des Kaufvertrages ist die Auflassung von der vollständigen Bezahlung des Kaufpreises abhängig.

Beweis: Notarieller Kaufvertrag vom 14.05.2004 des Notars Lothar Richard, Urkundenrolle Nr. 135/04 – Anlage K1

Den Kaufpreis hat die Klägerin am 07.07.2004 auf das Notaranderkonto gezahlt. Der Notar Lothar Richard hat den gesamten Kaufpreis am 30.07.2004 an die Beklagte ausgekehrt. Die Voraussetzungen für die Auflassung liegen damit vor.

Beweis: 1. Einzahlungsquittung der Bank der Klägerin vom 07.07.2004 – Anlage K2; 2. Bestätigung der Auszahlung an die Beklagte des Notars Lothar Richard nebst Kontoauszügen – Anlage K3.

Eine beglaubigte und eine einfache Abschrift anbei.

▬▬▬

Rechtsanwalt

C. Gewährleistungsansprüche des Käufers: Nacherfüllung gem. §§ 437 Nr. 1, 439 BGB

Die Gewährleistungsrechte des Käufers sind in den §§ 437 ff. BGB geregelt. Ist die Sache mit einem Mangel behaftet, so kann der Käufer folgende Rechte geltend machen:

354

Primär kann der Käufer nach den §§ 437 Nr. 1, 439 BGB Nacherfüllung verlangen. Läuft die dem Verkäufer zur Nacherfüllung gesetzte Frist erfolglos ab, stehen dem Käufer folgende weitere Rechte zu: Gemäß §§ 437 Nr. 2, 440, 323, 326 Abs. 5 BGB kann er entweder vom Kaufvertrag zurücktreten oder gemäß §§ 437 Nr. 2, 441 BGB den Kaufpreis mindern und gemäß §§ 437 Nr. 3, 440, 280, 281, 283, 311a BGB kann der Käufer Schadensersatz oder nach § 284 BGB Ersatz der vergeblichen Aufwendungen verlangen, wenn der Verkäufer den Mangel zu vertreten hat. Nach § 280 Abs. 1 Satz 2 BGB wird das Vertretenmüssen des Verkäufers vermutet.

355

§ 437 Nr. 1 BGB gibt dem Käufer einen Nacherfüllungsanspruch. Dieser Nacherfüllungsanspruch ist das primäre Gewährleistungsrecht, das der Käufer in der Regel geltend machen muss. Andere Gewährleistungsrechte, wie Rücktritt oder Minderung und Schadensersatz oder Aufwendungsersatz, kann der Käufer in der Regel erst geltend machen, wenn die dem Verkäufer zuvor gesetzte angemessene Frist zur Nacherfüllung fruchtlos verstrichen ist. Die Nacherfüllung enthält einerseits das Recht des Verkäufers, den Käufer einer mangelhaften Sache vor Vertragsauflösung, Minderung oder Schadensersatz auf die Nacherfüllung zu verweisen. Andererseits besteht die Pflicht des Verkäufers, dem Käufer die Nacherfüllung anzubieten. Hintergrund der Regelung ist, dass die Mangelfreiheit der Kaufsache zur Erfüllungspflicht des Verkäufers gehört (§ 433 Abs. 1 Satz 2 BGB). Bei der Lieferung einer mangelhaften Kaufsache verstößt der Verkäufer gegen seine Erfüllungspflicht. Der Vorrang der Nacherfüllung vor den weiteren Gewährleistungsrechten ist für beide Vertragspartner interessengerecht. Denn wenn der Käufer eine Sache kauft, will er in erster Linie den Kaufgegenstand in mangelfreiem Zustand haben und begehrt nicht vorrangig die Minderung oder Rückzahlung des Kaufpreises. Andererseits hat auch der Verkäufer ein Interesse an der Nacherfüllung. Nur so kann er die vollständige Zahlung des Kaufpreises verlangen.

356

I. Verhältnis der Gewährleistungsansprüche zu anderen Vorschriften

1. Verhältnis zu den Anfechtungsregeln

Eine Anfechtung wegen einem Inhalts- oder Erklärungsirrtum ist nach § 119 Abs. 1 BGB zulässig. Liegen die Voraussetzungen für einen Gewährleistungsanspruch vor, ist – ab Gefahrenübergang – eine Anfechtung nach § 119 Abs. 2 BGB wegen Irrtums über die Eigenschaft einer Sache oder Person ausgeschlossen. Dies gilt sowohl für Sach- wie auch für Rechtsmängel und auch für die Anfechtung durch den Verkäufer.[341] Die Anwendung des § 119 Abs. 2 BGB würde dazu führen, dass die Mängelgewährleistung des Kaufrechts ausgehebelt würde. Denn die Verjährung der Gewährleistungsansprüche beträgt grundsätzlich zwei Jahre, das Anfechtungsrecht verjährt demgegenüber

357

---

341 BGH NJW 1988, 2597.

aber erst in 10 Jahren (§ 121 BGB). Bei einer Anfechtung richtet sich die Rückabwicklung nach den §§ 812f BGB, die Rückabwicklung bei einem Mangel richtet sich indes nach den §§ 346ff BGB. Darüber hinaus ist bei Kenntnis bzw. grob fahrlässiger Unkenntnis des Käufers die Gewährleistung grundsätzlich ausgeschlossen (§ 442 BGB). Eine Anfechtung nach § 119 Abs. 2 BGB ist jedoch möglich, selbst wenn der Anfechtende grob fahrlässig handelte. Liegt der Mangel jedoch vor Gefahrenübergang vor, ist § 119 Abs. 2 BGB anwendbar. Eine Anfechtung nach § 123 BGB ist neben den Gewährleistungsrechten möglich.

2. Verhältnis zum Allgemeinen Leistungsstörungsrecht

358 Liegt ein Mangel vor, sind die allgemeinen Regeln der Leistungsstörung neben den Gewährleistungsansprüchen des Kaufrechts nicht anwendbar. § 437 Nr. 2 und Nr. 3 BGB verweist auf die allgemeinen Regeln, so dass die Voraussetzungen der Haftung identisch sind. Der Unterschied zwischen den allgemeinen Regeln und den Gewährleistungsansprüchen des Käufers besteht jedoch in der Verjährung. Die Verjährungsfrist für Mängelansprüche beträgt mit Ausnahme der in § 438 Abs. 1 Nr. 1 und Nr. 2 BGB erwähnten Fälle zwei Jahre (§ 438 Abs. 1 Nr. 3 BGB). Sie beginnt bei beweglichen Sachen mit der Ablieferung (§ 438 Abs. 2 BGB). Nach den allgemeinen Regeln beträgt die Verjährungsfrist gemäß § 195 BGB drei Jahre und beginnt § 199 Abs. 1 BGB mit dem Schluss des Jahres, in dem der Anspruch entstanden ist und der Gläubiger von den Anspruch begründeten Umständen und der Person des Schuldners Kenntnis erlangt oder ohne grobe Fahrlässigkeit erlangen müsste. Ein Anspruch nach den allgemeinen Leistungsstörungsregeln kann allerdings dann gegeben sein, wenn eine Pflichtverletzung vorliegt, die nicht in der Lieferung einer mangelhaften Sache liegt. Zu beachten ist aber, dass die **Lieferung einer anderen Sache** nunmehr gemäß § 434 Abs. 3 BGB einem Sachmangel gleichsteht. Wie ein Sachmangel wird gemäß § 434 Abs. 3 BGB auch die **Teillieferung** behandelt.

359 Einige, früher von dem Rechtsinstitut der **positiven Vertragsverletzung** erfassten Fälle, sind nun gesetzlich geregelt. So kann der Käufer bei einer Leistungsverweigerung vor Fälligkeit gemäß § 323 BGB zurücktreten. Er kann gemäß § 323 Abs. 4 BGB schon vor Fälligkeit zurücktreten, da es bei einer Leistungsverweigerung offensichtlich ist, dass die Voraussetzungen des Rücktritts eintreten werden. Bei einem Schaden aufgrund einer Falschlieferung ergibt sich der Schadensersatzanspruch statt der Leistung nun aus §§ 434, 437 Nr. 3, 280 Abs. 1, Abs. 3, 281 BGB. Ein Schadensersatzanspruch für Mangelfolgeschäden ergibt sich aus §§ 434, 437 Nr. 3, 280 Abs. 1 BGB. Darüber hinaus werden die Verletzung von Leistungspflichten beim Sukzessivlieferungsvertrag jetzt von der Kündigungsregel des § 314 BGB erfasst. Auch Fälle, die früher dem Rechtsinstitut der **culpa in contrahendo** zugeordnet wurden, sind nun gesetzlich geregelt. So besteht ein Schadensersatzanspruch aus §§ 434, 437 Nr. 2, 280 Abs. 1, Abs. 3, 281 Abs. 1 BGB, wenn der Verkäufer fahrlässig falsche Angaben über die Beschaffenheit der Kaufsache macht. Hat der Verkäufer schuldhaft falsche Angaben über nicht mangelbehaftende Umstände gemacht, so haftet er wegen Verletzung der Beratungs- und Aufklärungspflichten nach §§ 311 Abs. 2, 241 Abs. 2, 280 Abs. 1

BGB.³⁴² Hat der Verkäufer ausdrücklich oder konkludent eine Beratungspflicht übernommen, kann ihn die Haftung nach den allgemeinen Regeln neben etwaigen Gewährleistungsansprüchen treffen.³⁴³

Liegt ein Mangel vor, so sind die Gewährleistungsregeln abschließende Sonderregelungen. Anders, wenn Angaben über die künftigen Eigenschaften der Kaufsache gemacht werden (z.B. das Grundstück soll Bauland werden). In diesem Fall liegt kein Mangel der Kaufsache bei Gefahrenübergang vor. Es finden die Regeln des **Wegfalls der Geschäftsgrundlage** (§ 313 BGB) Anwendung.

Ansprüche aus den §§ 823, 826 BGB werden durch die Gewährleistungsvorschriften nicht ausgeschlossen³⁴⁴ und die Verjährung **deliktsrechtlicher Ansprüche** läuft unabhängig von § 438 BGB nach § 199 Abs. 3 BGB.³⁴⁵ Zwischen den Gewährleistungsansprüchen und dem Deliktsrecht besteht eine echte Anspruchskonkurrenz mit der Folge, dass die Ansprüche nebeneinander bestehen und dass jeder Anspruch nach den Voraussetzungen, seinem Inhalt und seiner Durchsetzung selbstständig zu behandeln ist.³⁴⁶ Durch die Schuldrechtsreform hat sich das Problem der weiterfressenden Mängel nicht erledigt. Der Schadensersatzanspruch aus § 823 Abs. 1 BGB führt neben den in § 437 Nr. 3 BGB aufgeführten Schadensersatzansprüchen in den Fällen, in denen die Verjährungsfrist des § 438 BGB abgelaufen ist und wenn die Rügepflicht des § 377 HGB verletzt worden ist, zu unterschiedlichen Ergebnissen. So verjährt der Schadensersatzanspruch aus § 823 Abs. 1 BGB gemäß § 195 BGB in drei Jahren. Nach § 199 Abs. 1 BGB beginnt die Verjährung mit dem Abschluss des Jahres, in dem der Anspruch entstanden ist und der Gläubiger von den anspruchsbegründenden Umständen und der Person des Schuldners Kenntnis erlangt oder ohne grobe Fahrlässigkeit Kenntnis erlangen müsste. Folglich kann die Verjährung bei dem Anspruch aus § 823 Abs. 1 BGB erheblich länger sein als drei Jahre. § 377 HGB gilt nach der Rechtsprechung nur für Gewährleistungsansprüche, nicht aber für den Anspruch aus § 823 BGB.³⁴⁷

II. Voraussetzungen

Die Voraussetzungen für einen Nacherfüllungsanspruch des Verkäufers nach §§ 437 Nr. 1, 439 BGB sind: Das Bestehen eines wirksamen Kaufvertrages, die Mangelhaftigkeit (Sachmangel oder Rechtsmangel) der Kaufsache bei Gefahrenübergang und das Nacherfüllungsverlangen.

1. Wirksamer Kaufvertrag

Erste Voraussetzung für den Nacherfüllungsanspruch ist, dass zwischen den Parteien ein wirksamer Kaufvertrag vorliegt. Insoweit wird auf die bisherigen Ausführungen verwiesen.

---

342 BGHZ 114, 263; LG Darmstadt NJW-RR 1997, 1277; BGH NJW 2000, 1254; Derleder, NJW 2004, 969.
343 BGH NJW 1997, 3227.
344 BGHZ 86, 256.
345 BGHZ 66, 315 für §§ 477, 852 BGB a.F.
346 BGH, NJW 2004, 1032; Gsell, NJW 2004, 1913.
347 BGH NJW 1988, 52.

2. Sachmangel

364 Den Begriff des Sachmangels regelt das Gesetz nun umfassend in § 434 BGB.

a) Vereinbarte Beschaffenheit

365 Die Kaufsache ist gemäß § 434 Abs. 1 Satz 1 BGB mangelhaft, wenn sie bei Gefahrenübergang nicht die vereinbarte Beschaffenheit hat (sog. subjektiver Fehlerbegriff). In erster Linie ist also entscheidend, dass die Sache die zwischen den Parteien vereinbarte Beschaffenheit hat. Mit diesem Abstellen auf die vereinbarte Beschaffenheit ist die früher umstrittene Frage, ob bei einer Identitätsabweichung ein Mangel vorliegt, nicht mehr von Bedeutung, auf die Theorien des objektiven Fehlerbegriffs und die früher herrschende subjektive Fehlerbegriffstheorie kommt es nicht mehr an. Da es gemäß § 434 Abs. 1 Satz 1 BGB nunmehr auf den Inhalt der getroffenen Vereinbarung ankommt, werden in dem Fall, wo der Verkäufer bei Vertragsabschluss die Eigenschaften in einer bestimmten Weise beschreibt oder zuvor eine Probe geliefert hat, die beschriebenen Eigenschaften bzw. die Probe zum Inhalt der Beschaffenheitsvereinbarung. Zum Beschaffenheitsmerkmal kann auch der Liebhaberwert einer Sache werden. So kann eine Sache, die einem bekannten Vorbesitzer gehörte oder zu einem historischen Anlass verwendet wurde oder von einem Experten begutachtet worden ist, für die Wertschätzung nach der Verkehrsanschauung von besonderer Bedeutung sein.[348] Da die tatsächliche Beziehung der Sache von Dauer ist und der Sache „anhaftet", handelt es sich um ein Beschaffenheitsmerkmal.

b) Eignung zur vorausgesetzten oder gewöhnlichen Verwendung.

366 Liegt keine Beschaffenheitsvereinbarung vor, richtet sich die Beurteilung eines Mangels zunächst nach § 434 Abs. 1 Satz 2 Nr. 1 BGB (vorausgesetzte Verwendung), subsidiär nach § 434 Abs. 1 Satz 2 Nr. 2 BGB (gewöhnliche Verwendung). Nach § 434 Abs. 1 Satz 2 Nr. 1 BGB ist die Kaufsache frei von Sachmängeln, wenn sie sich für die nach dem Vertrag vorausgesetzte Verwendung eignet. Ausreichend ist eine konkludente Übereinstimmung der Parteien. Ist der Verwendungszweck der Kaufsache beiden Parteien bekannt, so kann von einer stillschweigenden Vereinbarung über die Beschaffenheit ausgegangen werden. Ob eine solche Vereinbarung getroffen worden ist, muss im Wege der Auslegung unter Berücksichtigung der Einzelumstände, des Vertragszwecks und den Grundsätzen von Treue und Glauben ermittelt werden. Zu beachten ist, dass die Kaufsache grundsätzlich nur dann fehlerhaft ist, wenn feststeht, dass sie im Zeitpunkt des Gefahrenübergangs nicht von der vertraglich geschuldeten Beschaffenheit ist. Eine Ausnahme gilt jedoch dann, wenn die Sache zum Weiterverkauf vorgesehen ist. In diesem Fall ist sie fehlerhaft, wenn sie aufgrund eines nicht ausräumbaren Verdachts eines Fehlers unverkäuflich ist.[349] Probleme ergeben sich in den Fällen, in denen das Mindesthaltbarkeitsdatum abgelaufen ist. Hier fraglich, ob ein Sachmangel vorliegt, da nicht feststeht, ob die Sache noch zum Verzehr geeignet ist. Von der herrschenden Meinung wird das Vorliegen eines Sachmangels bejaht, da schon bei Ablauf des Mindesthaltbarkeitsdatums ein Sachmangel begründet sei und der Verdacht der Qua-

---

348 Wertenbruch, NJW 2004, 1977.
349 BGHZ 52, 51, 54; BGH NJW 1989, 218, 220.

litätsminderung bestehe.³⁵⁰ Zum Teil wird jedoch ein Ausschluss der Gewährleistung nach § 442 BGB befürwortet, weil der Käufer grob fahrlässig handle, wenn er die Überschreitung nicht bemerke.

c) Öffentliche Aussagen des Verkäufers

Gemäß § 434 Abs. 1 Satz 3 BGB weicht die Kaufsache von der üblichen Beschaffenheit ab, wenn sie von öffentlichen Aussagen des Verkäufers, des Herstellers oder seines Gehilfen, insbesondere in der Werbung oder bei Kennzeichnung abweicht. Öffentliche Äußerungen des Verkäufers oder Herstellers gehören nun also zur Beschaffenheit der Sache. Dies ist unabhängig davon, ob in einem Verkaufsgespräch auf sämtliche Äußerungen Bezug genommen worden ist. Macht der Verkäufer im Verkaufsgespräch Angaben über die Sache, liegt bereits ein Fall des § 434 Abs. 1 Satz 1 BGB vor. Der Verkäufer haftet allerdings dann nicht für Werbeaussagen des Herstellers, wenn er die Äußerungen nicht kannte und auch nicht kennen musste.

367

d) Montagefehler

Ein Sachmangel liegt auch dann vor, wenn die vereinbarte Montage durch den Verkäufer oder dessen Erfüllungsgehilfen unsachgemäß durchgeführt worden ist (§ 434 Abs. 2 Satz 1 BGB). Damit sollen vor allem die Fälle erfasst werden, in denen eine zunächst mangelfreie Sache geliefert wird, diese dann aber durch eine unsachgemäße Montage des Verkäufers mangelhaft wird. Nach dem BGB in der Fassung vor dem 01.01.2002 musste stets problematisiert werden, ob es sich bei der Lieferung einer Kaufsache mit Montageverpflichtung bei einer fehlerhaften Montage um einen Fall des Werkvertragsrechts oder des Kaufrechts handelte. Der Kauf einer Sache mit Montageverpflichtung wurde dann dem Kaufrecht unterstellt, wenn die Montage nicht den Schwerpunkt der vertraglich geschuldeten Leistung bildete.³⁵¹ Nach der Schuldrechtsreform wird die Montage nunmehr nicht isoliert betrachtet. Jede fehlerhafte Montage führt zu einem Mangel der Kaufsache selbst.

368

e) Fehlerhafte Montageanleitung

Ein Mangel der Sache liegt nach der sog. IKEA-Klausel (§ 434 Abs. 2 Satz 2 BGB) auch dann vor, wenn die Kaufsache zur Montage bestimmt ist und die Montageanleitung mangelhaft ist. Für einen Mangel der Montageanleitung braucht der Verkäufer aber dann nicht einzustehen, wenn er sich nicht ausgewirkt hat. Es kann beispielsweise der Fall sein, wenn der Käufer aufgrund eigener Sachkenntnis eine Montageanleitung nicht benötigte und die Sache trotzdem richtig montieren kann.

369

f) Falschlieferung und Mengenfehler

Liefert der Verkäufer eine andere Sache (Falschlieferung) oder eine zu geringe Menge der Sache (Mengenfehler), steht dies gemäß § 434 Abs. 3 BGB dem Sachmangel gleich. Nach der Schuldrechtsreform kommt es also nicht mehr darauf an, ob eine genehmigungsfähige oder nicht genehmigungsfähige Anderslieferung vorliegt. Eine Anderslieferung wird dem Sachmangel gleichgestellt. Die Frage, ob beim Gattungskauf ein

370

---

350 Münchener Kommentar/H.B. Westermann, § 459 Rn. 45.
351 BGH NJW 1998, 3197.

genehmigungsfähiges Aliud vorliegt, das wie eine fehlerhafte Lieferung gemäß §§ 377, 378 HGB zu behandeln war, ist nunmehr hinfällig.[352] Auch bei einem Mengenfehler wird nicht mehr wie früher in § 380 HGB unterschieden, ob die Abweichung genehmigungsfähig ist oder nicht. Nach der bisherigen Definition der Minderlieferung im Handelskauf war diese gegeben, wenn eine nach Zahl, Maß oder Gewicht bestimmte Menge zum Teil ausblieb.[353]

g) Sachmangel beim Grundstückskaufvertrag

371 § 434 BGB stellte auf die Beschaffenheit der Kaufsache ab. Die Beschaffenheit ist mit dem tatsächlichen Zustand der Sache gleichzusetzen. Hierbei kann sich um unmittelbar der Sache anhaftende Eigenschaften aber auch um Umstände, die außerhalb der Kaufsache liegen – sog. Umweltbeziehungen – handeln. Die Kaufsache ist frei von Sachmängeln, wenn die Kaufsache die vereinbarte Beschaffenheit hat (§ 434 Abs. 1 S. 1) oder – soweit eine Beschaffenheit nicht vereinbart ist – sie sich für die nach dem Vertrag vorausgesetzte Verwendung eignet (§ 434 Abs. 1 S. 2 Nr. 1 BGB) oder sie sich für die gewöhnliche Verwendung eignet und eine Beschaffenheit aufweist, die den Sachen gleicher Art üblich ist und die der Käufer nach der Art der Sache erwarten kann. Auf die bisherigen Ausführungen wird insoweit verwiesen, im Übrigen ist beim Kauf von Grundstücken besonderes zu beachten:

372 Eine Sachmangel im Hinblick auf die Beschaffenheit von Grundstücken liegt vor, bei
- abweichender Größe, Lage und Wohnfläche
- **Baubeschränkungen:** Die Beschränkung der Bebaubarkeit insbesondere durch das öffentlichrechtliche Baurecht, Beschränkung der Benutzbarkeit von Räumen, Bauverbot wegen Naturschutz, im Hinblick auf die Bebaubarkeit von Nachbargrundstücken
- **Bodenbeschaffenheiten:** insbes. Bodenverunreinigung als Altlast,[354] frühere Werkdeponie, Höhe des Grundwasserspiegels
- **Gebäudezustand:** beseitigter Schwammbefall mit Verdacht des Wiederauftretens; Funktion der Heizung; baurechtliche Bewohnbarkeit eines Hauses
- **Immissionen:** bei Wohngrundstück andauernde erhebliche Geruchsbelästigung, Lärm einer Flugschneise
- **Vermietung:** zulässig erzielbarer oder erzielter Ertrag – auch bei preisgebundenen Wohnungen, Dauer eines bestehenden Mietvertrages

373 Beim Grundstückskauf ist demnach eine vereinbarte Beschaffenheit zu bejahen, wenn im Kaufvertrag Angaben über den Mietertrag[355] oder eine zirka-Größe des Grundstücks gemacht werden.[356] Die vom Verkäufer versicherte Erteilung einer behördlichen Genehmigung ist als vereinbarte Beschaffenheit zu qualifizieren.[357] Eine Objektbe-

---

352 BGHZ, 115, 286; BGH NJW 1989, 218.
353 BGH NJW 1992, 912.
354 Kügel, NJW 2004, 1570.
355 BGH NJW 1993, 1385; anders aber, wenn bezüglich Angaben von Mietertrag, wenn der Käufer andere Vorstellungen vom Wert des Grundstücks hat, vgl. BGH NJW 1990, 902.
356 OLG Düsseldorf, NJW-RR 1996, 693.
357 BGH NJW 1998, 535.

schreibung im Makler-Expose als Werbung kann ein Fall des § 434 Abs 1 S.2 Nr. 3, S. 3 BGB darstellen. Darüber hinaus können auch gesetzliche Benutzungsbeschränkungen einen Fehler der Sache begründen. Einerseits kann es sich hier um einen Rechtsmangel handeln, weil eine Kaufsache nicht frei von Rechten Dritter gemäß § 435 BGB ist. Öffentlich-rechtliche Beschränkungen, die auf bauordnungs- oder planungsrechtlichen Bestimmungen beruhen und die Bebaubarkeit regeln, sind als Sachmängel anzusehen.[358] Dagegen liegt grundsätzlich ein Rechtsmangel vor, wenn öffentlich-rechtliche Beschränkungen zum Entzug des Eigentums bzw. des Besitzes berechtigen.[359] Kein Beschaffenheitsmerkmal stellt die **künftige Bebaubarkeit** dar. In diesen Fällen finden die Gewährleistungsvorschriften keine Anwendung, denn die Gewährleistungsvorschriften setzen voraus, dass im Zeitpunkt des Gefahrenübergangs ein Beschaffenheitsmerkmal fehlt.[360] Werden bei Vertragsschluss jedoch Angaben über künftige Eigenschaften der Kaufsache gemacht, so kann § 313 BGB (Wegfall der Geschäftsgrundlage) Anwendung finden.

h) Beweislast

Im Hinblick auf die Beweislast für das Vorliegen eines Sachmangels ist auf die Grundregel des § 363 BGB abzustellen: Der Verkäufer trägt die Beweislast für seinen Anspruch auf den Kaufpreis, also für die vertragsgemäße Freiheit der Sache von Mängeln bei Gefahrenübergang. Ab dem Gefahrenübergang muss der Käufer den aufgetretenen Sachmangel und dass dieser bei Gefahrenübergang vorgelegen hat, beweisen. Verweigert der Käufer die Annahme wegen Mangelhaftigkeit der Sache, muss der Verkäufer beweisen, dass die angebotene Sache frei von Sachmängeln war. Nach der Annahme der Sache ist der Käufer beweisbelastet. Die Beweislast fällt aber auf den Verkäufer zurück, wenn er eine andere Beschaffenheitsvereinbarung behauptet.

3. Rechtsmangel

a) Grundsatz

Der Rechtsmangel wird in § 435 BGB definiert. Da das Gesetz formuliert „geltend machen können" ist es nicht ausreichend, wenn ein Dritter ein Recht geltend macht. Nur ein tatsächlich bestehendes Recht bildet folglich einen Rechtsmangel. Als Rechtsmangel kommen die privatrechtlichen Rechte Dritter sowie öffentlich-rechtliche Beschränkungen in Betracht. Als privatrechtliche Rechte Dritter, die einen Rechtsmangel begründen können, kann zunächst das fehlende Eigentum an der Sache genannt werden. Ist ein anderer als der Verkäufer Eigentümer, erhält der Käufer weniger Rechte, als nach dem Kaufvertrag vereinbart worden sind. Nach herrschender Meinung ist fehlendes Eigentum ein Rechtsmangel, da sich die Eigentumsverschaffungspflicht aus § 433 Abs. 1 Satz 1 BGB ergibt.[361] Auch bestehende dingliche Belastungen der Kaufsache sind als Rechte Dritte als Rechtsmangel zu qualifizieren. Bei beweglichen Sachen sind dingliche Belastungen der Kaufsache in dem Pfandrecht, dem Nieß-

---

358 BGH NJW 1992, 1348.
359 BGH Z 113, 106; BGH WM 1984, 214; NJW 1983, 275.
360 BGH Z 117, 159.
361 a.A. Palandt/Putzow, § 434 Rn. 4.

brauch und Anwartschaftsrechten zu sehen. Auch sonstige Rechte, wie Patente, Geschmacks- und Gebrauchsmusterrechte, Markenrechte, Immaterialgüterrechte, Urheberrechte und der Unterlassungsanspruch aus dem Persönlichkeitsrecht[362] sind, soweit sie einer Benutzung der Kaufsache – inbesondere dem Gebrauch und der Weiterveräußerung – entgegenstehen, als Rechtsmangel zu qualifizieren. Daneben muss der Verkäufer auch dafür, dass der Käufer den Kaufgegenstand uneingeschränkt nutzen kann, einstehen.[363] Gleichsam bilden obligatorische Rechte, – soweit sie einem Dritten berechtigten Besitz verschaffen – als Rechte Dritter einen Rechtsmangel. Das Zurückbehaltungsrecht des Besitzers gegenüber dem Eigentümer ist ein Rechtsmangel. So steht dem Besitzer gemäß § 986 Abs. 1 Satz 2 BGB auch gegenüber dem Käufer ein Recht zum Besitz zu.

b) Rechtsmangel beim Grundstückskaufvertrag

376 *aa) Rechtsmangel:* Bestehende dingliche Belastungen der Kaufsache sind als Rechte Dritter als Rechtsmangel zu qualifizieren. Bei Grundstücken zählen dazu z.B. die Hypothek, die Rentenschuld, Dienstbarkeiten,[364] Nießbrauch, Vorkaufsrecht und Vormerkung. Kein Mangel ist allerdings die nachbarrechtliche Beschränkung, z.B. ein Überbau.[365] Auch obligatorische Rechte, die und soweit sie einem Dritten berechtigten Besitz verschaffen, sind als Rechte des Dritten als Rechtsmangel einzustufen. So kann sich z.B. bei einem vermieteten oder verpachteten Grundstück der Mieter gegenüber dem Käufer bzw. Pächter gemäß §§ 566, 578 BGB auf den mit dem Verkäufer abgeschlossenen Miet- bzw. Pachtvertrag als Recht zum Besitz berufen.[366] Auch das Zurückbehaltungsrecht des Besitzers gegenüber dem Eigentümer ist ein Rechtsmangel. Denn dem Besitzer steht gemäß § 986 Abs. 1 Satz 2 BGB auch gegenüber dem Käufer ein Recht zum Besitz zu. Öffentlich-rechtliche Beschränkungen können beim Kauf von Grundstücken ebenfalls einen Rechtsmangel nach § 434 BGB begründen[367] (Beispiele: Sozialbindung einer Wohnung,[368] Pflicht zur Veräußerung an die Gemeinde als Straßenland).[369] Auch die Eintragung eines Rechts im Grundbuch, das nicht besteht, ist gemäß § 435 Satz 2 BGB ein Rechtsmangel. Zwar verschlechtern die Buchrechte die Position des Käufers nicht unmittelbar, behindern ihn jedoch bei einer ggf. weiteren Verfügung über das Grundstück und es besteht die Gefahr, dass sie durch den gutgläubigen Erwerb eines Dritten gemäß § 892 BGB zu einem wirklichen Recht erstarken.

377 *bb) Sondervorschrift des § 436 BGB (öffentlich-rechtliche Lasten an Grundstücken):* § 436 BGB enthält eine Sondervorschrift für öffentlich-rechtliche Lasten an Grundstücken (z.B. Erschließungsbeiträge). Soweit nichts anderes vereinbart ist, ist der Verkäu-

---

362 BGH NJW 1990, 1106.
363 Zum Mietrecht eines Dritten sieht 1997, 2158; zur Lizenz OLG Hamm, NJW-RR 1991, 953; zur persönlichen Dienstbarkeit BGH NJW 2000, 803.
364 BGH NJW 2000, 803.
365 BGH NJW 1981, 1362.
366 BGH NJW 1991, 2700; 1998, 534 (für die Verlängerungsoption).
367 BGHZ 67, 134.
368 BGH NJW 2000, 1256.
369 BGH NJW 1983, 275.

fer eines Grundstücks verpflichtet, Erschließungsbeiträge und sonstige Anliegerbeiträge für die Maßnahmen zu tragen, die bis zum Tage des Vertragsschlusses bautechnisch begonnen sind, unabhängig vom Zeitpunkt des Entstehens der Beitragsschuld. Zu beachten ist hierbei, dass das Gesetz als maßgebenden Zeitpunkt, den Abschluss des wirksamen Kaufvertrages bestimmt. § 436 BGB begründet keinen Rechtsmangel, sondern eine Pflicht des Verkäufers gegen den Käufer auf Freistellung oder Zahlung. Im Übrigen haftet der Verkäufer gemäß § 436 Abs. 2 BGB nicht für die Freiheit des Grundstücks von anderen öffentlichen Abgaben und anderen öffentlichen Lasten, die zur Eintragung in das Grundbuch nicht geeignet sind. Das sind vornehmlich die unter § 10 Abs. 1 Nr. 3, 7 ZVG fallenden Beträge, z.B. die Grundsteuer, Räum- und Streupflichten, Müllabfuhrgebühren. Auch hierbei handelt es sich nicht um einen Rechts- oder Sachmangel. Die zum Zeitpunkt der Übergabe aufgelaufenen Rückstände trägt im Verhältnis der Parteien der Verkäufer.

c) Beweislast

Im Hinblick auf die Beweislastverteilung gilt das zu dem Sachmangel Ausgeführte: Nach § 363 BGB muss der Verkäufer beweisen, dass der Kaufgegenstand im maßgeblichen Zeitpunkt frei von Rechtsmängeln war. 378

4. Gefahrenübergang

Maßgebender Zeitpunkt für das Vorliegen eines Mangels ist bei dem Sachmangel der Gefahrenübergang (Übergang der Preisgefahr).[370] Dies ist in der Regel die Übergabe der Sache (§ 446 S. 1 BGB) oder der Eintritt des Annahmeverzugs (§ 446 S. 3 BGB). Beim Versendungskauf gilt § 447 BGB. Beim Rechtsmangel ist allein das Bestehen des Rechts beim Erwerb des verkauften Gegenstandes von Bedeutung. Beim Kauf von beweglichen Sachen ist daher auf die Eigentumsübertragung gem. §§ 929ff BGB abzustellen. Beim Eigentumsvorbehaltskauf nach § 449 BGB ist der Eintritt der Bedingung (§ 158 Abs. 1 BGB) maßgebend. Bei Grundstücken kommt es auf die Vollendung des Eigentumserwerbs durch Auflassung und Eintragung ins Grundbuch (§§ 873, 925 BGB) an. 379

5. Nacherfüllungsverlangen

Nach § 439 Abs. 1 BGB hat der Käufer ein Wahlrecht, ob er die Beseitigung des Mangels oder die Lieferung einer neuen Sache will. Dieses Wahlrecht übt der Käufer durch das Verlangen der Nacherfüllung aus. Es handelt sich um eine empfangsbedürftige Willenserklärung (§ 130 BGB), die nicht an eine bestimmte Form gebunden ist, aber in der der Käufer beanstandete Sach- oder Rechtsmangel bezeichnen muss. Der Inhalt der Erklärung muss für den Verkäufer zweifelsfrei sein. Die Erklärung ist wegen ihrer Gestaltungswirkung bedingungsfeindlich und unwiderruflich. Mit der wirksamen Ausübung erlischt das Wahlrecht. 380

---

370 Lorenz, NJW 2004, 3020.

§ 2 Der Kauf von Sachen

381 Muster: Klage auf Nacherfüllung

Amtsgericht ▪▪▪

Klage

der Blockbau GmbH, vertreten durch die Geschäftsführerin ▪▪▪

Klägerin,

Prozessbevollmächtigte: ▪▪▪

gegen

die Autohaus Klein GmbH, vertreten durch den Geschäftsführer ▪▪▪

Beklagte,

wegen: Nacherfüllung

Vorläufiger Streitwert: EUR 2.300.-.

Namens und in Vollmacht der Klägerin erheben wir Klage und werden in der mündlichen Verhandlung beantragen:

Die Beklagte wird verurteilt, das Kraftfahrzeug Mercedes A-Klasse, Kraftfahrzeugnr. JK4456ss90A so nachzubessern, dass das Kraftfahrzeug mit einem funktionsfähigen Navigationssystem des Typs „Route 2004 XXLs GPS" ausgestattet ist.

Sollten die Voraussetzungen nach § 331 Abs. 3 ZPO vorliegen, beantragen wir den Erlass eines Versäumnisurteils.

Begründung:

Die Klägerin hat einen Anspruch auf Mangelbeseitigung durch Nacherfüllung gemäß §§ 437 Nr. 1, 439 BGB. Die Klägerin erwarb am 06.09.2004 von der Beklagten das Kraftfahrzeug Typ Mercedes A-Klasse, Kraftfahrzeugnr. JK4456ss90A zu einem Kaufpreis von 25.499,- EUR. Unter anderem war als Sonderausstattung zum Mehrpreis von 2.300 EUR vertraglich vereinbart, dass das Kraftfahrzeug mit einem Navigationssystem des Typ „Route 2004 – XXLs GPS" ausgestattet ist.

Beweis: Kaufvertrag vom 06.09.2004 – Anlage K1

Die Beklagte übergab der Klägerin am 20.06.2004 das Kraftfahrzeug nebst sämtlichen Papieren. Die Klägerin zahlte den gesamten Kaufpreis. Als der Mitarbeiter Anton Völlmer der Klägerin am 21.06.2004 das Fahrzeug zu einer Geschäftsreise nach München gebrauchen wollte, stellt er fest, dass das Navigationssystem nicht funktioniert.

Beweis:
1. Zeugnis des Herrn ▪▪▪
2. Gutachten eines vom Gericht zu bestellenden Sachverständigen

Mit Einwurfeinschreiben vom 22.06.2004 forderte die Klägerin die Beklagte zur Nachbesserung auf. Die Beklagte reagierte nicht.

Beweis: Einwurfeinschreiben vom 22.06.2004 nebst Sendestatusbericht der Deutschen Post AG vom 24.06.2004 – Anlage K2

Eine beglaubigte und eine einfache Abschrift anbei.

■■■

Rechtsanwalt

III. Einwendungen

1. Ausschluss des Nacherfüllungsanspruchs bei Unmöglichkeit der Nacherfüllung gem. § 275 Abs. 1 BGB

Nach § 275 Abs. 1 BGB schuldet der Verkäufer die Art der Nacherfüllung, die unmöglich ist, nicht. Die Nacherfüllungspflicht des Verkäufers ist also ausgeschlossen, wenn eine Nacherfüllung unmöglich ist (§ 275 Abs. 1 BGB). Wobei zu beachten ist, dass die Nacherfüllungspflicht des Verkäufers erst dann ausgeschlossen ist, wenn beide Arten der Nacherfüllung unmöglich sind. Ob dies der Fall ist, muss für die Ersatzlieferung und die Nachbesserung gesondert festgestellt werden. Ist nur eine Art der Nacherfüllung unmöglich, bleibt der Verkäufer zu der jeweils anderen Art der Nacherfüllung verpflichtet (vgl. § 275 Abs. 1 BGB: „soweit"). Beide Arten der Nacherfüllung sind in dem Fall unmöglich, wenn eine Speziessache mit einem unbehebbaren Mangel – ein Bild wird z.b. als echter „Liebermann" verkauft, ist aber nur ein Imitat – behaftet ist.

382

a) Unmöglichkeit der Nachlieferung

Diskutiert wird die Frage, ob bei einem Stückkauf die Nachlieferung einer mangelfreien Sache von Vornherein ausscheidet. Gemäß § 433 Abs. 1 Satz 1 und 2 BGB schuldet der Verkäufer nur die Übergabe und Übereignung der konkreten mangelfreien Sache. Teilweise wird daher davon ausgegangen, dass es beim Stückkauf – auch beim Kauf von neuen Sachen – eine Verpflichtung zur Nachlieferung nicht geben kann.[371] Ein Nachlieferungsanspruch würde nach dieser Ansicht nur für beschaffbare Gattungssachen in Betracht kommen (§§ 243 Abs. 1, 360 HGB). Die andere Ansicht geht davon aus, dass auch bei einem Spezieskauf zumindest dann eine Ersatzlieferung möglich ist, wenn der Kaufgegenstand eine vertretbare Sache (§ 91 BGB) ist.[372] Auch wenn der Vorrat der Kaufsache erschöpft ist könnte eine Nachlieferung ausgeschlossen sein. Allein der Ausverkauf führt jedoch nicht zur Unmöglichkeit. Denn dem Käufer ist die Leistung nur unmöglich wenn er die Leistung auch durch Beschaffung oder Wiederbeschaffung nicht erbringen kann.[373] Bei der Frage, ob eine Ersatzlieferung beim Kauf von gebrauchten Sachen möglich ist, ist jeweils für den Einzelfall zu entscheiden, ob Unmöglichkeit einer Ersatzlieferung vorliegt.[374]

383

---

371 Lorenz JZ 2001, 742.
372 Bitter/Meid Zip 2001, 2114; Bürner Zip 2001, 2264.
373 BGH NJW 1988, 699.
374 Bitter/Meidt, ZIP 2001, 2114, 2120.

Marfurt

§ 2 Der Kauf von Sachen

b) Unmöglichkeit der Nachbesserung

384 Ist die Kaufsache mit einem unbehebbaren Mangel behaftet, ist auch eine Nachbesserung nicht möglich. Als klassisches Beispiel ist hier der Verkauf eines Unfallwagens als „unfallfrei" anzuführen.

385 Muster: Klageerwiderung bei Unmöglichkeit der Nachbesserung

Landgericht ■■■

In dem Rechtsstreit

Müller ./. Meyer

Zeigen wir die Vertretung der Beklagten an und werden in der mündlichen Verhandlung beantragen,

Die Klage wird abgewiesen.

Begründung:

Der Kläger hat keinen Anspruch auf Mangelbeseitigung durch Nacherfüllung gemäß §§ 437 Nr. 1, 439 BGB. Der Anspruch ist gemäß § 275 Abs. 1 BGB ausgeschlossen. Zunächst wird bestritten, dass der vom Kläger an den Beklagten verkaufte BMW nicht unfallfrei sein soll. Selbst wenn dies aber der Fall wäre und ggf. ein Mangel zu bejahen wäre, ist eine Nachlieferung sowie eine Nachbesserung nicht möglich.

Eine beglaubigte und eine einfache Abschrift anbei.

■■■

Rechtsanwalt

2. Rechtsgeschäftlicher Ausschluss der Gewährleistungsansprüche

386 Rechtsgeschäftlich können Gewährleistungsansprüche durch einen Individualvertrag, durch allgemeinen Geschäftsbedingungen oder durch einen einseitigen Verzicht ausgeschlossen sein.

a) Ausschluss durch Individualvereinbarung

387 Nach § 444 BGB können die Parteien vereinbaren, dass dem Käufer die gesetzlichen Gewährleistungsrechte nicht oder nur in eingeschränktem Umfang zustehen sollen. Auf eine solche Vereinbarung kann sich der Verkäufer jedoch nur dann berufen, wenn er den Mangel nicht arglistig verschwiegen hat oder eine Garantie für die Beschaffenheit der Sache übernommen hat.[375] Daneben sind die allgemeinen Einschränkungen nach §§ 134, 138, 242 BGB zu beachten. Typische Vertragsklauseln sind in solchen Fällen: „wie besichtigt";[376] „wie die Sache steht und liegt" bedeutet in der Regel einen totalen Haftungsausschluss für Mängel; „Ausschluss jeder Gewährleistung" ist insbesondere im Gebraucht-

---

375 OLG Koblenz, NJW 2004, 1670.
376 Ausschluss nur solcher Mängel, die bei einer ordnungsgemäßen Besichtigung ohne Zuziehung eines Sachverständigen wahrnehmbar sind, Köln, NJW-RR 1992, 49.

C. Gewährleistungsansprüche des Käufers

wagenhandel üblich und wirksam, nicht aber bei neu herzustellenden Sachen oder zu errichtenden Gebäuden,[377] wohl aber bei Altbauten;[378] ohne Garantie bedeutet dagegen regelmäßig keinen Haftungsausschluss, sondern höchstens die Vereinbarung einer bestimmten Beschaffenheit der Kaufsache (§ 434 Abs. 1 S. 1 BGB). Eine Ausnahme liegt jedoch beim Verbrauchsgüterkauf vor. Verkauft ein Unternehmer eine bewegliche Sache an einen Verbraucher, so ist durch Individualvereinbarung nur eine Beschränkung des Schadensersatzanspruches möglich (§ 475 Abs. 3 BGB).

Für die Tatsachen zur Vereinbarung des Haftungsausschlusses trägt der Verkäufer die Beweislast. Der Käufer muss darlegen und beweisen, dass dem Verkäufer der Mangel oder das Fehlen der garantierten Beschaffenheit bei der Vereinbarung bekannt war. Gelingt dem Käufer dieser Beweis, ist der Verkäufer wiederum dafür beweisbelastet, dass er dem Käufer den betreffenden Mangel offenbart hat. — 388

b) Ausschluss durch Allgemeine Geschäftsbedigungen

Die Gewährleistung kann auch durch allgemeine Geschäftsbedingungen ausgeschlossen sein. Voraussetzung dafür ist zunächst, dass überhaupt allgemeine Geschäftsbedingungen nach § 305 Abs. 1 BGB vorliegen. Es muss sich um vorformulierte Vertragsklauseln handeln, also Vertragsklauseln, die für eine Vielzahl von Fällen vorgesehen sind und vom Verwender gestellt worden sind. Für Verbraucherverträge gelten gemäß § 310 Abs. 3 BGB Sonderregeln: Nach § 310 Abs. 3 Nr. 1 BGB gelten alle Vertragsbestimmungen als vom Unternehmer gestellt, es sei denn, dass sie durch den Verbraucher eingeführt wurden. § 310 Abs. 3 Nr. 2 BGB bestimmt, dass die Vorschriften über Auslegung, Inhaltskontrolle und die Rechtsfolgen bei Nichteinbeziehung und Unwirksamkeit auch dann Anwendung finden, wenn die Vertragsbedingungen nur zur einmaligen Verwendung bestimmt sind. Schließlich ist nach § 310 Abs. 3 Nr. 3 BGB auch die bei dem Vertragsschluss begleitenden Umstände zu berücksichtigen. — 389

Die allgemeinen Geschäftsbedingungen müssen gemäß §§ 305 Abs. 2 bis 305c Abs. 1 BGB Vertragsbestandteil geworden sein. Gemäß § 305 Abs. 2 BGB sind die allgemeinen Geschäftsbedingungen nur dann in den Vertrag einbezogen, wenn ein ausdrücklicher Hinweis erfolgt ist und dem Vertragspartner die Möglichkeit der Kenntnisnahme verschafft worden ist. Gegenüber Unternehmern gilt § 305 Abs. 2 BGB gemäß § 310 Abs. 1 Satz 1 BGB jedoch nicht. Eine Einbeziehung richtet sich hier nach den allgemeinen Regeln. Der Verwender muss lediglich auf seine allgemeinen Geschäftsbedingungen hinweisen und der Vertragspartner die Möglichkeit der Kenntnisnahme haben. — 390

Nach § 305b BGB haben Individualvereinbarungen Vorrang. Überraschende Klauseln werden gemäß § 305c Abs. 1 BGB nicht Vertragsbestandteil. Allgemeine Geschäftsbedingungen sind gemäß § 305c Abs. 2 BGB subjektiv aus der Sicht eines Durchschnittskunden auszulegen und Zweifel gehen zu Lasten des Verwenders. — 391

Die Inhaltskontrolle allgemeiner Geschäftsbedingungen richtet sich nach den §§ 307 – 309 BGB, wobei die Prüfung in umgekehrter Reihenfolge zu erfolgen hat. Zuerst ist — 392

---

377 BGH NJW 1974, 1135; 1984, 2094.
378 BGH NJW 1986, 2824.

§ 2 Der Kauf von Sachen

§ 309 BGB, dann § 308 BGB und schließlich § 307 BGB zu prüfen. Von besonderer Bedeutung sind im Kaufrecht die §§ 309 Nr. 7 und Nr. 8 sowie 307 BGB.

393 § 306 BGB bestimmt die Rechtsfolge, dass nur die Klausel unwirksam ist, der Vertrag im Übrigen aber bestehen bleibt. Gleiches gilt bei widersprüchlichen allgemeinen Geschäftsbedingungen. Es gibt keine geltungserhaltende Reduktion auf das inhaltlich Zulässige. Die Lücke ist durch Anwendung dispositiver Vorschriften und ergänzender Vertragsauslegung zu schließen.

394 *aa) Unwirksamkeit des Gewährleistungsausschlusses gemäß § 309 BGB:* Die Frage einer Unwirksamkeit des Gewährleistungsausschlusses nach § 309 BGB stellt sich vornehmlich, wenn bei einem Verbrauchsgüterkauf der Anspruch auf Schadensersatz ausgeschlossen oder beschränkt wird (§ 475 Abs. 3 BGB). § 309 BGB findet gemäß § 310 Abs. 1 BGB bei einem Kaufvertrag, bei dem auf der Käuferseite ein Unternehmer steht, direkt keine Anwendung. Die in § 309 BGB getroffenen Wertungen sind jedoch beim Kauf eines Unternehmers im Rahmen des § 307 BGB zu berücksichtigen. Von Bedeutung könnte § 309 BGB auch dann sein, wenn zwischen zwei Verbrauchern unter Verwendung von Allgemeinen Geschäftsbedingungen ein Kaufvertrag abgeschlossen wird. Bedeutung hat die Regelung des § 309 BGB insbesondere auch beim notariellen Kaufvertrag über den Erwerb einer Immobilie.

395 Die Unwirksamkeit eines Gewährleistungsausschlusses nach § 309 Nr. 7 BGB zielt auf den Schutz von Schadensersatzansprüchen wegen Pflichtverletzung ab und zwar auch insoweit, als die Pflichtverletzung in der Lieferung einer mangelhaften Sache besteht und wird daher bei den Schadensersatzansprüchen des Käufers bei Lieferung einer mangelhaften Sache besprochen. Beim Kauf von gebrauchten Sachen ist nunmehr ein Haftungsausschluss für Körperschäden unabhängig vom Verschulden gemäß § 309 Nr. 7a BGB unwirksam. Im übrigen ist ein Haftungsausschluss beim Verkauf gebrauchter Sachen nur möglich, wenn es sich nicht um einen Verbrauchsgüterkauf handelt.

396 § 309 Nr. 8b aa) BGB bestimmt, in welchen Fällen bei einem Kaufvertrag über neu hergestellte Sachen Allgemeine Geschäftsbedingungen unwirksam sind. Unwirksam ist zunächst der völlige Ausschluss von Gewährleistungsansprüchen und die Verweisung auf Dritte. Das Gleiche gilt auch für den bedingten Ausschluss, etwa für den Fall der Beschädigung oder des Eingriffs durch einen Dritten.[379] Unwirksam sind auch Klauseln, durch die der Verwender die eigene Haftung ausschließt und in Quoten auf Ansprüche gegen Dritte verweist. Der Verwender kann seinen Kunden durch Abtretung oder Vertrag zu Gunsten Dritter Ansprüche gegen Dritte verschaffen, etwa Rechte aus einer Herstellergarantie. Seine Haftung bleibt aber unberührt.

397 Nach § 309 Nr. 8b bb) BGB ist die Beschränkung der Gewährleistung auf Nacherfüllung unwirksam. Eine Beschränkung auf Nacherfüllung ist nur möglich, wenn dem Käufer ausdrücklich das Recht vorbehalten wird, bei Fehlschlagen der Nacherfüllung zu mindern oder vom Vertrag zurückzutreten. Der Verwender braucht hierbei die

---

379 BGH NJW 1980, 831; OLG Hamm NJW-RR 2000, 1224.

denkbaren Fälle des Fehlschlagens der Nachbesserung nicht im Einzelnen aufzulisten.[380] Führt der Verwender einen Katalog für die möglichen Fälle des Fehlschlagens der Nachbesserung auf, muss dieser jedoch vollständig sein.[381] Trifft dies nicht zu oder ist die verwandte generelle Formulierung zu eng, ist die Formel insgesamt unwirksam.[382]

§ 309 Nr. 8 BGB b cc) verbietet auch eine Regelung, die die Verpflichtung des Verwenders ausschließt oder beschränkt, die zum Zweck der Nacherfüllung erforderlichen Aufwendungen – insbesondere Transport-, Wege-, Arbeits- und Materialkosten – zu tragen. Von der gesetzlichen Regelung des § 439 Abs. 2 BGB kann nicht durch allgemeine Geschäftsbedingungen abgewichen werden.

398

Nach § 309 Nr. 8 b dd) BGB ist eine Bestimmung unwirksam, nach der der Verwender die Nacherfüllung von einer vorherigen Zahlung des vollständigen Entgelts oder eines unter Berücksichtigung des Mangels unverhältnismäßig hohen Teils des Entgelts abhängig macht. Ebenso ist nach § 309 Nr. 8 b ee) BGB eine Bestimmung, nach der der Verwender dem anderen Vertragsteil für die Anzeige nicht offensichtlicher Mängel eine Ausschlussfrist setzt, die kürzer als die nach dem Doppelbuchstaben (ff) zulässige Frist ist, unwirksam. In allgemeinen Geschäftsbedingungen können für die Anzeige von Mängeln zwar Ausschlussfristen bestimmt werden. Dabei ist jedoch zwischen offensichtlichen und verborgenen Mängeln zu unterscheiden. Auf Klauseln über offensichtliche Mängel ist nicht § 309 Nr. 8 b ee) BGB, sondern § 307 BGB anzuwenden.

399

bb) Unwirksamkeit des Gewährleistungsausschlusses gemäß § 307 BGB: Nach § 307 Abs. 1 Satz 1 BGB sind allgemeine Geschäftsbedingungen unwirksam, wenn sie den Vertragspartner des Verwenders entgegen dem Gebot von Treue und Glauben unangemessen benachteiligen. Wann eine unangemessene Benachteiligung vorliegt, ergibt sich aus § 307 Abs. 2 BGB. Eine unangemessen Benachteiligung kann sich nach § 307 Abs. 1 Satz 2 BGB daraus ergeben, dass die Bestimmung nicht klar und verständlich ist. Damit ist das von der Rechtsprechung entwickelte Transparentsgebot kodifiziert worden. Das Transparenzgebot verpflichtet den Verwender, seine AGB so zu gestalten, dass der rechtsunkundige Durchschnittsbürger in der Lage ist, die ihn benachteiligenden Wirkungen einer Klausel ohne Einholung von Rechtsrat zu erkennen.[383]

400

c) Verzicht auf Gewährleistungsansprüche

Der Käufer kann einen Verzicht auf Gewährleistungsansprüche sowohl ausdrücklich wie auch konkludent erklären. Behält der Käufer die Kaufsache trotz eines Mangels für sich, bringt er durch sein Verhalten zum Ausdruck, dass er die mangelhafte Sache behalten will und keine Gewährleistungsansprüche erhebt.

401

---

380 BGH NJW 1994, 1004.
381 BGH NJW 1998, 679.
382 BGH NJW 1993, 62; NJW 1994, 1004; 1996, 2506.
383 BGHZ 106, 49; BGH NJW 2000, 651.

3. Gesetzliche Ausschlussgründe

a) Der Gewährleistungsausschlus gemäß § 442 BGB

402 Kennt der Käufer beim Vertragsschluss den Mangel, ist die Gewährleistung gemäß § 442 BGB ausgeschlossen. Bei einer grob fahrlässigen Unkenntnis kann der Käufer Rechte wegen des Mangels nur dann geltend machen, wenn der Verkäufer den Mangel arglistig verschwiegen oder eine Garantie für die Beschaffenheit der Kaufsache übernommen hat. In den Fällen der groben Fahrlässigkeit (§ 277 BGB) ist auf die im Einzelfall erforderliche Sorgfalt abzustellen, d.h. auf das Mindestmaß an Information und Aufmerksamkeit. Diese muss der Käufer in besonders schwerem Maß verletzt haben. In der Regel ist dies nicht der Fall, wenn der Käufer sich auf die Angaben des Verkäufers verlässt, ohne weitere Informationen einzuholen. So muss der Käufer grundsätzlich nicht eine sachkundige Person zur Besichtigung zuziehen.[384] Eine Untersuchung des Kaufgegenstandes vor und bei Vertragsschluss ist regelmäßig keine Käuferpflicht. Etwas anderes gilt allerdings bei einer besonderen Sachkunde des Käufers, wenn nach der Verkehrssitte die eingehende Besichtigung üblich ist (z.B. bei Gebäuden, Kunstwerken) oder Warnungen des Verkäufers oder Dritter sowie besondere Umstände eine Untersuchung zumutbar machen (z.B. Haltbarkeitsdatum von verpackten Lebensmitteln). Für die Tatsachen zur Kenntnis und zur groben Fahrlässigkeit trägt der Verkäufer die Beweislast. Der Käufer ist für das Verschweigen und die Garantie darlegungs- und beweisbelastet.

403 Nach § 442 Abs. 2 BGB hat der Verkäufer ein im Grundbuch eingetragenes Recht zu beseitigen, auch wenn es der Käufer kennt. Durch § 442 Abs. 2 BGB soll vermieden werden, dass die Haftung des Verkäufers dadurch entfällt, dass der Käufer durch die Beurkundung nach § 311b Abs. 1 BGB Kenntnis vom Inhalt des Grundbuchs erlangt.

404 Muster: Klageerwiderung bei Ausschluss der Gewährleistung wegen Kenntnis des Mangels

18

Landgericht ■■■

In dem Rechtsstreit

Dipl. Ing. Architekt Kleifus ./. Dr. Loose

Zeigen wir die Vertretung des Beklagten an und werden in der mündlichen Verhandlung beantragen,

Die Klage wird abgewiesen.

Begründung:

Der Kläger hat keinen Anspruch auf Mangelbeseitigung durch Nacherfüllung gemäß §§ 437 Nr. 1, 439 BGB. Der Anspruch ist gemäß § 442 Abs. 1 S. 2 BGB ausgeschlossen. Es mag zwar sein, dass der Dachstuhl des von dem Kläger erworbenen Wohnhauses in der Choriner Str. 11, 10407 mit Holzbock befallen ist.

---

384 OLG Köln, NJW-RR 1988, 1291.

Die Gewährleistungsrechte des Klägers sind jedoch ausgeschlossen. Denn der Mangel der Kaufsache ist dem Kläger infolge grober Fahrlässigkeit unbekannt geblieben. Zwar ist selbst dann, wenn der Käufer bei einer sorgfältigen Prüfung der Kaufsache im Zeitpunkt des Vertragsschlusses den Mangel hätte erkennen können, noch keine grobe Fahrlässigkeit zu bejahen, da grundsätzlich eine allgemeine Untersuchungs- und Nachforschungspflicht für den Käufer nicht bejaht wird. Eine Nachforschungs- und Untersuchungspflicht für den Käufer besteht aber dann, wenn entweder insoweit eine Verkehrssitte besteht, besondere Umständen zur Vorsicht mahnen oder der Käufer über eine besondere Sachkunde verfügt, die dem Verkäufer fehlt (BGH WM 1985,230). So liegt der Fall auch hier. Der Käufer ist Architekt. Der Architekt besitzt im Bereich des Bauwesens eine besondere Sachkunde. Bei Erwerb eines alten Wohnhauses mit einem Holzdachstuhl muss er damit rechnen, dass das Holz ggf. von Holzbock oder anderen Schädlingen befallen ist. Insoweit trifft in daher ein Nachforschungspflicht. Diese Nachforschungspflicht hat der Kläger verletzt.

Eine beglaubigte und eine einfache Abschrift anbei.

■■■

Rechtsanwalt

b) Der Gewährleistungsausschluss gemäß § 445 BGB

Nach § 445 BGB stehen dem Käufer Rechte wegen eines Mangels dann, wenn eine Sache in einer öffentlichen Versteigerung als Pfand verkauft wird, zu, wenn der Verkäufer den Mangel arglistig verschwiegen oder eine Garantie für die Beschaffenheit der Sache übernommen hat. Voraussetzung hierfür ist, dass der Verkauf in einer öffentlichen Versteigerung aufgrund eines wirksamen Pfandrechts und unter Bezeichnung als Pfand erfolgt ist. Die Regelung greift daher weder beim Selbsthilfeverkauf nach §§ 383 BGB, 373 HGB noch beim freihändigen Pfandverkauf nach § 1221 BGB ein. Für Veräußerungen im Rahmen der Zwangsvollstreckung geltend die Sondervorschriften der §§ 806 ZPO, 56 Satz 3 ZVG.

c) Ausschluss gemäß § 377 HGB

Bei einem Handelskauf muss der Käufer seinen Untersuchungs- und Rügepflichten genügen, sonst verliert er seinen Gewährleistungsanspruch. Der Verkäufer soll schnell Gewissheit erlangen, ob er Gewährleistungsansprüchen seines Käufers ausgesetzt ist und er deshalb Rückgriffsansprüche gegen seinen Verkäufer durchsetzen muss. Die Rügepflicht entsteht mit Ablieferung der Ware. Dies setzt voraus, dass dem Käufer oder einem von ihm benannten Dritten die Sache derart zugänglich gemacht worden ist, dass er sie auf ihre Beschaffenheit prüfen kann. Beim Verkauf von Sachgesamtheiten ist deren vollständige Lieferung erforderlich.[385] Unverzüglich nach der Ablieferung muss der Käufer – soweit dies nach dem ordnungsgemäßen Geschäftsgang tunlich ist – untersuchen und, falls sich Mängel zeigen, diese dem Verkäufer unverzüglich anzeigen. Unverzüglich (ohne schuldhaftes Zögern, § 121 BGB) wird eine Mängerüge nur innerhalb weniger Tage sein,[386] wobei hierfür oft Regelungen in allgemeinen Geschäftsbe-

---
385 BGH NJW 1993, 461.
386 Thamm/Möffert, NJW 2004, 2710 unter Hinweise auf zahlreiche Rechtsprechung.

dingungen getroffen werden, die dann an §§ 307ff BGB zu messen sind. Haften der Sache nicht erkennbare Mängel an, so muss der Käufer unverzüglich nach Entdeckung des Mangels dem Verkäufer den Mangel anzeigen. Die Mängelanzeige muss Art und Umfang der Mängel erkennen lassen, lediglich allgemeine Redewendungen wie z.B. die Ware ist fehlerhaft, taugt nichts, ist unverwendbar usw. reichen nicht aus.[387] Verletzt der Käufer die Untersuchungs- und Rügepflicht, so gilt die Ware als genehmigt. Der Käufer kann dann keine Gewährleistungsansprüche mehr geltend machen. Hat der Verkäufer allerdings arglistig gehandelt, gilt gemäß § 377 Abs. 5 BGB die Fiktion der Genehmigung nicht. Untersuchungs- und Rügepflichten sind Obliegenheiten.

407

19

Muster: Klageerwiderung bei Ausschluss der Gewährleistung nach § 377 HGB

Landgericht ■■■

In dem Rechtsstreit

Scherz Bauunternehmung GmbH ./. EGA Kufer Fensterbetriebe GmbH

Zeigen wir die Vertretung des Beklagten an und werden in der mündlichen Verhandlung beantragen,

Die Klage wird abgewiesen.

Begründung:

Der Kläger hat keinen Anspruch auf Mangelbeseitigung durch Nachlieferung gemäß §§ 434 Abs. 3, 437 Nr. 1, 439 BGB. Der Anspruch ist gemäß § 377 HGB ausgeschlossen. Auch wenn die Klägerin 50 Fensterbänke in Metall mit den Abmessungen 63 x 24 cm, Metall dunkelgrau, bestellt hat und 50 Fensterbänke mit den Abmessungen 58 x 21 cm, Metall hellgrau geliefert bekommen hat und wegen Lieferung einer anderen Sache die Voraussetzungen eines Nachlieferungsanspruchs vorliegen, so ist dieser Anspruch wegen Verletzung der Rüge- und Untersuchungspflicht erloschen. Gemäß § 377 HGB muss der Käufer die Kaufsache unverzüglich nach der Ablieferung rügen und untersuchen. Der Begriff „unverzüglich" wird in § 121 BGB legal als „ohne schuldhaftes Zögern" definiert und gilt auch im Anwendungsbereich des § 377 HGB (BGHZ 132, 175). Die Fenster sind der Klägerin am 12.09.2004 geliefert worden. Erst einen Monat nach der Lieferung hat die Klägerin die Fenster untersucht und bei der Beklagten die Lieferung als mangelhaft gerügt.

Beweis: 1. Auslieferungsbeleg der Beklagten vom 12.09.2004 – Anlage K1; 2. Schreiben der Klägerin vom 11.10.2004 – Anlage K2.

Eine Untersuchung und Rüge einen Monat nach Lieferung ist nicht mehr unverzüglich.

Eine beglaubigte und eine einfache Abschrift anbei.

■■■

Rechtsanwalt

---

387 BGH NJW 1999, 1330.

IV. Einreden

1. Das Leistungsverweigerungsrecht des § 439 Abs. 3 BGB

Der Verkäufer kann gemäß § 439 Abs. 3 BGB die vom Käufer gewählte Art der Nacherfüllung unbeschadet des § 275 Abs. 2 und 3 BGB verweigern, wenn sie nur mit unverhältnismäßigen Kosten möglich ist. Dadurch, dass das Gesetz „unbeschadet des § 275 Abs. 2 und 3" dem Verkäufer erlaubt, die vom Käufer gewählte Art der Nacherfüllung zu verweigern", wird verdeutlicht, dass die Verweigerungsmöglichkeit des § 439 Abs. 3 BGB neben die Leistungsverweigerungsrechte des allgemeinen Schuldrechts tritt.[388]

408

a) Verweigerung der möglichen Nacherfüllung

Die Verweigerung der möglichen Nacherfüllung ist eine formlose empfangsbedürftige Willenserklärung.[389] Dieses Leistungsverweigerungsrecht des Verkäufers ist eine Einrede gegen den Nacherfüllungsanspruch. Der Verkäufer muss also die Verweigerung ausüben, das Bestehen der Einredelage nach § 439 Abs. 3 BGB reicht nicht aus. Als Gestaltungsrecht ist die Verweigerung der Nacherfüllung bedingungsfeindlich und nach Zugang unwiderruflich.

409

b) Unverhältnismäßige Kosten

Der Verkäufer kann die vom Käufer gewählte Art der Nacherfüllung verweigern, wenn sie nur mit unverhältnismäßig hohen Kosten möglich ist (§ 439 Abs. 3 Satz 1 BGB). Verweigern kann der Verkäufer nur „die vom Käufer gewählte Art der Nacherfüllung". Dies bedeutet, dass das Verweigerungsrecht des Verkäufers sich nur auf die vom Käufer begehrte Art der Nacherfüllung – Nachbesserung oder Ersatzlieferung – bezieht. Ob die Nacherfüllung mit unterverhältnismäßigen Kosten verbunden ist, ist insbesondere nach dem Wert der Sache im mangelfreien Zustand, der Bedeutung des Mangels und der Frage zu beurteilen, ob auf die anderen Arten der Nacherfüllung ohne erhebliche Nachteile für den Käufer zurückgegriffen werden kann (§ 439 Abs. 3 Satz 2 BGB). Was unverhältnismäßig ist, wird letztlich nur mit Blick auf den Einzelfall entschieden werden können.

410

Gemäß §§ 439 Abs. 3 Satz 1, 275 Abs. 2 BGB kann der Verkäufer die Leistung verweigern, soweit dies einen Aufwand erfordert, der unter Beachtung des Inhalts des Schuldverhältnisses und der Gebote von Treue und Glauben in einem groben Missverhältnis zu dem Leistungsinteresse des Käufers steht (**unzumutbarer Aufwand bei möglicher Nacherfüllung**). Nach §§ 439 Abs. 3 Satz 1, 275 Abs. 3 BGB kann der Verkäufer die Leistung verweigern, wenn er die Leistung persönlich zu erbringen hat und sie ihm unter Abwägung des der Leistung entgegenstehenden Hindernisses mit dem Leistungsinteresse des Gläubigers nicht zugemutet werden kann (**Unzumutbare Art der Leistung**). In diesen Fällen sollen nicht nur objektive, sondern auch auf die Leistung bezogene persönliche Umstände des Schuldners berücksichtigt werden, die zur

411

---

388 Westermann NJW 2002, 241.
389 Palandt/Putzo, § 439 Rn. 16.

Unmöglichkeit führen. Im Kaufrecht kann dieser Fall z.b. Bedeutung haben, wenn der Verkäufer eine Nachbesserung vornehmen muss, hierfür aber keine Angestellten hat.

412 Abzugrenzen vom Leistungsverweigerungsrecht des Verkäufers gemäß § 439 Abs. 3 BGB ist das Recht des Käufers, die Nacherfüllung nicht zu akzeptieren und ohne Fristsetzung die üblichen Gewährleistungsrechte geltend zu machen.

413 Gemäß § 440 BGB hat er dieses Recht, wenn der Verkäufer beide Arten der Nacherfüllung gemäß § 439 Abs. 3 BGB verweigert oder wenn die dem Käufer zustehende Art der Nacherfüllung fehlgeschlagen oder ihm unzumutbar ist.

2. Die Verjährung des Nacherfüllungsanspruchs

414 Die Verjährung der Gewährleistungsansprüche ist in § 438 BGB geregelt. § 438 BGB bestimmt die Verjährung für die Ansprüche auf Nacherfüllung, Schadensersatz oder Ersatz der vergeblichen Aufwendungen. In § 438 Abs. 4 BGB wird für das Rücktrittsrecht und in § 438 Abs. 5 BGB für das Minderungsrecht auf § 218 BGB verwiesen. Danach ist der Rücktritt bzw. die Minderung unwirksam, wenn der Anspruch auf die Nacherfüllung verjährt ist. Im Prozess muss sich der Verkäufer auf die Verjährung berufen. Nach § 214 BGB gibt die Verjährung dem Schuldner das Recht, die Leistung zu verweigern.

a) Die gesetzlichen Verjährungsfristen

415 Beim Kauf beweglicher Sachen verjähren die Gewährleistungsrechte wegen eines Sach- oder Rechtsmangels grundsätzlich in 2 Jahren (§ 438 Abs. 1 Nr. 3 BGB). § 438 Abs. 1 Nr. 1 und Abs. 1 Nr. 2 BGB enthalten hierzu Sonderregeln.

416 Nach § 438 Nr. 1a BGB verjähren Ansprüche wegen eines Mangels in 30 Jahren, wenn der Mangel in einem dinglichen Recht eines Dritten, aufgrund dessen Herausgabe der Kaufsache verlangt werden kann, besteht. Auch für den Fall, dass der Mangel der Kaufsache darauf beruht, dass ein sonstiges Recht im Grundbuch eingetragen ist, gilt gemäß § 438 Abs. 1 Nr. 1 BGB die 30-jährige Verjährung. Die Verjährung der Gewährleistungsansprüche beginnt bei Grundstücken gemäß § 438 Abs. 2 BGB mit der Übergabe. Ohne die Sonderregel des § 438 Abs. 1 Nr. 1b BGB bestünde die Gefahr, dass bei einer Verzögerung der Eigentumsumschreibung (z.B. erforderliche Unterlagen wie der Erbschein sind unauffindbar; Streit mit dem Finanzamt über die Höhe der Grunderwerbssteuer) der Anspruch des Käufers auf Mängelbeseitigung bereits verjährt ist, ohne dass er Kenntnis von der Belastung hatte.

417 Die Gewährleistungsansprüche bei einem Bauwerk verjähren gemäß § 438 Abs. 1 Nr. 2a BGB in 5 Jahren. Parallel zur werkvertraglichen Regelung besteht hier die 5-jährige Gewährleistungsfrist, wobei es nicht darauf ankommt, ob das Bauwerk neu errichtet oder gebraucht ist. Beim Kauf von mangelhaftem Baumaterial beträgt die Verjährung ebenfalls 5 Jahre (§ 438 Abs. 1 Nr. 2b BGB). Greifen die Sonderregeln des § 438 Abs. 1 Nr. 1 und Nr. 2 BGB nicht ein, verjähren die Gewährleistungsansprüche grundsätzlich in zwei Jahren (§ 438 Abs. 1 Nr. 3 BGB).

418 Gemäß § 438 Abs. 2 BGB beginnt die Verjährung bei Grundstücken mit der Übergabe, im Übrigen mit der Ablieferung der Sache. Die Ablieferung der Sache setzt voraus, dass

der Verkäufer in Erfüllung des Kaufvertrages die Sache so dem Käufer überlassen hat, dass dieser sie, wo sie sich befindet, untersuchen kann.[390] Bei der Holschuld liegt die Ablieferung erst vor, wenn die Sache dem Käufer übergeben, d.h. tatsächlich ausgehändigt worden ist. Liegt eine Bringschuld vor, ist Ablieferung dann gegeben, wenn die Kaufsache dem Käufer am Wohn- bzw. Geschäftssitz ausgehändigt worden ist.[391] Haben die Parteien eine Schickschuld (Versendungskauf) vereinbart, liegt eine Ablieferung bereits dann vor, wenn die Sache am Bestimmungsort angekommen ist und der Käufer davon verständigt worden ist, so dass die Verjährungsfrist auch ohne tatsächliche Empfangnahme der Sache zu laufen beginnt. Für die Ablieferung ist es ausreichend und erforderlich, dass der Käufer die tatsächliche Sachherrschaft erlangt. Nicht ausreichend ist demgegenüber die Begründung eines Besitzmittlungsverhältnisses, die Abtretung eines Herausgabeanspruchs oder die Übergabe von Traditionspapieren. Hat der Verkäufer es übernommen, die Kaufsache einzubauen oder aufzustellen, beginnt der Lauf der Verjährungsfrist erst mit Abschluss des Einbaus bzw. der Aufstellung.[392] Die Verjährung beginnt mit der Ablieferung der Sache, unabhängig davon, ob der Mangel erkennbar war oder nicht. § 438 Abs. 2 BGB ist eine Sonderregel gegenüber § 199 BGB.

Im Fall der Arglist verjähren die Gewährleistungsansprüche gemäß § 438 Abs. 3 Satz 1 BGB. Bei arglistigem Verschweigen des Fehlers verjähren die Gewährleistungsansprüche aus § 438 Abs. 1 Nr. 2 BGB (5 Jahre) und aus § 438 Abs. 2 BGB (2 Jahre) in der regelmäßigen Verjährungsfrist des § 195 BGB (3 Jahre). Gemäß § 199 BGB beginnt die Verjährung dann am Schluss des Jahres, in dem der Anspruch entstanden ist und der Gläubiger von dem den Anspruch begründenden Umständen und der Person des Schuldners Kenntnis erlangt oder ohne grobe Fahrlässigkeit erlangen müsste. Damit die lange Frist des § 438 Abs. 1 Nr. 2 BGB (5 Jahre) nicht verkürzt wird, regelt § 438 Abs. 3 Satz 2 BGB, dass der Ablauf der regelmäßigen Verjährungsfrist nicht vor dem Ablauf der Frist des Abs. 1 Nr. 2 eintritt.

b) Änderung der Verjährungsfrist durch Neubeginn oder Hemmung

Durch einen Neubeginn, § 212 BGB, oder durch eine Hemmung, § 209 BGB, kann sich der Ablauf der Verjährungsfrist ändern. Beim Neubeginn ändert sich der Lauf der bisherigen Verjährungsfrist und es beginnt die Verjährungsfrist erneut in voller Länge zu laufen. Zu einem Neubeginn kommt es nur noch im Fall des Anerkenntnisses des Schuldners (§ 212 Abs. 1 Nr. 1 BGB) oder bei Beantragung bzw. Vornahme einer gerichtlichen oder behördlichen Vollstreckungshandlung (§ 212 Abs. 1 Nr. 2 BGB). Kommt der Verkäufer dem Nacherfüllungsverlangen des Käufers nach, liegt darin ein konkludentes Anerkenntnis, mit der Folge, dass mit dem Abschluss der Nachbesserung die Verjährungsfrist erneut in Gang gesetzt wird.[393] Nach § 209 BGB wird die Verjährungsfrist angehalten, bis der Hemmungsgrund entfallen ist. Zur Hemmung der Ver-

---

390 BGHZ 93, 338, 345.
391 BGH NJW 1995, 3381.
392 BGH NJW 1961, 730.
393 BGH WM 1999, 18, 193.

1 § 2 Der Kauf von Sachen

jährung führen insbesondere die Rechtsverfolgungsmaßnahmen des § 204 BGB. Diesbezüglich wird auf die bisherigen Ausführungen verwiesen.

c) Rechtsgeschäftliche Abänderung der gesetzlichen Verjährungsfrist

421 Die Verjährungsfristen können durch Parteivereinbarung verlängert werden. Gemäß § 202 Abs. 2 BGB ist dies maximal bis zu einer Frist von 30 Jahren möglich. Grundsätzlich kann durch Individualvereinbarung die Verjährungsfrist auch verkürzt werden. Eine solche Vereinbarung ist jedoch unwirksam, wenn der Käufer den Mangel kennt (§ 202 Abs. 1 BGB).

422 Beim Verkauf neuer Sachen ist eine Verkürzung der Verjährungsfrist auf ein Jahr gemäß § 309 Nr. 8 b ff.) BGB in allgemeinen Geschäftsbedingungen zulässig. Eine solche Klausel in allgemeinen Geschäftsbedingungen ist jedoch unwirksam, wenn die Verjährung von Ansprüchen gegen den Verwender wegen eines Mangels in den Fällen des § 438 Abs. 1 Nr. 2 BGB und § 634a Abs. 1 Nr. 2 BGB erleichtert oder in den sonstigen Fällen eine weniger als ein Jahr betragende Verjährungsfrist ab dem gesetzlichen Verjährungsbeginn erreicht wird. Die beiden Verbote des § 309 Nr. 8 b ff.) BGB untersagen für Bauleistungen die Abkürzung der 5-Jahres Frist der §§ 438 Abs. 1 Nr. 2 und 634a Nr. 1 BGB und für nicht unter §§ 438 Abs. 1 Nr. 2 und 634a Nr. 1 BGB fallende Ansprüche wegen mangelhafter Leistung wird eine Abkürzung der Verjährung auf weniger als 1 Jahr verboten, wobei dies auch für mittelbare Verschlechterungen wie die Vorverlegung des Verjährungsbeginns[394] und die Nichtberücksichtigung von Hemmungs- und Erneuerungstatbeständen[395] gilt. Die Kaufrechtliche Verjährung der Ansprüche wegen Sachmängel darf also bei neu hergestellten Sachen formularmäßig für Bauwerke gar nicht und im Übrigen nicht auf weniger als ein Jahr ab dem gesetzlichen Verjährungsbeginn verkürzt werden. Dies gilt nach der bisherigen Rechtsprechung auch beim Kauf von gebrauchten Sachen, soweit es sich nicht um einen Verbrauchsgüterkauf handelt.[396] Liegt ein Verbrauchsgüterkauf vor, so kann die Verjährungsfrist durch Individualvereinbarung für alle Ansprüche – mit Ausnahme der Schadensersatzansprüche – beim Kauf neuer Sachen auf zwei Jahre und beim Kauf gebrauchter Sachen auf ein Jahr reduziert werden (§ 475 Abs. 2 BGB). Gemäß § 475 Abs. 3 BGB ist beim Verbrauchsgüterkauf ein Ausschluss oder eine Beschränkung nur beim Anspruch auf Schadensersatz möglich. Wird bei einem Verbrauchsgüterkauf die Verjährung der Schadensersatzansprüche durch allgemeine Geschäftsbedingungen gekürzt, so unterliegt gemäß § 475 Abs. 3 BGB diese Verkürzung der Inhaltskontrolle nach den §§ 309 bis 307 BGB.

V. Rechtsfolgen der Nacherfüllung

1. Bei Mangelbeseitigung

423 Kommt der Verkäufer der Nacherfüllung durch Mangelbeseitigung nach, hat er gemäß § 439 Abs. 2 BGB die zum Zwecke der Nacherfüllung erforderlichen Aufwendungen

---

[394] BGH NJW-RR 1987, 145.
[395] BGH NJW 1981, 986; 1992, 1236.
[396] BGHZ 74, 383, 389; 98.100.

zu tragen. Dies betrifft insbesondere Transport-, Wege-, Arbeits- und Materialkosten. Zu beachten ist, dass der Käufer – im Gegensatz zum Werkvertragsrecht, § 637 BGB – nicht die Befugnis hat, den Mangel selbst zu beseitigen und Aufwendungsersatz zu verlangen. Erfüllungsort für Nacherfüllung ist der momentane Belegenheitsort der Sache.[397]

2. Bei Nachlieferung

Nichts anderes gilt bei der Nachlieferung. Auch hier hat gemäß § 439 Abs. 2 BGB der Verkäufer die zum Zwecke der Nacherfüllung erforderlichen Aufwendungen zu tragen. Nach § 439 Abs. 4 BGB kann der Käufer bei der Lieferung einer mangelfreien Sache zum Zwecke der Nacherfüllung vom Käufer die Rückgewähr der mangelhaften Sache nach den Vorschriften über den Rücktritt verlangen. Ungeklärt ist, ob der Käufer dem Verkäufer nach § 346 Abs. 1 und 2 BGB Nutzungsersatz für den Gebrauch der mangelhaften Sache leisten muss. Dies wird von einer Ansicht bejaht.[398] Nach einer anderen Ansicht soll § 439 abs. 4 BGB teleologisch reduziert werden, so dass der Verkäufer keinen Anspruch auf Nutzungsersatz hat. Wegen der vertragswidrigen Lieferung einer mangelhaften Sache (§ 433 Abs. 1 Satz 2 BGB) hat der Verkäufer dem Käufer die Nutzung des fehlerfreien Kaufgegenstandes vorenthalten. Die rücktrittsrechtliche Pflicht zur Nutzungserstattung finde daher keine Anwendung. Andererseits ist zu beachten, dass der Käufer gemäß § 346 Abs. 1 BGB nur die gezogenen Nutzungen herauszugeben hat. Hat er also den mangelhaften Gegenstand tatsächlich genutzt, so ist nicht einzusehen, warum er diese Nutzungen nicht herausgeben soll bzw. für sie Wertersatz leisten soll (§ 346 Abs. 2 BGB).

424

3. Verzögerte Nacherfüllung

Hat der Verkäufer die mögliche und fällige Nacherfüllung verspätet vorgenommen, besteht unter den Voraussetzungen des §§ 280 Abs. 2, 286 BGB ein Anspruch auf Schadensersatz wegen des Verzögerungsschadens.

425

4. Mangelhafte Nacherfüllung

Ein mangelhafte Nacherfüllung liegt vor, wenn die Nacherfüllung fehlgeschlagen ist. Nach § 440 Satz 2 BGB gilt eine Nacherfüllung nach dem zweiten vom Verkäufer vorgenommenen Versuch einer Nachbesserung, die den bei der ersten Andienung vorhandenen Mangel nicht beseitigt oder einen neuen Mangel erzeugt, als fehlgeschlagen. Die Vermutung des § 440 Satz 2 BGB wird dadurch eingeschränkt, wenn sich aus der Art der Sache oder des Mangels oder den sonstigen Umständen etwas anderes ergibt. Die Beweislast für eine solche Einschränkung liegt beim Verkäufer („wenn nicht"). Liegen die Voraussetzungen einer fehlgeschlagenen Nacherfüllung vor, kann der Käufer ohne Fristsetzung vom Kaufvertrag zurücktreten und Schadensersatz verlangen (§§ 440 Satz 1, 323, 281 BGB).

426

---

397 AG Menden, NJW 2004, 2171.
398 Westermann NJW 2002, 241.

5. Unmöglichkeit der Nacherfüllung

427 Liegt eine Unmöglichkeit der Nacherfüllung vor, ergeben sich folgende Rechtsfolgen: Gemäß § 275 Abs. 1 BGB ist die Art der Nacherfüllung, die unmöglich ist, nicht geschuldet. Liegen die Voraussetzungen des § 275 Abs. 2 und 3 BGB vor, hat der Verkäufer lediglich ein Leistungsverweigerungsrecht. Darüber hinaus ist zu beachten, dass in dem Falle, wo § 275 Abs. 1-3 BGB bezogen auf den Nachbesserungsanspruch einschlägig sind, der Gegenleistungsanspruch gemäß § 326 Abs. 1 Satz 2 BGB nicht automatisch untergeht. Der Gegenleistungsanspruch – also der Anspruch auf Zahlung des Kaufpreises – erlischt erst, wenn der Käufer gemäß §§ 437 Nr. 3, 323 BGB zurücktritt. Dabei ist gemäß § 326 Abs. 5 BGB eine Fristsetzung entbehrlich. Gleichsam erlischt der Kaufpreisanspruch, wenn die Nachbesserung nach § 275 Abs. 1-3 BGB unmöglich ist, wenn der Käufer gemäß §§ 437 Nr. 2, 441 BGB den Kaufpreis mindert.

D. Die Haftung des Verkäufers – Gewährleistungsansprüche des Käufers: Der Anspruch auf Rücktritt gemäß § 437 Nr. 2 BGB

428 Der Käufer hat grundsätzlich erst den Erfüllungsanspruch aus § 433 Abs. 1 Satz 2 BGB mit dem Gewährleistungsrecht der Nacherfüllung zu befolgen. Demgegenüber stellen Rücktritt und Minderung nachrangige Gewährleistungsrechte des Käufers dar. Rücktritts- und Minderungsrechte sind Gestaltungsrechte. Der Verkäufer ist also an seine Erklärung gebunden. Hat er einmal den Rücktritt oder die Minderung erklärt, kann er die Erklärung nicht mehr zurücknehmen und stattdessen das andere Gewährleistungsrechte geltend machen.

I. Voraussetzungen

429 Das Rücktrittsrecht nach § 437 Nr. 2 BGB setzt einen wirksamen Kaufvertrag, die Mangelhaftigkeit der Kaufsache bei Gefahrenübergang (§§ 434, 435 BGB) und den erfolglosen Ablauf einer dem Verkäufer vom Käufer gesetzten angemessenen Frist zur Nacherfüllung voraus. Die dritte Voraussetzung, der Ablauf der angemessenen Frist zur Nacherfüllung, kann entbehrlich sein.

1. Wirksamer Kaufvertrag

430 Erste Voraussetzung für das Recht auf Rücktritt vom Kaufvertrag gemäß § 437 Nr. 2 BGB ist das Bestehen eines wirksamen Kaufvertrages. Insoweit wird auf die Ausführungen vorne verwiesen.

2. Sach- oder Rechtsmangel bei Gefahrenübergang, §§ 434, 435 BGB

431 Bei Gefahrenübergang muss ein Sach- oder Rechtsmangel vorliegen (vgl. die Ausführungen zum Nachbesserungsanspruch).

3. Erfolgloser Ablauf einer dem Käufer vom Verkäufer gesetzten angemessenen Frist zur Nacherfüllung

432 Der Käufer muss dem Verkäufer eine angemessene Frist zur Nacherfüllung gesetzt haben und die gesetzte Frist muss fruchtlos abgelaufen sein.

D. Die Haftung des Verkäufers – Gewährleistungsansprüche des Käufers

a) Grundsatz: ergebnisloser Ablauf einer vom Käufer gesetzten angemessenen Frist

Aus dem Verweis des § 437 Nr. 2 BGB auf § 440 BGB und die Rücktrittsvorschriften der §§ 323, 326 Abs. 5 BGB ergibt sich, dass das Rücktrittsrecht ein nachrangiges Gewährleistungsrecht ist und voraussetzt, dass eine dem Verkäufer gesetzte angemessene Frist fruchtlos abgelaufen ist.[399] Wie bei der früheren Rechtsprechung zu einer zu kurzen Nachfrist bei § 326 BGB a.F. gilt, dass eine nicht angemessene Frist nicht in Gang gesetzt ist.[400] Nicht erforderlich ist eine besondere Ablehnungsandrohung oder andere Maßnahmen, um die Ernsthaftigkeit der Fristsetzung zu unterstreichen. Auch muss der Käufer nicht androhen oder erkennen lassen, ob er Schadensersatz, Rücktritt oder beides begehrt.

433

b) Ausnahme: Entbehrlichkeit der Fristsetzung

Ausnahmsweise kann die Fristsetzung entbehrlich sein:

434

aa) Der Schuldner verweigert die Leistung ernsthaft und endgültig, § 323 Abs. 2 Nr. 1 BGB: Eine Fristsetzung ist entbehrlich, wenn der Schuldner die Leistung ernsthaft und endgültig verweigert (§ 323 Abs. 2 Nr. 1 BGB).[401] An die Entbehrlichkeit der Fristsetzung nach § 323 Abs. 2 Nr. 1 BGB sind strenge Anforderungen zu setzen.[402] Die Weigerung des Schuldners (Verkäufers) muss als sein letztes Wort aufgefasst werden können.[403]

435

bb) Einfaches Fixgeschäft, § 323 Abs. 2 Nr. 2 BGB: Eine Fristsetzung ist auch entbehrlich, wenn ein einfaches Fixgeschäft vorliegt, § 323 Abs. 2 Nr. 2 BGB. Dafür ist nicht ausreichend, dass eine Leistungszeit genau bestimmt ist,[404] vielmehr muss die Einhaltung der Leistungzeit nach dem Parteiwillen (§§ 157, 133 BGB) derart wesentlich sein, dass mit der zeitgerechten Leistung das Geschäft stehen und fallen soll.[405] Innerhalb der für die Fixabrede bestehenden Zeit muss der Kaufvertrag nicht bzw. schlecht erfüllt worden sein.

436

cc) Besondere Umstände, § 323 Abs. 2 Nr. 3 BGB: Weiter ist eine Fristsetzung nach § 323 Abs. 2 Nr. 3 BGB entbehrlich, wenn besondere Umstände vorliegen, die unter Abwägung der beiderseitigen Interessen den sofortigen Rücktritt rechtfertigen. Bei diesem Auffangtatbestand für die in Nr. 1 und Nr. 2 erfassten Fälle steht den Gerichten ein Bewertungsspielraum zu. Bejaht wird eine solcher Fall z.B. bei einem Interessenwegfall, so wenn die Kunden des Gläubigers (Käufers) wegen der Lieferverzögerung die Abnahme verweigern[406] oder wenn bestellte Saisonartikel wegen Zeitablaufs unverkäuflich geworden sind.

437

---

399 Zur Problematik, dass der Käufer den Mangel selbst beseitigt, ohne dem Verkäufer zuvor eine angemessene Frist zur Nacherfüllung gesetzt zu haben, vgl. Ebert, NJW 2004, 1761; Oechsler, NJW 2004, 1825; Lorenz, NJW 2003, 1417.
400 Palandt/Heinrichs, § 326 Rn. 17.
401 BGHZ 3, 312; 49, 60.
402 BGHZ 106, 6, 13.
403 BGH NJW 1986, 661; ZIP 1991, 508; Beispiele: Palandt/Heinrichs, § 281 Rn. 14.
404 BGH NJW 2001, 2878.
405 BGHZ 110, 96; NJW-RR 1989, 1373.
406 BGH NJW-RR 1998, 1489,.

438 *dd) Unmöglichkeit der Nacherfüllung:* Gleichsam ist eine Fristsetzung entbehrlich, wenn die Nacherfüllung gemäß § 275 Abs. 1 BGB unmöglich ist oder der Verkäufer ein Leistungsverweigerungsrecht gemäß § 275 Abs. 2 oder Abs. 3 BGB hat (vgl. insoweit bei der Nacherfüllung)

439 *ee) Verweigerung der Nacherfüllung nach §§ 440 S.1, 439 Abs. 3 BGB oder fehlgeschlagene Nacherfüllung oder dem Verkäufer unzumutbare Nacherfüllung:* Auch wenn der Käufer gemäß § 439 Abs. 3 BGB beide Arten der Nacherfüllung zu Recht verweigert, ist die Fristsetzung entbehrlich (§ 440 Satz 1 BGB). Letztlich ist bei einer fehlgeschlagenen oder unzumutbaren Nacherfüllung die Fristsetzung entbehrlich (§ 440 Satz 2 BGB). Eine Nacherfüllung gilt gemäß § 440 Satz 2 BGB als fehlgeschlagen, wenn ein zweiter Versuch erfolglos war. Unzumutbar ist eine Nacherfüllung immer dann, wenn das Vertrauen des Käufers in eine sachgerechte Vertragserfüllung des Verkäufers nachhaltig gestört ist. Als Beispiele hierfür lassen sich die arglistige Täuschung des Käufers durch den Verkäufer oder das sonstige Verwirklichen eines Straftatbestandes gegenüber dem Käufer anführen.

4. Erklärung des Rücktritts

440 Als Gestaltungsrecht wird der Rücktritt durch eine einseitige Willenserklärung des Käufers gemäß § 349 BGB ausgeübt. Die Rücktritts- oder Minderungserklärung wird mit dem Zugang der Willenserklärung beim Verkäufer wirksam (§ 130 BGB). Mithin kann der Käufer einseitig die Rechtsfolgen des Rücktritts ohne Einverständnis des Verkäufers herbeiführen. Als Gestaltungsrecht ist die Erklärung bedingungsfeindlich und ab Zugang unwiderruflich.

441 Muster: Klage auf Kaufpreisrückzahlung wegen Rücktritts

20

Landgericht ■■■

Klage

der Style-Haus GmbH, vertreten durch den Geschäftsführer, ■■■

Klägerin,

Prozessbevollmächtigte: ■■■

gegen

die A & S GmbH, vertreten durch den Geschäftsführer, ■■■

Beklagte,

wegen: Rückzahlung des Kaufpreises

Vorläufiger Streitwert: EUR 36.500 EUR.

Namens und in Vollmacht der Klägerin erheben wir Klage und werden in der mündlichen Verhandlung beantragen:

D. Die Haftung des Verkäufers – Gewährleistungsansprüche des Käufers

1. Die Beklagte wird verurteilt, an die Klägerin 36.500 EUR nebst Zinsen in Höhe von 8 Prozentpunkten über dem jeweiligen Basiszinssatz seit dem 26.09.2004 Zug um Zug gegen Übergabe der Holzverarbeitungsmaschine PLO Typ 3456-Fabrikationnr. 334 zu zahlen.
2. Es wird festgestellt, dass sich die Beklagte in Annahmeverzug befindet.

Sollten die Voraussetzungen nach § 331 Abs. 3 ZPO vorliegen, beantragen wir den Erlass eines Versäumnisurteils.

Begründung:

Die Klägerin hat gegen die Beklagte einen Anspruch auf Rückzahlung des Kaufpreises Zug um Zug gegen Rückgabe des Kaufgegenstandes gemäß §§ 434 Abs. 1 S. 2 Nr. 2, 437 Nr. 2, 323, 346ff BGB. Die Klägerin kaufte bei der Beklagten am 22.08.2004 die im Antrag zu 1) bezeichnete Holzverarbeitungsmaschine zum Kaufpreis von 34.000,- EUR.

Beweis: Kaufvertrag vom 22.08.2004 – Anlage K1

Die Maschine ist bei der Klägerin am 25.08.2004 in Betrieb genommen worden. Bereits zwei Wochen nach Inbetriebnahme der Maschine war das Schneide- und Sägewerk der Maschine defekt, so dass sich die von der Klägerin zu verarbeitenden Hölzer nicht mehr passgenau herstellen liessen. Dieser Mängel war bereits bei Übergabe der Maschine vorhanden, denn es ist absolut unüblich dass bereits nach zwei Wochen das Schneide- und Sägewerk einer Holzverarbeitungsmaschine dieses Typs defekt ist.

Beweis: Sachverständigengutachten.

Die Klägerin forderte die Beklagte mit Schreiben vom 26.08.2004 zur Nacherfüllung durch Nachbesserung ggf. Ersatz des defekten Schneide- und Sägewerks auf.

Beweis: Einwurfeinschreiben vom 26.08.2004 nebst Einlieferungsbeleg und Sendestatusbericht der Deutschen Post AG – Anlage K4

Die Beklagte verweigerte jede Art der Nacherfüllung.

Beweis: Schreiben der Beklagten vom 30.08.2004 – Anlage K5

Die Klägerin erklärte am 02.09.2004 den Rücktritt vom Kaufvertrag und verlangte den bezahlten Kaufpreis nebst der Speditions- und Aufstellkosten zurück.

Beweis: Einwurfeinschreiben vom 02.09.2004 nebst Einlieferungsbelege und Sendestatusbericht der Deutschen Post AG – Anlage K6

Mit Schreiben vom 05.09.2004 bot die Klägerin der Beklagten die Holzverarbeitungsmaschine erneut an, mahnte die Beklagte und setzte ihr eine Frist zur Zahlung bis zum 20.09.2004.

Beweis: Einwurfeinschreiben vom 05.09.2004 nebst Einlieferungsbelege und Sendestatusbericht der Deutschen Post AG – Anlage K7

Mit Schreiben vom 07.09.2004 behauptete die Beklagte, es liege kein Mangel an der Maschine vor und wies den Rücktritt der Klägerin zurück.

Beweis: Schreiben der Beklagten vom 07.09.2004 – Anlage K8

Eine beglaubigte und eine einfache Abschrift anbei.

Marfurt

Rechtsanwalt

II. Einwendungen

1. Ausschluss der Gewährleistung

442　Ist die Gewährleistung ausgeschlossen, ist das Rücktrittsrecht nach § 437 Nr. 2 BGB ausgeschlossen. Insoweit wird auf die Ausführungen zum Nacherfüllungsanspruch verwiesen.

2. Ausschluss des Rücktrittsrechts gemäß § 323 Abs. 5 Satz 2 BGB

443　Einen Ausschluss des Rücktrittsrechts bestimmt auch § 223 Abs. 5 Satz 2 BGB. Liegt ein unerheblicher Mangel vor, ist das Rücktrittsrecht ausgeschlossen, nicht aber die Minderung. Die Erheblichkeitsprüfung erfordert eine umfassende Interessenabwägung. Ein Fehler ist unerheblich, wenn er in Kürze von selbst verschwindet oder vom Käufer mit nur ganz unerheblichem Aufwand selbst schnell beseitigt werden kann.[407]

3. Ausschluss des Rücktrittsrechts gemäß § 323 Abs. 6 BGB

444　Der Ausschluss des Rücktrittsrechts kann sich zudem aus § 323 Abs. 6 BGB ergeben. Danach ist der Rücktritt ausgeschlossen, wenn eine alleinige oder weit überwiegende Verantwortlichkeit des Käufers für den Rücktrittsgrund vorliegt oder der Käufer bei Eintritt des Rücktrittsgrundes in Annahmeverzug (§§ 293ff BGB) ist.

III. Einreden

1. Unwirksamkeit des Rücktritts, §§ 438 Abs. 4, 218 BGB

445　Gemäß § 438 Abs. 4 BGB gilt für das Rücktrittsrecht § 218 BGB. Danach ist der Rücktritt ausgeschlossen, wenn der Anspruch auf Nacherfüllung verjährt ist und der Verkäufer sich auf die Verjährung beruft und die Verjährungseinrede (§ 214 BGB) erhebt. Da das Rücktrittsrecht kein Anspruch, sondern nur ein Gestaltungsrecht ist, ist diese Sonderregelung erforderlich. Denn nach § 194 BGB verjähren nur Ansprüche, nicht aber Gestaltungsrechte. Zu beachten ist, dass der Käufer auch bei Unwirksamkeit des Rücktritts die Zahlung des Kaufpreises nach § 438 Abs. 4 Satz 2 BGB verweigern kann. § 438 Abs. 4 Satz 3 BGB stellt klar, dass der Verkäufer für den Fall, dass der Käufer die Mängeleinrede erhebt, ein Rücktrittsrecht hat. Damit soll verhindert werden, dass der Käufer den Kaufpreis nicht zahlt, aber seinerseits die Sache nutzt.

2. Verjährung des Anspruchs aus wirksam erklärtem Rücktritt

446　Der Anspruch aus wirksam erklärtem Rücktritt verjährt in der regelmäßigen Verjährungsfrist des § 195 BGB, da er nicht auf § 437 BGB beruht.

---

407 KG NJW-RR 1989, 927.

IV. Rechtsfolgen des Rücktritts

Gemäß § 437 Nr. 2 BGB bestimmen sich die Rechtsfolgen des Rücktritts nach den §§ 346 ff. BGB. Durch den Rücktritt wird der Kaufvertrag in ein Rückgewährschuldverhältnis umgewandelt. Damit wird der Kaufvertrag nicht beseitigt, sondern sein Inhalt verändert. Der Rücktritt hat das Erlöschen der noch nicht erfüllten vertraglichen Primärleistungspflichten zur Folge und ist daher eine rechtsvernichtende Einwendung gegen den Leistungsanspruch.

447

Soweit die Leistungen bereits erbracht sind, begründet der Rücktritt die Pflicht zur Rückgewähr, § 346 BGB: Die empfangenen Leistungen sind in Natur zurückzugewähren und die gezogenen Nutzungen herauszugeben. Liegen die Voraussetzungen des § 346 Abs. 2 BGB vor, besteht ein Anspruch auf Wertersatz. Dies ist nach § 346 Abs. 2 Nr. 1 BGB der Fall, wenn die Rückgewähr oder die Herausgabe nach der Natur des Erlangten ausgeschlossen ist. Gemäß § 346 Abs. 2 Nr. 2 BGB besteht eine Wertersatzpflicht, soweit der Schuldner den empfangenen Gegenstand verbraucht, veräußert, belastet, verarbeitet oder umgestaltet hat. Hat sich die empfangene Kaufsache verschlechtert oder ist sie untergegangen, besteht ein Wertersatzanspruch nach § 346 Abs. 2 Nr. 3 BGB. Die durch die bestimmungsgemäße Ingebrauchnahme entstandene Verschlechterung wird durch diese Norm jedoch nicht erfasst. Zu beachten ist an dieser Stelle die Sonderregelung des § 357 Abs. 3 BGB. Bei einem Widerruf eines Verbrauchervertrages muss die durch den bestimmungsgemäßen Gebrauch der Sache entstandene Wertminderung vom Verbraucher ersetzt werden, wenn er vorher auf die Rechtsfolge hingewiesen worden ist. Diese im Vergleich zum normalen Rücktrittsrecht erweiterte Haftung besteht, weil das Widerrufs- oder Rückgaberecht des Verbrauchers nicht von einer Vertragsverletzung des Unternehmers abhängig ist, sondern steht dem Verbraucher in jedem Fall kraft Gesetz zu.

448

Die Wertersatzpflicht entfällt gemäß § 346 Abs. 3 Nr. 1 BGB, wenn sich der zum Rücktritt berechtigende Mangel erst während der Verarbeitung oder Umgestaltung des Gegenstands gezeigt hat. Ebenso entfällt die Wertersatzpflicht, soweit der Gläubiger die Verschlechterung oder den Untergang zu vertreten hat oder der Schaden bei ihm gleichfalls eingetreten wäre (§ 346 Abs. 3 Nr. 2 BGB). Schließlich entfällt nach § 346 Abs. 3 Nr. 3 BGB die Wertersatzpflicht, wenn die Verschlechterung oder der Untergang beim Berechtigten eingetreten ist, obwohl dieser diejenige Sorgfalt beobachtet hat, die er in eigenen Angelegenheiten anzuwenden pflegt. Liegt ein Fall des § 346 Abs. 3 BGB vor und entfällt die Wertersatzpflicht, ist nur die verbleibende Bereicherung herauszugeben. Nach § 346 Abs. 4 BGB kann der Verkäufer nach der Maßgabe der §§ 280-283 BGB Schadensersatz verlangen, wenn der Käufer seine Verpflichtung aus § 346 BGB – die Sache und die gezogenen Nutzungen herauszugeben – verletzt. Die Schadensersatzansprüche im Falle des Rücktritts richten sich ausschließlich nach den Regeln des allgemeinen Leistungsstörungsrechts, mit der Folge, dass der Käufer Schadensersatz leisten muss, wenn er sich nicht entlastet. Eine Anspruchsgrundlage für den Ersatz schuldhaft nicht gezogener Nutzungen findet sich in § 347 Abs. 1 BGB. Eine Anspruchsgrundlage für den Verwendungsersatz stellt § 347 Abs. 2 BGB dar.

449

1 § 2 Der Kauf von Sachen

E. Die Haftung des Verkäufers – Gewährleistungsansprüche des Käufers: Der Anspruch auf Minderung gemäß § 437 Nr. 2, 441 BGB

I. Voraussetzungen

1. Wirksamer Kaufvertrag, Mangel im Zeitpunkt des Gefahrenübergangs, erfolgloser Ablauf einer vom Käufer gesetzten angemessenen Nachfrist zur Erfüllung

450 Wie der Rücktritt, setzt die Minderung einen wirksamen Kaufvertrag, das Vorliegen eines Sach- oder Rechtsmangels bei Gefahrenübergang und den erfolglosen Ablauf eine dem Verkäufer vom Käufer gesetzten angemessenen Frist zur Nacherfüllung voraus.

2. Erklärung der Minderung

a) Einseitige empfangsbedürftige Willenserklärung, § 441 Abs. 1 S. 1 BGB

451 Die Minderung wird durch eine einseitige empfangsbedürftige Willenserklärung gegenüber dem Verkäufer ausgeübt (§ 441 Abs. 1 S. 1 BGB). Als Gestaltungsrecht ist die Minderungserklärung bedingungsfeindlich und ab Zugang (§ 130 BGB) unwiderruflich. Die Minderungserklärung muss den vom Käufer verlangten Umfang der Herabsetzung des Kaufpreises angeben.

b) Mehrere Käufer oder Verkäufer, § 441 Abs. 2 BGB

452 Liegt eine Mehrheit von Vetragsbeteiligten entweder auf der Käufer- oder aber auf der Verkäuferseite vor, kann die Minderung nur von allen oder gegen alle erklärt werden (Einheitsprinzip). Die Minderung ist unteilbar. Sind sich mehrere Käufer nicht einig, kann die Mitwirkung nur aufgrund des bestehenden Innenverhältnisses zwischen den Käufern (z.B. Gesellschaft oder Gemeinschaft) erzwungen werden. Die Ausübung der Minderung muss zwar nicht von und gegenüber allen Beteiligten gleichzeitig geschehen, die Minderung wird aber erst in dem Zeitpunkt wirksam, in dem sie dem letzten Erklärungsempfänger zugeht (§ 130 BGB).

3. Berechnung der Minderung, § 441 Abs. 3 BGB

453 Die Berechnung der Minderung erfolgt nach § 441 Abs. 3 BGB. Auszugehen ist vom vereinbarten Kaufpreis. Dieser ist um den Betrag herabzusetzen, um den der Verkehrswert einer mangelfreien Sache im Zeitpunkt des Abschlusses des Kaufvertrages (§ 441 Abs. 3 S. 1 BGB) im Vergleich zu dem einer mangelhaften Sache vermindert ist (Minderwert).

454 Formel:

$$\frac{\text{Herabgesetzter Preis (x)}}{\text{Vereinbarter Preis}} = \frac{\text{Wirklicher Wert der Sache}}{\text{Wert der Sache ohne Mangel}}$$

455 Muster: Klage auf Minderung

Landgericht ■■■

E. Die Haftung des Verkäufers – Gewährleistungsansprüche des Käufers

Klage

der ABS-GmbH, vertreten durch den Geschäftsführer, ■■■

Klägerin,

Prozessbevollmächtigte: ■■■

gegen

die Ochs Gebrauchtwagen GmbH, vertreten druch den Geschäftsführer, ■■■

Beklagte,

wegen: Minderung

Vorläufiger Streitwert: EUR 5.500,00

Namens und in Vollmacht der Klägerin erheben wir Klage und werden in der mündlichen Verhandlung beantragen:

Die Beklagte wird verurteilt, an den Kläger 5.500 EUR nebst Zinsen in Höhe von 8 Prozentpunkten über dem jeweiligen Basiszinssatz seit dem 18.04.2004 zu zahlen.

Bei Vorliegen der Voraussetzungen des § 331 Abs. 3 ZPO beantragen wir den Erlass eines Versäumnisurteils.

Begründung:

Die Klägerin hat einen Anspruch auf Minderung gemäß §§ 437 Nr. 2, 441 BGB. Am 01.03.2004 erwarb die Klägerin bei der Beklagten einen gebrauchten Volvo 700D zum Kaufpreis von 16.400,– EUR. Der Vertrag wies die Laufleistung des gebrauchten Kraftfahrzeuges mit 23.510 km aus.

Beweis: Kaufvertrag vom 01.03.2004 – Anlage K1

Die Beklagte übereignete und übergab der Klägerin das Fahrzeug am 05.03.2004. Anlässlich einer üblichen Services des Wagens in der Volvo Werkstätte Krithin stellte sich heraus, dass der Tachometer des Volvo manipuliert worden war. Die tatsächliche Laufleistung des Wagens beträgt 65.684 km.

Beweis:

1. Gutachterliche Stellungnahme der Firma Krithin vom 06.04.2004 – Anlage K2;
2. Dekra-Gutachten vom 08.04.2004 – Anlage K3; 3. Sachverständigengutachten

Gemäß § 441 BGB ist der Kaufpreis in dem Verhältnis herabzusetzen, in welchem zurzeit des Verkaufs der Wert der Kaufsache in mangelfreiem Zustand zum dem wirlichen Wert gestanden haben würde. Der aufgrund der Minderung geschuldete Kaufpreis bedträgt mithin 10.900,-EUR.

Beweis: wie vor.

Der Differenzbetrag zu den tatsächlich gezahlten 16.400,- EUR beläuft sich auf die klageweise geltend gemachten 5.500,- EUR. Auf die Zahlungsaufforderung der Klägerin vom

§ 2 Der Kauf von Sachen

12.04.2004 verweigerte die Beklagte mit Schreiben vom 14.04.2004 die Zahlung. Sie ist der Ansicht, ein Mangel liege nicht vor.

Beweis: Schreiben der Beklagten vom 14.04.2004 – Anlage K4

Eine beglaubigte und eine einfache Abschrift anbei.

Rechtsanwalt

F. Der Anspruch des Käufers auf Schadensersatz bei anfänglicher Unmöglichkeit der Nacherfüllung

Der Käufer hat gegen den Verkäufer einen Schadensersatzanspruch nach §§ 437 Nr. 3, 311a Abs. 2 BGB, wenn eine Nacherfüllung von Anfang an unmöglich ist, also bereits bei Vertragsschluss besteht. 456

I. Voraussetzungen

1. Wirksamer Kaufvertrag, Mangel im Zeitpunkt des Gefahrenübergangs

Voraussetzung ist zunächst das Bestehen eines wirksamen Kaufvertrages und das Vorliegen eines Sach- oder Rechtsmangels bei Gefahrenübergang. Eine Fristsetzung zur Nacherfüllung ist entbehrlich, denn der Verkäufer wird aufgrund des § 275 Abs. 1 BGB von seiner Leistungspflicht frei und es besteht daher kein Anspruch auf Nacherfüllung. 457

2. Anfängliche Unmöglichkeit der Nacherfüllung

Die Unmöglichkeit muss von Anfang an, also bereits bei Abschluss des Kaufvertrages und für beide Fälle der Nacherfüllung – Nachbesserung und Ersatzlieferung – vorliegen. Hervorzuheben sind hier insbesondere die Fälle, wo ein Fahrzeug nicht über die zugesicherte km-Fahrleistung verfügt oder wenn Plagiate als echt verkauft werden.[408] 458

3. Vertretenmüssen

Der Verkäufer muss die Pflichtverletzung zu vertreten haben. 459

a) Verschuldensvermutung, § 311a Abs. 2. S. 2 BGB

Der Käufer muss den Vertragsschluss und – falls der Verkäufer seine Leistungsfähigkeit behauptet – das Leistungshindernis beweisen. Dafür, dass der Schuldner das Leistungshindernis nicht kannte oder nicht kennen konnte, ist dagegen der Verkäufer darlegungs- und beweisbelastet. Die Regelung des § 311a Abs. 2 S. 2 BGB entspricht der Beweislastverteilung des § 280 BGB.[409] Insoweit wird auf die Ausführungen zu § 280 Abs. 1 S. 2 BGB verwiesen. 460

Gemäß § 276 BGB hat der Käufer sein eigenes Verschulden und nach § 278 BGB das Verschulden seines Erfüllungsgehilfen zu vertreten. Er haftet nach § 276 Abs. 1 Satz 1 BGB für Vorsatz und Fahrlässigkeit. Ein abweichender Haftungsmaßstab ergibt sich beim Schuldnerverzug gemäß § 287 Satz 2 BGB für Zufall. Befindet sich der Gläubiger in Verzug, hat der Schuldner gemäß § 300 Abs. 1 BGB nur Vorsatz und grobe Fahrlässigkeit zu vertreten. Ein abweichender Haftungsmaßstab kann sich gemäß § 276 Abs. 1 Satz 1 BGB aber auch dem sonstigen Inhalt des Schuldverhältnisses, insbesondere aus der Übernahme einer Garantie oder eines Beschaffungsrisikos ergeben. Liegen die Voraussetzungen der §§ 276, 278 BGB vor, kann der Verkäufer sich nicht entlasten. Der Entlastungsbeweis ist erbracht, wenn der Schuldner die Ursache des Schadens nachweist und dartut, dass er diese nicht zu vertreten hat. Ausreichend ist, wenn der 461

---

[408] Wertenbruch, NJW 2004, 1977.
[409] Palandt/Heinrichs, § 311a Rn. 10.

Verkäufer die Ursache wahrscheinlich macht und sicher ist, dass er für diese nicht einzustehen hat.[410] Ist die Ursache unaufklärbar, kann sich der Verkäufer durch den Beweis entlasten, dass er alle ihm obliegende Sorgfalt beachtet hat.[411] Der Verkäufer bleibt aber beweisfällig, wenn eine ernsthafte Möglichkeit bleibt, dass er die Pflichtverletzung zu vertreten hat.[412] Besteht eine Haftungmilderung, genügt der Beweis des Verkäufers, dass der Grad an Sorgfalt beachtet worden ist, für den der Verkäufer einzustehen hat.[413]

b) Verschuldenshaftung des Verkäufers

462 *aa) Haftung für Vorsatz und Fahrlässigkeit:* Der Verkäufer haftet für Vorsatz. Die Haftung für Vorsatz ist das Wissen und Wollen des Erfolgs und das Bewusstsein der Rechtswidrigkeit. Grundsätzlich haftet der Verkäufer auch für jede Fahrlässigkeit. Gemäß § 276 Abs. 2 BGB handelt fahrlässig, wer die im Verkehr erforderliche Sorgfalt außer Acht lässt. Nach dem objektivierten Fahrlässigkeitsmaßstab liegt Fahrlässigkeit vor, wenn der Verkäufer diejenige Sorgfalt außer Acht gelassen hat, die in der jeweiligen konkreten Situation von ihm erwartet werden kann. Verfügt er über spezielle Kenntnisse, so ist hierauf abzustellen. Eine Verschuldenshaftung des Verkäufers ist immer zu bejahen, wenn er arglistig einen Mangel verschweigt bzw. eine Eigenschaft vorspiegelt. Denn Arglist beinhaltet stets Vorsatz.

463 Bei der Verletzung von Aufklärungs-, Untersuchungs- oder sonstigen Sorgfaltspflichten sind für die Verschuldenshaftung folgende Kriterien zu beachten: Die Verschuldenshaftung kann hierbei z.B. von der Art des Produkts abhängen: Bei industriell gefährdeten Massenwaren in Originalverpackungen ist die Untersuchung dem Verkäufer sicherlich weniger zumutbar, als bei hochwertigen Produkten. Weiter kann es auf die Vorkenntnisse des Verkäufers ankommen. Ist der Verkäufer besonders sachkundig (z.B. Kfz-Händler mit Werkstatt), so kann man von ihm eine Untersuchung erwarten, wenn er einen Gebrauchtwagen verkauft. Dies gilt aber nicht für den sachunkundigen privaten Verkäufer. Haben Kunden schon häufiger einen Mangel an einem bestimmten Produkt gerügt, wird man eher von einer Untersuchungs- bzw. Aufklärungspflicht ausgehen können.

464 *bb) Ausschluss der Verschuldenshaftung:* Gemäß § 276 Abs. 3 BGB ist ein vertraglicher Ausschluss der Haftung für Vorsatz nicht möglich. Allerdings kann grundsätzlich der Vorsatz des Erfüllungsgehilfen (§ 278 Satz 2 BGB) ausgeschlossen werden.

465 Nach § 309 Nr. 7 a) BGB ist ein Haftungsausschluss bei der Verletzung von Leben, Körper, Gesundheit unwirksam, auch wenn dem Verletzer nur einfache Fahrlässigkeit zur Last fällt. Ein Haftungsausschluss bei Vorsatz des Erfüllungsgehilfen (der Vorsatz des Verkäufers wird bereits von § 276 Abs. 3 BGB erfasst) und grober Fahrlässigkeit des Verkäufers und/oder Erfüllungsgehilfen ist bei sonstigen Schäden nach § 309 Nr. 7 b) BGB unwirksam. Das Verbot des § 309 Nr. 7 BGB erfasst nicht nur den generellen

---

410 BGHZ 116, 334, 337.
411 BGH NJW 1965, 1585.
412 BGH NJW 1952, 1170.
413 BGHZ 46, 267; BverwG 52, 260.

Haftungsausschluss, sondern auch jede Haftungsbegrenzung, z.B. Beschränkungen der Höhe nach oder den Ausschluss bestimmter Schäden.[414] Eine unzulässige Haftungsbegrenzung wird auch bejaht, wenn die Verjährungsfrist abgekürzt wird[415] oder die Haftung durch eine Subsidiaritätsklausel eingeschränkt wird.[416] Bedingt die Klausel nicht nur die Ersatzpflicht, sondern die Sorgfaltspflicht des Verwenders ab oder legt sie dem Käufer ein bestimmtes Risiko auf, und tritt ein sonstiger Schaden durch ein vorsätzliches oder grob fahrlässiges Verhalten des Verkäufers ein, ist sie nach § 309 Nr. 7 b) BGB unwirksam.[417]

c) Verschuldensunabhängige Haftung des Verkäufers bei einer Garantieübernahme

Der Verkäufer haftet verschuldensunabhängig auf Schadensersatz, wenn er eine Garantie übernommen hat (§ 276 Abs. 1 Satz 1 BGB). Eine **Garantieübernahme** (Zusicherung) liegt vor, wenn die Parteien das Vorhandensein der Eigenschaft vereinbart haben und der Verkäufer für das Vorhandensein der vereinbarten Eigenschaft die Gewähr übernommen hat, indem er versprochen hat, für die nachteiligen Folgen einzustehen, die sich aus dem Nichtvorhandensein der Eigenschaft ergeben.[418] Die Eigenschaft muss vereinbart worden sein. Nur rechtsgeschäftliche Erklärungen gelten als Garantieübernahme. Erklärungen, die erkennbar ohne einen Rechtsbindungswillen abgegeben werden, können keine Garantieübernahme beinhalten. Ein solcher Rechtsbindungswille fehlt z.B. bei allgemein gehaltenen Werbeaussagen (z.B. Prima Qualität, Erstklassige Ware) und bloßen Wissenserklärungen (soweit mir bekannt ist) und Erklärungen unter Vorbehalt.

466

Die Vereinbarung allein enthält noch keine Garantieübernahme. Wird ein Kaufvertrag unter Bezugnahme auf bloße Warenbeschreibungen, industrielle Normen, Warenprüf- oder Gütezeichen abgeschlossen, dann wird von den Parteien im Regelfall nur das Vorhandensein der damit beschriebenen Eigenschaft vereinbart. Eine Garantie wird nicht übernommen. Etwas anders gilt jedoch dann, wenn der Hersteller oder Fachhändler, der auf Anfrage über eine bestimmte Eigenschaft aufklärt, die Zweckgeeignetheit der Sache zusagt. In solchen Fällen liegt eine Garantie für die angegebene Eigenschaft vor.[419]

467

Auch ein Zwischenhändler, der sich bei Kaufabschluss darauf beschränkt, die erworbene Kaufsache weiter zu veräußern, übernimmt im Falle der Angaben von Eigenschaften bzw. der Zusage der Zweckgeeignetheit regelmäßig nicht die Garantie des Vorhandenseins der Eigenschaft. Der Käufer kann aus seiner Sicht nicht davon ausgehen, dass der Verkäufer, der die Sache nicht überprüft, eine Garantie abgeben will.

468

---

414 BGH NJW 1987, 2820.
415 OLG Düsseldorf, NJW-RR 1995, 440.
416 BGH WM 1989, 1521.
417 BGH NJW 2001, 751.
418 BGH Z 87 102; 59 158; OLG Karlsruhe NJW-RR 1993 1138.
419 BGH Z 59 158.

469 Im Kunst- und Gebrauchtwagenhandel gelten Besonderheiten: Im Kunsthandel werden an die Übernahme einer Garantie in der Regel hohe Anforderungen gestellt.[420] Im Gebrauchtwagenhandel werden demgegenüber aufgrund der besonderen Marktverhältnisse keine hohen Anforderungen an eine Garantieübernahme gestellt. Wird ein bestimmter Kilometerstand, die Art der Vorbenutzung, die Zahl der Vorbesitzer, die Unfallfreiheit vereinbart, enthalten diese Vereinbarungen grundsätzlich auch die Garantieübernahme.[421] Ob dagegen ein Privatmann, der als Verkäufer (z.B. in einem Inserat) konkrete Eigenschaften der Kaufsache angibt, eine Garantie für diese Eigenschaften übernimmt, muss jeweils aus der Sicht des Käufers und den Umständen des Einzelfalls bestimmt werden.[422] Haftet der Verkäufer verschuldensunabhängig wegen einer Garantieübernahme, bestimmen sich die Rechtsfolgen wie folgt: Der Verkäufer haftet gemäß § 276 Abs. 1 Satz 1 i.V.m. § 280 Abs. 1 BGB verschuldensunabhängig auf Schadensersatz. Nach § 442 BGB ist die Gewährleistung trotz grober Fahrlässigkeit des Käufers nicht ausgeschlossen, wenn der Verkäufer die Garantie für die Beschaffenheit der Sache übernommen hat. Der Verkäufer kann sich auch nicht auf einen Gewährleistungsausschluss nach § 444 BGB berufen. Gleichsam greift die Haftungsbeschränkung in einer öffentlichen Zwangsversteigerung nicht ein (§ 454 BGB).

470 Übernimmt der Verkäufer das **Beschaffungsrisiko,** bestimmt § 276 Abs. 1 Satz 1 BGB, dass er bei einer entsprechenden Vereinbarung das Risiko für die Beschaffung des geschuldeten Gegenstandes zu tragen hat.

II. Einwendungen

471 Zu beachten sind §§ 311a Abs. 2 S. 2, 281 Abs. 1 S. 3 BGB: Ist die Pflichtverletzung unerheblich, kann der Käufer bei einer Unmöglichkeit der Nacherfüllung nicht Schadensersatz statt der ganzen Leistung verlangen.

III. Einreden

472 Grundsätzlich gilt bei einem Anspruch nach § 311a Abs. 2 S. 1 BGB die Regelverjährung (§§ 195, 199 BGB). Handelt es sich bei dem Leistungshindernis jedoch zugleich um einen Mangel, ist § 438 BGB anzuwenden.

IV. Rechtsfolgen

473 Der Käufer kann Schadensersatz statt der ganzen Leistung fordern. Bei der Lieferung mit einem anfänglich unbehebbaren Mangel sind auch Folgeschäden erfasst. Hat der Käufer aufgrund der anfänglichen Unmöglichkeit eine mangelhafte Sache erhalten, muss er diese gemäß §§ 311 Abs. 2 S. 3, 281 Abs. 5 BGB zurückgeben.

---

420 BGH Z 63, 369; BGH NJW 1980 1673; BGH NJW 1993 2103, 1995 1673.
421 BGH NJW 1993 1854; OLG Bamberg NJW-RR 1994 1333; BGH NJW 1980 2127 und 2000; OLG Frankfurt/Main NJW-RR 1998 1213, BGH Z 103, 275, OLG Düsseldorf NJW-RR 2000, 505.
422 OLG Hamm MDR 1994, 1086; OLG Karlsruhe NJW-RR 1993, 1138.

F. Der Anspruch des Käufers auf Schadensersatz

Muster: Klage auf Schadensersatz bei anfänglicher Unmöglichkeit der Nacherfüllung

Landgericht ■■■

Klage

der Frau Eva Müller ■■■

Klägerin,

Prozessbevollmächtigte: ■■■

gegen

die Ulla Ochsel, ■■■

Beklagte,

wegen: Schadensersatz

Vorläufiger Streitwert: EUR 65.000,- EUR

Namens und in Vollmacht der Klägerin erheben wir Klage und werden in der mündlichen Verhandlung beantragen:

Die Beklagte wird verurteilt, an die Klägerin 65.000,– EUR nebst Zinsen in Höhe von 5 Prozentpunkten über dem jeweiligen Basiszinssatz seit Klagezustellung Zug um Zug gegen Rückgabe des Bildes 45cm x 65cm – „Nice" des Malers Minet zu zahlen.

Sollten die Voraussetzungen nach § 331 Abs. 3 ZPO vorliegen, beantragen wir den Erlass eines Versäumnisurteils.

Begründung:

Die Klägerin macht einen Schadensersatzanspruch gemäß §§ 437 Nr. 3, 311a Abs. 2 S. 2 BGB geltend. Am 17.05.2004 erwarb die Klägerin von der Beklagten ein Bild 45cm x 65cm – „Nice" das dem Maler Manet zugeschrieben wurde, zum Kaufpreis von 65.000,00 EUR.

Beweis: Kaufvertrag vom 17.05.2004 – Anlage K1

Anlässlich eines Besuches des Kunstexperten Prof. Lieblich bei der Klägerin stellte sich heraus, dass das von der Beklagten erworbene Bild nicht dem Maler Manet direkt zuzuschreiben ist, sondern es sich vielmehr um eine Nachbildung handelt, die von einem seiner Schüler, dem wenig bekannten Künstler Minet stammt. Prof. Lieblich, der ein Experte auf dem Gebiet der französischen Impressionisten ist, schätzte das Bild mit einem Wert von maximal 2.500,00 EUR ein.

Beweis:

1. Zeugnis des Prof. Dr. Louis Lieblich, Friedrichstr. 111, 10701 Berlin;
2. Sachverständigengutachten

Da das Bild nicht von dem berühmten Impressionisten Manet sondern von dem wenig bekannten Maler Minet stammt, weicht seine Beschaffenheit von der vertraglich vereinbarten Beschaffenheit ab. Es liegt ein Fall der von Anfang an unmöglichen Nacherfüllung vor, eine Fristsetzung ist entbehrlich, denn das Bild war bereits bei Gefahrenübergang mit dem Mangel behaftet, es kann weder repariert werden noch ist eine Ersatzlieferung möglich.

Die Beklagte hat die anfängliche Unmöglichkeit der Nacherfüllung gemäß § 311a Abs. 2 S. 2 BGB zu vertreten. Auf die vorgerichtliche Aufforderung der Klägerin, den Kaufpreis Zug um Zug gegen Rückgabe des Bildes zurückzunehmen, stellte sich die Beklagte auf den Standpunkt, die Klägerin soll doch froh sein überhaupt das Bild eines Impressionisten zu besitzen.

Beweis: Schreiben der Beklagten vom 18.06.2004 – Anlage K2

Eine beglaubigte und eine einfache Abschrift anbei.

■■■

Rechtsanwalt

G. Der Anspruch des Käufers auf Schadensersatz bei nachträglicher Unmöglichkeit der Nacherfüllung

Liegt ein Fall der nachträglichen Unmöglichkeit der Nacherfüllung vor, kann der Käufer gemäß §§ 437 Nr. 3, 280 Abs. 1, 283 BGB Schadensersatz verlangen. 475

I. Voraussetzungen

1. Wirksamer Kaufvertrag

Zwischen den Parteien muss ein wirksamer Kaufvertrag abgeschlossen worden sein. Auf die bisherigen Ausführungen wird verwiesen. 476

2. Mangel der Kaufsache im Zeitpunkt des Gefahrenübergangs

Im Zeitpunkt des Gefahrenübergangs muss die Kaufsache mangelhaft sein. Insoweit wird auf die bisherigen Ausführungen verwiesen. 477

3. Nachträgliche Unmöglichkeit der Nacherfüllung

Die Nacherfüllung muss für den Verkäufer nachträglich – also nach Vertragsschluss – unmöglich geworden sein. Anzuführen sind hier z.B. die Fälle, wo die Nachlieferung bei einem Gattungskauf unmöglich wird, weil der gesamte Bestand vernichtet worden ist. 478

4. Verschulden, § 280 Abs. 1 S. 2 BGB

Der Verkäufer muss die Pflichtverletzung zu vertreten haben. Für die Pflichtverletzung, die Entstehung des Schadens und den Ursachenzusammenhang zwischen Pflichtverletzung und Schaden trägt der Käufer die Darlegungs- und Beweislast. Anderes gilt für das Verschulden: Der Verkäufer muss Schadensersatz (oder Aufwendungsersatz) wegen eines Mangels nur dann leisten, wenn er die Pflichtverletzung zu vertreten hat. Dabei gilt zunächst die Verschuldensvermutung des § 280 Abs. 1 Satz 2 BGB. Es handelt sich um eine Beweislastumkehr zu Gunsten des Käufers. Der Verkäufer muss also darlegen und beweisen, dass er – oder seine Erfüllungsgehilfen[423] – die Pflichtverletzung nicht zu vertreten hat. An den Entlastungsbeweis dürfen aber keine zu hohen Anforderungen gestellt werden. Im Hinblick auf den Verschuldensmaßstab und das Einstehenmüssen bei der Übernahme einer Garantie oder des Beschaffungsrisikos wird auf die Ausführungen zur anfänglichen Unmöglichkeit verwiesen. 479

II. Rechtsfolgen

Nach § 281 Abs. 1 S. 3 BGB darf die Pflichtverletzung nicht unerheblich sein. Damit kann im Falle eines unerheblichen Mangels kein Schadensersatzanspruch wegen der gesamten Leistung verlangt, sondern nur der sog. kleine Schadensersatzanspruch gefordert werden. Es ist darauf hinzuweisen, dass für einen Anspruch nach §§ 437 Nr. 3, 280 Abs. 1, 283 BGB neben dem Anspruch auf den großen oder kleinen Schadensersatz nach §§ 437 Nr. 3, 280, 281 BGB kaum Bedarf besteht. Wenn der Käufer nicht weiß, aus welchem Grund der Verkäufer der Nacherfüllung nicht nachkommt, 480

---

423 BGH NJW 1987, 1938.

kann er auch im Falle der nachträglichen Unmöglichkeit der Nacherfüllung nach § 281 BGB vorgehen. Der Käufer wird in der Regel dem Verkäufer eine angemessene Frist zur Nacherfüllung setzen. Beruft sich der Verkäufer nach dem Fristablauf auf § 275 BGB, muss er die Voraussetzungen der nachträglichen Unmöglichkeit beweisen und den Entlastungsbeweis für das nach § 280 Abs. 1 S. 2 BGB vermutete Verschulden führen. Kann der Verkäufer den Entlastungsbeweis nicht führen, kann offen bleiben, ob sich der Schadensersatzanspruch des Käufers aus § 281 oder aus § 283 BGB ergibt.

H. Der Anspruch des Käufers bei verzögerter Nacherfüllung

Verzögert sich die Nacherfüllung durch den Verkäufer, kann sich ein Schadenersatzanspruch des Käufers aus §§ 437 Nr. 3, 280 Abs. 1 und 3, 281 BGB und bei Verzug des Verkäufers zusätzlich auf Ersatz der Verzögerungsschadens nach §§ 280 Abs. 1 und 2, 286 BGB ergeben.[424]

I. Voraussetzungen

1. Wirksamer Kaufvertrag

Zwischen den Parteien muss ein wirksamer Kaufvertrag abgeschlossen worden sein. Auf die bisherigen Ausführungen wird verwiesen.

2. Mangel der Kaufsache im Zeitpunkt des Gefahrenübergangs

Im Zeitpunkt des Gefahrenübergangs muss die Kaufsache mit einem Sach- oder Rechtsmangel behaftet sein. Auf die Ausführungen zum Nacherfüllungsanspruch wird verwiesen.

3. Erfolgloser Ablauf einer dem Käufer vom Verkäufer gesetzten angemessenen Frist zur Nacherfüllung

Der Käufer muss dem Verkäufer eine angemessene Frist zur Nacherfüllung gesetzt haben und die gesetzte Frist muss fruchtlos abgelaufen sein. Die Fristsetzung nach § 281 Abs. 1 S. 1 BGB kann regelmäßig also nicht mit mit einer Rücktrittserklärung oder einem Schadensersatzbegehen verbunden werden.[425] Insoweit wird auf die Ausführungen zum Rücktritt verwiesen.

4. Verschulden, § 280 Abs. 1 S. 2 BGB

Es wird auf die bisherigen Ausführungen zum Vertretenmüssen, dem Verschuldensmaßstab, der Garantieübernahme und der Übernahme einer Beschaffungsschuld verwiesen.

II. Rechtsfolgen: Schadensersatz wegen Verzögerung der Nacherfüllung

Der Käufer muss einen Schadensersatz begehren, der nicht „statt der Leistung" verlangt wird, sondern die Leistung – also die Kaufsache selbst – weiterhin haben wollen und daneben Schadensersatz fordern. So z.B. wenn der Käufer wegen der Lieferung einer mangelhaften Sache Betriebsausfallkosten geltend macht. Jeder Schaden, der durch die Lieferung einer mangelhaften Sache entsteht, soll über § 280 BGB und nicht über die Verzugsregeln abgewickelt werden. Zu beachten ist, dass eine weitere Fristsetzung nach § 281 BGB grundsätzlich nicht erforderlich ist. Liefert ein Verkäufer eine mangelhafte Sache, ohne dass er sich für das nach § 280 Abs. 1 S. 2 BGB zu vermutende Verschulden entlasten kann, und verzögert sich aus diesem Grunde z.B. eine Inbetriebnahme, kann der Käufer unabhängig von weiteren Voraussetzungen Betriebsausfallkosten geltend machen.

---

[424] Derleder/Hoolmans, NJW 2004, 2787.
[425] Derleder/Hoolmann, a.a.O.

§ 2 Der Kauf von Sachen

I. Kleiner Schadensersatzanspruch des Käufers – Schadensersatz statt der Leistung

487 Der Schadensersatzanspruch nach §§ 437 Nr. 3, 280 Abs. 1 und Abs. 3, 281 Abs. 1 S. 1 BGB (kleiner Schadensersatzanspruch) ist auf die Wertdifferenz zwischen der mangelfreien Leistung und der mangelhaften Leistung gerichtet.

I. Voraussetzungen

1. Wirksamer Kaufvertrag

488 Erste Voraussetzung für den Schadensersatzanspruch des Käufers statt der Leistung nach §§ 437 Nr. 3, 280 Abs. 1 und Abs. 3, 281 Abs. 1 S. 1 BGB ist das Vorliegen eines wirksamen Kaufvertrages. Auf die bisherigen Ausführungen wird verwiesen.

2. Mangel der Kaufsache im Zeitpunkt des Gefahrenübergangs

489 Im Zeitpunkt des Gefahrenübergangs muss die Kaufsache mit einem Sach- oder Rechtsmangel behaftet sein. Auf die Ausführungen zum Nacherfüllungsanspruch wird verwiesen.

3. Erfolgloser Ablauf einer dem Käufer vom Verkäufer gesetzten angemessenen Frist zur Nacherfüllung

490 Der Käufer muss dem Verkäufer eine angemessene Frist zur Nacherfüllung gesetzt haben und die gesetzte Frist muss fruchtlos abgelaufen sein. Insoweit wird auf die Ausführungen zum Rücktritt verwiesen.

4. Verschulden

491 Der Verkäufer muss die Pflichtverletzung zu vertreten haben. Es gilt die Verschuldensvermutung des § 280 Abs. 1 S. 2 BGB. Auf die bisherigen Ausführungen zur Verschuldenshaftung nach den §§ 276ff. BGB, die verschuldensunabhängige Haftung bei einer Garantieübernahme und bei der Übernahme eines Beschaffungsrisikos wird verwiesen.

II. Einwendungen

492 Grundsätzlich gelten die Ausführungen zu dem Anspruch auf Nacherfüllung. Zu beachten ist jedoch, dass der kleine Schadensersatzanspruch (im Gegensatz zum Rücktrittsrecht, § 323 Abs. 5 S. 2 BGB) auch bei einem unerheblichen Mangel der Kaufsache nicht ausgeschlossen ist.

III. Einreden

493 Der Anspruch auf Schadensersatz nach §§ 437 Nr. 3, 280 Abs. 1 und Abs. 3, 281 Abs. 1 S. 1 BGB verjährt gemäß § 438 BGB.

IV. Rechtsfolgen

494 Gemäß §§ 437 Nr. 3, 280 Abs. 1 und Abs. 3, 281 Abs. 1 S. 1 BGB kann der Käufer „Schadensersatz statt der Leistung" fordern. Der sog. kleine Schadenseratzanspruch gibt dem Käufer das Recht, die mangelhafte Sache zu behalten und zu verlangen, so

I. Kleiner Schadensersatzanspruch des Käufers

gestellt zu werden, als ob gehörig erfüllt worden wäre. Der Anspruch richtet sich also auf Ersatz des Wertunterschiedes zwischen mangelfreier und mangelhafter Sache.[426] Der Minderwert kann nach dem niedrigeren Preis bemessen werden, zu dem der Vertrag in Kenntnis des Mangels geschlossen worden wäre[427] oder aber nach den erforderlichen Reparaturkosten.[428] Gemäß § 281 Abs. 1 S. 3 BGB muss sich der Käufer mit dem kleinen Schadensersatz begnügen, wenn es sich um einen geringfügigen Mangel handelt.[429] Hierbei sind vor allem der für die Mängelbeseitigung erforderliche Aufwand und bei einem nicht behebbaren Mangel die von ihm ausgehenden funktionellen und ästhetischen Mängel zu berücksichtigen. Für das grundsätzlich neben dem Schadensersatzanspruch bestehende Rücktrittsrecht ist § 323 Abs. 5 S. 2 BGB zu beachten, der eine mit § 281 Abs. 1 S. 3 BGB übereinstimmende Regelung enthält.

Muster: Klage bei kleinem Schadensersatzanspruch, §§ 437 Nr. 3, 280 Abs. 1, 3, 281 Abs. 1 S. 1 BGB

Landgericht ■■■

Klage

der Frau Eva Müller ■■■

Klägerin,

Prozessbevollmächtigte: ■■■

gegen

die X & Z Grundstücks GmbH ■■■

Beklagte,

wegen: Schadensersatz

Vorläufiger Streitwert: EUR 37.000,-

Namens und in Vollmacht der Klägerin erheben wir Klage und werden in der mündlichen Verhandlung beantragen:

Die Beklagte wird verurteilt, an die Klägerin 37.000,– EUR nebst Zinsen in Höhe von 5 Prozentpunkten über dem jeweiligen Basiszinssatz seit Klagezustellung zu zahlen.

Vorsorglich stellen wir den Antrag nach § 331 Abs. 3 ZPO.

Begründung:

Die Klägerin macht einen Schadensersatzanspruch gemäß §§ 437 Nr. 3, 280 Abs. 1 und Abs. 3, 281 Abs. 1 S. 1 BGB geltend. Mit notariellem Kaufvertrag vom 03.09.2004 erwarb die Klägerin von der Beklagten das in der Krausnickstr. 44, 10411 Berlin belegene Grundstück

---

426 BGHZ 108, 156.
427 OLG Koblenz, NJW-RR 1991, 847.
428 BGH a.a.O; NJW 1983, 1424.
429 BGH NJW 1986, 920.

nebst aufstrebender Bauten zum Kaufpreis von 3,5 Millionen Euro. Auf dem Grundstück befindet sich ein zirka im Jahre 1936 erbautes und im Jahre 2002 komplett modernisiertes und instandgesetztes 5-geschossiges Wohnhaus mit 42 Wohneinheiten. Ausweislich § 6 Nr. 5 des Grundstückskaufvertrages betragen die jährlichen Mieteinnahmen in den letzten 3 Jahren jeweils 192.000,- EUR.

Beweis: notarieller Kaufvertrag vom 03.09.2004 des Notars Jann Flynn, Urkundenrolle Nr. 22/2004 – Anlage K1

Die Beklagte übergab der Klägerin das Haus am 20.09.2004. Als die Klägerin mit ihrer neuen Hausverwaltung die Mieteinnahmen prüfte, musste Sie feststellen, dass die tatsächlichen Mieteinnahmen 37.000,- EUR unter den im notariellen Vertrag angegebenen Mieteinnahmen liegen, also jährlich maximal 155.000,- EUR betragen.

Beweis:
1. Kopien der einzelnen bestehenden Mietverträge – Anlage K2;
2. Zusammenstellung der Mieterkonten der Hausverwaltung für die Monate September und Oktober 2004 – Anlage K3

Den Differenzbetrag zwischen den im notariellen Kaufvertrag benannten Mieteinnahmen und den tatsächlichen Mieteinnahmen begehrt die Klägerin ersetzt. Das von der Klägerin erworbene Hausgrundstück ist bereits bei Gefahrenübergang mit einem Sachmangel behaftet gewesen. Denn der tatsächliche Mietertrag (Istbeschaffenheit) weicht von den vertraglich vereinbarten Mieteinnahmen (Sollbeschaffenheit) ab. Eine Fristsetzung zur Nacherfüllung ist entbehrlich, da eine Beseitigung des Mangels unmöglich ist (§ 275 Abs. 1 BGB). Die Beklagte hat den Mangel nach § 280 Abs. 1 S. 2 BGB zu vertreten. Die Klägerin hat von der Beklagten vor Klageerhebung bereits Schadensersatz in Höhe von 37.000,- EUR gefordert. Die Beklagte hat eine Zahlung mit der Begründung verweigert, sie sei von der Richtigkeit der Angaben ausgegangen, sie habe sich auf die Angaben ihrer ehemaligen Hausverwaltung verlassen.

Beweis: Schreiben der Beklagten vom 05.10.2004 – Anlage K4

Eine beglaubigte und eine einfache Abschrift anbei.

■■■

Rechtsanwalt

J. Großer Schadensersatzanspruch des Käufers – Schadensersatz statt der Leistung und Ersatz des Mangelfolgeschadens

I. Voraussetzungen

496 Der große Schadensersatzanspruch des Käufers gemäß §§ 437 Nr. 3, 280 Abs. 1 und Abs. 3, 281 Abs. 1 Satz 1 und Satz 3 BGB hat die gleichen Voraussetzungen wie der kleine Schadensersatzanspruch: Im Hinblick auf das Bestehen eines wirksamen Kaufvertrages und das Vorliegen eines Sachmangels im Zeitpunkt des Gefahrenübergangs und der Fristsetzung zur Nacherfüllung wird auf die Ausführungen zu F) verwiesen. Bezüglich des Verschuldens gilt das Gleiche, was bereits zum kleinen Schadensersatzanspruch ausgeführt wurde. Grundsatz: § 280 Abs. 1 S. 2 BGB – Verschuldensvermutung.

II. Einwendungen

Auch im Hinblick auf die Einwendungen gilt grundsätzlich das bereits Ausgeführte. Zu beachten ist § 281 Abs. 1 S. 3 BGB: Der Anspruch auf den großen Schadensersatz ist ausgeschlossen, wenn die Pflichtverletzung unerheblich ist. Die Erheblichkeitsprüfung erfordert eine umfassende Interessenabwägung. Hierbei sind vor allem der für die Mängelbeseitigung erforderliche Aufwand und bei einem nicht behebbaren Mangel die von ihm ausgehenden funktionellen und ästhetischen Mängel zu berücksichtigen.

III. Einreden

Der Anspruch verjährt nach § 438 BGB. Insoweit wird auf die Ausführungen vorne verwiesen.

Muster: Klage bei großem Schadensersatzanspruch, §§ 437 Nr. 3, 280 Abs. 1, 3, 281 Abs. 1, S. 1, 3

Landgericht ■■■

Klage

der Frau Eva Müller ■■■

Klägerin,

Prozessbevollmächtigte: ■■■

gegen

die X & Z Grundstücks GmbH ■■■

Beklagte,

wegen: Schadensersatz

Vorläufiger Streitwert: EUR 4.500.000,-

Namens und in Vollmacht der Klägerin erheben wir Klage und werden in der mündlichen Verhandlung beantragen:
1. Die Beklagte wird verurteilt, an die Klägerin 4.500.000, – EUR nebst Zinsen in Höhe von 5 Prozentpunkten über dem jeweiligen Basiszinssatz seit Klagezustellung Zug um Zug gegen Rückübertragung des Baugrundstücks in der Ebertystr. 11 in 14586 Berlin, Flurstück 234/4, Flur 7, eingetragen im Grundbuch von Berlin-Schöneberg zu zahlen.
2. Die Beklagte wird verurteilt, an die Klägerin 8.000,- EUR nebst Zinsen in Höhe von 5 Prozentpunkten über dem jeweiligen Basiszinssatz seit Klagezustellung zu zahlen.

Sollten die Voraussetzungen nach § 331 Abs. 3 ZPO vorliegen, beantragen wir den Erlass eines Versäumnisurteils.

Begründung:

I. Die Klägerin macht im Hinblick auf den Antrag zu 1) den großen Schadensersatzanspruch gemäß §§ 437 Nr. 3, 280 Abs. 1 und Abs. 3, 281 Abs. 1 S. 3 BGB geltend. Mit notariellem Kaufvertrag vom 11.01.2004 erwarb die Klägerin von der Beklagten, die gewerbsmäßig im

Grundstückshandel tätig ist, zur Errichtung von Wohngebäuden das Baugrundstück in der Ebertystr. 11 in 14586 Berlin zu eine Kaufpreis von 4.500.000,- EUR.

Beweis: not. Kaufvertrag vom 11.01.2004 des Notars Jann Flynn, Urkundenrolle Nr. 22/2004 – Anlage K1

In der Kaufvertragsurkunde versicherte die Beklagte unter § 5 Nr. 1 des notariellen Vertrages: „Verborgene Mängel sind mir nicht bekannt. Es bestehen keine noch nicht erfüllten behördlichen Auflagen und Forderungen, die das Kaufgrundstück und dessen Nutzung betreffen".

Beweis: wie vor.

Die Klägerin ist am 04.04.2004 als Eigentümerin in das Grundbuch eingetragen worden. Am 10.04.2004 stellte sich heraus, dass das Grundstück in den Jahren 1988-1990 von dem damaligen Eigentümer zur Lagerung von Chemikalien genutzt worden ist. Durch diese ehemalige Nutzung ist der Boden des Grundstücks kontaminiert. Für die fachgerechte Entsorgung des kontaminierten Erdreichs und die Einbringung von Ersatzboden werden nach dem Gutachten des öffentlich bestellten und vereidigten Bodengutachters Prof. Dr. Erd vom 15.04.2004 Kosten in Höhe von 850.000,- EUR anfallen.

Beweis: Gutachten des Bodengutachters Prof. Dr. Erd vom 15.04.2004 – Anlage K2; 2. Gutachten eines durch das Gericht zu bestellenden Sachverständigen

Das aufgrund des wirksamen Kaufvertrages erworbene Grundstück eignet sich nicht für die vertraglich vorausgesetzte Verwendung im Sinne des § 434 Abs. 1 S. 2 Nr. 1 BGB. Denn die Beklagte hat der Klägerin das Grundstück als Baugrundstück verkauft. Wegen des verunreinigten Bodens stehen der Nutzung des Grundstücks als Baugrundstück jedoch wesentliche Umstände entgegen, die bereits bei Gefahrenübergang vorlagen. Schon die frühere Nutzung des verkauften Grundstücks als Deponiegrundstück für Chemikalien beeinträchtigt die Eignung des Grundstücks als Baugrundstück und stellt daher einen Sachmangel dar (OLG Hamm, JP 1997, 424). Auf die Aufforderung der Klägerin, den kontaminierten Boden zu entsorgen und neues Erdreich einzubringen, verweigerte die Beklagte mit Schreiben vom 22.04.2004 die Mangelbeseitigung. Da im Übrigen eine Nachlieferung gemäß § 275 Abs. 1 BGB nicht möglich ist, ist eine Fristsetzung gemäß § 281 Abs. 2 BGB entbehrlich.

Beweis: Schreiben der Beklagten vom 22.04.2004 – Anlage K3

Die Beklagte hat die Pflichtverletzung gemäß § 280 Abs. 1 S. 2 BGB zu vertreten. Mit dem Vortrag im Schreiben vom 22.04.2004, sie habe zwar die frühere Nutzung als Lagerstätte für Chemikalien gekannt, mit einer Verunreinigung habe sie aber nicht rechnen müssen, hat die Beklagte sich nicht entlastet. Gemäß § 276 Abs. 1 S. 1 BGB hat der Schuldner Vorsatz und Fahrlässigkeit zu vertreten. Bei der Nutzung eines Grundstücks als Tankstelle und Schrottplatz kann nie ausgeschlossen werden, dass es zu Bodenverunreinigungen kommt, die die Eignung des Grundstücks als Baugrundstück einschränken oder ausschließen. Aus diesem Grunde ist eine solche Nutzung ein offenbarungspflichtiger Umstand (§ 242 BGB). Wenn der Verkäufer eines Grundstücks – wie hier die Beklagte – diese vorherige Nutzung kannte, handelt er mithin vorsätzlich, wenn er den offenbarungspflichtigen Mangel kennt und damit rechnet und billigend in Kauf nimmt, dass der Käufer den Mangel nicht kennt und bei Offenbarung den Vertrag nicht oder nicht mit diesem Inhalt abgeschlossen hätte.

Die Gewährleistungsrechte der Beklagten sind auch nicht ausgeschlossen. Die Beklagte verweigert in ihrem Schreiben vom 22.04.2004 unter Bezugnahme auf den Gewährleistungsausschluss im notariellen Kaufvertrag vom 11.08.2004 (§ 7) die Mängelbeseitigung. § 7 des notariellen Kaufvertrages vom 11.08.2004 enthält die Formulierung, dass das Grundstück wie besichtigt verkauft wird und alle Recht des Käufers wegen Mängeln ausgeschlossen sind. Bei dem notariellen Kaufvertrag vom 11.08.2004 handelt es sich um allgemeine Geschäftsbedingungen, denn der Kaufvertrag ist vom Notar der Beklagten als Vertragsformular für den Verkauf von Eigentumswohnungen entwickelt worden. Der Ausschluss aller Rechte des Käufers wegen Mängeln der Kaufsache verstößt gegen § 309 Nr. 7b BGB. Nach § 306 Abs. 2 BGB ist eine geltungserhaltende Reduktion bei allgemeinen Geschäftsbedingungen nicht möglich.

II. Darüber hinaus macht die Klägerin mit dem Antrag zu 2) für die bei ihr enstandenen Gutachterkosten als Mangelfolgeschaden einen Schadensersatzanspruch nach §§ 434 Abs. 1 S. 1, 437 Nr. 3, 280 Abs. 1 BGB geltend. Die Voraussetzungen liegen vor: Aufgrund der Kontaminierung des Grundstücks musste die Klägerin einen Sachverständigen zur Ermittlung von Art und Höhe der Mängelbeseitigungskosten beauftragen. Die Klägerin hat die Rechung des Sachverständigen Prof. Dr. Erd bereits bezahlt. Hierdurch ist ihr ein Vermögensschaden in Höhe von 8.000,- EUR entstanden. Die Beklagte hat die Zahlung der Sachverständigenkosten verweigert.

Beweis:
1. Rechnung des Prof. Dr. Erd vom 15.04.2004 – Anlage K4;
2. Quittung des Prof. Dr. Erd vom 18.04.2004 – Anlage K5;
3. Schreiben der Beklagten vom 22.04.2004 – Anlage K3;

Eine beglaubigte und eine einfache Abschrift anbei.

■■■

Rechtsanwalt

K. Die Haftung des Verkäufers – Gewährleistungsansprüche des Käufers: Anspruch auf Aufwendungsersatz, §§ 437 Nr. 3, 284 BGB

I. Voraussetzungen

1. Bestehen eines Schadensersatzanspruches

Anstelle von Schadensersatz statt der Leistung kann der Käufer auch Aufwendungsersatz gemäß § 284 BGB verlangen. Voraussetzung für den Aufwendungsersatz ist also stets, dass die Voraussetzungen für einen Schadensersatzanspruch gegeben sind. Insoweit wird auf die vorgehenden Ausführungen Bezug genommen.

2. Aufwendungen im Vertrauen auf den Erhalt der Leistung

Der Käufer muss Aufwendungen gemacht haben. Hierbei handelt es sich um vom Käufer im Hinblick auf den Vertrag erbrachte Vermögensopfer.[430] Da die Aufwendungen im Vertrauen auf den Erhalt der Leistung gemacht werden müssen, sind nur Aufwendungen geschützt, die nach wirksamer Begründung des Schuldverhältnisses gemacht worden sind und die der Käufer billigerweise machen durfte.[431] Macht der Käufer

---

430 Palandt/Heinrichs, § 284 Rn. 6.

während der Schwebezeit eines Vertrages Aufwendungen und wird der schwebend unwirksame Vertrag genehmigt, sind die Aufwendungen aus der Schwebezeit ersatzfähig.[432]

II. Einwendungen und Einreden

502   Im Hinblick auf die Einwendungen und Einreden wird auf die Ausführungen zum kleinen und großen Schadensersatzanspruch bzw. zu den Einwendungen und Einreden gegen die Gewährleistungsrechte verwiesen.

III. Rechtsfolgen

503   Der Käufer kann die Aufwendungen ersetzt verlangen, die er im Vertrauen auf den Erhalt der Leistung gemacht hat und billigerweise machen durfte, es sei denn, deren Zweck wäre auch ohne die Pflichtverletzung des Schuldners nicht erreicht worden. Zu beachten ist, dass bei Aufwendungen für Konsumzwecke oder für (Kunst-)Gegenstände mit Liebhaberpreis die Rentabilität zweifelhaft sein kann. § 284 BGB ist aufgrund der früheren Einschränkung, die der Ersatz von frustrierten Aufwendungen wegen seiner Behandlung als Schadensersatz hatte, geschaffen worden. Der Anspruch tritt an die Stelle eines Schadensersatzanspruchs, da er aber selbst kein Schadensersatzanspruch ist, hängt er nicht von der wirtschaftlichen Rentabilität ab. Aufwendungen, die auch bei ordnungsgemäßer Erfüllung vergeblich gewesen wären, sollen nicht ersatzfähig sein. § 284 BGB schließt im letzten Halbsatz daher Aufwendungen aus, die ihren Zweck auch ohne die Pflichtverletzung des Schuldners verfehlt hätten.

504   Muster: Klage auf Rücktritt und Aufwendungsersatz

Landgericht ■■■

Klage

des Schwimmvereins Delphin e.V., vertreten durch ■■■

Klägers,

Prozessbevollmächtigte: ■■■

gegen

die X & Z Grundstücks GmbH, vertreten durch ■■■

Beklagte,

wegen: Rücktritt und Aufwendungsersatz

Vorläufiger Streitwert: EUR 1.678.500,- EUR

Namens und in Vollmacht des Klägers erheben wir Klage und werden in der mündlichen Verhandlung beantragen:

---

431   Palandt/Heinrichs, § 284 Rn. 7.
432   BGH NJW 1999, 2269.

K. Die Haftung des Verkäufers

Die Beklagte wird verurteilt, an den Kläger 1.500.000, – EUR nebst Zinsen in Höhe von 5 Prozentpunkten über dem jeweiligen Basiszinssatz seit Klagezustellung Zug um Zug gegen Rückübertragung des Baugrundstücks in der Ebertystr. 11 in 14586 Berlin, Flurstück 230/05 Flur 7, eingetragen im Grundbuch von Berlin-Schöneberg zu zahlen und weitere 178.500,- EUR nebst Zinsen in Höhe von 5 Prozentpunkten über dem jeweiligen Basiszinssatz seit Klagezustellung zu zahlen.

Vorsorglich stellen wir den Antrag nach § 331 Abs. 3 ZPO.

Begründung:

I. Der Kläger ist ein eingetragener Verein zur Förderung des Schwimmsportes. Mit dem Anspruch auf Zahlung von 1.500.000,- EUR Zug um Zug gegen Rückübertragung des im Antrag näher bezeichneten Baugrundstücks macht der Kläger einen Anspruch auf Rückzahlung des Kaufpreises gemäß §§ 346, 326 Abs. 5, 437 Nr. 2, 434 Abs. 1 S. 1 BGB geltend. Mit notariellem Kaufvertrag vom 11.01.2004 erwarb der Kläger von der Beklagten das in der Matryxstr. 11 in 14586 Berlin belegene Grundstück zu einem Kaufpreis von 1.500.000,- EUR. Das Grundstück ist mit einem 3-geschossigen Gebäude bebaut.

Beweis: not. Kaufvertrag vom 11.01.2004 des Notars Jann Flynn, Urkundenrolle Nr. 22/2004 – Anlage K1

Für den Kläger war die Größe des Grundstück bzw. des Gebäudes kaufentscheidend. Er wollte im EG/Keller des Gebäudes eine Schwimmhalle mit sechs 50-m Bahnen als Trainingsstätte errichten und das gesamte restliche Gebäude als Trainingscamp für zirka 20 Schwimmer nutzen. Darüber wurde anlässlich der notariellen Kaufvertragsverhandlungen mehrfach gesprochen. Nach den von der Beklagten dem Kläger überreichten Planunterlagen, die Bestandteil des not. Kaufvertrages sind, war die geplante Errichtung der Schwimmhalle und des Trainingscamps bei den angegebenen Nutzflächen der Geschosse von 800 m² (30 m x 32 m) und einem Erweiterungsbau auf das 6.500 m² große Grundstück möglich. Die Beklagte versicherte unter § 5 Nr. 1 des notariellen Vertrages zudem: „Das Grundstück hat eine Größe von zirka 6.500 m². Die Geschosse des Gebäudes verfügen über eine Nutzfläche von jeweils 800 m². Bauverbote oder -beschränkungen sind mir nicht bekannt."

Beweis:
1. wie vor;
2. Zeugnis des Notars Jann Flynn, ▪▪▪
3. Gutachten eines durch das Gericht zu bestellenden Sachverständigen.

Der Kläger ist am 04.04.2004 als Eigentümer in das Grundbuch eingetragen worden. Er wollte den Architekten Dipl. Ing. Marcus Kappis mit der Planung der Schwimmanlage beauftragen. Der Architekt stellte zusammen mit dem Vermesser Prof. Dipl. Ing. Müller fest, dass das Grundstück nur ein Größe von rund 4.500 m² hat. Weiter stellte er fest, dass die Grundfläche der Geschosse jeweils lediglich 650 m² (20 m x 32,5 m) beträgt. Wegen der geringeren Nutzflächen und Grundstücksgröße in Verbindung mit dem vorgegebenen Versiegelungsfaktor (GRZ), der zulässigen Geschlossflächenzahl (GFZ) sowie der einschlägigen Abstandsregelung, kann eine mit 50-m Bahnen ausgestatte Schwimmhalle zudem nicht errichtet werden.

Beweis:
1. Zeugnis des Dipl. Ing. Architekt ▪▪▪
2. Gutachten eines durch das Gericht zu bestellenden Sachverständigen

Marfurt

§ 2 Der Kauf von Sachen

Da das Grundstück nicht über die im Kaufvertrag ausgewiesene Größe verfügt und gerade dieser Umstand für den Kläger kaufentscheidend war, entspricht das Grundstück nicht der vertraglich vereinbarten Beschaffenheit (§ 434 Abs. 1 S. 1 BGB). Eine Nacherfüllung durch die Beklagte ist unmöglich. Gemäß § 326 Abs. 5 BGB ist damit eine Fristsetzung entbehrlich. Der Kläger hat mit Einwurf-Einschreiben vom 22.04.2004 gegenüber der Beklagten den Rücktritt erklärt und Rückzahlung des Kaufpreises Zug um Zug gegen Rückübertragung des Grundstücks gefordert. Die Beklagte reagierte hierauf nicht.

Beweis: Einwurf-Einschreiben des Klägers vom 22.04.2004 nebst Sendestatusbericht der Deutschen Post AG vom 23.04.2004 – Anlage K3

II. Neben dem Rücktritt kann der Kläger gemäß §§ 437 Nr. 3, 284 BGB statt Schadensersatz die Aufwendungen erstattet verlangen, die er im Vertrauen auf den Erhalt der Leistungen gemacht hat und billigerweise machen durfte. Die Voraussetzungen des Schadensersatzanspruches liegen vor. Wie unter 1) beschrieben ist das von der Beklagten verkaufte Grundstück mangelhaft und eine Nacherfüllung ist nicht möglich. Die Beklagte hat die Pflichtverletzung gemäß § 280 Abs. 1 S. 2 BGB zu vertreten. Der Kläger hatte durch den Kauf des Grundstücks mit den Maklerkosten (6,9% des Kaufpreises = 103.500,- EUR), den Kosten für die notarielle Beurkundung (1,5% des Kaufpreises = 22.500,- EUR) und der zu entrichtenden Grunderwerbssteuer (3,5% des Kaufpreises = 52.500,- EUR) nutzlose Aufwendungen in Höhe von insgesamt 178.500 EUR, die er im Vertrauen darauf getätigt hat, dass er auf dem gekauften Grundstück ein 3-geschossiges Einfamilienhaus bauen kann. Der mit der Aufwendung verfolgte Zweck des Klägers wäre ohne die Pflichtverletzung der Beklagten nicht eingetreten. Denn der Kläger hätte das Grundstück bei der Bebaubarkeit nur mit einem Bungalow nicht erworben.

Eine beglaubigte und eine einfache Abschrift anbei.

■■■

Rechtsanwalt

L. Die Haftung des Verkäufers – Gewährleistungsansprüche des Käufers: Ansprüche bei arglistigem Verschweigen eines Mangels

505 Primär gilt das Gleiche, was bereits zu den Ansprüchen auf Schadensersatz ausgeführt worden ist. Liegt jedoch ein Fall des arglistigen Verschweigens eines Mangels vor, sind im Hinblick auf die Voraussetzungen des Verschuldens und bei den möglichen Einwendungen und Einreden des Verkäufers Besonderheiten zu beachten:

I. Voraussetzungen

1. Wirksamer Kaufvertrag, Mangel im Zeitpunkt des Gefahrenübergangs

506 Wie bei den vorbesprochenen Gewährleistungsansprüchen muss zwischen den Parteien ein wirksamer Kaufvertrag abgeschlossen worden sein und im Zeitpunkt des Gefahrenübergangs die Kaufsache mit einem Mangel behaftet gewesen sein. Zu beachten ist, dass im Falle des arglistigen Verschweigens eines Mangels die Pflichtverletzung nie unerheblich ist. Die Einschränkungen nach § 323 Abs. 5 S. 2 BGB bzw. § 281 Abs. 1 S. 3 BGB gelten daher nicht. Der Verkäufer kann vom Vertrag zurücktreten und Schadensersatz statt der ganzen Leistung fordern.

2. Erfolgloser Ablauf einer dem Verkäufer vom Käufer gesetzten angemessenen Frist zur Nacherfüllung

Wird nicht lediglich ein Nacherfüllungsanspruch geltend gemacht, muss dem Verkäufer grundsätzlich eine angemessene Frist zur Nacherfüllung gesetzt worden sein und diese Frist muss fruchtlos abgelaufen sein. Eine Ausnahme gilt dann, wenn eine Fristsetzung entbehrlich ist. Insoweit wird auf die bisherigen Ausführungen verwiesen.

507

3. Vertretenmüssen des Verkäufers: Sonderfall arglistiges Verschweigen eines Mangels

Grundsätzlich gilt: Der Verkäufer haftet für Vorsatz und grobe Fahrlässigkeit. Das Verschulden wird gemäß § 280 Abs. 1 S. 2 BGB vermutet. Anders jedoch, wenn ein Fall des arglistigen Verschweigens eines Mangels vorliegt: Da Arglist Vorsatz voraussetzt, kann sich der Verkäufer im Falle der Arglist nicht entlasten (§ 280 Abs. 1 Satz 2 BGB).

508

Der Verkäufer hat einen Mangel verschwiegen, wenn er eine bestehende Aufklärungspflicht objektiv verletzt hat. Wegen den widerstreitenden Interessen der Vertragspartner besteht grundsätzlich keine Rechtspflicht des Verkäufers, den Käufer von sich aus über alle Umstände aufzuklären, die für den Abschluss des Vertrages durch den Käufer von Bedeutung sein können. Eine Aufklärungspflicht besteht nach Treue und Glauben nur hinsichtlich solcher Umstände, die für den Entschluss des Käufers offensichtlich von Bedeutung sind und deren Mitteilung er nach der Verkehrsauffassung erwarten durfte. Eine Aufklärungspflicht des Verkäufers begründen die besondere Sachkunde des Verkäufers oder seine Vertrauensstellung, Art und Grund des Fehlers, Möglichkeiten und Fähigkeiten des Käufers, den Fehler zu erkennen, und mögliche Nachfragen des Käufers von Bedeutung.[433] Der Verkäufer handelt arglistig, wenn er einen Mangel zumindest für möglich hält, gleichzeitig weiß oder damit rechnet oder billigend in Kauf nimmt, dass der Käufer den Mangel nicht kennt und bei dessen Offenbarung den Kaufvertrag nicht oder nicht mit diesem Inhalt abgeschlossen hätte.[434] Eine Täuschungsabsicht ist nicht erforderlich. Fahrlässige Unkenntnis ist nicht ausreichend. Es ist mindestens bedingter Vorsatz notwendig.[435] In allen Fällen, in denen das Gesetz vom arglistigen Verschweigen eines Fehlers ausgeht (z.B. §§ 442, 444, 445 BGB), fällt auch das arglistige Vorspiegeln einer nicht vorhandenen Eigenschaft darunter.[436] Bedingter Vorsatz reicht für die Annahme von Arglist aus. Der Verkäufer handelt daher auch dann arglistig, wenn er auf Nachfragen des Käufers über wesentliche Punkte ohne tatsächliche Grundlage Angaben „ins Blaue hinein" macht oder „blindlings" Garantien übernimmt. In solchen Fällen liegt die Arglist darin, dass dem Verkäufer jegliche zur sachgemäßen Auskunft erforderliche Kenntnis fehlt und er gleichwohl diesen Umstand, d.h. die fehlende Sachkenntnis dem Käufer verschweigt.[437] Arglistiges Verschweigen seines Vertreters muss sich der Verkäufer nach § 166 Abs. 1 BGB zurechnen lassen.[438]

509

---

433 OLG Köln NJW-RR 1997, 1214.
434 OLG Karlsruhe, NJW 2004, 2456; BGH NJW 1992, 1953.
435 BGHZ 109,327; BGH NJW 1991, 2138.
436 BGH NJW-RR 1987, 436.
437 BGH NJW-RR 1987, 436; NJW 1980, 2460.

II. Einwendungen

510 Auch im Hinblick auf die Einwendungen gilt grundsätzlich das zu den Gewährleistungsrechten bisher Ausgeführte. Folgende Besonderheiten sind jedoch zu berücksichtigen: Verschweigt der Verkäufer arglistig einen Mangel, so finden die Regelungen des Gewährleistungsausschlusses bezüglich §§ 442, 444, 445 BGB Anwendung. Hat der Käufer den Mangel arglistig verschwiegen, ist gemäß § 422 BGB die Gewährleistung trotz grob fahrlässiger Unkenntnis des Käufers vom Mangel nicht ausgeschlossen. Nach § 444 BGB ist eine Vereinbarung, die die Gewährleistung ausschließt oder beschränkt, unwirksam, wenn der Verkäufer den Mangel arglistig verschwiegen hat. Darüber hinaus greift die gesetzliche Haftungsbeschränkung gemäß § 445 BGB bei einer öffentlichen Versteigerung nicht ein, wenn der Verkäufer einen Mangel arglistig verschwiegen hat. Beim beiderseitigen Handelskauf kann sich der Verkäufer bei Arglist nicht auf § 377 Abs. 5 HGB berufen, auch wenn der Käufer seine Untersuchungs- und Rügepflicht gemäß § 377 HGB verletzt hat.

III. Einreden

511 Die Arglist hat auch Auswirkungen auf die Verjährung der Mängelgewährleistungsansprüche (2 Jahre). Diese verjähren nicht in der sonst gemäß § 438 BGB üblichen Verjährung, sondern nach § 438 Abs. 3 BGB in der regelmäßigen Verjährungsfrist. Nach § 195 BGB beträgt die regelmäßige Verjährungsfrist drei Jahre und beginnt gemäß § 199 BGB mit dem Schluss des Jahres, in dem der Anspruch entstanden ist und der Gläubiger von den den Anspruch begründenden Umständen und der Person des Schuldners Kenntnis erlangt oder ohne grobe Fahrlässigkeit Kenntnis erlangen müsste.

IV. Weitere Ansprüche bei Arglist

1. Konkurrenz: Anfechtung

512 Liegen die Voraussetzungen des arglistigen Verschweigens eines Mangels vor, hat der Käufer gemäß § 123 Abs. 1 BGB ein Anfechtungsrecht. Die Anfechtungsmöglichkeit besteht gemäß § 124 Abs. 3 BGB 10 Jahre lang. Erklärt der Käufer die Anfechtung, hat er einen Schadensersatzanspruch gemäß §§ 311 Abs. 2, 241 Abs. 2, 280 Abs. 1 BGB. Bei diesem Anspruch handelt es sich um einen Schadensersatzanspruch, der einen anderen Regelungsgehalt als die Anfechtungsregeln besitzen. Erklärt der Käufer die Anfechtung, so richtet sich die Rückabwicklung nach § 812 Abs. 1 Satz 1, 1. Alternative BGB. Dabei ist zu beachten, dass nach herrschender Meinung die Saldotheorie zu Lasten des arglistig Getäuschten nicht anwendbar ist. Hat der Verkäufer den Mangel arglistig verschwiegen, hat der Käufer das Wahlrecht, ob er anficht oder die in § 437 BGB genannten Gewährleistungsansprüche geltend macht. Erklärt er die Anfechtung, so kann er die Gewährleistungsansprüche nicht mehr geltend machen, denn diese setzen einen wirksamen Kaufvertrag voraus.[439]

---

438 BGHZ 117, 104.
439 Höpfner, NJW 2004, 2865.

2. Schadensersatzanspruch nach §§ 311 Abs. 2, 241 Abs. 2, 280 Abs. 1 BGB

Neben dem Schadensersatzanspruch wegen eines Mangels gemäß §§ 437 Nr. 3, 280 Abs. 1 BGB hat der Käufer zusätzlich den Schadensersatzanspruch gemäß §§ 311 Abs. 2, 241 Abs. 2, 280 Abs. 1 BGB. Die Gewährleistungsvorschriften begünstigen den Verkäufer und für eine Privilegierung besteht beim arglistig Handelnden kein Anlass.[440] Da das Gewährleistungsrecht aber heute weitestgehend auf das allgemeine Schuldrecht verweist und die Verjährung des Anspruchs sich nach den allgemeinen Regeln richtet (§ 438 Abs. 3 BGB), ist eine eigenständige Bedeutung des Anspruchs aus §§ 311 Abs. 2, 241 Abs. 2, 280 Abs. 1 BGB neben dem Gewährleistungsrecht zweifelhaft.

3. Schadensersatzansprüche nach den §§ 823ff. BGB

Wenn dem Käufer in Folge der Arglist des Verkäufers ein Schaden entsteht, so kann ihm ein Schadensersatzanspruch aus § 823 Abs. 2 BGB i.V.m. § 263 StGB und § 826 BGB zustehen. Dieser Schadensersatzanspruch ist ein selbstständiger Anspruch, der neben den Gewährleistungsansprüchen bzw. den Anfechtungsregeln steht.

Muster: Klage auf Schadensersatz bei arglistigem Verschweigen eines Mangels

Landgericht ▪▪▪

Klage

des Herrn Ulf Aichel ▪▪▪

Klägers,

Prozessbevollmächtigte: ▪▪▪

gegen

die S & Z Automobile, Inhaber: Rudolf Rastig, ▪▪▪

Beklagter,

wegen: Schadensersatz

Vorläufiger Streitwert: EUR 6.600,- EUR

Namens und in Vollmacht des Klägers erheben wir Klage und werden in der mündlichen Verhandlung beantragen:

Der Beklagte wird verurteilt, an den Kläger 6.600,- EUR nebst Zinsen in Höhe von 5 Prozentpunkten über dem jeweiligen Basiszinssatz seit Klagezustellung Zug um Zug gegen Rückübereignung und Rückgabe des gebrauchten Kraftfahrzeuges Alfa Romeo MXZ, Fahrgestellnr. 123 Xzt 3445 zu zahlen.

Vorsorglich stellen wir den Antrag nach § 331 Abs. 3 ZPO.

---

440 BGHZ 60, 319 f.; BGH NJW-RR 1990, 970; NJW 1992, 2564.

§ 2 Der Kauf von Sachen

Begründung:

Der Anspruch des Klägers ergibt sich aus §§ 437 Nr. 3, 311a Abs. 2 BGB. Der Kläger macht den großen Schadensersatzanspruch wegen des arglistigen Verschweigens eines Mangels durch den Beklagten geltend. Mit Kaufvertrag vom 14.06.2004 erwarb der Kläger vom Beklagten das im Klageantrag näher bezeichnete Kraftfahrzeug zum Kaufpreis von 6.600,- EUR. Im Kaufvertrag war unter dem Datum der Erstzulassung des Wagens der 22.08.1996 angegeben.

Beweis: Kaufvertrag vom 14.06.2004 – Anlage K1

Tatsächlich ist das Kraftfahrzeug aber bereits am 22.08.1990, also 6 Jahre vor dem angegebenen Datum, gebaut und ausgeliefert worden.

Beweis: Auslieferungsschein der Firma Monti vom 22.08.1990 – Anlage K2

Die Abweichung zwischen dem Datum der Werkauslieferung am 22.08.1990 und dem Datum der im Kaufvertrag angegebenen Erstzulassung ist ein Mangel im Sinne des § 434 Abs. 1 S. 1 BGB, denn es gehört zu der vereinbarten Beschaffenheit der Kaufsache, dass das Baujahr eines Fahrzeuges nicht mehrere Jahre vor dem im Vertrag angegebenen Erstzulassungsdatum liegt (OLG Karlsruhe, NJW 1994, 2456).

Eine Fristsetzung zur Nacherfüllung war entbehrlich, denn bei dem Abweichen des tatsächlichen Auslieferdatums vom Datum der vertraglich vereinbarten Erstzulassung handelt es sich um eine anfängliche Unmöglichkeit.

Der Beklagte hat den Kläger bei Abschluss des Vertrages arglistig den Mangel verschwiegen. Zumindest rechnete der Beklagte damit, dass das Fahrzeug bereits im Jahre 1990 ausgeliefert worden ist. Auch wenn der Beklagte das Baujahr des Fahrzeuges beim Verkauf an den Kläger nicht positiv gekannt hat, so hätte er dem Kläger die Umstände offenbaren müssen, die es nahe legten, dass das Fahrzeug aus dem Jahre 1990 stammt. Ein Verkäufer handelt arglistig, wenn er einen Fehler für möglich hält und gleichzeitig billigend in Kauf nimmt, dass der Vertragspartner den Fehler nicht kennt und bei Offenbarung den Vertrag nicht oder nicht mit dem Inhalt abgeschlossen hätte. Der Beklagte hat das Fahrzeug zwei Monate vor dem Verkauf an den Kläger in der Kraftfahrzeugwerkstätte W. Richard wegen eines defekten Keilriemens reparieren lassen. Die Reparatur konnte erst mit einer Verzögerung von zwei Wochen vorgenommen werden, da Keilriemen für die Modelle aus dem Jahre 1996 nicht passten und der Werkstattinhaber W. Richard bei Alfa Romeo einen passenden Keilriemen für das Modell aus dem Jahre 1990 bestellen musste.

Beweis:
1. Zeugnis des Walter Richard, Schlossstr. 11, 14165 Berlin;
2. Rechnung der Reparaturwerkstätte W. Richard vom 12.04.2004 – Anlage K2

Als der Beklagte das reparierte Fahrzeug abholte, teilt der Werkstattinhaber dem Beklagten mit, dass er davon ausgehe, dass das Fahrzeug das Baujahr 1990 habe.

Beweis: Zeugnis des W. Richard, b.b.

Als dem Kläger das wahre Alter des Kraftfahrzeuges bekannt wurde, hat er den Beklagten zur Rücknahme des Fahrzeuges Zug um Zug gegen Rückzahlung des Kaufpreises aufgefordert. Der Beklagte meinte hierauf, auf den Tag der tatsächlichen Zulassung des Fahrzeuges komme es nicht an, entscheidend sei für den Kläger doch allein, dass das Fahrzeug bei

Abschluss des Kaufvertrages lediglich eine Laufleistung von 26.000 km aufweise, und lehnte die Rücknahme des Fahrzeuges sowie die Rückzahlung des Kaufpreises ab. Im Übrigen berief er sich auf den vertraglich vereinbarten Gewährleistungsausschluss und meinte, der Kläger habe selbst das wahre Alter des Fahrzeuges erkennen können, aus diesem Grunde sei eine Gewährleistungshaftung schon wegen grob fahrlässiger Unkenntnis des Käufers ausgeschlossen.

Beweis: Schreiben des Beklagten vom 18.07.2004 – Anlage K3

Das Fahrzeug wies im Zeitpunkt des Kaufvertrages mit dem Kläger zwar lediglich einen Kilometerstand von 26.000 km auf, bei dem Erwerb eines Kraftfahrzeuges kommt es aber nicht nur auf die bisherige Laufleistung, sondern auch auf die künftige Nutzungsmöglichkeit des Fahrzeuges an. Auch insoweit ist unerheblich, ob dem Beklagten das Baujahr des Fahrzeuges bekannt war, entscheidend ist, dass er dem Kläger die Umstände, die ihm nahelegten, dass das Fahrzeug aus dem Jahre 1990 stammte, verschwiegen hat.

Der Kläger kann sich nicht auf einen Gewährleistungsausschluss berufen. Nach § 444 BGB ist im Falle des arglistigen Verschweigens eines Mangels eine Vereinbarung, die die Gewährleistung ausschließt, unwirksam. Da der Beklagte den Mangel arglistig verschwiegen hat, wäre auch bei grob fahrlässige Unkenntnis des Klägers vom Mangel – was vorsorglich bestritten wird – die Gewährleistung nach § 442 S. 2 BGB nicht ausgeschlossen.

Eine beglaubigte und eine einfache Abschrift anbei.

■■■

Rechtsanwalt

M. Haftung des Verkäufers bei einer Garantieübernahme

516 Gemäß § 443 BGB muss der Verkäufer oder ein Dritter (Hersteller), der eine Garantie übernommen hat, dem Käufer im Garantiefall die ihm eingeräumten Rechte zugestehen. § 443 BGB regelt nicht, welche Rechte dies im Einzelnen sind. Vielmehr richtet sich dies nach der Individualvereinbarung zwischen Käufer und Verkäufer. Es kann sich hierbei um Rechte in Beziehung auf die Geltungsdauer der Garantie, darauf, auf welche Teile und auf welche Eigenschaften sich die Garantie bezieht oder darum handeln, ob eine selbstständige oder eine unselbstständige Garantie vorliegt. Zu beachten ist, dass die Rechte aus der Garantie dem Käufer neben seinen anderen gesetzlichen Ansprüchen zustehen.[441] Insbesondere soll die übernommene Garantie die gesetzlichen Gewährleistungsansprüche ergänzen oder verstärken. Dabei sind nicht nur die Bedingungen in der Garantie selbst maßgeblich, sondern auch Bedingungen, die ggf. in einer einschlägigen Werbung genannt werden.

I. Voraussetzungen

1. Wirksamer Kaufvertrag

517 Zwischen den Parteien (Kauf und Verkäufer) muss ein wirksamer Kaufvertrag zustande gekommen sein. Auf die bisherigen Ausführungen wird verwiesen.

2. Übernahme der Garantie

a) Garantie

518 *aa) Unselbstständige und selbstständige Garantie:* Die Garantie des § 443 BGB erfasst die selbstständige und die unselbstständige Garantie, nicht jedoch eine Risikogarantie – Bedeutung vor allem im Unternehmenskauf[442] –, die nicht auf die Beschaffenheit oder Haltbarkeit der Sache abstellt, sondern ein Schadensrisiko infolge bestimmter Umstände abdecken soll. Die **unselbstständige Garantie** erweitert die gesetzliche Mängelhaftung durch eine Garantiefrist (z.B. Haftung für Mängel, die nach Gefahrenübergang auftreten). Als eine unselbstständige Garantie kommt die Garantie des Verkäufers als **Haltbarkeitsgarantie** in Betracht. Bei der Haltbarkeitsgarantie verspricht der Verkäufer, dass die Kaufsache während eines bestimmten Zeitraums oder einer bestimmten Nutzungsdauer sachmängelfrei bleibt. Damit geht er über die gesetzliche Regelung, nach der der Verkäufer nur bei Gefahrübergang für Sachmängel einstehen muss, hinaus. Aus einer Haltbarkeitsgarantie ergibt sich keine selbstständige Anspruchsgrundlage. Übernimmt der Verkäufer einer Haltbarkeitsgarantie, wird vermutet, dass ein während ihrer Geltungsdauer auftretender Sachmangel die Rechte aus der Garantie begründet (§ 443 Abs. 2 BGB).

519 Bei der Übernahme einer **selbstständigen Garantie** steht der Garantiegeber für einen Erfolg ein, der über die Freiheit von Sachmängeln hinausgeht, insbesondere durch die verschuldensunabhängige Übernahme eines möglicherweise eintretenden künftigen Schadens, der durch die Sachmängelhaftung nicht gedeckt wäre (z.B. ein unverschulde-

---

441 Hammen, NJW 2003, 2588.
442 Für den Unternehmenskauf: Strelow/Hein, DB 2003, 1155.

ter zufälliger Schaden). Eine selbstständige Garantie des Verkäufers liegt dann vor, wenn er zum Ausdruck bringt, dass er für den Eintritt eines bestimmten Erfolgs bzw. das Ausbleiben eines bestimmten Nachteils einstehen will und zwar über die Mangelfreiheit der Kaufsache bei Gefahrübergang hinaus. Damit schuldet der Verkäufer durch die Übernahme einer selbstständigen Garantie ein über die vertragsmäßige Erfüllung hinausgehenden Erfolg. Ob eine selbstständige Garantie gewollt ist, muss im Wege der Auslegung ermittelt werden. Hierbei gilt der Grundsatz, dass die Begründung einer neuen vertraglichen Verpflichtung nur ausnahmsweise gewollt sein wird. Nur wenn besondere Umstände vorliegen und sich die Garantieerklärung auf eine gegenwärtige Eigenschaft der Kaufsache bezieht, kann von einem selbstständigen Garantieversprechen ausgegangen werden. Im Zweifel ist mit Rücksicht auf die weitgehenden Rechtsfolgen davon auszugehen, dass keine selbstständige Garantie vorliegt. Hinzuweisen ist auf die Besonderheiten im Kunst- und Gebrauchtwagenhandel. Während an die Übernahme einer Garantie im Kunsthandel regelmäßig hohe Anforderungen zu stellen sind,[443] werden im Gebrauchtwagenhandel aufgrund der besonderen Marktverhältnisse keine hohen Anforderungen an eine Garantieübernahme gestellt.[444] Beim Verbrauchsgüterkauf stellt § 477 BGB besondere inhaltliche und formelle Anforderungen an eine Garantie.

bb) Angegebene Bedingungen: Die angegebenen Bedingungen sind die tatsächlichen Voraussetzungen für den Garantiefall und in der einschlägigen Garantieerklärung oder der Werbung festgelegt. Sie müssen die Sache, die Beschaffenheit und wofür im Einzelfall garantiert wird, enthalten. Die Bedingungen können unterschiedliche Leistungen des Garantiegebers im Garantiefall angeben: So kann Nachbesserung, Minderung, Rücktritt, Schadensersatz als einzelne Rechte oder wahlweise versprochen werden. Weiter müssen die erforderlichen Handlungen des Verkäufers und die Einhaltung der Garantiefrist den Bedingungen zu entnehmen sein.

520

b) Garantiegeber

Garantiegeber können der Verkäufer einer Sache oder ein Dritter (Herstellergarantie) sein. Im Regelfall wird die Garantie durch den Verkäufer abgegeben. Die Garantieerklärung kann aber auch durch den Hersteller der Sache oder Dritte, die am Vertrieb der Sache beteiligt oder interessiert sind (z.B. Großhändler, Importeure, Vertriebsunternehmen) abgegeben werden. Ist für die vertragsmäßige Beschaffenheit der Kaufsache von einem Hersteller oder dem Importeur eine Garantie übernommen worden, handelt es sich um eine selbstständige Garantie. Regelmäßig kommt ein solcher Garantievertrag dadurch zustande, dass das Vertragsangebot durch den Händler (als Vertreter oder Bote) übermittelt wird und vom Käufer stillschweigend angenommen wird.[445] Bei einer Herstellergarantie muss eindeutig zum Ausdruck kommen, dass sie neben die

521

---

[443] BGHZ 63, 369; BGH NJW 1980, 1619; 1995, 1673.
[444] BGH NJW 1993, 1854; OLG Bamberg NJW-RR 1994, 1333; OLG Hamm MDR 1995, 800; OLG Düsseldorf NJW-RR 2000, 505 für Kilometerstand, Art der Vorbenutzung, Zahl der Vorbesitzer, Unfallfreiheit – BGH NJW 1980, 2127 und 2000, 2018; OLG Frankfurt/Main NJW-RR 1998, 1213 für den Verkauf als Neuwagen – BGHZ 103, 275 für „TÜV neu" bei einem Gebrauchtwagen.
[445] BGHZ 78, 369.

gesetzliche Haftung des Verkäufers für Sachmängel tritt. Die Grundsätze der Verkäufergarantie sind auf die Herstellergarantie zu übertragen.

c) Garantieerklärung

522 Die Garantieerklärung ist eine empfangsbedürftige Willenserklärung. Der Garantiegeber muss nicht das Wort „Garantie" verwenden. Ausreichend sind in der Regel Begriffe wie „voll einstehen", „uneingeschränkte Gewährleistung" oder „zusichern" sowie das Echtheitszertifikat bei Kunstwerken. Die Garantieerklärung ist grundsätzlich formfrei, beim Grundstückskaufvertrag muss jedoch die Form des § 311b Abs. 1 BGB auch die Garantie umfassen. Die Garantiefrist ist der Zeitraum, für den der Verkäufer oder ein Dritter die Garantie übernimmt. Die Garantiefrist ist nicht notwendiger Bestandteil einer Garantie, denn die Garantie kann sich auch allein auf den Zeitpunkt des Gefahrenübergangs (§§ 446, 447 BGB) beziehen.

d) Eintritt des Garantiefalls

523 Tritt der Garantiefall ein, hat der Käufer einen Anspruch gegen den Garantiegeber,[446] dessen Art und Umfang sich nach der erklärten Garantie richten und unabhängig vom Verschulden des Garantiegebers sind.

524 Der Käufer trägt die Beweislast für den Garantiegeber, der auf die verkaufte Sache eine Garantie abgegeben hat. Gleichsam muss er darlegen und beweisen, dass die angegegenen Bedingungen erfüllt sind, insbesondere dass sich die Haltbarkeitsgarantie auf die von ihm geltend gemachte Beanstandung erstreckt, dass die Garantiefrist eingehalten ist und während ihrer Dauer der Mangel bzw. der Wegfall der Beschaffenheit aufgetreten ist. Der Verkäufer muss die gesetzliche Vermutung des § 443 Abs. 2 BGB widerlegen. Im Einzelfall ist darauf abzustellen, ob die Ursache in den Verantwortungsbereich des Käufers fällt.[447]

II. Einreden

525 Die Garantiefrist kann kürzer oder länger sein als die Verjährungsfrist. Ist eine Frist nicht vereinbart, gilt im Zweifel die Verjährungsfrist.

526 Die Ansprüche aus einer selbstständigen Garantie verjähren gemäß § 195 BGB in drei Jahren.[448] Entsprechend § 438 Nr. 3 BGB beträgt die Verjährung des Anspruchs aus der Herstellergarantie in der Regel zwei Jahre.

III. Rechtsfolgen

527 Der Käufer hat unabhängig von den Gewährleistungsrechten nach § 437 BGB („unbeschadet")[449] und unabhängig vom Verschulden (§§ 276, 278 BGB) gegenüber dem jeweiligen Garantiegeber die in der Garantie festgelegten Ansprüche. Wobei der Käufer ein Wahlrecht hat, wen er worauf in Anspruch nimmt. Liegt eine Verkäufergarantie

---

[446] BGH NJW 1979, 645.
[447] BGH NJW 1995, 516.
[448] BGHZ 65, 107.
[449] Hammen, NJW 2003, 2588.

vor, kommen grundsätzlich alle Rechte nach § 437 BGB in Betracht. Liegt eine Herstellergarantie vor, kann der Anspruch nur auf Ersatzlieferung, Nachbesserung oder Schadensersatz gerichtet sein, die Rechte auf Minderung oder Rücktritt vom Kaufvertrag bestehen nicht.

§ 3 Der Verbrauchsgüterkauf und Kauf unter Verwendung besonderer Vertriebsformen

528 Bei einem Verbrauchsgüterkauf sind gemäß § 474 Abs. 1 BGB die §§ 474-479 BGB ergänzend zu den §§ 433-453 BGB anzuwenden. Das Vorliegen eines Verbrauchsgüterkaufs ist insbesondere im Hinblick auf die Rechtsfolgen von Bedeutung. So sind z.B. nach § 474 Abs. 2 BGB die §§ 445, 447 BGB (Haftungsbegrenzung bei öffentlichen Versteigerungen, Gefahrenübergang beim Versendungskauf) nicht anwendbar. Darüber hinaus bestehen auch Besonderheiten bei den Gewährleistungsrechten.

A. Erfüllungsansprüche: Der Anspruch des Verkäufers auf Zahlung des Kaufpreises und auf Abnahme der Kaufsache / Der Anspruch des Käufers auf Übergabe und Übereignung der Kaufsache

I. Voraussetzungen

529 Ein **Verbrauchsgüterkauf** liegt vor, wenn ein Verbraucher als Käufer von einem Unternehmer als Verkäufer eine bewegliche Sache kauft.

1. Abschluss des Kaufvertrages

530 Zwischen den Kaufvertragsparteien muss ein Kaufvertrag zustande gekommen sein. Dies bestimmt sich nach den allgemeinen Regeln über das Zustandekommen eines Kaufvertrages: Die Parteien müssen sich über die wesentlichen Vertragsbestandteile einigen. Nachfolgende Voraussetzungen müssen zusätzlich vorliegen:

a) Kaufvertragsparteien: Verbraucher und Unternehmer

531 In § 14 BGB ist die Unternehmereigenschaft bestimmt (Legaldefinition). Danach ist **Unternehmer** einer natürliche oder juristische Person oder eine rechtsfähige Personengesellschaft, die bei Abschluss eines Rechtsgeschäfts in Ausübung ihrer gewerblichen oder selbstständigen beruflichen Tätigkeit handelt. Damit fallen unter den Unternehmerbegriff nicht nur Gewerbetreibende, sondern auch Freiberufler, Handwerker und Landwirte. Ebenso fallen auch nebenberufliche unternehmerische Tätigkeiten unter § 14 BGB. Nicht unter den Unternehmebegriff fallen aber die Verwaltung und die Anlage eigenen Vermögens z.B. in Miethäuser und Wertpapiere.[450] Träger eines Unternehmens können auch rechtsfähige Personengesellschaften, wie die OHG, die KG, die Partnerschaft, die EWIV und die teilrechtsfähige GbR[451] sein. § 13 BGB (Legaldefinition) beschreibt den **Verbraucher** als eine natürliche Person, die ein Rechtsgeschäft zu einem Zweck abschließt, der weder ihrer gewerblichen noch ihrer selbstständigen beruflichen Tätigkeit zugerechnet werden kann. Juristische Personen, auch wenn es sich um Idealvereine oder gemeinnützige Stiftungen handelt, fallen nicht unter den Verbraucherbegriff.[452] Besonders hervorzuheben ist die Abgrenzung zum selbstständigen beruflichen Zweck. Kauft ein Angestellter Gegenstände, die er zu seiner beruflichen

---

450 BGH NJW 2002, 368.
451 BGH NJW 2001, 1056.
452 EuGH NJW 2002, 205.

Ausübung verwendet, ist er Verbraucher im Sinne des § 13 BGB. Verkauft eine Zahnärztin ihr privates Auto, ist sie gleichfalls als Verbraucherin einzustufen.[453] Für die Zuordnung zum privaten oder unternehmerischen Bereich ist letzlich auf den durch Auslegung (§§ 133, 157 BGB) zu ermittelnden Inhalt des Rechtsgeschäfts abzustellen. Probleme kann die Zuordnung bei einem „dual use" also die Verwendung einer Kaufsache sowohl zum privaten als auch zum unternehmerischen Bereich ergeben (z.b. Kauf eine Pkw durch einen Freiberufler, der sowohl privat wie auch unternehmerisch genutzt werden soll). In der Regel wird in solchen Fällen auf die überwiegende Nutzung abzustellen sein. Bleiben Zweifel, sind die Schutzvorschriften des Verbraucherrechts nicht anzuwenden, denn wer sich auf den Schutz des Verbraucherrechts beruft, trägt die Beweislast für das Vorliegen der Voraussetzungen, § 476 BGB ist insoweit also nicht anwendbar.

Formularmäßige Klauseln, in denen sich der eine Teil vom anderen Teil bestätigen lässt, er sei gleichfalls Unternehmer, sind nach § 309 Nr. 12 BGB unwirksam. 532

Nach alledem finden die §§ 474ff. BGB keine Anwendung bei Kaufverträgen zwischen Verbrauchern untereinander und zwischen Unternehmern untereinander und wenn ein Verbraucher auf der Verkäuferseite und ein Unternehmer auf der Käuferseite steht. Zu beachten ist jedoch, dass Unternehmer auch bei Kaufverträgen untereinander die Regeln über den Verbrauchsgüterkauf nicht unbeachtet lassen sollten. Denn wegen des Unternehmerregresses (§§ 478, 479 BGB) bestehen auch bei diesen Verträgen gravierende Auswirkungen auf die Sachmängelgewährleistung. 533

b) Kaufgegenstand

Beim Verbrauchsgüterkauf muss es sich um den Kauf einer **beweglichen Sache** – auch Tiere (§ 90a BGB) – handeln. Nicht entscheidend ist, ob die bewegliche Sache neu oder gebraucht ist. Bei gebrauchten Sachen, die in einer öffentlichen Versteigerung verkauft werden, liegt gemäß § 474 Abs. 1 S. 2 BGB jedoch kein Verbrauchsgüterkauf vor. Ein Verbrauchsgüterkauf liegt gleichfalls nicht vor, wenn ein Kaufvertrag über Fernwärme, Wasser, Gas, Elektrizität abgeschlossen wird. Auch finden die Regeln über den Verbrauchsgüterkauf keine Anwendung beim Kauf unbeweglicher Sachen, also beim Grundstückskauf oder dem Kauf von Wohnungen. Dennoch können auch bei notariellen Kaufverträgen die Regeln über den Verbrauchsgüterkauf nicht völlig außer Acht gelassen werden. Verkauft z.B. ein Unternehmer einem Verbraucher mit dem Grundbesitz bewegliche Sachen, die nicht wesentliche Bestandteile sind, z.B. Einrichtungsgegenstände, so können gemäß § 475 BGB die Rechte des Käufers bei Mängeln für das gesetzliche Zubehör und für die mitverkauften beweglichen Sachen nicht ausgeschlossen oder beschränkt werden. 534

2. Wirksamkeit des Kaufvertrages – insbesondere Formnichtigkeit: § 125 BGB

Der zwischen einem Unternehmer und einem Verbraucher abgeschlossene Kaufvertrag muss wirksam sein. Es gelten die allgemeinen Regeln zur Wirksamkeit von Verträ- 535

---

453 LG Ffm, NJW-RR 2004, 1208.

gen.[454] Insoweit wird auf die bisherigen Ausführunge verwiesen. Ein besonderes Augenmerk ist bei Verbrauchsgüterkaufverträgen, gerade wenn sie unter der Verwendung bestimmter Vertriebsformen (Haustürgeschäft, Fernabsatz, E-Commerce) geschlossen werden oder wenn Teilzahlungsgeschäfte oder Ratenlieferungsverträge abgeschlossen werden, auf die Formnichtigkeit zu richten. Gemäß § 125 S. 1 BGB ist ein Rechtsgeschäft, das der durch das Gesetz vorgeschriebenen Form ermangelt, nichtig. Die Formnichtigkeit hat bei Verbraucherverträgen insbesondere im Hinblick auf die Textform nach § 126b BGB und die Schriftform nach § 126 BGB Bedeutung.

a) Textform, § 126b BGB

536 Bei den Verbraucherverträgen ist insbesondere die **Textform** nach § 126b BGB von Bedeutung. Die Textform des § 126b BGB setzt voraus, dass die Erklärung in einer Urkunde oder auf andere zur dauerhaften Wiedergabe von Schriftzeichen geeigneten Weise abgegeben wird. Diesen Anforderungen genügen Verkörperungen auf Papier, Diskette, CD-Rom, E-Mail, Computerfax.[455] Für gewissen Kaufverträge oder Kaufverträge, die über bestimmten Vertriebsformen zustande kommen (z.B. Fernabsatzverträge) verlangt das BGB die Textform nach § 126b BGB. So für die Unterrichtung des Verbrauchers nach § 312c Abs. 2 BGB, das Widerrufsrecht für Verbraucherverträge nach § 355 Abs. 1 S. 2 BGB, das Rückgaberecht bei Verbraucherverträgen nach § 356 Abs. 1 Nr. 3 BGB, im Hinblick auf die Rechtsfolgen des Widerrufs und Rückgaberecht bei Verbraucherverträgen nach § 357 Abs. 3 BGB, für Garantieerklärungen, die der Verbraucher verlangt, nach § 477 Abs. 2 BGB, im Hinblick auf die erforderlichen Angaben bei Teilzahlungsgeschäften nach § 502 Abs. 2 BGB, für Ratenlieferungsverträge zwischen Unternehmer und Verbraucher, § 505 Abs. 2 BGB.

b) Schriftform, § 126 BGB

537 *aa) Teilzahlungsgeschäfte, § 502 BGB:* Nach § 502 Abs. 3 S. 1 BGB ist ein **Teilzahlungsgeschäft** zwischen einem Unternehmer und einem Verbraucher insgesamt nichtig, wenn die Schriftform des § 492 Abs. 1 S. 1-4 BGB nicht eingehalten ist oder auch nur eine der Angaben des § 492 Abs. 1 Nr. 1-5 fehlen, soweit die Angaben nicht nach § 502 Abs. 1 S. 2 BGB oder Abs. 2 entbehrlich sind. Der formungültige Vertrag kann unter den Voraussetzungen des § 503 Abs. 3 S. 2 BGB geheilt werden.

538 *bb) Ratenlieferungsverträge, § 505 BGB:* Bei **Ratenlieferungsverträgen** zwischen einem Verbraucher und einem Unternehmer ist bei Nichteinhaltung der Form gemäß § 505 Abs. 2 S. 1 BGB und § 505 Abs. 2 S. 2 BGB der Vertrag nichtig. Eine Heilungsmöglichkeit, wie sie § 502 Abs. 3 BGB bei Teilzahlungsgeschäften vorsieht, besteht nicht. § 502 Abs. 3 BGB ist auch nicht entsprechend anwendbar. Ein Verstoß allein gegen die Mitteilungspflicht des § 505 Abs. 2 S. 3 BGB berührt die Wirksamkeit des Vertrages indes nicht, es besteht dann nur ein klagbarer Anspruch auf Mitteilung und gegebenenfalls Schadensersatz aus § 280 Abs. 1 BGB.

---

454 Zum Erklärungsirrtum bei einer Internetauktion: OLG Oldenburg, NJW 2004, 168.
455 LG Kleve, NJW-RR 2003, 196.

II. Einwendungen: insbesondere Widerruf und Rückgaberecht beim Kauf unter Verwendung besonderer Vertriebsformen

1. Widerruf und Rückgaberecht beim Kauf unter Verwendung besonderer Vertriebsformen

Im Hinblick auf mögliche rechtsvernichtende Einwendungen des Verbrauchers als Käufer gegen Zahlungsansprüche des Unternehmers (Verkäufers) ist zunächst auf die Ausführungen unter § 2 zu verweisen.

539

Für den Abschluss von Verträgen unter Verwendung besonderer Vertriebsformen finden sich besonders zu beachtende Regelungen in den §§ 312 ff. BGB. Die Regelungen betreffen die Haustürgeschäfte, die Fernabsatzverträge und den elektronischen Geschäftsverkehr (E-Commerce). Durch die §§ 312 ff. BGB werden dem Unternehmer bestimmte Pflichten auferlegt, die den Erwerber – insbesondere den Verbraucher – schützen sollen. Einzelheiten ergeben sich aus der BGB-Informationspflichten-VO (BGB-Info).

540

a) Widerruf/Rückgabe bei Haustürgeschäfte, § 1 HWiG, §§ 312, 312a, 355, 356 BGB

aa) Haustürgeschäft: Die Vorschriften über **Haustürgeschäfte** gelten ausschließlich für Verbraucherverträge. Handelt für den Verbraucher ein Vertreter, kommt es allein auf den Vertreter an.[456] Ein Haustürgeschäft liegt vor, wenn die Voraussetzungen des § 312 Abs. 1 S. 1 BGB gegeben sind. Danach muss ein Vertrag zwischen einem Unternehmer (§ 14 BGB) und einem Verbraucher (§ 13 BGB) abgeschlossen werden. Der Vertrag muss eine entgeltliche Leistung zum Gegenstand[457] haben und es muss eine der in § 312 Abs. 1 S. 1 Nr. 1-3 BGB genannten Schutzsituationen vorliegen, bei der der Verbraucher zum Vertragsschluss bestimmt worden sein muss.[458] Es ist ausreichend, wenn für den Vertragsschluss eine mündlichen Verhandlung am Arbeitsplatz des Verbrauchers oder in einer Privatwohnung (Nr. 1) oder anlässlich einer Freizeitveranstaltung (Nr. 2)[459] oder im Anschluss an ein überraschendes Ansprechen in öffentlichen Verkehrsmitteln oder öffentlich zugänglichen Verkehrsflächen (Nr. 3) für den Vertragsabschluss mitursächlich geworden ist. Nach § 313 Abs. 3 BGB liegt trotz Vorliegens einer Schutzsituation eine Schutzbedürftigkeit des Verbrauchers aber dann nicht vor, wenn der Vertragsgegenstand der Vertrag über eine Versicherung ist (Sonderregelung: § 8 Abs. 5 VVG), wenn eine sog. provozierte Bestellung[460] vorliegt, der Verbraucher den Unternehmer an den Arbeitsplatz oder in die Privatwohnung bestellt hat und der Zweck des Besuches zwischen den Parteien schon klar war sowie wenn die vertraglichen Leistungen sofort erbracht werden und einen Kaufpreis von 40,00 € nicht übersteigen. Die Schutzbedürftigkeit des Verbrauchers entfällt im Übrigen dann, wenn die Willenserklärung des Verbrauchers notariell beurkundet wird (§ 17 BeurkG). Dies soll allerdings dann nicht gelten, wenn der Vertrag vor der Beurkundung in einer Haustür-

541

---

456 BGH NJW 2000, 2268, 2270; NJW 2004, 154, 155; BverfG-Ka NJW 2004, 15.
457 Sonderproblem bei der Bürgschaft: EuGH, NJW 1998, 1295; BGH NJW 1998, 3556: Eine Bürgschaft fällt dann unter das Haustürwiderrufsrecht, wenn Bürgschaft und Kredit keinen gewerblichen Charakter haben.
458 BGH NJW 1996, 3416.
459 BGH NJW 1992, 1889; OLG Düsseldorf, NJW-RR 1996, 1269; BGH NJW-RR 1991, 1524.
460 BGHZ 109, 127; BGH, NJW 2001, 509.

situation im Einzelnen ausgehandelt worden ist und der Verbraucher die Beurkundung nur noch als Formalie ansieht.[461]

542 *bb) Widerrufs- oder Rückgaberecht:* Liegen die Voraussetzungen eines Haustürgeschäfts vor, hat der Verbraucher grundsätzlich ein Widerrufs- oder Rückgaberecht (Ausnahme: § 312a BGB). Hierbei ist zu beachten: Übt der Verbraucher sein Widerrufsrecht aus, genügt die Erklärung des Widerrufs, um sich vom Vertrag zu lösen. Bei einem Rückgaberecht kann sich der Verbraucher dagegen nur durch die Rücksendung der Kaufsache vom Vertrag lösen.

543 Primär hat der Verbraucher ein Widerrufsrecht. Ein Rückgaberecht kann der Verbraucher dem Unternehmer unter den Voraussetzungen der §§ 312 Abs. 1 S. 2, 356 Abs. 1 S. 2 BGB einräumen: Zwischen dem Verbraucher und dem Unternehmer soll ein ständige Verbindung aufrecht erhalten bleiben (z.B. Versandhandel), der Unternehmer hat dem Verbraucher im Verkaufsprospekt eine deutlich gestaltete Belehrung über das Rückgaberecht erteilt, der Verbraucher konnte den Verkaufsprospekt mit der Belehrung auch in Abwesenheit des Unternehmers eingehend zur Kenntnis nehmen und dem Verbraucher ist das Rückgaberecht in Textform eingeräumt worden.

544 Die Anforderungen an die Belehrung über das Widerrufsrecht ergeben sich aus §§ 312 Abs. 2, 355 Abs. 2 i.V.m. Anlage 2 zu § 14 BGB-InfoV.[462] Wie eine ordnungsgemäße Rückgabebelehrung auszusehen hat, regeln die §§ 312 Abs. 2, 355 Abs. 2, 356 Abs. 2 BGB i.V.m. Anlage 3 zu § 14 BGB-InfoV. Fehlt die Widerrufs- oder Rückgabebelehrung, verlängert sich die Widerrufs- und Rückgabefrist. Gleichsam bestehen ggf. Ansprüche nach dem UWG und dem UklaG, so dass der Unternehmer abgemahnt werden kann oder mit einer Unterlassungsklage überzogen werden kann.

545 *cc) Widerrufs- und Rückgabefristen:* Für die Widerrufsfrist gilt: Die Frist für die Ausübung des Widerrufsrechts ist abhängig davon ob, wann und wie der Unternehmer die erforderliche Belehrung erteilt hat. Erfolgt die ordnungsgemäße Belehrung bei Abschluss des Vertrages, beginnt die Frist für die Ausübung des Widerrufsrechts im Zeitpunkt der Widerrufsbelehrung und dauert zwei Wochen (§§ 312, 355 Abs. 1 S. 2, Abs. 2 S. 1 BGB). Wird der Käufer erst nach Abschluss des Vertrages über die Möglichkeit des Widerrufs belehrt, beginnt die Frist ebenfalls im Zeitpunkt der Widerrufsbelehrung, dauert jedoch einen Monat (§§ 312, 355 Abs. 2 S. 2 BGB). Erhält der Käufer keine Vertragsurkundes ausgehändigt, beginnt die Frist zum Widerruf im Zeitpunkt des Vertragsschlusses bzw. der Warenlieferung und erlischt erst sechs Monate nach Abschluss des Vertrages (§§ 312, 355 Abs. 2 S. 3, Abs. 3 S. 1 BGB). Bei einer nicht ordnungsgemäßen Widerrufsbelehrung beginnt keine Frist zu laufen, das Widerrufsrecht ist unbegrenzt (§§ 312 Abs. 2, 355 Abs. 3 S. 3 BGB).

546 Zu beachten ist die Beweislastregelung des § 355 Abs. 2 S. 4 BGB: Ist der Fristbeginn streitig, so trifft die Beweislast den Unternehmer. Für das Rückgaberecht gelten nach

---

461 BGH NJW 2004, 154, 155.
462 BGBl I 2002, 342.

§ 356 Abs. 2 BGB grundsätzlich die gleichen Fristen. Die Rückgabefrist beginnt jedoch nicht vor Erhalt der Sache.

dd) Ausübung des Widerrufs: Das Widerrufsrecht des Verbrauchers ist ein Gestaltungsrecht, das seinem Inhalt nach ein besonders ausgestaltetes Rücktrittsrecht ist.[463] Der Verbraucher kann das Widerrufsrecht in Textform (§ 126 b BGB) erklären oder die Kaufsache zurücksenden. Als empfangsbedürftige Willenseklärung wird der in Textform erklärte Widerruf erst mit dem Zugang wirksam. Aus der Erklärung müssen lediglich die Person des Erklärenden und der widerrufene Vertrag erkennbar sein.[464] Für den Inhalt, die Rechtzeitigkeit der Absendung der Widerrufserklärung und für den Zugang trägt der Verbraucher die Beweislast. Zur Fristwahrung kommt es auf die Rechtzeitigkeit der Absendung des Widerrufs an (§ 355 Abs. 1 S.2, letzer Hs. BGB). Wird der Widerruf durch einen Rechtsanwalt ausgeübt, ist § 174 BGB zu beachten. Hat der Verbraucher den Vertrag rechtzeitig widerrufen bzw. sein Rückgaberecht ausgeübt, bestimmen sich die Rechtsfolgen nach § 357 BGB. Nach § 357 Abs. 1 S. 1 BGB finden die Vorschriften über das gesetzliche Rücktrittsrecht, §§ 346 ff. BGB, Anwendung. § 357 Abs. 2 BGB verpflichtet den Verbraucher, paketversandfähige Sachen an den Unternehmer zurückzusenden. Die Kosten und die Gefahr der Rücksendung trägt aber in der Regel der Verbraucher. Weist der Unternehmer in seiner Widerrufsbelehrung darauf hin, dass bei einer Bestellung bis zu 40,00 EUR der Verbraucher die Kosten der Rücksendung zu tragen hat und vereinbart er diese Kostenregelung vertraglich, gehen die Kosten der Rücksendung gemäß § 357 Abs. 2 S. 3 BGB zu Lasten des Verbrauchers. § 357 Abs. 3 BGB enthält eine abweichende Regelung für Wertersatz für eine Verschlechterung der herauszugebenden Sache: Wertersatz ist bei ordnungsgemäßer Belehrung auch für den bestimmungsgemäßen Gebrauch der Sache zu leisten und gegebenfalls auch für eine leicht fahrlässige oder zufällig eintretende Verschlechterung.

Muster: Klageerwiderung bei Haustürgeschäften

Amtsgericht ■■■

■■■

In dem Rechtsstreit

E.M.S. GmbH ./. Müller

12 C 5/05

zeigen wir die Vertretung des Beklagten an und werden in der mündlichen Verhandlung beantragen:

die Klage wird abgewiesen.

---

463 BGH BB 2004, 1246.
464 BGH NJW 1993, 128; 1996, 1964.

Begründung:

Es ist richtig, dass die Beklagte mit Kaufvertrag vom 01.09.2004 der Klägerin einen Staubsauger Marke Meile 123c zum Kaufpreis von 1.200,– EUR verkauft hat (Anlage K1, bereits mit der Klageschrift überreicht).

Die Beklagte verweigert zu Recht die Abnahme und Bezahlung des Staubsaugers, denn mit Einwurf-Einschreiben vom 13.10.2004 hat der Beklagte den Kaufvertrag widerrufen.

Beweis: Einwurf-Einschreiben vom 13.11.2004 nebst Sendestatusbericht der Deutschen Post AG – Anlage B1

Das Widerrufsrecht des Beklagten ergibt sich aus §§ 312, 355 Abs. 2 S. 3, Abs. 3 S. 1 BGB. Die Voraussetzungen eines Haustürgeschäfts liegen vor. Der Mitarbeiter Frank Meyer der Klägerin wurde bei der Beklagten unaufgefordert am 01.09.2004 vorstellig und bot den Verkauf diverser Haushaltsgegenstände an. Die Beklagte liess den Mitarbeite Meyer der Klägerin in ihre Wohnung, wo es zu Verkaufsgesprächen über den Staubsauger und schliesslich zum Abschluss des Kaufvertrages kam. Bei Abschluss des Kaufvertrages belehrte der Mitarbeiter Frank Meyer die Beklagte nicht über das bei einem Haustürgeschäft nach §§ 312, 355 BGB bestehende Widerrufsrecht. Eine ordnungsgemäße Widerrufserklärung ging der Beklagten erst am 01.10.2004 zu.

Die Beklagte hat den Kaufvertrag fristgerecht widerrufen. Da die Widerrufsbelehrung erst nach Vertragsschluss erfolgte, begann die Widerrufsfrist gemäß §§ 312, 355 Abs. 2 S. 2, 187 Abs. 1 BGB am 02.10.2004 zu laufen und endete am 01.11.2004. Der Widerruf des Beklagten vom 13.10.2004 war damit rechtzeitig.

Eine beglaubigte und eine einfache Abschrift anbei.

■■■

Rechtsanwalt

b) Widerruf/Rückgabe bei Fernabsatzverträgen, §§ 312b-312d BGB

549 *aa) Fernabsatzvertrag:* Nach § 312b Abs. 1, 2 BGB liegt unter folgenden Voraussetzungen ein **Fernabsatzvertrag** vor: Der Vertrag muss zwischen einem Unternehmer (§ 14 BGB) und einem Verbraucher (§ 13 BGB) unter der ausschließlichen Verwendung von Fernkommunikationsmitteln über die Lieferung von Waren oder Dienstleistungen[465] abgeschlossen worden sein. Der Vertrag muss im Rahmen eines für den Fernabsatz organisierten Vertriebs- oder Dienstleistungssystems erfolgen.[466] Wird also nur ausnahmsweise ein Vertrag unter Verwendung von Fernkommunikationsmitteln abgeschlossen, sind die §§ 312bff. BGB nicht anwendbar. Allerdings sind keine zu hohen Anforderungen an den Begriff des organisierten Vertriebs- oder Dienstleistungssystems zu stellen: Bereits ein veröffentlichtes Bestelltelefonformular kann ausreichend sein, um die Voraussetzung eines Vertragsangebots zu bejahen.[467] Nimmt der Unternehmer

---

465 Dieses Tatbestandsmerkmal ist aber weit auszulegen, so dass auch Mietverträge und Bürgschaften (EuGH, NJW 1998, 1295) darunter zu subsumieren sind.
466 AG Radolfzell, NJW 2004, 3342.
467 BGH NJW 2002, 363; OLG Hamm, NJW 2001, 1142; AG Meden, NJW 2004, 1329.

die ihm durch Brief, Telekopie oder E-Mail übermittelte Bestellung konkludent durch Zusendung der Ware an, verwendet er für die Annahmeerklärung ein Fernkommunikationsmittel.[468] Fernkommunikationsmittel im Sinne des § 312b Abs. 2 BGB sind alle Kommunkationsmittel, die einen Vertragsschluss ohne gleichzeitige körperliche Anwesenheit der Parteien ermöglichen.[469] Der in § 312b Abs. 2 BGB aufgeführte Katalog ist nur exemplarisch. Haben die Parteien die Vertragsverhandlungen ohne Fernkommunikationsmittel geführt und nur abschließend Fernkommunikationsmittel zum Abschluss des Vertrages verwandt, sind die Regelungen über Fernabsatzverträge nicht anwendbar. Zu beachten ist die Beweislastumkehr des § 312 Abs. 1 BGB („es sei denn"). Dafür, dass der Vertrag nicht im Rahmen eines für den Fernabsatz organisierten Vertriebs- oder Dienstleistungssystems abgeschlossen worden ist, ist der Unternehmer darlegungs- und beweisbelastet.

Die sog. Bereichsausnahmen des § 312b Abs. 3 BGB nimmt gewisse Verträge vom sachlichen Anwendungbereich der §§ 312b ff. BGB aus. So bestehen spezielle Verbraucherschutzvorschriften für Fernunterrichtsverträge (FernUSG) und für Teilzeit-Wohnrechte (§§ 481 ff. BGB). Die §§ 312 ff. BGB finden auch keine Anwendung auf Immobiliengeschäfte und Finanzdienstleistungen (Ausnahme: Darlehensvermittlungsverträge). Darüber hinaus ist für gewisse Verträge die Anwendung des Fernabsatzrechtes nicht zweckmäßig (z.B. Zigarettenautomat, öffentliche Fernsprecher, Dienstleistungen – wie die Lieferung von Speisen und Getränken, die Beförderung u.a. – wenn diese Dienstleistungen zu einem bestimmten Zeitpunkt erbracht werden sollen).

bb) Informationspflichten: Liegen die Voraussetzungen eines Fernabsatzvertrages vor, sind nach § 312c BGB, § 1 BGB-InfoV vor- und nachvertragliche Informationspflichten vom Unternehmer zu beachten. Für die **vorvertraglichen Informationspflichten** ist es ausreichend, dass die Information vom Unternehmer – auch nur mündlich – zur Verfügung gestellt wird. Auf die Kenntnisnahme des Verbrauchers kommt es nicht an. Der in § 1 BGB-InfoV enthaltene 11-Punkte-Katalog ist zwingend und abhängig von dem konkreten Vertrag können weitere Informationspflichten hinzukommen. Besonders hinzuweisen ist auf das Transparenzgebot: Die Informationen müssen klar und verständliche mitgeteilt werden. Informationen, die im Internet über einen doppelten Link zugänglich sind, genügen dem Transparenzgebot.[470] Die Anforderungen an das Transparenzgebot werden von dem Einsatz des konkreten Fernkommunikationsmittels abhängig sein. Die Anforderungen an die Transparenz der Information und die Regelungen über die Einbeziehung von allgemeinen Geschäftsbedingungen (§§ 305 ff. BGB) stehen grundsätzlich nebeneinander.[471] Die Informationen müssen so rechtzeitig vor Abschluss des Vertrages zur Verfügung gestellt werden, dass dem Verbraucher ein ausreichender Entscheidungszeitraum verbleibt. Erfolgt die Information also im Rahmen eines Telefongespräches, muss nach § 312c Abs. 1 S. 2 BGB der Zweck des Vertrages und die Identität des Unternehmers schon zu Beginn des Gesprächs offengelegt werden.

---

468 OLG Schleswig, NJW 2004, 231.
469 BGH, NJW 2004, 3699.
470 OLG München, NJW-RR 2004, 915.
471 Grigoleit NJW 2002, 1151; Palandt/Heinrichs, § 312c Rn. 10.

§ 3 Verbrauchsgüterkauf/besondere Vertriebsformen

552 Gemäß § 312c Abs. 2 BGB, § 1 Abs. 2 BGB-InfoV muss der Unternehmer nach Vertragsschluss, spätestens bis zur Erfüllung des Vertrages bzw. bei Lieferung der Waren, diejenigen Informationen, die er dem Verbraucher vorvertraglich mitteilen musste, dem Verbraucher in Textform zukommen lassen (**nachvertragliche Informationspflichten**). Nicht ausreichend ist insoweit das Bereitstellen der Informationen z.B. im Internet. Nach dem Wortlaut der Norm „mitteilen" wird der Zugang der Information beim Verbraucher gemäß § 130 BGB vorausgesetzt. Eine Homepage des Erklärenden reicht also nur dann aus, wenn es tatsächlich zu einem download kommt.[472] Nach § 1 Abs. 2 BGB-InfoV müssen nachvertraglich zusätzliche Informationen in Textform, in hervorgehobener und deutlich gestalteter Form dem Verbraucher erteilt werden. Dies betrifft vornehmlich die Modalitäten des Widerrufs- und Rückgaberechts, die Anschrift der zur Beschwerde zuständigen Niederlassung des Unternehmers, die Gewährleistungs- und Garantiebedingungen und etwaige Kündigungsbedingungen. Eine an sich mögliche kombinierte Belehrung über die vorvertraglichen und nachvertraglichen Informationspflichten – etwa dadurch, dass dem Verbraucher bereits vor Vertragsschluss alle Informationen in Textform mitgeteilt werden – könnte im Hinblick auf die Regelung des § 1 Abs. 3 BGB-InfoV bedenklich sein, wenn die Regelung dahingehend auszulegen ist, dass dem Verbraucher auch nach der Bestellung die Informationspflichten noch einmal zugehen müssen.[473] Verstößt der Unternehmer gegen die Informationspflichten, verlängert sich die Widerrufsfrist des § 312c BGB. Gegebenfalls bestehen auch Schadenseratzansprüche nach § 280 Abs. 1 BGB, §§ 280 Abs. 1, 311 Abs. 2 BGB sowie Abmahnungen und Unterlassungsklagen nach dem UklaG und dem UWG.

553 *cc) Widerrufs- und Rückgaberecht:* Das **Widerrufs- oder Rückgaberecht** bestimmt sich bei Fernabsatzverträgen nach den §§ 312d, 355, 356 BGB. Es gelten zunächst die gleichen Rechtsfolgen wie bei Haustürgeschäften nach §§ 355, 356 BGB. Besonderheiten ergeben sich aus § 312d Abs. 4 BGB. Nach § 312d Abs. 4 Nr. 1 BGB sind vom Widerrufsrecht Waren ausgenommen, die kundenspezifisch zugeschnitten sind (z.B. Maßanfertigungen, nicht aber aus Standardbauteilen zusammengefügte Produkte),[474] schnell verderben können oder nicht zur Rücksendung geeignet sind (z.B. Software, die über das Internet zum downloaden veräußert wird). § 312d Abs. 4 Nr. 2 BGB nimmt Datenträger, die vom Verbraucher entsiegelt worden sind, vom Widerrufsrecht aus. Gemäß § 312d Abs. 4 Nr. 3, 4 BGB können Fernabsatzverträge, die die Lieferung von Zeitungen, Zeitschriften sowie Wett- und Lotteriediensten zum Gegenstand haben, nicht widerrufen werden und § 312d Abs. 4 Nr. 5 BGB nimmt schließlich Versteigerungen (§ 156 BGB) vom Widerrufsrecht aus. Darunter fallen aber nicht die im Internet getätigten Kaufgeschäfte gegen Höchstgebot, da die Verträge hier nicht durch Zuschlag, sondern durch eine vorbehaltene spätere Annahme zustande kommen. Insbesondere Veräußerungen über die eBay-Plattform sollen nicht darunter fallen.[475] Dem Widerrufs- und Rückgaberecht nach § 312d BGB geht das Widerrufs- und Rückgaberecht nach den §§ 499 bis 507 BGB (Teilzahlungsgeschäfte) vor (§ 312d Abs. 5 BGB).

---

472 LG Kleve, NJW-RR 2003, 196; a.A. OlG München, NJW 2001, 2236.
473 MüKo/Wendehorst, BGB, § 312c Rn. 83.
474 BGH, NJW 2003, 1665.
475 So LG Memmingen, NJW 2004, 2389; a.A. BGH VIII ZR 375/03.

Zu beachten ist aber, dass für die Frist gleichsam § 312d Abs. 2 BGB Anwendung findet, so dass der Fristbeginn herausgeschoben sein kann.

dd) Widerrufs- und Rückgabefristen: Bei Fernabsatzverträgen bestimmt sich die Widerrufsfrist nach §§ 355, 312d Abs. 2 BGB: Dauer und Lauf der Frist sind abhängig davon, in welchem Zeitpunkt und ob der Verbraucher ordnungsgemäß belehrt worden ist. Wird der Verbraucher bei Abschluss des Fernabsatzvertrages ordnungsgemäß über das Widerrufsrecht belehrt, beginnt die Frist für den Widerruf im Zeitpunkt des Abschlusses des Vertrages, aber nicht vor Erfüllung der Informationspflichten nach § 312c Abs. 2 BGB und nicht vor Eingang der Ware bzw. erster Teillieferung – bei Schriftform – auch nicht vor Aushändigung der Vertragsurkunde (§§ 312d Abs. 2, 355 Abs. 1 S. 2, Abs. 2 S. 1, 3 BGB). Die Widerrufsfrist dauert dann zwei Wochen. Erfolgt die Widerrufsbelehrung erst nach Abschluss des Vertrages, gilt das Gleiche, mit der Ausnahme, dass die Widerrufsfrist einen Monat dauert (§§ 312d Abs. 2, 355 Abs. 2 S. 2 BGB). Wird eine Vertragsurkunde nicht ausgehändigt, beginnt die Widerrufsfrist erst im Zeitpunkt des Vertragsschlusses bzw. der Warenlieferung zu laufen und dauert sechs Monate, gerechnet ab dem Zeitpunkt des Vertragsschlusses (§§ 312d Abs. 2, 355 Abs. 2 S. 3, Abs. 3 S. 1 BGB). Bei nicht ordnungsgmäßer Belehrung gilt das Gleiche wie bei den Haustürgschäften: Die Frist beginnt nicht zu laufen und das Widerrufsrecht ist unbegrenzt (§§ 312d Abs. 2, 355 Abs. 3. S. 3 BGB).

Das Rückgaberecht kann nur innerhalb der Widerrufsfrist ausgeübt werden (§ 356 Abs. 2 BGB). Mithin gelten die gleichen Fristen.

Muster: Klageerwiderung bei Fernabsatzvertrag

Amtsgericht ■■■

■■■

In dem Rechtsstreit

Silber, Gold & Mehr GmbH ./. Müller

12 C 15/05

zeigen wir die Vertretung des Beklagten an und werden in der mündlichen Verhandlung beantragen:

die Klage wird abgewiesen.

Begründung:

Der Beklagte verweigert zu Recht die Abnahme und Bezahlung des Rubin-Rings. Auf das Angebot der Klägerin vom 04.10.2004 auf der Webseite der E-Kauf AG „30.00 ct. Rubin-Ring ab 1,00 EUR" gab der Beklagte am 07.10.2004 innerhalb der einwöchigen zur Versteigerung anberaumten Zeit das höchste Gebot von 300,- EUR ab. Der zwischen der Klägerin als Unternehmer (§ 14 BGB) und dem Beklagten als Verbraucher (§ 13 BGB) abgeschlossene Vertrag ist ein Fernabsatzvertrag im Sinne des § 312b BGB. Dies wird unstreitig gestellt.

Marfurt

Am 19.10.2004 verweigerte der Beklagte die Abnahme und Bezahlung des Rubin-Rings, weil er am 10.10.2004 seine Willenserklärung auf Abschluss des Kaufvertrages wirksam gemäß §§ 312d Abs. 1, 355 BGB rechtzeitig nach § 312d Abs. 2 BGB widerrufen hat. Den Widerruf hat die Klägerin per Email bestätigt, meint jedoch, dem Beklagten stehe gemäß § 312d Abs. 4 Nr. 5 BGB kein Widerrufsrecht zu, weil der Vertrag in der Form einer Versteigerung nach § 156 BGB abgeschlossen worden sei, wobei die Annahmeerklärung durch den Zuschlag durch Zeitablauf ersetzt worden sei.

Beweis: Email-Nachricht der Klägerin vom 22.10.2004 – Anlage B1

Ein bei einer Internet-Auktion abgeschlossener Kaufvertrag kommt allerdings nicht nach § 156 BGB durch den Zuschlag des Auktionators, sondern durch Willenserklärungen der Parteien – Angebot und Annahme – zustande (BGH NJW 2005, 54; NJW 2002, 363). Die Annahmeerklärung des Beklagten ist als Willenserklärung auch nicht durch den bloßen Zeitablauf ersetzt worden. Mit der Festlegung der Laufzeit ist lediglich eine Frist für die Annahme nach § 148 BGB bestimmt worden (BGH, a.a.O.). Der Ausschluss des Widerrufsrechts nach § 312d Abs. 4 Nr. 5 BGB erstreckt sich aber nur auf solche Fällen, in denen der Fernabsatzvertrag durch Gebot und Zuschlag eines Auktionators zustande kommt. Dies ergibt sich schon aus dem Wortlaut des § 156 BGB, wonach der Fernabsatzvertrag „in der Form" der Versteigerung geschlossen werden muss (BGH, NJW 2005, 54). Dafür spricht auch die systematische Stellung des § 312d Abs. 4 Nr. 5 BGB, der als Ausnahme von dem gesetzlichen Grundsatz nicht erweitert ausgelegt werden kann, und die historische Auslegung der Norm: Das Widerrufsrecht des § 312d BGB beruht auf der Vorgabe der gemeinschaftlichen Fernabsatz-Richtlinie. Die Fernabsatz-Richtlinie trifft keine Aussage bezüglich des Begriffs „Versteigerung". Selbst wenn dies der Fall wäre, ist aber zu berücksichtigen, dass die Richtlinie nur Mindestvorgaben für den bezweckten Verbraucherschutz enthält und verwehrt den Mitgliedstaaten nicht weitergehende Regelungen zum Verbraucherschutz, sofern diese im Einklang mit dem Gemeinschaftsrecht stehen. Dies trifft auf § 312d Abs. 4 Nr. 5 BGB zu. Der Gesetzgeber hat mit § 312d Abs. 4 Nr. 5 BGB entsprechend der Beschlussempfehlung des Rechtsausschusses nur „echte Versteigerungen im Fernabsatz" vom Widerrufsrechts ausgenommen. Denn nach der Begründung des Rechtsausschusses sind die meisten sog. Internetversteigerungen keine Versteigerungen im Rechtssinne, die in § 156 BGB als Vertragsschluss definiert werden, bei dem das Angebot durch ein Gebot des einen Teils und die Annahme desselben durch den Zuschlag erfolge (BGH, a.a.O.). Das gleiche Ergebnis ergibt die Auslegung der Norm nach Sinn und Zweck. Das Widerrufsrecht soll den Verbraucher vor den Risiken von Fernabsatzverträgen schützen, bei denen er die Ware vor Abschluss des Vertrages regelmäßig nicht in Augenschein nehmen kann. Dieses Schutzbedürfnis besteht auch bei einer Internet-Auktion der vorliegenden Art. Der Verbraucher ist mithin genau gleich schutzbedürftig wie bei anderen Vertriebsformen des Fernabsatzgeschäfts. Schutzwürdige Interessen des Unternehmers stehen dem nicht entgegen. Dem Ausschluss des Widerrufsrechts nach § 312d Abs. 4 Nr. 5 BGB liegt die Erwägung zugrunde, dass die Durchführung der Versteigerung durch das Widerrufsrecht erschwert werden könne. Dass diese Befürchtung für eine Internet-Auktion der vorliegenden Art nicht gegeben ist, ergibt sich bereits aus den Geschäfsbedingungen der E-Kauf AG (Anlage B2), wonach Unternehmer ausdrücklich verpflichtet werden, über das gesetzliche Widerrufsrecht zu belehren (BGH a.a.O.). Da mangels Vorliegen einer planwidrigen Regelungslücke auch keine analoge Anwendung des § 312d Abs. 4 Nr. 5 BGB in Betracht kommt, ist Klageabweisung geboten.

Eine beglaubigte und eine einfache Abschrift anbei.

∎∎∎

Rechtsanwalt

c) Widerruf/Rückgabe bei E-Commerce, § 312 e BGB

aa) E-Commerce: Die Voraussetzungen für den **elektronischen Geschäftsverkehr** sind in § 312e BGB geregelt: Es muss ein Rechtsgeschäft zwischen einem Unternehmer (§ 14 BGB) als Anbieter und einem Unternehmer (§ 14 BGB) oder einem Verbraucher (§ 13 BGB) als Geschäftspartner zustande kommen, wobei sich der Unternehmer zum Zwecke des Vertragsschlusses eines Tele- oder Mediendienstes (TeledienstG, Mediendienstestaatsvertrag) bedient. Gemäß § 2 TeledienstG sind Teledienste alle elektronischen Informations- und Kommunikationsdienste, die für eine individuelle Nutzung von kombinierten Daten bestimmt sind und denen eine Übermittlung mittels Telekommunikation zugrunde liegt. § 2 Mediendienstestaatsvertrag bezeichnet Mediendienste als Informations- und Kommunikationsdienste in Text, Ton oder Bild, die sich an die Allgemeinheit richten und unter Benutzung elektromagnetischer Schwingungen ohne Verbindungsleitung oder längst oder mittels eines Leiters verbreitet werden. Nicht von § 312e BGB werden bloße Verbreitungsdienste, wie z.B. das Fernsehen erfasst. Denn nur individuell elektronische und zum Zwecke des Vertragsabschlusses abrufbare Dienste – insbesondere das Online-Shopping – erfüllen die Voraussetzugen des § 312e BGB.

557

bb) Informations- und Gestaltungspflichten: § 312e Abs. 1 Nr. 1-4 BGB auferlegt dem anbietenden Unternehmen bestimmte Informations- und Gestaltungspflichten. Gemäß § 312e Abs. 1 Nr. 1 BGB muss der Unternehmer sicher stellen, dass der Kunde Eingabefehler vor Aufgabe der Bestellung erkennen und berichtigen kann. Da der Begriff „Bestellung" nicht mit dem Begriff des Angebots im Sinne des BGB identisch ist, muss der Unternehmer bereits bei Eröffnung einer Bestellmöglichkeit (invitatio ad offerendum) das Erkennen und Berichtigen von Eingabefehlern ermöglichen. Der Kunde muss hierbei auch über den Umgang der Korrekturmöglichkeit informiert werden (§§ 312e Abs. 1 Nr. 2 BGB, 3 Nr. 3 BGB-InfoV). Nach § 312e Abs. 1 Nr. 2 BGB, § 3 Nr. 1-5 BGB-InfoV muss der Kunde von dem anbietenden Unternehmer vor Abgabe der Bestellung über die einzelnen technischen Schritte bis zum Vertragsschluss, das Speichern des Vertragstextes durch den Unternehmer und dessen Zugänglichkeit für den Kunden, die Informationen zur Korrekturmöglichkeit (§ 312e Abs. 1 Nr. 1 BGB), die für den Vertragsschluss zur Verfügung stehende Sprache sowie über die einschlägigen Verhaltenskodizes informieren. Gemäß § 312e Abs. 1 Nr. 3 BGB muss der Zugang der Bestellung beim Unternehmer unverzüglich auf elektronischem Weg bestätigt werden. Hierbei handelt es sich nicht um eine Zugangsbestätigung.[476] Die Regelung des § 312e Abs. 1 S. 2 BGB im Hinblick auf den Zugang ist wegen § 312f BGB identisch mit der Regelung in § 130 BGB. Unabhängig von den allgemeinen Einbeziehungsvoraussetzungen von allgemeinen Geschäftsbedingungen nach den §§ 305 ff.

558

---

476 AG Hamburg, NJW-RR 2004, 1284.

BGB müssen AGB bei Vertragsschluss abrufbar sein und in wiedergabefähiger Form speicherbar sein (§ 312e Abs. 1 Nr. 4 BGB). Die Informationspflichten nach § 312e Abs. 1 Nr. 1 – 3 BGB finden keine Anwendung, wenn der Vertrag durch individuelle Kommunikation (z.B. Abschluss eines Vertrages durch E-Mail ohne Verwendung des elektronischen Geschäftsvekehrs) abgeschlossen wird.[477] Die dem anbietenden Unternehmer nach § 312e Abs. 1 BGB obliegenden Pflichten sind gemäß § 312f BGB gegenüber Verbrauchern nicht abdingbar. Bei Verträgen zwischen Unternehmern können die Parteien die Pflichten nach § 312e Abs. 1 Nr. 1-3 BGB durch Individualvereinbarung ausschließen oder modifizieren. Ob dies auch durch allgemeine Geschäftsbedingungen möglich ist, ist umstritten.[478]

559   *cc) Widerrufs- und Rückgaberecht:* Hält sich der anbietende Unternehmer nicht an die Pflichten des § 312e Abs. 1 BGB ist der Beginn des Laufs der Widerrufsfrist herausgeschoben. Gegenbenfalls kommen Schadenseratzansprüche nach §§ 280 Abs. 1, 311 Abs. 2 BGB und Unterlassungsansprüche nach dem UklaG und dem UWG in Betracht. Weitergehend Informationspflichten des Unternehmers können sich aus § 312c, § 6 TDG[479] und § 6 MDStV (z.B. Anbieterkennzeichnung) ergeben.

560   *dd) Widerrufs- und Rückgabefristen:* Für die Widerrufsfrist ist ergänzend § 312e Abs. 3 S. 2 BGB heranzuziehen: Die ordnungsgemäße Belehrung des Verbrauchers bei Abschluss des Vertrages führt dazu, dass die Widerrufsfrist unter den Voraussetzungen wie beim Fernabsatzvertrag und nicht vor Erfüllung der Pflichten nach § 312e Abs. 1 S. 1 BGB zu laufen beginnt. Sie dauert zwei Wochen (§§ 312e Abs. 3, 355 Abs. 1 S. 2, Abs. 2 S. 1, 3 BGB). Erfolgt die Belehrung erst nach Abschluss des Vertrages, dauert die Frist einen Monat, ohne Aushändigung einer Vertragsurkunde beträgt die Frist sechs Monate (§§ 312e Abs. 3, 355 Abs. 2 bzw. 3 BGB). Ist die Widerrufsbelehrung nicht ordnungsgemäß, beginnt die Frist nicht zu laufen, das Widerrufsrecht ist unbegrenzt (§§ 312e Abs. 3, 355 Abs. 3 S. 3 BGB).

2. Widerruf beim Ratenlieferungsvertrag

561   Nach § 505 Abs. 1 S. 1 BGB liegt ein Ratenlieferungsvertrag vor, wenn ein Unternehmer (§ 14 BGB) mit einem Verbraucher (§ 13 BGB) einen Kauf-, Werk- oder Werklieferungsvertrag nach den Nr. 1-3 abschließt. Es muss ein Vertrag über die Lieferung mehrerer als zusammengehörender Sachen in Teilleistungen vorliegen und das Entgelt für die Gesamtheit der Sachen in Teilzahlungen zu entrichten sein (§ 505 Abs. 1 S. 1 Nr. 1 BGB – z.B. Lieferung mehrbändiger Sammelwerke, Bausätze für die Herstellung einer zuammengesetzten Sache,[480] aus Buch und Kassette zusammengesetzter Sprachkurs)[481] oder ein Vertrag über die regelmäßige Lieferung von Sachen gleicher Art

---

477 OLG Hamm, NJW 2004, 2601.
478 MüKo/Wendehorst, BGB, § 312e Rn. 56.
479 OLG Hamm, NJW-RR 2004, 1045.
480 BGHZ 78, 975.
481 BGH NJW 1990, 1011.

(§ 505 Abs. 1 S. 1 Nr. 2 BGB – z.B. Sukzessivlieferungsvertrag wie Zeitungs- oder Zeitschriftenabonnement).[482] Keine Anwendung findet § 505 Abs 1 S. 1 Nr. 2 für ein einmonatiges Probeabonnement[483] oder auf Pay-TV-Verträge.[484] Um einen Ratenlieferungsvertrag handelt es sich auch bei einem Vertrag, der die Verpflichtung zum wiederkehrenden Erwerb oder Bezug von Sachen zum Gegenstand hat (§ 505 Abs. 1 S. 1 Nr. 3 BGB – z.B. Rahmenverträge mit Erwerbs- und Bestellpflicht: Loseblatt-Ergänzunglieferung, Bierbezugsvertrag).

Nach § 505 Abs. 1 S. 2 BGB findet § 505 Abs. 1 S. 1 BGB nicht in dem in § 491 Abs. 2 und Abs. 3 BGB (Verbraucherdarlehensverträge) bestimmten Umfang Anwendung. Damit fällt ein Ratenlieferungsvertrag zwischen einem Unternehmer und einem Verbraucher erst unter den Anwendungsbereich des § 505 Abs. 1 S. 1 BGB, wenn der Verbraucher insgesamt mehr als 200 EUR zahlen muss (§ 491 Abs. 2 Nr. 1 BGB).[485] Für notarielle beurkundete oder protokollierte Verträge gilt die Ausnahme des § 491 Abs. 3 Nr. 2 BGB. Gemäß § 507 BGB gilt § 505 BGB auch für Existenzgründer, soweit sie zum Zwecke der Aufnahme einer gewerblichen oder selbstständigen beruflichen Tätigkeit einen Ratenlieferungsvertrag abschließen und der Barzahlungspreis 50.000 EUR nicht übersteigt. Für die Berechnung ist § 505 Abs. 1 S. 3 BGB zu beachten.

562

Nach § 505 Abs. 1 BGB muss dem Verbraucher ein Widerrufsrecht nach § 355 BGB eingeräumt werden. Ist der Ratenlieferungsvertrag zugleich ein Haustürgeschäft, gilt allein § 505 Abs. 1 BGB. Auch bei Fernabsatzverträgen geht § 505 BGB vor (§ 312d Abs. 5 BGB).

563

3. Widerruf und Kündigung/Rücktritt bei Teilzahlungskaufverträgen § 7 VerbrKrG, §§ 501, 503, 355, 356 BGB

a) Teilzahlungsvertrag

Ein Teilzahlungsgeschäft ist ein Vertrag, der die Lieferung einer bestimmten Sache oder die Erbringung einer bestimmten anderen Leistung gegen Teilzahlung zum Gegenstand hat (Legaldefinition, § 499 Abs. 2 BGB). Der Teilzahlungsvertrag ist also ein gesetzlich geregelter Fall des Zahlungsaufschubs. Nach § 501 S. 1 BGB finden auf Teilzahlungsgeschäfte zwischen einem Unternehmer und einem Verbraucher lediglich die Vorschriften der §§ 358, 359 (verbundene Verträge – Einwendungsdurchgriff), § 492 Abs. 1 Satz 1 bis 4 (Schriftform), § 492 Abs. 2 und 3 (Definition des effektiven Jahreszinses und Aushändigung einer Abschrift der Vertragserklärung), § 495 Abs. 1 (Widerrufsrecht) sowie der §§ 496 bis 498 (Einwendungsverzicht – Wechsel- und Scheckverbot; Sonderregelung für Verzugszinsen, Anrechnung von Teilleistungen; Kündigung wegen Zahlungsverzug) entsprechende Anwendung. § 501 S. 1 BGB setzt voraus, dass eine entgeltliche Finanzierungshilfe vorliegt, die von einem Unternehmer einem Verbraucher gewährt wird. Entgeltlich ist jede Form der Finanzierungshilfe, die der Verbraucher für die Gewährung der Finanzierungshilfe an den Unternehmer zahlen muss und

564

---

482 BGH NJW 2002, 1391; OLG Oldenburg NJW-RR 2004, 701.
483 BGH NJW 1990, 1046.
484 BGH NJW 2003, 1392.
485 BGH NJW-RR 2004, 841; OLG Oldenburg, a.a.O.

durch die sich der Barzahlungspreis erhöht.[486] Die anwendbaren Vorschriften des Verbraucherdarlehensrechts werden gemäß § 501 S. 2 BGB durch die §§ 502-504 BGB ergänzt. Hervorzuheben sind hier insbesondere folgender Regelungen:

565 Gemäß § 506 Abs. 1 BGB darf von den Regelungen zum Teilzahlungsgeschäft nicht zum Nachteil des Verbrauchers abgewichen werden. § 506 Abs. 1 S. 2 BGB regelt ein Umgehungsverbot. § 507 BGB regelt die Anwendbarkeit der Vorschriften auf Existenzgründer. Soweit also eine natüliche Person, die sich ein Darlehen, einen Zahlungsaufschub oder eine sonstige Finanzierungshilfe für die Aufnahme einer gewerblichen oder selbstständigen beruflichen Tätigkeit gewähren lässt oder einen Ratenlieferungsvertrag abschließt, der einen Nettodarlehensvertrag oder Barzahlungspreis von 50.000 EUR nicht übersteigt, sind auch für diese Person die §§ 501 ff. BGB anwendbar. Für die Teilzahlungsgeschäfte die unter die Regelungen der §§ 312 ff. BGB (Fernabsatz) fallen, gelten die §§ 500 Abs. 1, 492 Abs. 1 S. 1-4 und § 492 Abs. 3 BGB nicht, wenn die in § 502 Abs. 1 Nr. 1-5 BGB bezeichneten Angaben mit Ausnahme des Betrages der einzelnen Teilzahlungen dem Verbraucher so rechtzeitig in Textform mitgeteilt sind, dass er die Angaben vor dem Abschluss des Vertrages eingehend zur Kenntnis nehmen kann.

b) Widerruf bei Teilzahlungskaufverträgen

566 Nach § 501 BGB i.V.m. §§ 495 Abs. 1, 355 BGB hat der Unternehmer den Verbraucher über das ihm zustehende Widerrufsrecht zu belehren.[487] Nach § 503 Abs. 1 BGB kann der Unternehmer dem Verbraucher anstelle des Rechts zum Widerruf entsprechend § 356 BGB das Recht zur Rückgabe einräumen.[488]

c) Rücktritt oder Kündigung bei Teilzahlungskaufverträgen

567 Unter den Voraussetzungen des § 498 Abs. 1 BGB hat der Unternehmer die Wahl entweder vom Teilzahlungskaufvertrag zurückzutreten (§§ 503 Abs. 2, 498 Abs. 1 BGB) oder den Teilzahlungskaufvertrag nach §§ 501 S. 1, 498 Abs. 1 BGB zu kündigen. Sowohl für den Rücktritt wie auch für die Kündigung müssen die Voraussetzungen des § 498 Abs. 1 BGB vorliegen. Der Verbraucher muss also mit mindestens zwei aufeinander folgenden Teilzahlungen ganz oder teilweise und mit mindestens 10% des Nennbetrages des Teilzahlungspreises – bei eine Laufzeit des Vertrages über 3 Jahre mit mindestens 5% des Nennbetrages des Teilzahlungspreises – in Verzug sein und der Unternehmer dem Verbraucher erfolglos eine Frist zur Zahlung des rückständigen Betrages mit der Erklärung gesetzt haben, dass er bei ergebnislosem Fristablauf vom Vertrag zurücktrete. Entscheidet sich der Unternehmer für die Kündigung des Teilzahlungskaufvertrages nach §§ 501 S.1, 498 Abs. 1 BGB, kann er nach fruchtlosem Ablauf der gesetzten Nachfrist die gesamte geminderte Restschuld vom Verbraucher fordern (§ 498 Abs. 2 BGB).

---

486 Palandt/Putzo, Vorb. v. § 499 Rn. 6.
487 Muster des Bundesjustizministeriums für die Widerrufsbelehrung: BGBl. I 2002, 2959.
488 Muster des Bundesjustizministeriums für die Rückgabebelehrung: BGBl. I 2002, 2959.

III. Prozessuales

Besonderer Gerichtsstand für Haustürgeschäfte gem. § 29c ZPO: Bei Haustürgeschäften nach § 312 BGB ist allein das Gericht zuständig, in dessen Bezirk der Verbraucher zurzeit der Klageerhebung seinen Wohnsitz, in Ermangelung eines solchen seinen gewöhnlichen Aufenthalt hat. Für Klagen gegen den Verbraucher ist dieses Gericht ausschließlich zuständig, und zwar für alle Klagen, gleich welcher Klageart und gleich welcher Anspruchsgrundlagen.[489]

B. Der Anspruch des Käufers auf Nacherfüllung, Rücktritt oder Minderung, Schadensersatz oder Aufwendungsersatz

Für die Gewährleistungsrechte sind beim Verbrauchsgüterkauf insbesondere folgende Besonderheiten zu beachten: Nach § 475 Abs. 1 BGB kann vor Mitteilung des Mangels nicht von den §§ 433 bis 435, 437, 439 bis 443 BGB zum Nachteil des Verbrauchers abgewichen werden. Zeigt sich innerhalb von 6 Monaten seit Gefahrübergang ein Sachmangel, so wird vermutet, dass die Sache bereits bei Gefahrübergang mangelhaft war (§ 476 BGB). Die Verjährung kann auch nicht durch Individualvereinbarung bei neuen Sachen auf weniger als zwei Jahre und bei gebrauchten Sachen auf weniger als ein Jahr verkürzt werden (§ 475 Abs. 2 BGB).

I. Voraussetzungen

1. Wirksamer Kaufvertrag zwischen Verbraucher und Unternehmer

Zwischen Verbraucher (§ 13 BGB) und Unternehmer (§ 14 BGB) muss ein wirksamer Kaufvertrag zustande gekommen sein. Auf die bisherigen Ausführungen wird verwiesen.

2. Mangel im Zeitpunkt des Gefahrenübergangs

a) Sachmangel: Beweislastumkehr des § 476 BGB

Hat die Kaufsache einen Sachmangel, gilt zugunsten des Verbrauchers die Beweislastumkehr des § 476 BGB, wobei § 476 BGB auch beim Kauf von gebrauchten Sachen Anwendung findet.[490] Die gesetzliche Vermutung des § 476 BGB gilt dahingehend, dass ein Sachmangel, der sich innerhalb von 6 Monaten seit Gefahrübergang zeigt, auch schon zum maßgeblichen Zeitpunkt des § 433 Abs. 1 S. 2 BGB vorlag. Nur darauf bezieht sich die Beweislastumkehr.[491] Es muss ein bestimmt bezeichneter Mangel vorliegen, auf den sich die Vermutung beziehen soll. Bestreitet der Unternehmer, dass der Sachmangel aufgetreten ist, muss der Verbraucher die erforderlichen Tatsachen für den Sachmangel darlegen und beweisen.[492] Entgegen der allgemeinen Regel des § 363 BGB muss der Unternehmer also beweisen, dass die Sache bei Gefahrenübergang den Sachmangel, der sich danach gezeigt hat, noch nicht aufgewiesen hat. Diesen Beweis kann der Unternehmer z.B. wegen der Art der Sache, insbesondere bei

---

489 OLG Celle, NJW 2004, 2602.
490 OLG Köln, NJW-RR 2004, 268.
491 BGH NJW 2004, 2269; a.A. Lorenz, NJW 2004, 3020.
492 BGH a.a.O.; NJW 2004, 3566.

gebrauchten Sachen, bei denen von vornherein wegen anzunehmender unterschiedlicher Abnutzung ein allgemeiner Erfahrungssatz nicht gilt[493], oder wegen der Art des Mangels, z.B. bei Tierkauf[494] oder offenkundigen Mängel[495] führen.

b) oder Rechtsmangel

572 Im Hinblick auf den Rechtsmangel gelten die bisherigen Ausführungen. Zu beachten ist, dass die Beweislastumkehr des § 476 BGB hier keine Anwendung findet.

c) Gefahrenübergang, § 474 Abs. 2 BGB: Ausschluss des § 447 BGB

573 Ist die Kaufsache im Zeitpunkt des Gefahrenübergangs mit einem Sach- oder Rechtsmangel behaftet, gelten Besonderheiten im Hinblick auf den Gefahrenübergang beim Versendungskauf. Nach § 474 Abs. 2 BGB findet § 447 BGB (Gefahrenübergang beim Versendungskauf) keine Anwendung. Liegt also bei einem Kaufvertrag zwischen Unternehmer und Verbraucher ein Versendungskauf vor, ist für den Gefahrenübergang auf § 446 BGB abzustellen. Die Gefahr geht erst dann über, wenn der Verbraucher den Besitz der gekauften Sache erlangt hat oder er sich gemäß §§ 293 ff. BGB in Annahmeverzug befindet. Das Versandsrisiko des zufälligen Untergangs oder der zufälligen Verschlechterung wird damit dem Verkäufer auferlegt. Bestellt ein Verbraucher einen Gegenstand im Versandhandel, so geht die Gefahr nicht mehr bei Übergabe an die Versandperson auf den Verbraucher über. Die Sache reist auf Risiko des Unternehmers. Der Verbraucher, der eine beim Versandhandel bestellte Sache nicht bekommt, muss diese daher auch nicht bezahlen. Zu beachten gilt, dass kein Verlangen des Verbrauchers auf Übersendung der Ware vorliegen muss. Es ist ausreichend, wenn die Versendung tatsächlich geschieht und ihre Notwendigkeit sich aus den Umständen des Kaufs ergibt. Eine abweichende Vereinbarung zum Nachteil des Verbrauchers ist gemäß § 475 Abs. 1 BGB unwirksam, denn § 477 Abs. 2 BGB wird nach Ansicht des BGH von § 475 Abs. 1 S. 1 BGB als Vorschrift des Untertitels erfasst und ist daher unabdingbar.[496]

3. Weitere Voraussetzungen gemäß der Art des Gewährleistungsrechts

574 Will der Verbraucher Nacherfüllung, muss er eine angemessene Frist hierfür setzen. Nach erfolglosem Ablauf der Frist kann er den Rücktritt oder die Minderung erklären. Will er Schadensersatz geltend machen, muss ein Verschulden des Unternehmers vorliegen, wobei dieses nach § 280 Abs. 1 S. 2 BGB vermutet wird.

---

493 OLG Köln, a.a.O, LG Hanau, NJW-RR 2003, 1561.
494 Zur Inkubationszeit: Je nach Art der Krankheit ist zwischen dem Zeitpunkt der Infektion, die einen Sachmangel begründet, und dem Ausbruch der Krankheit zu unterscheiden, LG Essen, NJW 2004, 527.
495 OLG Celle, NJW 2004, 3566.
496 BGH NJW 2003, 3341; a.A. Lorenz JuS 2004, 105 mwN.

II. Einwendungen

1. Der rechtsgeschäftliche Gewährleistungsausschluss

a) Individualvereinbarungen

§ 475 Abs. 1 BGB verbietet eine Vereinbarung, die zum Nachteil des Verbrauchers von den §§ 433 bis 435, 437, 439 bis 443 BGB sowie von den Vorschriften des Untertitels „Verbrauchsgüterkauf" abweicht **vor** Mitteilung des Mangels. Die Mitteilung (Mangelanzeige) ist eine empfangsbedürftige, geschäftsähnliche Handlung.[497] Durch § 475 Abs. 1 BGB ist ein Ausschluss der Gewährleistung auch durch Individualvereinbarung beim Verbrauchsgüterkauf weitgehend nicht möglich. Wird sie dennoch getroffen, so ist sie gemäß § 475 Abs. 1 BGB unwirksam. Nach dem Wortlaut des Gesetzes kann sich der Unternehmer auf die abweichende Vereinbarung nicht berufen. Das Gesetz stellt damit klar, dass eine verbotswidrige Vereinbarung nicht zur Gesamtnichtigkeit des Kaufvertrages führt. Nach § 475 Abs. 1 S. 2 BGB sind auch Umgehungen unzulässig. Hierbei handelt es sich um rechtsgeschäftliche Vereinbarungen, die insbesondere außerhalb des Wortlauts des § 475 Abs. 1 S. 1 BGB die Haftung des Verkäufers ohne wirtschaftlichen Grund verringern, z.B. beim Kauf eines Gebrauchtwagens die Vertretung eines privaten Verkäufers durch einen Unternehmer (Agenturgeschäft im Gebrauchtwagenhandel).[498]

575

Zu beachten ist, dass § 275 Abs. 1 BGB gemäß § 475 Abs. 3 BGB nicht für den Schadensersatzanspruch (§ 437 Nr. 3 BGB) gilt, der grundsätzlich ausgeschlossen und beschränkt werden kann. Da die Voraussetzungen für Schadensersatz und Aufwendungsersatz identisch sind, ist davon auszugehen, dass sich die Regel auch auf Aufwendungsersatzansprüche bezieht. Schließlich ist nochmals darauf hinzuweisen, dass sich die Verbote des § 475 BGB nur auf Vereinbarungen beziehen, die vor Mitteilung des Mangels zwischen Verbraucher und Unternehmer getroffen worden sind. Nach Mitteilung des Mangels sind abweichende Vereinbarungen möglich.

576

Beim Verbrauchsgüterkauf kann die Haftung für gebrauchte Sachen nicht gänzlich ausgeschlossen werden, sondern nach § 475 Abs. 2 BGB lediglich die Gewährleistung auf 1 Jahr reduziert werden. Bedeutsam ist dies insbesondere für den Gebrauchtwagenverkauf. Der Gebrauchtwagenhändler kann beim Verkauf eines gebrauchten Pkw an einen Privatmann die Gewährleistung nicht mehr ausschließen, sondern nur noch die Verjährung auf ein Jahr verkürzen. Eine Ausnahme gilt nur dann, wenn er das Auto an einen Unternehmer verkauft.

577

b) Allgemeine Geschäftsbedingungen

Für die Verbraucherverträge gelten gemäß § 310 Abs. 3 BGB Sonderregeln: Nach § 310 Abs. 3 Nr. 1 BGB gelten alle Vertragsbestimmungen als vom Unternehmer gestellt, es sei denn, dass sie durch den Verbraucher eingeführt wurden. § 310 Abs. 3 Nr. 2 BGB bestimmt, dass die Vorschriften über Auslegung, Inhaltskontrolle und die Rechtsfolgen bei Nichteinbeziehung und Unwirksamkeit auch dann Anwendung fin-

578

---

[497] BGHZ 101, 49.
[498] OLG Stuttgart, NJW 2004, 2169; Katzenmeier, NJW 2004, 2632.

den, wenn die Vertragsbedingungen nur zur einmaligen Verwendung bestimmt sind. Schließlich sind nach § 310 Abs. 3 Nr. 3 BGB auch die bei dem Vertragsschluss begleitenden Umstände zu berücksichtigen.

579 Wird in allgemeinen Geschäftsbedingungen ein Gewährleistungsausschluss vereinbart, so ist dieser ebenfalls gemäß § 475 BGB unwirksam. Auch insoweit ist § 475 Abs. 3 BGB zu beachten, wonach beim Verbrauchsgüterkauf lediglich ein Ausschluss oder die Beschränkung des Anspruchs auf Schadensersatz möglich ist. Als Auffangtatbestand ist insoweit auf die §§ 307-309 BGB abzustellen. Eine Unwirksamkeit kommt hier insbesondere nach § 309 Nr. 8a, 8b BGB in Betracht. Beim Verkauf von gebrauchten Sachen ist ein Haftungsausschluss für Körperschäden unabhängig vom Verschulden gemäß § 309 Nr. 7 a) BGB unwirksam. Im Übrigen ist ein Haftungsausschluss beim Verkauf gebrauchter Sachen nur möglich, wenn es sich nicht um einen Verbrauchsgüterkauf handelt.

2. Der gesetzliche Gewährleistungsausschluss

580 § 445 BGB ist nach § 474 Abs. 2 BGB beim Verbrauchsgüterkauf nicht anwendbar. § 445 BGB regelt, dass bei einer öffentlichen Versteigerung eines Pfands dem Käufer Rechte wegen des mangels nur zustehen, wenn der Verkäufer den Mangel arglistig verschwiegen hat oder eine Garantie für die Beschaffenheit der Sache übernommen hat. Durch die Regelung des § 474 Abs. 2 BGB stehen dem Verbraucher als Ersteigerer in allen Fällen des Sach- oder Rechtsmangels und nicht nur bei arglistigem Verschweigen eines Mangels oder bei einer Beschaffenheitsgarantie die Gewährleistungsrechte zu. Bei öffentlichen Pfandversteigerungen, die nicht in den Anwendungsbereich des § 474 Abs. 1 Satz 2 BGB fallen, also bei neuen Sachen, gibt es somit keine Haftungsbegrenzung, wenn der Verbraucher den Zuschlag erhält.

III. Einreden

581 Für die Verjährung gelten beim Verbrauchsgüterkauf grundsätzlich § 438 BGB und subsidiär die allgemeinen Vorschriften (§§ 194ff BGB).

582 Nach § 475 Abs. 2 BGB die vorweggenommene Erleichterung der Verjährung – insbesondere also die Verkürzung – die zu einer Verjährungsfrist von weniger als 2 Jahren, bei gebrauchten Sachen von weniger als 1 Jahr führt, verboten. Dies gilt nur für die Ansprüche auf Nachbesserung (§ 437 Nr. 1 BGB) und Schadensersatz (§ 437 Nr. 3 BGB), da Rücktritt und Minderung (§ 437 Nr. 2 BGB) als Gestaltungsrechte nicht verjähren. Ist eine vorweggenommene Erleichterung der Verjährung eingeführt, ist diese unwirksam mit der Folge, dass dies gesetzlichen Verjährungsfristen gelten.

583 Muster: Muster auf Schadensersatz beim Verbrauchsgüterkauf

Amtsgericht ■■■

■■■

Klage

der Frau Lisa Monelli, ■■■

B. Der Anspruch des Käufers auf Nacherfüllung, Rücktritt oder Minderung 1

Klägerin,

Prozessbevollmächtigte: ▪▪▪

gegen

die Bernhardiner Zucht Anton Meiervogl, ▪▪▪

Beklagte,

wegen: Schadensersatz

Vorläufiger Streitwert: EUR 1.345,- EUR

Namens und in Vollmacht der Klägerin erheben wir Klage und werden in der mündlichen Verhandlung beantragen:

Die Beklagte wird verurteilt, an die Klägerin 1.345,- EUR nebst Zinsen in Höhe von 5 Prozentpunkten über dem jeweiligen Basiszinssatz seit Klagezustellung zu zahlen.

Sollten die Voraussetzungen nach § 331 Abs. 3 ZPO vorliegen, beantragen wir den Erlass eines Versäumnisurteils.

Begründung:

Die Klägerin macht einen Schadensersatzanspruch gemäß §§ 437 Nr. 3, 280 Abs. 1 und Abs. 3, 281 Abs. 1 S. 1 BGB aufgrund durch eine Tierarztbehandlung entstandenen Kosten geltend. Mit Kaufvertrag vom 17.05.2004 erwarb die Klägerin als Verbraucherin im Sinne des § 13 BGB bei dem Beklagten, der eine Hundezucht betreibt und die Tiere gewerbsmäßig veräußert (§ 14 BGB), einen Bernhardinerrüden zum Kaufpreis von 800,- EUR. Die Parteien regelten in dem Vertrag u.a. dass der Verkäufer ein Recht zur Nachbesserung hat, auch wenn das Tier bei der Übergabe mit einer Viruserkrankung behaftet war, die aufgrund einer Inkubationszeit noch nicht ausgebrochen war. Der Vertrag enthielt zudem die Klausel, dass der Verkäufer bei Auftreten von Mängel verpflichtet ist, den Verkäufer unverzüglich in Kenntnis zu setzen und ihm rechtzeitig die Möglichkeit zu geben, den Mangel zu beseitigen oder einen Ersatz zu liefern. Darüber hinaus verzichtete der Käufer bereits bei Vertragsschluss auf die Erstattung von Tierarztkosten, die durch das Aufsuchen eines Tierarztes entstehen.

Beweis: Kaufvertrag vom 17.05.2004 – Anlage K1

Der von der Klägerin bei dem Beklagten gekaufte Bernhardiner wies zum Zeitpunkt der Übergabe am 18.05.2004 einen Sachmangel nach §§ 434, 90a BGB auf. Denn in diesem Zeitpunkt war der Hund mit Parivovirose infiziert. Diese Erkrankung hatte die Folge, dass das Tier keine Nahrung bei sich behalten konnte. Dass die Infizierung bereits bei Gefahrenübergang vorlag ergibt sich aus § 476 BGB, denn der Mangel hat sich innerhalb von 6 Monaten nach Gefahrenübergang gezeigt. Die Symptome der Erkrankung traten am 22.05.2004, mithin 4 Tage nach Übergabe des Tieres auf. Die Art der Infektion und die Dauer der Inkubationszeit bestätigen, dass der Mangel bereits bei Gefahrenübergang vorlag.

Beweis: Zeugnis des Tierarztes Dr. Klüngel, Rankestr. 33 in 10789 Berlin

Der Tierarzt Dr. Klüngel hat den Rüden am 24.05.2004 behandelt und ihn schließlich zur Notfallbehandlung in die Kleintierklinik Berlin West eingewiesen, wo nach einer Verbesserung durch die Erstbehandlung am 26.05.2004 der Hund zur Folgebehandlung an Tierarzt Dr. Klüngel zurücküberwiesen werden konnte.

Beweis:
1. wie vor;
2. Behandlungsbericht des Tierklinikums – Anlage K2

Das Setzen einer angemessenen Frist zur Nachlieferung war gemäß §§ 437, 439, 440 BGB entbehrlich. Nach § 440 S. 1 BGB ist eine weitere Verzögerung unangemessen, wenn ein Abwarten der Nachlieferung für den Käufer unzumutbar ist. So liegt der Fall auch hier. Eine Fristsetzung war aufgrund der besonderen Interessenlage für die Klägerin unbillig. Denn die Klägerin hätte dann mit dem kranken Tier zunächst den Beklagten aufsuchen müssen, um eine Nachlieferung zu verlangen. Dies steht aber im Gegensatz zu dem verfassungsrechtlich verankerten Gedanken des Tierschutzes (Art. 20a GG), der der Klägerin auferlegte sofort Hilfe für das ihr anvertraute Tier zu suchen (LG Essen, NJW 2004, 527).

Der Klägerin sind durch die erforderlichen Tierarztbesuche zur Heilung des Hundes Tierarztkosten in Höhe von 1.345,- EUR entstanden, die sie mit der Klage geltend macht. Hierbei handelt es sich um einen Schadensersatzanspruch, der durch die Regelungen im Kaufvertrag vom 17.05.2004 nicht abbedungen worden ist. Der von der Klägerin erklärte Verzicht bzw. die formularmäßige Beschränkung auf den Nacherfüllungsanspruch ist gemäß §§ 307, 309 Nr. 8 bb BGB unwirksam. Nach § 475 Abs. 3 BGB gilt § 475 Abs. 1 BGB nicht für den Ausschluss und die Beschränkung von Schadensersatzansprüchen, so dass sich die kaufvertraglichen Regelungen an der Kontrolle der §§ 307ff BGB messen lassen müssen. Die Beschränkung der Klägerin auf einen Nacherfüllungsanspruch ist gemäß § 309 Nr. 8b bb BGB nichtig, da ihr als Käufer kein Rücktrittsrecht für den Fall eines Fehlschlagens der Nacherfüllung eingeräumt worden ist. Der Verzicht auf den Ersatz von Tierarztkosten ist gemäß § 307 Abs. 1, 2 BGB nichtig. Denn der Käufer kann bei der nach Art. 20a GG gebotenen Auslegung nicht auf einen Nachlieferungsanspruch verwiesen werden. Diese erhebliche Abweichung von der gesetzlichen Wertung indiziert eine unangemessene Benachteiligung des Käufers (LG Essen, a.a.O.).

Der Schaden, der durch die erforderliche Behandlung des Hundes enstanden ist, ist in vollem Umfang zu erstatten. Eine Begrenzung nach wirtschaftlichen Gesichtspunkten ist gemäß § 251 Abs. 2 S. 2 BGB nicht geboten, die Angemessenheit einer Tierbehandlung wird nicht durch den wirtschaftlichen Wert des Tiers begrenzt.

Eine beglaubigte und eine einfache Abschrift anbei.

■■■

Rechtsanwalt

C. Besonderheiten bezüglich der Haftung des Verkäufers bei Garantieübernahme

584 Gemäß § 443 BGB muss der Verkäufer oder ein Dritter (Hersteller), der eine Garantie übernommen hat, dem Käufer im Garantiefall die ihm eingeräumten Rechte zugestehen.

C. Besonderheiten bezüglich der Haftung des Verkäufers

I. Voraussetzungen

1. Wirksamer Kaufvertrag

Zwischen den Parteien (Verbraucher und Unternehmer) muss ein wirksamer Kaufvertrag zustande gekommen sein. Auf die bisherigen Ausführungen wird verwiesen. 585

2. Übernahme der Garantie

a) Garantie vom Garantiegeber

Im Hinblick auf die Garantie und den Garantiegeber wird auf die Ausführungen zu § 443 BGB verwiesen. 586

b) Garantieerklärung: Besondere inhaltliche und formelle Anforderungen, § 477 BGB

Für die Garantieerklärung gilt grundsätzlich das zu § 443 BGB Ausgeführte. Besondere inhaltliche und formelle Anforderungen ergeben sich jedoch aus § 477 Abs. 1 und 2 BGB: Zunächst muss die Garantieerklärung einfach und verständlich abgefasst sein. Weiter muss die Garantie den Hinweis auf die gesetzlichen Rechte enthalten sowie darauf, dass diese durch die Garantie nicht eingeschränkt werden (§ 477 Abs. 1 Nr. 1 BGB). Bei einer Herstellergarantie muss der Verbraucher also deutlich darauf hingewiesen werden, dass diese seine gesetzlichen Gewährleistungsrechte gegen den Verkäufer nicht einschränkt. So soll gewährleistet sein, dass der Verbraucher klar erkennen kann, dass die Garantie ein zusätzliches Leistungsversprechen enthält, das über die gesetzlichen Rechte hinaus geht und diese nicht ersetzt. Der Verbraucher soll wegen einer unklaren Fassung der Garantie nicht davon abgehalten werden, seine Rechte gegen den Verkäufer geltend zu machen. § 477 Abs. 1 Satz 2 Nr. 2 BGB bestimmt darüber hinaus, dass die Garantieerklärung den Inhalt der Garantie und alle wesentlichen Angaben, die für die Geltendmachung der Garantie erforderlich sind – insbesondere die Dauer und den räumlichen Geltungsbereich des Garantieschutzes, wie Namen und Anschrift des Garantiegebers – enthalten. Der Verbraucher kann nach § 477 Abs. 2 BGB verlangen, dass ihm die Garantieerklärung in Textform (§ 126b BGB) mitgeteilt wird (§ 477 Abs. 2 BGB). Schließlich bestimmt § 477 Abs. 3 BGB, dass eine Garantieerklärung, die die vorstehenden Anforderungen nicht erfüllt, nicht unwirksam ist. Der Verbraucher wäre in unangemessener Weise schlechter gestellt, wenn allein dadurch, dass der Unternehmer seinen Verpflichtungen über die Erteilung der Garantie nicht oder nicht zureichend nachkommt, die Garantieerklärung unwirksam wäre. Die Wirksamkeit der Garantieverpflichtung schließt nicht aus, dass der Käufer bei einem Verstoß gegen Abs. 1 und 2 die Verletzung von Schutz- und Aufklärungspflichten geltend machen kann und gemäß §§ 311 Abs. 2, 241 Abs. 2, 280 BGB Schadensersatz fordern kann. 587

c) Eintritt des Garantiefalls

Der Garantiefall muss eingetreten sein. 588

II. Einwendungen und Einrede

589 Die Einwendungen und Einreden bestimmen sich nach den vorigen Ausführungen zu der Garantie nach § 443 BGB unter Beachtung der Bestimmungen zum Verbrauchsgüterkauf.

D. Der Unternehmerregress

590 Der Einzelhändler soll nicht allein die Nachteile des verbesserten Verbraucherschutzes tragen gerade weil regelmäßig der Grund für die Haftung nicht in seinem, sondern im Bereich des Herstellers entstanden ist. Aus diesem Grunde ist eine Rückgriffsregelung für den Verbrauchsgüterkauf erforderlich. Der Unternehmer kann gemäß § 478 Abs. 1 BGB i.V.m. § 437 BGB Rückgriff beim Hersteller nehmen. Die Anspruchsgrundlagen für den Unternehmerregress ergeben sich wie folgt: Der Letztverkäufer hat gegen den Lieferanten einen Anspruch auf Nacherfüllung, Rücktritt, Minderung, Schadensersatz oder Ersatz der vergeblichen Aufwendungen gemäß § 437 – auch wenn noch nicht an den Verbraucher verkauft ist, bei dem Verbrauchsgüterkauf wird der Anspruch durch die Entbehrlichkeit der Fristsetzung nach § 478 Abs. 1 BGB erleichtert und auf Aufwendungsersatz (§ 478 Abs. 2 BGB). Der Hersteller hat keinen Anspruch auf Grund des § 478 BGB, seine Rechte gegen die Zulieferer (für Teile und Material) richten sich nach den §§ 434ff oder §§ 633ff BGB.

I. Voraussetzungen des § 478 Abs. 1 BGB i.V.m. § 437 BGB

1. Verkauf einer neue hergestellten Sache vom Unternehmer an den Verbraucher

591 Zwischen Unternehmer und Verbraucher muss ein Verbrauchsgüterkauf über eine neu hergestellte bewegliche Sache vorliegen.

2. Rücknahme der Sache durch den Unternehmer oder Minderung des Kaufpreises durch den Verbraucher als Folge der Mangelhaftigkeit

592 In Folge der Mangelhaftigkeit musste der Unternehmer die Sache vom Verbraucher zurücknehmen. Ein Unternehmerregress kann daher nicht geltend gemacht werden, wenn der Unternehmer aus Kulanz die Sache zurückgenommen hat. Die Rücknahme der Kaufsache muss Folge der Mangelhaftigkeit der Sache sein. Der Unternehmer muss die Sache also zurückgenommen haben, weil ihm entweder die mangelhafte Sache im Rahmen der Nacherfüllung zurückgegeben worden ist (§ 439 Abs. 4 BGB), der Käufer vom Kaufvertrag zurückgetreten ist (§§ 437 Nr. 2, 323, 346 BGB) oder weil der Käufer im Rahmen der Geltendmachung des großen Schadensersatzanspruchs ihm die Sache zurückgegeben hat (§§ 437 Nr. 3, 280 Abs. 1 und 3 281 Abs. 1 Satz 1 und 4 BGB).

593 Die Sache muss bei Gefahrübergang vom Lieferanten auf den Unternehmer mangelbehaftet gewesen sein. Lässt sich der genaue Zeitpunkt der Mangelhaftigkeit nicht nachweisen, greift gemäß § 478 Abs. 3 BGB die Beweislastumkehr des § 476 BGB ein. Zeigt sich der Mangel also innerhalb von 6 Monaten seit Gefahrenübergang an den Verbraucher, wird vermutet, dass die Sache bereits bei Gefahrübergang mangelhaft war. Die gleiche Beweisleistung kommt auch dem Unternehmer im Verhältnis zum Lie-

feranten zugute. Die Frist beginnt mit Übergang der Gefahr auf den Verbraucher. Ist ein Mangel erst beim Unternehmer entstanden, ist folglich ein Rückgriff nicht möglich, weil die Mangelhaftigkeit nicht bei Gefahrübergang von dem Lieferanten auf den Unternehmer vorhanden war. § 478 Abs. 1 BGB bestimmt, dass für den Rückgriffsanspruch eine Fristsetzung nicht erforderlich ist.

II. Voraussetzungen des § 478 Abs. 2 BGB

§ 478 Abs. 2 BGB regelt einen Aufwendungsersatzanspruch des Unternehmers. Es handelt sich hierbei um eine eigene Anspruchsgrundlage.

1. Verkauf einer neu hergestellten mangelhaften Sache an den Verbraucher

Der Unternehmer muss an den Verbraucher eine neu hergestellte Sache verkauft haben, die im Zeitpunkt des Gefahrenübergangs mangelhaft war. Gemäß § 478 Abs. 3 BGB findet die Beweislastregelung des § 476 BGB in den Fällen Anwendung, wo nicht feststeht, wann die Sache mangelhaft geworden ist.

2. Erfüllung der Gewährleistungsrechte gegenüber dem Vebraucher

Der Unternehmer muss gegenüber dem Verbraucher die von diesem aufgrund des § 437 BGB geltend gemachten Gewährleistungsrecht erfüllt haben.

3. Pflicht des Unternehmers als Letztverkäufer, die Aufwendungen zu tragen

Der Unternehmer kann beim Verkauf einer neu hergestellten Sache von seinem Lieferanten Ersatz derjenigen Aufwendungen verlangen, die der Unternehmer im Verhältnis zum Verbraucher nach § 439 Abs. 2 BGB zu tragen hatte, wenn der Mangel bereits bei Gefahrübergang vorhanden war. Es handelt sich hierbei um die Aufwendungen, die der Verkäufer zum Zwecke der Nacherfüllung gemacht hat, insbesondere die Transport-, Wege-, Arbeits- und Materialkosten. Voraussetzung ist aber stets, dass der Unternehmer diese Kosten zu tragen hat. Übernimmt der Verkäufer etwa zur Kundenpflege aus Kulanz darüber hinausgehende Kosten so kann er diese nicht vom Lieferanten ersetzt verlangen. Im Gegensatz zum Aufwendungsersatzanspruch gemäß §§ 437 Nr. 3, 284 BGB ist der Aufwendungsersatzanspruch des § 478 BGB verschuldensunabhängig und verjährt in zwei Jahren ab Ablieferung der Sache (§ 479 Abs. 1 BGB).

4. Kein Verlust der Rüge

Der Unternehmer darf gegenüber dem Lieferanten sein Rügerecht nach § 377 HGB nicht verloren haben. 377 HGB bleibt nach § 478 Abs. 6 BGB unberührt. Danach hat beim beiderseitigen Handelskauf der Handelskäufer die vom Handelsverkäufer abgelieferte Ware, soweit dies nach ordnungsgemäßem Geschäftsgang tunlich ist, unverzüglich nach Erhalt der Ware zu untersuchen und, wenn sich hierbei ein Mangel zeigt, diesen unverzüglich anzuzeigen. Entsprechendes gilt, wenn sich ein Mangel später zeigt. Die Untersuchungs- und Anzeigepflicht nach § 377 HGB gilt nur für die Lieferkette von Hersteller bis zum Unternehmer. Kommt der Käufer bei einem beiderseitigen Handelskauf seiner Rügeverpflichtung gemäß § 377 HGB nach, so bleibt ihm also der Regressanspruch.

Marfurt

III. Einwendungen

1. Rechtsgeschäftlicher Ausschluss

599 Ein Ausschluss der Gewährleistung zwischen dem Lieferanten und dem Unternehmer ist weitgehend nicht möglich. Wie beim Verbrauchsgüterkauf können Ansprüche auf Schadensersatz durch Individualvereinbarungen ausgeschlossen werden. Bei einem Ausschluss oder einer Beschränkung der Schadensersatzansprüche durch allgemeine Geschäftsbedingungen ist stets § 307 BGB zu berücksichtigen. Die weiteren Gewährleistungsansprüche – Nacherfüllung, Rücktritt oder Minderung – können nur ausgeschlossen werden, wenn dem Rückgriffsgläubiger ein gleichwertiger Ausgleich eingeräumt wird (§ 478 Abs. 4 BGB). Ein solcher Ausgleich kann z.B. durch Preisermäßigung im Rahmen pauschaler Abrechnung, weiterreichender Stundung, durch Rabatte, durch Schadenspauschalen erfolgen. Maßstab ist die Abweichung vom dispositiven Recht, das gelten würde, wenn nichts vereinbart wäre.[499]

2. Ausschluss durch Gesetz

600 Ein Ausschluss kann kraft Gesetz erfolgen. Gemäß § 442 BGB kann bei Kenntnis bzw. grob fahrlässiger Unkenntnis vom Mangel die Sonderregel des Verbrauchsgüterkaufs nicht ausgeschlossen werden. Hat also der Unternehmer einen Mangel grob fahrlässig nicht erkannt, als die Sache bei ihm abgeliefert wurde und die Sache dann weiterverkauft, so hat er, wenn er die Sache zurücknehmen muss, keinen Regressanspruch.

IV. Einreden

601 Für den Regressanspruch gilt eine spezielle Verjährungsregel. Nach § 479 Abs. 2 BGB tritt die Verjährung frühestens zwei Monate nach dem Zeitpunkt ein, in dem der Unternehmer den Anspruch des Verbrauchers erfüllt hat. Der Ablauf endet spätestens 5 Jahre nach dem Zeitpunkt, in dem der Lieferant die Sache dem Unternehmer abgeliefert hat. Hersteller müssen also bis zu 5 Jahre damit rechnen, dass sie die Sache zurücknehmen müssen.

602 Zu beachten ist § 479 Abs. 5 BGB. Danach findet der Unternehmerregress auf die Ansprüche des Lieferanten und der übrigen Käufer in der Lieferkette gegen den jeweiligen Verkäufer entsprechend Anwendung, wenn die Schuldner Unternehmer sind. Die mangelhafte Sache wird also im Ergebnis bis zum Hersteller durchgereicht. Wegen diesem Rückgriffanspruch ist also an die Streitverkündung nach § 72 ZPO zu denken.

---

499 BGH NJW 1994, 1070.

§ 4 Der Kauf von Rechten und sonstigen Gegenständen

Kaufgegenstand können nicht nur Sachen, sondern auch Rechte und sonstige Gegenstände sein (**Rechtskauf**). Auf den Kauf von Rechten und sonstigen Gegenständen finden die Vorschriften über den Sachkauf gemäß § 453 Abs. 1 BGB entsprechende Anwendung.

603

A. Der Anspruch des Verkäufers auf Zahlung des Kaufpreises und auf Abnahme der Kaufsache

I. Voraussetzungen

Ein **Rechtskauf** liegt vor, wenn Kaufgegenstand des Kaufvertrages ein Recht oder sonstige Gegenstände sind.

604

1. Kaufvertrag

Zwischen den Kaufvertragsparteien muss ein Kaufvertrag zustande gekommen sein. Dies bestimmt sich nach den allgemeinen Regeln über das Zustandekommen eines Kaufvertrages. Auf die bisherigen Ausführungen wird insoweit verwiesen.

605

a) Kaufgegenstand: Rechte

Als Kaufgegenstand kommen beschränkte dingliche Rechte wie die Hypothek, die Grundschuld und das Pfandrecht in Betracht. Weiter können immaterielle Rechte wie Patent-, Verlags-, Firmen- und Markenrechte Gegenstand des Kaufvertrages sein. Auch Mitgliedschaftsrechte wie Geschäftsanteile an einer GmbH, eine Aktiengesellschaft, Geschäftsanteile einer Personengesellschaft sowie Forderungen aus einem vertraglichen oder gesetzlichen Schuldverhältnis (Kaufpreisforderung, Forderung aus Übereignung der Sache, Ansprüche aus § 823 f BGB, GOA) können Gegenstand eines Kaufvertrages sein.

606

b) Kaufgegenstand: sonstige Kaufgegenstände – insbesondere Unternehmenskauf

Sonstige Kaufgegenstände sind insbesondere die entgeltliche Übertragung von Unternehmen oder nur Unternehmensanteilen, freiberuflicher Praxen, Kaufverträge über Elektrizität und Fernwärme,[500] Wasser, Gas, (nicht geschützte) Erfindungen, technisches Knowhow, Werbeideen und Software.[501] Bei Software ist zu beachten, dass beim Kauf von **Standardsoftware** gemäß § 453 Abs. 1 BGB die Regeln über den Sachkauf Anwendung finden. Beim Kauf von **Individualsoftware** liegt gemäß § 651 BGB ein Werklieferungsvertrag vor.

607

Liegt ein **Unternehmenskauf** vor, ist zwischen zwei verschiedenen Gestaltungsformen zu differenzieren: Das Unternehmen kann als Sach- und Rechtsgesamtheit verkauft werden (sog. asset-deal) oder es können die Geschäftanteile an einer unternehmenstragenden Gesellschaft veräußert werden (sog. share-deal).

608

---

500 Palandt/Putzo, § 453 Rn. 6.
501 BGH NJW 1988, 406, 407; 1998, 2000 132, 133.

§ 4 Der Kauf von Rechten und sonstigen Gegenständen

609 *aa) Unternehmenskauf als Kauf von Sach- und Rechtsgesamtheit: asset-deal:* Bei einem sog. asset-deal wird das Unternehmen als Sach- und Rechtsgesamtheit verkauft. Liegt ein Unternehmenskauf in der Form eines asset-deal vor, müssen die jeweiligen Vertragspartner einem Eintritt des Erwerbes in die bestehenden Vertragsverhältnisse des Unternehmens zustimmen. Nach dem asset-deal ist der Verkäufer zur Übertragung aller zum Unternehmen gehörenden Sachen, Rechte und sonstigen Gegenstände (Grundstücke, bewegliche Sache, Firma, Marken, Lizenzen, Kundschaft, Ruf, Geschäftsgeheimnisse, Wettbewerbsrechte, know-how usw.) verpflichtet.[502] Auch eine freiberufliche Praxis kann Kaufgegenstand sein,[503] wobei bei Mitveräußerung der Patienten- und Mandantenkartei die Zustimmung der Mandanten bzw. Patienten erforderlich ist.[504] Die Sach- und Rechtsgesamtheit ist ein „sonstiger Gegenstand" im Sinne des § 453 Abs. 1 BGB. Die Vorschriften über den Sachkauf finden somit entsprechende Anwendung. Bei einem asset deal besteht grundsätzlich eine klare Haftungsbegrenzung des Erwerbers. Er muss nur für Verbindlichkeiten aufkommen, die nach dem Übergangsstichtag entstanden sind. So bleibt die Haftung für Altverbindlichkeiten grundsätzlich bei dem nicht mitverkauften Unternehmensträger. Dies gilt jedoch nicht für betriebliche Steuern, die vor der Betriebsveräußerung entstanden sind.[505] Zu beachten sind darüber hinaus die haftungsrechtlichen Konsequenzen nach § 613a BGB und § 25 Abs. 1 HGB.

610 *bb) Unternehmenskauf als Kauf von Geschäftsanteilen: share-deal:* Ein Unternehmenskauf kann auch dadurch getätigt werden, dass sämtliche Anteile an einer Gesellschaft, insbesondere sämtliche Geschäftsanteile an einer GmbH gekauft werden. Kaufgegenstand sind dann die Gesellschaftsanteile. Ein share-deal wird regelmäßig dann vorliegen, wenn das Käuferinteresse nur auf die Beteiligung an einem Unternehmensträger gerichtet ist oder wenn sich der Wert des zu erwerbenden Unternehmens im Wesentlichen aus bestehenden Vertragsbeziehungen zu Dritten ergibt. Denn nur bei einem Unternehmenskauf durch einen share-deal bleiben die für die Fortsetzung des Geschäftsbetriebs notwendigen Verträge (Mietverträge, Mitarbeiterverträge, Kundenbeziehungen u.a.) unberührt und können von dem Erwerber fortgeführt werden. Der Anteilskauf ist ein Rechtskauf, auf den gemäß § 453 Abs. 1 BGB die Vorschriften über den Sachkauf entsprechende Anwendung finden. Haftungsrechtlich ist bedeutsam, dass bei einem share-deal der Erwerber auch ohne ausdrückliche Übernahme für sämtliche Verbindlichkeiten aus der Vergangenheit haftet.

2. Wirksamkeit des Kaufvertrages

611 Im Hinblick auf die Wirksamkeit des Kaufvertrages wird auf die vorangegangenen Ausführungen verwiesen. Zu beachten ist, dass bei einem share-deal die Abtretung der Geschäftsanteile einer GmbH gemäß § 15 Abs. 3 GmbHG ebenso der notariellen Beurkundung bedarf, wie der Kaufvertrag, der die Verpflichtung zur Abtretung enthält, § 15 Abs. 4 GmbHG. Der Unternehmenskauf als asset-deal bedarf insgesamt der

---

502 BGH ZIP 2002, 440.
503 Arzt: BGH NJW 1989, 763; Rechtsanwalt: BGH NJW 1995, 2026; Steuerberater: BGH NJW 1991, 1223.
504 BGHZ 116, 268; BGH NJW 1996, 2087.
505 Stiller, BB 2002, 2619, 2612.

Form des § 311b BGB, sofern zum veräußerten Unternehmen auch ein Grundstück gehört.[506]

II. Einwendungen und Einreden

Im Hinblick auf mögliche Einwendungen und Einreden wird auf die bisherigen Ausführungen verwiesen.

612

B. Gewährleistungsansprüche des Käufers beim Kauf von Rechten und sonstigen Kaufgegenständen, inbesondere beim Unternehmenskauf, §§ 453 Abs. 1, 437 BGB

Auf den Kauf von Rechten und sonstigen Gegenständen sind gemäß § 453 Abs. 1 BGB die Vorschriften über den Kauf von Sachen entsprechend anwendbar, also auch die Regeln über die Gefahrtragung, die Gewährleistung und die Garantie. Folge ist, dass bei einem Rechtskauf verschuldensunabhängig auf Schadensersatz gehaftet wird, wobei das Verschulden gemäß § 280 Abs. 1 Satz 2 BGB vermutet wird. Es ist somit jeweils nach der Eigenart des verkauften Rechts zu prüfen, inwieweit die Regeln über den Sachkauf unmittelbar anzuwenden sind oder ob ggfs. Eine Modifizierung erforderlich ist.

613

I. Besonderheiten der Gewährleistung beim asset deal

1. Voraussetzungen

Für Gewährleistungsrechte des Käufers aufgrund eines asset-deal muss ein wirksamer Kaufvertrag und ein Mangel im Zeitpunkt des Gefahrenübergangs vorliegen. Je nach Gewährleistungsrecht muss die Möglichkeit zur Nacherfüllung gewährt werden, auf Schadensersatz wird verschuldensunabhängig nach § 280 Abs. 1 S. 2 BGB gehaftet. Im Übrigen wird auf die bisherigen Ausführungen verwiesen.

614

Beim Kauf eines Unternehmens als Sach- und Rechtsgesamtheit ist im Hinblick auf das Vorliegen eines Mangels wie folgt zu differenzieren:

615

a) Mängeln an Einzelgegenständen des Unternehmens

Bestehen an Einzelgegenständen Mängel, entstehen die Gewährleistungsrechte bezüglich dieser Gegenstände. Der Käufer kann dann für den konkreten Gegenstand Nacherfüllung verlangen und ggf. den Rücktritt erklären, den Kaufpreis mindern oder einen Schadenseratzanspruch geltend machen.

616

b) Mangelhaftes Unternehmen

Ist das Unternehmen per se mangelhaft, bestehen Gewährleistungsrechte in Bezug auf den gesamten Unternehmenskaufvertrag.

617

c) Mängel an einzelnen Gegenständen als Mängel des Unternehmens

Mängel an einzelnen Gegenständen oder das Fehlen einzelner Gegenstände können als Mängel des Unternehmens als solche angesehen werden. Da die Erheblichkeit eines Mangels nach dem heutigen Recht keine Voraussetzung ist, kann jeder Mangel eines

618

---

506 Palandt/Heinrichs, § 311b Rn. 27a.

Einzelgegenstandes auch als Mangel des Unternehmens angesehen werden. Ist der Mangel bezogen auf das gesamte Unternehmen nur als unerheblich zu qualifizieren, kann der Käufer nicht gemäß §§ 434, 437 Nr. 3, 281 BGB Schadensersatz statt der ganzen Leistung verlangen. Dies ist nach § 281 Abs. 1 Satz 3 BGB ausgeschlossen. Auch ein Rücktritt gemäß §§ 434, 437 Nr. 2, 323 BGB von dem Kaufvertrag über das Unternehmen ist bei unerheblichen Mängeln gemäß § 323 Abs. 5 Satz 2 BGB ausgeschlossen.

d) Angaben zu Umsatz und Ertrag als Mangel

619 Ob ein Mangel dann vorliegt, wenn der Verkäufer des Unternehmens Angaben zum Umsatz und Ertrag gemacht hat und diese Angaben von den tatsächlich erzielbaren Umsätzen und Erträgen abweichen, ist fraglich. Nach der bisherigen Rechtsprechung sind Umsatz- und Ertragsangaben nur dann als zusicherungsfähige Eigenschaften anzusehen, wenn sie sich über einen längeren, mehrjährigen Zeitraum erstrecken und deshalb einen verlässlichen Anhaltspunkt für die Bewertung der Ertragsfähigkeit und damit des Werts des Unternehmens geben.[507] Diese Rechtsprechung ist allerdings überholt, da nunmehr der Käufer ein Nachbesserungsrecht hat, ihm ein Schadensersatzanspruch bei Fahrlässigkeit des Verkäufers zustehen kann und für einen Gewährleistungsanspruch nicht mehr die kurze Frist von 6 Monaten (§ 477 Abs. 1 BGB a.F.) eingreift, sondern grundsätzlich die 2-Jahresfrist des § 438 Abs. 1 Nr. 3 BGB. Es besteht mithin kein Bedarf mehr, für eine rechtsfolgenorientierte Einschränkung des Beschaffenheitsbegriffs dahin, dass Umsatz und Ertrag nicht als Beschaffenheitsmerkmal eines Unternehmens anzusehen sind. Vielmehr spricht einiges dafür, dass Ertrag und Umsatz als Beschaffenheitsmerkmale im Sinne des § 434 BGB anzusehen sind.

2. Einwendungen und Einreden: § 442 BGB und due diligence

620 Grundsätzlich ist auf die bisherigen Ausführungen zu den Einwendungen bei Gewährleistungsrechten des Käufers zu verweisen. Problematisch kann eine Anwendung des § 442 BGB sein, wonach die Rechte des Käufers wegen eines Mangels bei Kenntnis des Mangels ausgeschlossen sind bzw. bei grob fahrlässiger Unkenntnis beschränkt sind. Beim Kauf eines Unternehmens nimmt der Käufer regelmäßig eine umfassende Prüfung des gekauften Unternehmens vor (**due diligence**). Die due diligence soll Gewährleistungsrechte des Käufers durch Beschaffenheitvereinbarungen und Garantien sichern, die mit dem Kauf verbundenen Risiken erkennen lassen, den Wert des Unternehmens ermitteln und den Zustand des Unternehmens zur Beweissicherung dokumentieren.[508] Werden dem Käufer durch die due diligence Mängel bekannt, verliert er gemäß § 442 Abs. 1 S. 1 BGB seine gesetzlichen Gewährleistungsansprüche, es sei denn er hat § 442 abbedungen und sich eine selbstständige Garantie ausbedungen. Unterlässt der Käufer eine due diligence, ist hierin keine grobe Fahrlässigkeit zu sehen, die eine Haftungsbeschränkung nach § 442 Abs. 1 S. 2 BGB zur Folge hätte.[509] Ob eine grob fahrlässige durchgeführte Unternehmensüberprüfung zu einem Verlust der Gewährleistungsrechte

---

507 BGH NJW 1990, 1658; 1995, 1547; 1999, 1404; NJW-RR 1996, 429.
508 Fleischer/Körber, BB 2001, 841.
509 Müller, NJW 2004, 2196.

nach § 442 Abs. 1 S. 2 BGB führt ist umstritten. Da der Käufer gegenüber dem Verkäufer jedoch nicht zu einer due diligence verpflichtet ist, ist ein Verlust der Gewährleistungsrechte nach § 442 Abs. 1 S. 2 BGB zu verneinen.[510]

II. Besonderheiten der Gewährleistung beim share-deal

Der Kauf von Gesellschaftsanteilen ist als Rechtskauf zu qualifizieren. Gemäß § 453 Abs. 1 BGB finden die Vorschriften über den Kauf von Sachen entsprechende Anwendung. | 621

1. Voraussetzungen

Auch für die Gewährleistungsrechte des Käufers aufgrund eines share-deal muss ein wirksamer Kaufvertrag und ein Mangel im Zeitpunkt des Gefahrenübergangs vorliegen. Je nach Gewährleistungsrecht muss die Möglichkeit zur Nacherfüllung gewährt werden, auf Schadensersatz wird verschuldensunabhängig nach § 280 Abs. 1 S. 2 BGB gehaftet. Im Übrigen wird auf die bisherigen Ausführungen verwiesen. | 622

a) Mängel am Gesellschaftsanteil

Der Verkäufer haftet gemäß §§ 453 Abs. 1, 434, 437 BGB dafür, dass die Gesellschaft selbst und der Anteil in der entsprechenden Größe bestehen, die Gesellschaft nicht in der Liquidation ist und der Anteil die vertraglich vorausgesetzten Gesellschaftsrechte (Gewinnbeteiligung, Stimmrechte) beinhaltet. | 623

b) Mängel am von der Gesellschaft betriebenen Unternehmen

Bei einem share-deal haftet der Käufer grundsätzlich nicht nach dem Gewährleistungsrecht, wenn das von der Gesellschaft betriebene Unternehmen Mängel aufweist. Denn ein Mangel des zum Gesellschaftsvermögen gehörenden Unternehmens stellt selbst keinen Mangel des Gesellschaftsanteils dar.[511] Eine Haftung des Verkäufers von Geschäftsanteilen kann sich aber gemäß §§ 311 Abs. 2, 241 Abs. 2, 280 Abs. 1 BGB wegen der Verletzung vorvertraglicher Aufklärungspflichten ergeben. Der Verkäufer hat eine gesteigerte Aufklärungs- und Sorgfaltspflicht[512] bezüglich der wirtschaftlichen Tragweite des Geschäfts und die regelmäßig erschwerte Bewertung des Kaufobjekts durch den Kaufinteressenten. | 624

c) Mängel bei Kauf sämtlicher Gesellschaftsanteile und beim Kauf vom Mehrheitsanteilen

Der Kauf sämtlicher oder nahezu sämtlicher Gesellschaftsanteile (in der Regel min. 80 v.H.)[513] ist wirtschaftlich dem Kauf des Unternehmens als Sach- und Rechtsgesamtheit gleichzustellen. Zwar handelt es sich um einen Rechtskauf, wegen der wirtschaftlichen Gleichwertigkeit wird eine Haftung des Verkäufers für Sach- und Rechtsmängel des im Gesellschaftsvermögen stehenden Unternehmens in gleicher Weise angenommen, als ob das Gesellschaftsvermögen und damit das Unternehmen selbst unmittelbar Kauf- | 625

---

510 Fleischer/Körber, BB 2001, 841; Müller, NJW 2004, 2196.
511 BGHZ 65, 246.
512 BGH NJW 2001, 2163.
513 Weitnauer, NJW 2002, 2511.

gegenstand wäre. Die Vorschriften über die Sachmängelgewährleistungen werden insoweit analog angewandt.[514] Umstritten ist, ob bei dem Kauf von Mehrheitsanteilen ein Unternehmenskauf (asset-deal) vorliegt und eine Haftung des Käufers für Mängel des Unternehmens besteht. Der Erwerb bloßer Mehrheitsbeteiligung reicht nach der Rechtsprechung nicht aus. Vielmehr ist ein Unternehmenskauf, der zur Gewährleistungshaftung für das Unternehmen selbst führt, nach der Rechtsprechung nur dann zu bejahen, wenn der Käufer sämtliche oder nahezu sämtliche Anteile an einem Unternehmen erwirbt.[515] Nach anderer Ansicht wird darauf abgestellt, ob der Erwerber durch den Kauf die unternehmerische Leitungsmacht dadurch erhält, dass er nun eine für eine Satzungsänderung erforderliche Mehrheit inne hat.[516]

2. Einwendungen und Einreden

626 Es wird auf die bisherigen Ausführungen verwiesen.

---

514 BGHZ 65, 246; 138, 195; BGH NJW 2001, 2163; ZIP 2002, 440.
515 BGH NJW 2001, 2163.
516 Palandt/Putzo, Vorbem. Vor § 459 Rn. 18.

§ 5 Der Kauf unter Eigentumsvorbehalt, § 449 BGB

Große Bedeutung hat im Warenverkehr der Kauf unter Eigentumsvorbehalt. Er ist das häufigste und wichtigste Kreditsicherungsmittel. Ein Kauf unter Eigentumsvorbehalt kommt immer dann in Betracht, wenn der Käufer bei Abschluss des Kaufvertrages den Kaufpreis nicht bezahlen kann. Bei dem Kauf unter Eigentumsvorbehalt schließen die Parteien einen unbedingten Kaufvertrag und einen Übereignungsvertrag, der im Zweifel unter der Bedingung der vollständigen Bezahlung des Kaufpreises steht (§ 449 Abs. 1 BGB). Bis zum Eintritt der Bedingung bleibt der Verkäufer Eigentümer der Kaufsache. Dem Käufer wird regelmäßig die Sache aber bereits zur Nutzung übergeben. Der Eigentumsvorbehalt ist nur dann wirksam, wenn er spätestens bei Übergabe der Kaufsache erklärt wird. Ein Eigentumsvorbehalt kommt nur beim Kauf von beweglichen Sachen, dem Kauf unwesentlichen Bestandteilen (§§ 93-95 BGB), von Zubehör (§ 97 BGB) und Inventar (§ 98 BGB) sowie beim Kauf mehrere Sachen, bei der Vereinbarung eines Gesamtpreises in Betracht. Ein Eigentumsvorbehalt kann nicht auf ein Handelsgeschäft im Ganzen bezogen werden[517] und § 449 BGB ist unanwendbar auf den Kauf von Grundstücken, Rechten und wesentlichen Bestandteilen von Sachen.[518] Differenziert wird zwischen dem einfachen Eigentumsvorbehalt und den Formen des erweiterten Eigentumsvorbehalts (weitergeleiteter Eigentumsvorbehalt, nachgeschalteter Eigentumsvorbehalt, verlängerter Eigentumsvorbehalt, Kontokorrentvorbehalt).[519]

A. Der Anspruch des Verkäufers auf Bezahlung des Kaufpreises und Abnahme der Kaufsache

Insoweit wird auf die bisherigen Ausführungen verwiesen. Für die Bezahlung des Kaufpreises vereinbaren die Parteien des Eigentumsvorbehalts die Bezahlung in mehreren Raten. Wann in welcher Höhe Raten zu bezahlen sind, ergibt sich regelmäßig aus der konkreten Vereinbarung. Da bei einem Kauf unter Eigentumsvorbehalt dem Käufer bereits die Sache zur Nutzung übergeben, jedoch noch kein Eigentum an der Kaufsache verschafft wird, kann der Verkäufer gemäß § 446 Satz 1 BGB, wenn die Sache im Besitz des Käufers zerstört wird – obwohl er dem Käufer das Eigentum an der Kaufsache nicht mehr verschaffen kann – die Zahlung des vollständigen Kaufpreises verlangen.

B. Der Anspruch des Verkäufers auf Herausgabe der unter Eigentumsvorbehalt verkauften Sache

I. Voraussetzungen

Voraussetzung für den Anspruch des Verkäufers auf Herausgabe der unter Eigentumsvorbehalt verkauften Sache ist das Bestehen eines wirksamen Kaufvertrages unter

---

[517] BGH NJW 1968, 392.
[518] Palandt/Putzo, § 449, Rn. 3.
[519] Zu den verschiedenen Arten des Eigentumsvorbehalts, vgl. Palandt/Putzo, § 449 Rn. 15-19.

§ 5 Der Kauf unter Eigentumsvorbehalt, § 449 BGB

Eigentumsvorbehalt und nach § 449 Abs. 2 BGB ein durch den Verkäufer ausgeübter Rücktritt.

1. Abschluss eines wirksamen Kaufvertrages unter Eigentumsvorbehalt, § 449 Abs. 1 BGB

630 Die Parteien müssen einen wirksamen Kaufvertrag unter Eigentumsvorbehalt, also unter dem Vorbehalt, dass das Eigentum unter der aufschiebenden Bedingung vollständiger Zahlung des Kaufpreises übertragen wird, vereinbart haben.

2. Herausgabeverlangen nach Rücktritt des Verkäufers vom Vertrag

631 Bei einem Eigentumsvorbehalt steht dem Verkäufer als Eigentümer der Anspruch aus § 985 BGB, dem Käufer aus dem Kaufvertrag gemäß § 986 BGB ein Recht zum Besitz zu. Dieses Recht zum Besitz kann der Verkäufer nur durch einen Rücktritt beseitigen. Nicht ausreichend ist der bloße Zahlungsverzug des Käufers. Ein Rücktrittsgrund kann sich aus § 323 BGB bzw. § 324 BGB ergeben.[520] Allerdings ist zu beachten, dass § 449 BGB dispositiv ist. Bei einer Individualvereinbarung können daher abweichende Regelungen getroffen werden. Liegt zwischen einem Unternehmer und einem Verbraucher ein Teilzahlungsgeschäft vor, ist § 503 Abs. 2 S.1 (Rückgaberecht und Rücktritt bei Teilzahlungsgeschäften) sowie § 506 BGB zu beachten.

a) Rücktritt gemäß § 323 Abs. 1, 346 BGB

632 Ein Rücktritt vom Vertrag kommt nach § 323 Abs. 1 BGB vornehmlich bei einem Zahlungsverzug des Eigentumsvorbehaltskäufers in Betracht. Hierfür müssen folgende Voraussetzungen vorliegen: Zahlungsverzug des Eigentumsvorbehaltskäufers mit dem Kaufpreis, der Eigentumsvorbehaltsverkäufer hat dem Eigentumsvorbehaltskäufer erfolglos eine angemessene Frist zur Leistung gesetzt und der Eigentumsvorbehaltskäufer hat nach § 349 BGB den Rücktritt erklärt.

b) Rücktritt gemäß § 324, 346 BGB

633 Ein Rücktritt vom Eigentumsvorbehaltskauf kommt darüber hinaus unter den Voraussetzungen des § 324 BGB in Betracht, wenn der Eigentumsvorbehaltskäufer eine sonstige Pflichtverletzung begeht, z.B. wenn er den Kaufgegenstand unsachgemäß behandelt oder die Kaufsache pflichtwidrig weiterveräußert.

II. Einwendungen und Einreden

634 Zu beachten ist, dass in dem Fall wo der Kaufpreisanspruch verjährt ist, der Verkäufer vom Vertrag nicht wirksam zurückgetreten ist, wenn der Käufer nach § 218 Abs. 1 BGB die Einrede der Verjährung erhoben hat. In den Fällen des Eigentumsvorbehaltskaufs ist aber gemäß § 218 Abs. 1 S. 3 BGB auf § 216 Abs. 2 S. 2 BGB abzustellen. Danach kann, wenn das Eigentum vorbehalten ist, der Rücktritt vom Vertrag dennoch erfolgen, wenn der gesicherte Anspruch verjährt ist. Das Herausgabeverlangen ist also nicht nur nach § 985 BGB möglich, sondern auch aus § 346 Abs. 1 BGB wobei das

---

520 Schulze/Kienle, NJW 2002, 2842.

gesamte Rechtsverhältnis zwischen Verkäufer und Käufer gemäß den §§ 346ff BGB abzuwickeln ist.

III. Einstweiliger Rechtsschutz

Beim Eigentumsvorbehaltskauf kann der einstweilige Rechtsschutz von Bedeutung sein. Vornehmlich wenn droht, dass der Verkäufer das Eigentum an der vom Käufer unter Eigentumsvorbehalt gekauften Sache durch Eigentumserwerb nach den §§ 946ff. BGB verliert. Im Hinblick auf die allgemeinen Ausführungen zum einstweiligen Rechtsschutz wird auf die Ausführungen unter § 1 verwiesen.

1. Muster: Antrag auf Erlass einer einstweiligen Verfügung

Amtsgericht ■■■

■■■

Antrag auf Erlass einer einstweiligen Verfügung

der Baustoffe Klawe AG, vertreten durch den Vorstand, ■■■

Antragsstellerin

Verfahrensbevollmächtigte: ■■■

gegen

die Buhlbahn Ziegelei GmbH vertreten durch die Geschäftsführer, ■■■

Antragsgegnerin

beantragen wir namens und in Auftrag der Antragsstellerin bei dem wegen der Dringlichkeit der Angelegenheit nach § 942 ZPO zuständigen Amtsgericht ohne mündliche Verhandlung den Erlass folgender einstweiliger Verfügung:
1. Die Antragsgegnerin hat die im Eigentum der Antragsstellerin stehenden 70 Paletten Tonmaterial Marke Terracotta MAR-L an den Gerichtsvollzieher Olivier Dümke, Krausnickstr. 5 in 10101 Berlin als Sequester, hilfsweise an einen von Gericht zu bestellenden Sequester herauszugeben.
2. Die Durchsuchung der Geschäftsräume der Antragsgegnerin, Unter den Linden 7 in 10101 Berlin, zur Vollstreckung der Herausgabe wird gestattet.

Begründung:

Die Antragsstellerin stellt als Grundstoff u.a. Tonmaterial für die Verarbeitung von Ziegeln her. Sie hat die im Antrag zu 1) näher bezeichneten 70 Paletten Ton mit Kaufvertrag vom 22.02.2004 unter Eigentumsvorbehalt an die Antragsgegnerin verkauft. Die Kaufsachen wurden der Antragsgegnerin am 24.02.2004 geliefert. Ausweislich des vorbezeichneten Kaufvertrages war die Zahlung des Kaufpreises in Höhe von 6.500,00 EUR zum 30.02.2004 fällig.

Glaubhaftmachung:
1. Kaufvertrag vom 22.02.2004 – Ast 1;
2. Lieferbeleg vom 24.02.2004 – Ast 2.

Die Antragsgegnerin zahlte nicht. Die Antragsstellerin setzte der Antragsgegnerin mittels Einwurfeinschreiben vom 01.03.2004, welches der Antragsgegnerin am 02.03.2004 zugegangen ist, eine angemessene Nachfrist zur Zahlung bis zum 20.03.2004.

Glaubhaftmachung:
1. Mahnschreiben der Antragsstellerin vom 01.03.2004 – Ast 3;
2. Einlieferungsbeleg und Sendestatusbericht der Deutschen Post AG vom 03.03.2004 – Ast 4.

Da auch die zum 20.03.2004 gesetzte Zahlungsfrist fruchtlos ablief, erklärte die Antragsstellerin am 25.03.2004 per Einwurfeinschreiben der Antragsgegnerin gegenüber den Rücktritt vom Kaufvertrag. Das Rücktrittschreiben ist der Antragsgegnerin am 27.03.2004 zugegangen.

Glaubhaftmachung:
1. Schreiben der Antragsstellerin vom 25.03.2004 – Ast 5;
2. Einlieferungsbeleg und Sendestatusbericht der Deutschen Post AG vom 28.03.2004 – Ast 6.

Auf die fernmündliche Nachfrage der zuständigen Sachbearbeiterin Regina Rühl der Antragsstellerin bei der Antragsgegnerin erklärte der Geschäftsführer Ingo Buhlbahn, das Tonmaterial sei noch nicht verarbeitet, werde aber in den nächsten Tagen zur Herstellung von Ziegeln benötigt. Eine Herausgabe der gelieferten Waren verweigert der Geschäftsführer.

Glaubhaftmachung: Eidesstattliche Versicherung Frau Regina Rühl – Ast 7.

Aufgrund des am 25./27.03.2004 erklärten Rücktritts hat die Antragsstellerin gemäß § 449 Abs. 2 BGB einen Herausgabeanspruch. Dieser Herausgabeanspruch ist gefährdet, denn durch die Verarbeitung würde das Eigentum der Antragsstellerin gemäß § 950 BGB untergehen.

Eine beglaubigte und eine einfache Abschrift anbei.

■■■

Rechtsanwalt

2. Der Widerspruch im Beschlussverfahren

637 Gegen den erlassenen Arrest bzw. die erlassene einstweilige Verfügung kann der Schuldner Widerspruch einlegen (§ 924 Abs. 1 ZPO). Der Widerspruch ist an keine Frist gebunden. Er wird jedoch unzulässig, wenn der Antragsgegner auf ihn verzichtet, was besonders häufig in Wettbewerbssachen im so genannten Abschlussschreiben geschieht. Außerdem kann in Einzelfällen eine Verwirkung des Widerspruchs infrage kommen. Der Widerspruch kann, wenn der Arrest bzw. die einstweilige Verfügung von dem Amtsgericht erlassen wurde, schriftlich oder zu Protokoll der Geschäftsstelle erklärt werden (§ 924 Abs. 2 Satz 3 ZPO), unterliegt also nicht dem Anwaltszwang (§ 78 Abs. 2 ZPO); dagegen ist der Widerspruch dem Anwaltszwang unterworfen, wenn der Arrest bzw. die einstweilige Verfügung von dem Landgericht erlassen wurde. Der Widerspruch kann nach h.M. auf die Kostenentscheidung beschränkt werden, ins-

besondere über ein sofortiges Anerkenntnis nach § 93 ZPO, um die Kostenlast auf den Gläubiger abzuwälzen. Der Widerspruch ist nach § 924 Abs. 3 ZPO zu begründen; es handelt sich aber hierbei nicht um eine Zulässigkeitsvoraussetzung.

Muster: Widerspruch im Beschlussverfahren

An das

Landgericht ▄▄▄

▄▄▄

In der einstweiligen Verfügungssache

der Baustoffe Klawe AG, vertreten durch den Vorstand, ▄▄▄

Antragsstellerin

Verfahrensbevollmächtigte: ▄▄▄

gegen

die Buhlbahn Ziegelei GmbH, vertreten durch die Geschäftsführer, ▄▄▄

Antragsgegnerin

Verfahrensbevollmächtigte: ▄▄▄

zeige ich die Vertretung der Antragsgegnerin an, lege in deren Namen und Auftrag gegen die am 10.04.2004 vom Amtsgericht Mitte nach § 942 ZPO erlassene einstweilige Verfügung gemäß §§ 936, 924 I Abs. 1 ZPO beim nunmehr zuständigen Gericht der Hauptsache

Widerspruch

ein und kündige folgende Anträge an:
1. Die einstweilige Verfügung des Amtsgerichts Mitte, Geschäftszeichen 12 C 122/04 vom 10.08.2004 wird aufgehoben
2. Die Vollstreckung aus der einstweiligen Verfügung wir mit sofortiger Wirkung ohne – notfalls gegen –Sicherheitsleistung eingestellt.

Begründung:

Die bei der Antragsgegnerin beschäftigte Buchhalterin Lisa Laurent hat am 14.03.2004, also vor Ablauf der durch die Antragstellerin gesetzten Frist zum 20.03.2004, durch Einwurf des Überweisungsauftrages in den Bankbriefkasten, ihre Bank angewiesen, den vollständigen Kaufpreis auf das Konto der Antragstellerin zu überweisen. Das Konto der Antragsgegnerin wies zu diesem Zeitpunkt eine ausreichende Deckung auf.

Glaubhaftmachung:
1. Durchschrift des Überweisungsauftrages zum Konto 22 30 45 607, BLZ 100 700 00, Deutsche Bank Berlin – Ag 1;
2. Kontoauszug des zu Nr. 1 benannten Kontos vom 14.03.2004 – Ag 2;
3. Eidesstattliche Versicherung der Frau Lisa Laurent – Ag 3

§ 5 Der Kauf unter Eigentumsvorbehalt, § 449 BGB

Gemäß §§ 270 Abs. 4, 269 Abs. 1 BGB ist der Leistungsort für Geldschulden der Wohnsitz des Schuldners. Für die Rechtzeitigkeit der Leistung kommt es folglich lediglich darauf an, wann der Schuldner das zur Übermittlung des Geldes seinerseits Erforderliche getan hat. Bei einer – wie hier vorliegenden – ausreichender Deckung des Kontos genügt bei Banküberweisungen der rechtzeitige Eingang eines Überweisungsauftrages bei der Bank. Danach eintretende Verzögerungen gehen nicht zu Lasten des Schuldners. Auf bitten der Antragsgegnerin hat die Deutsche Bank Berlin bestätigt, dass sie am 14.03.2004 angewiesen worden ist zugunsten der Kontoverbindung der Antragsstellerin den gesamten Kaufpreis in Höhe von 6.500 EUR zu zahlen. Gleichfalls hat die Deutsche Bank Berlin die ausreichende Deckung des Kontos bestätigt.

Glaubhaftmachung: Schreiben der Deutschen Bank vom 15.03.2004 – Ag 4

Die von der Antragsstellerin gesetzte Nachfrist ist zum 20.03.2004 aufgrund der Zahlung der Antragsstellerin nicht erfolglos abgelaufen. Die Rücktrittsvoraussetzungen nach § 323 Abs. 1 BGB lagen mithin nicht vor. Die Antragsstellerin hat keinen Herhausgabeanspruch nach § 449 Abs. 2 BGB. Da der Kaufpreis dem Konto der Antragsstellerin gutgeschrieben ist, hat die Antragsgegnerin an dem Ton Eigentum erworben, weil die Bedingung für den Eigentumserwerb nach §§ 449 Abs. 1, 929, 158 Abs. 1 BGB eingetreten sind.

Wenn der Antragsgegnerin die bereits übereigneten Materialien entzogen werden, droht ein Produktionsstillstand und damit ein erheblicher Schaden, für den die Antragstellerin trotz entsprechender gesetzlicher Verpflichtung wegen Unvermögen ggf. nicht wird aufkommen können. Die Einstellung der Zwangsvollstreckung ist daher dringend geboten.

Eine beglaubigte und eine einfache Abschrift anbei

■■■

Rechtsanwältin

IV. Zwangsvollstreckung

639 Bei einem Kauf auf Eigentumsvorbehalt kann für den Sicherungseigentümer zwangsvollstreckungsrechtlich die Drittwiderspruchsklage gemäß § 771 ZPO von Bedeutung sein.

1. Zulässigkeit der Drittwiderspruchsklage

a) Statthaftigkeit

640 Die Drittwiderspruchsklage ist für einen Dritten – grundsätzlich nicht den Vollstreckungsschuldner – zur Geltendmachung eines behaupteten, die Veräußerung hindernden Rechts an dem Vollstreckungsgegenstand statthaft. Ob Sicherungseigentum ein Interventionsrecht im Sinne von § 771 ZPO begründet oder ob es nur mit der Klage nach § 805 ZPO verfolgt werden kann, ist streitig, wird jedoch von der herrschenden Meinung bejaht und als Problem der Begründetheit der Drittwiderspruchsklage gewertet.[521] Für die Statthaftigkeit der Drittwiderspruchsklage muss ausreichen, dass der Kläger eine materiell-rechtliche Berechtigung behauptet, hinsichtlich derer dann in der

---

[521] Thomas Putzow, § 771 Rn. 14, 15.

Begründetheitsprüfung festzustellen ist, ob sie vorliegt und welche rechtliche Tragweise sie besitzt.

b) Örtliche und sachliche Zuständigkeit

Die örtliche Zuständigkeit einer Drittwiderspruchsklage bestimmt sich nach §§ 771 Abs. 1, 802 ZPO. § 771 ZPO regelt nur die örtliche, nicht dagegen die sachliche Zuständigkeit. Die sachliche Zuständigkeit bestimmt sich folglich nach den allgemeinen Grundsätzen – also nach dem Streitwert.[522] Der Streitwert der Drittwiderspruchsklage bestimmt sich nach § 6 ZPO:[523] Entscheidend ist daher der Betrag der Forderung, wegen der der Beklagte die Vollstreckung betreibt, oder der Wert des Gegenstandes des Pfandrechts, d.h. des Gegenstandes der angegriffenen Vollstreckungsmaßnahme, und zwar je nachdem, welcher dieser Beträge der niedrigere ist. Bezüglich der sachlichen Zuständigkeit ist, anders als bei der gemäß § 802 ZPO ausschließlichen örtlichen Zuständigkeit, eine Prorogation möglich.

c) Ordnungsgemäßer Antrag

Der Antrag der Drittwiderspruchsklage ist dahin zu richten, dass die Zwangsvollstreckung aus dem bestimmt zu bezeichnenden Titel in den bestimmt zu bezeichnenden Gegenstand für unzulässig erklärt wird.[524] Die Zustellung der Klage hat an den vollstreckenden Gläubiger selbst oder gemäß § 178 ZPO an dessen Prozessbevollmächtigten der ersten Instanz[525] zu erfolgen. Damit muss die Drittwiderspruchsklage nicht wie die Klage nach § 767 ZPO zwingend an den Prozessbevollmächtigten des in erster Instanz des Vorprozesses vertretenen Beklagten erfolgen.

d) Rechtsschutzbedürfnis

Ein Rechtsschutzinteresse für die Drittwiderspruchsklage aus § 771 ZPO besteht grundsätzlich sobald die Vollstreckung begonnen hat und so lange sie noch nicht beendet ist.[526]

2. Begründetheit der Drittwiderspruchsklage

Die Drittwiderspruchsklage ist begründet, wenn ein die Veräußerung hinderndes Recht der Vollstreckung des Beklagten entgegensteht. Ein die Veräußerung hinderndes Recht ist jede Berechtigung, aufgrund derer „die Veräußerung der den Vollstreckungsgegenstand bildenden Sache durch den Schuldner den berechtigten Dritten gegenüber sich als rechtswidrig darstellen würde".[527] Nach der herrschenden Meinung ist das Sicherungseigentum ein die Veräußerung hinderndes Recht im Sinne von § 771 ZPO, da es formell und materiell voll wirksames Eigentum ist.[528]

---

522 Thomas Putzow, § 771 Rn. 8.
523 Baumbach/Lauterbach/Hartmann, § 6 Rn. 10.
524 Thomas Putzow, § 771 Rn. 7.
525 Baumbach/Lauterbach/Hartmann, § 771 Rn. 8.
526 Thomas/Putzo, § 771 Rn. 10, 11.
527 BGHZ 55, 20.
528 BGHZ 12, 232; 72, 141, 80, 229; Palandt/Bassenge, § 930 Rn. 22f; Thomas/Putzo, § 771 Rn. 15.

§ 5 Der Kauf unter Eigentumsvorbehalt, § 449 BGB

645

Muster: Drittwiderspruchsklage gemäß § 771 ZPO und Ordnungsantrag gemäß §§ 771 Abs. 3, 769 ZPO

Landgericht ▬▬▬

▬▬▬

Drittwiderspruchsklage gemäß § 771 ZPO und

Ordnungsantrag gemäß §§ 771 Abs. 3, 769 ZPO

des Autohauses Vauwe AG, verteten durch den Vorstand, ▬▬▬

Klägerin,

Prozessbevollmächtigte: ▬▬▬

gegen

1. die Steuerberatungsgesellschaft Koch & Kühn mbH, vertreten durch den Geschäftsführer, ▬▬▬

-Beklagte zu 1)-,

2. die SPK GmbH & Co. KG, vertreten durch den Geschäftsführer, ▬▬▬

-Beklagte zu 2)-

wegen Unzulässigkeit der Zwangsvollstreckung und Herausgabe

Streitwert: 35.500,00 €

Namens und in Vollmacht der Klägerin erheben wir Klage und werden beantragen,
1. die von der Beklagten zu 1) aus dem vollstreckbaren Urteil des Landgerichts Berlin vom 26.12.2004, AZ: 8.O.54/04 gegen die Beklagte zu 2) betriebene Vollstreckung in das Kraftfahrzeug VW Touareg, Fahrgestell-Nr.: Jx5643200S wird für unzulässig erklärt.
2. Gemäß §§ 770, 769 ZPO wird angeordnet, dass die Vollstreckung in das vorbenannte Kraftfahrzeug bis zur Rechtskraft dieses Urteils einstweilen eingestellt wird.
3. Die Beklagte zu 2 wird verurteilt, das im Antrag zu 1) benannte Kraftfahrzeug an die Klägerin herauszugeben.

Ferner beantragen wir, vorab durch einstweilige Anordnung zu beschließen:

Die von der Beklagten zu 1) aus dem genannten Urteil betriebene Zwangsvollstreckung in das vorbenannte Kraftfahrzeug wird einstweilen eingestellt.

Begründung:

Die Klägerin verkaufte das Kraftfahrzeug an die Beklagte zu 2) unter Eigentumsvorbehalt. In dem Kaufvertrag vom 23.07.2004 vereinbarten die Parteien, dass die Beklagte zu 2) bis zur vollständigen Zahlung des Kaufpreises monatliche Raten in Höhe von 855,- EUR jeweils fällig zum 3. Werktage des Kalendermonats, beginnend mit dem Monat August 2004 zu zahlen hat. Weiter vereinbarten die Parteien, dass das Kraftfahrzeug bis zur vollständigen Zahlung des Kaufpreises im Eigentum der Klägerin verbleibt und die Klägerin vom Kaufvertrag zurücktreten kann, wenn die Beklagte zu 2) mit mehr als 2 Monatsraten in Zahlungsverzug ist.

Beweis: Kaufvertrag vom 10.08.2004 – Anlage K1

Die erste Rate für den Monat August 2004 zahlt die Beklagte zu 2). Seit dem Monat Semptember 2004 hat die Beklagte zu 2) keine Ratenzahlungen mehr geleistet. Die Klägerin ist darauf mit Einwurf-Einschreiben vom 8.12.2004 wirksam vom Kaufvertrag zurückgetreten und hat die Beklagte zur Herausgabe des Kraftfahrzeuges aufgefordert.

Beweis: Schreiben der Klägerin vom 18.11.2004 nebst Sendestatusbericht der Deutschen Post AG – Anlage K2

Durch Zufall erfuhr die Klägerin, dass das Kraftfahrzeug durch den Gerichtsvollzieher Hecke mit Pfandprotokoll vom 26.02.2005 DR Nr. II 17/05 für die Beklagte zu 1) gepfändet ist. Versteigerung ist auf den 01.04.2005 anberaumt.

Eine beglaubigte und eine einfache Abschrift anbei.

■■■

Rechtsanwalt

§ 6 Kauf auf Probe

646 Der Kauf auf Probe ist eine besondere Art des Kaufvertrages, die gesetzlich in den §§ 454, 455 BGB geregelt ist. Bei dem Kauf auf Probe handelt es sich um einen Kaufvertrag unter der aufschiebenden (§ 158 Abs. 1 BGB) oder auflösenden Bedingung (§ 158 Abs. 2 BGB), dass der Käufer den Kauf durch eine gesonderte Willenserklärung billigt oder missbilligt. Bedeutung hat der Kauf auf Probe vornehmlich im Versandhandel[529] und bei einem Testkauf.[530]

A. Der Anspruch des Verkäufers auf Zahlung des Kaufpreises und Abnahme der Kaufsache, §§ 433 Abs. 2, 454, 455 BGB

I. Voraussetzungen

647 Voraussetzung für den Anspruch auf Zahlung des Kaufpreises und Abnahme der Kaufsache bei einem Kauf auf Probe ist das Bestehen eines wirksamen Kaufvertrages, das Vorliegen einer Bedingung im Hinblick auf den Probekauf und die Billigung des Käufers.

1. Abschluss eines wirksamen Kaufvertrages

648 Bezüglich des Abschlusses eines wirksamen Kaufvertrages wird auf die bisherigen Ausführungen verwiesen.

2. Bedingung: Billigung/Missbilligung im Belieben des Käufers

649 Bei einem Kauf auf Probe oder auf Besichtigung steht die Billigung des gekauften Gegenstandes gemäß § 454 Abs. 1 BGB im Belieben des Käufers. Kein Kauf auf Probe, sondern ein **aufschiebend bedingter Kaufvertrag** liegt daher vor, wenn der Eintritt der Bedingung nicht im Belieben des Käufers steht, z.B. bei einer Ankaufsuntersuchung, bei der der Ausgang der Untersuchung aufschiebend bedingt ist.[531] Abzugrenzen ist der Kauf auf Probe auch zum **Kauf zur Probe** (Erprobungskauf). Bei zweiterem steht der Kaufvertrag unter der auflösenden Bedingung, dass die Kaufsache sich nicht zu dem vorgesehenen Zweck eignet.[532] Bei einem Kauf auf Probe steht der Kaufvertrag entweder unter der aufschiebenden Bedingung (§ 158 Abs. 1 BGB) im Falle der Billigung durch den Käufer oder unter der auflösenden Bedingung (§ 158 Abs. 2 BGB) im Falle der Missbilligung durch den Käufer. Ob eine aufschiebende oder auflösende Bedingung vorliegt ist durch Auslegung zu ermitteln. Die Auslegungsregel des § 454 Abs. 1 S. 2 BGB bestimmt, dass der Kauf im Zweifel unter der aufschiebenden Bedingung der Billigung abgeschlossen worden ist. Für eine auflösende Bedingung spricht, wenn der Käufer den Kaufpreis bereits bezahlt hat.[533]

---

529 OLG Bamberg, NJW 1987, 1644.
530 OlG Köln, NJW-RR 1996, 499.
531 OLG Köln, NJW-RR 1995, 113.
532 OLG Schleswig., NJW-RR 2000, 1696.
533 Palandt/Putzo, § 454 Rn. 8.

3. Billigung/Missbilligung

Die Billigung oder Missbilligung muss so Vertragsinhalt geworden sein, dass sie im freien Belieben des Käufers steht. Bei der Billigung/Missbilligung handelte es sich um eine rechtsgestaltende dem Verkäufer gegenüber abzugebende Willenserklärung (§ 130 BGB). 650

4. Billigungsfrist, § 455 BGB

Die Parteien können ausdrücklich oder stillschweigend eine Frist zur Billigung oder Missbilligung vereinbaren. Die Billigung/Missbilligung ist eine Willenserklärung, die dem Verkäufer innerhalb der Frist zugehen muss (§§ 455 S. 1, 130 BGB). Ist die Billigung verspätet, ist auf § 150 Abs. 1 BGB abzustellen, eine Bitte um Fristverlängerung ist nach § 150 Abs. 2 BGB zu behandeln. Nach § 455 S. 2 BGB gilt das Schweigen des Käufers als Billigung, wenn ihm die Kaufsache zum Zwecke der Probe oder der Besichtigung übergeben worden ist. Die gesetzliche Fiktion setzt die Übergabe der Kaufsache zum Zwecke der Probe/Besichtigung wie auch den Fristablauf nach § 455 S. 1 BGB zwingend voraus. 651

II. Einwendungen und Einreden

Zu Beachten ist: Bei der Vereinbarung einer aufschiebenden Bedingung im Falle der Billigung tritt der Gefahrübergang gemäß §§ 446, 447 BGB erst mit der Billigung ein, so dass bis dahin das Risiko der Verschlechterung oder des Untergangs beim Verkäufer verbleibt. 652

B. Ansprüche des Käufers auf Untersuchung, § 454 Abs. 2 BGB

Nach § 454 Abs. 2 BGB hat der Käufer einen Untersuchungsanspruch. Es handelt sich hierbei um einen selbstständig einklagbaren und nach § 888 ZPO vollstreckbaren Anspruch. 653

§ 7 Der Wiederkauf, §§ 456ff BGB

654 Beim **Wiederkauf** wird der Verkaufsgegenstand vom Verkäufer mit der Vereinbarung veräußert, dass er unter bestimmten Voraussetzungen und zu bestimmten Bedingungen den Gegenstand zurück erwerben kann. Der Käufer wird aufschiebend bedingt verpflichtet, den Kaufgegenstand aufgrund einer Erklärung des Verkäufers an diesen gegen Zahlung des Wiederkaufspreises zurückzuübereignen.

A. Der Anspruch des Wiederkäufers auf Herausgabe des gekauften Gegenstandes, §§ 457 Abs. 1, 456 Abs. 1, 433 BGB

655 Nach § 457 Abs. 1 BGB ist der Wiederverkäufer verpflichtet dem Wiederkäufer den gekauften Gegenstand herauszugeben.

I. Voraussetzungen

656 Für den Herausgabeanspruch nach § 457 Abs. 1 BGB muss ein Kaufvertrag über einen bestimmten Gegenstand vorliegen, es muss wirksam ein Wiederkaufsrecht vereinbart worden sein und das Wiederkaufsrecht muss durch den Wiederkäufer ausgeübt worden sein.

1. Wirksamer Kaufvertrag über einen bestimmten Gegenstand

657 Es muss ein Kaufvertrag (§ 433 BGB) über einen bestimmten Gegenstand vorliegen.

2. Wirksame Vereinbarung des Wiederkaufsrechts im Kaufvertrag

a) Vereinbarung des Wiederkaufsrechts

658 *aa) Wiederkaufsabrede:* Das Wiederkaufsrecht muss wirksam im Kaufvertrag vereinbart worden sein. Der Käufer (Wiederverkäufer) wird aufschiebend bedingt (§ 158 Abs. 1 BGB) verpflichtet,[534] den Kaufgegenstand aufgrund einer Erklärung des Verkäufers (Wiederkäufers) an diesen gegen Zahlung des Wiederkaufspreises zurückzuübereignen.

659 *bb) Wiederkaufspreis, § 456 Abs. 2 BGB; § 460 BGB:* Ist eine Vereinbarung über den Wiederkaufsvertrag unterblieben oder ist sie unwirksam gilt die Auslegungsregel des § 456 Abs. 2 BGB: Im Zweifel entspricht der Widerkaufspreis dem ursprünglichen Verkaufspreis. Der Wiederkaufspreis kann gemäß § 460 BGB durch Schätzung vereinbart werden.

660 *cc) Abgrenzung: insbes. Wiederkaufsrecht und Rückkauf:* Abzugrenzen vom Wiederkaufsrecht ist das **Wiederverkaufsrecht**. Das Wiederverkaufsrecht gibt dem Käufer das Recht, für den gekauften Gegenstand den Verkäufer zum Rückkauf zu verpflichten[535] und kann in einem vertraglichen Rückgaberecht liegen.[536] Auch bei einem **Rückkauf** ist kein Widerkaufsrecht vereinbart, da ein Vertrag geschlossen wird, durch den sich

---

[534] BGHZ 29, 107.
[535] BGH NJW 1984, 2568.
[536] BGH NJW 2002, 506.

der Verkäufer verpflichtet eine verkaufte Sache unter bestimmten Voraussetzungen zurückzuerwerben.[537]

b) Wirksamkeit des Widerkaufsrechts

Die für den Kaufvertrag vorgeschriebene Form muss bei der Vereinbarung des Wiederkaufsrechts beachtet werden (z.b. beim Grundstückskaufvertrag das Formerfordernis des § 311b Abs. 1 BGB).[538]

3. Ausübung des Wiederkaufsrechts durch den Wiederkäufer innerhalb der Wiederkaufsfrist

Die Ausübung des Wiederkaufsrechts erfolgt durch einseitige empfangsbedürftige Willenserklärung, die den Wiederkauf zustande bringt, wenn die Frist des § 462 BGB eingehalten ist. Die Ausübung des Wiederkaufsrechts ist von dem Übereignungsanspruch zu unterscheiden. Durch Ausübung entsteht ein Rückübertragungs (-auflassungs)anspruch, der durch Vormerkung gesichert werden kann.[539] Sind mehrere Wiederkaufberechtigte vorhanden, kann das Wiederkaufsrechts nach § 461 S. 1 BGB nur im Ganzen ausgeübt werden. Dies gilt bei allen Arten gemeinsamer Berechtigung.[540] Verliert einer von mehreren Berechtigten das Recht oder will er es nicht ausüben, geht das Wiederkaufsrecht auf die übrigen über, § 461 S. 2 BGB.

II. Rechtsfolgen

Vor der Ausübung des Wiederkaufsrechts besteht ein schuldrechtlicher bedingter Anspruch auf Übereignung, der durch Vormerkung gesichert werden kann und übertragbar ist.[541] Nach der Ausübung des Wiederkaufsrechts werden die Pflichten des Verkäufers und Wiederkäufers schuldrechtlich wirksam.[542] Der Wiederverkäufer ist gemäß § 457 Abs. 1 BGB verpflichtet, dem Wiederkäufer den gekauften Gegenstand nebst Zubehör herauszugeben. Endet das Wiederkaufverhältnis z.B. durch einen Rücktritt, so lebt der Kaufvertrag wieder auf.[543]

B. Der Anspruch des Wiederkäufers auf Schadensersatz, §§ 457 Abs. 2 S. 1, 456 Abs. 1, 433 BGB

Unter den Voraussetzungen des § 457 Abs. 2 S. 1 BGB hat der Wiederkäufer **vor der Ausübung des Wiederkaufsrechts einen** Schadensersatzanspruch. Diese Regelung ist abschließend. Nach Ausübung des Wiederkaufsrecht haftet der Wiederverkäufer für danach eintretende Beschädigung, Untergang und Unmöglichkeit der Herausgabe – z.B. wegen Weiterveräußerung – nach den allgemeinen Bestimmungen.

---

537 BGH NJW 1999, 941.
538 BGH NJW 1973, 37.
539 BGH NJW 1994, 3299.
540 BayObLG NJW-RR 1986, 1209 für die Gemeinschaft i.S.v. § 741 BGB; BayObLG NJW-RR 1993, 472 für die Gesamthand.
541 BGH NJW-RR 1991, 526.
542 BGH NJW 2000, 1332.
543 BGH a.a.O.

§ 7 Der Wiederkauf, §§ 456ff BGB

I. Voraussetzungen

1. Wirksamer Kaufvertrag über einen bestimmten Gegenstand

665 Es muss ein Kaufvertrag (§ 433 BGB) über einen bestimmten Gegenstand vorliegen.

2. Wirksame Vereinbarung des Wiederkaufsrechts im Kaufvertrag

666 Das Wiederkaufsrecht muss wirksam im Kaufvertrag vereinbart worden sein. Auf die Ausführungen zu A) wird verwiesen.

3. Verschlechterung, Untergang oder anderweitige Unmöglichkeit der Herausgabe des gekauften Gegenstandes

667 Es liegt eine Verschlechterung oder der Untergang der Kaufsache nach § 346 Abs. 2 S. 1 Nr. 3 BGB, eine Unmöglichkeit der Herausgabe (§ 275 BGB; Beispiel: Vermietung) oder eine wesentliche Veränderung entsprechend der Umgestaltung nach § 346 Abs. 2 S. 1 Nr. 2 BGB vor.

4. Verschulden

668 Ein Verschulden des Wiederkäufers nach §§ 276, 278 BGB ist in den Fällen der Verschlechterung der Kaufsache, des Untergangs der Kaufsache oder der Unmöglichkeit erforderlich. Liegt ein Fall der Veränderung vor, besteht die Haftung verschuldensunabhängig.

II. Einwendungen und Einreden

669 § 442 BGB ist während der gesamten Schwebezeit des Vertrages ausgeschlossen, auch dann wenn der Wiederkäufer Mängel bei Ausübung des Wiederkaufsrechts kennt. Denn die Rechte des Wiederkäufers sollen während der Schwebezeit gegen Vereitelung durch den Wiederverkäufer geschützt werden.

III. Rechtsfolgen

670 Der Wiederkäufer kann vor Ausübung des Wiederkaufsrechs Schadenseratz nach den §§ 249ff BGB fordern. Eine Verschlecherung der Kaufsache ist an einem ordnungsgemäßen Gebrauch zu messen. In den Fällen, in denen keine Schadensersatzpflicht besteht, ist nicht nur eine Minderung des Kaufpreises (§ 457 Abs. 2 S. 2 BGB) sondern jede Haftung ausgeschlossen.

C. Der Anspruch des Wiederkäufers auf Beseitigung von Rechten Dritter, §§ 458, 456 Abs. 1, 433 BGB

671 Nach § 458 BGB hat der Wiederkäufer **vor der Ausübung des Wiederkaufsrechts** einen Anspruch gegen den Wiederverkäufer auf die Beseitigung von Rechten Dritter. Der Wiederverkäufer kann während der Schwebezeit, in der das Wiederkaufsrechts nur schuldrechtliche Wirkung hat, frei über den Verkaufsgegenstand verfügen. § 458 BGB ist auf alle Verfügungen des Wiederverkäufers – mit Ausnahme der Veräußerung, die bereits von § 457 Abs. 2 BGB erfasst wird – anwendbar. Ist eine Beseitigung Rechte Dritter nach § 275 Abs. 1 BGB unmöglich, besteht bei Verschulden des Wiederverkäufers ein Schadensersatzanspruch nach § 283 BGB. Ansprüche auf Beseitigung Rechte

Dritter bestehen nach Ausübung des Wiederkaufsrechts nach den allgemeinen Vorschriften. Ansprüche gegen Dritte nach §§ 883 Abs. 3, 888 BGB kann der Wiederkäufer geltend machen, wenn der Wiederkaufsanspruch durch eine Vormerkung gesichert ist.

D. Der Anspruch des Wiederverkäufers auf Ersatz von Verwendungen, §§ 459, 456 Abs. 1, 433 BGB

Nach § 459 Abs. 1 BGB hat der Wiederverkäufer einen Verwendungsersatzanspruch gegen den Wiederkäufer, wenn er durch Verwendungen (§ 994 BGB) den Wert des Kaufgegenstandes erhöht hat. Verwendungen, die zum Erhalt der Sache notwendig sind, erfassen diesen Anspruch nicht.

672

§ 8 Das Vorkaufsrecht, §§ 463ff BGB

673 Die §§ 463-473 BGB regeln das vertraglich begründete[544] **Vorkaufsrecht,** auf die gesetzlichen Vorkaufsrechte finden die §§ 463ff BGB aber grundsätzlich auch Anwendung. Das Vorkaufsrecht regelt die Befugnis des Vorkaufsberechtigten, den Gegenstand durch Kauf vorrangig zu erwerben, wenn der Vorkaufspflichtige die Kaufsache an einen Dritten veräußert.[545] Die §§ 463ff BGB regeln nur das Verhältnis zwischen dem Vorkaufsberechtigten und dem Vorkaufsverpflichteten, aber nicht das Rechtsverhältnis zum Drittkäufer. Der Kaufvertrag des Verkäufers (Vorkaufsverpflichteter) mit dem Drittkäufer wird durch die Ausübung des Vorkaufsrechts grundsätzlich nicht berührt.[546] Gegen den Verkäufer (Vorkaufsverpflichteter) bestehen bei Ausübung des Vorkaufsrechts der Erfüllungsanspruch des Drittkäufers und der Erfüllungsanspruch des Vorkaufsberechtigten. Erfüllt der Verkäufer (Vorkaufsverpflichtete) gegenüber dem Drittkäufer/Vorkaufsberechtigten ist er dem Vorkaufsberechtigten/Drittkäufer gemäß §§ 275 Abs. 2, 283 BGB zum Schadensersatz verpflichtet. Der Verkäufer (Vorkaufsverpflichtete) muss gegen einen solchen Schadensersatzanspruch selbst Vorsorge treffen, indem er z.B. den Verkauf an den Dritten gemäß § 158 Abs. 1 BGB von der aufschiebenden Bedingung abhängig macht, dass das Vorkaufsrecht nicht ausgeübt wird oder indem er sich den Rücktritt vorbehält (§ 465 BGB).

A. Der Anspruch des Vorkaufsberechtigten auf Übergabe und Übereignung des Kaufgegenstandes, §§ 463, 464 Abs. 1, 433 BGB

674 Nach § 463 BGB hat der Vorkaufsberechtigte (Käufer) gegenüber dem Vorkaufsverpflichteten (Verkäufer) das Recht zur Ausbüng des Vorkaufsrechts, sobald der Vorkaufsverpflichtete (Verkäufer) mit dem Drittkäufer einen Kaufvertrag abgeschlossen hat.

I. Voraussetzungen

1. Wirksam vereinbartes Vorkaufsrecht im Kaufvertrag zwischen Vorkaufsberechtigten (Käufer) und Vorkaufsverpflichtetem (Verkäufer)

675 Zunächst muss zwischen dem ehemaligen Verkäufer (Vorkaufsverpflichteter) und dem Käufer (Vorkaufsberechtigtem) ein wirksamer Kaufvertrag abgeschlossen worden sein. In diesem Kaufvertrag muss das Vorkaufsrecht zwischen Vorkaufsberechtigtem und Vorkaufsverpflichtetem vereinbart worden sein, wobei die für den Kaufvertrag gegebenenfalls anzuwendenden Formvorschriften zu beachten sind (Grundstückskaufvertrag, § 311b Abs. 1 BGB; Kauf von GmbH-Anteilen, § 15 Abs. 4 GmbHG).

---

[544] Gesetzliche Vorkaufsrechte finden sich demgegenüber z.B. in § 2034 BGB (Miterben), § 577 BGB (Mieter) und außerhalb des BGB z.B. in §§ 24-29 BauGB, § 3 BauGB-BaumaßnahmenG.
[545] Palandt/Putzo, Vorb. v. § 463 Rn. 1.
[546] BGH NJW 2000, 1033.

A. Der Anspruch des Vorkaufsberechtigten auf Übergabe und Übereignung

2. Vorkaufsfall

a) Kaufvertrag zwischen Vorkaufsverpflichtetem (Verkäufer) und Drittkäufer

aa) Kaufvertrag: Zwischen dem Vorkaufsverpflichteten und dem Drittkäufer muss ein Kaufvertrag abgeschlossen worden sein. Da der Vorkaufsverpflichtete den Vertrag mit dem Dritten frei gestalten kann – (und sollte (!) doppelter Erfüllungsanspruch (!) vgl. die Einführung), kann er den Kaufvertrag unter einer aufschiebenden[547] oder auflösenden Bedingung oder aber der Vereinbarung eines Rücktrittsrechts für den Fall der Ausübung des Vorkaufsrechts abschließen (Keine Wirkung gegenüber dem Vorkaufsberechtigten, § 465 BGB). Die Vertragsfreiheit bei Abschluss des Kaufvertrages zwischen Vorkaufsverpflichtetem (Verkäufer) und Drittem wird allerdings dadurch eingeschränkt, dass Vereinbarungen, die auf die Vereitelung des Vorkaufsrechts abzielen gegenüber dem Vorkaufsberechtigten unwirksam sind (§ 162 Abs. 1 BGB) und Abänderungen des Kaufvertrages mit Wirkung gegen den Vorkaufsberechtigten nur zulässig sind, solange der Vorkaufsberechtigte sein Vorkaufsrecht nicht ausübt (§ 464 Abs. 2 BGB).

Der Kaufvertrag zwischen dem Vorkaufsverpflichteten (Verkäufer) und dem Drittkäufer muss nach dem Kaufvertrag mit dem Vorkaufsrecht zwischen dem dem Vorkaufsberechtigten und dem Vorkaufsverpflichteten abgeschlossen worden sein. Es muss sich zwingend um einen Kaufvertrag[548] oder um ein kaufähnliches Rechtsgeschäft[549] handeln. Bei Umgehungsgeschäften, die einem Kauf gleichzustellen sind, findet das Vorkaufsrecht Anwendung. Im Hinblick auf den vereinbarten Kaufpreis sind die Wirkungen der §§ 467, 468 BGB auf den Vorkaufsverpflichteten zu beachten.

bb) Drittkäufer: Der Käufer muss Dritter sein. Ein Vorkaufsfall liegt daher nicht vor bei einem Erbteilkauf und der Miterbenauseinandersetzung, bei der Veräußerung an einen Miteigentümer bei der Teilungsversteigerung es sei denn es liegt ein Fall des § 473 BGB vor.

b) Wirksamkeit des Kaufvertrages zwischen Vorkaufsverpflichtetem (Verkäufer) und Drittkäufer

Der zwischen dem Vorkaufsberechtigten (Verkäufer) und dem Drittkäufer abgeschlossene Kaufvertrag muss wirksam sein. Ist der Kaufvertrag wirksam, steht eine nachträgliche Aufhebung des Kaufvertrages dem Vorkaufsfall nicht entgegen, insbesondere auch nicht ein Rücktritt des Käufers vor Ausübung des Vorkaufsrechts[550] sowie ein vertragliches Rücktrittsrecht des Drittkäufers oder ein Rücktrittsvorbehalt des Vorkaufsverpflichteten.

---

[547] BGH NJW 1998, 2352.
[548] Das Vorkaufsrecht gilt grundsätzlich nicht bei Einbringung in eine Gesellschaft; bei Schenkung BGH WM 1957, 1164; bei einem Tausch BGH NJW 1964, 540 oder Ringtausch BGH NJW 1968, 104.
[549] Zu den Grenzen des Vorkaufsrechts: BGH NJW 2003, 3769.
[550] BGH NJW 1977, 762.

§ 8 Das Vorkaufsrecht, §§ 463ff BGB

3. Ausübung des Vorkaufsrechts, § 464 BGB

680 Weiter muss der Vorkaufskäufer sein Vorkaufsrecht wirksam ausgeübt haben. Die Ausübung erfolgt durch einseitige empfangsbedürftige Willenserklärung oder durch Vertrag. Nach § 464 Abs. 1 S. 2 BGB bedarf die Erklärung nicht der für den Kaufvertrag bestimmten Form. Das Vorkaufsrecht muss fristgerecht ausgeübt werden.(§ 469 BGB)

II. Einwendungen und Einreden

1. Ausschluss des Vorkaufsrechts

a) Ausschluss durch Erlassvertrag

681 Die Ausübungsbefugnis des Vorkaufsberechtigten darf nicht ausgeschlossen sein. Ein Ausschluss kann sich durch einen Erlassvertrag zwischen Vorkaufsberechtigtem und Vorkaufsverpflichteten (§ 397 BGB) vor Ausübung des Vorkaufsfalls oder nach Eintritt des Vorkaufsfalls ergeben.

b) Gesetzliche Ausschlussgründe

682 Ausgeschlossen ist das Vorkaufsrecht wenn der Vorkaufsberechtigte nicht innerhalb der Frist des § 469 Abs. 2 BGB ausübt. Nach § 469 Abs. 1 S. 1 BGB hat der Vorkaufsverpflichtete (Verkäufer) dem Vorkaufsberechtigten unverzüglich den Inhalt des mit dem Drittkäufer abgeschlossenen Vertrages mitzuteilen. Gleich steht dem, wenn der Drittkäufer gegenüber dem Vorkaufsberechtigten die Mitteilung abgibt (§ 469 Abs. 1 S. 2 BGB). Unterlässt der Vorkaufsverpflichtete die Mitteilung, macht er sich Schadensersatzpflichtig und die Frist des § 469 Abs. 2 BGB beginnt nicht zu laufen. Nach § 469 Abs. 2 BGB kann das Vorkaufsrecht bei Grundstücken bis zum Ablauf von zwei Monaten, bei anderen Gegenständen bis zum Ablauf von einer Woche nach dem Empfang der Mitteilung ausgeübt werden. Die Frist kann vertraglich verlängert oder verkürzt werden. Die Fristberechnung erfolgt nach den §§ 186ff BGB. Das Vorkaufsrecht kann gesetzlich auch in den Fällen des § 466 S. 2 BGB, 471 BGB und 472 BGB ausgeschlossen sein.

c) Ausschluss durch Vereinbarung zwischen Vorkaufsverpflichtetem und Drittkäufer

683 Das Vorkaufsrecht kann durch Vereinbarung zwischen Vorkaufsverpflichteten und Drittkäufer insoweit ausgeschlossen werden, als das Vorkaufsrecht davon abhängig gemacht wird, welches Ergebnis ein vom Vorkaufsverpflichteten in Gang gesetztes Mitteilungsverfahren hat.[551]

d) Konfusion

684 Das Vorkaufsrecht erlischt, wenn ein Konfusion vorliegt. So, wenn der Vorkaufsberechtigte den Vorkaufsverpflichteten beerbt, auch im Falle des § 153 BGB.[552]

---

551 BGH NJW 1993, 324.
552 BGH NJW 2000, 1033.

2. Keine Verjährung

Das Vorkaufsrecht ist kein Anspruch nach § 194 BGB. Eine Verjährung ist daher ausgeschlossen. 685

III. Rechtsfolgen

Mir der Ausübung des Vorkaufsrechts erwirbt der Vorkaufskäufer gegen den Vorkaufsverpflichteten einen Anspruch auf Übergabe und Übereignung des Kaufgegenstandes nach § 433 Abs. 1 S. 1 BGB unter den mit dem Dritten vereinbarten Kaufbedingungen, wenn der Vorkaufsfall eingetreten ist. Der Kaufvertrag mit dem Vorkaufsberechtigten und dem Vorkaufsverpflichteten kommt also mit dem gleichen Inhalt zustande, wie der zwischen dem Vorkaufsverpflichteten und dem Dritten.[553] Es wird ein neuer selbstständiger Kaufvertrag zwischen den Parteien, dem Vorkaufsverpflichteten und dem Vorkausfberechtigten, begründet.[554] Auf den Vertrag zwischen Drittkäufer und Vorkaufsverpflichteten ist die Ausübung des Vorkaufsrechts ohne Bedeutung. Zu beachten ist jedoch, dass der Drittkäufer aus dem Vertrag mit dem Vorkaufsverpflichteten einen eigenen Erfüllungsanspruch hat, so dass entsprechende vertragliche Regelungen (Bedingung, Rücktrittsrecht, Ausschluss von Erfüllungs- und Schadensersatzansprüchen) regelungsbedürftig sind. 686

B. Gewährleistungsansprüche des Vorkäufers

Der Verkäufer (Vorkaufsverpflichtete) ist gegenüber dem Vorkäufer gemäß § 433 Abs. 1 S. 2, 434, 435 BGB zur Übergabe und Übereignung einer mangelfreien Sache verpflichtet. Gewährleistungsansprüche bestehen unter den Voraussetzungen des § 437 BGB. Auf die bisherigen Ausführungen wird insoweit verwiesen. 687

---

553 BGH NJW 1995, 1827.
554 BGHZ 98, 188.

§ 9 Kaufverträge, bei denen die Kaufsache mehrmals oder wiederkehrend geleistet wird

688 Wird die Kaufsache nicht auf einmal geliefert, sondern mehrere Male oder wiederkehrend, sind die von der Rechtsprechung entwickelten Grundsätze zu den gesetzlich nicht geregelten Kaufarten, der **Teillieferungsvertrag**, der **Sukzessivlieferungsvertrag**, der **Dauerlieferungsvertrag** und der **Rahmenvertrag** zu beachten. Bedeutung haben diese gesetzlich nicht geregelten Kaufarten insbesondere im Hinblick auf die Frage, wie mangelhafte Lieferungen behandelt werden müssen.

A. Abgrenzung: Teillieferungsvertrag – Sukzessivlieferungsvertrag – Dauerlieferungsvertrag – Rahmenverträge

689 Ein **Teillieferungsvertrag** liegt vor, wenn dem Käufer das Recht eingeräumt worden ist, die Lieferung teilweise zu erbringen. Gemäß § 266 BGB ist eine Teilleistung des Kaufgegenstandes nicht möglich. § 266 BGB ist jedoch dispositives Recht[555] und wird bei einem Teillieferungsvertrag abbedungen. Bedeutung hat diese Art der Kaufvertrages in den Fällen, wo die aktuelle Lieferkapazität eines Verkäufers nicht ausreicht. Vereinbaren die Kaufvertragsparteien, dass aufgrund des Kaufvertrages über einen längeren Zeitraum hin mehrere für den Käufer selbstständig verwertbare Einzelleistungen erbracht werden dürfen, ist zwischen dem Sukzessivlieferungsvertrag und dem Dauerlieferungsvertrag zu differenzieren. Ein sog. **Sukzessivlieferungsvertrag** liegt vor, wenn bei selbstständig verwertbaren Einzelleistungen die gesamte Menge bestimmt ist. Wie beim Sukzessivlieferungsvertrag werden bei einem **Dauerlieferungsvertrag** über einen längeren Zeitraum von dem Verkäufer an den Käufer mehrere für den Käufer selbstständig verwertbare Einzelleistungen erbracht. Der entscheidende Unterschied zum Sukzessivlieferungsvertrag liegt jedoch darin, dass die Gesamtmenge nicht bestimmt ist. Klassische Beispiele für solche Dauerlieferungsverträge sind Bierlieferungsverträge,[556] Verträge über Strom, Gas und Wasser. Von einem **Rahmenvertrag** wird gesprochen, wenn die Kaufvertragsparteien einen Vertrag abgeschlossen haben, der die Verpflichtung begründet, mehrere Verträge über erstrebte Einzelleistungen zu den im Rahmenvertrag aufgeführten Bedingungen abzuschließen. Es besteht dann eine Verpflichtung zum Abschluss von Einzelverträgen zur Lieferung bestimmter Sachen zu den Bedingungen, wie sie im Rahmenvertrag vereinbart worden sind. Aus dem Rahmenvertrag ergibt sich damit nicht die Verpflichtung zur Lieferung von Sachen sondern – bei entsprechender vertraglicher Regelung – lediglich die Verpflichtung einen Einzelvertrag über die Lieferung von Sachen abzuschließen.[557] Weigert sich der Schuldner, den Einzellieferungsvertrag abzuschließen, kann der Gläubiger aus dem Rahmenvertrag auf Abschluss des Vertrages klagen.

---

555 Palandt/Heinrichs, § 266 Rn. 5.
556 Palandt/Heinrichs Einf. vor § 305 Rn. 28.
557 BGH NJW 1982, 2432.

B. Die Gewährleistungsansprüche des Käufers bei mangelhafter Lieferung beim Teillieferungsvertrag

Bei einem Teillieferungsvertrag ist im Kaufvertrag § 266 BGB abbedungen. Die Gewährleistungsansprüche des Käufers richten sich nach den allgemeinen kaufrechtlichen Regeln, also den §§ 434, 437ff BGB. Voraussetzung ist stets das Vorliegen eines wirksamen Teillieferungsvertrages, eines Mangels im Zeitpunkt des Gefahrenübergangs und je nach Gewährleistungsrecht der ggf. weiter erforderlichen Voraussetzungen für die in Betracht kommenden Gewährleistungsansprüche. Insoweit wird auf die bisherigen Ausführungen verwiesen.

690

Muster: Schadensersatzklage des Käufers bei mangelhafter Lieferung beim Teillieferungsvertrag

691

Landgericht ■■■

■■■

Klage

der Gastwirtin Lara Lollo, ■■■

Klägerin

Prozessbevollmächtigte: ■■■

gegen

die Innenausstattung Meier GmbH, vertreten durch den Geschäftsführer, ■■■

Beklagte

wegen Schadensersatz

vorläufiger Streitwert: EUR 25.000,00

Namens und in Vollmacht der Klägerin erheben wir Klage und werden in der mündlichen Verhandlung beantragen:

Die Beklagte wird verurteilt, an die Klägerin 25.000,00 € nebst Zinsen in Höhe von 8 Prozentpunkten über dem jeweiligen Basiszinssatz seit Klagezustellung Zug um Zug gegen Rückgabe von 1.500 Tellern Marke Bach & Boch Artikel-Nr. 331 zu zahlen.

Sollten die Voraussetzungen nach § 331 Abs. 3 ZPO vorliegen, beantragen wir den Erlass eines Versäumnisurteils.

Begründung:

Die Klägerin betreibt das italienische Spezialitätenrestaurant Ciao in 10788 Berlin. Sie macht den großen Schadensersatzanspruch gemäß §§ 434 Abs. 1 Satz 2 Nr. 1, 437 Nr. 3, 280, 281 Abs. 1, Abs. 3 BGB geltend. Mit Kaufvertrag vom 04.05.2004 erwarb die Klägerin von der Beklagten die im Antrag näher bezeichneten 1.500 Teller. Der Beklagten wurde gestattet, die Teller teilweise zu liefern, weil ihre Lieferkapazität bei Abschluss des Vertrages nicht ausreichte.

1 § 9 Mehrmalige/wiederkehrende Leistung

Beweis: Kaufvertrag vom 04.05.2004 – Anlage K 1

Die erste Teillieferung erbrachte die Beklagte am 01.06.2004. Nach kurzer Zeit stellte sich heraus, dass die Teller einen Brennfehler haben und daher nicht zur Verwendung in der Gaststätte geeignet sind. Durch den Produktionsfehler splittert die Glasur an den Tellern ab. Die Teller können nicht in der Geschirrspülmaschine gereinigt werden, sondern müssen vielmehr einzeln von Hand gesäubert werden. Teilweise ist bei den Tellern die Glasur großflächig netzartig gerissen. Die Teller sind für die Verwendung in einer Gaststätte völlig ungeeignet.

Beweis: Zeugnis des Chef de service, Orlando Lupo, Bimssteinstr. 7, 10561 Berlin

Nachdem die Klägerin der Beklagten diesen Mangel mitgeteilt hatte, bestritt die Beklagte die Mangelhaftigkeit der Teller und weigerte sich, die noch nicht gelieferten 500 Teller nachzuliefern.

Beweis: Schreiben der Beklagten vom 15.06.2004 – Anlage K 2

Da die Beklagte sich weigert, den Sachmangel zu beheben bzw. andere Teller zu liefern, ist eine Fristsetzung gemäß § 281 Abs. 2 BGB entbehrlich. Das Verschulden der Beklagten ist nach § 280 Abs. 1 Satz 2 BGB zu vermuten. Die Pflichtverletzung der Beklagten ist erheblich, denn die gelieferten Teller sind völlig ungeeignet für die Verwendung im Gaststättenbetrieb. Die Geltendmachung des Schadensersatzes statt der ganzen Leistung ist damit gerechtfertigt. Die Beklagte ist antragsgemäß Zug um Zug gegen Rückgabe der bereits gelieferten 1.000 Teller zu verurteilen.

Eine beglaubigte und eine einfache Abschrift anbei.

■■■

Rechtsanwalt

C. Die Gewährleistungsrechte des Käufers bei mangelhafter Lieferung beim Suksessivlieferungsvertrag

692   Beim Suksessivlieferungsvertrag liegt ein Kaufvertrag vor, bei dem über einen längeren Zeitraum mehrere selbstständig verwertbare Einzelleistungen des Verkäufers erbracht werden und die Gesamtmenge der Leistung vertraglich bestimmt ist. Liegen Mängel an der Kaufsache vor, finden die kaufrechtlichen Gewährleistungsrechte nach §§ 434, 437f. BGB Anwendung. Es ist jedoch zu differenzieren, ob die jeweilige Einzellieferung oder aber die Gesamtlieferung mangelhaft ist. Sind Einzellieferungen mangelhaft, finden im Fall von Leistungsstörungen bezüglich der Einzelleistungen die Regeln der Unmöglichkeit, des Verzugs oder der Gewährleistung so Anwendung, als hätten die Parteien über diese Einzelleitung einen selbstständigen Einzelvertrag abgeschlossen.[558]

---

[558] BGH NJW 1986, 124.

C. Die Gewährleistungsrechte des Käufers bei mangelhafter Lieferung

Muster: Klage des Käufers bei mangelhafter Lieferung beim Suksessivlieferungsvertrag

Landgericht ▬▬▬

▬▬▬

Klage

Der Einzelhandelsfirma Oldi AG, vertreten durch den Vorstand, ▬▬▬

Klägerin

Prozessbevollmächtigte: ▬▬▬

gegen

die Lundt Schokoladen GmbH & Co. KG, Vertreten durch die Lundt Schokoladen GmbH, diese wiederum vertreten durch die Geschäftsführer, ▬▬▬

Beklagte

wegen Schadensersatz

vorläufiger Streitwert: EUR 7.560,00

Namens und in Vollmacht der Klägerin erheben wir Klage und werden in der mündlichen Verhandlung beantragen:

Die Beklagte wird verurteilt, an die Klägerin 7.500,00 € nebst Zinsen in Höhe von 8 Prozentpunkten über dem jeweiligen Basiszinssatz seit Klagezustellung Zug um Zug gegen Rückgabe der 9.000 gelieferten Schokoladenhasen Knuffi, 25g, zu zahlen.

Es wird festgestellt, dass der am 01.01.2004 zwischen den Parteien abgeschlossene Suksessivlieferungsvertrag durch die Kündigung der Klägerin am 19.02.2004 aufgehoben ist.

Begründung:

I. Die Klägerin macht im Hinblick auf den Antrag zu 1) den großen Schadensersatzanspruch gemäß §§ 434 Abs. 1 Satz 2 Nr. 1, 437 Nr. 3, 280 Abs. 1, Abs. 3, 281 Abs. 1 Satz 3 BGB geltend. Die Klägerin schloss mit der Beklagten am 01.01.2004 einen Suksessivlieferungsvertrag über die Lieferung von 17.000 Stück der im Klageantrag näher bezeichneten Schokoladenhasen. Die Parteien vereinbarten im Vertrag, dass die Schokoladenhasen in den Monaten Januar, Februar, März und April geliefert werden. Die Klägerin soll ihren jeweiligen Bedarf abrufen und 18 Tage nach Lieferung bezahlen.

Beweis: Kaufvertrag vom 01.01.2004 – Anlage K 1

Im Januar 2004 lieferte die Beklagte die 3.500 Schokoladenhasen verspätet. Sie lieferte erst, nachdem die Klägerin ihr eine Frist gesetzt hatte.

Beweis: Einwurf/Einschreiben der Klägerin vom 02.02.2004 nebst Sendestatusbericht der Deutschen Post AG – Anlage K 2

Die von der Klägerin im März abgerufene Lieferung von 5.500 Schokoladenhasen war mangelhaft. Die Schokoladenhasen müssen größeren Temperaturschwankungen ausgesetzt gewesen sein. Sie waren teilweise geschmolzen und nicht mehr als solche zu erkennen. Teil-

Marfurt

weise hatte sich die Schokolade so aufgelöst, dass sie mit dem Verpackungsmaterial verklebt war. Die Ware war nicht zu verkaufen.

Beweis: Zeugnis des Verkaufschefs Udo Müller, zu laden über ■■■

Die Klägerin setzte der Beklagten dann eine Nachlieferungsfrist zum 15.03.2004. Die Beklagte teilte der Klägerin daraufhin mit, sie könne erst Ende April wieder liefern, ihre Produktionskapazitäten seien erschöpft.

Beweis: Schreiben der Beklagten vom 17.03.2004 – Anlage K 3

Wegen der mangelhaften März-Lieferung der Schokoladenhasen begehrt die Klägerin den im Antrag zu 1) geltend gemachten Schadensersatz. Die Voraussetzungen sind gegeben. Bei einem Suksessivlieferungsvertrag, bei dem Leistungsstörungen im Hinblick auf Einzellieferungen bestehen, sind mit Rücksicht auf die Verselbstständigung dieser Einzelleistungen die Gewährleistungsrechte jeweils auf die Einzelleistungen anzuwenden. Der geltend gemachte Schadensersatzanspruch entspricht der Höhe nach den mangelhaft gelieferten Schokoladenhasen, ein Schokoladenhase kosten im Einkauf 0,84 €, so dass sich für 9.000 Schokoladenhasen die schadensersatzweise geltend gemachte Summe versteht. Die Beklagte muss den Ablauf der der Beklagten zur Nacherfüllung gesetzten Frist nicht abwarten, denn die Beklagte kann mangels Kapazitäten nicht leisten. Das Verschulden der Beklagten ergibt sich aus § 280 Abs. 1 Satz 2 BGB. Die Pflichtverletzung ist nicht unerheblich, denn die gesamte Lieferung der Schokoladenhasen war so mangelhaft, dass sie unverkäuflich waren.

Beweis: Zeugnis des Verkaufschefs Udo Müller, zu laden über ■■■

II. Im Hinblick auf den Klageantrag zu 2) begehrt die Klägerin die Feststellung, dass der Suksessivlieferungsvertrag zwischen den Parteien aufgelöst ist. Die Klägerin hat unmittelbar nach dem Eintreffen des Schreibens der Beklagten vom 17.02.2004 noch am 17.02.2004 der Beklagten gegenüber die fristlose Kündigung des Vertrages nach § 314 BGB erklärt. Die Kündigung ist der Beklagten am 18.02.2004 zugegangen.

Beweis: Einwurf/Einschreiben der Beklagten vom 17.02.2004 nebst Sendestatusbericht der Deutschen Post AG – Anlage K 4

§ 314 BGB ist auf Suksessivlieferungsveträge anzuwenden. Der für die Kündigung von „Dauerschuldverhältnissen" wichtige Grund ist gegeben, dieser liegt nach § 314 Abs. 1 Satz 2 BGB vor, wenn dem kündigenden Teil unter Berücksichtigung aller Umstände des Einzelfalls und unter Abwägung der beiderseitigen Interessen die Fortsetzung des Vertragsverhältnisses bis zur vereinbarten Beendigung nicht zugemutet werden kann. So liegt es auch hier. Zunächst erbrachte die Beklagte schon die Januarlieferung verspätet. Die Märzlieferung war mangelhaft und die Beklagte konnte wegen ihrer Lieferkapazität – wie bereits erläutert – erst Ende April nachliefern. Da es sich bei den Schokoladenhasen um Saisonware handelt, kann der Klägerin ein Abwarten bis Ende April nicht zugemutet werden. Eine Fristsetzung nach § 314 Abs. 2 BGB war entbehrlich, denn unter Abwägung der beiderseitigen Interessen war die sofortige Kündigung nach §§ 314 Abs. 2 Satz 2, 323 Abs. 2 Nr. 3 BGB gerechtfertigt.

Der Klägerin geht es mit ihrer Feststellungsklage darum, Klarheit dahingehend zu gewinnen, dass sie nicht zur Abnahme und Zahlung weiterer Schokoladenhasen der Beklagten verpflichtet ist. Daraus ergibt sich ihr Feststellungsinteresse im Sinne des § 256 ZPO.

D. Die Gewährleistungsansprüche des Käufers bei mangelhafter Lieferung

Eine beglaubigte und eine einfache Abschrift anbei.

■■■

Rechtsanwältin

D. Die Gewährleistungsansprüche des Käufers bei mangelhafter Lieferung beim Dauerlieferungsvertrag

Haben die Kaufvertragsparteien über einen längeren Zeitraum mehrere für den Käufer selbstständig verwertbare Einzelleistungen vereinbart und keine Gesamtmenge bestimmt, liegt ein sog. Dauerlieferungsvertrag vor. Klassisches Beispiel hierfür ist der Bierlieferungsvertrag. Im Hinblick auf die Gewährleistungsrechte sind bei Leistungsstörungen der Einzelleistungen die Regeln über Unmöglichkeit, Verzug und Gewährleistung so anzuwenden, als hätten die Parteien einen selbstständigen Vertrag über die einzelnen Lieferungen abgeschlossen. Das Dauerschuldverhältnis als solches bleibt bestehen.[559] Der Gesamtvertrag kann unter den Voraussetzungen des § 314 BGB – bei Vorliegen eines wichtigen Grundes – gekündigt werden. Hier ist jedoch in der Regel davon auszugehen, dass eine einmalige mangelhafte Lieferung bei Abwägung der beiderseitigen Interessen keinen wichtigen Grund bildet, die Fortsetzung des Vertragsverhältnisses abzulehnen.

694

E. Die Gewährleistungsrechte des Käufers bei Mangelhaftigkeit der Leistung bei Rahmenverträgen

Die Kaufvertragsparteien können sog. Rahmenverträge vereinbaren, die zum Abschluss von Einzelverträgen zur Lieferung bestimmter Sachen verpflichten und zwar zu den Bedingungen, die im Rahmenvertrag festgelegt worden sind. Auch bei einem Rahmenvertrag wird also die wiederholte Lieferung von Sachen begehrt. Jedoch begründet der Rahmenvertrag selbst nicht zur Lieferung der Sachen, sondern lediglich die Pflicht über die jeweilige Lieferung von Sachen Einzelverträge abzuschließen.[560] Weigert sich der Verkäufer, gemäß dem Rahmenvertrag Einzellieferungsverträge abzuschließen, kann der Käufer aus dem Rahmenvertrag auf Abschluss der Einzelverträge klagen. Damit kann er Erfüllung des Rahmenvertrages verlangen. Bei Nichterfüllung gelten die allgemeinen Regeln des Leistungsstörungsrechts.

695

Erbringt der Verkäufer seine Leistungsverpflichtungen aus den abgeschlossenen Einzelverträgen nicht vertragsgemäß, gelten für die Nichterfüllung der Pflichten aus dem Einzelvertrag die allgemeinen Regeln, im Fall der Mangelhaftigkeit der Kaufsache also die Gewährleistungsrechte nach §§ 434, 437 ff. BGB. Zu beachten ist, dass die Nichterfüllung der Leistungsverpflichtung aus dem Einzelvertrag gleichzeitig eine Pflichtverletzung des Rahmenvertrages darstellt. Liegen die Voraussetzungen des § 314 BGB vor, kann der Käufer den Rahmenvertrag aus wichtigem Grund kündigen.

696

---

559 BGH NJW 1986, 124.
560 BGH NJW 1982, 2432.

§ 10 Der Handelskauf

697 Für den Handelskauf gelten die §§ 373 bis 381 HGB ergänzend. Nach den Handelsbräuchen (§ 346 HGB) ist dem aktiven und passiven Verhalten des Kaufmanns besondere Bedeutung beizumessen. Als Ausnahme zu dem Grundsatz, dass Schweigen ein „rechtliches nullum" ist die §§ 75h, 91a HGB und § 36 HGB zu beachten. Kraft Gewohnheitsrecht kann nach den Grundsätzen über das Schweigen bei kaufmännischen Bestätigungsschreiben das Schweigen als Zustimmung gewertet werden.[561]

698 Grenzüberschreitende Kaufverträge fallen unter das UN-Kaufrecht (CISG – Convention on the International Sale of Goods). Hier ist stets zu beachten, ob die Anwendung des UN-Kaufrechts – was bisher routinemäßig geschah – ausgeschlossen worden ist. Das UN-Kaufrecht kann sowohl für den Käufer als auch für den Verkäufer erhebliche Vorteile haben. So ist der Verkäufer gemäß Art. 46 Abs. 2 CISG nur bei wesentlichen Vertragsverletzungen zu einer Ersatzlieferung verpflichtet und es kommen ihm die sehr scharfen Maßstäbe der Untersuchungspflicht nach Art. 38, 39 CISG zugute. Nachteilig für den Käufer können allerdings die Schadensersatzpflichten nach Art. 45, 74ff CISG sein. Aus diesem Grunde kann das UN-Kaufrecht für den Käufer günstiger sein. Nach Art. 6 CISG haben die Parteien weitreichende Möglichkeiten von den Bestimmungen des UN-Kaufrechts abzuweichen. Der Verkäufer kann daher versuchen, vertraglich seine Schadenseratzhaftung zu begrenzen, der Käufer kann darauf hinwirken, die ihm obliegende Rüge- und Untersuchungspflicht abzumildern. Besonderheiten der Gewährleistung nach dem Handelkauf werden bei den Gewährleistungsansprüchen des Käufers besprochen.

---

561 Baumbach/Hopt, § 346 Rn. 17,32.

§ 11 Der Tauschvertrag

Schließen die Parteien einen Vertrag über einen **Tausch**, wird die Verpflichtung begründet, einen Vermögenswert (Gegenstand oder Recht) gegen einen anderen auszutauschen. Nach § 480 BGB sind die Vorschriften über den Kauf auf den Tausch entsprechend anwendbar. Die Vertragsparteien sind im Hinblick auf den hingegebenen Gegenstand als Verkäufer und bezüglich des empfangenen Gegenstandes als Käufer zu betrachten.

699

A. Abgrenzung zum Kauf

Abgrenzungsprobleme zum Kaufvertrag liegen sind vornehmlich dann gegeben, wenn die Parteien einen Vertrag abschließen, in denen ein Teil verpflichtet wird, seine Leistung aus einer aus Geld- und Sachleistung zusammengesetzten Leistung zu erbringen, ohne dass die Parteien hierbei auf eine Zahlung im Sinne des Kaufrechts abstellen. Entscheidend für die Abgrenzung zwischen Kauf und Tausch ist stets, was für eine Gegenleistung jeder Sachleistungsschuldner erwartet.

700

I. Doppelkauf

Nicht als Tausch zu qualifizieren ist der sog. Doppelkauf. Zwar kann es hierbei so liegen, dass beide Parteien schließlich nach dem abgeschlossenen Vertrag eine Sachleistung erhalten, indes ist bei einem Doppelkauf vertraglich vereinbart, dass beide Parteien verkauft haben, weil gleichwertige Geldforderungen verrechnet wurden. Ein Tausch kann nur dann angenommen werden, wenn jede Partei für die von ihr hingegebene Sachleistung gleichfalls einen Sachwert erhalten wollte und zur Offenlegung der Kalkulation die Wertangaben beigelegt wurden. Von Bedeutung ist die Abgrenzung zwischen Doppelkauf und Tausch deswegen, weil bei einem Tausch die Sachleistungen im Gegenseitigkeitsverhältnis nach den §§ 320ff BGB stehen, zwei Kaufverträge jedoch nur über § 273 BGB verknüpft werden können.

701

II. Ringtausch

Bei einem Tausch ist auch ein sog. Ringtausch möglich, wonach in das Tauschgeschäft statt der Abfolge mehrerer Kaufverträge noch mindestens ein Dritter eingeschaltet wird. Erbringt eine Mehrheit von Personen über eine zentrale Vermittlung einander vergütungspflichtige Leistungen, die nach einem vereinbarten System verrechnet werden, liegt ein sog. Tauschring vor.[562]

702

III. Inzahlungnahme von Gebrauchtwagen

Bei der Inzahlungnahme von Gebrauchtwagen ist ein Tausch kaum einschlägig. Die im Handel übliche Inzahlungnahme eines Gebrauchtwagen ist nicht als Tausch zu qualifizieren. In der Regel liegt ein Doppelverkauf mit einer Aufrechnungsabrede (Jeder verkauft seine Sache und die beiden Kaufpreisforderungen werden miteinander verrechnet) vor oder es wird ein Kaufvertrag über die neue Sache mit der Berechtigung des

703

---

562 BGH NJW 1999, 635.

Käufers, den Kaufpreis zu tilgen, indem er seine gebrauchte Sache an Erfüllung statt leistet, (§§ 364, 365 BGB) abgeschlossen. Im übrigen wird zur Inzahlungnahme eines Kaufgegenstandes auf das Ausführen bei den rechtsvernichtenden Einwendungen zur Annahme an Erfüllungs statt (Kaufrecht, § 2) verwiesen.

B. Erfüllungsansprüche

704 Da es sich beim Tausch um einen gegenseitigen Vertrag handelt, sind die §§ 320ff anwendbar. Eine Abwicklung der Vertrages erfolgt also Zug um Zug. Die nach § 480 BGB vorgesehene entsprechende Anwendung der kaufrechtlichen Vorschriften auf den Tausch kann uneingeschränkt dahingehend verstanden werden, dass für beide Vertragspartein die typischen Verkäuferpflichten gelten. Im übrigen sind im Einzelfall die vertraglichen Haupt- und Nebenpflichten durch Auslegung nach §§ 133, 157 BGB zu ermitteln.

C. Die Gewährleistungsrechte der Tauschpartner

705 Da die Verkäuferpflichten auf die Tauschparteien uneingeschränkt anwendbar sind, sind alle Vorschriften über Sach- und Rechtsmängel wie beim Kauf grundsätzlich anwendbar (§§ 433 Abs. 1 S. 2, 434, 435, 437ff BGB). Liegt eine mangelhafte Sachleistung vor, bestehen also Nacherfüllungsansprüche und ggf. Minderungs- und Rücktrittsansprüche sowie Schadensersatzansprüche, die nach den einschlägigen kaufrechtlichen Bestimmungen zu prüfen sind. Ein Augenmerk ist auf folgende Besonderheiten zu richten:

706 Betrifft der Tausch stark individualisierte Güter kann ein Nacherfüllungsanspruch an § 439 Abs. 3 S. 1 BGB scheitern. Bei einer Minderung ist nicht auf Wertvorstellung der Parteien abzustellen, die sie bei Abschluss des Vertrages hatten, vielmehr ist der objektive Wert, den die fehlerhafte Sache in fehlerfreiem Zustand gehabt hätte, dem Wert der Gegenleistung gegenüberzustellen. Haftungsauschlüsse nach § 444 BGB sind möglich, aber nicht stillschweigend anzunehmen.[563]

707 Die besonderen Bestimmungen zum Verbrauchsgüterkauf nach den §§ 474ff BGB werden in der Regel nicht von Bedeutung sein, denn an Tauschverträgen sind grundsätzlich nur Privatpersonen beteiligt.

---

563 OLG Hamm, NJW-RR 1994, 884.

FormularBibliothek Zivilprozess

Teil 1: **Kauf** Seite 5
Yvonne Marfurt, Rechtsanwältin, von Kiedrowski|Marfurt|Rechtsanwälte, Berlin

Teil 2: **Darlehen** Seite 259
Hanno Teuber, Rechtsanwalt, Konstanz
Kathrin Strauß, Rechtsanwältin,
Pfefferle Koch Helberg & Partner, Heilbronn

Teil 3: **Schenkung** Seite 293
Yvonne Marfurt, Rechtsanwältin, von Kiedrowski|Marfurt|Rechtsanwälte, Berlin

Teil 4: **Leasing** Seite 329
Hanno Teuber, Rechtsanwalt, Konstanz
Kathrin Strauß, Rechtsanwältin,
Pfefferle Koch Helberg & Partner, Heilbronn

Teil 5: **Werkvertrag** Seite 349
Dr. Bernhard von Kiedrowski, Rechtsanwalt,
von Kiedrowski|Marfurt|Rechtsanwälte, Berlin

Teil 6: **Bürgschaft** Seite 405
Hanno Teuber, Rechtsanwalt, Konstanz
Kathrin Strauß, Rechtsanwältin,
Pfefferle Koch Helberg & Partner, Heilbronn

Teil 7: **EDV-Recht** Seite 429
Dr. Michael Kummermehr, Rechtsanwalt,
WILMER CUTLER PICKERING HALE AND DORR LLP, Berlin
Mario Wegner, Rechtsanwalt,
WILMER CUTLER PICKERING HALE AND DORR LLP, Berlin

INHALT

Verweise erfolgen auf Randnummern

§ 1 Einführung in die Beratungspraxis	1
A. Bankrecht in der Anwaltspraxis	1
B. Allgemeine Hinweise zur prozessualen Auseinandersetzung	3
I. Sachverhaltsaufklärung	3
Muster: Stufenklage Auskunftsanspruch und unbestimmter Leistungsantrag	6
II. Gebühren und Rechtsschutzversicherung	7
III. Ombudsmann	8
§ 2 Vertragsschluss, Valutierung und Konditionengestaltung	10
A. Einführung	10
B. Bereitstellung und Auszahlung des Darlehens	12
I. Auszahlungsanspruch des Darlehensnehmers	12
1. Beratungssituation	12
2. Prozessuale Durchsetzung	15
Muster: Prozessuale Durchsetzung des Auszahlungsanspruchs	16
3. Zwangsvollstreckung	17
II. Schadensersatz des Darlehensnehmers bei nicht rechtzeitiger Auszahlung	18
III. Schadensersatz des Darlehensgebers bei Nichtabnahme der Darlehensvaluta	19
C. Zinsen und sonstige Kreditkosten	20
D. Konditionengestaltung	22
I. Sittenwidrigkeit	22
1. Beratungssituation	22
2. Prozessuale Durchsetzung	26
II. Zinsanpassung	30
1. Beratungssituation	30
Auszug Klausel Nr. 12 AGB-Banken	35
2. Prozessuale Durchsetzung	37
III. Disagio	38
E. Aufklärungs- oder Beratungspflichten	39
§ 3 Kündigung des Darlehensvertrages	41
A. Kündigung durch den Darlehensnehmer	41
I. Ordentliche Kündigung	41
II. Außerordentliche Kündigung	44
III. Vorfälligkeitsentschädigung	45
Muster: Leistungsklage auf Rückzahlung zu viel gezahlter Vorfälligkeitsentschädigung	52
B. Kündigung durch den Darlehensgeber	53
I. Ordentliche Kündigung	53
Auszug Klausel Nr. 19 AGB-Banken	54
II. Außerordentliche Kündigung	58
Auszug Klausel Nr. 19 AGB-Banken	59
§ 4 Verbraucherkreditrecht	64
A. Verbraucherdarlehensverträge	64
I. Einführung	64
II. Form und Inhalt	67
1. Beratung	67
Muster: Darlehnsvertrag für Verbraucherkredit	69
Muster: Widerrufsbelehrung Verbraucherdarlehnsvertrag	72
Muster: Widerrufsbelehrung bei verbundenem Geschäft	74
Muster: Widerrufsbelehrung bei verbundenem Geschäft	75
2. Prozessuale Durchsetzung	78
3. Zwangsvollstreckung	80
III. Kündigung	81
B. Verbundene Verträge	83
C. Überziehungskredit	88
I. Formen des Kontokorrentkredits	88
1. Dispositionskredit	89
Muster: Antrag auf Erlass eines Pfändungs- und Überweisungsbeschlusses	92
2. Überziehungskredit	94
D. Besonderheiten im Fernabsatz	95

Musterverzeichnis

		Rn.
§ 1	Einführung in die Beratungspraxis	1
1	Stufenklage Auskunftsanspruch und unbestimmter Leistungsantrag	6
§ 2	Vertragsschluss, Valutierung und Konditionengestaltung	10
2	Prozessuale Durchsetzung des Auszahlungsanspruchs	16
§ 3	Kündigung des Darlehensvertrages	41
3	Leistungsklage auf Rückzahlung zu viel gezahlter Vorfälligkeitsentschädigung	52
§ 4	Verbraucherkreditrecht	64
4	Darlehnsvertrag für Verbraucherkredit	69
5	Widerrufsbelehrung Verbraucherdarlehnsvertrag	72
6	Widerrufsbelehrung bei verbundenem Geschäft (1)	74
7	Widerrufsbelehrung bei verbundenem Geschäft (2)	75
8	Antrag auf Erlass eines Pfändungs- und Überweisungsbeschlusses	92

§ 1 Einführung in die Beratungspraxis

Literatur

Boos/Fischer/Schulte-Mattler, KWG, 2. Aufl. 2004; Canaris, Bankvertragsrecht, 3. Aufl. 1988; Claussen, Bank- und Börsenrecht, 3. Aufl. 2004; Derleder/Knops/Bamberger, Handbuch zum deutschen und europäischen Bankrecht, 2004; Köndgen, Die Entwicklung des privaten Bankrechts in den Jahren 1999-2003, NJW 2004, 1288; Kümpel, Bank- und Kapitalmarktrecht, 3. Aufl. 2004; Lang/Assies/Werner, Schuldrechtsmodernisierung in der Bankpraxis, 2002; Lwowski/Merkel, Kreditsicherheiten, 8. Aufl. 2003; Münscher/Rösler/Lang, Praktikerhandbuch Baufinanzierung, 2004; Schimansky/Bunte/Lwowski (Hrsg.), Bankrechts-Handbuch, 2. Aufl. 2001; Schwintowski/Schäfer, Bankrecht, 2. Aufl. 2004; Staab, Firmenkredite in der Bankrechtspraxis, 2001.

A. Bankrecht in der Anwaltspraxis

Das Bankrecht spielt in der Anwaltspraxis eine nicht zu unterschätzende Rolle; dabei sind Fragen zum Darlehensrecht häufig Gegenstand der Arbeit des Allgemeinanwalts. Sie ergeben sich oft als Folgeprobleme aus anderen Vertragsbeziehungen, in denen Finanzierungsbedarf besteht. Vertragspartner sind der Darlehensnehmer und der Darlehensgeber. Im Bereich der gewerblichen Kreditvergabe sind Darlehensgeber Banken und Sparkassen (§ 1 Abs. 1 S. 1 Nr. 2 KWG), die sich zumeist durch spezialisierte Großkanzleien vertreten bzw. durch ihre eigenen Rechtsabteilungen beraten lassen. Aus diesem Grunde konzentrieren sich die folgenden Ausführungen auf die Vertretung des gewerblichen oder privaten Darlehensnehmers.

In der vorprozessualen Beratung stehen für den Mandanten zwei Aspekte im Mittelpunkt, die beide nicht zuvörderst rechtliche, sondern ökonomische Bezüge aufweisen: Welche **Finanzierungsform** ist für mein Vorhaben die sinnvollste? Welche **Konditionen** sind für die gewählte Finanzierung angemessen? Beide Fragen nach der passenden Finanzierungsform sind nicht unmittelbar Gegenstand eines Prozesses. Für den Rechtsanwalt können diese Aspekte gleichwohl von großer Bedeutung sein, da entsprechende Antworten einen Wettbewerbsvorteil mit sich bringen können: Der Rechtsanwalt kann sich umfassend als Berater seines Mandanten in wirtschaftsrechtlichen und finanziellen Fragen positionieren. In diesem Zusammenhang ist auf Literatur zu Finanzierungsfragen zu verweisen.[1]

B. Allgemeine Hinweise zur prozessualen Auseinandersetzung

I. Sachverhaltsaufklärung

Ähnlich wie in zahlreichen anderen Rechtsgebieten hängt die rechtliche Würdigung entscheidend von der Aufbereitung des Sachverhalts ab. Insbesondere bei Dauermandaten ist daher darauf zu drängen, dass der Mandant sich bei Gesprächen und Ver-

---

1 Vgl. etwa Egger, Optimale Finanzierung für Existenzgründer und Kleinunternehmer, 1999; Bleiber, Existenzgründung, 2. Aufl. 2004.

4 Zur Vorbereitung von rechtlichen Auseinandersetzungen mit Banken und Sparkassen muss häufig zur Aufbereitung des Sachverhalts auf Angaben aus der Sphäre der Kreditinstitute zurückgegriffen werden, da Buchungsunterlagen etc. bei dem Bankkunden nicht mehr verfügbar sind. In diesem Zusammenhang ist darauf hinzuweisen, dass Buchungsbelege, Darlehensverträge und sonstige relevante Unterlagen in der Regel zehn Jahre aufbewahrt werden.[2] Dem Bankkunden steht ein Auskunftsanspruch gegen die Bank oder Sparkasse zu; im Gegenzug darf die Bank jedoch ein angemessenes Entgelt für die Reproduktion entsprechender Unterlagen verlangen. Es ist zudem darauf hinzuweisen, dass ein Kreditinstitut auch nach Ablauf der handelsrechtlichen Aufbewahrungsfristen zur **Herausgabe von Konto-, Depot- und Buchungsunterlagen** verpflichtet ist, sofern es nach wie vor über diese Unterlagen verfügt.[3]

5 Der **Auskunftsanspruch** des Bankkunden kann entweder separat oder im Verbund mit dem eigentlich verfolgten Anspruch im Wege der Stufenklage (§ 254 ZPO) geltend gemacht werden. Die Stufenklage bringt dem Kläger den Vorteil, den nach wie vor unbestimmten Leistungsantrag bereits mit Erhebung der Stufenklage rechtshängig werden zu lassen, um auf diesem Wege zum Beispiel eine Hemmung der Verjährung herbeizuführen.

6 Muster: Stufenklage Auskunftsanspruch und unbestimmter Leistungsantrag

An das

Amtsgericht ■■■

Klage

In der Sache ■■■

Streitwert:[4] ■■■

erhebe ich namens und in Vollmacht des Klägers Stufenklage und werde beantragen:
1. Die Beklagte wird verurteilt dem Kläger – hilfsweise Zug-um-Zug gegen Zahlung eines angemessenen Entgelts auskunft über den Tilgungsverlauf des Darlehensvertrages durch Vorlage geeigneter Buchungsbelege (möglichst genau benennen, da sonst unter Umständen kein vollstreckungsfähiger Inhalt des Urteils möglich ist) etc. zu erteilen.
2. Die Beklagte wird verurteilt, dem Kläger Schadensersatz in einer nach Erteilung der Auskunft noch zu bemessenden Höhe nebst 5 % Zinsen über dem Basiszinssatz seit Rechtshängigkeit zu zahlen.

Begründung:

■■■

---

2 Vgl. dazu § 257 HGB.
3 BGH, NJW 2001, 1486.
4 Zu dem Wert des Leistungsanspruchs wird der Streitwert des Auskunftsbegehrens hinzugerechnet. Der Auskunftsanspruch ist mit etwa 10-20% des Leistungsanspruchs anzusetzen.

II. Gebühren und Rechtsschutzversicherung

Nach dem **RVG** gibt es keine Besonderheiten, die für bankrechtliche Fallgestaltungen zu berücksichtigen sind. Insbesondere für die Bestimmung des maßgeblichen Gegenstandswertes gelten die allgemeinen Vorschriften. Dasselbe gilt für die Einstandspflicht der **Rechtsschutzversicherungen**. Die hier dargestellten bankrechtlichen Probleme unterfallen dem Rechtsschutz für vertragliche Angelegenheiten. Bei anderen bankrechtlichen Fragen ist dies weniger eindeutig. Dies gilt vor allem für die Rückabwicklung von Beitritten in **geschlossene Immobilienfonds**, die nicht Gegenstand der folgenden Darstellung sind. Der für diese Frage herrschende Streit über die Einstandspflicht der Versicherung entzündet sich an der Ausschlussklausel für Baurisiken; es kommt maßgeblich auf die dem Versicherungsvertrag zugrunde liegende Fassung der Allgemeinen Bedingungen für die Rechtsschutzversicherung (ARB) an. Für § 4 I k ARB 1975 hat der BGH entschieden, dass nur solche Streitigkeiten vom Ausschluss umfasst seien, die einen unmittelbaren Zusammenhang mit der Planung und Errichtung des Bauwerks aufweisen; dazu zählen Streitigkeiten aus der Baufinanzierung ebenso wenig wie die Geltendmachung von Schadensersatzansprüchen aus der Beteiligung an einem geschlossenen Immobilienfonds.[5] Demgegenüber hat der BGH für § 3 I d (dd), (bb) ARB 1994 entschieden, dass der Leistungsausschluss keinen Bezug zu einem spezifischen Baurisiko voraussetze.[6] Eine Einstandspflicht des Rechtsschutzversicherers besteht also auch dann nicht, wenn sich bei einer missglückten Immobilienkapitalanlage die Auseinandersetzung auf den Vorwurf fehlerhafter Finanzierungsberatung durch das Kreditinstitut stützt; dasselbe gilt für die Beteiligung an geschlossenen Immobilienfonds.

III. Ombudsmann

Im privaten Bankgewerbe ist frühzeitig eine außergerichtliche Schlichtungsstelle eingerichtet worden; diese Schlichter werden in Anlehnung an skandinavische Vorbilder als Ombudsmann bezeichnet. Auch die Sparkassen und Volksbanken verfügen über Schlichtungsstellen, die Anschriften sind über die jeweiligen Verbände zu erfahren.[7]

Die Schlichtungsstelle kann von Bankkunden angerufen werden und wendet sich vorrangig an Verbraucher. Das Verfahren ist kostenlos. Eine Entscheidung des Ombudsmanns versperrt nicht den Weg zu den ordentlichen Gerichten, da eine Bindungswirkung unter Umständen höchstens die Bank trifft. Eine Kundenbeschwerde bei einer Schlichtungsstelle führt zur Hemmung der Verjährung nach § 204 BGB. Die Banken haben sich verpflichtet, die Sprüche des Ombudsmanns bis zu einem Beschwerdewert von 5.000,00 € zu akzeptieren. Einzelheiten sind den Verfahrensordnungen der Schlichtungsstellen zu entnehmen.

---

5 BGH, BKR 2003, 337; vgl. auch Bauer, Rechtsentwicklung bei den Allgemeinen Bedingungen für die Rechtsschutzversicherung bis Anfang 2003, NJW 2003, 1491, 1493. Vgl. zum Ganzen Frisch/Münscher, Haftung bei Immobilienanlagen, 2. Aufl., 2003; Arnold u.a., Fehlgeschlagene Immobilienkapitalanlagen, 2004.
6 BGH, Urteil v. 29.09.2004, IV ZR 170/03, IV ZR 173/03, IV ZR 189/03.
7 Siehe www.bdb.de, www.dsgv.de, www.brv.de.

§ 2 Vertragsschluss, Valutierung und Konditionengestaltung

A. Einführung

10 Der Abschluss eines Darlehensvertrages, an dem kein Verbraucher beteiligt ist, kann formfrei vollzogen werden; zu Dokumentationszwecken ist Schriftform üblich. Der Darlehensgeber muss den vereinbarten Geldbetrag zur Verfügung stellen. Der genaue Inhalt dieser Pflicht richtet sich nach den Vereinbarungen und wird regelmäßig durch eine Gutschrift auf einem Kontokorrentkonto erfüllt. Der Auszahlungsanspruch ist pfändbar. Dieser Grundsatz entfaltet besondere Bedeutung für den Dispositionskredit. Auch dieser ist pfändbar, soweit er von dem Bankkunden in Anspruch genommen wird.

11 Der Darlehensnehmer muss das bereit gestellte Darlehen abnehmen. Anderes gilt nur dann, wenn lediglich eine Liquiditätsreserve gewollt ist; dies kommt jedoch regelmäßig nur zwischen Bank und unternehmerischen Darlehensnehmern vor.

B. Bereitstellung und Auszahlung des Darlehens

I. Auszahlungsanspruch des Darlehensnehmers

1. Beratungssituation

12 In der vorprozessualen Beratung kommt es maßgeblich darauf an, die genauen Umstände des vermeintlichen Vertragsabschlusses in Erfahrung zu bringen. Ferner ist stets zu überprüfen, ob der Darlehensgeber seine Verpflichtung zur **Bereitstellung der Darlehensvaluta** bereits erfüllt hat. Dabei kommt eine Auszahlung an Dritte grundsätzlich nur dann infrage, wenn dies ausdrücklich vereinbart wurde oder mit Zustimmung des Darlehensnehmers erfolgte. Der Abruf des Darlehens steht als einseitiges Gestaltungsrecht allein dem Darlehensnehmer zu.[8] Erst mit diesem Abruf entsteht der – insoweit ggf. pfändbare – Anspruch auf Auszahlung der Darlehensvaluta.

13 Der Darlehensgeber muss den Geldbetrag in der vereinbarten Höhe zur Verfügung stellen. Zur Verfügung stellen bedeutet, dass die Darlehensvaluta dem Darlehensnehmer belassen werden muss. Daraus folgt, dass der Darlehensgeber die Rückerstattung des Darlehens nur verlangen kann, sobald Fälligkeit eingetreten ist. Die Fälligkeit des Rückzahlungsanspruchs tritt mit dem Ende der vereinbarten Laufzeit des Darlehensvertrages oder durch Beendigung des Vertrages durch Kündigung oder Aufhebungsvertrags ein.

14 Es ist vorprozessual erforderlich zu prüfen, ob Allgemeine Geschäftsbedingungen in den Darlehensvertrag einbezogen wurden. Im Bankgeschäft ist dies stets der Fall. Dies führt dazu, dass die gesetzlichen Vorschriften teilweise erheblich durch AGB-Regelungen modifiziert werden.

---

8 BGH, NJW 2004, 1444.

2. Prozessuale Durchsetzung

Die prozessuale Durchsetzung des Auszahlungsanspruchs erfolgt im Wege der Leistungsklage. Der Darlehensnehmer muss mit der Klageschrift den Abschluss des Darlehensvertrages darlegen und beweisen. Die Beweislast erstreckt sich ferner auf die Laufzeit des Darlehensvertrages. Für die Höhe des Zinssatzes bildet der gesetzliche Zinssatz nach § 246 BGB auch den Maßstab für die Beweislastverteilung: Einen höheren Zinssatz muss der Darlehensgeber beweisen, einen niedrigeren hingegen der Darlehensnehmer.

Muster: Prozessuale Durchsetzung des Auszahlungsanspruchs

An das

Landgericht[9]

Kammer für Handelssachen

Klage

des ■■■, e.K., Abc-Straße 12, 12345 Musterstadt

vertreten durch RAe ■■■

gegen

A-Bank AG, vertreten durch den Vorstand ■■■, Straße, Ort

vertreten durch RAe ■■■

wegen Darlehensauszahlung

Streitwert: EUR ■■■

Namens und in Vollmacht des Klägers erhebe ich Klage und werde beantragen:
1. Die Beklagte wird verurteilt, dem Kläger ein Darlehen in Höhe von EUR ■■■ durch Zahlung auf das Konto des Klägers Nr. ■■■ (BLZ ■■■) bereit zu stellen.
2. Die Beklagte trägt die Kosten des Rechtsstreits.
3. Das Urteil ist notfalls gegen Sicherheitsleistung vorläufig vollstreckbar.

Es wird angeregt, einen frühen ersten Termin zu bestimmen. Sofern das Gericht das schriftliche Vorverfahren anordnet, wird für den Fall der Fristversäumnis oder des Anerkenntnisses beantragt,

den Beklagten durch Versäumnis- oder Anerkenntnisurteil ohne mündliche Verhandlung zu verurteilen.

Mit der Entscheidung der Sache durch einen Einzelrichter ist der Kläger einverstanden.

---

9 Die örtliche Zuständigkeit bestimmt sich nach §§ 17, 21 ZPO.

Begründung:

Der Kläger begehrt die Auszahlung der durch den Vertrag vom ▬▬▬ vereinbarten Darlehensvaluta.

Der Kläger betreibt ein einzelkaufmännisches Unternehmen und plant, eine neue Maschine für die Produktion zu erwerben. Der Kläger wandte sich zu diesem Zweck am ▬▬▬ mit einer Finanzierungsanfrage an die Zweigstelle der Beklagten in ▬▬▬. Der Kläger wünschte ein Darlehen über EUR ▬▬▬ mit einer Laufzeit von 48 Monaten. Es schlossen sich in den folgenden Wochen mehrere Gespräche mit der Beklagten an, Gesprächspartner bei der Beklagten war dabei zunächst Herr ▬▬▬, später Herr ▬▬▬; der Kläger wurde jeweils durch seine Ehefrau begleitet.

Herr ▬▬▬ bestand zunächst auf der bankinternen Prüfung von Geschäftsunterlagen, die der Kläger beizubringen hatte. Am ▬▬▬ rief Herr ▬▬▬ für die Beklagte beim Kläger an und teilte diesem mit, dass nach dem Abschluss der bankinternen Entscheidungsfindung das Darlehen wie beantragt herausgelegt werde. Das Telefonat wurde von der Ehefrau des Klägers mitgehört.

Beweis: Zeugnis der Frau ▬▬▬

Die Beklagte weigert sich trotz Fristsetzung und Mahnung die Darlehensvaluta bereit zu stellen. Daher ist nunmehr Klage geboten.

▬▬▬

Rechtsanwalt

3. Zwangsvollstreckung

17 In der Zwangsvollstreckung ergeben sich keine Besonderheiten. Es handelt sich um die Vollstreckung einer Geldforderung.

II. Schadensersatz des Darlehensnehmers bei nicht rechtzeitiger Auszahlung

18 Durch die nicht rechtzeitige Auszahlung der Darlehensvaluta kommt der Kreditgeber in Verzug. Der Darlehensnehmer kann entsprechende **Verzugsschäden** geltend machen und durchsetzen. Dabei ist jedoch im Vorfeld sorgfältig zu prüfen, ob dem Kreditgeber ein Leistungsverweigerungsrecht zusteht.

III. Schadensersatz des Darlehensgebers bei Nichtabnahme der Darlehensvaluta

19 Die Nichtabnahme führt zu einem Schadensersatzanspruch der kreditgebenden Bank nach § 280 BGB. Es handelt sich um die sog. **Nichtabnahmeentschädigung**. Deren Berechnung ist regelmäßig Gegenstand von Auseinandersetzungen. Im Streitfall lässt sich ein Sachverständigengutachten nicht vermeiden. Prozessual geht es für den beklagten Bankkunden darum, die durch Bankberechnungen dargelegte Schadensberechnung substantiiert zu erschüttern. Sachverständige (aber kostenpflichtige) Unterstützung bieten z.B. das Institut für Finanzdienstleistungen in Hamburg sowie einzelne Verbraucherzentralen. Die Nichtabnahmeentschädigung umfasst den Zinsmargenschaden und den Zinsverschlechterungsschaden.[10]

---

10 BGH, NJW 2001, 510.

C. Zinsen und sonstige Kreditkosten

Die Kardinalpflicht des Darlehensnehmers ist die Zahlung der vereinbarten Zinsen; der vereinbarte Zinssatz kann „fest" oder „variabel" sein (vgl. § 489 Abs. 1 und 2 BGB). Die Pflicht zur Zinszahlung entsteht regelmäßig mit der Darlehensauszahlung; die Fälligkeit des Zinsanspruchs tritt nach dem gesetzlichen Leitbild gemäß § 488 Abs. 2 BGB spätestens bei Darlehensrückzahlung ein; vereinbart ist jedoch regelmäßig eine unterjährige Zinszahlung.[11] Der Zinsanspruch der Bank verjährt nach §§ 195, 199, 197 BGB. Den Darlehensnehmer trifft die Beweislast für die Behauptung, es sei ein zinsloses Darlehen vereinbart worden.

Nach Kündigung und Verzugseintritt entfällt die Verpflichtung zur Entrichtung des Vertragszinses, an dessen Stelle tritt die gesetzliche Zinspflicht.[12] Neben die Zinsen treten weitere Kosten für den Darlehensnehmer. Dazu gehört ggf. ein Disagio, ein Bearbeitungsentgelt sowie Bereitstellungszinsen. Sämtliche Kosten können nur aufgrund einer Vereinbarung geltend gemacht werden. Das entscheidende Merkmal für die Abgrenzung der Darlehenszinsen von sonstigen Kreditkosten ist die **Laufzeitabhängigkeit**. Daher sind auch die sog. Bereitstellungszinsen keine Zinsen im Rechtssinne. Es handelt sich dabei um eine Vergütung der Bank für den Zeitraum, in dem die Bank die versprochenen Darlehensmittel für den Kreditnehmer zum Abruf bereit hält. Ein Entgelt für die Bereitstellung der Darlehensvaluta kann nur nach entsprechender Vereinbarung verlangt werden; diese Vereinbarung kann auch formularmäßig durch AGB erfolgen.[13] In der Bankpraxis finden sich zumeist Bereitstellungszinsen in Höhe von ca. 0,25 % p.M. Der Darlehensnehmer kann sich regelmäßig auch dann nicht gegen Bereitstellungszinsen zur Wehr setzen, wenn er das Darlehen aus nicht von der Bank zu vertretenden Gründen gar nicht mehr abruft. Vielmehr steht der Bank für diesen Fall häufig zusätzlich ein Anspruch auf Zahlung einer Nichtabnahmeentschädigung zu.

D. Konditionengestaltung

I. Sittenwidrigkeit

1. Beratungssituation

Darlehensnehmer wenden sich häufig mit der Klage über zu hohe Darlehenskosten an den beratenden Anwalt. In dieser Situation ist zunächst zu prüfen, ob die vereinbarten Darlehenskonditionen dem Vorwurf der Sittenwidrigkeit stand halten. Dabei ist vorab darauf hinzuweisen, dass derartige Fälle in der Kreditpraxis von Geschäftsbanken und Sparkassen regelmäßig nicht vorkommen. Sittenwidrige Darlehenskonditionen beschäftigen die Anwaltspraxis in Fällen von Darlehensgebern, die nicht Kreditinstitut sind. Sofern sich der Eindruck aufdrängt, dass es sich gleichwohl um gewerbsmäßige Darlehensanbieter handelt, bedürfen sie der Genehmigung nach KWG durch die BaFin. Sofern diese fehlt, hat dies zwar keinen Einfluss auf die zivilrechtliche (Un-)Wirksamkeit des Darlehensvertrages. Das Betreiben von Bankgeschäften ohne

---

11 BGH, NJW 1993, 3261.
12 Bei Verbraucherdarlehen ist § 497 BGB zu beachten.
13 Vgl. BGH, NJW-RR 1989, 949.

Strauß/Teuber

die dafür erforderlicher Genehmigung stellt jedoch einen Straftatbestand nach § 54 Abs. 1 Nr. 2 KWG dar; es empfiehlt sich in Verdachtsfällen jedenfalls eine Anfrage bei der BaFin oder eine Anzeige bei der Staatsanwaltschaft.

23 Der Darlehensvertrag ist wegen Sittenwidrigkeit nichtig, wenn Leistung und Gegenleistung in einem **auffälligen Missverhältnis** stehen. Die Rechtsprechung stellt für die Beurteilung des Missverhältnisses von Leistung und Gegenleistung bei Ratenkrediten auf eine Überschreitung des Marktzinses um relativ 100 % oder absolut 12 % ab.[14] Zudem muss sich der Kreditgeber leichtfertig der Einsicht verschließen, dass sich der Kreditnehmer nur wegen seiner **schwächeren Verhandlungsposition** auf die Vertragsbedingungen einlässt.[15] Demgegenüber kann die Sittenwidrigkeit nicht allein damit begründet werden, dass der Kreditnehmer objektiv keine Chance besitzt, Zinszahlungen und Tilgungsleistungen erbringen zu können.[16]

24 Darüber hinaus ist in diesem Zusammenhang auf die Probleme im Zusammenhang mit der Übernahme einer Mithaftung bzw. einer Bürgschaft hinzuweisen, die zumeist auf der strukturellen Unterlegenheit des Bankkunden beruhen. Die **Mithaftung** von vermögenslosen nahen Angehörigen ist unter Umständen ebenfalls sittenwidrig. Voraussetzung ist zunächst ebenfalls ein krasses Missverhältnis zwischen Leistungsfähigkeit und Leistungspflicht; zusätzlich muss sich im Einzelfall die emotionale Bindung zwischen dem Mithaftenden und dem Darlehensnehmer als entscheidende Ursache für die Mitverpflichtung erweisen.[17] Demgegenüber kommt eine Sittenwidrigkeit des Darlehensvertrages selbst bei krasser finanzieller Überforderung nicht in Betracht, wenn es sich nicht bloß um eine Mithaftung handelt, sondern eine im wesentlichen gleichberechtigte Partnerschaft dafür spricht, dass es sich um einen echten **Mitdarlehensnehmer** handelt.[18]

25 Die kreditgebende Bank kann sich dem Vorwurf der Sittenwidrigkeit bei der Mitverpflichtung vermögensloser Angehöriger entziehen, wenn lediglich ihr Interesse vor zukünftigen **Vermögensverschiebungen** z.B. zwischen Ehepartnern geschützt werden soll. Dazu ist allerdings eine klare vertragliche Absprache erforderlich, die vorsieht, dass die Mithaftung des Angehörigen nur in dem Fall der Vermögensverschiebung auflebt. Demgegenüber kann ohne besondere, vom Kreditgeber darzulegende und notfalls zu beweisende Anhaltspunkte nicht davon ausgegangen werden, dass eine krass überfordernde Bürgschaft oder Mithaftungsübernahme inhaltlich von vornherein nur eine erhebliche Vermögensverlagerung zwischen Hauptschuldner und Sicherungsgeber verhindern sollte.[19]

---

14 BGH, NJW 1990, 1595; NJW 1995, 1019.
15 BGH, NJW 1995, 1019.
16 BGH, NJW 1994, 1226; BGHZ 125, 347.
17 BGH, NJW 2002, 747.
18 BGH, NJW 2001, 815; OLG Köln, OLGR Köln 2002, 179.
19 BGH, NJW 2002, 2229.

2. Prozessuale Durchsetzung

Die Prüfung der Sittenwidrigkeit erfolgt von Amts wegen. Es kommt daher bei der Prozessvertretung nicht darauf an, die Sittenwidrigkeit zu rügen; es ist vielmehr ausreichend, aber auch erforderlich, die zur Bewertung erforderlichen Fakten vorzutragen. Der Darlehensnehmer trägt die Beweislast für die objektiven und subjektiven Umstände, die zur Sittenwidrigkeit des Kreditvertrages führen.[20] Dazu ist zunächst notwendig, die konkreten Konditionen des Vertrages sowie die marktüblichen Vergleichskonditionen darzulegen und zu beweisen. Neben diesen objektiven Elementen ergeben sich weitaus größere Schwierigkeiten bei der notwendigen Beweisführung für die erforderlichen subjektiven Umtände beim Kreditgeber. Dies gilt insbesondere für den Wuchertatbestand nach § 138 Abs. 2 BGB, bei dem es auf die „Ausbeutung einer Zwangslage" ankommt. Hier ergeben sich häufig unüberbrückbare Beweisschwierigkeiten, aus diesem Grunde kommt dem Wuchertatbestand keine große Bedeutung zu.

Die Rechtsprechung hat Grundsätze entwickelt, um den **Beweisschwierigkeiten** zugunsten der geschädigten Darlehensnehmer unter Beibehaltung der Beweislastverteilung abzuhelfen. Bei Verträgen zwischen gewerblichen Kreditgebern und Verbrauchern als Darlehensnehmern wird das subjektive Element vermutet. Diese **Vermutung** knüpft an das auffällige Missverhältnis zwischen Leistung und Gegenleistung an.[21]

Ähnliches gilt für die Beurteilung der Sittenwidrigkeit der Mithaft z.B. eines vermögenslosen Ehegatten. Hier trifft die Bank oder Sparkasse die Darlegungs- und Beweislast für das persönliche und wirtschaftliche Interesse beider Ehegatten an der Verwendung der Darlehensvaluta, die eine Mithaft rechtfertigen kann.[22] Gleichzeitig begründet die finanzielle Überforderung die widerlegliche Vermutung, dass die Mitverpflichtung allein aus emotionaler Verbundenheit mit dem Kreditnehmer übernommen wurde und die Bank dies in unsittlicher Weise ausgenutzt hat.[23] Der sich auf sittenwidrige finanzielle Überforderung berufende Ehegatte muss seinerseits darlegen und beweisen, dass er nicht nur bei Vertragsschluss außerstande war, die Darlehensschuld aus eigenem Einkommen oder Vermögen zu erfüllen, sondern dass auch nicht mit einer Verbesserung seiner finanziellen Lage zu rechnen war. Dabei können die Ausbildung, persönliche Fähigkeiten oder familiäre Belastungen ebenso Berücksichtigung finden wie eine zu erwartende Erbschaft.[24] Als Indiz für eine krasse finanzielle Überforderung kann insbesondere darauf abgestellt werden, dass der Mitverpflichtete nicht in der Lage ist, die laufenden Zinsen aus seinem nicht pfändbaren Einkommen zu bestreiten.

Der Anspruch des Darlehensnehmers gegen den Darlehensgeber bei Rückabwicklung eines sittenwidrigen Darlehens ist ein **Bereicherungsanspruch**. Es ergeben sich weder für die prozessuale Durchsetzung noch für die Zwangsvollstreckung dieser Geldforderung weitere Besonderheiten. Der Mithaftende kann die Sittenwidrigkeit der vereinbarten Mithaftung im Rahmen einer **Vollstreckungsgegenklage** geltend machen.

---

20 BGH, NJW-RR 2003, 699.
21 Vgl. OLG Bamberg, NJW-RR 2002, 264.
22 Vgl. OLG Celle, WM 2004, 1957.
23 BGH, NJW 2002, 2229.
24 BGH, NJW 1993, 322.

II. Zinsanpassung

Literatur: Bruchner, Das Recht zur Zinsanpassung bei Krediten mit variablem Zinssatz, in: FS Ott, 2002, S. 21; Derleder, Transparenz und Äquivalenz bei bankvertragsrechtlicher Zinsanpassung, WM 2001, 2029; Habersack, Zinsänderungsklauseln im Lichte des AGBG und des VerbrKrG, WM 2001, 753; Metz, Wirksame Vereinbarung eines variablen Zinssatzes sowie einseitiges Bestimmungsrecht der Bank bei einem Sparvertrag, BKR 2004, 85; Schebesta, Wirksamkeit von Zinsanpassungsklauseln für Spareinlagen aus Bankensicht, BKR 2002, 564; Schimansky, Zinsanpassungsklauseln in AGB, WM 2001, 1169; Teuber, Rechtliche Grenzen der Zinsanpassung und Konditionengestaltung nach Ratingergebnissen, KRP 2004, 35

1. Beratungssituation

30 Durch die Neugestaltung der Eigenkapitalvorschriften für Banken durch das als „Basel II" bekannte Regelwerk werden die Kreditinstitute dazu verpflichtet, die Bonität des Kreditnehmers bei der Gestaltung der Darlehenskonditionen verstärkt zu berücksichtigen. Dies betrifft vor allem gewerbliche Darlehensnehmer. Im Mittelpunkt steht das mittlerweile weitgehend standardisierte **Rating**, mit dessen Hilfe die Wahrscheinlichkeit einer vollständigen und fristgerechten Darlehensrückführung durch den Darlehensnehmer festgestellt werden soll. In diesem Zusammenhang ist deutlich darauf hinzuweisen, dass das Ergebnis des Ratings die Darlehenskondition entscheidend determiniert, so dass dem Kreditinstiut aufgrund interner Richtlinien sowie aufsichtsrechtlicher Vorgaben zumeist kein oder nur wenig Spielraum verbleibt, die Darlehenskonditionen gegen das Ratingergebnis zu verändern. Daher ist für den Berater der Ratingprozess der entscheidende Ansatz.

31 Für das aufsichtsrechtlich gebotene Risikomanagement der Banken dient das Rating des Kreditnehmers der Diagnose, die in Form von Zinsanpassungen umgesetzt werden muss. Während die Spielräume für die Konditionengestaltung bei dem Abschluss von Darlehensverträgen weiter gefasst sind, stellen sich die Probleme vor allem bei der **Zinsanpassung bei laufenden Darlehensverträgen**. Hier zeigt die Beratungspraxis, dass die Darlehensnehmer sich teilweise mit Erfolg gegen drastische Zinserhöhungen durch die Banken und Sparkassen wehren können.

32 Es ist zunächst hervorzuheben, dass eine einseitige Veränderung des Zinssatzes nicht ohne Kündigungsrecht des Darlehensnehmers möglich ist. Dies ergibt sich bereits aus Nr. 12 IV 2 AGB-Banken. Aus diesem Grunde und aufgrund der Zinsentwicklung der letzten Jahre ist in der Kreditpraxis eine deutliche Zurückhaltung bei langen Zinsbindungen zu verzeichnen.

33 Sofern der Zinssatz nicht durch eine Zinsbindung festgeschrieben oder durch eine Zinsgleitklausel determiniert ist, können Zinsänderungen einzelvertraglich vereinbart werden. Hinzu tritt das Recht des Darlehensgebers, den Zinssatz durch einseitige Erklärung anzupassen. Rechtsgrundlage dafür sind **Zinsanpassungsklauseln**, die sich in unterschiedlichen Ausgestaltungen in Darlehensverträgen finden oder sich auf

Bestimmungen in den AGB-Banken stützen. In Klausel Nr. 12 AGB-Banken heißt es u.a.:

Auszug Klausel Nr. 12 AGB-Banken 34

„(3) Änderung von Zinsen und Entgelten

Die Änderung der Zinsen bei Krediten mit einem veränderlichen Zinssatz erfolgt aufgrund der jeweiligen Kreditvereinbarung mit dem Kunden. Das Entgelt für Leistungen, die von Kunden im Rahmen der Geschäftsverbindung typischerweise dauerhaft in Anspruch genommen werden (zum Beispiel Konto- und Depotführung) kann die Bank nach billigem Ermessen (§ 315 BGB) ändern.

(4) Kündigungsrecht des Kunden bei Erhöhung von Zinsen und Entgelten

Die Bank wird dem Kunden Änderungen von Zinsen und Entgelten nach Abs. 3 mitteilen. Bei einer Erhöhung kann der Kunde, sofern nichts anderes vereinbart ist, die davon betroffene Geschäftsbeziehung innerhalb von sechs Wochen nach Bekanntgabe der Änderung mit sofortiger Wirkung kündigen. Kündigt der Kunde, so werden die erhöhten Zinsen und Entgelte für die gekündigte Geschäftsbeziehung nicht zugrunde gelegt. Die Bank wird zur Abwicklung eine angemessene Frist einräumen."

Sowohl Zinsanpassungsklauseln als auch Klausel Nr. 12 AGB-Banken beruhen auf 35 dem **einseitigen Leistungsbestimmungsrecht** nach § 315 BGB. Erforderlich ist dazu eine Erklärung gegenüber dem Vertragspartner. Als zu bestimmende Leistung für den hier interessierenden Bereich kommt der Zinssatz infrage. Die Bestimmung ist nur dann verbindlich, wenn sie **nach billigem Ermessen** erfolgte. Die Rechtsprechung hat Kriterien für die Unbilligkeit von Zinsanpassungen erarbeitet: Der Darlehensnehmer muss bereits bei Abschluss des Vertrages erkennen können, unter welchen Voraussetzungen eine Zinserhöhung in Betracht kommt. Eine entsprechende Zinsanpassungsklausel muss möglichst klar und verständlich formuliert sein, so dass der Darlehensnehmer im Falle einer Zinserhöhung nachprüfen kann, ob die geforderte Konditionenanpassung den zuvor vereinbarten Maßstäben entspricht.

In Darlehensverträgen werden sich in Zukunft vermehrt Klauseln finden, die das Zins- 36 anpassungsrecht der Banken und Sparkassen an die durch ein z.B. jährlich durchzuführendes Rating des Kreditnehmers koppeln. Dabei muss bereits im Vorfeld festgelegt werden, welche Ratingergebnisse welche Zinsänderungen nach sich ziehen. Zinsänderung bedeutet dabei keine Einbahnstraße: Neben Zinserhöhungen bei schlechten Ratingergebnissen müssen auch Zinssenkungen bei positiver Ratingentwicklung möglich sein. Sofern eine solche Klausel verwendet wird, ist lediglich zu prüfen, ob die Klausel ihrerseits AGB-rechtlich zulässig ist.

2. Prozessuale Durchsetzung

Sofern keine außergerichtliche Einigung über ein angemessene Zinshöhe erfolgt, ist 37 eine prozessuale Durchsetzung erforderlich. Im Streitfall trägt die Bank oder Sparkasse die Beweislast für die Billigkeit der von ihr verlangten Zinsanpassung. Sofern bereits Zinsen aus dem vermeintlich überhöhten Zinssatz gezahlt wurden, ist eine Leistungsklage auf Rückerstattung zu viel gezahlter Zinsen verbunden mit dem Antrag auf Feststellung, dass der in Rechnung gestellte Zinssatz Ergebnis einer unbilligen einseitigen Konditionenanpassung ist, zu erheben.

III. Disagio

38 Wird ein vereinbartes Disagio (Aufgeld) bei der Auszahlung des Kredites einbehalten, wird für die Berechnung der Zinslast gleichwohl die gesamte Kreditsumme unter Einschluss des Disagios herangezogen. Diese Berechnung verstößt nach der Rechtsprechung nicht gegen das Zinseszinsverbot nach § 248 BGB.[25]

E. Aufklärungs- oder Beratungspflichten

39 Die Aufklärungs- und Beratungspflichten steht im Bankrecht vor allem im Bereich der Kapitalanlage und Vermögensverwaltung im Mittelpunkt.[26] Im Darlehensrecht kann der Bankkunde Schadensersatzansprüche nur selten erfolgreich auf die Verletzung von Aufklärungs- oder Beratungspflichten stützen. Gesteigerte Aufklärungs- oder Beratungspflichten bestehen im Darlehensrecht nicht.[27] Die Bank ist nicht verpflichtet, den Darlehensnehmer vor Abschluss des Darlehensvertrages über die Risiken der geplanten Darlehensverwendung aufzuklären. Insbesondere ist die Bank auch nicht gehalten, dem Darlehensnehmer von der Kreditaufnahme abzuhalten, um eine Überschuldung zu verhindern. Ausnahmen ergeben sich im Einzelfall als Ausfluss des Gebotes von Treu und Glauben, wenn ein besonderes Schutzbedürfnis des Darlehensnehmers besteht. Dazu zählen Fälle, in denen der Bank ein konkreter Wissensvorsprung über die Risiken der geplanten Kreditverwendung vorliegt. Das gleiche gilt dann, wenn die Bank oder Sparkasse ihre Rolle als bloße Kreditgeberin überschreitet und in die Planung, Durchführung oder den Vertrieb des zu finanzierenden Projekts unmittelbar eingebunden ist.

40 Es besteht grundsätzlich keine Verpflichtung der Bank oder Sparkasse, nach Valutierung des Darlehens nachträglich über nunmehr drohende Risiken zu informieren oder auf veränderte Rahmenbedingungen im Sinne einer Warnpflicht hinzuweisen.

---

25 BGH, NJW 2000, 352.
26 Dazu grundlegend BGH, NJW 1994, 2433; vgl. zudem Arendts, Die Haftung für fehlerhafte Anlageberatung, 1998; Lang, Informationspflichten für Wertpapierdienstleister, 2003; Schäfer/Müller, Haftung für fehlerhafte Wertpapierdienstleistungen, 2. Aufl., 2005; Brandt, Aufklärungs- und Beratungspflichten der Kreditinstitute bei der Kapitalanlage, Baden-Baden 2002; Vortmann, Aufklärungs- und Beratungspflichten der Banken, 7. Aufl., 2002.
27 Vgl. OLG Stuttgart, WM 2000, 292; vgl. zum Ganzen auch Singer, Aufklärungspflichten (und Sittenverstöße) im Konsumentenkreditgeschäft, ZBB 1998, 141; Rott, Mitverantwortung des Kreditgebers bei der Kreditaufnahme, BKR 2003, 851.

§ 3 Kündigung des Darlehensvertrages

Literatur: Eichner, Vorzeitige Beendigung von Darlehensverträgen – Voraussetzungen und Methoden der Berechnung von Vorfälligkeits- und Nichtabnahmeentschädigung, MDR 2001, 1338; Rösler/Wimmer, Zahlungsverpflichtungen und Zahlungsströme bei vorzeitiger Beendigung von Darlehensverträgen, WM 2000, 164; Rösler/Wimmer/Lang, Vorzeitige Beendigung von Darlehensverträgen, 2003; Wehrt, Zweifelsfragen der Vorfälligkeitsentschädigungsberechnung, WM 2004, 401.

A. Kündigung durch den Darlehensnehmer

I. Ordentliche Kündigung

Dem Darlehensnehmer steht ein unabdingbares ordentliches Kündigungsrecht nach § 489 BGB zu. Das ordentliche Kündigungsrecht unterscheidet zwischen Darlehen mit festem und variablem Zinssatz: 41

- Bei einem **festverzinslichen Darlehen** steht die Höhe des Zinssatzes für einen bestimmten Zeitraum fest. Ein ordentliches Kündigungsrecht steht dem Darlehensnehmer bei Ablauf der Zinsbindung zu und kann unter Einhaltung einer einmonatigen Kündigungsfrist geltend gemacht werden (§ 489 Abs. 1 Nr. 1 BGB). Das Bestehen eines einseitigen Zinsanpassungsrechts nach § 315 BGB berührt das Kündigungsrecht nicht. Nach zehnjähriger Laufzeit kann jedes festverzinsliche Darlehen ordentlich gekündigt werden, dies gilt sogar für noch laufende Zinsbindungen. Besondere Aufmerksamkeit ist bei der Beratung des Mandanten und den Verhandlungen mit der darlehensgebenden Bank der Regelung des § 489 Abs. 1 Nr. 3 a.E. BGB zu widmen: Durch eine Vereinbarung über den Zeitpunkt der Darlehensrückzahlung sowie über den Zinssatz wird ein neuer Anknüpfungspunkt für die 10-Jahresfrist gesetzt, so dass das ursprünglich an die Darlehensauszahlung vor zehn Jahren anknüpfende Kündigungsrecht erlischt.
- Bei Darlehensverträgen mit **variablen Zinssätzen** richtet sich das ordentliche Kündigungsrecht des Darlehensnehmers nach § 489 Abs. 2 BGB. Unter Einhaltung einer Kündigungsfrist von drei Monaten kann der Darlehensvertrag jederzeit gekündigt werden. Ein variabler Zinssatz kann sich durch eine Zinsgleitklausel (z.B. Bindung an einen Referenzzinssatz) oder durch ein einseitiges Zinsbestimmungsrecht nach § 315 BGB ergeben.

Jede ordentliche Kündigung des Darlehensnehmers führt zur sofortigen Fälligkeit des Darlehensbetrages. § 489 Abs. 3 BGB fingiert die Wirkungslosigkeit der Kündigungserklärung für den Fall der nicht rechtzeitigen Tilgung der Restschuld innerhalb von zwei Wochen. 42

In der Beratungssituation muss sorgfältig abgewogen werden, ob eine Kündigung des Darlehensvertrages erfolgen sollte. Dabei dürfen neben den rechtlichen Voraussetzungen vor allem die Finanzierungsinteressen des Darlehensnehmers nicht aus dem Blickfeld geraten. Nach der Kündigung muss der Darlehensbetrag zurück gezahlt werden. 43

Strauß/Teuber

Es ist daher im Vorfeld durch Verhandlungen zu klären, ob der Darlehensnehmer dazu in der Lage ist oder ob der vorhandene Finanzierungsbedarf im Zuge einer Umschuldung durch einen anderen Darlehensgeber gedeckt werden kann. Darüber hinaus sind die Kosten einer entsprechenden Darlehensablösung im Vorfeld zu ermitteln und in die Entscheidung miteinzubeziehen.

II. Außerordentliche Kündigung

44 Der Darlehensvertrag stellt ein Dauerschuldverhältnis dar; dem Darlehensnehmer steht daher bereits nach allgemeinen Grundsätzen (§ 314 BGB) stets ein außerordentliches Kündigungsrecht zur Verfügung. Dieses außerordentliche Kündigungsrecht hat in § 490 Abs. 2 BGB eine Konkretisierung erfahren. Dem Kreditnehmer soll dadurch eine anderweitige, wirtschaftlich sinnvollere Verwertung des Sicherungsguts ermöglicht werden. Dieses Kündigungsrecht ist abdingbar, allerdings in AGB nicht gegenüber Verbrauchern und Existenzgründern. § 490 Abs. 2 BGB gilt für festverzinsliche Darlehen, die grundpfandrechtlich gesichert sind. Das berücksichtigungswürdige berechtigte Interesse des Darlehensnehmers besteht insbesondere in dem wirtschaftlich begründbare Wunsch nach anderweitiger Verwertung der mit einem Grundpfandrecht belasteten Immobilie. Auch hier ist die Kündigungsfrist nach § 489 Abs. 1 Nr. 2 BGB zu berücksichtigen. Der Kündigung folgt die Rückerstattungspflicht des Darlehens wie bei § 489 Abs. 1 S. 1 Fall 2 BGB.

III. Vorfälligkeitsentschädigung

45 Eine bedeutende Folge der vorzeitigen Beendigung des Darlehensvertrages ist der Anspruch des Darlehensgebers auf Zahlung einer Vorfälligkeitsentschädigung. Dabei handelt es sich nicht um einen Schadensersatzanspruch (die Ausübung des Gestaltungsrechts ist keine Pflichtverletzung), sondern um einen **modifizierten Zinsanspruch**. Der Anspruch der Bank auf Zahlung einer Vorfälligkeitsentschädigung ist das Korrelat für den Anspruch des Darlehensnehmers, vorzeitig aus dem Darlehensvertrag entlassen zu werden.

46 Auch der Anspruch auf Vorfälligkeitsentschädigung kann bei hinreichend weiter Sicherungszweckabrede durch eine Grundschuld gesichert sein. Der Darlehensgeber kann die Freigabe von Sicherheiten gem. § 273 BGB nur bis zur Zahlung von Vorfälligkeitsentschädigung verweigern.

47 Der Darlehensgeber kann auch bei einem grundpfandrechtlich gesicherten Festzinskredit mit vertraglich vereinbarter Laufzeit gehalten sein, in eine vorzeitige Darlehensablösung einzuwilligen. Als Voraussetzung hat der BGH das Bedürfnis des Darlehensnehmers nach einer wirtschaftlich sinnvollen anderweitigen Verwertung des beliehenen Objekts anerkannt, wenn nur auf diese Weise die wirtschaftliche Handlungsfähigkeit des Darlehensgebers erhalten werden kann. Auch in diesen Fällen vertraglich vereinbarter Kreditlaufzeit steht dem Darlehensgeber ein Anspruch auf Zahlung einer Vorfälligkeitsentschädigung zu.[28] Die Höhe dieses Anspruchs kann von den Gerichten auf

---

28 BGHZ 136, 161, 166.

ihre Angemessenheit hin überprüft werden. Als Maßstab wird dabei die Frage herangezogen, ob die Vorfälligkeitsentschädigung die Nachteile der Kreditablösung für die Bank überkompensiert.

Erfolgt die Kreditablösung durch gegenseitige **Vereinbarung**, ohne dass der Darlehensnehmer sich auf eine entsprechend große Einschränkung seiner wirtschaftlichen Handlungsfreiheit berufen kann, gelten für die Beurteilung der zulässigen Höhe der Vorfälligkeitsentschädigung andere Maßstäbe: In diesen Fällen obliegt die Vereinbarung der Vertragspartner über die Höhe der Vorfälligkeitsentschädigung keiner Angemessenheitskontrolle, sondern darf nur die Grenzen der Sittenwidrigkeit nicht überschreiten.[29] Dem Darlehensgeber steht kein Anspruch auf Vorfälligkeitsentschädigung zu, wenn der Darlehensnehmer bei ihm gleichzeitig mit der Ablösung des alten Darlehens einen Neukredit in übersteigender Höhe und zu für das Kreditinstitut nicht schlechteren Konditionen aufnimmt.[30]

48

Die **Berechnung** der Vorfälligkeitsentschädigung ist sehr schwierig. Die von den Banken und Sparkassen vorgelegte Berechnung kann zumeist vom Rechtsanwalt nicht detailliert überprüft werden. Hier ist bereits im vorprozessualen Stadium gutachterliche Hilfe vonnöten. Leider zeigt sich in der Praxis an dieser Stelle sehr häufig, dass die Rechtsschutzversicherer dieses Gutachten nicht finanzieren. Gleichwohl ist es zur Einschätzung der Erfolgsaussichten eines Rechtsstreits häufig unerlässlich, die Berechnung und insbesondere die Berechnungsgrundlagen gutachterlich überprüfen zu lassen. Dazu stehen zahlreiche Verbraucherberatungsstellen oder z.B. das Institut für Finanzdienstleistungen[31] zur Verfügung.

49

Die Vorfälligkeitsentschädigung umfasst sowohl den Zinsmargen- als auch den Zinsverschlechterungsschaden.[32] Bei der sog. Aktiv-Aktiv-Berechnungsmethode wird auf den Schaden der Bank bei hypothetischer Neuausreichung der vorzeitig zurückgeflossenen Darlehensvaluta als neues Darlehen abgestellt. Bei der sog. Aktiv-Passiv-Berechnungsmethode stellt sich der auszugleichende finanzielle Nachteil des Darlehensgebers als Differenz dar zwischen den Zinsen, die der Darlehensnehmer bei Abnahme des Darlehens tatsächlich gezahlt hätte, und der Rendite, die sich aus einer laufzeitkongruenten Wiederanlage der freigewordenen Beträge in sicheren Kapitalmarkttiteln ergibt.

50

Problematisch ist vor allem die Bestimmung der hypothetischen Wiederanlagerendite, die den Kreditinstituten nach der vorzeitigen Darlehensrückzahlung zusteht. Viele Banken und Sparkassen stellen dabei auf den Pfandbriefindex Pex ab. Dieser Index wird vom Verband deutscher Hypothekenbanken[33] taggenau ermittelt. Gleichwohl hat der BGH diesen Index als prinzipiell nicht geeigneten Maßstab zur Berechnung der Vorfälligkeitsentschädigung beurteilt; vielmehr ist auf die Kapitalmarktstatistik der Deutschen Bundesbank abzustellen, da nur so ein repräsentatives Bild über die Rendi-

51

---

29 BGH, NJW 2003, 2230.
30 OLG Saarbrücken, BKR 2002, 1052.
31 Nähere Informationen siehe www.iff-hamburg.de.
32 BGHZ 131, 168; BGH, NJW 2001, 509.
33 Siehe www.hypverband.de.

teentwicklung am Rentenmarkt gewährleistet sei.[34] Für die nachträgliche Überprüfung bereits in der Vergangenheit gezahlter Vorfälligkeitsentschädigungen ist die Regelverjährung nach § 195 BGB zu beachten. Bloße Anspruchsschreiben vermögen die Verjährung auch nicht nach § 203 BGB zu hemmen. Der Anspruch auf Rückzahlung zu viel gezahlter Vorfälligkeitsentschädigung ist im Wege der Leistungsklage geltend zu machen.

52 Muster: Leistungsklage auf Rückzahlung zu viel gezahlter Vorfälligkeitsentschädigung

An das

Landgericht ▬▬▬[35]

Kammer für Handelssachen

Klage

der Mustermann GmbH, vertreten durch den Geschäftsführer Maximilian Mustermann, Abc-Straße 12, 12345 Musterstadt

vertreten durch RAe ▬▬▬

Klägerin

gegen

A-Bank AG, vertreten durch den Vorstand ▬▬▬, ▬▬▬Straße, ▬▬▬

vertreten durch RAe ▬▬▬

Beklagte

wegen ungerechtfertiger Bereicherung

Streitwert: EUR ▬▬▬

Namens und in Vollmacht des Klägers erhebe ich Klage und werde beantragen:
1. Die Beklagte wird verurteilt, an die Klägerin EUR ▬▬▬ nebst Zinsen in Höhe von 8 % über Basiszinssatz seit Rechtshängigkeit zu zahlen.
2. Die Beklagte trägt die Kosten des Rechtsstreits.
3. Das Urteil ist notfalls gegen Sicherheitsleistung vorläufig vollstreckbar.

Es wird angeregt, einen frühen ersten Termin zu bestimmen. Sofern das Gericht das schriftliche Vorverfahren anordnet, wird für den Fall der Fristversäumnis oder des Anerkenntnisses beantragt,

den Beklagten durch Versäumnis- oder Anerkenntnisurteil ohne mündliche Verhandlung zu verurteilen.

Mit der Entscheidung der Sache durch einen Einzelrichter ist die Klägerin einverstanden.

---

34 BGH, DB 2005, 388.
35 Zur örtlichen Zuständigkeit vgl. §§ 17, 21 ZPO.

Begründung:

Mit Vertrag vom ■■■ gewährte die Beklagte der Klägerin ein grundpfandrechtlich gesichertes Annuitätendarlehen über EUR ■■■ zu 5,35 % Zinsen bei 2 % Tilgung ab ■■■ fest bis zum ■■■ zur Finanzierung einer gewerblichen Immobilie. Nachdem die Klägerin das beliehene Objekt im Jahre ■■■ verkauft hatte und der im Zuge des Verkaufs mit der Ablösung und Löschung der Grundpfandrechte beauftragte Notar um Angabe des Ablösungsbetrages gebeten hatte, willigte die Beklagte in die vorzeitige Ablösung des Annuitätendarlehens gegen Zahlung einer von ihr auf EUR ■■■ festgesetzten Vorfälligkeitsentschädigung ein. Am ■■■ wurde das Darlehen einschließlich der Vorfälligkeitsentschädigung vereinbarungsgemäß zurückgeführt.

Bei der Berechnung der Vorfälligkeitsentschädigung hat sich die Beklagte nicht an der Kapitalmarktstatistik der Deutschen Bundesbank orientiert, sondern an ■■■. Dadurch ist jedoch keine hinreichend genaue, den Vorgaben des Bundesgerichtshofs genügende Berechnung der Vorfälligkeitsentschädigung gewährleistet.

Beweis: Sachverständigengutachten.

Die Berechnung der Vorfälligkeitsentschädigung anhand der Kapitalmarktstatistik der Deutschen Bundesbank hätte einen Anspruch der Beklagten in Höhe von EUR ■■■ nach sich gezogen.

Beweis: Sachverständigengutachten.

Aus diesem Grunde ist die Beklagte durch die Zahlung der Vorfälligkeitsentschädigung durch die Klägerin vom ■■■ um EUR ■■■, die Klagesumme, bereichert.

Die Beklagte verweigerte die Rückzahlung trotz Fristsetzung und Mahnung; daher ist nunmehr Klage geboten.

■■■

Rechtsanwalt

B. Kündigung durch den Darlehensgeber

I. Ordentliche Kündigung

Dem Darlehensgeber steht nach den bürgerlich-rechtlichen Vorschriften kein ausdrückliches ordentliches Kündigungsrecht zu. Allerdings ist zu berücksichtigen, dass sich aus Klausel Nr. 19 der Allgemeinen Geschäftsbedingungen der Banken ein solches Kündigungsrecht ergibt.

Auszug Klausel Nr. 19 AGB-Banken

„(1) Kündigung unter Einhaltung einer Kündigungsfrist

Die Bank kann die gesamte Geschäftsverbindung oder Einzelne Geschäftsbeziehungen, für die weder eine Laufzeit noch eine abweichende Kündigungsregelung vereinbart ist, jederzeit unter Einhaltung einer angemessenen Kündigungsfrist kündigen (zum Beispiel den Scheckvertrag, der zur Nutzung von Scheckvordrucken berechtigt). Bei der Bemessung der Kündigungsfrist wird die Bank auf die berechtigten Belange des Kunden Rücksicht nehmen.

Für die Kündigung der Führung von laufenden Konten und Depots beträgt die Kündigung mindestens sechs Wochen.

(2) Kündigung unbefristeter Kredite

Kredite und Kreditzusagen, für die weder eine Laufzeit noch eine abweichende Kündigungsregelung vereinbart ist, kann die Bank jederzeit ohne Einhaltung einer Kündigungsfrist kündigen. Die Bank wird bei der Ausübung dieses Kündigungsrechts auf die berechtigten Belange des Kunden Rücksicht nehmen."

55 Die Sonderregel in Nr. 19 Abs. 2 AGB-Banken gilt für unbefristete Kredite oder Kreditzusagen. Darunter fallen auch die auf einem Kontokorrentkonto („Girokonto") zugesagten Dispositionskredite bzw. die geduldeten Überziehungskredite.

56 In der anwaltlichen Beratung ist besonderes Augenmerk auf die Berücksichtigung der berechtigten Belange des Darlehensnehmers zu richten. Diese **Kundeninteressen** sind verletzt bei einer Kündigung zur Unzeit oder wenn sich die Kündigung als rechtsmissbräuchlich erweisen sollte. Eine **Kündigung zur Unzeit** kann insbesondere dann angenommen werden, wenn ausreichende Sicherheiten bestellt wurden und dem Darlehensnehmer durch die Kündigung ein Schaden droht.[36] Der Darlehensnehmer kann sich nicht auf den Einwand einer unzeitigen Kündigung berufen, wenn er aufgrund eines eigenen Vertragsverstoßes mit einer Kündigung rechnen muss. Dazu kann auch die übermäßige Kontoüberziehung zählen; allerdings sind im Rahmen einer Abwägung auch hier das Sicherungsinteresse der Bank und das Finanzierungsinteresse des Darlehensnehmers gegenüberzustellen. Sollte sich die durch die Bank ausgesprochene Kündigung als Kündigung zur Unzeit herausstellen, führt dies nicht zur Unwirksamkeit der Kündigung, sondern setzt eine angemessene Frist zur ordentlichen fristgerechten Kündigung in Gang.[37]

57 Eine Kündigung kann ebenfalls gegen die berechtigten Belange des Bankkunden verstoßen, wenn es sich um eine **rechtsmissbräuchliche Kündigung** handelt. Eine rechtsmissbräuchliche Kündigung ist unwirksam. Es liegt auf der Hand, dass der Einwand der Rechtsmissbräuchlichkeit nur unter engen Voraussetzungen eingreift. In der Beratungssituation mit dem Mandanten sollte gleichwohl in Erfahrung gebracht werden, ob entsprechende Anhaltspunkte möglicherweise vorliegen. Es handelt sich dabei entweder um einen Vertrauenstatbestand oder eine Zweckbestimmung des Darlehens. Ein schutzwürdiges Vertrauen des Kreditnehmers auf Fortführung des Darlehensvertrages kann z.B. durch die mehrmonatige Duldung einer hohen Kontoüberziehung begründet sein. Allerdings ist der Mandant deutlich darauf hinzuweisen, dass der Verweis auf seine berechtigten Belange hier lediglich eine fristlose Kündigung verwehrt, eine fristgebundene ist auch in diesem Fall selbstverständlich möglich. Das gleiche gilt für die Zweckbestimmung eines Darlehens. Sofern der Bank bei Darlehensvergabe bekannt ist, dass es sich um ein Existenzgründungsdarlehen oder ein Sanierungsdarlehen handelt, verstößt eine fristlose überraschende Kündigung gegen die berechtigten Belange des Darlehensnehmers, wenn dadurch seine Existenzgründung oder die Sanierung

---

36 Vgl. LG Rottweil, WM 1988, 1745.
37 Vgl. OLG Köln, NJW 1996, 1065.

gefährdet werden. Auch hier ist jedoch eine fristgebundene Kündigung nicht ausgeschlossen, wenn sich der Sanierungsplan als völlig aussichtslos herausstellen sollte.

II. Außerordentliche Kündigung

Auch dem Darlehensgeber steht ein außerordentliches Kündigungsrecht nach § 490 BGB in Verbindung mit den Regelung der Allgemeinen Geschäftsbedingungen zu. Durch diese Bestimmungen wird das allgemeine Kündigungsrecht nach § 314 BGB modifiziert und tritt zurück. Das außerordentliche Kündigungsrecht des Darlehensgebers wird durch Klausel Nr. 19 der Allgemeinen Geschäftsbedingungen der Banken konkretisiert:

Auszug Klausel Nr. 19 AGB-Banken

„(3) Kündigung aus wichtigem Grund ohne Einhaltung einer Kündigungsfrist

Eine fristlose Kündigung der gesamten Geschäftsverbindung oder Einzelner Geschäftsbeziehungen ist zulässig, wenn ein wichtiger Grund vorliegt, der der Bank, auch unter Berücksichtigung der berechtigten Belange des Kunden, deren Fortsetzung unzumutbar werden lässt. Ein wichtiger Grund liegt insbesondere vor,
- wenn der Kunde unrichtige Angaben über seine Vermögensverhältnisse gemacht hat, die für die Entscheidung der Bank über die Kreditgewährung oder über andere mit Risiken für die Bank verbundene Geschäfte (z.B. Aushändigung einer Zahlungskarte) von erheblicher Bedeutung waren, oder
- wenn eine wesentliche Verschlechterung der Vermögensverhältnisse des Kunden oder der Werthaltigkeit einer Sicherheit eintritt oder einzutreten droht und dadurch die Rückzahlung des Darlehens oder die Erfüllung einer sonstigen Verbindlichkeit gegenüber der Bank – auch unter Verwertung einer hierfür bestehenden Sicherheit – gefährdet ist, oder
- wenn der Kunde seiner Verpflichtung zur Bestellung oder Verstärkung von Sicherheiten nach Nr. 13 II dieser Geschäftsbedingungen oder aufgrund einer sonstigen Vereinbarung nicht innerhalb der von der Bank gesetzten angemessenen Frist nachkommt.

Besteht der wichtige Grund in der Verletzung einer vertraglichen Pflicht, ist die Kündigung erst nach erfolglosem Ablauf einer zur Abhilfe bestimmten angemessenen Frist oder nach erfolgloser Abmahnung zulässig, es sei denn, dies ist wegen der Besonderheiten des Einzelfalls (§ 323 Abs. 2 und 3 BGB) entbehrlich."

Der Darlehensgeber kann nach § 490 Abs. 1 BGB kündigen, wenn sich die Vermögensverhältnisse des Darlehensnehmers oder die Werthaltigkeit der bestellten Sicherheiten wesentlich verschlechtern oder zu verschlechtern drohen und dadurch die Rückerstattung des Darlehens gefährdet wird. Ein wichtiger Grund zur fristlosen Kündigung eines Darlehens liegt bei unmittelbar drohender Gefahr der Zahlungsunfähigkeit vor.[38] Diese außerordentliche Kündigung aus wichtigem Grund kann fristlos erfolgen.

Der Darlehensnehmer kann sich erfolgreich gegen eine derartige Kündigung wehren, wenn er dem Darlehensgeber nachweist, dass dieser bereits bei Vertragsabschluss von der schlechten Vermögenslage Kenntnis hatte. Die unpünktliche Tilgung allein trägt

---

38 BGH, ZIP 2003, 1336.

noch nicht die Behauptung, dass eine wesentliche Verschlechterung der Vermögenslage einzutreten drohe. Ausreichend sind hingegen neue Verbindlichkeiten oder der Ausfall von bedeutenden Schuldnern des Darlehensnehmers, es muss hingegen noch keine effektive Vermögenseinbuße beim Darlehensnehmer eingetreten sein. Bei der ebenfalls erforderlichen **Gefährdung der Darlehensrückzahlung** müssen vorhandene Sicherheiten berücksichtigt werden. Dabei genügt eine Prognose, der Darlehensgeber muss sich nicht darauf verweisen lassen, zunächst einen (fruchtlosen) Verwertungsversuch zu unternehmen.

62 Wenn die Angaben verweigert werden, folgt daraus ebenfalls ein Kündigungsrecht aus wichtigem Grund. Das Verweigern der nötigen Angaben steht der Bekanntgabe unrichtiger Angaben gleich. Nach der Auszahlung des Darlehens kann der Darlehensgeber von dem außerordentlichen, fristlosen Kündigungsrecht nach § 490 Abs. 1 a.E. BGB nur „in der Regel" Gebrauch machen. Erforderlich ist eine „Gesamtwürdigung der Kündigungssituation".[39] In diesem Rahmen ist u.a. zu prüfen, ob die Vermögensverschlechterung nicht nur vorübergehend ist. Das Kündigungsrecht wäre ebenfalls ggf. ausgeschlossen, wenn es zur Insolvenz des Darlehensnehmers führte, die bei einer Ratenzahlungsvereinbarung vermieden werden könnte.

63 Sofern die Kündigung der Kreditverträge den Darlehensnehmer in die Insolvenz treibt, ergibt sich gelegentlich ein Verhandlungsargument aus der drohenden Anfechtbarkeit der Darlehensrückzahlung nach § 129 InsO. Dies ist im Einzelfall sorgfältig zu prüfen, darf jedoch auch nicht übergewichtet werden.

---

39 Vgl. Regierungsbegründung zum Schuldrechtsmodernisierungsgesetz, BT-Dr. 14/6040, S. 254.

§ 4 Verbraucherkreditrecht

A. Verbraucherdarlehensverträge

I. Einführung

Die Regelungen über den Verbraucherdarlehensvertrag finden sich in den §§ 491 ff. BGB, die das vormalige VerbrKrG abgelöst haben. Dabei sind die Übergangsfristen nach Art. 229 § 5 EGBGB zu beachten. Es handelt sich um **unabdingbare** Vorschriften (§ 506 BGB), die sich an schutzbedürftige Verbraucher wenden, die als Darlehensnehmer einem Unternehmer als Darlehensgeber gegenüber stehen.

Der Darlehensnehmer trägt die Beweislast für seine Verbrauchereigenschaft.[40] Der Darlehensgeber ist hingegen mit dem Beweis für die Nichtanwendbarkeit der Schutzvorschriften belastet. Als Darlehensgeber treten regelmäßig Banken und Sparkassen oder sonstige Kreditinstitute im Sinne von § 1 KWG auf. Es reicht jedoch auch eine Darlehensvergabe durch jeden anderen Unternehmer an einen Verbraucher aus, solange der Kredit im Rahmen der gewerblichen oder beruflichen Tätigkeit herausgelegt wird.

Ob der Darlehensnehmer als Verbraucher zu qualifizieren ist, hängt vom jeweiligen **Zweck des Darlehens** ab. Dieser Zweck ist aus den vertraglichen Abreden unter Berücksichtigung der tatsächlichen Verwendung durch Auslegung zu ermitteln. Bei einer gemischten Nutzung reicht ein privater Nebenzweck nicht aus und kann die gewerbliche Nutzung nicht verdrängen.[41] Bei Mischfällen ist eine einheitliche Beurteilung erforderlich; dabei ist auf den überwiegenden Zweck abzustellen. Es ist eine ex-ante Beurteilung vorzunehmen. Es ist nicht möglich, sich durch AGB bestätigen zu lassen, dass der Vertragspartner kein Verbraucher ist (§ 309 Nr. 12 b BGB).

II. Form und Inhalt

1. Beratung

Bei der Beratung von Verbrauchern ist zunächst besondere Aufmerksamkeit auf die **Formalia** eines Verbraucherdarlehensvertrages zu lenken. Der Verbraucherkreditvertrag bedarf nach § 492 Abs. 1 S. 1 BGB der Schriftform. Darüber hinaus ist eine Vielzahl von inhaltlichen Anforderungen zu erfüllen, die sich ebenfalls aus § 492 BGB ergeben.

Nachfolgend ist ein Muster eines Darlehensvertrages für einen Verbraucherkredit dargestellt. Der mit der Prüfung der Wirksamkeit eines solchen Vertrages betraute Rechtsanwalt kann das Muster als Leitlinie und Anhaltspunkt verwenden. Fehlende, abweichende oder inhaltlich wesentlich anders gestaltete Vertragsinhalte geben Anlass zu einer detaillierten Überprüfung der Wirksamkeit des Verbraucherdarlehensvertrages.

---

40 Auch der BGB-Gesellschaft kann Verbrauchereigenschaft zukommen, vgl. BGH, NJW 2002, 368.
41 OLG Naumburg, NJW-RR 1998, 1351.

69 Muster: Darlehensvertrag für Verbraucherkredit

Die Bank gewährt dem Darlehensnehmer einen Kredit im Nennbetrag von ▪▪▪ Euro. Der Kreditbetrag wird auf Konto ▪▪▪ in Anspruch genommen. Mehrere Kreditnehmer haften als Gesamtschuldner. Ggf. Regelung über die Verfügungsberechtigung bei mehreren Kreditnehmern.

Der Zinssatz für diesen Kredit beträgt ▪▪▪ % p. a. Dieser Zinssatz wird bis zum ▪▪▪ nicht verändert. Bis spätestens zwei Wochen vor Ablauf der Zinsbindungsfrist kann jede Partei verlangen, dass über die Bedingungen der Kreditgewährung (Zinssatz, Disagio etc.) neu verhandelt wird. Wird bis zum Ablauf der Zinsbindungsfrist keine neue Vereinbarung getroffen, so hat der Kreditnehmer das Recht, unter Einhaltung einer Kündigungsfrist von einem Monat zu kündigen. Macht der Kreditnehmer hiervon keinen Gebrauch, so läuft der Kredit zu veränderlichen Konditionen weiter. Es gelten dann die dem Kreditnehmer schriftlich mitgeteilten, für Kredite dieser Art üblichen Bedingungen der Bank, wobei die Bank den Zinssatz erhöhen kann oder herabsetzen wird, wenn sich die Verhältnisse am Geld- oder Kapitalmarkt ändern. Die Erhöhung oder Herabsetzung wird die Bank nach billigem Ermessen gemäß § 315 BGB unter Berücksichtigung der Zinsentwicklung am Geld- oder Kapitalmarkt und den sich daraus ergebenden Veränderungen der Refinanzierungsmöglichkeiten vornehmen. Im Falle einer Erhöhung oder Herabsetzung des Zinssatzes kann der Kreditnehmer den Kredit innerhalb eines Monats nach Zugang der Mitteilung über den geänderten Zinssatz kündigen. Macht der Kreditnehmer hiervon Gebrauch, so ist der Kredit zu dem Zeitpunkt vorzeitig zur Rückzahlung fällig, zu dem die neuen Bedingungen in Kraft treten sollten. Weitergehende gesetzliche Kündigungsrechte des Kreditnehmers bleiben unberührt.

Das Disagio beträgt ▪▪▪ %; das einmalige Bearbeitungsentgelt beträgt ▪▪▪ % des Nettokreditbetrages. (Der BGH erkennt ein Bearbeitungsentgelt in Höhe ca. 2-3 % als üblich an.) Beide Beträge werden bei Auszahlung fällig und werden von der Bank mit der auszuzahlenden Darlehenssumme verrechnet. Das Bearbeitungsentgelt wird bei vorzeitiger Rückzahlung des Kredits nicht erstattet.

Der anfängliche effektive Jahreszins beträgt ▪▪▪ %. (Sofern der Festzinssatz für die gesamte Laufzeit des Kredites gültig sein soll, gilt das Attribut „anfänglicher" als gestrichen.) Das Disagio und das Bearbeitungsentgelt werden auf die Zinsbindungsfrist verrechnet.

Der Nettokreditbetrag beläuft sich auf ▪▪▪ Euro.

Der Gesamtbetrag setzt sich zusammen aus allen während der Darlehenslaufzeit zu entrichtenden Zinszahlungen, Tilgungsleistungen, dem Disagio, dem Bearbeitungsentgelt sowie den sonstigen Kosten. Der Gesamtbetrag beläuft sich auf ▪▪▪ Euro.

Ggf. Regelungen über zu bestellende Sicherheiten sowie über eine abzuschließende Restschuldversicherung.

Der Kreditnehmer kann den oben genannten Kreditvertrag in einer Frist von zwei Wochen schriftlich widerrufen. Der Widerruf muss in Textform (z.B. schriftlich, per Telefax oder per E-Mail) erfolgen. Der Widerruf bedarf keiner Begründung. Der Lauf der Widerrufsfrist beginnt einen Tag nach der unterschriebenen Bestätigung über den Erhalt dieser Widerrufsbelehrung. Zur Wahrung der Frist gehört die rechtzeitige Absendung des Widerrufs. Der Widerruf ist zu richten an ▪▪▪.

Sofern der Kreditnehmer bereits vor Ablauf der Widerrufsfrist eine Leistung von der Bank erhalten hat, schränkt dies das Widerrufsrecht nicht ein. Für den Fall des Widerrufs ist der Darlehensnehmer dann jedoch verpflichtet, den Darlehensbetrag innerhalb von zwei Wochen nach Erklärung des Widerrufs oder nach Auszahlung des Kredits zurückzuzahlen.

■■■
Unterschrift des Darlehensnehmers.

Der Darlehensgeber ist verpflichtet, die Vorgaben der **Preisangabenverordnung**[42] zu beachten. Die PAngV verfolgt das Ziel, dem Verbraucherkreditnehmer den tatsächlichen Preis für das Darlehen aufzuzeigen. Der Verbraucher soll auf diese Weise objektiv über die Kosten informiert werden, um Konditionen miteinander vergleichen und den für ihn günstigsten Kreditvertrag auswählen zu können.

Die Notwendigkeit einer entsprechenden Preisangabe beruht auf der Tatsache, dass sich die Kosten eines Darlehens nicht nur aus der Zinsbelastung, sondern auch aus Bearbeitungsgebühren sowie ggf. einem Disagio oder einer (Vermittlungs-)Provision ergeben. § 6 PAngV schreibt vor, dass der (anfängliche) effektive Jahreszins unter Berücksichtigung aller Kosten errechnet werden muss. Die Berechnung des effektiven Jahreszinses beruht seit 1998 auf einer EG-Richtlinie.[43] Ein Verstoß gegen die Vorschriften der PAngV führt nicht zur Unwirksamkeit des Vertrages nach § 134 BGB, sondern rechtfertigt eine Anfechtung nach § 123 BGB. Zudem ist formgerecht auf das **Widerrufsrecht** nach § 495 BGB hinzuweisen. In der Praxis findet sich dabei häufig folgende Formulierung:

Muster: Widerrufsbelehrung Verbraucherdarlehensvertrag

Sie können Ihre Vertragserklärung innerhalb von zwei Wochen ohne Angabe von Gründen in Textform (z.B. Brief, Fax, E-Mail) widerrufen. Die Frist beginnt frühestens mit Erhalt dieser Belehrung. Zur Wahrung der Widerrufsfrist genügt die rechtzeitige Absendung des Widerrufs. Der Widerruf ist zu richten an: ■■■.

Im Falle eines wirksamen Widerrufs sind die beiderseits empfangenen Leistungen zurückzugewähren und ggf. gezogene Nutzungen (z.B. Zinsen) herauszugeben. Können Sie die empfangene Leistung ganz oder teilweise nicht oder nur in verschlechtertem Zustand zurückgewähren, müssen Sie uns insoweit ggf. Wertersatz leisten. Verpflichtungen zur Erstattung von Zahlungen müssen Sie innerhalb von 30 Tagen nach Absendung Ihrer Widerrufserklärung erfüllen.

Wenn bei einem verbundenen Geschäft über das finanzierte Geschäft belehrt werden soll:

Muster: Widerrufsbelehrung bei verbundenem Geschäft (1)

Haben Sie diesen Vertrag durch ein Darlehen finanziert oder widerrufen Sie den finanzierten Vertrag, sind Sie auch an den Darlehensvertrag nicht mehr gebunden, wenn beide Verträge eine wirtschaftliche Einheit bilden. Dies ist insbesondere anzunehmen, wenn wir

---

42 Vgl. dazu ausführlich Wimmer, Die neue Preisangabenverordnung, WM 2001, 447; hier finden sich auch detaillierte Hinweise zu den Berechnungsmodalitäten.
43 Richtlinie zur weiteren Harmonisierung der Methoden der Effektivzinsberechnung (87/102/EWG), ABl. EG Nr. L 101, S. 17 ff. vom 11.04.1998.

gleichzeitig Ihr Darlehensgeber sind oder wenn sich Ihr Darlehensgeber im Hinblick auf die Finanzierung unserer Mitwirkung bedient. Wenn uns das Darlehen bei Wirksamwerden des Widerrufs oder der Rückgabe bereits zugeflossen ist, können Sie sich wegen der Rückabwicklung nicht nur an uns, sondern auch an Ihren Darlehensgeber halten. Letzteres gilt nicht, wenn der vorliegende Vertrag den Erwerb von Wertpapieren, Devisen, Derivaten oder Edelmetallen zum Gegenstand hat.

Wenn für einen Darlehensvertrag belehrt werden soll:

75 Muster: Widerrufsbelehrung bei verbundenem Geschäft (2)

7 Widerrufen Sie diesen Darlehensvertrag, mit dem Sie Ihre Verpflichtungen aus einem anderen Vertrag finanzieren, so sind Sie auch an den anderen Vertrag nicht gebunden, wenn beide Verträge eine wirtschaftliche Einheit bilden. Dies ist insbesondere anzunehmen, wenn wir zugleich auch Ihr Vertragspartner im Rahmen des anderen Vertrags sind, oder wenn wir uns bei Vorbereitung oder Abschluss des Darlehensvertrags der Mitwirkung Ihres Vertragspartners bedienen. Können Sie auch den anderen Vertrag widerrufen, so müssen Sie den Widerruf gegenüber Ihrem diesbezüglichen Vertragspartner erklären.

76 Der **Widerruf** ist durch einfache Erklärung in Textform gegenüber dem Vertragspartner zu erklären. In der Beratungssituation ist allerdings im Gespräch mit dem Mandanten zu klären, ob ein Widerruf sinnvoll ist. Dabei kommt es stets vor allem auf die Bedeutung des finanzierten Objekts an.

77 Sofern es sich dabei um eine wichtige Investition handelt, sollten bereits vor dem Widerruf alternative Finanzierungsquellen erschlossen werden.

2. Prozessuale Durchsetzung

78 Nicht formwahrende Verträge sind nach § 494 Abs. 1 S. 1 BGB nichtig. Eine Heilung kann lediglich durch eine tatsächliche Durchführung der gegenseitigen vertraglichen Verpflichtungen erzielt werden. Dabei ist aber zu berücksichtigen, dass ggf. geänderte Konditionen nach § 494 Abs. 2 und 3 BGB eingreifen. Bei einem nichtigem, nicht infolge der Durchführung geheilten Verbraucherdarlehensvertrag ist Leistungsklage auf Herausgabe der empfangenen Leistungen zu erheben.

79 Nach dem Widerruf des Darlehensvertrages durch den Darlehensnehmer ist Leistungsklage auf Rückgewähr der gegenseitig empfangenen Leistungen Zug-um-Zug zu erheben.

3. Zwangsvollstreckung

80 Nachdem durch das Gerichtsverfahren die Darlehensrückabwicklung tituliert wurde, stehen sich Zahlungsansprüche gegenüber. Hier entstehen bei der Zwangsvollstreckung keine Besonderheiten.

III. Kündigung

81 Zusätzlich zu den unten in § 4 dargestellten Kündigungsmöglichkeiten steht dem Kreditnehmer eines Verbraucherdarlehensvertrages ein **ordentliches Kündigungsrecht** nach § 489 Abs. 1 Nr. 2 BGB zu. Das Kündigungsrecht betrifft festverzinsliche Darlehen, die nicht grundpfandrechtlich gesichert sind. Nach Ablauf einer unkündbaren

Vorlaufzeit von sechs Monaten nach Auszahlung ist diese Kündigung unter Einhaltung einer dreimonatigen Kündigungsfrist möglich. Bei grundpfandrechtlich gesichertem Verbraucherdarlehen ist die Kündigung hingegen nur nach § 490 Abs. 2 BGB möglich. Das Kündigungsrecht kann sich als hilfreich bei der Planung und Durchführung einer Umschuldung erweisen und erlaubt zudem den Abschluss eines neuen Darlehensvertrages bei gesunkenem Zinsniveau.

Die Beweislast für die Verbrauchereigenschaft ist gesetzlich nicht eindeutig bestimmt. Allerdings ist insoweit auf die Vorgängerregelung in § 690a BGB a.F. zurückzugreifen. Dort musste der Darlehensgeber im Streitfalle die gewerbliche oder berufliche Zweckbestimmung des Darlehens beweisen. Es ist zu bezweifeln, ob der Gesetzgeber hier eine Verlagerung der Beweislast erreichen wollte.[44]

B. Verbundene Verträge

Verträge über die Lieferung einer Ware oder Erbringung einer Dienstleistung sind mit einem Darlehensvertrag dann verbunden, wenn das Darlehen ganz oder teilweise der Finanzierung dieser Ware oder Dienstleistung dient und beide Verträge eine wirtschaftliche Einheit bilden (§ 358 Abs. 3 BGB). Der Widerruf des Kaufvertrages oder der Widerruf des Dienstleistungsvertrages bewirkt, dass der Verbraucher auch nicht mehr an den Verbraucherkreditvertrag gebunden ist. Beide Verträge sind nach § 357 BGB rückabzuwickeln.

Zentraler Regelungsgegenstand der Bestimmungen über die verbundenen Verträge ist der **Einwendungsdurchgriff**. Der Verbraucher wird auf diese Weise davor geschützt, den Kredit bedienen zu müssen, obwohl der Verkäufer keine oder keine vertragsgemäße Leistung erbracht hat. Nach § 359 BGB kann der Verbraucher die Rückzahlung des Darlehens verweigern, wenn und soweit ihn Einwendungen aus dem verbundenen Kaufvertrag gegenüber dem Verkäufer zur Leistungsverweigerung berechtigen würden. Der Einwendungsdurchgriff umfasst auch die Einrede der Verjährung der Kaufpreisforderung.[45] Damit beträgt die Verjährungsfrist nach § 195 BGB drei Jahre und ist damit erheblich kürzer als die darlehensrechtlichen Verjährung gemäß § 497 Abs. 3 S. 3 BGB, bei der eine Hemmung von bis zu zehn Jahren möglich wäre.[46]

Die Einwendungen greifen bei Kleinbeträgen ausnahmsweise nicht auf den Darlehensvertrag durch; unterhalb einer Kaufpreissumme von 200,- € greift der Einwendungsdurchgriff nach § 359 BGB nicht ein. Der Einwendungsdurchgriff ist zudem durch die Subsidiaritätsklausel in § 359 Satz 3 BGB ausdrücklich eingeschränkt. Solange dem Verbraucher ein Nacherfüllungsanspruch aufgrund eines Sachmangels der Kaufsache zusteht, kann er die Rückzahlung des Darlehens erst verweigern, wenn die Nacherfüllung endgültig gescheitert ist.

Sofern die **Darlehensvaluta noch nicht ausgezahlt** wurde, wird der Einwendungsdurchgriff ebenfalls nicht benötigt. Bei Widerruf des Kaufvertrages kommt es einzig zu einer

---

44 Vgl. Jauernig/Chr. Berger, BGB, § 489 Rn. 6; vgl. auch oben bei Rn. 42.
45 BGH, ZIP 2001, 2124.
46 Metz/Jaquemoth, EWiR 2002, 273.

Rückabwicklung zwischen Verkäufer und Verbraucher nach §§ 433, 358 Abs. 2, 355 Abs. 1, 357, 346 BGB.

87 Sofern das **Darlehen hingegen bereits valutiert** wurde und dem Unternehmer zugeflossen ist, müssen beide Verträge nach einem Widerruf rückabgewickelt werden. Zur Erleichterung für den Verbraucher tritt jedoch der Kreditgeber an die Stelle des Verkäufers. Der Verbraucher kann seinen Anspruch auf Rückzahlung des Kaufpreises nach §§ 433, 358 Abs. 2, 355 Abs. 1, 357, 346, 358 Abs. 4 S. 3 BGB gegen den Kreditgeber richten; gleichzeitig kann der Verbraucher vom Kreditgeber nach §§ 357, 346 BGB die Zins- und Tilgungsraten zurückverlangen. Anstelle der Rückzahlung der Darlehensvaluta hat der Verbraucher dem Kreditgeber den vom Unternehmen geleisteten Gegenstand zurückzugewähren.

C. Überziehungskredit

I. Formen des Kontokorrentkredits

88 Es ist zwischen zwei Formen des Kontokorrentkredits zu unterscheiden. Neben den Überziehungskredit tritt der Dispositionskredit. Der Dispositionskredit bezeichnet den Kreditrahmen, über den der Bankkunde vorbehaltlich einer Kündigung durch die Bank verfügen darf. Der Überziehungskredit bezeichnet die Inanspruchnahme des Kontokorrentkontos über den Rahmen des Dispositionskredits hinaus. Diese Diktion wird vom BGB insoweit nicht fortgesetzt, als in der amtlichen Überschrift zu § 493 BGB vom Überziehungskredit gesprochen wird, während in § 493 Abs. 1 BGB der Dispositionskredit gemeint ist.

1. Dispositionskredit

89 Der Dispositionskredit ist ein auch für Verbraucher wichtiges Element zur Abwicklung der Zahlungsverkehre. Aus diesem Grunde gelten hier **erhebliche Erleichterungen** gegenüber dem sonstigen Verbraucherdarlehensrecht. Daher ist bei der Überprüfung der Wirksamkeit eines Verbraucherdarlehensvertrages zunächst zu prüfen, ob es sich um ein Darlehen im Sinne von § 493 BGB handelt, das unter erleichterten Bedingungen wirksam ist.

90 Die Formpflicht und inhaltlichen Anforderungen nach § 492 BGB gelten nicht. Der Verbraucher muss lediglich über die Höchstgrenze des Darlehens, den anfänglich geltenden Jahreszins und die Bedingungen einer Zinssatzänderung sowie die Modalitäten der Beendigung des Dispositionskredits informiert werden.

91 Der Dispositionskredit ist pfändbar.[47] Gegenstand der **Pfändung** ist der zukünftige Anspruch des Kontoinhabers auf Auszahlung des Dispositionskredits. Eine Verwertung dieses gepfändeten Anspruchs ist allerdings nur dann möglich, wenn der Kontoinhaber und Pfändungsschuldner die Geldleistung selbst abgerufen hat. Der BGH geht in der genannten grundlegenden Entscheidung davon aus, dass sich die Pfändung auf die im Zusammenhang mit dem Girovertrag eingeräumten, erst später entstehenden

---

47 Vgl. BGH, NJW 2001, 1937; BGH, NJW 2004, 1444.

oder fällig werdenden Kreditauszahlungsansprüche erstreckt, soweit der Bankkunde den Kredit durch Verfügungen wie Barabhebungen oder Überweisungen in Anspruch nehme. Der durch die entsprechende Verfügung entstehende Anspruch auf Auszahlung aus dem Dispositionskredit wird automatisch mit dem Pfändungspfandrecht des Gläubigers belastet. Die abgerufene Summe muss daher an den Pfändungsgläubiger abgeführt werden.

Muster: Antrag auf Erlass eines Pfändungs- und Überweisungsbeschlusses

Antrag auf Erlass eines

Pfändungs- und Überweisungsbeschlusses

in der Vollstreckungssache ▪▪▪ ./. ▪▪▪

Nach dem vollstreckbaren Urteil des AG/LG ▪▪▪ vom ▪▪▪, Aktenzeichen ▪▪▪, dessen vollstreckbare zugestellte Ausfertigung beigefügt ist, kann der Gläubiger vom Schuldner fordern:

Forderungsaufstellung

Wegen dieser Ansprüche sowie wegen der Kosten für diesen Beschluss und seine Zustellung werden die Ansprüche des Schuldners gegen die ▪▪▪-Bank, Anschrift,

aus Kontoverbindung jeder Art, insbesondere Kontonummer XXX gepfändet.

▪▪▪

Die Pfändung erstreckt sich bei Kontokorrentkonten auf alle gegenwärtigen und zukünftigen Guthaben, ggf. nach Saldoziehung und schließt die sonstigen pfändbaren Ansprüche aus dem Girovertrag mit ein. Dazu zählen insbesondere die Ansprüche auf Gutschrift zukünftiger Erträge, auf fortlaufende Auszahlung des Guthabens sowie auf Durchführung von Überweisungen an Dritte. Die Pfändung erstreckt sich ferner auf Ansprüche auf Auszahlung gewährter Kredite; diese umfasst auch den Abruf von Dispositionskrediten.

▪▪▪

Allerdings darf nicht verkannt werden, dass die **praktische Bedeutung** dieser Pfändungsmöglichkeit als gering einzustufen ist. Die darlehensgebende Bank wird in aller Regel die Pfändung zum Anlass nehmen, ihr Kreditversprechen rückgängig zu machen und weitere Verfügungen ohne Kontodeckung zu verhindern.

2. Überziehungskredit

Der Überziehungskredit zeichnet sich durch eine Duldung der Überziehung auf dem Kontokorrentkonto durch die Bank oder Sparkasse aus. Es ist von der Rechtsprechung nicht beanstandet worden, dass der Zinssatz für geduldete Überziehungen den Zinssatz für Dispositionskredite übersteigt, solange keine vor dem Hintergrund des Marktüblichen unangemessene Zinsbestimmung vorgenommen wird.[48] Nach § 493 II BGB ist das Kreditinstitut in diesem Falle nach Ablauf von drei Monaten verpflichtet, über den Jahreszins und die sonstigen Kosten zu informieren. Nur unter

---

48 BGH, NJW 1992, 1753.

engen Voraussetzungen kann aus der weiteren Duldung der Überziehung ein Angebot auf Abschluss eines Kreditvertrages durch die Bank oder Sparkasse angenommen werden.[49] Wenn hingegen ausdrücklich oder stillschweigend die Vereinbarung getroffen wird, dass der Kreditnehmer trotz Ablauf des Kreditvertrages bis auf weiteres zur weiteren Nutzung der Darlehensvaluta berechtigt sein soll, kann die Bank oder Sparkasse weiterhin nur den vertraglich vereinbarten Zins, nicht jedoch höhere Überziehungszinsen verlangen.[50] Sofern der Darlehensgeber seinen Willen zur Darlehensgewährung nicht zum Ausdruck bringt, handelt es sich um eine eigenmächtige Überziehung, die als Pflichtverletzung des Girovertrages zu Schadensersatzverpflichtungen aus § 280 BGB führen kann.

D. Besonderheiten im Fernabsatz

95 Im Fernabsatzhandel wird den Käufern sehr häufig die Möglichkeit angeboten, den **Kaufpreis in Raten** zu bezahlen. Wenn sich dieser entgeltliche Zahlungsaufschub über mehr als drei Monate erstreckt oder eine sonstige entgeltliche Finanzierungshilfe eingeräumt wird, handelt es sich um ein Verbraucherdarlehen gemäß §§ 499 Abs. 1, 491 Abs. 1 BGB.

96 Dasselbe gilt bei Onlineauktionen. Die dort zustande kommenden Kaufverträge zählen ebenfalls zu den Fernabsatzverträgen. Onlineauktionen erfreuen sich großer Beliebtheit, die damit verbundenen rechtlichen Probleme sind mit dem Instrumentarium des BGB handhabbar;[51] ein eigenständiges „Internet-Recht" hat sich als entbehrlich erwiesen. Zahlreiche professionelle Verkäufer bieten bei **Onlineauktionen** auch Finanzierungsmöglichkeiten an. Die Wirksamkeit dieses Darlehensvertrages scheitert jedoch nicht daran, dass das Schriftformerfordernis nach § 492 I 1 BGB nicht eingehalten wurde, obwohl die Schriftform hier nicht durch die elektronische Form nach § 126b BGB ersetzt werden kann.

97 Für Teilzahlungsgeschäfte im Fernabsatz sieht § 502 Abs. 2 BGB eine Ausnahme von der strengen Formpflicht der Verbraucherdarlehensverträge vor. Diese Ausnahme dient der Erleichterung des Fernabsatzhandels und ist an die Erfüllung von Informationspflichten gebunden: Die nach § 502 I 1 Nrn. 1-5 BGB erforderlichen Angaben müssen rechtzeitig vor Vertragsschluss erfüllt werden. Für die Erfüllung dieser **Informationspflichten** ist die Textform nach § 126b BGB maßgeblich. Die Textform kann auch online gewahrt werden, indem die nötigen Informationen in „zur dauerhaften Wiedergabe in Schriftzeichen geeigneter Weise" bekannt gegeben werden und die Person des Erklärenden erkennbar gemacht wird. Ausreichend dafür ist die Darstellung auf einer website mit Downloadmöglichkeit oder der Hinweis auf eine Downloadmöglichkeit.[52]

---

49 Vgl. dazu Felke, Die Pfändung der offenen Kreditlinie im System der Zwangsvollstreckung, WM 2002, 1632; Lang/Erdmann-Fietz, Die Zukunft des befristeten Kontokorrentkredits, ZBB 2004, 137; Beschluss OLG Köln v. 02.02.2004, Az. 2 U 166/03; siehe auch Christiansen, Neues vom Überziehungskredit, InVo 2004, 257.
50 BGH, BKR 2003, 544.
51 Vgl. Teuber/Melber, „Online-Autionen" – Pflichten der Anbieter durch das Fernabsatzrecht, MDR 2004, 185.
52 Vgl. dazu Steins, Entwicklung der Informationspflichten im E-Commerce durch die Rechtsprechung und Schuldrechtsreform, WM 2002, 53.

Auch bei Kaufverträgen, die im Rahmen von Onlineauktionen geschlossen werden, steht dem Verbraucherkäufer ein Widerrufsrecht zu und ist nicht nach §§ 312d Abs. 4 Nr. 5, 156 BGB ausgeschlossen.[53] Das hat zur Folge, dass bei diesen Verträgen mit entgeltlicher Ratenzahlungsvereinbarung nicht nur diese allein, sondern auch der damit verbunden Kaufvertrag widerrufen werden kann.

---

53 BGH, ZIP 2004, 2334.

FormularBibliothek Zivilprozess

Teil 1: **Kauf** Seite 5
Yvonne Marfurt, Rechtsanwältin, von Kiedrowski | Marfurt | Rechtsanwälte, Berlin

Teil 2: **Darlehen** Seite 259
Hanno Teuber, Rechtsanwalt, Konstanz
Kathrin Strauß, Rechtsanwältin,
Pfefferle Koch Helberg & Partner, Heilbronn

Teil 3: **Schenkung** Seite 293
Yvonne Marfurt, Rechtsanwältin, von Kiedrowski | Marfurt | Rechtsanwälte, Berlin

Teil 4: **Leasing** Seite 329
Hanno Teuber, Rechtsanwalt, Konstanz
Kathrin Strauß, Rechtsanwältin,
Pfefferle Koch Helberg & Partner, Heilbronn

Teil 5: **Werkvertrag** Seite 349
Dr. Bernhard von Kiedrowski, Rechtsanwalt,
von Kiedrowski | Marfurt | Rechtsanwälte, Berlin

Teil 6: **Bürgschaft** Seite 405
Hanno Teuber, Rechtsanwalt, Konstanz
Kathrin Strauß, Rechtsanwältin,
Pfefferle Koch Helberg & Partner, Heilbronn

Teil 7: **EDV-Recht** Seite 429
Dr. Michael Kummermehr, Rechtsanwalt,
WILMER CUTLER PICKERING HALE AND DORR LLP, Berlin
Mario Wegner, Rechtsanwalt,
WILMER CUTLER PICKERING HALE AND DORR LLP, Berlin

Inhalt

Verweise erfolgen auf Randnummern

§ 1 Einleitung.	1
A. Vorbemerkungen.	1
B. Arten der Schenkung	2
I. Handschenkung, § 516 BGB . . .	2
II. gemischte Schenkung	3
III. Die Schenkung unter Auflage, §§ 525ff BGB.	4
IV. Zweckschenkung.	5
V. Schenkung auf den Todesfall, § 2301 BGB	6
C. Darlegungs- und Beweislast.	7
§ 2 Handschenkung (§ 516 BGB) und Schenkungsversprechen (§ 518 BGB)	9
A. Anspruch des Schenkers auf Herausgabe gemäß § 516 Abs. 2 S. 3 BGB, §§ 812ff BGB.	9
I. Voraussetzungen.	10
1. Schenkung nach § 516 Abs. 1 BGB	10
a) Zuwendung aus dem Vermögen eines anderen	11
b) Bereicherung des Beschenkten.	12
c) Unentgeltlichkeit	13
d) Schenkungsabrede	14
e) Wirksamkeit der Schenkung	15
2. Ablehnung der Zuwendung durch den Beschenkten	16
II. Rechtsfolge	17
B. Anspruch des Beschenkten auf Erfüllung aus dem Schenkungsversprechen gem. §§ 518, 516 BGB	18
I. Voraussetzungen.	19
1. Vertrag, durch den eine Leistung schenkweise versprochen wird oder schenkweise Erteilen eines Schuldversprechen oder Schuldanerkenntnis	19
2. Wirksamkeit des Vertrages .	20
a) notarielle Beurkundung des Schenkungsversprechens, § 518 Abs. 1 S. 1 BGB	21
aa) notarielle Beurkundung . .	21
bb) Heilung des Formmangels durch Vollziehung der Schenkung, § 518 Abs. 2 BGB	22
b) Zuwendung von Grundstücken, §§ 125, 311b BGB. .	23
c) Schenkung an Minderjährige, §§ 106ff BGB	24
II. Einwendungen	25
1. Vollzug der Schenkung, § 518 Abs. 2 BGB.	26
2. Unmöglichkeit: insbes. Haftungsbeschränkung nach § 521 BGB.	27
III. Einreden: insbes. Einrede des Notbedarfs, § 519 Abs. 1 BGB. . .	28
C. Gewährleistungsansprüche des Beschenkten: Schadensersatzanspruch bei Rechtsmängeln nach § 523 Abs. 1 BGB / bei Sachmängeln nach § 524 Abs. 1 BGB	30
I. Voraussetzungen	31
1. wirksamer Vertrag, durch den eine Leistung schenkweise versprochen wird	31
2. Vollzug der Schenkung, § 518 Abs. 2 BGB.	32
3. Mangel zurzeit des Schenkungsvollzugs	33
a) Rechtsmangel zurzeit des Schenkungsvollzuges: § 523 Abs. 1 BGB	33
b) oder Sachmangel zurzeit des Schenkungsvollzuges: § 524 Abs. 1 BGB	34
4. Arglistiges Verschweigen . . .	35
II. Rechtsfolgen	36

D. Gewährleistungsansprüche des Beschenkten: Verschärfte Haftung bei Rechtsmängeln nach § 523 Abs. 2 BGB/bei Sachmängeln nach § 524 Abs. 2 BGB...... 37
  I. Voraussetzungen............ 38
    1. wirksamer Vertrag, durch den eine Leistung schenkweise versprochen wird.... 38
    2. Im Zeitpunkt des Schenkungsversprechens muss sich der Schenker das Eigentum oder die Inhaberschaft an dem Gegenstand noch verschaffen................ 39
    3. Mangel zurzeit des Schenkungsvollzugs............. 40
    4. Kenntnis oder grob fahrlässige Unkenntnis/Arglist ... 41
  II. Rechtsfolgen 42

§ 3 Das Rückforderungsrecht des Schenkers 43
  A. Anspruch des Schenkers auf Herausgabe wegen Verarmung gem. § 528 Abs. 1 BGB i.V.m. §§ 812 ff. BGB................................. 43
    I. Voraussetzungen............ 44
      1. Wirksamer Schenkungsvertrag..................... 44
      2. Vollzug der Schenkung, § 518 Abs. 2 BGB............... 45
      3. Notbedarf............... 46
      4. Mehrere Beschenkte....... 47
    II. Einwendungen 48
    III. Einreden................... 49
      1. Verjährung............... 49
      2. Ausschluss des Rückforderungsanspruchs nach § 529 BGB................... 50
        a) Einrede nach § 529 Abs. 1 BGB.................. 51
        b) Einrede nach § 529 Abs. 2 BGB.................. 52
    Muster: Klageweise Rückforderung des Schenkungsgegenstandes..... 53
  B. Anspruch des Schenkers auf Herausgabe nach Widerruf der Schenkung, § 531 Abs. 2 BGB i.V.m. § 812 Abs. 1 S.2, 1. Alt. BGB........ 54
    I. Voraussetzungen............. 55
      1. Etwas erlangt............. 55
      2. Durch Leistung 56
      3. Späterer Wegfall des rechtlichen Grundes.............. 57
        a) Widerrufsgrund, § 530 BGB.................... 58
          aa) Personeller Anwendungsbereich................. 59
          bb) schwere Verfehlung 60
          cc) grober Undank 61
        b) Widerrufserklärung, § 531 BGB.................... 62
        c) Kein Ausschluss des Widerrufs 63
          aa) Ausschluss des Widerrufs nach § 532 BGB 63
          bb) Pflicht- und Anstandsschenkungen, § 534 BGB . 64
        d) Verzicht auf den Widerruf, § 533 BGB................ 65
    II. Einwendungen und Einreden . 66
    Muster: Klage auf Herausgabe des Schenkungsgegenstandes nach Widerruf der Schenkung. 67

§ 4 Schenkung unter Auflage, §§ 525 ff BGB............................ 68
  A. Ansprüche des Schenkers nach § 525 BGB auf Vollziehung der Auflage 68
    I. Voraussetzungen............. 69
      1. Schenkung unter Auflage .. 69
        a) wirksamer Vertrag, durch den eine Leistung schenkweise versprochen wird.. 69
        b) Auflage 70
          aa) Begriff und Abgrenzung . 70
          bb) Nichtigkeit der Auflage .. 72
          cc) Sondervorschriften 73
      2. Vollzug der Schenkung, § 518 Abs. 2 BGB............... 74
      3. Gläubiger................. 75
    II. Einreden: § 526 S. 1 BGB....... 76
    III. Aufwendungsersatzanspruch nach § 526 S. 2 BGB........... 77

B. Ansprüche des Schenkers bei Nichtvollziehung der Auflage: insbes. auf Herausgabe bei Nichtvollziehung der Auflage § 527 Abs. 1 BGB i.V.m. §§ 323, 326 Abs. 5, 812ff BGB 78
   I. Voraussetzungen. 79
      1. Schenkung unter Auflage . . 79
      2. Vollzug der Schenkung, § 518 Abs. 2 BGB 80
      3. Kein Vollzug der Auflage . . . 81
      4. Vermögensaufwand zum Vollzug der Auflage. 82
      5. Voraussetzungen des Rücktrittsrechts bei gegenseitigen Verträgen   83
   II. Einwendungen: § 527 Abs. 2 BGB   84
   III. Rechtsfolge   85
   IV. Weitere Ansprüche bei Nichtvollziehung der Auflage   86

MUSTERVERZEICHNIS

	Rn.
§ 1 Einleitung	1
§ 2 Handschenkung (§ 516 BGB) und Schenkungsversprechen (§ 518 BGB)	9
§ 3 Das Rückforderungsrecht des Schenkers	43
1 Klageweise Rückforderung des Schenkungsgegenstandes	53
2 Klage auf Herausgabe des Schenkungsgegenstandes nach Widerruf der Schenkung	67
§ 4 Schenkung unter Auflage, §§ 525ff BGB	68

§ 1 Einleitung

Literatur: Böhr, Beweislastprobleme bei der Schenkung, NJW 2001, 2059; Haarmann, Die Geltendmachung von Rückforderungsansprüchen aus § 528 BGB durch den Träger der Sozialhilfe nach dem Tod des Schenkers, FamRZ 1996, 522; Heiter, Rückgewährhaftung mehrerer Beschenkter nach § 528 Abs. 2, JR 1995, 313; Münchner Kommentar zum Bürgerlichen Gesetzbuch, Band 3, 4. Auflage 2004; Palandt, Bürgerliches Gesetzbuch, 64. Auflage 2005.

A. Vorbemerkungen

Die Schenkung ist ein unentgeltliches Rechtsgeschäft. Sie ist ein Vertrag, der objektiv die Bereicherung des Schenkungsempfängers (Beschenkter) durch Zuwendung aus dem Vermögen eines anderen und subjektiv eine Einigung zwischen Schenker und Beschenkten über die Unentgeltlichkeit der Zuwendungs voraussetzt. Stets muss durch eine Zuwendung das Vermögen des Schenkers (oder eines Dritten) vermindert und dasjenige des Beschenkten vermehrt werden. Abzugrenzen von der Schenkung sind die Stiftung (§§ 81, 82 BGB), die Auslobung (§ 657 BGB), die Ausstattung (§ 1624 BGB), die Leihe (§ 598 BGB) – keine Vermögensminderung, da der Schenker die Sache unentgeltlich zur Nutzung überlässt –, die vorweggenommenen Erbfolge, die unbenannte Zuwendung unter Ehegatten und die Schenkung von Todes wegen (§ 2301 BGB).

B. Arten der Schenkung

I. Handschenkung, § 516 BGB

Bei einer sog. Handschenkung nach § 516 BGB fallen Vertrag und Erfüllung in einem einzigen tatsächlichen Vorgang zusammen. Mit der Handschenkung erfolgt das Verfügungsgeschäft (z.B. Übereignung, Abtretung zur Übertragung des Gegenstands) und das Verpflichtungsgeschäft als Rechtsgrund für das Behaltendürfen des Gegenstandes. Damit wird kein Verpflichtungstatbestand begründet damit die Zuwendung rechtlich Bestand hat, wird aber konkludent eine Rechtsgrundabrede getroffen. Die Handschenkung bedarf nicht der nach § 518 Abs. 1 vorgesehen Form, da der Schenker bereits die Sache aus der Hand gegeben hat und nicht mehr den Schutz vor einer übereilten Schenkung bedarf.

II. Gemischte Schenkung

Einen Sonderfall der Schenkung bildet die sog. **gemischte Schenkung**. Bei einer gemischten Schenkung liegt ein einheitlicher Vertrag vor, bei dem der Wert der Leistung des einen dem Wert der Leistung des anderen nur zu einem Teil entspricht, die Vertragsparteien dies wissen und übereinstimmend wollen,[1] dass der überschiessende Wert unentgeltlich gegeben wird.[2] Kein einheitlicher Vertrag und damit keine

---

1 BGH NJW 2002, 3165.
2 BGH NJW-RR 1996, 754.

gemischte Schenkung ist dann anzunehmen, wenn die Leistung teilbar ist. Vielmehr bestehen in diesen Fällen zwei voneinander unabhängige Verträge. Ebenfalls keine gemischte Schenkung liegt bei einer Schenkung unter Auflage nach § 525 BGB und einem Vertrag vor, der durch seinen Inhalt und seine Form die Unentgeltlichkeit nur verschleiert. Bei einer gemischten Schenkung ist auf das Wertverhältnis bei Vollzug des Vertrages abzustellen.[3] Ein objektives Missverhältnis zwischen den beiden Werten der Leistung ist im Allgemeinen nicht ausreichend, kann aber als Indiz für eine gemischte Schenkung gesehen werden. Eine teilweise Unentgeltlichkeit wird vermutet, wenn zwischen den Leistungen der Parteien objektiv ein auch für sie auffälliges Missverhältnis besteht.[4] Die Behandlung der gemischten Schenkung ist umstritten.[5] Grundsätzlich ist das Rechtsgeschäft in einen entgeltlichen und einen unentgeltlichen Teil zu zerlegen und auf den unentgeltlichen Teil – falls der Schenkungscharakter nicht überwiegt – die Regeln über die Schenkung, auf den entgeltlichen Teil das Kaufrecht anzuwenden.

III. Die Schenkung unter Auflage, §§ 525ff BGB

Soll der Beschenkte nach dem Erhalt des Schenkungsgegenstandes zu einer bestimmten Leistung verpflichtet sein, liegt eine Schenkung unter Auflage vor.[6] Die Leistung des Beschenkten soll hierbei nicht als Ausgleich für die Zuwendung erfolgen, sondern aufgrund der Zuwendung und aus dem Wert der Zuwendung selbst. Der Schenker hat gegen den Beschenkten einen Erfüllungsanspruch auf Vollzug der Auflage (§ 525 BGB). Wenn der Beschenkte diesem Erfüllungsanspruch nicht nachkommt hat der Schenker gemäß § 527, §§ 323, 326 Abs. 5 BGB i.V.m. §§ 818, 819 BGB (Rechtsfolgenverweisung) einen Anspruch auf Rückgabe des Zugewendeten.

IV. Zweckschenkung

Der Schenker kann eine sog. Zweckschenkung vornehmen. Im Gegensatz zur Auflagenschenkung wird hier der Beschenkte nicht zu einer einklagbaren Leistung verpflichtet, der Schenker will mit der Zweckschenkung nur erreichen, dass der Beschenkte mit dem geschenkten Gegenstand einen bestimmten Erfolg herbeiführt.[7] Wird der Zweck nicht erfüllt kommen Rückforderungsansprüche des Beschenkten wegen Wegfalls der Geschäftsgrundlage nach § 313 BGB oder aus Bereicherungsrecht gemäß § 812 Abs. 1 S. 2, 2. Fall BGB in Betracht.

V. Schenkung auf den Todesfall, § 2301 BGB

Eine Schenkung auf den Todesfall liegt vor, wenn Schenker dem Beschenkten einen Gegenstand unter der Bedingung verspricht, dass der Beschenkte den Schenker überlebt. Für eine solches Schenkungsversprechen ist die Form der Verfügung von Todes wegen einzuhalten.

---

3 BGH NJW 2002, 2469.
4 BGH a.a.O.
5 MüKo/Kollhosser Rn. 31 zur sog. Zweckwürdigungstheorie.
6 MüKo/Kollhosser § 525 Rn. 1.
7 Palandt/Weidenkaff, § 525 Rn. 11.

C. Darlegungs- und Beweislast

Schenkungsrechtliche Probleme können im Rahmen von allgemeinen Herausgabe- und Zahlungsklagen von Bedeutung sein, wenn sich der Beklagte gegenüber dem Anspruch darauf beruft, der herauszugebende Gegenstand sei ihm vom Kläger geschenkt worden. Hierbei sind folgende Besonderheiten im Hinblick auf die Darlegungs- und Beweislast zu beachten:

Bei einer Herausgabeklage aus § 985 BGB und der Behauptung des Beklagten, er habe Besitz und Eigentum an der herauszugebenden Sache durch Schenkung erlangt, gilt für den Beklagten die verkürzte Behauptungs- und Beweislast des § 1006 Abs. 1 BGB. Diese Vermutung ist dann also vom Kläger zu widerlegen. Behauptet der Beklagte bei einer Herausgabeklage nach § 985 BGB nachträgliche Schenkung, z.B. nach einem vorausgegangenem Leihverhältnis habe er Besitz und Eigentum an dem herauszugebenden Gegenstand erlangt, gilt für den Kläger § 1006 Abs. 2 BGB. Stützt der Kläger hingegen einen Zahlungsanspruch auf Darlehen, Kauf oder auf ungerechtfertigte Bereicherung nach § 812 BGB, trägt er dem Einwand der Schenkung durch den Beklagten gegenüber die Darlegungs- und Beweislast für das behauptete Schuldverhältnis, auf das er seinen Anspruch abstellt, ggfs. muss er auch die Tatsachen zum fehlenden Rechtsgrund darlegen und beweisen.[8] Liegt eine gemischte Schenkung vor, trägt nach den allgemeinen Grundsätzen derjenige die Beweislast, der sich auf die gemischte Schenkung beruft. Eine Beweiserleichterung durch eine tatsächliche Vermutung ist im Falle der gemischten Schenkung anzunehmen, wenn ein objektives Missverhältnis von Leistung und Gegenleistung über ein geringes Maß deutlich hinausgeht.[9]

---

8 BGH NJW 1999, 2887.
9 BGH NJW 1987, 890.

§ 2 Handschenkung (§ 516 BGB) und Schenkungsversprechen (§ 518 BGB)

A. Anspruch des Schenkers auf Herausgabe gemäß § 516 Abs. 2 S. 3 BGB, §§ 812ff BGB

9 Nach § 516 Abs. 2 S. 3 BGB kann der Schenker bei einer **Handschenkung** nach § 516 Abs. 1 BGB die Herausgabe des Zugewendeten verlangen, wenn der Beschenkte die Zuwendung abgelehnt hat.

I. Voraussetzungen

1. Schenkung nach § 516 Abs. 1 BGB

10 Eine Schenkung setzt objektiv die Bereicherung des Schenkungsempfängers (Beschenkter) durch Zuwendung aus dem Vermögen eines anderen und subjektiv eine Einigung zwischen Schenker und Beschenktem über die Unentgeltlichkeit der Zuwendung voraus.

a) Zuwendung aus dem Vermögen eines anderen

11 Eine Zuwendung aus dem Vermögen eines anderen liegt vor, wenn ein Vermögensbestandteil von einer Person zu Gunsten einer anderen Person hingegeben wird. Dies erfolgt in der Regel durch Rechtsgeschäft durch die Übertragung oder Belastung von Sachen und Rechten, den Erlass einer Forderung, die Befreiung einer Verbindlichkeit gegenüber einem Dritten, ein konstitutives Schuldanerkenntnis i.S.v. § 781 BGB.[10] Eine Vermögensminderung ist demnach nicht gegeben, wenn eine Sache nur unentgeltlich zur Nutzung überlassen wird (Leihe, § 598 BGB). Bei dem Zuwendenden muss eine gegenwärtige Vermögensminderung vorliegen. Dies ist nach § 517 BGB nicht der Fall, wenn der Schenker auf den Erwerb eines Vorteils verzichtet. Das Gleich gilt, wenn eine unentgeltliche Dienstleistung „Schenkungsgegenstand" ist, denn das Zurverfügungstellen von Arbeitskraft ist keine Übertragung von Vermögenssubstanz. Der geschenkte Gegenstand muss nicht zuvor im Eigentum des Schenkers gestanden haben. Wird ein Geldbetrag zur Anschaffung einer Sache gegeben, ist im Einzelfall zu entscheiden, ob das Geld selbst oder die Sache hingegeben worden ist.[11] Wird das Vermögen als Ganzes geschenkt ist eine notarielle Beurkundung erforderlich (§ 311b Abs. 3 BGB). Anders, wenn künftiges Vermögen verschenkt wird (§ 311b Abs. 2 BGB).

b) Bereicherung des Beschenkten

12 Die Bereicherung des Beschenkten muss das Ergebnis der Zuwendung sein. Voraussetzung ist auf Seiten des Beschenkten eine objektiv materiellrechtliche, dauerhafte und nicht nur vorübergehende oder formale Vermögensvermehrung.[12] Eine Bereicherung ist demnach zu verneinen, wenn der Vermögensgegenstand nur treuhänderisch, zur Weitergabe an einen Dritten ohne das dem Beschenkten etwas verbleiben soll, übertragen wird.[13] Vielmehr handelt es sich in diesen Fällen um einen Auftrag oder um ein

---

10 BGH NJW 1980, 1158.
11 BGH NJW 1972, 247.
12 BGH NJW 2004, 1382.

A. Anspruch des Schenkers auf Herausgabe gemäß § 516 Abs. 2 S. 3 BGB,

Treuhandverhältnis. Erfolgt eine solche Zuwendung jedoch an eine juristische Person, die den Vermögensgegenstand satzungs- oder bestimmungs-gemäß zu wohltätigen oder gemeinnützigen Zwecken zu verwenden hat, ist eine Schenkung zu bejahen.[14] Eine Sicherheitsbestellung, die für eine fremde Schuld erfolgt, kann eine Bereicherung des Beschenkten sein, wenn er dadurch einen Vermögenswert erlangt, indem beide Parteien über die Unentgeltlichkeit einig sind.

c) Unentgeltlichkeit

Ob eine Unentgeltlichkeit vorliegt, ist nach der objektiven Sachlage zu beurteilen, muss aber von den Vertragsparteien subjektiv als unentgeltlich gewollt sein. Die Zuwendung ist unentgeltlich, wenn sie unabhängig von einer Gegenleistung geschieht.[15] Ob diese Voraussetzung vorliegt, ist dem jeweiligen Inhalt des Rechtsgeschäfts zu entnehmen. Unentgeltlichkeit ist z.B. gegeben, wenn bei unentgeltlicher Überlassung eines Grundstücks dafür eine dingliche Belastung übernommen wird, weil es sich hierbei nicht um eine Gegenleistung handelt.[16] Problematisch sind die Fälle, in denen eine geringwertige Gegenleistung für den Hingegebene geleistet wird. Eine Leistung ist nicht schon dann unentgeltlich, wenn die Gegenleistung weniger Wert ist. Im Einzelfall ist hier zu ermitteln, ob es sich einen „günstigen Kauf" oder eine gemischte Schenkung[17] handelt. Bei sog. belohnenden Schenkungen ist stets durch Auslegung zu ermitteln, ob die „Belohnung" ggf. eine Gegenleistung ist. Unbenannte oder ehebedingte Zuwendungen unter Ehegatten sind grundsätzlich keine Schenkung und werden daher güterrechtliche ausgeglichen, z.B. ist die Zuwendung eines Fahrzeuges während der Ehe nur im Rahmen des Zugewinnausgleichs (§ 1380 BGB) zu berücksichtigen.

13

d) Schenkungsabrede

Die Einigung (§§ 145ff BGB) der Parteien über die Unentgeltlichkeit der Schenkung ist die sog. Schenkungsabrede. Sie ist erforderlich und kann auch stillschweigend erfolgen. Für die Beurteilung, ob eine Schenkungsabrede vorliegt ist allein die objektive Sachlage entscheidend: Eine objektiv unentgeltliche Leistung kann daher nicht durch den Parteiwillen zu einer entgeltlichen gemacht werden. Im Falle einer solchen sog. verschleierten Schenkung ist § 117 BGB anzuwenden.[18]

14

e) Wirksamkeit der Schenkung

Im Hinblick auf die Wirksamkeit des Schenkungsvertrages ist allgmein auf die rechthindernden Einwendungen (§§ 106, 125, 134, 138, 142, 158 Abs. 1 BGB) zu verweisen. Besonderes hinzuweisen ist auf die Regelungen über das Minderjährigenrecht und die Formvorschriften (vgl. hierzu Rn. 18ff.).

15

---

13 BGH NJW 2004, a.a.O.
14 BGH NJW 2004, a.a.O.; NJW 2003, 1384.
15 BGH NJW 1983, 436.
16 BGH NJW 1989, 2122; Weiter Beispiele Palandt / Weidenkaff, § 516 Rn. 9f.
17 Vgl. vorne § 1 B II.
18 MüKo / Kollhosser, Rn. 25.

§ 2 Handschenkung/Schenkungsversprechen (§ 518 BGB)

2. Ablehnung der Zuwendung durch den Beschenkten

16 Die Zuwendung durch den Beschenkten muss abgelehnt worden sein. Hier ist zu beachten, dass die Zuwendung des Schenkers auch ohne den Willen des Beschenkten erfolgen kann (§ 516 Abs. 2 BGB). Eine solche **Zuwendung vor der Schenkungsabrede**, z.B. durch die Bezahlung einer Geldschuld, ist dann aber nur das Angebot nach § 145 BGB für eine Schenkung, an das der Schenker gemäß § 146 BGB gebunden ist. Den Schwebezustand kann der Schenker nach § 516 Abs. 2 S. 1 BGB dadurch beenden, dass er dem Beschenkten unter Bestimmung einer angemessenen Frist zur Annahme auffordert. Lehnt der Beschenkte nicht innerhalb der Frist das Angebot durch empfangsbedürftige Willenserklärung (§ 130 BGB) ab, wird die Annahme fingiert.

II. Rechtsfolge

17 Liegen die Voraussetzungen vor, richtet sich die Herausgabe nach den bereicherungsrechtlichen Vorschriften, §§ 812 ff. BGB

B. Anspruch des Beschenkten auf Erfüllung aus dem Schenkungsversprechen gem. §§ 518, 516 BGB

18 Durch das wirksame Schenkungsversprechen (die Schenkung) wird das Recht des Beschenkten begründet, die versprochene Leistung zu fordern. Dem Beschenkten ist ein entsprechender Anspruch zugewendet, der durch die Leistung des versprochenen Gegenstandes durch den Schenker (Vollzug) erfüllt wird.[19]

I. Voraussetzungen

1. Vertrag, durch den eine Leistung schenkweise versprochen wird oder schenkweise Erteilen eines Schuldversprechen oder Schuldanerkenntnis

19 Das Schenkungsversprechen ist ein einseitig verpflichtender Vertrag, in dem der Schenker dem Beschenkten eine Leistung (§ 241 BGB) verspricht, die unentgeltlich sein soll. Der Vertrag ist abgeschlossen, sobald der Beschenkte, dass Schenkungsversprechen des Schenkenden annimmt. Bezüglich der tatbestandlichen Voraussetzungen für die Schenkung wird auf die Ausführungen zur Handschenkung (vorne Rn. 1 ff.) verwiesen.

2. Wirksamkeit des Vertrages

20 Im Hinblick auf die Wirksamkeit des Vertrages ist zunächst auf die allgemeinen Ausführungen zum Kaufrecht zu verweisen. Hervorzuheben sind die Nichtigkeitsgründe bei Geschäften mit Minderjährigen (§§ 106 ff BGB) und das Schriftformerfordernis bei der Übetragung von Grundstücken (§§ 311b, 125 BGB). Daneben ist die nach § 518 Abs. 1 S. 1 BGB vorgeschriebene notarielle Beurkundung der Willenserklärung des Schenkers zu beachten.

---

19 BGH NJW 1992, 2566.

B. Anspruch des Beschenkten auf Erfüllung aus dem Schenkungsversprechen

a) notarielle Beurkundung des Schenkungsversprechens, § 518 Abs. 1 S. 1 BGB

aa) notarielle Beurkundung: Nach § 518 Abs. 1 S. 1 BGB ist die notarielle Beurkundung des Schenkungsversprechens erforderlich. Der nach § 518 BGB vorgeschriebenen Form unterliegt nur die Willenserklärung des Schenkers nach § 518 Abs. 1 S. 1 BGB und gemäß § 518 Abs. 1 S. 2 BGB das Versprechen und Anerkenntnis des Beschenkten, in beiden Fällen also nicht die Annahmeerklärung des Beschenkten. Die notarielle Beurkundung kann gemäß § 127a BGB durch einen Prozessvergleich ersetzt werden. Ein Formmangel hat die Nichtigkeit der formbedürftigen Willenserklärung nach § 125 BGB zur Folge.

bb) Heilung des Formmangels durch Vollziehung der Schenkung, § 518 Abs. 2 BGB: Geheilt werden kann ein Formmangel durch die Vollziehung der Schenkung (§ 518 Abs. 2 BGB). Der Vollzug der Schenkung ist das freiwillige Bewirken der Leistung (Erfüllung i.S.v. § 362 Abs. 1 BGB) durch den Schenker. Für den Vollzug der Leistung ist nicht der Leistungserfolg entscheidend. Vielmehr ist ausreichend, wenn der Schenker alles getan hat, was er für den Vollzug tun muss.[20] Wobei aber immer zu berücksichtigen ist, was genau Schenkungsgegenstand ist und nach welchen Vorschriften der Schenkungsgegenstand zu übertragen ist. So reicht bei einer Forderung die formale Abtretung nach § 398 BGB aus, nicht indes eine Einziehungsermächtigung. Bei der Schenkung von Geld führt regelmäßig erst die Ausführung des Überweisungsauftrages durch die Bank zu einem Vollzug, bei Zahlung durch einen Scheck mit dessen Einlösung. Wird das Eigentum an Sachen geschenkt, liegt Vollzug grundsätzlich erst bei der Vollendung des Rechtserwerbs vor, der Erwerbe eines Anwartschaftsrechts ist nur dann ausreichend, wenn der Eigentumserwerb später ohn Zutun des Schenkers eintritt. Die Beweislast für den Vollzug der Schenkung trägt der Beschenkte, der sich auf die Formwirksamkeit des Vertrages beruft.[21]

b) Zuwendung von Grundstücken, §§ 125, 311b BGB

Handelt es sich bei dem schenkweise zugewendeten Gegenstand um ein Grundstück, ist die Formvorschrift des § 311b BGB zu berücksichtigen. Die Nichteinhaltung der Form hat die Nichtigkeit des Rechtsgeschäfts nach § 125 S. 1 BGB zur Folge. Auf die Ausführungen zu § 311b BGB im Kaufrecht[22] wird verwiesen. In den Fällen der Grundstücksübertragung wird § 518 Abs. 2 BGB durch § 311b BGB verdrängt, mit der Folge, dass nicht nur die Willenserklärung des Schenkers sondern auch die Willenserklärung des Beschenkten der notariellen Beurkundung bedarf.

c) Schenkung an Minderjährige, §§ 106ff BGB

Nicht selten ist eine Schenkung an Minderjährige. Da eine Schenkung schuldrechtlich immer lediglich vorteilhaft ist, bedarf der Minderjährige zum Abschluss des Schenkungsvertrages grundsätzlich nicht der Zustimmung (Einwilligung §§ 107, 183 BGB) des gesetzlichen Vertreters. Denkbar ist allerdings, dass das dingliche Rechtsgeschäft für den Minderjährigen nicht lediglich rechtlich vorteilhaft ist (Beispiel: Verpflichtun-

---

20 Bedingter oder befristeter Vollzug ist ausreichend: BGH NJW 1970, 941; NJW-RR 1989, 1282.
21 Böhr, NJW 2001, 2059.
22 Kaufrecht, S. 16 ff.

gen die bei der Schenkung einer Eigentumswohnung über die Regelungen des WEG hinausgehen, die Rechtsfolgen der §§ 578 Abs. 1, 566 BGB bei vermieteten Grundstücken). Für die Übereignung, das dinglich Rechtsgeschäft, wäre in solchen Fällen also die Vertretung des Minderjährigen erforderlich. Auch § 181 BGB steht einer Vertretung durch die Eltern nicht entgegen, weil die Übereignung in Erfüllung einer Verbindlichkeit, dem Schenkungsversprechen, erfolgt. Die in der Regel stets gebotene isolierte Betrachtung von Verpflichtungs- und Erfüllungsgeschäft würde folglich dazu führen, dass auch das nicht lediglich rechtlich vorteilhafte Erfüllungsgeschäft ohne Beteiligung eines Ergänzungspflegers (§ 1909 BGB) abgeschlossen werden kann. Um den Minderjährigenschutz nicht zu umgehen, werden solche Fälle nach der sog. Gesamtbetrachtungslehre beurteilt: Die rechtliche Vorteilhaftigkeit des Geschäfts wird durch eine Gesamtbetrachtung von Verpflichtungs- und Erfüllungsgeschäft beurteilt.[23]

II. Einwendungen

25 Grundsätzlich ist auf die allgemeinen Ausführungen zum Kaufrecht zu verweisen. Darüber hinaus ist zu beachten:

1. Vollzug der Schenkung, § 518 Abs. 2 BGB

26 Wie bereits unter der Heilung des Formmangels beschrieben ist der Vollzug der Schenkung als Bewirken der versprochenen Leistung zu werten und gibt dem Schenker daher die Einwendung der Erfüllung gemäß § 362 Abs. 1 BGB. Ggf. kann der Vollzug auch als Einwendung als Annahme als Erfüllungs statt (§ 364 Abs. 1 BGB) oder im Falle der Hinterlegung als Ausschluss der Rücknahme nach § 376 Abs. 2 Nr. 2 BGB vom Schenker geltend gemacht werden.

2. Unmöglichkeit: insbes. Haftungsbeschränkung nach § 521 BGB

27 Liegt ein Fall der Unmöglichkeit vor, wonach der Schenker die verprochene Leistung nicht bewirken kann, ist im Hinblick auf mögliche Ansprüche des Beschenkten nach §§ 280, 283, 311a BGB zu beachten, dass der Schenker gemäß § 521 BGB privilegiert nur Vorsatz und grobe Fahrlässigkeit zu vertreten hat. Die Haftungbeschränkung des § 521 BGB ist gleichsam in den Fällen des Eintritts des Verzugs (§§ 280 Abs. 2, 285 BGB), der Rechtshängigkeitshafung (§ 292 BGB), sonstigen Pflichtverletzungen (§ 280 Abs. 1 BGB),[24] bei Ansprüchen nach § 311 Abs. 2 BGB und bei einer verbotswidrigen Schenkung (§ 134 BGB) zu berücksichtigen. Keine Anwendung findet § 521 BGB insbesondere für die Rechts- und Sachmängelhaftung, soweit die §§ 523, 524 BGB reichen.

III. Einreden: insbes. Einrede des Notbedarfs, § 519 Abs. 1 BGB

28 Als rechtshemmende Einwendung ist die Einrede des Notbedarfs nach § 519 Abs. 1 BGB zu beachten. Hiernach darf der Schenker die Erfüllung eines schenkweise erteilten Versprechens verweigern, soweit er bei Berücksichtigung seiner sonstigen Verpflich-

---

23 BayObLG NJW 1998, 3574.
24 BGHZ 93, 23; nach der h.M. greift § 521 BGB jedenfalls in den Fällen ein, wenn die Schutzpflichtverletzung im Zusammenhang mit der Schenkung steht.

tungen außerstande ist, das Versprechen zu erfüllen, ohne dass sein angemessener Unterhalt oder die Erfüllung der ihm Kraft Gesetzes obliegenden Unterhaltspflichten gefährdet wird. Die Einrede des Notbedarfs kann nur **bei der nichtvollzogenen Schenkung** durch den Schenker geltend gemacht werden. Ist die Schenkung bereits vollzogen, finden die §§ 528, 529 BGB Anwendung. Für die Ermittlung des Notbedarfs des Schenkers ist auf die sonstigen Verpflichtungen des Schenkers bezogen auf sein Vermögen und auf die Gefährdung des Unterhalts abzustellen. Bei der Gefährdung des Unterhalts kommt es auf den eigenen angemessenen Unterhalt (z.B. § 1610 Abs. 1 BGB) und die gesetzlichen Unterhaltspflichten nach §§ 1360, 1361, 1569, 1601, 1615a BGB an. Zu beachten ist, dass die Ursache des Notbedarfs, sein Vorliegen schon zurzeit der Schenkung und seine Vorhersehbarkeit unbeachtlich sind. Zur Bejahung des Notbedarfs ist es ausreichend, wenn für die Zukunft die begründete Besorgnis nicht ausreichender Mittel besteht.

Prozessual ist bei der Einrede des Notbedarfs zu beachten, dass eine gegen den Schenker erhobene Klage abzuweisen ist, ggf. nur „soweit" die Einrede des Notbedarfs reicht. Fällt der Notbedarf weg, kann die Klage erneut erhoben werden. Für einen Wegfall des Notbedarfs ist der Beschenkte darlegungs- und beweisbelastet. In den Fällen, wo der Notbedarf nachträglich eintritt, kommt eine Klage nach § 767 ZPO in Betracht.

C. Gewährleistungsansprüche des Beschenkten: Schadensersatzanspruch bei Rechtsmängeln nach § 523 Abs. 1 BGB / bei Sachmängeln nach § 524 Abs. 1 BGB

Nach § 523 Abs. 1 BGB haftet der Schenker für Rechtsmängel am Gegenstand, die sich im Vermögen oder Eigenbesitz des Beschenkten befinden, auf Schadensersatz, wenn er arglistig einen Mangel im Recht verschwiegen hat. Die gleiche Haftung des Schenkers ordnet § 524 Abs. 1 BGB an, im Fall des Vorliegens eines Sachmangels am Gegenstand, der sich im Vermögen oder Eigenbesitz des Schenkers befindet und wenn der Schenker den Mangel arglistig verschwiegen hat.

I. Voraussetzungen

1. Wirksamer Vertrag, durch den eine Leistung schenkweise versprochen wird

Zwischen den Parteien muss eine wirksamer Schenkungsvertrag abgeschlossen worden sein. Insoweit wird auf die bisherigen Ausführungen verwiesen.

2. Vollzug der Schenkung, § 518 Abs. 2 BGB

Die Schenkung muss nach § 518 Abs. 2 BGB vollzogen worden sein. Auch insoweit wird auf die bisherigen Ausführungen verwiesen.

3. Mangel zurzeit des Schenkungsvollzugs

a) Rechtsmangel zurzeit des Schenkungsvollzuges: § 523 Abs. 1 BGB

Im Zeitpunkt des Vollzugs der Schenkung muss ein Rechtsmangel vorliegen. Für den Begriff des Rechtsmangels wird auf die Erläuterungen zum Kaufrecht verwiesen.

Marfurt

§ 2 Handschenkung/Schenkungsversprechen (§ 518 BGB)

b) Sachmangel zurzeit des Schenkungsvollzuges: § 524 Abs. 1 BGB

34 Im Zeitpunkt des Vollzugs der Schenkung muss ein Sachmangel vorliegen. Für die Beurteilung, ob ein Sachmangel vorliegt, ist auf § 434 BGB abzustellen, wobei einschränkend anzumerken ist, dass § 524 nicht für die Übernahme einer Garantie oder eines Beschaffungsrisikos anzuwenden ist. Bei der Übernahme einer Garantie oder eines Beschaffungsrisikos, die wirksam unter Einhaltung der Form vereinbart werden kann, hängen bei einem Mangel die Rechtsfolgen vom Inhalt des Schenkungsvertrages ab, der nach §§ 157, 133 BGB durch Auslegung zu ermitteln ist. Die Auslegung kann zu den Gewährleistungsrechten Rücktritt (§ 437 BGB), Ersatzlieferung (§ 524 Abs. 2 BGB) oder Schadensersatz (§ 524 Abs. 1 BGB) führen.

4. Arglistiges Verschweigen

35 Nur bei arlistigem Verschweigen haftet der Schenker. Im Hinblick auf den Begriff des arglistigen Verschweigens wird auf die Ausführungen zu § 442 im Kaufrecht verwiesen.[25]

II. Rechtsfolgen

36 Der Schenker haftet nur auf Ersatz des Vertrauensschadens (negatives Interesse). Der Beschenkte ist also so zu stellen, wie er stehen würde, wenn er nicht auf die Gültigkeit des Vertrages vertraut hätte.[26] Wie bei dem Schadensersatzanspruch nach § 523 Abs. 1 BGB geht der Schadensersatzanspruch nach § 524 Abs. 1 BGB nur auf Ersatz des Vertrauensschadens. Der Beschenkte ist so zu stellen, wie er stehen würde, wenn er nicht auf die Gültigkeit des Vertrages vertraut hätte. Eine Haftung besteht also z.B. für Aufwendungen auf den Gegenstand und das Unterlassen eines anderweitigen Erwerbs.

D. Gewährleistungsansprüche des Beschenkten: Verschärfte Haftung bei Rechtsmängeln nach § 523 Abs. 2 BGB / bei Sachmängeln nach § 524 Abs. 2 BGB

37 Eine verschärfte Haftung für Rechtsmängel besteht für den Schenker nach § 523 Abs. 2 S. 1 BGB, wenn der Schenker die Leistung eines Gegenstandes versprochen hat, den er erst erwerben sollte – der Schenker muss sich die Inhaberschaft oder das Eigentum im Zeitpunkt des Schenkungsversprechens also noch verschaffen – und wenn der Mangel dem Schenker bei dem Erwerb der Sache bekannt gewesen oder infolge grober Fahrlässigkeit unbekannt geblieben ist. § 523 Abs. 2 S. 2 BGB verweist im Hinblick auf die Haftung des Schenkers auf die §§ 433 Abs. 1, 435, 436, 444, 452 und 453 BGB. Unter den gleichen Voraussetzungen besteht eine verschärfte Haftung des Schenkers bei einem Sachmangel nach § 524 Abs. 2 S. 1 BGB. Auf die Ansprüche nach § 524 Abs. 2 finden gemäß § 524 Abs. 2 S. 3 BGB die für die Gewährleistung wegen Fehlern einer verkauften Sache geltenden Vorschriften entsprechende Anwendung.

---

25 Vgl. Kaufrecht, S. 138 f.
26 BGH NJW 1072, 36; NJW-RR 1990, 230.

D. Gewährleistungsansprüche des Beschenkten: Verschärfte Haftung bei

I. Voraussetzungen

1. Wirksamer Vertrag, durch den eine Leistung schenkweise versprochen wird

Zwischen den Parteien muss ein wirksamer Schenkungsvertrag abgeschlossen worden sein. Insoweit wird auf die bisherigen Ausführungen verwiesen.

2. Im Zeitpunkt des Schenkungsversprechens muss sich der Schenker das Eigentum oder die Inhaberschaft an dem Gegenstand noch verschaffen

Ein Anspruch nach § 523 Abs. 2 BGB bzw. § 524 Abs. 2 BGB kommt nur dann in Betracht, wenn der Schenker im Zeitpunkt des Schenkungsversprechens noch nicht Inhaber oder Eigentümer des dem Beschenkten versprochenen Gegenstands ist, er sich diesen also erst noch beschaffen muss.

3. Mangel zurzeit des Schenkungsvollzugs

Im Zeitpunkt des Vollzugs der Schenkung liegt ein Rechts- oder Sachmangel vor. Für den Begriff des Rechts- bzw. Sachmangels wird auf die Erläuterungen zum Kaufrecht verwiesen.

4. Kenntnis oder grob fahrlässige Unkenntnis / Arglist

Der Anspruch nach § 523 Abs. 2 BGB bzw. § 524 Abs. 2 BGB setzt voraus, dass dem Schenker der Mangel des Gegenstandes bei Erwerb der Sache bekannt gewesen ist oder infolge grober Fahrlässigkeit unbekannt geblieben ist. Bezüglich der Kenntnis und grob fahrlässigen Unkenntnis wird auf die Ausführungen zu § 442 BGB im Kaufrecht verwiesen.[27] Im Hinblick auf die nach § 524 Abs. 2 S. 2 BGB geforderte Arglist wird auf die Ausführungen zu § 442 im Kaufrecht verwiesen.[28]

II. Rechtsfolgen

§ 523 Abs. 2 BGB und § 524 Abs. 2 BGB ordnen unterschiedliche Rechtsfolgen an. Bei Vorliegen der Voraussetzungen nach § 523 Abs. 2 BGB kann der Beschenkte grundsätzlich Schadensersatz statt der Leistung verlangen. Liegen die Voraussetzungen des § 524 Abs. 2 BGB vor, kann der Beschenkte bei Gattungsgeschenken die Lieferung einer neuen Sache und nur bei Arglist des Schenkers Schadensersatz statt der Leistung verlangen.

---

27 Vgl. Kaufrecht, S. 1381.
28 Vgl. S.

§ 3 Das Rückforderungsrecht des Schenkers

A. Anspruch des Schenkers auf Herausgabe wegen Verarmung gem. § 528 Abs. 1 BGB i.V.m. §§ 812ff BGB

43 Unter den Voraussetzungen des § 528 BGB kann der Schenker vom Beschenkten die Herausgabe des Gegenstandes nach den Vorschriften über die Herausgabe einer ungerechtfertigten Bereicherung (Rechtsfolgenverweisung)[29] verlangen. Der Höhe nach richtet sich der Anspruch auf die Deckung des Bedarfs („soweit"). Grundsätzlich ist der Gegenstand herauszugeben, ggf. Wertersatz nach § 818 Abs. 2 BGB zu leisten. Der Anspruch steht dem Schenker selbst zu.[30] § 528 BGB entspricht der Einrede des Notbedarfs nach § 519 BGB, wenn die Schenkung schon vollzogen ist.

I. Voraussetzungen

1. Wirksamer Schenkungsvertrag

44 Zwischen den Parteien muss ein wirksamer Schenkungsvertrag abgeschlossen worden sein. Insoweit wird auf die bisherigen Ausführungen verwiesen.

2. Vollzug der Schenkung, § 518 Abs. 2 BGB

45 Die Schenkung ist bereits vollzogen worden. Im Hinblick auf den Vollzug der Schenkung wird auf die bisherigen Ausführungen verwiesen.

3. Notbedarf

46 Der Notbedarf des Schenkers muss vorliegen. Für die Bedürftigkeit ist grundsätzlich auf den Schluss der mündlichen Verhandlung abzustellen.[31] Die Schenkung muss nicht Ursache des Notbedarfs sein. Zur Ermittlung des Notbedarfs ist auf den eigenen angemessenen Unterhalt (§ 1610 Abs. 1 BGB) des Schenkers, der objektiv der Lebensstellung des Schenkers nach der Schenkung angemessen ist[32] und auf die gesetzlichen Unterhaltspflichten (§§ 1360, 1361, 1569, 1601, 1615a BGB) abzustellen. Dies gilt allerdings nicht, wenn der Gegenstand vom Beschenkten an einen Dritten herauszugeben ist.[33] Im Gegensatz zu § 519 BGB kommt es auf die sonstigen Verpflichtungen des Schenkers nicht an. Zu berücksichtigen sind zumutbare Erwerbsmöglichkeiten des Schenkers, gesicherte Erwerbsaussichten und Einkommensmöglichkeiten, nicht aber ein Unterhaltsanspruch.[34] Der Schenker trägt die Darlegungs- und Beweislast für den Notbedarf.[35] Er muss darlegen, dass und inwieweit er seinen angemessenen Lebensunterhalt nicht mehr bestreiten kann.[36]

---

29 BGH NJW 2001, 1207.
30 Nach Überleitung dem Sozialhilfeträger, wegen des Nachrangs der Sozialhilfe: BGH NJW 2004, 1314.
31 MüKo/Kollhosser Rn. 11, bei Überleitung des Anspruchs auf den Sozialhilfeträger der Zeitpunkt des Antrags auf Sozialhilfe: BGH NJW 2003, 2449.
32 BGH NJW 2003, 1384.
33 OLG Celle, NJW-RR 1999, 1971.
34 BGH NJW 1991, 1824.
35 BGH NJW 1995, 1349.
36 BGH NJW-RR 2003, 53.

A. Anspruch des Schenkers auf Herausgabe wegen Verarmung

4. Mehrere Beschenkte

Mehrere Beschenkte (§ 528 Abs. 2 BGB) sind Gesamtschuldner.[37] Stirbt ein Beschenkter vor der Verarmung des Schenkers, richtet sich der Anspruch gegen die Erben (§ 1967 BGB).[38]

II. Einwendungen

Ob der Tod des Schenkers zum Erlöschen des Anspruchs führt, ist umstritten.[39] Nach der Rechtsprechung des BGH erlischt der Anspruch nicht, wenn der Anspruch vom Schenker geltend gemacht oder abgetreten worden ist bzw. der Schenker von Dritten unterhaltssichernde Leistungen entgegengenommen hat.[40] Das Gleiche gilt, wenn auf den Sozialhilfeträger übergeleitet ist, selbst dann, wenn dies nach dem Tode des Schenkers geschieht.[41]

III. Einreden

1. Verjährung

Der Anspruch verjährt nach § 195, 199 Abs. 1 BGB in 3 Jahren, nach §§ 199 Abs. 3 S. 1 BGB in 10 Jahren, bei Grundstücken gemäß § 196 BGB in 10 Jahren.

2. Ausschluss des Rückforderungsanspruchs nach § 529 BGB

Nach § 529 BGB kann der Beschenkte eine Einrede[42] gegen den Herausgabeanspruch des Schenkers nach § 528 Abs. 1 S. 1 BGB geltend machen. Die Einrede nach § 529 BGB ist ausgeschlossen, wenn der Beschenkte gemäß §§ 818 Abs. 4, 819 Abs. 1 haftet. Sie kann eine unzulässige Rechtsausübung darstellen, wenn der Beschenkte seine Leistungsunfähigkeit durch unterhaltsbezogene Mutwilligkeit herbeigeführt hat.[43]

a) Einrede nach § 529 Abs. 1 BGB

Gemäß § 529 Abs. 1, 1. Alt. BGB kann sich der Beschenkte gegenüber dem Herausgabeanspruch des Schenkers nach § 528 Abs. 1 S. 1 BGB auf die Einrede berufen, der Schenker habe seine Bedürftigkeit vorsätzlich oder grob fahrlässig herbeigeführt. Beispiele für ein solches Selbstverschulden sind Verschwendung oder leichtsinnige Spekulation. Voraussetzung ist, dass der Schenker seine Bedürftigkeit nachträglich herbeigeführt hat und dies für den Beschenkten nicht vorausehbar war.[44] Gegen den Anspruch des Schenkers aus § 528 Abs. 1 S. 1 BGB kann der Beschenkte nach § 529 Abs. 1, 2. Alt. BGB die Einrede erheben, dass zurzeit des Eintritts der Bedürftigkeit des Beschenkten seit der Leistung des geschenkten Gegenstandes (Vollzug der Schenkung) zehn Jahre verstrichen sind. Voraussetzung ist, dass der Notbedarf des Schenkers bereits ein-

---

37 BGH NJW 1998, 537.
38 BGH NJW 1991, 2558.
39 BGH NJW 1995, 2287; Haarmann, FamRZ 1996, 522.
40 BGH NJW 2001, 2084.
41 BGH NJW 1996, 380; 1995, 2287.
42 BGH NJW 2001, 1207.
43 BGH NJW 2003, 2449.
44 BGH NJW 2003, 1384.

Marfurt

§ 3 Das Rückforderungsrecht des Schenkers

getreten ist. Nicht ausreichend ist folglich, dass Umstände, die in Zukunft zum Notbedarf führen können, bereits vorliegen.⁴⁵

b) Einrede nach § 529 Abs. 2 BGB

52 Dem Anspruch des Schenkers aus § 528 Abs. 1 S. 1 BGB kann der Beschenkte gleichsam entgegenhalten, er sei bei Berücksichtigung seiner sonstigen Verpflichtungen außerstande, das Geschenk herauszugeben ohne dass sein standesmäßiger (=angemessener) Unterhalt oder die Erfüllung der ihm kraft Gesetz obliegenden Unterhaltspflichten gefährdet wird. Für die Einrede des Notbedarfs des Beschenkten gilt das Gleiche, was bereits zu § 519 BGB ausgeführt worden ist: Es ist ausreichend, wenn ernsthaft mit dem Notbedarf zu rechnen ist.⁴⁶

53 Muster: Klageweise Rückforderung des Schenkungsgegenstandes

1 Landgericht ■■■

■■■

Klage⁴⁷

der Eleonora Schmid, ■■■

Klägerin,

Prozessbevollmächtigte: ■■■

gegen

die Lara Schmid, ■■■

Beklagte,

wegen: Rückforderung des Schenkungsgegenstandes

Vorläufiger Streitwert: EUR 285.000,-

Namens und in Vollmacht der Klägerin erheben wir Klage und werden in der mündlichen Verhandlung beantragen:

Die Beklagte wird verurteilt, an die Klägerin regelmäßig wiederkehrende Leistungen in Höhe des zur Deckung des angemessenen Unterhalts der Klägerin erforderlichen Betrages von derzeit 1.700,- EUR pro Monat bis zur Erschöpfung des Gegenwerts des Grundstücks Ahornstr. 1, 14163 Berlin eingetragen im Grundbuch von Berlin-Steglitz, Blatt-Nr. 3669 in Höhe von 150.000,- EUR und der Erschöpfung der Fonds Nr. 234 des Immobilienfonds der KPG-GmbH in Berlin in Höhe von 95.000,- EUR und der Erschöpfung des Fonds. Nr. 235 des Immobilienfonds der KPG-GmbH in Berlin in Höhe von 40.000,- EUR, insgesamt also bis zur Erschöpfung eines Gegenwerts in Höhe von 285.000,- EUR zu zahlen.

Vorsorglich stellen wir den Antrag auf Erlass eines Versäumnisurteils nach § 331 Abs. 3 ZPO.

---

45 BGH NJW 2000, 278.
46 BGH NJW 2001, 1207.
47 Fall nach BGH NJW 2003, 1384.

A. Anspruch des Schenkers auf Herausgabe wegen Verarmung

Begründung:

I. Die Beklagte ist das einzige Kind der im Jahre 1933 geborenen Klägerin. Im Jahre 1989 wurde bei der Klägerin ein Blutkrebserkrankung diagnostiziert, die mehrfache stationäre Krankenhausaufenthalte und ständige, bis heute andauernde medizinische Betreuung nach sich zog.

Beweis: Medizinisches Gutachten des Dr. Otto Brun, Nachweise über die stationäre und ambulante Behandlung der Klägerin – Anlagenkonvolut K1

Die Klägerin stützt ihr Verlangen auf die Zahlung regelmäßig wiederkehrender Leistungen zur Deckung des angemessenen Lebensunterhalts bzw. ihren Rückforderungsanspruch auf Herausgabe des an die Beklagte geschenkten Grundstücks in der Ahronstr. 1 sowie auf Teilwertersatzleistungen für an die Beklagte geschenkte Fonds der KPG-GmbH auf § 528 BGB i.V.m. §§812ff BGB. Die Klägerin hat mehrere Schenkungen getätigt, u.a. auch an die Beklagte. Im einzelnen handelt es sich um folgende – sämtlichst vollzogene – Schenkungen:

1. Die Klägerin übertrug der Beklagten im Jahre 1989 im Wege der vorweggenommenen Erbfolge die Eigentumswohnung Nr. 1234 eingetragen im Grundbuch von Steglitz, Blatt-Nr. 7979 in der Königstraße 11 in 14165 Berlin. An diesem Wohnungseigentum besteht zugunsten der Klägerin ein lebenslanger unentgeltlicher Nießbrauch. Die Eigentumswohnung wird von der Klägerin genutzt.

Beweis:
1. not. Beurk. Schenkungsvertrag vom 01.07.1989 – Anlage K2;
2. Grundbuchauszug – Anlage K3

2. In den Jahren 1989 bis 1991 beschenkte die Klägerin die beiden Kinder der Beklagten sowie Frau Ilona Mayer und Herrn Pierre Wyssbrod mit jeweils 40.000 EUR.

Beweis: Schenkungsverträge nebst Auszahlungsquittungen – Anlagenkonvolut K7

3. Im Oktober 1994 übertrug die Klägerin der Beklagten das im Klageantrag näher bezeichnete Grundstück in der Ahornstr. 1 in Berlin. Das Grundstück ist mit einem Einfamilienhaus bebaut und wird von der Beklagten und ihrer erwachsenen Tochter bewohnt.

Beweis: not. Beurk. Schenkungsvertrag vom 17.06.1994 – Anlage K4; Grundbuchauszug – Anlage K5

4. Im März 1996 übertrug die Klägerin der Beklagten Anteile an zwei Immobilienfonds der KPG-GmbH in Berlin über nominal 200.000 EUR (Fonds. Nr. 234) und nominal 85.000 EUR (Fonds. Nr. 235)

Beweis: not. Beurkundeter Schenkungsvertrag vom 14.03.1996 – Anlage K6

5. Im Herbst 1996 veräußerte die Klägerin Fondsanteile für insgesamt 180.000,- EUR. Diesen Betrag braucht die Klägerin bis Ende des Jahres 1998 auf. In diesem Zeitraum wandte die Klägerin auch der Krebsforschung life-aid einen Betrag in Höhe von 30.000,- EUR zu karitativen Zwecken zu.

Beweis: not. Beurkundeter Schenkungsvertrag vom 22.08.1998 – Anlage K8; Spendenbescheinigung der life-aid über 30.000,- EUR – Anlage K9

Seit dem Frühjahr 1999 zahlt die Beklagte das monatliche Wohngeld und die Nebenkosten für die von der Klägerin unter Nr. 1 benannten Eigentumswohnung. Ab Juni 1999 erhielt die Klägerin darlehensweise Hilfe zum Lebensunterhalt in Höhe von zunächst 210, -EUR monatlich und später zwischen 507,- EUR bis 778,- EUR monatlich. Außerdem bezieht sie ein monatliches Pflegegeld in Höhe von 210,- EUR.

Beweis: Darlehensvertrag, Ausweis über die erstatteten Pflegegeldbeträge – Anlagenkonvolut K10

Die Klägerin ist außerstande, nach den Vollziehungen der Schenkungen ihren angemessenen Lebensunterhalt zu bestreiten. Dennoch ist die Beklagte nicht bereit, das geschenkte Grundstück in der Ahornstraße zurückzugeben bzw. Teilwertersatzleistungen für die geschenkten Fonds bzw. zur Deckung des Lebensunterhalts der Klägerin regelmäßig wiederkehrende Leistungen, wie beantragt, an die Klägerin zu zahlen. Die Beklagte bestreitet zwar nicht den Notbedarf der Klägerin, ist indes der Ansicht, der Notbedarf sei wegen dem Nießbrauch und wegen Schenkungen nach der Zuwendung an die Beklagte entfallen und hat die Einrede nach § 529 Abs. 1 BGB erhoben.

Beweis: Schreiben der Beklagten vom 15.02.2003 – Anlage K11

II. Die Ansicht der Beklagten, der Notbedarf der Klägerin entfalle wegen dem der Klägerin an der Eigentumswohnung eingeräumten Nießbrauchrecht, ist falsch. Zunächst ist die Veräußerung des Nießbrauchsrechts nach § 1059 S. 1 BGB ausgeschlossen, so dass der Nießbrauch kein Vermögen für die Klägerin darstellt, das sie einsetzen könnte, um ihren Unterhalt zu decken. Der Nießbrauch dient zwar dazu, den eigenen Wohnbedarf der Klägerin zu decken. Die Klägerin muss aber diese Rechtsposition nicht aufgeben, um ihren Unterhaltsbedarf zu vergrössern. Denn mit der Ausübung des Nießbrauchs ist im hier vorliegenden Fall nicht mehr als der „angemessene Unterhalt" i.S. von § 528 Abs. 1 BGB gedeckt. Auch die Überlassung des Nießbrauchs an einen Dritten nach § 1059 S. 2 BGB kommt nicht in Betracht. Schon aufgrund der schweren Krankheit und des fortgeschrittenen Alters der Klägerin kommt ein Umzug in eine andere Wohnung nicht in Betracht. Hinzu kommt, dass die Klägerin aufgrund des im Schenkungsvertrag vom 01.07.1989 vereinbarten Veräußerungsverbots darauf vertrauen durfte, dass sie für den Rest ihres Lebens in der Wohnung und der gewohnten Umgebung verbleiben darf.

Beweis: § 4 des not. Beurkundeten Schenkungsvertrag vom 01.07.1989 – als Anlage K2 bereits überreicht.

Der Rückforderungsanspruch nach § 528 BGB entfällt auch nicht – wie die Beklagte meint – dadurch, dass die Klägerin nach der Zuwendung an die Beklagte weitere Schenkungen an Dritte, insbesondere an karitative Einrichtungen vorgenommen hat. Zunächst ist darauf hinzuweisen, dass die Krebsforschung life-aid der Klägerin eine Spendenbescheinigung erteilt hat (Anlage K9). Darüber hinaus ist die life-aid nicht mehr bereichert. Sie hat im Schreiben vom 16.04.2003 erklärt, dass an Sie geleistete Spenden für gemeinnützige und wissenschaftliche Zwecke verwendet werden. Wenn ein erlangter Gegenstand weggeben oder verbraucht worden ist, besteht eine Bereicherung nur fort, soweit sich der Empfänger damit noch vorhandene Vermögensvorteile geschaffen hat.

Beweis: Schreiben der Krebshilfe life-aid vom 16.04.2003 – Anlage K12

Marfurt

Im Übrigen spricht schon der Beweis des ersten Anscheins dafür, dass Spendengelder nach der allgemeinen Lebenserfahrung nicht wertbeständig angelegt, sondern für besondere Verwendungszwecke eingesetzt werden und nicht zu einem beständigen Vermögensvorteil des Verwenders führen (BGH NJW 2003, 1384).

III. Der Rückforderungsanspruch der Klägerin ist entgegen der Ansicht der Beklagen nicht nach § 529 Abs. 1 Fall 1 BGB ausgeschlossen. Die Klägerin hat ihre Bedürftigkeit nicht vorsätzlich oder grob fahrlässig herbeigeführt. Grob fahrlässig handelt nach ständiger Rechtsprechung des BGH, wer die im Verkehr erforderliche Sorgfalt in besonders schwerem Maße verletzt und dasjenige nicht beachtet, was jedem einleuchten musste (BGH NJW 1953, 1139). Die vorsätzliche oder grob fahrlässige Herbeiführung einer Notlage im Sinne von § 529 Abs. 1 BGB ist bei Verschwendung, Spielen oder (unseriösen) Spekualtionen in Betracht zu ziehen. Bei der Frage, ob die Voraussetzungen einer groben Fahrlässigkeit vorliegen, handelt es sich um eine Tatfrage. Zwar ist ein monatlicher Verbrauch von 2.988,- EUR bei miet- und nebenkostenfreiem Wohnen hoch und zeigt, dass die Klägerin den Lebensstandard aufrecht erhalten hat, den sie vor den Schenkungen führt. Dies kann der Klägerin jedoch lediglich als Form einfacher Fahrlässigkeit vorzuhalten sein. Nach der Krankheitsdiagnose im Jahre 1989 hat – und musste, wie sich aus dem Anlagenkonvolut K1 ergibt – die Klägerin mit ihrem baldigen Tode rechnen. Auch die nach den streitgegenständlichen Schenkungen vorgenommenen Spenden in Höhe von insgesamt 30.000,- EUR begründen nicht den Vorwurf einer vorsätzlichen oder grob fahrlässig herbeigeführten Notlage. Zwar haben die Zuwendungen an die Krebshilfe life-aid zur Herbeiführung der Bedürftigkeit beigetragen. Jedoch lag der vergleichsweise geringe gespendete Betrag in Höhe von 30.000,- EUR angesichts der damaligen Verhältnisse und der noch geringen Lebenserwartung der Klägerin im Rahmen der „Sozialadäquanz". Zu berücksichtigen ist zudem, dass die Klägerin in ganz erheblichem Umfang auf ärztliche Hilfe angewiesen war. Wenn sie das Bedürfnis hatte der medizinischen Forschung einen solchen Betrag zur Verfügung zu stellen, so ist dies nicht als grob fahrlässiges Verhalten zu werten.

Die Klägerin hat ihre Notlage auch nicht in vorwerfbarer Weise selbst herbeigeführt. Die Ansicht der Beklagten, die vor der streitgegenständlichen Schenkung vorgenommenen Schenkungen an Bekannte sowie die Kinder der Beklagten über jeweils 40.000,- EUR könnten gemäß § 529 Abs. 1 Fall 1 BGB den Ausschluss des Rückforderungsanspruchs begründen, ist verfehlt. Der Sinn und Zweck des § 529 Abs. 1 Fall 1 BGB besteht darin, einen Ausgleich zwischen dem Bedürfnis des Schenkers und dem Vertrauen des Beschenkten auf die Rechtsbeständigkeit des schenkweisen Erwerbs zu schaffen. Wenn die Bedürftigkeit des Schenkers schon durch die Schenkung selbst geschaffen wurde oder zum Zeitpunkt der Schenkung vorhersehbar war, fehlt es deshalb an einem schutzwürdigen Interesse des Beschenkten. § 529 Abs. 1 Fall 1 BGB erfasst daher nur die Fälle, wenn der Schenker seine Bedürftigkeit nachträglich herbeigeführt hat und dies für den Beschenkten bei der Schenkung nicht vorhersehbar war (BGH NJW 2003, 1384). Zudem konnte die Klägerin im Zeitpunkt der Schenkung an ihre Bekannten und die Kinder der Beklagten ihre Bedürftigkeit nicht voraussehen, ihr gehörte zu diesem Zeitpunkt noch das Vermögen, dass sie später der Beklagten zugewandt hat. Schließlich bestimmt § 528 Abs. 2 BGB, dass unter mehreren Beschenkten der früher Beschenkte nur insoweit haftet, als der später Beschenkte nicht verpflichtet ist. Frühere Schenkungen stellen mithin die Haftung des später Beschenkten nicht infrage sondern haben allenfalls Auswirkungen auf die Reihenfolge der Inanspruchnahme mehrerer Beschenkter.

§ 3 Das Rückforderungsrecht des Schenkers

IV. Der Anspruch des Schenkers auf Rückforderung wegen Verarmung nach § 528 Abs. 1 BGB ist auf die Herausgabe des Geschenkes nach den Vorschriften über die ungerechtfertigte Bereicherung gerichtet, soweit der Schenker außer Stande ist seinen angemessenen Unterhalt zu bestreiten. Für die Bemessung des angemessenen Unterhaltsbedarfs ist auf die einschlägigen familienrechtlichen Bestimmungen und die von der Rechtsprechung hierzu entwickelten Maßstäbe auch im Rahmen des § 529 Abs. 2 BGB bzw. § 528 Abs. 1 BGB abzustellen (BGH NJW 2000, 3488). Der angemessene Unterhalt ist nicht nur auf den nichtgedeckten Notbedarf beschränkt, sondern kann bei dessen Deckung auch einen darüber hinausgehenden Bedarf erfassen (BGH NJW 2001, 2084; NJW 1998, 537). Der konkrete Aufwand, den die Klägerin mit monatlich 1.700,- EUR beziffert hat, ist zwischen den Partein in Höhe eines Betrages von 950,- EUR monatlich unstreitig. Die Höhe des Weiteren monatlichen Bedarfs ergibt sich aus notwendigen Taxifahrten für die erforderliche Kranheitsbehandlung in Höhe von monatlich 400,- EUR. Für die Instandhaltung der Wohnung, Bekleidung, Telefonkosten, Reparaturen und sonstiges – Lokalbesuche, Geschenke – beziffert sich die Höhe des monatlichen Bedarfs auf 350,- EUR.

Beweis: Taxiquittungen aus den Jahren 1990 bis 2003, Telefonkostenauflistung, Reparaturkostenauflistung, Kostenauflistung für Bekleidung und Instandhaltungsarbeiten, Kostenauflistung für Lokalbesuche und Geschenke – Anlagenkonvolut K13

Der Wertersatz bemisst sich gemäß § 818 Abs. 2 BGB nach dem Verkehrswert des Erlangten. Für die Berechnung des Wertanspruchs ist der Zeitpunkt maßgeblich, zu dem der Konditionsanspruch entstanden ist (BGH NJW 1995, 53). Entscheidend ist hiermit das Ende des Jahres 1998, nachdem die Klägerin ihr restliches Vermögens aufgebraucht hat. In diesem Zeitpunkt hatte das der Beklagten zugewendete Grundstück in der Ahronstr. 1 einen Verkehrswert von 150.000,- EUR, die Immobilienfonds der KPG-GmbH in Berlin über nominal 200.000 EUR (Fonds. Nr. 234) einen Verkehrswert von 95.000,- EUR und über nominal 85.000 EUR (Fonds. Nr. 235) einen Verkehrswert von 40.000,- EUR.

Beweis: Verkehrswertgutachten des Grundstücks in der Ahronstr. 1- AnlageK14; Schreiben der KPG-GmbH vom 02.02.2003 – Anlage K15

Die Beklage ist nach ihrer derzeitigen wirtschaftlichen Funktion leistungsfähig. Gegebenfalls ist ihr zuzumuten, durch Aufnahme eines Realkredits Mittel für den Unterhalt zu beschaffen und einzusetzen (BGH NJW 2000, 3488).

Eine beglaubigte und eine einfache Abschrift anbei.

■■■

Rechtsanwalt

B. Anspruch des Schenkers auf Herausgabe nach Widerruf der Schenkung, § 531 Abs. 2 BGB i.V.m. § 812 Abs. 1 S.2, 1. Alt. BGB

54   Nach einem Widerruf der Schenkung (§§ 530-534 BGB) kann der Schenker nach § 812 Abs. 1 S. 2., 1. Alt. BGB vom Beschenkten die Herausgabe des Gegenstandes verlangen.[48] Der Rückübereignungsanspruch nach § 531 Abs. 2 BGB i.V.m. § 812

---

48   BGH NJW-RR 1988, 584.

B. Anspruch des Schenkers auf Herausgabe nach Widerruf der Schenkung

Abs. 1 S. 2, 1. Alt. BGB ist ein doppelt bedingter Rückübertragungsanspruch (1. Bedingung: grober Undank, 2. Bedingung: Widerruf der Schenkung). Der Anspruch ist vormerkungsfähig im Sinne des § 883 Abs. 1 S. 2 BGB.

I. Voraussetzungen

1. Etwas erlangt

Das Erlangte etwas kann jeder Vermögensvorteil sein. Im Falle der Schenkung also das, was der Beschenkte vom Schenker aufgrund einer Schenkung erhalten hat. Es kann sich hierbei um ein Schenkungsversprechen, eine vollzogene Schenkung sowie um eine gemischte Schenkung[49] handeln.

2. Durch Leistung

Leistung ist jede bewusste und zweckgerichtete Mehrung fremden Vermögens. Dies ist bei einer Schenkung regelmäßig unproblematisch, da die Zuwendung des Gegenstandes aufgrund des Schenkungsvertrages durch den Schenker erfolgt.

3. Späterer Wegfall des rechtlichen Grundes

Durch einen wirksamen Widerruf der Schenkung enfällt der Rechtsgrund der Schenkung.

a) Widerrufsgrund, § 530 BGB

Der Grund, der zu einem Widerruf berechtigt, ist in § 530 Abs. 1 BGB genannt. Der Schenker kann die Schenkung widerrufen, wenn sich der Beschenkte durch eine schwere Verfehlung gegen den Schenker oder einen nahen Angehörigen des Schenkers groben Undanks schuldig macht. Liegen die Voraussetzungen nicht vor, kann sich ggf. eine Rückforderung des Geschenkes aus § 812 Abs. 1 S. 2, 2. Alt. wegen Zweckverfehlung ergeben.[50]

aa) Personeller Anwendungsbereich: § 530 BGB ist nur dann anwendbar, wenn es sich sowohl beim Schenker als auch beim Beschenkten um eine natürliche Person handelt.[51] Wenn keine ehebedingte Zuwendung vorliegt, gilt § 530 BGB auch bei Schenkung unter Ehegatten und Lebensgefährten. Der Begriff „naher Angehöriger" bestimmt sich nicht nach dem Grad der Verwandschaft oder Schwägerschaft, abzustellen ist allein auf das tatsächliche persönliche Verhältnis zum Schenker (z.B. auch Pflegekind, Pflegeltern, Lebensgefährte). Ein Recht zum Widerruf hat der Erbe des Schenkers nur dann, wenn der Beschenkte vorsätzlich und widerrechtlich den Schenker getötet oder am Widerruf gehindert hat (§ 530 Abs. 2 BGB).

bb) Schwere Verfehlung: Ob eine schwere Verfehlung des Beschenkten vorliegt, unterliegt weitgehend der tatrichterlichen Beurteilung.[52] **Objektiv** muss sich die Verfehlung

---

49 BGH NJW 1999, 1623.
50 BGH NJW 1994, 1540.
51 BGH NJW 1962, 955; OLG Düsseldorf, NJW 1966, 550.
52 BGH NJW 1999, 1626; Beispiele: schwere Beleidigung OLG Köln NJW-RR 2002, 2595, Unterbindung eines Nutzungsrechts BGH NJW 1999, 1626; grundloser Antrag auf Bestellung eines Betreuers OLG Düsseldorf, NJW-RR 1998, 1432.

als sittenwidriges Verhalten gegen den Schenker oder dessen Anghörigen richten, **subjektiv** muss es sich um ein tadelnswertes Verhalten mit einer auf Undankbarkeit deutenden Gesinnung handeln[53] (Beispiele: Bedrohung des Lebens, körperliche Misshandlung, schwere Beleidgigung). Es muss sich um eine vorsätzliche, nicht aber rechtswidrige Verfehlung handeln. Schuld ist im Sinne von moralischer Vorwerfbarkeit zu verstehen. Die Schwere der Verfehlung setzt ein gewisses Maß voraus.[54] Zur Beurteilung müssen die damit zusammenhängenden tatsächlichen Umstände gewürdigt werden,[55] z.B. bei Nichterfüllung einer Zahlungspflicht auch die wirtschaftlichen Verhältnisse des Beschenkten.[56]

61 *cc) Grober Undank:* Der schweren Verfehlung muss grober Undank gegenüber dem Schenker zu entnehmen sein. Ein enges Verwandtschaftsverhältnis zwischen den Parteien ist hierbei unbeachtlich. Zwischen der Schenkung und der Verfehlung muss auch kein Zusammenhang bestehen. Bei der Verfehlung muss der Beschenkte aber Kenntnis von der Schenkung, dem Schenker oder der Angehörigeneigenschaft gehabt haben. Hat der Schenker gegenüber dem Beschenkten selbst Verfehlungen zu verantworten, kann der grobe Undank ausgeschlossen sein.

b) Widerrufserklärung, § 531 BGB

62 Nach § 531 Abs. 1 BGB hat der Widerruf durch Erklärung gegenüber dem Beschenkten zu erfolgen. Es handelt sich um eine formlose, empfangsbedürftige Willenserklärung (§ 130 BGB) des Schenkers.

c) Kein Ausschluss des Widerrufs

63 *aa) Ausschluss des Widerrufs nach § 532 BGB:* Wenn der Widerruf noch nicht vollzogen ist, kann er in den Fällen des § 532 BGB ausgeschlossen sein. Der Beschenkte kann die Einrede erheben, dass der Schenker ihm verziehen habe. Der Begriff der Verzeihung (§ 2337 BGB) setzt voraus, dass der Schenker die Kränkung, die er durch das in Rede stehende Verhalten des Beschenkten erfahren hat, nicht mehr als solche empfindet, das Verletzende der Kränkung als nicht mehr existent betrachtet.[57] Ein bloßer Versöhnungsversuch ist hierfür nicht ausreichend.[58] Gleichsam ist der Widerruf nach § 532 BGB augeschlossen, wenn die rechtsvernichtenden Einwendungen Zeitablauf (§ 533 S. 1, 2. Fall BGB) oder Tod des Beschenkten (§ 533 S. 2 BGB) vorliegen. Nach § 533 S. 1, 2. Fall BGB ist der Widerruf ausgeschlossen, wenn seit dem Zeitpunkt, in welchem der Widerrufsberechtigte von dem Eintritt der Voraussetzungen seines Rechts Kenntnis erlangt hat, ein Jahr verstrichen ist. Die Frist berechnet sich nach §§ 187 Abs. 1, 188 Abs. 2 BGB. Es handelt sich um eine Ausschlussfrist. Der Widerruf ist gemäß § 533 S. 2 BGB nach dem Tod des Beschenkten ausgeschlossen. Der vor dem Tod des Beschenkten erklärte wirksame Widerruf begründet einen Anspruch gegen die Erben des Beschenkten.

---

[53] BGH NJW 1992, 183; NJW 1999, 1623.
[54] BGH NJW 2002, 2461.
[55] BGH NJW 1999, 1623.
[56] BGH NJW 2000, 3201.
[57] BGH NJW 1984, 2089.
[58] BGH NJW 1999, 1626.

bb) Pflicht- und Anstandsschenkungen, § 534 BGB: Für Pflicht- und Anstandsschenkungen finden gemäß § 534 BGB die §§ 528-533 BGB keine Anwendung.[59] Wenn die Schenkung nur teilweise als Pflicht- oder Anstandsschenkung anzusehen ist, ist bei Teilbarkeit der Leistung nur der entsprechende Teil gemäß § 534 BGB vom Widerruf ausgeschlossen, bei einer Unteilbarkeit der Leistung kann eine Rückforderung Zug um Zug gegen eine der sittlichen oder Anstandsplicht entsprechenden Leistung erfolgen. Eine sittliche Pflicht muss aus den bestimmten Umständen des Einzelfalls erwachsen und das Ausbleiben einer Belohnung als sittlich anstößig erscheinen lassen.[60] Beispiel: Unterhalt von bedürftigen Geschwistern, nicht jedoch die Belohnung für die Pflege durch nahe Verwandte.[61] Unter die Anstandspflicht fallen gebräuchliche Alltagsgeschenke, z.B. Gelegenheits-, Geburtstags- und Weihnachtsgeschenke. Maßgebend sind die Ansichten und Gepflogenheiten sozial Gleichgestellter und ob die Unterlassung des Geschenks zu einer Einbuße an Achtung in diesem Personenkreis führt. Bei ungewöhnlichen Schenkungsobjekten z.B. der Schenkung eines Grundstücks, wird dies in der Regel selbst bei Ehegatten nicht zu bejahen sein.[62]

d) Verzicht auf den Widerruf, § 533 BGB

Der Schenker kann auf den Widerruf nach § 530 BGB sowie auf das Rückforderungsrecht verzichten. Es handelt sich um eine einseitige empfangsbedürftige Willenserklärung (§ 130 BGB), die ers ab Kenntnis der den Undank bildenden Tatsachen möglich ist.

II. Einwendungen und Einreden

Der Beschenkte kann Gegenansprüche, die im Zusammenhang mit dem Geschenk stehen, über § 818 Abs. 3 BGB einwenden.[63]

Muster: Klage auf Herausgabe des Schenkungsgegenstandes nach Widerruf der Schenkung.

Landgericht ■■■

■■■

Klage

des Heinrich Marcheaux, ■■■

Kläger,

Prozessbevollmächtigte: ■■■

gegen

den Peter Hunziker, ■■■

---

59 Anwendung soll aber § 527 BGB finden, so MüKo/Kollhosser Rn. 1, str.
60 BGH NJW 2000, 3488.
61 BGH NJW 1986, 1926.
62 BGH NJW-RR 1986, 1202.
63 BGH NJW 1999, 1626.

§ 3 Das Rückforderungsrecht des Schenkers

Beklagter,

wegen: Herausgabe des Schenkungsgegenstandes nach Widerruf der Schenkung

Vorläufiger Streitwert: EUR 227.000,-

Namens und in Vollmacht der Klägerin erheben wir Klage und werden in der mündlichen Verhandlung beantragen:

Der Beklagte wird verurteilt, an den Kläger das Grundstück in der Königsstraße 10 in 14163 Berlin nebst aufstrebenden Bauten, eingetragen im Grundbuch von Steglitz, Blatt-Nr. 4466 Zug um Zug gegen Zahlung von 22.000,- EUR an den Kläger aufzulassen und die Eintragung im Grundbuch zu bewilligen.

Vorsorglich stellen wir den Antrag auf Erlass eines Versäumnisurteils nach § 331 Abs. 3 ZPO

Begründung:

I. Der Kläger stützt seinen Anspruch auf Rückübertragung des im Klageantrag näher bezeichneten Grundstücks auf § 531 Abs. 2 BGB i.V.m. § 812 Abs. 1 S.2, 1. Alt. BGB. Am 24.05.2003 hat der Kläger dem damals 26jährigen Sohn seiner Lebensgefährtin das im Klageantrag bezeichnete Grundstück im Werte von 205.000,- EUR geschenkt. Für die Übereignung des Grundstücks zahlte der Beklagte an den Kläger einen Betrag in Höhe von 22.000,- EUR.

Beweis:
1. not. beurkundeter Schenkungsvertrag vom 24.05.2003 – Anlage K1;
2. Grundbuchauszug – Anlage K2

Die Vorschriften des Schenkungsrechts sind auf den vorliegenden Fall trotz der Zahlung des Betrages in Höhe von 22.000,- EUR durch den Beklagten anwendbar. Auch wenn eine Mischung von entgeltlichem und unentgeltlichem Vertrag vorliegt, handelt es sich vorliegend nicht um einen Kauf. Denn die Parteien waren sich bei Abschluss des notariell beurkundeten Schenkungsvertrages darüber einig, dass die Leistung teilweise entgeltlich, aber der von diesem Entgelt nicht gedeckte Teil der Leistung dem anderen, also dem Beklagten, unentgeltlich zugewandt werden soll (gemischte Schenkung).

Beweis: § 7 des not. beurkundeten Schenkungsvertrages vom 24.05.2003 – Anlage K1

Am 10.02.2004 hat der Kläger gem. § 531 Abs. 1 BGB gegenüber dem Beklagten den Widerruf der Schenkung wegen grobem Undank erklärt.

Beweis: Einwurf-Einschreiben des Klägers vom 10.02.2004 nebst Sendeprotokoll der Deutschen Post AG – Anlage K3

Die Voraussetzungen für einen Widerruf der Schenkung wegen grobem Undank liegen vor. Der Schenker kann die Schenkung widerrufen, wenn sich der Beschenkte durch eine schwere Verfehlung gegen den Schenker oder einen nahen angehörigen des Schenkers groben Undanks schuldig macht. Der Beklagte hat sich durch schwere Beleidigung, körperliche Misshandlung und Bedrohung des Lebens des Klägers objektiv sittenwidrig gegen den Schenker und dessen Lebensgefährtin verhalten. Subjektiv handelte der Beklagte hierbei mit einer auf Undankbarkeit deutenden Gesinnung handeln. Seine Verfehlung war vorsätzlich und mit grobem Undank gegenüber dem Schenker.

Marfurt

B. Anspruch des Schenkers auf Herausgabe nach Widerruf der Schenkung, 3

Am 01.12.2003 fuhr der Beklagte bei dem Kläger und seiner Mutter, die mit dem Kläger die im Rubrum benannte Villa an der Havelchaussee bewohnt, vor. Der Kläger und die Mutter des Beklagten, Frau Isabelle Hunziker, befanden sich mit Freunden, Herrn Karl-Günter und Frau Bettina von Karkowski, im Garten der Villa. Der Beklagte entstieg seinem Pkw und schoss sofort laut pöbelnd auf seine Mutter und den Kläger los. Er beschimpfte seine Mutter vor den Gästen und dem Kläger als „billiges Flittchen", das glaube ihn, den Beklagten, durch die Verbindung mit dem Kläger und das an ihn geschenkte Grundstück wohl endlich los geworden zu sein.

Beweis:
1. Zeugnis der Frau Bettina von Karkowski, ■■■;
2. Zeugnis des Herrn Karl-Günter von Karkowski, ■■■;
3. Zeugnis der Frau Isabelle Hunziker, ■■■

Dann bezichtigte er den Kläger als „windigen Immobilienhund" der sich durch dubiose Machenschaften bereichert habe und er werde ihm nachweisen, dass er sein Geld nur durch betrügerische Geschäfte mit den Immobilien in Berlin-Mitte, durch Bestechung von Beamten und enge Beziehung zu politischen Berliner Größen erlangt habe. Er habe bereits genug Material und werde den Kläger gleich morgen bei der Staatsanwaltschaft wegen Betrug und Erpressung anzeigen.

Beweis: wie vor.

Weiter nannte der Beklagte den Kläger einen „dreckigen Versicherungsbetrüger", denn er habe bei dem Bauvorhaben in der Krausenstr. 13 in Berlin Mitte während dem Bau mit Absicht Feuer legen lassen, um die Versicherungssumme zu erlangen, damit er überhaupt noch die Fertigstellung des Gebäudes erreichen konnte. Auch dies werde er gleich morgen bei der Staatsanwaltschaft anzeigen.

Beweis: wie vor.

Sämtliche vorbeschriebenen Aussagen des Klägers sind nachweislich falsch. Das Grundstück hat der Kläger dem Beklagten nicht als eine Art „Abfindung" für die Mutter geschenkt. Vielmehr schenkte der Kläger dem Beklagten wie auch seinem leiblichen Sohn am 24.05.2003 je ein Grundstück in der Meinung beide „Familienmitglieder" gleichermassen zu bedenken.

Beweis:
1. Zeugnis der Frau Isabelle Hunziker, b.b.;
2. not. Schenkungsvertrag mit Philipp Marechaux vom 24.05.2003 – Anlage K4

Die Behauptungen des Beklagten bezüglich der vom Kläger abgewickelten Immobiliengeschäfte sind alle frei erfunden. Insbesondere gab es bezüglich des Grundstücks Krausenstr. 13 in Berlin Mitte keine vom Kläger veranlasste Brandstifung. Nach dem Brandgutachten und den polizeilichen Untersuchungen ist es bei Schweissarbeiten an den Gasleitungen am 03.03.2003 zu einer Explosion gekommen, die nahezu das gesamte Gebäude hat ausbrennen lassen. Die für den Kläger damals tätige Heizugsfirma Hell ist von dem Kläger erfolgreich auf Schadenseratz verklagt worden. Dem Beklagten waren die gesamten Umstände um den Brand in der Krausenstr. 13 bekannt. Der Kläger hat vor der Frau Isabelle Hunziker den gesamten hier geschilderten Sachverhalt mit dem Beklagten und seinem Sohn Philipp Marechaux besprochen.

Marfurt

§ 3 Das Rückforderungsrecht des Schenkers

Beweis:
1. Polzeibericht, Brandgutachten, Urteil des Landgerichts Berlin vom 17.07.2003 – Anlagenkonvolut K5;
2. Zeugnis des Frau Isabelle Hunziker, b.b.;
3. Zeugnis des Herrn Philipp Marechaux, ■■■

Schließlich hat der Kläger am 01.12.2003 nicht nur die vorbeschriebenen schweren Beleidigungen gegen den Kläger und seine Mutter geäußert und mit grundlosen Strafanzeigen gedroht. Vielmehr ging der Beklagte dann auch noch tätlich gegen die Lebensgefährtin des Klägers, seine Mutter, vor. Die Mutter des Beklagten versuchte den Kläger zu beruhigen und bat ihn um eine Aussprache bei „einigen Schritten im Garten". Als Frau Isabelle Hunziker und der Beklagte etwa 15m von dem Kläger und den Gästen entfernt auf der Wiese miteinander sprachen, schlug der Kläger unvermittelt und mit großer Wucht mehrer Male auf seine Mutter ein. Der Kläger und Herr von Karkowski eilten sofort zur Hilfe. Sie konnte jedoch nicht verhindern, dass der Beklagte seine Mutter zu Boden stürzte und im Gesicht und an den Armen blutig schlug bzw. als sie am Boden lag noch mit Schuhen auf sie eintrat.

Beweis:
1. Zeugnis der Frau Isabelle Hunziker, b.b.;
2. Zeugnis des Herrn Karl-Günter von Karkowski, b.b.;
3. Zeugnis der Frau Bettina von Karkowski, b.b.; 4. Ärztlicher Befund des Dr. Manfred Dulce – Anlage K6

Der Beklagte liess sich nur mit Mühe von seiner Mutter fernhalten. Als der Kläger und Herr von Karkowski ihn festhielten und der Kläger ihn anwies, sofort das Grundstück zu verlassen, äußerte der Beklagte zu dem Kläger „Du lebst nicht mehr lang, dafür werde ich sorgen". Der Beklagte konnte sich dann aus den Armen des Klägers und des Herrn Karkowski befreien und versetzte dem Kläger eine starken Tritt in den Bauch bevor er sich vom Grundstück entfernte.

Beweis:
1. Zeugnis der Frau Isabelle Hunziker, b.b.;
2. Zeugnis des Herrn Karl-Günter von Karkowski, b.b.

Am 28.01.2004 erschien der Beklagte trotz Hausverbot vor der Tür des Klägers. Es öffnete ihm der leibliche Sohn des Klägers, Herr Philipp Marcheaux. Der Beklagte stieß den völlig überrumpelten Herrn Philipp Marechaux brutal zur Seite und stürzt mit erhobenen Fäusten auf den sich im Hausflur befindlichen Kläger los. Nur mit Mühe gelang es dem Kläger und seinem leiblichen Sohn den Beklagten vor weiteren Tätlichkeiten abzuhalten und ihn vor die Haustür zu verbringen. Nachdem die Haustür abgeschlossen war entfernte sich der mit beiden Fäusten an die Tür schlagende Beklagte erst, als er die Signalhupen der herbeigerufenen Polzei hörte.

Beweis:
1. Zeugnis des Herrn Philipp Marechaux, b.b.;
2. Polizeibericht vom 28.01.2004 – Anlage K7;
3. Strafanzeige vom 28.01.2004 – Anlage K8

II. Nach der sog. Zweckwürdigungstheorie ist für die Abwicklung der Schenkung auf den wirtschaftlichen Zweck des konkreten Geschäfts sowie die geschützten Interessen der Vertragsparteien abzustellen. Überwiegt – wie im vorliegenden Fall – der geschenkte Teil den

Marfurt

entgeltlichen Teil erheblich, so ist im Zweifel anzunehmen, dass bei Hinfälligkeit des schenkungsrechtlichen Teils das Geschäft insgesamt keine Gültigkeit haben soll. Damit ist das gesamte Schenkungsgeschäft Zug um Zug gegen Rückzahlung der 22.000,- EUR abzuwickeln. Der Beklagte ist antragsgemäß auf Rückübereignung des Grundstücks durch Auflassung und Einwilligung zur Eintragung ins Grundbuch zu verurteilen.

Eine beglaubigte und eine einfache Abschrift anbei.

■■■

Rechtsanwältin

§ 4 Schenkung unter Auflage, §§ 525ff BGB

A. Ansprüche des Schenkers nach § 525 BGB auf Vollziehung der Auflage

68 Macht der Schenker eine Schenkung unter Auflage, kann er gemäß § 525 Abs. 1 BGB – wenn die Vollziehung der Auflage im öffentlichen Interesse liegt, nach dem Tod des Schenkers die zuständige Behörde (§ 525 Abs. 2 BGB) – die Vollziehung der Auflage verlangen. Eine Schenkung unter Auflage liegt vor, wenn eine Gegenleistung vereinbart ist, diese aber aus dem Geschenk selbst erbracht werden muss.

I. Voraussetzungen

1. Schenkung unter Auflage

a) Wirksamer Vertrag, durch den eine Leistung schenkweise versprochen wird

69 Zwischen den Parteien muss eine wirksamer Schenkungsvertrag abgeschlossen worden sein. Insoweit wird auf die bisherigen Ausführungen verwiesen.

b) Auflage

70 *aa) Begriff und Abgrenzung:* Die Auflage ist eine der Schenkung hinzugefügte Bestimmung, die den Beschenkten zu einer Leistung verpflichtet, die aus dem Zuwendungsgegenstand zu entnehmen ist. Die Auflage kann jedes Tun oder Unterlassen sein, unabhängig davon, ob die Leistung einen Vermögenswert hat oder nicht. Sie kann im Interesse des Schenkers, des Beschenkten oder eines Dritten liegen. Der Beschenkte kann durch eine Auflage lediglich in der freien Verfügung des Gegenstands beschränkt sein, die Auflage kann aber auch Hauptzweck des Rechtsgeschäfts sein und dem Wert der Schenkung vollumfänglich entsprechen. Auch im Hinblick auf die Auflage ist die nach § 518 BGB vorgeschriebene notarielle Beurkundung zu beachten. Fehlt sie, ist nicht nur die Auflage, sondern das gesamte Rechtsgeschäft nichtig.

71 Nicht als Auflage zu qualifizieren ist ein Wunsch, Rat oder eine Empfehlung (z.B. Geldzuwendung für einen Erholungsurlaub). Auch Verwaltungsanordnungen bezüglich des zugewendeten Vermögens (z.B. § 1418 Abs. 2 Nr. 2 BGB) sind keine Auflagen. Abzugrenzen ist die Auflage auch vom entgeltlichen Vertrag: Eine Auflage liegt vor, wenn die Parteien übereinstimmend davon ausgehen, dass Leistung und Gegenleistung in dem Verhältnis stehen sollen, dass die Auflage nicht für die Zuwendung sondern aufgrund und aus dem Wert der Zuwendung erfolgen soll [64] (Beispiel: Grundstücksübereignung unter Vorbehalt des Nießbrauchs,[65] Übertragung eines Sparkontos gegen verzinsliches Darlehen aus diesem Geld).[66] Bei Zuwendungen zur Weitergabe an einen Dritten, die so ausgestaltet sind, dass dem Empfänger nichts verbleiben soll, handelt es sich nicht um eine Schenkung.[67] Abzugrenzen ist die Auflage auch von der sog. **Zweckschenkung**. Bei einer Zweckschenkung wird nach dem Inhalt des Rechtsgeschäfts oder

---

[64] BGH NJW 1982, 818.
[65] OLG Köln, FamRZ, 1994, 1242.
[66] BayObLG NJW 1974, 1142.
[67] BGH NJW 2004, 1382.

dessen Geschäftsgrundlage ein über die Zuwendung an den Beschenkten hinausgehender Zweck verfolgt. Bei einer Zweckschenkung besteht aber kein Anspruch auf Vollziehung.[68] Bei Nichterreichung des Zwecks richten sich die Rechtsfolgen nach § 812 Abs. 1 S. 2 BGB.[69] Beispiele: Schenkung der Eltern an Kind und Schwiegerkind in Erwartung des Fortbestands der Ehe.[70]

bb) Nichtigkeit der Auflage: Die Auflage kann bei einem Verstoss nach §§ 134, 138 BGB nichtig sein. Ob eine Nichtigkeit der Auflage ggf. die gesamte Schenkung erfasst, ist nach § 139 BGB zu beurteilen.

cc) Sondervorschriften: Zu beachten sind die erbrechtlichen Sondervorschriften bei letztwilligen Verfügungen: §§ 1935, 1940, 1967, 1972ff, 1980, 1992, 2192ff, 2322ff. BGB.

2. Vollzug der Schenkung, § 518 Abs. 2 BGB

Die Schenkung muss nach § 518 Abs. 2 BGB vollzogen worden sein. Der Erfüllungsanspruch bezüglich der Vollziehung der Auflage ist aufschiebend bedingt durch die Erfüllung des Schenkungsversprechens. Der Schenker ist also vorleistungspflichtig. Vertraglich können die Parteien allerdings etwas anders, z.b. die Zug um Zug Leistung vereinbaren. Der klagende Schenker hat die Darlegungs- und Beweislast für den Vollzug der Schenkung. Ein Auflagenanspruch kann durch einstweilige Verfügung gesichert werden.

3. Gläubiger

Gläubiger des Auflagenanspruchs können der Schenker, sein Rechtsnachfolger in erster Linie (§ 525 Abs. 1 BGB) aber auch der Begünstigte des Auflagenanspruchs sein. Ist an den Begünstigten der Auflage zu leisten, hat dieser neben dem Schenker nach Vollziehung der Schenkung (§ 334 BGB) einen unmittelbaren Anspruch gegen den Beschenkten auf Erfüllung der Auflage (§ 330 S. 2 BGB). Nach § 525 Abs. 2 BGB hat die zuständige Behörde nach dem Tod des Schenkers und bei einem entsprechenden öffentlichen Interesse (jede Förderung des Gemeinwohls) einen Anspruch auf Erfüllung der Auflage. Daneben hat der Erbe gleichsam den Anspruch auf Erfüllung der Auflage, kann aber ohne die Zustimmung der Behörde die Auflage nicht mehr erlassen (§ 397 BGB).

II. Einreden: § 526 S. 1 BGB

Unter den Voraussetzungen des § 526 S. 1 BGB kann der Beschenkte die Vollziehung der Auflage verweigern, bis der durch den Mangel entstandene Fehlbetrag ausgeglichen wird. Das Leistungsverweigerungsrecht des § 526 Abs. 1 BGB ist eine Einrede, die der Beschenkte gegenüber jedem Gläubiger des Auflagenanspruchs geltend machen kann. Voraussetzung ist ein Mangel im Recht oder in der verschenkten Sache, aufgrund dessen insoweit der Wert der Zuwendung die Höhe der zur Vollziehung der Auflage erforderlichen Aufwendungen nicht erreicht. Es muss also ein Sach- oder Rechts-

---

68 MüKo/Kollhosser, Rn. 4.
69 BGH NJW 1984, 233; OLG Düsseldorf, NJW-RR 1996, 517.
70 OLG Köln, NJW 1994, 1540; a.A. OLG Oldbg FamRZ 1994, 1245.

Marfurt

mangel (§§ 523, 524, 434ff BGB) vorliegen. Das Leistungsverweigerungsrecht kommt insbesondere auch dann zum Tragen, wenn Schenker für den Mangel haftet[71] und wenn aus anderen Gründen der Wert der Auflagenleistung den Wert des Schenkungsgegenstandes übersteigt[72] (z.B. Inflation). Die Einrede kann nur für den konkreten Fehlbetrag geltend gemacht werden („soweit"). Für den Mangel und den Fehlbetrag trägt der Beschenkte die Darlegungs- und Beweislast.

III. Aufwendungsersatzanspruch nach § 526 S. 2 BGB

77 Neben dem Leistungsverweigerungsrecht gewährt § 526 S. 2 BGB dem Beschenkten eine Aufwendungsersatzanspruch, wenn er die Auflage ohne Kenntnis des Mangels vollzieht. Da das Gesetz auch hier den Terminus „soweit" verwendet, ist der Anspruch auf den konkreten Fehlbetrag beschränkt. Die fehlende Kenntnis bei Vollzug der Auflage erfasst auch die fahrlässige Unkenntnis (wie § 442 BGB) und ist vom Beschenkten darzulegen und zu beweisen. Zu beachten ist, dass sich der Aufwendungsersatzanspruch allein gegen den Schenker und nicht gegen andere Gläubiger des Auflagenanspruchs richtet.

B. Ansprüche des Schenkers bei Nichtvollziehung der Auflage: insbes. Auf Herausgabe bei Nichtvollziehung der Auflage § 527 Abs. 1 BGB i.V.m. §§ 323, 326 Abs. 5, 812ff BGB

78 § 527 Abs. 1 BGB gibt dem Schenker einen Herausgabeanspruch für den Fall, wo die Auflage nicht vollzogen worden ist insoweit, als das Geschenk zur Vollziehung der Auflage hätte verwendet werden müssen. Die Herausgabe richtet sich nach §§ 812 Abs. 1 S. 1, 818, 819 Abs. 1 BGB und ist beschränkt auf das, was zum Vollzug der Auflage erforderlich war („insoweit").

I. Voraussetzungen

1. Schenkung unter Auflage

79 Zwischen den Parteien muss ein wirksamer Schenkungsvertrag unter Auflage abgeschlossen worden sein. Insoweit wird auf die bisherigen Ausführungen verwiesen.

2. Vollzug der Schenkung, § 518 Abs. 2 BGB

80 Die Schenkung ist vollzogen worden. Auf die bisherigen Ausführungen wird verwiesen.

3. Kein Vollzug der Auflage

81 Die Auflage ist ganz oder teilweise nicht vollzogen worden.

4. Vermögensaufwand zum Vollzug der Auflage

82 Zum Vollzug der Auflage muss eine Vermögensaufwand erforderlich sein, der aus dem Geschenk oder seinem Wert erbracht werden muss.

---

71 BGH NJW 1982, 818.
72 MüKo/Kollhosser, Rn. 4.

5. Voraussetzungen des Rücktrittsrechts bei gegenseitigen Verträgen

Die Tatbestandsvoraussetzungen des Rücktritts nach den §§ 323 ff BGB müssen im Rahmen des § 527 Abs. 1 BGB geprüft werden. Es handelt sich um eine Rechtsgrundverweisung auf das Rücktrittsrecht. Die Voraussetzungen des Rücktrittsrechts bei gegenseitigen Verträgen bestimmen sich nach den §§ 323 ff BGB. Liegt ein Fall der Unmöglichkeit des Vollzugs der Auflage vor, kann der Schenker unter den Voraussetzungen des § 323 BGB unabhängig vom Verschulden des Beschenkten zurücktreten ohne dass eine Fristsetzung erforderlich ist (§ 326 Abs. 5 BGB). Bei Nichterfüllung oder nicht vertragsgemäßer Erfüllung der Auflage kann der Schenker unabhängig vom Verschulden des Beschenkten in der Regel nach dem erfolglosen Ablauf einer dem Beschenkten gesetzten angemessenen Frist zurücktreten. Die Fristsetzung ist in den Fällen des § 323 Abs. 2 bis 5 BGB entbehrlich. Das Rücktrittsrecht darf nicht ausgeschlossen sein (§ 323 Abs. 6 BGB).

II. Einwendungen: § 527 Abs. 2 BGB

Nach § 527 Abs. 2 BGB ist der Herausgabeanspruch ausgeschlossen, wenn ein Dritter berechtigt ist, die Vollziehung der Auflage zu verlangen. Als Dritter ist auch die Behörde im Sinne des § 525 Abs. 2 BGB anzusehen. § 527 Abs. 2 BGB ist eine rechtshindernde Einwendung.

III. Rechtsfolge

In seiner Rechtsfolge verweist § 527 BGB auf die §§ 812 ff BGB. Diesbezüglich handelt es sich um eine Rechtsfolgenverweisung auf das Bereicherungsrecht.

IV. Weitere Ansprüche bei Nichtvollziehung der Auflage

Bei Nichtvollziehung der Auflage können dem Schenker neben dem Herausgabeanspruch nach § 527 Abs. 2 BGB auch andere Ansprüche zustehen. So der Anspruch nach § 525 S. 1 BGB auf Vollziehung der Auflage und ggf. Schadensersatzansprüche nach den §§ 280, 281, 283, 286 BGB, wobei hier in der Regel der Nachweis eines Schadens nicht gelingen wird. Bei unverschuldeter Unmöglichkeit wird der Beschenkte nach § 275 BGB frei. In diesen Fällen wird auch ein Anspruch des Schenkers nach § 812 Abs. 1 S. 2, 2. Alt. BGB zu verneinen sein und auch über den Widerruf der Schenkung oder den Wegfall der Geschäftsgrundlage werden Ansprüche des Schenkers nicht bejaht werden können.

FormularBibliothek Zivilprozess

Teil 1: **Kauf** Seite 5
Yvonne Marfurt, Rechtsanwältin, von Kiedrowski|Marfurt|Rechtsanwälte, Berlin

Teil 2: **Darlehen** Seite 259
Hanno Teuber, Rechtsanwalt, Konstanz
Kathrin Strauß, Rechtsanwältin,
Pfefferle Koch Helberg & Partner, Heilbronn

Teil 3: **Schenkung** Seite 293
Yvonne Marfurt, Rechtsanwältin, von Kiedrowski|Marfurt|Rechtsanwälte, Berlin

Teil 4: **Leasing** Seite 329
Hanno Teuber, Rechtsanwalt, Konstanz
Kathrin Strauß, Rechtsanwältin,
Pfefferle Koch Helberg & Partner, Heilbronn

Teil 5: **Werkvertrag** Seite 349
Dr. Bernhard von Kiedrowski, Rechtsanwalt,
von Kiedrowski|Marfurt|Rechtsanwälte, Berlin

Teil 6: **Bürgschaft** Seite 405
Hanno Teuber, Rechtsanwalt, Konstanz
Kathrin Strauß, Rechtsanwältin,
Pfefferle Koch Helberg & Partner, Heilbronn

Teil 7: **EDV-Recht** Seite 429
Dr. Michael Kummermehr, Rechtsanwalt,
Wilmer Cutler Pickering Hale and Dorr LLP, Berlin
Mario Wegner, Rechtsanwalt,
Wilmer Cutler Pickering Hale and Dorr LLP, Berlin

Inhalt

Verweise erfolgen auf Randnummern

§ 1 Allgemeines und rechtliche Grundlagen	1
A. Einführung	1
B. Allgemeines	4
I. Formen des Leasing und Begriffserklärung	4
1. Finanzierungsleasing	4
a) Grundlagen	4
b) Abgrenzung zu anderen Verträgen	5
2. Operatingleasing	7
3. Hersteller- oder Händlerleasing	8
4. Null-Leasing	9
5. Sale-and-lease-back	10
6. Vollamortisationsvertrag	11
7. Teilamortisationsvertrag	12
8. Leasingerlass	13
II. Zivilrechtliche Betrachtung des Leasingvertrages	14
1. Pflichten der Vertragsparteien	16
2. „Leasingtypische Abtretungskonstruktion"	18
III. Besonderheiten beim Verbraucherleasing, §§ 499 Abs. 2, 500 BGB	20
1. Verbraucher und Unternehmer	21
2. Vertragsabschluss	26
3. Widerrufsrecht, §§ 500, 495 Abs. 1, 355 bis 359 BGB	28
4. Kündigung wegen Zahlungsverzuges	31
IV. Abrechnungsarten bei dem KfZ-Leasing	33
1. Restwertmethode	33
2. Kilometerabrechnung	37
§ 2 Störungen im Leasingverhältnis	40
A. Mangelhaftigkeit des Leasingfahrzeuges	40
I. Nacherfüllungsanspruch des Leasingnehmers, § 437 Nr. 1 BGB	40
1. Austausch der Leasingsache?	40
2. Nutzungsentschädigung für das mangelhafte Fahrzeug?	42
3. Berechnung der Nutzungsentschädigung	43
II. Rücktritt vom Kaufvertrag, § 437 Nr. 2 BGB	44
1. Kaufvertrag	44
2. Leasingvertrag	48
III. Einrede des nicht erfüllten Vertrages, § 320 BGB	50
B. Zahlungsverzug des Leasingnehmers	51
I. Kündigungsvoraussetzungen	51
1. Verbraucherfinanzierungsleasing	51
2. Unternehmerleasing	52
II. Schadensersatz	53
C. Untergang des Fahrzeuges beim Leasingnehmer	56
I. Sach- und Preisgefahr	56
II. Schädigung durch Dritte	58
1. Teilschaden	58
2. Totalschaden	59
§ 3 Muster zum Leasingrecht	61
A. Allgemeine Leasingbedingungen	61
B. Klagemuster	62
I. *Muster:* Klage des Leasingnehmers gegen den Lieferanten auf Rückzahlung des Kaufpreises an den Leasinggeber	62
II. Klage des Leasingnehmers gegen den Leasinggeber auf Rückzahlung der Raten nach Wegfall der Geschäftsgrundlage	63

4

MUSTERVERZEICHNIS

	Rn.
§ 1 Allgemeines und rechtliche Grundlagen	1
§ 2 Störungen im Leasingverhältnis	40
§ 3 Muster zum Leasingrecht	61
1 Klage des Leasingnehmers gegen den Lieferanten auf Rückzahlung des Kaufpreises an den Leasinggeber	62
2 Klage des Leasingnehmers gegen den Leasinggeber auf Rückzahlung der Raten nach Wegfall der Geschäftsgrundlage	63

Literatur: Büschgen, Praxishandbuch Leasing, 1998; Eckstein/Feinen, Leasing-Handbuch für die betriebliche Praxis, 2000; Engel, Handbuch Kraftfahrzeug Leasing, 2000; Kratzer/Jost, Leasing in Theorie und Praxis, 2002; Reiner/Kaune, Die Gestaltung von Finanzierungsleasingverträgen nach der Schuldrechtsreform, WM 2002, 2314; Reinking/Eggert, Der Autokauf, 8. Aufl. 2003; von Westphalen, Der Leasingvertrag, 1998; von Westphalen, Die Auswirkungen der Schuldrechtsreform auf die Abtretungskonstruktion beim Leasing, ZIP 2001, 2258; von Westphalen, Rechtsprechungsübersicht zum Leasingrecht 2000-2004, BB 04, 2025; Wolff/Eckert/Ball, Handbuch des gewerblichen Miet-, Pacht- und Leasingrechts, 2000.

§ 1 Allgemeines und rechtliche Grundlagen

A. Einführung

Der deutsche Leasingmarkt ist und bleibt ein Wachstumsmarkt. Seit rund 30 Jahren hat sich das Leasing als Finanzierungsmöglichkeit fest etabliert. Im Jahre 2003 wurden Investitionen von rund 23 Mrd. € über das Leasing finanziert. Dies betrifft nicht nur den Bereich des Kfz-Leasings sondern auch die Bereiche Bürokommunikation oder Betriebsmittel. Zurück zu führen ist dies auf die Wandlung der Unternehmensfinanzierung in deutschen Unternehmen und die damit verbundene Darlehensaufnahme. Das Leasingrecht wurde mit den Jahren zum Massengeschäft, wobei es vor allem durch das Richterrecht und Formularrecht geprägt wurde.

Die nun folgenden Ausführungen sind an Anwälte gerichtet, die ihren Beratungsschwerpunkt nicht auf den Bereich des Leasingrechts gelegt haben. Es soll ein Einblick in die verschiedenen Leasingform gegeben werden und die 3 wichtigsten Hauptprobleme herausgreifen: Außerordentliche Kündigung des Leasingvertrages auf Grund Zahlungsverzug des Kunden, Mangelhaftigkeit des Leasingobjekts und Untergang des Leasingobjekts während der Vertragslaufzeit. Diese Probleme werden aus Gründen der Vereinfachung anhand des Kfz-Leasings besprochen. Dabei wird der Blick vor allem auf die Rechte des Leasingnehmers gerichtet.

Es ist besonders darauf zu achten, ob der Vertrag zu gewerblichen oder privaten Zwecken abgeschlossen wurde, denn das Gesetz stellt an Leasingverträge für Verbraucher besondere Anforderungen.

B. Allgemeines

I. Formen des Leasing und Begriffserklärung

1. Finanzierungsleasing

a) Grundlagen

Diese Form des Leasings wird in den häufigsten Fällen gewählt. Der Begriff wird von dem Gesetzgeber in §§ 499 Abs. 2, 500 BGB verwendet. Das Leasinggeschäft findet zwischen drei Vertragspartnern statt. Dem Lieferanten, dem Leasinggeber und dem Leasingnehmer. Der Leasingnehmer sucht sich beim Lieferanten die Leasingsache aus. Der Kaufvertrag über die Sache wird zwischen dem Leasinggeber und dem Lieferanten geschlossen, bzw. der Leasinggeber tritt in den Kaufvertrag zwischen Lieferant und Leasingnehmer ein. So dann wird zwischen dem Leasinggeber und dem Leasingnehmer der Leasingvertrag geschlossen. Durch die Bezahlung der Raten wird die **Wertminderung** des Kfz, die **Refinanzierungskosten** des Leasingvertrages sowie die **Vertriebs-** und **Verwaltungskosten** des Leasinggebers ausgeglichen. Die Finanzierungsfunktion steht hier eindeutig im Vordergrund.

b) Abgrenzung zu anderen Verträgen

5 Der Leasingvertrag kommt dem **Teilzahlungskauf** (vgl. § 501 BGB) sehr nahe. Jedoch soll der Leasingnehmer kein Eigentum erwerben.

6 Beim **Mietkauf** erhält der Mieter das Recht, nach einer bestimmten Zeit die Mietsache käuflich zu erwerben, wobei auf den Kaufpreis der bereits gezahlte Mietzins angerechnet wird.[1] Im Unterschied zum Leasingvertrag bleiben die gesetzlichen Gewährleistungsregelungen unverändert bestehen.

2. Operatingleasing

7 Bei dieser Form des Leasings ist nur eine kurze Laufzeit vorgesehen, da die Leasingsache mehreren Leasingnehmern nacheinander zur Verfügung gestellt werden soll. Es handelt sich um einen Vertrag nur im Zwei-Personen-Verhältnis, von dem sich der Leasingnehmer kurzfristig durch Kündigung lösen kann. Dies ist ein Vorteil für den Leasingnehmer, der immer die neusten Produkte verschaffen will oder der nur kurzfristig planen kann. Hier sind ausschließlich die Regelungen über den Mietvertrag anzuwenden.[2]

3. Hersteller- oder Händlerleasing

8 Diese Art ist, obwohl auch hier nur ein Zwei-Personen-Verhältnis vorliegt, zu den Finanzierungsleasingverträgen zu zählen, da die volle Amortisation des Aufwandes des Leasinggebers durch ein Leasinggeschäft gewährleistet wird. Da der Lieferant zugleich Leasinggeber ist, steht die entgeltliche Gebrauchsüberlassung im Vordergrund, weshalb die §§ 535 ff. BGB anzuwenden sind.

4. Null-Leasing

9 Dies ist ein anderer Ausdruck für einen privaten Leasingvertrag. Näheres s. Pal. Einf v § 535 Rn. 43.

5. Sale-and-lease-back

10 In dieser Konstellation sind der Lieferant und des Leasingnehmer die gleiche Person. Eigentümer des Leasinggutes ist der, der es an den Leasinggeber verkauft und übereignet, um es von ihm zu leasen.[3]

6. Vollamortisationsvertrag

11 Dieser liegt vor, wenn der Leasingnehmer mit dem in der unkündbaren Grundmietzeit zu entrichteten Leasingraten mindestens die Anschaffungs- bzw. Herstellungskosten sowie alle Nebenkosten einschließlich der Finanzierungskosten des Leasinggebers abdeckt.

7. Teilamortisationsvertrag

12 In dieser Variante werden die oben genannten Kosten nicht vollständig mit den Leasingraten abgedeckt. Die Besonderheit besteht hier, dass die Amortisation durch den Ver-

---

1 Palandt/Weidenkaff, Einf. v § 535 Rn. 30.
2 Palandt/Weidenkaff, Einf. v § 535 Rn. 40.
3 Palandt/Weidenkaff, Einf. v § 535 Rn. 44.

kauf des Leasinggutes am Vertragsende und evtl. durch die Abschlusszahlung realisiert wird, sofern der vertraglich festgesetzte Restwert durch den Verkauf des Leasinggutes nicht erreicht wird. Die meisten Finanzierungsleasingverträge werden nach diesem Modell kalkuliert.

8. Leasingerlass

Leasing ist aus steuerlichen Gründen gerade für Unternehmen interessant. Um sicherzustellen, dass der mit dem Leasinggeschäft angestrebte steuerliche Effekt erzielt wird, richtet sich die Vertragspraxis gewöhnlich nach den (in den sog. Leasing-Erlassen der Finanzverwaltung) aufgestellten Voraussetzungen.

II. Zivilrechtliche Betrachtung des Leasingvertrages

Da der Leasinggeber die Sache dem Leasingnehmer entgeltlich zum Gebrauch überlässt, ist das Finanzierungsleasing am ehesten dem Mietverhältnis angenähert. Aus diesem Grund finden die **Bestimmungen des Mietrechts** entsprechende Anwendung. Jedoch sind auch Elemente des Kaufs enthalten.

Auf Grund des Schuldrechtsmodernisierungsgesetzes kam es auch im Bereich des Leasingrechtes, so z.B. durch Einführung des Nachbesserungs- bzw. Nacherfüllungsanspruchs im Kaufrecht, zu Änderungen. Diese sind jedoch nicht so einschneidend wie befürchtet und die Grundregeln sind weiter anwendbar. Höchstrichterliche Entscheidungen, ob die „alten" Entscheidungen, Regelungen und Klauseln auch jetzt noch Gültigkeit haben, sind noch nicht gefallen. Es bleibt somit abzuwarten und muss beobachtet werden, wie sich der BGH dazu äußert.

1. Pflichten der Vertragsparteien

Den Leasinggeber trifft aus dem Leasingvertrag die Pflicht, dem Leasingnehmer den **Gebrauch** der Leasingsache zu verschaffen und für die Laufzeit des Leasingvertrages auch zu belassen, ohne dass er sich von dieser Pflicht formularmäßig freizeichnen kann.[4]

Der Leasingnehmer schuldet die **volle Amortisation** der Anschaffungs- und Finanzierungskosten einschließlich des Geschäftsgewinns des Leasinggebers. Zu den einzelnen Abrechnungsmethoden beim Kfz-Leasing s.u.

2. „Leasingtypische Abtretungskonstruktion"

Die Gewährleistung für Sachmängel ist bei dem Leasingvertrag typischerweise formularmäßig so ausgestaltet, dass der Leasinggeber sich von den ihn treffenden Gewährleistungsrechte freizeichnet und zum Ausgleich dafür dem Leasingnehmer diejenigen Gewährleistungsrechte einschließlich der Rücktritts- und Minderungsrechte abtritt, die ihm selbst gegen den Lieferanten bzw. Hersteller der Leasingsache zustehen. Der Leasingnehmer ist berechtigt – und auch vertraglich verpflichtet! – die abgetretenen Gewährleistungsrechte gegen den Lieferanten notfalls auch gerichtlich geltend zu machen.

---

4 NJW 82, 105.

19 Zugleich ist der Leasinggeber verpflichtet, die rechtlichen Folgen, die sich aus der Geltendmachung der Gewährleistungsrechte ergeben, als für sich verbindlich hinzunehmen.

III. Besonderheiten beim Verbraucherleasing, §§ 499 Abs. 2, 500 BGB

20 Aufgrund der Umsetzung der Verbraucherrichtlinie in das BGB sind beim Abschluss von Verbraucherleasingverträgen Besonderheiten zu beachten.

1. Verbraucher und Unternehmer

21 Die Regelungen der §§ 499 II, 500 BGB sind auf Finanzierungsleasingverträge zwischen Unternehmern und Verbrauchern anzuwenden. Wird ein Vertrag mit einem Verbraucher und einem Unternehmer abgeschlossen, so gelten diese Vorschriften nur für den Verbraucher.

22 **Verbraucher** ist jede natürliche Person, die ein Rechtsgeschäft zu einem Zweck abschließt, der weder ihrer gewerblichen noch ihrer selbstständigen beruflichen Tätigkeit zugerechnet werden kann, § 13 BGB.

23 **Unternehmer** ist eine natürliche oder juristische Person oder eine rechtsfähige Personengesellschaft, die bei Abschluss eines Rechtsgeschäfts in Ausübung ihrer gewerblichen oder selbstständigen berufliche Tätigkeit handelt, § 14 BGB.

24 Wird das Fahrzeug für die **gemischte Nutzung** erworben, so ist auf den Schwerpunkt der Nutzung abzustellen.[5]

25 **Exkurs:** In den Allgemeinen Geschäftsbedingungen der Leasingverträge mit einem Unternehmer wird häufig eine **Gerichtsstandsvereinbarung** getroffen. Nach § 38 ZPO sind solche Gerichtsstandsvereinbarungen nur unter Kaufleuten zulässig. Nicht jeder Unternehmer ist jedoch auch Kaufmann, so dass dieser Punkt einer besonderen Prüfung bedarf.

2. Vertragsabschluss

26 In §§ 500, 492 Abs. 1 BGB sind die Anforderungen an den Vertragsabschluss geregelt. Der Finanzierungsleasingvertrag ist schriftlich abzuschließen. Es ist ausreichend, wenn Antrag und Annahme auf getrennten Schriftstücken schriftlich nieder gelegt werden. Wird die Schriftform nicht gewahrt, ist der Vertrag nichtig. Das Schriftformerfordernis soll vor Übereilung schützen.

27 Regelungen über eine Schuldmitübernahme oder Bürgschaft müssen deutlich vom Vertragstext abgesetzt sein und es muss gesondert auf deren Bedeutung hingewiesen werden.[6] Ansonsten sind diese gem. § 309 Nr. 11 a) BGB unwirksam.

3. Widerrufsrecht, §§ 500, 495 Abs. 1, 355 bis 359 BGB

28 Der Verbraucher kann seine auf Abschluss des Leasingvertrages gerichtete Willenserklärung innerhalb von zwei Wochen nach der Widerrufsbelehrung widerrufen. Wurde

---

5 Palandt/Putzo, § 474 Rn. 4.
6 BGH BB 02, 2248.

der Verbraucher nicht ordnungsgemäß belehrt, erlischt sein Widerrufsrecht nicht. Die **Beweislast** für den Fristbeginn trägt der Unternehmer, § 355 Abs. 2 S. 4 BGB.

Widerruft der Verbraucher seine Willenserklärung, so wird der Leasingvertrag nach den Regeln über den Rücktritt rückabgewickelt, §§ 357, 346 ff. BGB.

Der Leasingvertrag und der Kaufvertrag sind keine verbundenen Geschäfte im Sinne der §§ 358, 359 BGB. Es fehlt an der typischen Verbindung der Verträge, da diese nicht im Zwei-Personen-Verhältnis sondern im Drei-Personen-Verhältnis abgeschlossen werden. Der Leasingnehmer ist nicht Vertragspartner des Kaufvertrages.

4. Kündigung wegen Zahlungsverzuges

Die Kündigung eines Verbraucherleasingvertrages wegen Zahlungsverzuges ist in §§ 500, 498 Abs. 1 S.1 Nr.1 BGB geregelt. Die darin enthaltene Regelung ist nach § 506 BGB unabdingbar. Eine Kündigung ist dann möglich, wenn der Leasingnehmer mit mindestens zwei aufeinander folgenden Teilzahlungen ganz oder teilweise und mindestens 10 %, bei einer Laufzeit des Leasingvertrages über 3 Jahre mit mindestens 5 % des Nennbetrages des Darlehens in Verzug ist. Der „Nennbetrag des Darlehens" ergibt sich, auf das Finanzierungsleasing bezogen, aus der **Summe der Bruttoleasingraten** ohne Berücksichtigung des Restwertes und einer Sonderzahlung.

Des weiteren muss der Leasingnehmer dem Leasinggeber eine zweiwöchige Frist zur Zahlung gewährt haben und ihn darauf hinweisen, dass bei Nichtzahlung innerhalb dieser zwei Wochen er den Vertrag kündige und die gesamte Restschuld verlange. Dabei muss der Leasinggeber dem Leasingnehmer die Möglichkeit geben die Zahlungsrückstände und Lösungsmöglichkeiten in einem persönlichen Gespräch zu besprechen. Die in der **qualifizierten Kündigungsandrohung** geforderte Summe muss richtig berechnet worden sein. Weicht die Forderung auch nur geringfügig von der tatsächlichen ab, so ist die Kündigung unwirksam.[7]

IV. Abrechnungsarten bei dem KfZ-Leasing

1. Restwertmethode

Dieser Vertragstypus ist ein Teilamortisationsvertrag. Bei diesem Vertrag beträgt die Grundmietzeit höchstens 90 % der betriebsgewöhnlichen Nutzungsdauer. Nach Ablauf der Vertragszeit ist der Leasingnehmer verpflichtet das Fahrzeug an den Leasinggeber/Lieferanten herauszugeben. Der Leasinggeber ist verpflichtet, das Fahrzeug zu verkaufen. Den Leasinggeber treffen bei dem Verkauf Sorgfaltspflichten, das Fahrzeug zu dem besten Preis wie möglich zu verkaufen. Bei Verletzung dieser Pflichten muss der Leasinggeber dem Leasingnehmer Schadensersatz leisten.

Nach Erhalt des Fahrzeuges lässt der Leasingnehmer das Fahrzeug durch einen öffentlich vereidigten Sachverständigen begutachten und teilt daraufhin dem Leasingnehmer mit, welchen Händlereinkaufswert das Fahrzeug hat. Dem Leasingnehmer wird das

---

7 BGH, VIII. Senat, Urteil vom 26.01.2005 (Az.: VIII ZR 90/04.).

Recht eingeräumt, innerhalb von zwei Wochen einen Drittkäufer zu benennen, ansonsten werde das Fahrzeug durch den Leasingnehmer auf der Grundlage des Gutachtens verkauft.

35 Da der Leasingnehmer das **Restwertrisiko** trägt, d.h. das Risiko des kalkulierten Restwertes bzw. der Wertminderung, wird der Verwertungserlös in voller Höhe auf den Restamortisationsanspruch des Leasinggebers angerechnet. Zur Höhe des Restamortisierungsanspruchs s. Rn. 53. Ist der Veräußerungserlös niedriger als die von dem Leasingnehmer noch geschuldete Restwertamortisation, muss der Leasingnehmer, da er den Restwert garantiert hat, eine **Abschlusszahlung** an den Leasinggeber in Höhe der Differenz zwischen Restamortisation und Veräußerungserlös leisten.

36 Wird bei der Veräußerung ein Mehrerlös erwirtschaftet, so erhält der Leasingnehmer 75 % des Mehrerlös und der Leasinggeber die restlichen 25 %.

2. Kilometerabrechnung

37 Bei dieser Vertragsgestaltung trägt der Leasinggeber das Restwertrisiko. Aus diesem Grund wird ein entsprechender Risikozuschlag einkalkuliert.

38 Nach Ablauf der Grundmietzeit hat der Leasingnehmer das Fahrzeug an den Leasinggeber herauszugeben. Soweit die Rückgabe des Fahrzeugs in ordnungsgemäßen Zustand erfolgt, entstehen dem Leasingnehmer keine weiteren Verpflichtungen mehr.

39 Bei Fahrzeugrückgabe werden die gefahrenen Kilometer ermittelt und ggf. müssen die zu viel gefahrenen Kilometer finanziell ausgeglichen werden. Der finanzielle Ausgleich für Mehr- oder Minderkilometer ist meist vertraglich geregelt. Eventuell muss eine Wertminderung wegen übermäßigem Gebrauch ersetzt werden. In der Praxis kommt es bei diesem Vertragstyp häufig zu Streitigkeiten über den Zustand des Fahrzeuges bei Übergabe an den Leasinggeber. Kann man sich nicht außergerichtlich nicht einigen, muss ein Sachverständiger im streitigen Verfahren den tatsächlichen Wert des Fahrzeuges bei Übergabe an den Leasinggeber ermitteln. Die Anspruch auf Ausgleich der Mehr- und Minderkilometer **verjährt** in der Regelfrist von drei Jahren.

§ 2 Störungen im Leasingverhältnis

A. Mangelhaftigkeit des Leasingfahrzeuges

I. Nacherfüllungsanspruch des Leasingnehmers, § 437 Nr. 1 BGB

1. Austausch der Leasingsache?

Die Einführung des Nacherfüllungsanspruchs des Käufers im Zuge der Schulrechtsmodernisierung wurde in Bezug auf das Leasingrecht besonders kritisch beäugt. Jedoch ist nun in der Praxis festzustellen, dass dadurch das Risiko des Leasinggebers nicht erhöht wird. Zwar muss bei Mangelhaftigkeit des Fahrzeuges der Lieferant das Fahrzeug nach Maßgabe der §§ 346-348 BGB wieder zurück nehmen.

Dies führt aber nicht zu einer Rückabwicklung im Sinne der Wandelung nach altem Recht, wodurch dem Leasingvertrag die Geschäftsgrundlage entzogen wurde. Der Bestand des Kaufvertrages bleibt von der Rückgabe des Fahrzeuges und der Neulieferung unterberührt. Nur die Kaufsache wird ausgetauscht. Der BGH hat für den Fall des **Austausches** der Leasingsache entschieden, dass der Umtausch der Leasingsache den Bestand des Kaufvertrages und damit die Geschäftsgrundlage des Leasingvertrages unberührt lässt.[8] Aus diesem Grunde muss auch der Leasingnehmer weiterhin die Leasingraten zahlen. Ein Zurückbehaltungsrecht besteht nicht.

2. Nutzungsentschädigung für das mangelhafte Fahrzeug?

Da die Rückgabe gem. der §§ 346-348 BGB geregelt ist, ist fraglich, ob eine **Nutzungsentschädigung** an den Lieferanten zu zahlen ist. Diese Frage ist zu bejahen. Die Nutzungsentschädigung ist von dem Leasinggeber als Käufer zu tragen. Der Leasinggeber kann die Pflicht zur Zahlung der Nutzungsentschädigung im Innenverhältnis auf den Leasingnehmer abwälzen, obwohl der Leasingnehmer für die Nutzung des mangelhaften Fahrzeuges bereits die Leasingraten entrichtet hat. Denn durch die Zahlung erleidet der Leasinggeber einen Schaden, da dieser Betrag nicht mit einkalkuliert wurde. Im Gegenzug profitiert der Leasingnehmer jedoch von dem Austausch des Fahrzeuges, da das neue Fahrzeug einen wesentlich höheren Restwert hat und ihm das wirtschaftlich zugute kommt.

3. Berechnung der Nutzungsentschädigung

Die Rechtsprechung hat folgende Formel zur Berechnung der Nutzungsentschädigung anerkannt: Es werden 0,4 % bis 0,67 % des Bruttokaufpreises pro 1000 gefahrene Kilometer berechnet.

II. Rücktritt vom Kaufvertrag, § 437 Nr.2 BGB

1. Kaufvertrag

Das Rücktrittsrecht ist ein Gestaltungsrecht mit dessen Ausübung der Kaufvertrag in ein Rückgewährschuldverhältnis umgewandelt wird. Eine Annahmeerklärung seitens

---

8 BGH ZIP 1997, 1703.

des Verkäufers ist nicht mehr nötig. Aufgrund der Abtretung der Gewährleistungsansprüche von dem Leasinggeber an den Leasingnehmer ist der Leasingnehmer sogar vertraglich verpflichtet, im entsprechenden Falle den Rücktritt zu erklären. Was geschieht jedoch mit dem Leasingvertrag? Muss der Leasingnehmer trotz Mangelhaftigkeit der Leasingsache die Raten weiterbezahlen?

45 Durch Erklärung des Rücktritts entfällt mit sofortiger Wirkung der Kaufvertrag und somit wird auch der Leasingvertrag hinfällig. Der Leasingnehmer könnte die Zahlung der Raten einstellen und muss das Fahrzeug an den Lieferanten herausgeben. In der Leasingpraxis wird dies jedoch formularmäßig anders geregelt, um das Risiko des Leasinggebers, dass der Mangel nicht zum Rücktritt von dem Kaufvertrag berechtigt und der Leasingnehmer unberechtigterweise die Ratenzahlung einstellt, zu minimieren. Die Ratenzahlung kann erst dann eingestellt werden, wenn sich der Lieferant mit dem Rücktritt einverstanden erklärt bzw. der Leasingnehmer innerhalb von sechs Wochen nach der Rücktrittserklärung Klage auf Kaufpreisrückzahlung erhebt. Wird die Klage später erhoben, besteht das Zurückbehaltungsrecht ab diesem Zeitpunkt. Verliert der Leasingnehmer seine Klage auf Kaufpreisrückzahlung, muss er sämtliche Raten (auch die rückständigen) bezahlen.

46 Diese Regelung stellt keine unangemessene Benachteiligung des Leasingnehmers dar, denn nur so kann gewährleistet werden, dass der Leasingnehmer die Ansprüche des Leasinggebers auch durchsetzt. Wäre der Leasinggeber schon mit der Rücktrittserklärung endgültig von der Ratenzahlung befreit, so dürfte er kaum ein Interesse daran haben, die Ansprüche des Leasinggebers noch gerichtlich durchzusetzen. Nur wenn der Leasingnehmer die Ratenzahlung erst verweigern kann, wenn er Klage auf Kaufpreisrückzahlung erhoben hat, hat er auch ein Interesse an der Klagerhebung. Nichts desto trotz bleibt anzuwarten, ob die höchstrichterliche Rechtsprechung diese formularmäßige Vertragsgestaltung billigt, denn es wird die Rechtslage hergestellt, die bei der Wandelung galt. Durch die Schuldrechtsmodernisierung sollte es jedoch gerade anders geregelt werden. Deshalb könnte man auch gut die Ansicht vertreten, die Klausel sei überraschend, denn der Leasingnehmer müsse nicht damit rechnen, dass die Lage nach altem Recht wiederhergestellt wurde. Dieses Rechtsproblem ist noch nicht endgültig geklärt.

47 Bzgl. der prozessualen Durchsetzung der Klage auf Kaufpreisrückzahlung verweisen wir auf die Abhandlungen zum Kaufrecht in Teil 1. Es ist jedoch darauf zu achten, dass der Leasingnehmer die Kaufpreisklage **im Namen des Leasinggebers** erhebt und deshalb **Zahlung an den Leasinggeber** beantragen muss.

2. Leasingvertrag

48 Wenn ein wirksamer Rücktritt vom Kaufvertrag erklärt wurde entfällt somit auch die Geschäftsgrundlage für den Leasingvertrag. Grundsätzlich ist dann eine Vertragsanpassung vorzunehmen, § 313 I BGB. Der Leasingvertrag ist ein Dauerschuldverhältnis, weshalb er nach §§ 313 III S. 2, 314 BGB aus wichtigem Grund gekündigt werden kann.

Zu beachten ist jedoch, dass die BGH-Rechtsprechung die Geschäftsgrundlage für den Leasingvertrag hat rückwirkend entfallen lassen. Eine Kündigung wirkt jedoch nur für die Zukunft. Es bleibt daher abzuwarten, ob der BGH künftig seine genannte Rechtsprechung zum Wegfall der Geschäftsgrundlage im Zusammenhang mit dem Finanzierungsleasing weiter Aufrecht erhält und dem Leasingnehmer ausnahmsweise ein Rücktrittsrecht nach § 313 III S.1 BGB gewährt oder die Kündigung nach § 313 III S.2 BGB rückwirkend wirken lässt. Jedenfalls ist der Leasingvertrag über §§ **346 ff. BGB abzuwickeln.** Der Leasingnehmer bekommt seine zu viel gezahlten Raten zurück. Der Lieferant zahlt den Kaufpreis abzüglich der Nutzungsentschädigung an den Leasinggeber und der Leasingnehmer muss das Auto an den Lieferanten herausgeben. 49

III. Einrede des nicht erfüllten Vertrages, § 320 BGB

Die Änderung des Kaufrechts mit der Verpflichtung des Verkäufers zur Lieferung einer mangelfreien Sache führt nicht dazu, dass der Leasinggeber nunmehr kaufvertragliche Pflichten gegenüber dem Leasingnehmer hat und deshalb bei mangelhafter Lieferung der Einrede des § 320 BGB ausgesetzt ist. Die Änderungen haben keine Auswirkungen auf das Verhältnis zwischen Leasinggeber und Leasingnehmer. Somit richten sich die Pflichten der Leasinggebers nur nach den §§ 535 ff. BGB, wobei der Leasinggeber sich in den diesem Bereich wirksam von seinen Gewährleistungspflichten freigezeichnet hat. Bei Mangelhaftigkeit der Leasingsache kann sich der Leasingnehmer nicht auf § 320 BGB berufen und muss die Leasingraten weiter bezahlen. 50

B. Zahlungsverzug des Leasingnehmers

I. Kündigungsvoraussetzungen

1. Verbraucherfinanzierungsleasing

Unter § 1 B III Nr. 3 wurden die Voraussetzungen einer wirksamen Kündigung bereits dargelegt. Hier noch einmal die wichtigsten Punkte: Verzug und Rückstand gem. § 498 Abs. 1 BGB, Nachfrist, Gesprächsangebot. 51

2. Unternehmerleasing

Bei gewerblichen Leasingverträgen wird meist in den Allgemeinen Geschäftsbedingungen geregelt, wann der Leasinggeber wegen Verzuges des Leasingnehmers kündigen kann. Dies wird meist dann der Fall sein, wenn der Leasingnehmer mit zwei aufeinander folgenden Leasingraten in Verzug ist. 52

II. Schadensersatz

Nach einer außerordentlichen Kündigung seitens des Leasinggebers hat der Leasingnehmer ihm den durch die Kündigung entstandenen Schaden zu ersetzen. Der Leasinggeber kann Schadensersatz statt er Leistung verlangen und ist so zu stellen, wie er stehen würde, wenn der Leasingnehmer den Vertrag ordnungsgemäß erfüllt hätte, § 252 S. 2 BGB. Es handelt sich hierbei um die noch ausstehenden Leasingraten sowie den vereinbarten Restwert des Fahrzeuges, wobei diese Beträge abgezinst werden, also auf den Zeitpunkt der Kündigung zurück gerechnet werden müssen. Hiervon sind noch die 53

Strauß/Teuber

ersparten Verwaltungsaufwendungen für die Restlaufzeit abzuziehen. Diese liegen nach AG Celle bei ca. 10,23 € im Monat. Im Falle der planmäßigen sowie der vorzeitigen Vertragsbeendigung verjährt der Schadensersatzanspruch in der dreijährigen Regelverjährung des § 195 BGB.

54 Im Juli 2004 hatte der BGH[9] nun einen Fall zu entscheiden, bei dem in den Allgemeinen Geschäftsbedingungen eines Leasingvertrages mit Kilometerabrechnung festgelegt wurde, dass der Vertrag bei außerordentlicher Kündigung nach der Restwertmethode abgerechnet wird. Der BGH hat nun entschieden, dass gerade der Schaden ausgeglichen werden soll, der durch die frühzeitige Beendigung des Vertrages entstanden ist. Wäre der Vertrag ordnungsgemäß ausgelaufen, hätte der Leasinggeber nur nach den Kilometern abrechnen können. Deshalb kann er bei frühzeitiger Beendigung nun nicht nach dem Restwert abrechnen.

55 Ausgangspunkt für die Berechnung des Kündigungsschadens seien zunächst die restlichen Leasingraten, die auf den Kündigungszeitpunkt abgezinst werden. Davon sind die vom Leasinggeber ersparten laufzeitabhängigen Kosten abzuziehen. Daneben muss sich der Leasinggeber den Wertvorteil anrechnen lassen, den das Fahrzeug aufgrund der vorzeitigen Beendigung mehr wert ist. Außerdem ist der Zinsvorteil abzuziehen, der dem Leasinggeber durch die vorzeitige Beendigung entstanden ist. Dem Restwert sowie dem Verkaufserlös kommt keine Bedeutung zu, denn bei der Kilometerabrechnung trägt der Leasinggeber das Restwertrisiko (s.o.).

C. Untergang des Fahrzeuges beim Leasingnehmer

I. Sach- und Preisgefahr

56 Im Rahmen der Allgemeinen Geschäftsbedingungen wird die Sach- und Preisgefahr zulässigerweise auf den Leasingnehmer abgewälzt.[10] Dem Leasingnehmer stehen also im Falle des zufälligen Untergangs oder der Verschlechterung keine Gegenrechte gegenüber dem Leasinggeber zu. Dies ist damit zu begründen, dass wenn der Leasingnehmer die Sache direkt beim Lieferanten gekauft hätte, auch er die Sach- und Preisgefahr tragen würde.

57 Im Gegenzug muss dem Leasingnehmer jedoch im Kfz-Leasing ein außerordentliches Kündigungsrecht eingeräumt werden, wenn das Kraftfahrzeug zerstört oder erheblich beschädigt worden ist.[11] Das Kündigungsrecht löst dann den Vollamortisationsanspruch des Leasinggebers aus. Der Vertrag wird nach der Restwertmethode abgerechnet. In den Allgemeinen Geschäftsbedingungen wird der Leasingnehmer verpflichtet, das Fahrzeug **Vollkasko** zu versichern. Mit der Leistung der Versicherung wird er dann den Anspruch des Leasinggebers ausgleichen.

---

[9] BGH NJW 04, 2823.
[10] BGH NJW 88, 198.
[11] BGH NJW 87, 377.

II. Schädigung durch Dritte

1. Teilschaden

Bei einem Teilschaden stehen dem Leasinggeber die Rechte aus der Eigentumsverletzung zu und der Leasingnehmer kann Rechte wegen Besitzstörung geltend machen. In den allermeisten Fällen wird der Leasingnehmer dazu ermächtigt sein, auch den Schaden des Leasinggebers geltend zu machen. Dabei ist jedoch zu beachten, dass das Eigentum des Leasinggebers zwar verletzt wurde. Da der Leasingnehmer aber verpflichtet ist, die Leasingraten weiter zu zahlen, ist ihm kein Schaden entstanden. Vgl. zu diesem Thema ausführlich Johanna Engel, Handbuch Kfz-Leasing, 2. Auflage 2004.

2. Totalschaden

Ist der Totalschaden von einem Dritten verursacht worden, ist der Leasingnehmer weiter verpflichtet, die Leasingraten zu entrichten, denn er trägt die Sachgefahr (s.o.). Er ist vielmehr verpflichtet, dem Leasinggeber ein entsprechendes Fahrzeug wieder zu beschaffen. Diese Pflicht wird der Leasingnehmer wohl regelmäßig umgehen, in dem er sein außerordentliches Kündigungsrecht ausübt.

Dieses Kündigungsrecht steht im auch dann zu, wenn er den Unfall selbst oder mitverursacht hat, bzw. das Fahrzeug nur erheblich beschädigt und nicht ganz zerstört ist. Die Abrechnung nach der Kündigung entspricht der Abrechnung nach Kündigung aufgrund Zahlungsverzuges. Der Leasingnehmer ist zu der vollen Amortisation verpflichtet. Entschädigungsansprüche aus der Vollkaskoversicherung (s.o.) aufgrund des Totalschadens werden im Wege der Vorteilsanrechnung auf die Abrechnungsforderung angerechnet.

§ 3 Muster zum Leasingrecht

A. Allgemeine Leasingbedingungen

61 Ein Muster für Allgemeine Geschäftsbedingungen findet sich z.B. bei Johanna Engel, Handbuch Kraftfahrzeug-Leasing, 2. Auflage 2004 sowie bei der gleichen Autorin in: Handbuch AnwaltFormulare.

B. Klagemuster

62 I. Muster: Klage des Leasingnehmers gegen den Lieferanten auf Rückzahlung des Kaufpreises an den Leasinggeber

An das Landgericht ■■■

Klage

des ■■■

Prozessbevollmächtigter: ■■■

Kläger

gegen

die ■■■

Prozessbevollmächtigter: ■■■

Beklagte

wegen Zahlung

vorläufiger Streitwert: € ■■■

Namens und in Vollmacht des Klägers erhebe ich Klage und werde beantragen:

Die Beklagte wird verurteilt, an die ABC-Leasing GmbH € ■■■ nebst Zinsen in höhe von 5 Prozentpunkten über dem Basiszinssatz seit 01.01.2004 zu zahlen.

Zur Begründung trage ich Folgendes vor:

Der Kläger nimmt die Beklagte auf Rückzahlung des Kaufpreises an den Leasinggeber nach Rücktritt vom Kaufvertrag in Anspruch.
1. Mit Leasingantrag vom ■■■ und Bestätigung seitens der ABC-Leasing GmbH vom ■■■ kam ein Leasingvertrag über ein Fahrzeug der Marke ■■■. Typ ■■■ mit folgendem Inhalt zustande. Vertragsbeginn war der ■■■. Der Vertrag sollte bis zum ■■■ laufen. Dies entspricht einer Laufzeit von 48 Monaten. Es wurde eine Laufleistung von 80.000 km und ein Restwert von 46 % des Netto-Kaufpreises in Höhe von € ■■■ vereinbart. Eine Leasingsonderzahlung wurde nicht geleistet. Die zu zahlende Rate wurde auf € ■■■ netto bzw. € ■■■ brutto festgelegt.

Beweis: Antrag und Bestätigung des Leasingvertrages vom ■■■ und ■■■, Anlage K ■■■ und K ■■■

2. Das Fahrzeug wurde am ▬▬ von der Beklagen ▬▬ ausgeliefert. Schon nach kurzer Zeit bemerkte der Kläger Unregelmäßigkeiten an der Klimaanlage, bis es soweit kam und sich die Klimaanlage nicht mehr regulieren ließ. Sie heizte das Auto entweder auf 50° C auf oder kühlte es unerträglich nach unten. Der Kläger brachte das Auto am ▬▬ zurück zur Beklagten um es reparieren zu lassen. Am ▬▬ konnte es wieder abgeholt werden. Eine Verbesserung war jedoch nicht eingetreten. So brachte der Kläger das Auto am ▬▬ nochmals zur Beklagten ▬▬ und bat um den Einbau einer neuen Klimaanlage.
3. Als der Kläger es wiederum abholte, teilte man ihm mit, dass eine Auswechslung der Klimaanlage den Fehler nicht beheben könne. Es sei bei der Reparatur ein erheblicher Fehler in der Elektronik entdeckt worden, der nicht behoben werden könne.

Beweis: Reparaturaufträge vom ▬▬ und ▬▬, Zeugnis des Herrn ▬▬, Mitarbeiter der Beklagten

4. Aus diesem Grund ist der Kläger mit Schreiben vom ▬▬ von dem Kaufvertrag zurück getreten. Er fordert die Beklagte auf, das Auto zurück zu nehmen und den Kaufpreis an die ABC-Leasing GmbH zurück zu zahlen. Eine Kopie des Schreibens hat er der ABC-Leasing GmbH am selben Tag zukommen lassen. Des Weiteren verlangte er die Rückzahlung der bereits geleisteten Leasingraten.

Beweis: Schreiben an die Beklagte vom ▬▬, Schreiben an die ABC-Leasing GmbH ▬▬, Anlage K ▬▬ und K ▬▬

5. Das Autohaus akzeptierte den Rücktritt nicht und weigerte sich das Auto gegen Kaufpreisrückzahlung zurück zu nehmen. Da das Auto aufgrund des Schadens an der Elektronik nicht mehr fahrtauglich war brachte der Kläger es am ▬▬ zum Autohaus ▬▬ zurück. Es weigert sich auch ein neues mangelfreies Fahrzeug nach zu liefern.
6. Mit Schreiben vom ▬▬ und ▬▬ hat der Kläger die Beklagte zur Rückzahlung aufgefordert. Denn der Kläger war verpflichtet, die Leasingraten so lange weiter zu zahlen, bis eine Einigung erzielt war.

In Abschnitt ▬▬ Nr. ▬▬ hat die ABC-Leasing GmbH ihre Gewährleistungsansprüche gegen die Beklagte abgetreten. Des Weiteren wurde der Kläger ermächtigt diese Rechte – auch auf dem gerichtlichen Wege – geltend zu machen.

7. Gem. §§ 433, 434, 437 Nr. 2, 323 BGB zum Rücktritt berechtigt. Das Fahrzeug war bei Übergabe mangelhaft. Eine Nachbesserung seitens der Beklagten schlug fehl. Die Beklagte weigert sich ein mangelfreies Auto nachzuliefern.

Beweis im Bestreitensfall: Gutachten eines Sachverständigen, Zeugnis des Herrn ▬▬, Mitarbeiter der Beklagten, der den Fehler in der Elektronik entdeckt hat.

Somit ist gem. §§ 346 ff. BGB die Beklagte verpflichtet den Kaufpreis zuzüglich der Nutzungsentschädigung an die ABC-Leasing GmbH herauszugeben. Die Beklagte ist bereits seit ▬▬ im Besitz des Fahrzeuges.

▬▬
Rechtsanwalt

63 **II. Klage des Leasingnehmers gegen den Leasinggeber auf Rückzahlung der Raten nach Wegfall der Geschäftsgrundlage**

An das Amtsgericht ▪▪▪

Klage

des ▪▪▪

Prozessbevollmächtigter: ▪▪▪

Kläger

gegen

die ▪▪▪

Prozessbevollmächtigter: ▪▪▪

Beklagte

wegen Zahlung

vorläufiger Streitwert: € ▪▪▪

Namens und in Vollmacht des Klägers erhebe ich Klage und werde beantragen:

Die Beklagte wird verurteilt an den Kläger € ▪▪▪ nebst Zinsen in Höhe von 5 Prozentpunkten über dem Basiszinssatz seit 01.01.2004 zu zahlen.

Zur Begründung trage ich Folgendes vor:

Der Kläger nimmt die Beklagte auf Rückzahlung von bereits geleisteten Leasingraten nach Beendigung eines Leasingvertrages wegen Mangelhaftigkeit der Leasingsache in Anspruch.

1. Mit Leasingantrag vom ▪▪▪ und Bestätigung seitens der Beklagten vom ▪▪▪ kam ein Leasingvertrag über ein Fahrzeug der Marke▪▪▪. Typ ▪▪▪ mit folgendem Inhalt zustande. Vertragsbeginn war der ▪▪▪. Der Vertrag sollte bis zum ▪▪▪ laufen. Dies entspricht einer Laufzeit von 48 Monaten. Es wurde eine Laufleistung von 80.000 km und ein Restwert von 46 % des Netto-Kaufpreises in Höhe von € ▪▪▪ vereinbart. Eine Leasingsonderzahlung wurde nicht geleistet. Die zu zahlende Rate wurde auf € ▪▪▪ netto bzw. € ▪▪▪ brutto festgelegt.

Beweis: Antrag und Bestätigung des Leasingvertrages vom ▪▪▪ und ▪▪▪, Anlage K▪▪▪ und K▪▪▪

2. Das Fahrzeug wurde am ▪▪▪ von dem Autohaus ▪▪▪ ausgeliefert. Schon nach kurzer Zeit bemerkte der Kläger Unregelmäßigkeiten an der Klimaanlage. Nach ca. einem halben Jahr ließ sich die Klimaanlage nicht mehr regulieren. Sie heizte das Auto entweder auf 50° C auf oder kühlte es unerträglich nach unten. Der Kläger brachte das Auto am ▪▪▪ zurück zum ausliefernden Autohaus um es reparieren zu lassen. Am ▪▪▪ konnte es wieder abgeholt werden. Eine Verbesserung war jedoch nicht eingetreten. So brachte der Kläger das Auto am ▪▪▪ nochmals zum Autohaus ▪▪▪ und bat um den Einbau einer neuen Klimaanlage.

Als der Kläger es wiederum abholte, teilte man ihm mit, dass eine Auswechslung der Klimaanlage den Fehler nicht beheben könne. Es sei bei der Reparatur ein erheblicher Fehler in der Elektronik entdeckt worden, der nicht behoben werden könne.

Beweis: Reparaturaufträge vom ■■■ und ■■■, Zeugnis des Herrn ■■■, Mitarbeiter des Autohaus ■■■

3. Aus diesem Grund ist der Kläger mit Schreiben vom ■■■ von dem Kaufvertrag zurückgetreten. Er fordert das Autohaus auf, das Auto zurück zu nehmen und den Kaufpreis an die Beklagte zurück zu zahlen. Eine Kopie des Schreibens hat er der Beklagten am selben Tag zukommen lassen. Des Weiteren verlangte er die Rückzahlung der bereits geleisteten Leasingraten.

Beweis: Schreiben an das Autohaus ■■■ vom ■■■, Schreiben an die Beklagte ■■■, Anlage K■■■ und K■■■

4. Das Autohaus akzeptierte den Rücktritt nicht und weigerte sich, das Auto gegen Kaufpreisrückzahlung zurück zu nehmen. Da das Auto aufgrund des Schadens an der Elektronik nicht mehr fahrtauglich war, brachte der Kläger es am ■■■ zum Autohaus ■■■ zurück und erhob Klage auf Rückzahlung des Kaufpreises an die Beklagte.

Mit Urteil vom ■■■ wurde das Autohaus zur Zahlung verpflichtet.

Beweis: Urteil des Landgericht ■■■ vom ■■■, Anlage K■■■

5. Auf Grund des Rücktritts vom Kaufvertrag ist die Geschäftsgrundlage für den Leasingvertrag weggefallen. Die Beklagte ist verpflichtet dem Kläger die bereits gezahlten Leasingraten abzüglich der Nutzungsentschädigung zurück zu erstatten. Der Kläger hat 10 Raten à € ■■■ an die Beklagte gezahlt. Die Nutzungsentschädigung für die Zeit vom ■■■ bis ■■■ beträgt € ■■■, verbleibt eine Summe von € ■■■.

Trotz Übersendung des erstrittenen Urteils und mehrmaliger Aufforderung zur Zahlung, wurde der Betrag nicht an den Kläger gezahlt. Die Beklagte ist an die Feststellungen des Urteils vom ■■■ des Landgerichts ■■■ gebunden. Klageerhebung ist somit geboten.

Beweis: Schreiben des Klägers an die Beklagte vom ■■■, ■■■ und ■■■, Anlage K■■■ bis ■■■.

6. Der Anspruch ergibt sich aus §§ 535, 313, 346 ff. BGB. Der Zinsanspruch ergibt sich aus §§ 286 Abs. 1, 288 BGB.

■■■

Rechtsanwalt

FormularBibliothek Zivilprozess

Teil 1: Kauf Seite 5
Yvonne Marfurt, Rechtsanwältin, von Kiedrowski | Marfurt | Rechtsanwälte, Berlin

Teil 2: Darlehen Seite 259
Hanno Teuber, Rechtsanwalt, Konstanz
Kathrin Strauß, Rechtsanwältin,
Pfefferle Koch Helberg & Partner, Heilbronn

Teil 3: Schenkung Seite 293
Yvonne Marfurt, Rechtsanwältin, von Kiedrowski | Marfurt | Rechtsanwälte, Berlin

Teil 4: Leasing Seite 329
Hanno Teuber, Rechtsanwalt, Konstanz
Kathrin Strauß, Rechtsanwältin,
Pfefferle Koch Helberg & Partner, Heilbronn

Teil 5: Werkvertrag Seite 349
Dr. Bernhard von Kiedrowski, Rechtsanwalt,
von Kiedrowski | Marfurt | Rechtsanwälte, Berlin

Teil 6: Bürgschaft Seite 405
Hanno Teuber, Rechtsanwalt, Konstanz
Kathrin Strauß, Rechtsanwältin,
Pfefferle Koch Helberg & Partner, Heilbronn

Teil 7: EDV-Recht Seite 429
Dr. Michael Kummermehr, Rechtsanwalt,
WILMER CUTLER PICKERING HALE AND DORR LLP, Berlin
Mario Wegner, Rechtsanwalt,
WILMER CUTLER PICKERING HALE AND DORR LLP, Berlin

Inhalt

Verweise erfolgen auf Randnummern

§ 1 Die Ansprüche des Unternehmers gegen den Besteller 1
  A. Vorprozessuale Situation 1
    I. Werklohnansprüche für abgeschlossene (Teil-)Leistungen aus §§ 631, 632, 641 BGB 1
      1. Zustandekommen eines Werkvertrages 1
        a) Abgrenzung zum Dienstvertrag 2
        b) Abgrenzung zum Kaufvertrag 3
        c) Abgrenzung zum Werklieferungsvertrag 6
      2. Wirksamkeitshindernisse... 7
        a) Formnichtigkeit gemäß § 125 BGB 8
        b) Gesetzesverstoß gemäß § 134 BGB 9
      3. Vergütungsvereinbarung... 12
      4. Fälligkeit des Werklohnanspruchs 17
        a) Grundsatz: Die tatsächliche Abnahme als Fälligkeitsvoraussetzung des Werklohnanspruchs 17
        b) Ausnahme: Die Fälligkeit von Abschlagszahlungen gemäß § 632a BGB 21
        c) Vorliegen einer fiktiven Abnahme der Werkleistung 25
        d) Entbehrlichkeit einer Abnahme für die Fälligkeit des Werklohnanspruchs . 28
        e) Durchgriffsfälligkeit gemäß § 641 Abs. 2 BGB.. 30
      5. Vorliegen einer prüfbaren Abrechnung der erbrachten Werkleistungen 34
      6. Verhältnis zwischen Abschlags- und Schlusszahlungsbegehren 35

    II. Vergütungsansprüche des Auftragnehmers beim gekündigten Werkvertrag 40
      1. Kündigung durch den Besteller 40
        a) Freie Kündigung gemäß § 649 Satz 1 BGB 40
        b) Kündigung wegen wesentlicher Überschreitung eines Kostenanschlags gemäß § 650 BGB 43
        c) Kündigung aus wichtigem Grund 46
      2. Kündigung durch den Unternehmer 47
        a) Kündigung wegen der Nichterbringung von Mitwirkungspflichten gemäß §§ 642, 643 BGB .. 47
        b) Kündigung aus wichtigem Grund 51
    III. Ansprüche des Unternehmers aus § 280 Abs. 1 BGB bei der Verletzung von Nebenpflichten 52
    IV. Ansprüche des Unternehmers aus Geschäftsführung ohne Auftrag 54
    V. Ansprüche des Unternehmers aus Bereicherungsrecht 60
    VI. Die Abwehr von Vergütungsansprüchen des Unternehmers 63
      1. Einwendungen des Bestellers gegen den Vergütungsanspruch des Unternehmers 63
        a) Aufrechnung gemäß §§ 387ff. BGB 64
          aa) Bestehen einer Aufrechnungslage 67
          bb) Ausschluss der Aufrechnung 73
          cc) Aufrechnungserklärung .. 74
        b) Verwirkung 75

Inhalt

- 2. Einreden des Bestellers gegen den Vergütungsanspruch des Unternehmers . 77
  - a) Leistungsverweigerungsrecht gemäß § 320 BGB . . 77
  - b) Zurückbehaltungsrecht gemäß § 273 BGB 81
  - c) Einrede der Verjährung gemäß § 214 BGB 82
- B. Die Sicherung werkvertraglicher Vergütungsansprüche 89
  - I. Das selbstständige Beweisverfahren 89
  - II. Die Bauhandwerkersicherungshypothek gemäß § 648 BGB 90
  - III. Bauhandwerkersicherung gemäß § 648a BGB 91
- C. Der Prozess 92
- D. Zwangsvollstreckung 93
  - I. Die Zwangsvollstreckung wegen einer Geldforderung aus Werkvertrag 93
    - 1. Einfache Zug um Zug Verurteilung 93
    - 2. Doppelte Zug um Zug Verurteilung 98
  - II. Die Zwangsvollstreckung bei der Abnahmeklage 100

§ 2 Die Ansprüche des Bestellers gegen den Unternehmer 102
- A. Vorprozessuale Situation 102
  - I. Der Werkmangel 102
    - 1. Vorliegen eines Sachmangels 103
      - a) Vorliegen eines Sachmangels bei Beschaffenheitsvereinbarung 103
      - b) Vorliegen eines Sachmangels ohne Beschaffenheitsvereinbarung 107
      - c) Verletzung der Prüfungs- und Anzeigepflicht des Unternehmers 108
      - d) Zur Substantiierung des Sachmangels (Symptomtheorie) 110
    - 2. Vorliegen eines Rechtsmangels 112
  - II. Der Anspruch auf Mängelbeseitigung (Nachbesserung / Neuherstellung) 113
    - 1. Vor der Abnahme 113
    - 2. Nach der Abnahme 116
    - 3. Umfang des (Erfüllungs-) Nacherfüllungsanspruchs . . 120
    - 4. Kosten der Nachbesserung / Neuherstellung 125
    - 5. Die Selbstvornahme gemäß §§ 634 Nr. 2, 637 Abs. 1 BGB . 126
    - 6. Der Kostenvorschussanspruch gemäß § 634 Nr. 2, 637 Abs. 3 BGB 133
    - 7. Die Abwehr der Mängelbeseitigungsklage durch den Unternehmer 138
      - a) Unmögliche Mängelbeseitigung gemäß § 275 BGB 138
      - b) Die verweigerte Nacherfüllung bei unverhältnismäßigen Kosten gemäß § 635 Abs. 3 BGB . . 141
      - c) Berücksichtigung von Sowieso-Kosten, Mitverschulden sowie der Vorteilsausgleichung 142
      - d) Vorbehaltslose Abnahme des Werkes gemäß § 640 Abs. 2 BGB 144
    - 8. Zur Verjährung des Mängelbeseitigungsanspruchs . 145
  - III. Die Mängelrechte Rücktritt, Minderung und Schadensersatz 149
    - 1. Rücktritt 149
      - a) Rücktritt gemäß §§ 634 Nr. 3, 323, 326 Abs. 5, 346 Abs. 1 BGB 149
      - b) Rücktritt gemäß § 323 BGB bei verzögerter Werkausführung 155
    - 2. Minderung gemäß §§ 634 Nr. 3, 638 Abs. 1 BGB 158
    - 3. Schadensersatz gemäß §§ 634 Nr. 4, 280ff. BGB 162

    a) Ersatz des Mangelfolge-
       schadens gemäß §§ 634
       Nr. 4, 280 Abs. 1 BGB **163**
    b) Ersatz des Mangelscha-
       dens gemäß §§ 634 Nr. 4,
       280 Abs. 1 und 3, 281 BGB. **166**
    c) Ersatz des Verzögerungs-
       schadens gemäß §§ 280
       Abs. 1 und 2, 286 BGB **172**
    d) Ersatz vergeblicher Auf-
       wendungen gemäß § 284
       BGB **173**
  4. Zur Verjährung der Mängel-
    rechte **174**
IV. Weitergehende Ansprüche ... **176**
  1. Schadensersatzanspruch
    des Bestellers gemäß § 280
    Abs. 1 BGB bei der Verletzung
    von Nebenpflichten **176**
  2. Rücktrittsrecht und Scha-
    densersatzanspruch des
    Bestellers vor Abnahme **178**
  3. Schadensersatzanspruch
    des Bestellers aus unerlaub-
    ter Handlung gemäß
    § 823 Abs. 1 BGB **185**
B. Die Sicherung werkvertraglicher Ansprüche beim Vorliegen von Mängeln...................... **189**
C. Prozess **191**
D. Zwangsvollstreckung **192**

§ 1 Die Ansprüche des Unternehmers gegen den Besteller

A. Vorprozessuale Situation

I. Werklohnansprüche für abgeschlossene (Teil-)Leistungen aus §§ 631, 632, 641 BGB

Literatur: Canaris, Anmerkung zum Urteil des BGH vom 20.12.1984 – VIII ZR 388/83, NJW 1985, 2404; Heinze, Praxisvorschläge zur Bewältigung des Gesetzes zur Beschleunigung fälliger Zahlungen, NZBau 2001, 237; Kirberger, Die Beschleunigungsregelungen unter rechtsdogmatischem und praxisbezogenen Blickwinkel, BauR 2001, 492; Kniffka, Das Gesetz zur Beschleunigung fälliger Zahlungen – Neuregelung des Bauvertragsrechts und seine Folgen –, ZfBR 2000, 227; Stapenhorst, Das Gesetz zur Beschleunigung fälliger Zahlungen, DB 2000, 909; Thode, Die wichtigsten Änderungen im BGB-Werkvertragsrecht: Schuldrechtsmodernisierungsgesetz und erste Probleme – Teil 1, NZBau 2002, 297; von Craushaar, Die Regelung des Gesetzes zur Beschleunigung fälliger Zahlungen im Überblick, BauR 2001, 471.

1. Zustandekommen eines Werkvertrages

Der Werkvertrag wird zwischen den Parteien durch **Angebot und Annahme** im Sinne der §§ 145 ff. BGB geschlossen. Nach § 631 Abs. 1 BGB wird der Unternehmer zur Herstellung des versprochenen Werkes und der Besteller zur Entrichtung der vereinbarten Vergütung verpflichtet. Wichtigstes Merkmal des Werkvertrages ist somit, dass der Unternehmer gegenüber dem Besteller einen **Werkerfolg** schuldet.[1]

a) Abgrenzung zum Dienstvertrag

Der Werkvertrag hat mit dem Dienstvertrag (§ 611 BGB) gemeinsam, dass jeweils eine entgeltliche Arbeitsleistung zu erbringen ist. Beim Dienstvertrag schuldet der Dienstverpflichtete allerdings nur die vertragsgemäße **Bemühung um den Erfolg**, während der Unternehmer beim Werkvertrag das konkrete Ergebnis seiner Tätigkeit, nämlich den Erfolg selbst, schuldet.[2]

b) Abgrenzung zum Kaufvertrag

Anders als beim Werkvertrag ist beim Kaufvertrag (§ 433 BGB) die Herstellung der zu liefernden Sache nicht Gegenstand des Vertrages. Der Kaufvertrag ist somit auf die **Übereignung einer fertigen Sache** ausgerichtet.[3] Beim Werkvertrag steht hingegen die Schöpfung des Werkes selbst im Mittelpunkt der vertraglichen Beziehung.

Schwierig ist die Abgrenzung zwischen Kauf- und Werkvertrag vor dem Hintergrund, dass es auch einen **Kaufvertrag mit sog. Montageverpflichtung** gibt (vgl. insoweit § 434 Abs. 3 BGB).[4] Nach der Rechtsprechung des BGH ist insoweit zur Abgrenzung

---

1 MünchKomm-Busche, § 631 BGB, Rn. 1.
2 MünchKomm-Busche, § 631 BGB, Rn. 8 ff.; Staudinger-Peters, Vorbm zu § 631 BGB, Rn. 19 ff.
3 MünchKomm-Busche, § 631 BGB, Rn. 7; Staudinger-Peters, Vorbm zu § 631 BGB, Rn. 13 ff.
4 Staudinger-Peters, § 651 BGB, Rn. 13; MünchKomm-Busche, § 651 BGB, Rn. 7.

zwischen Kaufvertrag (mit Montageverpflichtung) und Werkvertrag auf die Art des zu liefernden Gegenstandes, das Wertverhältnis von Lieferung und Montage sowie auf die Besonderheiten des geschuldeten Ergebnisses abzustellen.[5]

Maßgebliche Auswirkungen hat die unterschiedliche Einordnung des Vertragsverhältnisses im Hinblick auf Abschlagszahlungen (die der Verkäufer nicht verlangen kann), die Anwendung der §§ 648, 648a BGB (die der Verkäufer nicht verlangen kann), die Rechte des Bestellers aus § 634 Nr. 2, 637 BGB (die der Käufer nicht geltend machen kann) sowie die §§ 377, 381 HGB (die im Werkrecht nicht zur Anwendung kommen).

c) Abgrenzung zum Werklieferungsvertrag

Wie beim Werkvertrag geht es auch beim Werklieferungsvertrag (§ 651 BGB) um die Herstellung eines körperlichen Arbeitserfolges. Während beim Werkvertrag die Schöpfung des Werkes für den Besteller im Vordergrund steht, geht es dem Unternehmer beim Werklieferungsvertrag um die **mit dem Warenumsatz verbundene Übertragung** von Eigentum und Besitz an einer beweglichen Sache.[6]

2. Wirksamkeitshindernisse

Geht es um Nichtigkeitsgründe, die der Wirksamkeit eines Bauvertrages entgegenstehen können, sind zum einen die Formnichtigkeit gemäß § 125 BGB und zum anderen eine Nichtigkeit wegen Gesetzesverstoß gemäß § 134 BGB hervorzuheben.

a) Formnichtigkeit gemäß § 125 BGB

Eine Formnichtigkeit im Sinne des § 311b Abs. 1 Satz 1 BGB ist regelmäßig dann zu problematisieren, wenn der Werkvertrag an den Abschluss eines Grundstückskaufvertrages angekoppelt worden ist. Nach der Rechtsprechung des BGH bedarf der gesondert abgeschlossene Bau-, Bauträger- oder Treuhändervertrag dann der notariellen Beurkundung, wenn er mit dem Grundstückskaufvertrag eine **rechtliche Einheit** bildet.[7] Von einer rechtlichen Einheit kann nur dann gesprochen werden, wenn die Vereinbarung der Parteien derart voneinander abhängig sind, dass sie mit einander stehen und fallen sollen. Der eine Vertrag darf also nicht ohne den anderen abgeschlossen worden sein. Nicht ausreichend ist nur ein bestehender wirtschaftlicher Zusammenhang.[8] Zudem begründet die Niederlegung in mehreren Vertragsurkunden eine gegen den rechtlichen Zusammenhang sprechende Vermutung. Hervorzuheben bleibt, dass die Formnichtigkeit im Sinne des § 311b Abs. 1 Satz 2 BGB durch eine später erfolgte Auflassung und Eintragung in das Grundbuch geheilt wird.

---

5 BGH BauR 2004, 882; Staudinger-Peters, § 651 BGB, Rn. 13; MünchKomm-Busche, § 651 BGB, Rn. 7.
6 MünchKomm-Busche, § 651 BGB, Rn. 8.
7 BGH BauR 2002, 1541; BGHZ 78, 346; MünchKomm-Busche, § 631 BGB, Rn. 52; Staudinger-Peters, Vorbm. zu § 631 BGB, Rn. 75.
8 MünchKomm-Busche, § 631 BGB, Rn. 52; Staudinger-Peters, Vorbm zu § 631 BGB, Rn. 75.

b) Gesetzesverstoß gemäß § 134 BGB

- Verstoß gegen das Schwarzarbeitergesetz (jetzt: Gesetz zur Intensivierung der Bekämpfung der Schwarzarbeit)[9]

Ist ein **beidseitiger bewusster Verstoß** gegen das Schwarzarbeitsgesetz gegeben, so ist der Vertrag gemäß § 134 BGB nichtig.[10] Der Schwarzarbeiter hat keine Werklohn-, der Besteller keine Gewährleistungsansprüche. Zu beachten bleibt, dass nach der Rechtsprechung der vorzuleistende Schwarzarbeiter einen **Wertersatzanspruch** gemäß § 812 BGB gegen den Besteller haben kann. Dem in diesem Fall normalerweise sperrende Einwendungstatbestand des § 817 BGB kann nämlich § 242 BGB (Treu und Glauben) entgegenstehen.[11]

Liegt ein **einseitiger bewusster Verstoß** des Unternehmers gegen das Schwarzarbeitsgesetz vor, so werden unterschiedliche Auffassungen vertreten: Teile der Rechtsprechung bejahen in diesem Fall eine Teilnichtigkeit des Vertrages. Aufgrund dieser (Teil-)Nichtigkeit des Vertrages sollen dem Unternehmer keine Vergütungsansprüche zustehen. Dem Besteller, der nicht bewusst gegen das Schwarzarbeitsgesetz verstoßen hat, kann, weil der Vertrag insoweit nicht nichtig ist, weiterhin Erfüllungs- und Gewährleistungsansprüche gegenüber dem schwarzarbeitenden Unternehmer geltend machen.[12] Die Gegenauffassung geht dagegen davon aus, dass bei einem dem Besteller zum Zeitpunkt des Vertragsabschlusses unbekannten Verstoß des Werkunternehmers gegen das Gesetz zur Bekämpfung der Schwarzarbeit der Werkvertrag nicht gemäß § 134 BGB ganz oder – bezogen auf den Werklohnanspruch – teilweise nichtig ist.[13] Unterbleibt in diesem Fall eine Anfechtung durch den Besteller, steht dem Unternehmer ein Werklohnanspruch gemäß §§ 631, 632, 641 BGB zu.

- Verstoß gegen die Handwerksordnung

Ist der Unternehmer nicht in die **Handwerksrolle** eingetragen, so führt ein Verstoß gegen § 1 der HandO nicht dazu, dass der Bauvertrag deshalb nichtig wäre.[14] Für den Besteller ist es in diesem Fall allerdings möglich, den Werkvertrag auf der Grundlage von § 119 Abs. 2 BGB anzufechten.[15]

---

9   Das Schwarzarbeitergesetz ist durch das Gesetz zur Intensivierung der Bekämpfung der Schwarzarbeit und damit zusammenhängender Steuerhinterziehung vom 23. Juli 2004 abgelöst worden (BGBl. 2004 I 1842), durch das die Tatbestände der Schwarzarbeit erheblich erweitert worden sind.
10 BGH BauR 1983, 66; Staudinger-Peters, § 631 BGB, Rn. 74; MünchKomm-Busche, § 631 BGB, Rn. 53. Mit der Erweiterung der Tatbestände der Schwarzarbeit im Gesetz zur Intensivierung der Bekämpfung der Schwarzarbeit und damit zusammenhängender Steuerhinterziehung vom 23. Juli 2004 wird sich an der Nichtigkeit des Werkvertrages nach aller Wahrscheinlichkeit nichts ändern.
11 BGHZ 111, 308; Staudinger-Peters, § 631 BGB, Rn. 74; a.A. OLG Köln NJW-RR 1990, 251.
12 Canaris NJW 1985, 2404f; Staudinger-Peters, § 631 BGB, Rn. 74; MünchKomm-Busche, § 631 BGB, Rn. 53; LG Mainz NJW-RR 1998, 448; LG Bonn NJW-RR 1991, 180.
13 OLG Nürnberg BauR 2000, 1494 (BGH, Beschluss vom 25.01.2001 – Revision nicht angenommen).
14 BGH NJW 1984, 230; LG Görlitz NJW-RR 94, 117; Staudinger-Peters, § 631 BGB, Rn. 80.
15 OLG Hamm NJW-RR 1990, 523.

3. Vergütungsvereinbarung

12 Geht es um den Werklohnanspruch des Unternehmers, so ist in erster Linie auf die zwischen den Parteien abgeschlossene **ausdrückliche Vergütungsvereinbarung** zurückzugreifen. Für das Bestehen einer Vergütungsvereinbarung ist der Unternehmer darlegungs- und beweispflichtig. Haben die Parteien einen Werkvertrag abgeschlossen und keine Einigung über die Vergütung erzielt, so ergibt sich aus § 632 Abs. 1 BGB, dass die Vergütung stillschweigend vereinbart ist, wenn die Herstellung des Werkes den Umständen nach nur gegen eine Vergütung zu erwarten ist.[16]

13 Hervorzuheben bleibt, dass § 632 Abs. 1 BGB und die dort enthaltene Vermutungsregel nur dann zur Anwendung kommt, wenn die Parteien einen Werkvertrag abgeschlossen haben.[17] Folglich begründet § 632 Abs. 1 BGB keine gesetzliche Vermutung für das Zustandekommen eines Werkvertrages.

14 Neben dem Vorliegen eines Werkvertrages muss der Unternehmer die Umstände darlegen und beweisen, auf der Grundlage deren der Schluss gerechtfertigt ist, dass seine **Leistung nur gegen Vergütung** zu erwarten war.[18] Beruft sich der Besteller dem entgegen darauf, dass die üblicherweise gegen Entgelt zu erbringende Leistung in Abweichung zu § 632 Abs. 1 BGB unentgeltlich erbracht werden sollte, so hat er das Vorliegen einer dementsprechenden Vereinbarung darzulegen und zu beweisen.[19]

15 Hat der Unternehmer diese Hürde genommen, so kommt nunmehr § 632 Abs. 2 BGB zur Anwendung. Für den Fall, dass eine **Taxe** bestehen sollte, ist die taxmäßige Vergütung als vereinbart anzusehen. Es kommen hierbei aber nicht beliebige Gebührenordnungen der verschiedenen Berufsverbände in Betracht, sondern nur solche, die eine hoheitliche Preisfestsetzung enthalten, wie z.B. die HOAI. Fehlt eine solche Taxe, so ist die Vergütung nach der Üblichkeit zu bestimmen. Üblich ist diejenige Vergütung, die für Leistungen gleicher Art und Güte sowie gleichen Umfangs am Leistungsort nach allgemein anerkannter Auffassung bezahlt werden muss.[20] Für die **Orts- und Marktüblichkeit** der in Ansatz gebrachten Preise ist der Unternehmer darlegungs- und beweisverpflichtet.

16 Wendet der Besteller bei Abrechnung nach § 632 Abs. 2 BGB die Vereinbarung eines niedrigeren Preises ein, bleibt der Unternehmer verpflichtet, darzulegen und zu beweisen, dass eine solche Vergütungsvereinbarung nicht getroffen worden ist. Um aber den Unternehmer, der insoweit einen negativen Beweis führen muss, nicht in unüberwindbare Beweisnot zu bringen, stellt der BGH erhöhte Anforderungen an die Darlegungslast des Bestellers. Der Besteller, der eine bestimmte Vergütungsabrede behauptet, muss diese Vereinbarung nach Ort, Zeit und Höhe der Vergütungsvereinbarung substanti-

---

16 BGH NZBau 2004, 498.
17 BGHZ 136, 33; Werner/Pastor, Rn. 1134; 2; MünchKomm-Busche, § 632 BGB, Rn. 4.
18 BGH BauR 1987, 454; NJW 1957, 1555; OLG Köln OLGR 1994, 159; Staudinger-Peters, § 632 BGB, Rn. 34; MünchKomm-Busche, § 632 BGB, Rn. 25.
19 BGH NJW 1987, 2742; Werner/Pastor, Rn. 1113; Staudinger-Peters, § 632 BGB, Rn. 34; MünchKomm-Busche, § 632 BGB, Rn. 26.
20 BGH BauR 2001, 249; Werner/Pastor, Rn. 1138; Staudinger-Peters, § 632 BGB, Rn. 38; MünchKomm-Busche, § 632 BGB, Rn. 22.

iert darlegen. Sache des Unternehmers ist es dann, die geltend gemachten Umstände zu widerlegen, die für die behauptete Vereinbarung sprechen könnten. An die Beweisführung sind keine zu strengen Anforderungen zu stellen.[21]

4. Fälligkeit des Werklohnanspruchs

a) Grundsatz: Die tatsächliche Abnahme als Fälligkeitsvoraussetzung des Werklohnanspruchs

Unter einer **Abnahme** im Sinne des § 641 BGB versteht man eine körperliche Hinnahme des Werkes verbunden mit der Billigung als der Hauptsache nach vertragsgemäßer Leistung.[22] Die Abnahme setzt voraus, dass die Werkleistung im Wesentlichen (bis auf geringfügige, also unwesentliche Mängel oder Restarbeiten) erbracht ist.[23] Eine Abnahme der Werkleistung des Unternehmers und die damit verbundene Anerkennung sowie Billigung der Leistung kann auf unterschiedliche Weisen erfolgen: 17

- Ausdrückliche Abnahme

Von einer **ausdrücklichen Abnahme** spricht man immer dann, wenn diese durch eine empfangsbedürftige Erklärung des Bestellers, die in vielfältiger Hinsicht erfolgen kann, zum Ausdruck gebracht wird.[24] Ein Unterfall der ausdrücklichen Abnahme ist die sog. **förmliche Abnahme** mit gemeinsamer Überprüfung der Werkleistungen und Erstellung eines Abnahmeprotokolls.[25] Diese Abnahmeform ist in § 640 BGB nicht vorgesehen. Sie muss deshalb zwischen den Parteien ausdrücklich vereinbart werden.[26] 18

Findet die zwischen den Parteien vereinbarte förmliche Abnahme nicht statt, kann es gleichwohl zu einer konkludenten Abnahme kommen. Dies setzt voraus, dass die Vertragsparteien die Vereinbarung über die förmliche Abnahme – gegebenenfalls auch konkludent –[27] aufgehoben haben. Es ist ferner denkbar, eine stillschweigende Aufhebung der Vereinbarung über die förmliche und vom Vorliegen einer stillschweigenden Abnahme auszugehen. Diese liegt jedenfalls in der Regel vor, wenn längere Zeit nach der Benutzung des Werks keine der Parteien auf die förmliche Abnahme zurückkommt.[28] Unerheblich ist, ob die Parteien sich der Tatsache bewusst waren, dass eine förmliche Abnahme vorgesehen war oder ob sie das nur vergessen haben. Eine Aufhebung der Vereinbarung über die förmliche Abnahme und damit auch eine stillschweigende Abnahme ohne diese kommt jedoch nicht in Betracht, wenn der Besteller Mängel gerügt hat und dieses Verhalten indiziell dafür ist, dass er auf die förmliche Abnahme nach Mängelbeseitigung nicht verzichten wollte.[29] 19

---

21 BGH BauR 1992, 505; MünchKomm-Busche, § 632 BGB, Rn. 25.
22 BGHZ 48, 262; 50, 160 (162); BauR 1974, 67 (68); Staudinger-Peters, § 640 BGB, Rn. 3; MünchKomm-Busche, § 640 BGB, Rn. 3.
23 BGH BauR 1970, 48; BauR 1971, 60; BauR 1972, 251 (252).
24 Werner/Pastor, Rn. 1348f; MünchKomm-Busche, § 640 BGB, Rn. 6; Staudinger-Peters, § 640 BGB, Rn. 16.
25 Werner/Pastor, Rn. 1350; MünchKomm-Busche, § 640 BGB, Rn. 16; Staudinger-Peters, § 640 BGB, Rn. 19.
26 Die Vereinbarung einer förmlichen Abnahme in Allgemeinen Geschäftsbedingungen ist zulässig; BGH BauR 1996, 378; Siegburg, Rn. 288.
27 BGH BauR 2001, 296; Staudinger-Peters, § 640 BGB, Rn. 19.
28 BGH BauR 1977, 344; Werner/Pastor, Rn. 1355.
29 BGH BauR 2001, 296.

■ Schlüssige Abnahme

20 Die **schlüssige Abnahme** als besondere Abnahmeform ist im BGB nicht geregelt, nach ganz herrschender Meinung aber zulässig.[30] Sie setzt – wie die ausdrückliche Abnahme – ein vom Willen des Bestellers getragenes Verhalten voraus (Abnahmewillen). Daher ist eine stillschweigend erklärte und damit schlüssige Abnahme immer dann gegeben, wenn der Besteller durch sein Verhalten zum Ausdruck bringt, dass er das Werk als im Wesentlichen vertragsgerecht ansieht.[31]

b) Ausnahme: Die Fälligkeit von Abschlagszahlungen gemäß § 632 a BGB

21 Trotz der aus § 641 BGB resultierenden Vorleistungspflicht kann der Unternehmer beim Werkvertrag gemäß § 632 a BGB für in sich abgeschlossene Teilleistungen auch ohne Vorliegen einer Teilabnahme **Abschlagszahlungen** gegenüber dem Besteller geltend machen.[32] Voraussetzung für § 632 a BGB ist, dass der Unternehmer eine in sich abgeschlossene Teilleistung vertragsgemäß erbracht hat, oder Stoffe oder Bauteile eigens angefertigt oder angeliefert worden sind, und dem Besteller Eigentum an den Teilen des Werkes, an den Stoffen oder Bauteilen übertragen oder Sicherheiten hierfür geleistet hat. Von einer abgeschlossenen Teilleistung ist dann auszugehen, wenn diese selbstständig werthaltig, eigenständig nutzbar sowie bewertbar und damit abrechnungsfähig ist.[33]

22 Streitig ist die Frage, wie man den in § 632 a BGB enthaltenen Passus zur „**vertragsgemäßen Leistung**" zu verstehen hat. Teilweise wird vertreten, dass das Werk keinerlei Mängel haben darf.[34] Nach der Rechtsprechung kann der Besteller die Vergütung für den der fertig gestellten Leistung entsprechenden Wert verlangen. Der Besteller hat jedoch wegen der Mängel ein Zurückbehaltungsrecht in Höhe eines angemessenen Betrages, der mit dem Zwei- bis Dreifachen der Mängelbeseitigungskosten zu bemessen ist.[35, 36]

---

30 Werner/Pastor, Rn. 1353; MünchKomm-Busche, § 640 BGB, Rn. 17 f.
31 Eine schlüssige Abnahme kommt z.B. In Betracht durch: Die vorbehaltlose Zahlung des restlichen Werklohns (BGH BauR 1970, 48); die bestimmungsgemäße Ingebrauchnahme (BGH BauR 1985, 200); die Übergabe des Hausschlüssels an den Erwerber nach Besichtigung des Hauses (OLG Hamm BauR 1993, 374); die rügelose Benutzung des Werkes; die Erstellung einer Gegenrechnung durch den Besteller; die Unterschrift unter eine Auftrags- und Ausführungsbestätigung des Bestellers bei gleichzeitiger Rüge kleiner Mängel (OLG Düsseldorf BauR 1998, 126); den Einbehalt eines Betrages für gerügte Mängel im Rahmen eines Schlussgesprächs über die Restforderung des Unternehmers (OLG Koblenz NJW-RR 1994, 786); weiteren Aufbau durch den Besteller auf die Leistung des Unternehmers (OLG Düsseldorf BauR 2001, 423).
32 Werner/Pastor, Rn. 1218; Staudinger-Peters, § 632 a BGB, Rn. 4; MünchKomm-Busche, § 632 a BGB, Rn. 4.
33 Staudinger-Peters, § 632 a BGB, Rn. 4; MünchKomm-Busche, § 632 a BGB, Rn. 4.
34 Von Craushaar, BauR 2001 473; Kirberger, BauR 2001, 499; Heinze, NZBau 2001, 237.
35 BGH BauR 1988, 474; BauR 1981, 577; Staudinger-Peters, § 632 a BGB, Rn. 7; MünchKomm-Busche, § 632 a BGB, Rn. 6.
36 Ob das Zurückbehaltungsrecht vor der Abnahme auch in Höhe des mindestens Dreifachen der Mängelbeseitigungskosten besteht, ist ungeklärt. Das Gesetz regelt in § 641 Abs. 3 BGB nur das Zurückbehaltungsrecht nach der Abnahme in dieser Höhe. Mit Rücksicht darauf, dass die Festlegung auf das mindestens Dreifache ohnehin verfehlt ist und gerade während der Werkausführung die Liquidität des Unternehmers durch ein zu hohes Zurückbehaltungsrecht ernsthaft gefährdet werden kann, ist Zurückhaltung geboten.

Der gesetzliche Anspruch auf Abschlagszahlungen wird gemäß § 271 BGB mit Vorliegen der vorgenannten gesetzlichen Voraussetzungen **fällig**. Es bedarf zwar grundsätzlich keiner prüfbaren Rechnungserteilung für die Fälligkeit, ohne Vorliegen einer prüfbaren Abrechnung wird der Anspruch in einem Prozessverfahren allerdings nicht schlüssig darzulegen sein. Zudem tritt ohne Vorliegen einer prüfbaren Abrechnung regelmäßig kein Verzug ein, da eine schuldhafte Zahlungsverzögerung nur dann zu bejahen ist, wenn der Besteller in die Lage ist, die Berechtigung der Forderung überprüfen zu können.

23

Die Abschlagsforderung kann **selbstständig eingeklagt** werden. Die Klage auf Abschlagszahlung hat einen anderen Streitgegenstand als die Klage auf Zahlung der Schlussforderung.[37] In älteren Entscheidungen hat der Bundesgerichtshof die Auffassung vertreten, der Übergang von der Abschlagszahlungsklage auf die Schlusszahlungsklage sei keine Klageänderung.[38] Diese Auffassung hat er inzwischen aufgegeben. Der Übergang ist eine Klageänderung, die jedoch in aller Regel sachdienlich ist.[39]

24

c) Vorliegen einer fiktiven Abnahme der Werkleistung

■ Fertigstellungsbescheinigung gemäß § 641a BGB
Mit dem Gesetz zur Beschleunigung fälliger Zahlungen wurde mit Wirkung zum 01.05.2000 eine völlig neue Abnahmevariante geschaffen. Gemäß § 641a BGB steht es einer Abnahme gleich, wenn dem Unternehmer von dem Gutachter eine Bescheinigung darüber erteilt wird, dass das versprochene Werk hergestellt ist und das Werk frei von Mängeln ist, die der Besteller gegenüber dem Gutachter behauptet hat oder für den Gutachter bei einer Besichtigung feststellbar sind. Diese **Fertigstellungsbescheinigung** wird der Abnahme gleichgestellt. Das förmliche Verfahren zur Abgabe der Fertigstellungsbescheinigung ist im Einzelnen in § 641a Abs. 2 bis 5 BGB vom Gesetzgeber festgeschrieben worden.[40]

25

■ Fiktive Abnahme gemäß § 640 Abs. 1 Satz 3 BGB
Gemäß § 640 Abs. 1 Satz 3 BGB steht es der Abnahme gleich, wenn der Besteller die Leistungen nicht innerhalb einer ihm vom Unternehmer bestimmten angemessenen Frist abnimmt, obwohl er dazu verpflichtet ist. Voraussetzung ist, dass eine vom Unternehmer bestimmte **angemessene Frist** abgelaufen ist. Der Unternehmer muss also, um die Abnahmewirkungen des § 640 Abs.1 Satz 3 BGB auszulösen, zur Abnahme auffordern und diese Aufforderung mit einer Fristsetzung verbinden. Welche Frist angemessen ist, hängt von den Umständen des Einzelfalles, insbesondere dem Umfang des erbrachten Werkes ab.[41]

26

Weiterhin ist für § 640 Abs. 1 Satz 3 BGB erforderlich, dass die Leistung **vertragsgemäß** erbracht worden ist. Nach herrschender Meinung konnte der Besteller beim

27

---

37 BGH BauR 1999, 267.
38 BGH BauR 1985, 360; BauR 1987, 452.
39 BGH BauR 1999, 267.
40 Werner/Pastor, Rn. 1357 ff.; Staudinger-Peters, § 641a BGB, Rn. 8 ff.; MünchKomm-Busche, § 641a BGB, Rn. 13 ff.
41 Staudinger-Peters, § 640 BGB, Rn. 45; MünchKomm-Busche, § 640 BGB, Rn. 26.

Werkvertrag bislang die Abnahme auch bei unwesentlichen Mängeln verweigern. Dieses Abnahmeverweigerungsrecht entfiel nur, wenn sich der Besteller auf ein ganz bedeutenden Mangel stützte und sich deshalb der Verweigerung der Abnahme als ein Verstoß gegen Treu und Glauben darstellte. Nach § 640 Abs. 1 Satz 2 BGB kann nunmehr die Abnahme **wegen unwesentlicher Mängel** nicht mehr verweigert werden.[42]

d) Entbehrlichkeit einer Abnahme für die Fälligkeit des Werklohnanspruchs

28 Zu einer Fälligkeit des Werklohnanspruchs ohne Abnahme kommt es, wenn der Besteller die Erfüllung des Vertrages **grundlos ablehnt**. In diesem Fall kann der Unternehmer die Bezahlung des Werklohns schon vor Fertigstellung und Abnahme des Werkes nach Treu und Glauben verlangen.[43] Auf eine Abnahme kommt es auch dann nicht an, wenn das Vertragsverhältnis vor der Fertigstellung der geschuldeten Werkleistung **vorzeitig aufgelöst oder gekündigt** worden ist.[44,45]

29 Gleichermaßen ist eine Abnahme dann nicht erforderlich, wenn der Besteller gegenüber dem Werklohnanspruch des Unternehmers nur noch **Schadensersatzansprüche** wegen Mängeln geltend macht, weil der Besteller damit die weitere Erfüllung des Vertrages durch den Unternehmer (Mängelbeseitigung) ablehnt, sodass nunmehr eine endgültige Abrechnung über die Werkleistung des Unternehmers einerseits und den Schadensersatzanspruch des Bestellers andererseits zu erfolgen hat.[46]

e) Durchgriffsfälligkeit gemäß § 641 Abs. 2 BGB

30 Gemäß § 641 Abs. 2 BGB, der im Baurecht vor allem Generalübernehmerverträge sowie alle Dreiecksbeziehungen zwischen Bauherr/Hauptunternehmer/Subunternehmer betrifft, wird die Vergütung des Unternehmers für ein Werk, dessen Herstellung der Besteller einem Dritten versprochen hat, spätestens fällig, wenn und soweit der Besteller von dem Dritten für das versprochene Werk wegen dessen Herstellung seine Vergütung oder Teile davon erhalten hat. Hat der Besteller dem Dritten wegen möglicher Mängel des Werkes Sicherheit geleistet, gilt dies nur, wenn der Unternehmer dem Besteller Sicherheit in entsprechender Höhe leistet.

31 Charakteristisch für die von § 641 Abs. 2 BGB erfassten Leistungsketten ist, dass sich die jeweiligen vertraglichen Leistungspflichten auf dieselben Gegenstände beziehen. Es muss also **Leistungsidentität** bestehen, wobei eine partielle Identität der Gegenstände ausreicht. Jedenfalls muss die Leistung, die der Unternehmer zu erbringen hat, auch Inhalt der Verpflichtung des Bestellers gegenüber dem Dritten sein.

32 Wegen des Erfordernisses der Leistungsidentität muss der Dritte gegenüber dem Besteller gerade Zahlungen für diejenige Leistung erbringen, zu der sich der Unternehmer gegenüber dem Besteller verpflichtet hat. Zahlt der Dritte wegen anderer Leistungen des Bestellers, die nicht Gegenstand des Werkvertrages zwischen Besteller und Unter-

---

42 Staudinger-Peters, § 640 BGB, Rn. 45, 34; MünchKomm-Busche, § 640 BGB, Rn. 12 ff.
43 BGHZ 50, 175; NJW 1990, 3008 (3009).
44 BGH BauR 1987, 95; Staudinger-Peters, § 641 BGB, Rn. 8.
45 Beim gekündigten Werkvertrag werden die Verjährungsfristen allerdings erst mit Abnahme in Gang gesetzt.
46 BGH BauR 2000, 98; BauR 2002, 1295; BauR 2003, 88.

nehmer sind, ist § 641 Abs. 2 BGB nicht anwendbar. Worauf der Dritte im Einzelfall geleistet hat, kann zweifelhaft sein, dies konkret zu ermitteln, ist jedoch wegen der daran anknüpfenden Wirkungen in jedem Fall zwingend erforderlich.

Ist die Leistung des Subunternehmers mit **Mängeln** behaftet, hat der Besteller aber den vollen Werklohn erhalten, kann dieser die Zahlung nicht mit dem Hinweis auf sein Recht der Abnahmeverweigerung gemäß § 640 BGB ablehnen. Vielmehr kann er nur bezüglich der Mängel einen entsprechenden Einbehalt vornehmen. Der Höhe nach richtet sich dieser nach § 641 Abs. 3 BGB, weil auch der Besteller des Unternehmers ein berechtigtes Interesse daran hat, dass der Unternehmer die Mängel schnell und umfassend beseitigt.[47]

5. Vorliegen einer prüfbaren Abrechnung der erbrachten Werkleistungen

Der Anspruch auf Abschlagszahlungen gemäß § 632a BGB wird nicht von dem Stellen einer **prüfbaren Abschlagsrechnung** abhängig gemacht. Gleichermaßen ist die **Prüfbarkeit** einer **Schlussrechnung** beim Werkvertrag keine Fälligkeitsvoraussetzung.[48] Dies bedeutet aber nicht, dass ein Unternehmer ohne Vorliegen einer prüfbaren Abrechnung seiner Leistungen einen Vergütungsanspruch erfolgreich geltend machen wird. So muss eine schlüssige Abrechnung schon deshalb vorliegen, weil ohne prüfbare Abrechnung der Vergütungsanspruch des Unternehmers im Prozess nicht schlüssig darzulegen sein wird. Zudem wird ohne Vorliegen einer prüfbaren Abrechnung der erbrachten Leistungen beim Werkvertrag regelmäßig kein Verzug eintreten. Dem Besteller, der in Ermangelung des Vorliegens einer prüfbaren Abrechnung nicht in der Lage ist, eine Zahlungspflicht zu beurteilen, ist nämlich der für die Begründung eines Verzuges notwendige Verschuldensvorwurf (vgl. § 286 Abs. 4 BGB) nicht zu machen.[49] Schließlich hat der Besteller bis zum Vorliegen einer Rechnung auch ein Leistungsverweigerungsrecht.[50]

6. Verhältnis zwischen Abschlags- und Schlusszahlungsbegehren

Nach der Rechtsprechung des BGH haben **Abschlagsforderungen** nur einen **vorläufigen Charakter**. Dies hat zur Folge, dass der Unternehmer Fehler, die in Abschlagsrechnungen enthalten waren, zu seinen Gunsten bei der späteren Erteilung der **Schlussrechnung** korrigieren kann.[51] Dieses Recht muss dann aber auch zugunsten des Bestellers bestehen. Dieser kann folglich mit erbrachten Abschlagszahlungen berechnete Leistungen im Rahmen der Schlussabrechnung wieder infrage stellen.[52] Mit der Zahlung auf vorgelegte Abschlagsrechnungen ist nämlich kein Anerkenntnis des Bestellers betreffend der berechneten Leistungen zu bejahen.[53]

---

47 OLG Nürnberg NJW-RR 2003, 1526; Werner/Pastor, Rn. 1338; Stapenhorst, DB 2000, 909 (910f); a.A. MünchKomm-Busche, § 641 BGB, Rn. 27; Kniffka, BauR 2000, 227 (232); Palandt-Sprau, § 641 BGB, Rn. 8.
48 BGH BauR 1981, 199; BauR 1982, 377.
49 BGH BauR 1989, 87 (88); OLG Frankfurt BauR 1997, 856; MünchKomm-Busche, § 641 BGB, Rn. 8.
50 OLG München NJW 1988, 270; MünchKomm-Busche, § 641 BGB, Rn. 8; Staudinger-Peters, § 641 BGB, Rn. 25.
51 BGH NJW 1995, 3311 (3312).
52 BGH BauR 1997, 468.
53 OLG Düsseldorf BauR 2001, 806.

36 Trotz des vorläufigen Charakters von Abschlagszahlungen handelt es sich bei ihnen um **eigenständige Forderungen** im Sinne des § 241 Abs. 1 Satz 1 BGB, die deshalb isoliert klageweise geltend gemacht werden können.[54]

37 Mit Abschluss der Werkleistung hat der Unternehmer die Pflicht, die von ihm erbrachten Leistungen abschließend abzurechnen. Dies bedeutet, dass Abschlagszahlungen dann nicht mehr geltend gemacht und gerichtlich durchgesetzt werden können, wenn der Unternehmer seine Schlussrechnung vorgelegt hat.[55] Der BGH geht in seiner Rechtsprechung sogar noch einen Schritt weiter. So soll bereits zum Zeitpunkt der **Schlussrechnungsreife** kein Raum mehr für die gerichtliche Geltendmachung bzw. Weiterverfolgung von Abschlagsforderungen bestehen.[56]

38 Hat der Unternehmer zum Zeitpunkt der Schlussrechnungsreife bereits Klage aus einer Abschlagsrechnung erhoben, so muss er diese aufgrund der unterschiedlichen Streitgegenstände zwischen Abschlagsforderung und Schlussforderung im Wege einer Klageänderung gemäß § 263 ZPO auf eine Forderung aus Schlussrechnung umstellen.[57] Eine derartige **Klageänderung** setzt voraus, dass der Unternehmer zur Begründung seines Zahlungsverlangens die Schlussrechnung vorlegt, die Schlussrechnung in den Rechtsstreit einführt und den offen stehenden Vergütungsanspruch nach Maßgabe der Schlussrechnung begründet. Dem Unternehmer steht es für den Fall, dass der Besteller Einwendungen gegen das Vorliegen der Schlussrechnungsreife erhebt, frei, nach entsprechender Klageumstellung auf die Schlussrechnung zumindest den vormals begründeten Anspruch auf Abschlagszahlungen für den Fall hilfsweise geltend zu machen, dass der Unternehmer nicht im Stande ist, die Abnahme der Werkleistungen bzw. die unberechtigte Abnahmeverweigerung nachzuweisen.[58, 59]

39 Die Grundsätze über das Verhältnis zwischen Abschlags- und Schlussrechnung sind auch auf die Fälle anzuwenden, in denen das Vertragsverhältnis vorzeitig, etwa aufgrund Kündigung bzw. Auftragsentziehung beendet wird.[60]

II. Vergütungsansprüche des Auftragnehmers beim gekündigten Werkvertrag

Literatur: Baumgärtel, Handbuch der Beweislast, Band 1, 2. Auflage 1991; Cypers, Werklohnanspruch des Bauunternehmers, 2000; Kniffka, Abnahme und Gewährleistung nach Kündigung des Werkvertrages, in: Festschrift für von Craushaar, S. 359; Niemöller, Vergütungsansprüche nach Kündigung des Bauvertrages, BauR 1997, 539; Pahlmann, Die Bindungswirkung des unverbindlichen Kostenanschlags, DRiZ 1978, 367; Raab, Anmerkung zum Urteil des BGH vom 21.10.1999 – VIII ZR 185/89, JZ 2001, 251; Rohlfing/Thiele, Überschreitung des Kostenanschlags durch den Werkun-

---

54 BGH BauR 1999, 267 (268); Thode, ZfBR 1999, 116 (124).
55 BGH NJW 1985, 1840; Thode, ZfBR 1999, 116 (124). Ein Teil der Literatur will eine Klage auf Abschlagszahlung nach Vorlage der Schlussrechnung in aller Regel zu einer Klage auf Zahlung eines Teilbetrages der Schlussrechnung umdeuten: Werner/Pastor, Rn. 1229.
56 OLG Nürnberg, Nichtannahmebeschluss des BGH, NZBau 2000, 509.
57 BGH BauR 1999, 267.
58 BGH BauR 2000, 1482.
59 Prozessformular in Band „Privates Baurecht", Rn. 155.
60 BGH BauR 1991, 81 (82); BauR 1987, 453; Thode, ZfBR 1999, 116 (121).

ternehmer, MDR 1998, 632; Schenk, Kostenvoranschlag nach § 650 BGB und seine Folgen, NZBau 2001, 470; Werner, Anwendungsbereich und Auswirkungen des § 650 BGB, Festschrift für Korbion, S. 473.

1. Kündigung durch den Besteller

a) Freie Kündigung gemäß § 649 Satz 1 BGB

Haben die Vertragsparteien keine besonderen Vereinbarungen getroffen, kann der Besteller den gesamten Werkvertrag oder aber Teile[61] davon nach § 649 Satz 1 BGB jederzeit kündigen. **Formerfordernisse** bestehen hinsichtlich der Kündigungserklärung nicht.[62]

Kündigt der Besteller im Rahmen seines **freien Kündigungsrechtes**, kann der Unternehmer seinen Werklohn grundsätzlich in voller Höhe verlangen. Die Fälligkeit des Werklohnanspruchs tritt bei Kündigung ohne Abnahme ein.[63] Zu beachten bleibt, dass der Werklohnanspruch sich gemäß **§ 649 Satz 2 BGB** vermindert. Der Unternehmer muss sich das anrechnen lassen, was er in Folge der Aufhebung des Vertrages an Kosten erspart oder durch anderweitige Verwendung seiner Arbeitskraft und seines Betriebes erwirbt oder zu erwerben böswillig unterlässt.[64]

Verlangt der Unternehmer eine Vergütung gemäß § 649 Satz 2 BGB, ist eine darauf gestützte Klage nur **schlüssig**, wenn er zu den ersparten Aufwendungen oder zum anderweitigen Erwerb entsprechend vorträgt.[65] Der Vergütungsanspruch des Unternehmers besteht nämlich von vornherein nur abzüglich der ersparten Aufwendungen und des Erwerbs durch anderweitige Verwendung der Arbeitskraft des Unternehmers. Auf der Grundlage dessen ist es dann Sache des Bestellers, darzulegen und zu beweisen, dass weitergehende Ersparnisse vorliegen bzw. durch einen anderweitigen Erwerb mehr erzielt worden ist.[66]

b) Kündigung wegen wesentlicher Überschreitung eines Kostenanschlags gemäß § 650 BGB

Ein besonderes Kündigungsrecht hat der Besteller gemäß § 650 BGB bei **wesentlicher Überschreitung eines Kostenanschlags**.[67] Ergibt sich bei Ausführung der Werkleistung, dass diese nicht ohne wesentliche Überschreitung des – als unverbindliche Berechnung der voraussichtlichen Kosten vom Unternehmer gefertigten – Kostenanschlags ausgeführt werden kann, ist der Besteller berechtigt, den Bauvertrag nach § 650 Abs. 1 BGB zu kündigen.

---

61 OLG Oldenburg BauR 2000, 897.
62 OLG Karlsruhe BauR 1994, 116; Werner/Pastor, Rn. 1289.
63 BGH BauR 1993, 469; BauR 1987, 95; Werner/Pastor, Rn. 1301; a.A. Kniffka, Festschrift für von Craushaar, S. 359 ff.
64 Werner/Pastor, Rn. 1293.
65 BGH BauR 1998, 185 (186); BauR 1999, 635; BauR 1997, 304; BauR 1996, 382; Werner/Pastor, Rn. 1294; a.A. Staudinger-Peters, § 649 BGB, Rn. 24 ff.; Baumgärtel, § 649 Rn. 1.
66 BGH BauR 2001, 666; OLG Celle OLGR 1998, 187; KG KGR 1998, 314; Werner/Pastor, Rn. 1294.
67 Vgl. hierzu Werner, Festschrift für Korbion, S. 473 ff.; Schenk, NZBau 2001, 470.

44 Wann eine wesentliche Überschreitung des Kostenanschlags vorliegt, ist eine Frage des Einzelfalls. Dabei ist insbesondere zu berücksichtigen, mit welchem Genauigkeitsgrad der Unternehmer bezüglich der angebotenen Werkleistung seinen Kostenanschlag hätte abgeben können. Entscheidend ist die Überschreitung des Endpreises, nicht einzelner Positionspreise. Bei der Überschreitung **von mehr als 25 %** wird man grundsätzlich das Kündigungsrecht des Bestellers zu bejahen haben.[68]

45 Zu beachten bleibt, dass der Unternehmer gemäß § 650 Abs. 2 BGB verpflichtet ist, eine wesentliche **Überschreitung des Kostenanschlags** dem Besteller, der vor einer Kostenexplosion zu schützen ist, **unverzüglich anzuzeigen**. Unterbleibt eine unverzügliche Anzeige, begeht der Unternehmer eine schuldhafte Vertragsverletzung gegenüber dem Besteller. Im Rahmen des gegenüber dem Unternehmer bestehenden Schadensersatzanspruchs ist der Besteller so zu stellen, wie dieser stehen würde, wenn ihm die Überschreitung des Kostenanschlags rechtzeitig mitgeteilt worden wäre.[69] Der Unternehmer hat einen Anspruch auf einen – der geleisteten Arbeit entsprechenden – Teil des Werklohns und Ersatz der in Vergütung nicht inbegriffenen Auslagen entsprechend § 645 Abs. 1 BGB.[70]

c) Kündigung aus wichtigem Grund

46 Jeder Bauvertrag kann vom Besteller aus wichtigem Grund[71] gekündigt werden. Dem Unternehmer bleibt trotz **Kündigung aus wichtigem Grund** der Werklohnanspruch für die erbrachten Leistungen erhalten, soweit diese von dem Besteller verwertet werden können.[72] Der Anspruch des Unternehmers aus § 649 Satz 2 BGB auf die vereinbarte Vergütung für den noch nicht erbrachten Teil seiner Werkleistung entfällt allerdings dann, wenn der Besteller zu Recht wegen eines den Vertragszweck gefährdenden Verhaltens des Unternehmers gekündigt hat, ihm also ein außerordentliches Kündigungsrecht zusteht.[73] Dies muss so sein, da ansonsten der Unternehmer aus seiner eigenen Vertragswidrigkeit Nutzen ziehen würde.

---

68 Palandt-Sprau, § 650 BGB, Rn. 2 [15 – 20 %]; Rohlfing / Thiele, MDR 1998, 632; Pahlmann, DRiZ 1978, 367 [10 %]; ebenso MünchKomm-Busche, § 650 BGB, Rn. 10; Schenk, NZBau 2001, 470 (471) [10 – 15 %].
69 OLG Frankfurt NJW-RR 1989, 209.
70 Werner / Pastor, Rn. 1310; 1313; MünchKomm-Busche, § 650 BGB, Rn. 12; Staudinger-Peters, § 650 BGB, Rn. 26.
71 Beispiele für das Kündigungsrecht des Bestellers aus wichtigem Grund: Der Unternehmer verstößt trotz Abmahnungen des Bestellers mehrmals und nachhaltig gegen eine Vertragspflicht und sein Verhalten gibt im Übrigen einen hinreichenden Anlass für die Annahme, dass er sich auch in Zukunft nicht vertragstreu verhalten wird (BGH BauR 1996, 704); der Unternehmer vermittelt den Eindruck, er betreibe ein Fachunternehmen für ein bestimmtes Handwerk, also einen Meisterbetrieb, in Wirklichkeit ist das Unternehmen aber nicht in der Handwerksrolle eingetragen (OLG Hamm BauR 1988, 727); der Unternehmer weigert sich, eine bestimmte von ihm vorgesehene Leistungsmenge auf einen Wert zu vermindern, den der anerkannten Regeln der Technik entspricht (OLG Hamm BauR 2001, 1594); der Unternehmer ist für besonders grobe Mängel verantwortlich (OLG Bremen OLGR 2000, 153); der Unternehmer hält an einer Werkausführung entgegen den anerkannten Regeln der Technik fest.
72 BGH BauR 1993, 469.
73 BGHZ 31, 220 (224); 45, 372 (375); OLG Hamm BauR 1993, 482; Werner / Pastor, Rn. 1316.

2. Kündigung durch den Unternehmer

a) Kündigung wegen der Nichterbringung von Mitwirkungspflichten gemäß §§ 642, 643 BGB

Dem Unternehmer steht beim Werkvertrag ein Kündigungsrecht nach §§ 642, 643 BGB zu, wenn der Besteller seine **Mitwirkungspflichten**[74] verletzt und der Unternehmer dem Besteller eine angemessene Frist zur Nachholung der Mitwirkungshandlung mit der Erklärung gesetzt hat, dass er den Vertrag kündigen werde, wenn die Handlung nicht bis zum Ablauf der Frist vorgenommen wird.

Wird die vom Besteller geschuldete Mitwirkungshandlung nicht bis zum Ablauf der Frist nachgeholt, so ist gemäß § 643 Satz 2 BGB der Werkvertrag aufgehoben, ohne dass es einer weiteren Erklärung des Unternehmers bedarf.[75]

Bei Vorliegen der Kündigung des Werkvertrages kann der Unternehmer die **erbrachten Leistungen** abrechnen. Zusätzliche kann er den bereits mit Annahmeverzug beim Besteller entstandenen **Entschädigungsanspruch** gemäß § 642 BGB geltend machen. Es handelt sich dabei allerdings nicht um einen Anspruch, der einen Ausgleich für nicht erbrachte Leistungen bzw. die vorzeitige Beendigung des Vertragsverhältnisses herbeiführt.[76] Vielmehr geht es ausschließlich darum, die durch den Annahmeverzug des Bestellers begründeten Nachteile des Unternehmers auszugleichen,[77] was bedeutet, dass sich der Entschädigungsanspruch auf den Zeitraum bis zur Kündigung beschränkt.[78]

Bei der **Bemessung des Ersatzanspruchs** soll sich die Höhe der verzugsbedingten Entschädigung für das unnötige Bereithalten von Kapazitäten an den Vertragspreisen orientieren. Es geht folglich um die kalkulierten Kosten der Mehraufwendungen, wobei mögliche Ersparnisse sowie Ersatzverdienste zu berücksichtigen sind.[79]

b) Kündigung aus wichtigem Grund

Kommt es dazu, dass der Besteller das Vertragsverhältnis gefährdet und dem Auftragnehmer die Fortsetzung des Vertrages nicht mehr zuzumuten ist, kann der Unternehmer den Werkvertrag **wegen eines wichtigen Grundes** kündigen.[80]

---

74 Folgende Mitwirkungspflichten kommen beim Werkvertrag in Betracht: Herbeiführung aller öffentlich-rechtlichen Genehmigungen; Bereitstellung des Baugrundstücks, des Lager- und Arbeitsplatzes auf der Baustelle sowie der Zufahrtswege; Bereitstellen von Plänen und aller für die Ausführung erforderlicher Unterlagen; Erbringung notwendiger Vorarbeiten; Aufrechterhaltung der öffentlichen Ordnung auf der Baustelle; Pflicht zur Koordinierung aller am Bau beteiligten Firmen. Vgl. auch Staudinger-Peters, § 642 BGB, Rn. 17 ff.
75 Werner/Pastor, Rn. 1327; Staudinger-Peters, § 643 BGB, Rn. 14 ff.
76 Staudinger-Peters, § 642 BGB, Rn. 24.
77 Der Besteller fährt deshalb besser, wenn er den Werkvertrag nicht unter Bezugnahme auf § 649 Satz 1 BGB kündigt, sondern vielmehr auf den Auftragnehmer auf der Grundlage einer massiven Verletzung von Mitwirkungspflichten in die Kündigung treibt; Niemöller, BauR 1997, 539 (541).
78 Nicklisch, BB 1979, 553; Raab, JZ 2001, 251 (254).
79 Staudinger-Peters, § 642 BGB, Rn. 25 f.
80 Ein Kündigungsrecht aus wichtigem Grund liegt beispielsweise vor: Der Besteller verweigert endgültig und ernsthaft die Zahlung einer fälligen Abschlagsrechnung [BGH NJW 1975, 1467]; der Besteller stellt Vergleichsantrag gemäß § 13 InsO [OLG München BauR 1988, 605]; der Besteller beharrt auf einer Werkausführung entgegen der Regeln der Baukunst [OLG München, SFH, Nr. 1 zu § 9 VOB/B].

III. Ansprüche des Unternehmers aus § 280 Abs. 1 BGB bei der Verletzung von Nebenpflichten

52 Ein Anspruch aus § 280 Abs. 1 BGB kommt dann in Betracht, wenn es um die Verletzung **vertraglicher Nebenpflichten** des Bestellers geht. Bei den Besteller treffenden Nebenpflichten handelt es sich z.B. um Mitwirkungspflichten,[81] Fürsorge- und Obhutspflichten sowie Hinweispflichten. So hat der Besteller alle ihm zumutbare und mögliche zu unternehmen, um den Unternehmer bei der Erfüllung seiner Vertragspflichten vor Schäden zu bewahren. Dies gilt auch für das Arbeitsgerät des Unternehmers.[82]

53 Neben dem Vorliegen einer Nebenpflichtverletzung, für deren Vorliegen der Unternehmer grundsätzlich darlegungs- und beweisverpflichtet ist, muss der Besteller schuldhaft im Sinne der §§ 276, 278 BGB gehandelt haben. Gemäß § 280 Abs. 1 Satz 2 BGB wird das Verschulden vermutet. Der Vertragspartner muss dementsprechend dartun und unter Beweis stellen, dass ihn kein Verschulden trifft.

IV. Ansprüche des Unternehmers aus Geschäftsführung ohne Auftrag

54 Nach der Rechtsprechung des BGH hat derjenige Vertragspartner, der zur Erfüllung eines vermeintlich wirksamen Vertrages leistet, die gesetzlichen Ansprüche aus Geschäftsführung ohne Auftraggemäß gemäß §§ 677ff. BGB. Der BGH geht davon aus, dass diese Ansprüche nicht nur dann bestehen, wenn der Geschäftsführer nur ein fremdes Geschäft erledigen will, sondern auch dann, wenn er auch ein eigenes Geschäft erledigen, also z.B. einen vermeintlich wirksamen Vertrag erfüllen will (sog. „auch-fremdes Geschäft").

55 Damit ein Anspruch aus berechtigter Geschäftsführung ohne Auftrag gemäß §§ 683 Satz 1, 670 BGB zu bejahen ist, muss die Übernahme des Geschäfts **objektiv im Interesse** des Geschäftsherrn liegen und subjektiv seinem **wirklichen oder mutmaßlichen Willen** entsprechen. Das objektive Interesse des Geschäftsherrn ist zu bejahen, wenn die Geschäftsübernahme nach konkreter Sachlage des Einzelfalls unter Beachtung der persönlichen Situation für den Geschäftsherrn objektiv nützlich ist. Bei der Ermittlung des Willens des Geschäftsherrn ist vorrangig auf den ausdrücklich oder konkludent geäußerten wirklichen Willen des Geschäftsherrn abzustellen. Ein mutmaßlicher Wille ist zu bejahen, wenn der Geschäftsherr bei objektiver Berücksichtigung aller Umstände der Geschäftsführung im Zeitpunkt der Geschäftsübernahme zugestimmt hätte.[83]

56 Maßgeblich sind die Umstände im Zeitpunkt der Leistungserbringung. Eine Bauleistung steht dann nicht im Interesse des Geschäftsherrn oder entspricht auch nicht seinem mutmaßlichen Willen, wenn sie erkennbar nicht notwendig und auch nicht finanzierbar war. Andererseits entsprechen Zusatzaufträge oder Änderungsaufträge in aller

---

[81] OLG Düsseldorf BauR 1996, 123 (127).
[82] BGH BauR 1975, 64.
[83] BGH BauR 1974, 273. Bei der Frage, ob eine auftraglose Leistung dem mutmaßlichen Willen des Geschäftsherrn entspricht, ist auch zu berücksichtigen, welche Folgen für den Geschäftsherrn entstanden wären, wenn diese Leistung nicht durchgeführt worden wäre.

Regel dem Interesse und dem mutmaßlichen Willen des Geschäftsherrn, wenn sie für die ordnungsgemäße Durchführung der Werkleistung erforderlich waren.[84]

Der Anspruch auf **Aufwendungsersatz** hängt nicht davon ab, dass die Übernahme der Geschäftsführung, also die Ausführung der auftragslosen Leistung, dem Geschäftsherrn angezeigt wurde.[85] Entspricht die Werkleistung dem Interesse und dem wirklichen oder dem mutmaßlichen Willen des Geschäftsherrn, so kann der Geschäftsführer wie ein Beauftragter Ersatz seiner Aufwendungen verlangen. Der Beauftragte kann gemäß §§ 683 Satz 1, 670 BGB Ersatz der Aufwendungen verlangen, die er den Umständen nach für erforderlich halten durfte. Dieser Aufwendungsersatz wird nach der Rechtsprechung mit der **üblichen Vergütung** bewertet. Üblich ist die Vergütung, die zurzeit des Vertragsschlusses nach allgemeiner Auffassung der beteiligten Kreise am Ort der Werkleistung gewährt zu werden pflegt.[86]

57

Der Geschäftsführer kann eine Vergütung über die Geschäftsführung ohne Auftrag nicht erlangen, soweit seine Leistung mangelhaft ist. Denn eine mangelhafte Leistung ist grundsätzlich nicht im Interesse des Geschäftsherrn.[87]

58

Im Falle einer unberechtigten Geschäftsführung ohne Auftrag scheidet ein Aufwendungsersatzanspruch nach § 670 BGB aus. In Betracht kommen Bereicherungsansprüche gemäß §§ 684, 812 ff. BGB.[88]

59

V. Ansprüche des Unternehmers aus Bereicherungsrecht

Ist kein wirksamer Werkvertrag zwischen den Parteien zustande gekommen, sind die beiderseitigen Leistungen nach Bereicherungsrecht gemäß § 812 Abs. 1 Satz 1 1.Alt. BGB zurückzugewähren. Damit steht dem vermeintlichen Auftragnehmer gegenüber dem Leistungsempfänger unabhängig davon, ob die Leistung im Interesse und im mutmaßlichen Willen des Leistungsempfängers erbracht worden ist und damit ein Anspruch aus §§ 683 Satz 1, 670 BGB besteht, ein Anspruch auf Herausgabe der Bereicherung zu. Dabei ist der Anspruch regelmäßig auf einen Ausgleich des Wertes der Bereicherung gemäß § 818 Abs. 2 BGB gerichtet.[89]

60

Der **Umfang** des Bereicherungsanspruchs besteht, wenn die Leistung plangerecht erfolgte und sie vom vermeintlichen Auftraggeber entgegen genommen und genutzt wird, in Höhe der **ersparten Aufwendungen**.[90] Bei Bemessung der Höhe der ersparten

61

---

84 OLG Hamburg BauR 2003, 253; OLG Frankfurt BauR 2003, 1045.
85 Der Geschäftsführer ist zwar verpflichtet, diese Anzeige vorzunehmen, wenn nicht Gefahr in Verzug ist, § 681 BGB. Das Gesetz bestimmt jedoch ausdrücklich, dass der Aufwendungsersatzanspruch gemäß § 681 Satz 2 BGB unabhängig von der Anzeige ist. Aus der Verletzung der Anzeigepflicht können deshalb nur Schadensersatzansprüche hergeleitet werden. Mit diesem Schadensersatzanspruch kann der Auftraggeber z.B. geltend machen, dass er die Leistung, wenn sie ihm angezeigt worden wäre, gar nicht oder anderweitig günstiger vergeben hätte.
86 BGH BauR 2001, 249.
87 Darüber hinaus ist der Geschäftsführer zum Ersatz der Mangelfolgeschäden nach § 678 BGB verpflichtet.
88 BGH BauR 2004, 495.
89 Etwas anderes gilt nur dann, wenn der Leistungsempfänger nicht mehr bereichert ist und sich auf § 818 Abs. 3 BGB stützen kann.
90 BGH BauR 2001, 1412; BGH BauR 2002, 1245.

Aufwendungen muss berücksichtigt werden, dass dem Leistungsempfänger als Folge des Nichtbestehens eines wirksamen Vertragsverhältnisses keine Gewährleistungsrechte zustehen. Aus diesem Grunde sind die ersparten Aufwendungen zu berechnen auf der Grundlage der üblichen Vergütung, die um einen Risikoabschlag zu kürzen ist.[91, 92]

62 Der Leistungsempfänger kann sich gegen den Bereicherungsanspruch des Unternehmers verteidigen, wenn es sich bei der Leistung um eine **sog. aufgedrängte Bereicherung** handelt. Bei Bauleistungen wird von einer aufgedrängten Bereicherung in aller Regel dann nicht ausgegangen werden können, wenn der Leistungsempfänger zwar die Möglichkeit hat, ohne wesentliche Nachteile die Beseitigung der auftragslosen Leistung zu fordern, er sie jedoch nicht wahr nimmt, sondern das Werk nutzt.

VI. Die Abwehr von Vergütungsansprüchen des Unternehmers

Literatur: Gsell, Schuldrechtsreform: Die Übergangsregelung für die Verjährungsfristen, NJW 2002, 1297; Heß, Das neue Schuldrecht – In-Kraft-Treten und Übergangsregelung, NJW 2002, 253; Kniffka, Das Gesetz zur Beschleunigung fälliger Zahlungen – Neuregelung des Bauvertragsrechts und seine Folgen –, ZfBR 2000, 227; Lenkeit, Das modernisierte Verjährungsrecht, BauR 2002, 196; Mansel, Die Neuregelung des Verjährungsrechts, NJW 2002, 89; Otto, Zur Frage der Verjährung von Abschlagsforderungen des Architekten und des Werkunternehmers, BauR 2000, 250.

1. Einwendungen des Bestellers gegen den Vergütungsanspruch des Unternehmers

63 Geht es um die Frage eines Verlustes des Anspruchs, so ist zunächst an die klassischen rechtsvernichtenden Einwendung des Bürgerlichen Gesetzbuches zu denken, nämlich Aufrechnung (§§ 387 ff. BGB), Erfüllung (§ 362 BGB), Erfüllungssurrogate (§ 364 BGB), Unmöglichkeit (§ 326 BGB), Rücktritt (§ 346 Abs. 1 i.V.m. §§ 323, 324, 326 Abs. 5 BGB), Hinterlegung (§§ 372 ff. BGB) sowie den Erlassvertrag (§ 397 BGB).

a) Aufrechnung gemäß §§ 387 ff. BGB

64 Im Hinblick auf den Vergütungsanspruch des Unternehmers geht es bei dem Verteidigungsvorbringen des Bestellers in aller Regel um eine **Aufrechnung** mit Gegenansprüchen.

---

91 BGH BauR 1990, 721. Den Gerichten ist bei der Bemessung des Abschlags ein Bewertungsspielraum zuzubilligen. Die Bewertung hängt im Einzelfall davon ab, mit welcher Wahrscheinlichkeit in welchem Umfang Mängel zu erwarten sind.
92 Für den Leistungsempfänger als potenziellen Auftraggeber besteht die Frage, ob er dann, wenn es um einen durch einen vollmachtlosen Vertreter abgeschlossenen Vertrag geht, gemäß § 177 BGB die Genehmigung erteilt und dem bis dahin schwebend unwirksamen Vertrag damit endgültig Wirksamkeit verleiht. So werden in der Regel die durch einen vollmachtlosen Vertreter in Auftrag gegebenen Leistungen notwendig sein, was zur Folge hat, dass der Auftraggeber bei Genehmigung wirtschaftlich besser fährt. Bei Vorliegen eines wirksamen Werkvertrages kommt der Auftraggeber nämlich in den Genuss verschuldensunabhängiger Mängelrechte, während er im Falle der Nichtgenehmigung zwar die Leistung nach den Grundsätzen der Geschäftsführung ohne Auftrag bezahlen muss, jedoch keine verschuldensunabhängige Mängelhaftung hat und lediglich auf verschuldensabhängige Schadensersatzansprüche gegen den Unternehmer beschränkt ist, BGH BauR 1994, 110.

Zu unterscheiden ist grundsätzlich zwischen der Aufrechnung als materiellrechtliches Rechtsgeschäft gemäß der §§ 387 ff. BGB und der Geltendmachung einer Aufrechnung im Klageverfahren als Prozesshandlung. An dieser Stelle wird ausschließlich die Aufrechnung als materiellrechtliches Rechtsgeschäft behandelt.

65

Das dem Besteller zustehende Recht, mit einer eigenen (Gegen-)Forderung gegen eine (Haupt-)Forderung des Unternehmers aufzurechnen hat den Zweck, als Erfüllungssurrogat das Hin und Her der Leistungen zu vermeiden, sog. Tilgungsfunktion gemäß § 389 BGB. Zum anderen gibt sie dem Besteller die Möglichkeit, seine Gegenforderung durch Selbsthilfe durchzusetzen, sog. Sicherungs- und Vollstreckungsfunktion. Voraussetzungen der Aufrechnung sind das Bestehen einer Aufrechnungslage und eine wirksame Aufrechnungserklärung. Ferner darf die Aufrechnung nicht ausgeschlossen sein.

66

aa) Bestehen einer Aufrechnungslage: Voraussetzung für das Bestehen einer Aufrechnungslage ist, dass dem Besteller eine fällige einredefreie Gegenforderung zusteht.

67

Beim Werkvertrag folgen **Gegenforderungen**, die der Besteller dem Vergütungsanspruch des Unternehmers entgegenhalten kann, aus:
- Verschulden beim Vertragsschluss: § 280 i.V.m. § 311 Abs. 2 und 3 BGB,[93]
- Aufwendungsersatz bei Selbstvornahme: §§ 634 Nr. 2 i.V.m. § 637 Abs. 1 BGB,[94]
- Vorschussanspruch zur Mängelbeseitigung: §§ 634 Nr. 2 i.V.m. § 637 Abs. 3 BGB,
- Schadensersatz: §§ 280 ff. bzw. §§ 634 Nr. 4 i.V.m. §§ 280 ff. BGB,
- Vertragsstrafe: §§ 339 ff. BGB,[95]
- Deliktsrecht: §§ 823 ff. BGB,
- Produkthaftung: §§ 1 ff. ProdHaftG.

68

Die Forderung, mit der aufgerechnet wird, muss gemäß § 390 Satz 1 BGB erzwingbar, fällig und einredefrei sein. Die Forderung, gegen die aufgerechnet wird, muss bestehen, braucht aber nicht fällig (§ 271 Abs. 2 BGB) oder durchsetzbar zu sein.

69

Jeder der an der Aufrechnung Beteiligten muss zugleich Gläubiger und Schuldner des anderen sein. Ausnahmen folgen aus §§ 406, 268 Abs. 2 BGB. Nicht möglich ist die Aufrechnung mit einer fremden Forderung, selbst wenn der Dritte nach § 185 BGB seine Zustimmung erteilt.[96]

70

Die geschuldeten Leistungen müssen von **gleicher Beschaffenheit** sein. Dies trifft in der Regel nur bei Geld- und Gattungsschulden zu. Bejaht wird die Gleichartigkeit auch, wenn sich eine Geldsummenschuld (z.B. § 631, 632 BGB) und eine Geldwertschuld

71

---

[93] Weiterführend: Werner/Pastor, Rn. 1878 ff.
[94] Anzumerken bleibt, dass der BGH (BauR 2002, 86 (88); OLG Karlsruhe BauR 1999, 622; OLG Düsseldorf NJW-RR 1996, 532 (533)) den Aufwendungs-, Vorschuss- sowie Schadensersatzanspruch des Bestellers stets um die (Mehr-)Kosten kürzt, um die die Leistung (das Werk) bei einer ordnungsgemäßen Ausführung von vornherein teurer gewesen wäre. Bei der Bezifferung dieser Sowieso-Kosten sind diejenigen Mehraufwendungen zu ermitteln, die bei Befolgung des jetzt vorgesehenen Konzepts entstanden wären. Keinen Anspruch auf Mehrkosten hat der Unternehmer allerdings dann, wenn er nach dem Vertrag einen bestimmten Erfolg zu einem bestimmten Preis versprochen hat und sich die vertraglich vorgesehene Ausführungsart später als unzureichend darstellt.
[95] Weiterführend: Werner/Pastor, Rn. 2045 ff.
[96] BGH NJW-RR 1988, 1150.

(z.B. §§ 812, 818 Abs. 2 BGB oder §§ 823 Abs. 1, 249 Abs. 2 BGB) gegenüberstehen, da die geschuldete Leistung in beiden Fällen Geld ist.[97]

72 Entgegen dem Grundsatz, dass Einreden geltend gemacht werden müssen, hindert bereits das bloße Bestehen der Einrede die Wirksamkeit der Aufrechnung. Nach § 390 Satz 2 BGB schließt die Verjährung der Gegenforderung die Aufrechnung nicht aus, wenn die Aufrechnungslage bereits vor Ablauf der Verjährungsfrist bestanden hat.

73 *bb) Ausschluss der Aufrechnung:* **Gesetzlich ausgeschlossen** ist die Aufrechnung, wenn die Hauptforderung aus einer vorsätzlich unerlaubten Handlung stammt, § 393 BGB, oder unpfändbar ist, § 394 Satz 1 BGB. Forderungen sind unpfändbar, soweit sie nicht abtretbar sind, § 851 ZPO i.V.m. § 399 BGB. Ist die Abtretung durch Parteivereinbarung ausgeschlossen (§ 399 BGB), so ist die Forderung pfändbar und unterliegt damit der Aufrechnung, wenn der geschuldete Gegenstand pfändbar ist, § 851 Abs. 2 ZPO. Die Aufrechnung kann ferner durch **Parteivereinbarung** ausgeschlossen oder beschränkt sein.[98] Ist das Aufrechnungsverbot in Allgemeinen Geschäftsbedingungen enthalten, ist § 309 Nr. 3 BGB zu beachten.[99]

74 *cc) Aufrechnungserklärung:* Nötig ist eine wirksame **einseitige, empfangsbedürftige Willenserklärung**. Ausreichend ist, wenn der Aufrechnende gegenüber dem Inhaber der Hauptforderung deutlich zum Ausdruck bringt, er wolle dem anderen nichts mehr schulden, sondern habe seinerseits Forderungen. Die Aufrechnungserklärung ist bedingungs- und befristungsfeindlich, § 388 Satz 2 BGB.

b) Verwirkung

75 Die Verwirkung, die vom Gericht als Einwendung von Amts wegen zu berücksichtigen ist, stellt ein Fall der unzulässigen Rechtsausübung dar.[100] Ein Vergütungsanspruch des Unternehmers kann verwirkt sein, wenn seit der Möglichkeit seiner Geltendmachung längere Zeit verstrichen ist (**Zeitmoment**) und wenn besondere Umstände hinzutreten, auf Grund derer die verspätete Geltendmachung gegen Treu und Glauben verstößt (**Vertrauenstatbestand**).[101]

76 Dem Besteller obliegt die Darlegungs- und Beweislast dafür, dass der Unternehmer längere Zeit mit der Geltendmachung seines Anspruchs zugewartet hat. Gegenüber einer solchen Behauptung des Bestellers ist es die Aufgabe des Unternehmers, substantiiert zu bestreiten und darzulegen, wann und gegebenenfalls unter welchen Umständen er den Anspruch in der zurückliegenden Zeit geltend gemacht hat.[102]

---

97 BGHZ 27, 123.
98 Besteht ein Aufrechnungsverbot, so muss der Besteller die Gegenforderung im Rahmen einer Widerklage geltend machen. Ein zusätzlich vereinbartes Verbot der Widerklageerhebung ist gemäß § 242 BGB unwirksam, LG Mosbach MDR 1972, 514.
99 Weiterführend: Werner/Pastor, Rn. 2571 ff.
100 BGHZ 43, 289 (292); BauR 1980, 180. Weiterführend: Werner/Pastor, Rn. 2320 ff.
101 BGH BauR 1982, 283 (284); BauR 1980, 180; KG BauR 1971, 264; Werner/Pastor, Rn. 2321.
102 Werner/Pastor, Rn. 2324.

2. Einreden des Bestellers gegen den Vergütungsanspruch des Unternehmers

a) Leistungsverweigerungsrecht gemäß § 320 BGB

Bis zur Beseitigung der vorhandenen Mängel durch den Unternehmer hat der Besteller ein auf § 320 BGB gestütztes **Leistungsverweigerungsrecht** am Werklohn. Es handelt sich dabei um eine Einrede, die im Prozess vom Besteller geltend gemacht werden muss. Voraussetzung für das Bestehen eines Leistungsverweigerungsrechts ist, dass dem Besteller aus demselben rechtlichen Verhältnis ein synallagmatischer Gegenanspruch zusteht. Beim Werkvertrag folgt der Gegenanspruch, den der Besteller dem Vergütungsanspruch des Unternehmers entgegenhalten kann, aus § 634 Nr. 1, 635 Abs. 1 BGB.[103]

77

Mit dem Leistungsverweigerungsrecht soll der Besteller den Unternehmer zwingen können, nachzubessern, wenn er nicht auf einen Großteil seines Vergütungsanspruchs verzichten will. Um dies zu erreichen, gibt § 641 Abs. 3 BGB dem Besteller sowohl beim Werkvertrag das Recht, in Höhe des dreifachen Betrages der Mängelbeseitigungskosten den noch nicht gezahlten Werklohn einzubehalten (sog. Druckzuschlag).[104]

78

Zu beachten bleibt, dass der Druckzuschlag dann entfällt, wenn sich der Besteller mit der Beseitigung der Mängel im **Annahmeverzug** befindet. Nach der Rechtsprechung des BGH steht dem Besteller das Leistungsverweigerungsrecht dann nur mit dem einfachen Betrag zu.[105]

79

Das Leistungsverweigerungsrecht kann vom Besteller nicht mehr geltend gemacht werden, wenn dem Unternehmer keine ausreichende Gelegenheit zur Nachbesserung eingeräumt[106] bzw. die Nachbesserung vom Besteller sogar insgesamt verweigert worden ist.[107] Gleiches gilt dann, wenn dem Besteller nach Minderungserklärung oder Geltendmachung von Schadensersatz kein Erfüllungsanspruch mehr zusteht.[108]

80

---

103 Zu prüfen ist jeweils, ob der Nacherfüllungsanspruch des Bestellers wegen vorbehaltsloser Abnahme der Leistung trotz Mängelkenntnis gemäß § 640 Abs. 2 BGB ausgeschlossen ist. Ist dem so, entfällt auch das Leistungsverweigerungsrecht des Bestellers aus § 320 BGB. In diesem Fall ist dann daran zu denken, den dem Besteller verbleibenden Schadensersatzanspruch aus § 634 Nr. 4 i.V.m. §§ 280 ff. BGB als Zurückbehaltungsrecht gemäß § 273 BGB geltend zu machen.

104 Die gesetzliche Regelung in § 641 Abs. 3 BGB weicht damit von der bestehenden Rechtsprechung des BGH ab, der den Druckzuschlag flexibel auf die Umstände des Einzelfalls bezogen ausgestaltet hatte, BGH BauR 1997, 133 (134); 1992, 401; OLG Hamm BauR 1996, 123; OLG Düsseldorf BauR 1998, 126 (128); Staudinger-Peters, § 641 BGB, Rn. 21 ff.; MünchKomm-Busche, § 641 BGB, Rn. 31 ff.; kritisch zur Neuregelung des § 641 Abs. 3 BGB Kniffka, ZfBR 2000, 227 (232).

105 BGH NZBau 2002, 383; Werner/Pastor, Rn. 2531; MünchKomm-Busche, § 641 BGB, Rn. 36; a.A. OLG Dresden BauR 2001, 1261; OLG Düsseldorf BauR 2002, 482 (484).

106 BGH NJW 1982, 2494; WM 1981, 1108; NJW 1967, 34; MünchKomm-Busche, § 641 BGB, Rn. 33.

107 BGH DB 1970, 1375; LG Köln BauR 1972, 314; MünchKomm-Busche, § 641 BGB, Rn. 33.

108 BGH NJW 1979, 549 (550); Staudinger-Peters, § 641 BGB, Rn. 22; MünchKomm-Busche, § 641 BGB, Rn. 32.

b) Zurückbehaltungsrecht gemäß § 273 BGB

81 Auch das **Zurückbehaltungsrecht** aus § 273 BGB stellt eine Einrede dar, die vom Besteller im Prozess geltend gemacht werden muss. Voraussetzung für das Bestehen eines Zurückbehaltungsrechts ist, dass dem Besteller ein fälliger, einredefreier und konnexer, d.h. aus einem innerlich zusammengehörenden einheitlichen Lebensverhältnis herrührender Gegenanspruch zusteht.[109]

c) Einrede der Verjährung gemäß § 214 BGB

82 Gemäß § 214 BGB kann sich der Auftraggeber nach Ablauf der Verjährungsfrist auf die Einrede der Verjährung stützen. Die Verjährung dient dabei einerseits dem Rechtsfrieden und andererseits der Sicherung des Rechtsverkehrs.[110]

83 Für solche nach dem 31. Dezember 2001 abgeschlossen Werkverträge[111] verjährt der Vergütungsanspruch des Unternehmers gemäß **§ 195 BGB** in drei Jahren. Die Verjährungsfrist beginnt gemäß § 199 Abs. 1 BGB am Schluss des Jahres, in dem (1.) der Anspruch entstanden ist und (2.) der Unternehmer von dem den Anspruch begründenden Umständen und der Person des Schuldners Kenntnis erlangt oder ohne grobe Fahrlässigkeit erlangen musste. Die Entstehung des Anspruchs ist mit der Fälligkeit gleichzusetzen.[112]

84 Beim Werkvertrag wird der Vergütungsanspruch des Unternehmers mit der Abnahme des Werkes fällig. Einer prüfbaren Abrechnung bedarf es nicht.[113] **Abschlagsforderungen** verjähren gesondert, allerdings bleibt anzumerken, dass der Auftragnehmer eine verjährte Abschlagsforderung ohne Bedenken zum Gegenstand des **Schlussrechnungsbetrages** erheben kann.[114] Dies betrifft gleichermaßen den Anspruch aus § 649 Satz 2 BGB.[115] Ist der Werkvertrag zu Recht gekündigt worden oder liegt eine einverständliche Vertragsauflösung vor, so beginnt die Verjährung am Schluss des Jahres in dem die **Kündigung/Vertragsauflösung** erfolgt ist.[116] Liegt ein **nichtiger Bauvertrag** vor, so verjährt auch der Anspruch aus § 812 BGB in der Frist des § 195 BGB.

---

109 BGH NJW-RR 1990, 847; BGHZ 115, 103; Werner/Pastor, Rn. 2505.
110 Werner/Pastor, Rn. 2343.
111 Geht es um die Verjährung nach altem und neuem Recht, so sind in diesem Zusammenhang die in Art. 229 § 6 EGBGB (vgl. dazu Heß, NJW 2002, 253 (256) sowie Gsell, NJW 2002, 1297ff.) enthaltenen Überleitungsvorschriften zu beachten: Die Vorschriften des Bürgerlichen Gesetzbuchs über die Verjährung in der seit dem 1. Januar 2002 geltenden Fassung finden auf die an diesem Tag bestehenden und noch nicht verjährten Ansprüche Anwendung. Für den Fall, dass die neue Verjährungsfrist länger als die alte läuft, gilt aus Gründen des Vertrauensschutzes gemäß § 6 Abs. 3 die alte Verjährungsfrist. Durch das neue Verjährungsrecht soll es also folglich nicht zu einer Verlängerung bestehenden Verjährungsfristen kommen. Ist dem entgegen die neue Verjährungsfrist kürzer als die alte, so bestimmt sich die Verjährung gemäß § 6 Abs. 4 Satz 1 nach der neuen Frist, berechnet ab dem 01. Januar 2002. Bei Verträgen, die vor dem 01. Januar 2002 abgeschlossen worden sind, ist also jeweils die Verjährungsfrist nach altem und nach neuem Recht zu ermitteln. Maßgebend ist dann die früher endende Frist. Wird bei einem Altvertrag der Vergütungsanspruch erst nach dem 31. Dezember 2001 fällig, so richtet sich die Verjährung gemäß § 6 Abs. 1 ausschließlich nach neuem Recht.
112 BGH BauR 1990, 95; Mansel, NJW 2002, 89 (91); Lenkeit, BauR 2002, 196ff.; Werner/Pastor, Rn. 2363.
113 BGH BauR 1981, 1999; OLG Stuttgart BauR 1994, 121 (122); OLG Celle NJW 1986, 327.
114 BGH BauR 1999, 267; kritisch dazu Otto, BauR 2000, 250.
115 Werner/Pastor, Rn. 2361.
116 BGH BauR 1987, 95.

Vereinbarungen über die Verjährung können grundsätzlich getroffen werden. Die Zulässigkeitsgrenzen sind insoweit im § 202 BGB geregelt. Insoweit ist eine Abkürzung der Verjährungsfristen, soweit in einer Individualvereinbarung geschehen, zulässig.[117] § 202 BGB verbietet allerdings eine Vereinbarung, wonach eine Verjährungsfrist vereinbart wird, die 30 Jahre übersteigt.[118]

Zu einer **Verjährungshemmung** kommt es gemäß § 203 BGB insbesondere dann, wenn die Parteien Verhandlungen über den Anspruch oder die den Anspruch begründenden Umstände führen.[119] Ferner enthält § 204 BGB 14 Tatbestände, bei denen es zu einer Verjährungshemmung kommt.[120]

Die Verjährung wird **unterbrochen**, wenn der Verpflichtete gegenüber dem Berechtigten den Anspruch durch Abschlags-, Zinszahlung oder in anderer Weise anerkennt. Ein solches Anerkenntnis ist bereits gegeben, wenn sich aus dem tatsächlichen Verhalten des Schuldners gegenüber dem Gläubiger klar und zweideutig ergibt, dass dem Schuldner das Bestehen der Schuld bewusst ist und angesichts dessen der Berechtigte darauf vertrauen darf, dass sich der Schuldner nicht nach Ablauf der Verjährung auf diese beruft.[121]

Geht es um eine Klageerhebung zur **Hemmung** der Verjährung, so ist zu beachten, dass eine Teilklage, mit der der Auftragnehmer nur einen Teil des Werklohns verlangt, nur in Höhe dieses Teilanspruchs die Verjährung hemmt.

B. Die Sicherung werkvertraglicher Vergütungsansprüche

I. Das selbstständige Beweisverfahren

Wegen der Einzelheiten der Durchführung eines **selbstständigen Beweisverfahrens** ist auf die Ausführungen im Band „Privates Baurecht", Rn. 690 ff. zu verweisen.

II. Die Bauhandwerkersicherungshypothek gemäß § 648 BGB

Beim Bauvertrag kann der Unternehmer eines Bauwerks gemäß § 648 BGB für seine Forderungen aus dem Vertrag die Einräumung einer **Sicherungshypothek** an dem Baugrundstück des Bestellers verlangen. Wegen der Einzelheiten zu § 648 BGB ist auf die Ausführungen im Band „Privates Baurecht" Rn. 353 ff. zu verweisen (Muster vgl. dort Rn. 368, 372).

III. Bauhandwerkersicherung gemäß § 648a BGB

§ 648a BGB verschafft dem Unternehmer eines Bauwerks die Möglichkeit, seinen Werklohnanspruch abzusichern, um damit das Vorleistungsrisiko zu mindern. Wegen der Einzelheiten zu § 648a BGB ist auf die Ausführungen im Band „Privates Baurecht" Rn. 373 ff. zu verweisen (Muster vgl. dort Rn. 382, 387).

---

117 Werner/Pastor, Rn. 2349 ff.
118 Werner/Pastor, Rn. 2354 ff.
119 Es genügt jeder Meinungsaustausch über den Schadensfall zwischen dem Berechtigten und Verpflichteten, sofern nicht sofort und eindeutig jeder Ersatz abgelehnt wird, Werner/Pastor, Rn. 2417.
120 Werner/Pastor, Rn. 2418 ff.
121 Palandt-Heinrichs, § 212 BGB, Rn. 3 f.

§ 1 Die Ansprüche des Unternehmers gegen den Besteller

C. Der Prozess

92 Wegen der prozessualen Besonderheiten, die im Zuge der Geltendmachung werkvertraglicher Vergütungsansprüche zu beachten sind, ist zur Vermeidung von Wiederholungen auf die Ausführungen im Band „Privates Baurecht", Rn. 389 ff. zu verweisen.

D. Zwangsvollstreckung

Literatur: Blunck, Die Bezeichnung der Gegenleistung bei der Verurteilung zur Leistung Zug um Zug, NJW 1967, 1598; Heyers, Der Bauprozess – ein besonderes Risiko?, ZfBR 1979, 46; Quadbeck, Vollstreckung in Bausachen – Durchsetzung von Nachbesserungsansprüchen, MDR 2000, 570; Schilken, Wechselbeziehungen zwischen Vollstreckungsrecht und materiellem Recht bei Zug-um-Zug-Leistungen, AcP 181, 355; Schneider, Vollstreckung von Zahlungstiteln Zug um Zug gegen Ausführung handwerklicher Leistungen, DGVZ 1982, 37.

I. Die Zwangsvollstreckung wegen einer Geldforderung aus Werkvertrag

1. Einfache Zug um Zug Verurteilung

93 Liegt dem Unternehmer gegenüber dem Besteller ein vollstreckbarer Titel gemäß §§ 704, 794 Abs. 1 ZPO vor, entstehen im Rahmen der Zwangsvollstreckung vornehmlich dann Probleme, soweit der Zahlungstitel des Unternehmers nur **Zug um Zug gegen Nacherfüllung** (= Mängelbeseitigung) vollstreckt werden kann. Die Vollstreckung ist demnach in erster Linie dann zulässig, wenn die Nachbesserung/Nacherfüllung unstreitig durchgeführt worden ist bzw. dem Gerichtsvollzieher durch öffentliche oder öffentlich beglaubigte Urkunde nachgewiesen wird, dass der Schuldner wegen der Gegenleistung befriedigt ist oder sich im Annahmeverzug befindet.[122] [123]

94 Gemäß § 756 ZPO kann der Unternehmer in diesem Fall den titulierten Werklohnanspruch nur vollstrecken, wenn er vor der Vollstreckung seiner werkvertraglichen Verpflichtung zur Nacherfüllung in vollem Umfang nachgekommen ist.[124] Dabei muss der Unternehmer – im Gleichklang zum materiellen Recht – auch im Vollstreckungsver-

---

[122] So kann der Gläubiger/Unternehmer den Gerichtsvollzieher beauftragen, dem Schuldner/Besteller die Gegenleistung anzubieten, um ihn damit in Annahmeverzug zu setzen und sodann die Vollstreckung vorzunehmen (§ 84 Nr. 2 GVGA), LG Düsseldorf DGVZ 1991, 39; DGVZ 1991, 88 ff.

[123] Zu beachten ist, dass eine Nachbesserung/Nacherfüllung in vielen Fällen ohne die Mitwirkung des Bestellers nicht erfolgen kann. Weigert sich der Besteller trotz entsprechender Aufforderung durch den Unternehmer, einen ihm genehmen Termin für die Nachbesserung/Nacherfüllung zu nennen, so wird der Besteller bereits durch die erfolglose Aufforderung zur Mitwirkung bei der Mängelbeseitigung in Verzug gesetzt. Dieser Annahmeverzug muss aber auch durch öffentliche Urkunde nachgewiesen werden. Der Nachweis bezieht sich dabei auf den Zugang der entsprechenden Aufforderung durch den Unternehmer. Dabei muss nachgewiesen werden, dass der Besteller in der Lage war, das mündliche oder schriftliche Angebot zur Mängelbeseitigung zur Kenntnis zu nehmen. Es empfiehlt sich für den Unternehmer daher, die Aufforderung zur Benennung eines Nachbesserungstermins durch Gerichtsvollzieher zustellen zu lassen.

[124] LG Stuttgart DGVZ 1990, 92.

fahren in Vorlage treten, denn erst nach durchgeführter ordnungsgemäßer Nachbesserung/Nacherfüllung kann er seinen Zahlungsanspruch gegenüber dem Besteller vollstrecken.[125]

Die negative Folge dieser Verlagerung der Austauschabwicklung in das Vollstreckungsverfahren ist darin zu sehen, dass den Vollstreckungsorganen die **Prüfung und Entscheidung** obliegt, festzustellen, ob der Auftragnehmer als Vollstreckungsgläubiger seine werkvertragliche Leistung in einer den Annahmeverzug begründenden Weise angeboten oder diese ordnungsgemäß erbracht hat.[126] [127]

95

So ist in der Praxis der Einwand des Vollstreckungsschuldners/Bestellers vorprogrammiert, wonach die von dem Unternehmer vorgenommene Nachbesserung/Nacherfüllung nicht, nur teilweise oder ganz oder gar unsachgemäß erfolgt sei. In diesem Fall muss der Gerichtsvollzieher **selbstständig nachprüfen**, ob die Nachbesserung/Nacherfüllung nach Wahl des Unternehmers vor dem Hintergrund der Vorgaben des zu vollstreckenden Titels fachgerecht erbracht ist. Der Gerichtsvollzieher hat im Hinblick auf seine diesbezüglichen Feststellungen gemäß §§ 762, 763 ZPO eine Niederschrift anzufertigen. Kann der Gerichtsvollzieher aus eigener Sachkunde notwendigen Feststellungen nicht treffen, muss er einen **Sachverständigen** beiziehen, um sich durch diesen das Tatsachenwissen vermitteln zu lassen.[128]

96

Ein weiterer Problemkreis bei dieser Zug um Zug Verurteilung ist darin zu sehen, die vom Unternehmer zu erbringende Zug um Zug Leistung zu bestimmen. So muss der Besteller im Klageverfahren vor dem Hintergrund der **Symptomtheorie** den behaupteten Mangel nur umschreiben, aber keine Mängelursachen dartun. Zudem hat der zur Nachbesserung bzw. Nacherfüllung verpflichtete Unternehmer gemäß § 635 BGB selbst in der Hand, zu bestimmen, welche Beseitigungsmaßnahmen er im Einzelfall ergreifen will.[129] Damit der Urteilstenor vollstreckbar ist, muss das Gericht – ggf. durch Auswertung von Privatgutachten oder gerichtlicher Gutachten – feststellen, welche Mängel zu beseitigen sind. Dabei muss die Gegenleistung des Unternehmers, die im Rahmen der Gewährleistungspflicht dem Besteller gegenüber geschuldet wird, hinreichend genau beschrieben sein. Andrenfalls ist der Titel für den Unternehmer **nicht voll-**

97

---

125 Insbesondere kann der Unternehmer gegenüber dem Besteller nicht verlangen, dass dieser den titulierten Zahlungsanspruch vor oder während der Durchführung der Nachbesserungs-/Nacherfüllungsarbeiten bei dem Gerichtsvollzieher zu hinterlegen hat, um eine angemessene Sicherheit eingeräumt zu bekommen, LG Stuttgart DGVZ 1990, 92; Schneider DGVZ 1982, 37 (38).
126 Schilken, AcP 181, 355 (358).
127 Die §§ 756, 765 ZPO durchbrechen mithin den Grundsatz einer formalisierten Zwangsvollstreckung, bei der den Vollstreckungsorganen die Prüfung materiell-rechtlicher Fragen und Einwendung untersagt ist.
128 Weigert sich der Gerichtsvollzieher einen Sachverständigen hinzuzuziehen, kann sich der vollstreckende Gläubiger/Unternehmer hiergegen mit der Erinnerung gemäß § 766 ZPO wehren. Daneben wird man aber auch die Feststellungsklage des Unternehmers für zulässig halten müssen, und zwar dahin, dass er ordnungsgemäß nachgebessert hat.
129 BGH BauR 1985, 355 (357); BauR 1973, 313 (316); BauR 1976, 430 (431); OLG Celle MDR 2001, 686; Quadbeck, MDR 2000, 570 (571); Heyers, ZfBR 1979, 49 (50).

streckbar.[130, 131] Insbesondere müssen demnach im Tenor Angaben über das Material, über die Merkmale der Herkunft sowie über Größe und dergleichen mehr gemacht werden.[132]

2. Doppelte Zug um Zug Verurteilung

98 Eine **doppelte Zug um Zug Verurteilung** kommt dann in Betracht, wenn der Unternehmer den Vergütungsanspruch nur Zug um Zug gegen Beseitigung der vom Besteller gerügten Mängel geltend machen kann. Muss der Unternehmer im Rahmen der Nachbesserung/Nacherfüllung Leistungen erbringen, zu denen er nach dem Vertrag nicht verpflichtet war und erlangt der Besteller insoweit Vorteile, weil ansonsten er für diese Leistungen, wenn sie von Anfang an erbracht worden wären, mehr hätte zahlen müssen (**sog. Sowieso-Kosten**),[133] dann kann der Unternehmer dem Nachbesserungsanspruch des Bestellers wiederum § 320 BGB entgegenhalten.[134] Somit kommt es zur doppelten Zug um Zug Verurteilung.

99 Will der Unternehmer vollstrecken, muss er den Besteller entsprechend § 295 Satz 2 BGB auffordern, den Zuschuss zu seinen Gunsten zu **hinterlegen**. Hinterlegt der Besteller nicht, kann der Unternehmer ohne weiteres vollstrecken, ohne nachgebessert haben zu müssen. Hinterlegt der Besteller den Zuschuss, muss der Unternehmer den Mangel beseitigen. Danach kann er den Zahlungstitel vollstrecken. Dabei gelten die zur einfachen Zug um Zug Verurteilung dargestellten Besonderheiten des Vollstreckungsverfahrens. Hat Besteller den Zuschuss hinterlegt und beseitigt der Unternehmer den Mangel nicht, kann der Besteller nach angemessener Zeit Freigabe des Zuschusses verlangen.[135]

II. Die Zwangsvollstreckung bei der Abnahmeklage

100 Liegt dem Unternehmer gegenüber dem Besteller ein vollstreckbarer Titel gemäß §§ 704, 794 Abs. 1 ZPO vor, der **auf Abnahme** einer Werkleistung gerichtet ist, richtet sich die Zwangsvollstreckung nach § 888 ZPO. Die Zwangsvollstreckung erfolgt in diesem Fall durch Verhängung von **Zwangsgeld** und **Zwangshaft**. Ein dementsprechender Beschluss ist vom Gläubiger beim Prozessgericht des ersten Rechtszuges als Vollstreckungsorgan zu beantragen. Verhängt werden können gemäß § 888 Abs. 1 Satz 2 ZPO Zwangsgeld bis zu EUR 25.000,– und gemäß §§ 888 Abs. 1 Satz 3, 913 ZPO Zwangshaft bis zu 6 Monaten. Beide Maßnahmen sind reine Beugemittel. Sie können deshalb mehrfach, auch abwechselnd verhängt werden.

---

130 BGH NJW 1993, 3206 (3207); NJW 1994, 586 (587); OLG Düsseldorf NJW-RR 1999, 793; KG BauR 1999, 438; Schilken, AcP 181, 355 (360); Blunck, NJW 1967, 1598.
131 Der Besteller kann aus dem Zug um Zug Urteil, das der Unternehmer erstritten hat, nicht vollstrecken, AG Wuppertal DGVZ 1991, 43. Kommt der Unternehmer also seiner Nachbesserungspflicht nicht nach, kann der Besteller nicht etwa selbst den Weg des § 887 Abs. 1 ZPO bestreiten.
132 OLG Frankfurt JurBüro 1979, 1389; OLG Celle MDR 2001, 686.
133 Vgl. hierzu die Ausführungen unter Rn. 142 sowie die Ausführungen in Band „Privates Baurecht", Rn. 524 ff; vgl. auch dort Muster Rn. 555 b.
134 BGH BauR 1984, 401.
135 BGH BauR 1984, 401.

Der **Festsetzungsbeschluss** ist Vollstreckungstitel im Sinne des § 794 Abs. 1 Nr. 3 ZPO und muss dem Schuldner zugestellt werden. Er wird auf Antrag des Gläubigers nach §§ 803 ff. ZPO (Zwangsgeld) bzw. §§ 904-913 ZPO (Zwangshaft) durchgesetzt. Das Zwangsgeld wird vom Gerichtsvollzieher zugunsten der Staatskasse eingezogen.

101

§ 2 Die Ansprüche des Bestellers gegen den Unternehmer

A. Vorprozessuale Situation

I. Der Werkmangel

Literatur: Merl, Schuldrechtsmodernisierungsgesetz und werkvertragliche Gewährleistung, in: Festschrift für Jagenburg, S. 597; Schudnagies, Das neue Werkvertragsrecht nach der Schuldrechtsreform, NJW 2002, 396; Siegburg, Der Baumangel nach der geplanten VOB/B 2002, in: Festschrift für Jagenburg, S. 839; Thode, Die wichtigsten Änderungen im BGB-Werkvertragsrecht: Schuldrechtsmodernisierungsgesetz und erste Probleme – Teil 1, NZBau 2002, 297; Vorwerk, Mängelhaftung des Werkunternehmers und Rechte des Bestellers nach neuem Recht, BauR 2003, 1.

102 Gemäß § 633 Abs. 1 BGB besteht eine Verpflichtung des Unternehmers, dem Besteller das Werk frei von Sach- und Rechtsmängel zu verschaffen.

1. Vorliegen eines Sachmangels

a) Vorliegen eines Sachmangels bei Beschaffenheitsvereinbarung

103 Vor dem Hintergrund des durch das SchRModG vorgegebenen dreistufigen Mangelbegriffs ist gemäß § 633 Abs. 2 Satz 1 BGB ein Werk zunächst dann frei von Sachmängeln, wenn es die **vereinbarte Beschaffenheit** hat. Der Sachmangel definiert sich vorrangig danach, ob das hergestellte Werk von der vereinbarten Beschaffenheit abweicht. Entspricht die Istbeschaffenheit nicht der Sollbeschaffenheit, so liegt ein Sachmangel vor.[136]

104 Um festzustellen, ob ein Sachmangel vorliegt, ist in einem ersten Schritt die vertraglich vereinbarte Leistung zu bestimmen, was bei Werkverträgen immer wieder große Probleme aufwerfen wird, da Leistungsbeschreibungen in der Vielzahl leider unvollständig, ungenau, intransparent und wenig aussagekräftig sind. Ist nach dem Wortlaut des Werkvertrages eine eindeutige Beschaffenheitsvereinbarung zu verneinen, muss versucht werden, das von den Parteien Gewollte durch Auslegung gemäß §§ 133, 157, 242 BGB zu ermitteln.[137] Steht sodann die vertraglich vereinbarten Soll-Beschaffenheit fest, ist in einem zweiten Schritt die Ist-Beschaffenheit zu ermitteln, um schließlich im Ergebnis festzuhalten, ob eine Abweichung und damit ein Sachmangel gegeben ist.

---

136 Damit hat das Gesetz den subjektiven Mangelbegriff, der auch nach der alten – sprachlich noch anders lautenden – Regelung des § 633 Abs. 1 BGB a.F. maßgeblich war, übernommen, Vorwerk BauR 2003, 1 (3). Als Folge dessen könnte man der Auffassung sein, dass sich an der alten Rechtslage (insbesondere an dem vom BGH vertretenen subjektiven Mangelbegriff, BGH BauR 1995, 230) nichts geändert hat, so Schudnagies, NJW 2002, 396 (397); a.A. zutreffend Thode, NZBau 2002, 297 (303); Werner/Pastor, Rn. 1456.

137 BGH JZ 1999, 797; OLG Bremen OLGR 2002, 147; Staudinger-Peters, § 633 BGB, Rn. 173; r. 1 VOB/B, Rn. 22. Insoweit ist zu bedenken, dass ein Werkvertrag, bei dem der Unternehmer einen konkreten Erfolg zu erbringen hat, ohne Beschaffenheitsvereinbarungen bzw. definiertem „Verwendungszweck" im Sinne des § 633 Abs. 2 Satz 2 Nr. 1 BGB praktisch nicht denkbar ist, Wirth/Sienz/Englert-Grauvogel, Teil II, § 633, Rn. 22. Deshalb wird es in den meisten Fällen möglich sein, unter Berücksichtigung der gesamten Umstände des Vertragsschlusses zu einem eindeutigen Ergebnis des Gewollten zu kommen.

Probleme entstehen dann, wenn das hergestellte Werk die vereinbarte Beschaffenheit aufweist, sich aber nicht für die nach dem Vertrag vorausgesetzte Verwendung eignet. So müsste in diesem Fall nach dem Wortlaut des § 633 Abs. 2 Satz 1 BGB das Werk eigentlich fehlerfrei sein, wenn allein die nach dem Vertrag vereinbarten Leistungsschritte erfüllt worden sind, es aber dennoch funktionsuntauglich ist. Wäre dem so, würde § 633 Abs. 2 Satz 1 BGB n.F. im krassen Widerspruch zu dem von der Rechtsprechung für das Werkvertragsrecht entwickelten funktionalen Mangelbegriff stehen. Danach muss ein Werk ungeachtet der Einzelheiten der Leistungsbeschreibung dem vertraglich vorausgesetzten Zweck erfüllen und funktionsgerecht sein.[138]

Hat das Werk die vereinbarte Beschaffenheit, fehlt ihm aber gleichwohl die **Funktionstüchtigkeit**, ist auch nach neuem Recht ein Sachmangel zu bejahen. So hat der Gesetzgeber zwar die Funktionalität und Zweckentsprechung nicht § 633 Abs. 2 Satz 1 BGB, sondern vielmehr der zweiten Alternative des Sachmangelbegriffs in § 633 Abs. 2 Satz 2 Nr. 1 BGB zugeordnet. Das Tatbestandsmerkmal der vereinbarten Beschaffenheit darf aber nicht isoliert von den übrigen in § 633 Abs. 2 Satz 2 BGB aufgeführten Sachmangelkriterien gesehen werden. Aus ihnen ergibt sich eindeutig, dass das Werk für eine gewöhnliche Verwendung geeignet sein und eine Beschaffenheit aufweisen muss, die üblich ist und von dem Besteller nach der Art des Werkes erwartet werden kann. Da der Unternehmer ein funktionsgerechtes Werk schuldet, liegt ein Mangel auch dann vor, wenn die Funktionstüchtigkeit beeinträchtigt ist bzw. die Werkleistung nicht den **anerkannten Regeln der Technik**[139] entspricht.[140, 141]

b) Vorliegen eines Sachmangels ohne Beschaffenheitsvereinbarung

Enthält der Vertrag dem entgegen keine Vereinbarung zur Beschaffenheit,[142] ist das Werk gemäß § 633 Abs. 2 Satz 2 Nr. 1 BGB mangelfrei, wenn es sich für die nach dem Vertrag vorausgesetzte, oder gemäß § 633 Abs. 2 Nr. 2 BGB für den Fall, dass nach

---

138 BGH BauR 1995, 230; BGHZ 139, 244; BauR 2000, 411; BauR 2001, 823; BauR 2002, 613 (616); Kniffka/Koeble, Kompendium Teil 6, Rn. 22 ff.
139 Vgl. zum Begriff der „Anerkannten Regeln der Technik" weiterführend: Staudinger-Peters, § 633 BGB, Rn. 169 ff.; Werner/Pastor, Rn. 1459 ff.
140 BGH BauR 1981, 577 (581); BauR 1989, 462; OLG Koblenz BauR 1995, 554 (556); Merl, Festschrift für Jagenburg, S. 597 (600f); Siegburg, Festschrift für Jagenburg, S. 839 (845); Staudinger-Peters, § 633 BGB, Rn. 168; Werner/Pastor, Rn. 1457f.
141 So hat der Gesetzgeber eine Regelung, wonach die anerkannten Regeln der Technik einzuhalten sind, bewusst nicht in § 633 Abs. 2 BGB aufgenommen. Eine derartige Regelung hätte zu Missverständnissen bei der Frage geführt, ob der Unternehmer seine Leistungspflicht bereits dann erfüllt hat, wenn zwar die anerkannten Regeln beachtet worden sind, das Werk aber nicht die vertragsgemäße Beschaffenheit aufweist; kritisch dazu Siegburg, Festschrift für Jagenburg, S. 839 (842f). Damit ist offensichtlich, dass die vertragsgemäße Beschaffenheit ungeachtet etwaiger anerkannter Regeln der Technik vorrangig ist und vor allem die Funktionstauglichkeit des Werkes zum Inhalt hat. Weiterhin ist auch klar, dass die anerkannten Regeln der Technik zur Beschaffenheitsvereinbarung im Sinne des § 633 Abs. 2 Satz 1 BGB gehören und nicht erst bei der üblichen Beschaffenheit eine Rolle spielen, Siegburg, Festschrift für Jagenburg, S. 839 (844); Staudinger-Peters, § 633 BGB, Rn. 168.
142 Die anderen beiden Alternativen des § 633 Abs. 2 BGB kommen also nur dann in Betracht, wenn eine Vereinbarung über die Beschaffenheit nicht vorliegt.

dem Vertrag eine **Verwendung** nicht vorausgesetzt ist,[143] die gewöhnliche Verwendung eignet, wobei das Werk im letzten Fall eine Beschaffenheit aufweisen muss, die bei Werken der gleichen Art üblich ist und die der Besteller nach der Art des Werkes erwarten kann. Schließlich steht es gemäß § 633 Abs. 2 Satz 3 BGB einem Sachmangel gleich, wenn der Unternehmer ein anderes als das bestellte Werk oder das Werk in zu geringer Menge herstellt.

c) Verletzung der Prüfungs- und Anzeigepflicht des Unternehmers

108 Der Unternehmer, der seine Leistung in engem Zusammenhang mit der Vorarbeit eines anderen oder aufgrund dessen Planungen auszuführen hat, muss **prüfen** und gegebenenfalls Erkundigungen einzuziehen, ob diese Vorleistung eine geeignete Grundlage für sein Werk bietet und keine Eigenschaften aufweist, die den Erfolg seiner eigenen Arbeit infrage stellen kann.[144, 145]

109 Darüber hinaus ist der Unternehmer verpflichtet, nach Prüfung der Umstände auf die für ihn erkennbare Fehlerhaftigkeit der Vorgabe bzw. der Vorleistung eines anderen Unternehmers unverzüglich hinzuweisen und **Bedenken** zu äußern. Kommt er der Prüfungs- und Hinweispflicht nicht nach, so ist seine Werkleistung gemäß § 633 Abs. 2 BGB mangelhaft.[146, 147] Dabei wird die Pflicht zur Anzeige von Bedenken aus §§ 631 Abs. 1, 633 Abs. 1 BGB bzw. § 242 BGB abgeleitet,[148] wobei in Ermangelung eines Schriftformerfordernisses der mündliche Hinweis ausreicht.[149]

d) Zur Substantiierung des Sachmangels (Symptomtheorie)

110 Kommt es zu einem Streit der Vertragsparteien, ob ein Werkmangel aufgetreten ist, so hat der Besteller diesen darzulegen.[150] Dabei ist der Mangel so genau zu bezeichnen, dass der in Anspruch genommene Unternehmer weiß, was ihm vorgeworfen und was von ihm als Abhilfe erwartet wird.[151, 152]

---

143 Ob eine nach dem Vertrag vorausgesetzte Verwendung vorliegt, ist anhand der Umstände des Vertragsschlusses und des Vertrages selbst zu ermitteln. Das Ergebnis wird beim Werkvertrag in aller Regel eine nach dem Vertrag vorausgesetzte Verwendung sein.
144 BGH BauR 1970, 57 (58); BauR 1983, 70; BauR 1987, 79; Werner/Pastor, Rdnr. 1526.
145 Der Umfang der Prüfungspflicht hängt von den Umständen des Einzelfalls ab, OLG Düsseldorf BauR 2002, 323; OLG Celle BauR 2002, 812; OLG Bremen BauR 2001, 1599; Werner/Pastor, Rn. 1520.
146 BGH BauR 1983, 70; BauR 1985, 561 (563); OLG Hamm BauR 1995, 852; OLG Koblenz BauR 1995, 395 (396); Staudinger-Peters, § 633 BGB, Rn. 62, 64; Werner/Pastor, Rn. 1519.
147 Beruht der Mangel auf einer ausdrücklichen Anweisung des Bestellers bei der Werkausführung, ist der Unternehmer nicht zur (Nach-)Erfüllung verpflichtet, wenn er den Besteller auf die nachteiligen Folgen hingewiesen hat.
148 OLG Bremen BauR 2001, 1599; OLG Hamm NZBau 2001, 691; OLG Düsseldorf BauR 1998, 126 (127); Staudinger-Peters, § 633 BGB, Rn. 63.
149 BGH NJW 1960, 1813; Kleine-Möller/Merl/Oelmaier-Merl, § 12 Rn. 99.
150 BGH BauR 1974, 280; BauR 1982, 66 (67).
151 BGH BauR 1998, 632 (633); BauR 1993, 112 (115); BauR 1982, 66 (67); OLG Celle MDR 2001, 686.
152 Ein Nacherfüllungsbegehren, das nur allgemein Mängel rügt, ohne diese näher zu bezeichnen, ist gegenstandslos. Durch ein derartiges Begehren können nachteilige Rechtsfolgen zu Lasten des Unternehmers nicht ausgelöst werden. Das gleiche gilt für Mängelrügen, die den Mangel nicht so lokalisieren, dass der Unternehmer ihn auffinden kann.

Der Besteller genügt regelmäßig dieser Darlegungspflicht, wenn er seinen Vortrag auf die **Symptome** beschränkt, aus einen er die Mangelhaftigkeit der Werkleistung herleitet. Ausreichend ist ein Sachvortrag, wonach die vom Besteller festgestellten Erscheinungen auf eine möglicherweise im Verantwortungsbereich des Bestellers liegende mangelhafte Werkleistung zurückzuführen sind.[153] Er ist nicht genötigt, auch die Gründe seiner Entstehung, also die Mängelursachen im Einzelnen anzugeben,[154] zumal der Besteller dem Unternehmer ohnehin nicht vorschreiben kann, wie dieser eine etwaige Nachbesserung/Nacherfüllung durchzuführen hat.[155, 156]

111

2. Vorliegen eines Rechtsmangels

Das Werk ist gemäß § 633 Abs. 1 und 3 BGB frei von **Rechtsmängeln**, wenn Dritte im Bezug auf das Werk keine oder nur die im Vertrag übernommenen Rechte gegen den Besteller geltend machen können. Anzumerken bleibt, dass Rechte Dritter, die gegen den Besteller geltend gemacht werden können, auch dann einen Rechtsmangel darstellen, wenn sie diesen in der (vereinbarten, nach dem Vertrag vorausgesetzten oder sogar gewöhnlichen) Verwendung nicht beeinträchtigen.

112

II. Der Anspruch auf Mängelbeseitigung (Nachbesserung/Neuherstellung)

Literatur: Böhme, (Teil-)Identische Nachbesserungspflichten von Vor- und Nachunternehmer, in: Festschrift für von Craushaar, Seite 327; Groß, Beweislast bei in der Abnahme vorbehaltenen Mängeln, BauR 1995, 456; Gsell, Nutzungsentschädigung bei kaufrechtlicher Nacherfüllung?, NJW 2003, 1969; Kniffka, Änderung des Bauvertragsrechts im Abschlussbericht der Kommission zur Überarbeitung des Schuldrechts, ZfBR 1993, 97; Koeble, Rückforderung des Vorschusses? Ein Märchen!, in: Festschrift für Jagenburg, S. 371; Kohler, Das Werk im Kauf, in: Festschrift für Jagenburg, S. 379; Lenkert, Das modernisierte Verjährungsrecht, BauR 2002, 196; Mansel, Die Neuregelung des Verjährungsrechts, NJW 2002, 89; Neuhaus, Dreißig Jahre Gewährleistungshaftung im Baurecht – Vor und nach der Schuldrechtsmodernisierung, MDR 2002, 131; Vorwerk, Mängelhaftung des Werkunternehmers und Rechte des Bestellers nach neuem Recht, BauR 2003, 1.

---

[153] BGH BauR 2000, 261; BauR 2002, 613 (617); BauR 1997, 1065; BauR 1997, 1029; BauR 1990, 356; Kapellmann/Messerschmidt-Weyer, § 13 VOB/B, Rn. 196; Ingenstau/Korbion-Wirth, § 13 Nr. 5 VOB/B, Rn. 34ff.

[154] BGH BauR 1999, 899; BauR 2000, 261; Ingenstau/Korbion-Wirth, § 13 Nr. 5 VOB/B, Rn. 34ff.

[155] BGH BauR 1985, 355; BauR 1990, 356; BauR 1992, 503; BauR 2000, 261; BauR 2001, 630; BauR 2002, 784 (785); Werner/Pastor, Rn. 1472.

[156] Technische Angaben des Bestellers zu der von ihm vermuteten Mängelursache sind auch dann nicht schädlich, wenn sie fehlerhaft sind. Führt der Besteller den Mangel auf eine bestimmte, möglicherweise unzutreffende Ursache zurück, ist der Unternehmer nicht darauf beschränkt, diese Ursache zu überprüfen. Er ist stets verpflichtet, den Mangel, der sich aus der Mangelbeschreibung ergibt, vollständig zu beseitigen. Das bedeutet, dass der Unternehmer sich auch nicht darauf beschränken darf, den Mangel nur an der Stelle zu beseitigen, an der er sich gezeigt hat. Eine Beschränkung auf die vom Besteller angegebenen Stellen ist mit der Bezeichnung einer Mangelerscheinung nicht verbunden. Deren Ursachen sind von der Rüge vollständig erfasst, BGH BauR 2002, 784; BauR 2001, 1897; BauR 2000, 261; BauR 1998, 682.

§ 2 Die Ansprüche des Bestellers gegen den Unternehmer

1. Vor der Abnahme

113 Der Besteller hat gegenüber dem Unternehmer gemäß § 631 Abs. 1 BGB einen vertraglichen **Erfüllungsanspruch** auf Herstellung des versprochenen Werkes.[157] Nach § 633 Abs. 1 BGB hat der Unternehmer dem Besteller das Werk frei von Sach- und Rechtsmängeln zu verschaffen.[158] Ist das Werk mit Mängeln behaftet, so hat der Unternehmer die ihm obliegende Erfüllungspflicht verletzt. In diesem Fall kann der Besteller die Abnahme des errichteten Werkes verweigern und die Herstellung eines einwandfreien Werkes verlangen.[159]

114 Der Unternehmer kann seine Verpflichtung zur Erfüllung, d.h. zur Erbringung eines mangelfreien Werkes, nach seiner Wahl durch eine neue Herstellung bzw. durch Beseitigung der Mängel am hergestellten Werk erfüllen.[160, 161]

115 Der Besteller, der den Unternehmer vor der Abnahme auf Beseitigung von Mängeln verklagt, muss das Vorhandensein von Mängeln in der Klageschrift schlüssig dartun. Der ihm obliegenden Darlegungslast genügt der Besteller durch einen Hinweis auf ein mangelhaftes Ergebnis der Arbeit als Folge eines Mangels des Werkes.[162] Abgekoppelt von der Darlegungslast trägt der Unternehmer bis zur Abnahme des Werkes die **Beweislast** dafür, dass das Werk vertragsgemäß, d.h. mangelfrei erbracht worden ist.[163, 164]

---

157 Bis zur Abnahme besteht der Erfüllungsanspruch, sodass sich die Rechte des Bestellers vor der Abnahme einerseits nach §§ 631 Abs. 1, 633 Abs. 1 BGB und andererseits nach dem allgemeinen Leistungsstörungsrecht richten. Der Besteller ist deshalb nicht gezwungen, die Werkleistung abzunehmen, um die Mängelrechte aus § 634 BGB geltend machen zu können. Er kann vielmehr ohne Abnahme vom Auftragnehmer die Erbringung einer mangelfreien Leistung verlangen bzw. kann (nach Fristsetzung) unmittelbar auf die Vorschriften der §§ 280, 281, 323 BGB zurückgreifen, Palandt-Sprau, Vorb. vor § 633 BGB, Rn. 7; Werner/Pastor, Rn. 1545. Der Ablauf der dem Unternehmer gesetzten Frist bewirkt auch keinen Untergang des Erfüllungsanspruchs, sondern erst die Ausübung eines Gestaltungsrechts (Rücktritt/Minderung) bzw. das Schadensersatzverlangen gemäß § 281 Abs. 4 BGB.
158 OLG Düsseldorf NJW-RR 1998, 527; Böhme, Festschrift für von Craushaar, S. 327 ff.
159 Liegt ein unwesentlicher Mangel vor, ist es dem Besteller gemäß § 640 Abs. 1 Satz 2 BGB untersagt, die Abnahme des ihm als Erfüllung angebotenen Werkes zu verweigern. Unwesentlich ist ein Mangel, wenn es dem Besteller zumutbar ist, die Leistung als im Wesentlichen vertragsgemäße Erfüllung anzunehmen und sich mit den Mängelrechten gemäß § 634 BGB zu begnügen. Dies ist anhand von Art und Umfang des Mangels sowie seiner konkreten Auswirkungen nach den Umständen des Einzelfalls unter Abwägung der beidseitigen Interessen zu beurteilen.
160 BGH BauR 1998, 124; OLG Dresden BauR 1998, 787 (790); OLG Düsseldorf BauR 1977, 418 (419); Werner/Pastor, Rn. 1553.
161 Nach neuem Recht erlischt der Erfüllungsanspruch, sobald der Besteller mit der Selbstvornahme nach §§ 634 Nr. 2, 637 Abs. 1 BGB beginnt, Schadensersatz nach §§ 634 Nr. 4, 636, 280, 281 BGB begehrt oder von seinen Gestaltungsrechten (Rücktritt/Minderung) Gebrauch macht.
162 BGH BauR 2002, 784; BauR 1985, 355.
163 BGH BauR 1993, 469; OLG Celle BauR 1995, 393 [jeweils für den Fall des gekündigten Bauvertrages]; Werner/Pastor, Rn. 1555, 1558. Nach der Abnahme muss der Besteller dem entgegen beweisen, dass die Werkleistung mit einem Mangel behaftet ist.
164 Anstelle des Erfüllungsanspruchs gemäß §§ 631 Abs. 1, 633 Abs. 1 BGB kann sich der Besteller vor der Abnahme wahlweise auch auf den Nacherfüllungsanspruch aus §§ 634 Nr. 1, 635 Abs. 1 BGB stützen. Insoweit ergänzt der Nacherfüllungsanspruch den Anspruch auf mangelfreie Verschaffung des Werkes und ist mit diesem teilidentisch, Staudinger-Peters, § 634 BGB, Rn. 9; Palandt-Sprau, Vorb. Von § 633 BGB, Rn. 7; Werner/Pastor, Rn. 1552. Streitig ist dem entgegen, ob auch die sonstigen Rechte des Bestellers aus § 634 BGB vor Abnahme anwendbar sind: bejahend Vorwerk, BauR 2003, 1 (8).

2. Nach der Abnahme

Hat der Besteller die Werkleistung abgenommen, erlischt der aus §§ 631 Abs. 1, 633 Abs. 1 BGB folgende Erfüllungsanspruch auf Verschaffung eines mangelfreien Werkes. Gemäß §§ 634 Nr. 1, 635 Abs. 1 BGB kann der Besteller bei Vorliegen eines Sachmangels vom Unternehmer nunmehr die **Nacherfüllung** in Form einer Nachbesserung/Neuherstellung des Werkes verlangen.

116

Der Anspruch auf (Nach-)Erfüllung besteht also letztlich fort, ist aber in seiner rechtlichen Qualität verändert.[165] Grundsätzlich kann der Besteller vom Unternehmer nur noch die Beseitigung des Mangels und keine Neuherstellung mehr verlangen, da sich der Mangelbeseitigungsanspruch nach der Abnahme auf das abgenommene Werk beschränkt.[166] Ist der Mangel aber nur durch Neuherstellung zu beseitigen, ist auch nach Abnahme der Nacherfüllungsanspruch des Bestellers ausnahmsweise auf Neuherstellung gerichtet.[167] Weiterhin gelten für den Erfüllungsanspruch aus §§ 631 Abs. 1, 633 Abs. 1 BGB vor Abnahme und den Nacherfüllungsanspruch aus §§ 634 Nr. 1, 635 Abs. 1 BGB nach Abnahme unterschiedliche Verjährungsfristen, nämlich für ersteren die Regelverjährung gemäß §§ 195, 199 BGB (3 Jahre) und für Letzteren § 634a BGB.[168] Schließlich ist nach Abnahme der Besteller für das Vorliegen eines Mangels beweisverpflichtet.

117

Voraussetzungen für dem Nacherfüllungsanspruch gemäß §§ 634 Nr. 1, 635 BGB ist, dass das Werk des Unternehmers einen **Mangel** aufweist.[169, 170] Insoweit kommt es für den Nacherfüllungsanspruch nicht darauf an, ob der Unternehmer den Mangel verschuldet hat. Die Erfolgshaftung des Unternehmers ist **verschuldensunabhängig**.[171] Schließlich kann der Nacherfüllungsanspruch, der nach Ablauf der Fertigstellungsfrist ohne Fristsetzung sofort fällig ist,[172] vom Besteller gegenüber dem Unternehmer formlos – also auch mündlich – geltend gemacht werden.

118

Im Rahmen der Mängelbeseitigungsklage muss der Besteller den Mangel so genau bezeichnen, dass der Unternehmer in der Lage ist, eine Nacherfüllung vorzunehmen. Es gelten die Grundsätze der von der Rechtsprechung entwickelten **Symptomtheorie**.[173, 174]

119

---

165 Staudinger-Peters, § 634 BGB, Rn. 23.
166 BGH BauR 1973, 313; Werner/Pastor, Rn. 1559.
167 Zur Begründung kann zudem auf das Wahlrecht des Unternehmers gemäß § 635 Abs. 1 BGB abgestellt werden, vgl. auch OLG Dresden BauR 1998, 787 (790); Werner/Pastor, Rn. 1559.
168 Staudinger-Peters, § 634 BGB, Rn. 23.
169 Vgl. dazu die Ausführungen unter Rn. 103 ff.
170 Der Mangel kann auch auf eine Verletzung der Prüfungs- und Anzeigepflicht des Unternehmers zurückzuführen sein. Vgl. hierzu die Ausführungen unter Rn. 108 f.
171 Der Unternehmer muss deshalb einen Mangel auch dann beseitigen, wenn ihm kein Vorwurf zu machen ist, etwa weil er unerkannt fehlerhaftes Material eingebaut hat oder die zum Zeitpunkt der Leistung anerkannten Regeln der Technik eingehalten hat.
172 BGH BauR 2004, 1500.
173 Vgl. hierzu die Ausführungen unter Rn. 110 f.
174 Trotz Fristsetzung erlischt der Nacherfüllungsanspruch erst dann, wenn der Besteller von seinen Mängelrechten Gebrauch macht, also sein Rücktritts- oder Minderungsrecht ausübt oder Schadensersatz verlangt.

§ 2 Die Ansprüche des Bestellers gegen den Unternehmer

3. Umfang des (Erfüllungs-)Nacherfüllungsanspruchs

120 Da dem Unternehmer die **Art und Weise der Nacherfüllung** überlassen bleibt,[175] kann der Besteller grundsätzlich nur auf Beseitigung des Mangels, nicht aber auf Vornahme einer bestimmten Nacherfüllungsmodalität klagen.[176] Etwas anderes gilt für den Fall, wenn der Mangel nur auf eine bestimmte Art und Weise beseitigt werden kann.[177]

121 Nacherfüllungen, die den vertraglich geschuldeten Erfolg nicht vollständig herbeiführen, muss der Besteller nicht akzeptieren. Unzureichende Nacherfüllungsangebote des Unternehmers kann der Besteller demnach zurückweisen.[178, 179]

122 Bei der prozessualen Geltendmachung des Nacherfüllungsanspruchs sind die **Sowieso-Kosten** zu berücksichtigen, deren Zahlung der Unternehmer als Zurückbehaltungsrecht gemäß § 320 BGB geltend machen kann.

123 Kommt es zur Neuherstellung des Werkes, kann der Unternehmer vom Besteller die Rückgewähr des bereits erbrachten mangelhaften Werkes gemäß § 635 Abs. 4 BGB nach den **Rücktrittsvorschriften** verlangen.[180] Der Verweis auf das Rücktrittsrecht hat zur Folge, dass der Besteller immer dann, wenn er das mangelhafte Werk nicht herausgeben kann, unter den Voraussetzungen des § 346 Abs. 2 BGB auf Wertersatz haftet. Ist der Anspruch auf Wertersatz gemäß § 346 Abs. 3 BGB ausgeschlossen, muss der Besteller nur die vorhandene Bereicherung herausgeben. Gezogene Nutzungen hat er stets herauszugeben, wie § 346 Abs. 1 BGB belegt.[181] Ein Wertersatz für nicht gezogene Nutzung schuldet der Unternehmer gemäß § 347 Abs. 1 BGB nur dann, wenn er diese nach den Regeln der ordnungsgemäßen Wirtschaft hätte ziehen können.

124 Der Besteller muss sich an **Sowieso-Kosten** beteiligen. Gleiches gilt dann, wenn der Besteller den Mangel **mitverursacht** hat. Schließlich muss der Besteller sich nach allgemeinen Grundsätzen auch die **Vorteile anrechnen** lassen, die er durch eine Mängelbeseitigung erhält.

4. Kosten der Nachbesserung/Neuherstellung

125 Kommt es zu einer Beseitigung des Mangels durch den Unternehmer, so hat dieser gemäß § 635 Abs. 2 BGB die zum Zwecke der Nacherfüllung **erforderlichen Aufwen-**

---

175 BGH NJW 1973, 1792; BauR 1988, 97; Staudinger-Peters, § 634 BGB, Rn. 38; Werner/Pastor, Rn. 1565; kritisch zum Wahlrecht des Unternehmers: Kohler, Festschrift für Jagenburg, S. 379 (385).
176 BGH BauR 1973, 313; Staudinger-Peters, § 635 BGB, Rn. 38f; Werner/Pastor, Rn. 1566.
177 BGH BauR 1997, 638; OLG Köln BauR 1977, 275 (277); Werner/Pastor, Rn. 1565f.
178 BGH BauR 2004, 1500; Werner/Pastor, Rn. 1565.
179 Erklärt der Unternehmer, er werde nur wenige, unbedeutende Mängel beseitigen, die gravierenden jedoch nicht, muss der Besteller diese unvollständige Mängelbeseitigung nicht zulassen. Gleiches gilt, wenn der Mangel auf eine Weise beseitigt wird, die den vertraglich geschuldeten Erfolg des Werkes nicht erreicht.
180 Staudinger-Peters, § 635 BGB, Rn. 12.
181 Bedenken gegen diese Regelung äußern: Kniffka, ZfBR 1993, 97 (100); Gsell, NJW 2003, 1969; Kohler, Festschrift für Jagenburg, S. 379 (390).

dungen, insbesondere Transport-, Wege-, Arbeits- und Materialkosten zu tragen. Die Nacherfüllungsverpflichtung erstreckt sich dabei auch auf das, was vorbereitend erforderlich ist, um den Mangel an der eigenen Leistung zu beheben. Hinzu kommen die Arbeiten, die notwendig werden, um nach durchgeführter Mängelbeseitigung den davor bestehenden Zustand wiederherzustellen.[182, 183]

5. Die Selbstvornahme gemäß §§ 634 Nr. 2, 637 Abs. 1 BGB[184]

Der Besteller hat nach §§ 634 Nr. 2, 637 Abs. 1 BGB das Recht, den Mangel selbst zu beseitigen und Ersatz er erforderlichen Aufwendungen zu verlangen, wenn er dem Unternehmer zuvor eine **angemessene Frist** gesetzt hat und diese erfolglos abgelaufen ist.[185]

126

Nach § 634 Nr. 2 BGB kommt es auf einen Verzug[186] und das Vertretmüssen des Unternehmers nicht mehr an. Entscheidend ist nur, ob der Besteller dem Unternehmer eine angemessene Frist[187] zur Mängelbeseitigung gesetzt hat.[188]

127

Eine Fristsetzung kann in folgenden Fällen entbehrlich sein: Gemäß §§ 637 Abs. 2 Satz 1, 323 Abs. 2 BGB ist eine Fristsetzung entbehrlich, wenn der Unternehmer die Leistung **ernsthaft und endgültig verweigert** hat,[189] ein **Fixgeschäft**[190] vorliegt bzw. **besondere Umstände** gegeben sind,[191] die unter Abwägung der beidseitigen Interessen

128

---

182 BGHZ 96, 221; NJW-RR 1999, 813; MünchKomm-Busche, § 635 BGB, Rn. 16; Palandt-Sprau, § 635 BGB, Rn. 6; Staudinger-Peters, § 635 BGB, Rn. 2; Werner/Pastor, Rn. 1569.
183 Vgl. Band „Privates Baurecht", Muster: Nacherfüllungsklage aus §§ 634, 635 Rn. 537.
184 Der Besteller kann den Aufwendungsersatzanspruch nach § 637 Abs. 1 BGB nur dann geltend machen, wenn er von dem Unternehmer die Beseitigung des Mangels gemäß §§ 634 Nr. 1, 635 Abs. 1 BGB verlangen kann, Staudinger-Peters, § 634 BGB, Rn. 68f. Vgl. hierzu die Ausführungen unter Rn. 116ff.
185 Mit Ablauf dieser Frist hat der Unternehmer seinen Anspruch darauf verloren, die Mängel selbst beseitigen zu dürfen, BGH BauR 2003, 693.
186 So noch § 633 Abs. 3 BGB a.F.
187 Welche Frist angemessen ist, bestimmt sich nach den Umständen des Einzelfalles. Sie muss so bemessen sein, dass der Schuldner in der Lage ist, den Mangel zu beseitigen. Erweist sich die Frist als unangemessen kurz, ist die Fristsetzung nicht unwirksam. Es läuft dann eine angemessene Frist. Vgl. zur Fristsetzung: MünchKomm-Busche, § 636 BGB, Rn. 7; Staudinger-Peters, § 634 BGB, Rn. 47; Werner/Pastor, Rn. 1582.
188 Die zu setzende Frist zur Nacherfüllung ist zu verbinden mit der Aufforderung zur Mängelbeseitigung. Die Aufforderung zur Mängelbeseitigung muss die Mängel so genau bezeichnen, dass der Unternehmer in der Lage ist, zu erkennen, was von ihm verlangt wird. Es gilt die Symptomtheorie, vgl. hierzu Ausführungen unter Rn. 110f.
189 Neben einer ausdrücklich erklärten endgültigen Leistungsverweigerung kann gegebenenfalls auch auf ein schlüssiges Verhalten des Unternehmers abgestellt werden. Dabei ist das gesamte Verhalten des Unternehmers zu würdigen. Die Frage, ob das Bestreiten der Mängel im Prozessverfahren eine endgültige Verweigerung der Mängelbeseitigung bedeutet, hängt gleichsam von den Umständen des Einzelfalls ab. Die Gesamtumstände des Falles müssen die Annahme rechtfertigen, dass der Unternehmer endgültig seinen Vertragspflichten nicht nachkommen will, sodass es ausgeschlossen erscheint, und werde dort von einer Fristsetzung umstimmen lassen, BGH BauR 1984, 181; NJW-RR 1993, 882 (883); OLG Düsseldorf BauR 2002, 963 (965); Fischer BauR 1995, 452 (454); MünchKomm-Busche, § 636 BGB, Rn. 13; Staudinger-Peters, § 634 BGB, Rn. 54; Werner/Pastor, Rn. 1657.
190 MünchKomm-Busche, § 636 BGB, Rn. 14; Staudinger-Peters, § 634 BGB, Rn. 55.
191 Solche besonderen Umständen liegen dann vor, wenn das Vertrauen in die Leistungsbereitschaft oder Leistungsfähigkeit des Unternehmers aufgrund seines Verhaltens bei der Vertragsabwicklung nicht mehr besteht, BGHZ 42, 242 (245); NJW-RR 1998, 1268; OLG Düsseldorf BauR 1996, 112 (114); OLG Koblenz BauR 1995, 395 (396); MünchKomm-Busche, § 636 BGB, Rn. 15; Staudinger-Peters, § 634 BGB, Rn. 56; Werner/Pastor, Rn. 1657.

die sofortige Selbstvornahme rechtfertigen. Darüber hinaus ist eine Fristsetzung gemäß § 637 Abs. 2 Satz 2 BGB entbehrlich, wenn die Nacherfüllung **fehlgeschlagen**[192] oder dem Besteller **unzumutbar** ist.[193]

129 Beseitigt der Besteller den Mangel selbst oder lässt er ihn durch Dritte beseitigen, ohne dass dem Unternehmer die Gelegenheit zur Mängelbeseitigung eingeräumt worden ist, kann er grundsätzlich **keine Kostenerstattung** für die Mängelbeseitigung §§ 634 Nr. 2, 637 Abs. 1 BGB verlangen. Auch weitergehende Ansprüche aus Geschäftsführung ohne Auftrag sowie Bereicherungsrecht sind in diesem Fall ausgeschlossen.[194] Zur Begründung wird darauf abgestellt, dass der Zweck der Regelung, nach der dem Unternehmer eine Frist zur Nachbesserung eingeräumt werden muss, vereitelt würde, wenn der Besteller auch ohne dies einen Anspruch darauf hätte, die Kosten wenigstens teilweise erstattet zu bekommen. Dieser Zweck ist darin zu sehen, dem Unternehmer die Gelegenheit zu geben, den Mangel zu prüfen und beseitigen zu können.

130 Der Besteller hat gemäß § 637 Abs. 1 BGB Anspruch auf Ersatz der für die Nacherfüllung erforderlichen Aufwendungen. Für die Bewertung der Erforderlichkeit ist auf den Aufwand und die damit verbundenen Kosten abzustellen, welche der Besteller im Zeitpunkt der Mängelbeseitigung als vernünftiger, wirtschaftlich denkender Besteller aufgrund sachkundiger Beratung oder Feststellung aufwenden konnte und musste, wobei es sich um eine vertretbare Maßnahme der Schadensbeseitigung handeln muss.[195, 196]

131 Der Besteller muss die nach § 637 Abs. 1 BGB erstattungsfähigen Aufwendungen **nachvollziehbar abrechnen**.[197] Die Abrechnung muss derart sein, dass der Unternehmer erkennen kann, welcher Mangel mit welchen Aufwendungen beseitigt wurde.

---

192 Die wesentlichen Erscheinungsformen des Fehlschlagens sind die objektive oder subjektive Unmöglichkeit, die Unzulänglichkeit, die unberechtigte Verweigerung, die ungebührliche Verzögerung und der misslungene Versuch der Nachbesserung, BGH NJW 1994, 1004. Von einer fehlgeschlagenen Nachbesserung ist ferner dann auszugehen, wenn der Unternehmer/Auftragnehmer trotz Aufforderung durch den Besteller die Nacherfüllung nicht in angemessener Frist vorgenommen hat. Außerdem soll eine Nachbesserung auch dann fehlgeschlagen sein, wenn eine Frist gesetzt worden ist und vor Ablauf der Frist feststeht, dass die Frist nicht eingehalten werden kann. Wann eine Nachbesserung eines Werkes sonst fehlgeschlagen ist, hängt von den Umständen des Einzelfalles ab, BGH BauR 1982, 493; BauR 1985, 83; MünchKomm-Busche, § 636 BGB, Rn. 21; Staudinger-Peters, § 634 BGB, Rn. 59.
193 Darunter fallen alle diejenigen Fälle, in denen der Unternehmer durch sein vorheriges Verhalten das Vertrauen in seine Leistungsfähigkeit oder Leistungsbereitschaft derart erschüttert hat, dass es dem Besteller nicht zumutbar ist, diesen Unternehmer noch mit der Nacherfüllung zu befassen. Dazu gehört auch der Fall, dass die Mängel so zahlreich und gravierend sind, dass das Vertrauen in die Leistungsfähigkeit des Unternehmers zu Recht nicht mehr besteht, MünchKomm-Busche, § 636 BGB, Rn. 22f; Staudinger-Peters, § 634 BGB, Rn. 61.
194 BGH NJW 1966, 39; BGHZ 46, 246; BGHZ 70, 389 (398); NJW 1968, 43; ZfBR 1978, 77 (78); BauR 1988, 82; BauR 1987, 689; MünchKomm-Busche, § 637 BGB, Rn. 7; Staudinger-Peters, § 634 BGB, Rn. 42.
195 BGH BauR 1991, 651; BGH NJW 1989, 97 (101); MünchKomm-Busche, § 637 BGB, Rn. 9-13; Staudinger-Peters, § 634 BGB, Rn. 71-74; Werner/Pastor, Rn. 1584.
196 Insoweit hat der Unternehmer die zum Zweck der Nacherfüllung erforderlichen Aufwendungen zu tragen, insbesondere also Transport-, Wege-, Arbeits- und Materialkosten. Die Nachbesserungsverpflichtung erstreckt sich nicht darauf, die eigene mangelhafte Leistung nachträglich in einen mangelfreien Zustand zu versetzen. Sie umfasst alles, was vorbereitend erforderlich ist, um den Mangel an der eigenen Leistung zu beheben. Hinzu kommen die Arbeiten, die notwendig werden, um nach durchgeführter Mängelbeseitigung den davor bestehenden Zustand wiederherzustellen, BGH BauR 1986, 211.
197 Staudinger-Peters, § 634 BGB, Rn. 82; Palandt-Sprau, § 637 BGB, Rn. 10.

Der Besteller muss sich an Sowieso-Kosten beteiligen. Gleiches gilt dann, wenn der Besteller den Mangel mitverursacht hat. Schließlich muss der Besteller sich nach allgemeinen Grundsätzen auch die Vorteile anrechnen lassen, die er durch eine Mängelbeseitigung erhält.

6. Der Kostenvorschussanspruch gemäß § 634 Nr. 2, 637 Abs. 3 BGB

Ist der Besteller berechtigt, gemäß § 637 Abs. 1 BGB[198] Mängel des Werkes auf Kosten des Unternehmers selbst oder durch Dritte beseitigen zu lassen, kann er von dem nachbesserungspflichtigen Unternehmer gemäß § 637 Abs. 3 BGB einen die voraussichtlichen Mängelbeseitigungskosten deckenden **Vorschuss** verlangen. Der Kostenvorschussanspruch umfasst die mutmaßlichen Nachbesserungskosten. Das sind die voraussichtlich erforderlichen Mängelbeseitigungs- oder Neuherstellungskosten.[199]

Da die Aufwendungen noch nicht feststehen, hat auf der Grundlage des Mangels eine Schätzung der voraussichtlich für die Mängelbeseitigung entstehenden Kosten zu erfolgen. Diese ist im Streitfall vom Gericht nach § **287 ZPO** vorzunehmen.[200] Schätzungsgrundlage ist grundsätzlich der Mangel. Zu diesem ist im Prozess nach allgemeinen Grundsätzen vorzutragen. Die **Symptomtheorie** gilt auch hier.[201] Zur Höhe muss der Besteller in einem Prozess nicht weiter substantiiert vortragen, soweit er dazu nicht in der Lage ist. Deshalb kann allein die Angabe des vom Besteller selbst geschätzten Mängelbeseitigungsbetrages reichen.[202] Nicht notwendig sind die Vorlage von Kostenvoranschlägen oder gar Sachverständigengutachten, mit denen die geltend gemachten Kosten untermauert werden müssten.[203] Das Gericht muss durch **Sachverständigengutachten** die tatsächlichen Grundlagen für den Vorschussanspruch klären, soweit diese streitig sind.[204]

Voraussetzung für die Durchsetzbarkeit des Kostenvorschussanspruchs ist, dass der Besteller sein Recht auf Nachbesserung bzw. Nacherfüllung noch **nicht verloren** hat[205] bzw. überhaupt willens ist, die Mängel zu beseitigen.[206]

---

198 Vgl. hierzu Ausführungen unter Rn. 126 ff.
199 MünchKomm-Busche, § 637 BGB, Rn. 21; Staudinger-Peters, § 634 BGB, Rn. 76; Werner/Pastor, Rn. 1587.
200 Staudinger-Peters, § 634 BGB, Rn. 76; Vygen, Rn. 547; Werner/Pastor, Rn. 1593.
201 Vgl. hierzu Ausführungen unter Rn. 110 f.
202 BGH BauR 1989, 199 (200); BauR 1985, 355 (357); Werner/Pastor, Rn. 1593.
203 BGH BauR 1999, 631; Werner/Pastor, Rn. 1593.
204 Dazu gehören nicht nur der Mangel, sondern auch die voraussichtlichen Kosten. Gibt es verschiedene Mängelbeseitigungsmöglichkeiten, die zu unterschiedlichen Kosten führen, ist die günstigste Methode zugrunde zu legen, die den vertraglich geschuldeten Erfolg vollständig herbeiführt. Bei Streit über die Möglichkeiten der kostengünstigsten Sanierung trägt der Besteller die Beweislast.
205 Vgl. hierzu Ausführungen unter Rn. 138 ff.
206 BGH BauR 1982, 66 (67); BauR 1984, 406; OLG Nürnberg NZBau 2003, 614.

136 Der Besteller hat den Vorschuss später binnen angemessener Frist **abzurechnen**.[207, 208] Er hat nachzuweisen, dass er den an ihn gezahlten Betrag zur Nachbesserung verwandt hat.[209] Den nicht verbrauchten Teil des Vorschusses hat er **zurückzugewähren**.[210, 211] Der Besteller ist nicht gehindert, vor bestimmungsgemäßer Verwendung des Vorschusses Schadensersatz gemäß §§ 634 Nr. 4, 280 ff. BGB zu verlangen und mit diesem Anspruch gegen die Forderung des Unternehmers auf Rückzahlung des Vorschusses **aufzurechnen**.[212, 213]

137 Das Urteil in einem Vorschussprozess schreibt den Betrag, den der Besteller vom Unternehmer verlangen kann, nicht rechtskräftig fest. Reicht der Vorschuss folglich nicht aus, kann der Besteller vom Unternehmer weitere Zahlungsbeträge verlangen. Voraussetzung hierfür ist allerdings, dass die Nachbesserungsarbeiten noch nicht abgeschlossen sind.[214]

7. Die Abwehr der Mängelbeseitigungsklage durch den Unternehmer

a) Unmögliche Mängelbeseitigung gemäß § 275 BGB

138 Der Nacherfüllungsanspruch geht unter, wenn die **Nacherfüllung unmöglich** ist. Dies ergibt sich aus § 275 Abs. 1 BGB, der in § 635 Abs. 3 BGB zwar nicht ausdrücklich benannt wird, allerdings gleichwohl zur Anwendung kommen muss, da etwas unmögliches nicht geschuldet sein kann.[215]

139 Daneben kann sich der Unternehmer im Prozess auf die Einrede aus §§ 635 Abs. 3, 275 Abs. 2 BGB stützen. Diese Einrede kommt dann zur Anwendung, wenn die Nacherfüllung einen Aufwand erfordert, der in einem **groben Missverhältnis** zum Leistungsinteresse des Bestellers steht. Es geht insoweit um Konstellationen, die nach dem alten Recht als sog. praktische oder faktische Unmöglichkeit bezeichnet worden sind.[216]

140 Nach §§ 635 Abs. 3, 275 Abs. 3 BGB kann der Unternehmer die Leistung ferner verweigern, wenn er sie **persönlich** zu erbringen hat und sie ihm unter Abwägung des seiner Leistung entgegenstehenden Hindernisses mit dem Leistungsinteresse des Bestellers nicht zugemutet werden kann.

---

207 BGH BauR 1986, 345; Staudinger-Peters, § 634 BGB, Rn. 82; MünchKomm-Busche, § 637 BGB, Rn. 22; Werner/Pastor, Rn. 1605.
208 Grundsätzlich gelten für die Abrechnung des Vorschusses dieselben Anforderungen wie für die Abrechnung von getätigten Aufwendungen, BGH BauR 1989, 201.
209 BGH NJW 1967, 1366; Werner/Pastor, Rn. 1597.
210 BGH BauR 1984, 406; BauR 1985, 569; BauR 1988, 592; Werner/Pastor, Rn. 1597.
211 Es handelt sich nicht um einen bereicherungsrechtlichen Anspruch (Werner/Pastor, Rn. 1605 (str.); OLG Schleswig NJW-RR 1998, 1105 (1106)), sondern um einen vertraglichen Anspruch in Verbindung mit § 637 Abs. 3 BGB.
212 BGH BauR 1989, 201; Koeble, Festschrift für Jagenburg, S. 371; Staudinger-Peters, § 634 BGB, Rn. 84; MünchKomm-Busche, § 637 BGB, Rn. 23; Werner/Pastor, Rn. 1607.
213 Vgl. Band „Privates Baurecht", Muster: Klage auf Zahlung eines Kostenvorschusses Rn. 550.
214 Staudinger-Peters, § 634 BGB, Rn. 76; MünchKomm-Busche, § 637 BGB, Rn. 21; Werner/Pastor, Rn. 1597.
215 Staudinger-Peters, § 634 BGB, Rn. 52; MünchKomm-Busche, § 635 BGB, Rn. 26; Werner/Pastor, Rn. 1556.
216 Staudinger-Peters, § 635 BGB, Rn. 6; MünchKomm-Busche, § 635 BGB, Rn. 29-34; Werner/Pastor, Rn. 1556.

b) Die verweigerte Nacherfüllung bei unverhältnismäßigen Kosten gemäß § 635 Abs. 3 BGB

§ 635 Abs. 3 BGB gewährte dem Unternehmer eine Einrede für den Fall, dass die Mängelbeseitigung einen **unverhältnismäßigen Aufwand** erfordert. Insoweit sind Aufwendungen für die Beseitigung eines Werkmangels dann unverhältnismäßig, wenn der damit in Richtung auf die Beseitigung des Mangels erzielte Erfolg oder Teilerfolg bei Abwägung aller Umstände des Einzelfalles in keinem vernünftigen Verhältnis zur Höhe des dafür gemachten Geldaufwandes steht.[217] Unverhältnismäßigkeit wird in aller Regel anzunehmen sein, wenn einem objektiv geringen Interesse des Bestellers an einer völlig ordnungsgemäßen Vertragsleistung ein ganz erheblicher und deshalb unangemessener Aufwand gegenübersteht. Ist die Funktionsfähigkeit des Werkes spürbar beeinträchtigt, so kann Nachbesserung regelmäßig nicht wegen hoher Kosten verweigert werden.[218]

141

c) Berücksichtigung von Sowieso-Kosten, Mitverschulden sowie der Vorteilsausgleichung

Der Besteller muss sich an etwaig entstehenden **Sowieso-Kosten** beteiligen.[219] Ferner muss sich der Besteller auch an den Aufwendungen für die Mängelbeseitigung beteiligen, wenn er den Mangel **mitverursacht** hat, § 254 BGB.[220]

142

Der Besteller muss sich schließlich nach allgemeinen Grundsätzen auch die **Vorteile anrechnen** lassen, die er durch eine Mängelbeseitigung erhält.[221]

143

d) Vorbehaltlose Abnahme des Werkes gemäß § 640 Abs. 2 BGB

Hat der Besteller das Werk **in Kenntnis der Mängel** abgenommen und keinen Vorbehalt erklärt, so ist der Nacherfüllungsanspruch gemäß § 640 Abs. 2 BGB ausgeschlossen.[222, 223]

144

8. Zur Verjährung des Mängelbeseitigungsanspruchs[224]

Der auf Verschaffung eines mangelfreien Werkes gerichtete **Erfüllungsanspruch** des Bestellers aus § 631 Abs. 1 BGB vor Abnahme unterliegt der 3-jährigen regelmäßigen Verjährungsfrist des §§ 195, 199 BGB.[225]

145

Die Verjährung des **Nacherfüllungsanspruchs** gemäß §§ 634 Nr. 1, 635 Abs. 1 BGB sowie des **Aufwendungsersatzanspruchs** bei Selbstvornahme gemäß §§ 634 Nr. 2, 637 Abs. 1 BGB bzw. des **Kostenvorschussanspruchs** aus § 637 Abs. 3 BGB richtet sich

146

---

217 BGH BauR 2002, 345; BauR 1997, 638; BauR 1995, 540 (541); Werner/Pastor, Rn. 1574.
218 OLG Düsseldorf BauR 1987, 572; BauR 1993, 82; MünchKomm-Busche, § 635 BGB, Rn. 37f; Staudinger-Peters, § 635 BGB, Rn. 8-11; Werner/Pastor, Rn. 1575.
219 BGH BauR 2002, 86 (88) vgl. Band „Privates Baurecht" Rn. 555 ff.
220 BGH BauR 2002, 86 (88) vgl. Band „Privates Baurecht" Rn. 555 ff.
221 BGH BauR 2002, 86 (88) vgl. Band „Privates Baurecht" Rn. 555 ff.
222 Staudinger-Peters, § 640 BGB, Rn. 61f.
223 Vgl. Band „Privates Baurecht", Muster: Klageerwiderung des Auftragnehmers, Rn. 557.
224 Wegen allgemein geltender Besonderheiten des Verjährungsrechts einschließlich Hemmungs- und Unterbrechungstatbestände kann auf die die Ausführungen unter Rn. 82 ff. verwiesen werden.
225 Staudinger-Peters, § 634a BGB, Rn. 8.

nach § 634a Abs. 1 BGB. Danach verjähren die vorgenannten Ansprüche nach Nr. 1 in zwei Jahren bei einem Werk, dessen Erfolg in der Herstellung, Wartung oder Veränderung einer Sache oder in der Erbringung von Planungs- oder Überwachungsleistungen hierfür besteht. Wegen eines Mangels eines Bauwerks und einem Werk, dessen Erfolg in der Erbringung von Planungs- oder Überwachungsleistungen hierfür besteht, gilt gemäß § 634a Abs. 1 Nr. 2 eine fünfjährige Verjährungsfrist. Im Übrigen gilt für den verbleibenden Rest die regelmäßige Verjährungsfrist.

147 Eine Sonderregelung für den Fall, dass der Unternehmer den Mangel **arglistig** verschwiegen hat, ergibt sich aus § 634a Abs. 3 BGB. Danach gilt die 3-jährige regelmäßige Verjährungsfrist gemäß §§ 195, 199 BGB, allerdings mit der Einschränkung des § 634a Abs. 3 Satz 2 BGB, dass die Verjährung nicht vor dem Ablauf der Verjährungsfrist aus § 634a Abs. 1 BGB eintritt. Diese Regelung ist auch für das **Organisationsverschulden** des Unternehmers entsprechend anzuwenden.[226]

148 Ist zwischen den Parteien eine abweichende Verjährungsfrist **individuell** vereinbart worden, so gilt diese vereinbarte Frist.[227]

III. Die Mängelrechte Rücktritt, Minderung und Schadensersatz

Literatur: Aurnhammer, Verfahren zur Bestimmung von Wertminderung bei (Bau-)Mängeln und (Bau-)Schäden, BauR 1978, 356; Aurnhammer, Der Wert des Sachverständigengutachtens – Der Beurteilungsweg über das Zielbaumverfahren, BauR 1983, 97; Derleder, Der Wechsel zwischen den Gläubigerrechten bei Leistungsstörungen und Mängeln, NJW 2003, 998; Däubler, Neues Schuldrecht – ein erster Überblick, NJW 2001, 3729; Gaier, Das Rücktritts(folgen)recht nach dem Schuldrechtsmodernisierungsgesetz, WM 2002, 1; Kaiser; Die Rechtsfolgen des Rücktritts in der Schuldrechtsreform, JZ 2001, 1057; Pauly, Zur Frage der Berechnung des Minderungsbetrages und des Minderwertes beim Bauvertrag am Beispiel von Schallschutzmängeln, BauR 2002, 1321; Schlechtriem, Außervertragliche Haftung für Bearbeitungsschäden und weiterfressende Mängel bei Bauwerken, ZfBR 1992, 95; Voit, Die Änderungen des allgemeinen Teils des Schuldrechts durch das Schuldrechtsmodernisierungsgesetz und ihre Auswirkungen auf das Werkvertragsrecht, BauR 2002, 154; von Westphalen, Das Kondensatorurteil des BGH – Mangelbeseitigungsaufwendungen und Versicherungsschutz, ZIP 1992, 532; Westermann, Das Schuldrecht, 2002.

1. Rücktritt

a) Rücktritt gemäß §§ 634 Nr. 3, 323, 326 Abs. 5, 346 Abs. 1 BGB

149 Ist das Werk mit einem Mangel behaftet,[228] kann der Besteller unter den Voraussetzungen der §§ 634 Nr. 3, 636, 323, 326 Abs. 5 BGB vom Vertrag **zurücktreten**. Das Rück-

---

[226] Mansel, NJW 2002, 89 (96); Lenkert, BauR 2002, 196 (209); Neuhaus, MDR 2002, 131 (134); Staudinger-Peters, § 634a BGB, Rn. 43; Werner/Pastor, Rn. 2385.
[227] Voraussetzung ist, dass die Vorgaben aus § 202 BGB beachtet werden. Vgl. hierzu die Ausführungen unter Rn. 85 ff.
[228] Vgl. hierzu die Ausführungen unter Rn. 103 ff.

trittsrecht ist verschuldensunabhängig[229] und steht dem Besteller als einseitiges Gestaltungsrecht zu. Der Rücktritt setzt neben der **Mangelhaftigkeit** der Werkleistung voraus, dass eine dem Unternehmer gesetzte **angemessene Frist** zur Nacherfüllung erfolglos verstrichen ist.[230]

Ist der Nacherfüllungsanspruch fällig, kann der Besteller dem Unternehmer eine angemessene Frist zur Nacherfüllung bestimmen. Ist die Frist zu kurz bemessen, so wird eine angemessene Frist in Gang gesetzt.[231] In bestimmten Fällen kann eine Fristsetzung entbehrlich sein: Gemäß § 323 Abs. 2 BGB ist eine **Fristsetzung entbehrlich**, wenn der Unternehmer die Leistung ernsthaft und endgültig verweigert hat,[232] ein Fixgeschäft vorliegt bzw. besondere Umstände vorliegen,[233] die unter Abwägung der beidseitigen Interessen die sofortige Selbstvornahme rechtfertigen. Gleiches gilt dann, wenn die Nacherfüllung dem Unternehmer gemäß § 275 BGB unmöglich (und in den Fällen des § 275 Abs. 2 und 3 BGB verweigert worden)[234] ist bzw. der Unternehmer die Nacherfüllung wegen unverhältnismäßig hoher Kosten gemäß §§ 635 Abs. 3, 636 BGB verweigert hat. Schließlich ist eine Fristsetzung gemäß § 636 BGB auch dann entbehrlich, wenn die Nacherfüllung fehlgeschlagen[235] oder dem Besteller unzumutbar ist.[236]

150

Das Rücktrittsrecht des Bestellers ist gemäß § 323 Abs. 5 Satz 2 BGB ausgeschlossen, wenn der **Mangel unerheblich** ist. Gleiches gilt dann, wenn der Besteller für den Umstand, der ihn zum Rücktritt berechtigen würde, **allein oder weit überwiegend verantwortlich** ist, oder wenn der vom Unternehmer nicht zu vertretende Umstand zu einer Zeit eintritt, zu welcher der Besteller in Verzug der Annahme ist.[237]

151

Der Rücktritt wandelt das bisherige Vertragsverhältnis in ein Rückgewähr- und Abwicklungsverhältnis um.[238] Die bisherigen Leistungsansprüche und Leistungspflich-

152

---

229 Der Besteller kann also auch den Rücktritt erklären, wenn der Unternehmer den Mangel seiner Leistung nicht verschuldet hat. Dabei ist an den Fall zu denken, dass der Unternehmer nach den anerkannten Regeln der Technik gearbeitet hat und trotzdem die Funktionstauglichkeit des Werkes nicht gewährleistet ist. Vgl. hierzu die Ausführungen unter Rn. 105 f.
230 Dass das Rücktrittsrecht ein nachrangiges Gewährleistungsrecht ist und voraussetzt, dass dem Werkunternehmer zuvor eine angemessene Frist zur Nacherfüllung gesetzt worden ist, ergibt sich nicht unmittelbar aus dem Wortlaut des § 634 Nr. 3 BGB, sondern daraus, dass in § 634 Nr. 3 BGB auf § 636 und §§ 326 Abs. 5, 323 BGB verwiesen wird.
231 BGH WM 1986, 1255; BauR 2000, 98; OLG Düsseldorf BauR 1982, 587 (589); Palandt-Sprau, § 634 BGB, Rn. 5; Werner/Pastor, Rn. 1656.
232 Vgl. hierzu die Ausführungen unter Rn. 128.
233 Vgl. hierzu die Ausführungen unter Rn. 128.
234 Vgl. hierzu die Ausführungen unter Rn. 138 ff.
235 Vgl. hierzu die Ausführungen unter Rn. 128.
236 Vgl. hierzu die Ausführungen unter Rn. 126.
237 Dieser Ausschluss des Rücktrittsrechts betrifft solche Fälle, bei denen der Mangel auf einer fehlerhaften Leistungsbeschreibung beruht und dieser Planungsfehler die weit überwiegende Verantwortlichkeit des Bestellers begründet. Denkbar ist darüber hinaus, dass der Besteller gegen ihn obliegende Kooperationspflichten verstößt, BGH ZfBR 2000, 170; NJW 1996, 2158; OLG Köln NJW-RR 2002, 15; OLG Düsseldorf NZBau 2000, 427; Werner/Pastor, Rn. 1664. Ob ein derartig schwer wiegender Verantwortungsbeitrag des Bestellers vorliegt, ist eine Wertungsfrage, die nur unter Berücksichtigung der Umstände des Einzelfalles möglich ist. Darin liegt ein gewisses Gefährdungspotential für den Besteller, denn es kann sein, dass seine Wertung in einem Gerichtsverfahren nicht bestätigt wird, sodass dann feststeht, dass sein Rücktritt unberechtigt war.
238 BGH NJW 1998, 3268.

ten erlöschen. Nach dem Rücktritt sind nach § 346 Abs. 1 BGB die empfangenen Leistungen zurückzugewähren und die **gezogenen Nutzungen** herauszugeben.

153 Bei Werkleistungen ist die Rückgewähr eines Werkes oder eines Teils davon gemäß § 346 Abs. 2 Nr. 2 BGB in der Regel ausgeschlossen, da die Werkleistung beim Rückbau regelmäßig zerstört oder anderweitig unbrauchbar wird und damit die Rückgewähr nach der Natur des Erlangten ausgeschlossen ist.[239] Der Besteller hat in diesem Fall gemäß § 346 Abs. 2 BGB Wertersatz zu leisten, wobei gemäß § 346 Abs. 2 Satz 2 BGB bei der Berechnung dieses **Wertansatzes** grundsätzlich die im Vertrag bestimmte Gegenleistung (also der Werklohn) zugrunde zu legen ist.[240]

154 Nach § 346 Abs. 1 BGB sind zudem die gezogenen Nutzungen herauszugeben. Dabei sind gemäß § 100 BGB die Gebrauchsvorteile zu ersetzen. Berechnet werden die Gebrauchsvorteile nach einer zeitanteiligen linearen Wertminderung im Vergleich zwischen tatsächlichem Gebrauch und voraussichtlicher Gesamtnutzungsdauer.[241]

b) Rücktritt gemäß § 323 BGB bei verzögerter Werkausführung

155 Beim Werkvertrag kann der Besteller bei einer verzögerten Werkausführung nach § 323 BGB zurücktreten. Eine Werkleistung ist ganz oder zum Teil nicht rechtzeitig hergestellt, wenn Fälligkeit der Leistung eingetreten, das Werk aber noch nicht vollständig herstellt und noch nicht abgeliefert ist.

156 Ein Rücktritt vom Werkvertrag ist allerdings erst dann möglich, wenn dem Unternehmer eine **angemessene Frist** zur Leistung oder Nacherfüllung gesetzt worden ist.[242] Eine Fristsetzung ist nur in den in § 323 Abs. 2 BGB genannten Ausnahmefällen entbehrlich, insbesondere, wenn der Unternehmer die Leistung endgültig und ernsthaft verweigert oder der Unternehmer seine Vertragspflichten in einem Maße schlecht erfüllt hat, dass dem Besteller ein Festhalten am Vertrag nicht zugemutet werden kann.[243]

157 Hat eine teilweise Erfüllung des Vertrages für den Besteller kein Interesse, so kann er von dem ganzen Vertrag zurücktreten. Ein Rücktrittrecht entfällt gemäß 242 BGB bei unerheblicher Verzögerung bzw. dann, wenn der Besteller die Verzögerung selbst zu vertreten hat. Der Rücktritt vom Vertrag steht dem Anspruch auf Ersatz des bis zum Rücktritt eingetretenen Verzögerungsschadens nicht entgegen.

---

239 Voit, BauR 2002, 154; Gaier, WM 2002, 1 (4); Werner/Pastor, Rn. 1664; a.A. Kaiser, JZ 2001, 1057 (1059).
240 Kritisch dazu Voit, BauR 2002, 159, wonach es nicht sein könne, dass der Besteller/Auftraggeber eine „Vergütung" für eine Leistung zu zahlen habe, die als Teilleistung für ihn wertlos ist. Ist das Werk mangelbehaftet, ist die Gegenleistung – vergleichbar zur Minderung – um den Mängelbeseitigungsaufwand und einen etwaig verbleibenden Minderwert zu kürzen, Gaier, WM 2002, 1 (5); Staudinger-Peters, § 634 BGB, Rn. 94; Werner/Pastor, Rn. 1664.
241 BGH NJW 1996, 250 (252); Gaier, WM 2002, 1 (6). Bei Grundstücken kann auf den objektiven Mietwert abgestellt werden, BGHZ 87, 296, 301; NJW 1992, 892. Soweit dieser durch die Mängel der Bauleistung gemindert ist, muss auch eine Minderung der Gebrauchsvorteile stattfinden.
242 Vgl. hierzu die Ausführungen unter Rn. 127.
243 Vgl. hierzu die Ausführungen unter Rn. 128.

2. Minderung gemäß §§ 634 Nr. 3, 638 Abs. 1 BGB

Gemäß §§ 634 Nr. 3, 638 Abs. 1 BGB kann der Besteller die mangelhafte Leistung[244] behalten und den Werklohn herabzusetzen. Dabei stellt das **Minderungsrecht** des Bestellers ein Gestaltungsrecht dar und muss durch die einseitige gestaltende Erklärung[245] des Bestellers gegenüber dem Unternehmer vollzogen werden.[246]

158

Durch die Bezugnahme auf das Rücktrittsrecht im § 638 Abs. 1 Satz 1 BGB ist klargestellt, dass sämtliche **Voraussetzungen des Rücktritts** vorliegen müssen, bevor der Besteller den Werklohnanspruch des Unternehmers mindern kann.[247] Anders als beim Rücktritt (§ 323 Abs. 5 Satz 2 BGB) ist eine Minderung gemäß § 638 Abs. 1 Satz 2 BGB auch bei **unerheblichen Mängeln**[248] möglich.

159

Bei der **Berechnung des Minderungsbetrages** ist auf die Kosten der Mängelbeseitigung abzustellen, wobei gegebenenfalls ein verkehrsmäßiger (merkantiler) bzw. verbliebener technischer Minderwert zusätzlich auszugleichen ist. Etwas anderes gilt für den Fall, dass der Unternehmer die Mängelbeseitigung wegen der unverhältnismäßig hohen Kosten verweigert, die Nacherfüllung unmöglich ist oder die Leistungsverweigerungsrechte aus § 275 Abs. 2 und 3 BGB geltend gemacht werden. In diesem Fall muss die Minderung nach der gesetzlichen Formel des § 638 Abs. 3 BGB ermittelt werden.[249] Bei der Ermittlung des Minderungsbetrages bei Schönheitsfehlern ist auf die Beeinträchtigung des Geltungswerts abzustellen.

160

Der Besteller hat bei der Minderungsklage alle Umstände vorzutragen, aus denen sich der Minderwert der Werkleistung errechnet. Der Umfang der Minderung kann von dem Besteller meistens nur geschätzt werden. Es muss daher zukünftig in aller Regel für die Höhe des Minderwertes ein Sachverständigengutachten eingeholt werden, denn eine gerichtliche Schätzung (§ 287 ZPO) muss erkennen lassen, in welcher Weise z.B. die notwendigen Mängelbeseitigungskosten bei der Schätzung des Minderungsbetrages berücksichtigt worden sind.[250] Hat der Besteller mehr als die geminderte Vergütung bezahlt, so ist ihm der Mehrbetrag nach den Rücktrittsvorschriften zu erstatten, § 638 Abs. 4 BGB.[251]

161

---

244 Vgl. hierzu die Ausführungen unter Rn. 103 ff.
245 Sind auf Bestellerseite mehrere beteiligt, muss die Minderung gemäß § 638 Abs. 2 BGB von allen zusammen erklärt werden. Sind auf Unternehmerseite mehrere beteiligt, muss die Minderung gegenüber sämtlichen Unternehmern erklärt werden.
246 Mit dem Zugang der Gestaltungserklärung hat der Besteller das ihm zustehende Wahlrecht zwischen dem ihm zustehenden Rechten wegen eines Mangels getroffen. Diese Wahl ist bindend. In Angleichung zum Rücktrittsrecht (vgl. insoweit § 325 BGB) kann der Besteller auch nach der Wahl der Minderung noch auf den Schadensersatzanspruch statt der Leistung übergehen, Westermann-Maifeld, S. 266; Derleder, NJW 2003, 998 (1002).
247 Vgl. hierzu die Ausführungen unter Rn. 149 ff.
248 Vgl. hierzu die Ausführungen unter Rn. 151.
249 Vgl. hierzu entwickelte Schätzungsmethoden, wie z.B. das Zielbaumverfahren, Aurnhammer, BauR 1978, 356 und BauR 1983, 97; Pauly, BauR 2002, 1323; Staudinger-Peters, § 634 BGB, Rn. 100 ff.
250 BGHZ 77, 320 (326).
251 Prozessformular in Band „Privates Baurecht"

3. Schadensersatz gemäß §§ 634 Nr. 4, 280 ff. BGB[252]

162 Die Vorschrift des § 634 Nr. 4 BGB begründet keinen eigenständigen werkvertraglichen Schadensersatzanspruch, vielmehr wird auf das allgemeine Leistungsstörungsrecht und die Regelungen in den §§ 280 ff. BGB verwiesen. Folgende Anspruchsgrundlagen kommen für den Schadensersatzanspruch des Bestellers in Betracht:

a) Ersatz des Mangelfolgeschadens gemäß §§ 634 Nr. 4, 280 Abs. 1 BGB

163 Ein Anspruch des Bestellers auf Ersatz der Schäden, die ihm in Folge der Pflichtverletzung des Unternehmers entstanden sind, folgt aus §§ 634 Nr. 4, 280 Abs. 1 BGB.

164 Dieser neben der Leistung stehende Schadensersatzanspruch setzt voraus, dass es in Folge des Mangels des Werkes[253] zu einem Schaden des Bestellers an dessen **sonstigen Rechtsgütern** gekommen ist. Eine Fristsetzung ist für den Anspruch auf Ersatz des Mangelfolgeschadens nicht erforderlich. Allerdings muss der Unternehmer den Mangel zu vertreten haben, wobei gemäß § 280 Abs. 1 Satz 2 BGB das Verschulden des Unternehmers vermutet wird. Der Unternehmer muss sich folglich entlasten.

165 Ersetzt werden die Folgeschäden am Werk[254] sowie solche Schäden, die nicht mehr in unmittelbaren, engen Zusammenhang mit dem Mangel eingetreten sind.[255] Dazu gehören auch die Kosten für die Anmietung einer Ersatzwohnung während der Mängelbeseitigung,[256] der Anspruch auf Ersatz des entgangenen Gewinns während der Mangelhaftigkeit oder Mängelbeseitigung,[257] die mängelbedingten Mehraufwendungen[258] sowie die der Mängelbeseitigung zuzuordnenden Sachverständigenkosten.[259] Als Mangelfolgeschaden ist ferner ein eventuell zu ersetzender Nutzungsausfall einzuordnen. Nutzungsausfall kommt in Betracht, wenn der Auftraggeber das Werk infolge des Mangels nicht nutzen kann.[260] Schließlich zählt zum Mangelfolgeschaden auch ein

---

252 Der Schadensersatzanspruch ist gemäß § 325 BGB nicht dadurch ausgeschlossen, dass der Besteller vom Vertrag zurückgetreten ist oder die Werkvergütung gemindert hat. Der Besteller kann daher trotz Rücktritt oder Minderung Schadensersatz oder Aufwendungsersatz verlangen. Rücktritt und Minderung stehen zueinander in einem Ausschließlichkeitsverhältnis. In einem Ausschließlichkeitsverhältnis stehen nach dem Wortlaut des Gesetzes auch der Anspruch auf Schadensersatz und Aufwendungsersatz.
253 Vgl. hierzu die Ausführungen unter Rn. 103 ff.
254 Insoweit geht es um eine Beeinträchtigung des Eigentums des Bestellers: BGH BauR 1975, 130; BauR 1990, 466 [Schäden am Wandanstrich und an verlegten Teppichfußböden infolge einer fehlerhaften Feuchtigkeitsisolierung]; NJW 1963, 805 [Schäden am Bauwerk infolge mangelhafter Rohr- und Putzarbeiten].
255 BGHZ 58, 305; NJW 1982, 2244; VersR 1962, 480 [Wasserschäden nach Bruch eingebauter Heizkörper]; NJW 1979, 1651 [Beschädigung von Gegenständen nach Absturz eines nicht richtig befestigten Regals]; BauR 1972, 127 [Schäden durch auslaufendes Öl infolge fehlerhafter Montage einzelner Teile ölführender Leitungen]; BGHZ 115, 32 [Folgen eines Einbruchs nach fehlerhaftem Einbau einer Alarmanlage].
256 BGHZ 46, 238.
257 BGH BauR 1976, 354; BauR 1978, 402; BauR 2000, 1190.
258 BGH BauR 1992, 504.
259 BGH BauR 2002, 86; BauR 1971, 51; BGHZ 92, 308 (310).
260 Bei Sachen, auf deren ständige Verfügbarkeit die eigenwirtschaftliche Lebenshaltung des Menschen angewiesen ist, kann zeitweise Verlust der Nutzungsmöglichkeit ein Vermögensschaden sein. Der Ersatz der verlorenen Nutzungsmöglichkeit muss grundsätzlich Fällen vorbehalten bleiben, in denen sich die Funktionsstörung typischerweise auf die materielle Lebenshaltung signifikant auswirkt, BGHZ 98, 212; BauR 1980, 271; BGHZ 101, 325; NJW 1987, 771.

merkantiler Minderwert, der von vornherein trotz ordnungsgemäßer Nachbesserung verbleibt.[261]

b) Ersatz des Mangelschadens gemäß §§ 634 Nr. 4, 280 Abs. 1 und 3, 281 BGB

Ist die Nacherfüllung noch möglich,[262] bestimmt sich der Schadensersatzanspruch des Bestellers gegen den Unternehmer nach §§ 634 Nr. 4, 280 Abs. 1 und 3, 281 BGB.

Der **Schadensersatzanspruch statt der Leistung** setzt voraus, dass es bei Vorliegen eines Mangels des Werkes[263] zum erfolglosen Ablauf einer dem Unternehmer gesetzten **angemessenen Frist**[264] zur Nacherfüllung gekommen ist. Die Fristsetzung ist dann entbehrlich, wenn eine endgültige und ernsthafte Erfüllungsverweigerung des Unternehmers[265] vorliegt bzw. besondere Umstände[266] gemäß § 281 Abs. 2 BGB entgegenstehen. Eine Fristsetzung ist gemäß § 636 BGB auch dann entbehrlich, wenn die Nacherfüllung fehlgeschlagen[267] oder dem Besteller unzumutbar ist.[268] Schließlich ist eine Fristsetzung auch dann gemäß §§ 635 Abs. 3, 636 BGB entbehrlich, wenn der Unternehmer sie wegen unverhältnismäßig hoher Kosten verweigert hat.[269]

Schließlich setzt der Schadensersatzanspruch voraus, dass ein Verschulden des Unternehmers vorliegt. Das Verschulden wird gemäß § 280 Abs. 1 Satz 2 BGB vermutet, was zur Folge hat, dass die Haftung nur dann entfällt, wenn der Unternehmer sich entlasten kann.

Zu beachten bleibt weiterhin, dass der Anspruch auf (Nach-)Erfüllung gemäß § 281 Abs. 4 BGB ausgeschlossen ist, sobald der Besteller Schadensersatz statt der Leistung verlangt.

Liegen diese Voraussetzungen vor, kann der Besteller Schadensersatz statt der Leistung verlangen. Beim sog. **kleinen Schadensersatzanspruch** erhält der Besteller gemäß § 281 Abs. 1 Satz 1 BGB als Ersatz die Wertdifferenz zwischen der mangelfreien und der

---

261 BGH BauR 1986, 103.
262 Ist die Nacherfüllung von Anfang an unmöglich, so ergibt sich der Schadensersatzanspruch des Bestellers aus § 311a Abs. 2 BGB. Gemäß § 311a Abs. 2 Satz 2 BGB ist der Unternehmer nicht zum Schadensersatz verpflichtet, wenn er das Leistungshindernis bei Vertragsschluss nicht kannte und seine Unkenntnis auch nicht zu vertreten hat. Bei nachträglicher Unmöglichkeit der Nacherfüllung ergibt sich der Schadensersatzanspruch des Bestellers aus §§ 634 Nr. 4, 280 Abs. 1 und 3, 283 BGB. Eine Fristsetzung zur Mängelbeseitigung ist in beiden Fällen nicht erforderlich. Im Übrigen kann auf die nachstehenden Ausführungen verwiesen werden.
263 Vgl. hierzu die Ausführungen unter Rn. 103 ff.
264 Vgl. hierzu die Ausführungen unter Rn. 127.
265 Vgl. hierzu die Ausführungen unter Rn. 128.
266 Vgl. hierzu die Ausführungen unter Rn. 128.
267 Vgl. hierzu die Ausführungen unter Rn. 128.
268 Vgl. hierzu die Ausführungen unte Rn. 128.
269 Vgl. hierzu die Ausführungen unter Rn. 141.

mangelhaften Leistung. Bereits der Mangel selbst ist Schaden.[270] Die Bewertung des Schadens erfolgt nach der Differenzhypothese.[271]

171 Beim **großen Schadensersatz**, der gemäß § 281 Abs. 1 Satz 3 BGB nur bei erheblichen Mängeln geltend gemacht werden kann,[272] weist der Besteller die ganze Leistung zurück und begehrt in diesem Umfang Kompensation. Er macht den durch die Nichterfüllung des gesamten Vertrages entstandenen Schaden geltend. Der Schadensersatz statt der ganzen Leistung wird im Werkrecht hauptsächlich in zwei Konstellationen geltend gemacht. In der ersten Konstellation lässt der Besteller das Werk anderweitig fertig stellen. Der Schadensersatz berechnet sich dann nach den Mehrkosten, die durch die anderweitige Fertigstellung entstanden sind und allen weiteren Schäden, die durch die Nichterfüllung entstehen. Von den Kosten des Drittunternehmers ist bei dieser Berechnung der Werklohn des Altunternehmers abzuziehen, weil dieser nicht mehr zu entrichten ist.[273] In der zweiten Konstellation lässt der Besteller das Werk überhaupt nicht mehr fertig stellen. Der Schadensersatzanspruch berechnet sich dann nach dem Vermögensverlust, den der Besteller infolge des Scheiterns des Objekts erlitten hat.

c) Ersatz des Verzögerungsschadens gemäß §§ 280 Abs. 1 und 2, 286 BGB

172 Zu beachten bleibt, dass § 286 BGB in § 634 Nr. 4 BGB nicht erwähnt ist. § 634 Nr. 4 BGB verweist jedoch auf § 280 BGB, der in Abs. 2 wiederum auf § 286 BGB verweist. Verzögert sich die Nacherfüllung, so kann der Besteller **bei Verzug** des Unternehmers gemäß §§ 280 Abs. 1 und 2, 286 BGB Ersatz des Verzögerungsschaden verlangen.[274,275]

---

270 BGH BauR 2003, 123; Staudinger-Peters, § 634 BGB, Rn. 131 ff. Dieser Schaden ist grundsätzlich nach § 249 BGB zu ersetzen, allerdings findet § 249 BGB nur mit einer wesentlichen Einschränkung Anwendung. So besteht der Anspruch auf Naturalrestitution nicht, denn er wäre der Sache nach der Anspruch auf mangelfreie Herstellung, also auf Erfüllung. Der Erfüllungsanspruch ist aber gemäß § 281 Abs. 4 BGB ausgeschlossen. Deshalb kann der Besteller nach § 249 BGB nur einen geldwerten Ausgleich verlangen.
271 Der Besteller kann die Minderung des Verkehrswertes verlangen, d.h. die Differenz zwischen Verkehrswert mit Mangel und ohne Mangel unter Berücksichtigung des Berechnungsmodus des § 638 Abs. 3 BGB, BGH BauR 1995, 388. Der mangelbedingte Minderwert kann auch nach den Aufwendungen berechnet werden, die zur vertragsgemäßen Herstellung des Werkes notwendig sind, BGH BauR 2003, 1209.
272 Die unerhebliche Pflichtverletzung im Sinne des § 281 Abs. 1 Satz 3 BGB ist nicht zu verwechseln mit dem unwesentlichen Mangel im Sinne des § 640 BGB. Unwesentlich im Sinne des § 640 BGB ist ein Mangel, wenn er an Bedeutung so weit zurücktritt, dass es unter Abwägung der beiderseitigen Interessen für den Besteller zumutbar ist, eine zügige Abwicklung des gesamten Vertragsverhältnisses nicht länger aufzuhalten und deshalb nicht mehr auf den Vorteilen zu bestehen, die sich ihm vor vollzogener Abnahme bieten, BGH BauR 1981, 284. Die Unwesentlichkeit ist allein ein Kriterium für die Abnahmepflicht. Allerdings wird ein unwesentlicher Mangel im Sinne des § 640 BGB grundsätzlich eine unerhebliche Pflichtverletzung im Sinne des § 281 Abs. 1 Satz 3 BGB sein. Umgekehrt ist das nicht so.
273 BGHZ 27, 215; Staudinger-Peters, § 634 BGB, Rn. 130.
274 Daneben kann der Besteller alle anderen Schäden liquidieren, die er infolge der Nichterfüllung hat, also z.B. Nutzungsausfall, Abschreibungsausfall usw., Däubler, NJW 2001, 3729 (3731).
275 Vgl. Band „Privates Baurecht", Schadensersatzklage gem. §§ 634, 280, 281 BGB, Rn. 626.

d) Ersatz vergeblicher Aufwendungen gemäß § 284 BGB[276]

In den Fällen, in denen der Besteller einen Anspruch auf Schadensersatz statt der Leistung hat, kann er stattdessen Ersatz seiner **vergeblichen Aufwendungen** verlangen, die er im Vertrauen auf den Erhalt der Leistung gemacht hat und billiger Weise machen durfte, es sei denn, deren Zweck wäre auch ohne die Pflichtverletzung des Schuldners nicht erreicht worden.

4. Zur Verjährung der Mängelrechte[277]

In § 634a Abs. 4 BGB wird für das **Rücktrittsrecht** und in § 634a Abs. 5 BGB für das **Minderungsrecht** auf § 218 BGB verwiesen.[278] Danach ist der Rücktritt bzw. die Minderung unwirksam, wenn der Anspruch auf die Nacherfüllung verjährt ist. Der **Nacherfüllungsanspruch** verjährt nach § 634a Abs. 1 BGB. Die Verjährung des **Schadensersatzanspruchs** gemäß §§ 634 Nr. 4, 280ff. BGB bzw. des Anspruchs nach § 284 BGB auf Ersatz **nutzloser Aufwendungen** richtet sich nach § 634a Abs. 1 BGB. Die Verjährungsfrist beginnt gemäß § 634a Abs. 2 BGB mit Abnahme des Werkes.

Eine Sonderregelung für den Fall, dass der Unternehmer den Mangel **arglistig** verschwiegen hat, ergibt sich aus § 634a Abs. 3 BGB. Danach gilt die 3-jährige regelmäßige Verjährungsfrist gemäß §§ 195, 199 BGB, allerdings mit der Einschränkung des § 634a Abs. 3 Satz 2 BGB, dass die Verjährung nicht vor dem Ablauf der Verjährungsfrist aus § 634a Abs. 1 BGB eintritt. Diese Regelung ist auch für das **Organisationsverschulden** des Unternehmers entsprechend anzuwenden.[279] Ist zwischen den Parteien eine abweichende Verjährungsfrist individuell vereinbart worden, so gilt diese vereinbarte Frist.[280]

IV. Weitergehende Ansprüche

1. Schadensersatzanspruch des Bestellers gemäß § 280 Abs. 1 BGB bei der Verletzung von Nebenpflichten

Ein Anspruch aus § 280 Abs. 1 BGB kommt dann in Betracht, wenn es um die Verletzung vertraglicher Nebenpflichten geht und der eingetretene Schaden nicht mangelbedingt ist.[281] Geht es um die Haftung des Unternehmers, ist in erster Linie an die Verletzung von Schutz- und Sorgfaltspflichten im Hinblick auf eine Verletzung der Rechtsgüter

---

276 Der Aufwendungsersatzanspruch ist nicht dadurch ausgeschlossen, dass der Besteller vom Vertrag zurückgetreten ist oder die Werkvergütung gemindert hat. Der Besteller kann daher trotz Rücktritt oder Minderung Schadensersatz oder Aufwendungsersatz verlangen. Rücktritt und Minderung stehen zueinander in einem Ausschließlichkeitsverhältnis. In einem Ausschließlichkeitsverhältnis stehen nach dem Wortlaut des Gesetzes auch der Anspruch auf Schadensersatz und Aufwendungsersatz.
277 Wegen allgemein geltender Besonderheiten des Verjährungsrechts einschließlich Hemmungs- und Unterbrechungstatbestände kann auf die die Ausführungen unter Rn. 85ff. verwiesen werden.
278 Werner/Pastor, Rn. 2383.
279 Mansel, NJW 2002, 89 (96); Lenkert, BauR 2002, 196 (209); Neuhaus, MDR 2002, 131 (134); Werner/Pastor, Rn. 2385.
280 Voraussetzung ist, dass die Vorgaben aus § 202 BGB beachtet werden. Vgl. hierzu die Ausführungen unter Rn. 85ff.
281 Für mangelbedingte Schäden stellen § 634 Nr. 4, 280ff. BGB abschließende Regelungen dar.

des Bestellers zu denken.²⁸² Aber auch die Verletzung von Beratungs-, Hinweis-, Anzeige- und Aufklärungspflichten können eine Pflichtverletzung des Unternehmers begründen.²⁸³

177 Neben dem **Vorliegen einer Nebenpflichtverletzung**, für deren Vorliegen der Besteller grundsätzlich darlegungs- und beweisverpflichtet ist, muss der Unternehmer schuldhaft im Sinne der §§ 276, 278 BGB gehandelt haben. Gemäß § 280 Abs. 1 Satz 2 BGB wird das Verschulden vermutet. Der Vertragspartner muss dementsprechend dartun und unter Beweis stellen, dass ihn kein Verschulden trifft.

2. Rücktrittsrecht und Schadensersatzanspruch des Bestellers vor Abnahme

178 Beim Werkvertrag kann der Besteller bei einer **verzögerten Werkausführung** gemäß § 323 Abs. 1 BGB, bei einer Nebenpflichtverletzung (im Sinne des § 241 Abs. 2 BGB) gemäß § 324 BGB sowie bei unmöglicher Leistungserbringung gemäß § 326 Abs. 5 BGB vom Werkvertrag zurücktreten.

179 Im Fall der verzögerten Werkausführung ist ein **Rücktritt** allerdings erst dann möglich, wenn dem Unternehmer eine angemessene Frist zur Leistung gesetzt worden ist. Eine Fristsetzung ist nur in den in § 323 Abs. 2 BGB genannten Ausnahmefällen entbehrlich.²⁸⁴

180 Hat der Besteller an einer teilweisen Erfüllung des Vertrages kein Interesse, kann er gemäß § 323 Abs. 5 Satz 1 BGB von dem Werkvertrag insgesamt zurücktreten.

181 Gemäß § 323 Abs. 6 BGB ist der Rücktritt ausgeschlossen, wenn der Besteller für den Umstand, der ihn zum Rücktritt berechtigen würde, allein oder weit überwiegend verantwortlich ist.

182 Gleichermaßen kann der Besteller beim Werkvertrag bei einer verzögerten Ausführung gemäß § 281 Abs. 1 BGB, bei einer Nebenpflichtverletzung (im Sinne des § 241 Abs. 2 BGB) gemäß § 282 BGB sowie bei unmöglicher Leistungserbringung gemäß §§ 283 sowie 311a Abs. 2 BGB **Schadensersatz statt der Leistung** vom Unternehmer verlangen.²⁸⁵ Im Fall der verzögerten Werkausführung ist ein Schadensersatzanspruch statt der Leistung allerdings erst dann möglich, wenn dem Unternehmer eine angemessene Frist zur Leistung gesetzt worden ist.²⁸⁶ Eine Fristsetzung ist nur in den in § 281 Abs. 2 BGB genannten Ausnahmefällen entbehrlich.

183 Hat der Besteller an einer teilweisen Erfüllung des Vertrages kein Interesse, kann er gemäß § 281 Abs. 1 Satz 2 BGB Schadensersatz statt der ganzen Leistung verlangen.

---

282 OLG Hamm NJW-RR 1998, 91; OLG Düsseldorf NJW-RR 1997, 975; OLG Düsseldorf BauR 1992, 377; Staudinger-Peters, § 634 BGB, Rn. 138.
283 BGH ZfBR 1998, 91; OLG Hamm ZfBR 1995, 313; OLG Hamm BauR 1997, 859; OLG Dresden NJW-RR 1998, 373; LG Berlin NJW-RR 1997, 852; Staudinger-Peters, § 634 BGB, Rn. 140.
284 Vgl. hierzu die Ausführungen unter Rn. 128.
285 Gemäß § 325 BGB können Rücktritt und Schadensersatz nebeneinander geltend gemacht werden.
286 Vgl. hierzu die Ausführungen unter Rn. 127.

Befindet sich der Unternehmer gemäß § 286 BGB im Schuldnerverzug, kann der Besteller den Verzögerungsschaden entweder als Rechnungsposten in den „Nichterfüllungsschaden" einbeziehen oder aber selbstständig über §§ 280 Abs. 1, 2; 286 BGB geltend machen.

3. Schadensersatzanspruch des Bestellers aus unerlaubter Handlung gemäß § 823 Abs. 1 BGB

Fraglich ist, ob bei Werkmängeln neben der vertraglichen Mängelhaftung zugleich auch Ansprüche aus unerlaubter Handlung gemäß § 823 Abs. 1 BGB begründet sein können. Dabei ist eine Haftung des Unternehmers für Mängel aus § 823 Abs. 1 BGB immer dann von Bedeutung, wenn vertragliche Mängelrechte bereits früher als der deliktsrechtliche Anspruch verjährt sind.

Nach der ständigen Rechtsprechung des BGH ist eine unerlaubte Handlung bei Werkmängeln nur dann zu bejahen, wenn durch die fehlerhafte Werkleistung in eine bereits vorhandene und vorher unversehrt gewesene im Eigentum des Bestellers bzw. eine Dritten stehende Sache eingegriffen wird. Der eingetretene Schaden darf also **nicht stoffgleich** sein mit dem Mangel, der dem Werk von Anfang an anhaftet.[287] Die mangelhafte Errichtung eines Werks selbst ist also für sich allein noch keine Eigentumsverletzung, denn darin erweist sich lediglich ihr Mangelunwert.[288]

Vor diesem Hintergrund ist eine Eigentumsverletzung dann zu bejahen, wenn auf im Eigentum des Bestellers bzw. eines Dritten stehende Sachen eingewirkt wird, die überhaupt nicht in das auszuführende Werk einbezogen waren. Folglich muss sich der Mangel auf die schon vorhandenen, bis dahin unversehrt gewesenen Teile des zu behandelnden Gegenstandes ausgewirkt und diese dadurch beschädigt haben. Weiterhin liegt eine Eigentumsverletzung auch dann vor, wenn nur ein selbstständig abgrenzbares Einzelteil mit Gesamtfunktion mangelbehaftet war und zu einem Schaden an der übrigen einwandfreien Gesamtanlage führt.[289]

Ist ein deliktischer Schadensersatzanspruch aus § 823 Abs. 1 BGB zu bejahen, beschränkt sich der Ersatzanspruch des Bestellers auf den Betrag, der zur Herstellung des ursprünglichen Zustandes erforderlich ist.[290]

B. Die Sicherung werkvertraglicher Ansprüche beim Vorliegen von Mängeln

Mit dem selbstständigen Beweissicherungsverfahren (§§ 485 ff. ZPO) wird den Beteiligten ein sinnvolles und schlagkräftiges Sicherungsmittel an die Hand gegeben, um eine vorweggenommene Tatsachenfeststellung frühzeitig klären und dadurch einen

---

287 BGH BauR 2001, 800 (801); BauR 1992, 388; BauR 1985, 595 (596); Staudinger-Peters, § 634 BGB, Rn. 144; Werner/Pastor, Rn. 1840; Kapellmann/Messerschmidt-Weyer, § 13 VOB/B, Rn. 392.
288 BGH BauR 1992, 388 (391); OLG München OLGR 1995, 2 (3); von Westphalen, ZIP 1992, 532; Werner/Pastor, Rn. 1839; Staudinger-Peters, § 634 BGB, Rn. 144.
289 BGH DB 1978, 1878; Kaiser, Rn. 162; Schlechtriem, ZfBR 1992, 95 (100); Staudinger-Peters, § 634 BGB, Rn. 144; Kapellmann/Messerschmidt-Weyer, § 13 VOB/B, Rn. 392.
290 Es handelt sich dabei nicht um einen Vorschussanspruch. Der Anspruch aus § 823 Abs. 1 BGB ist erst nach der Schadensbeseitigung abzurechnen.

Hauptsacheprozess vorbereiten zu können. Das konkrete Ziel der Beweissicherung kann dabei vielfältiger Natur sein. Im Prozess geht es jedoch regelmäßig darum:

- Werkmängel und deren Ursachen festzustellen,
- die Sanierungsmaßnahmen und Mängelbeseitigungskosten zu präzisieren,
- die Verantwortlichkeit für Mängel festzustellen.

190 Wegen der Einzelheiten der Durchführung eines selbstständigen Beweisverfahrens ist auf die Ausführungen im Band „Privates Baurecht" zu verweisen.

C. Prozess

191 Wegen der prozessualen Besonderheiten, die im Zuge der Geltendmachung werkvertraglicher Mängelansprüche zu beachten sind, ist zur Vermeidung von Wiederholungen auf die Ausführungen im Band „Privates Baurecht" zu verweisen.

D. Zwangsvollstreckung

Literatur: Guntau, Fälle zum Vollstreckungsrecht nach §§ 887-890 ZPO, JuS 1983, 687.

192 Liegt dem Besteller gegenüber dem Unternehmer ein vollstreckbarer Titel gemäß §§ 704, 794 Abs. 1 ZPO vor, entstehen im Rahmen der Zwangsvollstreckung in der Praxis regelmäßig dann Probleme, wenn sich die nach dem Titel zu vollstreckende Leistung auf eine Beseitigung von Mängeln bezieht.

193 Da dem Unternehmer beim Werkvertrag die Art und Weise der Nacherfüllung überlassen bleibt,[291] kann der Besteller grundsätzlich nur auf Beseitigung des Mangels, nicht aber auf Vornahme einer bestimmten Nacherfüllungsmodalität klagen.[292]

194 Vor diesem Hintergrund können im Zwangsvollstreckungsverfahren erste Probleme dann entstehen, wenn es um die Frage geht, ob überhaupt ein **vollstreckungsfähiger Titel** vorliegt. Von einem vollstreckungsfähigen Titel kann nur dann ausgegangen werden, wenn die zu vollstreckende Handlung aus dem Vollstreckungstitel selbst erkennbar ist. Dabei muss die Tenorierung für sich verständlich sein und auch für jeden Dritten erkennen lassen, was der Besteller als Vollstreckungsgläubiger von dem Unternehmer als Vollstreckungsschuldner verlangen kann.[293] Ist der Titel nicht bestimmt genug, fehlt ihm die Vollstreckungsfähigkeit.

195 Ist der Unternehmer zu einer **Mängelbeseitigungshandlung** verurteilt worden, richtet sich die Vollstreckung nach §§ 887, 888 ZPO. § 887 ZPO kommt dann zur Anwendung, wenn vom Schuldner eine Handlung verlangt werden kann, die vertretbar ist. Eine Handlung ist **vertretbar**, wenn es dem Gläubiger wirtschaftlich gleichgültig ist,

---

291 BGH NJW 1973, 1792; BauR 1988, 97; Werner/Pastor, Rn. 1565.
292 BGH BauR 1973, 313; Werner/Pastor, Rn. 1566. Etwas anderes gilt für den Fall, wenn der Mangel nur auf eine bestimmte Art und Weise beseitigt werden kann. In diesem Fall kann der Besteller ausnahmsweise die Vornahme einer bestimmten Art und Weise der Mängelbeseitigung bzw. Neuherstellung klagen, BGH BauR 1997, 638; OLG Köln BauR 1977, 275 (277); Werner/Pastor, Rn. 1565f.
293 BGH BauR 1993, 111 (115); OLG Koblenz BauR 1999, 942 (943) und BauR 1998, 1050; OLG Stuttgart NJW-RR 1999, 792.

wer die Handlung vornimmt, und die Vornahme durch einen Dritten rechtlich zulässig ist.[294] Dem entgegen ist eine Handlung dann **unvertretbar**, wenn sie ein Dritter nicht vornehmen darf oder kann, oder nicht so vornehmen kann, wie es dem Schuldner möglich ist, sie also nur von dem Schuldner erbracht werden kann. Bezieht sich der Titel auf eine Mängelbeseitigungshandlung, handelt es sich regelmäßig um eine vertretbare Handlung.[295]

Bei Vorliegen des vollstreckbaren Titels ist dem Vollstreckungsschuldner zur Erbringung der Leistungshandlung eine **angemessene Ausführungsfrist** zuzubilligen.[296] Erst dann, wenn der Vollstreckungsschuldner die Vornahme der Handlung ausdrücklich verweigert bzw. die vom Vollstreckungsgläubiger gesetzte angemessene Ausführungsfrist ergebnislos verstrichen ist, kann der Vollstreckungsgläubiger einen Antrag nach § 887 Abs. 1 ZPO stellen.[297]

196

Hängt die Vornahme der vom Vollstreckungsschuldner zu erbringenden Handlungen von einer **Mitwirkungshandlung** des Bestellers ab, ist ein Antrag des Vollstreckungsgläubigers gemäß § 887 Abs. 1 ZPO abzulehnen, wenn der Vollstreckungsschuldner die Erbringung der Mängelbeseitigung angeboten hat, diese aber von dem Vollstreckungsgläubiger grundlos verweigert wird.[298] Gleiches gilt dann, wenn der Vollstreckungsgläubiger die zur Mängelbeseitigung erforderlichen Pläne und Unterlagen nicht zur Verfügung stellt. Sind behördliche Genehmigungen erforderlich, müssen diese von dem Vollstreckungsgläubiger eingeholt werden. Dies betrifft auch notwendige Vorarbeiten des Vollstreckungsgläubigers, auf die der Vollstreckungsschuldner aufbaut. Im Falle der doppelten Zug um Zug Verurteilung braucht der Besteller nicht vorzuleisten, sondern muss den Zuschussbetrag nur tatsächlich anbieten. Sodann hat der Vollstreckungsschuldner die Nachbesserungsarbeiten zu erbringen und erhält daraufhin den Zuschuss ausgezahlt. Im Falle seiner Weigerung hat er unbeschränkt die Zwangsvollstreckung gemäß § 887 ZPO zu dulden.[299]

197

Im Rahmen des Vollstreckungsverfahrens gemäß § 887 Abs. 1 ZPO wird der Vollstreckungsgläubiger nach **Anhörung des Vollstreckungsschuldners** (§ 891 ZPO) durch Beschluss des Prozessgerichts erster Instanz als Vollstreckungsorgan ermächtigt, die Handlung auf Kosten des Vollstreckungsschuldners vorzunehmen.[300, 301]

198

---

294 OLG Hamm OLGZ 1967, 250; Werner/Pastor, Rn. 2756.
295 BGH BauR 1993, 111 (112); BauR 1994, 40). Anders OLG München NJW-RR 1992, 768 für den Fall, dass mehrere Unternehmer zusammenwirken müssen. Hier soll § 888 ZPO einschlägig sein.
296 OLG München MDR 1962, 487; Werner/Pastor Rn. 2759.
297 OLG Zweibrücken JurBüro 1982, 939 (941). Bestreitet der Vollstreckungsschuldner im Verfahren nach § 887 Abs. 1 ZPO, dass ihm seitens des Vollstreckungsgläubigers eine angemessene Frist zur Mängelbeseitigung bzw. Neuherstellung gesetzt worden ist, so ist diesbezüglich gegebenenfalls Beweis zu erheben.
298 OLG Zweibrücken JurBüro 1982, 939 (941).
299 BGH BauR 1984, 401.
300 Streitig ist, ob in dem Antrag und/oder Beschluss nach § 887 Abs. 1 ZPO die Art und Weise der geschuldeten Handlung offen bleiben darf. Bejahend: OLG Hamm MDR 1983, 850; OLG München MDR 1987, 945; OLG Hamm BauR 1996, 900 (902). Verneinend: OLG Bamberg NJW-RR 2000, 358; OLG Stuttgart NJW-RR 1999, 792; OLG Frankfurt, JurBüro 1988, 259.
301 Im Beschlusstenor wird nicht mit aufgenommen, wer mit der Werkleistung beauftragt werden kann. Für die Kosten der Entscheidung gelten gemäß § 891 Satz 2 ZPO die §§ 91-93, 95-100, 106 und 107 ZPO entsprechend.

§ 2 Die Ansprüche des Bestellers gegen den Unternehmer

199 Auf Antrag des Vollstreckungsgläubigers ist der Vollstreckungsschuldner gemäß § 887 Abs. 2 ZPO zu einer **Kostenvorschusszahlung** zu verurteilen. Die Höhe des Vorschusses richtet sich nach den voraussichtlichen Kosten, die durch das Gericht nach billigem Ermessen aufgrund einer Schätzung festzulegen sind.[302] Der Beschluss ist Titel nach § 794 Abs. 1 Nr. 3 ZPO und als Kosten der Zwangsvollstreckung wie eine Geldforderung aufgrund des isolierten Ersatzvornahmebeschlusses nach § 887 ZPO zu vollstrecken (788 Abs. 1 Satz 1 ZPO).

200 Im Rahmen des § 887 Abs. 2 ZPO geht es lediglich um eine überschlägige und nicht in Rechtskraft erwachsene Feststellung der voraussichtlichen Kosten. Der Vollstreckungsgläubiger hat über den Vorschuss nach Mängelbeseitigung **abzurechnen**.[303] Der Vollstreckungsschuldner hat deshalb die Abrechnung des Vollstreckungsgläubigers über den gezahlten Vorschuss abzuwarten. Wird der vom Vollstreckungsschuldner gezahlte Vorschuss vom Vollstreckungsgläubiger nicht verbraucht, ist dieser an den Unternehmer zurückzuzahlen.[304]

201 Macht der Vollstreckungsschuldner **materiell-rechtliche Einwendungen** gegen den vollstreckbaren Anspruch (insbesondere wegen Erfüllung) geltend, so sind diese im Verfahren nach §§ 887, 891 ZPO vom Prozessgericht nicht zu berücksichtigen. Der Vollstreckungsschuldner muss vielmehr vor demselben Gericht – aber ggf. vor einem anderen Spruchkörper – Vollstreckungsgegenklage erheben. Nur wenn die Erfüllung offenkundig ist oder vom Vollstreckungsgläubiger nach Anhörung des Vollstreckungsschuldners nicht mehr bestritten wird, erübrigt sich eine Klage nach § 767 ZPO, da sodann dem Antrag des Vollstreckungsgläubigers nach § 887 ZPO das Rechtsschutzbedürfnis fehlt.[305]

202 Nach § 788 Abs. 1 ZPO fallen die Kosten der Zwangsvollstreckung, soweit sie notwendig waren, dem Vollstreckungsschuldner zur Last und sind sogleich mit dem zur Zwangsvollstreckung stehenden Anspruch beizutreiben.

---

[302] Aufgabe des Vollstreckungsgerichts wird es im Einzelfall sein, durch Auslegung des Titels Inhalt und Umfang der Nachbesserungspflicht zu klären, denn andernfalls wird es kaum in der Lage sein, sachgerecht über den Antrag des Gläubigers nach § 887 Abs. 2 ZPO zu entscheiden, BGH BauR 1993, 111 (114); OLG Köln OLGR 1996, 271.
[303] Werner/Pastor, Rn. 2781.
[304] OLG Düsseldorf BauR 1978, 503 (505).
[305] Guntau, JuS 1983, 687 (689).

FormularBibliothek Zivilprozess

Teil 1: **Kauf** Seite 5
Yvonne Marfurt, Rechtsanwältin, von Kiedrowski | Marfurt | Rechtsanwälte, Berlin

Teil 2: **Darlehen** Seite 259
Hanno Teuber, Rechtsanwalt, Konstanz
Kathrin Strauß, Rechtsanwältin,
Pfefferle Koch Helberg & Partner, Heilbronn

Teil 3: **Schenkung** Seite 293
Yvonne Marfurt, Rechtsanwältin, von Kiedrowski | Marfurt | Rechtsanwälte, Berlin

Teil 4: **Leasing** Seite 329
Hanno Teuber, Rechtsanwalt, Konstanz
Kathrin Strauß, Rechtsanwältin,
Pfefferle Koch Helberg & Partner, Heilbronn

Teil 5: **Werkvertrag** Seite 405
Dr. Bernhard von Kiedrowski, Rechtsanwalt,
von Kiedrowski | Marfurt | Rechtsanwälte, Berlin

Teil 6: **Bürgschaft** Seite 405
Hanno Teuber, Rechtsanwalt, Konstanz
Kathrin Strauß, Rechtsanwältin,
Pfefferle Koch Helberg & Partner, Heilbronn

Teil 7: **EDV-Recht** Seite 429
Dr. Michael Kummermehr, Rechtsanwalt,
WILMER CUTLER PICKERING HALE AND DORR LLP, Berlin
Mario Wegner, Rechtsanwalt,
WILMER CUTLER PICKERING HALE AND DORR LLP, Berlin

INHALT

Verweise erfolgen auf Randnummern

§ 1 Einstandspflicht des Bürgen, § 765 BGB	1
A. Vorprozessuale Situation........	1
I. Allgemeines..................	2
II. Der Bürgschaftsvertrag.......	3
1. Abgrenzung zu anderen Rechtsinstrumenten.......	3
a) Garantievertrag.........	4
b) Schuldmitübernahme...	5
c) Erfüllungsübernahme...	7
2. Schriftform, § 766 BGB.....	8
3. Akzessorietät der Bürgschaft, § 767 BGB..........	10
a) Entstehung und Erlöschen der Hauptschuld.........	10
b) Einwendungen und Einreden....................	11
4. Inhaltskontrolle des Bürgschaftsvertrages..........	13
a) Sittenwidrigkeit von Angehörigenbürgschaften................	13
b) Arbeitnehmerbürgschaft	17
c) Übertragung dieser Grundsätze auf Gesellschaften und die Bürgschaft eines Gesellschafters?....................	18
d) Beweislast...............	19
e) Allgemeine Geschäftsbedingungen............	20
5. Widerrufsrecht.............	23
6. Beendigung...............	25
a) Erlöschen der Hauptschuld..................	25
b) Kündigung des Bürgschaftsvertrages durch den Bürgen...............	26
c) Tod des Bürgen.........	27
III. Die Bürgschaftsformen.......	28
1. Selbstschuldnerische Bürgschaft	28
2. Zeitbürgschaft.............	29
3. Bürgschaft auf erstes Anfordern......................	31
4. Prozessbürgschaft..........	35
5. *Muster:* Vertrag für eine Höchstbetragsbürgschaft...	36
B. Prozess.......................	37
I. Zulässigkeit	37
II. Beweislast...................	38
III. Beweise	40
1. Klage des Gläubigers gegen den Bürgen aus § 765 BGB ..	40
2. Klageerwiderung...........	41
IV. Streitverkündung und Rechtskrafterstreckung..............	42
V. Muster	44
1. *Muster:* Klage des Gläubigers gegen den Bürgen auf Zahlung aus § 765 i.V.m. § 488 BGB.................	44
2. *Muster:* Klageerwiderung des Bürgen................	45
C. Vollstreckung des Urteils........	46
I. Allgemeines..................	46
II. Verhinderung der Vollstreckung mit der Klage aus § 826 BGB	47
§ 2 Rückgriff des Bürgen bei dem Hauptschuldner..................	48
A. Vorprozessuale Situation	48
I. Einführung...................	48
II. Anspruchsgrundlage..........	49
III. Voraussetzungen des § 774 BGB	51
IV. Rechtsfolge..................	52
1. Übergang von Nebenrechten und anderen Sicherheiten.......................	52
2. Einwendungen.............	53
a) Einwendungen aus der Hauptschuld............	53
b) Einwendungen aus dem Innenverhältnis	54

B. Prozess.......................... 55
    I. Allgemeines.................. 55
    II. *Muster:* Klage auf Befreiung
       von einer Verbindlichkeit..... 56
C. Vollstreckung.................. 57

§ 3 Anspruch auf Befreiung des Bürgen   58
  A. Beratungssituation 58
    I. Allgemeines.................. 58
    II. *Muster:* Klage auf Befreiung
       von einer Verbindlichkeit..... 59

Musterverzeichnis

	Rn.
§ 1 Einstandspflicht des Bürgen, § 765 BGB	1
1 Vertrag für eine Höchstbetragsbürgschaft	36
2 Klage des Gläubigers gegen den Bürgen auf Zahlung aus § 765 i.V.m. § 488 BGB	44
3 Klageerwiderung des Bürgen	45
§ 2 Rückgriff des Bürgen bei dem Hauptschuldner	48
4 Klage auf Befreiung von einer Verbindlichkeit	56
§ 3 Anspruch auf Befreiung des Bürgen	58
5 Klage auf Befreiung von einer Verbindlichkeit	59

6

Literatur: Graf Lambsdorff/Skora, Handbuch des Bürgschaftsrechts, 1994; Horn, Bürgschaft und Garantien, 2001; Reinicke/Tiedtke, Bürgschaftsrecht, 2000; Seifer, Zur Zulässigkeit von Arbeitnehmerbürgschaften, NJW 2004, 1707 ff.; Tiedtke, Rechtsprechung des BGH auf dem Gebiet des Bürgschaftsrechts seit 1997, NJW 2001, 1015 ff.; Tiedtke, Rechtsprechung des BGH auf dem Gebiet des Wirtschaftsrechts in den Jahren 2001 und 2003, NJW 2003, 1359 ff., von Westphalen, AGB-Recht im Jahr 2002, NJW 2003, 1981-1989.

§ 1 Einstandspflicht des Bürgen, § 765 BGB

A. Vorprozessuale Situation

Das Bürgschaftsrecht ist und bleibt unverändert aktuell und ist wesentlicher Bestandteil der Beratungspraxis der Anwaltschaft. Dies zeigt sich nicht zuletzt an der Vielzahl der höchstrichterlichen Entscheidungen, die in den letzten Jahren ergangen sind. Die Probleme im Rahmen dieses Rechtsgebietes werden immer komplexer und komplizierter. Diese Ausarbeitung kann keine Kompletteinführung in das Bürgschaftsrecht leisten. Vielmehr sollen die Hauptprobleme im Kanzleialltag besprochen werden

I. Allgemeines

Dieses Kapitel befasst sich mit der Einstandspflicht des Bürgen gegenüber dem Gläubiger – sollte der Hauptschuldner seiner Verpflichtung aus dem Grundverhältnis nicht nachkommen. Bürgschaften werden meist für Geldforderungen aus Darlehens- oder Kaufverträgen (vor allem beim Kauf von Immobilien) übernommen, aber auch die Zahl der Bürgschaften im Bereich von Bauverträgen steigt stetig. Eine Bürgschaft kann auch für **vertretbare, nicht vertretbare** und **höchstpersönliche** Leistungen erbracht werden. Bedingte und künftige Forderungen können ebenfalls verbürgt sein, § 765 Abs. 2 BGB. Die Gründe warum eine Bürgschaft übernommen wird, sind vielfältig. Dies kann auf einem Auftrag, einer Schenkung oder nur auf Gefälligkeit beruhen. Zur Vereinfachung soll hier die Bürgschaft für eine Darlehensforderung dargestellt werden.

II. Der Bürgschaftsvertrag

1. Abgrenzung zu anderen Rechtsinstrumenten

Soll ein Bürgschaftsvertrag abgeschlossen werden, so ist zunächst mit der Mandantschaft abzuklären, inwieweit sie für die Hauptschuld einstehen möchte.

a) Garantievertrag

Ein Garantievertrag ist ein Vertrag eigenständiger Art, bei dem der Garant für einen **eigenständigen Erfolg** einzustehen hat oder die Gefahr eines künftigen Schadens übernimmt, wobei er auch für alle nicht typischen Fälle haftet.[1] Der Unterschied zur Bürgschaft besteht darin, dass die Haftung des Garanten vom Fortbestand, sogar von der Entstehung der gesicherten Schuld unabhängig ist. Deshalb ist zu ermitteln, ob der Mandant eine Schuld unabhängig von der zu sichernden Forderung begründen will. Dies wird in den meisten Fällen nicht der Fall sein, denn nur mit der Übernahme einer Bürgschaft kann der Mandant auch Einwendungen aus der zu sichernden Forderung gegen den Gläubiger geltend machen. Zu beachten ist, dass es sich bei einem Garantievertrag nicht um eine Bürgschaft handelt und die §§ 765 ff. BGB – auch **nicht entsprechend** – auf diesen anwendbar sind.[2] Zur Abgrenzung der unterschiedlichen Formen eines Garantieversprechens, sowie zu Auslegungshilfen der Willenserklärung, s. Palandt/Sprau, Einf. vor § 765 Rn. 15 ff.

---

1 BGH NJW 96, 2569.
2 Palandt/Sprau, Einf. v § 765 Rn. 15.

§ 1 Einstandspflicht des Bürgen, § 765 BGB

b) Schuldmitübernahme

5 Bürgschaft und Schuldbeitritt stimmen insoweit überein, dass sie dem Gläubiger eine weitere Sicherheit verschaffen. In dogmatischer Hinsicht bestehen einige Unterschiede. Der Bürge haftet akzessorisch für fremde Schuld (§§ 765, 766 BGB). Bei einem Schuldbeitritt handelt es sich dagegen um eine **eigene Verbindlichkeit**, die eigene Wege gehen kann.

6 Die praktische Bedeutung dieser Unterschiede ist gering, da nun auch der Schuldbeitritt zu einem Verbraucherkreditvertrag gem. § 492 BGB auch der Schriftform bedarf. Entscheidend bleibt jedoch weiterhin, was nach dem Willen der Parteien (§§ 133, 157 BGB) vereinbart werden soll – eine Schuld, die eigenständig bestehen soll oder eine nur an die zu sichernde Forderung angelehnte Schuld. Sollten Zweifel bestehen, so ist von einer Bürgschaft auszugehen.[3]

c) Erfüllungsübernahme

7 Bei einer Erfüllungsübernahme gem. § 329 BGB soll der Gläubiger, im Gegensatz zur Bürgschaft, kein eigenes Forderungsrecht gegenüber dem Übernehmer erhalten.[4] Darüber hinaus ist die Erfüllungsübernahme ein Vertrag zwischen dem **Schuldner und dem Übernehmer**. Die Bürgschaftserklärung wird dagegen dem Gläubiger erteilt.

2. Schriftform, § 766 BGB

8 Die Bürgschaftserklärung ist **schriftlich** abzufassen (Warnfunktion). Nur die Bürgschaftserklärung, nicht auch die Annahme muss schriftlich erteilt werden. Nach der Rechtsprechung des BGH ist eine nach außen hervortretende, eindeutige Betätigung des Annahmewillens erforderlich und ausreichend. Eine Willenserklärung gegenüber dem Bügen ist also nicht abzugeben.[5]

9 Auch **Nebenabreden** und **Änderungsvereinbarungen** sind formbedürftig, wenn sie den Bürgen belasten.[6] Der Formmangel wird jedoch geheilt, wenn der Bürge die Hauptverbindlichkeit erfüllt. Die Bürgschaft ist bei Kaufleuten als Handelsgeschäft formfrei wirksam, vgl. §§ 350, 344 Abs. 1, 343 Abs. 1 HGB. Die **Beweislast** für die formgültige Erteilung trägt im Bürgschaftsprozess der Gläubiger.[7]

3. Akzessorietät der Bürgschaft, § 767 BGB

a) Entstehung und Erlöschen der Hauptschuld

10 Die Bürgschaft ist streng akzessorisch ausgestaltet. Entsteht die verbürgte Forderung nicht, so haftet auch der Bürge nicht. Erlischt die verbürgte Forderung, so haftet auch der Bürge nicht mehr. Der BGH hat nun in einer Entscheidung[8] die Frage bejaht, ob sich der Bürge auf eine Verjährung der Hauptforderung mit Erfolg berufen kann, auch

---

[3] BGH NJW 86, 580.
[4] Palandt/Heinrichs § 329 Rn. 1.
[5] BGHZ 74, 352.
[6] BGH WM 97, 625.
[7] Palandt/Sprau, § 767 Rn. 5.
[8] BGH NJW 03, 1250.

wenn eine juristische Person als Hauptschuldnerin vor Ablauf der Verjährungsfrist vermögenslos geworden, im Handelsregister gelöscht und deshalb nicht mehr parteifähig ist.

b) Einwendungen und Einreden

Die Akzessorietät der Bürgschaft bedeutet auch, dass der Bürge gegen seine Inanspruchnahme Einwendungen, die der Hauptschuldner gegen den Gläubiger hat, geltend machen kann. Dies gilt sogar dann, wenn der Hauptschuldner auf diese verzichtet hat, § 768 Abs. 2 BGB.

Der Bürge kann sich gem. § 768 BGB auch auf die **Verjährung** der Hauptschuld berufen. Dies gilt auch dann, wenn er vor Ablauf der Verjährung auf Zahlung der Bürgenschuld in Anspruch genommen wird und die Forderung gegen den Hauptschuldner während des Bürgschaftsprozess verjährt.[9] Der Prozess gegen den Bürgen unterbricht die Verjährung der Hauptschuld nicht. In diesem Fall ist dem Gläubiger zu einer **einseitigen Erledigungserklärung** zu raten.

4. Inhaltskontrolle des Bürgschaftsvertrages

a) Sittenwidrigkeit von Angehörigenbürgschaften

Diesem Aspekt des Bürgschaftsrechts soll besondere Aufmerksamkeit zu Teil werden, da die höchstrichterliche Rechtsprechung sich in den letzten Jahren besonders häufig mit diesen Problemen zu beschäftigen hatte.

Bei dem Abschluss eines Bürgschaftsvertrages ist besonders darauf zu achten, dass der Bürge nicht krass finanziell überfordert wird. Dies gilt jedoch nur für **nahe Angehörige und Verwandte** des Hauptschuldners. Sind diese mit der Übernahme der Bürgschaft krass finanziell überfordert, so besteht die widerlegliche Vermutung, dass sich der Ehegatte oder nahe Angehörige bei der Übernahme der Bürgschaft nicht von seinen Interessen und von einer rationalen Einschätzung des wirtschaftlichen Risikos hat leiten lassen und dass das Kreditinstitut die emotionale Beziehung zwischen dem Hauptschuldner und Bürgen in sittlich anstößiger Weise ausgenutzt hat. Es ist dann Aufgabe des Gläubigers diese Vermutung zu widerlegen. Eine **Ausnahme** ist jedoch dann zu machen, wenn der Angehörige oder Ehegatte ein eigenes wirtschaftliches Interesse an der Aufnahme des Kredits hat.[10] Dasselbe gilt, wenn der Ehegatte für einen Geschäftskredit bürgt und selbst auf die Geschäftsführung wesentlichen Einfluss nehmen kann und eine mitunternehmerliche Stellung innehat.[11]

Wann liegt jedoch eine krasse finanzielle Überforderung vor? Dies ist dann zu bejahen, wenn der Betroffene voraussichtlich nicht in der Lage ist, dauerhaft die Zinsen für die Hauptschuld aufzubringen.[12] Dabei sind andere Sicherheiten des Gläubigers nur dann zu berücksichtigen, soweit sie das Haftungsrisiko des Bürgen auf ein rechtlich vertretbares Maß beschränken. Maßgebend ist allein das **pfändbare Einkommen und Vermö-**

---

9 BHG NJW 98, 2972.
10 NJW 97, 3372.
11 Beschluss BGH v. 11. Mai 2000, IX ZR 396 / 99; ähnlich OLG Dresden, WM 2003, 277.
12 BGH NJW 01, 815.

gen des Bürgen. Auf die Leistungsfähigkeit des Ehegatten kommt es nicht an. Reicht der pfändbare Teil des Einkommens des Bürgen nicht aus, um die laufenden Zinszahlungen der Hauptschuld dauerhaft aufzubringen, kann es jedoch an einer krassen finanziellen Überforderung des Bürgen fehlen. Dies ist dann der Fall, wenn der Bürge durch Verwertung des von ihm bewohnten Eigenheims die Hauptforderung zutilgen vermag.[13] Der BGH macht in diesem Fall keinen Unterschied zur Bestellung einer Grundschuld. Hätte der Bürge eine Grundschuld an seinem Eigenheimgrundstück zur Sicherung der Hauptforderung bestellt und käme zu einer Verwertung dieser Grundschuld, so sei die Grundschuldbestellung nicht als verwerflich i.S.d. § 139 BGB anzusehen.

16 Früher konnte eine sittenwidrige Bürgschaft noch gerettet werden, wenn in dem Bürgschaftsvertrag enthalten war, dass die Bürgschaft des Ehegatten dazu dienen solle, einer Vermögensverlagerung des einen auf den anderen Ehegatten vorzubeugen. Dies ist nach neuester Rechtsprechung[14] nicht mehr möglich, denn der Bürge hafte beim Bürgschaftsfall trotzdem mit seinem ganzen Vermögen und nicht nur mit dem vom Ehegatten erlangten Anteil.

b) Arbeitnehmerbürgschaft

17 Gleiches gilt bei einem Arbeitnehmer, der aus Angst, seinen Arbeitsplatz zu verlieren, eine Bürgschaft für seinen Arbeitgeber übernimmt, die ihn krass finanziell überfordert. Auch in einem solchen Fall ist davon auszugehen, dass der Arbeitnehmer seine Entscheidung aus emotionalen Gesichtspunkten und nicht auf Grund eines wohlüberlegten Risikos übernommen hat.[15]

c) Übertragung dieser Grundsätze auf Gesellschaften und die Bürgschaft eines Gesellschafters?

18 Der BGH hat mehrfach entschieden,[16] dass die Grundsätze über die Sittenwidrigkeit von Angehörigenbürgschaften nicht auf Bürgschaften von Gesellschaftern für ihre Gesellschaft anwendbar sind. Etwas anderes gelte nur dann, wenn dem Kreditinstitut **klar ersichtlich** ist, dass derjenige, der bürgen soll, finanziell nicht an der Gesellschaft beteiligt ist und die Stellung eines Gesellschafters ohne eigenes wirtschaftliches Interesse nur aus **persönlicher Verbundenheit** mit einer die Gesellschaft wirtschaftlich beherrschenden Person übernommen hat. In diesem Fall gelten die Grundsätze zur Sittenwidrigkeit von Bürgschaften naher Angehöriger entsprechend.[17]

d) Beweislast

19 Damit die Vermutung der Sittenwidrigkeit eingreift, muss der Bürge beweisen, dass er mit der Übernahme der Bürgschaft krass finanziell überfordert ist. Der Gläubiger hat dann die Vermutung zu widerlegen, dass der Bürge die Bürgschaft nicht aus enger Verbundenheit zum Hauptschuldner übernommen hat.

---

13 BGH NJW 02, 2633.
14 NJW 02, 2228.
15 BGH NJW 04, 161.
16 Z.B. BGH NJW 02, 1337.
17 ZIP 02, 2249.

e) Allgemeine Geschäftsbedingungen

In ständiger Rechtsprechung des BGH[18] verstoßen weite Zweckerklärungen, wonach der Bürge für alle gegenwärtigen und zukünftigen Forderungen des Gläubigers gegen den Hauptschuldner haftet, gegen § 307 BGB. Das Gleiche gilt für einen formularmäßigen Verzicht des Bürgen auf seine Rechte aus § 776 BGB (Aufgabe von Sicherheiten).[19] Auch ein Verzicht auf die Geltendmachung von Einreden gemäß § 768 BGB benachteiligt den Bürgen unverhältnismäßig, denn die Akzessorietät der Bürgschaft mit der Hauptschuld ist gerade unabdingbares Wesen der Bürgschaft.[20]

20

Des Weiteren ist eine Formularklausel im Rahmen einer Höchstbetragsbürgschaft unwirksam, soweit sich die Bürgschaft auch auf Zinsen, Provisionen und Kosten erstreckt, die mit den gesicherten Forderungen entstanden sind, wenn dadurch der vereinbarte Höchstbetrag überschritten wird.[21] Dies ist für den Bürgen überraschend und begründet ein nichtkalkulierbares Risiko für ihn, was dem Sinn einer Höchstbetragsbürgschaft zuwider läuft.

21

In diesem Zusammenhang ist noch auf die so genannte **Anlassrechtsprechung** des BGH einzugehen. Wurde in der Bürgschaftsurkunde formularmäßig die Haftung des Bürgen auch auf künftige Forderungen erweitert, so ist nicht die ganze Bürgschaft unwirksam. Diese bleibt vielmehr mit der Maßgabe wirksam, dass der Bürge für die beim Vertragsschluss bereits bestehende Hauptforderung haftet, da diese Anlass für die Bürgschaftserteilung war.[22]

22

5. Widerrufsrecht

Der BGH[23] hat auf Grund einer Entscheidung des EuGH[24] zur Anwendbarkeit der Regelungen über **Haustürgeschäfte** auf Bürgschaftsverträge entschieden, dass dem Bürgen ein Widerrufsrecht nach §§ 355, 312 BGB nur dann zusteht, wenn die gesicherte Verbindlichkeit im Rahmen eines Haustürgeschäftes abgeschlossen wurde und auch für den Bürgschaftsvertrag die Voraussetzungen des § 312 BGB vorliegen. D.h. auch der Bürge muss Verbraucher sein und die Bürgschaft in einer Überrumpelungssituatuion abgeschlossen haben.

23

Die Vorschriften über den **Verbraucherkredit** (§§ 491 ff. BGB) sind nicht entsprechend auf das Bürgschaftsrecht anzuwenden.[25] Somit muss eine Bürgschaft, die für einen Verbraucherkredit übernommen wird, auch nicht die Formvorschriften des § 495 BGB erfüllen.

24

---

18 BGB NJW-RR 02, 343.
19 BGH NJW 02, 295.
20 BGH NJW 01, 2327; 01, 1857.
21 BGH NJW 02, 3167.
22 Vgl. ausführlich Tiedtke, NJW 01, 1027 ff.
23 BGH NJW 98, 2356.
24 EuGH NJW 98, 1295.
25 BGH NJW 98, 1939; EuGH NJW 00, 1323.

Strauß/Teuber

6. Beendigung

a) Erlöschen der Hauptschuld

25 Aufgrund der Akzessorietät der Bürgschaft erlischt diese, wenn die Hauptschuld, warum auch immer, untergeht.

b) Kündigung des Bürgschaftsvertrages durch den Bürgen

26 Der unbefristete Bürgschaftsvertrag kann gekündigt werden, damit der Bürge sich aus einer zeitlich unbegrenzten Bürgschaft lösen kann. Des Weiteren kann der Bürge aus wichtigem Grund kündigen. So z.B., wenn das Kontokorrentverhältnis des Hauptschuldners gegenüber der Bank längere Zeit ein Guthaben aufweist und die Bank keiner Sicherheit mehr benötigt, oder wenn er Bürge Gesellschafter ist und er später aus der Gesellschaft, der Hauptschuldnerin, aussteigt. Ohne seine Kündigung besteht seine Bürgschaft auch für zukünftige Forderungen weiter.

c) Tod des Bürgens

27 Der Tod des Bürgen berührt die Bürgschaftsverpflichtung nicht. Diese geht auf die Erben des Bürgen über. Der **Erbe** muss die Bürgschaft **kündigen**, um die Haftung zu beenden. Der Hauptschuldner ist nach Treu und Glauben verpflichtet, dem Erben das Bestehen der Bürgschaft mitzuteilen. Macht er dies nicht, so haftet der Erbe nicht für Verbindlichkeiten, die nach dem Erbfall entstanden sind.[26]

III. Die Bürgschaftsformen

1. Selbstschuldnerische Bürgschaft

28 Im Laufe der Zeit haben sich viele Bürgschaftsformen heraus kristallisiert, um den Bedürfnissen der Schuldner und vor allem der Gläubiger gerecht zu werden. Immer noch die wichtigste Form der Bürgschaft ist die selbstschuldnerische Bürgschaft. Sie ist gesetzlich in § 773 Nr. 1 BGB geregelt. Ihre Bedeutung liegt darin, dass der Bürge auf die **Einrede der Vorausklage verzichtet**. Der Gläubiger muss nicht erst versuchen, gegen den Hauptschuldner zu vollstrecken, bevor er die Bürgschaft in Anspruch nimmt. Der Verzicht bedarf der **Form** des § 766 BGB. Die **Beweislast** für den Verzicht der Einrede der Vorausklage trägt der Gläubiger.[27]

2. Zeitbürgschaft

29 Auch die Zeitbürgschaft ist gesetzlich in § 777 BGB geregelt. Es ist besonders darauf zu achten, welche Bedeutung der Zeitbeschränkung zukommt. Hat der Bürge eine zeitliche Beschränkung beigefügt, so kann dies zweierlei bedeuten. Zunächst kann es bedeuten, dass der Bürge für alle Verbindlichkeiten des Hauptschuldners einstehen möchte, die bis zum Ablauf der Frist entstehen. Sind diese entstanden, so haftet er unbefristet, oder der Bürge will nur bis zum Ablauf dieser Frist haften, § 766 BGB.

30 Die Bedeutung der Zeitbeschränkung muss im **Einzelfall** durch Auslegung ermittelt werden. Als Anhaltspunkt gilt: Ist die verbürgte Forderung bereits entstanden, so ist

---

26 RG JW 1932, 1655.
27 Palandt/Sprau, § 773 Rn. 2.

anzunehmen, dass der Bürge nur bis zum Ablauf dieser Frist haften möchte.[28] Wird die Bürgschaft für künftige Forderungen bestellt, so spricht dies dafür, dass der Bürge nur für Forderungen einstehen möchte, die bis zu diesem Zeitpunkt entstanden sind.

3. Bürgschaft auf erstes Anfordern

Diese Form der Bürgschaft ist für den Bürgen die **weitaus gefährlichste**. Nimmt der Gläubiger den Bürgen in Anspruch, muss der Bürge zunächst an den Gläubiger leisten. Die Einwendungen aus dem Bürgschaftsvertrag oder aus der Hauptschuld kann der Bürge erst im **Rückforderungsprozess** nach § 812 BGB geltend machen. Deshalb sei grundsätzlich vor einer solchen Bürgschaft gewarnt.

Der Bürge kann nur dann die Zahlung verweigern, wenn der Gläubiger seine formale Rechtsstellung **offensichtlich missbraucht**. Das ist unter anderem dann der Fall, wenn es offen auf der Hand liegt oder zumindest beweisbar ist, dass der materielle Bürgschaftsfall nicht eingetreten ist.[29] Der Gläubiger verliert sein Recht, Zahlung auf erstes Anfordern zu verlangen auch dann, wenn sich der Gläubiger in masseloser Insolvenz befindet und der Insolvenzverwalter die Masseunzulänglichkeit angezeigt hat.[30] Dadurch verliert der Gläubiger nur sein Recht auf sofortige Leistung. Sein Sicherungsinteresse verliert er nicht, so dass ihm eine normale Bürgschaft verbleibt.

Hat der Gläubiger die Leistung nach materiellem Bürgschaftsrecht zu Unrecht erhalten, so steht nicht nur dem Bürgen sondern auch dem Hauptschuldner nach Inhalt und Zweck der mit dem Gläubiger vereinbarten Sicherungsabrede ein eigenes Rückforderungsrecht zu. Dieser Anspruch ist zunächst auf Zahlung an den Bürgen gerichtet. Hat der Bürge jedoch Rückgriff beim Hauptschuldner genommen, kann er Zahlung an sich verlangen.

Vor allem im Baugewerbe ist die Bürgschaft auf erstes Anfordern weit verbreitet. Den Gläubiger trifft deshalb nur dann eine besondere **Aufklärungspflicht** über die Risiken der Bürgschaft auf erstes Anfordern, wenn der Bürge nicht ständig im Baugewerbe tätig ist. Bei allen anderen Bürgen ist besonders auf die Risiken hinzuweisen.

4. Prozessbürgschaft

Gem. § 108 Abs. 1 S. 2 ZPO kann der Kläger seine Sicherheitsleistung auch in Form einer Bankbürgschaft erbringen. Dies ist ohne gerichtliche Bestimmung möglich. Die Sicherheitsleistung kann durch eine schriftliche, unwiderrufliche, unbedingte und unbefristete Bürgschaft eines im Inland zum Geschäftsbetrieb befugten Kreditinstitutes geleistet werden. Will der Kläger eine Bürgschaft einer Bank eines EU-Staates erbringen, so bedarf dies der gerichtlichen Anordnung. Die Prozessbürgschaft soll den Gläubiger so stellen, wie erstünde, wenn der Schuldner die Zwangsvollstreckung durch Hinterlegung eines Geldbetrages abgewendet hätte. Nach OLG München[31] sind die Zinsen, die für die Bankbürgschaft geleistet werden, Prozesskosten (zur Vertiefung vgl. Zöller, Zivilprozessordnung, 24. Auflage, § 108 Rn. 5 ff.).

---

28 BGH NJW 97, 2233.
29 BGHZ 143, 381; BGHZ 147, 99.
30 NJW 02, 3170.
31 MDR 1999, 1525.

5. Muster: Vertrag für eine Höchstbetragsbürgschaft

§ 1 Verbürgung

Der Bürge übernimmt für die in der Anlage 1 aufgeführten Verbindlichkeiten einschließlich etwaiger Nebenforderungen, Zinsen und Kosten, die

Herrn ■■■, Anschrift (im folgenden „Gläubiger")

gegen

Frau ■■■, Anschrift (im folgenden „Hauptschuldnerin")

zustehen, die selbstschuldnerische Bürgschaft bis zum Höchstbetrag von € ■■■

§ 2 Bestehen der Bürgschaft

Die Bürgschaft besteht bis zur Rückführung aller gesicherten Ansprüche des Herrn Mustermann. Im Falle einer Zeitbürgschaft verpflichtet sich der Gläubiger, dem Bürgen bei Fristablauf anzuzeigen, dass er ihn in Anspruch nimmt.

§ 3 Forderungsübergang

Erst wenn alle Ansprüche des Gläubigers erfüllt sind, gehen die Ansprüche auf den Bürgen über.

§ 4 Anrechnung von anderen Zahlungen

Der Gläubiger darf alle vom Hauptschuldner oder auf dessen Rechnung geleisteten Zahlungen sowie dessen etwaige Gegenforderungen zunächst auf seine Ansprüche anrechnen, die durch diese Bürgschaft nicht gedeckt sind.

§ 5 Verzicht auf Bürgeneinreden

Der Gläubiger ist nicht verpflichtet gegen den Hauptschuldner gerichtlich vorzugehen (Verzicht auf die Einrede der Vorausklage). Die Zahlungsverpflichtung besteht auch dann, wenn die Hauptschuldnerin das Geschäft, das ihrer Verbindlichkeit zugrunde liegt, anfechten kann (Verzicht auf die Einrede der Anfechtbarkeit nach § 770 I BGB). Ferner kann der Bürge sich nicht darauf berufen, dass der Gläubiger seine Ansprüche durch Aufrechnung gegen eine fällige Forderung der Hauptschuldnerin befriedigen kann, soweit die Forderung der Hauptschuldnerin gegen den Gläubiger nicht unbestritten, entscheidungsreif oder rechtskräftig festgestellt ist (Verzicht auf die Einrede der Aufrechenbarkeit, § 770 Abs. 2 BGB).

§ 6 Rechtswahlklausel

Die Bürgschaft unterliegt dem deutschen Recht.

Datum ■■■

■■■

Unterschrift

B. Prozess

I. Zulässigkeit

Im Bereich der Zulässigkeit sind keine Besonderheiten im Bürgschaftsrecht zu beachten. Zuständig sind die Zivilgerichte, bei denen die Zahlung im Wege einer Leistungsklage einzuklagen ist. Im Rückforderungsprozess nach Zahlung auf eine Bürgschaft auf erstes Anfordern ist ein Urkundsprozess unzulässig, da sich Gläubiger und Bürge ständig im Kreise drehen würden.

II. Beweislast

Auch im Bürgschaftsrecht gelten grundsätzlich die allgemeinen Beweislastregeln. Jede Partei trägt die Beweislast für die Tatsachen, aus denen sich ihre Rechte herleiten. Nimmt der Gläubiger den Bürgen auf Zahlung aus der Bürgschaft in Anspruch, so muss der Gläubiger beweisen, dass die Bürgschaft zustande gekommen ist, dass die Hauptschuld entstanden ist und dass diese auch fällig ist. Muss der Gläubiger beweisen, dass die Hauptschuld auch weiterhin besteht?

Da die Bürgschaft streng akzessorisch ist, haftet der Bürge wie der Hauptschuldner. Dieser wird zur Zahlung verurteilt, wenn die Hauptschuld entstanden ist und der Hauptschuldner nicht nachweisen kann, dass sie nicht mehr besteht. Für deren Erfüllung haftet der Bürge. Deshalb ist er, wenn er in Anspruch genommen wird, in gleicherweise beweisbelastet, wie der Hauptschuldner. Der Bürge muss also wie der Hauptschuldner den Beweis erbringen, dass die Forderung nicht mehr besteht.[32] Im Falle einer **Angehörigenbürgschaft** muss der Gläubiger darlegen, dass der Bürge die Bürgschaft nicht nur aus emotionaler Verbundenheit mit dem Hauptschuldner übernommen hat, um die Vermutung der Sittenwidrigkeit der Bürgschaft zu beseitigen, s.o.

III. Beweise

1. Klage des Gläubigers gegen den Bürgen aus § 765 BGB

Hier wird meist ein Beweis durch Vorlage der Kopien der verschiedenen Schriftstücke ausreichen. So z.B. der Bürgschaftsvertrag, der Vertrag über die Hauptschuld und der Schriftverkehr, der z.B. die Kündigung des Darlehens beinhaltet. Möglicherweise wird auch ein Zeugenbeweis nötig.

2. Klageerwiderung

Der Bürge muss in seiner Klageerwiderung beweisen, warum er nicht aus der Bürgschaft haftet. Macht er Einreden des Hauptschuldners geltend, so gilt das Gleiche wie bei Einreden z.B. in einer Darlehensstreitigkeit. In diesem Fall kommen sowohl ein Urkunden- als auch ein Zeugenbeweis in Betracht.

IV. Streitverkündung und Rechtskrafterstreckung

Für die Praxis besonders interessant ist die Frage, wie bereits erstrittene Urteile zwischen den drei beteiligten Parteien wirken. Das Urteil zwischen dem Gläubiger und

---

32 BGH ZIP 88, 224.

dem Hauptschuldner hat Rechtskraftwirkung für den Bürgen soweit es die Klage abweist.³³ Die Rechtskraftwirkung ist von Amts wegen zu beachten, auch ohne dass sich der Bürge darauf beruft oder wenn er im späteren Prozess säumig ist. Ein gegen den Hauptschuldner ergangenes Urteil wirkt nicht gegenüber dem Bürgen.³⁴ Ein Urteil im Prozess des Gläubigers gegen den Bürgen hat keine Rechtskraftwirkung im Verhältnis zwischen dem Bürgen und dem Hauptschuldner. Aus diesem Grund muss der Bürge im Bürgschaftsprozess dem Hauptschuldner den **Streit verkünden**. Nur so kann der Bürge erreichen, dass das Urteil des Bürgschaftsprozess in einem Rückgriffsprozess (§ 774 BGB) auch gegen den Schuldner wirkt (§§ 72, 74, 68 ZPO).

43 Der Prozessbürge erkennt jedoch durch die Übernahme der Prozessbürgschaft regelmäßig den Ausgang des Prozess als auch für sich verbindlich an, weil bei anderer Auslegung der Sicherungszweck der Prozessbürgschaft nicht zu erreichen wäre.³⁵

V. Muster

44 **1. Muster: Klage des Gläubigers gegen den Bürgen auf Zahlung aus § 765 i.V.m. § 488 BGB**

2 An das Landgericht ▬▬▬

Klage

der ▬▬▬ (Klägerin)

Prozessbevollmächtigter: ▬▬▬

gegen

den ▬▬▬ (Beklagten)

Prozessbevollmächtigter: ▬▬▬

wegen Zahlung.

Vorläufiger Gegenstandswert: € ▬▬▬

Namens und in Vollmacht der Klägerin erhebe ich Klage und werde beantragen:

Der Beklagte wird verurteilt, an den Kläger € ▬▬▬ nebst 5 % Zinsen über dem Basiszinssatz seit dem 01.06.2004 an die Klägerin zu zahlen.

Zur Begründung trage ich Folgendes vor:

Die Klägerin nimmt den Beklagten aus einer von dem Beklagten übernommenen Bürgschaft in Anspruch.
1. Der Beklagte und der Hauptschuldner sind Geschwister. Deshalb erklärte sich der Beklagte am ▬▬▬ bereit, eine selbstschuldnerische Bürgschaft gegenüber der Klägerin ▬▬▬ für ein Darlehen des Hauptschuldners ▬▬▬ in Höhe von € ▬▬▬ zuzüglich Zinsen, Provisionen und Kosten der Bürgschaftssumme zu übernehmen.

---

33 BGH NJW 70, 279.
34 BGH 107, 92.
35 BGH NJW 75, 1119.

Beweis: Bürgschaftserklärung vom ▪▪▪ in Fotokopie, Anlage K ▪▪▪

2. Die Klägerin gewährte dem Hauptschuldner am 01.01.2002 ein Darlehen in Höhe von € ▪▪▪ netto zu gewerblichen Zwecken. Vertragsbeginn war der ▪▪▪ Vertragsende am ▪▪▪ Das Darlehen sollte in 36 Raten à € ▪▪▪ zurückgeführt werden. Es wurde ein effektiver Jahreszins von ▪▪▪ p.a. vereinbart. Der Brutto Darlehensbetrag beträgt somit € ▪▪▪.

3. Am 01.12.2003 zahlte der Hauptschuldner zum ersten Mal eine der Raten nicht. Auch nach Mahnungen vom 01.01.2004 und 01.02.2004 wurden keine weiteren Ratenzahlungen geleistet.

Beweis: Darlehensantrag und Bestätigung, Anlage K▪▪▪ und K▪▪▪.

Schreiben der Klägerin an den Hauptschuldner vom 01.01.2004 und 01.02.2004 (jeweils in Kopie), Anlage K▪▪▪ und K▪▪▪

Daraufhin wurde das Darlehen von der Klägerin mit Schreiben vom 15.03.2004 wegen Zahlungsverzuges von mehr als zwei Monatsraten gekündigt und eine Frist zur Zahlung der Restschuld in Höhe von € ▪▪▪ bis zum 15.04.2004 gesetzt.

Beweis: Schreiben der Klägerin an den Beklagten vom 15.03.2004 in Kopie, Anlage K▪▪▪

4. Mit Schreiben vom 15.03.2004 wurde dem Beklagten mitgeteilt, dass der Hauptschuldner keine Leistungen zur Tilgung des Darlehens mehr erbringt, und dem Hauptschuldner eine Frist zur Erbringung der Restschuld bis zum 15.04.2004 gesetzt. Des Weiteren wurde dem Beklagten mitgeteilt, dass die Bürgschaft wahrscheinlich in Anspruch genommen würde. Aufgrund der ausbleibenden Zahlungen seitens des Hauptschuldners wurde am 01.06.2004 die Bürgschaft in Anspruch genommen und der Beklagte von der Klägerin zur Zahlung aufgefordert. Eine Zahlung wurde bisher trotz mehrfacher Aufforderungen (Schreiben vom 01.07.2004 und 15.08.2004) nicht geleistet.

Beweis: Schreiben der Klägerin an den Beklagten vom 15.03.2004, 01.06.2004, 01.07.2004 und 15.08.2004 (jeweils in Kopie), Anlage K ▪▪▪-▪▪▪

Die Klage ist geboten, da sich der Beklagte weigert, seine Verpflichtung aus der Bürgschaft zu erfüllen.

5. Der Kiaganspruch ergibt sich aus §§ 765, 488, 498, 280, 286, 288 Abs. 1 BGB.

▪▪▪

Rechtsanwalt

2. Muster: Klageerwiderung des Bürgen

An das Landgericht ▪▪▪ Aktenzeichen

In der Sache

des ▪▪▪ (Kläger)

Prozessbevollmächtigter: ▪▪▪

gegen

den ▪▪▪ (Beklagter)

Prozessbevollmächtigter: ■■■

wegen Zahlung

werde ich Namens und in Vollmacht des Beklagten beantragen:

Die Klage wird abgewiesen.

Zur Begründung trage ich Folgendes vor:

Der Beklagte ist der Bruder des Hauptschuldners. Der Hauptschuldner musste dringend das Dach seines Hauses sanieren und benötigte dafür das von der Klägerin gewährte Darlehen. Da das Hausgrundstück schon mit anderen Grundsicherheiten belastet ist, wollte die Bank das Darlehen nur gegen eine selbstschuldnerische Bürgschaft gewähren. Auf Grund der engen Verbundenheit zwischen den Brüdern, hat sich der Beklagte bereit erklärt, die Bürgschaft für den Hauptschuldner zu übernehmen.

Der Abschluss des Bürgschaftsvertrages zwischen der Klägerin und dem Beklagten ist nichtig. Eine Zahlungsverpflichtung des Beklagten besteht nicht. Vielmehr verstößt die Bürgschaft gegen die guten Sitten.

Nach ständiger und gefestigter Rechtsprechung des Bundesgerichtshofes ist ein Bürgschaftsvertrag dann sittenwidrig, wenn es sich um eine Bürgschaft eines nahen Angehörigen handelt und der Bürge durch die Übernahme krass finanziell überfordert ist. Ist dies der Fall, dann besteht die widerlegliche Vermutung, dass sich der Bürge bei der Übernahme der Bürgschaft nicht von seinen Interessen und von seiner rationalen Einschätzung des wirtschaftlichen Risikos hat leiten lassen und dass das Kreditinstitut die emotionale Beziehung zwischen dem Hauptschuldner und Bürgen in sittlich anstößiger Weise ausgenutzt hat (BGHZ 136, 347).

Eine krasse finanzielle Überforderung ist dann zu bejahen, wenn der Betroffene voraussichtlich nicht einmal die laufenden Zinsen der Hauptschuld dauerhaft aufzubringen vermag (BGH NJW 2001, 815).

Der Beklagte war zum Zeitpunkt des Abschlusses des Bürgschaftsvertrages und ist immer noch Lagerarbeiter mit einem monatlichen Nettogehalt von ca. 1200 EUR. Da bei der Beurteilung der finanziellen Überforderung lediglich der pfändbare Teil des Einkommens des Bürgen maßgebend ist, ist hier eine finanzielle Überforderung des Beklagten zu bejahen.

Beweis: Lohnabrechung der ■■■ aus dem Jahre 1999 und 2004 (jeweils in Kopie)

Eine sittenwidrige Ausnutzung des nahen Angehörigenverhältnisses zwischen dem Hauptschuldner und dem Bürgen wird vermutet. Eine Zahlungsverpflichtung des Bürgen besteht nicht.

Hiermit verkündet der Beklagte dem Hauptschuldner ■■■ den Streit.

■■■

Rechtsanwalt

C. Vollstreckung des Urteils

I. Allgemeines

Die Vollstreckung eines Urteiles aus der Bürgschaftsverpflichtung richtet sich nach den Regeln über die Vollstreckung eines Zahlungsurteiles.

46

II. Verhinderung der Vollstreckung mit der Klage aus § 826 BGB

Die Entscheidung[36] des BVerfG im Jahre 1993 hatte die Grundsätze der Sittenwidrigkeit von Angehörigenbürgschaften zur Folge. Nun hat der BGH[37] entschieden, dass die Vollstreckung aus einem Titel, der vor dieser Entscheidung des BVerfG erstritten wurde, nicht durch eine Unterlassungsklage nach § 826 Abs. 2 BGB verhindert werden kann. Ist nach heutiger Rechtsprechung die Bürgschaft sittenwidrig, so muss der Angehörige trotzdem die Vollstreckung dulden, wenn der Titel vor dem 10.10.1993 erstritten wurde. Auch wenn diese Entscheidung von Stimmen in der Literatur stark angegriffen wird, wird man in der Praxis kaum an dieser Entscheidung vorbei kommen.

47

---

36 BVerfG NJW 94, 36.
37 BGH NJW 02, 2940.

§ 2 Rückgriff des Bürgen bei dem Hauptschuldner

A. Vorprozessuale Situation

I. Einführung

48 § 1 befasst sich mit dem Abschluss des Bürgschaftsvertrages sowie der Bürgschaftsklage des Gläubigers gegen den Bürgen. Dieses Kapitel beschäftigt sich nun mit dem Rückgriffsanspruch des Bürgen beim dem Hauptschuldner, wenn der Bürge seiner Verpflichtung aus der Bürgschaft – sei es freiwillig, sei es auf Grund einer Verurteilung – nachgekommen ist.

II. Anspruchsgrundlage

49 Zunächst ist die Frage zu klären, auf welcher Rechtsgrundlage der Rückgriff beruht. Zum einen kommt ein Rückgriff nach § 774 BGB in Betracht, denn soweit der Bürge den Gläubiger befriedigt, geht die Forderung des Gläubigers gegen den Hauptschuldner auf den Bürgen über (**gesetzlicher Forderungsübergang**). Auf der anderen Seite hat der Bürge im Innenverhältnis einen **Aufwendungsersatzanspruch** gegen den Hauptschuldner gem. §§ 675, 683, 684, 670 BGB aus dem zwischen dem Bürgen und dem Hauptschuldner bestehenden Rechtsverhältnis.

50 Nach überwiegender Meinung handelt es sich um zwei getrennte Ansprüche. Der Bürge kann wählen, aus welchem Anspruch er gegen den Hauptschuldner vorgehen möchte. Diese Unterscheidung ist vor allem für die Einwendungen des Schuldners wichtig. Dem Rückgriffsanspruch des Bürgen aus dem Innenverhältnis kann der Schuldner nur die Einwendungen aus diesem Rechtsverhältnis entgegenhalten, nicht aber die Einwendungen aus dem Rechtsverhältnis zum Gläubiger. Gegen die übergegangene Forderung kann der Schuldner dagegen gem. § 774 Abs. 1 S. 3 BGB die Einwendungen aus dem Innenverhältnis wie auch gem. §§ 404 ff., 412 BGB die gegen die Forderung selbst bestehenden Einwendungen geltend machen.

III. Voraussetzungen des § 774 BGB

51 Sowohl die gesicherte Hauptschuld sowie die Bürgschaftsschuld müssen wirksam bestehen, damit der Anspruch übergehen kann.[38] Der Bürge muss auf die Bürgschaftsschuld geleistet haben und nicht als ein Dritter auf die Hauptschuld. Dies bestimmt sich im Einzelfall nach der **Zweckbestimmung** der Zuwendung. Entscheidend ist, als wessen Leistung sich die Zuwendung bei objektiver Betrachtungsweise für den Gläubiger ergibt.[39] Der Gläubiger muss endgültig befriedigt worden sein.[40]

---

38 BGH NJW 00, 1563.
39 BGH NJW 86, 251.
40 Palandt/Sprau, § 774 Rn. 7.

IV. Rechtsfolge

1. Übergang von Nebenrechten und anderen Sicherheiten

Abhängige Nebenrechte gehen gem. §§ 412, 401 BGB mit auf den Bürgen über. Dies gilt nicht automatisch für anderweitige Sicherungsrechte. Der Gläubiger ist jedoch analog §§ 774, 401 BGB mangels anderweitiger Vereinbarung schuldrechtlich verpflichtet, sie auf den Bürgen zu übertragen.[41]

52

2. Einwendungen

a) Einwendungen aus der Hauptschuld

Einwendungen gegen die Hauptschuld verbleiben dem Schuldner nach dem Übergang auch gegen den Bürgen, §§ 412, 404 BGB, selbst wenn der Bürge nur aufgrund Verurteilung geleistet hat. Das Urteil zwischen dem Gläubiger und dem Bürgen hat keine Rechtskraft gegenüber dem Schuldner. Zur Streitverkündung s.o.

53

b) Einwendungen aus dem Innenverhältnis

Die Einwendungen aus dem Innenverhältnis kann der Schuldner auch gegen die Hauptschuld geltend machen, § 774 Abs. 1 S. 3 BGB.

54

B. Prozess

I. Allgemeines

Im Rahmen des Prozesses sind keine Besonderheiten zu anderen Zahlungsklagen aus übergegangenen Forderungen zu beachten.

55

II. Muster: Klage auf Befreiung von einer Verbindlichkeit

56

An das Landgericht ■■■

Klage

der ■■■ (Klägerin)

Prozessbevollmächtigter: ■■■

gegen

den ■■■ (Beklagten)

Prozessbevollmächtigter: ■■■

wegen

Befreiung von einer Verbindlichkeit

Namens und in Vollmacht der Klägerin erhebe ich Klage und werde beantragen:

---

41 BGHZ 110, 41; NJW 99, 1182.

§ 2 Rückgriff des Bürgen bei dem Hauptschuldner

Der Beklagte wird verurteilt an die Klägerin € ∎∎∎ zuzüglich 5 % Zinsen über dem Basiszinssatz seit dem 01.07.2004 zu zahlen.

Zur Begründung trage ich Folgendes vor:

Die Klägerin macht gegen den Beklagten einen Anspruch auf Grund Übernahme einer Bürgschaft geltend.

Der Beklagte hat am 01.01.1999 ein Darlehen in Höhe von € ∎∎∎ bei der Sparkasse ∎∎∎ aufgenommen. Es wurde ein Zinssatz in Höhe von ∎∎∎ p.a. vereinbart. Auf Bitten des Beklagten hat die Klägerin am 01.01.1999 eine schriftliche Erklärung gegenüber der Sparkasse ∎∎∎ abgegeben, dass die Klägerin für die Rückzahlung des Darlehens bürge.

Beweis: Darlehensvertrag zwischen der Sparkasse ∎∎∎ und dem Beklagten vom 01.01.1999, Bürgschaftserklärung der Klägerin, (jeweils in Kopie), Anlage K ∎∎∎

Aufgrund anhaltender finanzieller Schwierigkeiten des Beklagten wurde nach mehrfachen Mahnungen und Finanzierungsbemühungen das Darlehen am 01.05.2004 von der Sparkasse ... gekündigt und die Restschuld fällig gestellt. Mit Schreiben vom gleichen Tag wurde die Inanspruchnahme der Bürgschaft gegenüber der Klägerin angekündigt. Am 14.05.2004 kam es dann zur Inanspruchnahme.

Beweis: Schreiben der Sparkasse vom 01.05.2004 an den Beklagten sowie an die Klägerin, Schreiben vom 14.05.2004 an die Klägerin (jeweils in Kopie), Anlage K ∎∎∎

Die Klägerin hat am 16.05.2004 an die Sparkasse ∎∎∎ € ∎∎∎ gezahlt, um ihre Verpflichtung aus dem Bürgschaftsvertrag zu erfüllen. Die Summe setzt sich aus der Darlehensvaluta, Zinsen und sonstigen Kosten zusammen.

Mit Schreiben vom 01.06.2004 hat die Klägerin um Zahlung der Klagesumme bis spätestens 01.07.2004 gebeten. Eine Zahlung ist bislang nicht erfolgt, weshalb Klage geboten ist.

Der Klaganspruch ergibt sich aus §§ 774 Abs. 1, 488 Abs. 1, 288 BGB.

∎∎∎

Rechtsanwalt

C. Vollstreckung

57 Auch hier sind keine Besonderheiten im Gegensatz zu anderen Zahlungsurteilen zu bemerken.

§ 3 Anspruch auf Befreiung des Bürgen

A. Beratungssituation

I. Allgemeines

Hat ein Bürge eine Bürgschaft übernommen, so kann es vorkommen, dass sich die Vermögensverhältnisse des Hauptschuldners im Laufe der Zeit so verschlechtern, dass der Bürge befürchten muss, dass er bei dem Hauptschuldner keinen Rückgriff mehr nehmen kann. Für diesen Fall gibt § 775 BGB dem Bürgen einen Befreiungsanspruch von der Bürgschaft. Die Durchsetzung dieses Anspruchs weist keine Besonderheiten auf. Da er jedoch den Rückgriffsanspruch aus § 774 BGB ergänzt, soll ein Muster für eine Klageschrift angefügt werden.

II. Muster: Klage auf Befreiung von einer Verbindlichkeit

An das Landgericht ■■■

Klage

des ■■■(Kläger)

Prozessbevollmächtigter: ■■■

gegen

den ■■■(Beklagter)

Prozessbevollmächtigter: ■■■

wegen

Befreiung von einer Verbindlichkeit

Namens und in Vollmacht des Klägers erhebe ich Klage und werde beantragen:

Der Beklagte wird verurteilt, den Kläger von der selbstschuldnerischen Bürgschaft des Klägers vom ■■■ gegenüber der Sparkasse ■■■ wegen € ■■■ zuzüglich Zinsen, Provisionen und Kosten der Bürgschaft freizustellen oder nach seiner Wahl Sicherheit in Höhe von € ■■■ zuzüglich Zinsen, Provisionen und Kosten der Bürgschaft ■■■ bei der Sparkasse ■■■ zu leisten.

Zur Begründung trage ich Folgendes vor:

Der Kläger macht gegen den Beklagten einen Befreiungsanspruch aus einer Bürgschaft gegenüber der Sparkasse ■■■ geltend.

Der Kläger ist mit dem Beklagten verwandt, weshalb sich der Kläger am ■■■ bereit erklärte, eine selbstschuldnerische Bürgschaft gegenüber der Sparkasse ■■■ für ein Darlehen des Beklagten ■■■ in Höhe von € ■■■ zuzüglich Zinsen, Provisionen und Kosten der Bürgschaftssumme zu übernehmen.

Beweis: Bürgschaftserklärung vom ■■■ in Fotokopie, Anlage K■■■

§ 3 Anspruch auf Befreiung des Bürgen

Eine Verpflichtung zur Übernahme der Bürgschaft bestand nicht. Vielmehr war es dem Kläger ein Anliegen, dem Beklagten auf Grund des verwandtschaftlichen Verhältnisses wirtschaftlich zu unterstützen.

Nun ist der Beklagte in finanzielle Schwierigkeiten geraten. Ein Gläubiger des Beklagten betreibt gegen ihn die Zwangsvollstreckung. Der Beklagte hat kein anderweitiges Vermögen. Pfändbare Gegenstände besitzt er nicht. Deshalb hat der Gläubiger am ■■■ Antrag auf Abgabe der eidesstattlichen Versicherung beim Amtsgericht gestellt.

Beweis: Zeugnis des Herrn ■■■, Auskunft aus dem Schuldnerregister des Amtsgerichts ■■■

Mit Schreiben vom ■■■ teilte die Sparkasse dem Kläger mit, dass auf Grund der Zahlungsschwierigkeiten des Beklagten mit einer Inanspruchnahme aus der Bürgschaft zu rechnen sei.

3. Der Befreiungsanspruch ergibt sich aus § 775 Abs. 1 Nr. 1 BGB.

■■■

Rechtsanwalt

FormularBibliothek Zivilprozess

Teil 1: **Kauf** Seite 5
Yvonne Marfurt, Rechtsanwältin, von Kiedrowski | Marfurt | Rechtsanwälte, Berlin

Teil 2: **Darlehen** Seite 259
Hanno Teuber, Rechtsanwalt, Konstanz
Kathrin Strauß, Rechtsanwältin,
Pfefferle Koch Helberg & Partner, Heilbronn

Teil 3: **Schenkung** Seite 293
Yvonne Marfurt, Rechtsanwältin, von Kiedrowski | Marfurt | Rechtsanwälte, Berlin

Teil 4: **Leasing** Seite 329
Hanno Teuber, Rechtsanwalt, Konstanz
Kathrin Strauß, Rechtsanwältin,
Pfefferle Koch Helberg & Partner, Heilbronn

Teil 5: **Werkvertrag** Seite 349
Dr. Bernhard von Kiedrowski, Rechtsanwalt,
von Kiedrowski | Marfurt | Rechtsanwälte, Berlin

Teil 6: **Bürgschaft** Seite 405
Hanno Teuber, Rechtsanwalt, Konstanz
Kathrin Strauß, Rechtsanwältin,
Pfefferle Koch Helberg & Partner, Heilbronn

Teil 7: **EDV-Recht** Seite 429
Dr. Michael Kummermehr, Rechtsanwalt,
WILMER CUTLER PICKERING HALE AND DORR LLP, Berlin
Mario Wegner, Rechtsanwalt,
WILMER CUTLER PICKERING HALE AND DORR LLP, Berlin

Inhalt

Verweise erfolgen auf Randnummern

§ 1 Geschäftliche Aktivitäten über das Internet (E-Commerce)	1
A. Vorprozessuale Situation	1
I. Grundsätzliches	1
II. Durchsetzung oder Abwehr von Ansprüchen aus Verträgen über die Lieferung von Waren (Online-Shopping und Online-Auktionen)	3
1. Wirksames Zustandekommen des Vertrages	6
a) Vorliegen korrespondierender Willenserklärungen	7
aa) Online-Shopping	7
bb) Online-Auktionen	11
cc) Handeln unter fremdem Namen	12
dd) Zugang der Willenserklärungen	14
ee) Darlegungs- und Beweislast	15
b) Wirksame Einbeziehung von AGB	22
c) Wahrung etwaiger Formerfordernisse	25
2. Gestaltungsrechte	28
a) Irrtumsanfechtung nach §§ 119, 120 BGB	28
aa) Typische Anfechtungsgründe	29
bb) Anfechtungserklärung ...	30
b) Widerrufs- bzw. Rückgaberechte	32
aa) Widerrufsrecht des Verbrauchers bei Online-Shopping und Online-Auktionen	34
(1) Voraussetzungen	34
(2) Beginn und Dauer des Widerrufsrechts	34
(3) Erklärung des Widerrufsrechts	35
bb) Ersetzung des Widerrufsrechts durch Rückgaberecht des Verbrauchers ...	36
cc) Rechtsfolgen des Widerrufs und der Rückgabe....	38
dd) Darlegungs- und Beweislast	44
3. Gefahrtragung	45
4. Rechtsschutz gegen Bewertungen im Zusammenhang mit Online-Auktionen	46
III. Durchsetzung oder Abwehr von Ansprüchen aus Verträgen über die Erbringung von Dienst- und Werkleistungen im Internet	47
1. Einordnung der Verträge....	47
a) Verträge über den Zugang zum Internet (Access-Providing)	48
b) Erbringung von Mehrwertdienstleistungen via Internet und andere Medien	49
aa) Dialer-Problematik	49
bb) Andere Mehrwertdienstleistungen	52
c) Webhosting	53
d) Application Service Providing	54
e) Nachrichtenübermittlung, Informationsabruf, Online-Recherche und Einzelauskunft	55
f) Online-Banking	59
aa) Haftung des Kunden gegenüber der Bank	59
bb) Haftung der Bank gegenüber dem Kunden	60
2. Widerrufsrechte	62
a) Grundsätzliches	62
b) Voraussetzungen der Widerrufsrechte	63

431

B. Prozess. 69
  I. Grundsätzliches 69
  II. Durchsetzung von Ansprüchen 71
    1. Aus der Perspektive des Verkäufers, Dienstleisters etc. . 71
      a) Mahnverfahren 71
      b) Klagen auf Durchsetzung der Vergütungsansprüche des Verkäufers etc. 77
    2. Aus der Perspektive des Käufers etc. 79
      a) Mahnverfahren 79
      b) Muster einer Klage auf Rückabwicklung eines Fernabsatzgeschäfts mit Erläuterungen 81
        aa) *Muster:* Klage auf Rückabwicklung eines Fernabsatzgeschäfts 81
        bb) Erläuterungen 82
          (1) Örtliche Zuständigkeit. . . 82
          (2) Sachliche Zuständigkeit / Streitwert 83
          (3) Zu den Anträgen 84
          (4) Gegenstandswert und Gebühren. 89
  III. Weiteres Verfahren (Rechtsmittel, Vollstreckung) 95

§ 2 Streitigkeiten im Zusammenhang mit Internet-Domains 96
  A. Vorprozessuale Situation 96
    I. Grundsätzliches 96
    II. Beratung bei und Durchsetzung von Domain-Registrierungen 98
      1. Grundbegriffe 99
      2. Zuständigkeit und Verfahren der Domain-Vergabe. 100
        a) Zuständigkeit für die Registrierungsverwaltung 100
        b) Zuständigkeit für die Durchführung der Registrierung 102
      3. Feststellung von Domain-Registrierungen 107
    III. Vorprozessuales Vorgehen gegen Registrierung und Benutzung von Domains. 109

1. Rechtsschutzziel des Mandanten 109
2. Schutz von Kennzeichen- und Namensrechten gegen Domain-Namen 111
  a) Markenrechtlicher Schutz 111
    aa) Grundvoraussetzung markenrechtlicher Unterlassungs-, Auskunfts- und Schadensersatzansprüche 112
      (1) Verwechslungsschutz. . . . 113
        (a) Verwechslungsschutz nach § 14 Abs. 2 Nr. 1 MarkenG 114
        (b) Verwechslungsschutz nach § 14 Abs. 2 Nr. 2 MarkenG 117
        (c) Verwechslungsschutz nach § 15 Abs. 2 MarkenG 119
        (d) Voraussetzungen. 121
      (2) Bekanntheitsschutz 122
        (a) Bekanntheitsschutz nach § 14 Abs. 2 Nr. 3 MarkenG. 123
        (b) Bekanntheitsschutz nach § 15 Abs. 3 MarkenG. 125
        (c) Voraussetzungen 127
    bb) Weitere Tatbestandsvoraussetzungen von Unterlassungs-, Schadensersatz- und Auskunftsansprüchen . . . 128
      (1) Unterlassungsanspruch . 129
      (2) Auskunfts- und Schadensersatzansprüche. 131
    cc) Anspruchsinhalt. 133
      (1) Unterlassungsanspruch . 133
      (2) Schadensersatzanspruch 136
      (3) Auskunftsanspruch 140
    dd) Verjährung und Verwirkung 143
    ee) Zusammenfassung zur fehlenden Anwendbarkeit des Markenrechts in Domain-Streitigkeiten . . . 144
  b) Geltendmachung von Namensrechten 145
    aa) Vorliegen einer Namensanmaßung bei Domainregistrierung 146

(1) Vorrang des Markenrechts
   gegenüber
   Namensschutz 149
(2) Anwendbarkeit des § 12
   BGB außerhalb des
   Anwendungsbereiches
   des MarkenG 150
bb) Fälle fehlender
   Namensanmaßung 151
cc) Weitere Voraussetzungen,
   Inhalt und Verjährung der
   namensrechtlichen
   Ansprüche............... 155
c) Regeln für die Fälle kollidierender Namens- und
   Kennzeichenrechte 156
aa) Erwerb von Kennzei-
   chen- und/oder
   Namensrecht durch
   Domainbenutzung?   156
(1) Erwerb eines Kennzei-
   chenrechts 157
(2) Entstehung eines
   Namensrechts........... 160
bb) Prinzip der Priorität der
   Domain-Anmeldung..... 161
cc) Regeln bei identischen
   Kennzeichen/Namen 163
(1) Grundsatz: Geltung des
   Prioritätsprinzips 163
(2) Ausnahme: Bekannter
   Name setzt sich durch ... 166
d) Ansprüche wegen unlau-
   teren Wettbewerbs 167
aa) Schutz vor Behinderungen
   im Wettbewerb (§§ 3, 4
   Nr. 10 UWG) 169
bb) Schutz vor Irreführung im
   Wettbewerb
   (§§ 3, 5 UWG) 172
e) Ansprüche aus Delikts-
   recht 173
f) Sonderproblem: Meta-
   Tags und Suchmaschinen 174
3. Passivlegitimation 176
4. Darlegungs- und Beweislast
   beim Schutz von Namens-
   und Zeichenrechten........ 180
a) Unterlassungsansprüche 180

b) Schadensersatz-
   ansprüche 185
c) Auskunftsansprüche 186
5. Möglichkeiten einer einver-
   nehmlichen Regelung 187
a) Formlose Kontaktauf-
   nahme (keine „Abmah-
   nung vor der Abmah-
   nung") 188
b) Kauf, Miete oder Pacht der
   Domain.................. 189
6. Dispute-Eintrag und
   Abmahnung 190
a) DISPUTE-Eintrag bei der
   DENIC 191
b) Muster einer Abmahnung
   mit Erläuterungen 193
aa) *Muster:* Abmahnung 195
bb) *Muster:* Strafbewehrte
   Unterlassungsverpflichtungserklärung 196
cc) Erläuterungen 197
(1) Erfordernis der Abmahnung 197
(2) Adressat der Abmahnung 201
(3) Beweisfragen hinsichtlich
   des Zugangs der Abmah-
   nung 202
(4) Originalvollmacht........ 203
(5) Begründung der Abmah-
   nung 204
(6) Strafbewehrte Unterlas-
   sungsverpflichtungs-
   erklärung 205
Muster: Unterlassungs-
   erklärung 209
(7) Angemessene Frist zur
   Abgabe der Erklärung 219
(8) Gegenstandswert und
   Gebühren................ 220
IV. Vorprozessuale Reaktion auf
   den Vorwurf der unberechtigten Domain-Registrierung/-
   Benutzung 229
1. Ausgangslage 229
2. Mögliche Verteidigungsmittel gegen geltend gemachte
   Ansprüche 230

433

a) Prüfung der Tatsachen- und Rechtslage.......... 230
b) Reaktion auf Abmahnung 234
aa) Materielle Einwände gegen die Abmahnung.. 235
bb) Originalvollmacht nicht beigefügt............... 236
Muster: Verwahrung gegen Kostenlast........ 237
cc) Weder materielle noch formelle Einwände möglich..................... 239
dd) Angebot des Abschlusses einer Abgrenzungs- und Vorrechtsvereinbarung.. 244
c) Muster eines Antwortschreibens mit Erläuterungen................... 246
aa) *Muster:* Antwortschreiben..................... 246
bb) Erläuterungen 247
(1) Negative Feststellungsklage und sog. „Gegenabmahnung"............... 248
(2) Gegenstandswert und Gebühren............... 249
d) Hinterlegung einer Schutzschrift............ 252
B. Prozess........................ 253
I. Antrag auf Erlass einer einstweiligen Verfügung........... 253
1. Vor- und Nachteile des Verfügungsverfahrens 254
a) Verhältnis zur Hauptsacheklage................ 255
b) Regelmäßig nur Unterlassungsansprüche durchsetzbar 257
c) Eingeschränkte Verjährungshemmung.......... 258
d) Dringlichkeit erforderlich 259
e) Mögliche Schadensersatzpflicht nach § 945 ZPO... 262
2. Muster eines Antrages auf Erlass einer einstweiligen Verfügung mit Erläuterungen 263

a) *Muster:* Antrag auf Erlass einer einstweiligen Verfügung................... 263
aa) Erläuterungen........... 264
(1) Zuständigkeit des angerufenen Gerichts........... 264
(2) Ordnungsmittelandrohung................... 270
(3) Anträge.................. 271
(4) Glaubhaftmachung...... 275
(5) Gegenstandswert 277
(6) Gerichtskosten 279
(7) Anwaltsgebühren 281
(8) Rücknahme des Verfügungsantrags 285
3. Rechtsmittel bei Zurück- bzw. Abweisung des Antrags 286
4. Vollziehung der einstweiligen Verfügung............. 290
5. Vollstreckung der einstweiligen Verfügung............. 292
II. Prozessuale Instrumente des Domain-Inhabers im einstweiligen Verfügungsverfahren ... 294
1. Schutzschrift 294
a) Muster einer Schutzschrift mit Erläuterungen 295
aa) *Muster:* Schutzschrift.... 295
bb) Erläuterungen........... 296
(1) Hinterlegung bei welchem Gericht?.......... 296
(2) Kein Anwaltszwang...... 297
(3) Parteibezeichnung....... 298
(4) Anträge 299
(5) Begründung der Schutzschrift................... 303
(6) Gegenstandswert und Gebühren 304
(7) Kostenerstattungsanspruch 306
2. Reaktion auf erlassene einstweilige Verfügung 307
a) Muster eines Widerspruchs mit Erläuterungen 311
aa) *Muster:* Widerspruch 311
bb) Erläuterungen.......... 312
(1) Zuständigkeit des Gerichts................. 312

(2) Anwaltszwang........... 313
(3) Anträge 314
(4) Materielle Gegenanträge 315
(5) Begründung............. 316
(6) Fristen.................. 317
(7) Gegenstandswert und Gebühren 318
(8) Rücknahme des Widerspruchs................. 321
b) Muster eines Kostenwiderspruchs mit Erläuterungen 322
aa) *Muster:* Kostenwiderspruch................... 323
bb) Erläuterungen........... 324
(1) Teilweiser Verzicht auf den Widerspruch........ 324
(2) Abschlusserklärung...... 325
(3) Glaubhaftmachung...... 328
(4) Gegenstandswert und Gebühren 329
(5) Rechtsmittel............. 330
c) Aufhebung der einstweiligen Verfügung nach §§ 926, 936 ZPO 331
aa) Antrag nach §§ 926 Abs. 1, 936 ZPO 331
(1) Zuständiges Gericht 332
(2) Rubrum der Antragsschrift 333
(3) Kein Anwaltszwang...... 334
(4) *Muster:* Antrag nach §§ 926 Abs. 1, 936 ZPO.... 335
(5) Kosten und Gebühren.... 336
bb) Antrag nach §§ 926 Abs. 2, 936 ZPO 337
(1) Anwaltszwang........... 340
(2) *Muster:* Antrag nach §§ 926 Abs. 2, 936 ZPO ... 341
(3) Glaubhaftmachung...... 343
(4) Kosten und Gebühren.... 344
d) Aufhebung der einstweiligen Verfügung nach §§ 927, 936 ZPO.......... 345
III. Hauptsacheverfahren 348
1. Situation nach Erlass der einstweiligen Verfügung und vor Erhebung der Hauptsacheklage 348

a) Erfordernis eines Abschlussschreibens..... 348
aa) Ausnahmen vom Erfordernis des Abschlussschreibens..................... 349
bb) Erforderliche Zeitspanne zwischen Zustellung der Verfügung und Abschlussschreiben 350
b) *Muster:* Abschlussschreiben..................... 351
Per Einschreiben/Rückschein 351
c) *Muster:* Abschlusserklärung................ 352
d) Erläuterungen 353
aa) Adressat des Abschlussschreibens 353
bb) Androhung der Klageerhebung................. 354
cc) Inhalt der Abschlusserklärung 355
dd) Angemessene Frist....... 356
ee) Gegenstandswert und Gebühren................. 357
2. Erkenntnisverfahren nach Klageerhebung............. 359
a) Unterlassungsansprüche (einschließlich Löschung). 359
b) Auskunfts- und Schadensersatzbegehren 360
c) Klageart 362
aa) Stufenklage.............. 362
bb) Feststellungsklage 363
3. Zwangsvollstreckungsverfahren 365
a) Vollstreckung des Unterlassungsgebots 365
b) Vollstreckung von Auskunftsansprüchen........ 366
c) Vollstreckung von Geldansprüchen 369
4. Gebühren im Hauptsacheverfahren 370
§ 3 Streitigkeiten im Zusammenhang mit dem Schutz von Software 371
A. Vorprozessuale Situation 371
I. Grundsätzliches 371

II. Beratung beim Schutz von Computerprogrammen und ihren Elementen 373
1. Urheberrechtsschutz des Computerprogramms 374
   a) Materiell-rechtliche Kriterien des Urheberrechtsschutzes 374
   b) Rechteinhaber 379
   c) Zustimmungsbedürftige Handlungen 382
      aa) Zustimmungsbedürfnis . 382
      bb) Ausnahmen vom Zustimmungsbedürfnis 383
      cc) Open-Source-Software (OSS) 386
   d) Rechtsfolgenüberblick... 387
2. Wettbewerbsrecht 391
3. Markenrecht 395
   a) Markenschutz der Software 395
   b) Werktitelschutz der Software 399
   c) Rechtsfolgenüberblick... 402
4. Patentrecht 405
   a) Patentschutz der Software 405
      aa) Patentierbarkeit 409
      bb) Neuheit und Erfindungshöhe 413
   b) Rechtsfolgen im Falle der Verletzung des Patents .. 414
5. Schutz von Elementen 416
   a) Handbücher und einzelne Befehlssätze 417
   b) Grafische Programmelemente und Websites 419
      aa) Urheberrechtlicher Schutz 419
      bb) Geschmacksmusterschutz, insbesondere als Gemeinschaftsgeschmacksmuster...... 422
      cc) Typografieschutz........ 424
   c) Computerspiele, Multimedia-Programme 425
   d) Datenbanken 426
      aa) Urheberrechtlicher Schutz durch §§ 4 Abs. 2, 55a UrhG 427
      bb) Sui-generis-Schutz durch §§ 87a ff. UrhG........... 428
III. Vorprozessuales Vorgehen gegen Verletzung von Rechten an Software, insbesondere Vorbereitung des Schutzrechtsprozesses 430
1. Ausgangsüberlegungen.... 430
   a) Verletzungsfälle 430
   b) Zivil-, straf- und zollrechtliche Möglichkeiten...... 431
2. Verfolgung von Softwareverletzungen nach UrhG 433
   a) Aktiv- und Passivlegitimation 435
      aa) Aktivlegitimation........ 435
      bb) Passivlegitimation....... 439
   b) Unterlassungs- und Beseitigungsansprüche 441
   c) Schadensersatz-, Auskunfts-, Besichtigungs- sowie Vernichtungsansprüche 443
   d) Anspruchsinhalt......... 447
      aa) Unterlassungs- und Beseitigungsanspruch 447
      bb) Schadensersatzanspruch 449
      cc) Auskunfts- und Rechnungslegungsanspruch.. 452
      dd) Besichtigungsanspruch .. 455
   e) Verjährung 459
3. Verfolgung von Softwareverletzungen nach MarkenG, PatG und UWG 460
4. Darlegungs- und Beweislast bei der Verfolgung von Softwareverletzungen 461
   a) Darlegung der Schutzfähigkeit der Software 461
   b) Darlegung der Aktivlegitimation 463
   c) Unterlassungsansprüche 465
   d) Schadensersatzansprüche 468
   e) Auskunftsansprüche..... 470
5. Beweissicherung........... 471

a) Ausgangslage 471
b) Möglichkeiten der
  Beweissicherung 474
  aa) Einsicht in staatsanwalt-
    schaftlichen Ermittlungs-
    akten.................... 474
  bb) Testkauf 475
  cc) Einholung eines Privatgut-
    achtens 478
  dd) Besichtigungsanspruch .. 479
c) Muster eines Antrags auf
  Besichtigung im einstweiligen Verfügungsverfah-
  ren mit Erläuterungen ... 483
  aa) Antrag auf Besichtigung . 483
    Muster: Antrag auf
    Besichtigung 484
  bb) Erläuterungen 485
  (1) Antragsfassung.......... 485
    Muster: Antragsfassung
    bei vermuteter Raubkopie
    (Anweisung an Sachver-
    ständigen)............... 486
  (2) Vollziehung.............. 490
  (3) Kosten der Verwahrung
    und Besichtigung........ 492
  (4) Gegenstandswert des
    Besichtigungsanspruchs . 493
6. Möglichkeiten einer einver-
  nehmlichen Regelung...... 494
7. Abmahnung, außergerichtliche Aufforderung zur Auskunftserteilung 495
IV. Vorprozessuale Reaktion auf
  den Vorwurf der Verletzung
  von Rechten an Computerprogrammen und ihren
  Elementen 498
  1. Ausgangslage.............. 498
  2. Mögliche Verteidigungsmit-
    tel gegen geltend gemachte
    Ansprüche 499
    a) Prüfung der Tatsachen-
      und Rechtslage 499
    b) Abwendungsbefugnis ... 500
    c) Reaktion auf Abmahnung
      bzw. auf außergerichtli-
      che Aufforderung zur Aus-
      kunftserteilung.......... 504

B. Prozess........................ 506
I. Antrag auf Erlass einer einstweiligen Verfügung........... 506
  1. Reichweite des einstweili-
    gen Rechtsschutzes......... 506
  2. Grenzen des einstweiligen
    Verfügungsverfahrens...... 511
    a) Darlegungsfragen........ 511
    b) Dringlichkeit............. 513
  3. Sonstige Fragen zum Antrag
    auf Erlass einer einstweili-
    gen Verfügung 514
    a) Zuständigkeit des angeru-
      fenen Gerichts 514
    b) Anträge................... 515
    c) Glaubhaftmachung...... 516
    d) Gegenstandswert........ 518
    e) Gerichtskosten, Anwalts-
      gebühren und Kosten-
      erstattung 519
    f) Zurückweisung des
      Antrags 520
    g) Vollziehung und Vollstre-
      ckung der einstweiligen
      Verfügung 521
II. Prozessuale Instrumente des
  (vermeintlichen) Verletzers im
  einstweiligen Verfügungsverfahren....................... 522
  1. Schutzschrift 522
  2. Reaktion auf erlassene einst-
    weilige Verfügung.......... 523
III. Hauptsacheverfahren......... 525
  1. Situation nach Erlass der
    einstweiligen Verfügung
    und vor Erhebung der
    Hauptsacheklage........... 525
    a) Erfordernis eines
      Abschlussschreibens 525
    b) Abschlussschreiben 526
  2. Erkenntnisverfahren nach
    Klageerhebung............. 527
  3. Muster eines Klageantrags
    auf Unterlassung, Auskunft
    und Schadensersatz mit
    Erläuterungen.............. 529

a) *Muster:* Klageantrag auf Unterlassung, Auskunft und Schadensersatz mit Erläuterungen 529
b) Erläuterungen 530
aa) Rechtsweg und Zuständigkeit des angerufenen Gerichts 530
bb) Anträge................. 533
(1) Antrag auf Unterlassung 533
(2) Gestufte Anträge auf Auskunft, Rechnungslegung und Schadensersatz (Anträge zu 2. bis 4.)..... 541
Muster: Antrag auf Abgabe einer eidesstattlichen Versicherung 547
(3) Feststellungsantrag (Antrag zu 5.)........... 554
(4) Anspruch auf Vernichtung der Plagiate (Antrag zu 6.) 558
(5) Antrag auf Erstattung einer hälftigen Geschäftsgebühr (Antrag zu 7.) 559
(6) Möglicher Antrag auf Veröffentlichung des Urteils 560
Muster: Antrag auf Veröffentlichung des Urteils .. 561
(7) Gerichtskosten.......... 562
(8) Kostenerstattung 563
IV. Zwangsvollstreckungsverfahren 564
1. Unterlassungs- und Beseitigungsansprüche 565
a) Unterlassungsansprüche 565
b) Beseitigungsansprüche . 566
2. Auskunftsansprüche....... 568
3. Ansprüche auf Geldzahlung 569

§ 4 Streitigkeiten im Zusammenhang mit Mängeln an Hardware und Software 570
A. Vorprozessuale Situation 570
I. Grundsätzliches 570
II. Erstellung bzw. dauerhafter Erwerb von Software......... 576
1. Erstellung von Individualsoftware 578
a) Leistungsumfang 581

b) Mängelrechte 586
aa) Mangelbegriff.......... 587
bb) Mängelrechte im Einzelnen 592
cc) Nacherfüllung und Selbstvornahme............... 594
dd) Minderung, Rücktritt und Schadensersatz.......... 596
ee) Verjährung und allgemeine Leistungsstörungen 597
ff) Darlegungs- und Beweislast..................... 599
2. Erwerb von Standardsoftware..................... 602
III. Erwerb von Hardware 603
1. Einordnung des Vertragstyps 603
2. Probleme bei Hardwarepaketen 604
3. Darlegungsanforderungen . 605
IV. Erwerb von Soft- und Hardware auf Zeit................. 606
V. Probleme mit Wartung und Pflege von Software 609
VI. Tatsachenermittlung......... 611
VII. Fehlermeldungen, Fristsetzungen 613
1. Fehlermeldungen und -protokolle.................... 614
2. Fristsetzungen............. 617
VIII. Beweissicherung, insbesondere das selbstständige Beweisverfahren 618
1. Beweissicherung.......... 618
2. Selbstständiges Beweisverfahren 622
B. Prozess 624
I. Grundsätzliches.............. 624
II. Besonderheiten der Antragstellung..................... 625
1. Zahlungs-, insbesondere Rückabwicklungsklagen.... 625
2. Nachbesserungsklagen 629
III. Besonderheiten des Sachvortrags....................... 630

MUSTERVERZEICHNIS

		Rn.
§ 1	Geschäftliche Aktivitäten über das Internet (E-Commerce)	1
	1 Klage auf Rückabwicklung eines Fernabsatzgeschäfts	81
§ 2	Streitigkeiten im Zusammenhang mit Internet-Domains	96
	2 Abmahnung	195
	3 Strafbewehrte Unterlassungsverpflichtungserklärung	196
	4 Unterlassungserklärung	209
	5 Verwahrung gegen Kostenlast	237
	6 Antwortschreiben	246
	7 Antrag auf Erlass einer einstweiligen Verfügung	263
	8 Schutzschrift	295
	9 Widerspruch	311
	10 Kostenwiderspruch	323
	11 Antrag nach §§ 926 Abs. 1, 936 ZPO	335
	12 Antrag nach §§ 926 Abs. 2, 936 ZPO	341
	13 Abschlussschreiben	351
	14 Abschlusserklärung	352
§ 3	Streitigkeiten im Zusammenhang mit dem Schutz von Software	371
	15 Antrag auf Besichtigung	484
	16 Antragsfassung bei vermuteter Raubkopie (Anweisung an Sachverständigen)	486
	17 Klageantrag auf Unterlassung, Auskunft und Schadensersatz mit Erläuterungen	529
	18 Antrag auf Abgabe einer eidesstattlichen Versicherung	547
	19 Antrag auf Veröffentlichung des Urteils	561

7 Musterverzeichnis

Rn.

§ 4 Streitigkeiten im Zusammenhang mit Mängeln an
Hardware und Software   570

Literatur:
Kommentare: Busse, Patentgesetz, 6. Auflage, 2003; Dreier/Schulze, UrhG, 2004; Dreyer/Kotthoff/Meckel, Urheberrecht, 2004; Fromm/Nordemann, Urheberrecht, 9. Auflage, 1998; Ermann, BGB, Band 1, 11. Auflage, 2004; Fezer, UWG, 2005; Fezer, Markenrecht, 3. Auflage, 2001; Gerold/Schmidt/v. Eicken/Madert/Müller-Rabe, RVG, 16. Auflage, 2004; Ingerl/Rohnke, Markengesetz, 2. Auflage, 2003; Münchener Kommentar, BGB, Band 4, 4. Auflage, 2005, Mes, Patentgesetz, 1997; Nordemann, Wettbewerbsrecht/Markenrecht, 10. Auflage, 2004; Palandt, BGB, 64. Auflage, 2005; Schulte, Patentgesetz mit EPÜ, 7. Auflage, 2005; Wandtke/Bullinger, Praxiskommentar zum Urheberrecht, 2002; Wandtke/Bullinger, Ergänzungsband zum Praxiskommentar UrhR, 2003; Zöller, ZPO, 25. Auflage, 2005.
Lehrbücher und Monografien: Bartsch, Softwareüberlassung und Zivilprozess, 1991; Bähler/Luhbich/Schneider/Widmer, Internetdomainnamen, 1996; Bräutigam (Hrsg.), Online-Handel, 2003; Bücking, Namens- und Kennzeichenrecht im Internet (Domainrecht), 1999; Cichon, Internetverträge, 2. Auflage, 2005; Goldmann, Der Schutz des Unternehmenskennzeichens, 2. Auflage, 2005, Grützmacher, Urheber-, Leistungs- und Sui-generis-Schutz von Datenbanken, 1999; Hoeren, Grundzüge des Internetrechts, 2002; Hoeren/Sieber (Hrsg.), Handbuch Multimedia-Recht, Loseblatt; Junker/Benecke, Computerrecht, 2. Auflage, 1999; Kilian/Heussen (Hrsg.), Computerrechtshandbuch, Loseblattsammlung; Koch, Software- und Datenbank-Recht, 2003; Koch, Zivilprozeßpraxis in EDV-Sachen, 1988; Lütcke, Fernabsatzrecht, 2002; Marly, Software-Überlassungsverträge, 4. Auflage, 2004; Müller-Helle, Die Zusendung unbestellter Ware, 2005; Mellulis, Handbuch des Wettbewerbsprozesses; 3. Auflage, 2000; Nordemann, Wettbewerbsrecht/Markenrecht, 3. Auflage, 2000; Redeker, IT-Recht in der Praxis, 3. Auflage, 2003; Redeker (Hrsg), Handbuch der IT-Verträge, Band 1 und 2, Loseblatt; Schneider, Handbuch des EDV-Rechts, 3. Auflage, 2003; Schröder, Softwareverträge, 2002; Schumacher/Ernstschneider/Wiehager, Domain-Namen im Internet, 2002; Schwarz/Peschel-Mehner, Recht im Internet, Loseblatt; Weitnauer, Formularbuch e-commerce, 2003; Teplitzky, Wettbewerbsrechtliche Ansprüche und Verfahren, 8. Auflage, 2002; Westphalen, Software-Vertrags und Rechtspraxis, 1992.
Aufsätze: Abel, Generische Domains, WRP 2001, 1426; Apel/Große-Ruse, Markenrecht versus Domainrecht, WRP 2000, 816; Bäuml/Marx, Die Information des Verbrauchers zum Widerrufsrecht im Fernabsatz – „klar und verständlich"?, WRP 2004, 162; Bettinger, Abschlußbericht der WIPO zum Internet Domain Name Process, CR 1999, 445; Bettinger, Kennzeichenrecht im Cyberspace – Der Kampf um die Domain-Namen, GRUR Int. 1997, 402; Brönneke, Abwicklungsprobleme beim Widerruf von Fernabsatzgeschäften, MMR 2004, 127; Bücking, Liberalisierung im Vergabewesen deutscher Domainadressen? – DENIC und die Essential Facilities-Doktrin, GRUR 2002, 27; Bürger, Das Fernabsatzrecht und seine Anwendbarkeit auf Rechtsanwälte, NJW 2002, 465; Ernst, Die Verfügbarkeit des Source Codes, Rechtlicher Know-how-Schutz bei Software und Webdesign, MMR 2001, 208; Fischer, Fernabsatzverträge – Ausschluss des Widerrufsrechts wegen Anfertigung der Ware nach Kundenspezifikation? DB 2003, 1103; Fischer, Zur Anwendbarkeit des Fernabsatzgesetzes bei Einschaltung eines Boten beim Vertragsschluss im Rahmen des Postident 2-Verfahrens, BB 2004, 2601; Franck, Zur Widerrufsbelehrung im Fernabsatz, JR 2004, 45; Fritzemeyer/Schoch, Übernahme von Softwareüberlassungsverträgen beim IT-Outsourcing, CR 2003, 793; Grigoleit, Besondere

Vertriebsformen im BGB, NJW 2002, 1151; Grützmacher, Application Service Providing – Urhebervertragsrechtliche Aspekte, ITRB 2001, 59; Haines/Scholz, Hardwarebezogene Verwendungsbeschränkungen in Standardverträgen zur Überlassung von Software, CR 2003, 393; Härting/Schirmbacher, Fernvertrieb von Finanzdienstleistungen an Verbraucher – Umsetzung der Fernabsatzrichtlinie für Finanzdienstleistungen, DB 2003, 1777; Häuser, Die Wertersatzpflicht des Verbrauchers bei Rückabwicklung widerrufener B2C E-Commerce- und anderer Fernabsatzverträge, ITRB 2003, 40; Häuser, Rückabwicklung von B2C E-Commerce- und anderen Fernabsatzverträgen, ITRB 2003, 17; Heigl/Rettenmaier, Widerruf und Herstellergarantie – Probleme beim Fernabsatz, K&R 2004, 559; Karger, Download im Rahmen bestehender Softwareüberlassungs- und Pflegeverträge, ITRB 2003, 134; Karger, Rechtseinräumung bei der Software-Erstellung, CR 2001, 357; Koch, Begründung und Grenzen des urheberrechtlichen Schutzes objektorientierter Software, GRUR 2000, 191; Koch, Grundlagen des Urheberschutzes im Internet und in Online-Diensten, GRUR 1997, 417; Koch, Rechte an Webseiten, NJW-CoR 1997, 298; Koch, Rechtsschutz für Benutzeroberflächen von Software, GRUR 1991, 180; Köhler, Einzelprobleme der Abgrenzung von Werk- und Dienstvertrag bei der Aktivierung von Software, StBp 2002, 371; Kocher, Neue Vorschriften für den Fernabsatz von Finanzdienstleistungen an Verbraucher, DB 2004, 2679; Kur, Internet Domain Names, CR 1996, 325; Lehmann, Domains – weltweiter Schutz für Name, Firma, Marke, geschäftliche Bezeichnung im Internet?, WRP 2000, 947; Lehmann/v. Tucher, Urheberrechtlicher Schutz von multimedialen Webseiten, CR 1999, 700; Mankowski, Für einen Anscheinsbeweis hinsichtlich der Identität des Erklärenden bei E-Mails, CR 2003, 44; Mankowski, Wie problematisch ist die Identität des Erklärenden bei E-Mails wirklich?, NJW 2002, 2822; Marwitz, Domainrecht schlägt Kennzeichenrecht?, WRP 2001, 9; Metzger/Jaeger, Open Source Software und deutsches Urheberrecht, GRUR Int. 1999, 839; Pfeiffer, Cyberwar gegen Cybersquatter, GRUR 2001, 92; Melber/Teuber, Online-Auktionen – Pflichten der Anbieter durch das Fernabsatzrecht, MDR 2004, 185; Nordemann, Internet-Domains und zeichenrechtliche Kollisionen, NJW 1997, 1891; Paulus, Software in Vollstreckung und Insolvenz, ZIP 1996, 2; Pekari, Jüngste Entwicklungen in der Arbeit der WTO zur Regulierung des internationalen E-Commerce, K&R 2004, 322; Polley, Verwendungsbeschränkungen in Softwareüberlassungsverträgen, CR 1999, 345; Reinhart, Kollisionen zwischen eingetragenen Marken und Domain-Namen, WRP 2001, 13; Renck, Kennzeichenrechte versus Domain-Names – Eine Analyse der Rechtsprechung, NJW 1999, 3587; Rössel, Finanzdienstleistungen im Fernabsatz, ITRB 2004, 236; Schack, Urheberrechtliche Gestaltung von Webseiten unter Einsatz von Links und Frames, MMR 2001, 9; Schmittmann, Aktuelle Entwicklungen im Fernabsatzrecht, K&R 2003, 385; Schmittmann, Aktuelle Entwicklungen im Fernabsatzrecht, K&R 2004, 361; Schneider, Urheberrechtliche Probleme bei objektorientierten Programmen, in: Büllesbach/Heymann (Hrsg.), Informationsrecht 2000, Perspektiven für das nächste Jahrzehnt, 143; Ulmer, Softwareüberlassung – Formulierung eines Lizenzvertrags, ITRB 2004, 213; Völker/Weidert, Domain-Namen im Internet, WRP 1997, 652; Viefhues, Domain-Name-Sharing, MMR 2000, 334; Wiebe/Funkat, Multimedia-Anwendungen als urheberrechtlicher Schutzgegenstand, MMR 1989, 69; Wilmer, Offene Fragen der rechtlichen Einordnung von Internetdomains, CR 1997, 562; Zscherpe, Urheberrechtsschutz digitalisierter Werke im Internet, MMR 1998, 404.

§ 1 Geschäftliche Aktivitäten über das Internet (E-Commerce)

A. Vorprozessuale Situation

I. Grundsätzliches

Die Bedeutung des Internet für den Geschäftsverkehr ist in den letzten Jahren erheblich gewachsen. Es ist mittlerweile technisch verhältnismäßig einfach und auch für kleine mittelständische Unternehmen und Einzelpersonen erschwinglich, Online-Shops zu betreiben und damit neue Vertriebswege für den **Vertrieb von Produkten** (einschließlich Software, Texte, Musikstücke etc.)[1] zu eröffnen. Die Weiterentwicklung elektronischer Übermittlungsdienste hat auch dazu geführt, dass eine Reihe von **Dienstleistungen** (vor allem Finanzdienstleistungen, aber auch – nicht zuletzt in der anwaltlichen Praxis[2] – eine Reihe von Recherchedienstleitungen) zunehmend **unter Einsatz von Tele- oder Mediendiensten**[3] erbracht oder auch über diese initiiert werden können. Mit diesen geschäftlichen Aktivitäten sind einige im täglichen Leben besonders bedeutsame Aspekte des **E-Commerce**[4] beschrieben, einen Bereich des Wirtschaftslebens, der durch eine Reihe verbraucherschützender Bestimmungen (spezielle Informationspflichten des Unternehmers, Widerrufsrechte des Verbrauchers im Bereich der Fernabsatzgeschäfte etc.) reglementiert ist.

1

Es wird dabei in der anwaltlichen Praxis im Regelfall darum gehen, **Erfüllungsansprüche** (Zahlung des Kaufpreises bzw. der Vergütung von Dienstleistungen) oder sonstige **vertraglich begründete Forderungen** entweder durchzusetzen oder aber abzuwehren. Es kommt aber auch vor, dass Ansprüche durchzusetzen oder abzuwehren sind, die aus der **Verletzung von wettbewerbsrechtlichen**,[5] aber auch **urheberrechtlichen Vorschriften** (etwa des § 95a Abs. 3 i.V.m. § 97 UrhG)[6] resultieren. Nach der Bestimmung des konkreten Rechtsschutzziels hat der Anwalt – nicht anders als sonst – zu beurteilen,

2

---

1 Also Produkte, die sich in digitale Daten zerlegen lassen und auf diese Weise direkt an den Kunden transportiert werden können. Hierzu näher unter Rn. 47 ff.
2 Exemplarisch genannt sei die Datenbank www.ecodata.de, über die sich u.a. Handelsregistereintragungen ermitteln lassen.
3 Der Begriff „Teledienste" wird in § 2 TDG definiert. Dazu gehören u.a. Angebote im Bereich der Individualkommunikation, z.B. Telebanking, und Angebote von Waren und Dienstleistungen in elektronisch abrufbaren Datenbanken mit interaktivem Zugriff und unmittelbarer Bestellmöglichkeit; vgl. § 2 Abs. 2 Nr. 1 und Nr. 5 TDG. Hinter dem Begriff „Mediendienste" verbirgt sich beispielsweise das sog. Teleshopping (§ 2 Abs. 2 Nr. 1 MDStV). Siehe hierzu etwa Palandt / Heinrichs, BGB, § 312e Rn. 2, m.w.N.
4 Nach der Legaldefinition in § 312e Abs. 1 S. 1 BGB handelt es sich beim „Vertrag im elektronischen Geschäftsverkehr" um einen unter Einsatz eines Tele- oder Mediendienstes (zwischen einem Unternehmen und einem Kunden) geschlossenen Vertrag. Die in § 312b Abs. 1 S. BGB enthaltene Legaldefinition der „Fernabsatzverträge" erfasst auch den Bereich des E-Commerce, geht aber zugleich darüber hinaus, weil unter Fernabsatzverträgen nicht nur die unter Einsatz moderner Kommunikationsmittel geschlossenen Verträge, sondern auch traditionelle Distanzgeschäfte (z.B. Versandhandel unter Einsatz gedruckter Kataloge) zu verstehen sind.
5 Vgl. hierzu – etwa zur unerwünschten Zusendung von Werbe-E-Mails – die Ausführungen im Band Gesellschaftsrecht / Wettbewerbsrecht, Rn. 137 ff.
6 Vgl. zu hierzu im Einzelnen Wandtke / Bullinger, Ergänzungsband zum Praxiskommentar UrhR (2003), § 95a Rn. 52 ff., 89 f.

welche Ansprüche dem Mandanten konkret zustehen und mit welcher Aussicht auf Erfolg diese gerichtlich durchgesetzt werden können.[7]

II. Durchsetzung oder Abwehr von Ansprüchen aus Verträgen über die Lieferung von Waren (Online-Shopping und Online-Auktionen)

3   Sofern der Anwalt damit beauftragt worden ist, Ansprüche aus einem mittels elektronischer Kommunikationsmittel geschlossenen Vertrag geltend zu machen, unterscheidet sich die Ausgangslage nicht von derjenigen, die man bei der Durchsetzung von Ansprüchen aus sonstigen (Kauf-)Verträgen vorfindet.

4   Das **Online-Shopping** – sei es in Online-Shops mit einem Fokus auf Verbraucher oder auf Shopping-Plattformen für gewerbliche Kundenkreise – stellt im Wesentlichen einen **normalen Versandhandel** dar, bei dem die lediglich die Bestellung über das Internet abgegeben wird, die Ware dann jedoch in traditioneller Weise per Post oder Lieferservice zum Kunden geliefert wird.[8] Auch bei **Online-Auktionen** (sowie bei „umgekehrten Auktionen"[9] und beim – wettbewerbsrechtlich fragwürdigen – „Community-Shopping")[10] geht es regelmäßig um den Vertrieb von körperlich fassbaren Produkten; allerdings kommen hier flexible Preisfindungsmechanismen (so bei Online-Auktionen das „Hochbieten" der verschiedenen Interessenten) zum Einsatz.[11]

5   Zu prüfen hat der Anwalt in derartigen Fällen, ob es zu einem **wirksamen Vertragsschluss** gekommen ist; dabei stellen sich im Rahmen des E-Commerce regelmäßig spezifische Beweisprobleme. Dem kann sich die Frage anschließen, ob **Gestaltungsrechte** existieren (und gegebenenfalls schon ausgeübt worden sind), die die Erfüllungsansprüche ausschließen; besondere Bedeutung haben hier **Widerrufs- oder Rückgaberechte**. Schließlich sind mögliche **rechtsvernichtende Einwendungen** und/oder **rechtshemmende Einreden** zu berücksichtigen.

---

7   Zu den sonstigen Fragen im Vorfeld bzw. im Zuge der Übernahme des Mandates (Entscheidung über die Annahme des Mandates, Ausgestaltung des Anwaltsvertrags, gegebenenfalls Abschluss einer Honorarvereinbarung, Einholung der Deckungszusage einer etwaigen Rechtsschutzversicherung des Mandanten sowohl für das außergerichtliche wie auch das gerichtliche Verfahren; Klärung der Voraussetzungen einer Beratungshilfe, gegebenenfalls Anfrage bei einem Prozessfinanzierer).
8   Cichon, Internet-Verträge, 2. Auflage (2005), Rn. 798.
9   Vgl. dazu Cichon, Internet-Verträge, 2. Auflage (2005), Rn. 858 ff. Für die wettbewerbsrechtliche Zulässigkeit der umgekehrten Auktion (Absinken des Preises mit zunehmender Aktionsdauer) BGH, MMR 2004, 160, jedenfalls für den Fall, dass der „Auktionssieger" nach Abschluss der Veranstaltung Auktion ohne finanzielle Nachteile erkennbar frei entscheiden kann, ob er den „ersteigerten" Gegenstand (im dortigen Fall ein Pkw) zu dem erzielten Preis erwerben will. A.A. – wettbewerbsrechtlich unzulässig – zuvor OLG Hamburg, CR 2002, 753. Vgl. zur „umgekehrten Auktion" ferner BGH, MMR 2004, 162.
10 Beim Community-Shopping (auch Powershopping) beteiligen sich im Interesse der Erzielung eines für die Teilnehmer möglichst günstigen Kaufpreises mehrere Kaufinteressenten an einer Verkaufsveranstaltung im Internet, bei der der Anbieter den Kunden innerhalb eines bestimmten Zeitraums eine bestimmte Ware mit einer bestimmten Stückzahl zum Kauf mit der Maßgabe anbietet, dass auf den „Grundpreis" je nach der Anzahl der sich einfindenden Warenkäufer Nachlässe in einer bestimmten angegebenen Höhe gewährt werden. Vgl. dazu OLG Hamburg, WRP 2000, 412 und OLG Köln, CR 2001, 545; Ernst, CR 2000, 239, sowie Steinbeck WRP 2002, 604. Siehe ferner – auch zur „umgekehrten Auktion" – Köhler, in: Baumbach/Hefermehl, Wettbewerbsrecht, 23. Auflage (2004), Rn. 1199.
11 Cichon, Internet-Verträge, 2. Auflage (2005), Rn. 799.

1. Wirksames Zustandekommen des Vertrages

Durch einige jüngere Entscheidungen des BGH[12] sind die grundlegenden Rechtsfragen im Zusammenhang mit fernkommunikativ geschlossenen Verträgen geklärt. Gesichert ist danach: Die bei der Beurteilung des wirksamen Zustandekommens eines Vertrages zu klärenden Fragen nach der Abgabe und dem Zugang korrespondierender Willenserklärungen bestimmen sich ebenso wie die **Beurteilung** der Rechtsfolgen von Irrtümern **nach den entsprechenden Regeln des Allgemeinen Teils des BGB.**[13]

a) Vorliegen korrespondierender Willenserklärungen

aa) Online-Shopping: Ob über das Internet oder per E-Mail[14] übermittelte Erklärungen als rechtsverbindliche Erklärungen einzustufen sind, ist abhängig von den konkreten Umständen des Einzelfalls.

Die per Internet oder via E-Mail übermittelten Aufforderungen zur Bestellung (elektronische Kataloge oder ähnliche Werbung) sind, sofern es erkennbar noch an einem Rechtsbindungswillen fehlt – dies wird den Regelfall darstellen –, nur als eine **invitatio ad offerendum** an den potenziellen Kunden einzustufen.[15]

Das verbindliche Angebot gibt in der Regel erst der Kunde durch das Ausfüllen entsprechender Formulare und deren Übermittlung an das Unternehmen (über ein entsprechendes elektronisches Übermittlungssystem oder per E-Mail) ab.[16]

Der Online-Händler nimmt das Angebot des Kunden regelmäßig konkludent durch Versendung der Ware gemäß § 151 Satz 1 BGB[17] oder aber durch separate Zusendung einer Nachricht über die Auslieferung der Ware an, sofern er sich nicht wirksam eine ausdrückliche Annahme vorbehalten hat. Die in § 312e Abs. 1 Nr. 3 BGB[18] vorgeschriebene Nachricht durch das Unternehmen stellt zumeist (noch) keine Annahmeerklärung, sondern lediglich eine Eingangsbestätigung dar.[19] Es ist aber natürlich denk-

---

12 BGH, NJW 2002, 363; BGH, MMR 2004, 160; BGH, NJW 2005, 53.
13 BGH, NJW 2003, 363; Palandt/Heinrichs, BGB, 64. Auflage (2005), § 312b, Rn. 4.
14 Die Aufzählung hat selbstverständlich nur exemplarischen Charakter; zu den in Betracht kommenden weiteren „Fernkommunikationsmitteln" im Sinne des § 312b Abs. 2 BGB vgl. etwa Palandt/Heinrichs, § 312b, BGB, 64. Auflage (2005), Rn. 7.
15 Vgl. insoweit OLG Frankfurt, MMR 2003, 405; OLG München, MMR 2003, 274; LG Essen, NJW-RR 2003, 1207; AG Butzbach, NJW-RR 2003, 54; AG Westerburg, MMR 2003, 609; Palandt/Heinrichs, BGB, BGB, 64. Auflage (2005), § 312b, Rn. 4; Redeker, IT-Recht in der Praxis (2003), Rn. 855; Cichon, Internet-Verträge, 2. Auflage (2005), Rn. 812, jeweils m.w.N.
16 Vgl. nur Redeker, IT-Recht in der Praxis (2003), Rn. 856.
17 Cichon, Internet-Verträge, 2. Auflage (2005), Rn. 812.
18 Vgl. zu dieser Vorschrift u.a. Redeker, IT-Recht in der Praxis (2003), Rn. 895ff. Zu den – auch Anwälte treffenden – Informationspflichten bei Internetauftritten und dem Zusammenspiel mit dem UWG vgl. Hoeren, WM 2004, 2461.
19 Vgl. nur LG Essen, MMR 2004, 49; AG Butzbach, NJW-RR 2003, 54; AG Wolfenbüttel, MMR 2003, 492; Grigoleit, NJW 2002, 1151, 1158; Redeker, IT-Recht in der Praxis, 3. Auflage (2003), Rn. 898, m.w.N.

bar und auch nicht selten, dass das Unternehmen (über ein entsprechendes elektronisches Übermittlungssystem,[20] gegebenenfalls mit einer „Auto Reply"-Funktion)[21] zugleich mit der Eingangsbestätigung auch die Annahme erklärt.[22] Letztlich bleibt dies, wie eingangs angemerkt, eine Frage der **Auslegung der konkreten Erklärung im Einzelfall**.[23]

11 *bb) Online-Auktionen:* Der BGH hat in seiner Entscheidung zum Widerrufrecht des Verbrauchers bei Online-Auktionen[24] die **Freischaltung der eingerichteten Angebotsseite** für die Versteigerung und die damit einhergehende Erklärung des Versteigernden, er nehme bereits zu diesem Zeitpunkt das höchste abgegebene Kaufangebot an, als ein verbindliches **Angebot** (also nicht als vorweggenommene Annahme und vor allem nicht als eine unverbindliche invitatio ad offerendum) qualifiziert;[25] ein solches Angebot kann deshalb nicht wirksam vom Anbieter vor Ablauf der Auktion gelöscht werden.[26] Die **Abgabe eines Höchstgebots bei einer Online-Auktion** stellt eine bindende, auf den Abschluss eines Vertrages gerichtete **Annahmeerklärung** dar.[27] Nichts anderes gilt für den Fall, dass der Bieter bei einer Onlineauktion einen sog. „Bietagenten" – also ein Computerprogramm, das automatisch im Falle einer Überbietung höhere Gebote bis zu einem vom Bieter vorab gesetzten Höchstbetrag für den Bieter abgibt,[28] – einsetzt; an derartige Angebote ist die das Bietprogramm einsetzende Person gebunden.[29]

12 *cc) Handeln unter fremdem Namen:* Sofern der Mandant oder die Gegenseite bei einer Online-Auktion mit der Kennung eines anderen auftritt, handelt er „**unter**" (nicht „in") **fremdem Namen**.[30] Denn die Benutzung der jeweiligen Kennung weist für die andere Partei ausschließlich auf die Person hin, die von dem Online-Auktionshaus nach Auktionsende namentlich identifiziert wird; zudem orientiert sich der Gegenüber

---

20 Dass Unternehmen, die die Bestellvorgänge und die Rechnungslegung – zum Teil ausschließlich – über das Internet unter Nutzung von Datenverarbeitungsanlagen organisieren, sich die entsprechenden (elektronischen) Erklärungen als eigene zurechnen lassen müssen, entspricht der inzwischen wohl allgemeinen – wenngleich teilweise abweichend begründeten – Meinung; vgl. nur Redeker, NJW 1984, 2390, 23; Geis, NJW 1997, 3000; Fringuelli/Wallhäuser, CR 1999, 93; Hähnchen, NJW 2001, 2831, 2833.
21 LG Köln, MMR 2003, 481.
22 OLG Frankfurt, MMR 2003, 405; OLG München, NJW 2003, 367, mit Anm. Hoffmann; LG Köln, MMR 2003, 481; AG Hamburg-Barmbek, MMR 2004, 772 (aufgehoben durch LG Hamburg, MMR 2005, 121).
23 Vgl. zum Vorstehenden Bodenstedt, MMR 2004, 719.
24 BGH, NJW 2005, 53. Zum Widerrufsrecht bei Fernabsatzgeschäften näher unter Rn. 32 ff.
25 BGH, NJW 2005, 53; ähnlich – allerdings noch ohne Festlegung hinsichtlich der Einstufung als Angebot oder Annahme – bereits BGH, NJW 2002, 363, 364. Entsprechendes gilt beim Einstellen eines Produktes auf den Websites eines Online-Auktionshauses unter der Option „Sofort-Kauf"; vgl. nur LG Saarbrücken, MMR 2004, 556, AG Moers, MMR 2004, 563, und AG Syke, MMR 2004, 825.
26 LG Berlin, CR 2004, 940.
27 BGH, NJW 2002, 363.
28 Zum (wettbewerbswidrigen) Einsatz sog. „Sniper"-Software, durch die kurz vor Ablauf des Auktionszeitraums selbsttätig ein Gebot abgegeben wird, vgl. LG Hamburg, MMR 2002, 755. Hinsichtlich der Zurechenbarkeit dieser Erklärungen zum Kunden, in dessen Auftrag das Programm eingesetzt wird, und der Wirksamkeit der Erklärungen kann nichts anderes gelten als beim Einsatz von „Bietagenten".
29 AG Hannover, NJW-RR 2002, 131; Redeker, IT-Recht in der Praxis, 3. Auflage (2003), Rn. 858.
30 OLG München, MMR 2004, 625; LG Berlin, NJW 2003, 3493.

an den bei Online-Auktionsportalen üblichen Bewertungen durch andere Kunden und vertraut deshalb darauf, mit dem Inhaber der Kennung den Vertrag zu schließen.[31]

Entsprechendes muss auch für das Online-Shopping gelten, weil die Ausgangslage hier ähnlich ist und der Betreiber des Online-Shops insbesondere darauf vertrauen wird, dass sich hinter dem Handelnden tatsächlich derjenige verbirgt, dessen Daten (Name, Anschrift, E-Mail-Adresse etc.) ihm vor dem Abschluss des Vertrages übermittelt worden sind. Auf das Handeln unter fremden Namen finden die §§ 164 ff. BGB Anwendung. Der Namensträger (Inhaber der Kennung) wird gemäß § 177 Abs. 1 BGB im Falle seiner Einwilligung[32] oder u.U. nach den Regeln der Duldungsvollmacht vertraglich gebunden.[33] Die Voraussetzungen einer Anscheinsvollmacht werden von der Rechtsprechung unter Hinweis auf den derzeitigen (verhältnismäßig schlechten) Sicherheitsstandard – und das deshalb fehlende schutzwürdige Vertrauen in die Authentizität des Teilnehmers – bei Online-Auktionen verneint.[34] 13

dd) Zugang der Willenserklärungen: Voraussetzungen für die Wirksamkeit einer mittels elektronischer Kommunikationsmittel abgegebenen Willenserklärung ist der **Zugang der Erklärung**. Es ist umstritten, ob eine elektronisch übermittelte Willenserklärung als Willenserklärung unter Anwesenden oder als Willenserklärung unter Abwesenden einzustufen sind. Die herrschende Ansicht in der Literatur geht von einer Erklärung unter Abwesenden aus und macht eine Ausnahme bei telekommunikativ abgegebenen Erklärungen nur für den Fall, dass ein unmittelbarer Dialog stattfindet, der mit der persönlichen Kommunikation zwischen Menschen vergleichbar ist.[35] Dies hat zur Konsequenz, dass derartige Erklärungen erst dann in den Herrschaftsbereich des Empfängers gelangen, wenn dieser sie zur Kenntnis nehmen kann und unter den üblichen Umständen von ihm auch erwartet werden kann, dass er sie zur Kenntnis nimmt.[36] Dies soll bei Verwendung von E-Mail-Adressen im Geschäftsverkehr allerdings bereits am Tage des Eingangs in den elektronischen Briefkasten der Fall sein.[37] Insoweit mag im Einzelfall ein **Widerruf gemäß § 130 Abs. 1 Satz 2 BGB** in Frage kommen. Dies wird in den Fällen bedeutsam, in denen dem Mandanten, der sich gegen 14

---

31 OLG München, MMR 2004, 625; LG Berlin, NJW 2003, 3493.
32 Im Falle OLG München, MMR 2004, 635, handelten sogar auf beiden Seiten, also sowohl auf der des Versteigerers als auch auf der des Ersteigernden, Personen unter einem Pseudonym. Dies hatte zum Ergebnis, dass keiner der Handelnden, sondern die Namensträger Vertragspartner wurden und in dem zwischen den Handelnden geführten Prozess sowohl die Aktiv- als auch die Passivlegitimation fehlte.
33 OLG Oldenburg, CR 1993, 558 = NJW 1993, 1400; OLG Köln, NJW-RR 1994, 177 und NJW-RR 1998, 1277, jeweils zum Btx-Kennwort. Vgl. ferner LG Bonn, MMR 2002, 255; LG Bonn, MMR 2004, 179.
34 Vgl. nur LG Bonn, MMR 2002, 255 (256) mit zustimmender Anm. Wiebe; OLG Köln, MMR 2002, 813; LG Konstanz MMR 2002, 835; AG Erfurt, MMR 2002, 127; LG Bonn, MMR 2004, 179, mit kritischer Anm. Mankowski.
35 Redeker, IT-Recht in der Praxis, 3. Auflage (2003), Rn. 862, m.w.N.
36 Ebnet, NJW 1992, 2985, 2990; Redeker, IT-Recht in der Praxis, 3. Auflage (2003), Rn. 864.
37 LG Nürnberg-Fürth, NJW-RR 2002, 1721. Nach Auffassung dieses Gerichts soll der vermeintliche Empfänger einer elektronischen Nachricht für deren Nichtzugang sogar beweispflichtig sein. Dieses Urteil steht allerdings im Widerspruch zur sonstigen Rechtsprechung zum Beweiswert von E-Mails (Rn. 16) und beruft sich zu Unrecht und unreflektiert auf das Urteil des OLG München, NJW 1994, 527 (dort ging es lediglich um eine Beweiserleichterung – Anscheinsbeweis – für den Absender eines Telefaxes, nicht aber um eine Beweislastumkehr, wie sie das LG Nürnberg-Fürth vornimmt).

vertragliche Ansprüche wehrt, andere Gestaltungsrechte (dazu unter Rn. 28 ff.) nicht zur Verfügung stehen.

15 *ee) Darlegungs- und Beweislast:* Erhebliche Schwierigkeiten kann in der Praxis der Nachweis bereiten, dass die Willenserklärung tatsächlich vom in Anspruch genommenen Aussteller stammt (Authentizität) und unverfälscht ist (Integrität).[38] Der Empfänger einer elektronischen Willenserklärung kann ebenso wie bei einer mündlichen oder privatschriftlichen Erklärung den Beweis, dass die Erklärung dem von ihm behaupteten Urheber zuzurechnen ist, mit den allgemein zugelassenen, vom Gericht frei zu würdigenden Mitteln führen.[39] Entsprechendes gilt hinsichtlich des Zugangs der Willenserklärung des Mandanten.

16 Die Vorlegung der **E-Mail** (§ 371 Abs. 1 Satz 2 ZPO)[40] bzw. – was den Regelfall darstellt – eines Ausdrucks der E-Mail[41] stellt **im Regelfall kein geeignetes Beweismittel** dar.

17 Zwar hat eine Minderheit der Instanzgerichte,[42] gestützt durch eine Reihe von Autoren,[43] die Vorlage einer (bestrittenen) E-Mail bzw. eines Ausdrucks derselben als (Anscheins-)Beweis genügen lassen. Anderenfalls bestehe – so ein namhafter Vertreter dieser Auffassung – die Gefahr eines **faktischen „Widerrufsrechts kraft Beweislastverteilung."**[44]

18 Nach herrschender Ansicht trägt allerdings auch bei Online-Shopping und Online-Auktionen derjenige, der sich auf die Wirksamkeit des Vertrages beruft und aus diesem Rechte herleitet, uneingeschränkt die Darlegungs- und Beweislast für die Abgabe, den Inhalt und den Zugang der auf den Vertragsabschluss gerichteten Willenserklärungen.[45] Eine von dieser Grundregel abweichende Verteilung der Beweislast unter Billigkeitsgesichtspunkten wird abgelehnt,[46] ebenso ein Anscheinsbeweis des Inhalts, eine unter einer bestimmten E-Mail-Adresse versandte Erklärung stamme vom Inhaber des

---

38 Zum Beweiswert der E-Mail vgl. einerseits Roßnagel/Pfitzmann, NJW 2003, 1209, und Mankowski, NJW 2002, 2822; ders., CR 2003, 44 anderseits, jeweils m.w.N.
39 Zöller/Greger, ZPO, 25. Auflage (2005), § 292 a, Rn. 3. Ausführlich hierzu Nöcker, CR 2000, 176, 180 f.
40 Vgl. insoweit Zöller/Greger, ZPO, 25. Auflage (2005), § 371 Rn. 3, § 130a Rn. 1, 5, 5a.
41 Beim Beweis durch Ausdruck einer E-Mail handelt es sich nach herrschender Ansicht nicht um einen Urkundenbeweis; vgl. Zöller/Geimer, ZPO, 25. Auflage (2005), Vor § 415 Rn. 2, m.w.N., auch der gegenteiligen Ansicht. Vgl. aber anderseits – ohne nähere Erläuterung – Zöller/Greger, ZPO, 24. Auflage (2005), § 592, Rn. 14: „Als Urkunden i.S.d. ZPO [...] kommen nur Schriftstücke in Betracht, [...] auch [...] Ausdrucke elektronischer Daten."
42 AG Ettlingen, ITRB 2001, 233; AG Hannover, WuM 2000, 412; in einem obiter dictum auch LG Berlin, NJW 2002, 2569, für die durch Passwort geschützte E-Mail (in einer Verhandlung im Jahr 2003 vor dem Landgericht Berlin wurden die Verfasser allerdings mit der gegenteiligen Rechtsmeinung – kein Anscheinsbeweis – konfrontiert).
43 Für einen Anscheinsbeweis Mankowski, NJW 2002, 2822; ders., CR 2003, 44; Vehslage, K&R 2002, 531, 533; Krüger/Bütter, MDR 2003, 181, 186; vgl. ferner – Anscheinsbeweis bei gesichertem Passwortschutz – Ernst, MDR 2003, 1091, 1093.
44 Mankowski, CR 2003, 44; derselbe, MMR 2004, 181.
45 OLG Köln, MMR 2002, 813; OLG Hamburg, MMR 2002, 677; LG Bonn, MMR 2002, 255; LG Bonn, MMR 2004, 179; LG Konstanz, MMR 2002, 835; AG Erfurt, MMR 2002, 127; Roßnagel/Pfitzmann, NJW 2003, 1209.
46 OLG Köln, MMR 2002, 813; LG Bonn, MMR 2002, 255; LG Bonn, MMR 2004, 179; LG Kostanz, MMR 2002, 835; AG Erfurt, MMR 2002, 127.

betreffenden E-Mail-Accounts,[47] und zwar auch dann, wenn – was regelmäßig der Fall ist – ein passwortgeschütztes System benutzt wird.[48]

Die herrschende Meinung kann sich u.a.[49] auf § 292a ZPO berufen, nach dem ein **Anscheinsbeweis** nach der gesetzgeberischen Entscheidung dann – aber (argumentum e contrario) auch nur dann – greift, **wenn der Absender der E-Mail eine qualifizierte Signatur,** die den Anforderungen von SigG und SigV genügt,[50] verwendet hat.[51]

19

In diesem (bisher eher seltenen) Fall kann der Anschein der Urheberschaft der in Rede stehenden elektronischen Erklärung nur durch den Vortrag und gegebenenfalls Beweis von Tatsachen erschüttert werden, die ernstliche Zweifel daran begründen, dass die Erklärung mit dem Willen des Signaturschlüssel-Inhabers abgegeben worden ist. Sofern dieser Nachweis gelingt, obliegt es dem Beweisgegner, konkrete Umstände nachzuweisen, aus denen sich ernstliche Zweifel ergeben, dass die E-Mail nicht mit seinem Willen abgegeben wurde (sog. sekundäre Beweislast).[52] Der Beweisgegner muss also keinen vollen Gegenbeweis erbringen, wobei umstritten ist, welchen Grad die von ihm zu setzenden Zweifel an seine Urheberschaft haben müssen.[53] Denkbar ist es auch – wenngleich in der Praxis im Zweifelsfalle mit geringer Aussicht auf Erfolg verbunden –, den Beweisgegner zur **Vorlage eines Sendeprotokolls** aufzufordern bzw. gegenüber dem Gericht die Anordnung der Vorlage des entsprechenden Protokolls (**§ 144 Abs. 1 Satz 2 ZPO**) anzuregen.[54]

20

Man wird in der Praxis deshalb, sofern die Gegenseite die Abgabe der Willenserklärung bestritten hat, die Aussichten der gerichtlichen Durchsetzung der Ansprüche des Mandanten im Regelfall als eher gering bewerten müssen und den Mandanten über das entsprechende (hohe) Risiko aufzuklären haben.

21

---

47 OLG Köln, MMR 2002, 813 = K&R 2003, 83 mit Anm. Roßnagel; LG Bonn, MMR 2002, 255 mit Anm. Wiebe = CR 2002, 293 mit Anm. Hoeren; LG Bonn, MMR 2004, 180 mit Anm. Mankowski; LG Konstanz, MMR 2002, 837 mit Anm. Winter; AG Erfurt, MMR 2002, 127 mit Anm. Wiebe; AG Bonn, NJW-RR 2002, 1363; Roßnagel/Pfitzmann, NJW 2003, 1209.
48 LG Konstanz, MMR 2002, 837 mit Anm. Winter; LG Bonn, MMR 2004, 179, 181 f. mit Anm. Mankowski; AG Erfurt, MMR 2002, 127, 128 mit Anm. Wiebe.
49 Zu den weiteren (guten) Gründen vgl. Roßnagel/Pfitzmann, NJW 2003, 1209.
50 Vgl. dazu Roßnagel, NJW 2001, 1817; Schmidt, CR 2002, 508.
51 Vgl. nur Redeker, IT-Recht in der Praxis, 3. Auflage (2003), Rn. 874, der die gegenwärtige Bedeutung der qualifizierten elektronischen Signatur für die Praxis allerdings wie folgt relativiert: „Kein Anwender wird in seinem konkreten Fall prüfen können, ob die von ihm oder seinem Partner verwendete elektronische Signatur wirklich eine qualifizierte elektronische Signatur ist. [...] Ob sich das Konzept der qualifizierten elektronischen Signaturen wirtschaftlich überhaupt durchsetzen wird, muss man abwarten."
52 Vgl. auch insoweit Zöller/Greger, ZPO, 25. Auflage (2005), § 292a Rn. 3, § 284, Rn. 34 ff. mit zahlreichen Beispielen zur Rechtsprechung zur sekundären Darlegungslast.
53 Vgl. einerseits Zöller/Greger, ZPO, § 292 a, Rn. 3: „... dürfen lediglich nicht rein theoretischer Art sein", und andererseits Heinemann, ZNotP 2002, 422.
54 Zöller/Greger, ZPO, 25. Auflage (2005), § 292a, Rn. 3; Borges, EWiR 2002, 735.

b) Wirksame Einbeziehung von AGB

22 Die §§ 305 ff. BGB finden selbstverständlich auch bei Vertragsschlüssen über das Internet Anwendung.[55] Die wirksame Einbeziehung von AGB setzt gemäß § 305 Abs. 2 BGB[56] voraus, dass der Verwender bei seinem Angebot darauf hinweist, dass seine AGB einbezogen werden sollen.[57] Für § 305 Abs. 2 Nr. 2 BGB genügt die bloße Einblendung der AGB auf der Website des Verwenders nur, wenn sie dem Kunden eine kritische Prüfung der Bedingungen ermöglicht.[58] Ob die Möglichkeit, umfangreiche AGB durch Herunterladen und Ausdrucken abzurufen, eine wirksame Einbeziehung begründen kann, ist umstritten, wird von der herrschenden Meinung aber bejaht.[59] Bei Online-Auktionen werden die AGB des Online-Auktionshauses[60] nicht (unmittelbar) Bestandteil des Vertrages zwischen dem Versteigerer und Ersteigernden. Allerdings können diese AGB als Auslegungsgrundlage für den Vertrag der Auktionsteilnehmer herangezogen werden (§§ 133, 157, 242 BGB), sofern deren Erklärungen nicht aus sich heraus verständlich sind.[61]

23 Hinsichtlich der Inhaltskontrolle gilt im Bereich des Online-Shopping und der Online-Auktionen nichts anderes als bei der Inhaltskontrolle von AGB bei anderen Verträgen (§§ 307 ff. BGB).

24 Im Einzelfall beachtlich kann der Umstand sein, dass die gerade bei Online-Auktionen üblichen Ausschlüsse von Mängelrechten,[62] auch wenn diese von Verbrauchern vorgegeben wurden, gegebenenfalls als AGB eingestuft werden können, nämlich dann, wenn sich ergibt, dass dieselben Ausschlüsse vom Verkäufer (und Verwender) bei anderen Online-Auktionen benutzt worden sind. Derartige Haftungsausschlüsse sind bei der Verwendung gegenüber einem Verbraucher beim Anbieten von neuen Sachen nach § 309 Nr. 8 b) aa) BGB unwirksam.

---

55 LG Freiburg, CR 1993, 433; LG Ravensburg, CR 1992, 472; Cichon, Internet-Verträge, 2. Auflage (2005), Rn. 848; Deutsch, MMR 2004, 586 ff.
56 Gilt in den Fällen des § 310 Abs. 1 Satz 1 BGB, also insbesondere bei Verwendung gegenüber Unternehmern, nicht.
57 OLG Hamburg, WM 2003, 581; Palandt/Heinrichs, BGB, 64. Auflage (2005), § 305 Rn. 38, Redeker, IT-Recht in der Praxis, 3. Auflage (2003), Rn. 883.
58 LG Freiburg, NJW-RR 1992, 1018; OLG Köln, NJW-RR 1998, 1277 (wonach ein Text von sieben Seiten mit insgesamt fünfzehn Regelungen noch zumutbar ist); Palandt/Heinrichs, BGB, 64. Auflage (2005), § 305 Rn. 38; Cichon, Internet-Verträge, 2. Auflage (2005), Rn. 854; Horn, MMR 2002, 209 f., jeweils m.w.N.
59 Palandt/Heinrichs, BGB, 64. Auflage (2005), § 305 Rn. 38; Löhnig, NJW 1997, 1688, 1689; Mehrings, BB 1998, 2373; Koehler, MMR 1998, 289, 292; Rüßmann, K&R 1998, 129, 135. Dagegen – mit guten Gründen (nicht alle Kunden verfügen im jeweiligen Fall über einen Drucker, zudem verursacht das Ausdrucken nicht unerhebliche Kosten) – Cichon, Internet-Verträge, 2. Auflage (2005), Rn. 855; Koch, K&R 2001, 87, 89; Redeker, IT-Recht in der Praxis, 3. Auflage (2003), Rn. 884.
60 Zur Wirksamkeit der eBay-AGB vgl. zuletzt LG Osnabrück, MMR 2005, 125.
61 BGH, NJW 2002, 363. Näher dazu Cichon, Internet-Verträge, 2. Auflage (2005), Rn. 873 ff., und Horn, MMR 2002, 209 ff.
62 Wie beispielsweise: „Der Vollständigkeit halber weise ich darauf hin, dass es sich bei dieser Auktion um einen Verkauf von Privat handelt und ich dementsprechend keinerlei Gewährleistung übernehme und auch kein Rückgaberecht einräume."

c) Wahrung etwaiger Formerfordernisse

Beim Online-Shopping und Online-Auktionen über bewegliche Sachen werden besondere Formerfordernisse in der Regel nicht bestehen. Ist im Einzelfall die Schriftform vorgesehen, kann diese gemäß § 126 Abs. 3 BGB auch durch die elektronische Form des § 126a BGB – die einen Sonderfall der Schriftform darstellt[63] – gewahrt werden; die elektronische Form setzt die Verwendung einer qualifizierten elektronischen Signatur nach den SigG voraus.[64] In dem in der Praxis wohl relevantesten Fall der vertraglich vereinbarten Schriftform erleichtert § 127 Abs. 3 BGB die Einhaltung der Schriftform; sie ist auch gewahrt, wenn eine andere als die qualifizierte Signatur benutzt wird.[65] Die elektronische Form ist in bestimmten Fällen (vgl. §§ 484 Abs. 1 Satz 2, 492 Abs. 1 Satz 2, 623, 630 Satz 3, 761 Satz 2, 766 Satz 2, 780 Satz 2, 781 Satz 2 BGB) ausgeschlossen.[66]

25

Von der elektronischen Form der §§ 126 Abs. 3, 126a BGB ist die in § 126b BGB geregelte **Textform** zu unterscheiden;[67] sie genügt u.a. für die Erfüllung der Hinweispflichten des Unternehmers über das Widerrufsrecht bei Fernabsatzgeschäften (vgl. u.a. § 312c Abs. 2 und § 357 Abs. 3 Satz 1 BGB) sowie für die Erklärung des Widerrufsrechts (§ 355 Abs. 1 Satz 2 BGB) bzw. die wirksame Ersetzung des Widerrufsrechts durch ein Rückgaberecht (§ 356 Abs. 1 Nr. 3 BGB). Dazu näher unter Rn. 32 ff. Die Form des § 126b BGB soll nach herrschender – auf die Gesetzgebungsmaterialien[68] gestützter – Meinung bei der Abrufbarkeit eines Textes auf einer Homepage nur dann gewahrt sein, wenn es tatsächlich zu einem Download des Textes kommt, das bloße Bereithalten der Informationen auf der Homepage soll nicht genügen.[69]

26

Sofern es um **Online-Auktionen über Grundstücke** geht, kommt der Vertrag wirksam erst mit der notariellen Beurkundung gemäß § 311b BGB zustande.[70] Die notarielle

27

---

63 Palandt/Heinrichs, BGB, 64. Auflage (2005), § 126a Rn. 1.
64 Dazu bereits unter Rn. 19f. Vgl. zudem Palandt/Heinrichs, BGB, 64. Auflage (2005), § 126a Rn. 3ff., Redeker, IT-Recht in der Praxis, 3. Auflage (2003), Rn. 844; Roßnagel, NJW 2001, 1817ff.; derselbe, NJW 2005, 385ff.
65 Vgl. Palandt/Heinrichs, BGB, 64. Auflage (2005), § 127 Rn. 5f.
66 Palandt/Heinrichs, BGB, 64. Auflage (2005), § 126a Rn. 1. Ratenlieferungsverträge nach § 505 BGB (wie z.B. Zeitschriftenabonnements), bei denen die bis zum frühestmöglichen Kündigungszeitpunkt zu entrichtenden Teilzahlungen EUR 200,00 nicht überschreiten, unterliegen nach § 505 Abs. 1 Satz 2 i.V.m. § 491 Abs. 2 Nr. 1 BGB allerdings nicht dem (strengen) Schriftformerfordernis des § 505 Abs. 2 Nr. 1 BGB.
67 Sofern die Voraussetzungen des § 126a BGB vorliegen, ist zugleich auch die Textform des § 126b BGB gewahrt; vgl. Palandt/Heinrichs, BGB, 64. Auflage (2005), § 126b Rn. 2.
68 BT-Drucksache 14/2658, S. 40: „Ferner muss sichergestellt sein, dass die Informationen vom Unternehmer nachträglich nicht mehr verändert werden können. Dies ist beispielsweise dann nicht der Fall, wenn die Informationen nicht individuell per E-Mail übermittelt, sondern lediglich zum Abruf im www des Internets bereitgehalten werden: Allein durch das Bereithalten im www ist weder ausreichend sichergestellt, dass sich der Verbraucher die Informationen tatsächlich „herunterlädt" noch dass die Informationen, etwa auf der Homepage des Unternehmers, auch nach Vertragsschluss weiterhin noch unverändert zur Verfügung stehen."
69 LG Kleve, NJW-RR 2003, 196; Hoffmann, NJW 2002, 2602f.; Palandt/Heinrichs, BGB, 64. Auflage, § 312c Rn. 7, m.w.N.; a.A. OLG München, NJW 2001, 2236. In der Praxis liegen hier „Fallstricke" für Unternehmen, die in der Praxis nach dem Eindruck der Verfasser bisher unterschätzt werden.
70 Vgl. für den Fall, dass die Vorschrift des § 156 BGB in den Versteigerungsbedingungen nicht abbedungen worden sein sollte (zur Zulässigkeit Palandt/Heinrichs, BGB, 64. Auflage (2005), § 156, Rn. 1, m.w.N.), BGH, NJW 1998, 2350 (Anwendbarkeit des § 15 BeurkG).

Beurkundung ist über das Internet jedenfalls derzeit nicht möglich.[71] Zu beachten ist § 17 Abs. 2a Nr. 2 BeurkG, nach dem einem Verbraucher ausreichend Gelegenheit zu geben ist, sich vorab mit dem Gegenstand der Beurkundung auseinander zu setzen. Danach trifft den Notar im Regelfall die Amtspflicht, darauf hinzuwirken, dass die rechtsgeschäftlichen Erklärungen des Verbrauchers von diesem persönlich oder durch eine Vertrauensperson vor dem Notar abgegeben werden und der Verbraucher zudem ausreichende Gelegenheit erhält, sich mit dem Gegenstand der Beurkundung auseinander zu setzen. Allerdings führt ein Verstoß gegen diese Amtspflichten des Notars nicht zur Formunwirksamkeit des Vertrags, sondern nur zu disziplinar- und gegebenenfalls haftungsrechtlichen Folgen für den Notar.[72]

2. Gestaltungsrechte

a) Irrtumsanfechtung nach §§ 119, 120 BGB

28   Auch elektronisch übermittelte (bzw. sogar elektronisch generierte) Willenserklärungen sind einer Anfechtung grundsätzlich zugänglich, es gelten insoweit die allgemeinen Regeln der §§ 119 ff. BGB,[73] wobei § 119 Abs. 2 BGB (Anfechtung wegen Eigenschaftsirrtümern) allerdings durch die §§ 434 ff. BGB ausgeschlossen wird.[74]

29   *aa) Typische Anfechtungsgründe:* Wenn der Mandant sich von dem Vertrag lösen will, hat der Anwalt sofort zu prüfen, ob ein zur Anfechtung berechtigender Irrtum vorliegt. **Eingabefehler** sowohl des Bestellers als auch des Händlers können nach § 119 Abs. 1, 2. Var. BGB beachtlich sein.[75] Soweit die fehlerhafte Übermittlung auf einem Hardwarefehler oder aber einem Programmierfehler beruht oder ein Fehler bei der Eingabe von Datenmaterial gegeben ist, oder ein Übermittlungsfehler des Providers zu konstatieren ist, ist die Möglichkeit einer Irrtumsanfechtung umstritten. Bei fehlerhaften Erklärungen, die auf **Hardware- oder Programmierfehlern** beruhen oder auf die **Verwendung fehlerhaften Datenmaterials** zurückzuführen sind, wird zum Teil eine Anfechtbarkeit mit der Begründung verneint, hier liege lediglich ein unbeachtlicher Motivirrtum vor.[76] So ist beispielsweise die Einstellung falscher Preise wegen einer Verwechslung von DM- und EUR-Preisen als nicht zur Anfechtung berechtigender Irrtum

---

71 Vgl. nur Cichon, Internet-Verträge, 2. Auflage (2005), Rn. 807. Die über das Internet abgewickelten Grundstücksauktionen werden regelmäßig dergestalt abgewickelt, dass der Bieter zugleich mit der Anmeldung beim Auktionshaus einen Dritten (regelmäßig einen Rechtsanwalt) beauftragt, der ihn bei dem Abschluss des Kaufvertrags im Rahmen der notariellen Beurkundung vertritt. Die Rechtsprechung geht bisher – ohne Berücksichtigung des in § 17 Abs. 2a BeurkG zum Ausdruck kommenden besonderen Schutzbedürfnisses des Verbrauchers – davon aus, dass die widerrufliche Vollmacht bei der Abwicklung derartiger Auktionen wegen § 167 Abs. 2 BGB nicht der notariellen Form bedarf (LG Berlin, Urteil vom 20. Dezember 2004, Az. 6 O 400/04; die Revision wird vor dem KG zum Az. 22 U 6/05 geführt).
72 BT-Drucks. 14/9266, S. 99. Näher dazu Sorge, DNotZ 2002, 593.
73 OLG Frankfurt/Main, MMR 203, 405, 406; OLG Oldenburg, NJW 2004, 168 ff.; LG Berlin, NJW 2004, 2831; AG Westerburg, MMR 2003, 609; Redeker, IT-Recht in der Praxis, 3. Auflage (2003), Rn. 859.
74 BGHZ 69, 369; OLG Düsseldorf, NJW 1992, 1326; Palandt/Heinrichs, BGB, 64. Auflage (2005), § 119 Rn. 27.
75 OLG Oldenburg, NJW 2004, 168; AG Westerburg, MMR 2003, 609.
76 AG Frankfurt/Main, CR 1990, 469; LG Frankfurt, NJW-RR 1998, 1331; LG Frankfurt, CR 1997, 738; Redeker, IT-Recht in der Praxis, 3. Auflage (2003), Rn. 859.

angesehen worden.[77] In der obergerichtlichen Rechtsprechung sind fehlerhafte Auftragsbestätigungen, die auf **Übermittlungsfehlern des Providers** beruhten, allerdings analog § 120 BGB für anfechtbar gehalten worden.[78]

bb) Anfechtungserklärung: Liegt ein Anfechtungsgrund vor bzw. besteht jedenfalls eine gewisse Aussicht, dass ein Gericht einen Anfechtungsgrund bejahen könnte, und hat der Mandant noch nicht oder nicht hinreichend deutlich die Anfechtung erklärt, ist diese Erklärung **unverzüglich, d.h. spätestens innerhalb von zwei Wochen nach Kenntnis des Irrtums**,[79] gegenüber dem Vertragspartner[80] abzugeben. Die Anfechtungserklärung muss zumindest erkennen lassen, dass der Mandant das Geschäft wegen eines Irrtums bzw. eines Übermittlungsfehlers nicht gegen sich gelten lassen will; es muss **für den Anfechtungsgegner erkennbar** sein, **auf welche tatsächlichen Gründe die Anfechtung gestützt wird**.[81]

30

Sofern der Anwalt die Anfechtungserklärung namens und in Vollmacht für den Mandanten abgibt, sollte er – weil die Anfechtungserklärung in den Anwendungsbereich des § 174 BGB fällt – eine **Originalvollmacht beifügen** und das Schreiben aus Beweisgründen **per Einschreiben/Rückschein absenden** (oder per Boten, der auch den Inhalt des Schreibens bezeugen könnte, überbringen).

31

b) Widerrufs- bzw. Rückgaberechte

Besondere Bedeutung haben im Bereich der Fernabsatzgeschäfte – also auch des Online-Shopping und der Online-Auktionen[82] – die Regelungen der §§ 312d, 355 BGB. Sie sehen für den Verbraucher ein **Recht zum Widerruf des abgeschlossenen Fernabsatzgeschäftes** vor.[83] Dieses Widerrufsrecht kann unter den Voraussetzungen des § 356 Abs. 1 BGB durch ein **uneingeschränktes Rückgaberecht** ersetzt werden, das für den Unternehmer im Regelfall bei der Rückabwicklung günstiger ist (Rn. 36f.).

32

Grund für die Einräumung des Widerrufs- bzw. Rückgaberechts ist die besondere Gefährdung des Verbrauchers bei Fernabsatzgeschäften – um solche handelt es sich sowohl beim Online-Shopping als auch bei Online-Auktionen regelmäßig (dazu sogleich). Diese Gefährdungslage ergibt sich daraus, dass die Beurteilung des Vertragsgegenstandes sowie des Vertragspartners und die Rechtsverfolgung erschwert sind.[84]

33

---

77 LG Köln, MMR 2003, 481; siehe aber auch – Anfechtbarkeit bejahend – AG Westerburg, MMR 2003, 609; AG Bad Homburg, NJW-RR 2002, 1282.
78 OLG Frankfurt, MMR 2003, 405; OLG Hamm, MMR 2004, 761, dort auch zur Darlegungs- und Beweislast des Anfechtungsgegners für den diesem u.U. entstandenen – ersatzfähigen – Vertrauensschaden.
79 Vgl. nur Palandt/Heinrichs, BGB, 64. Auflage (2005), § 121 Rn. 2ff., m.w.N. Es handelt sich um eine Obergrenze; der Anwalt ist gut beraten, sie nicht auszuschöpfen, wenn er rechtzeitig mandatiert worden ist.
80 Zum richtigen Empfänger der Anfechtungserklärung vgl. Palandt/Heinrichs, BGB, 64. Auflage (2005), § 143 Rn. 5ff., m.w.N.
81 Palandt/Heinrichs, BGB, 64. Auflage (2005), § 143 Rn. 3, m.w.N. Beispielsweise im Falle von LG Berlin, NJW 2004, 2831, fehlte es (u.a.) an dieser Voraussetzung.
82 Zum Widerrufsrecht bei Online-Auktionen – kein Ausschluss durch § 312b Abs. 4 Nr. 5 BGB – siehe Rn. 34.
83 Zur Widerrufsmöglichkeit nach § 130 Abs. 1 Satz 2 BGB siehe Rn. 14.
84 Grigoleit, NJW 2002, 1151.

34 *aa) Widerrufsrecht des Verbrauchers bei Online-Shopping und Online-Auktionen:*
(1) Voraussetzungen: Voraussetzungen für ein Widerrufsrecht gemäß §§ 312d, 355 BGB sowohl beim Online Shopping als auch bei Online-Auktionen sind:
- Es muss sich um einen **Fernabsatzvertrag** im Sinne des § 312b Abs. 1 Satz 1 BGB handeln. Die Parteien müssen sich sowohl für die Abgabe des Angebots als auch der Annahmeerklärung einer oder mehrerer Fernkommunikationstechniken bedient haben[85] und dürfen nicht gleichzeitig körperlich anwesend gewesen sein.[86] Es handelt sich allerdings um eine unzulässige Umgehung des Fernabsatzrechts, wenn nach fernkommunikativer Bestellung dem Verbraucher bei Anlieferung der Ware durch einen Mitarbeiter des Logistikunternehmers ein schriftlicher Vertrag zur Unterschrift vorgelegt wird; hier kommen die §§ 312d ff. BGB zur Anwendung.[87]
- Die **Ausnahmetatbestände des** § 312b Abs. 3 BGB dürfen **nicht** einschlägig sein. Die Vorschriften über Fernabsatzverträge – also auch über das Widerrufs- bzw. Rückgaberecht – finden keine Anwendung u.a. auf Immobilienverträge (§ 312b Abs. 3 Nr. 4 BGB)[88] sowie auf Verträge über Lebensmittel und Haushaltsgegenstände des täglichen Bedarfs.[89]
- Der **Veräußerer** (Versteigerer) muss **Unternehmer** (§ 14 BGB) sein. Unternehmer ist jede natürliche oder juristische Person, die am Markt **planmäßig und dauerhaft Leistungen gegen ein Entgelt** anbietet, auf eine Gewinnerzielungsabsicht kommt es nicht an.[90] Auch branchenferne Nebengeschäfte und die nebenberufliche unternehmerische Tätigkeit fallen unter § 14 BGB.[91] Sofern ein Kaufmann handelt, gilt die **Vorschrift des** § 344 HGB entsprechend,[92] tritt also als Verkäufer beispielsweise ein Formkaufmann (z.B. eine GmbH) in Erscheinung, wird vermutet, dass der konkrete Veräußerungsvorgang seiner unternehmerischen Tätigkeit zuzurechnen ist. Schwierig ist die Bewertung, ob die Grenze zum unternehmerischen Handeln überschritten ist, bei Privatpersonen, die in größerem Umfang an Online-Auktionen teilnehmen. Bei der dann erforderlichen Würdigung der Gesamtumstände aus der Sicht eines objektiven und verständigen Durchschnittsverbrauchers sind insbesondere die Art des Auktionsgegenstandes, die Anzahl und Art der vorangegangenen

---

85 Gibt der Verbraucher eine Bestellung per Fernkommunikationsmittel ab und schickt ihm der Unternehmer die Ware zu, verwendet er für die (konkludente) Annahmeerklärung ein Fernkommunikationsmittel (OLG Schleswig, NJW 2004, 231; Palandt/Heinrichs, BGB, 64. Auflage 8 (2005), § 312b Rn. 8).
86 Vgl. Grigoleit, NJW 2002, 1151; Redeker, IT-Recht in der Praxis, 3. Auflage (2003), Rn. 887, m.w.N. Sofern während der Vertragsanbahnung persönliche Kontakte zwischen den Parteien selbst oder deren Vertretern stattgefunden haben und sich der Verbraucher in dieser Phase über alle für den Vertragsschluss wesentlichen Umstände informiert hat, unterliegt der im unmittelbaren zeitlichen Zusammenhang mit diesem persönlichen Kontakt zustande gekommene Vertrag nicht § 312b BGB; vgl. Palandt/Heinrichs, BGB, 64. Auflage (2005), § 312b, Rn. 8, m.w.N.
87 BGH, NJW 2004, 3699; OLG Schleswig, NJW 2004, 231.
88 Auf Verträge über Erneuerungs- und Umbauarbeiten an einem Gebäude ist die Vorschrift allerdings nicht anwendbar, hier kommt also ein Widerrufsrecht in Betracht; vgl. Palandt/Heinrichs, BGB, 64. Auflage (2005), § 312b Rn. 14.
89 Siehe dazu Palandt/Heinrichs, BGB, 64. Auflage (2005), § 312b Rn. 15.
90 Palandt/Heinrichs, BGB, 64. Auflage (2005), § 14 Rn. 2.
91 Palandt/Heinrichs, BGB, 64. Auflage (2005), § 14 Rn. 2.
92 Palandt/Heinrichs, BGB, 64. Auflage (2005), § 14 Rn. 2; Leible/Wildemann, K&R 2005, 26, 28; Mankowski, VuR 2004, 79, 80f.

Auktionen,⁹³ der Zeitraum, innerhalb derer sie durchgeführt wurden und zudem die Gestaltung der Angebotsseite zu berücksichtigen.⁹⁴
- Der **Erwerber** (Ersteigerer) muss **Verbraucher** (§ 13 BGB) sein. In Zweifelsfällen entscheidet über die Zuordnung zum privaten oder unternehmerischen Bereich auch hier nicht der innere Wille des Handelnden, sondern der durch Auslegung zu ermittelnde Inhalt des Rechtsgeschäfts; bleiben Zweifel an einer Verwendung für den privaten Bereich, geht dies zu Lasten des Erwerbers.⁹⁵ Handelt für den Erwerber ein Vertreter und ist dieser Unternehmer, finden die §§ 312b, 355 BGB ebenfalls keine Anwendung.⁹⁶
- Der Vertragsabschluss muss **im Rahmen eines für den Fernabsatz organisierten Vertriebssystems** geschlossen werden. Diese Voraussetzung ist (zu Lasten des Unternehmers) weit auszulegen,⁹⁷ sie ist nur dann nicht gegeben, wenn ein Anbieter keinerlei organisatorische Maßnahmen für einen Absatz im Wege eines Fernabsatzgeschäftes trifft, sondern allenfalls gelegentlich im Rahmen seines Ladengeschäftes telefonisch Bestellungen annimmt und ausführt. Sofern der Unternehmer den Absatz der Waren hingegen mittels einer Präsentation im Internet unterstützt, sind die Regelungen über Fernabsatzverträge uneingeschränkt anwendbar.⁹⁸
- Das Widerrufsrecht darf nicht nach § **312d Abs. 4 BGB** ausgeschlossen sein. Die entsprechenden Ausnahmetatbestände sind eng auszulegen.⁹⁹
- Ein Ausschluss nach § 312d Abs. 4 Nr. 1 BGB (**Anfertigung der Ware nach Kundespezifikation**) ist dann nicht gegeben, wenn die zu liefernde Ware auf Bestellung des Verbrauchers aus vorgefertigten Standardbauteilen zusammengefügt wird, die mit verhältnismäßig geringem Aufwand ohne Beeinträchtigung ihrer Substanz oder Funktionsfähigkeit wieder getrennt werden können.¹⁰⁰ Der Ausnahmetatbestand greife erst dann, wenn der Unternehmer durch die Rücknahme der Bestellung

---

93 Das LG Berlin, CR 2002, 371, nahm ein „Handeln im geschäftlichen Verkehr" i.S.v. § 14 Abs. 2 MarkenG in dem Fall an, in dem der Anbieter innerhalb von fünf Monaten 39 Geschäfte sowohl als Käufer als auch als Verkäufer über eBay getätigt hatte. Das AG Detmold, CR 2004, 859, vertrat demgegenüber die Auffassung, dass auch derjenige, der regelmäßig über eine Internet-Plattform Waren anbietet, nicht zwangsläufig dauerhaft und planmäßig am Markt handele; auch die Tatsache, dass der Betreffende AGB verwendet hatte, hielt das AG Detmold nicht für ein überzeugendes Indiz für eine unternehmerische Tätigkeit.
94 So zutreffend Leible/Wildemann, K&R 2005, 26, 28.
95 § 312d Abs. 4 Nr. 1 BGB § 13 Rn. 4, m.w.N.
96 Vgl. BGH, NJW 2000, 2268.
97 Palandt/Heinrichs, BGB, 64. Auflage (2005), § 312b Rn. 11, m.w.N.
98 LG Memmingen, MMR 2004, 769.
99 EuGH, NJW 2002, 281; Brönneke, MMR 2004, 127. Unternehmen sind Verbrauchern, die mehrfach Online-Bestellungen widerrufen haben (im Branchenjargon „Hoch-Retournierer") allerdings nicht „ausgeliefert": Nach einem Urteil des OLG Hamburg vom 25. November 2004, Az. 5 U 22/04, ist der wettbewerbsrechtliche Tatbestand des § 4 Nr. 1 UWG i.V.m. § 3 UWG nicht erfüllt, wenn das Unternehmen (im dortigen Falle ein Otto-Versand) weitere Vertragsabschlüsse mit dem Kunden verweigert. Das Unternehmen darf zur Feststellung, ob es sich um einen „Hoch-Retournierer" handelt, Daten über das Kundenverhalten sammeln, ohne gegen die Vorgaben des Teledienstedatenschutzgesetzes (TDDSG) oder des Bundesdatenschutzgesetzes (BDSG) zu verstoßen. Dass Versandhandels-Unternehmen gegenüber dem Verbraucher zivilrechtlich keinem Kontrahierungszwang ausgesetzt sind, liegt auf der Hand; vgl. auch dazu Brönneke, MMR 2004, 127.
100 BGH, NJW 2003, 1665 (für § 3 Abs. 2 Nr. 1 FernAbsG); OLG Dresden, MMR 2002, 172; vgl. zu diesen Entscheidungen auch Brönneke, MMR 2004, 127 ff., m.w.N.

erhebliche wirtschaftliche Nachteile erleide, die spezifisch damit zusammenhängen und dadurch entstehen, dass die Ware erst auf Bestellung des Kunden nach dessen besonderen Wünschen angefertigt wurde.[101] Dieser Aufwand soll jedenfalls dann nicht erreicht sein, wenn der Aufwand des Unternehmers für die Trennung (Entkonfiguration und Zerlegung) weniger als 5% des Warenwertes ausmacht.[102]
Besondere Bedeutung in der Praxis hat § 312d Abs. 4 Nr. 2 BGB (**Entsiegeln von Datenträgern**),[103] wonach ein Widerrufsrecht nicht besteht (bzw. erlischt), wenn Datenträger (CD, DVD, Audiokassetten, CD-ROM, Disketten etc.), auf denen Audio- oder Videoaufzeichnungen oder Software gespeichert sind, entsiegelt werden. „Entsiegeln" bezieht sich auf ein körperliches Siegel. Typische Beispiele für Versiegelungen sind das Verschließen einer CD-ROM-Hülle mit einem speziellen Streifen oder einer Siegelmarke; ob auch das bloße Einschweißen der CD-ROM-Hülle genügt, ist zweifelhaft.[104]
Eine „elektronische Entsiegelung", etwa durch Eingabe eines Kennworts der zur Hauptplatine (motherboard) gehörigen Software und seine Verwendung durch den Käufer eines Computers zu dessen Inbetriebnahme, soll noch keine das Widerrufsrecht ausschließende Entsiegelung nach § 312d Abs. 4 Nr. 2 BGB darstellen.[105]
In den Fällen, in denen ein Betriebsprogramm oder eine Treibersoftware für eine Hardware (z.B. Computer, Drucker etc.) geliefert wird, wird in der Literatur die Auffassung vertreten, dass § 312d Abs. 4 Nr. 2 BGB – mit Blick auf § 357 Abs. 3 Satz 2 BGB, nach dessen Rechtsgedanken dem Verbraucher durch den Test der Funktionsfähigkeit keine Nachteile entstehen sollen – nicht anzuwenden ist, wenn die Entsiegelung nur aufgrund der Prüfung der Hardware stattgefunden hat.[106] Jedenfalls dann, wenn die Software bereits auf die Festplatte des gelieferten Computers aufgespielt ist, ist das Widerrufsrecht nicht nach § 312d Abs. 4 Nr. 2 BGB ausgeschlossen.[107]
Wenn zu einem einheitlichen Preis sowohl Software als auch Hardware vertrieben werden, die Software aber von der Hardware unabhängig ist und einen eigenständigen (gegebenenfalls sogar höheren) Wert hat (sog. „**Bundling-Software**"), stellt sich bei der Entsiegelung der Software das Problem, ob hier der Widerruf (bzw. die Rückgabe) insgesamt oder nur ein Teilwiderruf hinsichtlich der Software möglich ist oder der Widerruf gar insgesamt ausgeschlossen ist. Ein Teilwiderruf dürfte mit kaum zu bewältigenden Problemen bei der Bestimmung des auf die Software entfallenden Preisanteils[108] verbunden sein. Es bleibt abzuwarten, welchen Weg die Rechtsprechung insoweit einschlagen wird.

---

101 BGH, NJW 2003, 1665.
102 BGH, NJW 2003, 1665.
103 Die Vorschrift soll insbesondere das illegale Kopieren der gespeicherten Daten verhindern; Brönneke, MMR 2004, 128.
104 Vgl. Brönneke, MMR 2004, 127, 128 Fn. 11, zur Notwendigkeit eines klaren Hinweises des Unternehmers auf die Folgen des Entsiegelns.
105 So jedenfalls – für § 3 Abs. 2 Nr. 2 FernAbsG – LG Frankfurt, ITRB 2003, 170.
106 Brönneke, MMR 2004, 127, 128.
107 Brönneke, MMR 2004, 127, 128.
108 Vgl. Brönneke, MMR 2004, 127 ff.

Nach § 312d Abs. 4 Nr. 3 BGB besteht kein Widerrufsrecht bei der Lieferung von Zeitungen, Zeitschriften und Illustrierten.[109] Nicht erfasst wird von diesem Ausschlussgrund die Lieferung von Kalendern.[110] Der BGH hat zwischenzeitlich geklärt, dass **Online-Auktionen** – entgegen einer früher stark vertretenen Ansicht[111] – **nicht in den Anwendungsbereich des § 156 BGB** fallen und deshalb das Widerrufsrecht bei derartigen Auktionen **nicht nach § 312b Abs. 4 Nr. 5 BGB ausgeschlossen** ist.[112]

- Das Widerrufsrecht darf nicht wirksam durch ein Rückgaberecht (Rn. 36 f.) ersetzt worden sein.

(2) Beginn und Dauer des Widerrufsrechts:

- Die Widerrufsfrist beträgt bei **Belehrung über das Widerrufsrecht** vor oder bei Vertragsschluss gemäß § 355 Abs. 1 Satz 2 BGB zwei Wochen. Die Widerrufsfrist beginnt gemäß § 312d Abs. 2 Satz 1 BGB nicht vor Erfüllung der Informationspflichten gem. § 312c Abs. 2 BGB i.V.m. § 1 BGB-InfoV[113] in Textform (Rn. 26) und bei der Lieferung von Waren erst, wenn der Verbraucher die Ware empfangen hat.[114] Daneben hat der Unternehmer den Verbraucher – in einer aus dem übrigen Text hervorgehobenen Weise und regelmäßig in deutscher Sprache[115] – darüber zu belehren, wie er sein Widerrufsrecht ausüben kann. Es muss deutlich werden, dass der Widerruf in Textform ohne Begründung oder durch Rücksendung der Ware innerhalb der jeweiligen Frist ausgeübt werden kann.[116] Bei einem Kauf auf Probe muss die Belehrung angeben, dass die Frist erst mit der Billigung beginnt.[117] Eine Orientierung, ob die jeweilige Widerrufsbelehrung den gesetzlichen Anforderungen genügt, vermittelt das amtliche Muster der Widerrufsbelehrung (Anlage 2 zur BGB-InfoV).[118] Sofern dieses Muster vom Unternehmer in Textform verwendet worden ist, genügt nach dem Verständnis des Gesetzgebers die Belehrung den Anforderungen des § 355 Abs. 2 BGB (§ 14 Abs. 1 BGB-InfoV).[119]

---

109   Ein mögliches Widerrufsrecht nach § 505 BGB bleibt davon unberührt. Vgl. insoweit Palandt / Heinrichs, BGB, 64. Auflage (2005), § 312, Rn. 8, 12, und Palandt / Putzo, a.a.O., § 505, Rn. 7.
110   OLG Hamburg, NJW 2004, 1114.
111   OLG Hamm, NJW 2001, 1142; LG Wiesbaden; K&R 2000, 152; LG Hamburg, MMR 1999, 679; AG Bad Hersfeld, MMR 2004, 500, mit Anm. Trinks; Grappentin, GRUR 2001, 713, 715; Wiebe, MMR 2000, 323, 324.
112   BGH, NJW 2005, 53.
113   Abgedruckt im Schönfelder unter Nr. 22. Zu den Einzelheiten siehe etwa Palandt / Heinrichs, BGB, 64. Auflage (2005), § 312c Rn. 2 ff., BGB-InfoV 1, Rn. 2 ff.
114   Das konkrete Datum des Fristbeginns muss nicht angegeben werden. Vgl. nur BGH, NJW 1994, 1800, 1801: „Es ist daher nicht erforderlich, den Beginn der Widerrufsfrist durch konkrete Kalenderdaten und / oder Wochentage zu bezeichnen."; OLG Rostock, DStR 2001, 1810; näher zum Ganzen Mögle, NJW 2000, 103 ff. Die Formulierung „Fristbeginn ab heute" ist nach Ansicht des BGH (NJW 1994, 1800) wegen § 187 Abs. 1 BGB irreführend. Zur Fristberechnung siehe Palandt / Heinrichs, BGB, 64. Auflage (2005), § 312d Rn. 6.
115   Vgl. Palandt / Heinrichs, BGB, 64. Auflage (2005), § 355 Rn. 16, 17, jeweils m.w.N.
116   Palandt / Heinrichs, BGB, 64. Auflage (2005), § 355 Rn. 14, m.w.N., auch gegenteiligen Ansichten.
117   BGH, NJW-RR 2004, 1058; Palandt / Heinrichs, BGB, 64. Auflage (2005), § 355 Rn. 14.
118   Abgedruckt im Schönfelder unter Nr. 22.
119   Vgl. aber auch Palandt / Heinrichs, BGB, 64. Auflage (2005), § 312c Rn. 2 ff., BGB-InfoV 14, Rn. 6, m.N. zu kritischen Stimmen hinsichtlich der Wirksamkeit des § 14 BGB-InfoV.

- Sofern die (ordnungsgemäße) Widerrufsbelehrung erst nach Vertragsschluss erfolgt, beträgt die Widerrufsfrist einen Monat (§ 355 Abs. 2 Satz 2 BGB).[120]
- Fehlt eine Widerrufsbelehrung oder genügt die Belehrung nicht den Voraussetzungen des § 312c Abs. 2 BGB i.V.m. § 1 BGB-InfoV (s.o.), ist der Widerruf zeitlich unbegrenzt möglich, § 355 Abs. 3 Satz 3 BGB.[121]

35 *(3) Erklärung des Widerrufsrechts:* Der Widerruf nach § 355 Abs. 1 Satz 2 BGB ist fristgerecht in Textform (Rn. 26) zu erklären, maßgeblich ist die rechtzeitige Absendung. Er kann bereits vor dem Eintreffen der Ware beim Verbraucher erklärt werden; es ist auch kein Grund ersichtlich, ihn nicht bereits unmittelbar nach der Abgabe eines Angebotes des Verbrauches und damit gegebenenfalls noch vor dem Zustandekommen des Fernabsatzvertrags zuzulassen.[122] Der Widerruf per E-Mail ist zwar grundsätzlich ausreichend.[123] Wegen der damit verbundenen Beweisprobleme (Rn. 15 ff.) sollte der Anwalt allerdings, soweit die Widerrufsfrist im Zeitpunkt seiner Mandatierung noch läuft und nicht bereits eine schriftliche Bestätigung des Eingangs der bereits zuvor vom Mandanten abgegebenen Widerrufserklärung durch den Unternehmer vorliegt, zur Sicherheit den Widerruf – sofern nicht per Boten zustellbar – (ggf. nochmals) per Einschreiben/Rückschein erklären. Wegen § 174 BGB ist dabei eine Originalvollmacht des Mandanten beizufügen.

36 *bb) Ersetzung des Widerrufsrechts durch Rückgaberecht des Verbrauchers:* Statt eines Widerrufsrechts kann der Unternehmer dem Verbraucher „im Verkaufsprospekt" – darunter fallen auch Angebote im Internet[124] – ein **uneingeschränktes Rückgaberecht** einräumen (§ 356 BGB). Der Verkaufsprospekt muss eine deutlich gestaltete Belehrung über das Rückgaberecht und – unter Beachtung des § 305 Abs. 2 BGB[125] – die Einzelheiten der Rückabwicklung des Vertrages enthalten (§ 356 Abs. 1 Satz 2 Nr. 1 BGB); das oben zu den Anforderungen an die Belehrung über das Widerrufsrecht Gesagte gilt entsprechend (Rn. 34). Sofern der Unternehmer das amtliche Muster der Rückgabebelehrung (Anlage 3 zur BGB-InfoV) benutzt hat, genügt die Belehrung den Anforderungen des § 356 Abs. 1 Satz 2 Nr. 1 BGB (§ 14 Abs. 2 BGB-InfoV). Der Unternehmer muss dem Verbraucher ferner die Gelegenheit einräumen, den Verkaufsprospekt eingehend zur Kenntnis nehmen zu können (§ 356 Abs. 1 Satz 2 Nr. 2 BGB). Dabei ist die bloße Möglichkeit ausreichend; ob der Verbraucher tatsächlich Kenntnis vom Verkaufsprospekt erlangt hat, spielt keine Rolle.[126] Außerdem muss der Unternehmer dem Verbraucher das Rückgaberecht in Textform gemäß § 126b BGB einräumen (§ 356 Abs. 1 Satz 2 Nr. 3 BGB);[127] das oben zum Widerrufsrecht Gesagte gilt entsprechend.

---

120 Zweifel an der Europarechtskonformität dieser Regelung äußert u.a. Tonner, BKR 2002, 858.
121 § 355 Abs. 3 Satz 1 BGB, der nur gilt, wenn der Unternehmer Informationspflichten verletzt, deren Erfüllung Voraussetzung für den Beginn der Widerrufsfrist ist, so z.B. bei § 312d Abs. 2 BGB.
122 So zutreffend Brönneke, MMR 2004, 127, 130.
123 Vgl. LG Kleve, NJW-RR 2003, 196; Palandt/Heinrichs, BGB, 64. Auflage (2005), § 126b Rn. 3.
124 Palandt/Heinrichs, BGB, 64. Auflage (2005), § 356 Rn. 4.
125 Palandt/Heinrichs, BGB, 64. Auflage (2005), § 356 Rn. 7.
126 Palandt/Heinrichs, BGB, 64. Auflage (2005), § 356 Rn. 6.
127 Das Erfordernis der Textform und das herrschende Verständnis dieser Form – Download muss tatsächlich stattgefunden haben, die bloße Möglichkeit genügt nicht (Rn. 26) – überlagert letztlich das Erfordernis einer möglichen Kenntnisnahme nach § 355 Abs. 1 Nr. 2 BGB.

Die Ausübung des Rückgaberechts erfolgt – anders als beim Widerrufsrecht – allein durch die **Rücksendung der Ware**. Wenn die Ware nicht als Paket verschickt werden kann, kann das Rückgaberecht durch **Rücknahmeverlangen** in Textform ausgeübt werden (§ 356 Abs. 2 Satz 1 BGB); dies ist der Fall bei Waren, die mehr als 20 kg wiegen.[128] Zur Fristwahrung genügt die rechtzeitige Absendung der Ware bzw. des Rücknahmeverlangens (§ 356 Abs. 2 Satz 2 i.V.m. § 355 Abs. 1 Satz 2 BGB).

37

cc) Rechtsfolgen des Widerrufs und der Rückgabe: Auf das Widerrufs- und das Rückgaberecht finden nach § **357 Abs.** 1 Satz 1 BGB die Vorschriften über den gesetzlichen Rücktritt (§§ **346 ff.** BGB) entsprechende Anwendung, wobei für den **Wertersatz** besondere Regelungen bestehen. Der abgeschlossene Vertrag wandelt sich in ein Rückabwicklungsverhältnis[129] um. Der Verbraucher ist bei Ausübung des Widerrufsrechts zur **Rücksendung** verpflichtet, wenn die Sache durch Paket versandt werden kann (§ 357 Abs. 1 Satz 1 BGB).[130] Ist dies nicht möglich, genügt ein **Rücknahmeverlangen** durch den Verbraucher.

38

Die **Kosten und Gefahr der Rücksendung trägt** bei Widerruf und Rückgabe grundsätzlich der **Unternehmer** (§ 357 Abs. 2 Satz 2 BGB).[131] Sofern ein Widerrufsrecht besteht, können dem Verbraucher die regelmäßigen Kosten der Rücksendung vertraglich auferlegt werden, wenn der Bruttopreis der zurückzusendenden Sache einen Betrag von EUR 40,00 nicht übersteigt oder wenn bei einem höheren Preis der Sache der Verbraucher die Gegenleistung oder eine Teilzahlung zum Zeitpunkt des Widerrufs noch nicht erbracht hat, es sei denn, dass die gelieferte Ware nicht der bestellten entspricht (§ 357 Abs. 2 Satz 3 BGB).[132] Steht dem Verbraucher hingegen ein **Rückgaberecht** zu, muss der Unternehmer die Kosten der Rücksendung in jedem Falle tragen; eine Abwälzung auf den Verbraucher ist – wie schon ein Umkehrschluss aus § 357 Abs. 2 Satz 2 BGB ergibt – nicht zulässig.[133]

39

Der Unternehmer hat im Falle des Widerrufs bzw. der Rückgabe auch die Kosten der **Hinsendung** zu tragen,[134] eine vertragliche Abwälzung auf den Verbraucher (auch) für den Fall des Widerrufs ist ausgeschlossen.[135]

40

Verzug: Nach der seit 8. Dezember 2004 gültigen Neufassung der § 357 Abs. 1 Sätze 2 und 3 BGB gilt die **Verzugsregelung des** § **286 Abs. 3 BGB** für die Verpflichtung zur Erstattung von Zahlungen entsprechend, allerdings mit folgender Maßgabe: Die in

41

---

128 Palandt/Heinrichs, BGB, 64. Auflage (2005), § 356 Rn. 9.
129 Vgl. Palandt/Heinrichs, BGB, 64. Auflage (2005), § 357 Rn. 1, § 348 Rn. 1.
130 Ob dem Verbraucher insoweit ein Anspruch auf Vorschuss der Versandkosten zusteht, ist umstritten. Vgl. dazu Brönneke, MMR 2004, 127, 130f. m.w.N., sowie Palandt/Heinrichs, BGB, 64. Auflage (2005), § 357 Rn. 5 (bei Letzterem Lösung über ein Recht des Verbrauchers, die Sache per Nachnahme zurückzusenden).
131 Zur Frage der Tragung vermeidbar zu hoher Transportkosten vgl. Brönneke, MMR 2004, 127, 130ff. m.w.N.
132 Zu den Einzelheiten vgl. Palandt/Heinrichs, BGB, 64. Auflage (2005), § 357 Rn. 6.
133 Palandt/Heinrichs, BGB, 64. Auflage (2005), § 357 Rn. 6.
134 OLG Frankfurt, CR 2002, 642; bestätigt durch BGH, NJW 2003, 1665ff.
135 Hierzu näher Brönneke, MMR 2004, 127, 129f., auch zu etwaigen – praktisch kaum durchsetzbaren – Schadensersatzansprüchen des Unternehmers gegen den Verbraucher, sofern dieser von vornherein beabsichtigte, den Kauf zu widerrufen. Die Abwälzung der Hinsendekosten auf den Verbraucher für den Fall, dass der Vertrag nicht widerrufen wird, ist demgegenüber selbstverständlich möglich.

§ 286 Abs. 3 BGB bestimmte Frist beginnt mit der Widerrufs- oder Rückgabeerklärung des Verbrauchers. Die Frist im Hinblick auf eine Erstattungsverpflichtung des Verbrauchers läuft mit Abgabe der Widerrufs- oder Rückgabeerklärung des Verbrauchers, bezüglich einer Erstattungsverpflichtung des Unternehmers mit deren Zugang (§ 357 Abs. 1 Satz 3 BGB n.F.).

42 **Wertersatz:** Der Verbraucher hat abweichend von § 346 Abs. 2 Satz 1 Nr. 3 BGB Wertersatz für eine durch die bestimmungsgemäße Ingebrauchnahme der Sache entstandene Verschlechterung zu leisten, wenn er spätestens bei Vertragsschluss in Textform auf diese Rechtsfolge und eine Möglichkeit hingewiesen worden ist, sie zu vermeiden (§ 357 Abs. 3 Satz 1 BGB). Dies gilt nicht, wenn die Verschlechterung ausschließlich auf die **Prüfung der Sache** zurückzuführen ist (§ 357 Abs. 3 Satz 2 BGB).

43 Abweichend von § 346 Abs. 3 Satz 1 Nr. 3 BGB hat der Verbraucher sogar verschuldensunabhängig Wertersatz für Verschlechterungen oder den Untergang der Sache zu leisten, wenn er über sein Widerrufsrecht ordnungsgemäß belehrt worden ist oder hiervon anderweitig Kenntnis erlangt hat (§ 357 Abs. 3 Satz 3 BGB). Ob die Regelungen des § 357 Abs. 3 BGB, die zu einer erheblichen Belastung des Verbrauchers und zur wirtschaftlichen Sinnlosigkeit eines Widerrufs führen können, europarechtskonform sind, ist umstritten.[136] Ungeklärt ist bislang auch, wie der Wertersatz bei Untergang und Beschädigungen[137] sowie bei Nutzungen[138] zu berechnen ist, immerhin zeichnet sich weitgehende Einigkeit darüber ab, dass nur der objektive Wert zu ersetzen ist und demnach der Gewinn – auf den der Unternehmer infolge des Widerrufs keinen Anspruch hat – bei der Berechnung von der vereinbarten oder üblichen Vergütung in Abzug zu bringen ist.[139]

44 Der Anwalt sollte den Mandanten auf die insoweit (noch) bestehenden Unklarheiten und die damit einhergehenden Risiken (beispielsweise das Risiko einer Aufrechnung durch den Unternehmer mit dessen Wertersatzanspruch gegen den Rückzahlungsanspruch) aufklären.

dd) Darlegungs- und Beweislast:

- Der **Verbraucher** trägt die Darlegungs- und Beweislast dafür, dass es sich bei seinem Vertragspartner um einen Unternehmer handelt.[140] Der Anwalt, der den Verbraucher vertritt, sollte insoweit Ausdrucke (sog. Screenshots) der Angebotsseiten und etwaiger anderer verlinkter Seiten anfertigen, aus denen sich die bisherigen Ver-

---

136 Einen Verstoß gegen Art. 6 Abs. 2 der Fernabsatz-Richtlinie bejahen beispielsweise Arnold/Dötsch, NJW 2003, 187 ff., und (teilweise) Brönneke, MMR 2004, 127, 132. Für die Wirksamkeit der Regelungen des § 357 Abs. 3 BGB demgegenüber Palandt/Heinrichs, BGB, 64. Auflage (2005), § 357 Rn. 14, m.w.N. Klarheit wird hier im Zweifel nur eine weitere Entscheidung des EuGH (vgl. bereits EuGH, NJW 2002, 281) bringen.
137 Vgl. insoweit Arnold/Dötsch, NJW 2003, 187 ff.
138 Zu möglichen Berechnungsarten siehe Brönneke, MMR 2004, 127, 133, m.w.N.
139 Vgl. Palandt/Heinrichs, BGB, 64. Auflage (2005), § 357 Rn. 15, m.w.N.
140 LG Hof, CR 2003, 854; Mankowski, VuR 2004, 79; Leible/Wildemann, K&R 2005, 26, 28. Schlegel, MDR 2005, 133, 134, schlägt eine Beweislastumkehr für die Fälle der Veräußerung von Neuware vor; bei diesem Lebenssachverhalt sei „eine Vermutung entsprechend einem Prima-Facie-Beweis dahingehend begründet, dass es sich bei dem Verkäufer um einen Unternehmer i.S.d. § 14 BGB handelt".

triebstätigkeiten des Verkäufers ergeben. Dabei kommen insbesondere auch die Seiten in Betracht, auf denen sich parallel oder früher angebotene Artikel des Verkäufers finden (bei eBay zu finden über den Link „Andere Artikel des Verkäufers" bzw. den Link zu den Bewertungen des Verkäufers, die u.U. einen Aufschluss über frühere Auktionsgegenstände geben können). Ein Indiz für den Unternehmerstatus des Versteigerers ist gegeben, wenn dieser (bei Auktionen über die eBay-Plattform) das „PowerSeller"-Symbol verwendet.[141] Allerdings kann aus der bloßen Tatsache, dass jemand eine Vielzahl von Rechtsgeschäften über das Internet tätigt, noch nicht automatisch geschlossen werden, dass es sich bei ihm um einen Unternehmer handelt; denn es besteht die Möglichkeit, dass es sich hier lediglich um private Rechtsgeschäfte handelt.[142] Der Verbraucher trägt ferner die Darlegungs- und Beweislast für den Inhalt, die Absendung und den Zugang des Widerrufs.[143]

■ Sofern der **Unternehmer** geltend machen will, das streitgegenständliche Geschäft sei nicht im Rahmen eines für den Fernabsatz organisierten Vertriebs- oder Dienstleistungssystems geschlossen worden, hat er dies darzulegen und zu beweisen.[144] Den Unternehmer trifft ferner die Darlegungs- und Beweislast, soweit er sich auf einen Ausschluss des Widerrufsrechts nach den Regelungen des § 312d Abs. 4 BGB beruft.[145] Der Unternehmer hat im Übrigen den Zugang der erforderlichen Informationen nach § 312c Abs. 2 BGB i.V.m. § 1 BGB-InfoV und deren Vollständigkeit zu beweisen.[146] Der Unternehmer trägt schließlich die Darlegungs- und Beweislast für alle Voraussetzungen eines von ihm gemäß § 357 Abs. 3 i.V.m. § 346 BGB geltend gemachten Wertersatzes.[147]

3. Gefahrtragung

Sowohl beim Online-Shopping als auch bei Online-Auktionen handelt es sich (im Falle der **Hinsendung**) regelmäßig um einen **Versendungskauf** im Sinne des § 447 BGB,[148] allerdings kommt bei einem Verbrauchsgüterkauf diese Vorschrift gemäß § 474 Abs. 2 BGB nicht zur Anwendung. Geht beim Käufer zwar ein Paket des Verkäufers ein, behauptet der Empfänger jedoch, die Kaufsache habe sich nicht darin befunden, trägt der Verkäufer die Beweislast für seine Behauptung, der Kaufgegenstand habe sich in dem Paket befunden.[149] Zur Gefahrtragung bei Rücksendung nach Widerruf bzw. in Ausübung des Rückgaberechts siehe Rn. 39.

45

---

141 Teuber/Melber, MDR 2004, 185, 186.
142 LG Hof, CR 2003, 854.
143 Palandt/Heinrichs, BGB, 64. Auflage (2005), § 126b Rn. 6, § 355 Rn. 23.
144 Palandt/Heinrichs, BGB, 64. Auflage (2005), § 312b Rn. 11. Den Unternehmer trifft ferner die Darlegungs- und Beweislast, soweit er geltend macht, der Vertragsabschluss sei im unmittelbaren zeitlichen Zusammenhang mit einem persönlichen Kontakt zustande gekommen und unterfalle deshalb nicht § 312b BGB; vgl. Palandt/Heinrichs, BGB, 64. Auflage (2005), § 312b Rn. 8 a.E.
145 BGH, NJW 2003, 1665.
146 Palandt/Heinrichs, BGB, 64. Auflage (2005), § 312c Rn. 7 a.E.
147 Palandt/Heinrichs, BGB, 64. Auflage (2005), § 357 Rn. 13.
148 Für den Fall einer Online-Auktion LG Berlin, MMR 2004, 189; dort auch zur Darlegungs- und Beweislast des Verkäufers für den Inhalt eines Pakets. Zur Anwendbarkeit des § 447 BGB beim Online-Shopping als einer speziellen Form des Versandhandels vgl. Palandt/Putzo, 64. Auflage (2005), § 447 Rn. 5, m.w.N., sowie BGH, NJW 2003, 3341. Kritisch hierzu – mit differenzierender Lösung – Cichon, Internet-Verträge, 2. Auflage (2005), Rn. 814ff.
149 LG Berlin, MMR 2004, 189.

4. Rechtsschutz gegen Bewertungen im Zusammenhang mit Online-Auktionen

46 Falsche Tatsachenbehauptungen im Rahmen einer gegenüber einem Online-Auktionshaus abgegebenen Bewertung eines Anbieters können einen Unterlassungs- und Beseitigungsanspruch des Bewerteten analog § 1004 Abs. 1 Satz 1 BGB sowie gegebenenfalls nach §§ 823, 826 BGB gegen den Bewertenden auslösen.[150] Zur Untersagung einer derartigen Bewertung im Wege einer einstweiligen Verfügung bedarf es nach einem Teil der Rechtsprechung einer Tatsachenbehauptung, deren Unwahrheit offensichtlich sein muss; dieses zusätzliche Erfordernis soll sich aus der Abwägung der betroffenen Interessen und Güter der Parteien ergeben.[151]

III. Durchsetzung oder Abwehr von Ansprüchen aus Verträgen über die Erbringung von Dienst- und Werkleistungen im Internet

1. Einordnung der Verträge

47 Im Internet sind vielfältige Dienste abrufbar; dabei dient es einerseits als Medium, mit dem die Dienstleistungen übermittelt werden, andererseits kann das Internet selbst Gegenstand der Dienstleistungserbringung sein. In Rede stehen insoweit überwiegend Dauerschuldverhältnisse, wobei die erbrachten Leistungen einzeln oder pauschal mit einer sog. „Flatrate" abgerechnet werden.[152] Verträge über Internetdienstleistungen sind in der Regel keinem der im BGB geregelten Dauerschuldverhältnisse eindeutig zuordenbar.[153] Stets ist die konkret zu erbringende Leistung in das Vertragsgefüge des BGB einzuordnen, wobei dienst-, werk-, miet-, rechtspacht-, und teilweise auch verwahrungsrechtliche Elemente vorliegen können. In der Regel wird es bei streitigen Auseinandersetzungen im Zusammenhang mit Internetdienstleistungen um die Durchsetzung bzw. die Abwehr von Entgeltforderungen gehen. Der Anwalt wird dabei, gleich auf welcher Seite er tätig ist, die Rechtnatur der jeweiligen entgeltlichen Leistung qualifizieren müssen, um etwaige Einreden oder Gegenrechte (Mängelrechte, aber auch Verjährungsfragen) verlässlich klären zu können. Nachfolgend soll insoweit ein kurzer Überblick gegeben werden.

a) Verträge über den Zugang zum Internet (Access-Providing)

48 Die Einordnung von Verträgen über den Zugang zum Internet („**Access-Providing**") ist umstritten.[154] Es spricht einiges dafür, derartige Verträge als Typenkombinationsverträge mit sowohl werk-, dienst- als auch mietvertraglichen Elementen einzustufen.[155] Es bleibt abzuwarten, welchen Standpunkt die zivilrechtliche Judikatur zu dieser Frage

---

150 LG Konstanz, MMR 2005, 54; AG Eggenfelden, CR 2004, 858; AG Erlangen, NJW 2004, 3720 (Schadensersatzanspruch nach § 280 Abs. 1 BGB, gerichtet u.a. auf Zustimmung zur Löschung der Bewertung). Bei der Gestaltung der Auktionsseite muss im Übrigen dafür Sorge getragen werden, dass die verwendeten Bildelemente und Texte keine sonstigen Rechte Dritter verletzen; Leible/Sosnitza, BB 2005, 725.
151 LG Düsseldorf, MMR 2004, 496.
152 Redeker, IT-Recht in der Praxis, 3. Auflage (2003), Rn. 921.
153 Redeker, IT-Recht in der Praxis, 3. Auflage (2003), Rn. 922.
154 Zum Meinungsstand im Einzelnen Cichon, Internet-Verträge, 2. Auflage (2005), Rn. 49 ff.
155 Vgl. auch OLG Münster, Beschluss vom 19. März 2003 (Az. 8 B 2567/02): „Die Vermittlung des Zugangs und damit der Kenntnisnahme von Inhalten im Internet ist [...] als Telekommunikationsdienstleistung einzuordnen."

einnehmen und wie es beispielsweise die Haftung für einen fehlenden bzw. unterbrochenen Zugang zum Internet und dadurch beim Nutzer entstehende Schäden beurteilen wird (vgl. dazu Rn. 55).

b) Erbringung von Mehrwertdienstleistungen via Internet und andere Medien

aa) Dialer-Problematik: Anlass für ein reges öffentliches Interesse und diverse gesetzgeberische Maßnahmen sind sog. **Dialer**, also Einwahlprogramme, die über den Internetzugang des Nutzers Verbindungen mit regelmäßig exorbitant hohen Verbindungsentgelten (zumeist über eine 0190er Nummer) – und nicht selten zunächst vom Kunden unbemerkt – herstellen.[156]

49

Der BGH[157] hat, gegründet auf den Rechtsgedanken des § 16 Abs. 3 Satz 3 TKV, entschieden, dass regelmäßig der Telefonnetzbetreiber (im dortigen Fall ein Unternehmen, das dem Kunden unter Nutzung des Netzes der Deutschen Telekom AG einen ISDN-Anschluss bereit stellte) und nicht der Anschlussinhaber das Risiko der heimlichen Installation eines Dialers in einen Computer trägt, der für den durchschnittlichen Anschlussnutzer unbemerkbar die Verbindung in das Internet über eine **Mehrwertdienstenummer** herstellt, sofern der Anschlussnutzer dies nicht zu vertreten hat.[158] Der Anschlussnutzer muss keine Vorkehrungen gegen die missbräuchliche Nutzung des Anschlusses getroffen haben, solange kein konkreter Hinweis auf einen Missbrauch vorliegt.[159]

50

Bei der Abwehr von Zahlungsansprüchen des Telefonnetzbetreibers geht es in der Praxis allerdings weniger um die vom BGH derart gezogene Risikoabgrenzung, sondern vor allem um die tatsächlichen Fragen, insbesondere die, ob es sich im jeweiligen Fall tatsächlich um einen Dialer handelte, der sich heimlich installierte.[160] Die **Darlegungs- und Beweislast** hierfür (bzw. das Gegenteil, also die willentliche Herstellung der Verbindung über den Dialer) und damit die Voraussetzungen des Vergütungsanspruches trifft nach wohl herrschender Meinung den Mehrwertdienstanbieter bzw. den Netzbetreiber.[161] Diese müssen nachweisen, dass der Kunde dem Abschluss des Mehrwertdienstevertrags zugestimmt hat. Der Kunde muss danach nicht den – mit erheblichen Kosten verbundenen[162] – Nachweis erbringen, dass die Verbindungsentgelte durch einem heimlich installierten Dialer verursacht wurden. Der Nachweis des Verbindungsaufbaus ist kein Nachweis des Vertragsschlusses. Für das Vorliegen einer Vertragserklärung soll dem Anbieter kein Anscheinsbeweis zur Hilfe kommen.[163]

51

---

156 Rösler, NJW 2004, 2566. Zu den Anforderungen der Preisangabe bei Dialern siehe LG Mannheim, MMR 2004, 493.
157 BGH, NJW 2004, 2566. Kritisch dazu u.a. Hoffmann, NJW 2004, 2569, 2571 f.
158 BGH, NJW 2004, 2566.
159 BGH, NJW 2004, 2566.
160 Vgl. hierzu Hoffmann, NJW 2004, 2569, 2572; Mankowski, CR 2004, 185; Rösler, NJW 2004, 2566.
161 Vgl. u.a. LG Gera, CR 2004, 543; AG Gelsenkirchen, MMR 2003, 802; AG Bünde, MMR 2003, 803; AG Wedding, MMR 2003, 802; AG Warendorf, CR 2004, 603; Mankowski, MMR CR 2004, 185; A.A. AG Herborn, MMR 2003, 606; Hoffmann, NJW 2004, 2569, 2572, unter Berufung auf Mankowski, MMR 2004, 313, wobei Letzterer (a.a.O.) allerdings formuliert: „Lösungen, die bereits bei der Entstehung des vertraglichen Zahlungsanspruchs ansetzen und dem vermeintlichen Gläubiger die Beweislast für den Abschluss des Mehrwertdienstevertrags und die entsprechende Vertragserklärung des Kunden auferlegen, vermeiden diese Schwierigkeiten."
162 Vgl. Hoffmann, NJW 2004, 2569, 2572.
163 Vgl. Mankowski, MMR 2004, 312, m.w.N.

52 **bb) Andere Mehrwertdienstleistungen:** Entsprechendes gilt im Rahmen anderer Mehrwertdienstleistungen (wie etwa bei sog. **Premium-SMS-Diensten**). So ist der Mobilfunkanbieter, der das Entgelt für von einem Handy aus versandte und abgerufene Premium-SMS-Dienste geltend macht, für die Einzugsermächtigung darlegungs- und beweisbelastet. Der Anbieter muss auch beweisen, dass der Kunde die Premium-SMS-Nummer willentlich gewählt hat.[164] Die unberechtigte Forderung von Gebühren erlaubt dem Kunden, den Vertrag zu kündigen; Schadensersatzansprüche wegen vorzeitiger Vertragsbeendigung sind in einem solchen Fall ausgeschlossen.[165]

c) Webhosting

53 Bei Verträgen über das Webhosting, das heißt das Zurverfügungstellen von Speicherplatz für die HTML-Seiten des Kunden auf dem Webhost-Rechner eines Presence Providers, wird (neben anderen Leistungen) die Homepage des Kunden gespeichert und für jeden Internetnutzer zum Abruf bereit gehalten. Die Abrufbarkeit, jedenfalls die Bereitstellung zur Abrufbarkeit, stellt einen Erfolg dar, weswegen in der Regel von einem Werkvertrag ausgegangen wird.[166] Daneben tritt der Speichervorgang als Nebenleistung hinter dem erstrebten Werkerfolg zurück. Auch die Erstellung einer Homepage, vielfach Teil von Webhostingverträgen, stellt einen Werkerfolg dar, so dass auch insoweit die §§ 631 ff. BGB zur Bewertung heranzuziehen sind. Nach der Rechtsprechung muss der Presence Provider, wenn sein Vergütungsanspruch in Streit steht, konkret darlegen und gegebenenfalls beweisen, dass die Messungen des Datenvolumens zutreffend sind. Hierzu muss er das Mess- und Aufzeichnungsverfahren im Einzelnen darstellen.[167]

d) Application Service Providing

54 Schließlich können Computerprogramme zur Nutzung in einer Art im Internet bereit gestellt werden, die nicht die Kopie des Programms auf den Computer des Nutzers erfordert. Dieses Angebot nennt man **Application Service Providing.**[168] Rechtlich wird diese Nutzungsmöglichkeit teilweise als Programmmiete,[169] als Rechtspacht[170] oder – wegen der bestimmenden Steuerungsmöglichkeiten durch den Provider – als Dienstvertrag[171] eingeordnet. Geht man von einer Dienstleistung aus, gelten bei Leistungsstörungen allein die Regeln des allgemeinen Schuldrechts, namentlich die §§ 280 ff. BGB,[172] wobei der Nutzer bei lang andauernden Störungen ein außerordentliches Kündigungsrecht haben soll.[173]

---

164 AG Aachen, MMR 2004, 831.
165 AG Aachen, MMR 2004, 831.
166 OLG Düsseldorf, CR 2003, 581; Redeker, IT-Recht in der Praxis, 3. Auflage (2003), Rn. 948; teilweise wird auch von einem Mietvertrag über den Webhostrechner ausgegangen, siehe AG Charlottenburg, CR 2002, 297 zustimmend Cichon, Internetverträge, 2. Auflage (2005), § 2 Rn. 182 ff.
167 OLG Düsseldorf, CR 2003, 581.
168 Bettinger / Scheffelt, CR 2001, 795; von Westerholt / Berger, CR 2002, 81.
169 Bettinger / Scheffelt, CR 2001, 729.
170 Alpert, CR 2000, 345.
171 Redeker, IT-Recht in der Praxis, 3. Auflage (2003), Rn. 950.
172 Redeker, IT-Recht in der Praxis, 3. Auflage (2003), Rn. 951.
173 Intveen / Lohmann, ITRB 2002, 210.

e) Nachrichtenübermittlung, Informationsabruf, Online-Recherche und Einzelauskunft

Steht bei einem Internet-Nutzungsvertrag die **Übermittlung von Nachrichten** an andere Systemnutzer (etwa durch E-Mail oder Instant Messaging Systeme) im Vordergrund, ist in der Regel von einem **Werkvertrag** auszugehen und die Mängelgewährleistung des Werkvertragsrechts findet Anwendung.[174] Unternehmen, die Transportwege und Rechnerleistungen für die Übermittlung zur Verfügung stellen, werden als Erfüllungsgehilfen betrachtet, wenn die Übermittlung als eigene Leistung des Systemanbieters geschuldet sind.[175] Eine Haftung nach § 278 BGB scheidet aus, wenn der Provider nicht beeinflussen kann, welche Leitungen und welche Rechner bei der Leistungserbringung benutzt werden.[176]

55

Werden dem Systembenutzer **Informationen zur Verfügung** gestellt – und sei es unter Einschaltung eines **Informationsbrokers**, der von Subunternehmern abgerufene Informationen weiterverarbeitet[177] –, die der Nutzer beliebig – etwa **durch Downloading** – abrufen kann, sollen die Regeln über den Sachkauf analog anwendbar sein, wenn die Informationen entgeltlich zur Verfügung gestellt werden.[178] Ob im Falle der unentgeltlichen Überlassung ein Vertrag zustande kommt, richtet sich danach, ob beide Vertragsteile nach dem objektiven Inhalt des Vertrages die Auskunft zum Gegenstand vertraglicher Rechte und Pflichten gemacht haben.[179] Hierfür ist wesentliches Indiz, dass die Auskunft für den Anfragenden – dem Auskunftserteilenden erkennbar – von erheblicher Bedeutung ist und der Anfragende die Auskunft zur Grundlage wesentlicher Entscheidungen machen will.[180]

56

Auch bei **elektronischen Recherchediensten** ist im Regelfall von einem Werkvertrag auszugehen. Der Anbieter schuldet den Erfolg, dass ein Rechercheergebnis auf Grundlage der (tatsächlichen) Eingaben des Nutzers erstellt wird.[181] Dementsprechend finden bei Mängeln die Regeln des Werkvertragsrechts Anwendung.[182]

57

Ruft der Nutzer eine **Einzelauskunft** ab, die Informationen zum Gegenstand hat, die spezifisch auf den Nutzer zugeschnitten sind und auf dessen Eingaben basieren, ist diese Auskunft im Zweifel ebenfalls als konkreter Erfolg geschuldet, weshalb Werkvertragsrecht zur Anwendung kommt.[183] Eine Haftung wegen Fehlauskünften kann zum Schadensersatz führen. Sofern die Auskunftserteilung (bzw. ihre Richtigkeit) von den Eingaben der Webuser abhängt und diese Eingaben vom Recherchedienst faktisch nicht kontrolliert werden können, ist eine Haftung abzulehnen.[184]

58

---

[174] Redeker, IT-Recht in der Praxis, 3. Auflage (2003), Rn. 942.
[175] Redeker, IT-Recht in der Praxis, 3. Auflage (2003), Rn. 944.
[176] Redeker, IT-Recht in der Praxis, 3. Auflage (2003), Rn. 945.
[177] Redeker, IT-Recht in der Praxis, 3. Auflage (2003), Rn. 962: ausnahmsweise Maklerrecht.
[178] Vgl. Cichon, Internet-Verträge, 2. Auflage (2005), Rn. 1162 ff., m.w.N.
[179] BGH, NJW 1986, 180.
[180] BGH, ZIP 1999, 275; BGH, NJW 1989, 2882.
[181] Redeker, IT-Recht in der Praxis, 3. Auflage (2003), Rn. 945.
[182] Redeker, IT-Recht in der Praxis, 3. Auflage (2003), Rn. 959.
[183] Redeker, IT-Recht in der Praxis, 3. Auflage (2003), Rn. 956.
[184] Redeker, IT-Recht in der Praxis, 3. Auflage (2003), Rn. 956.

f) Online-Banking

59 *aa) Haftung des Kunden gegenüber der Bank:* Rechtliche Probleme im Zusammenhang mit bargeldlosem Zahlungsverkehr unter Zuhilfenahme von **elektronischen Kartensystemen** entstehen regelmäßig bei der Abhebung von Geld durch eine (angeblich) unberechtigte dritte Person. Nach einer jüngeren Entscheidung des BGH[185] spricht grundsätzlich der Beweis des ersten Anscheins dafür, dass der Karteninhaber die persönliche Geheimzahl (PIN) auf der ec-Karte notiert oder gemeinsam mit dieser verwahrt hat, wenn zeitnah nach dem Diebstahl einer ec-Karte unter Verwendung dieser Karte und Eingabe der richtigen PIN an Geldausgabeautomaten Bargeld abgehoben wird und andere Ursachen für den Missbrauch nach der Lebenserfahrung außer Betracht bleiben. Die Möglichkeit eines Ausspähens der PIN durch einen unbekannten Dritten kommt als andere Ursache grundsätzlich nur dann in Betracht, wenn die ec-Karte in einem näheren zeitlichen Zusammenhang mit der Eingabe der PIN durch den Karteninhaber an einem Geldausgabeautomaten oder einem Point of Sale-Terminal (POS) entwendet worden ist.[186] Folge dieses ersten Anscheins ist, dass der Kunde in aller Regel die Abbuchung des unberechtigten Dritten nicht auf Kosten der Bank annullieren kann, weil die Bank einen Gegenanspruch aus Schadensersatz in entsprechender Höhe wegen der Verletzung des zwischen dem Kunden und der Bank bestehenden Vertrages hat.

60 *bb) Haftung der Bank gegenüber dem Kunden:* Nach der Rechtsprechung steht dem Kunden gegenüber der Bank ein Anspruch auf Auszahlung des von einem Dritten online auf sein Konto überwiesenen Betrages erst dann zu, wenn die Bank ihm mit äußerlich erkennbarem Rechtsbindungswillen die Daten der Gutschrift zugänglich macht (z.B. durch vorbehaltloses Zusenden der Kontoauszüge, deren Bereitstellung oder durch die vorbehaltlose Freigabe der Daten für Online-Abruf durch den Kunden).[187] Eine elektronische Gutschrift auf einem Bankkonto steht unter dem Vorbehalt der Nachdisposition; daher bedarf es eines Organisationsakts der Bank, durch den diese mit äußerlich erkennbarem Rechtsbindungswillen die Daten der Gutschrift dem Überweisungsempfänger zugänglich macht.[188]

61 Ein Online-Auftrag enthält nach Einschätzung der Rechtsprechung[189] grundsätzlich eine größere Irrtumsanfälligkeit als frei formulierte Willenserklärungen.[190] Eine Online-Bank muss zwar in der Regel nicht beim Eingang einer Kauforder nachfragen. Sie ist allerdings verpflichtet, den Kunden über diejenigen Umstände zu informieren, über deren Kenntnis allein sie verfügt und die für die Fassung der Kundenaufträge von Bedeutung sind.[191]

---

185 BGH, NJW 2004, 3623.
186 BGH, NJW 2004, 3623.
187 OLG Köln, MMR 2004, 422.
188 BGH, NJW 2000, 804; OLG Köln, MMR 2004, 422.
189 OLG Nürnberg, NJW-RR 2003, 628; Hoffmann, NJW 2004, 2576 f.
190 Vgl. dazu auch LG Nürnberg-Fürth, WM 2001, 988; Köndgen, NJW 2004, 1288, 1291 (Erfordernis einer „interaktiven Plausibilitätskontrolle" vor Ausführung einer Effekten-Order zur Vermeidung einer „Insolvenz per Mausklick").
191 OG Schleswig, CR 2003, 378; Hoffmann, NJW 2004, 2576 f.

2. Widerrufsrechte

a) Grundsätzliches

Finanzdienstleistungen können auch im Wege des Fernabsatzes und über das Internet erbracht werden. Das Gesetz zur Änderung der Vorschriften über Fernabsatzverträge bei Finanzdienstleistungen ist am 8. Dezember 2004 in Kraft getreten. Verbrauchern steht nunmehr auch bei Finanzgeschäften, die am **Telefon** oder über das **Internet** abgeschlossen wurden, ein Widerrufsrecht zu (§§ 312 b bis 312 d, 355, 375 BGB n.F.). Ausgeschlossen ist das Widerrufsrecht beim Erwerb von Aktien und den damit zusammenhängenden Dienstleistungen (siehe dazu unten Rn. 64). Die Anbieter von Finanzdienstleistungen sind zu umfassender Information zu Ansprechpartnern, Produktausstattung und -eigenschaften (wie Zinssätze, Kündigungsfristen) und Vertragsmodalitäten in Textform (siehe oben Rn. 34) verpflichtet (§ 1 BGB-InfoV, § 312c BGB n.F.). Im Falle von Streitigkeiten aus dem Geschäft kann der Verbraucher die bei der Deutschen Bundesbank eingerichtete Schlichtungsstelle anrufen (§ 14 Unterlassungsklagengesetz). 62

b) Voraussetzungen der Widerrufsrechte

Auch bei der Erbringung von Dienstverträgen über das Internet setzt ein Widerrufsrecht voraus, dass ein Fernabsatzvertrag nach § 312b Abs. 1 Satz 1 BGB vorliegt und keiner der **Ausnahmetatbestände des** § 312b Abs. 3 BGB einschlägig ist. 63

So finden die Vorschriften über Fernabsatzverträge keine Anwendung auf Verträge über Fernunterricht (§ 312b Abs. 3 Nr. 1 BGB und § 1 Fernunterrichtsgesetz) sowie auf solche Verträge über die Erbringung von Dienstleistungen in den Bereichen Unterbringung, Beförderung, Lieferung von Speisen und Getränken sowie Freizeitgestaltung, bei denen sich der Unternehmer verpflichtet, die Dienstleistung zu einem bestimmten Zeitpunkt oder innerhalb eines bestimmten Zeitraums zu erbringen (§ 312b Abs. 3 Nr. 6 BGB). Hinsichtlich der nach § 312b Abs. 3 Nr. 3 BGB ausgeschlossenen Versicherungsdienstleistungen gelten die §§ 48a ff. VVG. 64

Im Übrigen ist § 312b Abs. 4 BGB zu beachten. Das Widerrufsrecht besteht gemäß § 312d Abs. Nr. 4 BGB nicht für Wett- und Lotterie-Dienstleistungen. Nach § 312d Abs. 4 Nr. 5 BGB besteht das Widerrufsrecht des Weiteren nicht bei der Lieferung von Waren oder der Erbringung von **Finanzdienstleistungen**, deren Preis auf dem Finanzmarkt Schwankungen unterliegt, auf die der Unternehmer keinen Einfluss hat und die innerhalb der Widerrufsfrist auftreten können, insbesondere Dienstleistungen im Zusammenhang mit Aktien, Anteilsscheinen, die von einer Kapitalanlagegesellschaft oder einer ausländischen Investmentgesellschaft ausgegeben werden, und anderen handelbaren Wertpapieren, Devisen, Derivaten oder Geldmarktinstrumenten. Das Widerrufsrecht soll dem Verbraucher nämlich keine Gelegenheit zur Durchführung risikoloser Spekulationsgeschäfte geben. 65

Beginn und **Dauer** des Widerrufsrechts richten sich nach den oben unter Rn. 34 zum Fernabsatz über Warengeschäfte dargestellten Grundsätzen. Die Widerrufsfrist beginnt nicht vor Erfüllung der Informationspflichten gemäß § 312c Abs. 2 BGB und nicht vor dem Tage des Vertragsschlusses zu laufen. Hinsichtlich der **Unterrichtungspflicht nach** 66

§ 312c BGB gilt auch für Dienstleistungen, dass der Unternehmer dem Verbraucher die Vertragsbestimmungen einschließlich der Allgemeinen Geschäftsbedingungen sowie die in der BGB-InfoV vorgesehenen Informationen in dem dort bestimmten Umfang und der dort bestimmten Art und Weise in Textform mitzuteilen hat. Bei Finanzdienstleistungen hat dies rechtzeitig vor Abgabe der Vertragserklärung zu erfolgen. Wenn der Vertrag auf Verlangen des Verbrauchers unter Verwendung eines Fernkommunikationsmittels geschlossen wird und die Mitteilung in Textform vor Vertragsschluss nicht möglich ist, sind die Information unverzüglich nach Abschluss des Fernabsatzvertrags mitzuteilen (§ 312c Abs. 2 Satz Nr. 1 BGB).[192] Bei sonstigen Dienstleistungen sind wie bei der Lieferung von Waren die Informationen alsbald, spätestens bis zur vollständigen Erfüllung des Vertrags, mitzuteilen. Diese Mitteilung ist dann entbehrlich, wenn die Dienstleistung unmittelbar unter Einsatz von Fernkommunikationsmitteln erbracht werden und diese Leistungen in einem Mal erfolgen und über den Betreiber der Fernkommunikationsmittel abgerechnet werden. Der Verbraucher muss sich in diesem Falle aber über die Anschrift der Niederlassung des Unternehmers informieren können, bei der er Beanstandungen vorbringen kann (§ 312c Abs. 2 Satz 1 Nr. 2, Satz 2 und Satz 3 BGB).

67 Das **Widerrufsrecht erlischt** bei einer Dienstleistung, wenn der Unternehmer mit der Ausführung der Dienstleistung mit ausdrücklicher Zustimmung des Verbrauchers vor Ende der Widerrufsfrist begonnen hat oder der Verbraucher diese selbst veranlasst hat (§ 312d Abs. 3 Nr. 2 BGB). Für Finanzdienstleistungen gilt die Sonderregel, dass das Widerrufsrecht erlischt, wenn der Vertrag von beiden Seiten auf ausdrücklichen Wunsch des Verbrauchers vollständig erfüllt ist, bevor der Verbraucher sein Widerrufsrecht ausgeübt hat (§ 312d Abs. 3 Nr. 1 BGB).

68 Hat der Verbraucher den Widerruf fristgemäß erklärt, wird der Vertrag über die Dienstleistung **rückabgewickelt**. Ist Gegenstand des Fernabsatzvertrages eine Finanzdienstleistung, hat der Verbraucher abweichend von § 357 Abs. 1 BGB **Wertersatz** für die erbrachte Dienstleistung nach den §§ 346 ff. BGB nur zu leisten, wenn er vor Abgabe seiner Vertragserklärung auf diese Rechtsfolge hingewiesen worden ist und wenn er ausdrücklich zugestimmt hat, dass der Unternehmer vor Ende der Widerrufsfrist mit der Ausführung der Dienstleistung beginnt. Hat der Verbraucher etwa ein Darlehen aufgenommen, muss er den Kreditbetrag zurückzahlen; zwischenzeitlich angefallene Kreditzinsen sind im Wege des Wertersatzes aber nur dann zu erstatten, wenn der Verbraucher zuvor darauf hingewiesen worden ist (§ 312d Abs. 6 BGB).

---

192 Bei Finanzdienstleistungen kann der Verbraucher während der Laufzeit des Vertrags jederzeit vom Unternehmer verlangen, dass ihm dieser die Vertragsbestimmungen einschließlich der Allgemeinen Geschäftsbedingungen in einer Urkunde zur Verfügung stellt (§ 312c Abs. 3 BGB).

B. Prozess

I. Grundsätzliches

Ist die im Teil A. materiellrechtliche und prozessuale Prüfung erfolgt, muss der Anwalt den Mandanten über die Aussichten einer Durchsetzung der in Rede stehenden Ansprüche bzw. der Abwehr solcher Ansprüche aufklären – nach Möglichkeit schriftlich. Sofern der Mandant sich nach dieser Beratung entscheidet, die in Rede stehenden Ansprüche gerichtlich durchsetzen bzw. – wenn er in Anspruch genommen wird – abzuwehren, wird der Anwalt die geeignete Vorgehensweise (dazu unter II.) mit dem Mandanten zu erörtern haben. **69**

Der Anwalt hat spätestens in diesem Stadium vor allem mit Blick auf die **Prozesskostenrisiken** bei einer etwaigen **Rechtsschutzversicherung** des Mandanten eine **Deckungszusage für das gerichtliche Verfahren** einzuholen bzw., sofern eine solche Versicherung nicht besteht, gegebenenfalls – abhängig von der wirtschaftlichen Situation des Mandanten – zu prüfen, ob ein **Prozesskostenhilfeantrag** im jeweiligen Fall Erfolg verspricht oder ob eine **Anfrage an einen Prozessfinanzierer** gerichtet werden sollte. **70**

II. Durchsetzung von Ansprüchen

1. Aus der Perspektive des Verkäufers, Dienstleisters etc.

a) Mahnverfahren

Ist zu erwarten, dass die Gegenseite die Forderungen des Mandanten nicht bestreiten wird, etwa weil er lediglich wegen eines finanziellen Engpasses nicht leistet, liegt es nahe, statt eines Klageverfahrens ein – die Verjährung hemmendes (§ 204 Abs. 1 Nr. 3 BGB) – Mahnverfahren zur Durchsetzung einer unbedingten, d.h. nicht von einer Gegenleistung abhängigen Zahlungsforderung (Rn. 80), einzuleiten. Auf diesem Wege kann der Mandant gegebenenfalls schnell und kostengünstig einen rechtskräftigen Titel – den Vollstreckungsbescheid – erlangen und dabei das in einigen Bundesländern (Bayern, Baden-Württemberg, Nordrhein-Westfalen und Saarland) auf der Grundlage des § 15a EGZPO eingerichtete obligatorische Streitschlichtungsverfahren umgehen (vgl. § 15a Abs. 2 Nr. 5 EGZPO). **71**

Wenn hingegen die Gegenseite bereits Einwendungen geäußert hat oder diese jedenfalls zu erwarten sind, macht die Einleitung des Mahnverfahrens, sofern nicht zur Verjährungshemmung geboten, wenig Sinn, weil es gegenüber einer sofort erhobenen Klage zu Verzögerungen führt. **72**

Sachlich zuständig für das Mahnverfahren sind die Amtsgerichte (§ 689 Abs. 1 Satz 1 ZPO). Örtlich zuständig ist grundsätzlich das Gericht, bei dem der Antragsteller seinen allgemeinen Gerichtsstand hat (§ 689 Abs. 2 Satz 1 ZPO); allerdings sind auf der Grundlage des § 689 Abs. 3 ZPO in den meisten Bundesländern zentrale – für mehrere Amtsgerichtsbezirke zuständige – Mahngerichte eingerichtet worden (in Berlin beispielsweise das AG Wedding). **73**

74 Für die Fälle eines fehlenden Gerichtsstandes des Antragsgegners im Inland gelten die § 703d ZPO (Ermittlung eines fiktiven Prozessgerichts) sowie § 689 Abs. 2 Satz 2 ZPO (Zuständigkeit des Amtsgerichts Schöneberg in Berlin); sofern sowohl der Antragsteller als auch der Antragsgegner ihren allgemeinen Gerichtsstand im Ausland haben, geht die Regelung des § 703d ZPO vor. Es besteht ein **Zwang zur Benutzung der aktuell gültigen amtlichen Vordrucke** sowohl für den Antrag auf Erlass des Mahnbescheides als auch den Antrag auf Erlass des Vollstreckungsbescheides. Nähere Informationen über die Zuständigkeiten und den Gang des Verfahrens sind zum Teil elektronisch abrufbar, einige Länder halten bereits einen „interaktiven Mahnbescheid", also einen online auszufüllenden Mahnantrag, bereit (so etwa in Berlin: http://www.berlin.de/SenJust/Gerichte/AG/mahnsachen.html).[193]

75 Besonders zu achten ist beim Ausfüllen des Mahnantragsformulars auf die **vollständige, genaue und richtige Bezeichnung der Parteien** und eine **genaue Bestimmung des Streitgegenstandes**; hier lauern „Haftungsfallen".[194]

76 Im Mahnverfahren fällt eine 0,5 **Verfahrensgebühr** nach GKG KV 1100 nach dem jeweiligen Gegenstandswert, mindestens aber eine Gebühr von EUR 18,00 an. Sofern der Anwalt den Mahnantrag stellt, verdient er damit eine Verfahrensgebühr nach RVG Nr. 3305.

b) Klagen auf Durchsetzung der Vergütungsansprüche des Verkäufers etc.

77 Sofern der Verkäufer bzw. der Erbringer der Dienstleistungen (beispielsweise der Telefonnetzbetreiber) etc. den Käufer bzw. Dienstberechtigten etc. auf Zahlung der Vergütung in Anspruch nimmt, handelt es sich um eine Zahlungsklage zur Durchsetzung eines vertraglichen Erfüllungsanspruchs aus §§ 433 Abs. 2, 611 Abs. 1, 631 Abs. 1 BGB.

78 Besonderheiten können sich aus den spezifischen Beweisproblemen im Bereich des E-Commerce (siehe oben Rn. 15ff.) sowie im Hinblick auf mögliche – bei der Beurteilung der Erfolgsaussichten natürlich zu berücksichtigende – Gestaltungsrechte (Widerrufs- bzw. Rückgaberechte) im Bereich des Fernabsatzes ergeben (dazu oben Rn. 32ff.) resultieren.

2. Aus der Perspektive des Käufers etc.

a) Mahnverfahren

79 Ein Mahnverfahren kommt, soweit der Anwalt den Käufer, Dienstberechtigten etc. vertritt, in Betracht, wenn der Mandant Zahlungsansprüche aus der Rückabwicklung eines Fernabsatzvertrages (oder aber wegen etwaiger Mängelrechte etc.) geltend macht. Insoweit gilt das oben (Rn. 71) Ausgeführte.

80 Das Mahnverfahren ist allerdings nicht zulässig, soweit der Mandant noch eine Gegenleistung zu erbringen hat – beispielsweise die Rücksendung der Ware nach Widerruf

---

193 Auf dieser Website finden sich auch weitere nützliche Hinweise zu den Zuständigkeiten in anderen Bundesländern.
194 Vgl. nur BGH, NJW 2001, 305.

des Fernabsatzgeschäftes – und deshalb der Zahlungsanspruch nicht unbedingt fällig ist (vgl. § 688 Abs. 2 Nr. 2 ZPO). Daran ändert sich auch nichts, wenn sich der Verkäufer in Annahmeverzug befindet, weil sich die Rückabwicklung auch hier Zug-um-Zug vollzieht.[195] Diesen Fall erfasst das folgende Muster für das Klageverfahren.

b) Muster einer Klage auf Rückabwicklung eines Fernabsatzgeschäfts mit Erläuterungen

aa) Muster: Klage auf Rückabwicklung eines Fernabsatzgeschäfts

81

Amtsgericht ▪▪▪

▪▪▪

▪▪▪
Klage

der Frau ▪▪▪, ▪▪▪, ▪▪▪,
Klägerin

Prozessbevollmächtigter: ▪▪▪,
gegen

Herrn ▪▪▪, ▪▪▪, ▪▪▪,
Beklagten,

wegen: Rückabwicklung eines Fernabsatzgeschäfts.

Namens und in Vollmacht der Klägerin erhebe ich Klage und bitte um Anberaumung eines zeitnahen Termins zur mündlichen Verhandlung, in dem ich die folgenden Anträge stellen werde:

1. Der Beklagte wird verurteilt, an die Klägerin EUR 736,00 nebst Zinsen in Höhe von fünf Prozentpunkten über dem Basiszinssatz seit dem 14. November 2004 zu zahlen, Zug um Zug gegen Rückgabe des von der Beklagten an die Klägerin gelieferten Notebooks Acer Aspire 1362LC, Seriennummer [Seriennummer ▪▪▪], einschließlich Netz-/Ladekabel und den folgenden Softwarepaketen: ein Stück Betriebsystem Microsoft Windows XP Home Edition, ein Stück Adobe Acrobat Reader, ein Stück Cyberlink PowerDVD, ein Stück Acer System Recovery, ein Stück Acer Launch Manager, ein Stück NTI CD-Maker, ein Stück Norton AntiVirus (Trial), ein Stück Aspire Arcade, ein Stück Acer eManager, ein Stück Acer Disk-to-Disk Recovery.

2. Es wird festgestellt, dass sich der Beklagte mit der Rücknahme des im Antrag zu 1. bezeichneten Computersystems einschließlich der entsprechenden Softwarepakete in Annahmeverzug befindet.

Sollte das Gericht ein schriftliches Vorverfahren gemäß § 276 ZPO anordnen, beantragen wir bereits jetzt

für den Fall, dass sich die Beklagte nicht innerhalb der Notfrist des § 276 ZPO äußert, den Erlass eines Versäumnisurteils gemäß § 331 Abs. 3 ZPO.

---

195 Vgl. nur Zöller/Vollkommer, ZPO, 25. Auflage (2005), § 688 Rn. 3.

Begründung:

Die Klägerin begehrt von dem Beklagten die von diesem verweigerte Rückabwicklung eines Kaufvertrags über das im Antrag zu 1. bezeichnete Notebook einschließlich Software sowie Ersatz des wegen Verzugs mit der Rücknahme entstandenen Schadens.

I. Zum Sachverhalt

Der Beklagte stellte das im Antrag zu 1. bezeichnete Notebook einschließlich Zubehör am 31. September 2004 unter der Artikelnummer 3829373788 zu einem Startpreis von EUR 1,00 auf der Internet-Plattform der eBay International AG in eine – am 6. Oktober, 19.00 Uhr, endende – Online-Auktion ein. Die Versandkosten wurden mit EUR 13,00 beziffert. Als akzeptierte Zahlungsmethode gab der Beklagte nur die Vorauszahlung per Überweisung an.

Beweis: Ausdruck der Angebotsseite des Beklagten zur Artikelnummer 3829373788, Anlage K 1.

Auf der Angebotsseite befand sich keinerlei Hinweis auf ein Widerrufs- oder Rückgaberecht des Höchstbietenden.

Beweis: wie vor

Die Klägerin gab das Höchstgebot von EUR 723,00 ab. Sie wurde über die Abgabe ihres Gebotes und den „Zuschlag" durch zwei E-Mails durch die eBay International AG benachrichtigt und ihr wurden die Kontodaten des Beklagten mitgeteilt.

Beweis: Ausdrucke der E-Mails der eBay International AG vom 6. Oktober 2004, Anlagen K 2 und K 3.

Die Klägerin zahlte daraufhin am 7. Oktober 2004 EUR 736,00 (Kaufpreis zuzüglich Versandkosten) auf das Konto des Beklagten. Der Beklagte bestätigte den Zahlungseingang mit E-Mail vom 11. Oktober 2004.

Beweis:
1. Vorlage eines die Zahlung ausweisenden Kontoauszuges der Klägerin, in Ablichtung als Anlage K 4,
2. Ausdruck der E-Mail des Beklagten vom 11. Oktober 2004, Anlage K 5.

Am 14. Oktober 2004 wurde der Klägerin das Notebook geliefert. Bereits beim Auspacken des Geräts stellte die Klägerin fest, das es ihren Vorstellungen nicht entsprach. Die Klägerin erklärte daraufhin mit E-Mail vom 15. Oktober 2004 gegenüber dem Beklagten, sie wolle „den Vertrag aufheben", und bot dem Beklagten an, ihm das Notebook gegen Erstattung des gezahlten Preises einschließlich Versandkosten zurückzusenden.

Beweis: Ausdruck der E-Mail der Klägerin vom 15. Oktober 2004, Anlage K 6.

Der Beklagte wies dies mit E-Mail vom 15. Oktober 2004 zurück und erklärte, er habe das Gerät als „Privatmann" verkauft, ein „wie auch immer geartetes Recht auf Rückabwicklung des Vertrages" stehe der Klägerin nicht zu. Er werde das Gerät nicht zurücknehmen, geschweige denn den gezahlten Kaufpreis erstatten.

Beweis: Ausdruck der E-Mail des Beklagten vom 15. Oktober 2004,
Anlage K 7.

Die Behauptung des Beklagten, er habe das Notebook als Privatperson veräußert, trifft nicht zu. Der Beklagte hat seit seiner Anmeldung bei der eBay International GmbH (Datum: 23. August 2003) 846 Geschäfte abgeschlossen und einen sog. „PowerSeller"-Status mit dem Level „Silber", also ausweislich der „eBay PowerSeller"-Bedingungen (abrufbar unter http://pages.ebay.de/powerseller/kriterien.html) mit einem monatlichen Mindesthandelsvolumen von durchschnittlich EUR 10.000,00 während der letzten drei Monate.

Beweis:
1. Ausdruck der Angebotsseite des Beklagten zur Artikelnummer 3829373788, Anlage K 1,
2. Ausdruck der über die Website http://pages.ebay.de/powerseller/kriterien.html abrufbaren „eBay PowerSeller"-Bedingungen, Anlage K 8.

Zeitgleich zu der streitgegenständlichen Online-Auktion bot der Beklagte vier weitere neue Notebooks der Marke „Acer" und drei neue Notebooks der Marke „Compaq" sowie ferner eine Reihe weiterer Elektronikartikel wie Digitalkameras und Camcorder über die eBay International AG zum Verkauf an.

Beweis:
1. Ausdruck der Angebotsseite des Beklagten zur Artikelnummer 3829373788, Anlage K 1,
2. Ausdruck der über den Link „Andere Artikel des Verkäufers" aufzurufenden Übersichtsseite zu den weiteren Angeboten des Beklagten im Zeitraum der streitgegenständlichen Online-Auktion, Anlage K 9.

Mit anwaltlichem Schreiben vom 25. Oktober 2004 wies die Klägerin den Beklagten auf das Vorstehende hin, erklärte vorsorglich nochmals den Widerruf des streitgegenständlichen Vertrags und forderte den Beklagten zur Zahlung von EUR 736,00 gegen Rücksendung des Notebooks auf.

Beweis: Vorlage des anwaltlichen Schreibens der Klägerin vom 25. Oktober 2004,
Anlage K 10.

Der Beklagte weigerte sich mit Schreiben vom 29. Oktober 2004, dieser Forderung nachzukommen. Er wiederholte seine Behauptung, es habe sich um einen „Privatverkauf" gehandelt. Zudem stellte er sich auf den Standpunkt, ein Widerrufsrecht sei bei Online-Auktionen ausgeschlossen.

Beweis: Vorlage des Schreibens des Beklagten vom 29. Oktober 2004,
Anlage K 11.

II. Zur rechtlichen Würdigung
1. Örtliche Zuständigkeit des Gerichts
Die örtliche Zuständigkeit des angerufenen Gerichts ergibt sich aus § 29 ZPO. Danach ist für Streitigkeiten aus einem Vertragsverhältnis das Gericht desjenigen Ortes zuständig, an dem die streitige Verpflichtung zu erfüllen ist. Die Klägerin begehrt die Rückabwicklung des streitgegenständlichen Vertrags. Erfüllungsort ist insoweit der sog. Austauschort, also der Ort, an dem sich die Kaufsache zum Zeitpunkt des Widerrufs ver-

tragsgemäß befindet (LG Kleve, NJW-RR 2003, 196, unter Verweis auf BGH NJW 1983, 1479, 1480 f.; Zöller/Vollkommer, ZPO, 25. Auflage, § 29 Rn. 25, Stichwort „Kaufvertrag"). Dies ist im vorliegenden Fall der Wohnsitz der Klägerin, da sie lediglich die Rücksendung an den Beklagten schuldet. Hierbei handelt es sich um eine Schickschuld, die den Erfüllungsort nicht verändert, so dass es auch insoweit beim Austauschort als Erfüllungsort verbleibt (LG Kleve, a.a.O.).

2. Begründetheit der Klage
   a) Zum Antrag zu 1.
      Der Klägerin steht der geltend gemachte Anspruch auf Rückzahlung des an den Beklagten gezahlten Betrages nach § 346 Abs. 1 i.V.m. § 357 Abs. 1 BGB zu, Zug-um-Zug gegen Rücksendung des streitgegenständlichen Notebooks einschließlich Software (§ 348 BGB). Die Klägerin hat den zwischen den Parteien am 6. Oktober 2004 zustande gekommenen Vertrag wirksam gemäß §§ 312 d Abs. 1, 355 Abs. 1 BGB widerrufen.

      Die Voraussetzungen des Widerrufsrechts nach § 312 d Abs. 1 BGB liegen vor. Insbesondere hat der Beklagte im Rahmen des streitgegenständlichen Fernabsatzgeschäfts auch als Unternehmer im Sinne des § 14 BGB gehandelt. Unternehmer ist jede natürliche oder juristische Person, die am Markt planmäßig und dauerhaft Leistungen gegen ein Entgelt anbietet (Palandt/Heinrichs, BGB, 64. Auflage, § 14 Rn. 2). Hieran besteht im Hinblick auf den Beklagten angesichts des oben beschriebenen erheblichen Handelsvolumens des Beklagten über die eBay-Plattform sowie des Umstandes, dass der Beklagte zeitgleich zur streitgegenständlichen Online-Auktion insgesamt sieben weitere neue Notebooks und eine Reihe anderer hochwertiger neuer Elektronikartikel angeboten hat, kein Zweifel (vgl. LG Berlin, CR 2002, 371; Teuber/Melber, MDR 2004, 185 f.).

      Der Beklagte kann auch mit seinem Einwand, ein Widerrufsrecht sei bei Online-Auktionen ausgeschlossen, nicht durchdringen. Denn der BGH hat zwischenzeitlich geklärt, dass Online-Auktionen wie die vorliegende nicht in den Anwendungsbereich des § 156 BGB fallen und deshalb das Widerrufsrecht bei derartigen Auktionen nicht nach § 312 b Abs. 4 Nr. 5 BGB ausgeschlossen ist (BGH, ZIP 2004, 2334). Die geltend gemachten Zinsansprüche gründen sich auf §§ 288 Abs. 1 Satz 2, 286 Abs. 3 Satz 1 i.V.m. § 357 Abs. 1 Sätze 2 und 3 BGB. Bereits die Erklärung der Klägerin in der E-Mail vom 15. Oktober 2004 (Anlage K 6), dem Beklagten ausweislich der Anlage K 7 am selben Tage zugegangen, ist als Widerruf im Sinne des § 355 Abs. 1 BGB auszulegen. Dass die Klägerin das Wort „Widerruf" nicht benutzt hat, ist unschädlich; es genügt die hinreichend klare Äußerung der Klägerin, den Vertrag „aufzuheben", also nicht mehr gegen sich gelten lassen zu wollen (vgl. BGH, NJW 1993, 128; NJW 1996, 1964; Palandt/Heinrichs, a.a.O., § 355 Rn. 6).

   b) Zum Antrag zu 2.
      Der Feststellungsantrag zu 2. findet seine Grundlage in §§ 756 Abs. 1, 765 Nr. 1 ZPO. Der Beklagte befindet sich aufgrund seiner Weigerung, der Klägerin den Kaufpreis und die Versandkosten der Hinsendung zu erstatten und Zug-um-Zug dagegen das Notebook zurückzunehmen, gemäß § 298 BGB in Annahmeverzug.

Beglaubigte und einfache Abschriften sowie Gerichtskosten per Verrechnungsscheck über EUR 135,00 anbei.

■■■

Rechtsanwalt

bb) Erläuterungen: (1) Örtliche Zuständigkeit: Die örtliche Zuständigkeit des angerufenen Gerichts nach § 29 ZPO ist in dem Muster der Klageschrift erläutert. Die Vorschrift des § 29c BGB (früher § 7 HaustürWG) ist demgegenüber nicht einschlägig; sie gilt nur „für Klagen aus Haustürgeschäften".[196] Da der Gerichtsstand des § 29 ZPO kein ausschließlicher ist, wäre es natürlich auch möglich, den Verkäufer im Gerichtsstand der §§ 12, 13 ZPO, also am Wohnsitz des Verkäufers, in Anspruch zu nehmen. Sofern – anders als im hier zugrunde gelegten Sachverhalt – das Notebook bereits an den Beklagten zurückgesandt worden und die Klage daher uneingeschränkt auf Rückzahlung des Kaufpreises gerichtet wäre, würde sich an der Eröffnung eines Gerichtsstandes am Wohnsitz der Klägerin nach herrschender Meinung[197] nichts ändern. Als Begründung hierfür wird angeführt, dass der Käufer durch die Rückgabe der Sache den ihm günstigen Gerichtsstand bei der Rückabwicklung nicht verlieren darf.[198]

82

(2) Sachliche Zuständigkeit / Streitwert: Die sachliche Zuständigkeit des angerufenen Gerichts folgt aus § 23 Nr. 1 ZPO. Der Antrag auf Zahlung Zug-um-Zug gegen Rückgabe erhöht den Streitwert gegenüber einem uneingeschränkten Zahlungsanspruch nach herrschender Meinung nicht, da eine Gegenleistung bei der Streitwertbestimmung auch dann unberücksichtigt bleibt, wenn sie die Klägerin bereits anbietet.[199] Der Antrag auf Feststellung des Annahmeverzugs zur Vorbereitung der Vollstreckung nach §§ 756, 765 ZPO ist wirtschaftlich geringwertig.[200] Der Wert besteht allenfalls, wenn überhaupt,[201] in der Kostenersparnis der Klägerin, den Gegenstand nicht selbst anbieten zu müssen.[202]

83

(3) Zu den Anträgen:

84

(a) **Zum Antrag zu 1.** ist Folgendes anzumerken: Da sich die Rückabwicklung des widerrufenen Fernabsatzgeschäftes nach §§ 346ff. BGB richtet (Rn. 38ff.), kann die Verurteilung nur **Zug-um-Zug** gegen Rückgabe der gelieferten Sache verlangt werden (§ 348 BGB), wenn – wie im hier gewählten Beispielsfall – der gekaufte Gegenstand noch nicht zurückgegeben (bzw. zurückgesandt) worden ist. Wird in diesen Fällen kein Zug-um-Zug-Antrag gestellt, droht eine teilweise Klageabweisung[203] mit der Kostenfolge des § 92 Abs. 1 S. 1 ZPO; dies gilt jedenfalls dann, wenn der Verkäufer die Einrede der §§ 348, 320 BGB erhebt.[204]

85

---

196 Ein Umkehrschluss des Inhalts, dass bei anderen als Haustürgeschäften der allgemeine Gerichtsstand des Käufers bei Rückabwicklungsklagen nicht eröffnet ist, wird, soweit ersichtlich, von niemandem angestellt.
197 Zöller/Vollkommer, ZPO, 25. Auflage (2005), § 29 Rn. 25 Stichwort „Kaufvertrag", m.w.N.; a.A. allerdings RGZ 31, 383.
198 Zöller/Vollkommer, ZPO, 25. Auflage (2005), § 29 Rn. 25 Stichwort „Kaufvertrag".
199 Vgl. nur Zöller/Herget, ZPO, 25. Auflage (2005), § 3 Rn. 16 Stichwort „Zug-um-Zug-Leistungen" und Müller, MDR 2003, 248, m.w.N.; anders allerdings LG Köln, JR 1980, 245.
200 BGH, KoRsp ZPO § 5 Nr. 83.
201 LG Mönchengladbach, KoRsp ZPO § 5 Nr. 57.
202 OLG Naumburg, OLGR 2000, 368. Das OLG Düsseldorf nimmt einen Gegenstandswert in Höhe von 1% des zu vollstreckenden Wertes an.
203 Die Zug-um-Zug-Verurteilung ist gegenüber der unbeschränkten Verurteilung ein minus, kein aliud. Sie erfolgt daher unter entsprechender Teilabweisung auch dann, wenn der Kläger unbeschränkte Verurteilung verlangt. Vgl. BGHZ 1992, 1172 (1173); Palandt/Heinrichs, BGB, § 274 Rn. 2.
204 Vgl. nur Zöller/Herget, ZPO, 25. Auflage (2005), § 92 Rn. 3, m.w.N.

86 Das Notebook und die Software, die an den Beklagten im Zuge der Rückabwicklung übergeben wird, muss unter Wahrung der Anforderungen des § 253 Abs. 2 Nr. 2 ZPO bezeichnet werden. Denn in einem Zug-um-Zug-Urteil muss die Gegenleistung in der Urteilsformel so bestimmt sein, dass dem Gerichtsvollzieher bei der Vollstreckung die Prüfung möglich ist, ob die ihm von dem Gläubiger übergebenen, dem Schuldner anzubietenden Gegenstände der nach dem Urteil geschuldeten Gegenleistung nach Vollständigkeit und Richtigkeit entsprechen.[205] Mit anderen Worten: Die Zug-um-Zug-Einschränkung muss so bestimmt sein, dass sie ihrerseits zum Gegenstand einer Leistungsklage gemacht werden könnte.[206] Sofern der Antrag nicht hinreichend bestimmt ist, das Gericht der Klage aber gleichwohl stattgibt, kann der Titel letztlich wertlos, weil nicht vollstreckbar sein. Der Prozessgegner kann sich dann im Vollstreckungsverfahren u.U. erfolgreich mit einer Erinnerung gemäß § 766 ZPO gegen die Vollstreckung wehren.[207] Bei der Bezeichnung der Gegenleistung, bei der sich der Anwalt beispielsweise an den Angaben im Lieferschein bzw. in der Rechnung etc. orientieren kann und sollte, muss der Anwalt deshalb ein besonders hohes Maß an Sorgfalt walten lassen.

87 Bei der Geltendmachung des Zinsanspruches sollte die Formulierung „5 % über dem Basiszinssatz" vermieden, sondern – wie hier im Antrag zu 1. – der sichere Weg der Übernahme der Formulierung des § 288 BGB gewählt werden („5 %" sind deutlich weniger als „fünf Prozentpunkte"). In der Literatur wird zutreffend darauf hingewiesen, man laufe anderenfalls Gefahr, dass das Gericht den Antrag nicht weit auslegt und – ne ultra petita – dem Mandanten weniger zuspricht, als diesem eigentlich von Gesetzes wegen zusteht.[208] Spätestens im Vollstreckungsverfahren könnte es dann zu unangenehmen (und überflüssigen) Diskussionen über den Umfang der titulierten Zinsforderung kommen.

88 (b) Die Begründung des Antrags zu **Antrag zu 2.** ist in groben Zügen bereits im Muster enthalten. Nach §§ 756 Abs. 1, 765 Nr. 1 ZPO kann im Falle der Zug-um-Zug-Verurteilung die Vollstreckung nur bewirkt werden, wenn der Nachweis, dass der Schuldner im Verzug der Annahme ist, durch öffentliche Urkunde geführt wird und eine Abschrift dieser Urkunde bereits zugestellt ist. Eine dem genügende öffentliche Urkunde stellt auch das Urteil dar, sofern der Annahmeverzug im Tenor festgestellt ist.[209] Für den Nachweis des Annahmeverzugs reicht es demgegenüber nicht aus, wenn lediglich die Klageabweisung beantragt wird.[210] Gerade dann, wenn die eindeutige

---

205 BGH, NJW 1993, 324; KG, NJW-RR 1994, 959; KG OLGZ 1971, 386; OLG Frankfurt, JurBüro 1979, 389;
206 OLG Naumburg, NJW-RR 1995, 1149.
207 Vgl. Zöller/Stöber, 25. Auflage (2005), § 756 Rn. 3, m.w.N. Zur Gefahr einer Haftung des Anwalts in diesen Fällen vgl. OLG Düsseldorf, NJW-RR 1999, 793.
208 Hartmann, NJW 2004, 1358 ff., der dabei zwischen dem nicht anwaltlich vertretenen und dem anwaltlich vertretenen Kläger differenziert. Das BAG (NZA, 852, 854) hat die Frage der Auslegung eines – auch nach Ansicht des BAG verfehlten – Zinsantrages, der auf „Zinsen in Höhe von 5% über dem Basiszinssatz ging, dahinstehen lassen.
209 Vgl. nur OLG Köln, NJW-RR 1991, 383.
210 Vgl. nur KG, NJW 1972, 2052; Zöller/Stöber, 25. Auflage (2005), § 756 Rn. 9, m.w.N. Hieraus folgt zugleich das Feststellungsbedürfnis für den Antrag zu 2.

Bestimmung der Gegenleistung nicht ganz einfach ist und mögliche Einwände der Gegenseite (spätestens für das Vollstreckungsverfahren) befürchten lässt, ist es unbedingt ratsam, diesen Antrag zu stellen; man erspart dem Mandanten (und sich selbst) damit u.U. erhebliche Probleme bei der Vollstreckung des Urteils.

(4) Gegenstandswert und Gebühren: Der Gegenstandswert für die Berechnung von Gerichtskosten und Anwaltsgebühren bemisst sich nach den §§ 41 bis 49 GKG, §§ 3 bis 9 ZPO, im Regel nach der Höhe der eingeklagten Forderung. Zur fehlenden bzw. allenfalls marginalen Erhöhung durch den Antrag zu 2. vgl. Rn. 83. 89

Es fällt die **gerichtliche 3,0 Verfahrensgebühr** (GKG KV 1210) an. In den in GKG KV 1211 genannten Fällen der Beendigung des Verfahrens reduziert sich die Gebühr auf 1,0. Nach § 12 GKG ist im Regelfall ein **Gerichtskostenvorschuss** zu entrichten. Ausnahmen von diesem Grundsatz ergeben sich aus § 12 Abs. 2 GKG. 90

Anwaltsgebühren bemessen sich gemäß § 23 RVG nach den für die Gerichtsgebühren geltenden Wertvorschriften. Gebühren entstehen, wenn der Anwalt den Auftrag zur Klageerhebung erhalten hat, nach den allgemeinen Grundsätzen (RVG VV 3100ff.). 91

Da nach der Vorbemerkung 3 Nr. 4 RVG – anders als unter Geltung der BRAGO – nur eine halbe (nicht mehr die gesamte) Geschäftsgebühr auf die gerichtliche Verfahrensgebühr angerechnet wird, stellt sich die Frage, ob die verbleibende halbe Geschäftsgebühr im Rahmen des Prozesses als eigenständige Forderung geltend zu machen ist.[211] 92

Da im vorliegenden Fall die Voraussetzungen eines materiellrechtlichen Erstattungsanspruches fraglich sind (die Verzugsvoraussetzungen lagen im Zeitpunkt der Einschaltung des Anwalts der Klägerin noch nicht vor), ist im vorliegenden Muster davon abgesehen worden, einen solchen Antrag aufzunehmen. Vgl. zu dieser Frage Rn. 559. 93

Kostenerstattung. Die prozessuale Kostenerstattung gegenüber der unterlegenen Partei erfolgt nach den allgemeinen Regeln (§§ 91, 103f. ZPO). 94

III. Weiteres Verfahren (Rechtsmittel, Vollstreckung)

Gegen das (erstinstanzliche) Urteil kann im Wege der Berufung vorgegangen werden (§ 511 ZPO), sofern diese statthaft ist. Ist das Urteil rechtskräftig, oder liegen die Voraussetzungen der §§ 708, 709 ZPO vor, schließt sich dem Erkenntnisverfahren das Vollstreckungsverfahren an. 95

---

211 Vgl. Bliesner, NZV 2004, 613; Ruess, MDR 2005, 313.

§ 2 Streitigkeiten im Zusammenhang mit Internet-Domains

A. Vorprozessuale Situation

I. Grundsätzliches

96 Von hoher praktischer Relevanz sind, wie die kaum noch überschaubare Zahl von Gerichtsentscheidungen zeigt, Streitigkeiten im Zusammenhang mit der **Vergabe von sog. Domain-Namen**.[212] Insbesondere geht es dabei um die bei der Registrierung von Domain-Namen auftretenden **Probleme des Schutzes von Namens- und Markenrechten**.[213]

97 Der Anwalt kann für den Mandanten bereits bei der **Eintragung und Sicherung des Domain-Namens** beratend tätig werden. In aller Regel wird der Anwalt allerdings erst bei einem Streit zwischen dem Inhaber eines Namens- und Kennzeichenrechts (z.B. die Marke des Mandanten oder seine geschäftliche Bezeichnung) und dem Inhaber einer Website, der sich einen bestimmten Domain-Namen gesichert hat,[214] zu Rate gezogen werden.[215]

II. Beratung bei und Durchsetzung von Domain-Registrierungen

98 Wenn der Anwalt mit der Anmeldung eines Domain-Namens beauftragt wird, sollten ihm die technischen Grundbegriffe und organisatorischen Abläufe zumindest in Grundzügen vertraut sein. Nachfolgend soll hierzu ein kurzer Überblick gegeben werden.

1. Grundbegriffe

99 **Domain-Namen** werden diejenigen Adressen genannt, unter denen die Internet-Nutzer, also die Benutzer des Internets, die Startseite einer Website im Internet aufrufen können.[216] Der gesamte Domain-Name (z.B. www.nomos-online.de)[217] besteht aus mehreren Domain-Bestandteilen, die durch Punkte voneinander getrennt sind. Diese Ele-

---

212 Vgl. dazu näher Abel, WRP 2001, 1426; Apel/Große-Ruse, WRP 2000, 816; Bähler/Lubich/Schneider/Widmer, Internetdomainnamen (1996); Bettinger, GRUR Int. 1997, 402; Bettinger, CR 1999, 445; Bücking, Namens- und Kennzeichenrecht im Internet (Domainrecht) (1999); Bücking, GRUR 2002, 27; Kur, CR 1996, 325; Lehmann, WRP 2000, 947; Marwitz, WRP 2001, 9; Nordemann, Wettbewerbsrecht/Markenrecht, 10. Auflage (2004), Rn. 2781 ff.; A. Nordemann, NJW 1997, 1891; Pfeiffer, GRUR 2001, 92; Redeker, IT-Recht in der Praxis, 3. Auflage (2003), Rn. 998 ff.; Reinhart, WRP 2001, 13; Renck, NJW 1999, 3587; Schumacher/Ernstschneider/Wiehager, Domain-Namen im Internet (2002); Ubber, WRP 1997, 652; Viefhues, MMR 2000, 334; Wilmer, CR 1997, 562.
213 Vgl. hierzu Redeker, IT-Recht in der Praxis, 3. Auflage (2003), Rn. 998 ff.; Pichler, NJW 1998, 3234.
214 Das Problemfeld der Kollision von Kennzeichenrechten und Websites erstreckt sich mittlerweile auch auf die Verwendung sog. Meta-Tags, also im Quelltext von Websites vom Websitebetreiber verwandter Schlüsselworte, die der Auffindung der betreffenden Website dienen. Die Verwendung solcher Meta-Tags unterliegt im Gegensatz zu Domains keinem Vergabeprozess. Dazu unten unter Rn. 174.
215 Dazu unten unter Rn. 111 ff. sowie – aus der Perspektive des Domain-Inhabers – unter Rn. 229 ff.
216 Genau genommen sind Domain-Namen nur einprägsame Platzhalter für die IP-Adressen genannten Zahlenkombinationen jedes ans Internet angeschlossenen Computers. Die Domain wird durch Zugriff auf einen Domain-Name-Server (DNS) in eine IP-Adresse umgewandelt. Mehrere Domain-Namen können auf eine IP-Adresse verweisen, solange die Zuordnung eindeutig ist.
217 Zur Vermeidung von Missverständnissen: Den eigentlichen Domain-Namen bilden nur die Second Level Domain und die Top Level Domain, im Beispiel also (nur) „nomos-online.de". Hierauf ist, dies sei im Vorgriff auf die Ausführungen unter Rn. 271 ff. bereits hier angemerkt, bei der Stellung von Anträgen zu achten.

mente sind die sog. **Domain Levels.** Die Domain Levels unterscheiden sich grundsätzlich in **Top Level Domains** (Länderkennungen wie z.B. „.de" für Deutschland und „.fr" für Frankreich oder sonstige Kennungen wie z.B. „.com" und „.info") und die Bestandteile „unterhalb" der Top Level Domain (z.B. „nomos-online"). Diese Bestandteile sind die sog. **Second Level Domains.** Sie sind diejenigen prägenden Bestandteile, um die es dem Mandanten gehen wird und die zu den hier behandelten Konflikten führen. Grund hierfür ist, dass es bei der Auswahl und Registrierung der Second Level Domain grundsätzlich erlaubt ist, frei wählbare Wörter, Namen und Begriffe zu verwenden. Die meisten Inhaber bzw. Anmelder verwenden ihre eigenen Namen bzw. Marken/Geschäftsbezeichnungen, um eine Identifikation zwischen Website einerseits und Person oder Firma andererseits zu schaffen.[218]

2. Zuständigkeit und Verfahren der Domain-Vergabe

a) Zuständigkeit für die Registrierungsverwaltung

Da bereits aus technischen Gründen jeder Name bzw. jede Buchstabenkombination nur einmal für jede Top Level Domain vergeben werden kann, bedarf die Zuteilung der Domain-Namen einer zentralen Verwaltungsstelle. Die **Vergabe der Second Level Domains** werden **durch die** dafür in den Top Level Domains zuständigen Organisationen, den sog. **Network Information Centers (NIC)**, verwaltet. Diese tragen dafür Sorge, dass die Vergabe der Domain-Namen regelmäßig nach dem **Prioritätsprinzip** erfolgt. Wer den Namen zuerst registriert, bekommt den gewünschten Namen auch zugewiesen.[219]

100

Für die **Top Level Domain „.de"** (Deutschland) erfolgt die **Vergabe durch die DENIC Domain Verwaltungs- und Betriebsgesellschaft e.G. (DENIC).**[220] Ihre Website findet man unter http://www.denic.de. Diese Institution wurde im Dezember 1996 gegründet und ist eine eingetragene Genossenschaft mit Sitz in Frankfurt am Main, die ihre Berechtigung zur Vergabe der Second Level Domains von der sog. **Internet Assigned Numbers Authority (IANA)** ableitet. Mitglieder der DENIC sind **Internet Service Provider**, also Unternehmen, die für ihre Kunden u.a. Domains verwalten. Die DENIC betreibt das automatische elektronische Registrierungssystem, die Domain-Datenbank für die Top-Level-Domain „.de", besorgt den Betrieb des **Name-Server-Systems** für die „.de"-Zone, die Bereitstellung von Informationsdiensten wie der Datenbank WHOIS sowie weitere Dienstleistungen. Es ist zu beachten, dass bei der bzw. über die DENIC keine Domains registriert werden können, die nicht auf „.de" enden.[221] Wenn andere Domains unterhalb einer Top-Level-Domain ohne Länderkennzeichnung (wie z.B. „.com", „.net", „.org", „.info", „.biz") registriert werden sollen oder Registerinformationen bezüglich dieser Domains zu ermitteln sind, muss man sich hierfür an die

101

---

218 Redeker, IT-Recht in der Praxis, 3. Auflage (2003), Rn. 994.
219 Zum Prioritätsprinzip siehe unten unter Rn. 161 ff.
220 DENIC steht für „Deutsches Network Information Center".
221 Eine Übersicht, welche Organisation für welche Länderkennung zuständig ist, findet man unter http://www.iana.org/cctld/cctld-whois.htm. Für österreichische „.at"-Domains ist beispielsweise die nic.at Internet Verwaltungs- und Betriebsgesellschaft mbH zuständig; erreichbar unter www.nic.at.

7 § 2 Domain-Streitigkeiten

Internet Corporation for Assigned Names and Numbers (ICANN) wenden. Die ICANN ist unter http://www.icann.org erreichbar.[222]

b) Zuständigkeit für die Durchführung der Registrierung

102 Die Domain-Registrierung wird grundsätzlich über einen **Internet Service Provider** durchgeführt. Die Registrierung wird von allen Mitgliedern der DENIC[223] angeboten. Alternativ kann eine „.de"-Domain bei dem von der DENIC unterhaltenen Service **DENICdirect** registriert werden.

103 Unter http://www.denic.de/de/ können dabei die folgenden Formulare elektronisch abgerufen werden:
- **Domainauftrag,**
- **Domain-Update,**
- **Providerwechsel** (von Internet Service Provider zu DENICdirect) und die
- **„.de"-Domain-Löschung.**

104 Voraussetzung für die Verwendung dieser Formulare ist, dass der Antragsteller bereits Kunde bei DENICdirect ist bzw. im Falle des Providerwechsels werden will. Der Anwalt sollte seinen Mandanten darauf hinweisen, dass die Preise für die Registrierung über Internet Service Provider teilweise günstiger sind als bei einer Registrierung über DENICdirect.

105 Entscheidet sich der Mandant dafür, die Registrierung bei DENIC bzw. DENICdirect durchführen zu lassen, sind die hierfür geltenden Geschäftsbedingungen:
- die DENIC-Bedingungen,[224]
- die DENIC-Richtlinien[225] sowie
- die DENIC-Preisliste.[226]

106 Schließlich sollte der Anwalt, der für seinen Mandanten entsprechende Registrierungen vornimmt, mit den Bezeichnungen der unterschiedlichen Ansprechpartner bei der Registrierung vertraut sein, weil ein Verständnis über die Funktionsebenen für die Beurteilung, wer Anspruchsgegner ist,[227] bedeutsam ist:
- So ist der bei einem Domain-Auftrag zu benennende **adminstrativer Ansprechpartner (admin-c)** die vom (zukünftigen) Domain-Inhaber benannte natürliche Person, die als sein Bevollmächtigter berechtigt und gegenüber der DENIC auch verpflichtet ist, sämtliche die Domain betreffenden Angelegenheiten verbindlich zu entscheiden.[228]

---

222 Anders als die DENIC sehen einige Vergabestellen in ihren allgemeinen Geschäftsbedingungen eine Unterwerfung unter eine Schiedsklausel vor; siehe Nordemann, Wettbewerbsrecht/Markenrecht, 10. Auflage (2004), Rn. 2828 m.w.N. In den dort genannten Fällen (klare Missbrauchsfälle; nicht bei nationalen Domain-Namen) richtet sich der Rechtsweg eines Domain-Streits nach den jeweiligen Schiedsregeln.
223 Http://www.denic.de/de/denic/mitgliedschaft/mitgliederliste/index.jsp.
224 Http://www.denic.de/de/bedingungen.html.
225 Http://www.denic.de/de/richtlinien.html.
226 Http://www.denic.de/de/preisliste.html.
227 Zur Passivlegitimation bei Ansprüchen wegen Domain-Grabbings siehe unten Rn. 176 ff.
228 Regelmäßig muss der administrative Ansprechpartner seinen Sitz in Deutschland haben, falls der Domain-Inhaber (bzw. der Antragsteller) seinen Sitz nicht in Deutschland haben.

- Davon ist der **technische Ansprechpartner** (tech-c) zu unterscheiden. Dieser betreut die Domain in technischer Hinsicht.
- Der **Zonenverwalter** (zone-c) wiederum betreut die Nameserver der Domain in technischer Hinsicht.
- Die Rechtnatur des im Zuge der Registrierung zwischen der DENIC e.G. und dem Domain-Inhaber (nicht dessen Provider)[229] zustande kommenden Domainregistrierungsvertrages ist umstritten; im Ergebnis am überzeugendsten ist die Einstufung als Rechtspacht.[230] Wesentlicher ist in der Praxis allerdings die Frage, unter welchen Voraussetzungen ein Immaterialgüterrecht an der Domain – in Form einer besonderen Geschäftsbezeichnung (§ 5 Abs. 2 Satz 1 MarkenG) – entstehen kann (dazu unten Rn. 156 ff.).

3. Feststellung von Domain-Registrierungen

Da der Name einer Second Level Domain unterhalb einer Top Level Domain nur einmal registriert werden kann, muss der Anwalt (oder der Mandant) zunächst Einsicht in das Register nehmen, um festzustellen, ob die gewünschte Domain überhaupt noch verfügbar ist. Der von der DENIC bereit gestellte Informationsdienst **WHOIS** (unter www.denic.de) ermöglicht eine Domain-Abfrage, mit der festgestellt werden kann, ob die Domain bereits registriert ist und welche Kontaktdaten dazu gespeichert sind. Das WHOIS der DENIC ist ein nützliches Instrument bei der Verfolgung von Ansprüchen, sofern es sich um eine Domain unter der Top Level Domain „.de" handelt. Durch die Angabe einer Website in die WHOIS Datenbank lassen sich Domain-Daten der „.de" Top-Level-Domain, der **Domain-Inhaber mit Namen und Adresse**,[231] der administrative Ansprechpartner der Website, der technische Ansprechpartner sowie der Zonenverwalter und die technischen Daten zum Nameserver in Erfahrung bringen.

107

Auch **ICANN** sowie die meisten **Registrierungsbehörden anderer Länderkennungen** bieten einen WHOIS-Service an. Der WHOIS Service von ICANN findet sich unter http://www.internic.net/whois.html.

108

III. Vorprozessuales Vorgehen gegen Registrierung und Benutzung von Domains

1. Rechtsschutzziel des Mandanten

Ist die vom Mandanten gewünschte Domain „belegt", kann der Mandant möglicherweise auf eine andere Top Level Domain ausweichen. Oftmals will der Mandant aber gerade eine bestimmte Domain unter einer gängigen Top Level Domain wie „.de" oder „.com" für sich nutzen. Rechtsschutzziel des Mandanten wird es deshalb in der Regel primär sein, die Gegenseite dazu zu zwingen, den **Domain-Namen** nicht mehr zu nutzen bzw. diesen durch Verzicht gegenüber der DENIC **freizugeben**.[232] Dem Mandanten wird daher in erster Linie daran gelegen sein, die Gegenseite auf **Unterlassung** in

109

---

229 Vgl. hierzu Cichon, Internet-Verträge, 2. Auflage (2005), Rn. 342 ff.
230 Cichon, Internet-Verträge, 2. Auflage (2005), Rn. 372 ff.
231 Dieser ist bei einer Domain-Streitigkeit in erster Linie Anspruchsgegner; siehe unten unter Rn. 176 ff. Sitz der Domain-Inhaber im Ausland, können sich die Ansprüche auch gegen den Provider selbst richten; hierzu Rn. 177.
232 Zum (fehlenden) weitergehenden Anspruch auf Übertragung der Domain siehe unten unter Rn. 134.

Anspruch zu nehmen. Daneben wird die Verfolgung von Ansprüchen auf **Schadensersatz** – und gegebenenfalls (zuvor) auf **Auskunft** – eine eher untergeordnete Rolle spielen.

110 Vor der Frage, welche Schritte zur Durchsetzung des konkreten Rechtsschutzziels zu gehen sind, steht die Beurteilung, welche Ansprüche dem Mandanten konkret zustehen und wie es um die Erfolgsaussichten einer gerichtlichen Durchsetzung dieser Ansprüche bestellt ist.

2. Schutz von Kennzeichen- und Namensrechten gegen Domain-Namen

a) Markenrechtlicher Schutz

111 Da der BGH von einem **Vorrang des zeichenrechtlich vermittelten Schutzes** gegenüber § 12 BGB, aber auch gegenüber dem wettbewerbs- und deliktsrechtlichen Schutzvorschriften ausgeht (Einzelheiten unter Rn. 149 f., 168), soll es hier zunächst um die **markenrechtlichen Grundlagen für Unterlassungs- und Schadensersatzansprüche** gegen den Verletzer gehen. Diese finden sich in **§ 14 Abs. 5, 6, 7 MarkenG** (für Marken) und in **§ 15 Abs. 4, 5, 6 MarkenG** (für geschäftliche Bezeichnungen).[233] Ein spezieller markenrechtlicher **Auskunftsanspruch** ist in § 19 Abs. 1 MarkenG geregelt.[234] Den Kern der Prüfung, ob derartige Ansprüche begründet sind, wird regelmäßig die Frage bilden, ob „bessere" (in der Regel ältere)[235] Rechte des Mandanten an dem Domain-Namen (bzw. an dessen charakteristischen Teilen) bestehen. Als „bessere" Rechte kommen Namen sowie – im geschäftlichen Verkehr – Marken bzw. geschäftliche Bezeichnungsrechte in Betracht. **Marken** sind die in § 3 MarkenG genannten schutzfähigen Zeichen. Markenschutz entsteht unter den in § 4 MarkenG genannten Voraussetzungen, in der Mehrzahl der Fälle durch Eintragung in das Markenregister.[236] Geschäftliche Bezeichnungen sind gemäß § 5 MarkenG **Werktitel** und **Unternehmenskennzeichen** wie insbesondere die **Firma** eines Unternehmens. Hier entsteht der Schutz durch bloße Benutzung.

112 *aa) Grundvoraussetzung markenrechtlicher Unterlassungs-, Auskunfts- und Schadensersatzansprüche:* Gemeinsame **Grundvoraussetzung** zeichenrechtlicher Unterlassungs-, Auskunfts- und Schadensersatzansprüche ist, dass **Verwechslungsschutz und/oder Bekanntheitsschutz** durch die einschlägigen markenrechtlichen Vorschriften gewährt wird.

113 *(1) Verwechslungsschutz:* Ansprüche des Inhabers einer Marke bzw. geschäftlichen Bezeichnung nach § 14 Abs. 2 Nr. 1, 2 bzw. § 15 Abs. 2 MarkenG.

---

[233] Zur Verfassungsmäßigkeit gerade mit Blick auf die widerstreitenden Interessen des Domain-Inhabers BVerfG, NJW 2005, 589.

[234] Der in § 18 MarkenG geregelte Vernichtungsanspruch dürfte bei Domain-Streitigkeiten regelmäßig keine Rolle spielen; vgl. zu diesem Anspruch Rn. 446.

[235] Ausnahmsweise können auch jüngere Markenrechte Ansprüche gegen ältere Domains begründen, siehe Rn. 166. Dies führt allerdings zu besonderen Darlegungs- und Beweislastproblemen, die unter Rn. 182 behandelt werden.

[236] Vgl. zu den einzelnen Entstehungs- und Erlöschenstatbeständen von Kennzeichenrechten Nordemann, Wettbewerbsrecht / Markenrecht (2004), 10. Auflage, Rn. 2041 ff.

(a) **Verwechslungsschutz nach § 14 Abs. 2 Nr. 1 MarkenG:** § 14 Abs. 2 Nr. 1 MarkenG gewährt einer Marke Schutz gegenüber einem Zeichen, das für identische **Waren und Dienstleistungen** benutzt wird. Zu beachten ist, dass nach der Rechtsprechung des BGH[237] der gesamte Domain-Name, also nicht nur die Second Level Domain, bei der Beurteilung der Zeichenidentität heranzuziehen ist. Dies schränkt den Anwendungsbereich des § 14 Abs. 2 Nr. 1 MarkenG im Bereich der unberechtigten Registrierung und Benutzung von Domain-Namen auf Fälle ein, in denen eine Marke mit einem Zusatz wie z.B. „.de" eingetragen wird.[238]

114

Beispiel 1: Die KUMMERTECH Electronic GmbH (die Mandantin) ist Inhaberin u.a. der Wortmarke „XPRESSTRATEGIC.de", die für den Vertrieb von Computerhardware Schutz beansprucht. Die COMPETITRONIC GmbH hat sich (nach Eintragung der vorgenannten Wortmarke für die KUMMERTECH Electronic GmbH) den Domain-Namen „XPRESSTRATEGIC.de" gesichert und vertreibt über eine entsprechend bezeichnete Website ebenfalls Computerhardware.

115

In diesem Fall wird vom Wettbewerber der Mandantin für eine identische Warenkategorie ein identisches Zeichen benutzt. Die Voraussetzungen des § 14 Abs. 2 Nr. 1 MarkenG liegen deshalb vor.

116

(b) **Verwechslungsschutz nach § 14 Abs. 2 Nr. 2 MarkenG:** § 14 Abs. 2 Nr. 2 MarkenG gewährt einen Schutz der Marke gegenüber identischen oder ähnlichen Zeichen bei Identität oder Ähnlichkeit der Waren oder Dienstleistungen. Es muss die Gefahr von Verwechslungen für das angesprochene Publikum bestehen, insbesondere dergestalt, dass der Domain-Name mit der Marke gedanklich in Verbindung gebracht wird.

117

Beispiel 2: Die KUMMERTECH Electronic GmbH ist auch Inhaberin der Wortmarke „KUMMERTECH", die für den Vertrieb von Computerhardware Schutz beansprucht. Als sie sich bei der DENIC den Domain-Namen „KUMMERTECH.de" registrieren lassen will, wird ihr mitgeteilt, dass die SHADYCONSULT GmbH (nach Eintragung der vorgenannten Wortmarke für die KUMMERTECH Electronic GmbH) diesen Domain-Namen bereits für sich hat registrieren lassen und auf der Website www.KUMMERTECH.de Beratungsdienstleistungen im Zusammenhang mit Computerhardware und insbesondere Computernetzwerken anbietet und die Internet-Nutzer für genauere Informationen zu diesem Angebot („Wenn Sie mehr wissen wollen …") auf die Website www.SHADYCONSULT.de verweist und einen Link auf diese Website legt.

118

(c) **Verwechslungsschutz nach § 15 Abs. 2 MarkenG:** Entsprechendes gilt für die in § 15 MarkenG geregelten Geschäftsbezeichnungen. § 15 Abs. 2 MarkenG gewährt einer geschäftlichen Bezeichnung Schutz gegenüber identischen oder ähnlichen Zeichen, sofern für das Publikum die Gefahr von Verwechslungen besteht, insbesondere wenn das Zeichen mit der geschäftlichen Bezeichnung gedanklich in Verbindung gebracht wird.

119

---

237 BGH, WRP 2005, 338; ebenso KG, GRUR-RR 2001, 180.
238 Vgl. etwa LG Hamburg, MMR 2003, 599.

§ 2 Domain-Streitigkeiten

120 *Beispiel 3: Die KUMMERTECH Electronic GmbH, die unter dieser Firma Computerhardware vertreibt, bemerkt, als sie sich den Domain-Namen „KUMMERTECH.de" bei der DENIC registrieren lassen will, dass sich die SHADYCONSULT GmbH, die keine Computerhardware vertreibt, jedoch im und über das Internet Consultingdienstleistungen für Computerhardware und insbesondere Computernetzwerke anbietet, diesen Domain-Namen bereits – allerdings nach Aufnahme der genannten Vertriebstätigkeit der KUMMERTECH GmbH unter dieser Firma – hat registrieren lassen und auf der Website www.KUMMERTECH.de Beratungsdienstleistungen im Zusammenhang mit Computerhardware und insbesondere Computernetzwerken anbietet, die Internet-Nutzer für genauere Informationen zu diesem Angebot auf die Website www.SHADYCONSULT.de verweist und einen Link auf diese Website legt.*

121 **(d) Voraussetzungen:** Gemeinsame Voraussetzungen für die Gewährung von **Verwechslungsschutz** sind:

- Die mit dem Markennamen identische bzw. verwechslungsfähige Domain muss **tatsächlich benutzt** werden. Eine **bloße Registrierung** der Domain **reicht für** einen Anspruch nach den §§ 14, 15 MarkenG – anders als im Rahmen des § 12 BGB (Rn. 148) – **in der Regel nicht aus**.[239]
- Das Kennzeichenrecht des Mandanten muss **prioritätsälter** sein als mögliche Kennzeichnungsrechte der Gegenseite an dem damit identischen bzw. verwechslungsfähigen Domain-Namen (vgl. § 6 MarkenG).[240]
- Die mit dem Markennamen identische bzw. verwechslungsfähige Domain muss zudem **im geschäftlichen Verkehr** benutzt werden. Gegen eine rein privat genutzte Domain können keine zeichenrechtlichen Ansprüche geltend gemacht werden.[241]
- Zwischen der Marke/der Geschäftsbezeichnung des Mandanten und der Domain muss **Verwechslungsgefahr** bestehen.[242] Das Vorliegen einer Verwechslungsgefahr ist in einer Gesamtbetrachtung unter Berücksichtigung insbesondere des Grades der **Zeichenähnlichkeit** und der **Waren- und Dienstleistungsähnlichkeit (bzw. der Branchennähe)** zu bestimmen. Ein geringerer Grad an Waren- und Dienstleistungsähnlichkeit kann durch einen höheren Grad an Zeichenähnlichkeit ausgeglichen werden.[243] Für die Bestimmung der Zeichenähnlichkeit kommt es auch darauf an, über welche **Kennzeichnungskraft** Eignung des Zeichens, sich bei dem von der Ware und/oder Dienstleistung angesprochenen Publikum aufgrund seiner Eigenart und seines gegebenenfalls durch Benutzung erlangten Bekanntheitsgrades einzuprägen die Marke/Geschäftsbezeichnung des Mandanten verfügt. Je größer diese Kennzeichnungskraft ist, desto größer ist der Schutzumfang gegen Verwechslungsge-

---

[239] OLG Hamburg, Mitt. 2004, 438. Hier kann allerdings unter Umständen unter Hinweis auf eine „Erstbegehungsgefahr" den Unterlassungsanspruch begründen. Vgl. dazu Nordemann, Wettbewerbsrecht/Markenrecht, 10. Auflage (2004), Rn. 2884. Hiervon ist die Frage zu trennen, unter welchen Voraussetzungen ein Kennzeichenrecht an einer Domain entstehen kann; vgl. hierzu unter Rn. 156ff.
[240] Vgl. hierzu, auch zum möglichen Kennzeichenrecht an einer Domain, die Ausführungen unter Rn. 158.
[241] BGH, GRUR 2002, 622; A. Nordemann NJW 1997, 1891, m.w.N.
[242] Die unterschiedliche Terminologie in § 14 und § 15 MarkenG hat keine inhaltlichen Auswirkungen. Vgl. nur Ingerl/Rohnke, Markengesetz, 2. Auflage (2003), § 15 Rn. 34.
[243] EuGH, GRUR Int. 2000, 899; BGH, GRUR 2002, 167; Einzelheiten etwa bei Ingerl/Rohnke, Markengesetz, 2. Auflage (2003), § 14 Rn. 226ff., mit umfangreichen Nachweisen.

fahr.²⁴⁴ Da die Domain-Namen nur eine begrenzte Länge haben, sind an die Verwechslungsgefahr **strenge Maßstäbe** anzulegen.²⁴⁵ Bei der Prüfung der Verwechslungsgefahr ist zu berücksichtigen, dass auf Grund der beschränkten Möglichkeiten der Bildung von Domain-Namen (insbesondere wegen der begrenzten Zeichenlänge) und der damit verbundenen Annäherungen der Domainbezeichnungen das angesprochene Publikum zur genaueren Prüfung von Unterschieden, sowohl bei den Domainbezeichnungen als auch bei dem Inhalt der jeweiligen Websites, gezwungen ist.²⁴⁶ Ob die erforderliche Branchennähe gegeben ist, bestimmt sich dabei nach dem Inhalt des Internetauftritts.²⁴⁷ Eine Verwechslungsfähigkeit ist beispielsweise verneint worden zwischen der für die Vermittlung von Reisen und ähnliche Dienstleistungen eingetragenen Marke „CHECK IN" und der Domain „checkin.com", unter der für gewerbliche Kunden Datenbanken angeboten wurden, die Anschriften und Links für Fluglinien u.Ä. enthielten (eine eigene Vermittlungstätigkeit wurde hingegen unter „checkin.com" nicht vorgenommen).²⁴⁸

- Ist die Domain von einem Internet Service Provider für einen Kunden registriert, dessen geschäftliche Tätigkeit nicht feststellbar (bzw. beweisbar) ist, lassen sich Ansprüche aus Verwechslungsschutz nicht durchsetzen.

(2) Bekanntheitsschutz: Ansprüche des Inhabers einer Marke bzw. geschäftlichen Bezeichnung nach § 14 Abs. 2 Nr. 3 MarkenG bzw. § 15 Abs. 3 MarkenG

(a) Bekanntheitsschutz nach § 14 Abs. 2 Nr. 3 MarkenG: § 14 Abs. 2 Nr. 3 MarkenG gewährt einer Marke **Schutz über den bloßen Verwechslungsschutz hinaus**, sofern es sich um eine bekannte Marke handelt. Damit verhindert der Markeninhaber eine **Ausbeutung des guten Rufs bzw. der Unterscheidungskraft seiner Marke** im geschäftlichen Verkehr durch ein mit seiner Marke identisches oder ähnliches Zeichen für Waren und Dienstleistungen, die nicht mit denen ähnlich sind, für welche die Marke Schutz genießt. Die Erstreckung des Markenschutzes über die in Anspruch genommenen Waren oder Dienstleistungen hinaus bei der Verwendung verkehrsbekannter Marken beruht darauf, dass die bekannte Marke eine Ausstrahlung über ihren Waren- und Dienstleistungsbereich hinaus entfaltet.²⁴⁹

Beispiel 4: Das Bankhaus MONEYBANKHAUS AG bietet ein kombiniertes Spar- und Girokonto, das speziell auf Jugendliche und Erwachsene bis 25 Jahre zugeschnitten ist, unter dem Namen „JACKOUNT 17 PLUS" und hat auch eine entsprechende Wortmarke angemeldet, die Schutz für Finanzdienstleistungen beansprucht. Das Jugendkonto wird deutschlandweit mehrfach täglich in Funk, Fernsehen beworben und ist entsprechend bekannt. Im Internet hat der Justiziar des Bankhauses herausgefunden,

---

244 Vgl. dazu Ingerl/Rohnke, Markengesetz, 2. Auflage (2003); § 14 Rn. 320 ff.
245 OLG Köln, CR 2002, 285; OLG Düsseldorf, CR 2002, 447; KG, GRUR-RR 2001, 180.
246 KG, GRUR-RR 2001, 180. Vgl. aber auch OLG Stuttgart, CR 1998, 621 (keine Ausräumung der Verletzungsgefahr durch Benutzung anderer – nicht kennzeichnungskräftiger – Top Level Domain für identische Second Level Domain) sowie Völcker-Weidert, WRP 1997, 652, 657, und Ubber, WRP 1997, 497, 505.
247 OLG Karlsruhe, NJW-RR 2002, 771; OLG Hamburg, CR 2002, 833, mit Anm. von Florstedt.
248 KG, GRUR-RR 2001, 180.
249 BGH, GRUR 2002, 622.

dass sich die SLIMSHADY GmbH, die Betreiberin einer Großraumdiskothek, nach Eintragung der Marke die Domain-Namen „JACKOUNT.de", „JACKOUNT17.de" sowie „JACKOUNT-UNDER-25.de" gesichert hat und die Internet-Nutzer von dort automatisch auf die Website www.DISCOCLUBSLIMSHADY.de weiterleitet, auf der die Diskothek angepriesen wird.

125 (b) **Bekanntheitsschutz nach § 15 Abs. 3 MarkenG:** Entsprechendes gilt für den in § 15 MarkenG geregelten **branchenübergreifenden** Schutz von Geschäftsbezeichnungen.

126 *Beispiel 5: Das Bankhaus MONEYBANKHAUS AG ist deutschlandweit sehr bekannt und der Öffentlichkeit seit langem unter MONEYBANK ein Begriff. Als sich die AG den Domain-Namen „MONEYBANK-ONLINE.de" sichern will, stellt sich heraus, dass sich vor kurzem die SLIMSHADY GmbH, die Betreiberin einer Internet-Lotterie, diese Domain hat registrieren lassen und dass die Internet-Nutzer, die die entsprechend bezeichnete Website aufrufen, automatisch auf die ebenfalls von der SLIMSHADY GmbH betriebene Website www.MONEYLOTCOM.com weitergeleitet werden, über die die Lotterie durchgeführt wird.*

127 (c) **Voraussetzungen:** Gemeinsame Voraussetzungen für den Bekanntheitsschutz sind:
- Der Schutz des Kennzeichens des Mandanten muss grundsätzlich **vor der Benutzung** der mit dem Markennamen (Unternehmenskennzeichen) identischen bzw. verwechslungsfähigen Domain des Dritten entstanden sein.
- Die mit dem Markennamen identische bzw. verwechslungsfähige Domain muss auch **tatsächlich im geschäftlichen Verkehr** benutzt werden. Auch insoweit besteht kein Unterschied zum Verwechslungsschutz.[250]
- Das Kennzeichen, auf das sich der Mandant beruft, muss **bekannt** sein (§§ 14 Abs. 2 Nr. 3, 15 Abs. 3 MarkenG). Ist das Kennzeichen (regelmäßig Unternehmenskennzeichen) des Anspruchstellers nicht hinreichend bekannt, kommt allerdings Namensschutz nach § 12 BGB in Betracht (Rn. 145 ff.).
- Zwischen der von dem Kennzeichen geschützten Ware bzw. Dienstleistung des Mandanten und dem unter der Domain beworbenen Wirtschaftsgut muss hingegen **keine Verwechslungsgefahr** bestehen; im Anwendungsbereich des § 15 Abs. 3 MarkenG ist **keine Branchennähe** erforderlich.

128 bb) **Weitere Tatbestandsvoraussetzungen von Unterlassungs-, Schadensersatz- und Auskunftsansprüchen:** Folgende weitere Tatbestandsvoraussetzungen müssen bei Geltendmachung von Unterlassungs-, Schadensersatz- oder Auskunftsansprüchen zudem gegeben sein:

129 (1) *Unterlassungsanspruch:* Die **Unterlassungsansprüche** aus § 14 Abs. 5, § 15 Abs. 4 MarkenG sind **verschuldensunabhängig**. Erforderlich ist eine **Gefahr zukünftiger Rechtsbeeinträchtigung** (Begehungsgefahr). Hat der Anspruchsgegner die Marke und/oder die Geschäftsbezeichnung des Mandanten durch die Registrierung und Benutzung der Domain verletzt, sind also die Voraussetzungen für den Verwechslungs- und/

---

[250] Siehe oben Rn. 121.

oder Bekanntheitsschutz gegeben, gilt indes die **Vermutung der Wiederholungsgefahr**.²⁵¹

Diese Vermutung kann der Verletzer grundsätzlich nur durch die Abgabe einer strafbewehrten Unterlassungsverpflichtungserklärung ausräumen.²⁵² 130

(2) Auskunfts- und Schadensersatzansprüche: Der **Schadensersatzanspruch** ist **verschuldensabhängig**. Es gilt allerdings (jedenfalls im geschäftlichen Verkehr) ein **strenger Verschuldensmaßstab**; schon derjenige handelt schuldhaft, der keine eingehende Schutzrechtsrecherche unter Hinzuziehung eines Spezialisten (Patentanwalts, Rechtsanwalts) durchgeführt hat.²⁵³ Näher zu den Beweislastfragen der Geltendmachung von Schadensersatzansprüchen und zu den verschiedenen Berechnungsmöglichkeiten bei der Verletzung von Immaterialgüterrechten Rn. 136 ff. 131

Der **Auskunftsanspruch nach § 19 MarkenG** ist – anders als der allgemeine, (nur) der Durchsetzung von Schadensersatzforderungen dienende Auskunftsanspruch – **verschuldensunabhängig**. 132

cc) Anspruchsinhalt: (1) Unterlassungsanspruch: Verlangt werden kann, soweit allein markenrechtliche Ansprüche (nicht aber der Anspruch nach § 12 BGB)²⁵⁴ in Rede stehen, (nur) die **Unterlassung der konkreten Verletzungsform im geschäftlichen Verkehr**. Wenn die Domain auch für Waren und/oder Dienstleistungen benutzt wird, hinsichtlich derer die Voraussetzungen der §§ 14, 15 MarkenG nicht erfüllt sind (insbesondere keine Verwechslungsgefahr bzw. Branchennähe gegeben ist), kann die Unterlassung der Benutzung der Domain nicht vollständig verlangt werden, sondern nur hinsichtlich derjenigen Waren und/oder Dienstleistungen bzw. Branchen, für die die Tatbestandsvoraussetzungen erfüllt sind. Zu den Folgen für die Fassung des Inhaltes der Abmahnung bzw. der Anträge im Verfügungs- und/oder Hauptsacheverfahren unter Rn. 207. 133

Es ist zwischenzeitlich höchstrichterlich geklärt, dass gegenüber dem Inhaber einer rechtsverletzenden Domain daneben die **Löschung durch Verzicht auf die registrierte Domain** verlangt werden kann, aber **kein Anspruch auf die Übertragung der Domain auf den Berechtigten** besteht.²⁵⁵ Es besteht keine Rechtsgrundlage für einen derartigen Übertragungsanspruch, weil es kein absolutes, gegenüber jedermann durchsetzbares Recht auf Registrierung eines bestimmten Domains-Namens gibt; durch eine solche Übertragung könnten auch Rechte Dritter tangiert werden.²⁵⁶ Soweit die konkrete Verletzungsform nicht die gesamte Benutzung der Domain betrifft (s.o.), ist konsequenterweise – soweit nicht § 12 BGB eingreift – auch kein Anspruch auf Löschung der Domain (bzw. Abgabe der Verzichtserklärung gegenüber der DENIC) gegeben.²⁵⁷ 134

---

251 Vgl. nur Mellulis, Handbuch des Wettbewerbsprozesses, 3. Auflage (2000), Rn. 580, m.w.N.
252 Nordemann, Wettbewerbsrecht/Markenrecht, 10. Auflage (2004), Rn. 2883, m.w.N.
253 Nordemann, Wettbewerbsrecht/Markenrecht, 10. Auflage (2004), Rn. 2885.
254 Hierzu unter Rn. 145 ff.
255 BGH, GRUR 2002, 622 (allerdings aufgrund eines Anspruches aus § 12 BGB). Beispielsweise das OLG Hamburg, GRUR-RR 2002, 393, hat einen Anspruch auf Abgabe der Verzichtserklärung gegenüber der DENIC auf der Grundlage (nur) eines Anspruches aus § 5 Abs. 3, § 15 Abs. 2, 4 MarkenG bejaht.
256 BGH, GRUR 2002, 622.
257 Vgl. BGH, GRUR 2002, 706.

135 Sofern der Verletzer allerdings erst während des Prozesses den Inhalt der unter der Domain betriebenen Website ändert und andere – nicht verwechslungsfähige – Angebote aufnimmt, kann ihm indes nach zutreffender Rechtsprechung die Verwendung der Domain in Gänze untersagt und die Löschung der Domain begehrt werden.[258]

136 *(2) Schadensersatzanspruch:* Die Berechung des **konkreten Schadens** (insbesondere auch des u.U. entgangenen Gewinns) erfolgt nach Maßgabe der §§ 249ff. BGB, insbesondere also des § 252 BGB. Diese Berechnungsmethode kann Schwierigkeiten bereiten, weil der Schaden der Höhe nach wenigstens annähernd und so verlässlich ermittelt werden muss, dass dem Richter eine Schadensschätzung gemäß § 287 ZPO möglich ist.[259] An die Darlegung werden allerdings keine hohen Anforderungen gestellt.[260] Nach der Rechtsprechung genügt es, wenn die bloße Wahrscheinlichkeit eines Schadenseintritts besteht;[261] die entsprechenden Ausgangs- bzw. Anknüpfungstatsachen hat allerdings der Verletzte darzulegen und gegebenenfalls zu beweisen.[262] Auch den Nachweis der Kausalität zwischen Verletzungshandlung und eingetretenem Schaden (entgangenem Gewinn) erleichtert der BGH dem Verletzten; bei Vorliegen gesicherter Grundlagen lässt er es genügen, wenn mit erheblicher Wahrscheinlichkeit ein ursächlicher Zusammenhang besteht.[263]

137 Daneben eröffnet die Rechtsprechung dem Geschädigten wegen der verbleibenden Beweisprobleme in Fällen der Verletzung von Immaterialgüterrechten – also auch der Verletzung von Kennzeichenrechten – **zwei zusätzliche**, (auch) im Bereich der Domain-Streitigkeiten besonders geeignete **Wege der Schadensbestimmung:**

138 Zum einen kann der Schaden im Umfang des vom **Verletzer durch den Eingriff erzielten Gewinns** geltend gemacht werden, allerdings nur unter der Voraussetzung, dass der Verletzte tatsächlich einen Schaden erlitten hat.[264] Die **Absetzung von Gemeinkosten** (Selbstkosten) soll bei der Errechnung des Reinerlöses nach neuerer Rechtsprechung des BGH nur noch bei unmittelbarer Zurechenbarkeit zum schutzrechtsverletzenden Gegenstand zulässig sein, wobei die Darlegungs- und Beweislast beim Verletzer liegt.[265] Ob und inwieweit diese zur Konstellation der Verletzung eines Gebrauchsmusters entwickelten Grundsätze auf Fälle der unberechtigten Registrierung/Benutzung einer Domain übertragen werden können, ist noch nicht höchstrichterlich geklärt. Das LG Hamburg ist ohne weiteres davon ausgegangen, dass auch in derartigen Fällen die Schadensberechnung auf Basis des Verletzergewinns vorgenommen werden kann;[266] dann dürften konsequenterweise auch hier die Selbstkosten des Verletzers nur ausnahmsweise abzugsfähig sein. Allerdings wird in Fällen der unberechtigten Regis-

---

258 So OLG Hamburg, MMR 2003, 280.
259 Nordemann, Wettbewerbsrecht/Markenrecht, 10. Auflage (2004), Rn. 1888, m.w.N.
260 BGH, GRUR 1997, 741; Nordemann, Wettbewerbsrecht/Markenrecht, 10. Auflage (2004), Rn. 1888.
261 BGH, GRUR 2001, 78; Nordemann, Wettbewerbsrecht/Markenrecht, 10. Auflage (2004), Rn. 1888.
262 BGH, GRUR 2001, 741; Nordemann, Wettbewerbsrecht/Markenrecht, 10. Auflage (2004), Rn. 1888.
263 BGH, GRUR 1981, 280; Nordemann, Wettbewerbsrecht/Markenrecht, 10. Auflage (2004), Rn. 1888.
264 Vgl. BGH, GRUR 1995, 349; Nordemann, Wettbewerbsrecht/Markenrecht, 10. Auflage (2004), Rn. 1893.
265 Vgl. BGHZ 57, 116; BGHZ 68, 90. Zum Umfang vgl. BGH, GRUR 1959, 379, und insbesondere BGH, CR 2001, 220. Näher zur Bestimmung des ersatzfähigen Verletzergewinns unter Rn. 449.
266 LG Hamburg, CR 2002, 296.

trierung/Benutzung einer Domain der Verletzte nicht ohne weiteres darlegen und beweisen können, dass die vom Verletzer generierten Umsätze kausal auf die unberechtigte Nutzung der Domain zurückzuführen sind.[267]

Gerade wegen dieser Beweisprobleme – die allerdings durch die Geltendmachung des Auskunftsanspruchs[268] reduziert werden können – räumt die Rechtsprechung dem Verletzten auch die Möglichkeit ein, als Schaden eine angemessene Lizenzgebühr geltend zu machen (sog. **Lizenzanalogie**).[269] Maßgeblich für die Bestimmung einer solchen Gebühr ist der **Wert der Domain**. Dieser Wert bemisst sich insbesondere nach dem Grad der Anziehungskraft der Domain auf potenzielle „Besucher" der damit gekennzeichneten Homepage. Wird unter einer Domain ein vielfältiges und hochwertiges Angebot beworben, ist sie regelmäßig von größerer wirtschaftlicher Bedeutung als im umgekehrten Fall.[270] In der Rechtsprechung ist der im Wege der Lizenzanalogie bestimmte Schaden einer markenrechtsverletzenden Domainnutzung – unter Berücksichtigung der Umstände des Einzelfalls – (selbstverständlich) unterschiedlich bemessen worden, die Spanne reicht von über € 500,00[271] bis € 50,00[272] für jeden Monat der unberechtigten Nutzung der Domain. 139

(3) Auskunftsanspruch: Der Auskunftsanspruch ist in Domain-Streitigkeiten bedeutsam für die Bezifferung einer Schadensersatzforderung und damit deren erfolgreiche Durchsetzung. Verlangt werden kann neben der Auskunft über die Anzahl der durch die Verletzungshandlung(en) generierten Geschäftsabschlüsse auch die – für die Ermittlung des gegebenenfalls zu erlangenden Verletzergewinns (Rn. 449) relevante – **Rechnungslegung**. Die Auskunft muss drei Anforderungen erfüllen: Sie muss es dem Verletzten ermöglichen, zwischen den ihm zur Verfügung stehenden Berechnungsarten (dazu unter Rn. 452ff.) zu wählen, ihn zudem in die Lage versetzen, nach der danach gewählten Methode den Schaden konkret zu berechnen und sie muss schließlich nachprüfbar sein.[273] 140

Sofern die Bekanntgabe weitergehender Einzelheiten aus der eigenen geschäftlichen Tätigkeit dem Interesse des Verletzers etwa wegen eines direkten Konkurrenzverhältnisses und der Gefahr der Ausforschung der Unternehmensdaten in besonderer Weise zuwider läuft, kann dem Verletzer – auch ohne entsprechenden Hilfsantrag seinerseits – die Möglichkeit eingeräumt werden, die Namen seiner Kunden statt an den Verletzten an einen vom Verletzten zu bestimmenden, zur Verschwiegenheit verpflichteten 141

---

267 So lag es auch im Falle der Entscheidung des LG Hamburg, CR 2002, 296. Hier half dem Verletzten auch der Auskunftsanspruch nicht entscheidend weiter.
268 Hierzu unter Rn. 451. Zur Geltendmachung im Wege der Stufenklage unter Rn. 528ff.
269 Vgl. nur BGH GRUR 1990, 1008; zur Lizenzanalogie in Fälle des Domain-Grabbings LG Hamburg, CR 2002, 296; LG Hamburg, MMR 2002, 628; Redeker, IT-Recht in der Praxis, 3. Auflage (2003), Rn. 1010. Näher zur Lizenzanalogie unter Rn. 451.
270 LG Hamburg, MMR 2002, 628; Redeker, IT-Recht in der Praxis, 3. Auflage (2003), Rn. 1010.
271 LG Hamburg, CR 2002, 296.
272 So jedenfalls LG Hamburg, MMR 2002, 628. Das LG Mannheim, MMR 2002, 400, vertrat die Ansicht, dass vernünftige Vertragsparteien im Rahmen eines Lizenzvertrages für die ausschließliche Benutzung einer Domain eine Lizenzgebühr von DM 300,00 pro Monat vereinbart hätten; bei Verletzung einer bekannten Marke durch die Domain sei dieser Ausgangspreis zu verdoppeln.
273 Näher Nordemann, Wettbewerbsrecht/Markenrecht, 10. Auflage (2004), Rn. 1905ff.

Wirtschaftsprüfer mitzuteilen, sofern der Verletzer diesen Wirtschaftsprüfer zur Auskunft an den Verletzten darüber ermächtigt, ob eine bestimmte Lieferung oder ein bestimmter Abnehmer in der Rechnung enthalten ist, und sofern der Verletzer die Kosten des Wirtschaftsprüfers trägt (**Wirtschaftsprüfervorbehalt**).[274]

142 Der Auskunftsanspruch ist nach der Rechtsprechung des BGH beschränkt auf Ansprüche nach der Zeit der ersten nachgewiesenen Verletzungshandlung.[275] Praktische Relevanz dürfte diese Beschränkung in Domain-Streitigkeiten regelmäßig nicht entfalten, weil jedenfalls im Bereich des (ergänzenden) Namensschutzes (Rn. 145 ff.) bereits die Registrierung als Verletzungshandlung angesehen wird und sich dieses Datum ohne weiteres ermitteln lässt (Rn. 148). Die Auskunft gilt als erteilt, wenn der Auskunftspflichtige davon ausgeht, die ihn insoweit treffenden Pflichten erfüllt zu haben.[276] Dann kommt nur noch der Anspruch auf **Abgabe der eidesstattlichen Versicherung** in Betracht (§ 260 BGB). Hierzu unter Rn. 546.

143 *dd) Verjährung und Verwirkung:* Die vorgenannten Ansprüche aus der Verletzung von Kennzeichnungsrechten **verjähren gemäß § 20 MarkenG** nach den allgemeinen Vorschriften des BGB, also innerhalb von drei Jahren ab dem Schluss des Jahres, in dem der Anspruch entstanden ist und der Anspruchsinhaber Kenntnis aller Umstände erlangt hat (§§ 195, 199 Abs. 1 BGB), bei fehlender Kenntnis in 10 bzw. 30 Jahren (§ 199 Abs. 3 BGB). Da Unterlassungsansprüche mit jeder Zuwiderhandlung neu entstehen, kann die Verjährung dieser Ansprüche (anderes gilt hinsichtlich sonstiger Ansprüche) bei sog. Dauerhandlungen – solche stehen im Falle der Domain-Streitigkeiten in Rede – praktisch erst dann beginnen, wenn die Handlung vom Verletzer eingestellt wird.[277] Zu berücksichtigen ist u.U. auch der **Verwirkungstatbestand des § 21 Abs. 1, 2 MarkenG**, nach dem der Inhaber einer Marke oder geschäftlichen Bezeichnung seine Ansprüche nicht mehr geltend machen kann, wenn er die Benutzung der Marke/Geschäftsbezeichnung über einen Zeitraum von fünf aufeinander folgenden Jahren geduldet hat.[278]

144 *ee) Zusammenfassung zur fehlenden Anwendbarkeit des Markenrechts in Domain-Streitigkeiten:*

Das Markenrecht greift bei Domain-Streitigkeiten in den folgenden Konstellationen nicht:

- Die Domain ist lediglich registriert und noch nicht in Benutzung genommen, sie verweist lediglich auf eine „leere" Website.[279]

---

274 BGH, GRUR 1980, 227; BGH, GRUR 1981, 535; Nordemann, Wettbewerbsrecht/Markenrecht, 10. Auflage (2004), Rn. 1912. Zur Fassung des Auskunftsanspruches in einem derartigen Fall vgl. OLG Nürnberg, WRP 1968, 37.
275 BGH, GRUR 2003, 892; BGH, GRUR 1992, 61; BGH, GRUR 1988, 307; a.A. u.a. Nordemann, Wettbewerbsrecht/Markenrecht, 10. Auflage (2004), Rn. 1909: sofern Verletzungshandlung gegeben, Anspruch auf vollständige Auskunft.
276 OLG Hamburg, GRUR-RR 2001, 197.
277 Vgl. BGH, GRUR 2003, 448; BGH, GRUR 1974, 99.
278 Weiterführende Hinweise bei Nordemann, Wettbewerbsrecht/Markenrecht, 10. Auflage (2004), Rn. 2413 ff.
279 OLG München, BB 1999, 2421; OLG Düsseldorf, NJW-RR 1999, 626; Nordemann, NJW 1997, 1891; Renck, NJW 1999, 3587.

- Die betreffende Domain nimmt nicht (oder nicht nachweisbar) am geschäftlichen Verkehr teil. Hauptanwendungsfall sind die privat genutzten Homepages.[280]
- Der Domain-Inhaber nutzt die Domain auch für Waren und/oder Dienstleistungen, hinsichtlich derer keine Verwechslungsgefahr der sich gegenüber stehenden Zeichen begründet ist.
- Das Unternehmenskennzeichen des Anspruchstellers ist nicht hinreichend bekannt im Sinne des § 15 Abs. 3 MarkenG.[281]

b) Geltendmachung von Namensrechten   145

In diesen Fällen kann insbesondere § 12 BGB dem Mandanten weiterhelfen. Denn der **Schutz durch § 12 BGB geht weiter als der nach §§ 5, 15 MarkenG** und führt zur Untersagung der Führung des Domain-Namens insgesamt;[282] der Namensschutz ist **nicht nur auf den geschäftlichen Verkehr beschränkt** und nicht zwingend abhängig vom Erfordernis der Branchennähe.[283]

aa) Vorliegen einer Namensanmaßung bei Domainregistrierung: Natürliche und juristische Personen, Unternehmen oder (öffentlich-rechtliche) Körperschaften, die Namensträger sind,[284] können das Namensrecht auch gegenüber Domain-Inhabern durchsetzen, die den Namen (oder prägende Teile hiervon)[285] in ihrer Domain verwenden, ohne selbst hierzu berechtigt zu sein. Der Namensschutz erfasst auch Städte- und Ortsnamen, nichtamtliche Behördennamen und eingeführte Pseudonyme.[286]   146

§ 12 BGB schützt den Namensträger gegen Namensanmaßung und Namensleugnung.[287] Nach Ansicht des BGH kommt **bei der Verwendung eines fremden Kennzeichens als Domain-Namen** nur eine **Namensanmaßung** in Betracht.[288] Eine Namensanmaßung liegt vor, wenn ein Dritter unbefugt den gleichen Namen (oder eine schlagwortartige Abkürzung desselben)[289] gebraucht und dadurch die Gefahr einer **Zuordnungsverwirrung** auslöst,[290] die sich aus dem unrichtigen Anschein ergibt, der Namensträger habe dem Gebrauch seines Namens zugestimmt; erforderlich ist ferner, dass schutzwürdige Interessen des Namensträgers verletzt werden.[291]   147

---

280 BGHZ 149, 191 = BGH, NJW 2002, 2031 = BGH, GRUR 2002, 622.
281 Siehe dazu Rn. 125 ff.
282 Zu Einschränkungen im Recht der Gleichnamigen siehe Rn. 163 ff. sowie Palandt/Heinrichs, BGB, 64. Auflage (2005), § 12 Rn. 26 und 27.
283 Allerdings kann im Einzelfall – etwa wegen völliger Branchenverschiedenheit – eine Interessenverletzung und damit ein Anspruch nach § 12 BGB u.U. ausscheiden; vgl. Palandt/Heinrichs, BGB, 64. Auflage, § 12 Rn. 24, 30, m.w.N. Dazu auch unter Rn. 151.
284 Vgl. BGH, GRUR 1964, 38; LG Braunschweig, NJW 1997, 2687.
285 Vgl. Palandt/Heinrichs, BGB, 64. Auflage, § 12 Rn. 24, 30, m.w.N.
286 Redeker, IT-Recht in der Praxis, 3. Auflage (2003), Rn. 1000.
287 Palandt/Heinrichs, BGB, 64. Auflage (2005), § 12 Rn. 4 f.
288 BGH, GRUR 2002, 622, m.w.N.
289 Palandt/Heinrichs, BGB, 64. Auflage (2005), § 12 Rn. 24, m.w.N.
290 Vgl. dazu BGHZ 119, 237; 126, 108; BGH, NJW 2003, 2978. Einzelheiten dazu u.a. bei Palandt/Heinrichs, BGB, 64. Auflage (2005), § 12 Rn. 19 ff., mit umfangreichen weiteren Nachweisen. Vgl. ferner Kur, CR 1996, 590, und Nägele, WRP 2003, 138.
291 BGH, GRUR 2002, 622; Palandt/Heinrichs, BGB, 64. Auflage (2005), § 12 Rn. 24, jeweils m.w.N.

148 Der BGH hat entschieden, dass diese **Voraussetzungen der Namensanmaßung bereits dann erfüllt sind, wenn sich ein Nichtberechtigter ein Zeichen als Domain-Name unter der Top Level Domain „de"** registrieren lässt, unter der ein Dritter ein identisches Zeichen als Unternehmenskennzeichen benutzt.[292] Es kommt also – anders als nach herrschendem Verständnis im Markenrecht – nicht auf eine Benutzung der registrierten Domain an.

149 *(1) Vorrang des Markenrechts gegenüber Namensschutz:* **Allerdings** hat der BGH in der „shell.de"-Entscheidung[293] festgestellt, dass der **zeichenrechtliche Schutz** des Unternehmenskennzeichens nach §§ 5, 15 MarkenG „in seinem Anwendungsbereich grundsätzlich dem Namensschutz des § 12 BGB" **vorrangig** ist.[294] Denn der aus § 12 BGB abgeleitete namensrechtliche Schutz einer Unternehmensbezeichnung sei auf den Funktionsbereich des betreffenden Unternehmens beschränkt und reiche nur so weit, wie geschäftliche Beeinträchtigungen zu befürchten seien. Eine Anwendung des § 12 BGB scheide daher meist aus, weil sich der Funktionsbereich des Unternehmens jedenfalls in der Regel mit dem Anwendungsbereich des – das Namensrecht verdrängenden – Kennzeichenschutzes aus §§ 5, 15 MarkenG decke.[295] Konsequent zu Ende gedacht, würde dieser Grundsatz allerdings zu dem absurden Ergebnis führen, dass ein Unternehmenskennzeichen gegen Angriffe aus dem privaten Bereich besser geschützt wäre als gegen eine Domain-Benutzung, die im geschäftlichen Verkehr erfolgt.

150 *(2) Anwendbarkeit des § 12 BGB außerhalb des Anwendungsbereiches des MarkenG:* Dieses in der Entscheidung „shell.de" angelegte Paradoxon hat der BGH kürzlich in der „mho.de"-Entscheidung[296] aufgelöst: Der **Namensschutz** soll danach **ergänzend gegen Beeinträchtigungen der Unternehmensbezeichnung** herangezogen werden können, die – weil **außerhalb des geschäftlichen Verkehrs** oder außerhalb der Branche und damit **außerhalb der kennzeichenrechtlichen Verwechslungsgefahr** – nicht mehr im Schutzbereich des Unternehmenskennzeichens liegen.[297] Der BGH billigt damit § 12 BGB eine subsidiäre, **lückenfüllende Funktion** zu, die immer dann Bedeutung erlangt, wenn das gewerbliche Kennzeichenrecht der §§ 5, 15 MarkenG zwar Anwendung findet, aber in concreto wegen der Nichterfüllung eines Tatbestandsmerkmals keinen Schutz bietet.[298] Diese Fälle sind bereits oben aufgeführt worden (Rn. 121).

151 *bb) Fälle fehlender Namensanmaßung:* Allerdings soll **keine Namensanmaßung** vorliegen, **wenn der Domain-Inhaber bei der Registrierung der Domain oder unmittelbar im Anschluss daran ein Unternehmenskennzeichen in einer anderen Branche** erwirbt,

---

292 BGH GRUR 2002, 622; BGHZ 155, 273. Ebenso für die Registrierung unter anderen Top Level Domains beispielsweise OLG Hamburg, CR 2002, 446; OLG Hamm, MMR 2001, 749; LG Stuttgart, MMR 2001, 768. Auch in der Stellung eines sog. Dispute-Eintrages (dazu unter Rn. 190 ff.) kann eine Namensanmaßung liegen.
293 BGHZ, GRUR 2002, 622.
294 BGH, GRUR 2002, 622.
295 BGH, GRUR 2002, 622; BGH, GRUR 1998, 696.
296 BGH, Urteil vom 9. September 2004, Az. I ZR 65/02.
297 BGH, Urteil vom 9. September 2004, Az. I ZR 65/02.
298 Zum Vorstehenden siehe Goldmann, Der Schutz des Unternehmenskennzeichens, 2. Auflage (2005), § 16 Rn. 46 ff.

das identisch mit der Second Level Domain ist, und deshalb ein schützenswerter Belang des Domain-Inhabers existiert.[299]

Beispiel:[300] *Die Trägerin des Marinehospitals Osnabrück verwendet seit 1995 die Abkürzung „MHO" im Verkehr u.a. mit Krankenkassen, Geschäftspartnern und Patienten sowie in Stellenanzeigen; seit 1996 ist das Krankenhaus auch unter „MHO" im örtlichen Telefonbuch zu finden. Die Trägerin des Marinehospitals wendet sich gegen das „Medienhaus Osnabrück", das seinerseits Anfang 1998 den Domain-Namen „mho.de" für sich registrieren ließ, diese Bezeichnung seitdem zum Aufbau von Datenbanksystemen für Kunden verwendet und geltend macht, es würde einen erheblichen Aufwand verursachen, die bestehenden Datenbanksysteme ihrer Kunden auf eine neue Internetadresse umzustellen.*

152

Keine Anmaßung oder Leugnung des Namens liegt ferner dann vor, wenn der betreffende Domain-Name als bloßer Sachbegriff (**generische Domain**) verwendet wird.[301]

153

Beispiel: Herr Pferd kann sich nicht gegen die Verwendung des Wortes „Pferd" in der Domain www.pferd.de wehren.

154

cc) Weitere Voraussetzungen, Inhalt und Verjährung der namensrechtlichen Ansprüche: Der Inhaber des Namensrechts kann bei einer Verletzung dieses Rechts unabhängig von einem Verschulden des Verletzers **Beseitigung** (in Form der Löschung der Domain bzw. Abgabe der Verzichtserklärung gegenüber der DENIC e.G.) und **Unterlassung** der Benutzung des Namens bzw. prägender Bestandteile desselben verlangen. Hinsichtlich der Verjährung dieser Ansprüche gilt dasselbe wie zum markenrechtlichen Unterlassungs- und Löschungsanspruch (Rn. 143). Sofern der Verletzer schuldhaft gehandelt hat, kann aus § 823 Abs. 1 BGB ein **Schadensersatzanspruch** folgen, da das Namensrecht ein sonstiges Recht im Sinne dieser Norm ist. Die Berechnung des Schadensersatzanspruch entspricht denjenigen bei Verletzung eines Markenrechts.[302] Hinsichtlich des Verschuldens ist zu berücksichtigen, dass außerhalb des geschäftlichen Verkehrs weniger strenge Maßstäbe angelegt werden; eine Privatperson soll nicht verpflichtet sein, vor der Registrierung einer privaten Domain von sich aus Nachforschungen hin-

155

---

299 BGH, Urteil vom 9. September 2004, Az. I ZR 65/02. Unter II.2.b) der Entscheidungsgründe heißt es zur Begründung auszugsweise: „Der Nichtberechtigte kann demgegenüber in der Regel nicht auf schützenswerte Belange verweisen, die im Rahmen der gebotenen Interessenabwägung zu seinen Gunsten zu berücksichtigen wären. Eine Ausnahme muss allerdings für den Fall gemacht werden, dass die Registrierung der erste Schritt im Zuge der – für sich genommen rechtlich unbedenklichen – Aufnahme einer entsprechenden Benutzung als Unternehmenskennzeichen ist. Dem liegt die Erwägung zugrunde, dass es der Inhaber eines identischen Unternehmenskennzeichens im Allgemeinen nicht verhindern kann, dass in einer anderen Branche durch Benutzungsaufnahme ein Kennzeichenrecht an dem gleichen Zeichen entsteht. Ist ein solches Zeichen erst einmal entstanden, muss auch die Registrierung des entsprechenden Domainnamens hingenommen werden. Da es vernünftiger kaufmännischer Praxis entspricht, sich bereits vor der Benutzungsaufnahme den entsprechenden Domainnamen zu sichern, führt die gebotene Interessenabwägung dazu, dass eine der Benutzungsaufnahme unmittelbar vorausgehende Registrierung nicht als Namensanmaßung und damit als unberechtigter Namensgebrauch anzusehen ist.".
300 Abgekürzter Sachverhalt der „mho.de"-Entscheidung (BGH, Urteil vom 9. September 2004, Az. I ZR 65/02).
301 Zu sog. generischen Domains Rn. 162.
302 Siehe oben Rn. 136 ff.; BGHZ 60, 206. Unter Umständen kann sogar Geldersatz für den immateriellen Schaden verlangt werden, vgl. OLG Köln, GRUR 1967, 323.

sichtlich eines zeichenrechtliches Schutzes Dritter anzustellen.³⁰³ Der **Auskunftsanspruch** in den Fällen, in denen der Verletzte die zur Bestimmung seines Schadensersatzanspruches benötigten Informationen nicht anders erlangen kann, folgt aus §§ 242, 259, 260 BGB und hat gewohnheitsrechtlichen Rang.³⁰⁴ Die Verjährung des Schadensersatzanspruches sowie des anders als im Falle des § 19 Abs. 1 MarkenG verschuldensabhängigen Auskunftsanspruchs richtet sich jeweils nach §§ 195, 199 BGB.

c) Regeln für die Fälle kollidierender Namens- und Kennzeichenrechte

156 *aa) Erwerb von Kennzeichen- und/oder Namensrecht durch Domainbenutzung?*
Wenn der Domain-Inhaber **an der Domain ein eigenes Kennzeichen- oder Namensrecht** erworben hat, kann sich dieses – von einigen Ausnahmen abgesehen (dazu sogleich) – gegenüber einem später entstehenden Kennzeichens- oder Namensrecht eines Dritten durchsetzen.³⁰⁵

157 *(1) Erwerb eines Kennzeichenrechts:* Die früher umstrittene Frage,³⁰⁶ ob eine **Domain selbst** zu den **geschäftlichen Bezeichnungsrechten** zählt, ist zwischenzeitlich weitgehend geklärt – sie ist zu bejahen.³⁰⁷ Auch wenn es sich bei der Domain funktionell nur um eine Adresse handelt, ist sie doch ein namensartiges Kennzeichen, da sie geeignet ist, auf eine bestimmte Person oder einen bestimmten Geschäftsbetrieb im Internet hinzuweisen.³⁰⁸ Auch das BVerfG hat (mit Blick auf Art. 14 Abs. 1 Satz GG) festgestellt, dass dem Inhaber einer Domain an der die Second Level Domain bildenden Zeichenfolge eine kennzeichenrechtliche Rechtsstellung zukommen könne.³⁰⁹ Ein entsprechender Schutz als **besondere Geschäftsbezeichnung** kann allerdings erst dann entstehen, wenn die Domain im geschäftlichen Verkehr tatsächlich benutzt wird.³¹⁰ Der **Benutzungsaufnahme einer Domain im geschäftlichen Verkehr** kommt damit **prioritätsbegründende Wirkung** zu.³¹¹ Denkbar ist auch der Schutz als **Werktitel** (§ 5 Abs. 3 MarkenG), sofern die Domain zugleich als Titel einer Homepage eingesetzt wird,³¹² was bei Informationsangeboten wie **Suchmaschinen** regelmäßig der Fall sein soll.³¹³

---

303 So jedenfalls LG Freiburg, CR 2004, 854.
304 BGHZ 125, 322. Zu den Einzelheiten vgl. Palandt/Heinrichs, BGB, 64. Auflage (2005), § 261, dort insbesondere Rn. 37ff. Zu den verfahrensrechtlichen Fragen – Geltendmachung im Wege der Stufenklage – siehe Rn. 529ff.
305 OLG München, CR 1999, 778.
306 Vgl. OLG Hamburg, MMR 1999, 778.
307 OLG München, CR 1999, 778 (Revision nicht angenommen: BGH, Beschluss vom 25. Mai 2000, Az. I ZR 269/99); Nordemann, Wettbewerbsrecht/Markenrecht (2004), 10. Auflage, Rn. 2781, 2791; vgl. ferner BGH, Urteil vom 22. Juli 2004, Az. I ZR 135/01, veröffentlicht in MD 2005, 275.
308 OLG Hamburg, GRUR 2001, 838.
309 BVerfGE, NJW 2005, 589.
310 Nordemann, Wettbewerbsrecht/Markenrecht, 10. Auflage (2004), Rn. 2801; LG Frankfurt am Main, MMR 2005, 62.
311 OLG Hamburg, ZUM-rd 2001, 131; OLG Hamburg, GRUR 2001, 838; OLG Hamburg, NJW-RR 1999, 625; OLG München, GRUR 2000, 519; OLG München, CR 1999, 778 (Revision nicht angenommen: BGH, Beschluss vom 24. Mai 2000, Az. I ZR 269/99); OLG Düsseldorf, WRP 1999, 343; OLG Dresden, NJWE-WettbR 1999, 133; OLG Hamm, ZUM-rd 1998, 566; KG, GRUR 2000, 902; KG, NJW 1997, 3321; Körner, GRUR 2005, 33; Omels, GRUR 1997, 328; Fezer, Markenrecht, 3. Auflage (2001), § 3 Rn. 309; Redeker, IT-Recht in der Praxis (2003), 3. Auflage, Rn. 1011.
312 OLG München, GRUR 2001, 522.
313 Nordemann, Wettbewerbsrecht/Markenrecht (2004), 10. Auflage, Rn. 2791.

Aus einer nur angemeldeten, aber **nicht benutzten Domain** kann der Domain-Inhaber hingegen **keine Rechte** herleiten.[314] Eine solche Domain ist auch **gegenüber einer später angemeldeten Marke oder einem sonstigen später entstandenen Kennzeichen- oder Namensrecht nachgiebig**.[315] Dies folgt schon daraus, dass ein Kennzeichen- und/oder Namensrecht des Domain-Inhabers an der Domain zeitlich hier erst nach dem Kennzeichenrecht des Anspruchstellers entstehen kann und sich letztgenanntes Kennzeichenrecht daher nach § 6 MarkenG durchsetzt. In der bloßen Anmeldung der Domain kann in derartigen Fällen sogar eine – u.a. Schadensersatzpflichten auslösende (§§ 3, 4 Nr. 10 i.V.m. § 9 UWG sowie § 826 BGB) – sittenwidrige Behinderung des Inhabers des Kennzeichenrechts liegen (Rn. 169).

In der Literatur wird die Ansicht vertreten, bereits die Registrierung einer Domain könne unter bestimmten Voraussetzungen prioritätsbegründende Wirkung entfalten.[316] Da die Interessenlage vergleichbar derjenigen bei Werktiteln sei, weil zuerst der Name des Internet-Auftrittes, unter dem er im Netz erreichbar sein soll, gesichert und erst anschließend mit der Umsetzung des Web-Auftritts begonnen wird, an deren Ende dann die Benutzung steht, könne die Registrierung einer Internet-Domain wie eine Titelschutzanzeige gewertet werden.[317] Erfolge daraufhin die Benutzungsaufnahme innerhalb angemessener Frist nach Registrierung der Domain – in der Regel innerhalb von 6 Monaten – solle daher der Schutz bereits mit der Registrierung entstehen.[318] Es ist allerdings zweifelhaft, ob sich diese Überlegungen zum Werktitelschutz tatsächlich auf sämtliche Benutzungsformen der Domain übertragen lassen; es besteht eine erhebliche Gefahr, dass sich die Gerichte dieser prominenten Ansicht nicht anschließen werden.[319]

(2) Entstehung eines Namensrechts: Außerhalb des geschäftlichen Verkehrs gilt Vergleichbares: Ein Name ist gemäß § 12 BGB nur dann geschützt, wenn ihm eine **Hinweisfunktion auf seinen Namensträger** zukommt.[320] Dies ist bei Domain-Namen erst dann der Fall, **wenn die Domain tatsächlich benutzt wird** und unter ihr ein Internet-Auftritt (und damit ein potenzieller Namensträger) erreichbar ist.[321]

bb) Prinzip der Priorität der Domain-Anmeldung: Haben sowohl der Anspruchsteller als auch der Domain-Inhaber ein nachvollziehbares Interesse[322] an dem in Streit stehenden Domain-Namen oder fehlt ein solches Interesse beiden Seiten, entscheidet das **Prioritätsprinzip** („first come, first serve").[323] Demjenigen, der die Domain zuerst angemeldet hat, steht sie zu.

---

314 OLG München, GRUR 2001, 522; Nordemann, Wettbewerbsrecht/Markenrecht, 10. Auflage (2004), Rn. 2801, m.w.N.
315 OLG München, GRUR 2001, 522; zum Problem des vorweggenommenen Domain-Grabbings unter Rn. 184.
316 Nordemann, Wettbewerbsrecht/Markenrecht, 10. Auflage (2004), Rn. 2801.
317 Nordemann, Wettbewerbsrecht/Markenrecht, 10. Auflage (2004), Rn. 2801.
318 Nordemann, Wettbewerbsrecht/Markenrecht, 10. Auflage (2004), Rn. 2801.
319 Vgl. nur OLG München, GRUR 2001, 522.
320 Vgl. Palandt/Heinrichs, BGB, 64. Auflage (2005), § 12 Rn. 11 ff.
321 Nordemann, Wettbewerbsrecht/Markenrecht, 10. Auflage (2004), Rn. 2802.
322 Das nachvollziehbare Interesse kann auch in einer berechtigten Meinungsäußerung bestehen, siehe dazu unten unter Rn. 233.
323 Nordemann, Wettbewerbsrecht/Markenrecht, 10. Auflage (2004), Rn. 2825; Redeker, IT-Recht in der Praxis, 3. Auflage (2003), Rn. 1002.

§ 2 Domain-Streitigkeiten

162 An einem Domain-Namen, der sich in einem bloß **generischen Sachbegriff** (Beispiel: www.mitfahrzentrale.de) erschöpft, besteht kein besonderes nachvollziehbares Interesse, es entscheidet also der Proiritätsgrundsatz.[324] Eine Grenze für die Registrierung generischer Domains ziehen allerdings die wettbewerbsrechtlichen Regelungen der §§ 3, 4 Nr. 10 i.V.m. §§ 8 ff. UWG (Behinderungswettbewerb) und der §§ 3, 5 UWG (Irreführung).[325]

163 *cc) Regeln bei identischen Kennzeichen/Namen: (1) Grundsatz: Geltung des Prioritätsprinzips:* Das Prinzip der Priorität der Domainanmeldung gilt grundsätzlich auch im **Recht der Gleichnamigen**, also in den Fällen, in denen beide Seiten über identische Marken (allerdings für unterschiedliche Waren und/oder Dienstleistungen) verfügen und nun jeweils die Eintragung entsprechender Domain-Namen anstreben.[326]

164 *Beispiel: Der Anwalt von Franz-Josef Hessler-Meyerhorst hat ermittelt, dass Fritz Hessler-Meyerhorst bereits die Domain HESSLER-MEYERHORST.de angemeldet hat.*

165 Fehlt es mangels Waren- und/oder Dienstleistungsähnlichkeit an einer kennzeichenrechtlichen Verwechslungsgefahr zwischen zwei identischen Marken, steht dem Unternehmen mit dem prioritätsälteren Kennzeichenrecht kein Unterlassungsanspruch gegen das andere Unternehmen zu, das aus der gemeinsamen Marke einen Domain-Namen gebildet und angemeldet hat.[327] Eine pragmatische Lösung kann in derartigen Fällen darin liegen, durch die Anbringung unterscheidender Zusätze kennzeichnungskräftige Domain-Namen für beide Markeninhaber zu schaffen.[328] Die Forderung nach derartigen Zusätzen lässt sich mit den hergebrachten **Grundsätzen des Ausgleichs zwischen konfligierenden Kennzeichenrechten** (und Namen) begründen, nach denen die Inhaber der sich gegenüber stehenden Kennzeichenrechte verpflichtet sind, alles zu unterlassen, was geeignet ist, das unvermeidlich bestehende Maß an Verwechslungsgefahr zu erhöhen. Dabei ist im Regelfall der Inhaber des prioritätsjüngeren Kennzeichenrechts gehalten, alles Erforderliche und Zumutbare zu tun, um eine Verwechslungsgefahr jedenfalls auf ein hinnehmbares Maß zu vermindern. Was im Einzelfall erforderlich und zumutbar ist, ist auf Grund einer umfassenden **Interessenabwägung** zu bestimmen.[329] In der Literatur wird darüber hinaus auch die Lösung über ein „Domain-Sharing" diskutiert, ein Rechtsanspruch darauf besteht aber nicht.[330]

---

[324] BGH, GRUR 2001, 1061; OLG Frankfurt, WRP 1997, 341.
[325] BGH, GRUR 2001, 1061; OLG Frankfurt, WRP 1997, 341; a.A. OLG Hamburg, CR 1999, 779 (Vorinstanz zu und aufgehoben durch BGH, GRUR 2001, 1061). Vgl. hierzu – mit weiteren Beispielen und zahlreichen Nachweisen – Nordemann, Wettbewerbsrecht/Markenrecht, 10. Auflage (2004), Rn. 2825.
[326] Redeker, IT-Recht in der Praxis, 3. Auflage (2003), Rn. 1002, m.w.N.
[327] OLG Frankfurt, NJW-RR 2001, 547.
[328] Vgl. hierzu u.a. Redeker, IT-Recht in der Praxis, 3. Auflage (2003), Rn. 1002, m.w.N.
[329] Vgl. dazu Palandt/Heinrichs, BGB, 64. Auflage (2005), § 12 Rn. 26 f., m.w.N. Vgl. insoweit auch BGH, GRUR 2002, 706, 708 zur Fassung des Antrags in einer derartigen Konstellation: „Die Einschränkung des Unterlassungsgebots ist im Urteil auszusprechen (,... falls nicht dem Benutzer auf der ersten sich öffnenden Internet-Seite der Bekl. deutlich gemacht wird, dass es sich nicht um die Homepage der Kl. handelt')".
[330] Nordemann, Wettbewerbsrecht/Markenrecht, 10. Auflage (2004), Rn. 2826 unter Hinweis auf www.winterthur.ch.

(2) Ausnahme: Bekannter Name setzt sich durch: Nach der Rechtsprechung des BGH kann sich der Inhaber eines **bekannten Kennzeichens mit überragender Verkehrsgeltung** gegenüber einem ansonsten berechtigten Namensträger selbst dann durchsetzen, wenn letzterer seinen Namen im geschäftlichen Verkehr verwendet hat, sei es auch in geringerem Umfang.[331] Ein bekannter Name mit Verkehrsgeltung kann sich auch gegen die Domain des privaten Namensträgers durchsetzen.[332] Zu den Darlegungsanforderungen und zur Beweislast in diesen Fällen unter Rn. 182.

166

d) Ansprüche wegen unlauteren Wettbewerbs

Neben Ansprüchen aus Kennzeichen- und Namensrecht können auch Unterlassungs- und Schadensersatzansprüche wegen sittenwidriger Behinderung (§§ 8, 9 i.V.m. §§ 3, 4 Nr. 10 UWG) und Irreführung (§§ 8, 9 i.V.m. §§ 3, 5 UWG) gegeben sein, sofern der Domain-Inhaber mit dem Mandanten als Anbieter oder Nachfrager von Waren oder Dienstleistungen in einem **konkreten Wettbewerbsverhältnis** steht (§ 2 Abs. 1 Nr. 3 UWG).[333]

167

Kommen sowohl markenrechtliche als auch wettbewerbsrechtliche Ansprüche in Frage, geht der BGH[334] von einem **Vorrang des Markenschutzes vor dem wettbewerbsrechtlichen Schutz** aus, insbesondere in den Fällen des Bekanntheitsschutzes von Marken und geschäftlichen Bezeichnungen (§§ 14 Abs. 2 Nr. 3, 15 Abs. 3 MarkenG). Der BGH hat allerdings die Vorrangthese stets so vorsichtig formuliert, dass der Rückgriff auf das Wettbewerbsrechts zum Schließen unbilliger Schutzlücken möglich bleibt.[335] Der Anwalt sollte seine Argumentation daher auch auf Wettbewerbsrecht stützen, sofern die Tatbestandsvoraussetzungen der betreffenden UWG-Regelungen gegeben sind.

168

aa) Schutz vor Behinderungen im Wettbewerb (§§ 3, 4 Nr. 10 UWG): Eine **Behinderung** liegt in der Regel in zwei Fallkonstellationen vor: Der Domain-Inhaber hat den Domain-Namen (vorsätzlich) durch bloße Registrierung „belegt", um den eigentlichen Rechtsträger an der Nutzung des Domain-Namens zu hindern, entweder weil er (gegebenenfalls zu einem späteren Zeitpunkt) die Bekanntheit des Kennzeichens als Vorspann für seine eigenen Geschäfte nutzen will, oder weil er den Domain-Namen profitabel an den Berechtigten veräußern will.[336] Solchen dubiosen Geschäftsmodellen (dem „klassischen" Domain-Grabbing) schieben die Gerichte vermehrt einen Riegel vor,

169

---

331 BGH, GRUR 2002, 622; OLG München, BB 1999, 1287; Redeker, IT-Recht in der Praxis (2003), 3. Auflage, Rn. 1003, m.w.N.
332 BGH, GRUR 2002, 622; OLG München, BB 1999, 1287.
333 Ein abstraktes Wettbewerbsverhältnis genügt nach dem neuen, am 8. Juli 2004 in Kraft getretenen UWG nicht mehr. Vgl. dazu und den Anforderungen an das „konkrete Wettbewerbsverhältnis" näher im Band Gesellschaftsrecht/Wettbewerbsrecht Rn. 57f. Dort finden sich auch weiterführende Ausführungen zu den nachfolgend nur skizzierten Anspruchsgrundlagen.
334 BGH, GRUR 2002, 622; GRUR 2002, 898.
335 Bornkamm, GRUR 2005, 97.
336 Nordemann, Wettbewerbsrecht/Markenrecht, 10. Auflage (2004), Rn. 2781; Redeker, IT-Recht in der Praxis, 3. Auflage (2003), Rn. 998.

indem sie regelmäßig Unterlassungs- und Schadensersatzansprüche des Inhabers des betroffenen Kennzeichenrechts bejahen.[337]

170 Wie oben gesehen, scheitern Ansprüche nach §§ 14, 15 MarkenG zwar, wenn die Domain vom Domain-Inhaber nicht in Benutzung genommen ist.[338] Allerdings kann der Schutz in diesen Fällen nicht nur über § 12 BGB (Rn. 145 ff.), sondern auch mittels der §§ 3, 4 Nr. 10 UWG (Behinderungswettbewerb) erreicht werden.[339] Die unbenutzte Domain kann die bekannte Marke in ihrer „freien Entfaltung" als Marketing-Instrument für die von ihrem Schutz umfassten Waren und Dienstleistungen beeinträchtigen. Für den durch die Belegung der Domain eintretenden Behinderungseffekt existiert jedenfalls dann kein sachlicher Grund, wenn der Anspruchsgegner den Domain-Namen nicht selbst in seiner Geschäftsbezeichnung führt.[340] Auch ein dem Berechtigten unterbreitetes Angebot zur entgeltlichen Überlassung der Domain wird als Indiz für ein fehlendes schutzwürdiges Interesse des Domain-Inhabers an der Domain gewertet.[341]

171 Ein Anspruch aus Behinderungswettbewerb ist auch bei der Belegung von **generischen Domains**[342] möglich, wenn die Verwendung des fraglichen Begriffes dadurch vereitelt wird, dass der Domain-Inhaber gleichzeitig auch andere Schreibweisen (oder den betreffenden Namen auf einer Vielzahl von Top-Levels Domains) blockiert.[343]

172 *bb) Schutz vor Irreführung im Wettbewerb (§§ 3, 5 UWG):* Wenn die Verwendung der Domain zu einer **Irreführung des Verkehrs** führt, können auch Ansprüche auf der Grundlage der §§ 3, 5 UWG gegeben sein. Dies ist insbesondere dann der Fall, wenn der Internet-Nutzer eine Domain aufruft, die den Namen eines bekannten Unternehmens trägt, die Domain jedoch tatsächlich nicht von diesem Unternehmen, sondern von einem Wettbewerber betrieben wird. Eine Irreführung ist auch bei der Verwendung generischer Domains[344] möglich, wenn etwa der **unzutreffende Eindruck einer Alleinstellung** des Betriebs des Domain-Inhabers erzeugt wird.[345] Dies muss aber nicht zwingend zu einem Anspruch auf vollständiges Unterlassen der Benutzung der Domain führen; es kann – hier kommt das auch im Wettbewerbs- und Markenrecht bedeutsame Verhältnismäßigkeitsprinzip zum Ausdruck – im Einzelfall auch genügen, auf die Existenz von Mitbewerbern durch klarstellende Zusätze auf der Website hinzuweisen.[346]

---

337 Nordemann, Wettbewerbsrecht / Markenrecht, 10. Auflage (2004), Rn. 2781.
338 Siehe oben Rn. 121.
339 Vgl. dazu Körner, GRUR 2005, 33.
340 Vgl. dazu Körner, GRUR 2005, 33.
341 Der auf den Verkauf einer Domain an den (Besser-)Berechtigten gerichtete Vertrag ist nach Auffassung des LG Frankfurt am Main, CR 1998, 765, nichtig wegen Verstoßes gegen § 138 Abs. 1 BGB.
342 Dazu oben unter Rn. 153 f.
343 Nordemann, Wettbewerbsrecht / Markenrecht, 10. Auflage (2004), Rn. 2781.
344 Dazu unter Rn. 153.
345 BGH, GRUR 2001, 1061. Redeker, IT-Recht in der Praxis, 3. Auflage (2003), Rn. 1014 m.w.N.
346 BGH, NJW 2002, 2096; OLG Düsseldorf, GRUR-RR 2003, 383. Zum Verhältnismäßigkeitsprinzip im Wettbewerbs- und Markenrecht auch Köhler, GRUR 1996, 82.

e) Ansprüche aus Deliktsrecht

Schließlich kommen auch Ansprüche aus § 823 BGB wegen eines Eingriffs in den eingerichteten und ausgeübten Gewerbebetrieb in Betracht. Auch außerhalb des geschäftlichen Verkehrs kann die Registrierung einer Domain eine schikanöse, sittenwidrige Behinderung darstellen, die Unterlassungs-, Auskunfts- und gegebenenfalls Schadensersatzansprüche nach §§ 826, 226 BGB wegen vorsätzlicher sittenwidriger Schädigung des Inhabers des Kennzeichenrechtes begründen.[347]

173

f) Sonderproblem: Meta-Tags und Suchmaschinen

Die Problematik von Namens- und Markenverletzungen durch Benutzung im Internet ist mittlerweile nicht mehr auf die Verwendung in Domain-Namen beschränkt. Auch die Nutzung von Namen und Kennzeichen als sog. **Meta-Tags** wird zunehmend problematisiert.[348] Bei Meta-Tags handelt es sich um **Schlüsselwörter im Quelltext der Website**, mit Hilfe derer Websites über Internet-Suchmaschinen aufgefunden werden können. In der Rechtsprechung wird teilweise davon ausgegangen, dass die Behandlung der Verwendung von Namen und Marken als Meta-Tags den gleichen Regeln wie die Verwendung in Domain-Namen folgt.[349] Insbesondere unter dem Gesichtspunkt der **Irreführung nach §§ 3, 5 UWG** kann die Verwendung von Meta-Tags rechtswidrig sein, da Suchmaschinen bei der Anzeige einen im Kontext unter Umständen rechtfertigenden Teil nicht mit anzeigen und daher zu Fehlvorstellungen beim Publikum Anlass geben können.

174

Ebenso können **Suchmaschinenanbieter** vom Markeninhaber u.U. darauf verpflichtet werden, es zu unterlassen, Markennamen in einem Suchergebnis diskriminierend darzustellen (etwa indem das betreffende Suchergebnis im Gegensatz zu anderen Suchergebnissen nicht mit dem Anbieter verlinkt wird).[350] Das LG Hamburg hat allerdings die Ansicht vertreten, dass die Verwendung einer fremden Marke als „**AdWord**" (Suchwort, durch dessen Eingabe das Erscheinen einer Werbeanzeige ausgelöst wird) weder eine Markenverletzung noch einen Wettbewerbsverstoß darstellt.[351]

175

3. Passivlegitimation

Die Ansprüche richten sich in der Regel gegen den **Domain-Inhaber**.[352] Grundsätzlich gilt, dass dieser (und **nicht** etwa die **DENIC**) dafür verantwortlich ist, dass die Domain keine Rechte Dritter verletzt. Nur in Ausnahmefällen kann auch die Vergabestelle in Anspruch genommen werden, nämlich dann, wenn sie es in einer eindeutigen Situation unterlassen hat, ihr zumutbare Maßnahmen gegen den unberechtigten Anmelder zu

176

---

347 OLG Frankfurt, NJW-WettbR 2000, 160; Nordemann, Wettbewerbsrecht/Markenrecht, 10. Auflage (2004), Rn. 2823; vgl. aber auch OLG München, Mitt. 2000, 512: Die bloße Registrierung der Domain begründet ohne das Hinzutreten weiterer Umstände den Vorwurf der Sittenwidrigkeit nicht.
348 LG München, ITRB 2005, 10; LG Frankfurt am Main, MMR 2000, 493.
349 Vgl. OLG Hamburg, CR 2004, 846; a.A. OLG Düsseldorf, GRUR-RR 2004, 353.
350 LG Düsseldorf, Az. 2a O 10/05.
351 LG Hamburg, CR 2004, 938 = ITRB 2005, 3, m. Anm. Günther.
352 Zur abzulehnenden Störerhaftung bei der Verknüpfung von Internetdaten durch Suchmaschinen, OLG Hamburg, MMR 2005, 3.

ergreifen.³⁵³ Es besteht auch **kein Anspruch** des Namensinhabers **gegenüber der DENIC auf Sperrung eines Domain-Namens** für jede zukünftige Eintragung eines Dritten.³⁵⁴

177 Gegen den **Internet Service Provider** richten sich Ansprüche nur dann, wenn der Domain-Inhaber nicht oder nur schwierig erreichbar ist.³⁵⁵ Ein Sitz des Domain-Inhabers im Ausland kann diese Voraussetzung begründen.³⁵⁶

178 Ob für wettbewerbs- und markenrechtliche Ansprüche auch der **administrative Ansprechpartner**³⁵⁷ passivlegitimiert ist, ist streitig. Vom OLG München,³⁵⁸ dem OLG Stuttgart³⁵⁹ sowie OLG Karlsruhe³⁶⁰ wird dies bejaht, vom OLG Koblenz hingegen abgelehnt.³⁶¹

179 Hinsichtlich des **Zonenverwalters**³⁶² hat das LG Bielefeld³⁶³ eine Haftung für rechtswidrige fremde Inhalte in den von ihm verwalteten Domains nur unter der Voraussetzung für möglich gehalten, dass der Rechtsverstoß hinsichtlich der Inhalte rechtskräftig festgestellt ist.³⁶⁴

4. Darlegungs- und Beweislast beim Schutz von Namens- und Zeichenrechten

a) Unterlassungsansprüche

180 Die Darlegungs- und Beweislast folgt den allgemeinen Regeln. Der Anspruchsteller trägt die Darlegungs- und Beweislast für die anspruchsbegründenden Tatsachen. Im Falle der Verletzung von Kennzeichen- und/oder Namensrechten muss der Anspruchsteller also sein Kennzeichen-/Namensrecht und die Verletzungshandlung beweisen.³⁶⁵ Sofern namensrechtliche Ansprüche geltend gemacht werden, muss – weil die Beeinträchtigung schutzwürdiger Interessen des Anspruchstellers Tatbestandsvoraussetzung ist³⁶⁶ – zudem der Benutzungswillen hinsichtlich der Domain dargelegt und gegebenenfalls (etwa durch Vorlage des Antrags auf Registrierung) bewiesen werden.

181 Die Feststellung der **Verhältnisse über Anmeldedatum und Inhaberschaft der betreffenden Domain** wurde bereits oben unter Rn. 107f. behandelt. Im Falle der Geltendmachung von Markenrechten müssen die **markenrechtlichen Prioritätsverhältnisse** – etwa durch Einsicht ins Markenregister beim Deutschen Patent und Markenamt (DPMA)

---

353 Härting/Freytag, CR 1999, 14; Redeker, IT-Recht in der Praxis, 3. Auflage (2003), Rn. 1019, m.w.N.
354 BGH, NJW 2004, 1793 („kurt-biedenkopf.de"). Vgl. zum „Domain-Parking" OLG Hamburg, CR 2004, 836.
355 Redeker, IT-Recht in der Praxis, 3. Auflage (2003), Rn. 1009.
356 Redeker, IT-Recht in der Praxis, 3. Auflage (2003), Rn. 1009, m.w.N.; LG Bremen, CR 2000, 549.
357 Zum Begriff oben unter Rn. 106.
358 OLG München, MMR 2000, 277.
359 OLG Stuttgart, CR 2004, 133. Zur Haftung des admin-c und des techn-c ausführlich Städler, CR 2004, 521.
360 OLG Karlsruhe, MMR 2004, 256.
361 OLG Koblenz, MMR 2002, 466, mit Anm. Höller und Ernst; vgl. auch Redeker, IT-Recht in der Praxis, 3. Auflage (2003), Rn. 1009.
362 Zum Begriff oben unter Rn. 106.
363 LG Bielefeld, MMR 2004, 551.
364 Vgl. dazu auch Palandt/Heinrichs, BGB, 64. Auflage (2005), § 12 Rn. 21, m.w.N.
365 Vgl. für die Darlegung von Palandt/Heinrichs, BGB, 64. Auflage (2005), § 12 Rn. 37.
366 Dazu oben Rn. 147.

unter http://www.dpma.de/suche/suche.html – und zudem (für die Darstellung der Verwechslungsgefahr oder den Grund für einen Bekanntheitsschutz) die **Branchenverhältnisse** geklärt und dargelegt werden. Zur **Beweissicherung** empfiehlt es sich, sog. **Screenshots**, d.h. Ausdrucke der betreffenden Website, anzufertigen.

Handelt es sich um einen Streit zwischen Gleichnamigen und verfolgt der Anwalt das Interesse desjenigen, der sich eines **bekannten Kennzeichens mit überragender Verkehrsgeltung** berühmt, muss er auf der Grundlage der oben (unter Rn. 166) skizzierten BGH-Rechtsprechung darlegen, dass der Namen/das Kennzeichen des Mandanten einen überragenden Bekanntheitsgrad in der Gesamtbevölkerung hat.[367] Für die substantiierte Darlegung kann es gegebenenfalls erforderlich sein, ein **demoskopisches Sachverständigengutachten** (Meinungsumfrage) einzuholen. Derartige Gutachten sind allerdings regelmäßig mit erheblichen Kosten verbunden.[368]

182

Außerdem muss dargelegt werden, dass der Domain-Inhaber kein besonderes Interesse an der Internetadresse hat. Wird unter der Adresse seit Jahren eine Domain betrieben und hat der Inhaber stets Angebote zum Verkauf der Domain abgelehnt, zeigt dies sein **erhebliches Interesse** und begründet einen im Laufe der Jahre erworbenen **schutzwürdigen Besitzstand**.[369]

183

Werden Ansprüche nach § 4 Nr. 10 UWG wegen gezielter Behinderung oder nach § 826 BGB geltend gemacht, muss der Anwalt bereits für die Begründetheit des Unterlassungsanspruchs die entsprechende Motivation der Gegenseite (z.B. die zielgerichtete Behinderungsabsicht)[370] darlegen können. Gegebenenfalls muss in Fällen **antizipierten Domain-Grabbings** (wenn also die Domain in Kenntnis der bevorstehenden Markenanmeldung eines Dritten registriert wird, um den Dritten zu behindern)[371] auch die Kenntnis oder Vorhersehbarkeit der künftigen Registrierung dargelegt werden.[372]

184

b) Schadensersatzansprüche

Bei der Geltendmachung von Schadensersatzansprüchen aufgrund von §§ 14 Abs. 6, 15 Abs. 5 MarkenG; § 9 UWG; §§ 12, 823, 826 BGB muss der Anspruchsinhaber das Verschulden und den Schaden darlegen und beweisen. Näher zum Schadensersatzanspruch und den möglichen Berechnungsarten (konkreter Schaden, Lizenzanspruch, Anspruch auf Verletzergewinn) oben unter Rn. 449ff.

185

---

367 LG Düsseldorf, MMR 2004, 111.
368 Vgl. dazu – auch zur (zunehmenden) Tendenz der Gericht, aufgrund „eigener Sachkunde" zu entscheiden – nur Nordemann, Wettbewerbsrecht/Markenrecht, 10. Auflage (2004), Rn. 2328, 3272ff.
369 LG Düsseldorf, MMR 2004, 111.
370 Omsels, WRP 2004, 136.
371 Insoweit ist die Anmeldung der Domain ist mit einer bösgläubigen Markenanmeldung i.S. von § 8 Abs. 2 Nr. 10 MarkenG vergleichbar. Danach ist ein Markenanmelder als bösgläubig anzusehen, wenn er die Absicht verfolgt, einen Dritten am Gebrauch dieser Bezeichnung zu hindern (oder diesen Gebrauch zu erschweren). Es genügt, dass der Dritte beabsichtigt, die Bezeichnung zu benutzen und dies der Anmelder bei der Markenanmeldung wusste. Diese Grundsätze können entsprechend auch auf die bösgläubige Verletzung eines Namens- oder Kennzeichenrechts durch Anmeldung einer Domain angewandt werden.
372 BGH, GRUR 2001, 242; vgl. ferner Helm, GRUR 1996, 593 m.w.N.

c) Auskunftsansprüche

186 Der Verletzte hat darzulegen, dass der Eintritt eines Schadens mit einiger Sicherheit zu erwarten ist; anderenfalls fehlt es an dem für die Auskunft erforderlichen (Feststellungs-) Interesse.[373] Sofern der Verletzer für sich den Wirtschaftsprüfervorbehalt (Rn. 141) in Anspruch nehmen will, trifft ihn die Darlegungs- und Beweislast für dessen Voraussetzungen.

5. Möglichkeiten einer einvernehmlichen Regelung

187 Nachdem der Anwalt den Sachverhalt im Gespräch mit dem Mandanten und unter Nutzung der vorstehend skizzierten technischen Möglichkeiten aufgeklärt und er sich ein Urteil über die Ansprüche des Mandanten und die Erfolgsaussichten einer gegebenenfalls gerichtlichen Durchsetzung verschafft hat, kann sich die Frage nach Möglichkeiten einer außergerichtlichen Einigung stellen.

a) Formlose Kontaktaufnahme (keine „Abmahnung vor der Abmahnung")

188 Es kann sich insoweit anbieten – ohne dass dies erforderlich wäre[374] –, direkt mit dem registrierten Inhaber der begehrten Domain formlos Kontakt aufzunehmen (Anrufe beim Domain-Inhaber o.ä.). Die persönlichen Erfahrungen der Verfasser haben gezeigt, dass es auf diesem Wege gelingen kann, den Inhaber der Domain – bei überzeugender Ankündigung einer im Falle der Weigerung folgenden Abmahnung und gegebenenfalls sich anschließenden gerichtlichen Auseinandersetzung – zur Löschung der Domain bzw. deren Übertragung auf den Mandanten zu bewegen. Die informelle Kontaktaufnahme kann insoweit helfen, das Rechtsschutzziel des Mandanten schnell zu erreichen. Allerdings birgt diese Vorgehensweise den Nachteil, dass der Domain-Inhaber sich regelmäßig weigern wird, die (anwaltlichen) Kosten – u.a. die gegebenenfalls anfallende **Einigungsgebühr**[375] – zu tragen.

b) Kauf, Miete oder Pacht der Domain

189 Auch ist – insbesondere wenn die Aussichten einer erfolgreichen Durchsetzung der Ansprüche des Mandanten als nicht überwiegend einzuschätzen sind – unter Umständen die Möglichkeit gegeben, dem Domain-Inhaber die registrierte Domain **abzukaufen** oder diese vom Domain-Inhabern zu **pachten**.[376] Beim Domain-Kauf handelt es

---

373 Nordemann, Wettbewerbsrecht / Markenrecht, 10. Auflage (2004), Rn. 3225.
374 So zutreffend Ingerl/Rohnke, Markengesetz, 2. Auflage (2003), Vor § 14-19 Rn. 152, die allerdings – ohne Nachweise zu liefern – auf gegenteilige Stimmen hinweisen, wonach vor einer Abmahnung eine formlose Kontaktaufnahme mit der Gegenseite erforderlich sei, um einen Kostenerstattungsanspruch auszulösen.
375 RVG Nr. 1000 VV.
376 Beschafft der Internet Service Provider für den Kunden eine Domain, muss er dafür Sorge tragen, dass ihn sein Kunde von den Kosten und Konsequenzen eventueller Domainverletzungen freistellt. Ob Internet Service Provider, die Domain-Namen für ihre Kunden erworben haben, diese den Kunden nach Vertragsende weitergeben müssen oder behalten bzw. eventuell Dritten zum Verkauf anbieten dürfen, ist streitig: Vgl. dazu Redeker, IT-Recht in der Praxis, 3. Auflage (2003), Rn. 1020, mit Verweis u.a. auf LG Hamburg, MMR 1999, 624. Benutzt der Internet Service Provider die von diesem ursprünglich im Auftrag des Kunden registrierte Domain, kann darin wiederum eine Verletzung der Namens- bzw. Kennzeichenrechte des früheren Kunden liegen, mit der Konsequenz, dass Unterlassungsansprüche geltend gemacht werden können. Siehe auch hierzu Redeker, IT-Recht in der Praxis, 3. Auflage (2003), Rn. 1020 mit Verweis auf LG Coburg, Urteil vom 7.februar 2001, Az. 22 O 9/01 (red. Leitsatz in ITRB 2001, 177).

sich um einen Rechtskauf, in Erfüllung dessen dem Käufer eine Vielzahl von relativen Ansprüchen gegen die Registrierungsstelle übertragen werden.[377] Neuerdings wird auch die **Pfändung** einer Domain befürwortet.[378]

6. Dispute-Eintrag und Abmahnung

Ist eine einvernehmliche Einigung in diesem Stadium gescheitert oder erscheint sie als von vornherein aussichtslos, sollte spätestens jetzt ein sog. Dispute-Eintrag veranlasst und der Domain-Inhaber (auch zur Vermeidung von Kostennachteilen) im Regelfall abgemahnt werden. 190

a) DISPUTE-Eintrag bei der DENIC

Um zu verhindern, dass ein Dritter **nach Löschung** zwischenzeitlich die „.de"-Domain für sich registriert, besteht schon vor der Stellung eines eigenen Registrierungsantrags die Möglichkeit, einen **Dispute-Eintrag bei der DENIC** zu veranlassen. Einen solchen Antrag sollte der Anwalt unverzüglich (bzw. parallel zur Kontaktaufnahme mit der Gegenseite) stellen. Der Eintrag ist, ebenso wie seine Aufhebung, kostenlos. 191

Mit Hilfe des Dispute-Eintrags kann der Anspruchssteller eine bestimmte Domain zwar nicht „sperren" lassen, jedoch wird die **Domain in der Folge nicht auf Dritte übertragen**. Der Inhaber des Dispute-Eintrags wird zudem neuer Domain-Inhaber, sobald die Domain freigegeben wird. Das entsprechende Formular für die Antragstellung eines Dispute-Eintrags findet sich unter http://www.denic.de. Der Antrag muss unterschrieben und im Original an die DENIC e.G., Rechtsabteilung, Wiesenhüttenplatz 26, 60329 Frankfurt, übermittelt werden. Auf dem Dokument ist sodann die in Frage stehende Website mit der Top-Level-Domain „.de" sowie Name und Adresse des Dispute-Antragstellers anzugeben. Stellt der Rechtsanwalt den Dispute-Antrag für seinen Mandanten, sollte er vorsorglich eine **Originalvollmacht** (vgl. § 174 BGB) beifügen. Bei dem ersten Gespräch zwischen Anwalt und Mandanten sollte sich daher der Anwalt vorsorglich mehrere Originalvollmachten, mindestens aber zwei – für Dispute-Eintrag und Abmahnung (dazu sogleich) – ausstellen lassen. In dem Antrag auf Dispute-Eintrag muss der Dispute-Antragsteller sein Recht an der Domain (beispielsweise sein Recht aus Marke oder Name) durch Unterlagen (DPMA-Markeneintragungen, Handelsregisterauszüge etc.) glaubhaft machen und dem Antrag beifügen. Der Antragsteller muss gegenüber der DENIC zudem versichern, **dass er mit dem Domain-Inhaber eine rechtliche Auseinandersetzung führt bzw. unverzüglich beginnen wird, um die Löschung oder Übertragung zu erreichen.** Der Antragsteller muss zudem versichern, dass er, sobald die vorgenannte Auseinandersetzung abgeschlossen ist, die DENIC unverzüglich davon in Kenntnis setzen wird, damit der Dispute-Eintrag aufgehoben werden kann. Der **Dispute-Eintrag** ist auf ein Jahr **befristet** ist und endet ohne beson- 192

---

377 Näher hierzu u.a. Cichon, Internet-Verträge, 2. Auflage (2005), Rn. 389ff.; Härting, CR 2001, 37.
378 OLG München, CR 2005, 74; LG Mönchengladbach, ITRB 2005, 6. Diese Entscheidungen sind letztlich vor dem Hintergrund zu sehen, dass nach neuerer Rechtsprechung durch die Benutzung der Domain an dieser ein Kennzeichenrecht entstehen kann, hierzu unter Rn. 156ff. Vgl. insoweit auch Cichon, Internet-Verträge, 2. Auflage (2005), Rn. 373, unter Hinweis auf die eine Pfändbarkeit der Domain noch verneinende Entscheidung des LG München I, CR 2001, 342, mit zust. Anm. Hanloser, CR 2001, 456.

dere Ankündigung, sofern nicht rechtzeitig, nämlich mindestens vier Wochen vor Ablauf, eine Verlängerung beantragt wird. Der Anwalt hat hierzu die entsprechenden **Fristen zu notieren**. Umgekehrt kann der Dispute-Eintrag von der DENIC vorzeitig aufgehoben werden, wenn der DENIC Tatsachen bekannt werden, die seine Aufrechterhaltung als unbegründet erscheinen lassen. Nach der Löschung der Domain zugunsten des Dispute-Antragstellers kommt zwischen diesem und der DENIC ein Vertrag unter Geltung der DENIC-Domain-Richtlinien/Bedingungen zustande.[379]

b) Muster einer Abmahnung mit Erläuterungen

193 Neben der Stellung eines Antrags auf Dispute-Eintrag **sollte** – sofern dies nicht im Einzelfall entbehrlich ist – der **Anspruchsgegner zur Vermeidung von Kostennachteilen für den Mandanten**[380] **abgemahnt** werden,[381] bevor gerichtliche Schritte gegen den Anspruchsgegner eingeleitet werden.[382]

194 Gibt der Anspruchsgegner die mit der Abmahnung geforderte (ernstliche) strafbewehrte Unterlassungsverpflichtungserklärung ab, kann dadurch die Begehungsgefahr (regelmäßig in Form der Wiederholungsgefahr) beseitigt werden – und zwar unter Umständen auch gegenüber Dritten – und so einem Unterlassungsanspruch des Verletzten die Grundlage entzogen werden.[383]

195 *aa) Muster: Abmahnung*

Per Einschreiben/Rückschein

Shadyconsult GmbH

■■■

Vorab per Telefax

■■■

Widerrechtliche Nutzung der Domain „KUMMERTECH.de"

Sehr geehrte Damen und Herren,

wir zeigen an, dass uns die KUMMERTECH Electronic GmbH, [...], mit der Wahrnehmung ihrer Interessen in der vorbezeichneten Angelegenheit beauftragt hat. Eine auf uns lautende Vollmacht liegt bei.

---

379 Zur Rechtnatur dieses Vertrages bereits oben unter Rn. 106.
380 Vgl. hierzu unter Rn. 197 ff.
381 Zur Erforderlichkeit der Abmahnung unter Rn. 200.
382 Zur fehlenden Notwendigkeit einer „Abmahnung vor der Abmahnung" siehe oben unter Rn. 188.
383 Vgl. hierzu im Einzelnen u.a. Teplitzky, Wettbewerbsrechtliche Ansprüche und Verfahren, 8. Auflage (2002), dort insbesondere Kapitel 8, derselbe, a.a.O., Kapitel 7 Rn. 6 ff., auch zu – nur in Ausnahmefällen denkbaren – Entfallen der Wiederholungsgefahr ohne Abgabe einer Unterlassungsverpflichtungserklärung; vgl. Mellulis, Handbuch des Wettbewerbsprozesses, 3. Auflage (2000), Rn. 580 ff., 647 ff., m.w.N. Zur Drittunterwerfung vgl. BGH, GRUR 1983, 186; BGH, GRUR 1987, 640; Nordemann, Wettbewerbsrecht/Markenrecht, 10. Auflage (2004), Rn. 1862.

Unserer Mandantin, die unter ihrer Geschäftsbezeichnung bundesweit Computerhardware und Software vertreibt und diese Tätigkeit unter dem Schlagwort „KUMMERTECH" in monatlich erscheinenden Prospekten bewirbt, wurde am 25. Februar 2005 bekannt, dass Sie unter der oben genannten Domain eine Website betreiben, über die Sie Beratungsdienstleistungen für Computerhardware und Computernetzwerke anbieten und die Besucher der Website für genauere Informationen zu diesem Angebot auf die Website www.SHADYCONSULT.de verweisen und zu diesem Zweck einen Link auf diese Website legen. Laut den Angaben auf beiden Websites sind Sie deren Betreiberin; nach Auskunft der DENIC e.G. ist der Domain-Name „KUMMERTECH.de" für Sie registriert worden.

Diese Vorgehensweise greift schon deshalb in das unserer Mandantin an ihrem Unternehmenskennzeichen zustehende Recht (§ 5 Abs. 2 MarkenG) ein, weil sowohl zwischen dem von Ihnen verwendeten Domain-Namen „KUMMERTECH.de" und der Geschäftsbezeichnung unserer Mandantin als auch hinsichtlich der in Rede stehenden Waren bzw. Dienstleistungen wenn nicht Identität, so doch zumindest ein sehr hohes Maß an Ähnlichkeit und damit Verwechslungsgefahr besteht. Die Verwendung der Domain „KUMMERTECH.de" ist offensichtlich sogar bewusst darauf angelegt, das Publikum zu der irrigen Annahme zu verleiten, das Angebot auf Ihrer Website stamme von unserer Mandantin.

Wegen der unbefugten Verwendung der Domain „KUMMERTECH.de" steht unserer Mandantin ein Unterlassungsanspruch gemäß §§ 5, 15 Abs. 2, 4 MarkenG gegen Sie zu. Zugleich liegt in der unberechtigten Nutzung der Domain eine Namensanmaßung, so dass weitergehende Rechte unserer Mandantin gemäß § 12 BGB gegeben sind. Ferner erfüllt die Benutzung der Domain „KUMMERTECH.de" in Verbindung mit dem auf Ihrer Website dargestellten Dienstleistungsangebot den Tatbestand einer bewussten sittenwidrigen Schädigung (§ 826 BGB) sowie des schuldhaften Eingriffs in den eingerichteten und ausgeübten Gewerbebetrieb unserer Mandantin (§ 823 Abs. 1 BGB). Namens und in Vollmacht unserer Mandantin haben wir Sie daher aufzufordern, die beiliegende strafbewehrte Unterlassungsverpflichtungserklärung bis spätestens zum

9. März 2005

(Datum des Eingangs der Erklärung bei uns) abzugeben; zur Wahrung der Frist genügt die Sendung per Telefaxschreiben, wenn das Original der Unterlassungsverpflichtungserklärung unverzüglich auf dem Postweg nachfolgt. Durch die Abgabe dieser Erklärung können Sie die von Ihnen gesetzte Wiederholungsgefahr ausräumen. Aufgrund Ihrer Schadensersatzpflicht (§ 15 Abs. 5 MarkenG, §§ 12, 823, 826 BGB) sowie ferner nach den Grundsätzen der Geschäftsführung ohne Auftrag (§§ 683, 677, 670 BGB) sind Sie unserer Mandantin auch zum Ersatz derjenigen Kosten verpflichtet, die aus unserer Beauftragung entstanden sind. Wir haben Sie namens und in Vollmacht unserer Mandantin aufzufordern, den geschuldeten Betrag bis spätestens zum

16. März 2005

unter Angabe unseres o.g. Aktenzeichens auf folgendes Konto zu überweisen: ■■■

Geldempfangsvollmacht ist ausweislich der beigefügten Vollmachtsurkunde gegeben. Für den Fall, dass die gesetzten Fristen ergebnislos verstreichen sollten, werden wir unserer Mandantin empfehlen, unverzüglich gerichtliche Hilfe zur Wahrung ihrer Rechte – einschließlich ihres Auskunftsanspruchs nach § 19 MarkenG – in Anspruch zu nehmen.

Mit freundlichen Grüßen

■■■

Rechtsanwalt

[Anlage: Unterlassungsverpflichtungserklärung]

196 *bb) Muster: Strafbewehrte Unterlassungsverpflichtungserklärung*

Strafbewehrte Unterlassungsverpflichtungserklärung

Hiermit verpflichtet sich

die Shadyconsult GmbH, ■■■, vertreten durch den alleinvertretungsberechtigten Geschäftsführer ■■■,

gegenüber der

■■■, ■■■,

1. es zu unterlassen, den Domain-Namen „■■■.de" zu verwenden oder verwenden zu lassen, insbesondere diesen auf einer Homepage zu benutzen oder benutzen zu lassen,
2. gegenüber der Registrierungsstelle DENIC Domain Verwaltungs- und Betriebsgesellschaft e.G. auf die Registrierung des Domain-Namens „■■■.de" bis spätestens zum 31. März 2005 zu verzichten,
3. für jeden Fall der Zuwiderhandlung gegen die in Ziffer 1 genannte Verpflichtung – unter Verzicht auf die Einrede des Fortsetzungszusammenhangs – eine Vertragsstrafe in Höhe von € 5.100,00 (in Worten: Euro fünftausendeinhundert) an die ■■■ GmbH zu zahlen,
4. der KUMMERTECH Electronic GmbH
   a) schriftlich Auskunft zu erteilen über die Anzahl der Zugriffe auf die Website www.■■■.de seit dem Datum der Registrierung der unter Ziff. 1 und 2. genannten Internet-Domain und die Zahl der aufgrund dieser Zugriffe zustande gekommenen Geschäftsabschlüsse einschließlich der Daten über die erbrachten Leistungen, der vereinbarten Vergütungen, der Namen der jeweiligen Vertragspartner und deren Anschriften,
   b) Rechnung zu legen über die Umsätze, die aufgrund der Geschäftsabschlüsse gemäß lit. a) erzielt wurden,
5. der KUMMERTECH GmbH allen Schaden zu ersetzen, der durch Verstöße gegen die in Ziffer 1 oder Ziffer 2 genannte Verpflichtungen entstanden ist und noch entstehen wird,
6. die durch die Inanspruchnahme der Rechtsanwälte ■■■ entstandene Kosten nach einem Gegenstandswert von € 40.000,00 (eine 1,3 Gebühr nach §§ 2, 13 RVG, RVG VV Nr. 2400, zzgl. € 20,00 Entgeltpauschale für Post- und Telekommunikationsdienstleistungen nach RVG VV Nr. 7001),[384] insgesamt also € 1.192,60, zu erstatten.

■■■, den ■■■ Shadyconsult GmbH, vertreten durch den Geschäftsführer ■■■

(Stempel und Unterschrift)

---

[384] Bei nicht zum Vorsteuerabzug berechtigten Mandanten ist die Mehrwertsteuer hinzuzusetzen; RVG VV Nr. 7008.

cc) Erläuterungen: (1) Erfordernis der Abmahnung: Durch die Abmahnung wird das Risiko ausgeschlossen, dass der Anspruchsinhaber (Mandant) im anschließenden Verfügungs- bzw. gegebenenfalls Hauptsacheverfahren im Falle eines sofortigen Anerkenntnisses der Gegenseite gemäß § 93 ZPO mit den Kosten des Rechtsstreits belastet wird.[385] Für wettbewerbsrechtliche Streitigkeiten ist die **Obliegenheit**[386] **zur Abmahnung** zwischenzeitlich ausdrücklich gesetzlich geregelt (§ 12 Abs. 1 Satz 1 UWG), es gilt allerdings auch im Recht der gewerbliche Schutzrechte und nach teilweise vertretener Ansicht sogar darüber hinaus für das gesamte Unterlassungsrecht.[387]

Zwar wird in der Literatur die Auffassung vertreten, dass bei der Verfolgung von Ansprüchen auf Löschung einer Domain – jedenfalls in Fällen des (vorsätzlichen) Domain-Grabbings – eine Abmahnung vor Beantragung einer die Benutzung und die Verfügung über die Domain verbietenden einstweiligen Verfügung stets unzumutbar sei.[388] Da allerdings zweifelhaft ist, ob die Gerichte dieser Auffassung folgen,[389] befindet sich der Anwalt auf dem „sichersten Weg", wenn er dem Mandanten grundsätzlich zur vorherigen Abmahnung des Gegners rät.

Die Abmahnung kann allerdings im Einzelfall entbehrlich sein, wenn konkrete Umstände vorliegen, die bei objektiver Betrachtung die Annahme stützen, dass der Verletzer auf die Abmahnung hin keine strafbewehrte Unterlassungsverpflichtungserklärung abgeben oder dies erst tun wird, wenn ein effektiver Rechtsschutz nicht oder nur noch eingeschränkt zu erreichen ist[390]

Die **Entbehrlichkeit einer Abmahnung** ist von der Rechtsprechung u.a. – die Aufzählung ist nicht abschließend[391] – bejaht worden **bei wiederholtem Wettbewerbsverstoß nach Abgabe einer Unterlassungsverpflichtungserklärung,**[392] **bei besonderer Dringlichkeit**[393] oder auch bei einer **vorsätzlichen Verletzungshandlung.**[394]

---

[385] Und zwar mit den gesamten Kosten, nicht nur den Mehrkosten, die nach erfolgreicher Abmahnung nicht angefallen wären; vgl. Nordemann, Wettbewerbsrecht / Markenrecht, 10. Auflage (2004), Rn. 3023.
[386] Eine Verpflichtung besteht selbstverständlich nicht; vgl. etwa Nordemann, Wettbewerbsrecht / Markenrecht, 10. Auflage (2004), Rn. 3013.
[387] Vgl. nur Teplitzky, Wettbewerbsrechtliche Ansprüche und Verfahren, 8. Auflage (2002), Kapitel 41 Rn. 1, OLG Nürnberg, NJW-RR 1987, 695, jeweils m.w.N.
[388] Ingerl / Rohnke, Markenrecht, 2. Auflage (2003), Vor §§ 14 – 19 Rn. 104, der zur Begründung auf die drohende Vereitelungsgefahr verweist und eine Ähnlichkeit zum Sequestrationsanspruch ausmacht. Dies überzeugt indes nicht, weil es nicht fern liegt, dass ein Gericht es bei „de"-Domains als Obliegenheit des Verletzten ansieht, diese Vereitelungsfahr durch einen Dispute-Eintrag bei der DENIC zu begrenzen.
[389] Vgl. nur KG, GRUR 1988, 930.
[390] Vgl. LG Hamburg, NJW-WettbR 2000, 223.
[391] Weiterführende Hinweise und Rechtsprechungsnachweise u.a. bei Zöller / Herget, ZPO, 25. Auflage (2005), § 93 Rn. 6, Stichwort „Wettbewerbsstreitigkeiten", sowie bei Nordemann, Wettbewerbsrecht / Markenrecht, 10. Auflage (2004), Rn. 3013.
[392] OLG Frankfurt, OLGR 97, 47; LG Nürnberg-Fürth, WRP 1992, 521.
[393] LG Hamburg, WRP 1981, 344; vgl. aber auch Nordemann, Wettbewerbsrecht / Markenrecht, 10. Auflage (2004), Rn. 3013.
[394] OLG Celle, WRP 1993, 812; OLG Koblenz, WRP 1997, 367; OLG Frankfurt, GRUR 1985, 240; Köln, WRP 1983, 118; a.A. OLG München, GRUR 1979, 191; OLG Oldenburg, NJW-RR 1990, 1330. Weitere Nachweise bei Nordemann, Wettbewerbsrecht / Markenrecht, 10. Auflage (2004), Rn. 3013.

201 *(2) Adressat der Abmahnung:* Es kann sich anbieten, sowohl die **juristische Person** (hier die GmbH) als auch deren **Organ** (hier den Geschäftsführer) zur Abgabe der Unterlassungsverpflichtungserklärung aufzufordern; dann sollte auf zwei separaten Unterschriften bestanden, besser aber sollten sogar zwei separate Unterlassungsverpflichtungserklärungen gefordert werden. Eine derartige Abmahnung auch des Geschäftsführers ist begründet, wenn er selbst mit der Sache betraut war und deshalb Störer ist.[395] Sie kann verhindern helfen, dass durch die Gründung neuer Gesellschaften das Unterlassungsgebot umgangen wird. Nach der Rechtsprechung kann ein alleinvertretungsberechtigter Geschäftsführer, der auf Grund einer internen Geschäftsverteilung den Bereich der werbenden Tätigkeit der GmbH einem zweiten alleinvertretungsberechtigten Geschäftsführer überlässt, gleichwohl für einen ohne seine Kenntnis von der GmbH begangenen Wettbewerbsverstoß verantwortlich sein.[396]

202 *(3) Beweisfragen hinsichtlich des Zugangs der Abmahnung:* Es entspricht zwar der nach wie vor herrschenden Ansicht, dass die Darlegungs- und Beweislast für die Voraussetzungen des § 93 ZPO und damit auch den (Nicht-)Zugang der Abmahnung den Abgemahnten trifft.[397] Vor dem Hintergrund der gegenteiligen Stimmen in der Rechtsprechung[398] und Literatur[399] sollte der Anwalt allerdings vorsorglich die hier vorgeschlagene Verfahrensweise, die Übersendung per Einschreiben mit Rückschein, wählen. Parallel empfiehlt sich schon aus Zeitgründen die Zusendung per Telefax; nach der Rechtsprechung soll sich der Absender auf den (ordnungsgemäßen) Sendebericht verlassen können.[400] Von der grundsätzlich möglichen Übersendung der Abmahnung per E-Mail sollte aus Beweisgründen abgesehen werden;[401] erst recht gilt dies natürlich für eine fernmündliche Mitteilung.

203 *(4) Originalvollmacht:* Nach wohl noch herrschender Ansicht ist die Abmahnung weder als einseitiges Rechtsgeschäft noch als geschäftsähnliche Handlung einzustufen.[402] Eine im Vordringen begriffene Gegenansicht[403] vertritt hingegen die Auffassung, dass § 174 BGB (analog) Anwendung findet. Der Anwalt sollte deshalb vorsorglich eine Originalvollmacht beifügen, um auszuschließen, dass die Abmahnung – und sei es im Prozess – mangels Nachweis der Vollmacht zurückgewiesen wird und daraus Kostennachteile für den Mandanten erwachsen.[404]

---

395 Vgl. BGH, GRUR 1986, 248.
396 OLG Frankfurt, GRUR-RR 2001, 198.
397 OLG Braunschweig, NJW 2005, 372; OLG Karlsruhe, WRP 1997, 477; OLG Stuttgart, WRP 1996, 477; OLG Jena, OLG-NL 1998, 110; OLG Frankfurt, OLG-Report 1996, 42. Vgl. ferner Burchert, WRP 1985, 479 m.w.N. Vgl. dazu auch zur Frage der Zugangsfiktion – Nordemann, Wettbewerbsrecht/Markenrecht, 10. Auflage (2004), Rn. 3012.
398 OLG Düsseldorf, GRUR-RR 2001, 199, 200; OLG Dresden, WRP 1997, 1201.
399 Zöller/Herget, ZPO, 25. Auflage (2005), § 93 Rn. 6, Stichwort „Wettbewerbsstreitigkeiten"; Mellulis, Handbuch des Wettbewerbsprozesses, 3. Auflage (2000), Rn. 793ff.
400 OLG Düsseldorf GRUR 1990, 310.
401 Vgl. insoweit die Ausführungen in § 1 (E-Commerce), dort unter Rn. 16ff.
402 OLG Karlsruhe, NJW-RR 1990, 1323; OLG Köln, WRP 1988, 79; KG, GRUR 1988, 79, OLG Hamburg, WRP 1986, 106. Eingehende Darstellung des Streits und weitere Rechtsprechungsnachweise u.a. bei Ulrich, WRP 1998, 258.
403 OLG Düsseldorf, GRUR 1999, 1039; GRUR-RR 2001, 286, OLG Nürnberg, GRUR 1991, 387; GRUR 1999, 1039; OLG Dresden, GRUR 1999, 377.
404 Siehe dazu Rn. 236.

(5) Begründung der Abmahnung: Das Abmahnschreiben sollte neben der – im Regelfall eher knappen – Darstellung des **Sachverhalts** und des geltend gemachten Wettbewerbsverstoßes ein **Unterwerfungs- und Vertragsstrafeverlangen**, eine **Fristsetzung** und schließlich die **Androhung gerichtlicher Schritte** enthalten.[405] Wenngleich eine **rechtliche Begründung** nicht zu den Erfordernissen einer Abmahnung zu rechnen ist,[406] sollte sie erfolgen, schon weil dadurch die Bereitschaft des Verletzers zur Abgabe der geforderten Erklärung im Regelfall erhöht wird. Ob die vorformulierte Unterlassungsverpflichtungserklärung unmittelbar in die Abmahnung oder – wie hier vorgeschlagen – in ein separates Dokument aufgenommen wird, ist letztlich „Geschmackssache". Ob in dem Abmahnschreiben auch die durch die Beauftragung des Anwalts **mit der Abmahnung entstandenen Kosten** geltend gemacht[407] und ob darüber hinaus die Schadensersatz- und Auskunftsansprüche des Mandanten erläutert und (zumindest) vorbehalten werden sollten, hängt vom jeweiligen Einzelfall ab. Erfahrungsgemäß fällt es leichter, den Verletzer zur Abgabe der Unterlassungsverpflichtungserklärung zu bewegen, wenn er sich von der Abgabe der Erklärung versprechen kann, den Kosten – und sei es auch nur teilweise – zu entgehen. Es ist insoweit auch denkbar, den Kostenerstattungsanspruch sowie die Auskunfts- und Schadensersatzansprüche (zunächst) überhaupt nicht zu thematisieren. Vor allem dann, wenn der Mandanten eine zügige abschließende Regelung wünscht und eine Auseinandersetzung über Schadensersatzansprüche etc. scheut, kann dem Verletzer auch eine vergleichsweise Lösung des Inhalts angeboten werden, dass bei Abgabe der Unterlassungsverpflichtungserklärung und der Übernahme der Anwaltskosten durch den Verletzer auf weitere Ansprüche (insbesondere Schadensersatzansprüche und Auskunftsansprüche) gegen ihn verzichtet wird.

204

(6) Strafbewehrte Unterlassungsverpflichtungserklärung: Eine Vorformulierung des geltend gemachten Unterlassungsanspruches ist zwar nicht erforderlich, aber ratsam, um dem Abgemahnten unmissverständlich klar zu machen, in welchem Umfange der Mandant eine Unterlassung erwartet; zudem wird dem Abmahnenden so die Unterwerfung erleichtert.

205

Unterlassungsgebot nach Ziffer 1.: Bei der Vorformulierung der Unterlassungsverpflichtungserklärung ist zu beachten, dass das darin geregelte Unterlassungsgebot **die konkrete Verletzungsform** zwar möglichst genau,[408] allerdings **nicht zu eng** bezeichnet, um auszuschließen, dass der Umfang der Unterlassungspflicht hinter dem zurückbleibt, was im Falle einer gerichtlichen Auseinandersetzung hätte erstritten werden können. Zulässig sind Verallgemeinerungen bei der Fassung des Unterlassungsgebotes, wenn damit im Kern gleichartige Verletzungsformen erfasst werden.[409]

206

---

405 Vgl. OLG Düsseldorf, WRP 1988, 107.
406 Vgl. nur OLG Hamburg, WRP 1989, 32.
407 In dem Muster ist davon ausgegangen worden, dass der Mandant die Gebühren bereits bezahlt hat; anderenfalls kann vom Abgemahnten nicht die Erstattung, sondern nur die Freistellung des Mandanten von der Gebührenforderung des Rechtsanwalts gefordert werden. Vgl. insoweit Palandt/Sprau, BGB, 64. Auflage (2005), § 670, Rn. 2.
408 Vgl. OLG Frankfurt, GRUR 1988, 563.
409 BGH, GRUR 1996, 290.

207 Sofern – anders als im hier zugrunde gelegten Beispielsfall – **kein Fall der Namensanmaßung** (oder des „klassischen" Domain-Grabbings) vorliegt, sondern (nur) ein markenrechtlicher Unterlassungsanspruch begründet ist, kann die **Unterlassung nur „im geschäftlichen Verkehr"** verlangt werden, der Antrag wäre also entsprechend zu ergänzen.

208 Zudem müsste dann bei der Formulierung des konkreten Unterlassungsgebots als Teil der konkreten Verletzungsform **stets auch die Ware oder Dienstleistung** (§ 14 MarkenG) bzw. die **Branche** (§ 15 MarkenG) **aufgeführt** werden, **für die die Verletzung erfolgte**.[410] Das Unterlassungsangebot müsste dann wie folgt lauten:

209 Muster: Unterlassungserklärung

■■■ es zu unterlassen, im geschäftlichen Verkehr den Domain-Namen „KUMMERTECH.de" zu verwenden oder verwenden zu lassen, insbesondere diesen auf einer Homepage zu benutzen oder benutzen zu lassen, soweit unter diesem Domain-Namen Dienstleistungen für Computerhardware und Computernetzwerke angeboten werden.[411]

210 Im zugrunde liegenden Beispielsfall ist allerdings weder eine Beschränkung auf den geschäftlichen Verkehr noch auf eine bestimmte Branche erforderlich, weil der (weitergehende) Schutz des § 12 BGB eingreift (Rn. 150).

211 **Unterlassungsgebot nach Ziffer 2.:** Das in Ziffer 2 des Musters formulierte Unterlassungsgebot (**Löschung der Domain durch Verzicht gegenüber der DENIC**)[412] ist zu empfehlen, weil die bloße Unterlassung der weiteren Nutzung der Domain noch nicht gleichbedeutend mit deren Löschung ist. Der Unterlassungsschuldner kann seine Registrierung auch dann aufrecht erhalten, wenn er die Nutzung der Domain einstellt. Die Erklärung des Verzichtes gegenüber der DENIC ist **nicht gleichbedeutend mit der Übertragung der Domain** auf den Mandanten; auf letztere besteht – wie bereits oben angemerkt – kein Anspruch.[413] Im Beispielsfall kann der Verzicht verlangt werden, weil ein Fall der Namensanmaßung gegeben ist. Sofern (nur) ein markenrechtlicher Unterlassungsanspruch nach §§ 5, 15 MarkenG begründet wäre, wäre ein solcher Löschungsanspruch aus den unter Rn. 133 genannten Gründen nicht gegeben, sondern der Abgemahnte nur zur Unterlassung der Benutzung des Domain-Namens hinsichtlich branchennaher Dienstleistungen und/oder Waren verpflichtet.

212 **Weitergehende Unterlassungsgebote?** Im Muster ist bewusst davon abgesehen worden, das Unterlassungsgebot zu erweitern um ein **zusätzliches Verbot, die Registrierung und Benutzung der Bezeichnung „KUMMERTECH" als Second Level Domain auch unter anderen Top Level Domains zu unterlassen**. Im vorliegenden Fall würde dies nach Auf-

---

410 Siehe beispielsweise Nordemann, Wettbewerbsrecht/Markenrecht, 10. Auflage (2004), Rn. 3219.
411 Vgl. ferner exemplarisch den Tenor in dem Beschluss des OLG Hamburg vom 4. Februar 2002, CR 2002, 446, mit Anm. Beckmann.
412 Zur Durchsetzbarkeit des Anspruches auf Löschung der Domain im einstweiligen Verfügungsverfahren vgl. Rn. 273.
413 BGH, GRUR 2002, 622; Nordemann, Wettbewerbsrecht/Markenrecht, 10. Auflage (2004), Rn. 2827. Vgl. hierzu – auch zur (zweifelhaften) Durchsetzbarkeit im Verfügungsverfahren) die Ausführungen unter Rn. 134.

fassung der Verfasser zu weit gehen (und zu einer sog. **Übermaßverwarnung** führen),[414] weil der hier zugrunde gelegte Sachverhalt keine konkreten Anhaltspunkte dafür liefert, dass der Abgemahnte die in Rede stehende Second Level Domain unter einer oder mehreren anderen Top Level Domains registrieren lassen und benutzen will.[415] Derartige Anhaltspunkte hat der Verletzte darzulegen und gegebenenfalls zu beweisen.[416] Dieser Beweis wird allerdings regelmäßig nur in den Fällen eines offensichtlichen Domain-Grabbings zu führen sein, wenn es dem Anspruchsgegner nach den Gesamtumständen also darum geht, aus der Registrierung „Kapital zu schlagen" und deshalb die Gefahr besteht, dass er weitere Registrierungen derselben Second Level Domain unter anderen Top Level Domain vornehmen wird. Für diesen Fall könnte man die zusätzliche Verpflichtung des Verletzers etwa dahingehend formulieren, dass es dieser zu unterlassen hat, die Second Level Domain „KUMMERTECH" unter weiteren Top Level Domains registrieren zu lassen und/oder zu benutzen oder benutzen zu lassen.

Dem Muster liegt allerdings, wie bereits angemerkt, ein Sachverhalt zugrunde, nach dem dem Abgemahnten kein derartiges Domain-Grabbing nachgewiesen werden kann.[417]

213

In Anbetracht dessen könnte nach Ansicht der Verfasser allenfalls begründet werden, dass das Unterlassungsgebot auf die Top Level Domain „.com" zu erstrecken ist, weil diese Top Level Domain bei kommerziellen Anbietern sehr gebräuchlich ist.[418] Für die Darlegung der Verwechslungsgefahr wäre dann zu bedenken, dass nach Einschätzung des BGH die angesprochenen (deutschen) Verkehrskreise der Top Level Domain „.de" allein eine funktionale Bedeutung zumessen, sofern die Second Level Domain – im dortigen Streitfall die Kurzbezeichnung „soco" – ein hinreichend unterscheidungskräftiges Zeichen ist.[419] Allerdings wird man diese Einschätzung nicht ohne weiteres auf die Benutzung anderer Top Level Domains übertragen können.[420]

214

---

414 Vgl. Nordemann, Wettbewerbsrecht/Markenrecht, 10. Auflage (2004), Rn. 3016. Die Weigerung, eine zu weit gehenden Unterlassungsverlangen entsprechende Unterlassungsverpflichtungserklärung abzugeben, begründet keine Erstbegehungsgefahr (Mellulis, Handbuch des Wettbewerbsprozesses, 3. Auflage (2000), Rn. 601, m.w.N.).
415 Vgl. nur Mellulis, Handbuch des Wettbewerbsprozesses, 3. Auflage (2000), Rn. 596 ff.
416 Mellulis, Handbuch des Wettbewerbsprozesses, 3. Auflage (2000), Rn. 602.
417 Auch ist unterstellt worden, dass keine hinreichenden Anhaltspunkte für eine isolierte Benutzung der Bezeichnung „KUMMERTECH" – ohne den Zusatz „.de" – existieren.
418 Vgl. BGH, NJW 2002, 2096; OLG Hamm, MMR 2001, 749.
419 BGH, Urteil vom 22. Juli 2004, Az. I ZR 135/01.
420 Vgl. Hoffmann, NJW 2004, 2569, 2573 f. Das OLG Düsseldorf, NJW-RR 2003, 1687 = MMR 2003, 748, m. Anm. Ernst, hat angenommen, dass eine Zuordnungsverwirrung bei der Verwendung des Namens einer Gebietskörperschaft ohne Zusatz nicht nur bei der Verwendung der Top Level Domain „.de", sondern auch bei der Top Level Domain „.info" eintrete; allerdings lässt das Urteil deutliche Zweifel anklingen, ob dies auch bei anderen Top Level Domains gelten kann. Vgl. aber auch – Verurteilung zur Unterlassung der Bezeichnungen „bodenseeklinik" und „bodensee-klinik" als Bestandteil eines Domain-Namens, egal, unter welchen Top Level Domains – LG Hamburg, CR 2001, 418, mit Anm. Dieselhorst, sowie ferner LG Stuttgart, MMR 2001, 768. Vgl. zu diesem Problem auch die – allerdings in eine etwas andere Richtung gehende – Kritik von Renck, NJW 1999, 3587, 3592 f. (Zweifel an der Zuständigkeit deutscher Gerichte und der Anwendbarkeit deutschen Kennzeichenrechts).

Kummermehr/Wegner

215 Denkbar ist auch an eine Ausweitung dahingehend, dass der Domain-Inhaber auch **Verfügungen über die Domain** zu unterlassen hat.[421] Selbst wenn – anders als im vorliegenden „Musterfall" – konkrete Anhaltspunkte für eine mögliche Übertragung der Domain vorliegen sollten, ist allerdings in Betracht zu ziehen, dass Gerichte eine Übertragung zum Teil überhaupt nicht für möglich erachten und deshalb einen Anspruch verneinen könnten.[422] Insoweit stellt sich auch die Frage, ob durch die Möglichkeit eines **Dispute-Antrags**[423] nicht die Gefahr einer Übertragung der Domain auf einen Dritten ausgeschlossen ist und deshalb ein Rechtsschutzbedürfnis für ein derartiges Begehren fehlen könnte. Wenn der Mandant trotz dieser Bedenken und damit verbundenen Kostenrisiken eine entsprechende Ausweitung des Unterlassungsgebotes wünscht, könnte im hier gebildeten „Musterfall" formuliert werden, dass es der Abgemahnte (zusätzlich) zu unterlassen hat, den Domain-Namen „KUMMERTECH.de" zu veräußern oder veräußern zu lassen, sie zu übertragen oder übertragen zu lassen oder in sonstiger Weise darüber zu verfügen, sofern nicht die KUMMERTECH Elektronic GmbH der Veräußerung, Übertragung oder sonstigen Verfügung zustimmt oder die Übertragung an die KUMMERTECH Elektronic GmbH erfolgt.

216 Die **Formulierung des Vertragsstrafeversprechens** sollte am Wortlaut des § 339 Satz 2 BGB orientiert und in das Vertragsstrafeversprechen sollte zur Klarstellung aufgenommen werden, dass die **Zahlung der Vertragsstrafe an den Mandanten** verlangt wird. Um sicherzustellen, dass die Vertragsstrafe **für jeden Fall der Zuwiderhandlung** gegen das Unterlassungsgebot verwirkt ist, sollte zudem – gerade vor dem Hintergrund der jüngeren Rechtsprechung des BGH zur Auslegung von Unterlassungsverpflichtungserklärungen[424] – vorsorglich ausdrücklich geregelt werden, dass sich der Unterlassungsschuldner nicht auf die (freilich ohnehin zweifelhafte und vom BGH jedenfalls für das Recht der Vertragsstrafe aufgegebene)[425] Kategorie des Fortsetzungszusammenhanges berufen kann.

217 Die Bestimmung der **Höhe der Vertragsstrafe** hängt von den jeweiligen Umständen des Einzelfalls ab.[426] Maßgebliche Kriterien sind die Art, Schwere und Ausmaß der Zuwiderhandlung, das Verschulden des Verletzers und die Gefährlichkeit des Verstoßes für den Gläubiger.[427] Der im vorliegenden Entwurf der Unterlassungsverpflichtungserklä-

---

421 Beispielsweise in der Entscheidung des OLG Düsseldorf, GRUR-RR 2003, 383, lautete einer der Klageanträge auf Unterlassung, „den Domainnamen ‚solingen.info' [...] an einen Dritten zu übertragen".
422 So beispielsweise das OLG Düsseldorf, GRUR-RR 2003, 383, das deshalb die Klage hinsichtlich des in der vorstehenden Fußnote genannten Antrags abwies. Vgl. ferner OLG Celle, MMR 2004, 486 (Wahrung der Priorität durch Stellung des Dispute-Antrags), und Viefhues, MMR 2005, 76.
423 Dazu oben unter Rn. 190 ff.
424 BGH, GRUR 2001, 758.
425 BGHZ 146, 318 = GRUR 2001, 758; vgl. insoweit ferner Mellulis, Handbuch des Wettbewerbsprozesses, 3. Auflage (2000), Rn. 608, m.w.N., und Teplitzky, Wettbewerbsrechtliche Ansprüche und Verfahren, 8. Auflage (2002), Kapitel 20 Rn. 17 ff.
426 Vgl. BGH, GRUR 2002, 180.
427 Vgl. BGH GRUR 1983, 127; GRUR 1994, 146; GRUR 2002, 180. Zum sog. (neuen) „Hamburger Brauch", nach dem die Vertragsstrafe nicht beziffert wird, sondern für jeden Fall der schuldhaften Zuwiderhandlung in das billige Ermessen des Verletzten gestellt wird (gegebenenfalls mit Bestimmung einer Höchstgrenze) und im Streitfall vom LG Hamburg zu überprüfen ist, vgl. BGH, GRUR 1990, 1051; BGH, GRUR 1994, 146. Vgl. hierzu und zur angemessenen Höhe der Vertragsstrafe u.a. Nordemann, Wettbewerbsrecht/Markenrecht, 10. Auflage (2004), Rn. 1857, mit Rechtsprechungsnachweisen.

rung angesetzte – in derartigen Fällen übliche – Betrag erklärt sich aus dem Interesse, im Falle einer Auseinandersetzung über die Verwirkung der Vertragsstrafe die Zuständigkeit des Landgerichts zu begründen (§ 71 Abs. 1, § 23 Nr. 1 GVG), soweit diese nicht bereits – wie hier[428] – nach § 140 MarkenG begründet ist.

Zur Aufnahme der **Auskunfts-**, der **Schadensersatz-** sowie der **Kostenerstattungsforderung** (Ziff. 3. bis 5.) siehe die Erläuterungen unter Rn. 140 ff., 195, 226.

(7) Angemessene Frist zur Abgabe der Erklärung: Die gesetzte Frist muss so bemessen sein, dass dem Verletzer ausreichend Zeit zur Überlegung bleibt.[429] Angemessen ist im Regelfall eine Frist von ca. sieben bis vierzehn Tagen. Letztlich kommt es allerdings auch hier auf die Umstände des Einzelfalles an. So kann die Erklärungsfrist auf wenige Stunden[430] (z. B. auf nur zwei Stunden)[431] verkürzt werden. Sofern der Verletzer (Domain-Inhaber) die Bitte um Fristverlängerung äußert, muss der Anspruchsberechtigte dieser Bitte regelmäßig bei verspätetem Zugang, aber auch bei Vorliegen eines sonstigen triftigen Grundes entsprechen.[432]

(8) Gegenstandswert und Gebühren: Der **Gegenstandswert** einer Abmahnung entspricht dem Gegenstandswert des Hauptsacheverfahrens, bei dessen Bestimmung man sich an den Gegenstandswerten von Streitigkeiten bei Markenverletzungen bzw. bei Verletzungen von Unternehmenskennzeichen orientieren kann. Danach ist bei geschäftlichen Bezeichnungen (wie Unternehmenskennzeichen) ein Streitwert nicht unter € 25.000, bei Marken ein Streitwert nicht unter € 50.000 anzusetzen.[433]

Welche **Gebühren** nach RVG der Anwalt von seinem Mandanten für die vom Anwalt gefertigte Abmahnung verlangen kann, hängt davon ab, welcher Auftrag ihm erteilt wurde.[434]

Im **Regelfall** wird eine **Geschäftsgebühr** anfallen. Beauftragt der Mandant den Anwalt, die Gegenseite abzumahnen, und, falls notwendig, eine einstweilige Verfügung zu beantragen, richten sich die Gebühren nach RVG VV Nr. 2400 f. Danach bewegt sich der Gebührenrahmen zwischen 0,5 bis 2,5 Gebühren. Regelmäßig wird eine Gebühr von 1,3 zulässig sein.[435] In komplexen Angelegenheiten kann auch eine Gebühr von 2,0 und mehr angemessen sein, auch vor dem Hintergrund, dass es sich beim Wettbewerbs- und Markenrecht um eine Spezialmaterie handelt, die einer umfassenden Einarbeitung durch einen nicht hierauf spezialisierten Anwalt bedarf.[436] Die Abmahnung und das sich anschließende Gerichtsverfahren bilden regelmäßig zwei separate Angele-

---

428 Vg. dazu Rn. 266.
429 Nordemann, Wettbewerbsrecht/Markenrecht, 10. Auflage (2004), Rn. 3015.
430 OLG Hamburg, WRP 1976, 180; WRP 1989, 325; OLG Koblenz, WRP 1983, 305; KG, GRUR 1993, 778.
431 KG, GRUR 1993, 778.
432 Nordemann, Wettbewerbsrecht/Markenrecht, 10. Auflage (2004), Rn. 3015, m.w.N.
433 Nordemann, Wettbewerbsrecht/Markenrecht, 10. Auflage (2004), Rn. 3321.
434 Müller-Rabe, in: Gerold/Schmidt/v. Eicken/Madert/Müller-Rabe, RVG, 16. Auflage (2004), Anhang Rn. 159.
435 Müller-Rabe, in: Gerold/Schmidt/v. Eicken/Madert/Müller-Rabe, RVG, 16. Auflage (2004), Anhang Rn. 160.
436 Nordemann, Wettbewerbsrecht/Markenrecht, 10. Auflage (2004), Rn. 3019.

genheiten.⁴³⁷ Die Geschäftsgebühr ist gemäß RVG VV Vorb. 3 Abs. 4 RVG grundsätzlich mit einem Gebührensatz von bis zu 0,75 Gebühren auf die Verfahrensgebühr im (sich anschließenden) Verfügungs-⁴³⁸ bzw. Hauptsacheverfahren⁴³⁹ anzurechnen.

223 Im **Ausnahmefall** kann (statt der Geschäftsgebühr) eine **Verfahrensgebühr** entstehen. Hat der Mandant einen unbedingten Auftrag zur Prozessführung erteilt und ist die Abmahnung das erste Element einer Kette von Prozessführungshandlungen, verdient der Anwalt lediglich eine 0,8 Verfahrensgebühr nach RVG VV 3101 (keine 1,3 Gebühr nach RVG VV Nr. 3100, da die Abmahnung keine der in RVG VV Nr. 3101 genannten Tätigkeiten – wie z.B. Klage, Antrag, Schriftsatz – ist).⁴⁴⁰ Abmahnung und Gerichtsverfahren bilden dann eine Angelegenheit. Der Anwalt sollte vor diesem Hintergrund in der Abmahnung nicht formulieren, dass er für den Fall des fruchtlosen Verstreichens der gesetzten Frist bereits mit der Einleitung gerichtlicher Schritte beauftragt sei, wenn ein derartiger unbedingter Auftrag nicht tatsächlich bereits erteilt wurde (wovon im Beispielsfall nicht ausgegangen wird).⁴⁴¹

224 Fertigt der Mandant die Abmahnung selbst und wird der Anwalt nur beratend tätig, richtet sich die Vergütung nach RVG VV Nr. 2001 (eine 0,1 bis 1,0 Gebühr). Diese **Beratungsgebühr** ist in vollem Umfang auf eine Geschäfts- oder Verfahrensgebühr anzurechnen.⁴⁴² Der Anwalt verdient die Geschäfts-, Verfahrens- oder Beratungsgebühr mit der ersten in Ausführung des Auftrages gemachten Tätigkeit.⁴⁴³

225 Bei **mehreren Auftraggebern** erhöht sich die Gebühr nach RVG VV Nr. 1008 pro zusätzlichen Auftraggeber um jeweils 0,3 Gebühren (bis zu 2,0 Gebühren maximal).

226 Eine **Festsetzung** der außergerichtlichen Kosten in einem sich anschließenden Verfahren **als notwendige Kosten im Sinne des § 91 ZPO scheidet** nach ganz herrschender Ansicht **aus**.⁴⁴⁴ Die vorgenannten (anwaltlichen) Kosten des Abmahnschreibens können in einem Folgeverfahren gerichtlich nicht festgesetzt werden, da die Abmahnkosten Kosten zur Vermeidung eines Prozesses und keine zu dessen Vorbereitung sind. Dem Abmahnenden steht jedoch, wenn die Abmahnung berechtigt erfolgte, ein **materiellrechtlicher Kostenerstattungsanspruch gegen den Verletzer** zu.⁴⁴⁵ Dieser Anspruch folgt aus den Grundsätzen der Geschäftsführung ohne Auftrag (§§ 683, 677, 670 BGB). Für Wettbewerbsstreitigkeiten ist der Erstattungsanspruch nunmehr sogar ausdrücklich in

---

437 OLG Hamburg, WRP 1981, 470. Zur Ausnahme – unbedingter Auftrag zu Prozessführung bereits erteilt – sogleich.
438 OLG Hamburg, WRP 1981, 470.
439 OLG München, WRP 1982, 542.
440 Müller-Rabe, in: Gerold / Schmidt / v. Eicken / Madert / Müller-Rabe, RVG, 16. Auflage (2004), Anhang Rn. 161.
441 Vgl. hierzu auch Nordemann, Wettbewerbsrecht / Markenrecht, 10. Auflage (2004), Rn. 3019, wo – allerdings ohne Begründung – von der Anrechenbarkeit dieser Verfahrensgebühr auf die später anfallenden gerichtlichen Anwaltsgebühren ausgegangen wird.
442 Müller-Rabe, in: Gerold / Schmidt / v. Eicken / Madert / Müller-Rabe, RVG, 16. Auflage (2004), Anhang Rn. 167.
443 Müller-Rabe, in: Gerold / Schmidt / v. Eicken / Madert / Müller-Rabe, RVG, 16. Auflage (2004), Anhang Rn. 163.
444 Vgl. dazu Zöller / Herget, ZPO, 25. Auflage (2005), § 91 Rn. 13 Stichwort „Abmahnung", m.w.N.; a.A. OLG Nürnberg, JurBüro 1992, 614.
445 Zum Kostenerstattungsanspruch bei mehreren Abmahnungen für denselben Wettbewerbsverstoß vgl. Nordemann, Wettbewerbsrecht / Markenrecht, 10. Auflage (2004), Rn. 3019.

§ 12 Abs. 1 Satz 2 UWG kodifiziert. Schließlich kann die Erstattung der Kosten u.U. im Wege des Schadensersatzes geltend gemacht werden (§§ 14 Abs. 6, 15 Abs. 5 MarkenG, § 9 UWG, §§ 12, 823, 826 BGB), was Vorteile im Hinblick auf den Gerichtsstand einer auf Erstattung der Kosten gerichteten Zahlungsklage haben kann.[446] **Beweisbelastet** für die **Erforderlichkeit der Kosten** ist der **Abmahnende**. Die Beauftragung ist nur dann nicht notwendig, wenn der Mandant ohne die Hilfe des Anwalts ohne weiteres zur Beurteilung der Rechtslage und zum Anfertigen des Abmahnschreibens in der Lage war; dies ist nur in Ausnahmekonstellationen der Fall.[447]

Wirkt im Falle einer Markenrechtsstreitigkeit ein **Patentanwalt** im vorprozessualen Stadium mit, ist **§ 140 Abs. 3 MarkenG analog** anzuwenden.[448] | 227

Wegen § 11 Abs. 1 UWG sollte in Fällen, in denen die Abmahnung (auch) mit einem Wettbewerbsverstoß begründet werden kann, vorsorglich die 6-Monats-Frist – gerechnet ab dem Zeitpunkt der Mahnung als dem hinsichtlich der nicht anrechenbaren Gebühren maßgeblichen Fälligkeitszeitpunkt – notiert werden, innerhalb derer **Maßnahmen der Verjährungshemmung** (§ 204 BGB) zu ergreifen sind.[449] | 228

IV. Vorprozessuale Reaktion auf den Vorwurf der unberechtigten Domain-Registrierung / -Benutzung

1. Ausgangslage

Nicht selten sind die gegen die Registrierung und gegebenenfalls Benutzung der Domain vorgebrachten Ansprüche haltlos oder „schießen über das Ziel hinaus". Der Abgemahnte wird, wenn er dem Verlangen des Anspruchstellers auf Unterzeichnung der Unterlassungserklärung nicht entsprechen will, anwaltlichen Beistand zur Verteidigung gegen die Forderungen des Abmahnenden und gegebenenfalls zur Durchsetzung eigener (prioritätsälterer) Rechte suchen. | 229

2. Mögliche Verteidigungsmittel gegen geltend gemachte Ansprüche

a) Prüfung der Tatsachen- und Rechtslage

Der so beauftragte Anwalt des Domain-Inhabers hat zu klären, ob die Behauptungen der Gegenseite zum Sachverhalt und deren rechtliche Beurteilung zutreffen. Insbesondere wird er folgende Fragen zu beantworten haben: | 230

- Ist der **Anspruchsteller** tatsächlich **Inhaber des** von ihm angeführten **Kennzeichenrechts** (Marke, Geschäftsbezeichnung) und wann ist dieses erworben worden? Insoweit kann der Anwalt zur Überprüfung der Angaben des Anspruchstellers (beispielsweise) Einsicht in das Handelsregister nehmen oder zur Überprüfung des Bestehens von Markenrechten auf die Datenbanken des DPMA (nationale Mar- | 231

---

[446] Siehe Rn. 243.
[447] Zu den Ausnahmefällen siehe Müller-Rabe, in: Gerold/Schmidt/v. Eicken/Madert/Müller-Rabe, RVG, 16. Auflage (2004), Anhang Rn. 178 ff., sowie – speziell für das Wettbewerbs- und Markenrecht – Nordemann, Wettbewerbsrecht/Markenrecht (2004), 10. Auflage, Rn.3019.
[448] Ingerl/Rohnke, Markengesetz, 2. Auflage (2003), Vor §§ 14-19 Rn. 152.
[449] Zur Verjährung des Abmahnkostenanspruchs vgl. BGHZ 115, 210 = GRUR 1992, 176.

ken), abrufbar über www.dpma.de, bzw. des Harmonisierungsamtes für den Binnenmarkt (Gemeinschaftsmarken), abrufbar unter http://oami.eu.int/, zurückgreifen.

232 ▪ Existiert möglicherweise ein **Kennzeichenrecht des Mandanten**, das dem des Anspruchsstellers vorgeht (und unter u.U. gar Unterlassungs- und Schadensersatzansprüche gegenüber dem Anspruchsteller begründen könnte)? In Betracht kommt neben anderen Zeichenrechten auch – wie oben ausgeführt (Rn. 156ff.) – der Domain-Name selbst, dem u.U. **Schutz als Unternehmenskennzeichen** (§ 5 Abs. 2 Satz 1 MarkenG), als Werktitel (§ 5 Abs. 3 MarkenG) **oder als Name** im Sinne des § 12 BGB zugute kommen kann.[450]

233 ▪ Liegt in der Verwendung der angegriffenen Domain ein **namens- oder kennzeichenmäßiger Gebrauch**? Dies ist beispielsweise bei Verwendung der Domain als generischer Sachbegriff (www.pferd.de) nicht der Fall.[451] An einem entsprechenden Gebrauch fehlt es auch dann, wenn die Domain lediglich auf einen kritisch-wertenden Inhalt der Website hinweist. Insoweit muss der Anwalt auch den Inhalt der Website seines Mandanten berücksichtigen: Ist der Domain-Name zusammengesetzt aus einer fremden Marke (bzw. Firmenbezeichnung) und einem kritisch-wertenden Inhalt, liegt in der Verwendung der Domain kein marken- oder namensmäßiger Gebrauch, wenn der Verkehr den Domain-Namen insgesamt nicht dem dritten Unternehmen zuordnet. Das gilt jedenfalls dann, wenn auf der so adressierten Website ein Informationsforum eingerichtet ist, das sich im negativen Sinne kritisch mit dem Unternehmen des Anspruchsstellers befasst. Auch eine wettbewerbsrechtlich relevante Unlauterbarkeit ist in derartigen Konstellationen in der Regel abzulehnen, da das Handeln nicht zu Wettbewerbszwecken erfolgt.[452]

▪ Besteht **Verwechslungsgefahr** zwischen der Marke/dem Unternehmenskennzeichen des Anspruchsstellers und der Domain sowie den darunter jeweils angebotenen Dienstleistungen und/oder Waren?

▪ Bei fehlender Verwechslungsgefahr: Kann das Kennzeichen des Anspruchsstellers **Bekanntheitsschutz** in Anspruch nehmen und führt dies zur unlauteren Ausnutzung oder Beeinträchtigung der Unterscheidungskraft oder Wertschätzung des Kennzeichens?

▪ Streiten sonstige Gründe gegen einen Löschungsanspruch? Dem Anspruch auf Löschung einer Domain kann auch der Gesichtspunkt von **Treu und Glauben** entgegenstehen, wenn der Anspruchsteller schon vor etlichen Jahren eine Einigung mit dem Inhaber der Domain versucht hat, nach dem Scheitern der Einigungsbemühungen aber über einen erheblichen Zeitraum hinweg nicht den Rechtsweg bestritten hat.[453]

---

[450] KG, GRUR 2000, 902; OLG München, CR 1999, 778 (nicht zur Revision zugelassen: BGH, Beschluss vom 24. Mai 2000, Az. I ZR 269/99).
[451] Siehe oben unter Rn. 153f.
[452] OLG Hamburg, CR 2004, 861.
[453] LG Düsseldorf, MMR 2004, 111.

b) Reaktion auf Abmahnung

Abhängig vom Ergebnis der vorstehend skizzierten Prüfung kommen folgende Reaktionen auf die Abmahnung in Betracht:

aa) Materielle Einwände gegen die Abmahnung: Bestehen die vom Anspruchsteller behaupteten Ansprüche nicht (oder sind sie jedenfalls mit Aussicht auf Erfolg angreifbar), sollte der Anwalt der **Abmahnung inhaltlich entgegentreten**.

bb) Originalvollmacht nicht beigefügt: Selbst wenn die in der Abmahnung gemachten Behauptungen zutreffen, der anwaltlichen Abmahnung aber keine Originalvollmacht beigefügt ist, sollte der Anwalt die **Abmahnung** vorsorglich **unverzüglich zurückweisen**,[454] da – wie bereits oben skizziert – ein Teil der Oberlandesgerichte[455] die Ansicht vertritt, dass § 174 BGB (analog) auf die Abmahnung Anwendung findet.[456] Eine solche Rüge gibt dem Abgemahnten einen gewissen Gewinn an Zeit, innerhalb derer er die betreffende Website aus dem Internet nehmen oder gegenüber der DENIC den Verzicht auf die Domain erklären sowie die geforderte Unterlassungsverpflichtungserklärung abgeben kann. Kommt der Mandant in derartigen Fällen dem Verlangen des Anspruchstellers nach, bevor dessen Anwalt eine Originalvollmacht vorlegt, dürfte ein Anspruch des Anspruchstellers auf Erstattung der Kosten der Abmahnung ausscheiden.[457] Die Unterlassungsverpflichtungserklärung sollte in diesem Fall, soweit für die Entscheidung über den Kostenerstattungsanspruch ein Gericht im Bezirk der entsprechenden Oberlandesgerichte zuständig wäre, nur unter ausdrücklicher **Verwahrung gegen die Kostenlast** abgeben werden.[458] Vorsorglich sollte man zudem – ebenfalls mit Blick auf eine etwaige Auseinandersetzung über den Kostenerstattungsanspruch des Anspruchstellers – den **Rechtsstandpunkt des Mandanten aufrecht erhalten**. Eine solche Einschränkung hindert, sofern der unbedingte Wille zur Einhaltung der Unterlassungsverpflichtung deutlich wird, den Wegfall der Wiederholungsgefahr nicht.[459]

---

454 Dies sollte vorsorglich natürlich auch dann geschehen, wenn zusätzlich materielle Einwände gegen die Abmahnung vorgebracht werden können.
455 OLG Düsseldorf, GRUR 1999, 1039; GRUR-RR, 2001, 286, OLG Nürnberg, GRUR 1991, 387; GRUR 1999, 1039; OLG Dresden, GRUR 1999, 377.
456 OLG Nürnberg, NJW-RR 1991, 1393.
457 Vgl. nur Teplitzky, Wettbewerbsrechtliche Ansprüche und Verfahren, 8. Auflage (2002), Kapitel 41, der (a.a.O., Rn 6b) die Frage des Vollmachtserfordernisses als „maßlos überschätzte und eher unnötigerweise hochgespielte Frage" ansieht und (a.a.O., Rn. 6b, Fn 30) hier eine „Spielwiese für schikanefreudige Streitparteien und deren Anwälte" ausmacht, aber – trotz dieser überzogenen Kritik (der Rechtsanwalt hat mit den ihm zu Gebote stehenden, zulässigen Mitteln die Interessen des Mandanten zu wahren; dass diese verfolgt werden, ist nicht per se Ausdruck von „Schikanefreude") – die Ansicht billigt, dass der Abgemahnte dann keine Abmahnkosten zu tragen hat, wenn er das Verlangen des Abmahnenden mit der Zusage der sofortigen und einschränkungslosen Unterwerfung für den Fall der Vollmacht verbindet (a.a.O., Rn. 6b). Erst recht muss dann eine negative Kostenfolge für den Abgemahnten ausscheiden, wenn die Unterlassungsverpflichtungserklärung unbedingt, wenngleich unter Verwahrung gegen die Kostenlast abgegeben wird.
458 Auf die Erklärung einer auflösenden Bedingung der Nichtvorlage einer Originalvollmacht – vgl. Teplitzky, Wettbewerbsrechtliche Ansprüche und Verfahren, 8. Auflage (2002), Kapitel 41 Rn 6b – sollte verzichtet werden, weil bzw. solange nicht gerichtlich geklärt ist, ob eine derart bedingte Erklärung die Wiederholungsgefahr ausräumen kann.
459 Vgl. Teplitzky, Wettbewerbsrechtliche Ansprüche und Verfahren, 8. Auflage (2002), Kapitel 41 Rn 6b.

237 Muster: Verwahrung gegen Kostenlast

Weil der durch eine streitige Auseinandersetzung entstehende Aufwand außer Verhältnis zu der Bedeutung der Sache stehen würde, hat sich unsere Mandantin entschieden, unter Aufrechterhaltung ihres vorstehend dargelegten Rechtsstandpunktes, aber rechtsverbindlich, die als Anlage beigefügte Unterlassungsverpflichtungserklärung – allerdings unter ausdrücklicher Verwahrung gegen die durch Ihre Beauftragung verursachte Kostenlast – abzugeben.

238 Eine (wettbewerbsrechtliche) Abmahnung kann auch missbräuchlich sein. Der BGH hat in den Fällen **missbräuchlicher Mehrfachabmahnung** ausdrücklich festgestellt, dass eine Abmahnung, sofern sie missbräuchlich ist, nicht nur dazu führt, dass sie unbeachtlich ist, sondern dass für die Durchsetzung des Anspruchs auf Unterlassung keine gerichtliche Hilfe in Anspruch genommen werden kann (vgl. § 8 Abs. 4 UWG).[460]

239 *cc) Weder materielle noch formelle Einwände möglich:* War der Abmahnung eine Originalvollmacht beigefügt und sind auch keine sonstigen Verteidigungsmittel ersichtlich, wird man dem Mandanten in der Regel raten müssen, die Unterlassungsverpflichtungserklärung abzugeben.[461]

240 Allerdings sind Ausnahmen möglich. Sofern der Mandant im geschäftlichen Verkehr in erheblichem Maße mit Erfüllungsgehilfen zusammenarbeiten muss, kann dem Mandanten im Hinblick auf die bei Vertragsstrafeversprechen bestehende Haftung auch für Wiederholungshandlungen solcher Gehilfen[462] **unter Umständen zu raten sein, den Erlass einer einstweiligen Verfügung hinzunehmen und diese durch eine sofortige Abschlusserklärung**[463] **anzuerkennen,**[464] weil er bei Verstößen gegen einen gerichtlichen Titel – und im sich anschließenden Ordnungsmittelverfahren nach § 890 ZPO[465] – nur für eigenes Verschulden (allerdings auch in Form des sog. Organisationsverschuldens) einzustehen hat.[466]

241 Wenn dem Mandanten geraten wird, sich zu unterwerfen, ist allerdings zu prüfen, ob die vorformulierte Erklärung nach **Art und Umfang** diejenige **Unterlassungspflicht** bezeichnet, die der Mandant schuldet, und **nicht zu weit** geht. Zu beachten ist dabei, dass ein zu weit gefasstes, aber grundsätzlich begründetes Unterlassungsgebot den Abgemahnten nicht der Obliegenheit enthebt, eine enger gefasste Unterlassungsverpflichtungserklärung abzugeben.[467]

---

460 BGHZ 149, 371. Vgl. dazu auch [Verweis auf UWG-Teil].
461 Teplitzky, Wettbewerbsrechtliche Ansprüche und Verfahren, 8. Auflage (2002), Kapitel 41 Rn. 44, m.w.N.
462 Vgl. hierzu Teplitzky, Wettbewerbsrechtliche Ansprüche und Verfahren, 8. Auflage (2002), Kapitel 20 Rn. 15, mit umfangreichen Nachweisen zur Rechtsprechung des BGH.
463 Dazu unter Rn. 352 ff.
464 Teplitzky, Wettbewerbsrechtliche Ansprüche und Verfahren, 8. Auflage (2002), Kapitel 41 Rn. 45, m.w.N. und weiterführenden Hinweisen.
465 Dazu unter „Wettbewerbsrecht" Rn. 552 ff.
466 Teplitzky, Wettbewerbsrechtliche Ansprüche und Verfahren, 8. Auflage (2002), Kapitel 41 Rn. 45.
467 Vgl. OLG Stuttgart, WRP 1985, 53; OLG Düsseldorf, WRP 1988, 107; a. A. OLG München, WRP 1982, 600, 601.

Möglich ist es – gerade bei noch nicht höchstrichterlich geklärten, im konkreten Fall streitentscheidenden Fragestellungen –, eine **auflösende Bedingung** des Inhaltes aufzunehmen, dass der Bestand der Erklärung an die höchstrichterliche Klärung der zugrundeliegenden Rechtsfrage im Sinne des Abgemahnten oder an eine Änderung der Sach- und Rechtslage zu seinen Gunsten gebunden wird.[468] Denkbar ist – jedenfalls soweit wettbewerbsrechtlich begründete Unterlassungsansprüche in Rede stehen – zudem, in die Unterwerfungserklärung die Klarstellung aufzunehmen, dass die im etwaigen Verletzungsfalle begründeten vertraglichen Unterlassungs- und Schadensersatzansprüche der kürzeren (sechsmonatigen) Verjährungsfrist unterliegen sollen, soweit sie nicht aus vorsätzlichen Verstößen resultieren; eine solche Einschränkung soll der Unterlassungsverpflichtungserklärung nicht ihre wiederholungsfahrbeseitigende Wirkung nehmen können.[469]

242

Schließlich sollte der Anwalt den Mandanten auch hier auf die Möglichkeit hinweisen, sich **isoliert gegen die Kostentragungspflicht** zu **wehren** (zur Formulierung Rn. 237f.). Gerade in Fällen, in denen der Anspruchsteller den Abgemahnten an dessen Wohnort bzw. Sitz verklagen muss (§ 12 ZPO) und der Wohnort/Sitz des Anspruchsstellers örtlich weit von demjenigen des Abgemahnten entfernt ist, besteht eine gewisse Wahrscheinlichkeit, dass der Anspruchsteller die damit verbundenen Kosten angesichts der im Regelfall eher geringen Kostenforderung scheuen wird. Das entsprechende Risiko einer gerichtlichen Geltendmachung des Kostenerstattungsanspruches wird allerdings höher sein, wenn der deliktische Gerichtsstand des § 32 ZPO wegen einer schuldhaften Rechtsverletzung im Internet[470] eröffnet ist, so dass der Anspruchsteller u.U. an seinen Wohnort/Sitz klagen kann.[471]

243

dd) Angebot des Abschlusses einer Abgrenzungs- und Vorrechtsvereinbarung: Gerade in Konstellationen, in denen die Chancen beider Seiten ausgeglichen sind, kann auch daran gedacht werden, der Gegenseite den Abschluss einer im Markenrecht verbreiteten – nur inter partes wirkenden – **Abgrenzungs- und Vorrechtsvereinbarung** vorzuschlagen.[472]

244

Diese Vereinbarung könnte im hier gebildeten „Musterfall" beispielsweise den Inhalt haben, dass sich der Mandant verpflichtet, in Zukunft nur (näher bestimmte) Computerhardware (nicht aber z.B. korrespondierende Dienstleistungen wie Consulting im Zusammenhang mit Netzwerken, Softwareerstellung etc.) unter der Domain anzubieten, ihm die Benutzung der Domain im Übrigen aber vom Abmahnenden gestattet wird.

245

---

468 BGH, GRUR 1993, 677; Mellulis, Handbuch des Wettbewerbsprozesses, Rn. 617, m.w.N.
469 Teplitzky, Wettbewerbsrechtliche Ansprüche und Verfahren, 8. Auflage (2002), Kapitel 16 Rn. 21.
470 Vgl. dazu Bachmann, IPRax 1998, 179; sog. „fliegender Gerichtsstand", vgl. KG, NJW 1997, 3321; LG Düsseldorf, NJW-RR 1998, 980; a.A. OLG Celle, 2003, 47 (nur am Ort des tatsächlichen Erfolgseintritts); siehe zum Gerichtsstand bei über das Internet begangenen Verstößen Rn. 267.
471 Für die Geltendmachung des Kostenerstattungsanspruches im Gerichtsstand des § 32 ZPO OLG Konstanz, WRP 1978, 566, dagegen LG Berlin, WRP 1979, 823, und Zöller/Vollkommer, ZPO, 25. Auflage (2005), § 32 Rn. 17 a.E.
472 Weiterführend zu diesem Komplex u.a. Heil, GRUR 1975, 155; Winter, GRUR 1977, 467; Harte, GRUR 1978, 501; Formulierungshinweise bei Storkebaum, GRUR 1976, 121.

c) Muster eines Antwortschreibens mit Erläuterungen

246

aa) Muster: Antwortschreiben

Per Einschreiben/Rückschein

■■■ [Name und Anschrift des Anwalts des Abmahnenden]

Vorab per Telefax

■■■

■■■ ./. ■■■ GmbH

Sehr geehrter Herr Kollege ■■■,

in der vorgenannten Angelegenheit zeigen wir an, dass uns die ■■■ GmbH, ■■■, mit der Wahrnehmung ihrer Interessen beauftragt hat. Eine auf uns lautende Originalvollmacht liegt bei.

Uns liegt Ihr Abmahnschreiben vom 1. März 2005 vor. Soweit Sie darin den Standpunkt bezogen haben, Ihrer Mandantin stünden Unterlassungs- und Schadensersatzansprüche gegen unsere Mandantin zu, geht dies fehl.

Das Gegenteil ist der Fall: Unsere Mandantin hat sich die Domain „■■■.de" bereits am 26. Oktober 2003 bei der ■■■ e.G. registrieren lassen und bietet unter dieser Domain seit dem Juli 2004 bundesweit Beratung im Zusammenhang mit der gewerblichen Computer- und Netzwerknutzung an. Damit hat unsere Mandantin bereits mit Wirkung vom 26. Oktober 2003 die Rechte an der besonderen Geschäftsbezeichnung und dem Namen „■■■" erworben. Ihre Mandantin ist demgegenüber, wie sich aus einem uns vorliegenden Handelsregisterauszug ergibt, erst seit dem Dezember 2003 gewerblich tätig, unter der jetzigen Firma ■■■ Electronic GmbH sogar erst seit April 2004. Frühestens seit diesem Zeitpunkt kann Ihre Mandantin, was unsere Mandantin ohnehin mit Nichtwissen bestreiten muss, das Schlagwort „■■■" in Werbeprospekten benutzt haben. Weil unsere Mandantin daher ein prioritätsälteres Kennzeichen- und Namensrecht an „■■■" erworben hat und – wie Sie selbst zutreffend festgestellt haben – eine Verwechslungsgefahr zwischen den sich gegenüber stehenden Zeichen zu konstatieren ist, steht unserer Mandantin gegen Ihre Mandantin ein Unterlassungsanspruch gemäß § 15 Abs. 2, 4 MarkenG zu. Wir haben Ihre Mandantin deshalb namens und im Auftrag unserer Mandantin aufzufordern, die beiliegende strafbewehrte Unterlassungsverpflichtungserklärung bis spätestens zum

11. März 2005

(Datum des Eingangs der Erklärung bei uns) abzugeben. Zur Wahrung der Frist genügt die Übersendung per Telefaxschreiben, wenn das Original der Unterlassungsverpflichtungserklärung unverzüglich auf dem Postweg nachfolgt. Durch die Abgabe dieser Erklärung kann Ihre Mandantin die von ihr gesetzte Wiederholungsgefahr ausräumen und damit die Einleitung gerichtlicher Schritte vermeiden.

Aufgrund der Schadensersatzpflicht Ihrer Mandantin (§ 15 Abs. 5 MarkenG, §§ 12, 823, 826 BGB) sowie ferner nach den Grundsätzen der Geschäftsführung ohne Auftrag (§§ 683, 677, 670 BGB) ist Ihre Mandantin zum Ersatz derjenigen Kosten verpflichtet, die aus unserer

Beauftragung entstanden sind. Wir haben Ihre Mandantin deshalb zugleich aufzufordern, den geschuldeten Betrag bis spätestens zum

18. März 2005

unter Angabe unseres o.g. Aktenzeichens auf folgendes Konto zu überweisen: ▪▪▪. Geldempfangsvollmacht ist ausweislich der beigefügten Vollmachtsurkunde gegeben. Für den Fall, dass die gesetzten Fristen ergebnislos verstreichen sollten, werden wir unserer Mandantin empfehlen, unverzüglich gerichtliche Hilfe zur Wahrung ihrer Rechte in Anspruch zu nehmen.

Mit freundlichen kollegialen Grüßen

▪▪▪

Rechtsanwalt

[Anlage: Unterlassungsverpflichtungserklärung]

bb) Erläuterungen: Die vorliegende Reaktion ist eine „echte" **markenrechtliche Abmahnung**, mit der ein (vermeintlich)[473] prioritätsälteres, durch Benutzung der Domain erworbenes Kennzeichenrecht geltend gemacht wird. Es kann deshalb zunächst auf die Ausführungen unter Rn. 193 ff. verwiesen werden. Folgende ergänzende Erläuterungen sind angebracht:

247

(1) Negative Feststellungsklage und sog. „Gegenabmahnung": Die ursprüngliche Abmahnung kann nicht nur wegen etwaiger prioritätsälterer Rechte des Abgemahnten, sondern auch aus andern Gründen unberechtigt sein. So mag etwa der Mandant gar nicht Inhaber der Domain und damit nicht passivlegitimiert sein. Im Falle einer unberechtigten Abmahnung hat der Abgemahnte stets die Möglichkeit, Klage zu erheben, die auf verbindliche Feststellung gerichtet ist, dass die vom Abmahnenden geltend gemachten (Unterlassungs-) Ansprüche nicht bestehen. Derjenige, der unberechtigt zur Löschung seiner Domain-Registrierung aufgefordert worden ist, hat ein schutzwürdiges Interesse an der gerichtlichen Feststellung daran, dass der Anspruchsteller keine Rechte an der Domain herleiten kann.[474] Eine **Gegenabmahnung** vor der Erhebung einer entsprechenden Klage ist **regelmäßig nicht erforderlich**.[475] Für den Fall eines sofortigen Anerkenntnisses der Gegenseite droht die Kostenfolge des § 93 ZPO **nur** in seltenen Fällen. Die Gegenabmahnung ist dann angezeigt, **wenn** eine **längere Zeitspanne** nach der ersten Abmahnung **verstrichen** ist, innerhalb derer der Abmahnende noch keine gerichtlichen Schritte eingeleitet hat.[476] Die Gegenabmahnung ist ferner erforderlich, wenn durch die Gegenabmahnung **offensichtlich unrichtige Annahmen** des Abmahnenden richtig gestellt werden können und deshalb mit einer Änderung der Auffassung des Abmahnenden zu rechnen ist.[477]

248

---

473 Zur Frage, ob im hier gebildeten Fall das Datum der Domain-Registrierung prioritätsbegründend sein könnte, vgl. Rn. 158.
474 LG Düsseldorf, MMR 2004, 111.
475 BGH, GRUR 2004, 790.
476 BGH, GRUR 2004, 790.
477 BGH, GRUR 2004, 790.

249 *(2) Gegenstandswert und Gebühren:* Wird der Anwalt für den Abgemahnten tätig, können unterschiedliche Aufträge vorliegen.[478] Sofern der Anwalt (wie in dem im Muster wiedergegebenen Sachverhalt) eine echte Abmahnung verfassen soll, gelten die oben unter Rn. 221 ff. gemachten Erläuterungen.

250 Sofern lediglich ein „normales" Antwortschreiben verfasst wird, wird im **Regelfall** nur eine **Geschäftsgebühr** anfallen. Beauftragt der Mandant den Anwalt, ihn außergerichtlich zu vertreten und gegebenenfalls den Abmahnenden aufzufordern, seinerseits eine Unterlassungserklärung abzugeben,[479] richten sich die Gebühren daher nach RVG VV Nr. 2400 f. (eine 0,5 bis 2,5 Gebühr, regelmäßig 1,3 Gebühr).[480] Die außergerichtliche Vertretung (bzw. das Reaktionsschreiben) und das sich anschließende Gerichtsverfahren (bzw. das Abschlussschreiben) bilden zwei separate Angelegenheiten.[481] Die Geschäftsgebühr ist gemäß RVG VV Vorb. 3 Abs. 4 grundsätzlich mit einem Gebührensatz von bis zu 0,75 Gebühren auf die Verfahrensgebühr im (sich anschließenden) Verfügungs- bzw. Hauptsacheverfahren anzurechnen. Im **Ausnahmefall** kann auch eine **Verfahrensgebühr** entstehen. Hat der Mandant einen unbedingten Auftrag zur Prozessführung erteilt und ist die Reaktion auf die Abmahnung das erste Element einer Kette von Prozessführungshandlungen, verdient der Anwalt eine Verfahrensgebühr nach RVG VV Nr. 3100 f.[482] Diese Tätigkeit bildet mit dem Gerichtsverfahren eine Angelegenheit.[483] Im Falle einer bloßen Beratungsanfrage (ohne den Auftrag, ein Antwortschreiben zu fertigen) verdient der Anwalt die (auf Geschäfts- oder Verfahrensgebühr voll anzurechnende) **Beratungsgebühr** nach RVG VV Nr. 2100 f. (0,1 bis 1,0 Gebühr).

251 Eine **Kostenerstattung** im anschließenden Feststellungsverfahren erzielt der Abgemahnte nur über den „Umweg" eines materiellen Erstattungsanspruchs; es gilt insoweit spiegelbildlich das für den Fall der berechtigten Abmahnung Gesagte.[484] Für den Fall der (bloßen) **Gegenabmahnung** hat der BGH entschieden, dass die dadurch verursachten Kosten mangels Erforderlichkeit eines solchen Schreibens[485] nur ausnahmsweise vom (zuerst) Abmahnenden zu tragen sind.[486]

d) Hinterlegung einer Schutzschrift

252 Sind die von der Gegenseite behaupteten Ansprüche angreifbar, droht aber der Erlass einer einstweiligen Verfügung im Beschlusswege (also ohne mündliche Verhandlung), kann die Hinterlegung einer sog. Schutzschrift sinnvoll sein. Die Schutzschrift wird wegen ihrer **Nähe zum Verfügungsverfahren** im folgenden Abschnitt behandelt.[487]

---

478 Müller-Rabe, in: Gerold/Schmidt/v. Eicken/Madert/Müller-Rabe, RVG, 16. Auflage (2004), Anhang, Rn. 199.
479 Zu den kostenrechtlichen Folgen des Auftrags, zusätzlich eine Schutzschrift zu hinterlegen, siehe Rn. 305.
480 Müller-Rabe, in: Gerold/Schmidt/v. Eicken/Madert/Müller-Rabe, RVG, 16. Auflage (2004), Anhang, Rn. 188.
481 Müller-Rabe, in: Gerold/Schmidt/v. Eicken/Madert/Müller-Rabe, RVG, 16. Auflage (2004), Anhang, Rn. 193.
482 Müller-Rabe, in: Gerold/Schmidt/v. Eicken/Madert/Müller-Rabe, RVG, 16. Auflage (2004), Anhang, Rn. 188.
483 Müller-Rabe, in: Gerold/Schmidt/v. Eicken/Madert/Müller-Rabe, RVG, 16. Auflage (2004), Anhang, Rn. 193.
484 Hierzu unter Rn. 226.
485 Dazu unter Rn. 197 f.
486 BGH, GRUR 2004, 790.
487 Dazu unter Rn. 294 ff.

B. Prozess

I. Antrag auf Erlass einer einstweiligen Verfügung

Gibt der Abgemahnte die Unterlassungsverpflichtungserklärung nicht ab, wird es sich – weil nur auf diesem Wege die Rechte des Mandanten zügig gesichert werden können – regelmäßig empfehlen, einen Antrag auf Erlass einer einstweiligen Verfügung zu stellen. 253

1. Vor- und Nachteile des Verfügungsverfahrens

Der Anwalt sollte den Mandanten vor der Entscheidung, ob dieser Schritt gegangen wird, über die folgenden Punkte aufklären: 254

a) Verhältnis zur Hauptsacheklage

Die einstweilige Verfügung führt **nur** zu einer **vorläufigen Regelung zur Sicherung eines Individualanspruches** bzw. der einstweiligen Regelung eines streitigen Rechtsverhältnisses; die endgültige Regelung bleibt einem Hauptsacheverfahren vorbehalten. Der Erlass einer einstweiligen Verfügung beseitigt nicht die Wiederholungsgefahr und damit auch nicht den Unterlassungsanspruch. 255

Wegen der unterschiedlichen Rechtsschutzziele und insbesondere abweichenden Rechtskraftwirkungen (vgl. § 927 ZPO)[488] sind **Hauptsacheverfahren und einstweiliges Verfügungsverfahren nebeneinander zulässig**,[489] der Übergang vom Verfügungsverfahren in den Hauptsacheprozess ist hingegen ausgeschlossen.[490] 256

b) Regelmäßig nur Unterlassungsansprüche durchsetzbar

Im Verfügungsverfahren können **regelmäßig nur Unterlassungsansprüche**[491] geltend gemacht werden.[492] Es stellt sich dabei die Frage, ob bereits im Verfügungsverfahren die Löschung der Domain (durch Abgabe der Verzichtserklärung gegenüber der DENIC) durchgesetzt werden kann (Rn. 273). Zudem ist im Einzelfall zu prüfen, ob ausnahmsweise – unter Durchbrechung des Verbots der Vorwegnahme der Hauptsache – bereits im Verfügungsverfahren auch Auskunftsansprüche (vgl. § 19 Abs. 3 MarkenG)[493] geltend gemacht werden können. Die Geltendmachung von Schadensersatzansprüchen bleibt indes in jedem Falle dem Hauptsacheverfahren vorbehalten.[494] 257

c) Eingeschränkte Verjährungshemmung

Die Zustellung eines Antrags auf Erlass einer einstweiligen Verfügung – unter den Voraussetzungen des § 167 ZPO mit Rückwirkung auf den Zeitpunkt des Eingangs des 258

---

488 Zu formellen und (beschränkten) materiellen Rechtskraft von Entscheidungen im Arrest- und Verfügungsverfahren vgl. Zöller/Vollkommer, 25. Auflage (2005), Vor § 916 Rn. 13, m.w.N.
489 OLG Hamm, NJW-RR 1991, 1335; Zöller/Vollkommer, 25. Auflage (2005), Vor § 916 Rn. 1b.
490 Zöller/Vollkommer, 25. Auflage (2005), Vor § 916 Rn. 3 a.E., § 920 Rn. 14, m.w.N. Der Übergang vom Verfügungsverfahren in das Arrestverfahren ist hingegen zulässig (ebenda).
491 Zur Geltendmachung von etwaigen – bei Domainstreitigkeiten kaum praxisrelevanten – Sequestrationsansprüchen im Verfügungsverfahren vgl. Mellulis, Handbuch des Wettbewerbsprozesses, 3. Auflage (2000), Rn. 148.
492 Vgl. nur Nordemann, Wettbewerbsrecht/Markenrecht (2004), 10. Auflage, Rn. 3071ff., m.w.N.
493 Hierzu unter Rn. 274.
494 Vgl. nur Mellulis, Handbuch des Wettbewerbsprozesses, 3. Auflage (2000), Rn. 147f.; Nordemann, Wettbewerbsrecht/Markenrecht (2004), 10. Auflage, Rn. 3071, m.w.N.

Antrags beim Gericht – **hemmt** zwar gemäß § 204 Abs. 1 Nr. 9 BGB die **Verjährung**, allerdings **nur hinsichtlich des Anspruchs, der durch den Antrag gesichert werden soll**.[495] Sofern – wie dies regelmäßig der Fall sein wird (s.o.) – nur Unterlassungsansprüche im Verfügungsverfahren durchsetzt werden, begründet der Antrag auf Erlass der einstweiligen Verfügung also insbesondere **keine Hemmungswirkung hinsichtlich etwaiger Auskunfts- und Schadensersatzansprüche**.[496]

d) Dringlichkeit erforderlich

259 Der **Verfügungsgrund** (§§ 936, 917 ZPO) stellt die praktisch bedeutsamste (und eine besondere Form des Rechtsschutzbedürfnisses darstellende) Voraussetzung[497] für den Erlass einer einstweiligen Verfügung dar. Fehlt es an der Dringlichkeit, wird der Antrag zurückgewiesen.[498] Selbst wenn zugunsten des Mandanten bei einer wettbewerbsrechtlichen und markenrechtlichen Anspruchsgrundlage die **Vermutung der Dringlichkeit** (§ 12 Abs. 2 UWG)[499] eingreift – bei Ansprüchen aus § 12 BGB wird dies von der Rechtsprechung verneint,[500] die Dringlichkeit ist hier also näher zu begründen und glaubhaft zu machen –, kann diese Vermutung widerlegt werden. In Betracht kommt insoweit insbesondere die Widerlegung der Dringlichkeitsvermutung durch eigenes Verhalten des Verletzten nach Kenntniserlangung.[501] Der Anwalt sollte bereits bei der ersten Kontaktaufnahme mit dem Mandanten in Erfahrung bringen, wann der Mandant **Kenntnis von der Verletzungshandlung** erlangt hat.

260 Zur Selbstwiderlegung der Dringlichkeit kann es kommen, wenn der Verletzer nach Erlangung positiver Kenntnis der Tatumstände[502] zu erkennen gegeben hat, dass ihm die Verfolgung/Sicherung seiner Ansprüche nicht eilig war. Die Gerichte bewerten die zulässige, die Dringlichkeit nicht ausschließende Zeitspanne zum Teil sehr unterschiedlich; die für unschädlich erachtete Zeitspanne zwischen Kenntniserlangung und Stel-

---

495 Palandt/Heinrichs, BGB, 64. Auflage (2005), § 204 Rn. 24, auch zur fehlenden Hemmungswirkung bei missbräuchlich gestelltem Verfügungsantrag.
496 Palandt/Heinrichs, BGB, 64. Auflage (2005), § 204 Rn. 24, unter Verweis auf Schabenberger, WRP, 2002, 293, und Maurer, GRUR 2003, 208.
497 Teplitzky, Wettbewerbsrechtliche Ansprüche und Verfahren, 8. Auflage (2002), Kapitel 54 Rn. 14.
498 Zum – für die Praxis bedeutungslosen – Streit, ob bei Fehlen der Dringlichkeit der Antrag als unzulässig oder unbegründet abzuweisen ist, vgl. einerseits – für Abweisung als unzulässig – Teplitzky, Wettbewerbsrechtliche Ansprüche und Verfahren, 8. Auflage (2002), Kapitel 54 Rn. 15 und andererseits – für Abweisung als unbegründet – Zöller/Vollkommer, ZPO, 25. Auflage (2005), § 917 Rn. 3, jeweils m.w.N.
499 Die analoge Anwendbarkeit des § 12 Abs. 2 UWG (entspricht § 25 UWG in der vor dem 8. Juli 2004 geltenden Fassung des UWG) auf markenrechtliche Ansprüche wird von der Mehrzahl der Oberlandesgerichte befürwortet. Vgl. nur OLG Stuttgart, WRP 1997, 118; OLG Hamburg, WRP 197, 106, und GRUR 1999, 739; OLG Dresden, NJWE-WettbR 1999, 133; KG, NJWE-WettbR 1999, 923; OLG Köln, NJWE-WettbR 2000, 115, und GRUR 2001, 424.
500 OLG Frankfurt, OLGZ 1989, 113; OLG Düsseldorf, WRP 1989, 387; ebenso in der Literatur u.a. Teplitzky, Wettbewerbsrechtliche Ansprüche und Verfahren, 8. Auflage (2002), Kapitel 54 Rn. 20b, m.w.N., auch zur gegenteiligen Ansicht.
501 Vgl. dazu etwa Nordemann, Wettbewerbsrecht/Markenrecht (2004), 10. Auflage, Rn. 3061ff., auch zur Fallgruppe der Widerlegung der Dringlichkeit durch eine Befristung der (verletzenden) Aktion (a.a.O., Rn. 3062).
502 OLG Köln, NJWE-WettbR 1999, 238; OLG Köln, NJWE-WettbR 1999, 252. Vgl. dazu und zur Wissenszurechnung (§ 166 BGB) näher Nordemann, Wettbewerbsrecht/Markenrecht (2004), 10. Auflage, Rn. 3062; m.w.N.

lung des Antrags kann danach zwischen über vier Wochen[503] und bis zu sechs Monaten[504] liegen. Diese Fristen waren jeweils Ergebnis einer fallbezogenen Abwägung und sind abhängig davon, ob ein sachlicher Grund für die Verzögerung existiert;[505] die entsprechenden Urteile können daher nur vage Anhaltspunkte für künftige Fälle bieten.[506]

Der Anwalt befindet sich auf dem **„sichersten Weg"** und tut deshalb gut daran, vorsorglich von einer kurzen Frist (ca. **vier Wochen**) auszugehen, diese zu **notieren**, umgehend die Abmahnung zu fertigen und bei fruchtlosem Verstreichen der in der Abmahnung gesetzten Frist zur Abgabe der Unterlassungsverpflichtungserklärung unverzüglich die Antragsschrift zu fertigen und einzureichen.[507]

261

e) Mögliche Schadensersatzpflicht nach § 945 ZPO

Zu berücksichtigen ist bei der Entscheidung über die Einreichung des Antrags auf Erlass einer einstweiligen Verfügung (und des Inhalts der Antragschrift), dass der Antragsteller dem Antragsgegner zum Schadensersatz verpflichtet sein kann, wenn sich die Anordnung der einstweiligen Verfügung als von Anfang an ungerechtfertigt erweist oder wenn die einstweilige Verfügung auf Grund des § 926 Abs. 2 ZPO oder des § 942 Abs. 3 ZPO aufgehoben wird (§ 945 ZPO).[508] Dann kann sich dasjenige, was zunächst für den Mandanten positiv war – die sofortige Untersagung der Benutzung der Domain – als „Bumerang" erweisen, insbesondere dann, wenn es sich bei der Gegenseite um ein Unternehmen und nicht um eine Privatperson handelt. Gerade in diesen Fällen ist unter den Voraussetzungen des § 945 ZPO der dem Antragsteller (Mandanten) letztlich drohende Schaden um so höher, je mehr sich der (vermeintliche) Verletzer der Unterlassungsverfügung gebeugt hat und dadurch negative Auswirkungen auf seinen Geschäftsbetrieb hat hinnehmen müssen.[509]

262

2. Muster eines Antrages auf Erlass einer einstweiligen Verfügung mit Erläuterungen

a) Muster: Antrag auf Erlass einer einstweiligen Verfügung

263

An das Landgericht ■■■

Vorab per Telefax

---

503 OLG München, WRP 1983, 643; OLG München, GRUR 1992, 328 (allerdings unter der Voraussetzung, dass der Antragsteller alle für die Begründung/Glaubhaftmachung des Antrags erforderlichen Unterlagen bereits hatte).
504 OLG Frankfurt, GRUR 1979, 325 (vgl. allerdings auch OLG Frankfurt, WRP 1988, 744); OLG Hamm, WRP 1981, 473 (vgl. aber auch OLG Hamm, NJWE-WettbR 1996, 164). Weitere Rechtsprechungsnachweise bei Nordemann, Wettbewerbsrecht/Markenrecht (2004), 10. Auflage, Rn. 3062.
505 Vgl. insoweit Mellulis, Handbuch des Wettbewerbsprozesses, 3. Auflage (2000), Rn. 171 ff., auch (Rn. 173) zum Wiederaufleben der Dringlichkeit bei erneuten Verstößen des Verletzers oder sonstigen einschneidenden Änderungen.
506 Darauf weist Mellulis, Handbuch des Wettbewerbsprozesses, 3. Auflage (2000), Rn. 172 Fn. 9, hin.
507 Zur Gefahr der Selbstwiderlegung der Dringlichkeit im Prozessverlauf unter Rn. 259. Dies bedeutet natürlich nicht, dass dann, wenn die Vier-Wochen-Frist bei Annahme des Mandates bereits erlassen ist, dem Mandanten von der Beantragung einstweiligen Rechtsschutzes generell abgeraten werden sollte. Nur sollte der Mandant dann – schriftlich – auf die (Kosten-)Risiken hingewiesen werden.
508 Einzelheiten u.a. bei Sack, WRP 2005, 253.
509 Vgl. Teplitzky, Wettbewerbsrechtliche Ansprüche und Verfahren, 8. Auflage (2002), Kapitel 36 Rn. 3 ff.

§ 2 Domain-Streitigkeiten

Antrag auf Erlass einer einstweiligen Verfügung

der ■■■ GmbH, vertreten durch ihren Geschäftsführer ■■■

Antragstellerin,

Verfahrensbevollmächtigte: ■■■,

gegen

■■■ GmbH, vertreten durch ihren Geschäftsführer ■■■,

Antragsgegnerin

voraussichtliche Verfahrensbevollmächtigte: ■■■,

wegen: Domain-Streitigkeit

vorläufiger Streitwert: € 20.000,00

Namens und in Vollmacht der Antragstellerin beantragen wir – der Dringlichkeit des Falles halber ohne mündliche Verhandlung und durch den Kammervorsitzenden allein – im Wege der einstweiligen Verfügung folgendes anzuordnen:

1. Die Antragsgegnerin hat es bei Vermeidung eines vom Gericht für jeden Fall der Zuwiderhandlung festzusetzenden Ordnungsgeldes bis zu € 250.000,00, ersatzweise Ordnungshaft, oder Ordnungshaft von bis zu 6 Monaten, diese zu vollziehen am Geschäftsführer der Antragsgegnerin, zu unterlassen, den Domain-Namen „KUMMERTECH.de" zu verwenden oder verwenden zu lassen, insbesondere diese auf einer Homepage zu benutzen oder benutzen zu lassen.
2. Der Antragsgegnerin wird aufgegeben, gegenüber der Registrierungsstelle DENIC Domain Verwaltungs- und Betriebsgesellschaft e.G. auf die Registrierung des Domain-Namens „KUMMERTECH.de" bis spätestens zum 31. März 2005 zu verzichten.

Begründung:

I. Zum Sachverhalt

Die Antragstellerin ist ein Handelsunternehmen für Computerhardware und Software mit Sitz in Berlin. Sie ist aus der im Jahre 1999 gegründeten MEDIAEXPRESS GmbH hervorgegangen und unter ihrer im Rubrum wiedergegebenen Firma im Handelsregister des Amtsgerichts Charlottenburg eingetragen. Eine Ablichtung des Handelsregisterauszugs folgt in Ablichtung als

Anlage AS 1.

Die Antragstellerin vertreibt unter der im Rubrum aufgeführten Firma seit April 2004 bundesweit Computerhardware und Software.

Glaubhaftmachung: Eidesstattliche Versicherung des Geschäftsführers der Antragstellerin,

Anlage AS 2.

Sie setzt dabei den Firmenbestandteil „KUMMERTECH" als Schlagwort bei der Werbung für die von ihr vertriebenen Produkte ein.

Glaubhaftmachung: Verkaufsprospekt der Antragstellerin, Ausgabe Februar 2005,

Anlage AS 3.

Als die Antragstellerin am 24. Februar 2005 den Domain-Namen „KUMMERTECH.de" registrieren lassen wollte, wurde sie darauf aufmerksam, dass die Antragsgegnerin unter diesem Domain-Namen im Internet auftritt, Beratungsdienstleistungen für Computerhardware und Computernetzwerke anbietet und die Besucher der Website für genauere Informationen zu diesem Angebot auf die Website www.SHADYCONSULT.de verweist sowie zu diesem Zweck einen Link auf diese Website gelegt hat.

Glaubhaftmachung:

1. Eidesstattliche Versicherung des Geschäftsführers der Antragstellerin,
   Anlage AS 2;
2. Ausdrucke der Website www.KUMMERTECH.de
   Anlage AS 4;
3. Ausdrucke der Website www.SHADYCONSULT.de
   Anlage AS 5;

Nach den Angaben auf den vorgenannten Websites werden diese von der Antragsgegnerin betrieben. Eine Abfrage der Antragstellerin bei der WHOIS-Datenbank der zuständigen Registrierungsstelle DENIC Verwaltungs- und Betriebsgesellschaft e.G. hat ergeben, dass die oben genannte Domain „KUMMERTECH.de" für die Antragsgegnerin registriert ist. Ein Ausdruck der elektronischen Auskunft vom 25. Februar 2005 folgt als

Anlage AS 6.

Die Antragsgegnerin ist mit anwaltlichem Schreiben vom 1. März 2005, in Ablichtung beigefügt als

Anlage AS 7,

abgemahnt und aufgefordert worden, eine strafbewehrte Unterlassungsverpflichtung mit dem aus der

Anlage AS 8

ersichtlichen Inhalt abzugeben. Die Antragsgegnerin hat dies jedoch abgelehnt. Sie hat sich mit anwaltlichem Schreiben vom 4. März 2005, das in Ablichtung als

Anlage AS 9

beigefügt ist, mit der Behauptung zu verteidigen versucht, sie habe die Domain „KUMMERTECH.de" bereits im Oktober 2003 bei der DENIC e.G. registrieren lassen und biete unter dieser Domain seit dem Juli 2004 – in der angegriffenen Art und Weise (s.o.) – bundesweit Beratung im Zusammenhang mit der gewerblichen Computer- und Netzwerknutzung an. Sie hat darauf gestützt die Ansicht vertreten, sie habe „mit Wirkung vom Oktober 2003 die besondere Geschäftsbezeichnung ‚KUMMERTECH.de' und damit ein prioritätsälteres Recht erworben".

II. Zur rechtlichen Würdigung

1. Verfügungsanspruch

Die von der Antragstellerin geltend gemachten Ansprüche ergeben sich aus § 5 Abs. 2, § 15 Abs. 2, 4 MarkenG, §12 BGB sowie §§ 826, 823 Abs. 1 BGB.

Die Registrierung und Benutzung des Domain-Namens „KUMMERTECH.de" verletzt die Antragstellerin in ihrem ausschließlichen Recht zum Führen ihrer geschäftlichen Bezeichnung „KUMMERTECH" (§ 5 Abs. 2 MarkenG). Der hinsichtlich der Firma der Antragstellerin allein kennzeichnungskräftige Bestandteil „KUMMERTECH", der zudem als Schlagwort bei der Werbung für das Angebot der Antragstellerin genutzt wird, ist mit dem angegriffenen Domain-Namen „KUMMERTECH.de" nahezu identisch. Es besteht auch Branchennähe; die von beiden Parteien unter den vorstehenden Zeichen angebotenen Waren bzw. Dienstleistungen ähneln einander in hohem Maße. Die Verwendung der Domain „KUMMERTECH.de" ist offenbar sogar bewusst darauf angelegt, das Publikum zu der irrigen Annahme zu verleiten, das Angebot auf ihrer Website stamme von der Antragsgegnerin oder stehe mit ihr im Zusammenhang.

Der Antragstellerin steht entgegen ihrer vorprozessual geäußerten Auffassung kein prioritätsälteres Recht in Form einer besonderen Geschäftsbezeichnung „KUMMERTECH" oder ein entsprechendes Namensrecht zu. Aus einer nur angemeldeten, aber nicht benutzten Domain kann der Domain-Inhaber mangels Benutzungsaufnahme im geschäftlichen Verkehr keinerlei Rechte herleiten (BGH, Urteil vom 22. Juli 2004, Az. I ZR 135/01, veröffentlicht in: MD 2005, 275; OLG München, GRUR 2001, 522). Entsprechendes gilt hinsichtlich eines etwaigen Namensrechts, weil die Domain nur dann eine Namensfunktion erfüllen kann, wenn diese benutzt wird und damit zu einer Person oder Einrichtung hinführt. Zum Zeitpunkt der Benutzungsaufnahme hatte die Antragstellerin durch die Benutzung ihrer Firma indes bereits ein Unternehmenskennzeichen gemäß § 5 Abs. 2 Satz 1 MarkenG erworben.

Zudem stehen der Antragstellerin gemäß § 12 BGB weitergehende Ansprüche zu, die auch die Unterlassung der Benutzung des Domain-Namens außerhalb des geschäftlichen Verkehrs zum Gegenstand haben. Es ist zwischenzeitlich höchstrichterlich geklärt, dass bereits in der durch einen Nichtberechtigten vorgenommenen Registrierung eines Zeichens als Domain-Name unter der Top Level Domain „.de" eine Namensanmaßung und damit eine Verletzung des Namensrechts desjenigen, der ein identisches Zeichen als Unternehmenskennzeichen benutzt, liegt (BGH GRUR 2002, 622; BGHZ 155, 273). Der BGH hat kürzlich in der „mho.de"-Entscheidung (Urteil vom 9. September 2004, Az. I ZR 65/02, siehe dazu Goldmann, Der Schutz des Unternehmenskennzeichens, 2. Auflage (2005), § 16 Rn. 46ff.) klargestellt, dass der Namensschutz ergänzend gegen Beeinträchtigungen der Unternehmensbezeichnung herangezogen werden kann, die außerhalb des Schutzbereiches des Unternehmenskennzeichens liegen (ebenda).

Zugleich erfüllt die Benutzung der Bezeichnung „KUMMERTECH.de" in Verbindung mit dem auf der Website der Antragsgegnerin dargestellten Dienstleistungsangebot den Tatbestand einer bewussten sittenwidrigen Schädigung (§ 826 BGB) sowie des schuldhaften Eingriffs in den eingerichteten und ausgeübten Gewerbebetrieb der Antragstellerin (§ 823 Abs. 1 BGB). Durch die Verwendung der Domain „KUMMERTECH.de" macht die Antragsgegnerin von der Firma der Antragstellerin (bzw. dem einzig prägenden Bestandteil der Firma) Gebrauch, ohne von ihr dazu ermächtigt zu sein oder aus anderen Rechtsgründen eine Berechtigung herleiten zu können.

Weil sich die Antragsgegnerin geweigert hat, eine strafbewehrte Unterlassungserklärung und gegenüber der DENIC e.G. den Verzicht auf die Bezeichnung „KUMMERTECH.de" abzugeben, sondern sich sogar eines vermeintlich prioritätsälteren Rechts daran berühmt, ist die Wiederholungsgefahr gegeben.

Die Antragstellerin kann dabei, wie mit dem Antrag zu 2. begehrt, bereits im einstweiligen Verfügungsverfahren die Abgabe der Verzichtserklärung gegenüber der DENIC e.G. auf der

Grundlage des § 12 BGB verlangen (LG Braunschweig, NJW 1997, 2687; LG Ansbach, NJW 1997, 2688).

2. Verfügungsgrund

Die Dringlichkeit folgt bereits aus § 12 Abs. 2 UWG analog. Die außerordentliche Dringlichkeit für den Erlass der einstweiligen Verfügung ohne mündliche Verhandlung und durch den Kammervorsitzenden allein ergibt sich daraus, dass der Verstoß andauert und die Gefahr besteht, dass der Antragstellerin in großem Umfang potentielle Geschäftsabschlüsse oder zumindest Geschäftsanbahnungen über das Internet entgehen und ihr dadurch erheblicher wirtschaftlicher Schaden entsteht.

Glaubhaftmachung: Eidesstattliche Versicherung des Geschäftsführers der Antragstellerin,

Anlage AS 2.

Sollte das Gericht gegen den Erlass der begehrten einstweiligen Verfügung im Beschlusswege Bedenken haben, bitten wir höflich um einen telefonischen Hinweis.

■■■

Rechtsanwalt

aa) Erläuterungen: (1) Zuständigkeit des angerufenen Gerichts: Für den Erlass einstweiliger Verfügungen ist gemäß § 937 Abs. 1 ZPO das Gericht der Hauptsache (§ 943 ZPO) zuständig. 264

Zuständigkeit deutscher Gerichte: Die deutschen Gerichte nehmen ihre Zuständigkeit (und die Anwendbarkeit deutschen Kennzeichenrechts) unter Hinweis auf § 32 ZPO (bzw. Artikel 5 Nr. 3 EuGVVO) an,[510] und zwar auch dann, wenn es sich um eine „.com"-Domain[511] oder gar um eine sonstige (ausländische) Domain handelt.[512] Anders kann es liegen, wenn sich aus der Domain klar ergibt, dass die darunter angebotenen Waren und/oder Dienstleistungen nicht für den deutschen Markt bestimmt sind.[513] 265

Sachliche Zuständigkeit: Die sachliche Zuständigkeit des angerufenen Landgerichts bestimmt sich nach den allgemeinen Regeln (§ 71 Abs. 1, § 23 Nr. 1 GVG). Kommt Markenrecht zur Anwendung, folgt die (ausschließliche) Zuständigkeit des Landgerichts aus § 140 Abs. 1 MarkenG, der auch auf das einstweilige Verfügungsverfahren Anwendung findet.[514] Entsprechendes gilt gemäß § 13 Abs. 1 Satz 1 UWG für (rein) wettbewerbsrechtliche Streitigkeiten.[515] 266

---

510 Vgl. nur KG, CR 1997, 695; LG Braunschweig, CR 1998, 364; OLG Stuttgart, NJW-RR 1998, 1341. Kritisch dazu Renck, NJW 1999, 3587, 3591f.
511 OLG Karlsruhe, MMR 1999, 604; OLG München, CR 2002, 449; OLG München, MMR 2000, 277.
512 Vgl. Redecker, IT-Recht in der Praxis, 3. Auflage (2003), Rn. 1016, m.w.N.
513 BGH, Urteil vom 13. Oktober 2004, Az. I ZR 163/02 (Leitsatz 2: „Nicht jedes im Inland abrufbare Angebot ausländischer Dienstleistungen im Internet kann bei Verwechslungsgefahr mit einem inländischen Kennzeichen i.S. von § 14 Abs. 2 Nr. 2 MarkenG kennzeichenrechtliche Ansprüche auslösen. Erforderlich ist, dass das Angebot einen wirtschaftlich relevanten Inlandsbezug aufweist.").
514 OLG Karlsruhe, Mitt. 1977, 74.
515 Zur Konkurrenz von Marken- und Wettbewerbsrecht siehe Rn. 168.

§ 2 Domain-Streitigkeiten

267 **Örtliche Zuständigkeit:** Die örtliche Zuständigkeit ergibt sich aus § 13 ZPO (Sitz des Antragsgegners) bzw. aus § 32 ZPO wegen einer schuldhaften Rechtsverletzung im Internet[516] (sog. Erfolgsort der unerlaubten Handlung). Da ein Zugriff auf eine Homepage von jedem Ort in Deutschland erfolgen kann, ist (vorbehaltlich der Zuständigkeitskonzentration in Kennzeichensachen, dazu sogleich) grundsätzlich die Zuständigkeit jedes sachlich zuständigen Gerichtes gegeben.[517] Konsequenz ist, dass der Anspruchsteller u.U. den Antrag auf Erlass der einstweiligen Verfügung auch an seinem Wohnort/Sitz anhängig machen kann.[518]

268 Die Flächenländer haben von der ihnen durch § 140 Abs. 2 MarkenG eingeräumten Möglichkeit, **in Kennzeichenstreitsachen**[519] die **Zuständigkeit bei einzelnen Landgerichten** zu konzentrieren, Gebrauch gemacht.[520] Die Zuweisung ist ausschließ-

---

[516] Vgl. dazu Bachmann, IPRax 1998, 179; sog. „fliegender Gerichtsstand", BGHZ 124, 245; KG, NJW 1997, 3321; LG Düsseldorf, NJW-RR 1998, 980; abweichend OLG Celle, 2003, 47 (maßgeblich Ort des tatsächlichen Erfolgseintritts).
[517] OLG Hamburg, MMR 2002, 822.
[518] Für die Geltendmachung des Kostenerstattungsanspruches im Gerichtsstand des § 32 ZPO OLG Konstanz, WRP 1978, 566, dagegen LG Berlin, WRP 1979, 823, und Zöller/Vollkommer, ZPO, 25. Auflage (2005), § 32 Rn. 17 a.E.
[519] Nach § 13 Abs. 2 UWG besteht für die Länder auch das Recht zur Konzentration der Wettbewerbssachen bei der Spezialkammer eines Landgerichts; von dieser Möglichkeit hat bisher lediglich Sachsen Gebrauch gemacht.
[520] In den Ländern sind danach folgende Gerichte für Kennzeichenstreitsachen zuständig:.
 – Baden-Württemberg: Zuständig für Kennzeichenstreitsachen im OLG-Bezirk Karlsruhe ist das LG Mannheim (Berufungsinstanz: OLG Karlsruhe) und im OLG-Bezirk Stuttgart das LG Stuttgart (Berufungsinstanz: OLG Stuttgart);
 – Bayern: Zuständig für Kennzeichenstreitsachen des OLG-Bezirks München ist das LG München I (Berufungsinstanz: OLG München), für die OLG-Bezirke Nürnberg und Bamberg das LG Nürnberg-Fürth (Berufungsinstanz: OLG Nürnberg);
 – Berlin und Brandenburg: Zuständig für Kennzeichenstreitsachen ist das Landgericht Berlin (Berufungsinstanz: Kammergericht);
 – Bremen: Zuständig für Kennzeichenstreitsachen ist das Landgericht Bremen (Berufungsinstanz: OLG Bremen);
 – Hamburg: Zuständig für Kennzeichenstreitsachen ist das Landgericht Hamburg (Berufungsinstanz: OLG Hamburg);
 – Hessen: Zuständig für Kennzeichenstreitsachen und Spruchverfahren in Hessen ist das LG Frankfurt am Main (Berufungsinstanz: OLG Frankfurt);
 – Mecklenburg-Vorpommern: Zuständig für Kennzeichenstreitsachen im Bezirk des OLG Rostock ist das LG Rostock (Berufungsinstanz: OLG Rostock);
 – Niedersachsen: Zuständig für Kennzeichenstreitsachen ist das LG Braunschweig (Berufungsinstanz: OLG Braunschweig);
 – Nordrhein-Westfalen: Zuständig für Kennzeichenstreitsachen des OLG-Bezirks Düsseldorf das LG Düsseldorf (Berufungsinstanz: OLG Düsseldorf), für die Landgerichtsbezirke Bielefeld, Detmold, Münster und Paderborn das LG Bielefeld (Berufungsinstanz: OLG Hamm), für die Landgerichtsbezirke Arnsberg, Bochum, Dortmund, Essen, Hagen und Siegen das LG Bochum (Berufungsinstanz: OLG Hamm) und für den OLG-Bezirk Köln das LG Köln (Berufungsinstanz: OLG Köln);
 – Rheinland-Pfalz: Zuständig für Kennzeichenstreitsachen des OLG-Bezirks Zweibrücken ist das LG Frankenthal (Pfalz) und für Kennzeichenstreitsachen des OLG-Bezirks Koblenz das LG Koblenz (Berufungsinstanzen: OLG Zweibrücken bzw. OLG Koblenz);
 – Saarland: Zuständig für Kennzeichenstreitsachen ist das LG Saarbrücken (Berufungsinstanz: OLG Saarbrücken);
 – Sachsen: Zuständig für Kennzeichenstreitsachen ist das LG Leipzig (Berufungsinstanz: OLG Dresden), das OLG Dresden geht allerdings nur von einer einfachen Zuständigkeitszuweisung aus (vgl. OLG Dresden, GRUR 1998, 69);
 – Sachsen-Anhalt: Zuständig für Kennzeichenstreitsachen ist das LG Magdeburg (Berufungsinstanz: OLG Naumburg);
 – Schleswig-Holstein: Zuständig für Kennzeichenstreitsachen ist das LG Kiel (Berufungsinstanz: OLG Schleswig);
 – Thüringen: Zuständig für Kennzeichenstreitsachen ist das LG Erfurt (Berufungsinstanz: OLG Jena).

lich.[521] Sie gilt auch für Kostenstreitsachen; diese sind daher ohne Rücksicht auf den Streitwert den jeweiligen Landgerichten zugewiesen.[522]

Gegebenfalls Zuständigkeit der Kammern für Handelssachen: Kommt Markenrecht oder Wettbewerbsrecht zur Anwendung, ist gemäß § 95 Abs. 1 Nr. 4 lit. c), Nr. 5 GVG die Zuständigkeit der Kammern für Handelssachen eröffnet. Es besteht insoweit ein **Wahlrecht des Antragstellers**, der Antrag kann also auch an die Zivilkammern gerichtet werden.[523]

(2) Ordnungsmittelandrohung: Die Ordnungsmittelandrohung kann zwar nach § 890 Abs. 2 ZPO auch nachträglich beantragt werden. Es empfiehlt es sich jedoch – schon um unnötige Verzögerungen und überflüssigen Mehraufwand zu vermeiden –, diese Androhung bereits in den Antragsschriftsatz aufzunehmen.

(3) Anträge: Die Anträge entsprechen dem mit der Abmahnung geltend gemachten Begehren; auf das dort (Rn. 205 ff.) Gesagte – eingeschlossen die Ausführungen zur möglichen Ausweitung des Unterlassungsgebots – kann deshalb verwiesen werden.

Der **Unterlassungsantrag** muss die angegriffene **Verletzungshandlung möglichst konkret** bezeichnen. Eine Verallgemeinerung bei der Bezeichnung der zu unterlassenden Handlung birgt die Gefahr einer teilweisen Abweisung und u.U. sogar bereits der Unzulässigkeit des Antrags.[524] Es wäre beispielsweise nicht zulässig, die Benutzung des isolierten Bestandteils „KUMMERTECH" (also ohne den Zusatz „.de") anzugreifen; konkret bezeichnet werden muss die tatsächlich verwendete Verletzungsform, weil nicht ausgeschlossen werden kann, dass eine zulässige Verwendung der angegriffenen Bezeichnung bei Mitverwendung eines weiteren kennzeichnungskräftigen Bestandteils möglich ist.[525]

Ob die mit dem Antrag zu 2. geltend gemachte **Forderung nach einem Verzicht auf die Domain** gegenüber der DENIC e.G. tatsächlich bereits **im Verfügungsverfahren** durchgesetzt werden kann, ist **zweifelhaft**. Insoweit könnte es sich um eine unzulässige Vorwegnahme der Hauptsache handeln. Grundsätzlich kann nach herrschender Meinung eine Löschung von Kennzeichenrechten im Verfügungsverfahren ebenso wenig erreicht werden wie eine Verpflichtung, in die Löschung solcher Rechte einzuwilligen.[526] Da jedenfalls die in dem Muster der Antragsschrift aufgeführten Gerichte diese Bedenken allerdings offenbar nicht hatten,[527] kann aber – wenn sich der Mandant nach Aufklärung über das Kostenrisiko für einen derartigen zusätzlichen Antrag entscheidet – der Versuch unternommen werden, dieses Rechtsschutzziel bereits im Verfügungsverfahren zu erreichen.

---

521 Ingerl/Rohnke, Markengesetz, 2. Auflage (2003), § 140 Rn. 35.
522 Vgl. LG München I, MMR 2000, 433.
523 Zöller/Gummer, ZPO, 25. Auflage (2005), § 94 Rn. 1, § 96 Rn. 1.
524 Vgl. hierzu im Einzelnen u.a. Nordemann, Wettbewerbsrecht/Markenrecht (2004), 10. Auflage, Rn. 3212 ff., m.w.N.
525 Vgl. BGH, WRP 1997, 1081.
526 Vgl. nur Mellulis, Handbuch des Wettbewerbsprozesses, 3. Auflage (2000), Rn. 148, m.w.N.
527 Möglicherweise unter Außerachtlassung, dass dem Verfügungskläger die Sicherung seiner Rechte bis zur Entscheidung in der Hauptsache durch die Stellung eines Dispute-Antrags möglich ist.

§ 2 Domain-Streitigkeiten

274 Ein **Auskunftsanspruch**, der für die Durchsetzung von Schadensersatzansprüchen hilfreich und gegebenenfalls (insbesondere bei Forderung des Verletzergewinns)[528] erforderlich ist, kann im Wege der einstweiligen Verfügung nur unter den engen Voraussetzungen des **§ 19 Abs. 3 MarkenG** durchgesetzt werden. Die danach geforderte offensichtliche Rechtsverletzung liegt im hier gewählten „Musterfall" allerdings nicht vor, weil die Auffassung des Antragsgegners, ihm stünde ein prioritätsälteres Recht zu, immerhin vertretbar ist.

275 *(4) Glaubhaftmachung:* Die den Anspruch begründenden Tatsachen sind glaubhaft zu machen (§§ 294, 920 Abs. 2, 936 ZPO); dies gilt nach einer verbreiteten Ansicht[529] auch für das Fehlen von Einwendungen und Einreden, die nach dem Vortrag des Antragstellers denkbar wären. Als Glaubhaftmachungsmittel kommen insbesondere **Urkunden** (§§ 415ff. ZPO), **eidesstattliche Versicherungen** (§ 294 ZPO)[530] und die **anwaltliche Versicherung** in Betracht.[531] Soweit die Verkehrsgeltung einer Benutzungsmarke zu begründen ist, kann zur Glaubhaftmachung u.U. auch – sofern die Bekanntheit des Kennzeichens nicht gemäß § 291 ZPO als gerichtsbekannt unterstellt werden kann[532] – die Einholung einer **Meinungsumfrage** erforderlich sein.[533] Es ist empfehlenswert, die Anwesenheit eventueller **Zeugen** in der mündlichen Verhandlung sicherzustellen, damit sie erforderlichenfalls den Vortrag glaubhaft machen können.

276 Geht die Eilbedürftigkeit der begehrten Maßnahme über die dem einstweiligen Verfügungsverfahren ohnehin innewohnende Dringlichkeit hinaus, kann die Entscheidung über den Erlass der Verfügung ohne mündliche Verhandlung ergehen (§ 937 Abs. 2 ZPO).[534] Selbst wenn die Dringlichkeitsvermutung greift, sollte vorsorglich die (besondere) Dringlichkeit dargelegt und glaubhaft gemacht werden.

277 *(5) Gegenstandswert:* Den Streitwert bestimmt das Gericht nach freiem Ermessen (§ 3 ZPO). Regelmäßig wird als Gegenstandswert des Verfügungsverfahren lediglich ein **Bruchteil** des Hauptsacheverfahrensstreitwerts angesetzt (in vielen Fällen ca. ein Drittel),[535] wobei sich die Gerichte bei der Begrenzung des Streitwerts nach oben zumeist an den Angaben des Antragstellers in der Antragsschrift orientieren.[536] Die Rechtsprechung geht in kritischen Fällen tendenziell bis zum Hauptsachewert, insbesondere, wenn, wie hier, die Verfügung der Verwirklichung des Hauptsachebegehrens nahe

---

[528] Siehe oben Rn. 452ff.
[529] Nachweise bei Zöller/Vollkommer, ZPO, 25. Auflage (2005), Vor § 916 Rn. 6a.
[530] Faxform genügt; BGH, GRUR 2002, 915. Die pauschale Versicherung, der Vortrag in der Antragsschrift treffe zu, reicht zu Glaubhaftmachung nicht aus; vgl. BGH, NJW 1988, 2045, und Zöller/Greger, ZPO, 25. Auflage (2005), § 294 Rn. 4, m.w.N.
[531] OLG Koblenz, GRUR 1986, 196; OLG Köln, GRUR 1986, 196. Vgl. insoweit Zöller/Greger, ZPO, 25. Auflage (2005), § 294 Rn. 5.
[532] Vgl. OLG Frankfurt, GRUR 1992, 445; OLG Frankfurt, WRP 1992, 718.
[533] Vgl. dazu Nordemann, Wettbewerbsrecht/Markenrecht, 10. Auflage (2004), Rn. 2328, 3082, 3272ff.
[534] Zöller/Vollkommer, ZPO, 25 Auflage (2005), § 937 Rn. 2.
[535] Zöller/Herget, ZPO, 25. Auflage (2005), § 3 Rn. 16 Stichwort „einstweilige Verfügung".
[536] Nordemann, Wettbewerbsrecht/Markenrecht (2004), 10. Auflage, Rn. 3321, m.w.N.

kommt.⁵³⁷ Vorliegend wurde daher der vorläufige Streitwert (bei einem Hauptsachestreitwert von € 40.000) mit der Hälfte des Hauptsachestreitwertes € 20.000 angesetzt.

Bei Markenrechts- und Wettbewerbsstreitigkeiten sind zudem die Sonderregelungen des § **142 MarkenG** und des § **12 Abs. 4 UWG** zu beachten, die auch im Verfügungsverfahren gelten.⁵³⁸ Danach kann der Streitwert auf Antrag einer Partei reduziert werden, wenn die Gerichtskosten nach dem vollen Streitwert die wirtschaftliche Lage der Partei erheblich gefährden würden (§ 142 MarkenG) bzw. wenn die Sache nach Art und Umfang einfach gelagert ist oder die Belastung mit den vollen Prozesskosten angesichts der Einkommens- und Vermögensverhältnisse nicht tragbar erscheint (§ 12 Abs. 4 UWG). Die Anordnung hat nach § 142 Abs. 2 MarkenG zur Folge, dass die Streitwertreduzierung auch für die Berechnung der Rechtsanwaltskosten gilt.

(6) Gerichtskosten: Es fällt eine gerichtliche 1,5 **Verfahrensgebühr (GKG KV 1410)** an. Bei Erlass eines Streiturteils, eines Beschlusses nach § 91a ZPO mit streitiger Kostenentscheidung sowie bei einem Beschluss nach § 269 Abs. 3 Satz 3 ZPO erhöht sich diese Verfahrensgebühr auf 3,0 (**GKG KV 1412**).⁵³⁹

Im Verfügungsverfahren ist **kein Gerichtskostenvorschuss** zu entrichten (§§ 10, 12 GKG).

(7) Anwaltsgebühren: Diese entstehen, wenn der Anwalt den Auftrag zur Führung des einstweiligen Verfügungsverfahrens erhalten hat, für das Verfügungsverfahren gesondert und streitwertabhängig nach den allgemeinen Grundsätzen.⁵⁴⁰

*Beispiel:*⁵⁴¹ *Der Anwalt des Antragstellers beantragt eine einstweilige Verfügung auf Unterlassung (Gegenstandswert des Hauptsacheverfahrens: € 40.000,00. Gegenstandswert der einstweiligen Verfügung: € 20.000,00).*⁵⁴² *Der Anwalt nimmt an einer im Eilverfahren anberaumten mündlichen Verhandlung teil. Der Anwalt verdient eine 1,3 Verfahrensgebühr nach VV 3100 RVG in Höhe von € 839,80 und eine 1,2 Terminsgebühr nach VV 3104 RVG in Höhe von € 775,20 sowie eine Pauschale nach VV 7002 RVG in Höhe von € 20,00, mithin insgesamt € 1.635,00. Einigt sich der Anwalt mit der Gegenseite im Eilverfahren über einen anhängigen Anspruch, fällt eine zusätzliche 1,0 Einigungsgebühr in Höhe von € 646,00 an.*

Hat der Anwalt nur den Auftrag zum Führen des Hauptsacheverfahrens erhalten und fehlt ein gesonderter Auftrag zur Führung des Verfügungsverfahrens, hat er keinen Anspruch auf gesonderte Vergütung.⁵⁴³ Der Auftrag kann indes stillschweigend erteilt worden sein oder nach den Grundsätzen der Geschäftsführung ohne Auftrag bestehen.

---

537 OLG Frankfurt, MDR 1991, 354; Zöller/Herget, ZPO, 25. Auflage (2005), § 3 Rn. 16 Stichwort „einstweilige Verfügung".
538 OLG Köln, WRP 1976, 261 (für § 142 MarkenG.).
539 Vgl. dazu Zöller/Vollkommer, ZPO, 25. Auflage (2005), § 922 Rn. 20.
540 Nach dem RVG bestehen keine Sonderregelungen für Eilverfahren.
541 Nach Müller-Rabe, in: Gerold/Schmidt/v. Eicken/Madert/Müller-Rabe, RVG, 16. Auflage (2004), Anhang Rn. 44.
542 Zöller/Herget, ZPO, 25. Auflage (2005), § 3 Rn. 16 Stichwort „einstweilige Verfügung".
543 Müller-Rabe, in: Gerold/Schmidt/v. Eicken/Madert/Müller-Rabe, RVG, 16. Auflage (2004), Anhang Rn. 50.

Dass sich die Prozessvollmacht auf die Führung eines einstweiligen Verfügungsverfahrens erstreckt, reicht indes nicht aus.[544]

284   Die prozessuale **Kostenerstattung** erfolgt nach den allgemeinen Regeln (§§ 91, 103 f. ZPO). Erstattungsfähig können gerade im Verfügungsverfahren auch zur Glaubhaftmachung erforderliche und vom Gericht **berücksichtigte demoskopische Gutachten**[545] sowie in seltenen Fällen auch die Kosten sonstiger Privatgutachten[546] sein.

285   *(8) Rücknahme des Verfügungsantrags:* Diese soll auch ohne Zustimmung des Antragsgegners noch nach der mündlichen Verhandlung, selbst noch in der Berufungsinstanz, möglich sein.[547]

3. Rechtsmittel bei Zurück- bzw. Abweisung des Antrags

286   Weist das Gericht den Verfügungsantrag im Beschlusswege zurück,[548] kann der Antragsteller dagegen im Wege der **sofortigen Beschwerde** (§§ 567 ff. ZPO) vorgehen.[549] Sofern die einstweilige Verfügung nach mündlicher Verhandlung abgewiesen wird, ist die **Berufung** eröffnet (§§ 511 ff. ZPO). Zum Berufungsverfahren das Muster und die Erläuterungen in „Wettbewerbsrecht" Rn. 546, 510 ff. Ein Rechtsmittel gegen Entscheidungen des Berufungsgerichts steht in Verfügungsverfahren nicht zur Verfügung (§ 542 Abs. 2 ZPO).

287   Unbedingt zu beachten ist, dass in der Rechtsprechung teilweise davon ausgegangen wird, dass **bei Ausschöpfung der gesetzlichen Fristen** (etwa der Berufungsfrist) die **Dringlichkeit entfallen** kann.[550] Schädlich können jedenfalls Fristverlängerungsanträge bzw. die Ausschöpfung der verlängerten Frist sein.[551]

288   Sofern auf den Widerspruch des Antragsgegners[552] die **zunächst erlassene einstweilige Verfügung** durch Urteil aufgehoben worden ist und dagegen Berufung eingelegt wird, ist bei der Stellung des Antrags zu berücksichtigen, dass nach herrschender Ansicht die (zunächst erlassene) einstweilige Verfügung **zu bestätigen** (also nicht etwa neu zu erlassen ist).[553] Entsprechend hat der Anwalt den Antrag bei einer Berufung gegen das die einstweilige Verfügung aufhebende Urteil zu fassen.

289   Zu den Rechtsbehelfen des Antragsgegners siehe Rn. 307 ff.

---

544 Müller-Rabe, in: Gerold/Schmidt/v. Eicken/Madert/Müller-Rabe, RVG, 16. Auflage (2004), Anhang Rn. 51 f.
545 Vgl. OLG München, GRUR 1987, 322; KG, GRUR 1987, 473.
546 Zu den strengen Voraussetzungen vgl. die Entscheiden des OLG Frankfurt, GRUR 1987, 472.
547 OLG Düsseldorf, NJW 1982, 2452; Nordemann, Wettbewerbsrecht/Markenrecht, 10. Auflage (2004), Rn. 3093.
548 Ob die Zurückweisung des Verfügungsantrags ohne mündliche Verhandlung erfolgen darf, wird von den Gerichten unterschiedlich eingeschätzt. Vgl. hierzu Nordemann, Wettbewerbsrecht/Markenrecht, 10. Auflage (2004), Rn. 3062, m.w.N.
549 Insoweit besteht Anwaltszwang, allerdings gemäß § 571 Abs. 4 ZPO ohne Beschränkung auf die bei den Oberlandesgerichten zugelassenen Anwälte.
550 Vgl. OLG Düsseldorf, NJWE-WettbR 1997, 27. Ablehnend Nordemann, Wettbewerbsrecht/Markenrecht, 10. Auflage (2004), Rn. 3091.
551 Vgl. z.B. OLG München, WRP 1980, 172; OLG Oldenburg, WRP 1971, 181; KG, WRP 1978, 49; KG GRUR 1999, 1133.
552 Vgl. hierzu Rn. 310 ff.
553 Vgl. Nordemann, Wettbewerbsrecht/Markenrecht, 10. Auflage (2004), Rn. 3092.

4. Vollziehung der einstweiligen Verfügung

Besondere Vorsicht sollte der Anwalt im Hinblick auf die rechtzeitige Vollziehung der einstweiligen Verfügung walten lassen; hier droht „die wohl **am häufigsten zuschnappende Anwaltsfalle** des Wettbewerbs- und Markenrechts".[554]

290

Erlässt das angerufene Gericht die Verfügung, muss diese **innerhalb eines Monats vollzogen** werden; andernfalls ist die Vollziehung unstatthaft (§§ 929 Abs. 2, 936 ZPO). Nach Fristablauf dürfen die Vollstreckungsorgane nicht mehr tätig werden, der Antragsgegner kann die Aufhebung der Verfügung gemäß § 927 ZPO verlangen. Der Anwalt des Antragstellers hat daher die **Frist, die** nach dem eindeutigen Wortlaut des § 929 Abs. 2 ZPO im Falle von Beschlussverfügungen mit Zustellung des Beschlusses an den Antragsteller[555] und im Falle von Urteilsverfügungen bereits mit der Verkündung des Urteils beginnt, zu **notieren** und unverzüglich die **Zustellung einer beglaubigten Abschrift der Ausfertigung oder der Ausfertigung selbst** an den Antragsgegner zu betreiben.[556] Die fristgemäße Vollziehung ist auch Voraussetzung für die Verjährungshemmung gemäß § 204 Abs. 1 Nr. 9 BGB, wenn der Antrag auf Erlass der einstweiligen Verfügung dem Antragsgegner nicht zugestellt wurde.[557] Die Unterlassungsverfügung muss nach herrschender Meinung, auch wenn sie als Urteil erlassen worden ist, **im Parteibetrieb zugestellt werden**.[558] Es gilt der Grundsatz der **Anwaltszustellung**: Hat der Antragsgegner durch seinen Anwalt bei dem angerufenen Gericht eine Schutzschrift hinterlegt,[559] so muss die Zustellung einer dem Antrag stattgebenden Beschlussverfügung gemäß § 176 ZPO an ihn erfolgen. Andernfalls liegt mangels Zustellung keine Vollziehung der Verfügung gemäß § 929 ZPO, mit der Gefahr des Verstreichens der Vollziehungsfrist, § 929 Abs. 2 ZPO.[560] Hat der Antragsteller keine Kenntnis davon, dass sich für den Antragsgegner ein Anwalt bestellt hat, so kann die Zustellung an den Antragsgegner persönlich als Vollziehung ausreichend sein, wenn der Mangel der Kenntnis von der Bestellung nicht fahrlässig ist.[561]

291

---

554 Nordemann, Wettbewerbsrecht/Markenrecht, 10. Auflage (2004), Rn. 3121.
555 Die Frist beginnt nicht, wenn nur eine einfache Beschlussfassung zugestellt wird; so jedenfalls OLG Hamburg, WRP 2001, 720.
556 Die Zustellung einer einfachen Abschrift genügt nicht; OLG Hamm, WRP 2001, 299. Sofern die Verfügung auf Anlagen Bezug nimmt, sind auch diese im Regelfall mit zuzustellen. Vgl. OLG Celle, WRP 1984, 149; OLG Düsseldorf, GRUR 1984, 78; OLG Köln, WRP 1995, 506.
557 Palandt/Heinrichs, BGB, 64. Auflage (2005), § 204 Rn. 24. Ein Neubeginn der Verjährung gemäß § 212 Abs. 1 Nr. 2 BGB kann aufgrund einer einstweiligen Verfügung nachträglich erlassenen Strafandrohung erreicht werden, weil darin eine Vollstreckungshandlung im Sinne der Norm liegt (BGH NJW 1979, 217; Palandt/Heinrichs, BGB, 64. Auflage (2005), § 212 R. 10 a.E. Der in die einstweilige Verfügung mit aufgenommene Strafandrohungsbeschluss erfüllt diese Voraussetzung hingegen nicht (BGH NJW 1979, 217; a.A. Palandt/Heinrichs, BGB, 64. Auflage (2005), § 212 Rn. 11, m.w.N.).
558 BGHZ 120, 78; OLG Frankfurt, NJW-RR 2000, 1236; OLG München, NJW-RR 1989, 180; OLG Düsseldorf, NJW-RR 1987, 763; OLG Hamburg, FamRZ 1988, 521; OLG Hamm, MDR 1991, 454; a.A. u.a. OLG Hamburg, WRP 1980, 341; OLG Stuttgart, WRP 1981, 281. Vgl. dazu Zöller/Vollkommer, ZPO, 25. Auflage (2005), § 929 Rn.12. Heilung nach § 189 ZPO durch Amtszustellung ist möglich; vgl. Nordemann, Wettbewerbsrecht/Markenrecht (2004), 10. Auflage, Rn. 3130, m.w.N.
559 Zur Schutzschrift siehe Rn. 294ff.
560 OLG Düsseldorf, WRP 1982, 531, GRUR 1984, 79, 80; OLG Karlsruhe, WPR 1986, 166. Zur Heilung des Zustellungsmangels siehe OLG Frankfurt, WRP 2000, 411.
561 OLG Hamburg, GRUR 1987, 66.

5. Vollstreckung der einstweiligen Verfügung

292 Die Vollstreckung des Unterlassungsgebots richtet sich nach § 890 ZPO.[562] Es ist umstritten, wie ein titulierter Anspruch, den Verzicht gegenüber der DENIC e.G. zu erklären, zu vollstrecken ist. Während das OLG Frankfurt am Main eine Vollstreckung nach § 888 ZPO für zutreffend erachtet,[563] hat das Landgericht München I § 894 ZPO angewendet.[564]

293 Im **Ordnungsmittelverfahren nach § 890, 891 ZPO hat der Antragsteller den Verstoß gegen das im Verfügungsverfahren verhängte Gebot zu beweisen**. Bloße Glaubhaftmachung reicht dafür nicht aus,[565] auch nicht das Führen des Anscheinsbeweises.[566] Erforderlich für die Verhängung von Ordnungsmitteln ist eigenes **Verschulden** des **Antragsgegners**, dieser hat den Entlastungsbeweise zu führen. Die Anforderungen sind sehr hoch, der Antragsgegner muss alles Zumutbare getan haben, um Verstöße zu hindern.[567] Zur Fassung eines Antrages nach § 890 ZPO unter „Wettbewerbsrecht" Rn. 552ff.; zu § 888 ZPO ebendort Rn. 570ff.

II. Prozessuale Instrumente des Domain-Inhabers im einstweiligen Verfügungsverfahren

1. Schutzschrift

294 Sofern der Domain-Inhaber die Abmahnung für unberechtigt hält und er dem Erlass einer einstweiligen Verfügung zuvorkommen will, steht ihm die inzwischen gewohnheitsrechtlich anerkannte[568] Möglichkeit zur Verfügung, eine sog. Schutzschrift[569] einzureichen, um sich schon in einem etwaigen Beschlussverfahren rechtliches Gehör zu verschaffen.

a) Muster einer Schutzschrift mit Erläuterungen

295 *aa) Muster: Schutzschrift*

An das Landgericht ▬▬▬

vorab per Fax

Schutzschrift

in einem etwaigen einstweiligen Verfügungsverfahren

der KUMMERTECH Electronic GmbH, vertreten durch ihren Geschäftsführer ▬▬▬,

---

562 OLG Köln, NJW-RR 2002, 215.
563 OLG Frankfurt, MMR 2002, 471; ebenso LG Wiesbaden, MMR 2001, 59.
564 LG München I, MMR 2001, 61.
565 KG, OLG 39, 87; LG Bad Kreuznach, MDR 1967, 500; a.A. OLG Bremen, MDR 2003, 233.
566 KG, GRUR 1991, 707.
567 Zu den Pflichten des Unterlassungsschuldners vgl. Nordemann, Wettbewerbsrecht/Markenrecht, 10. Auflage (2004), Rn. 3305.
568 Mellulis, Handbuch des Wettbewerbsprozesses, 3. Auflage (2000), Rn. 43, m.w.N.
569 Vgl. dazu näher Deutsch, GRUR 1990, 327.

(mutmaßliche) Antragstellerin,

voraussichtlicher Verfahrensbevollmächtigter: ■■■,

gegen

Slimshady Electronic GmbH, vertreten durch ihren Geschäftsführer ■■■,

(mutmaßliche) Antragsgegnerin,

Verfahrensbevollmächtigter: ■■■,

wegen Domain-Streitigkeit

zeigen wir an, dass wir die Slimshady GmbH vertreten. Es steht zu befürchten, dass die KUMMERTECH Electronic GmbH folgende Verfügungsanträge stellen wird:
1. Die Antragsgegnerin hat es bei Vermeidung eines vom Gericht für jeden Fall der Zuwiderhandlung festzusetzenden Ordnungsgeldes bis zu € 250.000,00, ersatzweise Ordnungshaft, oder Ordnungshaft von bis zu 6 Monaten, diesen zu vollziehen am Geschäftsführer der Antragsgegnerin, zu unterlassen, den Domain-Namen „KUMMERTECH.de" zu verwenden oder verwenden zu lassen, insbesondere diese auf einer Homepage zu benutzen oder benutzen zu lassen.
2. Der Antragsgegnerin wird aufgegeben, gegenüber der Registrierungsstelle DENIC Domain Verwaltungs- und Betriebsgesellschaft e.G. auf die Registrierung des Domain-Namens „KUMMERTECH.de" bis spätestens zum 31. März 2005 zu verzichten.

Für den Fall, dass die mögliche Antragstellerin wegen des nachstehend wiedergegebenen Sachverhalts einen Antrag auf Erlass einer einstweiligen Verfügung stellen sollte, beantragen wir bereit jetzt,
1. diesen Antrag auf Erlass einer einstweiligen Verfügung durch Beschluss zurückzuweisen;
hilfsweise:
über einen etwaigen Antrag auf Erlass einer einstweiligen Verfügung nicht ohne vorherige mündliche Verhandlung zu entscheiden;
höchst hilfsweise:
die einstweilige Verfügung nur gegen Sicherheitsleistung zu erlassen,
2. für den Fall der Abweisung des Verfügungsantrags oder seiner Zurücknahme: der Antragstellerin die Kosten des Verfügungsverfahrens einschließlich derjenigen aufzuerlegen, die durch die Hinterlegung dieser Schutzschrift entstanden sind.

Begründung:

I. Zum Sachverhalt

■■■ [Angaben zu den Parteien, deren Geschäftstätigkeit unter den sich gegenüberstehenden Zeichen, dem Datum der Registrierung der streitgegenständlichen Domain, dem erstmaligen Zeitpunkt und der Art und Weise der Nutzung der Domain durch die Antragsgegnerin, ferner Angaben zu der (späteren) Aufnahme der Geschäftstätigkeit unter der Firma „KUMMERTECH Electronic GmbH" sowie zur Abmahnung und der Reaktion darauf; jeweils mit Glaubhaftmachungsmitteln.[570]]

---

570 Zu den Möglichkeiten der Glaubhaftmachung siehe Rn. 275.

II. Zur rechtlichen Würdigung

1. Kein Verfügungsanspruch

■■■ [Argumentation, dass der Antragstellerin ein prioritätsälteres Recht zusteht (§ 6 MarkenG), weil an der Domain durch Benutzung eine besondere Geschäftbezeichnung entstanden sei, und zwar mit Rückwirkung auf Zeitpunkt der Registrierung;[571] vorsorglich zudem Einwand gegen das Begehren auf Abgabe der Verzichtserklärung gegenüber der DENIC e.G., dass insoweit unzulässige Vorwegnahme der Hauptsache gegeben wäre[572]]

2. Kein Verfügungsgrund

■■■ [Mögliche Einwendungen gegen die Dringlichkeit; Begründung des Antrags auf Erlass nur gegen Sicherheitsleistung und Glaubhaftmachung des entsprechenden Vortrages.[573]]

Eine beglaubigte und eine einfache Abschrift sind zum Zwecke der Aushändigung an die Antragstellerin für den Fall beigefügt, dass ein Verfügungsantrag gestellt wird.

■■■

Rechtsanwalt

296 *bb) Erläuterungen: (1) Hinterlegung bei welchem Gericht?* Im Domainstreit kann sich der Gerichtsstand – wie bei allen Kennzeichnungsverletzungen – aus § 32 ZPO ergeben.[574] Wegen der daraus resultierenden Unsicherheiten für den Antragsgegner müsste daher (jedenfalls **theoretisch**) eine **Schutzschrift bei jedem deutschen Landgericht hinterlegt** werden.[575]

297 *(2) Kein Anwaltszwang:* Vor den Landgerichten besteht für die Hinterlegung der Schutzschrift kein Anwaltszwang (§ 78 ZPO), da es sich um eine außerhalb eines anhängigen Verfahrens und nur für den Fall des Anhängigwerdens eines einstweiligen Verfügungsverfahrens erfolgte Anregung an das Gericht handelt. Hinterlegt der Anwalt die Schutzschrift, muss die Gegenseite eine eventuell später erlassene einstweilige Verfügung diesem auch zustellen.[576]

298 *(3) Parteibezeichnung:* Die mutmaßlichen Parteien des etwaigen einstweiligen Verfügungsverfahrens sind im Aktiv- und Passivrubrum genau zu bezeichnen.

---

571 Vgl. hierzu die Ausführungen unter Rn. 158f. Fraglich wäre im vorliegenden Fall allerdings, (1.) ob ein „Vorbenutzungsrecht" überhaupt zu akzeptieren ist und ob (2.) die hier zwischen Registrierung und Benutzung verstriche Zeitspanne nicht zu groß war.
572 Dazu oben Rn. 273.
573 Dazu unter Rn. 301. Zum vergleichbaren Problem beim Widerspruch (Einstellung der Zwangsvollstreckung) unter Rn. 315.
574 Siehe oben Rn. 266.
575 Diese Empfehlung gibt beispielsweise auch Mellulis, Handbuch des Wettbewerbsprozesses, 3. Auflage (2000), Rn. 44: „Vielzahl von Unsicherheiten, die es angeraten erscheinen lassen, wie bisher allen auch nur entfernt in Betracht kommenden Gerichten eine Schutzschrift zu übersenden.".
576 Dazu oben Rn. 291. Die Zustellung einer erlassenen einstweiligen Verfügung durch das Gericht an den Verfahrensbevollmächtigten des Antragsgegners (vgl. zu diesem Erfordernis OLG Frankfurt, WRP 1996, 117, m.w.N.) ersetzt nicht die erforderliche Zustellung im Parteibetrieb; vgl. Nordemann, Wettbewerbsrecht/Markenrecht, 10. Auflage, Rn. 3041.

(4) Anträge: Obwohl streitig ist, ob ein Prozessrechtsverhältnis bereits mit Einreichung einer Schutzschrift (also vor Stellung des Antrags auf Erlass einer einstweiligen Verfügung) begründet wird,[577] sollte der mutmaßliche Antragsgegner den Abweisungsantrag (Antrag zu 1.) vorsorglich in der Schutzschrift stellen.[578]

Der erste Hilfsantrag zu 2.) enthält eines der zentralen mit der Schutzschrift verfolgten Begehren, dem Antragsgegner (wenigstens) rechtliches Gehör zu verschaffen (und eine Beschlussverfügung zu verhindern).

Der zweite Hilfsantrag, die einstweilige Verfügung nur gegen **Sicherheitsleistung** zu erlassen, folgt aus §§ 921 Satz 2, 936 ZPO. Führt die Löschung der Domain zu schweren Eingriffen in den Gewerbebetrieb der Antragsgegnerin, kann verlangt werden, den eventuellen Erlass einer einstweiligen Verfügung von einer Sicherheitsleistung (der sog. Vollziehungssicherheit) abhängig zu machen.[579] Die potentiellen Eingriffe sollten vom Antragsgegner glaubhaft gemacht werden. Eine Offenlegung, wie viele Online-Zugriffe, sog. „Hits", über die inkriminierte Domain erfolgen, kann jedoch im Hinblick auf eventuelle Schadensersatzansprüche (insbesondere unter dem Aspekt des Verletzergewinns)[580] allerdings nachteilig sein.

Der **Kostenantrag** hat vor allem für den Fall Bedeutung, dass der Verfügungsantrag durch Beschluss zurückgewiesen oder vom Antragsteller zurückgenommen wird; § 269 Abs. 4 ZPO gilt entsprechend für das einstweilige Verfügungsverfahren.[581] Kommt es zur Zurückweisung des Verfügungsantrags durch Beschluss, so muss das Gericht schon von Amts wegen (§ 308 Abs. 2 ZPO) dem Antragsteller die Kosten des Verfahrens auferlegen, ohne zu prüfen, ob dem Antragsgegner erstattungsfähige Kosten entstanden sind oder nicht.[582] Zu den Kosten der Schutzschrift selbst sogleich unter Rn. 304 f.

(5) Begründung der Schutzschrift: Der Anwalt sollte zur materiell-rechtlichen Streitfrage in tatsächlicher und rechtlicher Hinsicht Stellung nehmen und auch die Glaubhaftmachungsmittel anführen sowie beifügen.[583] Wird die für den Erlass einer einstweiligen Verfügung erforderliche Dringlichkeit vom Gericht angenommen, so ist damit noch nicht die Annahme besonderer Dringlichkeit gemäß §§ 937 Abs. 2, 944 ZPO gerechtfertigt, obwohl diese in derartigen Fällen in der Praxis regelmäßig bejaht wird.

(6) Gegenstandswert und Gebühren: Der Gegenstandswert für die Erstellung einer Schutzschrift entspricht dem Gegenstandswert des Verfügungsverfahrens (Rn. 277).[584] Gerichtsgebühren werden durch die Einreichung einer Schutzschrift nicht ausgelöst.

---

577 A.A. OLG Hamburg, WRP 1977, 495.
578 Vgl. Teplitzky, NJW 1980, 1667.
579 Zöller/Herget, ZPO, 25. Auflage (2005), § 922 Rn. 7; KG, GRUR 1995, 24; KG, NJW-RR 1986, 1127.
580 Dazu Rn. 449.
581 Zöller/Greger, ZPO, 25. Auflage (2005), § 269 Rn. 1, unter Verweis auf OLG Köln, NJW 1973, 2071.
582 OLG Hamburg, WRP 1983, 586.
583 Zöller/Vollkommer, ZPO, 25. Auflage (2005), § 937 Rn. 4; Nordemann, Wettbewerbsrecht/Markenrecht, 10. Auflage (2004), Rn. 3041.
584 Müller-Rabe, in: Gerold/Schmidt/v. Eicken/Madert/Müller-Rabe, RVG, 16. Auflage (2004), Anhang Rn. 207.

7 § 2 Domain-Streitigkeiten

305 Die **Anwaltsgebühren** für die Anfertigung und Hinterlegung einer Schutzschrift bestimmen sich nach RVG VV 3100f. oder VV 3403f.[585] Ob ein allgemeiner Verfahrensauftrag vorliegt oder ausnahmsweise bloß die Beauftragung einer Einzeltätigkeit (RVG VV 3403), ist eine Frage des Einzelfalls.[586] Die volle Verfahrensgebühr in Höhe von 1,3 (RVG VV 3101) entsteht, wenn der Anwalt in der Schutzschrift zur Sache vorträgt. Liegt ein Einzelauftrag vor, verdient der Anwalt eine Gebühr von 0,8 nach RVG VV 3403. Die jeweilige Gebühr entsteht auch bei der Hinterlegung **mehrerer Schutzschriften** nur einmal.[587]

306 *(7) Kostenerstattungsanspruch:* Obsiegt der Antragsgegner bzw. nimmt der Antragsteller den Verfügungsantrag zurück, kann der Antragsgegner nach § 91 ZPO die Kosten des Verfügungsverfahrens voll[588] erstattet verlangen; dazu gehören auch die Kosten der Hinterlegung einer Schutzschrift.[589] Voraussetzung ist, dass die Schutzschrift bei Gericht (vor Eingang des Eilantrags)[590] eingegangen ist.[591] Sie muss hingegen nicht zu den Akten gelangt sein.[592] Findet nach der Hinterlegung der Schutzschrift kein Verfügungsverfahren statt, kann der Antragsgegner die Kosten entsprechend den Grundsätzen der Kostenerstattung bei der Abmahnung[593] materiell-rechtlich erstattet verlangen.[594]

2. Reaktion auf erlassene einstweilige Verfügung

307 Wie auf eine erlassene einstweilige Verfügung reagiert wird, ist davon abhängig, ob der Mandant (Domain-Inhaber) sich nach Beratung über die Erfolgsaussichten entschließt, die Verfügung anzugreifen oder aber sie zu akzeptieren.

308 Sofern der Domain-Inhaber eine einstweilige Verfügung nicht hinnehmen will, steht ihm **gegen Beschlussverfügungen** der **Widerspruch (§§ 924, 936 ZPO)** zu. **Gegen eine nach mündlicher Verhandlung erlassene (oder bestätigte) Verfügung** ist die **Berufung (§§ 511 ff. BGB)** eröffnet. Ferner besteht die Möglichkeit, einen Antrag auf Aufhebung der einstweiligen Verfügung **bei Vorliegen veränderter Umstände (§ 927 Abs. 1 ZPO)** oder bei **Nichteinhaltung der Klagefrist (§ 926 Abs. 2 ZPO)** zu stellen.[595] Nach herr-

---

[585] Müller-Rabe, in: Gerold/Schmidt/v. Eicken/Madert/Müller-Rabe, RVG, 16. Auflage (2004), Anhang Rn. 199.
[586] Beispiel nach Müller-Rabe, in: Gerold/Schmidt/v. Eicken/Madert/Müller-Rabe, RVG, 16. Auflage (2004), Anhang Rn. 199: Einzelauftrag liegt vor, wenn Mandant vorhat, sich von anderem Anwalt im Eilverfahren vertreten zu lassen.
[587] Müller-Rabe, in: Gerold/Schmidt/v. Eicken/Madert/Müller-Rabe, RVG, 16. Auflage (2004), Anhang Rn. 105.
[588] Müller-Rabe, in: Gerold/Schmidt/v. Eicken/Madert/Müller-Rabe, RVG, 16. Auflage (2004), Anhang Rn. 212.
[589] OLG Düsseldorf, GRUR 1988, 405; OLG Frankfurt, WRP 1996, 117; OLG Düsseldorf, GRUR 1995, 171; OLG Koblenz, WRP 1995, 246; OLG München, JurBüro 1994, 632.
[590] Herrschende Meinung; vgl. nur Müller-Rabe, in: Gerold/Schmidt/v. Eicken/Madert/Müller-Rabe, RVG, 16. Auflage (2004), Anhang Rn. 210, m.w.N.
[591] OLG München, WRP 1992, 811.
[592] OLG München, WRP 1992, 811.
[593] Dazu unter Rn. 226.
[594] Müller-Rabe, in: Gerold/Schmidt/v. Eicken/Madert/Müller-Rabe, RVG, 16. Auflage (2004), Anhang Rn. 217.
[595] Die Klage aus § 767 ZPO steht dem Antragsgegner nicht zu Verfügung; vgl. OLG Karlsruhe, GRUR 1979, 571; Zöller/Vollkommer, ZPO, 25 Auflage (2005), § 924 Rn. 1.

schender Meinung **kann der Antragsgegner** zwischen den ihm eröffneten Rechtsmitteln **wählen**.⁵⁹⁶

Sofern der Domain-Inhaber hingegen die einstweilige Verfügung gegen sich gelten lassen will, sollte ihm der Anwalt raten, eine sog. **Abschlusserklärung** (dazu sogleich) abzugeben In derartigen Fällen ist, wenn Zweifel an einer wirksamen Abmahnung bestehen, (**anstelle** der **Abschlusserklärung**) auch an die Möglichkeit eines **Kostenwiderspruchs** zu denken.⁵⁹⁷

Die Berufung gegen eine Urteilsverfügung richtet sich nach allgemeinen Regeln und bedarf hier keiner gesonderten Behandlung.⁵⁹⁸ Auf die Abschlusserklärung wird wegen des sachlichen Zusammenhanges mit dem sog. Abschlussschreiben (des Antragstellers) unter Rn. 352 ff. eingegangen.

a) Muster eines Widerspruchs mit Erläuterungen

aa) Muster: Widerspruch

An das Landgericht Berlin

vorab per Telefax

Widerspruch

In dem einstweiligen Verfügungsverfahren

KUMMERTECH Electronic GmbH ./. Slimshady Electronic GmbH

[Aktenzeichen]

zeigen wir an, dass wir die Antragsgegnerin vertreten. Namens und in Vollmacht der Antragsgegnerin erheben wir Widerspruch gegen die einstweilige Verfügung des Landgerichts Berlin vom 10. März 2005 – [Aktenzeichen] – und bitten um Anberaumung eines Termins zur mündlichen Verhandlung, in der wir die folgenden Anträge stellen werden:
1. Die einstweilige Verfügung des Landgerichts Berlin vom 10. März 2003 – Az. [Aktenzeichen] – wird aufgehoben und die auf ihren Erlass gerichteten Anträge zurückgewiesen.
2. Die Zwangsvollstreckung aus der im Antrag zu 1. bezeichneten einstweiligen Verfügung wird einstweilen bis zur Entscheidung über den Widerspruch ohne Sicherheitsleistung eingestellt.
hilfsweise:
Die Zwangsvollstreckung aus der im Antrag zu 1. bezeichneten einstweiligen Verfügung wird einstweilen bis zur Entscheidung über den Widerspruch gegen Sicherheitsleistung der Antragsgegnerin in Höhe von € 25.000,00 eingestellt.

---

596 Zöller/Vollkommer, ZPO, 25 Auflage (2005), § 924 Rn. 2, m.w.N.
597 Dazu unter Rn. 322 ff.
598 Zum Berufungsverfahren vgl. das Muster und die Erläuterungen unter „Wettbewerbsrecht" Rn. 510 ff.

Begründung:

■■■ [Die Begründung ist abhängig davon, ob die Vollziehungsfrist gewahrt wurde: Wenn die Vollziehungsfrist gewahrt wurde, würde die Begründung derjenigen entsprechen, die im Muster zur Schutzschrift skizziert ist. Sofern keine wirksame Zustellung innerhalb der Vollziehungsfrist erfolgt wäre, müsste dies – unter Beifügung von Glaubhaftmachungsmitteln – zur Begründung des bereits daraus folgenden Anspruches auf Aufhebung der Verfügung angeführt werden; daneben wären vorsorglich auch in diesem Fall die Einwände gegen Verfügungsanspruch und Verfügungsgrund vorzubringen und glaubhaft zu machen.]

Die Zwangsvollstreckung ist gemäß § 924 Abs. 3 Satz 2, § 707 Abs. 1 ZPO einstweilen ohne Sicherheitsleistung einzustellen, da der Widerspruch weit überwiegende Aussicht auf Erfolg hat und das Interesse der Antragsgegnerin an der Aussetzung der Vollstreckung das Sicherungsinteresse der Antragstellerin überwiegt. Denn die Vollstreckung aus der ungerechtfertigen Beschlussverfügung führt bei der Antragsgegnerin zu massiven und irreparablen Schäden.

■■■ [Diese Behauptung wäre zu substantiieren und vorsorglich – auch wenn § 707 Abs. 1 Satz 2 ZPO nicht gilt – glaubhaft zu machen.]

Jedenfalls aber ist angesichts der Umstände des Streitfalls eine Einstellung gegen Sicherheitsleistung geboten. Bei der Bezifferung haben wir uns an dem im Verfügungsantrag angegebenen Streitwert zuzüglich der Kosten des Verfügungsverfahrens orientiert und diesen aufgerundet.

Wir stellen zu.

■■■

Rechtsanwalt

312 *bb) Erläuterungen : (1) Zuständigkeit des Gerichts:* Örtlich und sachlich ausschließlich (§ 802 ZPO) zuständig ist das Gericht, das die Verfügung erlassen hat. Hat das Beschwerdegericht die einstweilige Verfügung erlassen, ist für den Widerspruch gleichwohl – um dem Antragsgegner keine Instanz zu nehmen – das Gericht erster Instanz für die Entscheidung über den Widerspruch zuständig.[599] Bringt der Antragsgegner mit Recht vor, das Gericht sei für den Erlass der einstweiligen Verfügung örtlich oder sachlich nicht zuständig gewesen, so hat der Antragsteller Verweisung gemäß § 281 ZPO zu beantragen.[600]

313 *(2) Anwaltszwang:* Unter der Voraussetzung der sachlichen Zuständigkeit des Landgerichts besteht für die Einlegung des Widerspruchs Anwaltszwang.[601]

314 *(3) Anträge:* Der Antrag zu 1. orientiert sich an § 925 Abs. 2 ZPO und entspricht eines am Landgericht Berlin gängigen Tenorierung. Die mit dem Antrag zu 2. und dem entsprechenden Hilfsantrag begehrte einstweilige Einstellung der Zwangsvollstre-

---

599 Zöller/Vollkommer, ZPO, 25. Auflage (2005), § 924 Rn. 6, m.w.N., auch zu gegenteiligen Literaturansichten.
600 Zöller/Vollkommer, ZPO, 25. Auflage (2005), § 924 Rn. 6, m.w.N.
601 OLG Koblenz, NJW 1980, 2589; Zöller/Vollkommer, ZPO, 25. Auflage (2005), § 924 Rn. 7.

ckung kommt nur ausnahmsweise in Betracht;[602] sie ist denkbar, wenn die Vollstreckung zu schwersten Eingriffen in den Gewerbebetrieb des Antragsgegners führt.[603] Dies ist in Domain-Streitigkeiten jedenfalls dann naheliegend, wenn die Geschäfte des Unternehmens und gegebenenfalls auch der Vertrieb weitergehend oder sogar ausschließlich über die inkriminierte Website abgewickelt werden.

(4) Materielle Gegenanträge: Ob materielle Gegenanträge im Verfügungsverfahren zulässig sind (im vorliegenden „Musterfall" könnte sich dies anbieten), ob es also ein Gegenstück zur Widerklage im Verfügungsverfahren gibt, ist umstritten. Nach wohl herrschender Meinung ist dies der Fall.[604] Die Gegenansicht[605] weist allerdings mit Recht darauf hin, dass dafür kein Bedürfnis besteht, weil der Antragsgegner jederzeit selbst einen Verfügungsantrag stellen kann. 315

(5) Begründung: Der Widerspruch ist gemäß § 924 Abs. 2 Satz 1 ZPO zu **begründen**. Zwar handelt es sich nach herrschender Meinung dabei nur um eine Ordnungsvorschrift.[606] Dennoch sollte der Antragsgegner in dem Widerspruch die Gründe darlegen und glaubhaft machen, die für die Aufhebung der einstweiligen Verfügung sprechen, und diesen Schriftsatz jedenfalls dem Gericht rechtzeitig vor der mündlichen Verhandlung zusenden. 316

(6) Fristen: Der Widerspruch ist **nicht fristgebunden**. Es liegt jedoch im eigenen Interesse des Antragsgegners, dass über die Aufhebung der einstweiligen Verfügung möglichst zügig mündlich verhandelt wird. Zudem kann, wenn der Antragsgegner länger zuwartet, **Verwirkung** eintreten.[607] 317

(7) Gegenstandswert und Gebühren: Der Gegenstandswert des Widerspruchsverfahrens entspricht dem des Verfügungsverfahrens.[608] Die Einlegung des Widerspruchs löst auf Seiten des Antragsgegners die Verfahrensgebühr aus, da der Widerspruch Rechtsbehelf, nicht Rechtsmittel ist.[609] 318

Beispiel:[610] *Der Anwalt des Antragsgegners legt Widerspruch ein und nimmt an einer im Eilverfahren anberaumten mündlichen Verhandlung teil. Der Anwalt verdient bei einem Streitwert von € 20.000,00 folgende Gebühren: 1,3 Verfahrensgebühr nach RVG VV 3100 in Höhe von € 839,80 sowie 1,2 Terminsgebühr nach RVG VV 3104 in Höhe von € 775,20 und eine Pauschale nach RVG VV 7002 in Höhe von € 20,00, mithin insgesamt € 1.635,00 RVG. Bei nicht zum Vorsteuerabzug berechtigten Mandanten ist die Mehrwertsteuer hinzuzusetzen (RVG VV Nr. 7008).* 319

---

602 Vgl. BGH, NJW-RR 1997, 1155.
603 KG, WRP 1995, 25; Zöller/Vollkommer, ZPO, 25. Auflage (2005), § 924 Rn. 7, m.w.N.
604 OLG Celle, NJW 1959; OLG Rostock, OLG-NL 2001, 279; Zöller/Vollkommer, ZPO, 25. Auflage (2005), § 935 Rn. 4.
605 Weber, WRP 1985, 527; Nordemann, Wettbewerbsrecht/Markenrecht, 10. Auflage (2004), Rn. 3143.
606 Zöller/Vollkommer, ZPO, 25. Auflage (2005), § 924 Rn. 7, m.w.N.
607 Vgl. OLG Celle, GRUR 1980, 945; KG, GRUR 1985, 237; Vgl. Zöller/Vollkommer, ZPO, 25. Auflage (2005), § 924 Rn. 10, m.w.N.
608 Müller-Rabe, in: Gerold/Schmidt/v. Eicken/Madert/Müller-Rabe, RVG, 16. Auflage (2004), Anhang Rn. 101.
609 Müller-Rabe, in: Gerold/Schmidt/v. Eicken/Madert/Müller-Rabe, RVG, 16. Auflage (2004), Anhang Rn. 101.
610 Nach Müller-Rabe, in: Gerold/Schmidt/v. Eicken/Madert/Müller-Rabe, RVG, 16. Auflage (2004), Anhang Rn. 44.

320 Für den Anwalt des Antragstellers bedeutet das Widerspruchsverfahren keine zweite Instanz; es bildet mit dem vorangegangenen Anordnungsverfahren eine Angelegenheit (§ 16 Nr. 6 RVG). Gesonderte Gerichtsgebühren fallen im Widerspruchsverfahren nicht an.

321 *(8) Rücknahme des Widerspruchs:* Die Rücknahme des Widerspruchs ist bis zur formellen Rechtskraft des Urteils ohne Zustimmung des Antragstellers möglich; auch insoweit besteht Anwaltszwang.[611]

b) Muster eines Kostenwiderspruchs mit Erläuterungen

322 Sofern der Mandant die im Beschlusswege ergangene einstweilige Verfügung anerkennen, sich aber – etwa wegen fehlender Abmahnung oder gegebenenfalls wegen fehlender Vorlage einer Originalvollmacht (Rn. 236) – gegen die Kostenentscheidung wehren will, besteht die Möglichkeit, einen sog. **Kostenwiderspruch**[612] einzulegen.

323 *aa) Muster: Kostenwiderspruch:* Das nachstehende Muster beruht auf der – den „Musterfall" modifizierenden – Annahme, dass es keine Abmahnung vor der Stellung des Verfügungsantrags gegeben hat.

10

An das Landgericht ∎∎∎

Vorab per Telefax

Kostenwiderspruch

In dem einstweiligen Verfügungsverfahren

∎∎∎ GmbH ./. ∎∎∎ GmbH

∎∎∎ [Aktenzeichen]

zeigen wir an, dass wir die Antragsgegnerin vertreten.

Namens und in Vollmacht der Antragsgegnerin erheben wir Widerspruch gegen die einstweilige Verfügung des Landgerichts vom 10. März 2005 – ∎∎∎ [Aktenzeichen] – insoweit, als dem Antragsgegner die Kosten des Verfügungsverfahrens auferlegt worden sind. Wir beantragen,

unter teilweiser Abänderung der einstweiligen Verfügung vom 10. März 2005 – ∎∎∎ [Aktenzeichen] – der Antragstellerin die gesamten Kosten des Verfahrens aufzuerlegen.

Im Übrigen erkennen wir namens und in Vollmacht der Antragsgegnerin die einstweilige Verfügung als nach Bestandskraft und Wirkung einem rechtskräftigem Hauptsachetitel entsprechend an und verzichten auf den Widerspruch gegen die einstweilige Verfügung vom 10. März 2005 – [Aktenzeichen] – und auf das Recht aus §§ 926, 936 ZPO. Auf die Rechte aus §§ 927, 936 ZPO wird mit Ausnahme solcher Einwendungen verzichtet, die auch einem rechtskräftigen Titel entgegen gehalten werden könnten.

---

611 Zöller/Vollkommer, ZPO, 25. Auflage (2005), § 924 Rn. 8, § 920 Rn. 13, m.w.N.
612 Vgl. dazu auch Lemke, DriZ 1992, 339; Nieder, WRP 1979, 350.

Begründung:

Der Antragstellerin sind die Kosten des Verfügungsverfahrens gemäß § 93 ZPO aufzuerlegen, weil die Antragsgegnerin keine Veranlassung zur Einleitung eines einstweiligen Verfügungsverfahrens gegeben hat. Es ist anerkannt, dass ein Antragsteller die Kosten der gerichtlichen Auseinandersetzung zu tragen hat, wenn er nicht zuvor abgemahnt hat (vgl. nur KG, WRP 1988, 167, 168). So liegt es hier.

Ein Abmahnschreiben ist der Antragsgegnerin nicht zugegangen.

Glaubhaftmachung:
1. Eidesstattliche Versicherung des Geschäftsführers der Antragsgegnerin, – Anlage AG 1 –;
2. Eidesstattliche Versicherung der für die Bearbeitung der Posteingänge zuständigen Assistentin des Geschäftsführers der Antragsgegnerin, Anlage AG 2 -.

Hätte die Antragstellerin die Antragsgegnerin abgemahnt, hätte die Antragsgegnerin die übliche Unterlassungsverpflichtungserklärung unter Versprechen einer angemessenen Vertragsstrafe abgegeben.

Glaubhaftmachung:

Eidesstattliche Versicherung des Geschäftsführers der Antragsgegnerin, – Anlage AG 1 -.

Die Antragsgegnerin hat am 16. März 2005, also unmittelbar nach der am 15. März 2005 vollzogenen Zustellung der einstweiligen Verfügung, gegenüber der DENIC e.G. den Verzicht auf die Internet-Domain „KUMMERTECH.de" erklärt.

Glaubhaftmachung:
1. Eidesstattliche Versicherung des Geschäftsführers der Antragsgegnerin, – Anlage AG 1 –;
2. Ablichtung der Verzichtserklärung der Antragsgegnerin gegenüber der DENIC e.G., Anlage AG 3 -.

Es gibt keinen Grund für die Annahme, dass die vorherige Abmahnung im vorliegenden Fall ausnahmsweise unzumutbar gewesen sein könnte.

Wir stellen zu.

■■■

Rechtsanwalt

bb) Erläuterungen: (1) Teilweiser Verzicht auf den Widerspruch: Die **Beschränkung des Widerspruchs auf die Kostenentscheidung** muss eindeutig erklärt werden; anderenfalls wird die beabsichtigte Kostenfolge des § 93 ZPO nicht erreicht bzw. jedenfalls gefährdet.[613] Der teilweise Verzicht auf den Widerspruch hat die Wirkung eines Anerkennt-

324

---

613 KG, WRP 1982, 530; OLG Frankfurt, WRP 1979, 726; OLG München, NJWE-WettbR 1996, 139; Nordemann, Wettbewerbsrecht / Markenrecht, 10. Auflage (2004), Rn. 3112; a.A. OLG Düsseldorf, NJWE-WettbR 1996, 256.

nisses.[614] Dieses Anerkenntnis kann nicht durch einen späteren Übergang auf einen Vollwiderspruch rückgängig gemacht werden.[615]

325 *(2) Abschlusserklärung:* Sofern – wie hier im Absatz nach dem Antrag auf teilweise Aufhebung der einstweiligen Verfügung – **ausdrücklich** der **Verzicht auf den Widerspruch** in der Sache selbst **sowie auf die Rechte aus** § 926 ZPO **und** mit Einschränkungen auch auf die Rechte aus § 927 ZPO verzichtet wird, handelt es sich bereits um eine **Abschlusserklärung.**[616] Diese wird gemeinsam mit dem Abschlussschreiben für den Zeitpunkt nach Beendigung des Verfügungsverfahrens unter Rn. 352 ff. erläutert. Durch eine solche Erklärung wird dem vorläufigen, im Verfügungsverfahren erstrittenen Unterlassungstitel die Wirksamkeit eines endgültigen Unterlassungstitels verliehen und so das Rechtsschutzbedürfnis für eine Hauptsacheklage des Verletzten sowie zugleich die Möglichkeit einer Schadensersatzforderung nach § 945 ZPO beseitigt.[617] Um diese Wirkung zu erzielen, muss der Verletzer **umfassend auf** seine möglichen **Rechtsmittel verzichten.** Es genügt nicht lediglich der Verzicht auf die Rechte nach § 924 ZPO und § 926 ZPO, er muss sich auch auf die Rechte nach § 927 ZPO erstrecken. **Allerdings** muss der Schuldner – entsprechend dem Zweck der Abschlusserklärung – **nicht auf diejenigen Einwendungen verzichten, die auch gegenüber einem Hauptsachetitel** (im Wege der Vollstreckungsgegenklage gemäß § 767 ZPO) **geltend gemacht werden können.**[618]

326 Der Unterlassungsschuldner (in unserem Beispiel also der Domain-Inhaber) sollte, wenn absehbar ist, dass er auch in einem etwaigen Hauptsacheverfahren unterliegen würde, umgehend, spätestens aber einen Monat nach Zustellung der einstweiligen Verfügung, eine Abschlusserklärung abgeben. Er kann damit verhindern, dass der Anspruchsteller ein anwaltliches Abschlussschreiben verfassen lässt und dadurch weitere Kosten ausgelöst werden (näher hierzu unter Rn. 358). Hierüber muss der Anwalt aufklären.

327 Die Abgabe einer strafbewehrten Unterlassungsverpflichtungserklärung ist nach der Abschlusserklärung nicht erforderlich und zu unterlassen, um dem Verletzten kein zusätzliches Sanktionsmittel zur Hand zu geben.[619] Wenn allerdings die Unterlassungsverpflichtungserklärung bereits abgegeben war, als die einstweilige Verfügung zuge-

---

614 OLG Hamburg, WRP 1976, 180; OLG Frankfurt, WRP 1982, 226; OLG Stuttgart, NJWE-WettbR 2000, 125; Nordemann, Wettbewerbsrecht/Markenrecht, 10. Auflage (2004), Rn. 3112.
615 Der Vollwiderspruch wäre in einem solchen Falle unzulässig und der Antragsgegner hätte die Verfahrenskosten zu tragen (OLG Hamm, GRUR 1991, 633).
616 Vgl. insoweit Ahrens, WRP 1997, 907; Lindacher, BB 1984, 639; Teplitzky, Wettbewerbsrechtliche Ansprüche und Verfahren, 8. Auflage (2002), Kapitel 43.
617 Vgl. BGH, WRP 1989, 572; Teplitzky, Wettbewerbsrechtliche Ansprüche und Verfahren, 8. Auflage (2002), Kapitel 43, Rn 11, m.w.N.
618 Vgl. KG, NJWE-WettbR 1996, 162; Nordemann, Wettbewerbsrecht/Markenrecht, 10. Auflage (2004), Rn. 3174, dort auch (unter Rn. 3175) zur (inzwischen weitgehend aufgegebenen) Praxis des KG, modifizierte Abschlusserklärungen, die nur für den Fall einer die Verfügung bestätigenden Entscheidung durch das Berufungsgericht abgegeben werden, als ausreichend zu erachten. Siehe Nordemann, a.a.O., Rn. 3313, 3314, auch zu denkbaren Angriffen im Rahmen des § 767 ZPO.
619 OLG Köln, WRP 1969, 423; Nordemann, Wettbewerbsrecht/Markenrecht, 10. Auflage (2004), Rn. 3113.

stellt wurde, ist – eben um diese unberechtigte Doppelsanktion zu verhindern – Vollwiderspruch einzulegen.[620]

(3) Glaubhaftmachung: Wie bereits oben ausgeführt (Rn. 202), liegt nach herrschender Meinung die Darlegungs- und Beweislast für den Zugang der Abmahnung beim Verletzten. Daher muss der entsprechende Vortrag glaubhaft gemacht werden.

328

(4) Gegenstandswert und Gebühren: Beim Kostenwiderspruch steht dem Anwalt nur eine 1,3 Verfahrensgebühr nach dem Kostenwert, nicht aber nach dem Hauptsachewert zu.[621] Im Übrigen siehe oben unter Rn. 318.

329

(5) Rechtsmittel: Gegen die Entscheidung über den Kostenwiderspruch, die durch Urteil ergeht,[622] ist nach herrschender Meinung[623] analog § 99 Abs. 2 ZPO in der Frist des § 569 Abs. 1 ZPO die sofortige Beschwerde eröffnet.

330

c) Aufhebung der einstweiligen Verfügung nach §§ 926, 936 ZPO

aa) Antrag nach §§ 926 Abs. 1, 936 ZPO: Solange die einstweilige Verfügung besteht,[624] hat der Antragsgegner die Möglichkeit, ihren Fortbestand von der Durchführung des Hauptverfahrens abhängig zu machen und einen **Antrag auf Anordnung der Klageerhebung** nach §§ 926 Abs. 1, 936 ZPO zu stellen. Alternativ besteht die – das Kostenrisiko u.U. reduzierende – Möglichkeit, eine negative Feststellungsklage zu erheben[625] und auf der Grundlage eines obsiegenden Urteils die Aufhebung der einstweiligen Verfügung nach § 927 ZPO durchzusetzen. Der Antrag nach §§ 926 Abs. 1, 936 ZPO, der schon (rein vorsorglich) vor Erlass der Verfügung gestellt werden kann,[626] ist selbstverständlich nur dann sinnvoll, wenn dem Antragsgegner durch die Beweismittel des Hauptsacheverfahrens bessere Verteidigungsmittel zur Verfügung stehen und er deshalb davon ausgehen kann, dass die Hauptsacheklage abgewiesen werden würde.

331

(1) Zuständiges Gericht: Zuständig ist das erstinstanzliche Gericht, auch wenn die einstweilige Verfügung erst durch das Beschwerde- bzw. Berufungsgericht erlassen wurde;[627] die Anordnung ist dem Rechtspfleger übertragen (§ 20 Nr. 14 RPflG).

332

(2) Rubrum der Antragsschrift: Die Parteirollen sind im Verfahren nach §§ 926, 936 ZPO gegenüber dem Verfügungsverfahren vertauscht. Hierauf ist bei der Abfassung des Rubrums des Antrags zu achten.

333

---

620 OLG Hamburg, WRP 1989, 325; Nordemann, Wettbewerbsrecht/Markenrecht, 10. Auflage (2004), Rn. 3113.
621 BGH, NJW-RR 2003, 1293; Müller-Rabe, in: Gerold/Schmidt/v. Eicken/Madert/Müller-Rabe, RVG, 16. Auflage (2004), Anhang Rn. 101.
622 OLG Brandenburg, NJW-RR 2000, 1668; Zöller/Vollkommer, ZPO, 25. Auflage (2005), § 924 Rn. 5.
623 OLG Koblenz, JurBüro 1997, 38; OLG München, GRUR 1990, 482; Zöller/Vollkommer, ZPO, 25. Auflage (2005), § 99 Rn. 17, m.w.N. (dort auch zu den Gebühren des Beschwerverfahrens).
624 Anderenfalls fehlt das Rechtsschutzbedürfnis (vgl. BGH, NJW 1973, 1329). Gleiches gilt für den Fall, dass der Antragsteller auf die Rechte aus der einstweiligen Verfügung und den materiellen Anspruch verzichtet hat (OLG Düsseldorf, WRP 1988, 247).
625 BGH, NJW 1986, 1815; OLG Koblenz, GRUR 1986, 94.
626 Zöller/Vollkommer, ZPO, 25. Auflage (2005), § 926 Rn. 9.
627 Zöller/Vollkommer, ZPO, 25. Auflage (2005), § 926 Rn. 6.

334 *(3) Kein Anwaltszwang:* Für die Stellung des Antrags besteht kein Anwaltszwang (§ 78 Abs. 3 ZPO, § 13 RpflG), der Antrag kann schriftlich oder zu Protokoll des Urkundsbeamten gestellt werden (§§ 24 Abs. 2 Nr. 3, 26 RpflG).

335 *(4) Muster: Antrag nach §§ 926 Abs. 1, 936 ZPO*

■■■ beantragen wir, folgendes zu beschließen:

Die Antragsgegnerin hat bis zum 15. April 2005 Klage zu erheben. Nach fruchtlosem Ablauf dieser Frist wird auf Antrag die einstweilige Verfügung des Landgerichts ■■■ vom ■■■,- ■■■ [Aktenzeichen] – aufgehoben.

336 *(5) Kosten und Gebühren:* Gesonderte Gerichtsgebühren fallen nicht an, der Antrag nach § 926 Abs. 1 ZPO ist durch die Gebühr für das Verfahren auf Erlass der einstweiligen Verfügung (GKG KV 1410, 1412) abgegolten.[628] Auch Anwaltsgebühren werden durch das Verfahren nach § 926 Abs.1 ZPO nicht ausgelöst; es handelt sich um eine Angelegenheit mit dem Verfahren der einstweiligen Verfügung (§ 16 Nr. 6 RVG).

337 *bb) Antrag nach §§ 926 Abs. 2, 936 ZPO:* Wird die Hauptsacheklage nicht oder nicht rechtzeitig innerhalb der vom Gericht gesetzten Frist erhoben, oder wird die Klage zurückgenommen oder als unzulässig[629] abgewiesen, hat das Gericht auf einen **Aufhebungsantrag** gemäß §§ 926 Abs. 2, 936 ZPO hin[630] die Aufhebung der einstweiligen Verfügung nach mündlicher Verhandlung[631] durch Urteil auszusprechen.[632] Die Frist ist nur dann gewahrt, wenn sich die Klage auf diejenigen (Unterlassungs-)Ansprüche bezieht, die der Antragsteller zum Gegenstand seines Antrags auf Erlass der einstweiligen Verfügung gemacht hat;[633] die Klageerhebung beim unzuständigen Gericht schadet nicht.[634] Wird allerdings die Hauptsacheklage nach Fristablauf und Stellung des Aufhebungsantrages, aber bis zum Schluss der mündlichen Verhandlung im Aufhebungsverfahren erhoben, so gilt sie nach § 231 Abs. 2 ZPO als rechtzeitig erhoben; in dieser Konstellation ist für erledigt zu erklären, wobei der Gläubiger des Verfügungsanspruchs die Kosten für das Verfahren nach § 926 Abs. 2 ZPO zu tragen hat.[635]

338 Es fehlt ein Rechtsschutzbedürfnis für den Antrag, wenn weitere Auswirkungen der einstweiligen Verfügung nicht mehr drohen, insbesondere wenn der Verletzte auf seine Rechte aus der einstweiligen Verfügung verzichtet und den Titel ausgehändigt hat.[636]

---

628 Zöller/Vollkommer, ZPO, 25. Auflage (2005), § 926 Rn. 35.
629 BGH, NJW 1993, 2686; Zöller/Vollkommer, ZPO, 25. Auflage (2005), § 926 Rn. 31.
630 Zu den Anforderungen an die Zulässigkeit des Antrages vgl. Zöller/Vollkommer, ZPO, 25. Auflage (2005), § 926 Rn. 23.
631 Zöller/Vollkommer, ZPO, 25. Auflage (2005), § 926 Rn. 22.
632 Zur Kostenfolge in diesem Fall im Einzelnen Zöller/Vollkommer, ZPO, 25. Auflage (2005), § 926 Rn. 26.
633 BGH, NJW 1993, 2686; Zöller/Vollkommer, ZPO, 25. Auflage (2005), § 926 Rn. 30.
634 OLG Frankfurt, GRUR 1987, 650; Zöller/Vollkommer, ZPO, 25. Auflage (2005), § 926 Rn. 29, 32.
635 OLG Frankfurt, WRP 1982, 96. Gestützt wurde dies auf eine Analogie zu § 93 ZPO.
636 Vgl. Zöller/Vollkommer, ZPO, 25. Auflage (2005), § 926 Rn. 12, m.w.N.

Hinsichtlich der Zuständigkeit und der Parteirollen gilt das soeben zu §§ 926 Abs. 1, 936 ZPO Angemerkte, im Übrigen folgendes:

(1) Anwaltszwang: Es besteht Anwaltszwang (§ 78 Abs. 1 ZPO).

(2) Muster: Antrag nach §§ 926 Abs. 2, 936 ZPO

■■■ stellen wir folgende Anträge:
1. Die einstweilige Verfügung des Landgerichts Berlin vom 10. März 2005 – [Aktenzeichen] – wird aufgehoben.
2. Die Zwangsvollstreckung aus der im Antrag zu 1. bezeichneten einstweiligen Verfügung wird einstweilen bis zur Entscheidung über diesen Aufhebungsantrag ohne Sicherheitsleistung eingestellt.
hilfsweise:
Die Zwangsvollstreckung aus der im Antrag zu 1. bezeichneten einstweiligen Verfügung wird einstweilen bis zur rechtskräftigen Entscheidung über diesen Aufhebungsantrag gegen Sicherheitsleistung der Antragsgegnerin in Höhe von € 25.000,00 eingestellt.

Der Antrag zu 2. (sowie der entsprechende Hilfsantrag) beruhen darauf, dass auch im Aufhebungsverfahren (analog § 924 Abs. 3 ZPO) die Zwangsvollstreckung einstweilen auf Antrag eingestellt werden kann.[637]

(3) Glaubhaftmachung: Auch beim Aufhebungsverfahren handelt es sich um ein summarisches Verfahren; die Voraussetzungen für die Aufhebung sind deshalb glaubhaft zu machen.[638]

(4) Kosten und Gebühren: Das Aufhebungsverfahren stellt kostenrechtlich eine neue Angelegenheit dar; es fällt deshalb eine Verfahrensgebühr (KGK KV 1410, 1412) in Höhe von 1,5 bzw. 3,0 an. Der Streitwert des Verfügungsverfahrens ist davon abhängig, welchen Wert der aufzuhebende Titel bei Stellung des Antrags noch hat;[639] er kann unter dem Wert des Verfügungsverfahrens liegen. Anwaltsgebühren fallen hingegen im Verfahren nach § 926 Abs.2 ZPO nicht an; es handelt sich um eine einheitliche Angelegenheit mit dem Verfahren der einstweiligen Verfügung (§ 16 Nr. 6 RVG).

d) Aufhebung der einstweiligen Verfügung nach §§ 927, 936 ZPO

Selbständig neben dem Aufhebungsverfahren nach §§ 926, 936 ZPO steht das Aufhebungsverfahren wegen des Erbietens zur Sicherheitsleistung[640] oder wegen veränderter Umstände (§§ 927 Abs. 1, 936 ZPO), aufgrund derer der Erlass bzw. die Bestätigung der einstweiligen Verfügung nicht mehr möglich wäre. **Veränderte Umstände** im Sinne des § 927 Abs. 1 ZPO – der weiter geht als § 767 Abs. 2 ZPO[641] – sind allerdings nur solche Umstände, **die nach dem Erlass der einstweiligen Verfügung eingetreten sind**

---

637 OLG Düsseldorf, MDR 1970, 58; Zöller / Vollkommer, ZPO, 25. Auflage (2005), § 926 Rn. 28.
638 Zöller / Vollkommer, ZPO, 25. Auflage (2005), § 926 Rn. 22.
639 Zöller / Herget, ZPO, 25. Auflage (2005), § 3 Rn. 16 Stichwort „Einstweilige Verfügung".
640 Zöller / Vollkommer, ZPO, 25. Auflage (2005), § 927 Rn. 8.
641 Zöller / Vollkommer, ZPO, 25. Auflage (2005), § 927 Rn. 1, 15, m.w.N.

oder dem Schuldner bekannt wurden.⁶⁴² Dabei kann auch eine neue Beweislage genügen, selbst wenn der Schuldner sich auf Beweismittel beruft, die zum Zeitpunkt des Erlasses der einstweiligen Verfügung bereits vorlagen, die er zu diesem früheren Zeitpunkt aber noch nicht benutzen konnte. Genügen kann auch eine **veränderte Gesetzeslage oder eine Änderung der höchstrichterlichen Rechtsprechung**, aufgrund derer eine Hauptsacheklage voraussichtlich keinen Erfolg (mehr) haben würde.⁶⁴³ Auch die Nichteinhaltung der Vollziehungsfrist (Rn. 290 f.) kann, wenn diese nicht bereits mit dem Widerspruch und/oder der Berufung gegen die einstweilige Verfügung geltend gemacht werden konnte, ein veränderter Umstand im Sinne des § 927 Abs. 1 ZPO sein.⁶⁴⁴

346 Es fehlt ein Rechtsschutzbedürfnis für den Antrag, wenn weitere Auswirkungen der einstweiligen Verfügung nicht mehr drohen, insbesondere wenn der Verletzte auf seine Rechte aus der einstweiligen Verfügung verzichtet und den Titel ausgehändigt hat.⁶⁴⁵

347 Die Entscheidung über den Antrag ergeht nach mündlicher Verhandlung durch Endurteil (§§ 927 Abs. 2, 936 ZPO). Hinsichtlich der Zuständigkeit des Gerichts, der Parteirollen, des Anwaltszwanges, der Fassung der Anträge, der Glaubhaftmachung und der Kosten gilt das zum Antrag gemäß § 926 Abs. 2 ZPO Gesagte (Rn. 341 f.).

III. Hauptsacheverfahren

1. Situation nach Erlass der einstweiligen Verfügung und vor Erhebung der Hauptsacheklage

a) Erfordernis eines Abschlussschreibens

348 Hat der Anspruchsteller im Verfügungsverfahren obsiegt, sollte er den Unterliegenden (hier: den Domain-Inhaber) durch ein **Abschlussschreiben** zur Abgabe einer **Abschlusserklärung**⁶⁴⁶ auffordern. Wird die Hauptsacheklage erhoben, ohne dass zuvor ein Abschlussschreiben verfasst wird, läuft der Kläger Gefahr, die Kosten gemäß § 93 ZPO tragen zu müsse, wenn der Beklagte den Anspruch sofort, also innerhalb der Frist zur Verteidigungsanzeige, anerkennt.⁶⁴⁷

349 *aa) Ausnahmen vom Erfordernis des Abschlussschreibens:* Hat der Antragsgegner gegen eine im Beschlusswege ergangene einstweilige Verfügung Widerspruch eingelegt, so bedarf es der Übersendung eines Abschlussschreibens nicht. In einem solchen Fall kann eine Hauptsacheklage ohne Kostennachteil sogleich erhoben werden.⁶⁴⁸ Das Gleiche gilt, wenn der Antragsgegner ankündigt, Widerspruch einzulegen. Hat der Antragsteller einen Antrag auf Erlass einer einstweiligen Verfügung anhängig gemacht und ist

---

642 Zöller/Vollkommer, ZPO, 25. Auflage (2005), § 927 Rn. 1, 3 ff., m.w.N.
643 KG, WRP 1990, 331; OLG Hamburg, WRP 1997, 53; Zöller/Vollkommer, ZPO, 25. Auflage (2005), § 927 Rn. 3 f., m.w.N.
644 Nordemann, Wettbewerbsrecht/Markenrecht, 10. Auflage (2004), 3142.
645 Zöller/Vollkommer, ZPO, 25. Auflage (2005), § 927 Rn. 3, m.w.N.
646 Zur Abschlusserklärung siehe oben unter Rn. 352 ff.
647 Vgl. nur BGH, GRUR 1973, 384.
648 OLG Hamm, GRUR 1991, 336.

über diesen noch nicht entschieden, so kann er ebenfalls sogleich (auch) Hauptsacheklage erheben, ohne die Kostennachteile des § 93 ZPO befürchten zu müssen.⁶⁴⁹

bb) Erforderliche Zeitspanne zwischen Zustellung der Verfügung und Abschlussschreiben: Wenn allerdings ein Verfügungsverfahren vorausgegangen ist, sollte der Anspruchsteller **vor der Absendung des Abschlussschreibens** – um die Erstattung der Kosten dieses Schreibens nicht zu riskieren – dem Unterliegenden eine angemessene Zeit zur Entscheidung lassen, ob dieser die erlassene einstweilige Verfügung von sich aus durch Abgabe einer Abschlusserklärung bestandskräftig machen will. Insoweit wird überwiegend von einer **Mindestfrist von zwölf 12 Tagen** (maximal ein Monat nach der Zustellung der einstweiligen Verfügung) ausgegangen.⁶⁵⁰

350

b) Muster: Abschlussschreiben

Das nachstehende Muster beruht auf der – den „Musterfall" modifizierenden – Annahme, dass keine Schutzschrift hinterlegt und auch kein Widerspruch eingelegt wurde und deshalb ein Abschlussschreiben erforderlich wäre.

351

13

Per Einschreiben/Rückschein

■■■ GmbH

■■■ [Adresse]

Vorab per Telefax

Widerrechtliche Nutzung der Domain „KUMMERTECH.de"

Sehr geehrter Herr ■■■ [Name des Geschäftsführers],

wir haben Ihnen vor Monatsfrist eine von unserer Mandantin, der KUMMERTECH Electronic GmbH, gegen die Shadyconsult GmbH vor dem Landgericht Berlin erwirkte einstweilige Verfügung vom 10. März 2005 – [Aktenzeichen] – zustellen lassen. Vollmacht ist ausweislich der Ihnen bereits vorliegenden Vollmachtsurkunde gegeben.

Zur Vermeidung der Erhebung einer Hauptklage, die mit erheblichen weiteren Kosten für Sie verbunden wäre, haben wir Sie namens und in Vollmacht unserer Mandantin aufzufordern, die beiliegende Abschlusserklärung bis spätestens zum

9. Mai 2005

(Datum des Eingangs der Erklärung bei uns) abzugeben; zur Wahrung der Frist genügt die Sendung per Telefaxschreiben, wenn das Original der von Ihnen unterschriebenen Abschlusserklärung Unterlassungsverpflichtungserklärung unverzüglich auf dem Postweg nachfolgt.

Nach den Grundsätzen der Geschäftsführung ohne Auftrag (§§ 683, 677, 670 BGB) sind Sie unserer Mandantin auch zum Ersatz derjenigen Kosten verpflichtet, die aus unserer Beauf-

---

649 OLG Hamm, GRUR 1991, 336.
650 Teplitzky, Wettbewerbsrechtliche Ansprüche und Verfahren, 8. Auflage (2002), Kapitel 43 Rn. 31, m.w.N.

tragung entstanden sind. Wir haben Sie namens und in Vollmacht unserer Mandantin aufzufordern, den geschuldeten Betrag bis spätestens zum

17. Mai 2005

unter Angabe unseres o.g. Aktenzeichens auf folgendes Konto zu überweisen: ▪▪▪. Geldempfangsvollmacht ist ausweislich der Ihnen vorliegenden Vollmachtsurkunde gegeben.

Für den Fall, dass die gesetzlichen Fristen ergebnislos verstreichen sollten, werden wir unserer Mandantin empfehlen, die Hauptsacheklage zu erheben.

Eine Ablichtung dieses Schreibens haben wir [Name des Bevollmächtigten der Gegenseite im Verfügungsverfahren] zugesandt.

Mit freundlichen Grüßen

▪▪▪

Rechtsanwalt

352

c) Muster: Abschlusserklärung

14

Abschlusserklärung

Die Shadyconsult GmbH, [Adresse], vertreten durch den alleinvertretungsberechtigten Geschäftsführer ▪▪▪,
1. erkennt hiermit gegenüber KUMMERTECH Elektronic GmbH, ▪▪▪, an, dass sie die am 10. März 2005 ergangene einstweilige Verfügung des Landgerichts Berlin vom 10. März 2005 – [Aktenzeichen] – als eine endgültige und zwischen den Parteien verbindliche Regelung akzeptiert, sie nach Bestandskraft und Wirkung einem rechtskräftigen Hauptsachetitel gleichstellt und auf die Einlegung eines Widerspruchs gemäß §§ 924, 936 ZPO, ferner auf die Rechte aus §§ 926, 936 ZPO sowie schließlich die Rechte aus §§ 927, 936 ZPO verzichtet, soweit auch ein Vorgehen gegen einen rechtskräftigen Hauptsachetitel ausgeschlossen wäre.
2. verpflichtet sich gegenüber der KUMMERTECH Elektronic GmbH,
   a) [Auskunft wie in Ziff. 4. der Unterlassungsverpflichtungserklärung],
   b) [Schadensersatz wie in Ziff. 5 der Unterlassungsverpflichtungserklärung],
   c) [Kostenerstattung wie in Ziff. 6 der Unterlassungsverpflichtungserklärung].

▪▪▪, den ▪▪▪

Shadyconsult GmbH, vertreten durch den Geschäftsführer, ▪▪▪

(Stempel und Unterschrift)

d) Erläuterungen

353

aa) Adressat des Abschlussschreibens: Weil es sich beim Hauptsacheverfahren, das mit dem Abschlussschreiben eingeleitet wird, um ein neues, selbstständiges Verfahren handelt und nicht ausgeschlossen werden kann, dass ein Anwalt, der die Gegenseite im Verfügungsverfahren vertreten hat, nicht für das Hauptsacheverfahren mandatiert ist, sollte das Abschlussschreiben vorsorglich direkt an die Partei geschickt und gegebenenfalls dem Bevollmächtigten aus dem Verfügungsverfahren eine Abschrift dieses Schreibens zugesandt werden.

bb) Androhung der Klageerhebung: Das Abschlussschreiben sollte eine eindeutige Androhung der Klageerhebung enthalten, damit das Schreiben seine Warnfunktion auch erfüllt.[651]

354

cc) Inhalt der Abschlusserklärung: Zum erforderlichen Inhalt der Abschlusserklärung siehe zunächst Rn. 205 ff. Soweit, wie hier, auch die Auskunfts-, Schadensersatz- und Kostenerstattungsansprüche geregelt werden, gehören entsprechende Verpflichtungserklärungen nicht zu den nötigen Bestandteilen der Erklärung. Ihre Streichung (hier der Ziff. 3. bis 5.) hindert nicht den Wegfall des Rechtsschutzbedürfnisses für eine Hauptsacheklage.[652]

355

dd) Angemessene Frist: Der Unterlassungsgläubiger sollte keine zu knappe Erklärungsfrist setzen, immerhin verfügt er durch die erlassene einstweilige Verfügung schon über einen Vollstreckungstitel. Es wird daher geraten, eine Frist von mindestens 14 Tagen[653] bzw. (in Analogie zu § 517 ZPO) von einem Monat zu setzen.[654] Wartet der Antragsteller nicht lange genug zu, kann er mangels Erforderlichkeit der Anwaltskosten keine materielle Kostenerstattung von der Gegenseite verlangen (dazu sogleich).[655]

356

ee) Gegenstandswert und Gebühren: Der Gegenstandswert entspricht dem des Hauptsacheverfahrens, da ein Hauptsacheverfahren vermieden werden soll (im Beispiel € 40.000,00). Der bei einem einstweiligen Verfügungsverfahren übliche Abschlag (siehe oben) entfällt.[656]

357

Die Kosten des Abschlussschreibens können prozessual weder im Verfügungsverfahren noch im Hauptsacheverfahren geltend gemacht werden.[657] Dem Unterlassungsgläubiger steht ein materieller Kostenerstattungsanspruch gegen den Antragsgegner entsprechend den Grundsätzen der Kostenerstattung der Abmahnung zu.[658] Voraussetzung ist auch hier, dass die Beauftragung des Anwalts erforderlich war.

358

2. Erkenntnisverfahren nach Klageerhebung

a) Unterlassungsansprüche (einschließlich Löschung)

Im Hauptsacheverfahren kann die endgültige Durchsetzung der **Unterlassungsansprüche** verlangt werden. Der Löschungsanspruch, der auf Abgabe der Verzichtserklärung gegenüber der DENIC gerichtet ist, unterliegt hier – anders als im Verfügungsverfahren

359

---

651 Teplitzky, Wettbewerbsrechtliche Ansprüche und Verfahren, 8. Auflage (2002), Kapitel 43 Rn. 24, m.w.N.
652 Vgl. Teplitzky, Wettbewerbsrechtliche Ansprüche und Verfahren, 8. Auflage (2002), Kapitel 43 Rn. 25, m.w.N.
653 OLG Frankfurt, WRP 1982, 365; LG Hamburg, WRP 1981, reicht ein Zeitraum von 14 Tagen.
654 OLG Karlsruhe, WRP 1977, 117; KG, WRP 1978, 213 (Monatsfrist ab der Zustellung der Verfügung).
655 Müller-Rabe, in: Gerold/Schmidt/v. Eicken/Madert/Müller-Rabe, RVG, 16. Auflage (2004), Anhang Rn. 228.
656 Müller-Rabe, in: Gerold/Schmidt/v. Eicken/Madert/Müller-Rabe, RVG, 16. Auflage (2004), Anhang Rn. 224.
657 Müller-Rabe, in: Gerold/Schmidt/v. Eicken/Madert/Müller-Rabe, RVG, 16. Auflage (2004), Anhang Rn. 225 f.
658 Siehe oben Rn. 226; BGH, NJW 1973, 901.

(Rn. 273) – keinen Bedenken. Zu den materiellen Voraussetzungen siehe oben unter Rn. 134.

b) Auskunfts- und Schadensersatzbegehren

360 Im Hauptsacheverfahren kann auch **Schadensersatz** verlangt werden. Die Anspruchsgrundlagen für Schadensersatzansprüche, deren Inhalt und die entsprechenden Darlegungs- und Beweislastfragen sind oben unter Rn. 185 erörtert worden.

361 Im Hauptsacheverfahren können ferner **Auskunftsansprüche** durchgesetzt werden; die Bedenken gegen eine Geltendmachung im Verfügungsverfahren stellen sich hier nicht. Die Voraussetzungen, der Inhalt und die entsprechenden Darlegungs- und Beweislastfragen sind oben unter Rn. 186 erörtert worden.

c) Klageart

362 *aa) Stufenklage:* Der Kläger kann in einer Klage stufenweise zunächst Auskunft über den entstandenen Schaden und nach Erteilung, auf der nächsten Stufe, Zahlung nach Maßgabe der erteilten Auskunft verlangen. Ein Muster eines Antrags einer Stufenklage mit Erläuterungen findet sich unter Rn. 529 ff.

363 *bb) Feststellungsklage:* Der Kläger kann allerdings u.U. neben der Stufenklage[659] auf Feststellung klagen, dass ihm durch die unberechtigte Domain-Benutzung ein Schaden entstanden ist und weiterhin entstehen wird. Speziell im gewerblichen Rechtsschutz (wie auch im Urheberrecht) hat die Feststellungsklage neben der Stufenklage eine eigenständige Bedeutung.[660]

364 Ein Musterantrag einer Feststellungsklage mit Erläuterungen findet sich unter Rn. 529, 554 ff.

3. Zwangsvollstreckungsverfahren

a) Vollstreckung des Unterlassungsgebots

365 Der Unterlassungsanspruch wird nach zutreffender Ansicht auch in Domain-Streitigkeiten gemäß § 890 ZPO vollstreckt („Wettbewerbsrecht", Rn. 552 ff.). Ein Antrag nach § 890 ZPO findet sich im Teil „Wettbewerbrecht", Rn. 587.

b) Vollstreckung von Auskunftsansprüchen

366 Die Zwangsvollstreckung des Auskunftsanspruchs richtet sich nach § **888 ZPO** und erfolgt durch Zwangsgeld und Zwangshaft, sofern die Auskunftserteilung nicht ausnahmsweise als vertretbare Handlung angesehen werden und gemäß §§ **887, 892 ZPO** im Wege der Ersatzvornahme bewirkt werden kann.[661]

367 Der Auskunftsanspruch ist vorläufig vollstreckbar. Der vorläufigen Vollstreckung steht die Endgültigkeit einer einmal erteilten Auskunft nicht entgegen.[662]

---

659 Dazu siehe unten unter Rn. 529 ff., 554.
660 BGH, NJW 2003, 3274.
661 Näher Eichmann, GRUR 1990, 580.
662 BGH, GRUR 1996, 78.

Zur Vollstreckung des Auskunftsanspruchs siehe näher Rn. 570 ff., 588 des Teils „Wettbewerbsrecht".

c) Vollstreckung von Geldansprüchen

Die Vollstreckung von Schadensersatzansprüchen richtet sich nach den allgemeinen Regeln der §§ 809 ff. ZPO.

4. Gebühren im Hauptsacheverfahren

Die Berechnung des Gegenstandswertes im Hauptsacheverfahren wird oben unter Rn. 277 behandelt. Die Gebühren des Anwalts bestimmen sich im Domain-Streit nach den allgemeinen Regeln.

§ 3 Streitigkeiten im Zusammenhang mit dem Schutz von Software

A. Vorprozessuale Situation

I. Grundsätzliches

371 Im folgenden werden Streitigkeiten behandelt, die aus einer **Beeinträchtigung der Schutzrechte an Computerprogrammen** bzw. deren Elementen resultieren können.[663] Es geht insbesondere um den Schutz der Software des Mandanten vor Programmversionen **oder Teilen davon**, die Dritte unter **Verletzung von gewerblichen Urheberrechten** und gegebenenfalls **sonstigen Schutzrechten** des Mandanten erstellt haben.

372 Der Anwalt kann für den Mandanten bereits beratend bei der Erlangung eines größtmöglichen Schutzes des vom bzw. für den Mandanten erstellten Softwareprodukts tätig werden.[664] Er kann beispielsweise seinen Mandanten bei einer Markeneintragung oder der Anmeldung eines Patents unterstützen oder ein Gutachten zur Urheberrechtsfähigkeit der Software erstellen. In der Mehrzahl der Fälle wird der Anwalt allerdings erst nach Entstehung der Streitigkeit zwischen dem Inhaber eines Urheber- bzw. eines gewerblichen Schutzrechts (z.B. Patent oder Marke) und demjenigen, der ein solches Recht nach Ansicht des Inhabers verletzt, tätig werden.[665]

II. Beratung beim Schutz von Computerprogrammen und ihren Elementen

373 Wünscht der Mandant, dass der Anwalt ihm beim Schutz eines von ihm oder für ihn entwickelten Computerprogramms (oder einer Vorstufe hiervon) berät, hat der Anwalt zunächst zu prüfen, welche Möglichkeiten insoweit in Frage kommen und welche Maßnahmen erforderlich sind. Nachfolgend ein kurzer Überblick:

1. Urheberrechtsschutz des Computerprogramms

a) Materiell-rechtliche Kriterien des Urheberrechtsschutzes

374 Computerprogramme sind urheberrechtlich geschützt, sofern das konkrete Computerprogramm ein **urheberrechtsfähiges Werk** darstellt (vgl. § 69a Abs. 3 UrhG). Eine Eintragung oder Registrierung sieht das UrhG nicht vor. Voraussetzung des Urheberrechtsschutzes ist jedoch, und dies obliegt dem Anwalt festzustellen und gegebenenfalls im Schutzrechtsprozess darzulegen, dass das Programm eine ausreichende **Werkqualität** besitzt. Nur dann kann der Mandant die unter Rn. 387 ff. dargestellten Rechtsfolgen für sich geltend machen.

---

663 Zum Schutz von Websites siehe unten unter Rn. 419 ff.
664 Dazu sogleich unter Rn. 374 ff.
665 Zum Schutzrechtsprozess Rn. 507 ff.

Nach der **Novellierung des Urheberrechts**[666] sind (prinzipiell schutzfähige) Computerprogramme im Sinne des Urhebergesetzes **Programme in jeder Gestalt einschließlich des Entwurfsmaterials** (§ 69 a Abs. 1 UrhG).[667] Es spielt keine Rolle, ob das Computerprogramm kommerziell genutzt wird; daher kann auch sog. **Open-Source-Software**, über die der Nutzer – regelmäßig via Internet – frei verfügen kann, Urheberrechtschutz genießen (näher dazu unter Rn. 386).[668]

375

Der **Urheberrechtsschutz erstreckt sich** allerdings **weder auf Ideen und Grundsätze**, auf denen ein Element eines Computerprogramms beruht, einschließlich der den Schnittstellen zugrundeliegenden Ideen und Grundsätze (§ 69 a Abs. 2 UrhG), **noch auf einzelne Datensätze.**[669]

376

Computerprogramme sind urheberrechtlich zudem nur dann geschützt, wenn sie **individuelle Werke** in dem Sinne darstellen, dass sie das **Ergebnis der eigenen geistigen Schöpfung ihres Urhebers** sind (§ 69 a Abs. 3 UrhG vgl. auch § 2 Abs. 2 UrhG). Urheberrechtsschutz setzt danach **schöpferische Eigentümlichkeit** nach dem **geistig-schöpferischen Gesamteindruck der konkreten Gestaltung** voraus.[670] Das bloße handwerkliche Können eines durchschnittlichen Gestalters, das rein Handwerkliche und die mechanisch-technische Kombination sind nicht schutzfähig. Erforderlich ist **eine deutliche Abhebung der kreativen Tätigkeit** (sei es in Auswahl, Sammlung, Anordnung und Einteilung der Informationen und Anweisungen) **gegenüber durchschnittlichen, für eine Standardtätigkeit erforderlichen Fähigkeiten**.[671] Allerdings kann auch Programmen, die standardisierte Aufgaben besonders leistungsfähig durchführen können, Urheberrechtsfähigkeit zuteil werden.[672]

377

Die Urheberrechtsfähigkeit von Software setzt indes nicht voraus, dass das Computerprogramm in sämtlichen Arbeitsphasen seiner Umsetzung die hinreichende schöpferische Gestaltungshöhe aufweist, einen geistig-ästhetischen Gehalt (vgl. § 69a Abs. 3 UrhG) oder einen bestimmten quantitativen Umfang hat. Es spielt auch keine Rolle, ob die Software mit hohem Aufwand oder hohen Kosten konzipiert worden ist[673] oder auf einer Aufgabe basiert, die neu war.[674] Auch ist unerheblich, ob die Software auf einer

378

---

666 Vor Einführung der §§ 69 a ff. UrhG waren Computerprogramme als Schriftwerke und Darstellungen wissenschaftlicher und technischer Art nach § 2 Abs. 1 Nr. 1 UrhG bzw. § 2 Abs. 1 Nr. 7 UrhG urheberrechtlich geschützt, da Computerprogrammen insoweit ein hinreichender Spielraum für individuelle, eigenschöpferische Lösungsmöglichkeiten zuerkannt wurde. Vgl. BGH, GRUR 1985, 1041; OLG Frankfurt, GRUR 1983, 753.
667 Mit der Urheberrechtsnovelle sind die § 69 a bis § 69 g ins UrhG sowie Computerprogramme und andere Softwareprodukte in den Werkkatalog des § 2 UrhG aufgenommen worden. Dies geschah in Umsetzung der EG-Software-Richtlinie mit Wirkung zum 30. Juni 1993.
668 Junker / Benecke, Computerrecht, 3. Auflage (2003), Rn. 30, m.w.N.
669 Zum Schutz bloßer Ideen siehe Rn. 393.
670 Ständige Rechtsprechung; vgl. nur BGHZ 27, 351.
671 BGH, GRUR 1984, 659; siehe von Gamm, WRP 1969, 69.
672 OLG Düsseldorf, CR 1995, 730.
673 Anders beim Datenbankschutz, siehe unten Rn. 428.
674 Anders beim Patentschutz, siehe unten Rn. 413.

Ausgangsaufgabe basiert, deren Umsetzung derart individualisiert ist, dass kein anderer Werkschaffender zu dem selben Ergebnis gekommen wäre[675] oder ein gänzlich neuartiges Werk geschaffen worden ist. Auch die **Be-, Um- und Einarbeitung vorbekannter Elemente und Formen** kann für die Entstehung des Urheberrechtsschutzes genügen.

b) Rechteinhaber

379 Rechteinhaber[676] des Computerprogramms ist grundsätzlich der **Urheber** (§§ 7ff., 15, 69a Abs. 4 UrhG) oder dessen **ausschließlicher Lizenznehmer**.[677] Die Rechte an einem urheberrechtlich geschützten Werk stehen damit (zunächst) dem Urheber zu und der Nutzer muss beweisen, dass ihm entsprechende Nutzungsrechte eingeräumt worden sind.

380 Sind **mehrere Urheber** an der Erstellung beteiligt gewesen, so liegt regelmäßig ein **gemeinsames Werkschaffen** vor (§ 8 UrhG), das einer einheitlichen Beurteilung der Schöpfungshöhe zugänglich ist. Zu den Folgen für die Aktivlegitimation bei der Verfolgung von Ansprüchen in Schutzrechtsprozessen siehe Rn. 438.

381 Eine abweichende Regelung trifft § 69b UrhG für die Schaffung von Software im Rahmen von **Arbeitsverhältnissen**. Danach ist der **Arbeitgeber**, vorbehaltlich einer anderweitigen vertraglichen Regelung, ausschließlich zur **Ausübung** aller vermögensrechtlichen Befugnisse an dem Computerprogramm berechtigt, wenn die Software von einem Arbeitnehmer in Wahrnehmung seiner Aufgaben oder nach den Anweisungen seines Arbeitgebers geschaffen worden ist. Dies schließt die Nutzung durch den Arbeitnehmer aus;[678] er bleibt zwar Urheber und damit Inhaber des Urheberpersönlichkeitsrechts, dieses ist jedoch eingeschränkt, soweit die Verwertungsbefugnisse des Arbeitgebers betroffen sind.[679] Durch § 69b UrhG wird zugleich die **Darlegungs- und Beweislast** auf den Arbeitnehmer verlagert: Er muss den Nachweis erbringen, dass es eine abweichende vertragliche Regelung gibt und ihm die Verwertungsrechte an dem Computerprogramm zustehen. Entsprechendes gilt nach § 69b Abs. 2 UrhG für Dienstverhältnisse. Darunter fallen unstreitig alle **öffentlich-rechtlichen Dienstverhältnisse** (eingeschlossen auch Richter).[680] Streitig ist hingegen, ob unter § 69b Abs. 2 UrhG auch die Tätigkeit freier Mitarbeiter fällt. Die herrschende Meinung lehnt dies ab.[681]

c) Zustimmungsbedürftige Handlungen

382 *aa) Zustimmungsbedürfnis:* Folge des Urheberschutzes ist, dass der Rechteinhaber bestimmen kann, wer das Computerprogramm

---

675 OLG Frankfurt, GRUR 1983, 753.
676 Zur Aktivlegitimation siehe unter Rn. 435ff.
677 Zur Aktivlegitimation des Lizenznehmers siehe unter Rn. 436ff.
678 Dreier/Schulze, UrhG (2004), § 69b, Rn. 2.
679 Junker/Benecke, Computerrecht, 3. Auflage (2003), Rn. 97, auch unter Hinweis auf OLG Frankfurt, BB 1996, Beil. 9 Nr. 2, nach dem der Copyrightvermerk zum Urheberpersönlichkeitsrecht gehören soll.
680 Junker/Benecke, Computerrecht, 3. Auflage (2003), Rn. 100f., m.w.N.
681 Junker/Benecke, Computerrecht, 3. Auflage (2003), Rn. 100f.; vgl. dazu ferner Dreier/Schulze, UrhG (2004), § 43b, Rn. 6.

- dauerhaft oder vorübergehend, ganz oder teilweise vervielfältigen, das heißt auch nachahmen darf;
- sofern es eine Vervielfältigung des Computerprogramms erfordert, anzeigen, ablaufen lassen, übertragen und speichern darf;
- übersetzen, bearbeiten, arrangieren, umarbeiten darf;
- und wer – vorbehaltlich des in § 69c Nr. 3 UrhG dargestellten Erschöpfungsgrundsatzes[682] – zur Verbreitung des Originals oder von Vervielfältigungsstücken berechtigt ist.

bb) Ausnahmen vom Zustimmungsbedürfnis: **Ausnahmen** von diesem Zustimmungsbedürfnis ergeben sich aus §§ 69d, 69e UrhG. Danach bedürfen die in § 69c Nr. 1 und 2 UrhG genannten Handlungen **nicht** der **Zustimmung** des Rechteinhabers, wenn sie **zur bestimmungsgemäßen Benutzung des Computerprogramms notwendig** sind (§ 69d Abs. 1 UrhG).

Entsprechendes gilt für die Erstellung einer **Sicherungskopie** durch den Berechtigten (§ 69d Abs. 2 UrhG). Erlaubt ist nur eine einzige Kopie. Hat der Nutzer ein Softwarepaket auf seinem Rechner installiert, ist das Recht zur Sicherungskopie bereits dadurch realisiert, dass er neben der Kopie auf dem Rechner noch den Datenträger mit der Originalsoftware besitzt. Anders stellt es sich bei vorinstallierter Software oder Software zum Download dar. Hier darf sich der Nutzer eine Zusatzkopie anfertigen.[683]

Schließlich sind auch die in § 69d Abs. 3 UrhG bezeichneten Handlungen (**Funktionsbeobachtung, Untersuchen, Testen durch berechtigte Handlungen**) und das in § 69e UrhG näher bezeichnete **Herstellen der Interoperabilität** zustimmungsfrei.

cc) Open-Source-Software (OSS): Eine Besonderheit, insbesondere mit Blick auf die oben dargestellten Zustimmungserfordernisse, stellt die sog. **Open-Source-Software** dar: Dabei handelt es sich um eine Software, deren **Quellcode**[684] frei zugänglich ist und damit der Bearbeitung durch Dritte offen steht. Abzugrenzen ist Open-Source-Software von **Freeware**, die zwar frei nutzbar ist, jedoch nicht verändert werden darf, sowie von **Shareware**, die nur gegen Registrierung überlassen wird. Bei Open-Source-Software ist vielmehr deren Verbreitung an die Einhaltung bestimmter Bedingungen – insbesondere die der Offenlegung des Quellcodes – geknüpft.[685] Prägend für Open-Source-Software ist die Verwendung eines „öffentlichen Lizenzmodells", beispielsweise der für das Betriebssystem Linux eingeräumten „**General Public License**" (GPL), die den Nutzern das Recht gibt, das Programm im (veröffentlichtem) Quell- und

---

682 Zur Darlegungs- und Beweislast bei der Erschöpfung nach § 17 Abs. 2 UrhG siehe BGH, Urteil vom 3. März 2005 (Az IZR 133/02), bisher unveröffentlicht.
683 Hoeren, in: Möhring/Nicolini, UrhG, 2. Auflage (2000), § 69d Rn. 18. Näher dazu Werner, CR 2000, 807.
684 Quellcode oder englisch „Source Code" sind für Menschen lesbare, dagegen vom Computer nicht ohne Weiteres verarbeitbare Anweisungen, die in einer höheren Programmiersprache geschrieben sind. Eine Programmänderung erfolgt stets im Quellcode. Um aus dem Quellcode einen vom Computer ausführbaren Code zu machen, muss der Quellcode von einem sog. „Compiler" (auch Assembler oder Interpreter) in Objektcode (in Binär- oder Byte-Code) umgewandelt werden. Bei Standardsoftware erhält der Käufer (bzw. Lizenznehmer) nur den Objektcode, der sich nicht ohne Weiteres in den Quellcode zurückübersetzen lässt. Dazu näher unter Rn. 476.
685 Grützmacher, in: Wandtke/Bullinger, UrhG, 2002, § 69c Rn. 60.

Objektcode frei zu vervielfältigen, zu verbreiten und zu nutzen, aber ihnen auch die Pflicht auferlegt, neue, aus der Open-Source-Software generierte Programme offen zu legen und den Bedingungen der GPL zu unterstellen.[686]

d) Rechtsfolgenüberblick

387 Auf Computerprogramme finden die für Sprachwerke geltenden Bestimmungen Anwendung (§ 69a Abs. 4 UrhG), somit auch die §§ 96 ff. UrhG. Dem Rechteinhaber stehen daher nach § 97 UrhG Unterlassungs-, Beseitigungs- und Schadensersatzansprüche zu.[687]

388 Nach § 69f UrhG kann der Rechteinhaber von dem Eigentümer oder Besitzer (also nicht lediglich vom Verletzten, vgl. § 98 UrhG) verlangen, dass alle rechtswidrig hergestellten, verbreiteten oder zur **rechtswidrigen** Verbreitung bestimmten **Vervielfältigungsstücke** (sowie **Programme und Mittel**, mit denen **Kopierschutzmechanismen** umgangen werden können, § 69f Abs. 2 UrhG) **vernichtet** bzw. **gelöscht** werden. Für die Zukunft kann der Verletzer vor die Wahl gestellt werden, die rechtswidrigen Kopien der Software zu vernichten, oder eine Lizenz zu erwerben.[688]

389 § 101a UrhG gibt einen **Auskunftsanspruch**, der in Fällen offensichtlicher Rechtsverletzung auch im Wege der einstweiligen Verfügung durchgesetzt werden kann (§ 101a Abs. 3 UrhG).[689] Zudem gibt § 103 UrhG dem im Prozess obsiegenden Rechteinhaber die Möglichkeit, die Anordnung der **Veröffentlichung des Urteils** – beispielsweise in einer bekannten Computerzeitschrift – und zugleich den ihm insoweit zustehenden Kostenvorschuss[690] für die Veröffentlichung titulieren zu lassen.

390 In Fällen der Softwarepiraterie finden ferner die **nebenstrafrechtlichen Vorschriften der §§ 106 ff. UrhG** Anwendung. Nach § 111b UrhG können die **Zollbehörden** überdies die **Beschlagnahme der rechtsverletzenden Gegenstände** anordnen.

2. Wettbewerbsrecht

391 Nach § 69g Abs. 1 UrhG lassen die §§ 69a ff. UrhG die Anwendung sonstiger Rechtsvorschriften auf Computerprogramme, insbesondere über den Schutz von Erfindungen, Topografien von Halbleitererzeugnissen[691] und Marken sowie den Schutz gegen unlauteren Wettbewerb einschließlich des Schutzes von Geschäfts- und Betriebsgeheimnissen sowie schuldrechtliche Vereinbarungen unberührt. § 69g UrhG stellt damit klar, dass mit dem Urheberrechtsschutz von Computerprogrammen nicht der Verlust sonstiger Schutzmöglichkeiten einhergeht.[692]

---

[686] Vgl. zur Wirksamkeit der GPL LG München I, GRUR-RR 2004, 350; Orientierungssatz der Entscheidung: „Die Lizenzbedingungen der GPL (General Public License), die es jedem gestatten, der die Lizenzbedingungen akzeptiert, die ihr unterstehende Software zu vervielfältigen, zu bearbeiten, zu verbreiten und öffentlich zugänglich zu machen, halten einer urheber- und AGB-rechtlichen Prüfung stand."
[687] Näher dazu unter Rn. 441 ff.
[688] Dierk/Lehmann, CR 1993, 537.
[689] Näher dazu unter Rn. 452 ff.
[690] Dreier/Schulze, UrhG (2004), § 103 Rn. 10.
[691] Computerprogramme werden nicht durch den Halbleiterschutz geschützt. Danach werden alleine Halbleitererzeugnisse bzw. deren Design geschützt.
[692] Grützmacher, in: Wandtke/Bullinger, UrhR (2002), § 69g Rn. 1.

Das UWG[693] bietet Computerprogrammen (sowie in bestimmten Fällen auch Websites[694]) Schutz, insbesondere unter den Aspekten der Nachahmung bzw. der unmittelbaren Leistungsübernahme, § 4 Nr. 9 UWG. Dabei müssen die Wertungen des UrhG, insbesondere hinsichtlich der Schutzfähigkeit der Software und der zustimmungsfreien Handlungen (§§ 69d, 69e UrhG), herangezogen werden.[695] Nimmt der etwaige Verletzer eine zustimmungsfreie Handlung vor, müssen **weitere unlautere Elemente** hinzutreten, um einen Schutz nach dem UWG zu rechtfertigen. Anderenfalls würden die Wertungen des UrhG unterlaufen. Zu den einzelnen Voraussetzungen und Rechtsfolgen des wettbewerbsrechtlichen Schutzes der §§ 8, 9, 3, 4 Nr. 9 UWG siehe den Teil „Wettbewerbsrecht".

392

Plant der Mandant, seine Programmidee von einem Dritten programmieren zu lassen, ist ein effektiver Schutz nur durch eine **Vereinbarung** zwischen dem Mandanten und dem Dritten zu erreichen, in der sich der Dritte – **vertragsstrafenbewehrt** – verpflichtet, die **Programmidee vertraulich zu behandeln**.

393

In §§ 17, 18 UWG finden sich Strafvorschriften, nach denen Geschäfts- und Betriebsgeheimnisse, zu denen auch der nicht offengelegte **Quellcode** eines Programms gehört, gegen unerlaubtes Verschaffen, Verraten und Weiterleiten geschützt werden.

394

3. Markenrecht

a) Markenschutz der Software

Weil ein wirksamer Schutz der Software des Mandanten gegen Plagiate auch markenrechtlich, und zwar regelmäßig sehr effizient, durchgesetzt werden kann, sollte der Anwalt den Mandanten über die Möglichkeiten eines solchen Schutzes beraten.

395

Die Entscheidung des Mandanten, seine (Standard-)Software zu einem „**Markenartikel**" zu machen (Informationen des Deutschen Patent- und Markenamts – **DPMA** – zum Verfahren über http://www.dpma.de/index.htm) erleichtert im Falle einer Streitigkeit den Nachweis der Verletzung von Schutzrechten durch Nachahmungen bzw. Plagiate erheblich. Die Herbeiziehung von Sachverständigen[696] wird entbehrlich und eine zügige Durchsetzung der Unterlassungs- und gegebenenfalls auch Sequestrations- sowie Auskunftsansprüche (§§ 14, 18, 19 MarkenG) bereits im einstweiligen Verfügungsverfahren ermöglicht (siehe hierzu Rn. 253 ff.).

396

Der Markenschutz wirkt nicht nur gegen den Nachahmer selbst, sondern beispielsweise auch gegen Personen, die das verletzende Produkt weiter vertreiben. Wie der Urheberrechtsschutz ist auch der **Markenschutz** auf jeder Vertriebsstufe zu beachten: Ein Software-Händler ist gemäß § 14 Abs. 2 Nr. 1, Abs. 4 MarkenG dazu verpflichtet, keine gefälschten Software-Produkte (also solche, die ohne Einwilligung des Herstel-

397

---

693 Beim Urheberrechts- und Wettbewerbsschutz von Softwareprodukten ist nach OLG München, CR 1990, 400, vor dem allgemeinen Tatbestand der wettbewerbsrechtlichen Generalklausel vorrangig der Sonderrechtsschutz nach UrhG zu prüfen.
694 Zum Schutz von Websites siehe unten Rn. 419 ff.
695 OLG München, CR 1996, 11.
696 Dazu unter Rn. 512.

lers mit einem mit der Herstellermarke identischen Zeichen versehen sind) in den Verkehr zu bringen oder sonstige darauf bezogene Handlungen nach § 14 Abs. 3 MarkenG vorzunehmen.[697] Diese Verpflichtung besteht unabhängig davon, ob der Händler die Produkte als Fälschungen erkennen kann. Notfalls hat er die Pflicht nachzuprüfen, dass die Lieferkette seines Lieferanten auf den Markeninhaber/Originalhersteller zurückzuführen ist.

398 Zu berücksichtigen ist bei der Entscheidung über einen markenrechtlichen Schutz, dass **nicht das Programm als solches geschützt** ist, sondern nur die Marke, unter der das Programm vertrieben wird. Die Marke kann auf Datenträgern, Begleitmaterialien und Produktverpackungen aufgebracht sein. Das Computerprogramm selbst erhält allerdings Markenschutz, wenn das Kennzeichen so in den Programmablauf eingepflegt ist, dass das **Kennzeichen als Teil der grafischen Darstellung** markenmäßig benutzt wird,[698] etwa dann, wenn die **Benutzeroberfläche mit einem ständigen Logo** versehen ist. Sofern die Marke Verkehrsgeltung (§ 4 Nr. 2 MarkenG) erwirbt, entsteht der Schutz auch ohne eine Eintragung.[699]

b) Werktitelschutz der Software

399 Daneben kann die Bezeichnung von Computerprogrammen nach herrschender Meinung gemäß § 5 Abs. 3 MarkenG **Werktitelschutz** ab der ersten Benutzung (bzw. gegebenenfalls bereits durch eine Vorankündigung des Erscheinen des Werkes[700]) in Anspruch nehmen, weil Computerprogramme mit den in § 5 Abs. 3 MarkenG genannten Werkarten vergleichbar sind.[701]

400 Ist die Kaufversion eines Computerspiels noch nicht fertig gestellt und damit das Werk noch nicht festgelegt, kann allerdings **keine Vorverlagerung des Titelschutzes** dadurch erlangt werden, dass vorab eine – nicht mit dem späteren Spiel identische – Online-Spiel-Version im Internet mit demselben Werktitel präsentiert wird. Ein Titelschutz kann nur erreicht werden, indem das bereits fertig gestellte Computerspiel selbst unter einem unterscheidungskräftigen Werktitel ins Internet gestellt wird.[702]

401 **Voraussetzung für Werktitelschutz** ist nach herrschender Meinung, dass die für das Computerprogramm **gewählte Bezeichnung** das Programm **unterscheidungskräftig** benennt.[703] Der Anwalt sollte für den Fall, dass Werktitelschutz in Anspruch genommen werden soll, eine Veröffentlichung im **Titelschutz-Anzeiger** veranlassen, um dem Werktitel die Priorität, d.h. den zeitlichen Vorrang, zu sichern.[704]

---

697 OLG Hamburg, CR 2002, 41.
698 Grützmacher, in: Wandtke/Bullinger, UrhR (2002), § 69g Rn. 15.
699 Zum Markenschutz näher oben Rn. 111.
700 Zur „Vorwirkung" des Werktitelschutzes siehe oben unter Rn. 159.
701 BGHZ 135, 278; GRUR 1998, 1010; NJW 1997, 3315; OLG Hamburg, CR 2001, 298; ZUM 2001, 514; CR 1995, 335; OLG München, CR 1995, 599;
702 OLG Hamburg, ITRB 2001, 287.
703 BGHZ 121, 195.
704 Vgl. BGH, NJW 1997, 3315.

c) Rechtsfolgenüberblick

Dem Rechteinhaber steht nach § 14 MarkenG ein **Unterlassungs-** und ein **Schadensersatzanspruch** zu.[705] Nach § 18 MarkenG kann der Markeninhaber verlangen, dass alle rechtswidrig gekennzeichneten Gegenstände, die sich im Besitz oder im Eigentum des Verletzers befinden, **vernichtet** werden.

§ 19 MarkenG gibt einen **Auskunftsanspruch**, der in Fällen offensichtlicher Rechtsverletzung auch im Wege der einstweiligen Verfügung durchgesetzt werden kann (§ 19 Abs. 3 MarkenG).

Im Falle der Markenpiraterie finden auch die **Straf- und Bußgeldvorschriften** der §§ 143 ff. MarkenG Anwendung. Die **Beschlagnahme** rechtswidrig gekennzeichneter Gegenstände **durch die Zollbehörden** ist in §§ 146 ff. MarkenG geregelt.

4. Patentrecht

a) Patentschutz der Software

Schließlich ist auch denkbar, das Computerprogramm patentieren zu lassen.[706] Ein **Patent** hat den Vorteil, dass die Erfindung als solche geschützt ist und nicht bloß eine individuelle Werkleistung: Entwickelt der Konkurrent des Mandanten gutgläubig, also ohne das vom Mandanten parallel entwickelte Programm zu kennen, ein urheberrechtsfähiges Programm mit den Merkmalen des Produkts des Mandanten, kann der Mandant dagegen nicht im Wege des Urheberrechts vorgehen. Hat der Mandant aber das Programm als Erster zum Patent angemeldet, hat er einen Verbietungsanspruch nach Patentrecht.

Das Schutzrecht des Patents nach PatG gewährt ein **zeitlich begrenztes Ausschließlichkeitsrecht**, das die Erfindung vor Nachahmung schützt. Es gibt seinem Inhaber das Recht, für eine Zeit **von bis zu 20 Jahren** allein über die Erfindung zu verfügen.[707] Der Patentinhaber hat die Möglichkeit, seine Erfindung exklusiv am Markt anzubieten.

Ein Patent wird auf eine Erfindung erteilt, die eine erfinderische Leistung in Form **einer technischen Erfindung** darstellt, die gewerblich anwendbar (§ 5 PatG) und **neu** ist, also nicht bloß dem **Stand der Technik** entspricht, sondern sich mit ausreichender **Erfindungshöhe** von diesem absetzt (§ 3 PatG).

Aufgabe des Anwalts ist es festzustellen, ob sich das konkrete Computerprogramm patentieren lässt, also nicht vom **Patentierungsverbot des** § 1 Abs. 2 Nr. 3 PatG erfasst ist. Der Anwalt muss klären, ob das Programm neu ist und eine ausreichende Erfindungshöhe aufweist. Ob und wie das Computerprogramm dem Schutz des Patentgesetzes unterliegen kann, wird der Anwalt schon wegen der technischen Einzelheiten

---

705 Zu den Einzelheiten des Markenschutzes siehe oben § 2.
706 Vgl. nur Heide, CR 2003, 165. Der Patentschutz von Software wird in absehbarer Zeit durch den Erlass der Richtlinie für den Patentschutz computerimplementierter Programme einen europäischen Rechtsrahmen erhalten; Vgl. Richtlinienvorschlag der EU-Kommission, KOM [2002] 92.
707 Zum praktisch unbedeutsamen Gebrauchsmusterschutz für Software siehe Wiebe, GRUR Int. 1990, 21.

ohne die Hilfe eines Patentanwaltes regelmäßig nicht ohne Weiteres beurteilen können. Im Folgenden sollen gleichwohl die Eckpunkte für einen Patentschutz erläutert werden.

409 *aa) Patentierbarkeit:* Gemäß **§ 1 Abs. 2 Nr. 3 PatG** können Programme für Datenverarbeitungsanlagen nicht als Erfindungen im Sinne des PatG angesehen werden. Dieses Patentierungsverbot verbietet seinem Wortlaut nach, jedwede in Datenverarbeitungsvorgänge umgesetzte Lehre zu patentieren.

410 Sofern die prägenden Anweisungen der beanspruchten Lehre jedoch dazu dienen, ein **konkretes technisches Problem zu lösen**, gewähren die Patentämter und Gerichte, der BGH eingeschlossen, Computerprogrammen **Patentschutz**.[708] Dieser Schutz ist Ergebnis eines langwierigen Auffassungswandels. Früher beurteilte der BGH den Patentschutz von Computerprogrammen mit Verweis auf § 1 Abs. 2 Nr. 3 PatG sehr restriktiv. Nach dieser mittlerweile überholten Ansicht kam Computerprogrammen nur ausnahmsweise – bei einer besonderen Affinität zu mechanischen Vorgängen – Patentschutz zu.[709] Im Ergebnis reduzierte die Rechtsprechung den Patentschutz auf Software für **mechanisch-industrielle Steuerungs- und Fertigungsanlagen**.

411 In der Folge erkannte der BGH jedoch an, dass Computerprogramme auch dann technische Verfahren darstellen können und damit eine Schutzfähigkeit anzunehmen ist, wenn die Software **die Funktionsfähigkeit der EDV-Anlage als solche** betrifft, d.h., wenn das unmittelbare Zusammenwirken der Funktionselemente der EDV-Anlage ermöglicht wird, wie dies bei Betriebssystemen der Fall ist.[710] Der BGH verzichtete schließlich auch auf das Erfordernis des Einsatzes von Naturkräften.[711] Er sprach einer Vorrichtung, die in bestimmter Weise programmtechnisch eingerichtet ist, für den Fall technischen Charakter zu, dass auf der Anlage eine bestimmte **technische Bearbeitung** (also eine über die in § 1 Abs. 2 PatG genannte Datenverarbeitung hinausgehende Wirkung) vorgenommen wird.[712]

412 Als eine über die in § 1 Abs. 2 PatG genannte bloße Datenverarbeitung hinausgehende Erfindung sieht der BGH beispielsweise die Steuerung von **Textverarbeitungsvorgängen** an. Für die Beurteilung des technischen Charakters kommt es nicht darauf an, ob mit ihr ein weiterer technischer Effekt erzielt wird, ob die Technik durch sie bereichert wird oder ob sie einen Beitrag zum Stand der Technik leistet. Dem technischen Charakter der Vorrichtung steht es auch nicht entgegen, dass ein Eingreifen des Menschen in den Ablauf des auf dem Rechner durchzuführenden Programms in Betracht kommt. Mindesterfordernis ist jedoch, dass technische Erkenntnisse zur Anwendung kommen, die sich nicht bloß auf organisatorische Abläufe – wie etwa bei einem Programm zur **Durchführung von Mailing-Aktionen** – beschränken; ein Mindestmaß an physikali-

---

[708] BGH, MMR 2002, 105; BGH, GRUR 2000, 1007; BGH, GRUR 2000, 498; BPatG, CR 2001, 155; die technischen Beschwerdekammern des Europäischen Parlaments, EPA, GRUR Int. 1995, 909; GRUR Int. 1999, 1053; EPA [1999] R.P.C. 861.
[709] BGHZ 67,22; BGH, GRUR 1980, 849; GRUR 1978, 420; GRUR, 1978, 102; GRUR, 1977, 657.
[710] BGHZ 117, 144; 115, 11; BGH, GRUR 2000, 498.
[711] BGH, GRUR 2000, 1007.
[712] BGH, GRUR 2000, 1007.

schen Funktionserkenntnissen muss in der technischen Bearbeitung enthalten sein.[713] Im Ergebnis ist damit aber der **Großteil der heute neu entwickelten Computerprogramme als patentierbar einzustufen.**[714]

bb) Neuheit und Erfindungshöhe: Anders als beim Urheberschutz, bei dem die Feststellung der Eigentümlichkeit ausreicht,[715] ist für den Patentschutz eine **Neuheitsprüfung** anzustellen.[716] Nach der Rechtsprechung[717] kann die erfinderische Höhe durch das Computerprogramm selbst begründet werden. Hierzu muss eine **Gesamtbetrachtung** angestellt werden, **ob sich das Programm ausreichend vom Stand der Technik abhebt.**[718]

413

b) Rechtsfolgen im Falle der Verletzung des Patents

Dem Patentinhaber steht nach § 139 PatG ein **Unterlassungs-** und ein **Schadensersatzanspruch** gegen den Verletzer zu. Nach § 140a PatG kann der Patentinhaber verlangen, dass Erzeugnisse, die Gegenstand des Patents sind und sich im Besitz oder im Eigentum des Verletzers befinden, vernichtet werden. § 140b PatG gibt einen **Auskunftsanspruch**, der in Fällen offensichtlicher Rechtsverletzung auch im Wege der einstweiligen Verfügung durchgesetzt werden kann (§ 140b Abs. 3 PatG).

414

Die entsprechenden **Strafvorschriften** ergeben sich aus § 142 PatG; die **Beschlagnahme** patentverletzender Gegenstände ist in § 142a PatG geregelt.

415

5. Schutz von Elementen

Einzelne Elemente von Computerprogrammen, deren Zubehör, sowie softwaregesteuerte Abläufe mit grafischer oder filmischer Qualität sind unter bestimmten Umständen ebenfalls urheberrechtlich schutzfähig. Wie bereits oben (Rn. 391) ausgeführt, stellt § 69g UrhG klar, dass mit dem Urheberrechtsschutz von Computerprogrammen nicht der Verlust sonstiger Schutzmöglichkeiten einhergeht.

416

a) Handbücher und einzelne Befehlssätze

Handbücher und **Bedienungsanleitungen** von Computerprogrammen, die nicht dem Schutz des § 69a UrhG unterliegen, können urheberrechtlichen Schutz gemäß § 2 Abs. 1 Nr. 1 oder 4 genießen.[719]

417

Die urheberrechtliche Schutzfähigkeit von bloßen **Befehlssätzen** ist dagegen zweifelhaft. Diese unterfallen nicht dem Schutz des § 69a Abs. 1 UrhG, sondern können allenfalls als ein eigenständiges Werk Schutz nach § 2 Abs. 1 UrhG beanspruchen. Jedoch wird hier in aller Regel die erforderliche Schöpfungshöhe zu verneinen sein (§ 2 Abs. 2 UrhG).

418

---

713 BGH, CR 2002, 248; CR 2004, 648.
714 Grützmacher, in: Wandtke/Bullinger, UrhR (2002), § 69g Rn. 9ff.
715 Siehe dazu oben Rn. 347ff.
716 BGHZ 18, 320.
717 BGH, GRUR 2000, 498, der BGH verweist als Grundlage für die Ausweitung des Patentschutzes ausdrücklich auf Art. 27 TRIPS.
718 Grützmacher, in: Wandtke/Bullinger, UrhR (2002), § 69g Rn. 11; Schölch, GRUR 2001, 16.
719 LG Köln, CR 1994, 226.

b) Grafische Programmelemente und Websites

419 *aa) Urheberrechtlicher Schutz:* **Benutzeroberflächen, Bildschirmmasken** und einzelne **Displays**, deren Formatierungsdaten nicht dem Schutz als Computerprogramme nach § 69a UrhG unterliegen, können Schutz als Sprachwerk, Werk der bildenden Künste oder Darstellung wissenschaftlicher oder technischer Art gemäß § 2 Abs. 1 Nr. 1, 4 bzw. 7 UrhG genießen.[720] Einzelnen Displays kann daneben **Lichtbildschutz** nach § 72 UrhG zukommen.[721]

420 Voraussetzung für den **Urheberrechtsschutz** ist wiederum, dass das jeweils genannte Element die notwendige, den Urheberrechtsschutz begründende, **Schöpfungshöhe** aufweist. Ein Schutz kommt nur in Frage, soweit die Gestaltung das notwendige Mindestmaß an individueller Eigenart erkennen lässt.[722] Da es sich bei Benutzeroberflächen, Desktops und Displays regelmäßig um funktionale Elemente handelt, ist der urheberrechtliche Schutz hier zumeist nicht gegeben.[723]

421 In der Literatur wird rege diskutiert, ob auch **Websites urheberrechtlich** geschützt sind.[724] Websites kann unter Umständen als **Datenbanken** nach §§ 87a, 87b UrhG[725] Schutz zukommen (zum Datenbankschutz sogleich unter Rn. 426ff.). Websites können ferner als Computerprogramm nach § 69a UrhG geschützt sein, jedenfalls dann, wenn die Websites **JAVA-Applets**,[726] **Java-Skript**[727] oder **PHP-Programmierungen**[728] enthalten.[729] Streitig ist, ob auch der bloße HTML[730]-Code[731] einer Website Urheberrechtsschutz nach § 69a UrhG begründet.[732] Da der Code lediglich Daten über die Formatierungen der Websites enthält und Grafiken und Texte sichtbar macht, soll § 69a UrhG auf Websites als grafische Oberfläche ebenso wenig Anwendung finden wie § 69a UrhG auf bloße Benutzeroberflächen von Computerprogrammen (Rn. 419).[733] Die grafische Gestaltung des gesamten Webauftritts kann daher ebenso wie die grafische

---

720 Ablehnend OLG Karlsruhe, GRUR 1994, 726; bejahend: Grützmacher, in: Wandtke/Bullinger, UrhR (2002), § 69g Rn. 3; Koch, GRUR 1991, 180.
721 LG Bochum, CR 1995, 274; a.A. Grützmacher, in: Wandtke/Bullinger, UrhR (2002), § 69g Rn. 6.
722 OLG Hamm, Urteil vom 24. August 2004, MMR 2005, 106; LG Köln, CR 2000, 400; Bechtold, ZUM 1997, 427; Koch, NJW-CoR 1997, 417; Lehmann/von Tucher, CR 1999, 700; Zscherpe, MMR 1998, 404. Vgl. LG Berlin, CR 1987, 584 (einer sog. Btx-Grafik den Urheberrechtsschutzabsprechend); Wiebe GRUR Int. 1990, 21.
723 Grützmacher, in: Wandtke/Bullinger, UrhR (2002), § 69g Rn. 3.
724 Bechtold, ZUM 1997, 427; Koch, NJW-CoR 1997, 417; Lehmann/v. Tucher, CR 1999, 700; Zscherpe, MMR 1998, 404.
725 LG Köln, CR 2000, 400; LG Köln, ITRB 2002, 154 (zur Problematik des sog. Framings); LG Düsseldorf, Beschluss vom 10. August 2001 – 12 O 230/01.
726 JAVA Applets sind in der Programmiersprache JAVA entwickelte „Anwendungsschnippsel" („application snippets"). Diese Applets werden in den HTML-Code von Websites eingebaut.
727 JavaScript ist eine für das Internet entwickelte Skriptsprache. Sie dient dazu, Websites mit dynamischen Elementen zu versehen (DHTML).
728 PHP ist eine in die HTML eingebettete Programmiersprache für die Erstellung dynamischer Web-Seiten.
729 Grützmacher, in: Wandtke/Bullinger, UrhR (2002), § 69a Rn. 18.
730 Hypertext Markup Language.
731 HTML ist eine Sprache zur Beschreibung der Gestaltung von Websites. Diese Sprache dient zur Darstellung von Texten und Bildern im Internet.
732 Ablehnend OLG Düsseldorf, CR 2000, 184; bejahend Koch, GRUR 1997, 417; Vinck, in: Fromm/Nordemann, Urheberrecht, 9. Auflage (1999), § 69a Rn. 2.
733 Grützmacher, in: Wandtke/Bullinger, UrhR (2002), § 69a Rn. 18.

Gestaltung einzelner Websites oder Grafiken nach dem UrhG geschützt sein.[734] Voraussetzung ist allerdings stets, dass das betreffende Element das notwendige Mindestmaß an individueller Eigenart erkennen lässt[735] und die Gestaltung die in § 2 Abs. 2 UrhG vorausgesetzte Schöpfungshöhe erreicht.[736]

bb) Geschmacksmusterschutz, insbesondere als Gemeinschaftsgeschmacksmuster: 422
Daneben ist ein Schutz von Gestaltungen und Designs, einschließlich von Website-Designs, als Geschmacksmuster,[737] insbesondere nach der **GemeinschaftsgeschmacksmusterVO**, denkbar. Art. 4 Abs. 1 GemeinschaftsgeschmacksmusterVO schützt alle Arten von Gestaltungen, die neu sind und Eigenart besitzen.

Der Schutz nach der **GemeinschaftsgeschmacksmusterVO** entsteht neben den nationalen Rechten nach dem deutschen Geschmacksmusterrecht. Das Schutzrecht hat europaweite Geltung und ist gemäß Art. 80 ff. GemeinschaftsgeschmacksmusterVO vor den nationalen Gerichten durchsetzbar. Es wird für die Dauer von drei Jahren **ohne Eintragung** erworben (Art. 11 und Art. 19 Abs. 2 GemeinschaftsgeschmacksmusterVO). Daneben kann ein längerfristiges (bis zu 25 Jahren währendes) Gemeinschaftsgeschmacksmuster beim Harmonisierungsamt der Europäischen Union in Alicante (nähere Informationen unter http://oami.eu.int/de/design/hints.htm) eingetragen werden. 423

cc) Typografieschutz: Für sogenannte **Fonts**, d.h. Computerschriftzeichen, sowie figürliche Zeichen und Ornamente besteht **typografischer Schutz nach dem Schriftzeichengesetz**.[738] 424

c) Computerspiele, Multimedia-Programme

Computerspiele sind regelmäßig als Software nach § 69a UrhG geschützt. Neben diesem Schutz können auch Animationen, Text- und Tonfolgen den Schutz als Filmwerke bzw. Laufbild nach §§ 2 Abs. 1 Nr. 6, 89, 94 UrhG[739] bzw. §§ 95, 94 UrhG[740] in Anspruch nehmen. Dass die Handlung nicht einem festgelegten Drehbuch oder „Plot" folgt, sondern interaktiv beeinflusst werden kann, ist ebenso unschädlich[741] wie die Tatsache, dass der Film nicht durch fotografische Aufnahmetechnik hergestellt worden ist.[742] Ob im Einzelfall die notwendige Schöpfungshöhe (Rn. 420) erreicht ist, kann zumindest beim Schutz als Filmwerk zweifelhaft sein.[743] 425

---

734 Bullinger, in: Wandtke/Bullinger, UrhR (2002), § 2 Rn. 102, 134; Marquardt, in: Wandtke Bullinger, UrhR (2002), § 4 Rn. 13 ff.; Loewenheim, in: Schricker, Urheberrecht, 2. Auflage (1999), § 2 Rn. 93, 201; Nordemann/Vinck, in: Fromm/Nordemann, Urheberrecht, 9. Auflage (1999), § 2 Rn. 89; Schack, MMR 2001, 9.
735 LG Köln, CR 2000, 400; Bechtold, ZUM 1997, 427.
736 Bejahend OLG Hamburg, MMR 2001, 533; verneinend OLG Düsseldorf, MMR 1999, 729; vgl. auch LG Düsseldorf CR 1998, 763.
737 Zum Geschmacksmusterschutz Wiebe, GRUR Int. 1990, 21.
738 Ausführlich dazu Jaeger/Koglin, CR 2002, 169.
739 OLG Hamburg, GRUR 1983, 436; OLG Hamburg, GRUR 1990, 127; OLG Hamm, NJW 1991, 2161; OLG Köln, GRUR 1992, 312; BayObLG, GRUR 1992, 508; Grützmacher, in: Wandtke/Bullinger, UrhR (2002), § 69g Rn. 4.
740 OLG Karlsruhe, CR 1986, 723; OLG Hamm, NJW 1991, 2161.
741 OLG Karlsruhe, CR 1986, 723; OLG Hamm, NJW 1991, 2161; BayObLG, GRUR 1992, 508.
742 BayObLG, GRUR 1992, 508.
743 OLG Frankfurt, GRUR 1983, 753.

d) Datenbanken

426 Auch **Datenbankwerke** und **Datenbanken** sind urheberrechtlich nach §§ 4 Abs. 2, 55a UrhG bzw. sui generis durch §§ 87a bis 87e UrhG geschützt.[744]

427 *aa) Urheberrechtlicher Schutz durch §§ 4 Abs. 2, 55a UrhG:* Nach § 4 Abs. 2 UrhG ist ein **Datenbankwerk** ein Sammelwerk, dessen Elemente systematisch oder methodisch angeordnet und einzeln mit Hilfe elektronischer Mittel (oder auf andere Weise) zugänglich sind.[745] Nach § 4 Abs. 2 Satz 2 UrhG ist ein Computerprogramm, das zur Schaffung des Datenbankwerks oder zur Ermöglichung des Zugangs zu dessen Elementen verwendet wird, allerdings nicht Bestandteil des Datenbankwerkes.

428 *bb) Sui-generis-Schutz durch §§ 87a ff. UrhG:* Daneben wird Datenbanken durch §§ 87a UrhG Schutz gewährt. Dieser Schutz knüpft – anders als der nach nach § 4 Abs. 2 UrhG – nicht an eine Werkeigenschaft der Datenbank im Sinne des Urheberrechts an. Nach § 87a Abs. 1 UrhG ist eine **Datenbank** eine Sammlung von Werken, Daten oder anderen unabhängigen Elementen, die systematisch oder methodisch angeordnet und einzeln mit Hilfe elektronischer Mittel oder auf andere Weise zugänglich sind und deren Beschaffung, Überprüfung oder Darstellung eine, nach Art oder Umfang, **wesentliche Investition** erfordert. Im Vordergrund steht der **Investitionsschutz des Datenbankerstellers**.[746] Nach § 87a Abs. 1 Satz 2 UrhG gilt eine geänderte Datenbank als neue Datenbank, sofern die Änderung eine nach Art oder Umfang wesentliche Investition erfordert. Derjenige, der diese Investition vorgenommen hat, ist Datenbankhersteller. Die **Grenzen der Rechte des Datenbankherstellers** sind in § 87c UrhG geregelt.

429 Die Verletzung der Datenbankrechte des Herstellers aus § 4 Abs. 2 bzw. § 87a UrhG stellt eine Urheberrechtsverletzung mit den oben unter Rn. 387 dargestellten Rechtsfolgen der § 97f. UrhG dar.

III. Vorprozessuales Vorgehen gegen Verletzung von Rechten an Software, insbesondere Vorbereitung des Schutzrechtsprozesses

1. Ausgangsüberlegungen

a) Verletzungsfälle

430 Bei der Verletzung von Schutzrechten an Software sind zwei **Grundkonstellationen** denkbar:
- Die „**Eins-zu-Eins-Verletzung**" der Software des Rechteinhabers; das heißt die Verletzung des Urheberrechts durch ein (nahezu) identisches **Plagiat**. Gerade Software eignet sich ideal zur identischen Nachahmung durch Dritte, da das Kopieren der Software regelmäßig mit einem viel geringeren wirtschaftlichen Aufwand verbunden ist als das Erstellen eines eigenen Programms. Dies gilt auch selbst dann, wenn

---

[744] Näher hierzu Koch, Handbuch Software- und Datenbank-Recht (2003), S. 793 ff.
[745] Koch, Handbuch Software- und Datenbank-Recht (2003), S. 794.
[746] Koch, Handbuch Software- und Datenbank-Recht (2003), S. 827.

der Dritte zunächst den Kopierschutz umgehen und Anpassungs- und Verschleierungsarbeiten durchführen muss.
- Schwieriger zu verfolgen sind Verletzungsfälle, in denen keine Schwarzkopie angefertigt worden ist. Wenn der Verletzer lediglich einen (selbstständig geschützten) Teil des dem Rechteinhaber zustehenden Computerprogramms in ein eigenes Produkt einbaut, kann sich das verletzende Objekt rein äußerlich ganz anders darstellen als das verletzte Objekt, was mitunter zu erheblichen Darlegungs- und Beweislastproblemen führt.[747]

b) Zivil-, straf- und zollrechtliche Möglichkeiten

Der Rechteinhaber hat umfassende Rechte gegen alle, die an der illegalen Herstellung, Verbreitung und Nutzung seiner Software mitwirken. Ihm stehen – wie oben erläutert – neben den zivilrechtlichen Möglichkeiten (insbesondere nach § 97 UrhG) straf- und bußgeldrechtliche (§§ 106 ff. UrhG) sowie zollrechtliche Wege der Rechtsverfolgung (§§ 146 ff. UrhG) zur Verfügung. 431

Gerade bei einer problematischen Beweissituation, aber nicht nur dann, kann der Anwalt auch **strafrechtliche Instrumente** in Erwägung ziehen (Anzeige zur Einleitung eines Ermittlungsverfahrens, Akteneinsicht etc.), da die Ermittlungsbehörden unter Umständen diejenigen Tatsachen ermitteln können, auf die der Rechteinhaber selbst keinen Zugriff hat. Dazu näher unter Rn. 474. 432

2. Verfolgung von Softwareverletzungen nach UrhG

Da dem Rechteinhaber die Vervielfältigung des Computerprogramms vorbehalten ist, verstößt der illegale Hersteller von Computerprogrammen gegen § 69c Nr. 1 UrhG. Der Vertrieb einer illegal hergestellten Programmkopie verletzt das ausschließliche Verbreitungsrecht des Urhebers (§ 69c Nr. 3 UrhG). Wenn das Programm verändert wurde, liegt schließlich auch ein Verstoß gegen § 69c Nr. 2 UrhG vor. 433

Das primäre Interesse des Mandanten wird regelmäßig dahin gehen, die Gegenseite auf **Unterlassung** in Anspruch zu nehmen. Daneben werden etwaige Ansprüche auf **Schadensersatz** und (zuvor) auf **Auskunft** sowie auf **Vernichtung (bzw. Überlassung) rechtsverletzender Gegenstände** gegen den Verletzer durchzusetzen sein. 434

a) Aktiv- und Passivlegitimation

aa) Aktivlegitimation: **Aktivlegitimiert** ist zunächst der Urheber bzw. der Inhaber des verwandten Schutzrechts (zur Rechteinhaberschaft siehe oben Rn. 379 ff.). Soweit einem **Dritten ausschließliche Nutzungsrechte** eingeräumt worden sind, ist dieser grundsätzlich allein aktivlegitimiert; dies gilt auch für den **Arbeitgeber** im Sinne von § 69b UrhG. 435

Der **Urheber** kann unter bestimmten Voraussetzungen allerdings auch dann anspruchsberechtigt bleiben, wenn er dem Dritten eine **ausschließliche Lizenz** an sämtlichen 436

---

747 Siehe dazu unten Rn. 465 ff.

Nutzungsrechten eingeräumt hat, nämlich dann, wenn eine Verletzung des – bei ihm verbliebenen – Urheberpersönlichkeitsrechts in Rede steht.[748]

437 Soweit der Dritte hingegen nur **einfacher Lizenznehmer** ist, steht ihm im Schutzrechtsprozess **keine Aktivlegitimation** zu, diese verbleibt beim Urheber.

438 **Miturheber** sind nach Maßgabe von **§ 8 Abs. 2 Satz 3 UrhG** aktivlegitimiert, wobei bei einem Computerprogramm ein gemeinsames Schaffen der Beteiligten in der Form vorausgesetzt ist, dass jeder Urheber einen schöpferischen Beitrag zum einheitlichen Schöpfungsprozess der Werkvollendung geleistet hat.[749] Danach kann jeder Miturheber selbst **Unterlassungsansprüche** verfolgen, ohne auf die Zustimmung anderer Miturheber angewiesen zu sein.[750] Wer nicht selbst Miturheber ist, sondern nur abgeleitete Rechte inne hat, muss sich die Rechte von allen Miturhebern einräumen lassen, wenn er gegen den Rechtsverletzer vorgehen will.[751] Bei Ansprüchen auf **Schadensersatz** kann der Miturheber zwar allein vorgehen, er kann aber nur **Leistung an alle Miturheber** verlangen.[752]

439 *bb) Passivlegitimation:* **Passivlegitimiert** ist derjenige, der die Rechtsverletzung begeht, sowie jeder Teilnehmer, der bloßen **Veranlasser** einer Rechtsverletzung eingeschlossen. Jeder Beitrag ist ausreichend, der nach der Lebenserfahrung zu dem Verletzungserfolg geführt hat.[753] Auch der Urheber selbst kann gegebenenfalls in Anspruch genommen werden, nämlich dann, wenn er dem Verletzten die ausschließlichen Nutzungsrechte eingeräumt hat (§ 31 Abs. 3 UrhG) und er das Werk gleichwohl weiter nutzt. § 69f. UrhG erweitert den Kreis der Passivlegitimierten auf die Eigentümer und Besitzer von rechtsverletzenden Vervielfältigungsstücken.

440 Nach § 100 UrhG stehen dem Verletzten die Ansprüche aus den §§ 97 bis 99 UrhG, mit Ausnahme des Anspruchs auf Schadensersatz, auch gegen den **Inhaber des Unternehmens** zu, in dem ein Arbeitnehmer oder Beauftragter die urheberrechtliche Verletzung vorgenommen hat. § 100 UrhG schließt weitergehende Ansprüche nach anderen gesetzlichen Vorschriften gegen den Inhaber des Unternehmens nicht aus (§ 100 Satz 2 UrhG).

b) Unterlassungs- und Beseitigungsansprüche

441 Die **Unterlassungs- und Beseitigungsansprüche** aus § 97 Abs. 1 UrhG sind **verschuldensunabhängig**. Während der Beseitigungsanspruch einen fortbestehenden Störungszustand voraussetzt, ist für einen Unterlassungsanspruch die **Gefahr einer zukünftigen Rechtsbeeinträchtigung** (Begehungsgefahr) ausreichend. Hat der Anspruchsgegner das

---

748 Vgl. insoweit – für die Konstellation des § 69b UhrG (siehe oben Rn. 381) – OLG Frankfurt, BB 1996, Beil. 9 Nr. 3, S. 3.
749 BGHZ 123, 208.
750 Dreier/Schulze, UrhG (2004), § 8, Rn. 20.
751 Dreier/Schulze, UrhG (2004), § 8, Rn. 20 mit Verweis auf OLG Frankfurt, MMR 2003, 45; siehe aber LG München I, ZUM 1999, 332.
752 BGH, GRUR 1994, 39.
753 BGHZ 42, 118.

Urheberrecht verletzt, gilt die **Vermutung der Wiederholungsgefahr**.[754] Diese Vermutung kann der Verletzer grundsätzlich nur durch die Abgabe einer strafbewehrten Unterlassungsverpflichtungserklärung ausräumen.[755]

Sofern diese Erklärung vom Verletzer nicht abgegeben wird, kann der Verletzte seinen Unterlassungsanspruch – ohne die Gefahr der Kostenlast im Falle eines Anerkenntnisses (siehe Rn. 197) – gerichtlich durchsetzen, und zwar nicht nur im Wege der **Hauptsacheklage**, sondern im Interesse der zügigen (wenngleich regelmäßig nur vorläufigen[756]) Erreichung des Rechtsschutzziels auch im **einstweiligen Verfügungsverfahren**.[757] Näher dazu unter Rn. 507 ff.

442

c) Schadensersatz-, Auskunfts-, Besichtigungs- sowie Vernichtungsansprüche

Der **Schadensersatzanspruch** nach § 97 UrhG ist **verschuldensabhängig**. Es gilt ein **strenger Verschuldensmaßstab**.[758] Verwerter haben eine Prüfungspflicht dahingehend, dass sie keinerlei Urheberrechte verletzen.[759]

443

Der Verletzte kennt in der Regel das gesamte Ausmaß der Verletzung nicht, daher gibt ihm § 101 a UrhG einen **Anspruch auf Auskunft** hinsichtlich des Vertriebswegs, der Vorbesitzer und Abnehmer. § 97 Abs. 1 Satz 2 UrhG gewährt einen Anspruch auf **Rechnungslegung** über alle zur Schadensberechnung erforderlichen Angaben. Der Auskunftsanspruch ist **verschuldensunabhängig**.[760]

444

Daneben kann der Verletzte auch einen Anspruch auf Besichtigung, beispielsweise des verletzenden Quellcodeplagiats, nach § **809 BGB** haben.

445

§ 69f UrhG gewährt dem Rechteinhaber einen **verschuldensunabhängigen Anspruch auf Vernichtung** aller rechtswidrig hergestellten, verbreiteten oder zur rechtswidrigen Verbreitung bestimmten Vervielfältigungsstücke (Datenträger), sowie nach § 69f Abs. 2 UrhG auf die Vernichtung bestimmter Hilfsmittel. §§ 69f Abs. 1 Satz 2, 98 Abs. 2 UrhG regeln die Überlassung rechtsverletzender Vervielfältigungsstücke.

446

d) Anspruchsinhalt

aa) Unterlassungs- und Beseitigungsanspruch: Der Verletzer schuldet **Unterlassung** der von ihm begangenen rechtsverletzenden Handlung. Wenn der Verletzer Urheberrechte lediglich an Teilen eines Programmpakets, die abtrennbar sind, verletzt hat, ist der Unterlassungsanspruch auf diese Teile beschränkt. Werden ausschließlich Lizenzdokumente illegal verbreitet, kann sich der Unterlassungsanspruch nur auf diese beziehen. Voraussetzung für die Geltendmachung des Unterlassungsanspruchs ist, dass eine **Wiederholungsgefahr** besteht (Rn. 129). Der Rechtsinhaber hat die Möglichkeit,

447

---

754 Von Wolff, in: Wandtke/Bullinger, UrhR (2002), § 97 Rn. 33.
755 Von Wolff, in: Wandtke/Bullinger, UrhR (2002), § 97 Rn. 34; zur Unterlassungsverpflichtungserklärung siehe Rn. 205 ff.
756 Vgl. insoweit Rn. 509.
757 Kefferpütz, in: Wandtke/Bullinger, UrhR (2002), Vor §§ 97 ff. Rn. 49.
758 BGH, GRUR 1998, 568.
759 Von Wolff, in: Wandtke/Bullinger, UrhR (2002), § 97 Rn. 48.
760 BGH, GRUR 1988, 604.

Unterlassung bereits vor Eintritt der Rechtsverletzung zu verlangen (vorbeugender Unterlassungsanspruch), wenn eine **Erstbegehungsgefahr** droht.[761] Zum parallelen Unterlassungsanspruch nach MarkenG siehe Rn. 111 ff.

448 Der **Beseitigungsanspruch** ist darauf gerichtet, neue Schäden zu vermeiden.[762] Besteht eine fortdauernde Gefährdung, die durch bloßes Unterlassen nicht beseitigt wird, kann der Verletzte die **Beseitigung** der konkreten Störung verlangen. Das Beseitigungsbegehren muss so gefasst sein, dass es verhältnismäßig, das heißt erforderlich und angemessen, ist.[763]

449 *bb) Schadensersatzanspruch:* Der Verletzer schuldet **Schadensersatz** für die von ihm begangene Rechtsverletzung (§ 97 Abs. 1 Satz 1 UrhG), sowie gegebenenfalls auch **Schmerzensgeld** nach § 97 Abs. 2 UrhG.[764] An Stelle des Schadensersatzes kann der Verletzte auch die Herausgabe des Gewinns verlangen, den der Verletzer durch die Rechtsverletzung erlangt hat (**Verletzergewinn**) und Rechnungslegung darüber beanspruchen (§ 97 Abs. 1 Satz 2 UrhG).

450 Die Berechung des konkreten Schadens nach § 97 Abs. 1 Satz 1 UrhG (insbesondere auch des unter Umständen entgangenen Gewinns) erfolgt nach Maßgabe der §§ 249 ff. BGB, insbesondere des § 252 BGB. Diese Berechnungsmethode bereitet in der Praxis regelmäßig Schwierigkeiten, da die Höhe des Schadens wenigstens annähernd ermittelt werden muss, um dem Gericht eine Schadensschätzung gemäß § 287 ZPO zu ermöglichen.

451 Gerade wegen dieser Beweisprobleme – die allerdings durch die Geltendmachung des Auskunftsanspruchs[765] reduziert werden können – räumt die Rechtsprechung dem Verletzten neben der Geltendmachung des Verletzergewinns auch die Möglichkeit ein, als Schaden eine angemessene Lizenzgebühr geltend zu machen (sog. **Lizenzanalogie**). Diese Berechnungsmethode ist gewohnheitsrechtlich anerkannt[766] und findet im Urheberrecht ebenso wie im Recht der gewerblichen Schutzrechte, insbesondere dem Patent-, Gebrauchsmuster- und Markenrecht, Anwendung.[767] Zwischen dem Verletzer und dem Verletzten wird ein Lizenzvertrag fingiert, nach dessen Maßgabe „Lizenzgebühren" zu zahlen sind.[768] Der Vorteil der Lizenzanalogie ist, dass für das gleiche Stück Software auf **jeder Vertriebsebene** eine Lizenzzahlung verlangt werden kann. Schließlich darf kein Verletzer besser stehen, als er im Falle einer ordnungsgemäß erteilten Erlaubnis durch den Rechtsinhaber gestanden hätte.[769]

---

761 An die Beseitigung der Erstbegehungsgefahr sind allerdings geringere Anforderungen zu stellen als im Falle der Wiederholungsgefahr; vgl. insoweit BGH, GRUR 2001, 1174.
762 Von Wolff, in: Wandtke/Bullinger, UrhR (2002), § 97 Rn. 40.
763 BGHZ 92, 314.
764 OLG Frankfurt, MMR 2004, 476.
765 Hierzu unter Rn. 452 ff. Zur Geltendmachung im Wege der Stufenklage unter Rn. 529 ff.
766 Ständige Rechtsprechung, vgl. RG, GRUR 1934, 627; BGHZ 20, 345.
767 BGHZ 44, 372; BGH, GRUR 1990, 1008.
768 BGH, GRUR 1990, 1008.
769 BGH, GRUR 1987, 27; BGH, GRUR 1990, 1008. Eine „Entschädigungslizenz" kann sich auch nach den Grundsätzen der §§ 812 ff. BGB ergeben, vgl. OLG Frankfurt, MMR 2004, 476.).

cc) Auskunfts- und Rechnungslegungsanspruch: Nach §§ 97, 101a UrhG kann der Verletzte **Auskunft und Rechnungslegung zur Vorbereitung des Schadensersatzanspruches** verlangen. Die Auskunfts- und Rechnungslegungsansprüche sollen dem Verletzten die Möglichkeit einräumen, den Schadensersatzanspruch auf die für ihne günstigste Weise zu berechnen.[770]

452

Der **Anspruch auf Auskunft** richtet sich auf Abgabe einer Wissenserklärung. Nach der Rechtsprechung[771] kann Rechnungslegung unter Vorlage eines Verzeichnisses verlangt werden, aus welchem zeitlich gegliederte Angaben über **Lieferpreise, Lieferorte und Liefermengen** ersichtlich sind. Um dem Verletzten eine Nachprüfung der Rechnungslegung zu ermöglichen, ist der Verletzer zudem verpflichtet, die Namen und Anschriften der Abnehmer anzugeben. Ist die Auskunft erkennbar unvollständig, besteht ein **Anspruch auf Ergänzung**.[772] Dieser Anspruch ist aber nicht gegeben, wenn der Verletzte lediglich vermutet, dass die Auskunft **inhaltlich mangelhaft** ist. In solchen Fällen hat der Verletzte nur einen Anspruch darauf, dass der Verletzer eine **eidesstattliche Versicherung** abgibt, dass er die Angaben nach bestem Wissen so vollständig abgegeben hat, als er dazu imstande war (§ 259 Abs. 2 BGB).[773]

453

Der **Anspruch auf Rechnungslegung** richtet sich auf die **Erteilung einer nachvollziehbaren Zusammenstellung der Ein- und Ausgaben** im Sinne von § 259 BGB. Der Anspruch auf Rechnungslegung geht **nicht auf Bucheinsicht oder Vorlage anderer** als der vorgenannten **Rechnungsdokumente**.[774] Auch § 242 BGB vermag einen solchen Anspruch nicht zu begründen; ergänzend kommt allenfalls ein **Besichtigungsanspruch zur Einsicht in Urkunden** nach §§ 809, 810 BGB unter den dort genannten Voraussetzungen in Betracht.

454

dd) Besichtigungsanspruch: Unter den Voraussetzungen des § **809 BGB** kann der Verletzte auch die **Besichtigung** der verletzenden Software sowie des dazugehörigen mobilen oder stationären Datenträgers, die bzw. der sich im Besitz des Unterlassungs- bzw. Schadensersatzschuldners befindet, verlangen.[775] Ein Anspruch nach § 809 BGB kann beispielsweise auf die **Besichtigung von Computern** gerichtet sein, mit dem Ziel festzustellen, ob urheberrechtlich geschützte Programme auf diesen genutzt werden.[776] In Ausnahmefällen kann die Besichtigung sogar auf den **Quellcode** des Programms gerichtet sein.[777]

455

---

770 BGH GRUR 1974, 53.
771 BGH, GRUR 1980, 227.
772 OLG Hamburg, GRUR-RR 2001, 197.
773 Dazu näher unter Rn. 546f.
774 OLG Düsseldorf, GRUR 1995, 676.
775 BGHZ 93, 191; KG, GRUR-RR 2001, 118.
776 KG, NJW 2001, 233; siehe dazu das Muster unter Rn. 484.
777 BGH, CR 2002, 791: „Denn im Falle einer urheberrechtsverletzenden Vervielfältigung oder einer wettbewerbswidrigen Übernahme ist der Quellcode das erste Vervielfältigungsstück, von dem sodann nach Übertragung des Programms in den Maschinencode weitere Kopien erstellt werden. Für die Annahme des Berufungsgerichts, der Besichtigungsanspruch könne sich nicht auf den Quellcode beziehen, gibt es daher keine Grundlage."

456 Der Anspruch setzt den **begründeten Verdacht einer Urheberrechtsverletzung** (bzw. Patentrechtsverletzung) voraus. Gefordert ist ein gewisser Grad an Wahrscheinlichkeit, ein erheblicher Grad an Wahrscheinlichkeit ist nach der jüngeren Rechtsprechung des BGH jedenfalls außerhalb des Bereichs von Patentverletzungen – sofern nicht besondere Geheimhaltungsinteressen des Besitzers der zu besichtigenden Sache berührt sind – nicht notwendig.[778] Der Anspruchsteller muss **objektive Indizien für das Vorliegen einer Verletzung** vortragen. Es genügt insoweit beispielsweise der aufgrund zahlreicher Übereinstimmungen der Software begründete Verdacht einer Verletzung. Ein solcher Verdacht besteht auch dann, wenn Angestellte eines Unternehmens Hinweise auf nicht lizensierte Programme geben. Ist die Wahrscheinlichkeit einer Verletzungshandlung begründet, erstreckt sich der Besichtigungsanspruch auf das gesamte Programm; er ist nicht auf die Programmteile beschränkt, hinsichtlich derer von vornherein Übereinstimmungen feststanden.[779]

457 Auch wenn beispielsweise bei der Besichtigung des Quellcodes **die Gefahr der Ausforschung und des Ausspähens von Betriebsgeheimnissen** besteht, führt dies nicht dazu, dass generell gesteigerte Anforderungen an die Wahrscheinlichkeit der Rechtsverletzung zu stellen wären.[780] Die berechtigten Geheimhaltungsinteressen des Besitzers der zu besichtigenden Sache sind vielmehr im Rahmen einer umfassenden Interessenabwägung zu berücksichtigen.[781] Im Rahmen dieser Abwägung ist insbesondere zu prüfen, ob das schützenswerte Geheimhaltungsinteresse auch bei grundsätzlicher Einräumung des Anspruchs dadurch gewahrt werden kann, dass die Besichtigung durch einen zur Verschwiegenheit verpflichteten Dritten vorgenommen wird.[782] Die Einschaltung eines Dritten – in der Regel eines Sachverständigen – ist angesichts dessen ein regelmäßig zu empfehlender Weg. Dies gilt insbesondere dann, wenn der Besichtigungsanspruch im einstweiligen Verfügungsverfahren durchgesetzt wird, weil sonst zusätzlich die Gefahr einer Vorwegnahme der Hauptsache bestünde (dazu unter Rn. 480).[783]

458 Es muss ein **Besichtigungsinteresse** des Anspruchstellers bestehen.[784] Daran fehlt es, wenn sich der Anspruchsteller die von ihm benötigten Kenntnisse unproblematisch anderweitig verschaffen kann.[785] Der Anspruchsteller muss deshalb darlegen, dass die **Untersuchungsmaßnahmen nach § 69d UrhG** (Beobachtung, Untersuchung, Test) nicht bzw. nicht ohne weiteres ausreichend sind, um eine Urheberrechtsverletzung nachzuweisen.[786]

---

[778] BGH, CR 2002, 791; BGHZ 93, 191; Bork, NJW 1997, 1665. Solche Indizien sind etwa bei Hinweisen von Mitarbeitern auf Raubkopien gegeben; nicht ausreichend dürfte die Vorlage einer eidesstattlichen Versicherung eines Angestellten sein, ihm seien keine entsprechenden Lizenzvereinbarungen bekannt.
[779] BGH, CR 2002, 791.
[780] BGH, CR 2002, 791.
[781] BGH, CR 2002, 791.
[782] BGH, CR 2002, 791.
[783] KG, NJW 2001, 233.
[784] Vgl. etwa BGH, CR 2002, 791. Vgl. hierzu Bork, NJW 1997, 1665, 1669.
[785] Palandt/Sprau, BGB, 64. Auflage (2005), § 809 Rn. 6; Bork, NJW 1997, 1665.
[786] Vgl. BGHZ 93, 191 (für den Patentinhaber) sowie in Fortführung dessen BGH, CR 2002, 791.

e) Verjährung

Die Ansprüche aus der **Verletzung von Urheberechten verjähren gemäß § 102 UrhG** nach den allgemeinen Vorschriften des BGB, also innerhalb von drei Jahren ab dem Schluss des Jahres, in dem der Anspruch entstanden ist und der Anspruchsinhaber Kenntnis aller Umstände erlangt hat (§§ 195, 199 Abs. 1 BGB), bei fehlender Kenntnis in zehn Jahren (§ 199 Abs. 3, 4 BGB). Die dreißigjährige Frist nach § 194 Abs. 2 BGB für die Verletzung von Leben, Körper, Gesundheit und Freiheit hat im UrhG keine Bedeutung.[787] Zur Verjährung und Verwirkung von Ansprüchen aus **Markenrecht** siehe Rn. 143. Ist der Anspruch nach UrhG verjährt, kann auch der **Besichtigungsanspruch** nach § 809 BGB nicht mehr geltend gemacht werden, weil die Besichtigung dann nicht (mehr) erforderlich ist.[788]

459

3. Verfolgung von Softwareverletzungen nach MarkenG, PatG und UWG

Wie oben unter Rn. 391 ff. dargestellt, können dem Verletzten unter Umständen auch Ansprüche aus MarkenG, PatG und UWG zustehen. Außerdem kommen Ansprüche aus §§ 812 BGB ff.[789] und Deliktsrecht, insbesondere § 826 BGB, in Betracht. In Einzelfällen können auch vertragliche Regelungen greifen, wenn beispielsweise gegen vertragliche Verwertungsverbote verstoßen wird. Besteht die begründete Gefahr einer Patentverletzung, kann ein Besichtigungsanspruch nach § 809 BGB existieren. Zur Geltendmachung von markenrechtlichen Ansprüchen näher unter Rn. 111 ff., zu wettbewerbsrechtlichen Ansprüchen im Teil „Wettbewerbsrecht".

460

4. Darlegungs- und Beweislast bei der Verfolgung von Softwareverletzungen

a) Darlegung der Schutzfähigkeit der Software

Bei der Geltendmachung von Urheberrechten im Prozess hat der Anwalt des Verletzten darzulegen, dass die betroffene Software des Mandanten **urheberrechtsfähig** ist (Rn. 374 ff.). Diese Darlegung stellt den Anwalt regelmäßig nicht vor größere Probleme. Wie oben gesehen (Rn. 376), besteht nach § 69a Abs. 3 UrhG eine **tatsächliche Vermutung** dafür, dass das Computerprogramm ausreichend geschützt ist.[790] Die Anforderungen an die Urheberrechtsfähigkeit sind nicht besonders hoch. Die Vermutung scheidet nur dann aus, wenn tatsächliche Anhaltspunkte dafür existieren, dass das Programm nicht ausreichend eigentümlich ist.[791]

461

Bei der Vorbereitung gerichtlicher Schritte sollte der Anwalt mit dem Mandanten gleichwohl eine für das Gericht (d.h. regelmäßig auch für den technischen Laien) **verständliche Darstellung derjenigen Aufgaben** ausarbeiten, **die das verletzte Programm erfüllt**. Sofern sich die konkrete Softwaregestaltung dafür anbietet, sollte der Rechteinhaber mit anwaltlicher Hilfe auch diejenigen **Gestaltungsspielräume** beschreiben, die der Programmierer bei der Erfüllung der ihm gestellten Aufgabe zur Herstellung dieses Programms hatte. Dadurch kann belegt werden, dass bei der Programmerstellung ein

462

---

787 BT-Drucks. 14/6040, S. 282.
788 Palandt/Sprau, BGB, 64. Auflage (2005), § 809 Rn. 6; Bork, NJW 1997, 1665.
789 Unter dem Aspekt der „Entschädigungslizenz", siehe OLG Frankfurt, MMR 2004, 476.
790 Grützmacher, in: Wandtke/Bullinger, UrhG, 2002, Vor §§ 69 a ff. Rn. 19 ff.; § 69a Rn. 37 ff.
791 Grützmacher, in: Wandtke/Bullinger, UrhG, 2002, Vor §§ 69 a ff. Rn. 20.

kreativer Rahmen schöpferisch ausgefüllt worden ist. Dieser Nachweis ist umso einfacher, je komplexer das Programm ist. Der Anwalt sollte deshalb große Sorgfalt darauf verwenden, die gesamte **Komplexität des Programms** darzulegen. Der Gegenseite wird es dann kaum gelingen, die Urheberrechtsfähigkeit des Programms überzeugend in Zweifel zu ziehen. Wenn sich der Schutz nur auf Teilbereiche eines Programmpakets bezieht, muss herausgearbeitet werden, welche Teilbereiche den Streitgegenstand darstellen und warum insoweit eine eigenschöpferische Leistung anzunehmen ist.

b) Darlegung der Aktivlegitimation

463 Die Darlegungs- und Beweislast folgt (auch) hinsichtlich der Aktivlegitimation den allgemeinen Regeln. Ist der Mandant **Urheber**, kann er sich auf die **Vermutung des § 10 UrhG** berufen: Wer auf den Vervielfältigungsstücken eines erschienenen Werkes oder auf dem Original eines Werkes der bildenden Künste in der üblichen Weise als Urheber bezeichnet ist, wird bis zum Beweis des Gegenteils als Urheber des Werkes angesehen; dies gilt auch für eine Bezeichnung, die als Deckname oder Künstlerzeichen des Urhebers bekannt ist, was vielfach bei Computerspielen der Fall ist. Die Angabe der Initialien in der **Kopfleiste der Bildschirmmaske** reicht in der Regel aus, die Urheberschaftsvermutung nach § 10 Abs. 1 UrhG zu begründen.[792] Ist der Urheber nicht entsprechend § 10 Abs. 1 UrhG bezeichnet, so wird vermutet, dass derjenige ermächtigt ist, die Rechte des Urhebers geltend zu machen, der auf den Vervielfältigungsstücken des Werkes als Herausgeber bezeichnet ist.

464 Ist der Mandant nicht Urheber, aber als **Lizenznehmer** Inhaber der ausschließlichen Verwertungsrechte, muss der Anwalt des Lizenznehmers dessen Berechtigung darlegen, also zum Inhalt des Lizenzvertrages vortragen.

c) Unterlassungsansprüche

465 Der Anspruchsteller trägt nach den allgemeinen Regeln die Darlegungs- und Beweislast für die anspruchsbegründenden Tatsachen, insbesondere die Verletzungshandlung. Er hat also darzulegen, dass das angegriffene Programm die ihm zustehenden Urheberrechte an seiner Software verletzt, indem es wesentliche eigenschöpferische Teile übernimmt und nicht nur geringfügig verändert.

466 Dies ist in den Fällen der Softwarepiraterie („**Eins-zu-Eins-Kopie**") unproblematisch der Fall; hier reicht die Darlegung der Eigentümlichkeit des eigenen Computerprogramms und der Vortrag, dass der Verletzer die Software kopiert hat, in der Regel aus.[793]

467 In den sonstigen Konstellationen – wenn also keine gleichen Programme vorliegen – kann der Anspruchsteller allerdings vor erheblichen Darlegungs- und Beweisprobleme gestellt sein. Er muss die in Rede stehenden Programme miteinander vergleichen und auf dieser Basis die Verletzung darstellen. Die Sustantiierung wird regelmäßig nicht ohne die Einschaltung eines **Sachverständigen** erbracht werden können (Rn. 472).

---

792 BGHZ 123, 208.
793 Grützmacher, in: Wandtke/Bullinger, UrhG, 2002, Vor §§ 69 a ff. Rn. 20.

d) Schadensersatzansprüche

Bei der Geltendmachung von Schadensersatzansprüchen gemäß § 97 UrhG muss der Anspruchsinhaber neben der Verletzungshandlung das Verschulden des Verletzers und den zurechenbaren Schaden darlegen und beweisen. Bei der Darlegung der Höhe des ihm entstandenen Schadens kann der Anspruchsteller zwischen den oben unter Rn. 449 ff. dargestellten Berechnungsarten wählen.

468

Bei der **Darstellung des Schadens** muss der Anwalt darauf achten, dass sein Vortrag – nicht anders als sonst – aus sich heraus verständlich ist. Der bloße Verweis auf umfangreichere Anlagen, etwa auf ein Privatgutachten, kann diese Nachvollziehbarkeit beeinträchtigen. Wählt der Anwalt diesen einfacheren Weg, wird er sich schnell dem berechtigten Einwand – sei es vom Gericht oder aber seitens des Prozessgegners – ausgesetzt sehen, weder dem Gericht noch dem Prozessgegner sei es zumutbar, sich aus umfangreichen Unterlagen „das Passende" selbst herauszusuchen.[794] Würde das Gericht eine solche Bezugnahme auf umfangreiche Anlagen zulassen, wäre damit dem Prozessgegner, der aus den Unterlagen möglicherweise gegenteilige Folgerungen ziehen könnte, unter Umständen das rechtliche Gehör entzogen.[795]

469

e) Auskunftsansprüche

Der Verletzte hat neben den Voraussetzungen des – durch die Auskunft vorbereiteten – Schadensersatzanspruches darzulegen, dass der Eintritt eines Schadens mit einiger Sicherheit zu erwarten ist. Andernfalls fehlt es an dem für die Auskunft erforderlichen Interesse.[796]

470

5. Beweissicherung

a) Ausgangslage

Die Erörterungen des Anwalts mit seinem Mandanten in Vorbereitung eines Prozesses bzw. – auf der anderen Seite – bei der Entscheidung über eine Verteidigung konzentrieren sich bei der (behaupteten) Verletzung von Schutzrechten an Software regelmäßig auf die Frage, ob die Anspruchsvoraussetzungen hinreichend substantiiert dargelegt und auch bewiesen werden können.

471

Problematisch gestaltet sich insoweit insbesondere die Darlegung und der Beweis der Verletzungshandlung. Im Softwareverletzungsprozess kann der Richter aufgrund der hohen technischen Komplexität die Verletzung, sofern nicht ein Fall der „**Eins-zu-Eins-Kopie**" vorliegt, nicht ohne weiteres feststellen. Der **Augenschein** und die **Vernehmung von Zeugen** reichen als Beweismittel insoweit regelmäßig nicht aus. Im Regelfall wird daher kein Weg an einem **Sachverständigen** vorbeigehen,[797] weil – außerhalb der Fälle der „Eins-zu-Eins-Kopie" – nur dieser mit einer das Gericht überzeugenden Sicherheit beurteilen kann, ob eine Nachahmung vorliegt.

472

---

794 Zöller / Greger, ZPO, 25. Auflage (2005), § 130, Rn. 2, m.w.N.
795 OLG Köln, OLGR 2003, 124.
796 Nordemann, Wettbewerbsrecht / Markenrecht, 10. Auflage (2004), Rn. 3225.
797 Ullmann, CR 1992, 641.

473 Zu berücksichtigen ist auch, dass der Mandant, der eine Verletzungshandlung darlegen und beweisen muss, im Prozess unter Umständen gezwungen sein kann, Einzelheiten zu seiner Software und damit Betriebsgeheimnisse offen zu legen. Wenn der Mandant dazu nicht bereit ist, wird ihm gegebenenfalls von der Prozessführung abzuraten sein.

b) Möglichkeiten der Beweissicherung

474 *aa) Einsicht in staatsanwaltschaftlichen Ermittlungsakten:* Wie bereits oben (unter Rn. 431 f.) angemerkt, kann es sich empfehlen, sich bei der Aufklärung auch der Staatsanwaltschaft zu bedienen. Sofern die Ermittlungsbehörden nicht bereits von sich aus – wegen des Vorliegens eines besonderen öffentlichen Interesses (vgl. § 109 UrhG) – tätig geworden sein sollte, besteht die Möglichkeit, durch eine Strafanzeige und die Stellung eines Strafantrages (§§ 106, 109 UrhG) unter Umständen staatsanwaltschaftliche Ermittlungen gegen den Verletzer zu initiieren. Sofern es zu Untersuchungen der Staatsanwaltschaft gegen den Verletzer kommt, im Zuge dessen die Verletzung festgestellt wird und der Anwalt diese Informationen durch die **Einsicht in die Ermittlungsakten** erlangt, ist er auf dem kostengünstigsten Wege zu diesem (Zwischen-)Ziel gelangt. Nach § 77b Abs. 1 Satz 1, Abs. 2 Satz 1 StGB beträgt die **Frist zur Stellung des Strafantrages drei Monate**, gerechnet ab dem Zeitpunkt, in dem der Berechtigte von der Tat (der Verletzung des Schutzrechts an der Software) und der Person des Täters Kenntnis erlangt hat. Allerdings sind die Aussichten, auf diesem Wege die für die Klärung und Durchsetzung der Ansprüche des Mandanten nötigen Informationen zu erhalten, nicht sehr hoch einzustufen. Liegt kein eindeutiger Raubkopiefall vor – in dem der Nachweis der Verletzung ohnehin kein Problem darstellt –, ist es zweifelhaft, ob die Staatsanwaltschaft zeitnah in der Lage sein wird, durch Sachverständige eine Urheberrechtsverletzung festzustellen. Zudem ist angesichts der Möglichkeit der Staatsanwaltschaft, den Verletzten nach § 154d StPO zunächst auf den Zivilrechtsweg zu verweisen, die Neigung der Staatsanwaltschaft zu umfangreichen und kostenintensiven Untersuchungen tendenziell nicht sonderlich ausgeprägt.[798]

475 *bb) Testkauf:* Wenn der Verletzte nicht im Besitz des verletzenden Programms ist, bietet sich ein **Testkauf** an. Ein Testkauf hilft jedoch dann nicht, wenn keine Vervielfältigungsstücke existieren, etwa weil die Raubkopie stationär auf Servern gespeichert ist oder wenn sich aus dem Vervielfältigungsstück der Quellcode nicht ersehen lässt, der zum Beweis der Struktur der Software notwendig ist.

476 Regelmäßig lässt sich nicht ohne Weiteres auf den Quellcode des verletzenden Programms zugreifen.[799] Der Quellcode eines kompilierten Programms kann nur durch aufwändiges „**Reverse Engineering**" ermittelt werden.[800] Sofern sich der Rechtsinhaber vorprozessual einen Überblick darüber verschaffen will, ob das Programm das Urheberrecht an der eigenen Software verletzt, ist es ihm allerdings verwehrt, das Programm von Objekt- in den Quellcode zurückzuübersetzen. Die Zurückübersetzung ist

---

798 Zur Unzulänglichkeit strafprozessualer Maßnahmen siehe auch Bork, NJW 1997, 1665, 1667.
799 Zur ausnahmsweise gegebenen Vorlagepflicht des angeblichen Verletzers bei erheblichem Verdacht einer wettbewerbswidrigen Übernahme, LG Karlsruhe, BB Beilage 1991, Nr. 7.
800 Bork, NJW 1997, 1665.

nicht von den engen Ausnahmetatbeständen des § 69e UrhG (Dekompilierung zu Zwecken der Interoperabilität)[801] gedeckt und daher von der Zustimmung des Anspruchsgegners, der bis zum Beweis des Gegenteils als Rechteinhaber gilt, abhängig.[802] Diese Zustimmung wird der (potenzielle) Verletzer allerdings kann erteilen.

Unabhängig von diesen Problemen ist zu berücksichtigen, dass streitig ist, ob die Kosten eines Testkaufs notwendige Kosten der Rechtsverfolgung im Sinne von § 91 ZPO sind.[803] Der Mandant ist darüber aufzuklären, dass eine sichere vorprozessuale Prognose über die Erstattungsfähigkeit nicht möglich ist[804] und er unter Umständen auch im Falle des Obsiegens mit den Kosten belastet bleibt.

477

cc) Einholung eines Privatgutachtens: Ist der Mandant im Besitz eines Exemplars der verletzenden Software, kann es sich unter Umständen auch empfehlen, ein **Privatgutachten** zum Nachweis (bzw. zur Substantiierung[805]) der Verletzungshandlung in Auftrag zu geben, gegebenenfalls zugleich (vorsorglich) auch zur Urheberrechtsfähigkeit der verletzten Software des Mandanten. Zur Erstattung der Kosten eines Privatgutachtens siehe Rn. 622.

478

dd) Besichtigungsanspruch: In Fällen, in denen der Testkauf oder andere Maßnahmen nicht zielführend sind, kann – neben oder anstelle eines allerdings weniger effizienten **selbständigen Beweisverfahrens**[806] – der Anspruch auf **Besichtigung** nach § 809 BGB (kombiniert mit einem modifizierten Anspruch auf Sequestration nach § 883 ZPO) helfen.

479

Dieser Anspruch kann auch im **einstweiligen Verfügungsverfahren** durchgesetzt werden. Dies folgert der BGH u.a. aus Art. 43 des TRIPS-Übereinkommens (Trade-Related Aspects of Intellectual Property Rights), das ausdrücklich vorsieht, dass das Gericht dem Gegner einer in Beweisnot befindlichen Partei die Beibringung von Beweismitteln auferlegen kann, die sich in seinem Besitz befinden. Hierfür müssen nach Art. 50 des TRIPS-Übereinkommens auch einstweilige Maßnahmen vorgesehen werden.[807] Bei besonderer Eilbedürftigkeit kann die einstweilige Verfügung auch ohne Anhörung des Antragsgegners nach § 937 Abs. 2 ZPO durchgesetzt werden.[808] Eine solche besondere Eilbedürftigkeit ist bei der Durchsetzung des Besichtigungsanspruches gegeben, weil die Absicht des Antragstellers, den Verfügungsanspruch durchzuset-

480

---

801 Dazu siehe Rn. 383.
802 Vgl. nur Junker/Benecke, Computerrecht, 3. Auflage (2003), Rn. 87, m.w.N.
803 Zum Streitstand vgl. die Darstellung bei Zöller/Herget, ZPO, 25. Auflage (2005), § 91 Rn. 13 Stichwort „Testkauf".
804 So auch das Fazit bei Zöller/Herget, ZPO, 25. Auflage (2005), § 91 Rn. 13 Stichwort „Testkauf".
805 Das Privatgutachten kann den Sachverständigenbeweis unter Umständen entbehrlich machen, wenn es das Gericht gemäß § 286 ZPO für ausreichend hält, um die Beweisfrage zuverlässig zu beantworten (vgl. BGH, NJW 1982, 2874; BGH, VersR 1987, 1007; Zöller/Greger, ZPO, 25. Auflage (2005), § 402 Rn. 6 c).
806 Zur Unzulänglichkeit des selbständigen Beweisverfahrens in den hier behandelten Fallkonstellationen siehe Bork, NJW 1997, 1665, 1667f.
807 BGH, CR 2002, 791.
808 Vgl. dazu OLG München, GRUR 1987, 33; Bork, NJW 1997, 1665, 1671, m.w.N.

zen, vor dem Antragsgegner geheimgehalten werden muss, um ein Löschen der verletzenden Software zu verhindern.[809]

481 Regelmäßig ist die **Besichtigung einem unabhängigen und zur Verschwiegenheit verpflichteten Sachverständigen zu übertragen**, weil eine einstweilige Verfügung grundsätzlich nur zur Sicherung und nicht zur Befriedigung des Hauptanspruchs führen darf.[810] Ob der Antragsteller die umgehende Mitteilung des Besichtigungsergebnisses an sich verlangen kann, ist streitig.[811]

482 Die Entscheidung darüber, ob die Gegenseite vor der Antragstellung zunächst aufzufordern ist, **außergerichtlich Auskunft** zu erteilen, hängt davon ab, ob dem Anspruchsinhaber eine derartige Maßnahme zumutbar ist. Da eine solche Aufforderung hier zu Vereitelungsmaßnahmen geradezu einladen würde, wird man dies verneinen können.[812] Der Anwalt sollte den Mandanten gleichwohl darauf hinweisen, dass eine negative Kostenfolge für den Fall, dass der Gegner den geltend gemachten Anspruch sofort anerkennt (§ 93 ZPO), nicht mit Gewissheit ausgeschlossen werden kann.

c) Muster eines Antrags auf Besichtigung im einstweiligen Verfügungsverfahren mit Erläuterungen

483 *aa) Antrag auf Besichtigung:* Ein Antrag zur Beweissicherung durch Besichtigung der EDV-Anlage des Verletzers oder einer Kopie des verletzenden Programms durch einen Sachverständigen nach §§ 809 BGB, 883 ZPO analog könnte im Falle der Zuständigkeit des Landgerichts wie folgt lauten:[813]

484 Muster: Antrag auf Besichtigung

■■■

Namens und in Vollmacht der Antragstellerin beantragen wir – der Dringlichkeit des Falles wegen ohne mündliche Verhandlung und durch den Kammervorsitzenden allein – im Wege der einstweiligen Verfügung folgendes anzuordnen:
1. Der zuständige Gerichtsvollzieher wird ermächtigt, sämtliche Personal-Computer, die sich in den Geschäftsräumen der Antragsgegnerin ■■■ [Adresse; genaue Bezeichnung der Geschäftsräume] befinden, in Verwahrung zu nehmen und einem vom Gericht bestimmten Sachverständigen eine sofortige Besichtigung zu ermöglichen zur Feststellung, ob auf den Festplatten der Personal-Computer Kopien der Computerprogramme der Antragstellerin ■■■ [genaue Bezeichnung des verletzten Produkts[814]] gespeichert sind.
2. Der Antragsgegnerin wird aufzugeben, ihre sämtlichen Lizenzverträge, Original-Softwarepakete, Kaufbelege und Rechnungen zu den Computerprogrammen der Antragstellerin ■■■ [genaue Bezeichnung] dem zuständigen Gerichtsvollzieher zur vorübergehenden Verwahrung herauszugeben und es ferner zu dulden, dass der Sachverständige

---

809 Bork, NJW 1997, 1665, 1671.
810 1665.
811 Dafür LG Nürnberg-Fürth, MMR 2004, 627; dagegen KG, NJW 2001, 233 und Bork, NJW 1997, 1665, 1672.
812 OLG Köln, NJWE-WettbR 2000, 302.
813 Der Antrag orientiert sich an der Entscheidung des LG Nürnberg-Fürth, MMR 2004, 627.
814 Zur genauen Bezeichnung des Produktes siehe Rn. 536 ff.

eine sofortige Besichtigung dieser Unterlagen vornimmt zur Feststellung, über welche Lizenzverträge, Original-Softwarepakete, Kaufbelege und Rechnungen zu den Computerprogrammen der Antragstellerin ▬▬▬ [genaue Bezeichnung] die Antragsgegnerin verfügt.
3. Zum gerichtlichen Sachverständigen wird ▬▬▬ [Name und Anschrift des vom Antragsteller bevorzugten Sachverständigen] bestellt.
4. Dem Sachverständigen wird aufgegeben, über das Ergebnis der Besichtigungen einen schriftlichen Bericht anzufertigen und dem Gericht zu übergeben.

Begründung:

▬▬▬

[In der Begründung muss der Anspruchsteller darlegen und glaubhaft machen,[815] dass ihm ein (Unterlassungs- oder Schadensersatz-)Anspruch nach § 97 Abs. 1 Satz 1 UrhG bezüglich des zu besichtigenden Programms zusteht bzw. dies jedenfalls sehr wahrscheinlich ist. Der Anspruchsteller muss den begründeten Verdacht auf eine Urheberrechtsverletzung darlegen und die Indizien dafür glaubhaft machen. Im weiteren sollte er vortragen, weshalb die im Antrag vorgeschlagene Vorgehensweise den Schutz der Betriebsgeheimnisse des Antraggegners berücksichtigt und dass die Maßnahme das mildeste erforderliche Mittel ist. Er muss ferner vortragen und glaubhaft machen, dass die Besichtigung daher für ihn von Interesse ist (§ 809 BGB). Er sollte auch darlegen, dass andere Untersuchungsmaßnahmen nicht ausreichend sind und das Eilverfahren geboten ist, weil etwa der Verstoß andauert und auf die Software des Verletzers nicht zugegriffen werden kann. Schließlich muss der Antragsteller Gründe vortragen, weshalb die Besichtigung nicht an dem Ort erfolgen soll, an dem sich die zu besichtigende Sache befindet (§ 811 Abs. 1 Satz 2 BGB). Schließlich sollte der Antragssteller einen Vorschlag zur vorläufigen Berechnung des Gegenstandswertes unterbreiten.[816]]

▬▬▬

Rechtsanwalt

bb) Erläuterungen: (1) Antragsfassung: In den Anträgen ist das **Besichtigungsobjekt** genau zu bezeichnen.[817] Wie genau die **Tätigkeit des Sachverständigen** zu beschreiben ist, wird vom Einzelfall und der jeweiligen Interessenlage abhängen. Die vom Sachverständigen einzugebenden Standardbefehlsfolgen im Falle vermuteter Raubkopien können zum Gegenstand des Antrags gemacht werden:

Muster: Antragsfassung bei vermuteter Raubkopie (Anweisung an Sachverständigen)

In diesem Zusammenhang wird dem Sachverständigen gestattet, jeweils mit Hilfe des Befehls „DIR/*, exe/s/p" im DOS-Modus (DOS-Fenster) Einsicht in das Inhaltsverzeichnis der ausführenden Programmdateien zu nehmen sowie jeweils mit Hilfe des Befehls „DIR/*.lnk/s" Einsicht in das Inhaltsverzeichnis der Link-Dateien zu nehmen.[818]

---

815 Zu den Mitteln der Glaubhaftmachung vgl. Rn. 516ff.
816 Vgl. insoweit Rn. 540.
817 Bork, NJW 1997, 1665.
818 Vgl. KG, NJW 2001, 233.

487 Zwingende Voraussetzung ist allerdings nicht, dass dem Sachverständigen stets alle Befehlseingaben vorgeschrieben werden, die dieser durchführen muss, um zu dem gewünschten Besichtigungsergebnis zu gelangen. Zwar wird dies teilweise vertreten,[819] allerdings kann dem nicht gefolgt werden, weil dann, wenn die vorgeschriebenen Befehle nicht „passen" sollten, weil die Anlage anders aufgebaut ist als vom Antragsteller angenommen, die einstweilige Verfügung nicht vollzogen werden könnte.[820]

488 Zum **Antrag zu 3.** ist anzumerken, dass es sich lediglich um einen Vorschlag an das Gericht handelt; die Auswahl des Sachverständigen trifft das Gericht selbst (§§ 492 Abs. 1, 404 ZPO).

489 In dem Muster ist davon abgesehen worden, die Mitteilung des Besichtigungsergebnisses auch an die Antragstellerin aufzunehmen, weil die wohl herrschende Meinung darin eine unzulässige Vorwegnahme der Hauptsache sieht.[821]

490 *(2) Vollziehung:* Die **Vollziehung der Verfügung** erfolgt analog § 883 ZPO durch den Gerichtsvollzieher und mit Hilfe eines Sachverständigen. Der Gerichtsvollzieher verwehrt dem Antragsgegner vorübergehend den Zugriff auf die EDV-Anlage und auf lose Datenträger; die Vollstreckung geschieht also **analog § 883 ZPO**. Der Sachverständige sichert sodann die entsprechenden Dateien und Unterlagen.[822]

491 Die in der Literatur diskutierte Frage, ob es einer Durchsuchungsanordnung gemäß § 758a ZPO bedarf, stellt sich nach dem Dafürhalten der Verfasser nicht, weil in der Stellung des Stellung des Verfügungsantrages auf Besichtigung zugleich ein entsprechender konkludenter Antrag nach § 758a ZPO enthalten ist. Allerdings kann ein solcher Antrag zu Klarstellung zusätzlich gestellt werden.[823]

492 *(3) Kosten der Verwahrung und Besichtigung:* Die **Kosten** der Inbesitznahme und Übergabe an den Sachverständigen können gemäß § 788 ZPO als Kosten der Zwangsvollstreckung festgesetzt werden. Dies gilt allerdings nicht für die Kosten außerhalb der Zwangsvollstreckung, insbesondere die Kosten der Verwahrung durch den Sachverständigen.[824] Auch die Besichtigungs- und Begutachtungskosten sind weder Prozess- noch Vollstreckungskosten, sondern vielmehr (zunächst) vom Verletzten zu tragen[825] und von ihm gegebenenfalls im Wege des Schadensersatzes gemäß § 97 Abs. 1 UrhG geltend zu machen.[826]

493 *(4) Gegenstandswert des Besichtigungsanspruchs:* Der Besichtigungsanspruch bereitet die Durchsetzung der Ansprüche im Hauptsacheverfahren erst vor. Sein Wert macht

---

819 Koch, Zivilprozeßpraxis in EDV-Sachen (1988) S. 211.
820 Redeker, in: Bartsch, Softwareüberlassung und Zivilprozess, (1991), S. 113.
821 KG, NJW 2001, 233, Bork, NJW 1997, 1665, 1671, dort auch zur – im Muster mit dem Antrag zu 4. erfassten – Verpflichtung des Sachverständigen, sein Gutachten beim Gericht zu hinterlegen. A.A. LG Nürnberg-Fürth, MMR 2004, 627.
822 Bork, NJW 1997, 1665.
823 Dies empfiehlt Bork, NJW 1997, 1665, 1672.
824 Zöller/Vollkommer, ZPO, 25. Auflage (2005), § 938 Rn. 9.
825 OLG München, GRUR 1987, 33.
826 Palandt/Sprau, BGB, 64. Auflage (2005), § 811 Rn. 2; OLG München, GRUR 1987, 33.

daher – ebenso wie beim Auskunftsanspruch – nur einen Bruchteil des Gegenstandswertes des Hauptsacheverfahrens aus. Das für die Bestimmung des Wertes maßgebliche Interesse am Besichtigungsanspruch besteht in der Regel darin, dass sich der Antragsteller den Aufwand spart, selbst Nachforschungen anzustellen.[827]

6. Möglichkeiten einer einvernehmlichen Regelung

Sind die durch die Darlegung- und Beweislast gesetzten Hürden zu hoch, was außerhalb der Software-Piraterie-Fälle nicht selten ist, verbleibt die Möglichkeit, sich mit dem vermeintlichen Verletzer gütlich zu einigen und einen Lizenzvertrag über die vermeintlich verletzende Software abzuschließen. **494**

7. Abmahnung, außergerichtliche Aufforderung zur Auskunftserteilung

Sofern dies nicht im Einzelfall wegen des offensichtlichen Vorliegens eines Falls der Softwarepiraterie entbehrlich ist,[828] sollte der **Anspruchsgegner zur Vermeidung von Kostennachteilen für den Mandanten**[829] abgemahnt werden, bevor Unterlassungsansprüche gegen den Anspruchsgegner gerichtlich geltend gemacht werden. Diese Abmahnung folgt den oben unter Rn. 193 ff. dargestellten Regeln. **495**

Gibt der Anspruchsgegner die mit der Abmahnung geforderte (ernstliche) strafbewehrte Unterlassungsverpflichtungserklärung ab, wird dadurch die Begehungsgefahr (regelmäßig in Form der Wiederholungsgefahr) beseitigt und so einem Unterlassungsanspruch des Verletzten die Grundlage entzogen.[830] **496**

Verfolgt der Antragsteller einen Auskunftsanspruch, ist dem Auskunftsschuldner zur Vermeidung der Kostenfolge des § 93 ZPO in gleicher Weise zunächst Gelegenheit zur **außergerichtlichen Auskunftserteilung** zu geben.[831] **497**

IV. Vorprozessuale Reaktion auf den Vorwurf der Verletzung von Rechten an Computerprogrammen und ihren Elementen

1. Ausgangslage

Hat der mögliche Rechteinhaber den potenziellen Verletzer abgemahnt und die Unterzeichnung einer **Unterlassungsverpflichtungserklärung** gefordert, hat der Anwalt des Abgemahnten zu prüfen, ob der geltend gemachte Unterlassungsanspruch begründet ist. Die Ansprüche können haltlos sein oder zu weit gehen. **498**

2. Mögliche Verteidigungsmittel gegen geltend gemachte Ansprüche

a) Prüfung der Tatsachen- und Rechtslage

Der Anwalt des Anspruchsgegners hat zu klären, ob die Behauptungen der Gegenseite zum Sachverhalt und deren rechtliche Beurteilung zutreffen. Insbesondere wird er folgende Fragen zu beantworten haben: **499**

---

827 BGH, KoRsp ZPO § 3 Nr. 613, mit Anmerkungen Schneider zum Rechnungslegungsanspruch.
828 Zur Erforderlichkeit der Abmahnung unter Rn. 200.
829 Vgl. hierzu unter Rn. 197.
830 Vgl. hierzu Nordemann, Wettbewerbsrecht / Markenrecht, 10. Auflage (2004), Rn. 1862; sowie unter Rn. 194.
831 Eichmann, GRUR 1990, 575; Dreier / Schulze, UrhG, (2004), § 97 Rn. 14.

- Ist der Anspruchsteller tatsächlich Inhaber des von ihm angeführten Urheber- oder Markenrechts?
Diese Frage wird beim Urheberrecht in der Regel außer in den Fällen, in denen der Anspruchsgegner sicher sein kann, dass er ein gänzlich selbst entwickeltes Programm nutzt, schwer zu beantworten sein. Macht der Anspruchsteller Markenrechte geltend, gilt das unter Rn. 230f. Gesagte. Auf der Beklagtenseite sollte man bei der behaupteten Verletzung von in Entwicklergemeinschaften erstellter Open-Source-Software vorsorglich stets die Aktivlegitimation des Klägers bestreiten.
- Ist das angeblich verletzte Programm des Rechteinhabers urheberrechtlich geschützt? Dazu unter Rn. 374ff.
- Liegt überhaupt eine zustimmungsbedürftige Nutzungshandlung durch den Mandanten vor oder ist die Handlung des Mandanten zustimmungsfrei, weil z.B. das Recht, die Verbreitung zu verbieten, erschöpft ist? Dazu unter Rn. 382ff.
- Nutzt der Mandant das streitbefangene Programm ohne Zustimmung des Anspruchstellers oder existieren Lizenzvereinbarungen, an die sich der Anspruchsteller nicht gebunden sieht?
- Streiten sonstige Gründe gegen einen Unterlassungs- oder Beseitigungsanspruch?

b) Abwendungsbefugnis

500 Der Anwalt sollte frühzeitig erwägen, ob der Mandant im späteren Prozess die Möglichkeit hat, den Unterlassungsanspruch nach **§ 101 UrhG** abzuwenden.

501 Richten sich im Falle der Verletzung eines durch das UrhG geschützten Rechts die Ansprüche des Verletzten auf Beseitigung oder Unterlassung gegen den Mandanten, dem weder Vorsatz noch Fahrlässigkeit zur Last fällt, so kann dieser den Anspruchsteller zur Abwendung der Ansprüche in Geld entschädigen.

502 Dies gilt allerdings nur, wenn dem Verletzer durch die Erfüllung der Ansprüche ein unverhältnismäßig großer Schaden entstehen würde und dem Verletzten die Abfindung in Geld zuzumuten ist. Als Entschädigung ist dann der Betrag zu zahlen, der im Falle einer vertraglichen Einräumung des Rechts als Vergütung angemessen gewesen wäre.

503 Mit der Zahlung der Entschädigung gilt die Einwilligung des Verletzten zur Verwertung im üblichen Umfange als erteilt.

c) Reaktion auf Abmahnung bzw. auf außergerichtliche Aufforderung zur Auskunftserteilung

504 Abhängig vom Ergebnis der vorstehend skizzierten Prüfung kommen die unterschiedlichen unter Rn. 234ff. dargestellten Reaktionen auf die Abmahnung in Betracht, sei es, dass der Anwalt der Abmahnung inhaltlich entgegentritt oder (lediglich) formelle Einwände gegen die Abmahnung geltend macht.

505 Sind weder materielle noch formelle Einwände möglich, wird dem Mandanten in der Regel geraten werden müssen, die geforderte Unterlassungsverpflichtungserklärung abzugeben.[832]

---

[832] Siehe dazu unter Rn. 239ff.

B. Prozess

I. Antrag auf Erlass einer einstweiligen Verfügung

1. Reichweite des einstweiligen Rechtsschutzes

Gibt der Abgemahnte die **Unterlassungsverpflichtungserklärung**[833] nicht ab und/oder weigert er sich, der Aufforderung zur Erteilung von Auskunft nachzukommen, wird es sich – weil nur auf diesem Wege die Rechte des Mandanten zügig im Wege einer Unterlassungsverfügung (und ggf. eines Auskunftsgebots) gesichert werden können – empfehlen, einen Antrag auf **Erlass einer einstweiligen Verfügung** zu stellen.

506

Der Anwalt muss für seinen Mandanten die Entscheidung treffen, ob er zunächst nur das **Verfahren des einstweiligen Rechtsschutzes** wählt **oder** ob er sofort (gegebenenfalls parallel) eine **Hauptsacheklage** anhängig macht.

507

Zu den Vor- und Nachteilen des Verfügungsverfahrens siehe Rn. 255 ff. und 511 ff. Ein Muster eines Antrags auf Erlass einer einstweiligen Verfügung findet sich unter Rn. 263 ff.

508

Geltend gemacht werden können im Eilverfahren nur solche Ansprüche, die die Hauptsache nicht vorweg nehmen Rn. 255 ff., also in erster Linie der Unterlassungsanspruch. Liegen die unter Rn. 479 ff. aufgezeigten Voraussetzungen vor, kann der Besichtigungsanspruch und unter den Voraussetzungen des § 101a Abs. 3 UrhG auch der Anspruch auf **Auskunft hinsichtlich Dritter** im Verfügungsverfahren durchgesetzt werden.[834] Auskunftsansprüche werden von den Gerichten in Eilverfahren immer häufiger zugesprochen.[835] § 101a Abs. 3 UrhG fordert hierfür eine **offensichtliche Rechtsverletzung**. Offensichtlich ist die Rechtsverletzung dann, wenn sie so eindeutig ist, dass eine Fehlentscheidung (oder eine andere Beurteilung im Rahmen des richterlichen Ermessens) und damit eine ungerechtfertigte Belastung des Antragsgegners kaum möglich ist.[836] Dies ist in der Regel nur in den Fällen der „Eins-zu-Eins-Verletzung" der Fall. Die Offensichtlichkeit der Rechtsverletzung ist nach Ansicht des Kammergerichts aus der Sicht des Verletzers zu beurteilen.[837] Demgegenüber fordert die herrschende Ansicht in der Literatur eine **objektive Beurteilung**.[838]

509

Der Anspruch auf ergänzende **Abgabe einer eidesstattlichen Versicherung** ist wegen der Beweisprobleme nur schwer durchzusetzen. Sofern die Zweifel nicht für die Begründung eines derartigen Anspruchs genügen, wird man dem Mandanten allenfalls zur strafrechtlichen Verfolgung einer falschen Auskunft raten können.[839]

510

---

833 Hierzu siehe Rn. 205 ff.
834 Zum Auskunftsanspruch im Eilverfahren Eichmann, GRUR 1990, 575.
835 Dreier/Schulze, UrhG (2004), § 97 Rn. 17.
836 KG, GRUR 1997, 129; OLG Braunschweig, GRUR 1993, 699.
837 KG, GRUR 1997, 129.
838 Dreier/Schulze, UrhG (2004), § 97 Rn. 14.
839 Dreier/Schulze, UrhG (2004), § 97 Rn. 19.

2. Grenzen des einstweiligen Verfügungsverfahrens

a) Darlegungsfragen

511 Eine einstweilige Verfügung kann dann nicht ergehen, wenn das Gericht eine besonders komplexe Sach- und Rechtslage mit den beschränkten Mitteln des Verfügungsverfahrens nicht beurteilen kann und die begehrte Verfügung eine erhebliche Einschränkung des Anspruchsgegners, etwa ein umfangreiches Vertriebsverbot, bedeuten würde.[840] Daher tendieren Gerichte – mit Blick auf die drohende Schadensersatzpflicht des § 945 ZPO (dazu siehe Rn. 262) des Antragstellers durchaus nicht immer zu dessen Nachteil – dazu, die Anforderungen an die Darlegung besonders hoch anzusetzen.

512 Zwar bestehen die teilweise erheblichen Schwierigkeiten im Hinblick auf die Darlegung und den Beweis einer eigenschöpferischen Leistung und deren Nachahmung, die vor Schaffung der §§ 69a ff. UrhG die Durchsetzung von urheberechtlichen Verfahren im Eilverfahren nahezu unmöglich machten, aufgrund der in Rechtsprechung und Literatur anerkannten **tatsächlichen Vermutung der Schutzfähigkeit** heute weitgehend nicht mehr.[841] Der Nachweis der Nachahmung ist im einstweiligen Rechtschutz bei „**Eins-zu-Eins-Nachahmungen**" (insbesondere den Fällen der Produktpiraterie) unter zumutbarem Aufwand zu erlangen.[842] Für andere rechtsverletzende Nachahmungen hingegen bleibt der einstweilige Rechtschutz regelmäßig ungeeignet, da diese zumeist ein ausführliches **Sachverständigengutachten** erfordern.[843] Zur Einführung von Privatgutachten näher unter Rn. 516.

b) Dringlichkeit

513 Zu beachten ist schließlich auch hier – ebenso wie im Wettbewerbs- und Markenrecht –, dass die Geltendmachung einstweiligen Rechtsschutzes möglichst umgehend nach der Feststellung der Verletzungshandlung erfolgen muss. Andernfalls läuft man Gefahr, die für den einstweiligen Rechtsschutz erforderliche Dringlichkeit zu verlieren.[844] Unschädlich ist es allerdings, wenn der Sachverhalt zunächst – gegebenenfalls durch Hinzuziehung eines Sachverständigen – aufgeklärt wird und dies einige Zeit in Anspruch nimmt.[845] Zu der Zeitspanne, die zwischen Kenntniserlangung und Stellung des Verfügungsantrags maximal liegen sollte, siehe Rn. 260.

3. Sonstige Fragen zum Antrag auf Erlass einer einstweiligen Verfügung

a) Zuständigkeit des angerufenen Gerichts

514 Der Gerichtsstand im einstweiligen Verfügungsverfahren folgt gemäß § 937 Abs. 1 BGB dem Gerichtsstand der Hauptsache (§ 943 ZPO). Näher zur Zuständigkeit des angerufenen Gerichts im Eilverfahren unter Rn. 264.

---

840 OLG Celle, CR 1994, 748.
841 LG Hannover, CR 1994, 626.
842 Grützmacher, in: Wandtke/Bullinger, UrhR (2002), § 69c Rn. 11.
843 OLG Celle, CR 1994, 748; Grützmacher, in: Wandtke/Bullinger, UrhR (2002), § 69c Rn. 18.
844 OLG Celle, GRUR 1998, 50.
845 Kefferpütz, in: Wandtke/Bullinger, UrhR (2002), § 97 Rn. 45.

b) Anträge

Für die Antragsfassung im Eilverfahren gilt das oben unter Rn. 271 ff. Gesagte. Zwar ist das Gericht nicht an den Antrag gebunden, der Antrag bezeichnet aber den Rahmen, in dem das Gericht seine Entscheidung treffen muss. Zu den Anträgen auf Unterlassung und Auskunft siehe im Einzelnen die Erläuterungen zum Hauptverfahren in Rn. 533 ff.

c) Glaubhaftmachung

Zur Glaubhaftmachung (§§ 294, 920 Abs. 2, 936 ZPO) kann die Vorlage von **Privatgutachten** ausreichen.[846] Diese müssen aber aus sich heraus verständlich sein. Gelingt es nicht, das Gericht auf dieser Grundlage zu überzeugen, weil es die Rechtslage mit den beschränkten Mitteln des Verfügungsverfahrens nicht beurteilen kann, wird der Antrag zurück- bzw. abgewiesen werden.

Bei einem Auskunftsanspruch nach § 101a UrhG sind die Umstände, aus denen sich die Offensichtlichkeit der Rechtsverletzung ergibt, glaubhaft zu machen.[847]

d) Gegenstandswert

Vor den ordentlichen Gerichten fallen Kosten streitwertabhängig nach dem GKG an. Näher dazu unter Rn. 277 ff. Grundsätzlich bleibt der Streitwert des einstweiligen Verfügungsverfahrens unter dem des Hauptsacheverfahrens (zum Wert des Hauptsacheverfahrens siehe Rn. 540).[848] Die Rechtsprechung tendiert allerdings teilweise bis zum Hauptsachewert, insbesondere wenn die Verfügung der Verwirklichung des Hauptsachebegehrens nahe kommt.[849]

e) Gerichtskosten, Anwaltsgebühren und Kostenerstattung

Zu Gerichtskosten, den im Eilverfahren anfallenden Anwaltsgebühren und den Möglichkeiten der Kostenerstattung im einstweiligen Verfügungsverfahren siehe Rn. 284.

f) Zurückweisung des Antrags

Weist das Gericht den Verfügungsantrag im Beschlusswege zurück, kann der Antragsteller dagegen die sofortige Beschwerde nach § 567 ZPO einlegen. Zu den Einzelheiten Rn. 286 ff.

g) Vollziehung und Vollstreckung der einstweiligen Verfügung

Die unter Rn. 290 ff. gemachten Ausführungen zur „Anwaltsfalle" Vollziehung (§§ 929 Abs. 2, 936 ZPO) gelten selbstverständlich auch für einstweilige Verfügungen im Urheberrecht. Die Vollstreckung des Unterlassungsgebots erfolgt nach § 890 ZPO. Die Vollstreckung des Auskunftsanspruchs erfolgt nach § 888 ZPO (oder ausnahmsweise nach § 887 ZPO im Wege der Ersatzvornahme).

---

846 Zöller/Geimer/Greger, ZPO, 25. Auflage (2005), § 294 Rn. 5.
847 Dreier/Schulze, UrhG, (2004), § 97 Rn. 46.
848 Zöller/Herget, ZPO, 25. Auflage (2005), § 3 Rn. 16 Stichwort „Einstweilige Verfügung"; siehe dazu näher unter Rn. 277.
849 OLG Frankfurt, MDR 1991, 354; Zöller/Herget, ZPO, 25. Auflage (2005), § 3 Rn. 16 Stichwort „Einstweilige Verfügung".

II. Prozessuale Instrumente des (vermeintlichen) Verletzers im einstweiligen Verfügungsverfahren

1. Schutzschrift

522 Sofern der Mandant die Abmahnung für unberechtigt hält und er den Erlass einer einstweiligen Unterlassungsverfügung zuvorkommen will, kann er eine sog. **Schutzschrift** einreichen, um sich schon in einem etwaigen Beschlussverfahren rechtliches Gehör zu verschaffen. Ein Muster einer Schutzschrift mit Erläuterungen findet sich unter Rn. 295.

2. Reaktion auf erlassene einstweilige Verfügung

523 Wie auf eine erlassene einstweilige Verfügung reagiert wird, ist davon abhängig, ob der Mandant sich nach Beratung über die Erfolgsaussichten entschließt, die Verfügung anzugreifen oder aber sie zu akzeptieren. Sofern der vermeintliche Verletzer eine einstweilige Verfügung nicht hinnehmen will, steht ihm **gegen Beschlussverfügungen** der **Widerspruch** (§§ 924, 936 ZPO) nach den allgemeinen Regeln zu.[850] Besonderheiten bestehen im Schutzrechtsprozess nicht. Gegen eine nach mündlicher Verhandlung erlassene (oder bestätigte) Verfügung ist die **Berufung** (§§ 511 ff. BGB) nach den allgemeinen Regeln eröffnet. Ferner besteht die Möglichkeit, einen Antrag auf Aufhebung der einstweiligen Verfügung **bei Vorliegen veränderter Umstände** (§ 927 Abs. 1 ZPO) oder bei **Nichteinhaltung der Klagefrist** (§ 926 Abs. 2 ZPO) zu stellen.[851] Nach herrschender Meinung **kann der Antragsgegner** zwischen den ihm eröffneten Rechtsmitteln wählen.[852]

524 Sofern der Abgemahnte hingegen die einstweilige Verfügung gegen sich gelten lassen will, sollte ihm der Anwalt raten, eine sog. **Abschlusserklärung**[853] abzugeben In derartigen Fällen ist, wenn Zweifel an einer wirksamen Abmahnung bestehen, **anstelle** der **Abschlusserklärung** auch an die Möglichkeit eines **Kostenwiderspruchs** zu denken. Näher dazu unter Rn. 323.

III. Hauptsacheverfahren

1. Situation nach Erlass der einstweiligen Verfügung und vor Erhebung der Hauptsacheklage

a) Erfordernis eines Abschlussschreibens

525 Im Falle eines Obsiegens des Anspruchstellers besteht die Möglichkeit, – jedenfalls soweit Unterlassungsansprüche betroffen sind – den Unterlegenen durch ein **Abschlussschreiben** zur Abgabe einer **Abschlusserklärung** aufzufordern, mit der der Unterlegene die im Verfügungsverfahren getroffenen Regelungen als rechtsverbindlich anerkennt.[854] Zu den Einzelheiten siehe oben unter Rn. 348 f.

---

850 Zum Muster eines Widerspruchs mit Erläuterungen zu siehe Rn. 311.
851 Dazu unter Rn. 331 ff.
852 Zöller/Vollkommer, ZPO, 25 Auflage (2005), § 924 Rn. 2, m.w.N.
853 Dazu unter Rn. 352.
854 Ausführlich zur Abschlusserklärung und zum Abschlussschreiben oben unter Rn. 348 ff.

b) Abschlussschreiben

Zu der Person des Adressaten und zum Inhalt des Abschlussschreibens, den Frist-, Gegenstandswert- und Gebührenfragen siehe Rn. 353 ff.

2. Erkenntnisverfahren nach Klageerhebung

Im Hauptsacheverfahren kommen als Klagearten die Leistungsklage – insbesondere in Form der Unterlassungsklage, Zahlungsklage, Klage auf Vernichtung oder Auskunft über Art und Ausmaß der Verletzungshandlung – und die Feststellungsklage in Betracht.

Auskunfts- und Leistungsklage können miteinander im Wege der Stufenklage verbunden werden, wenn noch nicht klar ist, in welcher Höhe der Verletzer Schadensersatz schuldet.

3. Muster eines Klageantrags auf Unterlassung, Auskunft und Schadensersatz mit Erläuterungen

a) Muster: Klageantrag auf Unterlassung, Auskunft und Schadensersatz mit Erläuterungen

Landgericht ■■■

vorab per Fax

Stufenklage

der KUMMERTECH Electronic GmbH, ■■■

vertreten durch ihren Geschäftsführer ■■■

Klägerin

Prozessbevollmächtigte: ■■■

gegen

Shadyconsult GmbH, ■■■

vertreten durch ihren Geschäftsführer ■■■

Beklagte

wegen: Urheberrechtsverletzung

Streitwert: € 50.000,00

Namens und in Vollmacht der Klägerin erheben wir Stufenklage und bitten wir um Anberaumung eines Termins zur mündlichen Verhandlung, in der wir die folgenden Anträge stellen werden:
1. Die Beklagte wird verurteilt, es bei Vermeidung eines vom Gericht für jeden Fall der Zuwiderhandlung fälligen Ordnungsgeldes bis zu € 250.000,00, ersatzweise Ordnungshaft, oder Ordnungshaft, von bis zu sechs Monaten, diese zu vollziehen am Geschäftsführer der Beklagten, zu unterlassen, ohne die Einwilligung der Klägerin das Computerprogramm der Klägerin KUMMERTECH SOFTLAW READER V.2.0 – wie auf dem als

Anlage 1 zur Klageschrift beigefügten Datenträger gespeichert – zu vervielfältigen und/oder zu verbreiten oder sonst in den Verkehr zu bringen.
2. Die Beklagte zu verurteilen, der Klägerin schriftlich Auskunft zu erteilen und Rechnung zu legen über Zeitpunkte und Umfang der im Antrag zu 1. bezeichneten Handlungen bis zum Zeitpunkt der letzten mündlichen Verhandlung, und zwar in einem geordneten Verzeichnis unter Angabe der Anzahl der verkauften Vervielfältigungsstücke des Computerprogramms KUMMERTECH SOFTLAW READER V.2.0, der einzelnen Lieferungen sowie der jeweiligen Verkaufspreise unter Vorlage der korrespondierenden Rechnungen und Lieferscheine der Beklagten an ihre gewerblichen Abnehmer.
3. Die Beklagte wird verurteilt, der Klägerin Auskunft zu erteilen über Namen und Anschriften der gewerblichen Abnehmer der Vervielfältigungsstücke des in den Anträgen zu 1. und 2. genannten Computerprogramms.
4. Die Beklagte wird verurteilt, der Klägerin den nach der Erteilung der gemäß den Klageanträgen zu 2. und 3. geschuldeten Auskunft bzw. Rechnungslegung noch zu bestimmenden Schaden zu ersetzen, der ihr durch die vorstehend im Antrag zu 1. bezeichneten Handlungen entstanden ist, hilfsweise der Klägerin die ungerechtfertigte Bereicherung zu ersetzen, wie sie sich anhand der Auskunft und Rechnungslegung gemäß den Anträgen zu 2. und 3. ergibt, jeweils nebst Zinsen in Höhe von 5 Prozentpunkten über dem Basiszinssatz aus diesem Betrag seit Rechtshängigkeit.
5. Es wird festgestellt, dass die Beklagte verpflichtet ist, der Klägerin allen künftigen Schaden zu ersetzen, der ihr durch die vorstehend im Antrag zu 1. bezeichneten Handlungen noch entstehen wird.
6. Die Beklagte wird verurteilt, die Vervielfältigungsstücke des in den Klageanträgen zu 1. und 2. genannten Computerprogramms einem von der Klägerin zu beauftragenden Gerichtsvollzieher zum Zwecke der auf Kosten der Beklagten vorzunehmenden Vernichtung herauszugeben.
7. Die Beklagte wird verurteilt, an die Klägerin € 195,60 nebst Zinsen in Höhe von 5 Prozentpunkten über dem Basiszinssatz seit Rechtshängigkeit zu zahlen.

Sollte das Gericht ein schriftliches Vorverfahren gemäß § 276 ZPO anordnen, beantragen wir bereits jetzt für den Fall, dass sich die Beklagte nicht innerhalb der Notfrist des § 276 ZPO äußert, den Erlass eines Versäumnisurteils gemäß § 331 Abs. 3 ZPO.

Begründung:

■■■

[In der Begründung muss die Klägerin darlegen und unter Beweis stellen, dass sie einen Unterlassungs- oder Schadensersatzanspruch nach § 97 Abs. 1 Satz 1 UrhG bezüglich des verletzten Programms hat. Die Klägerin muss die Verletzung ihres Urheberrechts darlegen und dafür Beweis anbieten, insbesondere muss sie erläutern, weshalb das Programm KUMMERTECH SOFTLAW READER V.2.0 urheberrechtsfähig ist. In der Begründung muss zudem dargelegt werden, dass die Auskunft- und Rechnungslegungsansprüche erforderlich sind, weil die Klägerin über die begehrten Informationen nicht verfügt, sie aber benötigt, um entweder den Schadensersatz oder – hilfsweise für den Fall, dass das Gericht ein Verschulden und damit einen Schadensersatzschadensersatzanspruch verneint – den Anspruch auf Erstattung der ungerechtfertigten Bereicherung (§§ 97 Abs. 3 UrhG, 812 BGB) zu begründen. Auch muss die Notwendigkeit der Vernichtung der verletzenden Software begründet werden. Schließlich sollte die Klägerin ihren Vorschlag zur vorläufigen Berechnung des Gegenstandswertes erläutern.]

b) Erläuterungen

aa) Rechtsweg und Zuständigkeit des angerufenen Gerichts: Gemäß § 104 UrhG ist für alle Rechtsstreitigkeiten, in denen ein Anspruch aus einem der im UrhG geregelten Rechtsverhältnisse geltend gemacht wird, **der ordentliche Rechtsweg** eröffnet. Für Urheberrechtsstreitsachen aus **Arbeits- oder Dienstverhältnissen**, die ausschließlich Ansprüche auf Leistung einer vereinbarten Vergütung zum Gegenstand haben, bleiben der Rechtsweg zu den Gerichten für Arbeitsrechtsstreitigkeiten und der Verwaltungsrechtsweg unberührt (§ 104 Satz 2 UrhG).

530

Besondere funktionale Zuständigkeit. Nach § 105 Abs. 1 und Abs. 2 UrhG sind die Landesregierungen ermächtigt, durch Rechtsverordnung Urheberrechtsstreitsachen, für die das Landgericht in erster Instanz oder in der Berufungsinstanz zuständig ist, für die Bezirke mehrerer Landgerichte einem von diesen zuzuweisen. Entsprechendes gilt für die Zuweisung an Amtsgerichte. Von dieser Ermächtigung haben die Landesregierungen der meisten Bundesländer Gebrauch gemacht.[855]

531

Die **sachliche Zuständigkeit** des Landgerichts ergibt sich aus §§ 23, 71 GVG. Die Werte mehrerer Streitgegenstände (Unterlassungsanspruch und der Wert der im Stufenverhältnis zueinander stehenden Anträge 2., 3 und 4. sowie die übrigen Anträge 5. bis 7. werden gemäß § 39 GKG zusammengerechnet.

532

bb) Anträge: (1) Antrag auf Unterlassung: Im Hauptsacheverfahren kann im Gegensatz zum Eilverfahren die endgültige Durchsetzung der Unterlassungsansprüche verlangt werden. Zum Inhalt des Unterlassungsanspruchs siehe oben unter Rn. 441 ff. Der Antrag auf Unterlassung muss hinreichend bestimmt gefasst sein (§ 253 Abs. 2 Nr. 2 ZPO).[856] Der Antrag muss die konkrete Verletzungsform beschreiben.[857] Der Antrag darf allerdings auch nicht zu eng gefasst werden, weil sonst das Rechtsschutzziel nicht ausgeschöpft wird und der Beklagte das Urteil unter Umständen leicht umgehen kann.

533

---

855 Baden-Württemberg hat den OLG-Bezirk Karlsruhe dem LG Mannheim, den OLG-Bezirk dem LG Stuttgart zugewiesen; Bayern hat den OLG-Bezirk München dem LG München I, die OLG-Bezirke Nürnberg und Bamberg dem LG Nürnberg-Fürth zugewiesen, alle Gerichtsbezirke dem AG München; Berlin hat die Amtsgerichtszuständigkeiten dem AG Charlottenburg zugewiesen; in Brandenburg ist das LG Potsdam für alle Gerichtsbezirke zuständig; in Hamburg das AG Hamburg für alle Amtsgerichtsbezirke; in Hessen sind AG/LG Frankfurt für die LG-Bezirke Darmstadt, Frankfurt, Lahn-Gießen, Hanau, Limburg a.d. Lahn und Wiesbaden, AG/LG Kassel für die LG Bezirke Fulda, Kassel und Marburg zuständig; in Mecklenburg-Vorpommern sind AG/LG Rostock für das gesamte Land zuständig; in Niedersachsen sind AG/LG Hannover für den OLG-Bezirk Celle, AG/LG Braunschweig für den OLG-Bezirk Braunschweig, AG/LG Oldenburg für den OLG-Bezirk Oldenburg zuständig; in Nordrhein-Westfalen sind AG/LG Düsseldorf für den OLG-Bezirk Düsseldorf; AG/LG Köln für den OLG-Bezirk Köln; AG/LG Bielefeld für die LG-Bezirke Bielefeld, Detmold, Münster, Paderborn; AG/LG Bochum für die LG-Bezirke Arnsberg, Bochum, Dortmund, Essen, Hagen und Siegen zuständig; in Rheinland-Pfalz ist das LG Frankenthal landesweit zuständig; sofern die Zuständigkeit des AG gegeben ist, ist das AG Frankenthal für den OLG-Bezirk Zweibrücken und das AG Koblenz für den OLG-Bezirk Koblenz zuständig; in Sachsen haben AG/LG Leipzig landesweite Zuständigkeit; in Sachsen-Anhalt sind die LG-Bezirke Magdeburg und Stendal dem AG bzw. dem LG Magdeburg zugewiesen, und AG/LG Halle für die LG-Bezirke Halle und Dessau; in Thüringen haben AG/LG Erfurt landesweite Zuständigkeit.
856 Dreier/Schulze, UrhG (2004), § 97 Rn. 46.
857 BGH, GRUR 2003, 786; z.B. kann wahlweise auch der Abruf im Internet oder die Vervielfältigung verboten werden.

534 **Bei drohender Erstbegehung** sind die zu erwartenden Handlungen nach Inhalt und Ausmaß zu beschreiben. Droht bei eingetretener Verletzung nicht nur die Wiederholung der begangenen Verletzungsform, sondern auch davon abweichender Verletzungsformen, so kann der Unterlassungsantrag entsprechend weiter gefasst werden und in Ausnahmefällen auch auf Unterlassung der rechtswidrigen Nutzung als solcher gehen.[858]

535 Ein **pauschaler Antrag**, es zu unterlassen, den Programmcode abzuändern oder in diesen einzugreifen, wäre zu unbestimmt, weil er nicht die konkrete Verletzungshandlung bezeichnen, sondern lediglich den Gesetzestext von § 69c Nr. 2 UrhG wiederholen würde. Ein solcher Antrag ist unzulässig, da er die Bestimmung der konkreten Verletzungshandlung ins Vollstreckungsverfahren verlagert.[859]

536 Zur **Bezeichnung des verletzenden Programms**: Das Programm, in dem sich die Verletzungshandlung manifestiert (hier eine „Eins-zu-Eins-Kopie"), ist im Antrag so genau wie möglich zu bezeichnen; die Anforderungen sind hoch. Der Unterlassungsantrag muss ohne Weiteres das Programm erkennen lassen, dessen Nutzung die Klägerin unterbunden wissen will.[860]

537 Dies ist **bei identischer Übernahme des Programms (also in Fällen der Softwarepiraterie)** unproblematisch. In einem solchen Fall – der dem Muster zugrunde liegt – reicht regelmäßig eine Wiedergabe des kopierten Originals aus.[861] Als zulässig wird es sogar erachtet, sich auf die Bezeichnung eines Programms zu beziehen, unter der es vertrieben wird, und zwar selbst in Fällen, in denen nur ein Teil des Programms verletzt wird.[862]

538 In Fällen, in denen **keine identische Übernahme** vorliegt und das verletzende vom verletzten Programm abweicht, gestaltet sich die Beschreibung der Verletzungshandlung deutlich schwieriger.[863] Der BGH hat die Bezugnahme auf im Unterlassungsantrag angegebene Annexe, in denen der Name der jeweiligen Datei, ihre Größe in Bytes, die Daten der letzten Änderung, des letzten Zugriffs und der Erstellung sowie ein Zuordnungskriterium („Owner: Backup") aufgeführt war, als **nicht ausreichend** angesehen. In dem dortigen Fall war anhand der in Antrag und Anlage enthaltenen Beschreibung nicht ersichtlich, welchen Inhalt die Dateien hatten, deren Vervielfältigung und Verbreitung den Beklagten untersagt werden sollte. Ausreichend ist es in derartigen Fällen, dem Antrag einen **Datenträger** mit den in Rede stehenden Dateien beizufügen.[864] Dieser Datenträger muss im Vollstreckungsverfahren auch der **vollstreckbaren Ausfertigung** des Urteils beigefügt werden. Der BGH hat darüber hinaus auch das Beifügen von Programmausdrucken genügen lassen.[865]

---

[858] Dreier/Schulze, UrhG (2004), § 97 Rn. 46.
[859] OLG Düsseldorf, CR 2001, 371.
[860] BGH, GRUR 2003, 786.
[861] BGH, GRUR 2003, 786.
[862] Grützmacher, in: Wandtke/Bullinger, UrhR (2002), Vor §§ 69 a ff. Rn. 18; Brandi-Dohrn, CR 1987, 835.
[863] BGH, GRUR 2003, 786.
[864] BGHZ 94, 276; BGHZ 142, 388.
[865] BGH 94, 276; Schulze, CR 1989, 800.

539 Die Ordnungsmittelandrohung im Verfügungsantrag zu 1. nach § 890 Abs. 2 ZPO kann zwar auch nachträglich beantragt werden. Um Verzögerungen und überflüssigen Mehraufwand zu vermeiden, sollte sie allerdings bereits in den Klageantrag aufgenommen werden.

540 **Gegenstandswert des Unterlassungsantrags:** Der Gegenstandswert einer Unterlassungsklage bei Urheber- und Wettbewerbsverletzungen richtet sich maßgeblich nach dem Interesse der Klägerin an der Unterlassung. Dabei sind auch die wirtschaftliche Bedeutung der Streitparteien und ihre Umsätze zu berücksichtigen.[866] Bei der Bestimmung des Gegenstandswertes kann man sich regelmäßig am Wert des Programmstücks, nicht aber einer unbekannten Vielzahl dieses Stücks oder den Vertriebsinteressen der Klägerin, orientieren.[867] Einen wichtigen Anhaltspunkt für die Streitwertfestsetzung gibt die **Wertangabe der Klägerin** in der Klageschrift.[868] Kommen neben den urheberrechtlichen auch wettbewerbsrechtliche Unterlassungsansprüche in Betracht, scheidet eine entsprechende Anwendung der Vorschriften über die Streitwertherabsetzung nach § 12 Abs. 4 UWG aus.[869]

541 *(2) Gestufte Anträge auf Auskunft, Rechnungslegung und Schadensersatz (Anträge zu 2. bis 4.):* **(a) Zweck der Stufenklage.** Kann die Klägerin ihren Anspruch auf Schadensersatz nach § 97 Abs. 1 Satz 2 UrhG der Höhe nach noch nicht hinreichend konkretisieren, ist sie aber davon überzeugt, sich mit Hilfe eines Auskunftsanspruchs hierüber Gewissheit verschaffen zu können, kann nach § 254 ZPO mit der Klage auf Auskunft und gegebenenfalls auf Abgabe einer eidesstattlichen Versicherung (§§ 259 Abs. 2, 260 Abs. 2 BGB) der Antrag auf Leistung nach Maßgabe der Auskunft verbunden werden, ohne dass dieser zunächst der Höhe nach konkretisiert werden müsste.[870] Prozessuales Charakteristikum der Stufenklage ist die **stufenweise Erledigung des Rechtsstreits.** Zwar werden mit Erhebung der Klage alle verbundenen Ansprüche rechtshängig; eine Verhandlung findet jedoch nur auf der anstehenden Stufe statt. Grundsätzlich werden die ersten beiden Stufen jeweils durch Teilurteil erledigt. Erst nach Eintritt der Rechtskraft des betreffenden Teilurteils kann auf der nächsthöheren Stufe weiterverhandelt werden.[871]

542 **(b) Verjährungshemmung:** Die als Stufenklage erhobene Leistungsklage **hemmt die Verjährung.**[872] Dies gilt auch dann, wenn zunächst nur der Auskunftsantrag gestellt wird.[873] Eine isolierte Auskunftsklage hingegen hemmt die Verjährung des Schadensersatzanspruchs nicht; dies gilt selbst dann, wenn die Erhebung der Zahlungsklage in der Auskunftsklage angekündigt wurde.[874]

---

866 OLG München, CR 1990, 400.
867 OLG Celle, CR 1995, 16.
868 BGH, GRUR 1977, 748.
869 OLG München, CR 1990, 400.
870 Vgl. hierzu näher Zöller/Greger, ZPO, 25. Auflage (2005), § 254 Rn. 1.
871 BGH, NJW-RR 1987, 1030; BGH, NJW 1989, 2821; Zöller/Greger, ZPO, 25. Auflage (2005), § 254 Rn. 3.
872 Palandt/Heinrichs, BGB, 64. Auflage (2005), § 204 Rn. 2.
873 BGH, NJW 1999, 1101; BGH, NJW 1975, 140.
874 Palandt/Heinrichs, BGB, 64. Auflage (2005), § 204 Rn. 2, 13.

543 (c) Die **Anträge zu 2. und 3.** (Auskunft und Rechnungslegung) stützen sich auf § 101a UrhG. Zum Inhalt des Anspruchs auf Auskunft siehe oben unter Rn. 452ff. Bei der Auskunftsklage ist es erforderlich, im Klageantrag die Umstände, hinsichtlich derer die Auskunft und Rechnungslegung verlangt wird, eindeutig zu benennen. Das Auskunftsverlangen darf aber nicht weiter gefasst sein, als der materielle Schadensersatzanspruch geht.

544 Sofern die Bekanntgabe weitgehender Einzelheiten aus der eigenen geschäftlichen Tätigkeit dem Interesse des Verletzers – etwa wegen eines direkten Konkurrenzverhältnisses und der Gefahr der Ausforschung der Unternehmensdaten – in besonderer Weise zuwider läuft, kann sich der Verletzer, jedenfalls sofern Auskunftsansprüche nach §§ 97 UrhG, 259ff. BGB in Rede stehen, auf den unter Rn. 141 dargestellten **Wirtschaftsprüfervorbehalt** berufen. Diesen Vorbehalt kann der Verletzer bei Auskunftsansprüchen hinsichtlich Dritter (§ 101a UrhG) dagegen nicht geltend machen.[875]

545 Der Auskunftsanspruch ist nach der Rechtsprechung des BGH beschränkt auf Ansprüche nach der Zeit der ersten nachgewiesenen Verletzungshandlung.[876] Die Auskunft gilt als erteilt, wenn der Auskunftspflichtige davon ausgeht, die ihn insoweit treffenden Pflichten erfüllt zu haben.[877]

546 Das Muster enthält keinen Antrag auf **Abgabe der eidesstattlichen Versicherung** der Richtigkeit der Auskunft. Ein solcher Antrag kann im Wege der nachträglichen Anspruchshäufung gemäß §§ 260, 262 Abs. 2 ZPO gestellt werden, wenn die Klägerin annehmen muss, dass die Auskunft nicht mit der erforderlichen Sorgfalt erteilt worden ist (§ 260 Abs. 2 BGB).

547 Muster: Antrag auf Abgabe einer eidesstattlichen Versicherung

Die Klägerin [bzw. der Geschäftsführer der Klägerin[878]] wird verurteilt, die Richtigkeit der erteilten Auskunft und Rechnungslegung gemäß Antrag zu 2. und Antrag zu 3. durch Abgabe einer Versicherung an Eides Statt zu versichern.

548 (d) Der **Gegenstandswert des (isolierten) Auskunftsanspruchs** richtet sich nach dem Interesse des Auskunftsberechtigten an der Auskunft.[879] Dieses Interesse beträgt nur einen Bruchteil, regelmäßig ein Zehntel[880] bis ein Viertel,[881] des Gegenstandswerts der Hauptsache. Maßgebend ist auch, inwieweit die Durchsetzung des Hauptanspruchs von der Erteilung der Auskunft abhängt.[882]

---

875 Dreier/Schulze, UrhG, (2004), § 101a Rn. 13.
876 BGH, GRUR 2003, 892; BGH, GRUR 1992, 61; BGH, GRUR 1988, 307; a.A. u.a. Nordemann, Wettbewerbsrecht/Markenrecht, 10. Auflage (2004), Rn. 1909: Sofern Verletzungshandlung gegeben, Anspruch auf vollständige Auskunft.
877 OLG Hamburg, GRUR-RR 2001, 197.
878 Siehe Brandi-Dohrn, GRUR 1999, 131.
879 Zöller/Herget, ZPO, 25. Auflage (2005), § 3 Rn. 16 Stichwort „Auskunft".
880 BGH, FamRZ. 1993, 1189; KG, FamRZ. 1986, 1144.
881 OLG Bamberg, JurBüro 1989, 1307.
882 Zöller/Herget, ZPO, 25. Auflage (2005), § 3 Rn. 16 Stichwort „Auskunft".

(e) Der **Antrag zu 4.** (**Leistungsklage**) ergibt sich wiederum aus § 97 Abs. 1 UrhG. Da man allerdings den Schadensersatz erst dann berechnen kann, wenn man die Anzahl der verbreiteten Programmplagiate oder Ähnliches kennt, ist der Schadensersatzantrag durch die Stufenklage mit dem Auskunftsbegehren verbunden. 549

(f) Der **Gegenstandswert** des (**isolierten, unbezifferten**) **Schadensersatzanspruchs** kann vorab nur vorläufig geschätzt werden, das der entstandene Schaden vor Erfüllung des Auskunftsverlangens nicht bekannt ist. 550

(g) **Gegenstandswert und Anwaltsgebühren der Stufenklage:** Gebühren entstehen, wenn der Anwalt den Auftrag zur Klageerhebung erhalten hat, nach den allgemeinen Grundsätzen (RVG VV 3100 ff.). 551

Für Auskunft- und Stufenklage gibt es nur einen **einheitlichen Gegenstandswert**, der sich nach dem jeweils höchsten Wert richtet (**§ 44 GKG**).[883] Da die unbezifferte Leistungsklage (Antrag zu 4.) zum gleichen Zeitpunkt wie die Auskunftsklage (Antrag zu 2. und 3.) erhoben wird, ist hinsichtlich der Verfahrensgebühr von vornherein der Wert der Leistungsklage mit zu berücksichtigen.[884] Ist der Wert der Leistungsklage höher, so fällt die Gerichts- und (anwaltliche) Verfahrensgebühr nach diesem Wert an. Auf den niedrigeren Gebührenwert der Auskunftsklage kommt es aber dann an, wenn die Gebühr (z.B. die Terminsgebühr) nur hinsichtlich des Auskunftsverlangens anfällt.[885] 552

Sehr umstritten ist, ob der Wert der Stufenklage sich, wie von der herrschenden Meinung[886] angenommen, ausschließlich danach richtet, welcher Wert bei der Auftragserteilung zu erwarten ist, oder ob auf das Begehren nach Auskunftserteilung abzustellen ist, mit der Folge, dass der Wert je nach Ergebnis der Auskunft niedriger (oder höher als ursprünglich erwartet) anzusetzen ist, oder wertlos sein kann, weil nach der Auskunftserteilung kein Leistungsantrag mehr gestellt wird.[887] 553

(3) Feststellungsantrag (Antrag zu 5.): (a) Anstelle im Wege der Stufenklage vorzugehen, kann auch die Erhebung einer **Feststellungsklage** zulässig sein, wenn man sich bis zur Auskunftserteilung die Entscheidung lassen will, wie man den Schaden beziffern möchte. Die Feststellungsklage kann aber auch – wie im Muster geschehen – **neben** der **Stufen- bzw. Leistungsklage** erhoben werden, um auch künftige Ansprüche auf Schadensersatz zu erfassen und insoweit die **Verjährungshemmung** herbeizuführen. 554

(b) Das **rechtliche Interesse** an einer Feststellungsklage entfällt in der Regel nicht bereits dadurch, dass der Klägerin im Wege der Stufenklage auf Leistung klagen 555

---

883 Müller-Rabe, in: Gerold/Schmidt/v. Eicken/Madert/Müller-Rabe, RVG, 16. Auflage (2004), VV 3100 Rn. 11.
884 Müller-Rabe, in: Gerold/Schmidt/v. Eicken/Madert/Müller-Rabe, RVG, 16. Auflage (2004), VV 3100 Rn. 121; BGH, FamRZ. 1995, 797; vgl. Schons, NJW 2005, 1024.
885 Müller-Rabe, in: Gerold/Schmidt/v. Eicken/Madert/Müller-Rabe, RVG, 16. Auflage (2004), VV 3100 Rn. 122; VV 3104 Rn. 89; KG, MDR 1984, 63.
886 OLG Celle, FamRZ. 1997, 99; OLG Dresden, MDR 1998, 64; OLG Hamm, FamRZ. 1998, 1308; OLG Karlsruhe, FamRZ. 1999, 609; OLG Nürnberg, FamRZ. 1997, 101.
887 So Müller-Rabe, in: Gerold/Schmidt/v. Eicken/Madert/Müller-Rabe, RVG, 16. Auflage (2004), VV 3100 Rn. 122 ff.

kann,[888] weil die Feststellungsklage trotz an sich möglicher Leistungsklage meist durch prozessökonomische Erwägungen geboten ist. Auf Grund der Besonderheiten des gewerblichen Rechtsschutzes und des Urheberrechts entspricht es für diesen Bereich einhelliger Meinung, dass das für eine Klage auf Feststellung der Schadensersatzpflicht nach § 256 Abs. 1 ZPO erforderliche Interesse grundsätzlich auch dann besteht, wenn die Klägerin im Wege der Stufenklage auf Leistung klagen kann.[889]

556 (c) Die Erhebung der **Feststellungsklage hemmt die Verjährung des gesamten Schadensersatzanspruchs**.[890] Dies hat gegenüber der Stufenklage Vorteile, zumal die Verjährungsfristen im gewerblichen Rechtsschutz kurz bemessen sind (vgl. etwa § 12 UWG: sechs Monate).[891]

557 (d) Gegenstandswert der Feststellungsklage: Der Gegenstandswert der Feststellungsklage bestimmt sich nach dem Wert des Rechtsverhältnisses, dessen Bestehen festgestellt werden soll. Dabei sind nur Umstände zu berücksichtigen, die dem Gericht in der letzten mündlichen Verhandlung bekannt waren.[892] Bei einer positiven Feststellungsklage – wie im Antrag zu 5. abgebildet – ist ein Abschlag von 20 % gegenüber dem Wert der entsprechenden Leistungsklage vorzunehmen,[893] und zwar auch dann, wenn die Klägerin damit rechnen kann, dass die Beklagte auf ein Feststellungsurteil hin freiwillig zahlen wird.[894]

558 *(4) Anspruch auf Vernichtung der Plagiate (Antrag zu 6.):* Zum Anspruch auf Vernichtung bzw. auf die Überlassung der rechtswidrig hergestellten, verbreiteten oder zur rechtswidrigen Verbreitung bestimmten Vervielfältigungsstücke (§ 69f UrhG) bzw. auf die Vernichtung bestimmter Hilfsmittel (§ 69f Abs. 2 UrhG) oben unter Rn. 446, siehe auch den dort zum Anspruch auf Überlassung gemäß § 69f Abs. 1 Satz 2, 98 Abs. 2 UrhG. Auch insoweit sind die zu vernichtenden bzw. zu überlassenden Vervielfältigungsstücke genau zu bezeichnen (§ 253 Abs. 2 Nr. 2 ZPO).

559 *(5) Antrag auf Erstattung einer hälftigen Geschäftsgebühr (Antrag zu 7.):* Da nach der Vorbemerkung 3 Nr. 4 RVG – anders als nach der Rechtslage unter Geltung der BRAGO – nur eine halbe (nicht mehr die gesamte) Geschäftsgebühr auf die gerichtliche Verfahrensgebühr angerechnet wird, kann die verbliebende halbe Geschäftsgebühr im Rahmen des Prozesses als eigenständige Forderung im Rahmen des Schadensersatzes geltend gemacht werden.[895]

560 *(6) Möglicher Antrag auf Veröffentlichung des Urteils:* Es besteht unter den Voraussetzungen des § 103 UrhG auch ein Anspruch auf Urteilsveröffentlichung; die Veröffentlichungsbefugnis beginnt mit Rechtskraft des Urteils und endet sechs Wochen nach

---

888 So außerhalb des gewerblichen Rechtsschutz BGH, NJW 1996, 2097.
889 BGH, NJW-RR 2002, 834.
890 Palandt/Heinrichs, BGB, 64. Auflage (2005), § 204 Rn. 2.
891 Vgl. BGH, NJW-RR 2002, 834.
892 OLG Frankfurt, MDR 1989, 743.
893 BGH, JurBüro 1975, 1598.
894 BGH, MDR 1997, 385.
895 Vgl. Bliesner, NZV 2004, 613; Ruess, MDR 2005, 313.

Eintritt der Rechtskraft. Der Antrag – gegebenenfalls ergänzt um einen Antrag auf Zahlung eines Kostenvorschusses – könnte wie folgt lauten:

Muster: Antrag auf Veröffentlichung des Urteils 561

Die Klägerin wird ermächtigt, den verfügenden Teil des Urteils innerhalb von [■■■] nach Rechtskraft des Urteils in der Zeitschrift [■■■] in folgendem Format: [■■■] auf Kosten der Beklagten bekannt zu machen.

(7) Gerichtskosten: Auf Grundlage des ermittelten gesamten **Gegenstandswertes** fällt die **gerichtliche 3,0 Verfahrensgebühr (GKG KV 1210)** an. In den in GKG KV 1211 genannten Fällen der Beendigung des Verfahrens reduziert sich die Gebühr auf 1,0. 562

(8) Kostenerstattung: Die prozessuale Kostenerstattung folgt den allgemeinen Regeln (§§ 91, 103f. ZPO). Zur Möglichkeit (bzw. sogar Notwendigkeit), die – nicht auf die gerichtliche Verfahrensgebühr angerechnete – hälftige Geschäftsgebühr als eigenständige Forderung geltend zu machen, siehe oben unter Rn. 559. 563

IV. Zwangsvollstreckungsverfahren

Ist das Urteil rechtskräftig, oder liegen die Voraussetzungen der §§ 708, 709 ZPO vor, schließt sich dem Erkenntnisverfahren das Vollstreckungsverfahren an. 564

1. Unterlassungs- und Beseitigungsansprüche

a) Unterlassungsansprüche

Der **Unterlassungsanspruch** wird gemäß **§ 890 ZPO** vollstreckt. Zu beachten ist, dass der Tenor des Titels so auszulegen ist, dass Änderungen der Verletzungsform, die den Kernbereich des urheberrechtswidrigen Verhaltens unberührt lassen, mit erfasst sind („**Kerntheorie**").[896] Ein Muster eines **Ordnungsmittelantrages** mit Erläuterungen findet sich im Teil „Wettbewerbsrecht" unter Rn. 587. 565

b) Beseitigungsansprüche

Der **Beseitigungsanspruch** wird nach **§§ 887, 888 ZPO** vollstreckt.[897] 566

Wer verurteilt worden ist, bestimmte urheberrechtswidrige Inhalte aus seinem **Internetangebot** zu entfernen, ist gehalten, wenn er die Dateien nicht selbst löscht, einem zuverlässigen Techniker den Urteilstenor vorzulegen, und für die Löschung zu sorgen.[898] Der Techniker ist auf die Bedeutung des Urteils, insbesondere die Ordnungsmittelandrohung, hinzuweisen. Der Unterlassungsschuldner ist ferner verpflichtet, dem Techniker zu erklären, dass jede einzelne Seite sofort und in Gänze aus dem Internet entfernt werden muss, und ihn bei Androhung von Regress und ggf. durch die rechtzeitige Vereinbarung einer Vertragsstrafe dazu anzuhalten, dass er dies auch bewirkt. Der Unterlassungsschuldner ist weiterhin gehalten, sich danach sofort höchstpersön- 567

---

[896] Dreier/Schulze, UrhG, (2004), § 97 Rn. 46.
[897] Dreier/Schulze, UrhG, (2004), § 97 Rn. 53; dazu siehe Teil „Wettbewerbsrecht" Rn. 570ff., 588.
[898] LG Berlin, MMR 2002, 399.

lich durch unmittelbare Eingabe sämtlicher Adressen davon zu überzeugen, dass die Seiten bzw. Inhalte tatsächlich aus dem Internet entfernt wurden.[899]

2. Auskunftsansprüche

568 Die Zwangsvollstreckung von Auskunftsansprüchen richtet sich nach § 888 ZPO und erfolgt durch Zwangsgeld und Zwangshaft, sofern die Auskunftserteilung nicht ausnahmsweise als **vertretbare Handlung** angesehen und gemäß §§ 887, 892 ZPO im Wege der Ersatzvornahme bewirkt werden kann.[900] Die Vollstreckung nach § 883 ZPO (Herausgabe von Sachen) reicht nicht aus, da der Auskunftsschuldner dem Auskunftsgläubiger Einsicht in die betreffenden Unterlagen zu ermöglichen hat und daher eine Mitwirkungshandlung des Schuldners erforderlich ist. Der Auskunftsanspruch ist auch vorläufig vollstreckbar. Der vorläufigen Vollstreckung steht die Endgültigkeit einer einmal erteilten Auskunft nicht entgegen.[901]

3. Ansprüche auf Geldzahlung

569 Die Vollstreckung von Schadensersatzansprüchen richtet sich nach den allgemeinen Regeln der §§ 809 ff. ZPO.

---

899 LG Berlin, MMR 2002, 399.
900 OLG Düsseldorf, NJW 1958, 1831; vgl auch Eichmann, GRUR 1990, 580.
901 BGH, GRUR 1996, 78.

§ 4 Streitigkeiten im Zusammenhang mit Mängeln an Hardware und Software

A. Vorprozessuale Situation

I. Grundsätzliches

Schließlich kann Software, auch außerhalb der unter § 3 dargestellten **Schutzrechtsproblematik**, ebenso wie Hardware Gegenstand verschiedener Rechtsbeziehungen (Er- bzw. Herstellung und Überlassung) und damit rechtlicher Streitigkeiten sein.

Den **Beratungsschwerpunkt** und auch die Mehrzahl der Streitigkeiten bilden diejenigen Fälle, in denen der Mandant besondere Computeranlagen und/oder speziell für ihn erstellte Software erworben oder – auf der anderen Seite – verkauft bzw. erstellt hat. Solche Streitigkeiten können Primärpflichten, allen voran Vergütungspflichten, aber auch Mängelrügen betreffen. Die auftretenden Probleme unterscheiden sich nicht wesentlich von sonstigen schuldrechtlichen Streitigkeiten des Kauf-, Miet- und Werkvertragsrechts.

Aufgrund der Parallelität zu den traditionellen Bereichen des Kauf-, Miet- und Werkvertragsrechts werden daher nachfolgend diejenigen Fragen skizziert, die im spezifischen Zusammenhang mit den faktischen und technologischen Besonderheiten des EDV-Betriebes stehen.

Aus dem Vorstehenden ergibt sich, dass die Hauptaufgabe des Anwalts in aller erster Linie darin liegen wird, eine zutreffende **vertragstypologische Einordnung der geschuldeten Leistungen** (ggf. unter Hinzuziehung ihm vorliegender Vertragsdokumente) vorzunehmen.[902] Der Anwalt hat, sofern als Wirtschaftsware komplexe Hard- oder Software bzw. ganze EDV-Anlagen betroffen sind, bei jeder Transaktion (jedenfalls jeder, die über den Kauf eines Vervielfältigungsstücks oder Massenprodukts hinausgeht) zunächst zu klären, welchem **Vertragstyp des BGB** die konkret in Streit stehende rechtliche Beziehung zwischen Mandanten und Gegner zuzuordnen ist.

Diese Einordnung ist maßgeblich für die weitere Beurteilung der Rechte des Mandanten, für die gegebenenfalls **vor einer Klageerhebung ratsamen Maßnahmen** (wie z.B. Fristsetzungen), für die **Prüfung möglicher Verteidigungsmittel** (z.B. der Verjährungseinrede) und schließlich auch für die Bestimmung des **zutreffenden Maßstabs für die Wirksamkeit von AGB** des Verkäufers bzw. des Erstellers.[903]

Die prozessrechtlich relevanten Unterschiede zu sonstigen Streitigkeiten des Kauf-, Werkvertrags- und Mietrechts liegen in den spezifischen Anforderungen des technisier-

---

[902] Siehe zur Anforderung an die Einordnung von Verträgen allgemein BGH, NJW 2002, 3317.
[903] Vgl. Junker/Benneke, Computerrecht, 3. Auflage (2003), Rn. 154; Redeker, IT-Recht in der Praxis, 3. Auflage (2003), Rn. 296 ff., sowie Anhang II. (zu den Besonderen Vertragsbedingungen – BVB – für Kauf, Miete, Wartung, Überlassung, Erstellung, Planung und Pflege von EDV-Anlagen und EDV-Geräten bzw. Software); zu den BVB und den Ergänzenden Vertragsbedingungen IT (BVB-IT) – bei denen es sich ebenfalls um AGB handelt – siehe ferner Koch, Software- und Datenbank-Recht (2003), § 1 Rn. 165 ff.

ten Sachvortrages und in den damit verbundenen **Spezifika der Darlegung und Beweisführung im Mängelprozess** (bzw. im vorgelagerten selbstständigen Beweisverfahren).

II. Erstellung bzw. dauerhafter Erwerb von Software

576 Über die Rechtsnatur der verschiedenen in der Praxis gängigen **Verträge über die Erstellung bzw. Lieferung von Software** herrscht noch immer – wiederbelebt durch die Schuldrechtsreform – Streit.[904] Allgemeingültige Aussagen lassen sich insoweit nicht treffen. Es kommt selbstverständlich auf die konkrete Ausgestaltung des jeweiligen Vertrages und der darin geregelten Leistungspflichten an.

577 Maßgeblich ist bei der Beurteilung insbesondere, ob es um die **Erstellung von Individualsoftware**, also spezifisch auf die Kundenbedürfnisse zugeschnittene Programme, oder aber um die Überlassung von **Standardsoftware** geht. Dazu nachfolgend ein kurzer Überblick:

1. Erstellung von Individualsoftware

578 Sofern Software für den speziellen Verwendungszweck eines besonderen Anwenders erstellt (sog. **Individualsoftware**) und diesem dann auf Dauer überlassen wird (z.B. speziell auf die Bedürfnisse des Erwerbers abgestimmte Software zur Abwicklung seiner Lager- und Bestellvorgänge), handelte es sich nach der vor der Schuldrechtsreform ganz herrschenden Meinung um einen **Werkvertrag** (§ 631 ff. BGB), denn geschuldet ist in derartigen Fällen die Herbeiführung eines bestimmten Erfolges.[905]

579 Durch die Schuldrechtsreform ist die Diskussion darüber, ob es sich bei Software um eine „**Sache**" im Sinne von § 90 BGB handelt und deshalb über § 651 BGB (bzw. beim Handelskauf über § 381 Abs. 2 HGB)[906] Kaufrecht zur Anwendung kommt (dazu sogleich), neu entflammt.[907] Die besseren Argumente sprechen für die Ablehnung der Sacheigenschaft von Software;[908] auch der BGH hat nicht das Programm selbst, sondern den **Datenträger**, auf dem das Programm verkörpert war, als Sache eingestuft.[909] Es bleibt abzuwarten, wie der BGH diese Frage unter Berücksichtigung der Änderungen des § 651 BGB bewerten und ob er die in der Literatur geäußerten europarechtlichen Bedenken gegen die h.M. teilen wird.[910]

---

904 Vgl. hierzu etwa Marly, Softwareüberlassungsverträge, 3. Auflage (2000), Rn. 33 ff., m.w.N.
905 Vgl. etwa BGH, BauR 2004, 337; BGH, CR 2002, 93; BGH, NJW 2001, 1718; BGH, NJW-RR 1999, 347; BGH, NJW 1996, 1745; BGH, NJW 1993, 2436; Marly, Softwareüberlassungsverträge, 3. Auflage (2000) Rn. 46; Redeker, IT-Recht in der Praxis, 3. Auflage (2003), Rn. 296.
906 Vgl. BGH, CR 1993, 681; OLG Celle, CR 1995, 152.
907 Vgl. dazu etwa Koch, Software- und Datenbank-Recht (2003), § 3 Rn. 43; Junker/Benneke, Computerrecht, 3. Auflage (2003), Rn. 155 ff., jeweils m.w.N.
908 Ebenso u.a. Palandt/Heinrichs, BGB, 64. Auflage (2005), § 90 Rn. 2; Junker/Benneke, Computerrecht, 3. Auflage (2003), Rn. 154; jeweils m.w.N.; a.A. u.a. OLG Stuttgart, NJW 1989, 2635; Marly, Softwareüberlassungsverträge, 3. Auflage (2000), Rn. 94 ff., m.w.N.
909 BGH, NJW 1988, 406 („ein Datenträger mit dem darin verkörperten Programm, insofern also eine körperliche Sache").
910 Koch, Software- und Datenbank-Recht (2003), § 3 Rn. 43.

Wird hingegen ein handelsübliches **Standardprogramm** nach den Vorstellungen eines Kunden – nicht nur geringfügig[911] – eingerichtet, umgearbeitet, bzw. an Erfordernisse des Kunden angepasst, so ist von einem **Werklieferungsvertrag** über eine nicht vertretbare Sache auszugehen.[912] Dann kommt gemäß § 651 BGB nicht Werkvertrags-, sondern Kaufrecht zur Anwendung (es bedarf also beispielsweise keiner **Abnahme** für die Fälligkeit der Vergütung); allerdings gelten nach § 651 Satz 3 BGB neben den kaufrechtlichen auch die werkvertraglichen Regelungen der §§ 642, 643 BGB (Mitwirkungspflichten des Bestellers und Konsequenz der Verletzung dieser Pflichten), des § 645 BGB (Vergütungsgefahr im Falle des Untergangs, der Verschlechterung oder der Undurchführbarkeit des Werkes), des § 649 BGB (Kündigungsrecht des Bestellers)[913] sowie § 650 BGB (Kostenvoranschlag).

580

a) Leistungsumfang

Bei der Bestimmung des Leistungsumfangs bei der Erstellung von Individualsoftware spielt das sog. **Pflichten- oder Lastenheft** eine große Rolle.[914] Es fasst vorbereitend die zwischen Besteller und Werkunternehmer vereinbarten Leistungsmerkmale der zu erstellenden Software in konkretisierter Form zusammen. Gerade bei der Frage der ordnungsgemäßen Vertragserfüllung kommt dem Lastenheft damit eine große Bedeutung zu. Nicht immer jedoch ist das Lastenheft ausreichend genau, vollständig und fehlerfrei. Es sollte daher unbedingt sowohl auf eine sorgfältige Ausarbeitung des Lastenheftes als auch eine schriftliche Fixierung desselben geachtet werden.[915] Zu beachten ist, dass hinsichtlich der Erstellung des Pflichtenheftes eine Mitwirkungspflicht des **Auftraggebers** bestehen kann.[916]

581

Neben dem eigentlichen Programm muss der Hersteller dem Besteller eine **Benutzerdokumentation** liefern, die den Besteller in die Lage versetzt, das Programm zu nutzen. Sie gehört zur Hauptleistungspflicht des Herstellers.[917] Sie muss vollständig und so beschaffen sein, dass sie vom Besteller und seinem Personal verstanden werden kann.[918]

582

---

911 Zu den Fällen bloß geringfügiger Modifikationen, siehe Schneider, Handbuch des EDV-Rechts, 3. Auflage (2003), D Rn. 398 ff. m.w.N.
912 OLG Düsseldorf, CR 1989, 696; OLG Celle, CR 1995, 152; OLG Hamm; CR 1995, 152; OLG Stuttgart, CR 1987, 153; OLG Karlsruhe, CR 1995, 397; OLG Koblenz, CR 1992, 154; OLG Köln, NJW-RR 1992, 1328; Koch, Software- und Datenbank-Recht (2003), § 2 Rn. 62.
913 Zur Darlegungslast im Hinblick auf die Restvergütung anzurechnenden ersparten Aufwendungen (§ 649 Satz 2; 2. HS BGB) BGHZ 140, 263: „Anforderungen an die Darstellung der Kalkulation des um die ersparten Aufwendungen verkürzten Vergütungsanspruchs lassen sich nicht schematisch festlegen. Sie ergeben sich aus dem Vertragsgegenstand im Einzelfall. Durch diesen werden sie bestimmt und begrenzt. Der Unternehmer genügt seiner Darlegungslast in aller Regel, wenn er ersparte Aufwendungen unter Zugrundelegung seiner Kalkulation vorträgt, die nach System und Differenzierung für Aufträge der konkret vorliegenden Art gebräuchlich ist."
914 BGH CR 2002, 93; BGH NJW 2001, 1718; BGH NJW-RR 1999, 347; BGH NJW-RR 1998, 1128; Koch, Software- und Datenbank-Recht (2003), § 1 Rn. 4, 12 ff., 20 ff.; Marly, Softwareüberlassungsverträge, 3. Auflage (2000) Rn. 47; Redeker, IT-Recht in der Praxis, 3. Auflage (2003), Rn. 302.
915 Marly, Softwareüberlassungsverträge, 3. Auflage (2000) Rn. 659.
916 BGH; NJW-RR 1994, 1469.
917 BGH NJW 2001, 1718; BGH NJW 1993, 461; Redeker, IT-Recht in der Praxis, 3. Auflage (2003), Rn. 312. Vgl. allerdings auch OLG Karlsruhe, CR 2004, 493 (allerdings für den Fall des Kaufs von Standardsoftware).
918 Redeker, IT-Recht in der Praxis, 3. Auflage (2003), Rn. 312.

583 Ob ein Werkunternehmer, der sich zur Erstellung von Software verpflichtet hat, dem Besteller auch den **Quellcode des Programms**[919] überlassen muss, ist – sofern dies nicht durch eine ausdrückliche Vereinbarung geklärt ist – nach den Umständen des Einzelfalls zu beurteilen. Neben der Höhe des vereinbarten Werklohns ist für die Würdigung von besonderer Bedeutung, ob das Programm zur Vermarktung durch den Besteller erstellt wird und ob dieser zur Wartung und Fortentwicklung des Programms des Zugriffs auf den Quellcode bedarf.[920]

584 Sofern die Vertragsparteien nicht im Einzelnen vereinbart haben, was das zu erstellende Programm zu leisten hat, schuldet der Unternehmer eine Software, die unter Berücksichtigung des vertraglichen Zwecks des Programms dem **Stand der Technik** bei einem mittleren Ausführungsstandard entspricht.[921] Es gilt also in rechtlicher Hinsicht nichts anderes als bei sonstigen Werkverträgen.[922] Die Probleme liegen (auch hier) eher im tatsächlichen Bereich, in dem man sich gegebenenfalls der Hilfe eines Sachverständigen bedienen muss.[923]

585 Kommt es bei einem Vertrag über die Erstellung von Software zur Überschreitung des vom Auftraggeber vorgegebenen Budgets, kann es unter bestimmten Voraussetzungen zu einer Vertragsanpassung kommen.[924]

b) Mängelrechte

586 Hinsichtlich der Mängelrechte gelten die **allgemeinen Grundsätze des Werkvertragsrechts**. Im Folgenden wird lediglich auf einige typische Besonderheiten hingewiesen, die bei Verträgen über die Erstellung von Individualsoftware auftreten.

587 *aa) Mangelbegriff*: Der Hersteller hat das Werk frei von Sach- und Rechtsmängel zu verschaffen (§ 633 Abs. 1 BGB). Maßstab ist § 633 Abs. 2 BGB. Danach ist das Werk frei von Sachmängeln, wenn es die **vereinbarte Beschaffenheit** hat (§ 633 Abs. 2 S. 1 BGB). Vereinbart ist die Beschaffenheit, wenn sie im Vertrag festgelegt ist. Da jede verbindliche Beschreibung genügt, kommt hier dem oben angesprochenen Lastenheft besondere Bedeutung zu.[925] Fehlt eine Beschaffenheitsvereinbarung, so kommt es auf die Eignung für die nach dem Vertrag vorausgesetzte Verwendung (§ 633 Abs. 2 S. 2 Nr. 1 BGB),[926] sonst auf die Eignung für die gewöhnliche Verwendung an (§ 633 Abs. 2 S. 2 Nr. 2).[927] In diesen Fällen ist eine Lösung entsprechend dem Stand der Technik bei mittlerem Ausführungsstandard geschuldet.[928] Zur **Darlegung der Soll-Beschaffenheit** genügt es in diesen Fällen darzulegen, dass das Fehlen bestimmter

---

[919] Zum Quellcode siehe oben § 3 Rn. 386.
[920] BGH, MMR 2004, 356.
[921] BGH, MMR 2004, 356.
[922] Vgl. insoweit die weiterführenden Hinweise im Teil „Werkvertragsrecht".
[923] Vgl. BGH, MMR 2004, 356.
[924] BGH, NJW-RR 2000, 1219.
[925] Siehe dazu oben Rn. 581; Koch, Software- und Datenbank-Recht (2003), § 1 Rn. 20ff.; § 5 Rn. 13; Palandt/Sprau, BGB, 64. Auflage (2005), § 633 Rn. 6.
[926] Koch, Software- und Datenbank-Recht (2003), § 5 Rn. 14f.
[927] Koch, Software- und Datenbank-Recht (2003), § 5 Rn. 16.
[928] Redeker, IT-Recht in der Praxis, 3. Auflage (2003), Rn. 324f.; Palandt/Sprau, BGB, 64. Auflage (2005), § 633 Rn. 12; OLG Düsseldorf, NJW-RR 98, 345.

Beschaffenheitsmerkmale in einer für einen Dritten ohne weiteres einsichtigen Weise als mit dem normalen Standard unvereinbar ist.[929]

Software weist einen besonderen Komplexitätsgrad auf. Ähnlich wie bei der Erstellung von Bauwerken wird sich eine völlige Freiheit von Fehlern kaum erreichen lassen. Ein Mangel im rechtlichen Sinne ist deshalb nicht schon bei jedem Programmierfehler gegeben.[930]

588

Vielmehr liegt ein Mangel (erst) beim Bestehen von **tauglichkeitsmindernden Softwarefehlern** vor.[931] Hieran ändern auch AGB des Werkunternehmers nichts, die die Gewährleistung zuungunsten des Bestellers abbedingen sollen.[932]

589

Ein Mangel liegt auch dann vor, wenn sie durch vom Unternehmer erkannte, aber nicht von ihm monierte unzureichende Angaben des Bestellers verursacht sind. Denn der Unternehmer hat auf Grund seines Know-how an der Formulierung des Pflichtenheftes mitzuwirken, Vorschläge zur Problemlösung zu machen und von ihm benötigte, zusätzliche Angaben anzufordern.[933]

590

Je nach Vertragsinhalt können Mängel sein:[934]
- Fehlerhafte, kaum verständliche oder fehlende **Programmdokumentation**,[935]
- mangelnde **Arbeitsgeschwindigkeit**,[936]
- fehlende Möglichkeit der **Datensicherung**,[937]
- mangelnde **Eignung** zur Bearbeitung erkennbar bevorstehender Aufgaben (vierstellige Jahreszahl),[938]
- vom Unternehmer verursachter **Virenbefall**,[939]
- oder **fehlende Plausibilitätsprüfung** von Benutzereingaben.[940]

591

bb) Mängelrechte im Einzelnen: Es gelten die allgemeinen Regeln. Bis zur **Abnahme**[941] (§ 640 Abs. 1 S. 1 BGB) kann der Besteller wegen eines Mangels die Entgegennahme des Werkes verweigern, es sei denn der Mangel ist – was der Unternehmer auf die Rüge

592

---

929 Koch, Software- und Datenbank-Recht (2003), § 5 Rn. 16.
930 Koch, Software- und Datenbank-Recht (2003), § 5 Rn. 8.
931 Redeker, IT-Recht in der Praxis, 3. Auflage (2003), Rn. 321; Palandt/Sprau, BGB, 64. Auflage (2005), § 633 Rn. 12 unter Hinweis auf BGH, NJW 1988, 406.
932 Koch, Software- und Datenbank-Recht (2003), § 5 Rn. 27 ff.
933 Palandt/Sprau, BGB, 64. Auflage (2005), § 633 Rn. 12; OLG Köln NJW-RR 1999, 51; OLG Köln NJW-RR 1996, 1067.
934 Weitere Beispiele bei Koch, Software- und Datenbank-Recht (2003), § 5 Rn. 64 ff.; Redeker, IT-Recht in der Praxis, 3. Auflage (2003), Rn. 326; Palandt/Sprau, BGB, 64. Auflage (2005) m.w.N; Marly, Softwareüberlassungsverträge, 3. Auflage (2000) Rn. 734 ff.
935 BGH NJW 2001, 1718; OLG Saarbrücken NJW-RR 1997, 558; Koch, Software- und Datenbank-Recht (2003), § 5 Rn. 36 ff.
936 BGH CR 1996, 667.
937 BGH, NJW 1996, 2924.
938 OLG Dresden, CR 2002, 254.
939 Schneider/Günther, CR 1997, 389.
940 LG Heilbronn, CR 1989, 603.
941 Redeker, IT-Recht in der Praxis, 3. Auflage (2003), Rn. 341 ff.; Koch, Software- und Datenbank-Recht (2003), § 1 Rn. 128 ff.; zur stillschweigenden Werkabnahme einer speziellen EDV-Systemlösung siehe BGH, BauR 2004, 337.

des Bestellers hin darzulegen hat – unwesentlich (§ 640 Abs. 1 S. 2). Im Fall von Individualsoftware ist häufig nicht nur die Erstellung der Software, sondern darüber hinaus auch deren Installation sowie eine Einweisung des Personals des Bestellers geschuldet.[942] In aller Regel wird der Besteller ohne die Durchführung einer gewissen Zahl von Testläufen nicht in der Lage sein festzustellen, ob die Software mangelfrei funktioniert oder nicht. Es ist insofern ratsam, detaillierte vertragliche Vereinbarungen zum Umfang der **Abnahme** zu treffen. In einer solchen **Vereinbarung** können etwa der Umfang, die Prozedur und Kriterien der Abnahme geregelt werden.[943] Die Rechtsprechung tendiert zwar z.t. auch ohne solche Vereinbarungen dazu, die Abnahme erst dann anzunehmen, wenn die Software nach einer gewissen Erprobungszeit einwandfrei gelaufen ist.[944] Gleichwohl ist eine solche Vereinbarung dringend anzuraten. Solange noch Mängel gerügt werden und Nachbesserungs- und Fehlerbeseitigungswünsche im Raum stehen, kommt eine Abnahme nicht in Betracht.[945]

593 Ist die Abnahme erfolgt, kommen als Mängelrechte für den Mandanten die Rechte des Bestellers nach § 634 Nr. 1 - 4 BGB, nämlich Nacherfüllung, Selbstvornahme, Minderung, Rücktritt und Schadensersatz in Betracht.[946] Unbedingt zu beachten ist die Regelung des § 640 Abs. 2 BGB, wobei die Abnahme eines mangelhaften Werkes in **Kenntnis des Mangels** zu einem Verlust der Mängelrechte führt, soweit sich der Besteller die Mängelrechte nicht vorbehält.

594 *cc) Nacherfüllung und Selbstvornahme:* Ist die Abnahme erfolgt und liegen gleichwohl Mängel vor, so hat der Besteller insbesondere einen Anspruch auf Nacherfüllung. Es gelten insofern die allgemeinen Regeln des Werkvertragsrechts. Um seiner Pflicht zur Mängelbeseitigung nachkommen zu können, ist es erforderlich, dass der Besteller dem Unternehmer den Mangel anzeigt und eine nachvollziehbare Beschreibung der Mangelerscheinung gibt (z.B. fehlerhafte Bildschirmausgabe nach Auswahl einer bestimmten Menü-Option oder reproduzierbarer Absturz des Programms nach bestimmter Auswahl).[947] Zur Protokollierung von Fehlermeldungen siehe unten Rn. 614ff.

595 Führt der Unternehmer die Nacherfüllung trotz einer **Fristsetzung** nicht rechtzeitig durch, so kann der Besteller den Mangel auf Kosten des Unternehmers beseitigen lassen (§ 637 Abs. 1 BGB).[948] Er kann hierzu sogar einen **Vorschuss** vom Unternehmer verlangen (§ 637 Abs. 3 BGB). Gleichwohl wird ein solches Vorgehen im Bereich der Individualsoftware kaum tunlich sein, da regelmäßig nur der Unternehmer das Programm gut genug kennt, um mit Aussicht auf Erfolg Maßnahmen zur Mängelbeseitigung vorzunehmen. Der **Anspruch auf Nacherfüllung** scheidet insbesondere dann aus, wenn sie nur mit unverhältnismäßigen Kosten herbeizuführen ist (§ 636 BGB).

---

942 Koch, Software- und Datenbank-Recht (2003), § 5 Rn. 133.
943 Redeker, IT-Recht in der Praxis, 3. Auflage (2003), Rn. 341, Koch, Software- und Datenbank-Recht (2003), § 5 Rn. 154ff.
944 Koch, Software- und Datenbank-Recht (2003), § 5 Rn. 134.
945 Redeker, IT-Recht in der Praxis, 3. Auflage (2003), Rn. 341; vgl. auch BGH, CR 2000, 207.
946 Es gelten insofern die allgemeinen Regelungen, Koch, Software- und Datenbank-Recht (2003), § 5 Rn. 88.
947 Redeker, IT-Recht in der Praxis, 3. Auflage (2003), Rn. 353f.
948 Vgl. BGH NJW-RR 1999, 347; Redeker, IT-Recht in der Praxis, 3. Auflage (2003), Rn. 360; Koch, Software- und Datenbank-Recht (2003), § 5 Rn. 137f.

dd) Minderung, Rücktritt und Schadensersatz: Auch hinsichtlich **Nacherfüllung** und **Rücktritt** gelten die allgemeinen Regeln.[949] Es sind also die empfangenen Leistungen zurück zu gewähren und die gezogenen Nutzungen herauszugeben (§ 346 Abs. 1 BGB). Regelmäßig wird dies im Fall von Software nicht möglich sein; es ist deshalb **Wertersatz** zu leisten (§ 346 Abs. 2 Nr. 1 BGB). Dabei ist auch der Wertverlust der Software zu berücksichtigen.[950] Wichtig ist, dass im Falle des Rücktritts nicht nur alle Speichermedien (z.b. CD-ROM) zurückzugeben sind, auf denen das Programm gespeichert ist, sondern auch die Installation des Programms auf allen Computern zu entfernen ist.[951] Auch hinsichtlich **Minderung** und **Schadensersatz** ergeben sich beim Individualsoftwarekauf keine Besonderheiten.[952]

596

ee) Verjährung und allgemeine Leistungsstörungen: **Mängelansprüche** die sich auf Individualsoftware beziehen, **verjähren** – soweit Werkvertragsrecht zugrunde gelegt wird – nach den allgemeinen Regeln des **§ 634a Abs. 1 Nr. 3 BGB binnen drei Jahren ab der Abnahme.**[953] Soweit über den Anspruch **verhandelt** wird, tritt gemäß § 203 BGB eine Hemmung der Verjährung ein. Mit Eintritt der Verjährung sind auch Minderung und Rücktritt ausgeschlossen (§ 218 BGB).

597

Hinsichtlich der Leistungsstörungen wie Verzug,[954] Nichterfüllung und Unmöglichkeit gelten die allgemeinen Regelungen des Werkvertragsrechts.[955]

598

ff) Darlegungs- und Beweislast: Auch hinsichtlich der **Darlegungs- und Beweislast** gelten die allgemeinen Regeln. **Vor der Abnahme** muss der Werkunternehmer darlegen und beweisen, dass sich der Besteller auf Mängel oder die Unvollständigkeit der Werkleistung beruft, die unerheblich sind. Der Werkunternehmer muss auch die **Rechtzeitigkeit der Herstellung** beweisen.[956] Demgegenüber hat der Besteller, der sich vor der Abnahme auf ein Rücktrittsrecht beruft, grundsätzlich nur den Zeitpunkt der Fälligkeit, die Setzung und den Ablauf der Frist sowie die Rücktrittserklärung zu beweisen.[957]

599

Nach der Abnahme trifft den Besteller einer Software die **Darlegungs- und Beweislast**, wenn er Zahlungen mit der Begründung zurückfordert, das Programm habe nicht der geschuldeten Leistung entsprochen und sei trotz Fristsetzung und Ablehnungsandro-

600

---

949 Zum Rücktritt bei einem Softwareentwicklungsvertrag siehe BGH, NZBau 2001, 621.
950 Redeker, IT-Recht in der Praxis, 3. Auflage (2003), Rn. 363.
951 Redeker, IT-Recht in der Praxis, 3. Auflage (2003), Rn. 366; vgl. dazu unten Rn. 627.
952 Koch, Software- und Datenbank-Recht (2003), § 5 Rn. 150; Redeker, IT-Recht in der Praxis, 3. Auflage (2003), Rn. 368 ff.
953 Da der BGH noch nicht die Frage beantwortet hat, ob es sich bei der Software selbst um eine Sache i.S.v. § 90 BGB handelt (siehe oben Rn. 579), kann noch nicht sicher beurteilt werden, ob Ansprüche deshalb gem. § 634 a Abs. 1 Nr. 1 BGB schon nach zwei Jahren verjähren, vgl. Koch, Software- und Datenbank-Recht (2003), § 5 Rn. 42 f., § 5 Rn. 175; Redeker, IT-Recht in der Praxis, 3. Auflage (2003), Rn. 379.
954 Zu den Anforderungen an eine verzugsbegründende Mahnung an den Lieferanten einer Computeranlage, BGH NJW 1998, 2132; zum Verzug allgemein Koch, Software- und Datenbank-Recht (2003), § 5 Rn. 182 ff.
955 Näher hierzu Redeker, IT-Recht in der Praxis, 3. Auflage (2003), Rn. 405 ff.; zum alten Schuldrecht Marly, Softwareüberlassungsverträge, 3. Auflage (2000) Rn. 551, 562.
956 BGH NJW-RR 1999, 347; vgl. dazu auch allgemein Koch, Software- und Datenbank-Recht (2003), § 5 Rn. 56.
957 BGH NJW-RR 1999, 347. Zur fehlenden IBM-Kompatibilität eines Laptops: OLG Köln, VersR 1993, 54.

hung auch anschließend nicht rechtzeitig geliefert worden, weshalb er vom Vertrag habe zurücktreten dürfen.⁹⁵⁸

601 Der Werkunternehmer genügt seiner **Substantiierungspflicht** bei Geltendmachung des Werklohnanspruchs genügt, wenn er eine Rechnung vorlegt, nach der Arbeiten in bestimmtem Umfang berechnet werden, sofern die dafür im ebenfalls vorgelegten Vertrag vorgesehene Vergütung für jeden Arbeitstag in Rechnung gestellt wird und der Werkunternehmer für seine Darstellung, von ihm seien in dem geltend gemachten Umfang Arbeiten erbracht worden, Beweis antritt.⁹⁵⁹

2. Erwerb von Standardsoftware

602 Wird keine auf individuelle Bedürfnisse abgestimmte Software, sondern **Standardsoftware** erworben, findet in den meisten Fällen nicht Werk-, sondern **Kaufvertragsrecht** Anwendung.⁹⁶⁰ Das gilt unabhängig von der Tatsache, dass die Hersteller von Software häufig bemüht sind, diese Verträge einem anderen im BGB nicht geregelten Vertragstypus, etwa dem „Lizenzvertrag", zuzuordnen.⁹⁶¹ Allein die Installation und Schulung durch den Lieferanten führen nicht zu der Annahme eines Werkvertrages. Bei Anwendung des Kaufrechts ergeben sich insoweit gegenüber den allgemeinen Regelungen, wie etwas auch des § 476 BGB, keine Besonderheiten.⁹⁶² Auch bei der Lieferung von Standardsoftware gehört die **Lieferung eines Handbuches** oder einer **Benutzerdokumentation** immer zum Leistungsprogramm.⁹⁶³ Auch hinsichtlich der Mängelrechte des Käufers gelten die allgemeinen Regelungen.⁹⁶⁴ Zu beachten ist – soweit Käufer und Verkäufer **Kaufleute** sind – stets die **Rügepflicht des § 377 HGB**.⁹⁶⁵ Auch hinsichtlich der Verjährung sind keine Besonderheiten zu beachten; es findet die **regelmäßige Verjährungsfrist** des § 438 Abs. 1 Nr. 3 BGB von zwei Jahren ab Ablieferung Anwendung.

III. Erwerb von Hardware

1. Einordnung des Vertragstyps

603 Sofern der Erwerb (nur) einer Computeranlage (ohne Software) gegen ein einmaliges Entgelt in Rede steht, handelt es sich **regelmäßig** um einen **Gattungskauf**.⁹⁶⁶ Wenn es sich um eine für die speziellen Anforderungen des Mandanten hergestellte Anlage han-

---

958 BGH NJW-RR 1998, 1128.
959 BGH NJW-RR 1999, 1586.
960 BGH NJW 2000, 1415; BGH CR 1988, 994; Palandt/Putzo, BGB, 64. Auflage (2005), § 433 Rn. 9; Redeker, IT-Recht in der Praxis, 3. Auflage (2003), Rn. 532.
961 Siehe hierzu Koch, Software- und Datenbank-Recht (2003), § 2 Rn. 31.
962 Koch, Software- und Datenbank-Recht (2003), § 5 Rn. 85; nach BGH, NJW 2004, 2299 ist es auch für Verbraucher notwendig, das Vorliegen eines Mangels darzulegen.
963 Redeker, IT-Recht in der Praxis, 3. Auflage (2003), Rn. 540. Nach OLG Karlsruhe, CR 2004, 493 kann etwas anderes allerdings dann gelten, wenn es sich beim Käufer um einen berufsmäßigen Softwareentwickler handelt und die erforderlichen Hilfehinweise während des Programmaufrufs erscheinen.
964 Siehe dazu oben Rn. 570 ff.
965 BGH NJW 2000, 1415; OLG Köln, CR 1997, 213; Redeker, IT-Recht in der Praxis, 3. Auflage (2003), Rn. 557; Koch, Software- und Datenbank-Recht (2003), § 5 Rn. 163.
966 OLG Frankfurt, CR 2002, 638; KG, CR 1989, 397; LG München I, CR 1995, 736; Schneider, Handbuch des EDV-Rechts, 3. Auflage (2003), D Rn. 157, F Rn. 6; Redeker, IT-Recht in der Praxis, 3. Auflage (2003), Rn. 507.

delt, kann auch ein **Werklieferungsvertrag** vorliegen;[967] in derartigen Fällen kommen gemäß § 651 Satz 3 BGB neben den kaufrechtlichen auch die werkvertraglichen Regelungen der §§ 642, 643, 645, 649, 650 BGB zur Anwendung. Allerdings genügt es für die Einstufung als Werklieferungsvertrag nicht, dass die Hardware aus mehreren verschiedenen Fertigbestandteilen zusammengefügt ist.[968] In derartigen Fällen kommt **Kaufrecht** zur Anwendung.

2. Probleme bei Hardwarepaketen

Bei Mängeln einzelner Bestandteile einer Computeranlage kann sich die Frage stellen, ob (unter den weiteren gesetzlichen Voraussetzungen)[969] ein **Rücktritt** vom gesamten Vertrag oder nur ein **Teilrücktritt** zulässig ist.[970] Dieses Problem findet sich wieder bei der in der Praxis häufigen **Lieferung von Hard- und Softwarepaketen**. Maßgeblich für die Bewertung, ob es sich um eine **einheitliche Kaufsache** handelt, ist die **Verkehrsanschauung** und nicht der Wille der Parteien.[971] Wenn die Komponenten entsprechend den Wünschen, Bedürfnissen und finanziellen Möglichkeiten des Anwenders grundsätzlich beliebig zusammengestellt und miteinander kombiniert werden, können, ist dies zu verneinen;[972] in einem solchen Fall führt auch die Tatsache, dass der Verkauf der einzelnen Bestandteile des Gesamtsystems in derselben Vertragsurkunde niedergelegt worden sind, nicht zu einem anderen Ergebnis.[973] Um ein **einheitliches Rechtsgeschäft** handelt es sich demgegenüber, wenn der Käufer im Falle des Erwerbs einzelner Bestandteile einer PC-Konfiguration für den Verkäufer erkennbar mangels eigener Sachkenntnis nicht in der Lage ist, eine seinen Anforderungen gerecht werdende Computer-Konfiguration selbständig zusammen zu stellen und die Lieferung des gesamten Hardware-Paketes aus einer Hand wünscht.[974]

604

3. Darlegungsanforderungen

Im Falle der Rüge eines Mangels beim Kauf einer EDV-Anlage genügt es nicht, wenn der Käufer pauschal behauptet, die Anlage funktioniere nicht.[975] Die Substantiierungspflicht gebietet auch dem „Computerlaien" den Fehler und seine Erscheinungsform so genau zu beschreiben, dass damit ein Bedienungsfehler ausgeschlossen und eine Fehlerüberprüfung ermöglicht werden kann. Der Kläger muss konkrete Angaben darüber machen, bei welchen Arbeitsschritten und Programmfunktionen Störungen aufgetre-

605

---

967 LG Konstanz, CR 1991, 93; Redeker, IT-Recht in der Praxis, 3. Auflage (2003), Rn. 507.
968 OLG Frankfurt, CR 2002, 638; Redeker, IT-Recht in der Praxis, 3. Auflage (2003), Rn. 507.
969 Vgl. insoweit Palandt/Putzo, BGB, 64. Auflage (2005), § 437 Rn. 20ff.
970 Ersteres wurde – jeweils unter der Geltung des alten Rechts – bejaht u.a. in den Fällen von OLG München, NJW-RR 1992, 1269 (Gesamtwandlungsrechts); LG Oldenburg, NJW-RR 1996, 1461; LG Aachen, NJW-RR 1995, 49. Zur Lage unter dem neuen Recht (Anwendung des § 325 Satz 1 BGB im Falle des Rücktritts) siehe Palandt/Putzo, BGB, 64. Auflage (2005), § 437 Rn. 22; Zur sachenrechtlichen Ebene (§§ 97, 947, 950, 985 BGB) in derartigen Konstellationen vgl. etwa OLG Köln, CR 1996, 600 (im dortigen Fall Entstehung einer neuen Sache durch Einbau von Steckkarten in einen Scanner verneint).
971 BGH, NJW 1988, 406; OLG Koblenz, NJW-RR 1994, 1206.
972 LG Oldenburg, NJW-RR 1996, 1461.
973 BGH, NJW 1987, 2004; LG Oldenburg, NJW-RR 1996, 1461.
974 LG Aachen, NJW-RR 1995, 49.
975 OLG Düsseldorf, CR 1999, 145.

ten sind und in welcher Weise sich diese durch bestimmte Fehlermeldungen bemerkbar gemacht haben.[976]

IV. Erwerb von Soft- und Hardware auf Zeit

606 Praktisch unstreitig ist die Einordnung von **Hard- und Softwareverträgen auf Zeit**. Es handelt sich um **Mietverträge**.[977] Die Überlassung auf Zeit kommt durch eine befristete Vertragsdauer, regelmäßig fällige Nutzungsgebühren oder durch Kündigungsmöglichkeiten zum Ausdruck. Der Vermieter muss Mängel an mietweise überlassener Hard- oder Software beseitigen und sie wieder in vertragsgemäßen Zustand versetzen und diesen erhalten.[978] Der **Mängelbegriff** des Mietrechts ähnelt dem des Kaufrechts. Die Mietsache ist dann mangelhaft, wenn eine tauglichkeitsmindernde Abweichung zum vertragsgemäßen Gebrauch vorliegt (§ 536 Abs. 1 S. 1 BGB).[979]

607 Zunächst steht dem Mieter das **Minderungsrecht** nach § 536 Abs. 1 BGB zu.[980] Wichtig ist die unverzügliche **Mängelanzeige** gemäß § 536c Abs. 1 BGB.[981] Das Risiko der Aufklärung und Behebung von Mängeln trägt der Vermieter; die Beweislast dafür, dass gerügte Mängel bestehen und es sich nicht um Bedienungsfehler handelt, trägt der Mieter.[982] Neben der Minderung besteht auch das Recht auf **Mängelbeseitigung** und **Schadensersatz**.[983] Auch die fristlose Kündigung ist denkbar, wenn dem Mieter der Gebrauch der Software ganz oder teilweise nicht rechtzeitig gewährt oder wieder entzogen wurde.[984] Kennt der Mieter bei Vertragsschluss den Mangel, so besteht kein Mängelbeseitigungsanspruch (§ 536b BGB).

608 Zulässig ist in einem Softwaremietvertrag eine sog. **CPU**[985]**-Klausel**, nach der die Verwendung der Software auf einem im Vergleich zum vertraglich vereinbarten leistungsstärkeren Rechner oder auf weiteren Rechnern von der Vereinbarung über die Zahlung einer zusätzlichen Vergütung abhängig gemacht wird.[986]

---

976 OLG Düsseldorf, CR 1999, 145; OLG Köln, CR 1997, 213 (für Standardsoftware).
977 Redeker, IT-Recht in der Praxis, 3. Auflage (2003), Rn. 596; Koch, Software- und Datenbank-Recht (2003), § 2 Rn. 66; Junker/Benneke, Computerrecht, 3. Auflage (2003), Rn. 165.
978 Koch, Software- und Datenbank-Recht (2003), § 5 Rn. 89.
979 Koch, Software- und Datenbank-Recht (2003), § 5 Rn. 92.
980 Koch, Software- und Datenbank-Recht (2003), § 5 Rn. 94. Die Minderung kann dabei in besonderen Fällen bis zu 100% betragen; vgl. etwa LG Stuttgart, CI 1999, 103.
981 Koch, Software- und Datenbank-Recht (2003), § 5 Rn. 90.
982 Koch, Software- und Datenbank-Recht (2003), § 5 Rn. 90. Stützt der Mieter die außerordentliche Kündigung auf den Ausfall der Anlage, hat der Vermieter nach OLG Hamm, CR 1989, 910, zu beweisen, dass der Mieter den Mangel zu vertreten hat.
983 Koch, Software- und Datenbank-Recht (2003), § 5 Rn. 95f. Zum Schadensersatz bei Miete eines kompletten EDV-Systems mit Hard- und Software siehe LG Freiburg, CR 1988, 382 („Ist bewiesen, dass in den Zeiträumen mangelnder Einsatzfähigkeit der EDV-Anlage Umsatzverluste eintraten, so ist der Beweis des ersten Anscheins dafür erbracht, dass der allgemeine Umsatzrückgang wesentlich auf die Beeinträchtigung durch die Störanfälligkeit der Anlage einschließlich der Fehlerhaftigkeit der Programme zurückzuführen ist.").
984 BGH, NJW 1993, 122.
985 Central Processing Unit.
986 BGH, NJW 2003, 2014.

V. Probleme mit Wartung und Pflege von Software

Häufig werden mit Computersystemen gleichzeitig sog. **Pflege- oder Wartungsverträge** abgeschlossen.[987] Soweit nach diesen Verträgen ein Erfolg geschuldet ist, sind sie als **Werkverträge** anzusehen.[988] Die Leistung ist in diesen Fällen mangelhaft, wenn die Software aufgrund der Pflege oder Wartung in einen funktionsuntauglichen Zustand gerät.[989] Soweit kein Erfolg geschuldet ist, handelt es sich um **Dienstverträge**. Im Rahmen des Dienstvertragsrechts gibt es nur die Möglichkeit verschuldensabhängiger Schadensersatzhaftung.[990]

609

Es soll regelmäßig keinen Mangel bzw. keine Pflichtverletzung darstellen, wenn die mit der Wartung beauftragte (juristische) Person vor Beginn der Wartungsarbeiten keine **Datensicherung** an einem gewerblich eingesetzten EDV-System vornimmt. Dies gilt jedenfalls dann, wenn sich der jeweilige Servicetechniker zuvor danach erkundigt habe, ob eine ordnungsgemäße Datensicherung bestehe, dies bejaht wurde und keine ernsthaften Zweifel an dieser Aussage bestehen mussten.[991]

610

VI. Tatsachenermittlung

Aufgabe des Anwalts ist es, den **Prozessstoff** zu sammeln und aufzuarbeiten, insbesondere um Fehler der Hard- oder Software darlegen und beweisen zu können. Der Anwalt muss beim Mandanten alle im Zusammenhang mit der Auseinandersetzung verfügbaren Dokumenten anfordern; hierzu gehören Vertragsdokumente, Leistungsbeschreibungen, Pflichtenhefte, Spezifikationen sowie weitere Dokumente, insbesondere Protokolle eines eventuell durchgeführten **Change-Request-Verfahrens**, in dem der Vertragsgegenstand nachträglich geändert worden ist.

611

Der Anwalt muss insbesondere klären, inwiefern der betreffende Gegenstand (Software oder Hardware) tatsächlich vom Sollzustand abweicht, sowie, ob diese Abweichung auf ein Unterlassen des Mandanten bei der notwendigen Mitwirkung im Rahmen der Erstellung zurückzuführen ist und was die Gründe für dieses Unterlassen waren.

612

VII. Fehlermeldungen, Fristsetzungen

Wie im Bauprozess wird dem Anwalt die Aufgabe zukommen, die Einhaltung vorprozessualer Obliegenheit seines Mandanten im Zusammenhang mit der **Geltendmachung von Mängeln** (etwa bei der Mängelanzeige des Mieters nach § 536c BGB) sicher zu stellen.[992] Ist der Anwalt schon frühzeitig in die sich abzeichnende Auseinandersetzung eingebunden, muss er vorbereitende Maßnahmen wie die Meldung von auftretenden Fehlern oder eventuelle Fristsetzungen mit Blick auf einen drohenden Prozess überwachen.

613

---

987 Vgl. dazu Koch, Software- und Datenbank-Recht (2003), § 4 Rn. 1 ff.
988 Redeker, IT-Recht in der Praxis, 3. Auflage (2003), Rn. 648; Koch, Software- und Datenbank-Recht (2003), § 4 Rn. 30 ff.
989 Koch, Software- und Datenbank-Recht (2003), § 4 Rn. 36; § 5 Rn. 104.
990 Koch, Software- und Datenbank-Recht (2003), § 5 Rn. 104 f.
991 OLG Hamm, MMR 2004, 487.
992 Schneider, Handbuch des EDV-Rechts, 3. Auflage (2003), P Rn. 12 ff.

§ 4 Mängel an Hard- und Software

1. Fehlermeldungen und -protokolle

614 Fehler müssen in einer Art und Weise gemeldet werden, dass diese in der (späteren) gerichtlichen Auseinandersetzung die notwendigen Rückschlüsse auf den streitgegenständlichen Mangel zulassen.[993]

615 Wegen der **Interdependenz von Hardware und Software** können sich vom Hardwarelieferanten zu vertretende Fehler so auf die Software auswirken, dass sich ein Mangel der Hardware dem ersten Anschein nach als ein Mangel der Software darstellt. Rein vorsorglich sollte daher der Fehler nicht nur demjenigen gemeldet werden, der nach Ansicht des Mandanten die fehlerbehaftete Ware geliefert hat, sondern auch dem Wartungsunternehmen, dem Hardwarelieferanten, dem Softwarelieferanten sowie sonstige im weiteren beteiligte Zulieferer.

616 Um die Darlegung in einem späteren Mängelprozess zu erleichtern, sollten frühzeitig, also möglichst ab dem ersten Auftreten eines Programm- oder Funktionsfehlers, die nachfolgend aufgelisteten Angaben lückenlos protokolliert und der Gegenseite mitgeteilt werden:[994]

- die Uhrzeit des Auftretens des Fehlers,
- die Bedienungsperson,
- die Art der bei Auftauchen des Fehlers eingegebener Daten,
- (sofern es um Mängel an der Hardware geht) die genaue Bezeichnung des Programms, mit dem gearbeitet wurde,
- eventuelle Fehleranzeigen auf dem Bildschirm (unter Beifügung von Ausdrucken – Screenshots – der Bildschirmmeldung),
- bezüglich des Fehlers getroffene Maßnahmen,
- Umstände der Fehlermeldung (Person des Meldenden, Person des Empfängers auf Seiten des Gegners; Reaktion des Gegners).

2. Fristsetzungen

617 Mit Blick auf einen späteren Prozess müssen auch alle diejenigen Willenserklärungen abgegeben werden, die zu der Verfolgung des Anspruchs notwendig sind. Dies gilt vor allem für die Setzung bestimmter Fristen. Als wichtige Fristen kommen vorliegend die in §§ 281 Abs. 2 und 323 Abs. 2 BGB (ggf. in Verbindung mit § 637 BGB)[995] und § 640 Abs. 1 Satz 3 BGB genannten in Betracht. Fristen müssen **angemessen** bestimmt werden. Nachträgliche, zu einer zeitlichen Verschiebung führende Vertragsänderungen, die sich durch eine veränderte Aufgabenstellung ergeben, gehen nicht zu Lasten des Unternehmers.[996]

---

[993] Schneider, Handbuch des EDV-Rechts, 3. Auflage (2003), P Rn. 25.
[994] Schneider, Handbuch des EDV-Rechts, 3. Auflage (2003), P Rn. 25; Redeker, IT-Recht in der Praxis, 3. Auflage (2003), Rn. 355.
[995] Hier sind §§ 636, 440 BGB zu beachten.
[996] BGH, NJW-RR 1993, 178.

VIII. Beweissicherung, insbesondere das selbstständige Beweisverfahren

1. Beweissicherung

Nach Klärung der Fakten müssen die Erkenntnisse der Tatsachenaufklärung für eine spätere Verwertung im Prozess gesichert werden. Stehen Zeugen und Schriftstücke zur Verfügung ist dies in der Regel unproblematisch. Der Mandant sollte darauf hingewiesen werden, dass der Kontakt zu **ausscheidenden Mitarbeitern**, die als Zeugen infrage kommen, aufrecht erhalten werden sollte. 618

Das Hauptproblem der Beweissicherung stellt die Darstellung des Zustandes von vertragsgegenständlicher Software für den im Prozess relevanten Zeitpunkt dar (i.d.R. den Zeitpunkt des Minderungs- oder Rücktrittsverlangens). 619

Ist die Software auf einer EDV-Anlage installiert, wird sich dieser Zustand regelmäßig nicht über den gesamten Zeitraum des Prozesses bewahren lassen, da der Mandant zumeist nicht auf den Weiterbetrieb der Anlage verzichten kann, nur um die Software unverändert zu belassen. 620

Der Mandant sollte daher für diesen Fall einen Sachverständigen beauftragen, der den Zustand dokumentieren und im Prozess als sachverständiger Zeuge zur Verfügung stehen kann. Der Sachverständige kann seine Dokumentation durch die Anfertigung von **Festplattenabzügen** erstellen; ob er lizenzrechtlich zu einer Neuinstallation des Programms, was die Erstellung einer Kopie und die Neuspeicherung des Programms erfordert, befugt sein wird, ist von der Reichweite der eingeräumten Lizenz abhängig. 621

2. Selbstständiges Beweisverfahren

Schließlich kommt die Durchführung eines **selbstständigen Beweisverfahrens** in Betracht (§§ 485 ff. ZPO). Dieses hat den Vorteil, dass es die Verjährung der geltend zu machenden Ansprüche hemmt (§ 204 Nr. 7 BGB), dass es klare und verbindliche Ergebnisse liefert und die Kosten – im Gegensatz zu den Kosten eines Privatsachverständigen – als Prozesskosten regelmäßig von der **Rechtsschutzversicherung** übernommen werden. Der Nachteil eines solchen Verfahrens ist, dass es sich über einen längeren Zeitraum hinziehen kann, insbesondere wenn keine konkrete Mängelrüge behandelt wird, sondern der Leistungsumfang der erstellten Software ermittelt werden soll. Vor Durchführung sollte zunächst, wie bereits oben angemerkt, mithilfe eines privaten Gutachters die Beweisführung vorgezeichnet werden, um sich vor „bösen Überraschungen" im förmlichen Beweisverfahren zu schützen. Die Erstattung der **Kosten eines notwendigen Privatgutachtens** durch den Gegner kann nach Maßgabe der neuesten BGH-Rechtsprechung[997] im Wege des Schadensersatzes eingefordert werden. 622

Hinsichtlich der Voraussetzungen und der Durchführung des **selbstständigen Beweisverfahrens** sei auf den Band „Privates Baurecht" verwiesen. 623

---

[997] BGH, NJW 2004, 3042. Siehe auch OLG Hamburg WuM 1990, 75; OLG Hamm, WuM 1983, 76; KG, GE 1985, 249. Näher dazu oben unter § 1 Rn. 86.

§ 4 Mängel an Hard- und Software

B. Prozess

I. Grundsätzliches

624 Ob aus der Perspektive des Verkäufers, Unternehmers oder Vermieters oder aus der des Käufers, Bestellers oder Mieters: Die **prozessuale Durchsetzung von Erfüllungs- und Gewährleistungsansprüchen** (und die Abwehr dagegen) erfolgt nach dem gleichen Muster wie im sonstigen **Kauf-, Werkvertrags- und Mietrecht**. Für die Verfolgung der entsprechenden Ansprüche kann daher auf die zu diesen Rechtsbereichen unterbreiteten **Muster samt Erläuterungen** zurückgegriffen werden. Zu beachten sind jedoch die an dieser Stelle dargestellten Besonderheiten: Dies gilt zum einen für die unter Teil A. dargestellten, zum anderen für die nachfolgend skizzierten, bei der Antragstellung und dem Sachvortrag zu beachtenden Spezifika.

II. Besonderheiten der Antragstellung

1. Zahlungs-, insbesondere Rückabwicklungsklagen

625 Keine Besonderheiten treten bei der Antragstellung auf, sofern es um Vergütungs-, Minderungs- und Schadensersatzansprüche auf Geld geht und sofern die Zahlung nicht – wie beim Rückabwicklungsprozess – von einer Gegenleistung abhängt.

626 Bei den Ansprüchen des Käufers auf **Rückabwicklung eines Soft- oder Hardwarekaufvertrages** kann dagegen Zahlung[998] nur Zug-um-Zug gegen Rückgabe der gelieferten Ware verlangt werden. Die Ware, die an den Beklagten im Zuge der Rückabwicklung übergeben wird, muss – wie unter Rn. 86 dargestellt – so bezeichnet werden, dass die Gegenleistung in der Urteilsformel so bestimmt ist, dass dem Gerichtsvollzieher bei der Vollstreckung ohne Weiteres die Prüfung möglich ist, ob die ihm von dem Gläubiger übergebene, dem Schuldner anzubietende Ware der nach dem Urteil geschuldeten Gegenleistung nach Vollständigkeit und Richtigkeit entspricht.[999] Bei Standardsoftware reicht ihre Bezeichnung aus. Bei Individualsoftware sind im Zweifel Listen oder ein Datenträger, auf dem das Programm enthalten ist, beizufügen. Hier gelten ähnlich hohe Anforderungen wie bei der Fassung des Antrags auf Unterlassung im Verletzungsprozess (siehe oben § 3 Rn. 536ff.).[1000]

627 Ist eine Rückgabe nicht möglich, etwa weil der Käufer die betreffende Software aus dem Internet heruntergeladen hat, kommt die Löschung in Betracht. Ohnehin schuldet der Kläger nicht bloß die Rückgabe des ihm gelieferten Datenträgers, der das Programm enthält, sondern auch die **Löschung beim Kläger befindlicher (Sicherungs-) Kopien**.[1001]

---

998 Bei der Rückabwicklung eines Leasingvertrages muss dem leasingspezifischen Dreiecksverhältnis zwischen Leasingnehmer, Leasinggeber und Lieferanten Rechnung getragen werden; entsprechend kann bei einer Rückabwicklung nur Zahlung an den Leasinggeber verlangt werden.
999 BGH, NJW 1993, 324; KG, NJW-RR 1994, 959; KG, OLGZ 1971, 386; OLG Frankfurt, JurBüro 1979, 389;
1000 LG Düsseldorf, CR 1995, 220; KG, NJW-RR 1994, 959; AG Offenbach, NJW-RR 1989, 445.
1001 Redeker, IT-Recht in der Praxis, 3. Auflage (2003), Rn. 366.

Zu beachten ist auch, dass, wie unter Rn. 88 erläutert, nach §§ 756 Abs. 1, 765 Nr. 1 ZPO im Falle der Zug-um-Zug-Verurteilung die Vollstreckung nur bewirkt werden kann, wenn der Nachweis, dass der Schuldner im Verzug der Annahme ist, durch öffentliche Urkunde geführt wird und eine Abschrift dieser Urkunde bereits zugestellt ist. Deshalb muss, wenn sich der Beklagte mit der Rücknahme der im Hauptantrag bezeichneten Ware in **Annahmeverzug** befindet, ein entsprechender Feststellungsantrag aufgenommen werden.

2. Nachbesserungsklagen

Bei **Klagen auf Nachbesserung** (§§ 439, 635 BGB) muss der vom Beklagten zu behebende Fehler bezeichnet werden. Solange eine solche Konkretisierung nicht möglich ist, kann kein Nachbesserungsverlangen im Antrag konkretisiert werden. Dem Beklagten ist es indes zu überlassen, welche konkreten Maßnahme er treffen will, um den Mangel zu beseitigen,[1002] die Art und Weise der Nachbesserung ist daher nicht in den Antrag aufzunehmen.[1003]

III. Besonderheiten des Sachvortrags

Wie beim Schutzrechtsprozess muss der Prozessstoff in den Schriftsätzen so aufgearbeitet und dargestellt werden, dass das Gericht in der Lage ist, diesen zu erfassen und von diesem seine Überzeugung leiten zu lassen. **Technische Fachausdrücke** können nicht immer vermieden werden, sollten aber bei ihrer Einführung erläutert werden.

Bei einer Vielzahl von **Vertragsdokumenten und Leistungsspezifikationen** sollte klargestellt werden, welche dieser Unterlagen den geschuldeten Leistungsgegenstand konkretisieren, und der Inhalt der Dokumente erläutert werden.

Mängel sollten im Schriftsatz selbst dargelegt werden, eine bloße Bezugnahme auf eine Fülle unspezifizierter **Anlagen** reicht nicht aus. Wie unter § 3 Rn. Rn. 469 dargestellt, ist das Gericht nicht gehalten, sich mit viel Fantasie und Mühe aus einer Vielzahl von Unterlagen, die die Partei anstelle eines substantiierten Vorbringens einreicht, das möglicherweise Passende herauszusuchen, was zur Folge hat, dass der Inhalt der Anlagen unberücksichtigt bleibt.[1004] Anlagen sollen ausschließlich der Detaillierung, Substantiierung und zur Präzisierung des Beweisangebots dienen. Liegt eine Vielzahl von Mängeln vor, kann es angezeigt sein, sich auf prägnante und dem Beweis besser zugängliche Mängel zu konzentrieren.

1002 BGH, NJW 1978, 1584.
1003 OLG Stuttgart, NJW-RR 1999, 792.
1004 OLG Köln, OLGR 2003, 124.

Stichwortverzeichnis

Verweise erfolgen auf Teile (fett) und Randnummern (mager)

Abgrenzungs-/Vorrechtsvereinbarung **7** 244, 245
Abmahnung **7** 495, 193-251
- Abgrenzungs- und Vorrechtsvereinbarung **7** 244, 245
- Adressat **7** 201
- Begründung **7** 203
- Darlegungs- und Beweislast **7** 202, 226
- Erforderlichkeit **7** 197-200
- Formelle Einwände gegen Abmahnung **7** 236, 237
- Frist zur Erklärung **7** 219
- Gebühren **7** 221-225, 249-25
- Gegenabmahnung **7** 248
- Gegenstandswert **7** 220
- Kostenerstattung **7** 204, 226, 251
- Materielle Einwände gegen Abmahnung **7** 235, 230-233
- Mehrfachabmahnung **7** 238
- Abmahnung (Muster) **7** 195
- Antwortschreiben (Muster) **7** 246
- Originalvollmacht **7** 203, 236
- Patentanwalt **7** 227
- Reaktion auf Abmahnung **7** 234-252
- Strafbewehrte Unterlassungsverpflichtungserklärung (siehe Unterlassungsverpflichtungserklärung)
- Übermaßverwarnung **7** 212
- Unterlassungspflicht **7** 195, 206-215
- Verjährung Kostenerstattungsanspruch **7** 228
- Verteidigungsmittel **7** 230-233
- Vertragsstrafe (siehe Strafbewehrte Unterlassungserklärung)
- Verwahrung gegen Kostenlast **7** 236, 243
- Zugang **7** 202
Abnahme **5** 17ff; **7** 598
- entbehrliche **5** 28f.
- Klage auf **5** 100
- -verpflichtung **1** 73
- vorbehaltslose **5** 144
Abrechnung
- eines gekündigten Vertrages **5** 42
- prüfbare **5** 34
Abrechnungspflicht **5** 131, 136, 200
Abschlag
- Forderung **5** 35, 84
- Rechnung **5** 34
- Zahlungen **5** 21 f.
Abschlusserklärung **7** 309, 325, 326, 352, 524
- Gebühren **7** 329
- Gegenstandswert **7** 329
- Kostenwiderspruch **7** 309, 325, 325
- Muster **7** 352
Abschlussschreiben **7** 525, 526, 348-358.
- Adressat **7** 353
- Androhung der Klageerhebung **7** 354
- Angemessene Frist **7** 356
- Erforderlichkeit **7** 348 -350
- Gegenstandswert und Gebühren **7** 357 f.
- Inhalt **7** 355
- Muster **7** 351
Abstraktionsprinzip **1** 32
Access-Providing **7** 48
Administrativer Ansprechpartner (admin-c) **7** 106, 178
- Begriff **7** 106
- Passivlegitimation in Domain-Streit **7** 178
AdWord **7** 175
Aktivlegitimation **1** 198
Aktivprozess (BGB-Außengesellschaft) **1** 196
Aliud, genehmigungsfähiges **1** 370
Allgemeine Geschäftsbedingungen **1** 578 f.; **7** 574
- AGB der DENIC **7** 105
- AGB von eBay **7** 22
- BVB/EVB-IT **7** 574
- CPU-Klausel **7** 608
- Einbeziehung **7** 22
- Haftungsausschlüsse bei Online-Auktionen **7** 24
- Inhaltskontrolle **7** 23

Stichwortverzeichnis

- Open-Source-Software **7** 386
- Softwareersteller /-verkäufer **7** 575
- Verfahrensgebühr **7** 91
- Wirkung der AGB des Auktionsportals auf Vertrag der Auktionsteilnehmer **7** 22

Anerkannte Regeln der Technik **5** 106

Anfechtung (elektronische Willenerklärungen)
- bei arglistiger Täuschung **7** 28, 30, 31
- Erklärung **7** 30
- Irrtum wegen fehlerhaften Datenmaterials **7** 29
- Irrtum wegen Hardware- und Programmierfehlern **7** 29
- Online-Banking **7** 61
- Originalvollmacht bei Anfechtungserklärung **7** 31
- Übermittlungsfehler des Providers **7** 29
- Unbeachtliche Motivirrtümer **7** 29
- wegen Irrtums **7** 28-31

Angebot (elektronisch übermittelte Willenserklärung) **7** 7-11
- Abgrenzung zur invitatio ad offerendum **7** 8, 9, 11
- Beweis der Authentizität und der Integrität **7** 13, 15-21
- Freischaltung der eingerichteten Angebotsseite bei Online-Auktion **7** 11
- Sofort-Kauf-Option **7** 11
- Zugang des Angebots **7** 14

Angehörigenbürgschaft **6** 13

Anhörung
- des Vollstreckungsschuldners **5** 198

Anlassrechtsprechung **6** 22

Annahme
- Abgabe des Höchstgebotes bei Online-Auktion **7** 11
- Abgrenzung zur Eingangsbestätigung **7** 10
- an Erfüllungs statt **1** 88
- Auto-Reply-Funktion **7** 10
- durch elektronisch übermittelte Willenserklärung **7** 7ff.
- elektronische „Bietagenten" **7** 11
- Sniper-Software **7** 11

Annahmeverzug (siehe auch Feststellungsklage) **5** 79, 93; **7** 81, 83, 88

Ansprechpartner technischer (tech-c) **7** 106

Anspruch,
- Durchsetzbarkeit **1** 3
- Entstehung **1** 27
- negative Voraussetzung **1** 227, 245
- Untergang **1** 13
- Voraussetzungen tatsächlicher Natur **1** 216

Anstandsschenkung **3** 65

Antrag
- auf Abgabe einer eidesstattlichen Versicherung (Muster) **7** 547
- auf Besichtigung (Muster) **7** 484
- auf Erlass einer einstweiligen Verfügung (Muster) 27 63
- auf Veröffentlichung des Urteils (Muster) **7** 561
- bei vermuteter Raubkopie (Anweisung an Sachverständigen) (Muster) **7** 486
- nach §§ 926 Abs. 1, 936 ZPO (Muster) **7** 335
- nach §§ 926 Abs. 2, 936 ZPO (Muster) **7** 341

Anwaltszwang **7** 297

Anzeigepflicht **5** 108

Application Service Providing **7** 54

Arbeitnehmerbürgschaft **6** 17

Arbeitskosten **5** 125

Arglist **1** 297, 508; **5** 147, 175

Arrestbefehl und Arrestpfändungsbeschluss im Eilverfahren, Antrag (Muster) **1** 314

Asset-deal **1** 609

Audiokassetten (siehe auch Entsiegeln von Datenträgern) **7** 34

Aufhebung nach §§ 926, 936 ZPO **7** 523, 331ff.
- Anwaltszwang **7** 334, 340
- Glaubhaftmachung **7** 343
- Glaubhaftmachung **7** 347
- Kosten und Gebühren **7** 336, 344
- Musteranträge **7** 335, 341
- Rechtsschutzbedürfnis **7** 331, 338
- Rechtsschutzbedürfnis **7** 346
- Rubrum **7** 333
- Veränderte Umstände **7** 345
- Zuständigkeit **7** 332
- Zuständigkeit **7** 347

Aufhebungsvertrag **1** 133

Aufklärungspflicht **1** 509; **2** 39

Auflage **3** 73

Stichwortverzeichnis

Auflassung **1** 352
Auflassungsklage 353
Aufrechnung **1** 93; **5** 64 ff., 136; **7** 94
- Ausschluss **5** 73
- Erklärung **1** 101; **5** 74
- im Prozess **1** 251
Aufrechnungslage **1** 94
Aufwand, unzumutbarer (bei möglicher Nacherfüllung) **1** 411
Aufwendungen
- Anspruch **3** 80; **5** 146
- erforderliche **5** 130
- Ersatz **1** 112, 500; **5** 57 ff.
- ersparte **5** 61
- frustrierte **1** 503
- nutzlose **5** 174
- vergebliche **5** 173
Ausführungsfrist, angemessene **5** 196
Auskunftsanspruch **2** 5, 6; **7**, 111, 132, 140-142
- Eidesstattliche Versicherung **7** 142
- Markenrechtlicher **7** 111, 132, 140-142
- Rechnungslegung **7** 140
- Rechtsfolgen **7** 140-142
- Verjährung/Verwirkung **7** 143
- Voraussetzungen **7** 132
- Wirtschaftsprüfervorbehalt **7** 141
- Zeitliche Begrenzung **7** 142
Auskunftsklage
- Erteilung der Auskunft **7** 545
- Gegenstandswert **7** 548
- Klageerweiterung **7** 547
- Wirtschaftsprüfervorbehalt **7** 141, 544
Ausschluss
- der Aufrechnung **1** 99
- der Verschuldenshaftung **1** 464 f.
- des Rücktrittsrechts **1** 443 f.
- des Widerrufs **3** 64
- durch AGB **1** 389 f.
- durch Individualvereinbarung **1** 387
Ausschluss der Gewährleistungsansprüche, rechtsgeschäftlicher **1** 386

Banküberweisung **1** 83
Basel II **2** 30
Baubeschränkungen **1** 372
Bauhandwerkersicherung **5** 91
- Hypothek **5** 90
Baurisiko **2** 7

Bausatz **1** 35
Bauvertrag, nichtiger **5** 84
Beamter als Softwareersteller **7** 381
Bebaubarkeit, künftige **1** 373
Bedenkenanmeldung **5** 109
Befehlssätze **7** 418
Befreiung **6** 58 ff.
Begehungsgefahr **7** 129, 441, 534
Begründung, mehrfache **1** 223
Behauptungslast, sekundäre **1** 244
- des Prozessgegners **1** 231
Bekanntheitsschutz **7** 112, 122-132
- Anspruchsvoraussetzungen **7** 122-132
- Beispiele **7** 115, 118, 120
- Schutzumfang (siehe markenrechtlicher Schutz)
Benutzerdokumentation **7** 581
Benutzeroberfläche **7** 398
Beratungspflicht **2** 39
Bereicherungsrecht **5** 60 ff.
- aufgedrängte Bereicherung **5** 62
Bereitstellungszinsen **2** 21
Beschaffenheit, vereinbarte **1** 365; **5** 103
Beschaffungsrisiko **1** 470
Beschlussverfahren **1** 316 f.
Beseitigungsanspruch **7** 388, 396, 402, 414, 441 f., 446, 529, 566 f.
Besichtigungsanspruch **7** 445, 455 ff., 479 ff.
- Antragsfassung **7** 485
- Befehlseingaben **7** 486 f.
- Begründeter Verdacht der Urheberrechtsverletzung **7** 456
- Besichtigungsinteresse **7** 458
- Computer **7** 455
- Einstweilige Verfügung, Musterantrag **7** 484
- Gegenstandswert **7** 493
- Kosten **7** 492
- Musterantrag **7** 484
- Sachverständiger **7** 457, 480
Bestreiten
- einfaches **1** 243
- erhebliches **1** 249
- mit Nichtwissen **1** 246
- substantiiertes **1** 243
- unerhebliches **1** 249
- von Tatsachen **1** 242
Beurkundung **1** 52
- unrichtige **1** 61

617

Stichwortverzeichnis

Beurkundungspflicht **1** 53
Beweislast
Beweislast **1** 229
- allgemein **6** 38 ff.
- Schriftform **6** 9
- selbstschuldnerische Bürgschaft **6** 28
- Sittenwidrigkeit **6** 9
Beweismittel
- Augenschein **7** 17
- Ausdruck und/oder Vorlage einer E-Mail **7** 16-21
- Meinungsumfrage **7** 182
- Sachverständiger/Privatgutachten **7** 472, 478, 512, 516, 622
- Screenshots **7** 44
- Staatsanwaltschaftliche Ermittlungsakten **7** 474
- Vorlage des Sendeprotokolls **7** 20
- Zeuge **7** 618
Beweissicherungsverfahren **5** 189 f.
Beweisverfahren, selbstständiges **5** 89; **7** 479, 622 f.
Bewertung (bei Online-Auktionen) **7** 46
Bodenbeschaffenheit **1** 372
Börsenpreis **1** 46
Branchennähe (siehe Markenrechtlicher Schutz) **7** 121
Bringschuld **1** 41
Buchungsbelege **2** 4
Bundling-Software **7** 34
Bürge
- Tod **6** 27
Bürgenrückgriff **6** 48 ff.
Bürgschaft
- auf erstes Anfordern **6** 31
- selbstschuldnerische **6** 28
Bürgschaftsvertrag **6**
- Abgrenzung **6** 3
- Akzessorietät **6** 10
- allgemeine Geschäftsbedingungen **6** 20
- Kündigung **6** 26
- Schriftform **6** 8
- Sittenwidrigkeit **6** 13
BVB/EVB-IT **7** 574

CD-Rom (siehe auch Entsiegeln von Datenträgern) **7** 34, 596
Change-Request-Verfahren **7** 611
Compiler **7** 386

Computerprogramm
- Arrangieren **7** 382
- Bearbeiten **7** 382
- Bedienungsanleitung **7** 417
- Benutzerdokumentation **7** 581
- Funktionsbeobachtung **7** 385
- Mängel **7** 587
- Nachahmen **7** 382
- Programmelemente, grafische **7** 419-420
- Testen **7** 385
- Übersetzen **7** 382
- Umarbeiten **7** 382
- Untersuchung **7** 385
- Vervielfältigen **7** 382
Computerspiele **7** 425
CPU-Klauseln **7** 608
Culpa in contrahendo **1** 229, 359

Darlegungs- und Beweislast **7** 15-21
- Aktivlegitimation im Schutzrechtsprozess **7** 463, 464
- Application Service Providing **7** 54
- Dialer-Problematik **7** 49-51
- Einzelauskunft **7** 55
- Elektronische Willenserklärungen **7** 15-21
- Faktisches „Widerrufsrecht durch Beweislastverteilung" **7** 17
- Mehrwertdienstleistungen **7** 52
- Schutzfähigkeit der Software **7** 461, 462
- SMS-Dienste (Premium-SMS) **7** 52
- Softwaremängelprozess **7** 575, 599
- Webhostingverträge **7** 53
- Zugang der Abmahnung **7** 202
- Zugang der elektronischen Willenserklärung **7** 15-21
Darlehenskonditionen **2**
- Kreditkosten **2** 21, 38, 47, 70
- Sittenwidrigkeit **2** 22 ff., 82
- Zinsanpassung **2** 31, 33, 35, 66
- Zinssatz **2** 15, 20, 21, 70
Darlehensvertrag **2**
- Aufklärungs- und Beratungspflicht **2** 39, 40
- außerordentl. Kündigung Darlehensgeber **2** 92 ff.
- außerordentl. Kündigung Darlehensnehmer **2** 78

- Auszahlungsanpruch **2** 12ff.
- für Verbraucherkredit (Muster) **2** 69
- Konditionen **2** 2
- Kreditkosten **2** 21
- ordentl. Kündigung Darlehensgeber **2** 87ff.
- ordentl. Kündigung Darlehensnehmer **2** 75, 77
- Schriftform **2** 10, 44, 54
- Verzug **2** 18
- Zinssatz **2** 15, 20, 21

Datenbankschutz **7** 426-429.
Datensicherung **7** 591
Dauerlieferungsvertrag **1** 689
Deckungszusage (siehe Rechtsschutzversicherung)
deliktsrechtliche Ansprüche **1** 361
DENIC (Domain Verwaltungs- und Betriebsgesellschaft e.G.) **7** 100
- Name-Server-System **7** 101
- Passivlegitimation im Domain-Streit **7** 176
- Registrierung von „de"-Domains **7** 101

Dialer (0190 er Nummern etc.) **7** 50
- Darlegungs- und Beweislast **7** 51
- Risiko der heimlichen Installation und missbräuchlichen Nutzung **7** 50

Dienstvertrag **5** 2
dinglicher **1** 304
Disagio **2** 21, 38
Disketten (siehe auch Entsiegeln von Datenträgern) **7** 34
Dispositionskredit **2** 64ff., 89
Dispute-Eintrag **7** 190, 191
Dokumentation **2** 3
Domain (siehe Domain-Streitigkeiten)
Domain-Grabbing
- Siehe auch Markenrechtlicher Schutz/ Namensrechtlicher Schutz/Wettbewerbsrechtlicher Schutz

Domain-Registrierung **7** 100-108
- Domainregistrierungsvertrag **7** 106
- Priorität (siehe näher Prioritätsprinzip)

Domain-Streitigkeiten **7** 96-370
- (siehe auch namensrechtlicher Schutz) **7** 160
- Abmahnung (siehe dort)
- Abschlusserklärung (siehe dort)
- Abschlussschreiben (siehe dort)

- Begriff **7** 99
- Benutzungsaufnahme **7** 157, 158
- Bestandteile **7** 99
- Bezeichnungsrecht **7** 156, 157
- Darlegungs- und Beweislast **7** 180-186
- Deliktsrechtlicher Schutz **7** 173
- DENIC (siehe dort)
- Einstweilige Verfügung (siehe dort)
- Feststellung der Inhaberschaft **7** 107, 108, 181
- Freigabe **7** 109, 134
- Hauptsacheverfahren **7** 348-364
- Informationsdienst (WHOIS) **7** 107
- Löschung **7** 134, 211
- Namenschutz
- Passivlegitimation **7** 176-179
- Priorität der Anmeldung **7** 161
- Registrierungsverfahren **7** 100-108
- Schutzrechte an der Domain **7** 158-160
- Second Level Domain (siehe dort)
- Sperrung einer Domain **7** 176
- Top Level Domain (siehe dort)
- Übertragungsanspruch (fehlender) **7** 134, 211
- Verzicht **7** 134, 211
- Wert **7** 139
- Zwangsvollstreckung (siehe näher dort) **7** 365-369

Doppelkauf **1** 701
Doppelte Zug-um-Zug-Verurteilung **5** 98
Download **7** 25, 56
- Belehrung über Widerrufs- und Rückgaberechte **7** 25
- Download von Texten **7** 25

DPMA (Deutsches Patent- und Markenamt **7** 181, 231, 396
Dringlichkeit **7** 276, 513, 259-261
- Besondere **7** 276
- Selbstwiderlegung der -vermutung **7** 259
- Vermutung **7** 259
- Zeitspanne **7** 260, 261, 513

Drittkäufer **1** 678
Drittwiderklage **1** 262
Drittwiderspruchsklage **1** 639f.
Drittwiderspruchsklage gemäß § 771 ZPO und Ordnungsantrag gemäß §§ 771 Abs. 3, 769 ZPO (Muster) **1** 645
Drucker **7** 34

619

Stichwortverzeichnis

Druckzuschlag **5** 78f.
Dual use **1** 531
Due diligence **1** 620
Durchgriffsfälligkeit **5** 30ff.
Durchsuchungsanordnung **7** 491
DVD (siehe auch Entsiegeln von Datenträgern) **7** 34

E-Bay **7** 22
EC-Karte **7** 59
E-Commerce **1** 557; **7** 1ff.
Eigenschaft
– einer Peson oder Sache **1** 66
– verkehrwesentliche **1** 67
Eignung zur vorausgesetzten oder gewöhnlichen Verwendung **1** 366
Einlassung, rügelose **1** 193
Einrede **5** 77ff.
– der Verjährung **1** 149
– des nicht erfüllten Vertrages **1** 138
– des Notbedarfs **3** 28
– des Zurückbehaltungsrechts **1** 144
Einstellung, einstweilige **1** 325
Einwendungen/Einreden **6** 11f., 53f.; **5** 63ff.
– rechtsvernichtende **1** 79
Einwendungsdurchgriff **2** 60
Elektronische Recherchedienste **7** 57, 58
E-Mail **7** 14-21, 6-11
– Anwendbarkeit der Regeln des BGB AT **7** 14-21, 6-11
– Beweismittel **7** 16-21
Entgeltlichkeit **3** 13
Entlastungsbeweis **1** 461
Entschädigungsanspruch **5** 49
Entsiegeln von Datenträgern **7** 34
– Siehe auch Widerrufsrecht des Verbrauchers
– Test der Funktionsfähigkeit **7** 34
Erfolgsort **1** 41
Erfüllung **1** 80
– -Anspruch **5** 113ff., 145; **7** 2, 71, 76, 93
– -ort **1** 41
– -übernahme **6** 7
– -verweigerung **5** 128
– zwischen Anhängigkeit und Rechtshängigkeit **1** 235
Erheblichkeitsprüfung **1** 241
Erinnerung **1** 343; **7** 86

– gemäß § 732 ZPO (Muster) **1** 346
Erlass
– einer einstweiligen Verfügung Antrag (Muster) **1** 636
– eines Pfändungs- und Überweisungsbeschlusses, Antrag (Muster) **2** 92
Erlassfalle **1** 137
Erlassvertrag **1** 134
Ermittlungsverfahren **7** 431, 474
Erscheinen, persönliches **1** 272
Erschöpfungsgrundsatz, urheberrechtlicher **7** 383
Eventualaufrechnung **1** 254
Eventualwiderklage **1** 268

Fachurteilsvoraussetzungen **1** 176
Fälligkeit **1** 152; **5** 17ff.
– des Kaufpreises **1** 69
– Klauseln **1** 69
Falschlieferung **1** 370
Fehlermeldung und -protokolle **7** 594, 614
Fernabsatzgeschäfte **7** 1-95
– Anfechtung (siehe auch Anfechtung elektronisch übermittelter Willenserklärungen) **7** 28ff.
– Begriff **7** 1, 34
– Darlegungs- und Beweislast für Lieferung **7** 32-45
– Gefahrtragung **7** 45
– Klage auf Erfüllung **7** 93, 76-78
– Rückabwicklung (Muster mit Erläuterungen) **7** 81-92
– Widerrufs- und Rückgaberecht (siehe auch Widerrufsrecht bzw. Rückgaberecht) **7** 32-45
– Zug-um-Zug-Leistung **7** 80, 85, 86, 88
– Zustandekommen von Fernabsatzgeschäften **7** 6-21
Fernabsatzvertrag **1** 549; **2** 71ff.
Fertighaus **1** 35
Fertigstellungsbescheinigung **5** 25
Festsetzungsbeschluss **5** 101
Feststellungsinteresse **1** 238
Feststellungsklage **1** 236; **7**, 81, 83, 88, 554-557
– Annahmeverzug **7** 81, 83, 88
– Gegenstandswert **7** 557
– Interesse **7** 555
– Muster **1** 240

620

– Verjährungshemmung **7** 556
Finanzierung **2** 1, 2, 77
– Leasing **4** 4 ff.
Fixgeschäft **5** 128
– einfaches **1** 436
Flucht
– in das Versäumnisurteil **1** 271, 283
– in den Widerrufsvergleich **1** 287
– in die Berufung **1** 284
Formerfordernisse (elektronischer Geschäftsverkehr) **7** 25-27
– Elektronische Form **7** 25
– Notarielle Beurkundung bei Online-Auktionen über Grundstücke **7** 27
– Schriftform **7** 25
– Textform **7** 26
– Vertraglich vereinbarte Schriftform **7** 25
– Verwendung einer qualifizierten elektronischen Signatur **7** 25
Formnichtigkeit **5** 8
– Heilung **1** 62
Freeware **7** 386
Freibeweis **1** 174
Frist, angemessene **5** 126 f., 149, 156, 167
Fristsetzung **7** 617
– entbehrliche **5** 128, 150
Funktionstüchtigkeit **5** 105 ff.

Garantie **1** 568 f.
– -erklärung **1** 522, 587
– -fall **1** 523
– -geber **1** 521
– selbständige **1** 519
– -übernahme **1** 466
– unselbständige **1** 518
– -vertrag **6** 4
Gattungskauf **1** 39
Gattungsschuld
– beschränkte **1** 40
– marktbezogene **1** 40
Gebäudezustand **1** 372
Gebrauchsmuster **7** , 138
Gefahrenübergang **1** 379, 379
Gegenabmahnung **7** 248
Gegenstandswert **7** 83, 89, 220
– Abmahnung **7** 220
– Abschlusserklärung **7** 329
– Auskunftsklage **7** 548
– Einstweilige Verfügung **7** 227, 518

– Feststellungsklage **7** 555
– Klage auf Rückabwicklung **7** 83, 89, 90
Geldschulden **1** 82
Gemeinkosten (siehe Schadensersatz) **7** 138
Gemeinschaftsgeschmacksmuster **7** 422 f.
Generische Domains **7** 153, 154, 171
Gerichtsgebühren
– Antrag nach §§ 926 Abs. 1, 936 ZPO **7** 336
– Antrag nach §§ 926 Abs. 2, 936 ZPO **7** 344
– Antrag nach §§ 927, 936 ZPO **7** 347
– Einstweilige Verfügung **7** 519, 278-280
– Klage auf Rückabwicklung eines Fernabsatzgeschäfts **7** 89, 90.
– Klage im Schutzrechtsprozess **7** 562
– Widerspruch **7** 320
Gerichtsstand, besonderer
– der Niederlassung **1** 187
– des Erfüllungsortes **1** 185
– Haustürgeschäfte **1** 186
– Vereinbarung **4** 25
Geschäfts- und Betriebsgeheimnisse **7** 391
– Ausspähen **7** 457
Geschäftsführung
– berechtigte **5** 55
– ohne Auftrag **5** 54 ff.
– Unberechtigte **5** 59
Geschäftsgebühr, Erstattung der hälftigen **7** 91, 559
Geschmacksmusterschutz **7** 422 f.
Gewährleistungsausschluss
– gem. § 442 BGB **1** 402 f.
– gem. § 445 BGB **1** 405
Gewinn, entgangener (siehe Schadensersatz)
Glaubhaftmachung **1** 311; **7** 275
Gleichnamige (siehe Namensrechtlicher Schutz)
gleichwertiges äquipollentes Parteivorbringen **1** 259
GPL (General Public License) **7** 386
grober Undank **3** 62
Grundbuch **1** 44
Grundstück **1** 43
Güteverhandlung **1** 271

Stichwortverzeichnis

Haftung, verschärfte (bei Rechtsmängeln) **3** 37
Haftungsausschluss **7** 24
- Ausschluss von Mängelrechten (Online-Auktion) **7** 24
Haftungsbeschränkung **1** 7; **3** 27
Halbleitererzeugnisse **7** 391
Haltbarkeitsgarantie **1** 518
Handbücher **7** 417
Handeln unter fremden Namen **7** 12, 13
- Abgrenzung zum Handeln unter fremden Namen im E-Commerce **7** 12
- Benutzung der Kennung eines Dritten bei Online-Auktion **7** 12
- Benutzung der Kennung eines Dritten bei Online-Shopping **7** 13
- Rechtsfolgen **7** 13
- Rechtsscheinshaftung des Dritten **7** 13
Handelskauf **1** 697 f.
- beiderseitiger **1** 510
Handschenkung **3** 2 f., 9 f.
Handwerksrolle **5** 11
Hardware
- Beweissicherung **7** 611-623
- Erwerb von Hardware auf Zeit **7** 606-608
- Mängelprozess **7** 570-575, 603-605
- Miete **7** 606
- -paket **7** 604
Haupt- und Hilfsantrag **1** 224
Haupt- und Hilfsklagegrund **1** 225
Haustürgeschäfte **1** 541
Hersteller-/Händlerleasing **4** 8
Herstellergarantie **1** 521
Hilfstatsachen **1** 220
Hinterlegung **1** 105; **5** 99
Hinweispflicht des Gerichts **1** 234
- in der mündlichen Verhandlung **1** 275 f.
Höchstbetragsbürgschaft **6** 36
Holschuld **1** 41
Homepage, Erstellen **7** 53
HTML **7** 421

IANA (Internet Assigned Numbers Authority) **7** 101
ICANN (Internet Corporation for Assigned Names and Numbers) **7** 101
Immobilienfonds, geschlossene **2** 7
Individualsoftware **1** 607; **7** 578
Individualvereinbarung **1** 575; **5** 148

Informations- und Gestaltungspflichten **1** 551, 558
Informationsbroker **7** 56
Informationspflichten, nachvertragliche **1** 552
Insolvenzrisiko **1** 16
Internet **7** 1-370
Internet Service Provider (siehe Provider)
Interventionswirkung **1** 208
Inzahlungnahme **1** 89
- von Gebrauchtwagen **1** 703
Irreführung (siehe Markenrechtlicher Schutz/Namensrechtlicher Schutz/Wettbewerbsrechtlicher Schutz)
Irrtum über verkehrswesentliche Eigenschaft **1** 65
Istbeschaffenheit **5** 103

Java-Applet **7** 421
Java-Skript **7** 421

Kammer für Handelssachen (s.a. Zuständigkeit) **1** 182
Kauf
- auf Probe **1** 646 f.
- besondere Arten **1** 23
- -gegenstand **1** 20
- Kaufpreisklauseln **1** 46
- mit Montageverpflichtung **1** 34
- -preis **1** 46
- unter Eigentumsvorbehalt **1** 627 f.
- unter Verwendung besonderer Vertriebsformen **1** 528 f.
- -vertrag **5** 3
- vom Bauträger **1** 34
- zur Probe **1** 649
Kaufvertrag
- -abschlussmodalitäten **1** 25
- Kaufvertrag, aufschiebend bedingter **1** 649
- mit Montageverpflichtung **5** 4
- Parteien **1** 24
- Typen **1** 19
Kerntheorie **7** 565
Klage
- Anlagen **7** 632
- -antrag **1** 203
- auf Befreiung von einer Verbindlichkeit (Muster) **6** 56

- auf Befreiung von einer Verbindlichkeit (Muster) **6** 59
- auf Herausgabe des Schenkungsgegenstandes nach Widerruf der Schenkung (Muster) **3** 67
- auf Kaufpreisrückzahlung wegen Rücktritts (Muster) **1** 441
- auf Kaufpreiszahlung und Feststellung des Annahmeverzugs (Muster) **1** 78
- auf Kaufpreiszahlung vor der Kammer für Handelssachen (Muster) **1** 183
- auf Minderung (Muster) **1** 455
- auf Nacherfüllung (Muster) **1** 381
- auf Rückabwicklung eines Fernabsatzgeschäfts (Muster) **7** 81
- auf Rückforderung des Schenkungsgegenstandes (Muster) **3** 53
- auf Rücktritt und Aufwendungsersatz (Muster) **1** 504
- auf Schadensersatz bei anfänglicher Unmöglichkeit der Nacherfüllung (Muster) **1** 474
- auf Schadensersatz bei arglistigem Verschweigen eines Mangels (Muster) **1** 515
- bei großem Schadensersatzanspruch, §§ 437 Nr. 3, 280 Abs. 1, 3, 281 Abs. 1, s. 1, 3 (Muster) **1** 499
- bei kleinem Schadensersatzanspruch, §§ 437 Nr. 3, 280 Abs. 1, 3, 281 Abs. 1 S. 1 BGB (Muster) **1** 495
- bei Unmöglichkeit, Einrede der Nichterfüllung (§ 320 BGB) (Muster) **1** 127
- des Gläubigers gegen den Bürgen auf Zahlung aus § 765 i.V.m. § 488 BGB (Muster) **6** 44
- des Käufers bei mangelhafter Lieferung beim Sukzessivlieferungsvertrag (Muster) **1** 693
- des Leasingnehmers gegen den Leasinggeber auf Rückzahlung der Raten nach Wegfall der Geschäftsgrundlage (Muster) **4** 63
- des Leasingnehmers gegen den Lieferanten auf Rückzahlung des Kaufpreises an den Leasinggeber (Muster) **4** 62
- -erwiderung **7** 94
- -gegenstand **1** 203
- -grund **1** 203
- -schrift
- und Streitverkündung (Muster) **1** 212

Klageänderung **1** 223, 225; **5** 38
Klageerweiterung **1** 285
Klageerwiderung
- bei Aufrechnung (Muster) **1** 103
- bei Ausschluss der Gewährleistung nach § 377 HGB (Muster) **1** 407
- bei Ausschluss der Gewährleistung wegen Kenntnis des Mangels (Muster) **1** 404
- bei Erfüllung (Muster) **1** 87
- bei Fernabsatzvertrag (Muster) **1** 556
- bei Haustürgeschäften (Muster) **1** 548
- bei Leistung erfüllungshalber (Muster) **1** 92
- bei Unmöglichkeit der Nachbesserung (Muster) **1** 385
- des Bürgen (Muster) **6** 45
- mit hilfsweiser Aufrechnung (Muster) **1** 257
- mit hilfsweiser Aufrechnung und hilfsweiser Widerklage (Muster) **1** 269

Klauselgegenklage **1** 347 f.
- und einstweilige Anordnung (§§ 768, 769 ZPO) (Muster) **1** 350

Kommission **1** 36
Konfusion **1** 684
Kopierschutzmechanismus **7** 388
körperliche Gegenstände **1** 38
Kosten
- Anwaltsgebühren (siehe dort)
- der Abnahme **1** 48
- der Auflassungsvormerkung **1** 48
- der Beurkundung **1** 49
- der Erfüllung des Kaufvertrages **1** 48
- der Nachbesserung **5** 125 f.
- der Übergabe **1** 48
- -erstattung **7** 91, 92, 204, 226, 302, 305, 559, 228 251
- für Grunderwerbssteuer **1** 48
- Gerichtsgebühren (siehe dort)
- Meinungsumfrage **7** 182
- Privates Sachverständigengutachten **7** 622
- -risiko **1** 18
- unverhältnismäßige **1** 410; **5** 141

Kostenanschlagsüberschreitung **5** 43, 45
Kostenvorschuss

Stichwortverzeichnis

- -anspruch **5** 133 ff., 146
- -zahlung **5** 199

Kostenwiderspruch **7** 309, 322-330
- Abschlusserklärung **7** 308, 325, 326
- Gegenstandswert **7** 329
- Glaubhaftmachung **7** 328
- Muster **7** 323
- Rechtsmittel **7** 330

Kündigung **1** 129; **4** 31; **5** 84
- aus wichtigem Grund **5** 46, 51
- des Werkvertrages **5** 40 ff.
- durch den Besteller **5** 40 ff.
- durch den Unternehmer **5** 47 ff.
- freie **5** 40 ff.

Kündigungsandrohung, qualifizierte **4** 32

Laden- oder Listenpreis **1** 46
Lastenheft **7** 581
Lastschriftverfahren **1** 84
Laufbildschutz **7** 425
Leasingerlass **4** 13
Leistung erfüllungshalber **1** 90
Leistungs
- -beschreibung **5** 104
- -identität **5** 31 f.
- -ort **1** 41
- -spezifikation **7** 631
- -übernahme, wettbewerbsrechtliche **7** 392
- -verweigerung, ernsthafte und endgültige **1** 435
- -verweigerungsrecht **1** 408; **5** 77 ff.

Leistungsklage auf Rückzahlung zu viel gezahlter Vorfälligkeitsentschädigung (Muster) **2** 52
Lieferung einer anderen Sache **1** 358
Linux **7** 386
Lizenz
- -analogie **7** 451
- -nehmer **7** 379
- -vertrag **1** 37; **7** 494

Löschung der Domain **7** 134, 135

Mahnverfahren **1** 204; **7** 79, 80, 71-75
- Amtliche Vordrucke **7** 72
- Bestimmung des Streitgegenstandes und der Parteien **7** 73
- Gebühren **7** 74
- Online-Mahnantrag **7** 72

- Vollstreckungsbescheid **7** 71
- Zulässigkeit (bzw. Unzulässigkeit) **7** 80
- Zuständigkeit **7** 72

Mangel
- Angaben zu Umsatz und Ertrag **1** 619
- unerheblicher **5** 151
- unwesentlicher **5** 27
- wesentlicher **5** 27

Mängel/Schlechterfüllung **5** 24, 33, 118, 149; **7**, 48, 53 ff.
- Access-Providing-Verträgen **7** 48
- am Gesellschaftsanteil **1** 623
- am von der Gesellschaft betriebenen Unternehmern **1** 624
- an einzelnen Gegenständen als Mängel des Unternehmens **1** 618
- Application Service Providing-Verträge **7** 54
- beim Kauf sämtlicher Gesellschaftsanteile und beim Kauf von Mehrheitsanteilen **1** 625
- Beseitigung **5** 113 ff., 195
- Online-Banking **7** 60, 61
- Software **7** 602, 586-596
- Übermittlung von Nachrichten/Erbringung von elektronischen Recherchediensten **7** 55-58
- Verjährung **7** 597
- Webhosting-Verträge **7** 53

Mangelfolgeschäden **5** 163 ff.
Mangelschäden **5** 166 ff.
Markenrecht **7** 96, 111-166
- Auskunftsanspruch **7** 402
- Entstehung **7** 111
- Markenrechtlicher Schutz (siehe dort)
- Straf- und Bußgeldvorschriften **7** 402

Markenrechtlicher Schutz
- Anwendbarkeit in Domain-Streitigkeiten **7** 144
- Bekanntheitsschutz (siehe näher dort) **7** 112-121
- Beschlagnahme **7** 404
- Kollision identischer Kennzeichen **7** 163-166
- Rechtsfolgen **7** 402
- Schutz von Software **7** 395
- Vernichtungsanspruch **7** 402
- Verwechslungsschutz (siehe näher dort) **7** 112-121

- Vorrang **7** 111, 149, 150, 168
Markenregister **7** 111
Marktpreis **1** 46
Materialkosten **5** 125
Materiell-rechtliche Einwendungen **5** 201
Mediendienste **7** 1
Mehrwertdienstleistungen **7** 49-52
Mengenfehler **1** 370
Meta-Tags **7** 96, 174
mho.de-Entscheidung **7** 150-152
Mietertrag **1** 373
Mietkauf **4** 6
Minderung **1** 450f.; **5** 158ff., 174; **7** 596
- Betrag **5** 160f.
- Einrede **1** 143
- Erklärung **1** 451
Minderung, Berechnung **1** 453
Mitverschulden **5** 124, 132, 142
Mitwirkungshandlung **5** 197
Mitwirkungspflichten **5** 47ff.
Montageanleitung, fehlerhafte (IKEA-Klausel) **1** 369
Montagefehler **1** 368
Multimedia-Programme **7** 425

Nachbesserung **7** 629
Nacherfüllung **1** 364f.
- Anspruch **4** 41
- durch Mangelbeseitigung **1** 423; **5** 116ff., 146, 174
- fehlgeschlagene **1** 439; **5** 128
- mangelhafte **1** 426
- Umfang **5** 120ff.
- unzumutbare **1** 439; **5** 128
- Verweigerung (der möglichen) **1** 409, 439
Nacherfüllungsverlangen **1** 380, 380
Nachlieferung **1** 424
Nachrichtenübermittlung **7** 56
Namensrecht
- Namensrechtlicher Schutz (s. dort)
- Vorliegen eines Namensrechts **7** 146
Namensrechtlicher Schutz
- Anspruchsvoraussetzungen **7** 160, 146-155
- Anwendbarkeit in Domain-Streitigkeiten **7** 150
- Generische Domain **7** 153, 154

- Kollision identischer Namen/Kennzeichen **7** 163-166
- Kollision von Namens- und Kennzeichenrechten **7** 156-166
- Namensanmaßung **7** 151
- Namensleugnung **7** 147, 153, 154
- Überragende Verkehrsgeltung **7** 166
- Vorrang des Markenrechts **7** 149, 150
Nebenabreden **6** 9
Nebeninterventionen **1** 206
Nebenpflichten **5** 52f.
- -verletzung **5** 53, 176
NIC (Network Information Centers) **7** 100
Nichtabnahmeentschädigung **2** 19, 21
non liquet **1** 229
Notar **7** 27
Notbedarf **3** 47
Null-Leasing **4** 9
Nutzungen, gezogene **5** 152ff.
Nutzungsentschädigung **4** 42

öffentliche Aussagen des Verkäufers **1** 367
Öffentliche Urkunde **5** 93
öffentliche Zustellung **1** 201
öffentlich-rechtliche Lasten an Grundstücken **1** 377
Ombudsmann **2** 8, 9
Online-Auktionen **2** 72; **7** 11-21
- Angebot des Versteigerers **7** 11
- Annahme durch Höchstbietenden **7** 11
- Benutzung fremder Kennung **7** 12
- Community-Shopping **7** 4
- umgekehrte Auktion **7** 4
- Widerrufsrecht des Verbrauchers **7** 34
Online-Banking **7** 59-61
- Haftung der Bank **7** 60, 61
- Haftung des Kunden **7** 59
Online-Shopping
- Angebot **7** 9
- Annahme **7** 8, 10
- Anscheinsvollmacht **7** 13
- Benutzung fremder Kennung **7** 13
- Bestellbestätigung (§ 316e BGB) **7** 10
- Duldungsvollmacht **7** 13
- Invitatio ad offerendum **7** 8
- Versandhandel **7** 4
- Widerrufs- und Rückgaberecht (siehe auch Widerrufsrecht und Rückgaberecht) **7** 32-44

625

Stichwortverzeichnis

Open-Source-Software **7** 386
Operatingleasing **4** 7
Ordnungsmittel
- -androhung **7** 270, 539
- -verfahren **7** 293, 565

Organisationsverschulden **5** 147, 175
Originalvollmacht **7** 31, 35, 203, 236
Orts- und Marktüblichkeit **5** 15
OSS (siehe Open-Source-Software)

Parteiidentität **1** 262
Patentanwalt **7** 227
Patentschutz
- Bußgeld- und Strafvorschriften **7** 415
- Erfindungshöhe **7** 413
- Neuheit **7** 407, 413
- Rechtsfolgen **7** 414
- Schadensersatzanspruch **7** 414
- Stand der Technik **7** 407
- Textverarbeitung **7** 412
- Unterlassungsanspruch **7** 414

persönlicher **1** 305
Pfändung Dispositionskredit **2** 67, 69
Pflichtenheft **7** 581, 611
Pflichtschenkung **3** 65
PHP-Programmierung **7** 421
PIN **7** 59
positive Vertragsverletzung **1** 359
Powerseller-Symbol **7** 44
Preisangabenverordnung (PAngV) **2** 47
Preisgefahr **1** 120
- Übergang **1** 119

Presence Provider **7** 53
Prioritätsprinzip **7** 100
Privatgutachten **7** 478, 516, 622
Programmidee **7** 393
Prorogation **1** 191
Provider **7** 55, 101
- Begriff **7** 101
- Haftung bei Übermittlung von Nachrichten **7** 55
- Passivlegitimation in Domain-Streit **7** 177
- Registrierung von Domains **7** 101, 102

Prozess
- -bürgschaft **6** 35
- -finanzierer **7** 70

Prozessführungsbefugnis **1** 198
Prozesshindernis **1** 173
- der Rechtskraft **1** 202

Prozesskostenhilfe **7** , 70
Prozessstandschaft
- gesetzliche **1** 199
- gewillkürte **1** 199

Prozessurteil **1** 176
Prozessvergleich **1** 292 f.
Prozessvoraussetzungen, echte **1** 176
Prüfung von Amtswegen **1** 173
Prüfungspflicht **5** 108
Qualifizierte elektronische Signatur **7** 19, 20, 25
Quellcode **7** , 386, 394, 476, 583

Rahmenvertrag **1** 689
Ratenkauf **2** 71
Ratenlieferungsvertrag **1** 538, 561
Rating **2** 30
Raubkopie (siehe Software, Eins-zu-Eins-Verletzung)
Rechnung **7** 86
Rechnungsdokumente **7** 454
Rechnungslegungsanspruch (siehe Auskunftsanspruch)
Rechteinhaber **7** 378
Rechtsbegriffe als Anspruchsvoraussetzungen **1** 217
Rechtsbegriffe, einfache **1** 218
Rechtsbindungswillen **7** 60
- Online-Banking **7** 60

Rechtsfolgen des Rücktritts **1** 447 f.
Rechtsgeschäfte, einseitige **1** 9
Rechtskauf **1** 603 f.
Rechtskraft
- der Entscheidung **1** 255
- -erstreckung **6** 42

Rechtsmangel **1** 375 f., 376; **5** 112
Rechtsschutzversicherung **2** 7, 83; **7** 70
Regelmäßige Verjährung **5** 83
Registrierung (siehe Domain-Registrierung)
Replik **1** 270
Restamortisationsanspruch **4** 53
Restschuldversicherung **2** 46
Reverse Engineering **7** 476
Ringtausch **1** 702
Rückabwicklung **7** 86, 626
Rückforderungsanspruch **3** 51
Rückgaberecht bei Fernabsatz **7** 36-44

Stichwortverzeichnis

- Ausübung des Rückgaberechts **7** 37
- Beginn des Rückgaberechts **7** 36
- Belehrung über Rückgaberecht **7** 36, 43
- Darlegungs- und Beweislast **7** 44
- Dauer des Rückgaberechts **7** 36
- Gefahr der Rücksendung **7** 39
- Kosten der Hinsendung **7** 40
- Kosten der Rücksendung **7** 39
- Originalvollmacht **7** 35
- Rechtsfolgen **7** 38-44
- Rechtsfolgen des Widerrufs **7** 38-44
- Rücknahmeverlangen **7** 37
- Rücksendung **7** 37
- Teilrückgabe **7** 34, 38
- Untergang der Sache **7** 43
- Verschlechterung der Sache **7** 43
- Verzug **7** 41

Rückkauf **1** 660
Rücktritt **1** 129, 428 f.; **4** 44 ff; **5** 123, 149 ff., 174, 179 ff.
- Einrede **1** 143
- Erklärung **1** 440

Rügepflicht **7** 602
Rügerecht **1** 598

Sachen, künftig entstehende **1** 68
Sachgefahr **1** 120
Sachgesamtheiten **1** 42
Sachkauf **1** 21
Sachmangel **1** 364; **5** 103 ff.
Sachmangel **1** 372
- -umkehr **1** 230, 571
Sachverständigengutachten **5** 96, 134
Sale-and-lease-back **4** 10
Schadensersatz **4** 53; **5** 52 f., 162 ff., 174, 176, 182 ff; **7**
- Anspruchsvoraussetzungen (siehe Markenrechtlicher Schutz, Namensrechtlicher Schutz, Urheberrechtlicher Schutz, Wettbewerbsrechtlicher Schutz)
- Ausschluss (siehe Haftungsausschluss)
- bei anfänglicher Unmöglichkeit der Nacherfüllung **1** 456 f.
- bei nachträglicher Unmöglichkeit der Nacherfüllung **1** 475 f.
- beim Verbrauchsgüterkauf (Muster) **1** 583
- Berechnungsmethoden **7** 450, 451, 136-139

- Gemeinkosten (Selbstkosten) **7** 138
- Klage des Käufers bei mangelhafter Lieferung beim Teillieferungsvertrag (Muster) **1** 691
- kleiner Schadensersatzanspruch **1** 487 f.
- Lizenzanalogie **7** 139
- Nichterfüllung **7** 93
- Verletzergewinn **7** 451

Schadensersatzanspruch
- großer **1** 496; **5** 171
- kleiner **5** 170

Schenkung
- an Minderjährige **3** 24
- auf den Todesfall **3** 6
- gemischte **3** 3
- nicht vollzogene **3** 28
- unter Auflage **3** 4, 72 f.

Schenkungsabrede **3** 14
Schenkungsversprechen **3** 9 f., 19
Schickschuld **1** 41
Schlechterfüllung (siehe Mängel/Schlechterfüllung)
Schlussrechnung **5** 34, 37
Schlusszahlung **5** 35, 84
Schriftform **1** 537 f.
Schriftsatznachlass **1** 289
Schuldmitübernahme **6** 5
Schutzfähigkeit (Software) **7** 374 –378
- Darlegungs- und Beweislast **7** 461

Schutzrechtsprozess
- Abwendungsbefugnis **7** 505
- Aktivlegitimation **7** 379-381, 435-438
- Antrag auf Unterlassung **7** 533-540
- Auskunftsanspruch **7** 444
- Beweissicherung **7** 471-493
- Feststellungsantrag **7** 554
- Gegenstandswert Stufenklage **7** 552
- Gegenstandswert Unterlassungsklage **7** 540
- Gerichtsstand **7** 530
- Klage auf Abgabe der eidesstattlichen Versicherung **7** 547
- Klagemuster **7** 529
- Passivlegitimation **7** 439, 440
- Rechnungslegungsanspruch **7** 454
- Rechtsweg **7** 530
- Sachverständiger **7** 473
- Stufenklage **7** 529-569
- Vernichtungsanspruch **7** 446, 558

Stichwortverzeichnis

- Veröffentlichung des Urteils **7** 560, 561
- Verteidigung **7** 498-504
- Zuständigkeit, funktionale **7** 531
- Zuständigkeit, örtliche **7** 530
- Zuständigkeit, sachliche **7** 532

Schutzschrift **7** 252, 522, 294-306
- Anträge **7** 2956, 299-302
- Gebühren **7** 305
- Gegenstandswert **7** 277, 304
- Kostenerstattung **7** 302, 305
- Muster **7** 297
- Parteibezeichnung
- Zuständiges Gericht **7** 296
- Zweck **7** 294

Schwarzarbeit **5** 9f.
schwere Verfehlung **3** 61
Second Level Domains **7** 99, 100
Sekundärhaftung des Anwalts **1** 6
Selbsthilfeverkauf **1** 109
Share-deal **1** 610
Shareware **7** 386
shell.de-Entscheidung **7** 149
Sicherheitskopie **7** 384
Sittenwidrigkeit **2** 22ff., 82

Software
- Be-, Um-, Einarbeiten **7** 378
- Eins-zu-Eins-Verletzung **7** 430
- Elementenschutz **7** 416
- Erstellung **7** 576
- Erwerb **7** 576
- Miete **7** 606
- Patentierungsverbot **7** 408
- Patentschutz **7** 405-415.
- Sacheigenschaft **7** 579
- Standardsoftware **7** 602
- Wartung- und Pflege **7** 610
- Werkqualität **7** 374
- Werktitelschutz **7** 401
- Wertverlust **7** 596

Softwareerstellung
- In Arbeits- und Dienstverhältnissen **7** 381

Softwaremängelprozess
- Beweissicherung **7** 618
- Festplattenabzug **7** 621
- Mängelrechte **7** 592
- Nacherfüllung **7** 594
- Rücktritt **7** 596
- Schadensersatz **7** 596

- Selbstvornahme **7** 594
- Verjährung **7** 597

Softwareschutzrechtsprozess (siehe Schutzrechtsprozess)
Sollbeschaffenheit **5** 103
Sowiesokosten **5** 98, 122, 124, 132, 142
Spezialzuständigkeit **1** 182
Standardsoftware **1** 607
stellvertretendes Commodum **1** 114
Stillschweigende Vergütungsvereinbarung **5** 13ff.
Stoffgleichheit **5** 186
Strafbewehrte Unterlassungsverpflichtungserklärung (siehe Unterlassungsverpflichtungserklärung)
Streitgegenstand
- Bestimmtheit
- Zug-um-Zug-Verurteilung (Gegenleistung) **7** 86
Streitgenosse
- als Zeuge **1** 194
Streitgenossenschaft,
- einfache **1** 194
- notwendige **1** 195
Streitverkündung **1** 209; **6** 42
Strengbeweis **1** 174
Stückkauf **1** 39
Stufenklage **7** 541-569
- Anwaltsgebühr **7** 553
- Gegenstandswert **7** 552
- Verhältnis zur Feststellungsklage **7** 554
Substantiierungslast **1** 227, 243
Suchmaschinen **7** 175
Sukzessivlieferungsvertrag **1** 689
Symptomtheorie **5** 110f., 119, 134

Tatsachenvortrag
- entgegenstehender (Kläger) **1** 233
- Inhalt **1** 221
Tausch **1** 33, 699f.
Taxe **5** 15
Teilamortisation **4** 12
Teilklage **1** 178
- Muster **1** 179
Teillieferung **1** 358
- Vertrag **1** 689
Teilwiderruf (siehe auch „Bundling-Software" und Widerruf) **7** 34
Teilzahlungs

- -geschäft **1** 537
- -kauf **4** 5
- -vertrag **1** 564f.

Testkauf **7** 475
Textform **1** 536
Titelschutz-Anzeiger **7** 401
Top Level Domains **7** 99, 101
Topografieschutz **7** 391
Transportgefahr, typische **1** 123
Transportkosten **5** 125
TRIPS-Abkommen **7** 480
Typografieschutz **7** 424

Überfoderung, finanzielle **6** 15
Überziehungskredit **2** 64, 70, 89
Umweltbeziehungen **1** 371
Unerlaubte Handlung **5** 185 ff.
Unmöglichkeit
- anfängliche **1** 111
- der Nachbesserung **1** 384
- der Nacherfüllung **1** 382 f., 427, 438; **5** 138 ff.
- der Nachlieferung **1** 383
- nachträgliche **1** 114

Unterlassungsanspruch
- Anspruchsinhalt- und -voraussetzungen (siehe Markenrechtlicher Schutz, Namensrechtlicher Schutz, Urheberrechtlicher Schutz, Wettbewerbsrechtlicher Schutz)

Unterlassungsverpflichtungserklärung **7** 194, 196, 497, 205-219
- Auflösende Bedingungen/Einschränkungen **7** 242
- Formulierung des Vertragsstrafeversprechens **7** 216
- Frist zur Abgabe **7** 219
- Höhe der Vertragsstrafe **7** 218
- Konkrete Verletzungsform **7** 208-210
- Muster **7** 196
- Unterlassungsgebote **7** 206
- Verwahrung gegen Kostenlast **7** 237, 243
- Vorformulierung **7** 205

Unternehmen, mangelhaftes **1** 617
Unternehmenskauf **1** 607 f.
Unternehmer **1** 531, **4** 23
Unternehmerregress **1** 590
Urheber, mehrere **7** 380, 438

Urheberrecht
- Auskunftsanspruch **7** 386
- Beschlagnahme **7** 390
- Beseitigungsanspruch **7** 387
- Schadensersatz **7** 382
- Straf- und Bußgeldvorschriften **7** 390

Urheberrechtsschutz
- Gestaltungshöhe **7** 378
- Kriterien **7** 374-378
- Rechtsfolgen **7** 387-390
- Zustimmungsbedürftige Handlungen **7** 382-386

Urheberschaft **7** 379-381
Urteilsverfahren **1** 319

Verarmung, Herausgabe wegen **3** 44
Verbraucher **1** 531, **4** 22
Verbraucherkredit **2**
- Einwendungsdurchgriff **2** 60 ff.
- Form **2** 44, 54, 73
- Informationspflicht **2** 73
- Kündigungsrecht **2** 57
- PAngV **2** 47
- Verbraucher **2** 41 ff.
- verbundenes Geschäft **2** 49 ff., 59
- Widerruf **2** 46, 48, 50, 53, 74

Verbraucherkreditgesetz **6** 24
Verbraucherleasing **4** 20 ff.
Verbrauchsgüterkauf **1** 528 f., 529
verbundene Geschäfte **4** 30
verbundene Verträge **2** 59
Vereinbarung über die Verjährung **1** 163
Verfügung, einstweilige **1** 298
- Anträge **7** 271, 272, 335, 337, 515, 205-215
- Auskunftsanspruch **7** 274
- Darlegung **7** 511, 512
- Dringlichkeit (siehe dort)
- Durchsetzbare Ansprüche **7** 257
- Eingeschränkte Verjährungshemmung **7** 258
- Gefahr der Schadensersatzpflicht **7** 262
- Gegenstandswert **7** 227, 518
- Gerichtsstand **7** 264, 514
- Glaubhaftmachung **7** 275, 516
- Kosten **7** 284, 519
- Rechtsmittel **7** 286-289, 307-310
- Sofortige Beschwerde **7** 286, 520
- Unterlassungsantrag **7** 272

Stichwortverzeichnis

- Verhältnis zur Hauptsacheklage **7** 255, 266
- Verzicht auf Domain **7** 273
- Vollstreckung **7** 292, 293, 521
- Vollziehung **7** 290, 291, 490 f.
- Vorteile und Risiken **7** 254-262
- Zuständigkeit **7** 265-269

Verfügungsgrund **1** 303
Verfügungsverfahren (siehe Einstweilige Verfügung)
Vergleichsabschluss außerhalb der mündlichen Verhandlung **1** 273
Vergütung, übliche **5** 57
Vergütungsvereinbarung **5** 12 ff.
Verhandlung, mündliche **1** 274
Verjährung **4** 39, 53; **5** 82 ff., 117, 145 ff., 174 ff.

- Beginn **1** 152
- Gewährleistungsansprüche **1** 414 f.
- Hemmung **1** 156
- Hemmung **5** 86
- Neubeginn **1** 159
- regelmäßige **1** 153
- Unterbrechung **5** 87

Verletzergewinn (siehe auch Schadensersatz) **7** 451
Verletzungsform (siehe Unterlassungsanspruch)
Vermessungskosten **1** 49
Vermögen
- Vertrag über gegenwärtiges **1** 64
- Vertrag über künftiges **1** 63

Vermögensopfer **1** 501
Vermutung, tatsächliche **1** 231, 249
Versandhandel **1** 573
- Verschlechterung der Sache **7** 43

Verschulden **5** 53, 168, 177
Verschuldenshaftung (Verkäufer) **1** 462 f.
Verschuldensunabhängige Haftung (Verkäufer) **1** 466
Verschuldensvermutung **1** 460
Verschweigen, arglistiges **1** 505; **3** 35
- eines Mangels **1** 505 f., 512

Versendungskauf **1** 121
Verteidigungsvorbringen, mehrfaches **1** 258
Vertrag für eine Höchstbetragsbürgschaft (Muster) **6** 36
Vertragsabrechnung **4**

- Kilometerabrechnung **4** 37 ff.
- Restwertmethode **4** 33 ff.

Vertragsauflösung **5** 84
Vertragsgemäße Leistung **5** 22
Vertragstypologie **7** 573
Verurteilung Zug-um-Zug **1** 71
Verwechslungsgefahr **7** 112-121
Verwechslungsschutz **7** 112-121
- Anspruchsvoraussetzungen **7** 113-121, 128-132
- Beispiele **7** 115, 118, 120
- Schutzumfang (siehe Markenrechtlicher Schutz)

Verweisung **7** 312
- Antrag **1** 192

Verwendungstauglichkeit **5** 107
Verwirkung **5** 75 f.
Verzicht
- auf Gewährleistungsansprüche **1** 401
- auf Widerruf **3** 66

Verzögerung
- bei Werkausführung **5** 155 ff., 178
- der Leistung **1** 128
- Nacherfüllung **1** 425, 481 f.
- Schaden **5** 172

Verzug **7** 42
Virenbefall **7** 591
Vollamortisation **4** 11
Vollkaskoversicherung **4** 57
Vollmacht **1** 5; **7** 41
- s.a. Originalvollmacht
- Voraussetzungen des Widerrufsrechts bei Fernabsatzgeschäften **7** 34
- Wertersatz **7** 38, 42-44
- zum Abschluss eines Kaufvertrages **1** 59

Vollstreckung
- Angehörigenbürgschaft **6** 47
- Auskunftsansprüche **7** 568
- Beseitigungsanspruch **7** 566 f.
- Unterlassungsansprüche **7** 565

Vollstreckungsfähiger Titel **5** 194
Vollstreckungsfähigkeit **5** 97
Vollstreckungshindernisse **1** 342
Vollziehung
- der Auflage **3** 71
- der Schenkung **3** 22, 26, 32, 77

Vorbehaltsurteile **1** 256
Vorbringen, mehrfaches **1** 222
Vorfälligkeitsentschädigung **2** 79 ff.

Vorkaufsrecht **1** 673 f.
Vorprozess **1** 207
Vorrang zeichenrechtlichen Schutzes **7** 111, 149, 150, 168
Vorteilsanrechnung **5** 124, 132, 143
Vortrag
– ins Blaue **1** 226
– nach Schluss der mündlichen Verhandlung **1** 289
Vortrag
– schlüssiger **1** 214
– unbeachtlicher **1** 226
– widersprüchlicher **1** 228
Vorwegnahme der Hauptsache **1** 299

Waffengleichheit, Grundsatz **1** 12
Wahlschuld **1** 40
Wahrheitspflicht **1** 232, 247
Waren-/Dienstleistungsähnlichkeit **7** 114, 117, 121
Webhosting **7** 53
Website
– Urheberrechtlicher Schutz **7** 419
Wegekosten **5** 125
Wegfall der Geschäftsgrundlage **1** 360; **4** 49
Werkerfolg **5** 1
Werklieferungsvertrag **1** 35; **5** 6
Werkmangel **5** 102 ff.
Werktitelschutz **7** 111, 399-401.
– Voraussetzungen **7** 401
– Vorbenutzung **7** 159, 400
Werkvertrag Zustandekommen **5** 1
Wertersatz bei Widerruf/Rückgabe **7** 68, 43-44
– Belehrung **7** 34, 36, 43
– Finanzdienstleistungen **7** 68
– Nutzungen **7** 43
– Prüfung der Sache **7** 42
– Untergang der Sache **7** 43
– Verschlechterung der Sache **7** 43
Wettbewerbsrechtlicher Schutz **7** 391, 167-172
– Behinderungswettbewerb **7** 169-171
– Irreführung der Verkehrskreise **7** 172
– Irreführung über Alleinstellung **7** 172
– Konkretes Wettbewerbsverhältnis **7** 167
– Softwareschutz **7** 391
– Vorrang des Markenrechts **7** 168
Wettbewerbsverhältnis **7** , 167

WHOIS **7** 107
Widerkaufsabrede **1** 658
Widerklage **1** 261 f., 286; **7** 93, 315
Widerruf **1** 129; **2** 53
– der Schenkung **3** 55 f.
– Erklärung **3** 63
– Grund **3** 59
Widerrufs- oder Rückgaberecht **1** 542, 553, 559
Widerrufs- und Rückgabefrist **1** 545, 554, 560
Widerrufsbelehrung
– Verbraucherdarlehnsvertrag (Muster) **2** 72
– bei verbundenem Geschäft (Muster) **2** 74
– bei verbundenem Geschäft (Muster) **2** 75
Widerrufsrecht **4** 28; **6** 23
– Ausschluss bei Anfertigung der Ware nach Kundespezifikation **7** 34
– Ausschluss durch Entsiegeln von Datenträgern **7** 34
– Ausschlusstatbestände **7** 34, 44
– Beginn des Widerrufsrechts **7** 34
– bei Fernabsatz **7** 17, 44, 32-35, 62-68
– Belehrung über Widerrufsrecht **7** 34, 43, 66
– Darlegungs- und Beweislast **7** 44
– Dauer des Widerrufsrechts **7** 34, 67
– Erklärung des Widerrufsrechts **7** 35
– Ersetzung durch Rückgaberecht **7** 36
– Gefahr der Rücksendung **7** 39
– Kosten der Hinsendung **7** 40
– Kosten der Rücksendung **7** 39
– Kreditzinsen **7** 68
– Online-Auktionen **7** 34 a.E.
– Originalvollmacht **7** 35
– Rechtsfolgen des Widerrufs **7** 38-44
– Rechtslage bei „Bundling-Sofware" **7** 34
– Teilwiderruf **7** 34
– Untergang der Sache **7** 43
– Verschlechterung der Sache **7** 43
– Verzug **7** 41
– Voraussetzungen **7** 34
– Wertersatz **7** 38, 42-44
– Widerrufsrecht durch Beweislastverteilung **7** 17

631

Stichwortverzeichnis

Widerspruch **7** 308, 523, 311-330
- Anträge **7** 311, 314
- Begründung **7** 311, 316
- Einstellung der Zwangsvollstreckung **7** 311
- Gegenanträge **7** 315
- im Beschlussverfahren (Muster) **1** 638
- im Beschlussverfahren **1** 322
- Kostenwiderspruch (näher siehe dort) **7** 322-330
- Muster **7** 311
- Sachliche und örtliche Zuständigkeit **7** 312
- Verweisung nach § 281 ZPO **7** 312

Wiederholungsgefahr **7** 129, 447
Wiederkauf **1** 654 f.
Wirksamkeitshindernisse **5** 7
Wirtschaftprüfervorbehalt **7** 141, 544
Wucher **2** 26

Zahlung
- auf Notaranderkonto **1** 86
- durch Kredit- oder Geldkarte **1** 91
- durch Scheck oder Wechsel **1** 91

Zeichenähnlichkeit **7** 114, 117, 119, 121
Zeitbürgschaft **6** 29
Zeuge
- „N.N." **1** 288
- presenter **1** 288

Zinsanpassungsklausel **2** 33, 35
Zinsmargenschaden **2** 19, 84
Zinsverschlechterungsschaden **2** 19, 84
Zivilrechtsweg, Zulässigkeit **1** 177
Zonenverwalter (zone-c) **7** 106
- Begriff **7** 106, 179
- Passivlegitimation in Domain-Streit **7** 179

Zugang elektronisch übermittelter Willenserklärungen **7** 14, 44
- Darlegungs- und Beweislast **7** 44
- Eingang in „elektronischen Briefkasten" **7** 14
- Qualifikation als Willenserklärung unter Abwesenden **7** 14
- Widerruf der Erklärung **7** 14

Zug-um-Zug-Verurteilung **5** 93 ff; **7**
- Rückabwicklung von Fernabsatzverträgen **7** 38, 85
- Streitwert **7** 83

- Zug-um-Zug-Verurteilung Antragsfassung **7** 81, 88, 628

Zulässigkeitsprüfung **1** 173
Zurückbehaltungsrecht **5** 81; **7** 5, 94
- Siehe auch Zug-um-Zug-Verurteilung

Zurückweisung (verspätetes Vorbringen) **1** 278 f.

Zuständigkeit
- gespaltene **1** 189
- örtliche **1** 184
- sachliche **1** 178, 180

Zuständigkeit (Gericht) **7** 72, 81-83
- Domain-Streitigkeiten **7** 265-269
- Einstweilige Verfügung **7** 264, 513
- grenzüberschreitende Sachverhalte **1** 190
- Kammer für Handelssachen **7** 269
- Kennzeichenstreitsachen **7** 368
- Klage auf Rückabwicklung Fernabsatzgeschäft **7** 81-83
- Mahnverfahren **7** 72
- Örtliche Zuständigkeit **7** 267
- Sachliche Zuständigkeit **7** 265
- Streitgenossenschaft **1** 194
- Urheberstreitsachen **7** 531
- Zuständigkeitskonzentration **7** 268, 531

Zustellung demnächst **1** 181
Zuwendung **3** 10 f.
Zwangsgeld **5** 100
Zwangshaft **5** 100
Zwangsvollstreckung **5** 93 ff., 192 ff., 192 ff.
- aus notarieller Urkunde **1** 331 f.

Zwangsvollstreckungsvoraussetzungen,
- allgemeine **1** 334
- besondere **1** 341

Zweckschenkung **3** 5, 74
Zwischenfeststellungsklage **1** 236